BIBLIA BILINGÜE

NUEVO TESTAMENTO
NEW TESTAMENT

ISBN 978-1-59789-678-8

Publicado por Barbour Publishing, Inc., P.O. Box 719, Uhrichsville, Ohio 44683
www.barbourbooks.com

Desarrollo Editorial: Semantics, P.O. Box 290186 Nashville TN 37229
E-mail: semantics@tds.net

Nuestra misión es publicar y distribuir productos inspiradores que ofrezcan valor excepcional y motivación bíblica al público.

Impreso en Estados Unidos de América

4 3 2 1

ISBN 978-1-59789-678-8

Published by Barbour Publishing, Inc., P.O. Box 719, Uhrichsville, Ohio 44683
www.barbourbooks.com

Editorial Development: Semantics, P.O. Box 290186 Nashville TN 37229
E-mail: semantics@tds.net

Our mission is to publish and distribute inspirational products offering exceptional value and biblical encouragement to the masses.

Printed in the United States of America.

5 4 3 2 1

Prólogo

Cuando un texto bíblico único es unido en dos idiomas en la misma página —inglés y español—tiene una herramienta de aprendizaje poderosa.

La idea de una versión de la Biblia muy legible y aún precisa vino a los misioneros Gleason y Kathryn Ledyard en un iglú en el Ártico canadiense a fines del año 1940.

Aunque pasaron veinte años antes de que el Testamento Nueva Vida fuera publicado, la idea nunca desvaneció. Durante aquellos años, vocabulario y patrones de pensamiento fueron observados, que ayudaban a plantar el curso para la nueva versión que iba a ser usada y apreciada en muchas partes del mundo.

El texto en español fue traducido por un equipo en la Ciudad de México bajo el liderazgo de Roberto Porras en los años 1970. Un equipo editorial liderado por Eduardo A. Lelli revisó y mejoró el texto en 2006.

Preface

When a unique Bible text is merged together on the same page in two languages—Spanish and English—you have a powerful learning tool.

The idea of a very readable and yet accurate version of the Bible came to missionaries Gleason and Kathryn Ledyard in an igloo in the frozen Canadian Arctic in the late 1940s.

Although it was twenty years later before the New Life Testament was published, the idea never left. During those years, vocabulary and thought patterns were observed which helped set the course for a version that would be used and appreciated in many parts of the world.

The Spanish text was translated by a team in Mexico City headed by Roberto Porras in the 1970s. A team headed by Eduardo Lelli reviewed and improved upon the work in 2006.

Contenido / Contents

Contenido		Contents
Mateo	5	Matthew
Marcos	103	Mark
Lucas	165	Luke
Juan	268	John
Hechos	343	Acts
Romanos	439	Romans
1 Corintios	481	1 Corinthians
2 Corintios	522	2 Corinthians
Gálatas	547	Galatians
Efesios	562	Ephesians
Filipenses	576	Philippians
Colosenses	586	Colossians
1 Tesalonicenses	596	1 Thessalonians
2 Tesalonicenses	604	2 Thessalonians
1 Timoteo	609	1 Timothy
2 Timoteo	621	2 Timothy
Tito	629	Titus
Filemón	634	Philemon
Hebreos	636	Hebrews
Santiago	667	James
1 Pedro	677	1 Peter
2 Pedro	689	2 Peter
1 Juan	696	1 John
2 Juan	706	2 John
3 Juan	708	3 John
Judas	710	Jude
Apocalipsis	714	Revelation

Mateo

Familias de las que vino Jesús

Lucas 3:23-38

1 Estas son las familias de las que vino Jesucristo. Él vino de las familias de David y de Abraham.

2 Abraham fue padre de Isaac. Isaac fue padre de Jacob. Jacob fue padre de Judá y de sus hermanos.

3 Judá fue padre de Fares y Zara, y su madre fue Tamar. Fares fue padre de Esrom. Esrom fue padre de Aram.

4 Aram fue padre de Aminadab. Aminadab fue padre de Naasón. Naasón fue padre de Salmón.

5 Salmón fue padre de Booz, y su madre fue Rahab. Booz fue padre de Obed, y su madre fue Rut. Obed fue padre de Isaí.

6 Isaí fue padre del rey David. El rey David fue padre de Salomón. Su madre había sido mujer de Urías.

7 Salomón fue padre de Roboam. Roboam fue padre de Abías. Abías fue padre de Asa.

8 Asa fue padre de Josafat. Josafat fue padre de Joram. Joram fue padre de Uzías.

9 Uzías fue padre de Jotam. Jotam fue padre de Acaz. Acaz fue padre de Ezequías.

10 Ezequías fue padre de Manasés. Manasés fue padre de Amón. Amón fue padre de Josías.

11 Josías fue padre de Jeconías y sus hermanos, cuando los israelitas fueron llevados prisioneros al país de Babilonia.

Matthew

The families Jesus came through

Luke 3:23-38

1 These are the families through which Jesus Christ came. He came through David and Abraham.

2 Abraham was the father of Isaac. Isaac was the father of Jacob. Jacob was the father of Judah and his brothers.

3 Judah was the father of Perez and Zerah. Their mother was Tamar. Perez was the father of Hezron. Hezron was the father of Aram.

4 Aram was the father of Amminadab. Amminadab was the father of Nahshon. Nahshon was the father of Salmon.

5 Salmon was the father of Boaz. The mother of Boaz was Rahab. Boaz was the father of Obed. The mother of Obed was Ruth. Obed was the father of Jesse.

6 Jesse was the father of David the king. King David was the father of Solomon. His mother had been the wife of Uriah.

7 Solomon was the father of Rehoboam. Rehoboam was the father of Abijah. Abijah was the father of Asa.

8 Asa was the father of Jehoshaphat. Jehoshaphat was the father of Joram. Joram was the father of Uzziah.

9 Uzziah was the father of Jotham. Jotham was the father of Ahaz. Ahaz was the father of Hezekiah.

10 Hezekiah was the father of Manasseh. Manasseh was the father of Amon. Amon was the father of Josiah.

11 Josiah was the father of Jeconiah and his brothers at the time the people were taken to Babylon.

12 Después de que fueron llevados a Babilonia, Jeconías fue padre de Salatiel. Salatiel fue padre de Zorobabel.

13 Zorobabel fue padre de Abiud. Abiud fue padre de Eliaquim. Eliaquim fue padre de Azor.
14 Azor fue padre de Sadoc. Sadoc fue padre de Aquim. Aquim fue padre de Eliud.
15 Eliud fue padre de Eleazar. Eleazar fue padre de Matán. Matán fue padre de Jacob.
16 Jacob fue padre de José. José fue esposo de María, la madre de Jesús que es llamado Cristo.

17 Así que el número de familias desde Abraham hasta David fue catorce. El numeró de familias desde David hasta cuando la gente fue llevada al país de Babilonia fue catorce. El número de familias después de que fueron llevados a Babilonia hasta el nacimiento de Jesucristo fue catorce.

12 After they were taken to the city of Babylon, Jeconiah was the father of Shealtiel. Shealtiel was the father of Zerubbabel.
13 Zerubbabel was the father of Abiud. Abiud was the father of Eliakim. Eliakim was the father of Azor.
14 Azor was the father of Zadok. Zadok was the father of Achim. Achim was the father of Eliud.
15 Eliud was the father of Eleazar. Eleazar was the father of Matthan. Matthan was the father of Jacob.
16 Jacob was the father of Joseph. Joseph was the husband of Mary. She was the mother of Jesus who is called the Christ.
17 So the number of families from Abraham to David was fourteen. The number of families from David to the time the people were taken to Babylon was fourteen. The number of families after they were taken to Babylon to the birth of Jesus Christ was fourteen.

El nacimiento de Jesús

Lucas 2:1-7

18 El nacimiento de Jesucristo fue así: María, su madre, se había comprometido para casarse con José. Antes de que se casaran, se supo que ella iba a tener un niño, por el poder del Espíritu Santo.
19 José, su prometido, era un hombre bueno y no quiso causar dificultades a María ante la gente. Pensó que sería mejor romper el compromiso sin que nadie lo supiera.
20 Mientras pensaba en esto, un ángel del Señor vino a José en un sueño. El ángel le dijo: "José, hijo de David, no tengas miedo de tomar a María como tu mujer. Ella va ser madre por el poder del Espíritu Santo.
21 Tendrá un hijo, y tú le pondrás el nombre de Jesús, porque él salvará a

The birth of Jesus

Luke 2:1-7

18 The birth of Jesus Christ was like this: Mary His mother had been promised in marriage to Joseph. Before they were married, it was learned that she was to have a baby by the Holy Spirit.
19 Joseph was her promised husband. He was a good man and did not want to make it hard for Mary in front of people. He thought it would be good to break the promised marriage without people knowing it.
20 While he was thinking about this, an ángel of the Lord came to him in a dream. The ángel said: "Joseph, son of David, do not be afraid to take Mary as your wife. She is to become a mother by the Holy Spirit.
21 A Son will be born to her. You will give Him the name Jesus because He

su pueblo del castigo de sus pecados."

22 Esto pasó tal como el Señor había dicho que iba a pasar, por medio del antiguo predicador,
23 que dijo: "Una virgen dará a luz un hijo. Le llamarán Emanuel, que quiere decir: 'Dios está con nosotros.'"
Isaías 7:14

24 José se despertó del sueño e hizo lo que el ángel del Señor le dijo. Se casó con María,
25 pero no vivieron como esposos hasta que nació ese primer hijo, y le puso el nombre Jesús.

Visita de los hombres sabios que estudiaban las estrellas

2 Jesús nació en la ciudad de Belén, en el país de Judea, cuando Herodes era el rey de ese país. Poco tiempo después de nacer Jesús, unos hombres sabios que estudiaban las estrellas vinieron del oriente a Jerusalén,

2 preguntando: "¿Dónde está el rey de los judíos que ha nacido? Hemos visto su estrella en el oriente y venimos a adorarle."
3 El rey Herodes al oír esto se inquietó, y toda la gente de Jerusalén también.
4 Llamó a todos los dirigentes de los judíos y a los maestros de la ley para preguntarles dónde debía de nacer el Cristo.
5 Ellos le dijeron: "En la ciudad de Belén, en la tierra de Judá, porque así escribieron los antiguos predicadores:
6 'Y tú, Belén, de la tierra de Judá, no eres la más pequeña entre las principales ciudades de ese país. De ti saldrá un rey que gobernará a mi pueblo, Israel.'"
Miqueas 5:2
7 Entonces Herodes se reunió en secreto con los hombres sabios que

will save His people from the punishment of their sins."
22 This happened as the Lord said it would happen through the early preacher.
23 He said: "The young woman, who has never had a man, will give birth to a Son. They will give Him the name Immanuel. This means God with us."
Isaiah 7:14.
24 Joseph awoke from his sleep. He did what the ángel of the Lord told him to do. He took Mary as his wife.
25 But he did not have her, as a husband has a wife, until she gave birth to a Son. Joseph gave Him the name Jesus.

Wise men visit the young child Jesus

2 Jesus was born in the town of Bethlehem in the country of Judea. It was the time when Herod was king of that part of the country. Soon after Jesus was born, some wise men who learned things from stars came to Jerusalem from the East.
2 They asked: "Where is the King of the Jews Who has been born? We have seen His star in the East. We have come to worship Him."
3 King Herod heard this. He and all the people of Jerusalem were worried.

4 He called together all the religious leaders of the Jews and the teachers of the Law. Herod asked them where Christ was to be born.
5 They said to him: "In Bethlehem of Judea. The early preacher wrote,

6 'You, Bethlehem of Judah, are not the least of the leaders of Judah. Out of you will come a King Who will lead My people, the Jews.'" Micah 5:2

7 Then Herod had a secret meeting with the men who learned things from

estudiaban las estrellas y les preguntó acerca del tiempo cuando habían visto la estrella.

8 Les envió a la ciudad de Belén y les dijo: "Vayan allá y busquen al niño. Cuando lo hayan encontrado, díganme para que yo también vaya a adorarle."

9 Después que el Rey habló con ellos, siguieron su camino, y la estrella que habían visto en el oriente iba delante de ellos, hasta que se detuvo en el lugar donde estaba el niño.

10 Cuando los hombres sabios vieron la estrella, se llenaron de alegría.

11 Al entrar en la casa, encontraron al niño con su madre María. Se arrodillaron ante él y le adoraron. Abrieron sus bolsas de tesoros y le dieron regalos de oro, perfumes y aromas especiales.

12 Después Dios les habló por medio de un sueño y les dijo que no regresaran a avisarle a Herodes. Entonces se fueron a su país por otro camino.

José va a Egipto

13 Cuando se fueron, un ángel del Señor vino a José en sueños y le dijo: "Levántate, toma al niño y a su madre y llévalos al país de Egipto pronto. Quédense hasta que yo les diga, pues Herodes buscará al niño para matarlo."

14 Durante la noche, José se levantó y se fue con el niño y su madre para el país de Egipto.

15 Ellos quedaron allí hasta que murió Herodes. Esto pasó tal como el Señor había dicho por medio de un antiguo predicador: "De Egipto llamé a mi hijo." Oseas 11:1

Herodes manda matar a todos los niños

16 Cuando Herodes se dio cuenta que los hombres sabios no le habían obedecido, se enojó mucho. Entonces mandó matar a todos los niños meno-

stars. He asked them about what time the star had been seen.

8 He sent them to Bethlehem and said: "Go and find the young Child. When you find Him, let me know. Then I can go and worship Him also."

9 After the king had spoken, they went on their way. The star they had seen in the East went before them. It came and stopped over the place where the young Child was.

10 When they saw the star, they were filled with much joy.

11 They went into the house and found the young Child with Mary, His mother. Then they got down before Him and worshiped Him. They opened their bags of riches and gave Him gifts of gold and perfume and spices.

12 Then God spoke to them in a dream. He told them not to go back to Herod. So they went to their own country by another road.

Joseph goes to Egypt

13 When they had gone, an ángel of the Lord came to Joseph in a dream. He said: "Get up. Take the young Child and His mother to the country of Egypt. Go as fast as you can! Stay there until you hear from me. Herod is going to look for the young Child to kill Him."

14 During the night he got up and left with the young Child and His mother for Egypt.

15 He stayed there until Herod died. This happened as the Lord had said through an early preacher: "I called My Son out of Egypt." Hosea 11:1.

Herod had all the young boys killed

16 Herod learned that the wise men had fooled him. He was very angry. He sent men to kill all the young boys two years old and under in Bethlehem and

res de dos años que se encontraban en la ciudad de Belén y sus alrededores. Calculó la edad según lo que le habían dicho los hombres sabios.

17 Entonces pasó tal como el antiguo predicador Jeremías dijo que iba a pasar:

18 "Llantos y muchos lamentos fueron oídos en Ramá. Era Raquel que lloraba por sus hijos. No podía ser consolada porque ellos habían muerto."
Jeremías 31:15

José sale de Egipto y va a Nazaret
Lucas 2:39-40

19 Después que murió Herodes, un ángel del Señor vino a José en un sueño, cuando aún estaba en el país de Egipto y le dijo:

20 "Levántate, toma al niño y a su madre y vuelve a la tierra de los judíos, porque los que querían matar al niño ya han muerto."

21 José se levantó, tomó al niño y a su madre y vino a la tierra de los judíos.

22 Cuando José oyó que Arquelao reinaba en el país de Judea, porque Herodes, su padre, había muerto, tuvo miedo de ir. Dios le dijo en un sueño que se fuera al país de Galilea,

23 y allá fue. José se quedó a vivir en una ciudad llamada Nazaret. Pasó tal como habían predicho los antiguos predicadores: "Que Jesús sería llamado nazareno."

Juan el bautista prepara el camino para Jesús
Marcos 1:1-8 Lucas 3:1-18 Juan 1:15-28

3 En esos días vino Juan el bautista, predicando en el desierto del país de Judea,

2 diciendo: "Sientan dolor por sus pecados y déjenlos, porque el reino de Dios está cerca."

in all the country near by. He decided to do this from what he had heard from the wise men as to the time when the star was seen.

17 Then it happened as the early preacher Jeremiah said it would happen.

18 He said: "The sound of crying and much sorrow was heard in Ramah. Rachel was crying for her children. She would not be comforted because they were dead." Jeremiah 31:15

Joseph goes from Egypt to Nazareth
Luke 2:39-40

19 After Herod died, an ángel of the Lord came to Joseph in a dream while he was in Egypt.

20 He said: "Get up. Take the young Child and His mother and go into the land of the Jews. Those who tried to kill the young Child are dead."

21 Joseph got up. He took the young Child and His mother and came into the land of the Jews.

22 Joseph heard that Archelaus was the king of the country of Judea. Herod, the father of Archelaus, had died. Joseph was afraid to go there. God told him in a dream to go to the country of Galilee and he went.

23 Joseph stayed in a town called Nazareth. It happened as the early preachers said it would happen. They said: "Jesus will be called a Nazarene."

John the Baptist makes the way ready for Jesus
Mark 1:1-8 Luke 3:1-18 John 1:15-28

3 In those days John the Baptist came preaching in the desert in the country of Judea.

2 He said: "Be sorry for your sins and turn from them! The holy nation of heaven is near."

3 El antiguo predicador Isaías habló de este hombre cuando dijo: "¡Escuchen, su voz llama en el desierto: 'Preparen el camino del Señor; ábranle un camino derecho'!" Isaías 40:3

4 Juan vestía ropa hecha de pelo de camello, y su cinturón era de cuero. Comía langostas y miel del campo.

5 La gente de Jerusalén y de todo el país de Judea, y los que vivían cerca del río Jordán venían a ver a Juan.

6 Cuando confesaron sus pecados, fueron bautizados por él en el río Jordán.

7 Luego, Juan vio que muchos celosos religiosos y otros de un grupo que no creía que los muertos podían volver a vivir venían a él para ser bautizados. A éstos les dijo Juan: "¡Raza de víboras! ¿Quién les enseñó a escapar del gran castigo que vendrá?

8 Hagan algo para demostrar que sus corazones han cambiado.

9 No piensen que pueden decir: 'Nosotros tenemos a nuestro padre Abraham.' Yo les digo que Dios puede hacer hijos de Abraham aun de estas piedras.

10 "Ahora el hacha está puesta sobre la raíz de los árboles; cualquier árbol que no da buen fruto es cortado y echado al fuego.

11 En verdad, yo bautizo con agua a los que cambian de actitud y dejan sus pecados. El que viene después de mí les bautizará con el Espíritu Santo y con fuego. Él es mucho más importante que yo, pues yo no sirvo siquiera para quitarle los zapatos.

12 Él viene listo para limpiar el trigo; lo recogerá y lo limpiará. Al buen trigo lo pondrá en un granero, y lo que no sirve lo quemará en el fuego que nunca se apaga."

3The early preacher Isaiah spoke of this man. He said: "Listen! His voice calls out in the desert! 'Make the way ready for the Lord. Make the road straight for Him!'" Isaiah 40:3

4 John wore clothes made of hair from camels. He had a leather belt around him. His food was locusts and wild honey.

5 Then the people of Jerusalem and of all the country of Judea and those from near the Jordan River went to him.

6 Those who told of their sins were baptized by him in the Jordan River.

7 He saw many proud religious law keepers and other people of the religious group who believe no one will be raised from the dead. They were coming to him to be baptized. He said to them: "You family of snakes! Who told you how to keep from God's anger that is coming?

8 Do something to show me that your hearts are changed.

9 Do not think you can say to yourselves, 'We have Abraham as our father.' For I tell you, God can make children for Abraham out of these stones.

10 "Even now the ax is on the root of the trees. Every tree that does not give good fruit is cut down and thrown into the fire.

11 For sure, I baptize with water those who are sorry for their sins and turn from them. The One who comes after me will baptize you with the Holy Spirit and with fire. He is greater than I. I am not good enough to take off His shoes.

12 He comes ready to clean the grain. He will gather the grain in and clean it all. The clean grain He will put into a building. He will burn that which is no good with a fire that cannot be put out."

El bautismo de Jesús

Marcos 1:9-11 Lucas 3:21-22 Juan 1:29-34

13 Entonces Jesús vino del país de Galilea. Fue a ver a Juan al río Jordán, para que lo bautizara.

14 Juan no quería, y le dijo: Yo necesito ser bautizado por ti, y ¿tú quieres que yo te bautice?

15 Jesús le dijo: Así sea, porque tenemos que hacer lo que Dios manda. Juan aceptó estas palabras y bautizó a Jesús.

16 Cuando Jesús salió del agua, se abrieron los cielos y se vio al Espíritu Santo de Dios que bajaba en forma de paloma que se detuvo sobre él.

17 Luego se oyó una voz del cielo que dijo: "Este es mi hijo amado, de quien estoy muy contento."

La tentación de Jesús

Marcos 1:12-13 Lucas 4:1-13

4 Después, Jesús fue llevado por el Espíritu Santo al desierto. Allí el diablo quiso hacerlo pecar.

2 Estuvo sin comer cuarenta días y cuarenta noches. Después tuvo hambre.

3 El diablo vino para tratar de hacerlo pecar y le dijo: Si tú eres el Hijo de Dios, di a estas piedras que se hagan pan.

4 Pero Jesús le contestó: Está escrito que el hombre no vive sólo de pan, sino de toda palabra dicha por Dios. Deuteronomio 8:3

5 Entonces el diablo llevó a Jesús a la ciudad santa de Jerusalén. Le condujo a la parte más alta del templo

6 y le dijo: Si tú eres el Hijo de Dios, échate abajo, porque está escrito: "Dios ha mandado a los ángeles que te cuiden. Ellos te llevarán en sus manos para que tu pie no se lastime contra la piedra." Salmo 91:11-12

7 Jesús le dijo al diablo: También está escrito: "No debes poner a prueba al Señor, tu Dios." Deuteronomio 6:16

The Baptism of Jesus

Mark 1:9-11 Luke 3:21-22 John 1:29-34

13 Jesus came from Galilee. He went to John at the Jordan River to be baptized by him.

14 John tried to stop Him. He said: "I need to be baptized by You. Do You come to me?"

15 Jesus said to him: "Let it be done now. We should do what is right." John agreed and baptized Jesus.

16 When Jesus came up out of the water, the heavens opened. He saw the Spirit of God coming down and resting on Jesus like a dove.

17 A voice was heard from heaven. It said: "This is My much loved Son. I am very happy with Him."

Jesus was tempted

Mark 1:12-13 Luke 4:1-13

4 Jesus was led by the Holy Spirit to a desert. There He was tempted by the devil.

2 Jesus went without food for forty days and forty nights. After that He was hungry.

3 The devil came tempting Him and said: "If You are the Son of God, tell these stones to be made into bread."

4 But Jesus said: "It is written, 'Man is not to live on bread only. Man is to live by every word that God speaks.' " Deuteronomy 8:3

5 Then the devil took Jesus up to Jerusalem, the holy city. He had Jesus stand on the highest part of the house of God.

6 The devil said to Him: "If You are the Son of God, throw Yourself down. It is written, 'He has told His angels to look after You. In their hands they will hold You up. Then Your foot will not hit against a stone.'" Psalm 91:11-12

7 Jesus said to the devil: "It is written also, 'You must not tempt the Lord your God.'" Deuteronomy 6:16

8 Luego, el diablo llevó a Jesús a una montaña alta y le mostró desde allí todas las naciones del mundo, para que viera la grandeza de ellas.

9 Le dijo: "Yo te daré todas estas naciones si te pones de rodillas a mis pies y me adoras".

10 Jesús le dijo: "Vete, diablo, porque está escrito: "Debes adorar y obedecer sólo a Dios." Deuteronomio 6:13

11 Entonces el diablo se fue y vinieron ángeles a cuidar a Jesús.

Jesús predica en Galilea

Marcos 1:14-15 Lucas 4:14-15

12 Cuando Jesús oyó que habían puesto en la cárcel a Juan el bautista, él se fue al país de Galilea.

13 Dejó la ciudad de Nazaret y fue a vivir en la ciudad de Capernaum, que estaba cerca del lago, en la región de Zabulón y Neftalí.

14 Pasó tal como el antiguo predicador Isaías había dicho:

15 "La región de Zabulón y Neftalí está en el camino que va al lago, al otro lado del río Jordán, en el país de Galilea, donde viven los que no son judíos.

16 Los que vivían en la oscuridad vieron una gran luz, y a los que vivían en la región de la sombra de muerte, les alumbró la luz." Isaías 9:1-2

17 Desde ese momento, Jesús empezó a predicar. Les decía: "Cambien de actitud y dejen sus pecados porque el reino de Dios está cerca."

Jesús llama a Pedro y a Andrés

Marcos 1:16-20 Lucas 5:1-11

18 Jesús iba caminando por la orilla del lago de Galilea y vio a dos hermanos. Eran Simón, llamado también Pedro, y Andrés, su hermano. Estaban echando su red al mar porque eran pescadores.

19 Jesús les dijo: "Síganme, y yo los haré pescadores de hombres."

8 Again the devil took Jesus to a very high mountain. He had Jesus look at all the nations of the world to see how great they were.

9 He said to Jesus: "I will give You all these nations if You will get down at my feet and worship me."

10 Jesus said to the devil: "Get away, Satan. It is written, 'You must worship the Lord your God. You must obey Him only.'" Deuteronomy 6:13

11 Then the devil went away from Jesus. Angels came and cared for Him.

Jesus preaches in Galilee

Mark 1:14-15 Luke 4:14-15

12 When Jesus heard that John the Baptist had been put in prison, He went to the country of Galilee.

13 He left Nazareth and went to live in the city of Capernaum. It is by the lake in the land of Zebulun and Naphtali.

14 This happened as the early preacher Isaiah said it would happen. He said,

15 "The land of Zebulun and Naphtali is along the road to the lake. It is on the other side of the Jordan River in Galilee. These people are not Jews.

16 The people who sat in darkness saw a great light. Light did shine on those in the land who were near death." Isaiah 9:1-2

17 From that time on, Jesus went about preaching. He said: "Be sorry for your sins and turn from them. The holy nation of heaven is near."

Jesus calls Peter and Andrew

Mark 1:16-20 Luke 5:1-11

18 Jesus was walking by the Sea of Galilee. He saw two brothers. They were Simon, his other name was Peter, and Andrew, his brother. They were putting a net into the sea for they were fishermen.

19 Jesus said to them: "Follow Me. I will make you fish for men!"

20 De inmediato dejaron sus redes y
le siguieron.
21 Un poco más adelante, Jesús vio
a otros dos hermanos. Eran Jacobo y
Juan, los hijos de Zebedeo. Estaban
sentados en un barco con su padre,
arreglando sus redes. Jesús los llamó,
22 y de inmediato dejaron el barco y a
su padre para seguir a Jesús.

20 At once they left their nets and followed Him.
21 Going from there, Jesus saw two
other brothers. They were James and
John, the sons of Zebedee. They were
sitting in a boat with their father, mending their nets. Jesus called them.
22 At once they left the boat and their
father and followed Jesus.

Jesús sigue predicando en Galilea

Marcos 1:35-39 Lucas 4:42-44

23 Jesús recorrió todo el país de Galilea enseñando en los templos locales y
predicando las buenas nuevas del reino
de Dios. Sanó toda clase de enfermedades y dolencias del pueblo.
24 Su fama se extendió por todo el
país de Siria, y le trajeron enfermos
con muchas clases de males y dolencias. Algunos tenían espíritus malos,
otros estaban locos, y todavía otros no
podían usar ni las manos ni las piernas.
Y Jesús los sanó a todos.
25 Mucha gente le seguía. Venían de
los países de Galilea y Judea, de las ciudades de Decápolis y Jerusalén, del país
de Perea al otro lado del río Jordán.

Jesus keeps on preaching in Galilee

Mark 1:35-39 Luke 4:42-44

23 Jesus went over all Galilee. He
taught in their places of worship and
preached the Good News of the holy
nation. He healed all kinds of sickness
and disease among the people.
24 The news about Him went over all
the country of Syria. They brought all
the sick people to Him with many kinds
of diseases and pains. They brought to
Him those who had demons. They
brought those who at times lose the
use of their minds. They brought those
who could not use their hands and legs.
He healed them.
25 Many people followed Him from
Galilee and Judea. They followed Him
from the cities of Decapolis and Jerusalem. They followed Him from Judea
and from the other side of the Jordan
River.

Jesús enseña en el monte

Lucas 6:20-49

5 Al ver Jesús mucha gente, subió
al monte y se sentó allí. Sus discípulos se acercaron,
2 y él comenzó a enseñarles, diciendo:
3 "Felices son los que saben que tienen necesidad espiritual, porque el reino de los cielos es de ellos.
4 Felices son los tristes, porque Dios
les dará consuelo.
5 Felices son los humildes de corazón, porque Dios les dará la tierra.

Jesus teaches on the mountain

Luke 6:20-49

5 Jesus saw many people. He
went up on the mountain and
sat down. His followers came to Him.
2 He began to teach them, saying,
3 "Those who know there is nothing
good in themselves are happy, because
the holy nation of heaven is theirs.
4 Those who have sorrow are happy,
because they will be comforted.
5 Those who have no pride in their
hearts are happy, because the earth
will be given to them.

6 Felices son los que tienen hambre y sed de hacer lo bueno delante de Dios, porque van a poder hacerlo.

7 Felices son los que sienten compasión, porque de ellos también se tendrá compasión.

8 Felices son los que tienen corazón limpio, porque ellos verán a Dios.

9 Felices son los que buscan la paz, porque se les llamará hijos de Dios.

10 Felices son los que sufren dificultades por hacer lo que es bueno, porque el reino de Dios es de ellos.

11 Felices serán cuando la gente los maltrate y diga cosas malas y falsas en su contra con el fin de hacerles daño porque creen en mí.

12 Alégrense y estén contentos, porque el premio que recibirán en el cielo es grande. Pues así también persiguieron a los antiguos predicadores que vivieron antes que ustedes.

Jesús enseña sobre la sal y la luz

13 "Ustedes son la sal para el mundo. Pero si la sal pierde su sabor, ¿de qué sirve? No sirve para nada, sino para ser tirada y pisada por la gente.

14 Ustedes son la luz para el mundo. No se puede esconder una ciudad que está sobre un cerro.

15 Tampoco se prende una lámpara para ponerla debajo de una caja; más bien, se pone en un lugar alto para que dé luz a todos los que están en la casa.

16 Así también ustedes hagan que su luz brille delante de los hombres, para que vean las buenas cosas que ustedes hacen y alaben al Padre de ustedes que está en el cielo.

Jesús enseña sobre la ley

17 "No crean que yo vine para eliminar la ley de Moisés o las escrituras de los antiguos predicadores. No

6 Those who are hungry and thirsty to be right with God are happy, because they will be filled.

7 Those who show loving kindness are happy, because they will have loving kindness shown to them.

8 Those who have a pure heart are happy, because they will see God.

9 Those who make peace are happy, because they will be called the sons of God.

10 Those who have it very hard for doing right are happy, because the holy nation of heaven is theirs.

11 You are happy when people act and talk in a bad way to you and make it very hard for you and tell bad things and lies about you because you trust in Me.

12 Be glad and full of joy because your reward will be much in heaven. They made it very hard for the early preachers who lived a long time before you.

Jesus teaches about salt and light

13 "You are the salt of the earth if salt loses its taste, how can it be made to taste like salt again? It is no good. It is thrown away and people walk on it.

14 You are the light of the world. You cannot hide a city that is on a mountain.

15 Men do not light a lamp and put it under a basket. They put it on a table so it gives light to all in the house.

16 Let your light shine in front of men. Then they will see the good things you do and will honor your Father who is in heaven.

Jesus teaches about the law

17 "Do not think that I have come to do away with the Law of Moses or the writings of the early preachers. I have

vine para eliminarlas sino para cumplirlas.

18 En verdad les digo que mientras duren el cielo y la tierra, ningún punto o letra de la ley de Moisés será quitada hasta que haya sido cumplida totalmente.

19 Cualquiera que hace a un lado aunque sea una pequeña parte de la ley de Moisés y enseña a la gente a hacer lo mismo será llamado el menor de todos en el reino de Dios. El que obedece y enseña a otros a obedecer lo que manda la ley de Moisés será llamado grande en el reino de Dios.

20 Yo les digo que si ustedes no son mejores que los maestros y los celosos religiosos, no podrán entrar en el reino de Dios.

Jesús enseña sobre el enojo y el homicidio

21 "Ustedes han oído que hace mucho tiempo se enseñaba a la gente: 'No matarás, porque si alguien mata a otra persona, será culpable y se le castigará por su maldad.'

22 Pero yo les digo que cualquiera que se enoja con su hermano será culpable y también tendrá que sufrir por su maldad. Cualquiera que insulta a su hermano tendrá que ser castigado. Cualquiera que le maldiga diciendo: '¡Tú eres un idiota!' irá al fuego del infierno.

23 Si tomas tu ofrenda para ir al altar y te acuerdas que tu hermano tiene algo contra ti,

24 deja la ofrenda en el altar, ve y arregla cualquier cosa que no esté bien entre él y tú. Entonces vuelve y entrega tu ofrenda.

25 Si alguien está contra ti, ponte de acuerdo con él mientras hablan, para que no te lleve ante el juez; pues el juez te entregará a la policía, y te pondrán en la cárcel.

26 Te digo que no vas a salir de la cárcel

not come to do away with them but to complete them.

18 I tell you, as long as heaven and earth last, not one small mark or part of a word will pass away of the Law of Moses until it has all been done.

19 Anyone who breaks even the least of the Law of Moses and teaches people not to do what it says, will be called the least in the holy nation of heaven. He who obeys and teaches others to obey what the Law of Moses says, will be called great in the holy nation of Heaven.

20 I tell you, unless you are more right with God than the teachers of the Law and the proud religious law keepers, you will never get into the holy nation of Heaven.

Jesus teaches about anger and killing

21 "You have heard that men were told long ago, 'You must not kill another person. If someone does kill, he will be guilty and will be punished for his wrongdoing.'

22 But I tell you that whoever is angry with his brother will be guilty and have to suffer for his wrongdoing. Whoever says to his brother, 'You have no brains,' will have to stand in front of the court. Whoever says, 'You fool,' will be sent to the fire of hell.

23 If you take your gift to the altar and remember your brother has something against you,

24 leave your gift on the altar. Go and make right what is wrong between you and him. Then come back and give your gift.

25 Agree with the one who is against you while you are talking together, or he might take you to court. The court will hand you over to the police. You will be put in prison.

26 For sure, I tell you, you will not be

hasta que hayas pagado el último centavo de la multa.

Jesús enseña sobre el marido y la mujer

27 "Ustedes han oído que se decía: 'No cometerás pecados sexuales.'
28 Pero yo les digo que cualquiera que mira a una mujer con deseo ya pecó con ella en su corazón.
29 Si tu ojo derecho te hace pecar, sácalo y échalo fuera, pues es mejor ir al cielo sin un ojo que ir al infierno con todo el cuerpo.
30 Si la mano derecha te hace pecar, córtala y échala fuera, porque es mejor ir al cielo sin una mano, que ir al infierno con todo el cuerpo.

Jesús enseña sobre el divorcio

31 "Se ha dicho: 'Cualquiera que se divorcia de su mujer debe hacerlo por medio de un escrito que diga que él la abandona.'
32 Pero yo les digo que cualquiera que se divorcia de su mujer, a no ser por motivo de pecado sexual con otro hombre, la hace culpable de pecado sexual. Y cualquiera que se case con una mujer divorciada también es culpable de pecado sexual.

Jesús enseña sobre lo que se debe decir

33 "Ustedes han oído que antes se decía: 'No hagas una promesa que no puedas cumplir.' Y: 'Cumple tus promesas al Señor.' Pero
34 yo les digo, no usen palabras fuertes cuando hagan una promesa. No prometan por el cielo, porque éste es el lugar donde está Dios.
35 No prometan por la tierra, pues allí es donde Dios descansa sus pies. No prometan por Jerusalén, porque ésta es la ciudad del gran Rey.
36 No prometan por la cabeza, pues uno no puede hacer blanco o negro ni un solo cabello.

let out of prison until you have paid every piece of money of the fine.

Jesus teaches about husband and wife

27 "You have heard that it was said long ago, 'You must not do sex sins.'
28 But I tell you, anyone who even looks at a woman with a sinful desire of wanting her has already sinned in his heart.
29 If your right eye is the reason you sin, take it out and throw it away. It is better to lose one part of your body than for your whole body to be thrown into hell.
30 If your right hand is the reason you sin, cut it off and throw it away. It is better to lose one part of your body than for your whole body to go to hell.

Jesus teaches about marriage

31 "It has been said, 'Whoever wants to divorce his wife should have it put in writing, telling her he is leaving her.'
32 But I tell you, whoever divorces his wife except if she has not been faithful to him, makes her guilty of a sex sin. Whoever marries a woman who has been divorced is guilty of a sex sin.

Jesus teaches about what to say

33 "You have heard that it was said long ago, 'You must not make a promise you cannot keep. You must carry out your promises to the Lord.'
34 I tell you, do not use strong words when you make a promise. Do not promise by heaven. It is the place where God is.
35 Do not promise by earth. It is where He rests His feet. Do not promise by Jerusalem. It is the city of the great King.
36 Do not promise by your head. You are not able to make one hair white or black.

37 Que el 'sí' de ustedes sea 'sí' y que el 'no' sea 'no'. Cualquiera otra cosa más que esto viene del diablo.

Jesús enseña sobre los pleitos

38 "Ustedes han oído que fue dicho: 'Ojo por ojo, y diente por diente.'

39 Pero yo les digo que no peleen con el que quiera pelear. Si alguien te pega en el lado derecho de la cara, ofrécele también el otro lado.

40 A cualquiera que te lleve ante la corte para quitarte la camisa, dale también el saco.

41 A cualquiera que te haga caminar un tramo corto, camina con él el doble.

42 A cualquiera que te pida algo, dáselo y no le digas no al que te pida prestado."

Jesús enseña a amar al que odia

43 "Ustedes han oído que fue dicho: 'Ama a tu amigo y odia a tu enemigo.'

44 Pero yo les digo: Amen a los que les odian. Respeten y bendigan a los que hablen mal de ustedes. Hagan el bien a los que sientan odio por ustedes, oren por los que hacen maldades contra ustedes y por los que les causan dificultades.

45 Entonces podrán llamarse hijos de su Padre que está en el cielo, que hace que el sol brille sobre los malos y sobre los buenos, que envía la lluvia sobre los justos y los injustos.

46 Si ustedes aman solamente a los que les aman, ¿qué pueden esperar? ¿No hacen lo mismo los cobradores de impuestos?

47 Si ustedes saludan solamente a los que les aman, ¿han hecho algo más que los otros? La gente que no conoce a Dios hace lo mismo.

48 Ustedes deben ser perfectos como

37 Let your yes be yes. Let your no be no. Anything more than this comes from the devil.

Jesus teaches about fighting

38 "You have heard that it has been said, 'An eye for an eye and a tooth for a tooth.'

39 But I tell you, do not fight with the man who wants to fight. Whoever hits you on the right side of the face, turn so he can hit the other side also.

40 If any person takes you to court to get your shirt, give him your coat also.

41 Whoever makes you walk a short way, go with him twice as far.

42 Give to any person who asks you for something. Do not say no to the man who wants to use something of yours."

Jesus teaches about loving those who hate you

43 "You have heard that it has been said, 'You must love your neighbor and hate those who hate you.'

44 But I tell you, love those who hate you. Respect and give thanks for those who say bad things to you. Do good to those who hate you. Pray for those who do bad things to you and who make it hard for you.

45 Then you may be the sons of your Father who is in heaven. His sun shines on bad people and on good people. He sends rain on those who are right with God and on those who are not right with God.

46 If you love those who love you, what reward can you expect from that? Do not even the tax gatherers do that?

47 If you greet only the people you like, are you doing any more than others? The people who do not know God do that much.

48 You must be perfect as your Father

su Padre que está en el cielo es perfecto.

Jesús enseña sobre cómo ayudar a otros

6 "No hagan buenas cosas solamente para que otros los vean.
Si así lo hacen, no tendrán ningún premio del Padre que está en el cielo.
2 Cuando den a los pobres, no sean
como los hipócritas que se lo dicen a
todos en los templos locales y en las
calles, para que la gente hable bien de
ellos. En verdad les digo, ellos ya tienen
el pago que merecen.
3 Cuando den, no dejen que la mano
izquierda sepa lo que da la mano derecha.
4 Lo que den debe ser en secreto, y
su Padre que ve en secreto les dará su
premio.

Jesús enseña a orar

5 "Cuando oren, no sean como los
falsos. A ellos les gusta pararse a orar
en los templos locales o en las calles,
para que la gente los vea. En verdad
les digo, ellos ya tienen todo el premio
que merecen recibir.
6 Cuando ustedes oren, entren solos
en el cuarto y después de haber cerrado
la puerta, oren al Padre que está allí con
ustedes. Entonces el Padre que ve lo que
hacen en secreto, les dará su premio.
7 Cuando oren no repitan la misma
cosa una y otra vez, haciendo oraciones
largas como la gente que no conoce a
Dios. Ellos creen que son escuchados
por sus largas oraciones.
8 No sean como ellos, pues el Padre
sabe lo que necesitan, aun antes de
que se lo pidan."
9 "Ustedes deben orar así: 'Padre
nuestro que estás en el cielo, santifica-
do sea tu nombre.
10 Que venga tu reino, que se haga en

in heaven is perfect.

Jesus teaches on the mountain about helping others

6 "Be sure you do not do good
things in front of others just to
be seen by them. If you do, you have no
reward from your Father in heaven.
2 When you give to the poor, do not
be as those who pretend to be someone they are not. They blow a horn in
the places of worship and in the streets
so people may respect them. For sure,
I tell you, they have all the reward they
are going to get.
3 When you give, do not let your left
hand know what your right hand gives.
4 Your giving should be in secret.
Then your Father who sees in secret
will reward you.

Jesus teaches about prayer

5 "When you pray, do not be as
those who pretend to be someone
they are not. They love to stand and
pray in the places of worship or in the
streets so people can see them. For
sure, I tell you, they have all the reward
they are going to get.
6 When you pray, go into a room by
yourself. After you have shut the door,
pray to your Father who is in secret.
Then your Father who sees in secret
will reward you.
7 When you pray, do not say the
same thing over and over again making long prayers like the people who
do not know God. They think they are
heard because their prayers are long.
8 Do not be like them. Your Father
knows what you need before you ask
Him."
9 "Pray like this: 'Our Father in Heav-
en, your name is holy.
10 May your holy nation come. What

la tierra lo que tú quieres, así como se hace en el cielo.

11 Danos el pan que necesitamos cada día

12 y perdónanos el mal que hemos hecho, como nosotros perdonamos a los que nos hacen mal.

13 No nos dejes caer en tentación, sino líbranos del mal. Porque tuyo es el reino y el poder y la gloria por siempre. Así sea.'

Jesús enseña sobre el perdón

14 "Si ustedes perdonan a otros el mal que les hacen, su Padre que está en los cielos les perdonará también a ustedes.

15 Pero si no perdonan a otros, su Padre no les perdonará a ustedes.

Jesús enseña a no comer para poder orar mejor

16 "Cuando ustedes dejen de comer para poder orar mejor, no sean como los falsos. Ellos ponen cara triste para que la gente vea que están sin comer. En verdad les digo, que con eso ya tienen su premio.

17 Cuando ustedes dejen de comer para poder orar mejor, péinense bien y lávense la cara.

18 Así nadie sabrá que están sin comer, pero el Padre que ve lo secreto les pagará.

Jesús enseña sobre las riquezas

19 "No junten riquezas aquí en la tierra, donde tales riquezas pueden ser comidas por la polilla y destruidas, o donde los ladrones podrán meterse a robarlas.

20 Junten riquezas en el cielo, donde no serán comidas por la polilla ni destruidas, donde tampoco los ladrones podrán meterse a robarlas.

21 Porque donde estén las riquezas de

you want done, may it be done on earth as it is in Heaven.

11 Give us the bread we need today.

12 Forgive us our sins as we forgive those who sin against us.

13 'Do not let us be tempted, but keep us from sin. Your nation is holy. You have power and shining greatness forever. Let it be so.'

Jesus teaches about forgiveness

14 "If you forgive people their sins, your Father in heaven will forgive your sins also.

15 If you do not forgive people their sins, your Father will not forgive your sins.

Jesus teaches about not eating so you can pray better

16 "When you go without food so you can pray better, do not be as those who pretend to be someone they are not. They make themselves look sad so people will see they are going with'out food. For sure, I tell you, they have all the reward they are going to get.

17 When you go without food so you can pray better, put oil on your head and wash your face.

18 Then nobody knows you are going without food. Then your Father who sees in secret will reward you.

Jesus teaches about having riches

19 "Do not gather together for yourself riches of this earth. They will be eaten by bugs and become rusted. Men can break in and steal them.

20 Gather together riches in heaven where they will not be eaten by bugs or become rusted. Men cannot break in and steal them.

21 For wherever your riches are, your

ustedes, allí también estará su corazón.

22 "El ojo es la luz del cuerpo. Si el ojo es bueno, todo el cuerpo estará lleno de luz.

23 Pero si el ojo es malo, todo el cuerpo estará en la oscuridad; y si la luz que hay en ustedes es oscuridad, ¡qué negra será esa oscuridad!

24 Nadie puede tener dos patrones. Porque odiará al uno y amará al otro, o escuchará al uno y estará en contra del otro. Ustedes tampoco pueden tener como patrones: a Dios y al dinero al mismo tiempo."

Jesús enseña sobre el afán por la vida

25 "Yo les digo esto: No se preocupen por su vida, ni por lo que van a comer o beber, ni por lo que van a vestir. ¿No es la vida más importante que la comida? ¿No es el cuerpo más importante que la ropa?

26 Miren los pájaros del cielo. Ellos no siembran semillas ni recogen el grano. No guardan el trigo en graneros. Sin embargo, su Padre que está en el cielo los alimenta. ¿No son ustedes más importantes que los pájaros?

27 ¿Cuál de ustedes podrá hacer que su cuerpo crezca más alto, por más que lo ansíe?

28 ¿Y por qué tienen ustedes que preocuparse por la ropa? Fíjense cómo crecen las flores. Ellas no trabajan ni hacen su ropa.

29 Sin embargo, yo les digo que ni Salomón, con toda su grandeza, se vistió tan bien como una de esas flores.

30 Y si Dios viste así a la hierba que hoy está en el campo y mañana es quemada en el horno, ¡cuánto más les dará a ustedes, hombres de poca fe!

31 No estén preocupados, ni digan: '¿Qué vamos a comer?' o '¿qué vamos a beber?' o '¿con qué vamos a vestirnos?'

32 La gente que no conoce a Dios busca todas estas cosas. El Padre que

heart will be there also.

22 "The eye is the light of the body. If your eye is good, your whole body will be full of light.

23 If your eye is bad, your whole body will be dark. If the light in you is dark, how dark it will be!

24 No one can have two bosses. He will hate the one and love the other. Or he will listen to the one and work against the other. You cannot have both God and riches as your boss at the same time."

Jesus teaches about cares of life

25 "I tell you this: Do not worry about your life. Do not worry about what you are going to eat and drink. Do not worry about what you are going to wear. Is not life more important than food? Is not the body more important than clothes?

26 Look at the birds in the sky. They do not plant seeds. They do not gather grain. They do not put grain into a building to keep. Yet your Father in heaven feeds them! Are you not more important than the birds?

27 Which of you can make himself a little taller by worrying?

28 Why should you worry about clothes? Think how the flowers grow. They do not work or make cloth.

29 But I tell you that Solomon in all his greatness was not dressed as well as one of these flowers.

30 God clothes the grass of the field. It lives today and is burned in the stove tomorrow. How much more will He give you clothes? You have so little faith!

31 Do not worry. Do not keep saying, 'What will we eat?' or, 'What will we drink?' or, 'What will we wear?'

32 The people who do not know God are looking for all these things. Your

está en los cielos sabe que ustedes necesitan todo eso.

33 Busquen primero el reino de Dios y la vida correcta que a él le gusta. Luego recibirán también todas estas cosas.

34 No se preocupen del mañana, pues para mañana vendrán otras preocupaciones. Las de un día bastan para ese día."

Jesús enseña a no fijarse en lo malo que hay en otros

7 "No se fijen en lo malo que hay en la vida de otras personas, para que otros no se fijen en lo que hay de malo en la vida de ustedes.

2 Pues ustedes serán mirados por la forma como miran a otros. Cuando ustedes digan lo que hay de malo en otros, esas mismas palabras servirán para decirles lo que ustedes tengan de malo.

3 ¿Por qué miras la paja en el ojo de tu hermano y no ves el tronco que hay en tu propio ojo?

4 ¿Cómo puedes decir a tu hermano, 'Deja que yo te quite la paja de tu ojo', cuando hay un tronco en tu propio ojo?

5 Falso, quita primero el tronco de tu ojo. Entonces podrás ver mejor para quitar la paja del ojo de tu hermano.

6 "No den a los perros lo que le pertenece a Dios ni arrojen las perlas delante de los puercos, porque éstos las romperán con sus patas y luego se volverán contra ustedes.

Jesús enseña acerca de la oración

7 "Pidan, y lo que pidan, les será dado. Busquen, y lo que buscan, encontrarán. Llamen a la puerta, y se les abrirá.

Father in heaven knows you need all these things.

33 First of all, look for the holy nation of God. Be right with Him. All these other things will be given to you also.

34 Do not worry about tomorrow. Tomorrow will have its own worries. The troubles we have in a day are enough for one day."

Jesus teaches on the mountain about saying what is wrong in others

7 "Do not say what is wrong in other people's lives. Then other people will not say what is wrong in your life.

2 You will be guilty of the same things you find in others. When you say what is wrong in others, your words will be used to say what is wrong in you.

3 Why do you look at the small piece of wood in your brother's eye, and do not see the big piece of wood in your own eye?

4 How can you say to your brother, 'Let me take that small piece of wood out of your eye,' when there is a big piece of wood in your own eye?

5 You who pretend to be someone you are not, first take the big piece of wood out of your own eye. Then you can see better to take the small piece of wood out of your brother's eye.

6 "Do not give that which belongs to God to dogs. Do not throw your pearls in front of pigs. They will break them under their feet. Then they will turn and tear you to pieces.

Jesus teaches about prayer

7 "Ask, and what you are asking for will be given to you. Look, and what you are looking for you will find. Knock, and the door you are knocking on will be opened to you.

8 Porque el que pide, recibe lo que está pidiendo; el que busca, encuentra lo que está buscando; el que llama a la puerta, se le abre.
9 ¿Quién de ustedes daría a su hijo una piedra cuando le pide pan?
10 Cuando le pide un pescado, ¿le da una culebra?
11 Pues si ustedes, que son malos, saben dar buenas cosas a sus hijos, ¿cuánto más su Padre que está en el cielo les dará buenas cosas a aquellos que le pidan?

Jesús enseña sobre los demás

12 "Hagan siempre a otros lo que quieran que ellos hagan por ustedes. Esto es lo que la ley de los judíos y los antiguos predicadores mandan.

Jesús enseña sobre los dos caminos

13 "Entren por la puerta angosta, porque la puerta y el camino que llevan al infierno son anchos y grandes; mucha gente pasa por esa puerta.
14 Pero la puerta y el camino que llevan a la vida que dura para siempre son angostos y difíciles; poca gente los encuentra.

Jesús enseña sobre los falsos maestros

15 "Cuídense de los falsos maestros, porque éstos vienen a ustedes disfrazados de ovejas; pero por dentro son lobos hambrientos.
16 Ustedes los conocerán por lo que hacen. Pues no se cosechan uvas de los espinos, ni higos de los cardos.
17 En verdad, el árbol bueno tiene frutos buenos, y el árbol malo tiene frutos malos.
18 Un buen árbol no puede tener malos frutos, ni un árbol malo puede tener buenos frutos.
19 Y el árbol que no tiene buenos frutos es cortado y echado al fuego.

8 Everyone who asks receives what he asks for. Everyone who looks finds what he is looking for. Everyone who knocks has the door opened to him.
9 What man among you would give his son a stone if he should ask for bread?
10 Or if he asks for a fish, would he give him a snake?
11 You are bad and you know how to give good things to your children. How much more will your Father in heaven give good things to those who ask him?

Jesus teaches about others

12 "Do for other people whatever you would like to have them do for you. This is what the Jewish Law and the early preachers said.

Jesus teaches about two roads

13 "Go in through the narrow door. The door is wide and the road is easy that leads to hell. Many people are going through that door.
14 But the door is narrow and the road is hard that leads to life that lasts forever. Few people are finding it.

Jesus teaches about false teachers

15 "Watch out for false teachers. They come to you dressed as if they were sheep. On the inside they are hungry wolves.
16 You will know them by their fruit. Do men pick grapes from thorns? Do men pick figs from thistles?
17 It is true, every good tree has good fruit. Every bad tree has bad fruit.
18 A good tree cannot have bad fruit. A bad tree cannot have good fruit.
19 Every tree that does not have good fruit is cut down and thrown into the fire.

20 De la misma manera, ustedes los conocerán por sus frutos.
21 No todo el que me dice: 'Señor, Señor', entrará en el reino de los cielos, sino sólo el que hace las cosas que mi Padre que está en el cielo quiere que se hagan.
22 Mucha gente me preguntará en ese día: 'Señor, Señor, ¿no predicamos en tu nombre? ¿No sacamos espíritus malos en tu nombre? ¿No hicimos muchas obras poderosas en tu nombre?'
23 Entonces yo les diré: 'Nunca los conocí; aléjense de mí ustedes que han hecho mal.'

Jesús enseña sobre las casas construidas en la roca y en la arena

24 "El que oye mis palabras y las hace será como el hombre sabio que construyó su casa sobre la roca.
25 Cayó la lluvia, subió el agua, sopló el viento y golpeó la casa, pero la casa no se cayó porque estaba construida sobre la roca.
26 Cualquiera que oye mis palabras y no las hace será como un hombre tonto que construyó su casa sobre la arena.
27 Cayó la lluvia, subió el agua, sopló el viento, golpeó la casa, y la casa se cayó y se destruyó."

28 Jesús terminó de hablar, y la gente se quedó muy sorprendida y admirada acerca de sus enseñanzas.
29 Él les enseñaba como quien tiene el derecho y el poder de enseñar, y no como los maestros de la ley.

Jesús sana a un hombre que tenía una enfermdad muy mala en la piel

Marcos 1:40-45 Lucas 5:12-16

8 Jesús bajó del monte y mucha gente le siguió.

20 So you will know them by their fruit.
21 Not everyone who says to me, 'Lord, Lord,' will go into the holy nation of heaven. The one who does the things my Father in heaven wants him to do will go into the holy nation of heaven.
22 Many people will say to me on that day, 'Lord, Lord,' did we not preach in Your name? Did we not put out demons in your name? Did we not do many powerful works in your name?'
23 Then I will say to them in plain words, 'I never knew you. Go away from me, you who do wrong!'

Jesus teaches about houses built on rock or sand

24 "Whoever hears these words of mine and does them, will be like a wise man who built his house on rock.
25 The rain came down. The water came up. The wind blew and hit the house. The house did not fall because it was built on rock.
26 Whoever hears these words of Mine and does not do them, will be like a foolish man who built his house on sand.
27 The rain came down. The water came up. The wind blew and hit the house. The house fell and broke apart."
28 Then Jesus finished talking. The people were surprised and wondered about His teaching.
29 He was teaching them as one who has the right and the power to teach. He did not teach as the teachers of the Law.

The healing of a man with a bad skin disease

Mark 1:40-45 Luke 5:12-16

8 Jesus came down from the mountain. Many people followed Him.

2 Un hombre que tenía una enfermedad muy mala en la piel vino y se puso delante de él, adorándole y diciendo: "¡Señor, si tú quieres, puedes sanarme!"

3 Entonces Jesús le tocó con la mano, diciendo: "Quiero. Te hago sano. En cuanto dijo esto, el hombre fue sano."

4 Y Jesús le dijo: "Mira, no se lo digas a nadie. Pero ve, preséntate al dirigente religioso, y da la ofrenda que Moisés mandó para que la gente vea que ya estás sano." Levítico 13:49

Curación del criado de un capitán romano

Lucas 7:1-10

5 Jesús vino a la ciudad de Capernaum. Allí un capitán del ejército romano se acercó a él y le pidió su ayuda,

6 diciéndole: "Señor, mi criado está enfermo, en cama. No puede mover su cuerpo y tiene mucho dolor."

7 Jesús le dijo al capitán: "Yo iré y lo sanaré."

8 El capitán contestó: "Señor, yo no soy tan bueno como para que tú vengas a mi casa. Solamente di la palabra, y mi muchacho quedará sano.

9 Yo soy hombre que trabaja para otro y también tengo hombres que trabajan a mi mando. Cuando le digo a uno que vaya, él va; cuando le digo a otro que venga, viene; y cuando le mando a mi criado que haga algo, lo hace."

10 Cuando Jesús oyó esto, se sorprendió y quedó admirado de él. Dijo a los que le seguían: "En verdad les digo que no he encontrado tanta fe en la nación judía.

11 Yo les digo que muchos vendrán del Oriente y del Occidente y se sentarán con Abraham, con Isaac y con Jacob en el reino de los cielos;

12 pero los que debieran estar en el reino serán echados a la oscuridad de afuera, donde llorarán y harán crujir los

2 A man with a bad skin disease came and got down before Him and worshiped Him. He said: "Lord, if you will, You can heal me!"

3 Then Jesus put his hand on him and said: "I will. You are healed!" At once the man was healed.

4 Jesus said to him: "Go now, but tell no one. Let the religious leader see you. Give the gift in worship that Moses told you to give. This will show them you have been healed." Leviticus 13:49

Healing of the captain's sevant

Luke 7:1-10

5 Jesus came to the city of Capernaum. A captain of the army came to Him. He asked for help,

6 saying: "Lord, my servant is sick in bed. He is not able to move his body. He is in much pain."

7 Jesus said to the captain: "I will come and heal him."

8 The captain said: "Lord, I am not good enough for You to come to my house. Only speak the word, and my servant will be healed.

9 I am a man who works for someone else and I have men working under me. I say to this man, 'Go!' and he goes. I say to another, 'Come!' and he comes. I say to my servant, 'Do this!' and he does it."

10 When Jesus heard this, He was surprised and wondered about it. He said to those who followed Him: "For sure, I tell you, I have not found so much faith in the Jewish nation.

11 I say to you, many people will come from the east and from the west. They will sit down with Abraham and with Isaac and with Jacob in the holy nation of heaven.

12 But those who should have belonged to the holy nation of heaven will be thrown out into outer darkness, where there will be crying and grinding

dientes."
13 Entonces Jesús le dijo al capitán: "Vete a tu casa, y te pasará como creíste. Y el criado fue sanado en ese mismo momento."

La suegra de Pedro es sanada
Marcos 1:29-31 Lucas 4:38-39

14 Jesús fue a la casa de Pedro y allí encontró a la suegra de Pedro en cama, porque estaba muy enferma.
15 Le tocó la mano, y la enfermedad se fue. Ella se levantó al instante para servir a Jesús.

Mucha gente es sanada
Marcos 1:32-34 Lucas 4:40-41

16 Esa noche, trajeron a Jesús mucha gente con espíritus malos. Estos eran echados fuera por la palabra de Jesús, y todos los enfermos fueron curados.

17 Pasó como el antiguo predicador Isaías dijo que pasaría: "Él tomó nuestras debilidades y llevó nuestras enfermedades." Isaías 53:4

Pruebas para los seguidores
Lucas 9:57-62

18 Jesús vio venir a mucha gente y le dijo que pasaran al otro lado del lago.
19 Un maestro de la ley vino a Jesús y le dijo: "Señor, yo te seguiré a dondequiera que vayas."
20 Jesús le dijo: "Las zorras tienen cuevas, las aves tienen nidos, pero el Hijo del Hombre no tiene dónde recostar su cabeza."
21 Otro de sus seguidores le dijo: "Señor, déjame ir primeramente a enterrar a mi padre."
22 Jesús le dijo: "Sígueme; deja que los que están muertos entierren a sus propios muertos."

El viento y las olas obedecen a Jesús
Marcos 4:35-41 Lucas 8:22-25

23 Jesús y sus discípulos entraron en

of teeth."
13 Jesus said to the captain: "Go your way. It is done for you even as you had faith to believe." The servant was healed at that time.

Peter's mother-in-law healed
Mark 1:29-31 Luke 4:38-39

14 Jesus came to Peter's house. He saw Peter's wife's mother in bed. She was very sick.
15 He touched her hand and the sickness left her. She got up and cared for Jesus.

Many people are healed
Mark 1:32-34 Luke 4:40-41

16 That evening they brought to Jesus many people who had demons in them. The demons were put out when Jesus spoke to them. All the sick people were healed.
17 It happened as the early preacher Isaiah said it would happen. He said: "He took on Himself our sickness and carried away our diseases." Isaiah 53:4

Testing some followers
Luke 9:57-62

18 Jesus saw many people and told them to go to the other side of the lake.
19 A teacher of the Law came to Jesus. He said: "Lord, I will follow You wherever You go."
20 Jesus said to him: "Foxes have holes. Birds have nests. But the Son of Man has no place to lay His head."

21 Another of his followers said to him: "Lord, let me go first and bury my father."
22 Jesus said to him: "Follow me. Let the people who are dead bury their own dead."

The wind and waves obey Jesus
Mark 4:35-41 Luke 8:22-25

23 Jesus got into a boat. His followers

un barco.
24 De pronto una tormenta fuerte
cayó sobre el lago, y las olas cubrían el
barco. Pero Jesús estaba durmiendo.
25 Sus discípulos fueron a él y le
dijeron: "¡Ayúdanos, Señor, o moriremos!"
26 Y él les dijo: "¿Por qué temen?
¡Hombres de poca fe!" Entonces se
levantó y regañó al viento y al mar.
Todo se calmó, y hubo gran quietud.
27 Todos quedaron muy sorprendidos y admirados de esto, diciendo
entre sí: "¿Qué clase de hombre es
éste que hasta el viento y las olas le
obedecen?"

Los espíritus malos piden a Jesús que les permita entrar en unos puercos
Marcos 5:1-20 Lucas 8:26-39

28 Y cuando cruzó el lago, llegó al país
de Gadara. Dos hombres salieron de
entre los sepulcros y se acercaron a él.
Los dos tenían espíritus malos y eran
tan feroces que nadie podía acercárse-
les.
29 Estos entonces gritaron: "¡Qué
quieres tú con nosotros, Hijo de Dios!
¿Has venido aquí para hacernos sufrir
antes de tiempo?"
30 Por allí estaban muchos puercos
comiendo,
31 y los espíritus malos le rogaron a
Jesús: "Si nos echas fuera, déjanos en
esos puercos."
32 Él les contestó: "¡Váyanse!" Entonces
ellos salieron de los hombres y se fueron
a los puercos. En ese momento los puercos rodaron por un lado de la montaña,
cayeron al agua y se ahogaron.
33 Los hombres que cuidaban a los
puercos corrieron rápidamente a la
ciudad y contaron todas estas cosas y
lo que les había pasado a los hombres
que tenían espíritus malos.
34 Toda la gente de la ciudad vino a

followed Him.
24 At once a bad storm came over
the lake. The waves were covering the
boat. Jesus was sleeping.
25 His followers went to Him and
called: "Help us, Lord, or we will die!"
26 He said to them: "Why are you
afraid? You have so little faith!" Then
He stood up. He spoke sharp words to
the wind and the waves. Then the wind
stopped blowing.
27 Then men were surprised and
wondered about it. They said: "What
kind of a man is He? Even the winds
and the waves obey Him."

Demons ask Jesus to let them live in pigs
Mark 5:1-20 Luke 8:26-39

28 Jesus came to the other side of the
lake into the country of the Gadarenes.
Two men came to Him from among
the graves. They had demons in them
and were very wild men. They were so
bad that no one would go near them.
29 They called out, saying: "What
do You want of us, You Son of God?
Have you come here to make us suffer
before it is our time to suffer?"
30 A long way from there many pigs
were eating.
31 The demons begged Jesus, saying:
"If You put us out, send us into the
pigs."
32 Jesus said to the demons: "Go!"
They came out of the men and went
into the pigs. At once the pigs ran
down the mountain side. They fell into
the water and died.
33 The men who cared for the pigs
ran fast into the city and told everything. They told what happened to the
men who had the demons.
34 Every person in the city came to

conocer a Jesús. Cuando llegaron a dónde él estaba, le pidieron que saliera de su país.

La curación de un hombre que no se podía mover

Marcos 2:1-12 Lucas 5:17-26

9 Jesús entró en un barco, cruzó al otro lado del lago y fue a su propia ciudad.

2 Trajeron allí a un hombre acostado en su cama, porque no podía mover el cuerpo. Jesús vio la fe de ellos y le dijo al hombre: "Hijo, ten fe, tus pecados te son perdonados."

3 Algunos de los maestros de la ley dijeron entre sí: "¡Este hombre habla como si él fuera Dios, pero no lo es!"

4 Jesús sabía lo que estaban pensando y les dijo: "¿Por qué tienen tan malos pensamientos?

5 ¿Qué es más fácil decir: 'Tus pecados te son perdonados' o decir: 'Levántate y camina?'

6 Pero esto servirá para mostrarles que el Hijo del Hombre tiene poder en la tierra para perdonar pecados." Entonces le dijo al hombre enfermo: "Levántate, toma tu cama y vete a tu casa."

7 Él se levantó y se fue a su casa.

8 Todos los que lo vieron se quedaron muy sorprendidos y admirados. Entonces dieron gracias a Dios porque le había dado tal poder a los hombres.

Jesús llama a Mateo

Marcos 2:13-17; Lucas 5:27-32

9 Cuando Jesús salió de allí, vio a un hombre llamado Mateo. Estaba sentado en el lugar donde cobraba los impuestos. Jesús le dijo: "Sígueme." Luego Mateo se levantó y lo siguió.

10 Jesús comió en la casa de Mateo. Mucha gente que cobraba impuestos y otros pecadores también vinieron a la casa de Mateo y se sentaron con Jesús y sus discípulos.

meet Jesus. When they saw Jesus, they asked Him to leave their country.

The healing of a man who could not move his body

Mark 2:1-12 Luke 5:17-26

9 Jesus got into a boat. He crossed over to the other side and came into His own city.

2 They took a man to Him who was on his bed. This man was not able to move his body. Jesus saw their faith. He said: "Son, take hope. Your sins are forgiven."

3 Some of the teachers of the Law said to themselves: "This man speaks as if he is God, but he is not!"

4 Jesus knew what they were thinking. He said: "Why do you think bad thoughts in your hearts?

5 Which is easier to say, 'Your sins are forgiven,' or to say, 'Get up and walk?'

6 But this is to show you that the Son of Man has power on earth to forgive sins." He said to the sick man: "Get up! Take your bed and go home."

7 He got up and went to his home.

8 All the people saw this. They were surprised and wondered about it. Then they gave thanks to God because He had given such power to men.

Jesus calls Matthew

Mark 2:13-17; Luke 5:27-32

9 As Jesus went from there, he saw a man called Matthew. Matthew was sitting at his work gathering taxes. Jesus said to him: "Follow Me." Matthew got up and followed Jesus.

10 Jesus ate in Matthew's house. Many men who gathered taxes and many who were sinners came to Matthew's house and sat down with Jesus and His followers.

11 Los celosos religiosos vieron esto
y les dijeron a los discípulos de Jesús:
"¿Por qué el Maestro de ustedes come
con los cobradores de impuestos y con
los pecadores?
12 Jesús oyó esto y les dijo: "La gente
que está sana no necesita de médico.
13 Váyanse y traten de comprender
estas palabras, 'Yo quiero que tengan
compasión y no que ofrezcan sacrificios de animales.' Oseas 6:6 Porque no
he venido a llamar a los buenos, sino a
los pecadores."

Jesús enseña a no comer para poder orar mejor

Marcos 2:18-22 Lucas 5:3339

14 Los discípulos de Juan el bautista
vinieron a Jesús preguntándole: "¿Por
qué nosotros y los celosos religiosos
muchas veces dejamos de comer para
poder orar mejor a Dios, mientras que
tus discípulos no lo hacen?"
15 Jesús les dijo: "¿Pueden los amigos en una boda estar tristes cuando
el esposo está con ellos? Pero van a
venir días cuando el esposo ya no estará entre ellos. Entonces sí, dejarán de
comer para poder orar mejor.
16 "Nadie remienda un vestido viejo
con un pedazo de tela nueva, porque
el remiendo nuevo se encoge, rompe la
tela vieja y hace más grande la rotura.
17 Nadie pone el vino nuevo en bolsa
de cuero viejo. Si así lo hacen, el cuero
podrá romperse, y el vino con las bolsas se perderán. Por eso, ponen el vino
nuevo en bolsas de cuero nuevo, para
que ambos puedan usarse."

La curación por fe

Marcos 5:21-43 Lucas 8:40-56

18 Cuando Jesús estaba hablando con
ellos, un jefe del templo local vino y se
arrodilló delante de él. Adorándole, le
dijo: "Mi hija acaba de morir, pero ven,
pon tu mano sobre ella y vivirá."

11 The proud religious law keepers
saw this. They said to the followers
of Jesus: "Why does your teacher eat
with men who gather taxes and with
sinners?"
12 Jesus heard them and said: "People
who are well do not need a doctor.
13 But go and understand these
words, 'I want lovingkindness and not
a gift to be given.' Hosea 6:6 For I have
not come to call good people. I have
come to call those who are sinners."

Jesus teaches about going without food so you can pray better

Mark 2:18-22 Luke 5:33-35

14 Then the followers of John the
Baptist came to Jesus. They asked:
"Why do we and the proud religious
law keepers many times go without
food so we can pray better? But Your
followers never go without food so
they can pray better."
15 Jesus said: "Can the friends at a
wedding be sorry when the man just
married is with them? But the days will
come when the man just married will
be taken from them. Then they will not
eat food so they can pray better.
16 "No one sews a piece of new cloth
on an old coat, because if the new piece
pulls away, it makes the hole bigger.
17 Men do not put new wine into old
skin bags. If they did, the skins would
break and the wine would run out. The
bags would be no good. They put new
wine into new skin bags and both can
be used."

Two healed through faith

Mark 5:21-43 Luke 8:40-56

18 While Jesus talked to them, a leader of the people came and got down
before Him, and worshiped Him. He
said: "My daughter has just died. But
come, lay Your hand on her and she

19 Jesús se levantó, le siguió y sus discípulos también fueron con él.
20 Entonces una mujer, que había estado enferma con derrame de sangre durante doce años, vino por detrás, tocó el borde del vestido de Jesús y
21 se dijo a sí misma: "Si solamente toco el borde de su vestido, quedaré sana."
22 Entonces Jesús se dio vuelta, la vio y dijo: "Hija, anímate; tu fe te ha sanado." En ese momento la mujer quedó sana.
23 Jesús vino a casa del jefe del pueblo y vio a la gente que tocaba instrumentos musicales y hacía mucha bulla para hacer duelo.
24 Les dijo: "¡Váyanse ya! La muchacha no está muerta, sino dormida." La gente se rio de él,
25 pero él les mandó salir de allí. Entonces entró y tomó la mano de la muchacha. Ella se levantó al instante.
26 La noticia de esto corrió por todo el país.

La curación de dos hombres ciegos

27 Jesús se fue de allí, y dos hombres ciegos le siguieron, gritando: "Ten piedad de nosotros, Hijo de David."
28 Jesús entró en la casa, y los dos hombres ciegos también entraron con él. Entonces Jesús les preguntó: "¿Creen ustedes que yo puedo hacer esto?" Ellos le contestaron: "¡Sí, Señor!"
29 Entonces Jesús puso sus manos sobre los ojos de ellos y les dijo: "Ustedes recibirán lo que piden, porque tienen fe."
30 Al instante, sus ojos fueron abiertos. Jesús les pidió que no lo dijeran a nadie,
31 pero cuando ellos se fueron, dijeron por toda esa región lo que Jesús había hecho.
32 Después, siguiendo ellos su camino, un hombre fue traído a Jesús porque

will live."
19 Jesus got up and followed him. His followers went also.
20 Just then a woman who had been sick with a flow of blood for twelve years came from behind. She touched the bottom of His coat.
21 She said to herself: "If I only touch the bottom of His coat, I will be healed."
22 Then Jesus turned around. He saw her and said: "Daughter, take hope! Your faith has healed you." At once the woman was healed.
23 Jesus came into the leader's house. He saw the people playing music and making much noise.
24 He said to them: "Go now! For the girl is not dead, but is sleeping." But they laughed at Him.
25 He sent the people outside. Then he went in and took the girl's hand. She was raised up.
26 News of this went out into all the country.

The healing of two blind men

27 Jesus went on from there. Two blind men followed him. They called out: "Take pity on us, Son of David."
28 Jesus went into the house. The blind men came to Him. Then Jesus said to them: "Do you have faith that I can do this?" They said to him: "Yes, Sir!"
29 Then Jesus put His hands on their eyes and said: "You will have what you want because you have faith."
30 Their eyes were opened. Jesus told them to tell no one.
31 But when they had gone, they told about him everywhere in the country.
32 As they went on their way, a man who had a demon and could not talk

tenía un espíritu malo y no podía hablar.
33 Cuando el espíritu malo fue echado fuera, el hombre pudo hablar. Mucha gente quedó muy sorprendida y admirada de esto. Todos decían: "Nunca hemos visto cosa semejante en la nación de los judíos."
34 Pero los celosos religiosos dijeron: "Este hombre saca los espíritus malos con la ayuda del jefe de los mismos espíritus malos."

Jesús predica y sana en Galilea

35 Jesús pasó por todos los pueblos y ciudades del país de Galilea, enseñando en los templos locales, predicando las buenas nuevas del reino de Dios y sanando toda enfermedad y dolencia de la gente.
36 Viéndolas, sintió compasión por las personas porque estaban desesperadas. Iban y venían como ovejas sin pastor.

37 Entonces dijo a sus discípulos: "La cosecha es mucha, pero los obreros son pocos.
38 Oren al Señor, que es dueño de los campos, para que envíe obreros a su cosecha."

Jesús llama a sus doce seguidores y los manda a predicar

Marcos 6:7-13 Lucas 9:1-6

10 Jesús llamó a sus doce seguidores y les dio poder para sacar espíritus malos y curar toda clase de enfermedades y dolencias.
2 Estos son los nombres de ellos: Simón, llamado Pedro; y Andrés su hermano; Jacobo y Juan, que eran hijos de Zebedeo;

3 Felipe; Bartolomé y Tomás; Mateo, el cobrador de impuestos; Jacobo, hijo de Alfeo; Lebeo, que también se llamaba Tadeo;

was brought to Jesus.
33 When the demon was put out of him, the man was able to talk. Many people were surprised and wondered about it. They said: "We have never seen anything in the nation of the Jews like this."
34 But the proud religious law keepers said: "He puts out demons by the help of the leader of the demons."

Jesus preaches and heals in Galilee

35 Jesus went on to all the towns and cities. He taught in their places of worship. He preached the Good News of the holy nation of God. He healed every sickness and disease the people had.
36 As He saw many people, He had loving pity on them. They were troubled and were walking around everywhere. They were like sheep without a shepherd.
37 Then He said to his followers: "There is much grain ready to gather. But the workmen are few.
38 Pray then to the Lord who is the owner of the grain fields that he will send workmen to gather his grain."

Jesus calls twelve followers and sends them out

Mark 6:7-13 Luke 9:1-6

10 Jesus called His twelve followers to Him. He gave them power to put out demons and to heal all kinds of sickness and disease.
2 These are the names of the twelve followers. There were Simon who was called Peter, and Andrew his brother, and James and John who were the sons of Zebedee.
3 There were Philip and Bartholomew and Thomas. There was Matthew, the man who gathered taxes. There were James the son of Alphaeus,

4 Simón, el cananita y Judas Iscariote, el hombre que después traicionó a Jesús.

5 Al mandarles, Jesús les dijo: "No vayan a ver a la gente que no sea judía; no vayan a ningún pueblo del país de Samaria.

6 Vayan únicamente a los judíos que se encuentran perdidos.

7 Predíquenles. Díganles: 'El reino de los cielos está cerca.'

8 Sanen a los enfermos y a los que tengan males en la piel; levanten a los muertos y saquen a los espíritus malos. Ustedes han recibido mucho; ahora deben dar mucho.

9 No lleven ustedes oro, ni plata, ni cobre,

10 ni bolsa con cosas para el viaje. No lleven dos sacos, ni zapatos, ni bastón, porque el trabajador merece recibir su alimento y todo lo que necesite.

11 "Cuando entren en una ciudad o pueblo, busquen una casa de confianza y quédense allí hasta irse de la ciudad o aldea.

12 Cuando entren a una casa, saluden;

13 y si la gente de esa casa lo merece, preséntenle sus mejores deseos. Si no lo merece, que esos buenos deseos se vuelvan a ustedes.

14 Y si no les reciben ni les quieren oír, entonces salgan de esa casa y sacudan el polvo de sus pies.

15 Les aseguro que en el día del juicio, cuando Dios examine a los hombres, el castigo para esa ciudad será peor que para la gente de las antiguas ciudades de Sodoma y Gomorra. Génesis 19:24-25

16 "Yo les envío a ustedes como ovejas en medio de lobos. Sean listos como serpientes, pero inofensivos y

and Thaddeaus, and

4 Simon the Canaanite. There was Judas Iscariot who handed Jesus over to be killed.

5 Jesus sent out these twelve followers. He told them to go, saying: "Stay away from people who are not Jews. And do not go to any town in the country of Samaria.

6 But go to the Jewish people who are lost.

7 As you go, preach. Say, 'The holy nation of heaven is near.'

8 Heal the sick and those with bad skin diseases. Raise the dead. Put out demons. You have received much, now give much.

9 Do not take gold or silver or brass money with you.

10 Do not take a bag of things for the trip. Do not take two coats or shoes or a walking stick. A workman should receive his food and what he needs.

11 "When you come to a city or town, find a home that is respected and stay there until you leave.

12 As you go into a house, tell them you hope good comes to them.

13 And if the house is respected, give them your good wishes. If it is not respected, let your good wishes come back to you.

14 Whoever does not receive you or does not listen to what you say, as you leave that house or city, shake off the dust from your feet.

15 For sure, I tell you, it will be easier for the land of Sodom and Gomorrah on the day men stand before God and are told they are guilty, than for that city. Genesis 19:24-25

16 "I am sending you out like sheep with wolves all around you. Be wise like snakes and gentle like doves.

suaves como palomas.

17 Cuídense de los hombres, porque ellos los llevarán a sus cortes de justicia y los golpearán en los templos locales.

18 Los llevarán delante de los jefes del pueblo y a los reyes, por causa de mí. Así podrán hablarles de mí a ellos y a los que no son judíos.

19 Cuando ustedes sean entregados en sus manos, no se preocupen por lo que tendrán que decir, o cómo lo deberán decir, porque Dios les dará las palabras cuando llegue el momento.

20 No serán ustedes los que digan las palabras, pues el Espíritu del Padre hablará por medio de ustedes.

21 "Un hermano entregará al otro hermano a la muerte; un padre entregará a su hijo a la muerte; los hijos entregarán a sus padres a la muerte.

22 Ustedes serán odiados por toda la gente por causa de mí, pero el que siga firme hasta el fin será salvo.

23 Cuando los persigan en una ciudad, váyanse a otra. Les aseguro que antes de que ustedes hayan entrado en todas las ciudades de los judíos, vendrá el Hijo del Hombre.

24 "Un discípulo no es más importante que su maestro, ni un obrero, más importante que su patrón.

25 El alumno debe alegrarse de ser como su maestro, y el obrero debe alegrarse de ser como su patrón. Si al jefe de la casa le llaman diablo, ¿cuánto más dirán de su familia?

26 Por lo mismo, no le tengan miedo a la gente, porque nada hay secreto que no se sabrá después. Nada hay escondido que no se descubrirá.

27 Repitan ustedes a la luz del día lo que les digo en la oscuridad. Digan en voz alta, desde los techos de las casas,

17 But look out for men. They will take you up to their courts and they will hurt you in their places of worship.

18 They will take you in front of the leaders of the people and of the kings because of me. You will tell them and the people who do not know God about me.

19 When you are put into their hands, do not worry what you will say or how you will say it. The words will be given you when the time comes.

20 It will not be you who will speak the words. The Spirit of your Father will speak through you.

21 "A brother will hand over a brother to be put to death. A father will hand over his child to be put to death. Children will hand over their parents to be put to death.

22 You will be hated by all people because of Me. But he who stays true to the end will be saved.

23 When they make it hard for you in one town, go to another. For sure, I tell you, before you have gone through the Jewish cities, the Son of Man will come.

24 "A follower is not greater than his teacher. A servant who is owned by someone is not greater than his owner.

25 A follower should be happy to be as his teacher, and a servant who is owned by someone should be happy to be as his owner. If they have called the head of the house Satan, how much more will they speak against those of the house.

26 Then do not be afraid of them. For nothing is covered up that will not be brought out into the light. There is nothing hid that will not be made known.

27 You tell in the light what I tell you in the dark. You must speak with a loud voice from the roofs of houses what

lo que ustedes han oído en voz baja.
28 No tengan miedo de los que matan el cuerpo, porque ellos no pueden matar el alma. Ténganle miedo al que puede destruir en el infierno tanto el alma como el cuerpo.
29 ¿No se venden dos pajaritos por unos centavos? Sin embargo, ninguno de esos pajaritos cae a la tierra sin que su Padre Dios lo sepa.
30 Dios sabe cuántos cabellos hay en la cabeza de ustedes.
31 Así que, no tengan miedo, porque ustedes son más importantes que muchos pajaritos.
32 "A cualquiera que me presenta frente a los hombres y muestra con su vida que me conoce, yo le presentaré a mi Padre que está en el cielo.
33 Pero, a cualquiera que me niega ante los hombres y vive como si no me conociera, también yo le negaré ante mi Padre que está en el cielo.
34 "No piensen que he venido a traer paz al mundo. No vine para traer paz, sino lucha.
35 He venido para poner al hombre contra su padre, para poner a la hija contra su madre, para poner a la nuera contra su suegra.
36 De manera que el hombre será odiado por los de su propia familia.

Dejando las cosas terrenales

Lucas 14:25-35

37 "El que ama a su padre y a su madre más que a mí no merece ser mío. El que ama a su hijo o a su hija más que a mí no merece ser mío.
38 El que no toma su cruz y me sigue no merece ser mío.
39 El que quiera guardar su vida la perderá, y el que pierda su vida por mi causa la salvará.
40 "Cualquiera que les reciba a ustedes me recibe a mí. Cualquiera que me reci-

you have heard.
28 Do not be afraid of them who kill the body. They are not able to kill the soul. But fear him who is able to destroy both soul and body in hell.
29 Are not two small birds sold for a very small piece of money? And yet not one of the birds falls to the earth without your Father knowing it.
30 God knows how many hairs you have on your head.
31 So do not be afraid. You are more important than many small birds.
32 "Whoever makes me known in front of men, I will make him known to my Father in Heaven.
33 But whoever does not make Me known in front of men and acts as if he does not know Me, I will not make him known to my Father in Heaven.
34 "Do not think I came to bring peace on the earth. I did not come to bring peace, but a sword.
35 I came to turn a man against his father. I came to turn a daughter against her mother. I came to turn a daughter-in-law against her mother-in-law.
36 A man will be hated by his own family.

Giving up things of this earth

Luke 14:25-35

37 "He who loves his father and mother more than Me is not good enough for Me. He who loves son or daughter more than Me is not good enough for me.
38 He who does not take his cross and follow me is not good enough for me.
39 He who wants to keep his life will have it taken away from him. He who loses his life because of Me will have it given back to him.
40 "Whoever receives you, receives Me. Whoever receives Me, receives

be a mí recibe a Aquel que me envió.

41 Cualquiera que recibe a un predicador que habla de Dios, por ser predicador, recibirá el mismo pago que se da a un predicador que habla de Dios. Cualquiera que recibe a un hombre bueno, porque es bueno, recibirá el mismo premio que se da a un hombre bueno.

42 Les aseguro que cualquiera que le da un vaso de agua fría a uno de estos pequeñitos, porque me sigue a mí, tendrá su premio."

Juan el bautista pregunta acerca de Jesús

Lucas 7:18-23

11 Cuando Jesús terminó de decir a sus doce seguidores lo que debían hacer, se fue de allí a enseñar y a predicar en las ciudades de ellos.

2 Mientras Juan el bautista estaba en la cárcel, oyó de las cosas que Jesús estaba haciendo y le envió a dos de sus seguidores.

3 Estos le preguntaron: "¿Eres tú el que debía venir, o debemos esperar a otro?"

4 Jesús les dijo: "Vayan a decirle a Juan lo que ustedes han visto y oído:

5 que los ciegos ven; que los que no caminaban ahora pueden hacerlo; que los que tenían enfermedades en la piel están curados; que los que no oían ahora oyen; que los muertos son levantados a la vida y las buenas nuevas son predicadas a los pobres.

6 Feliz el que no se avergüenza de mí."

Jesús habla de Juan el bautista

Lucas 7:24-35

7 Cuando los seguidores de Juan el bautista se fueron, Jesús comenzó a hablar a la gente acerca de Juan. Les dijo: "¿Qué salieron a ver en el desierto? ¿Qué caña movida por el viento?

8 ¿Qué salieron a ver? ¿Un hombre

him who sent me.

41 Whoever receives a preacher who speaks for God because he is a preacher, will get the reward of a preacher who speaks for God. Whoever receives a man right with God, because he is a man right with God, will get the reward of a man right with God.

42 For sure, I tell you, anyone who gives a cup of cold water to one of these little ones because he follows Me, will not lose his reward."

John the Baptist asks about Jesus

Luke 7:18-23

11 When Jesus finished telling His twelve followers what to do, He went away from there to teach and preach in their towns.

2 When John the Baptist was in prison, he heard what Jesus was doing. He sent his followers.

3 They asked: "Are You the one who was to come, or should we look for another?"

4 Jesus said to them: "Go and tell John what you see and hear.

5 The blind are made to see. Those who could not walk are walking. Those who have had bad skin diseases are healed. Those who could not hear are hearing. The dead are raised up to life and the Good News is preached to poor people.

6 He is happy who is not ashamed of Me and does not turn away because of Me."

Jesus tells about John the Baptist

Luke 7:24-35

7 As the followers of John the Baptist went away, Jesus began to tell the people about John. He said: "What did you go out to see in the desert? A small tree shaking in the wind?

8 But what did you go out to see?

vestido de ropa fina? Los que llevan
ropa fina están en las casas de los
reyes.
9 Pero, ¿qué salieron a ver? ¿A alguien
que habla de Dios? Sí, y les digo que él
es más que eso.
10 Juan es aquel de quien las sagradas
escrituras dicen: 'Yo enviaré a mi ayudante que lleve las noticias delante de
ti. Él preparará tu camino'. Malaquías
3:1
11 De veras les digo que entre los
nacidos de mujer, no hay otro más
importante que Juan el bautista, pero
también les digo que aun el menos
importante en el reino de los cielos es
más importante que él.
12 Desde que vino Juan el bautista
hasta ahora, el reino de los cielos ha
sufrido mucho, y los hombres guerre-
ros procuran conquistarlo.
13 Todos los antiguos predicadores
y la ley hablaron acerca de esto, hasta
que vino Juan.
14 Y si ustedes quieren creerlo, él es
aquel Elías que debía venir.
Malaquías 4:5
15 Ustedes tienen oídos; entonces
oigan.

Jesús habla contra las ciudades de Galilea

16 "¿A qué puedo comparar la gente
de hoy? Son como los niños que juegan
en las plazas y gritan a sus amigos:
17 '¡Les tocamos música, pero ustedes
no bailaron. Les cantamos canciones
tristes, y no lloraron!'
18 Vino Juan, que no comía ni bebía, y
ustedes dijeron: 'Tiene un espíritu malo.'
19 Luego vine yo, el Hijo del Hombre,
que como y bebo, y dicen: '¡Mírenlo!
Come demasiado y le gusta el vino. ¡Es
amigo de los cobradores de impuestos y de los pecadores!' Pero la misma
sabiduría nos demuestra que es bueno

A man dressed in good clothes? Those
who are dressed in good clothes are in
the houses of kings.
9 What did you go out to see? one
who speaks for God? Yes, I tell you, he
is more than one who speaks for God.
10 This is the man the Holy Writings
spoke of when they said, 'See! I will
send my helper to carry news ahead of
you. He will make your way ready for
you!' Malachi 3:1
11 For sure, I tell you, of those born of
women, there is no one greater than
John the Baptist. The least in the holy
nation of Heaven is greater than he.
12 From the days of John the Baptist
until now, the holy nation of heaven has
suffered very much. Fighting men try to
take it.
13 All the early preachers and the Law
told about it until the time of John.
14 And if you will believe it, he is Elijah
who was to come. Malachi 4:5
15 You have ears, then listen!

Jesus speaks against cities in Galilee

16 "What are the people of this day
like? They are like children playing in
the center of town where people gather.
They call to their friends.
17 They say, 'We played music for you,
but you did not dance. We showed
sorrow in front of you, but you did not
show sorrow.'
18 John came and did not eat or drink.
They said, 'He has a demon.'
19 Then the Son of Man came and ate
and drank. They said, 'See! He eats too
much and likes wine. He is a friend of
men who gather taxes and of sinners!'
But wisdom shows itself to be right by
what it does."

por las cosas que hace."

20 Entonces Jesús comenzó a reprender a las ciudades donde hizo la mayor parte de sus obras poderosas porque no sentían ningún dolor por sus pecados, ni los dejaban.

21 "¡Ay de ti, ciudad de Corazín! ¡Ay de ti, ciudad de Betsaida! Porque si las obras poderosas que fueron hechas en ustedes se hubieran hecho en las ciudades de Tiro y Sidón, ellas habrían dejado sus pecados desde hace tiempo; se habrían entristecido, vistiéndose de luto y sentándose en ceniza.

22 Yo les digo, que será más fácil para las ciudades de Tiro y Sidón el día cuando Dios examine a los hombres que para ustedes.

23 "¿Y tú, ciudad de Capernaum, crees que vas a ser levantada hasta el cielo? No, tú serás bajada hasta el infierno, porque si las obras poderosas que fueran hechas en ti se hubieran hecho en la ciudad de Sodoma, aquí estaría hasta el día de hoy.

24 Pero yo les digo, que será más facil para la ciudad de Sodoma el día cuando Dios examine a los hombres, que para ti."

20 Then he began to say strong words against the cities where most of his powerful works were done. He spoke to them because they were not sorry for their sins and did not turn from them.

21 "It is bad for you, city of Chorazin! It is bad for you, town of Bethsaida! For if the powerful works which were done in you had been done in the cities of Tyre and Sidon, they would have turned from their sins long ago. They would have shown their sorrow by putting on clothes made from hair and would have sat in ashes.

22 I tell you, it will be better for Tyre and Sidon on the day men stand before God and are told they are guilty, than for you.

23 "And Capernaum, are you to be lifted up into heaven? You will be taken down to hell. If the powerful works which were done in you had been done in the city of Sodom, it would be here to this day.

24 But I say to you that it will be better for the land of Sodom on the day men stand before God and are told they are guilty, than for you."

Jesús ora a su Padre

25 En ese tiempo Jesús dijo: "Gracias, Padre, Señor del cielo y de la tierra, porque tú escondiste estas cosas de los sabios y de los que tienen mucho entendimiento y las enseñaste a los niños.

26 Sí, Padre, porque así lo quisiste tú.

27 "Mi Padre me dio todas las cosas. Nadie conoce al Hijo, sino el Padre. Nadie conoce al Padre, sino el Hijo, y aquellos a quienes el Hijo quiera darlo a conocer.

Jesus prays to his Father

25 At that time Jesus said: "Thank you, Father, Lord of heaven and earth, because you hid these things from the wise and from those who have much learning. You have shown them to little children.

26 Yes, Father, it was good in your sight.

27 "Everything has been given to me by my Father. No one knows the Son but the Father. No one knows the Father but the Son, and those to whom the Son wants to make the Father known.

Jesús llama a la gente para que le siga

28 "Vengan a mí, todos los que están cansados y que llevan cargas pesadas. Yo les daré descanso.

29 Sigan mis enseñanzas y aprendan de mí. Soy humilde y no orgulloso. Ustedes encontrarán descanso para sus almas,

30 porque mi manera de llevar una carga es fácil, y mi carga no es pesada."

Jesus calls people to follow him

28 "Come to me, all of you who work and have heavy loads. I will give you rest.

29 Follow My teachings and learn from me. I am gentle and do not have pride. You will have rest for your souls.

30 For my way of carrying a load is easy and my load is not heavy."

Jesús enseña acerca del día de descanso

Marcos 2:23-28 Lucas 6:1-5

12 En aquel tiempo Jesús caminaba por los campos de trigo el día de descanso. Como sus seguidores tuvieron hambre, comenzaron a arrancar el grano y a comerlo.

2 Los celosos religiosos vieron esto y le dijeron a Jesús: "¡Mira, tus seguidores hacen lo que la ley dice que no se debe hacer en el día de descanso!"

3 Él les contestó: "¿No han leído ustedes lo que hizo David, cuando él y sus hombres tuvieron hambre?

4 ¿Que entró en la casa de Dios y comió del pan especial preparado para la adoración, lo cual era contra la ley, tanto para él como para los que comieron con él? Solamente los líderes religiosos de los judíos podían comer de ese pan especial.

5 ¿No han leído ustedes en la ley que los jefes religiosos no descansan en el día de descanso y, sin embargo, no son culpables?

6 En verdad les digo que Uno más importante que el gran templo de Dios está aquí.

7 Ustedes no han entendido el significado de las palabras, 'Yo quiero que tengan compasión y no que me ofrenden animales.' Oseas 6:6 No digan que una persona es culpable cuando en realidad no ha hecho nada malo,

8 porque el Hijo del Hombre es Señor del día de descanso."

Jesus teaches about the day of rest

Mark 2:23-28 Luke 6:1-5

12 At that time Jesus walked through the grain fields on the Day of Rest. His followers were hungry and began to pick off grain to eat.

2 The proud religious law keepers saw this. They said to Jesus: "See! Your followers do what the Law says not to do on the Day of Rest."

3 He said to them: "Have you not read what David did when he and his men were hungry?

4 He went into the house of God and ate the special bread used in worship which was against the Law for him or those with him to eat! Only the Jewish religious leaders were to eat that special bread.

5 Have you not read in the Law how the religious leaders do that which is not right to do on the Day of Rest, and yet they are not guilty?

6 I tell you that someone greater than the house of God is here.

7 If you had understood what the words mean, 'I want loving kindness and not a gift to be given,' Hosea 6:6 you would not say a person is guilty who has done no wrong.

8 For the Son of Man is Lord of the Day of Rest."

Jesús sana en el día de descanso

Marcos 3:1-6 Lucas 6:6-11

9 De allí Jesús se fue al templo local.

10 Un hombre con una mano seca se
encontraba allí, y los celosos religiosos
preguntaron a Jesús: "¿Dice la ley que
es correcto sanar en el día de descanso?"
11 Él les dijo: "¿Si uno de ustedes
tuviera una oveja que se cayera en un
pozo en el día de descanso, no iría a
sacarla?
12 ¡Cuánto más valioso es un hombre
que una oveja! De manera que, sí, es
correcto hacer el bien en el día de descanso."
13 Entonces le dijo al hombre: "Extiende tu mano." Y cuando él la extendió,
quedó tan sana como la otra.
14 Luego los celosos religiosos se fueron e hicieron planes contra Jesús, buscando la manera de matarlo.

Jesus heals on the day of rest

Mark 3:1-6 Luke 6:6-11

9 From there Jesus went into their
place of worship.
10 A man was there with a dried up
hand. The proud religious law keepers
asked Jesus: "Does the Law say it is
right to heal on the Day of Rest?" They
wanted something to say against Him.
11 He said to them: "If one of you has
a sheep which falls into a hole on the
Day of Rest, will you not take hold of it
and pull it out?
12 How much better is a man than a
sheep! So it is right to do good on the
Day of Rest."

13 Then He said to the man: "Put out
your hand." He held it out and it was
made as well as the other.
14 The proud religious law keepers
went out and made plans against Him.
They planned how they might kill Him.

Jesús sana a mucha gente

Marcos 3:7-12 Lucas 6:17-19

15 Jesús sabía esto y se fue de allí.
Mucha gente lo siguió, y él los sanó.

16 Pero les pidió que no dijeran nada
a nadie, acerca de él.
17 Pasó tal como el antiguo predicador Isaías dijo que pasaría:
18 "Este es mi siervo, al que yo escogí,
a quien yo amo y del cual estoy contento. Yo pondré mi Espíritu sobre él, y él
dirá a las naciones lo que es correcto y
lo que es incorrecto.
19 No peleará ni hablará en voz alta;
nadie oirá su voz en las calles.

20 No cortará la caña torcida, ni apa-
gará el fuego que comienza a arder,
hasta que enderece todas las cosas.
21 Las naciones tendrán esperanza en
su nombre." Isaías 42:1-4

Jesus heals many people

Mark 3:7-12 Luke 6:17-19

15 Jesus knew this and went away
from there. Many people followed Him
and he healed all of them.
16 He told them to tell no one of
Him.
17 It happened as the early preacher
Isaiah said it would happen, saying,
18 "See! my servant whom I have chosen! My much Loved, in whom my soul
is well pleased! I will put my Spirit in
him. He will say to the nations what is
right from wrong.
19 He will not fight or speak with a
loud voice. No man will hear His voice
in the streets.
20 He will not break a broken branch.
He will not put out a little fire until he
makes things right.
21 In His name the nations will have
hope." Isaiah 42:1-4

La nación que no puede permanecer

Marcos 3:22-30 Lucas 11:14-23

22 Entonces le trajeron un hombre que tenía un espíritu malo. Era ciego y no podía hablar. Jesús lo sanó, y luego él pudo ver y hablar.

23 Toda la gente estaba sorprendida y decía: "¿No será este hombre el hijo de David?"

24 Pero cuando los celosos religiosos oyeron esto, dijeron: "Este hombre echa fuera a los espíritus malos por el poder del diablo, el jefe de los espíritus malos."

25 Jesús sabía lo que pensaban y les dijo: "Cualquier nación dividida en grupos que pelean unos contra otros se destruirá sola. Cualquier ciudad o familia dividida en grupos que pelean unos contra otros tampoco podrá permanecer.

26 Si el diablo sacara al diablo, estaría dividido contra sí mismo. ¿Cómo podría permanecer su reino?

27 Si yo saco a los espíritus malos por el poder del diablo, ¿cómo lo hacen los seguidores de ustedes? Así que, los seguidores de ustedes les dirán si son culpables o no.

28 Pero si yo saco espíritus malos por el Espíritu de Dios, entonces el reino de Dios ha venido a ustedes.

29 ¿Cómo podría alguien entrar en la casa del hombre fuerte y llevarse sus cosas, si primero no lo atara? Solamente así podría llevarse las cosas de su casa.

El pecado que no puede ser perdonado

30 "Cualquiera que no está conmigo está contra mí. Cualquiera que no recoge conmigo desparrama.

31 Yo les digo que todo pecado y toda mala palabra que diga el hombre contra Dios serán perdonados; pero las malas palabras dichas contra el Espíritu Santo no serán perdonadas.

32 Cualquiera que diga una mala palabra contra el Hijo del Hombre será

A nation that cannot stand

Mark 3:22-30 Luke 11:14-23

22 Then they brought to Him a man who had a demon. He was blind and could not speak. Jesus healed him and he could talk and see.

23 All the people were surprised and said: "Can this Man be the Son of David?"

24 But when the proud religious law keepers heard it, they said: "This Man puts out demons only by Satan, the leader of demons."

25 Jesus knew their thoughts and said to them: "Every nation divided into groups that fight each other is going to be destroyed. Every city or family divided into groups that fight each other will not stand.

26 If the devil puts out the devil, he is divided against himself. How will his nation stand?

27 If I put out demons by Satan, by whom do your followers put them out? So your followers will say if you are guilty.

28 But if I put out demons by the Spirit of God, then the holy nation of God is come to you.

29 How can anyone go into a strong man's house and take away his things, unless he ties up the strong man first? Only then can he take things from his house.

The sin that cannot be forgiven

30 "Whoever is not with Me is against Me. Whoever is not gathering with Me is sending everywhere.

31 I tell you, every sin and every bad word men speak against God will be forgiven, but bad words spoken against the Holy Spirit will not be forgiven.

32 Whoever speaks a word against the Son of Man will be forgiven, but

perdonado, pero cualquiera que hable contra el Espíritu Santo no será perdonado, ni en este mundo ni en el otro.

El pecado de decir cosas malas

33 "Un buen árbol da buenos frutos y un árbol malo da frutos malos, y al árbol se le conoce por sus frutos.
34 ¡Raza de víboras! ¿Cómo podrían decir cosas buenas, si ustedes mismos son malos? La boca habla de lo que está en el corazón.
35 Un hombre bueno hablará cosas buenas, porque hay bondad en él. Un hombre malo hablará cosas malas, porque hay pecado en él.
36 Yo les digo que el día en que los hombres estén ante Dios, tendrán que responder por cada palabra descuidada que hayan dicho.
37 Porque por tus mismas palabras se sabrá si eres culpable o inocente."

Jesús habla de Jonás

Lucas 11:29-32

38 Entonces algunos de los maestros de la ley y los celosos religiosos le dijeron a Jesús: "Maestro, nosotros quisiéramos que hicieras una obra poderosa para poder verla."
39 Él les dijo: "Los pecadores de hoy buscan una señal para poder creer, pero no se les dará más señal que la del antiguo predicador Jonás.
40 Jonás estuvo tres días y tres noches en el estómago de un gran pez. Así también, el Hijo del Hombre estará tres días y tres noches en el sepulcro.
41 Los hombres de la ciudad de Nínive se levantarán con la gente de ahora en el día cuando Dios examine a los hombres. Dirán que esta gente es culpable, porque los de Nínive sintieron dolor por sus pecados y los dejaron cuando Jonás predicaba. Pero miren:

whoever speaks against the Holy Spirit will not be forgiven in this life or in the life to come.

The sin of saying bad things

33 "A good tree gives good fruit. A bad tree gives bad fruit. A tree is known by its fruit.
34 You family of snakes! How can you say good things when you are sinful? The mouth speaks what the heart is full of.
35 A good man will speak good things because of the good in him. A bad man will speak bad things because of the sin in him.
36 I say to you, on the day men stand before God, they will have to give an answer for every word they have spoken that was not important.
37 For it is by your words that you will not be guilty and it is by your words that you will be guilty."

Jesus tells about Jonah

Luke 11:29-32

38 Then some of the teachers of the Law and the proud religious law keepers said to Jesus: "Teacher, we would like to have you do something special for us to see."
39 He said to them: "The sinful people of this day look for something special to see. There will be nothing special to see but the powerful works of the early preacher Jonah.
40 Jonah was three days and three nights in the stomach of a big fish. The Son of Man will be three days and three nights in the grave also.
41 The men of the city of Nineveh will stand up with the people of this day on the day men stand before God. Those men will say these people are guilty because the men of Nineveh were sorry for their sins and turned from them when Jonah preached. And see,

Alguien más importante que Jonás está
aquí.
42 "La reina del Sur se levantará con
la gente de ahora en el día cuando los
hombres estén delante de Dios y dirá
que esta gente es culpable, porque ella
vino desde lo más lejos de la tierra
para escuchar la sabiduría de Salomón.
Y miren, ¡Alguien más importante que
Salomón está aquí!

someone greater than Jonah is here!
42 "The Queen of the South will
stand up with the people of this day
on the day men stand before God. She
will say that these people are guilty
because she came from the ends of the
earth to listen to the wise sayings of
Solomon. And see, Someone greater
than Solomon is here!

Una persona puede estar llena del mal o del bien

Lucas 11:24-26

43 "Cuando un espíritu malo sale de un
hombre, se va a lugares secos para encontrar descanso. Cuando no lo encuentra,
44 dice: '¡Volveré a mi casa, de donde
salí!' Regresando, la encuentra vacía,
pero ve que la casa ha sido limpiada y
que se ve bien.
45 Entonces sale y trae otros siete
espíritus más malos que él, y todos se
meten a vivir allí. Al fin, aquel hombre
será peor que al principio. Asimismo
será con los pecadores de hoy en día.

A person filled with bad or good

Luke 11:24-26

43 "When a demon is gone out of a
man, it goes through dry places to find
rest. It finds none.
44 Then it says, 'I will go back into my
house from which I came.' When it
goes back, it sees that it is empty. But
it sees that the house has been cleaned
and looks good.
45 Then it goes out and comes back
bringing with it seven demons more
sinful than itself. They go in and live
there. In the end that man is worse
than at first. It will be like this with the
sinful people of this day."

La nueva clase de familia

Marcos 3:31-35 Lucas 8:19-21

46 Mientras Jesús hablaba a la gente, su madre y sus hermanos vinieron
y esperaban afuera porque querían
hablar con él.
47 Alguien le dijo: "Tu madre y tus
hermanos están afuera y quieren hablar
contigo."
48 Jesús dijo: "¿Quién es mi madre? ¿Y
quiénes son mis hermanos?"
49 Extendiendo la mano hacia sus
seguidores dijo: "¡Miren! ¡Estos son mi
madre y mis hermanos!
50 Cualquiera que hace lo que mi
Padre que está en el cielo quiere que
se haga, ése es mi hermano y mi hermana y mi madre."

The new kind of family

Mark 3:31-35 Luke 8:19-21

46 While Jesus was still talking to the
people, His mother and His brothers
came and stood outside. They wanted
to talk to Him.
47 Someone said to Him: "Your mother and brothers are outside and want
to talk to you."
48 Jesus said: "Who is my mother?
And who are my brothers?"
49 He put out his hand to his followers and said: "See, these are my mother and my brothers!
50 Whoever does what my father in
heaven wants him to do is my brother
and my sister and my mother."

Jesús enseña con historias

Marcos 4:1-34 Lucas 8:4-18

13 Ese mismo día Jesús salió de la
casa y se sentó a la orilla del
lago.
2 Como se juntó mucha gente, se
subió a un barco y se sentó.

Jesus teaches with picture stories

Mark 4:1-34 Luke 8:4-18

13 That same day Jesus went out
of the house and sat down by
the shore of the lake.
2 Then He got in a boat and sat down
because so many people had gathered
around Him. Many people were standing on the shore.

La historia del sembrador

3 Jesús les enseñó muchas cosas,
pero usando solamente historias. Les
dijo: "Un hombre salió a sembrar.
4 Cuando iba sembrando, parte de
la semilla cayó al lado del camino. Las
aves vinieron y se la comieron.
5 Una parte cayó entre las piedras
y creció enseguida, porque había muy
poca tierra,
6 pero salido el sol se secó, porque
no tenía raíces.
7 Algunas semillas cayeron entre
espinos; los espinos crecieron y no
dejaron lugar para las semillas.
8 Algunas semillas cayeron en buena
tierra y dieron mucho grano. Unas dieron hasta cien granos por cada semilla,
otras dieron hasta sesenta granos, y
otras dieron hasta treinta.
9 Ustedes tienen oídos; entonces
oigan.

The picture story of the man who planted seeds

3 Jesus taught them many things by
using picture stories. He said: "A man
went out to plant seeds.
4 As he planted the seeds, some fell
by the side of the road. The birds came
and ate the seeds.
5 Some seeds fell between rocks.
The seeds came up at once because
there was so little ground.
6 When the sun was high in the sky,
they dried up and died because they
had no root.
7 Some seeds fell among thorns. The
thorns grew and did not give the seeds
room to grow.
8 Some seeds fell on good ground and
gave much grain. Some gave one hundred times as much grain. Some gave
sixty times as much grain. Some gave
thirty times as much grain.
9 You have ears, then listen."

Por qué Jesús usaba historias

10 Los discípulos de Jesús vinieron a él
y le dijeron: "¿Por qué les hablas a ellos
con historias?"
11 Él les contestó: "A ustedes les he
dado los secretos del reino de Dios,
pero a otros no se los he dado.
12 Al que tiene, se le dará más y tendrá mucho más, pero al que tiene poco,
se le quitará aun lo poco que tiene.

Why Jesus used picture stories

10 The followers of Jesus came to Him
and said: "Why do You speak to them
in picture stories?"
11 He said to the followers: "You were
given the secrets about the holy nation
of Heaven. The secrets were not given
to the others.
12 He who has will have more given
to him. He will have even more than
enough. But he who has little will have
even that taken away from him.

13 "Por eso a ellos les hablo con historias: porque tienen ojos, pero no ven; tienen oídos, pero no oyen ni comprenden.

14 Les pasa a ellos como dijo el antiguo predicador Isaías: 'Ustedes oyen, pero no entienden. Ustedes miran, pero no ven.

15 Los corazones de esta gente se han puesto duros y oyen muy poco; han cerrado sus ojos, para que ni vean con sus ojos, ni oigan con sus oídos, ni entiendan con el corazón, ni se vuelvan a mí para que yo los sane.'
Isaías 6: 9-10

16 Pero felices ustedes que ven con sus ojos y oyen con sus oídos.

17 En verdad les digo que muchos antiguos predicadores y hombres buenos para con Dios quisieron ver las cosas que ustedes ven, pero no las vieron; quisieron oír las cosas que ustedes oyen, pero no las oyeron.

Jesús les explica la historia del sembrador

18 "Escuchen el ejemplo del sembrador.

19 Cuando las personas oyen la palabra del reino de Dios y no la entienden, el diablo viene y se lleva lo que ha sido puesto en su corazón. Estas personas son como la semilla que cayó junto al camino.

20 La semilla que cayó entre las piedras es como la persona que recibe la palabra con alegría tan pronto como la escucha

21 pero no tiene suficiente raíz. Cuando vienen los problemas y los sufrimientos por causa de la palabra, se desanima y cae.

22 La semilla que cayó entre espinos es como la persona que oye la palabra, pero los cuidados de esta vida y el

13 "This is why I speak to them in picture stories. They have eyes but they do not see. They have ears but they do not hear and they do not understand.

14 It happened in their lives as Isaiah said it would happen. He said, 'You hear and hear but do not understand. You look and look but do not see.

15 The hearts of these people have become fat. They hear very little with their ears. They have closed their eyes. If they did not do this, they would see with their eyes and hear with their ears and understand with their hearts. Then they would be changed in their ways, and I would heal them.' Isaiah 6: 9-10

16 But how great are your eyes because they see. How great are your ears because they hear.

17 For sure, I tell you, that many early preachers and men right with God have wanted to see the things you see, but they did not see them. They wanted to hear the things you hear, but they did not hear them.

Jesus tells about the man who planted seeds

18 "Listen to the picture story of the man who planted seeds in the ground.

19 When anyone hears the word about the holy nation and does not understand it, the devil comes and takes away what was put in his heart. He is like the seed that fell by the side of the road.

20 The seed which fell between rocks is like the person who receives the word with joy as soon as he hears it.

21 Its root is not deep and it does not last long. When troubles and suffering come because of the word, he gives up and falls away.

22 The seed which fell among thorns is like the person who hears the word but the cares of this life, and the love

amor por el dinero dejan que los espinos la cubran y no queda espacio para que la semilla crezca y dé grano.
23 La semilla que cayó en buen terreno es como el que oye la palabra, la entiende y da mucho fruto. Algunos son como las semillas que dieron cien granos, o como las que dieron sesenta, o como las que dieron treinta."

La historia de la buena semilla y la mala hierba

24 Jesús les contó otra historia: "El reino de Dios es como el hombre que sembró buena semilla en su campo,
25 pero durante la noche vino un enemigo, sembró mala hierba entre la buena semilla del campo y se fue.
26 Cuando la buena semilla comenzó a crecer y dar grano, también creció la mala hierba.
27 "Luego vinieron los hombres que trabajan para el que sembró la semilla y le dijeron: '¿Señor, no sembraste solamente buena semilla en tu campo? ¿Por qué tiene también mala hierba?'
28 El hombre que sembró buena semilla dijo: 'Alguien que me odia ha hecho esto.' Los trabajadores le preguntaron: 'Entonces, ¿debemos ir a arrancar la mala hierba de en medio del buen grano?'
29 Él les dijo: 'No, porque si arrancan la mala hierba, también arrancarán el buen grano.
30 Dejen que crezcan juntos, hasta el tiempo de recoger el grano. Entonces diré a los trabajadores: "Recojan la mala hierba primero y júntenla para ser quemada; luego recojan el buen grano y pónganlo en mi granero."'

La historia de la semilla de mostaza

31 Jesús les contó otra historia. Les

for money let the thorns come up and do not give the seed room to grow and give grain.
23 The seed which fell on good ground is like the one who hears the word and understands it. He gives much grain. Some seed gives one hundred times as much grain. Some gives sixty times as much grain. Some gives thirty times as much grain."

The picture story of the good seed and the weed seed

24 Jesus told them another picture story. He said: "The holy nation of heaven is like a man who planted good seed in his field.
25 During the night someone who hated him came and planted weed seed with the good seed in his field and went away.
26 When the good seed started to grow and give grain, weeds came up also.
27 "The servants of the man who planted the seed came and said to him, 'Sir, did you not plant good seed in your field? Why does it have weeds also?'
28 The man who planted the seed said, 'Someone who hates me has done this.' The servants asked him, 'Should we go and pull the weeds out from among the good grain?'
29 He said, 'No, because if you pull out the weeds, the good grain will come up also.
30 Let them grow together until the time to gather the grain. Then I will say to the workmen: "Gather the weeds first and put them together to be burned. Then gather the good grain into my building."'

The picture story of the mustard seed

31 Jesus told them another picture

dijo: "El reino de Dios es como la semilla de mostaza que un hombre sembró en su campo.

32 Es la más pequeña de las semillas, pero cuando ha crecido, es más grande que cualquier planta del campo. Se hace árbol, y los pájaros del cielo vienen y hacen nidos en sus ramas."

La historia de la levadura

33 Jesús les contó otra historia: "El reino de Dios es como la levadura que una mujer puso en tres medidas de harina. Creció hasta fermentar toda la masa."

34 Jesús dijo todas estas cosas a mucha gente usando historias. No les hablaba sin ellas.

35 Pasó tal como el antiguo predicador dijo que pasaría: "Hablaré por medio de historias; diré cosas que han estado secretas desde el principio del mundo." Salmo 78:2

Jesús explica acerca de la mala hierba

36 Después de que Jesús despidió a la gente, entró en la casa, y sus seguidores vinieron a decirle: "Explícanos la historia de la hierba mala sembrada en el campo.

37 Jesús les dijo: "El que siembra la buena semilla es el Hijo del Hombre.

38 El campo es el mundo, y la buena semilla son los hijos del reino. La mala hierba son los hijos del diablo.

39 El diablo es el mismo que entra y siembra la mala hierba. El momento de recoger el grano es el fin del mundo. Los que recogen son los ángeles.

40 Tal como la mala hierba se recoge y se echa en el fuego, así será en el fin del mundo.

41 El Hijo del Hombre enviará a sus ángeles a sacar de su reino a los que hacen mal y a todas las cosas que hacen pecar a la gente.

story. He said: "The holy nation of Heaven is like mustard seed which a man planted in his field.

32 It is the smallest of seeds. But when it is full grown, it is larger than the grain of the fields and it becomes a tree. The birds of the sky come and stay in its branches."

The picture story of the yeast

33 Jesus gave them another picture story. He said: "The holy nation of heaven is like yeast that a woman put into three pails of flour until it had become much more than at first."

34 Jesus told all these things using picture stories to the many people. He did not speak to them without using picture stories.

35 It happened as the early preacher said it would happen: "I will open my mouth in picturestories. I will tell things which have been kept secret from the beginning of the world." Psalm 78:2

Jesus tells about the weed seed

36 After Jesus sent the people away, he went into the house. His followers came to Him and said: "Tell us what You mean by the picture story of the weeds in the field."

37 Jesus said: "He who plants the good seed is the Son of Man.

38 The field is the world. The good seeds are the children of the holy nation. The weeds are the children of the devil.

39 The devil is the one who got in and planted the weeds. The time to gather is the end of the world. The men who gather are the angels.

40 As the weeds are gathered together and burned in the fire, so will it be in the end of the world.

41 The Son of Man will send his angels. They will gather out of his holy nation all things that cause people to sin and those who do sin.

42 Los echarán al horno de fuego, y allí llorarán y rechinarán los dientes.

43 Entonces los que hacen la voluntad de Dios brillarán como el sol en el reino de su Padre. ¡Ustedes tienen oídos, entonces oigan!

La historia del oro enterrado en el campo y la compra de la perla

44 "El reino de Dios es como una caja de joyas enterrada en el campo, que un hombre encuentra y luego la vuelve a esconder. Muy feliz por lo que encontró, va y vende todo lo que tiene para comprar el terreno.

45 "El reino de Dios es también como el hombre que compra y vende, y siempre está buscando buenas perlas.

46 Cuando encuentra una perla buena, aunque cueste mucho dinero, va, vende todo lo que tiene y la compra.

La historia de la red de pescar

47 "El reino de Dios es como una gran red que es echada al mar, y que recoge peces de todas clases.

48 Cuando se llena, la llevan a la orilla, se sientan y ponen en canastas el pescado bueno. El pescado malo, lo echan fuera.

49 Así será el fin del mundo, cuando los ángeles vendrán a sacar a los malos de entre los buenos.

50 Echarán a los malos en un horno de fuego en donde llorarán y rechinarán lo dientes."

51 Jesús les preguntó: "¿Entienden ustedes todas estas historias?" Ellos dijeron: "¡Sí, Señor!"

52 Él les dijo: "Todo maestro de la ley, que ha llegado a ser seguidor del reino de Dios, es como el dueño de una casa que recoge todo lo que encuentra de valor en su casa, sea nuevo o viejo."

42 They will put them into a stove of fire. There will be loud crying and grinding of teeth.

43 Then the ones right with God will shine as the sun in the holy nation of their Father. You have ears, then listen!"

The picture stories of the gold buried in the field and of buying a pearl

44 "The holy nation of Heaven is like a box of riches buried in a field. A man found it and then hid it again. In his joy he goes and sells all that he has and buys that field.

45 "Again, the holy nation of Heaven is like a man who buys and sells. He is looking for good pearls.

46 When he finds one good pearl worth much money, he goes and sells all that he has and buys it.

The picture story of the fish net

47 "The holy nation of heaven is like a big net which was let down into the sea. It gathered fish of every kind.

48 When it was full, they took it to the shore. They sat down and put the good fish into pails. They threw the bad fish away.

49 It will be like this in the end of the world. Angels will come and take the sinful people from among those who are right with God.

50 They will put the sinful people into a stove of fire where there will be loud crying and grinding of teeth."

51 Jesus asked them: "Have you understood all these picture stories?" They said: "Yes, Lord!"

52 He said to them: "Every teacher of the Law who has become a follower of the holy nation of Heaven is like a man who owns his house. He takes new and old riches from his house."

En la ciudad de Nazaret no creyeron en Jesús

Marcos 6:1-6

53 Cuando Jesús terminó estas historias, se fue de allí.

54 Vino a su propia ciudad y enseñaba en los templos locales. La gente se quedaba muy admirada y sorprendida, diciendo: "¿De dónde recibió este hombre tanta sabiduría? ¿Cómo puede hacer todas estas obras poderosas?

55 ¿No es éste el hijo del carpintero? ¿No es su madre María? ¿No son sus hermanos Jacobo, José, Simón y Judas?

56 ¿Y no están todas sus hermanas aquí? Entonces, ¿de dónde tiene él todas estas cosas?"

57 Y pensaban mal de él. Pero Jesús les dijo: "Todos aprecian al predicador que habla de Dios, menos los de su propio pueblo, y los de su casa."

58 Y no hizo muchas obras poderosas allí, porque no creían en él.

They do not believe in Jesus in Nazareth

Mark 6:1-6

53 When Jesus had finished these picture stories, He went away from there.

54 He came to his Own town and taught them in their places of worship. They were surprised and wondered, saying: "Where did this man get this wisdom? How can he do these powerful works?

55 Is not this the son of the man who makes things from wood? Is not Mary his mother? Are not James and Joseph and Simon and Judas his brothers?

56 And are not all his sisters here? Then where did he get all these things?"

57 And they were ashamed of him and turned away because of him. Jesus said to them: "One who speaks for God is shown no respect in his own town and in his own house."

58 He did not do many powerful works there because they did not put their trust in Him.

Juan el bautista es encarcelado

Marcos 6:14-20 Lucas 3:18-20

14 En ese tiempo, el rey Herodes había oído muchas cosas acerca de Jesús

2 y dijo a sus ayudantes: "Este debe ser Juan el bautista que ha vuelto a vivir. Por eso hace estas cosas."

3 Herodes había puesto a Juan en la cárcel, por causa de Herodías, la mujer de su hermano Felipe

4 porque Juan le había dicho: "Es contra la ley que tú la tengas."

5 Él hubiera querido matar a Juan, pero temía a la gente, pues todos pensaban que Juan era alguien que hablaba de parte de Dios.

John the Baptist is put in prison

Mark 6:14-20 Luke 3:18-20

14 At that time King Herod heard much about Jesus.

2 He said to his helpers: "This must be John the Baptist. He has risen from the dead. That is why these powerful works are done by him."

3 For Herod had taken John and put him in prison. It was because of Herodias, the wife of his brother Philip.

4 For John had said to him: "It is against the Law for you to have her."

5 He would have killed John but he was afraid of the people. The people thought John was one who spoke for God.

Muerte de Juan el bautista
Marcos 6:21-29 Lucas 9:7-9

6 En el cumpleaños de Herodes, la
hija de Herodías bailó delante de todos
y alegró mucho a Herodes.
7 Este prometió darle cualquier cosa
que pidiera.
8 Aconsejada por su madre, le dijo:
"Dame en un plato la cabeza de Juan el
bautista."
9 El Rey se puso triste, pero mandó
que se la dieran, porque había prometido delante de los que estaban allí.
10 Entonces mandó que le cortaran la
cabeza a Juan en la cárcel;
11 luego la trajeron en un plato y se la
dieron a la muchacha. Ella se la entregó
a su madre.
12 Luego los seguidores de Juan vinieron a llevar su cuerpo para enterrarlo
y después fueron a avisarle a Jesús.

Jesús da de comer a cinco mil hombres
Marcos 6:30-44 Lucas 9:10-17 Juan 6:1-14

13 Cuando Jesús oyó que habían
matado a Juan, se fue de allí en un barco a un lugar apartado. Pero cuando la
gente lo supo, lo siguió por tierra desde las ciudades.
14 Al salir del barco, vio mucha gente y, sintiendo compasión, sanó a los
enfermos.
15 Cuando llegó la noche, sus seguidores vinieron a él y le dijeron: "Este es
un lugar despoblado. Ya es tarde; envía
a la gente a que vaya a los pueblos y se
compren algo para comer."
16 Jesús les dijo: "No necesitan irse.
Denles ustedes de comer."
17 Ellos le dijeron: "Soló tenemos cinco panes y dos pescados."
18 Jesús les dijo: "Tráiganmelos aquí."
19 Entonces le dijo a la gente que se
sentara sobre la hierba. Luego tomó
los cinco panes y los dos pescados y,

John the Baptist is killed
Mark 6:21-29 Luke 9:7-9

6 On Herod's birthday the daughter
of Herodias danced in front of them.
Herod was made happy by her.
7 He promised he would give her
anything she asked.
8 Because her mother told her to do
it, she said: "Give me the head of John
the Baptist on a plate."
9 The king was sorry. But he said for
it to be given because he had promised
and because of those who were eating
with him.
10 He sent to the prison and had
John's head cut off.
11 It was brought in on a plate and
given to the girl. She brought it to her
mother.
12 Then the followers of John came
and took his body and buried it. They
went and told Jesus.

The feeding of the five thousand
Mark 6:30-44 Luke 9:10-17 John 6:1-14

13 When Jesus heard that John had
been killed, He went from there by boat
to a desert. He wanted to be alone.
When the people knew it, they followed
after Him by land from the cities.
14 When He got out of the boat, He
saw many people. He had loving pity for
them and healed those who were sick.
15 When it was evening, His followers
came to Him. They said: "This is a desert. The day is past. Send the people
away so they may go into the towns
and buy food for themselves."
16 Jesus said to them: "They do not
have to go away. Give them something
to eat."
17 They said to Him: "We have only
five loaves of bread and two fish."
18 Jesus said: "Bring them to Me."
19 He told the people to sit down on
the grass. Then He took the five loaves
of bread and two fish. He looked up to

mirando al cielo, dio gracias. Partió los panes en pedazos y se los dio a sus seguidores. Ellos los repartieron entre la gente.
20 Así todos comieron y quedaron satisfechos. Después recogieron doce canastos llenos de pedazos de pan y de pescados que sobraron, después que la gente había comido.
21 Comieron unos cinco mil hombres, sin contar a las mujeres y a los niños.

heaven and gave thanks. He broke the loaves in pieces and gave them to His followers. The followers gave them to the people.
20 They all ate and were filled. They picked up twelve baskets full of pieces of bread and fish after the people were finished eating.
21 About five thousand men ate. Women and children ate also.

Jesús anda sobre el agua
Marcos 6:45-52 Juan 6:15-21

22 Luego Jesús hizo entrar a sus seguidores en el barco y les dijo que se fueran al otro lado, mientras él despedía a la gente.
23 Después de despedir a la gente, subió al cerro para orar a solas. Cuando vino la noche, se encontraba solo.
24 En ese momento, el barco estaba lejos de tierra pues había sido llevado por las olas, porque el viento soplaba fuerte contra ellos.
25 Un poco antes del amanecer, Jesús se dirigió a ellos andando sobre el agua.
26 Ellos se asustaron y gritaron llenos de miedo: "¡Miren; es un fantasma!"
27 Pero Jesús les habló y les dijo: "Tengan confianza. ¡Soy yo, no tengan miedo!"
28 Entonces Pedro le dijo: "Si eres tú, Señor, mándame ir a ti sobre el agua."
29 Jesús le dijo: "¡Ven!" Pedro salió del barco y anduvo sobre las aguas hacia Jesús.
30 Pero cuando vio que el viento era fuerte, tuvo miedo y comenzó a hundirse. Entonces gritó: "¡Señor sálvame!"
31 Jesús extendió su mano y lo tomó, diciéndole: "¡Tú tienes muy poca fe! ¿Por qué dudaste?"

Jesus walks on the water
Mark 6:45-52 John 6:15-21

22 At once Jesus had his followers get into the boat. He told them to go ahead of Him to the other side while He sent the people away.
23 After He had sent them away, He went up the mountain by Himself to pray. When evening came, He was there alone.
24 By this time the boat was far from land and was being thrown around by the waves. The wind was strong against them.
25 Just before the light of day, Jesus went to them walking on the water.
26 When the followers saw Him walking on the water, they were afraid. They said: "It is a spirit." They cried out with fear.
27 At once Jesus spoke to them and said: "Take hope. It is I. Do not be afraid!"
28 Peter said to Jesus: "If it is You, Lord, tell me to come to You on the water."
29 Jesus said: "Come!" Peter got out of the boat and walked on the water to Jesus.
30 But when he saw the strong wind, he was afraid. He began to go down in the water. He cried out: "Lord, save me!"
31 At once Jesus put out His hand and took hold of him. Jesus said to Peter: "You have so little faith! Why did you doubt?"

32 Cuando Jesús y Pedro subieron al barco, el viento dejó de soplar.
33 Los que estaban en el barco adoraron a Jesús y le dijeron: "¡De veras, tú eres el Hijo de Dios!"

32 When Jesus and Peter got into the boat, the wind stopped blowing.
33 Those in the boat worshiped Jesus. They said: "For sure, You are the Son of God!"

Los enfermos son sanados en Genesaret

Marcos 6:53-56

34 Cuando pasaron al otro lado, llegaron a la tierra de Genesaret.

35 En cuanto los hombres de esa tierra vieron que era Jesús, dieron la noticia por todo el país. Y le trajeron a Jesús todos los enfermos.
36 Le rogaban que les dejara tocar el borde de su vestido, porque los que tocaban el borde de su vestido eran sanados.

People are healed at Gennesaret

Mark 6:53-56

34 When they had gone over to the other side, they came to the land of Gennesaret.
35 When the men of that land saw it was Jesus, they sent word into all the country around. They brought all who were sick to Jesus.
36 They begged him that they might touch the bottom of his coat. As many as touched the bottom of His coat were healed.

Jesús reprende a los dirigentes religiosos

Marcos 7:1-23

15 Algunos de los maestros de la ley y de los celosos religiosos vinieron a Jesús, preguntándole:

2 "¿Por qué tus seguidores no obedecen las enseñanzas de nuestros padres y no se lavan las manos antes de comer?"
3 Jesús les dijo: "¿Por qué rompen ustedes la ley de Dios, tratando de conservar las enseñanzas de los hombres?
4 Porque Dios dice: 'Respeta a tu madre y a tu padre.' Éxodo 20:12 También dice: 'El que insulte a su padre o a su madre debe morir.' Éxodo 21:17
5 Pero ustedes enseñan que si un hombre dice a sus padres que todo lo que tiene, aunque pueda ser de ayuda para ellos, ya lo ha entregado a Dios,
6 no está obligado a guardar respeto a su padre y a su madre, prestándoles ayuda. Ustedes están poniendo a un lado la palabra de Dios, para conservar sus propias enseñanzas.

Jesus speaks sharp words to the leaders

Mark 7:1-23

15 Some of the teachers of the Law and the proud religious law keepers from Jerusalem came to Jesus. They asked,
2 "Why do Your followers not obey the teaching that was given to them by our fathers? They do not wash their hands before they eat."
3 Jesus said to them: "Why do you break the Law of God by trying to keep their teaching?
4 For God said, 'Show respect to your father and mother.'. Exodus 20:12 And, 'He who curses his father or mother will be put to death.' Exodus 21:17
5 But you say that if a man says to his parents that anything he has, that might have been of help to them, is already given to God,
6 he does not have to show respect by helping his father and mother. You are putting aside the word of God to keep their teaching.

7 ¡Falsos! Bien dijo de ustedes el antiguo predicador Isaías:
8 'Esta gente me honra con su boca, pero su corazón está lejos de mí.
9 De nada sirve que me rindan culto, porque enseñan lo que los hombres han dicho.'" Isaías 29:13
10 Jesús llamó a la gente y le dijo: "¡Escuchen y entiendan esto!
11 No es lo que entra en la boca del hombre lo que le hace mal a su mente y a su corazón. Lo que sale de la boca del hombre es lo que le hace mal."
12 Sus seguidores vinieron a él y le dijeron: "¿Sabes que los celosos religiosos se ofendieron al oír lo que dijiste?"
13 Jesús contestó: "Cualquier planta que mi Padre que está en el cielo no sembró será arrancada de raíz.
14 Déjenlos, porque son ciegos que guían a otros ciegos; y si un ciego guía a otro ciego, los dos caerán en el pozo."
15 Entonces Pedro le dijo a Jesús: "Explícanos esta historia."
16 Jesús les dijo: "¿Tampoco entendieron ustedes?
17 ¿No entienden ustedes que lo que entra por la boca va al estómago y después sale del cuerpo?
18 Pero cualquier cosa que sale de la boca viene del corazón. Estas cosas contaminan al hombre por dentro,
19 porque del corazón salen los malos pensamientos, el matar a otras personas, los pecados sexuales, los robos, las mentiras, las malas palabras contra Dios.
20 Estas son las cosas que hacen malo al hombre, pero el comer sin lavarse las manos no hace malo al hombre.

7 You who pretend to be someone you are not, Isaiah told about you. He said,
8 'These people show respect to Me with their mouth, but their heart is far from Me.
9 Their worship of Me is worth nothing. They teach what men have made up.'" Isaiah 29:13
10 Jesus called the people to Him and said to them: "Listen and understand this!
11 It is not what goes into a man's mouth that makes his mind and heart sinful. It is what comes out of a man's mouth that makes him sinful."
12 His followers came to him. They said: "Did You know the proud religious law keepers were ashamed and turned away because of You when they heard this?"
13 He said: "Every plant that My Father in heaven did not plant will be pulled up by the roots.
14 Let them alone. They are blind leaders of the blind. If one blind man leads another blind man, they will both fall into a hole."
15 Then Peter said to Jesus: "Tell us this picture story so we can understand it."
16 Jesus said: "Do you not understand yet?
17 Do you not understand that whatever goes into the mouth goes into the stomach and then out of the body?
18 But whatever comes from the mouth has come out of the heart. These things make the man unclean inside.
19 For out of the heart come bad thoughts, killing other people, sex sins of a married person, sex sins of a person not married, stealing, lying, speaking against God.
20 These are the things that make the man unclean inside. It does not make a man sinful to eat with hands that have not been washed."

Jesús saca un espíritu malo de una muchacha

Marcos 7:24-30

21 Jesús se fue de allí hacia las ciudades de Tiro y Sidón.

22 Una mujer vino desde la tierra de Canaán y gritó, diciéndole a Jesús: "¡Ten compasión de mí, Señor, hijo de David! Mi hija tiene un espíritu malo y sufre mucho."

23 Pero Jesús no le dijo a ella ni una sola palabra. Entonces sus seguidores le rogaron: "¡Mándale que se retire, porque viene gritando detrás de nosotros!"

24 Entonces Jesús dijo: "Yo fui enviado solamente a los judíos que están perdidos."

25 Pero la mujer vino, se arrodilló delante de Jesús y le adoró, diciendo: "¡Señor, ayúdame!"

26 Pero él le dijo: "No está bien quitarles el pan a los hijos para echarlo a los perros."

27 Pero ella dijo: "Sí, Señor, pero hasta los perros, comen de los pedazos que caen de las mesas de sus dueños."

28 Jesús le dijo: "Mujer, tienes mucha fe. Recibirás lo que pides." Y su hija fue sanada en ese mismo momento.

Jesus puts a demon out of a girl

Mark 7:24-30

21 Jesus went from there to the cities of Tyre and Sidon.

22 A woman came from the land of Canaan. She cried out to Jesus and said: "Take pity on me, Lord, Son of David! My daughter has a demon and is much troubled."

23 But Jesus did not speak a word to her. His followers kept asking, saying: "Send her away for she keeps calling us."

24 He said: "I was sent only to the Jewish people who are lost."

25 Then she came and got down before Jesus and worshiped Him. She said: "Lord, help me!"

26 But He said: "It is not right to take children's food and throw it to the dogs."

27 She said: "Yes, Lord, but even the dogs eat the pieces that fall from the table of their owners."

28 Jesus said to her: "Woman, you have much faith. You will have what you asked for." Her daughter was healed at that very time.

Jesús sana a todos los que vienen a él

29 Jesús se fue de entre ellos y vino al lago de Galilea. Entonces subió al cerro y se sentó allí.

30 Mucha gente vino a él, trayendo a los que no podían caminar, a los que no podían ver, a los que no podían oír o hablar y a muchos otros enfermos. Entonces los ponían a los pies de Jesús, y él los sanaba.

31 Toda la gente se asombraba, porque vieron que los que no podían hablar, ahora hablaban, los que no podían andar ahora andaban, los que no podían ver ahora veían. Todos daban gracias al Dios de los judíos.

Jesus heals all who come to him

29 Jesus went from there and came to the Sea of Galilee. Then He went up the mountain and sat down.

30 Many people came to Him. They brought with them those who were not able to walk. They brought those who were not able to see. They brought those who were not able to hear or speak and many others. Then they put them at the feet of Jesus and He healed them.

31 All the people wondered. They saw how those who could not speak were now talking. They saw how those who could not walk were now walking. They saw how those who could not see were now seeing, and they gave thanks to the God of the Jews.

Alimentación de los cuatro mil

Marcos 8:1-9

32 Entonces Jesús llamó a sus seguidores y les dijo: "Siento dolor por esta gente que ha estado conmigo tres días y no tiene comida. No quiero mandarlos a sus casas sin comer. Pueden desmayarse en el camino."

33 Los seguidores le dijeron: "¿Dónde podremos conseguir comida para tanta gente en este lugar despoblado?"

34 Jesús les preguntó: "¿Cuántos panes tienen?" Y ellos le dijeron: "Siete panes y unos pescaditos."

35 Entonces pidió a la gente que se sentara en el suelo.

36 Luego tomó los siete panes y los pescados, dio gracias, los partió y se los dio a sus discípulos para que los repartieran entre la gente.

37 Todos comieron y quedaron satisfechos. Después recogieron siete canastas con los pedazos que sobraron.

38 Comieron cuatro mil hombres aparte de las mujeres y los niños.

39 Después, Jesús despidió a la gente, entró en un barco y vino a un lugar llamado Magdala.

Jesús reprende a los celosos religiosos

Marcos 8:10-13

16 Vinieron a Jesús ciertos celosos religiosos y representantes del grupo que no creía que los muertos vuelven a vivir. Le pidieron: "Muéstranos algo especial del cielo." Ellos querían ponerle una trampa,

2 pero Jesús les dijo: "De noche ustedes dicen: 'Mañana tendremos buen tiempo, porque el cielo está rojo.'

3 En la mañana dicen: 'Hoy tendremos tormenta, porque el cielo está

The feeding of the four thousand

Mark 8:1-9

32 Then Jesus called His followers to Him. He said: "I pity these people because they have been with me three days and they have no food. I do not want to send them home without food. They might get too weak as they go."

33 The followers said to Jesus: "Where can we get enough bread to feed them all in this desert?"

34 Jesus said to them: "How many loaves of bread do you have?" They said: "Seven loaves and a few small fish."

35 He told the people to sit down on the ground.

36 Then He took the seven loaves of bread and the fish and gave thanks. He broke them and gave them to His followers. The followers gave them to the people.

37 They all ate and were filled. They picked up seven baskets full of pieces of bread and fish after the people finished eating.

38 Four thousand men ate. women and children ate also.

39 After this Jesus sent the people away. Then He got into a boat and came to a place called Magadan.

Jesus speaks sharp words to the proud religious law keepers

Mark 8:10-13

16 The proud religious law keepers and a religious group of people who believe no one will be raised from the dead came to Jesus. They asked Him to show something special from heaven. They wanted to trap Jesus.

2 He said to them: "In the evening you say, 'The weather will be good tomorrow because the sky is red.'

3 And in the morning you say, 'We will have a storm today because the

rojo y las nubes están bajas." ¡Ustedes entienden las cosas que ven en el cielo, pero no pueden entender las cosas especiales que ven en estos días!

4 Los pecadores de hoy buscan alguna señal que ver, pero no hay ninguna señal que ellos puedan ver sino la señal del antiguo predicador Jonás." Entonces se fue de allí.

sky is red and the clouds are low.' You understand the things you see in the sky, but you cannot understand the special things you see these days!

4 The sinful people of this day go after something special to see. There will be nothing special for them to see but the early preacher Jonah." Then he went away from them.

Jesús prueba que la enseñanza de los celosos religiosos es un error

Marcos 8:14-21

5 Sus seguidores pasaron al otro lado del lago. Luego se acordaron que no habían traído pan.

6 Jesús les dijo: "¡Escuchen! No tengan nada que ver con la levadura de los celosos religiosos, ni con el grupo que no cree que los muertos volverán a vivir."

7 Ellos comenzaron a pensar entre sí: *Él dice esto porque nos olvidamos de traer pan.*

8 Jesús sabía esto, y les dijo: "¡Ustedes tienen muy poca fe! ¿Por qué piensan en que no trajeron pan?

9 ¿No comprenden o no recuerdan los cinco panes que alimentaron a cinco mil hombres y cuántos canastos llenos fueron recogidos?

10 O, ¿no recuerdan los siete panes que alimentaron a los cuatro mil hombres, y cuántos canastos fueron recogidos?

11 ¿Por qué no entienden que yo no estaba hablándoles acerca del pan? Yo estaba hablándoles de cuidarse de la levadura de los celosos religiosos y del grupo que no cree que los muertos volverán a vivir."

12 Entonces entendieron que no se refería a la levadura del pan cuando hablaba, sino que estaba refiriéndose

Jesus shows that the teaching of the proud religious law keepers is wrong

Mark 8:14-21

5 The followers came to the other side of the lake. They remembered they had forgotten to bring bread.

6 Jesus said to them: "See! Have nothing to do with the yeast of the proud religious law keepers and the religious group of people who believe no one will be raised from the dead."

7 They started to think about it among themselves and said: "He said this because we forgot to bring bread."

8 Jesus knew this and said: "You have very little faith! Why are you talking among yourselves about not bringing bread?

9 Do you not yet understand or remember the five loaves of bread that fed five thousand men? And how many baskets full were gathered up?

10 Or do you not even remember the seven loaves of bread that fed the four thousand men? And how many baskets full were gathered up?

11 Why is it that you do not see that I was not talking to you about bread? I was talking to you about keeping away from the yeast of the proud religious law keepers and the religious group of people who believe no one will be raised from the dead."

12 Then they understood that it was not the yeast of bread that he was talking about. But he was talking about

a la enseñanza de los celosos religiosos y del otro grupo que no cree que los muertos volverán a vivir.

Pedro dice que Jesús es el Cristo
Marcos 8:27-30 Lucas 9:18-20

13 Jesús vino al país de Cesarea de Filipo y preguntó a sus seguidores: "¿Quién dice la gente que soy yo, el Hijo del Hombre?"
14 Ellos dijeron: "Algunos dicen que eres Juan el bautista. Otros dicen que eres Elías; otros que eres Jeremías o uno de los otros antiguos predicadores."
15 Él les dijo: "Pero, ¿quién dicen ustedes que soy yo?"
16 Simón Pedro dijo: "Tú eres el Cristo, el Hijo del Dios viviente."
17 Entonces Jesús dijo: "Simón, hijo de Jonás, tú eres dichoso porque no has aprendido esto de ningún hombre, sino de mi Padre que está en el cielo. Él te lo ha enseñado.
18 "Y yo te digo que tú eres Pedro, y sobre esta roca levantaré mi iglesia. Y las potencias del infierno no podrán vencer a mi iglesia.
19 Yo te daré a ti las llaves del reino, y lo que tú no permitas en la tierra, no ha de haber sido permitido en el cielo, y lo que permitas en la tierra, ha de haber sido permitido en el cielo."
20 Entonces Jesús mandó a sus discípulos que no dijeran a nadie que él era el Cristo.

Jesús por primera vez anuncia su muerte
Marcos 8:31-38 Lucas 9:21-27

21 Desde entonces, Jesús comenzó a decir a sus seguidores que tenía que ir a Jerusalén a sufrir muchas cosas. Estas dificultades vendrían de los dirigentes de los judíos y de los maestros de la ley.

the teaching of the proud religious law keepers and of the other religious group of people.

Peter says Jesus is the Christ
Mark 8:27-30 Luke 9:18-20

13 Jesus came into the country of Caesarea Philippi. He asked His followers: "Who do people say that I, the Son of Man, am?"
14 They said: "Some say You are John the Baptist and some say Elijah and others say Jeremiah or one of the early preachers."
15 He said to them: "But who do you say that I am?"
16 Simón Peter said: "You are the Christ, the Son of the living God."
17 Jesus said to him: "Simon, son of Jonah, you are happy because you did not learn this from man. My Father in heaven has shown you this.
18 "And I tell you that you are Peter. On this rock I will build my church. The powers of hell will not be able to have power over My church.
19 I will give you the keys of the holy nation of Heaven. Whatever you do not allow on earth will not have been allowed in heaven. Whatever you allow on earth will have been allowed in heaven."
20 Then with strong words he told His followers to tell no one that he was the Christ.

Jesus tells of his death for the first time
Mark 8:31-38 Luke 9:21-27

21 From that time on Jesus began to tell His followers that he had to go to Jerusalem and suffer many things. These hard things would come from the leaders and from the head religious leaders of the Jews and from the teachers of the Law. He told them He would be killed and three days later He would be raised from the dead.

22 Pedro llevó a Jesús aparte y le
habló con palabras fuertes, diciéndole:
"¡Nunca, Señor! Esto no debe pasarte
a ti."
23 Entonces Jesús se volvió hacia
Pedro y le dijo: "¡Apártate de mí,
diablo, porque tú me molestas y no
entiendes las cosas de Dios sino las de
los hombres!"

Abandono de las riquezas

24 Jesús dijo a sus seguidores: "Si
alguno quiere ser mi seguidor, deberá
olvidarse de sí mismo, tomar su cruz y
seguirme.
25 Si alguno quiere salvar su vida, la
perderá; pero si alguno pone su vida
por mi causa, la salvará.
26 Porque ¿qué aprovechará al hombre, si gana todo el mundo y pierde su
propia alma?
27 El Hijo del Hombre vendrá en la
grandeza de su Padre y con sus ángeles.
Entonces él dará a cada hombre su pago,
de acuerdo con lo que haya trabajado.
28 En verdad les digo, hay algunos que
están presentes aquí que no morirán
hasta que vean al Hijo del Hombre
venir como rey."

Cómo será Jesús

Marcos 9:1-13; Lucas 9:28-36

17 Seis días después, Jesús tomó
consigo a Pedro, a Jacobo, y a
su hermano Juan, y se fueron solos a
un monte alto.
2 Allí cambió delante de ellos. Su
cara se puso brillante como el sol, y su
ropa parecía blanca como la luz.
3 De pronto aparecieron Moisés y
Elías, hablando con Jesús.
4 Entonces Pedro le dijo: "¡Qué bueno sería quedarnos aquí! Si tú nos per-
mites, construiremos tres enramadas:
una para ti, otra para Moisés y otra
para Elías."

22 Peter took Jesus away from the
others and spoke sharp words to Him.
He said: "Never, Lord! This must not
happen to You!"
23 Then Jesus turned to Peter and
said: "Get behind me, Satan! You are
standing in My way. You are not thinking how God thinks. You are thinking
how man thinks."

Giving up riches

24 Jesus said to his followers: "If anyone wants to be my follower, he must
forget about himself. He must take up
his cross and follow Me.
25 If anyone wants to keep his life safe,
he will lose it. If anyone gives up his life
because of me, he will save it.
26 For what does a man have if he
gets all the world and loses his own
soul? What can a man give to buy back
his soul?
27 The Son of Man will come in the
greatness of His Father with His angels.
Then He will give to every man his
reward as he has worked.
28 For sure, I tell you, there are some
standing here that will not die until they
see the Son of Man coming as King."

A look at what Jesus will be like

Mark 9:1-13; Luke 9:28-36

17 Six days later Jesus took with
him Peter and James and his
brother John. He led them up to a high
mountain by themselves.
2 He was changed in looks before
them. His face was as bright as the sun.
His clothes looked as white as light.
3 Moses and Elijah were seen talking
with Jesus.
4 Then Peter said to Jesus: "Lord, it
is good for us to be here. If You will let
us, we will build three altars here. One
will be for You and one for Moses and
one for Elijah."

5 Mientras Pedro hablaba, una nube brillante vino sobre ellos, y una voz que vino de la nube dijo: "Este es mi Hijo amado, con él me siento feliz. A él oigan."

6 Cuando los seguidores escucharon esto, se pusieron de rodillas en el suelo y se cubrieron las caras porque tuvieron mucho miedo.

7 Jesús vino, puso su mano sobre ellos y les dijo: "¡Levántense! No tengan miedo."

8 Cuando levantaron la vista, no vieron a nadie allí, sino solo a Jesús.

9 Cuando iban bajando de la montaña, Jesús les dijo: "No digan a nadie lo que han visto, hasta que el Hijo del Hombre sea levantado de entre los muertos."

Los seguidores preguntan acerca de Elías

10 Los seguidores preguntaron a Jesús: "Entonces ¿Por qué los maestros de la ley dicen que Elías deberá venir primero?"

11 Él les dijo: "En verdad Elías vendrá primero y tendrá todas las cosas listas.

12 Pero yo les digo que Elías ya vino, y ellos no lo reconocieron. Hicieron con él lo que querían, y en la misma manera el Hijo del Hombre tendrá que sufrir a manos de ellos."

13 Entonces los seguidores entendieron que él hablaba de Juan el bautista.

Un muchacho que tenía epíritu malo

Marcos 9:14-29 Lucas 9:37-42

14 Cuando se acercaron a donde había mucha gente, un hombre vino a Jesús, se puso de rodillas y le dijo:

15 "Señor, ten piedad de mi hijo, porque está epiléptico y a veces pierde el uso de la razón. Muchas veces cae en el fuego, otras veces en el agua.

16 Ya le llevé a tus seguidores, pero ellos no pudieron sanarlo."

17 Entonces Jesús dijo: "Ustedes son

5 While Peter was speaking, a bright cloud came over them. A voice from the cloud said: "This is My much loved Son, I am very happy with Him. Listen to Him!"

6 When the followers heard this, they got down on the ground on their faces and were very much afraid.

7 Jesus came and put His hand on them. He said: "Get up! Do not be afraid."

8 When they looked up, they saw no one there but Jesus only.

9 As they came down from the mountain, Jesus told them in strong words, saying: "Do not tell anyone what you have seen until the Son of Man is raised from the dead."

The followers ask about Elijah

10 The followers asked Jesus: "Then why do the teachers of the Law say that Elijah must come first?"

11 He said: "For sure, Elijah will come first and get things ready.

12 But I tell you, Elijah has already come and they did not know him. They did to him whatever they wanted to do. In the same way the Son of Man will suffer from them also."

13 Then the followers understood he was talking about John the Baptist.

A boy with a demon is healed

Mark 9:14-29 Luke 9:37-42

14 When they came to many people, a man came up to Jesus and got on his knees. He said,

15 "Lord, have pity on my son. He is very sick and at times loses the use of his mind. Many times he falls into the fire or into the water.

16 I took him to Your followers but they were not able to heal him."

17 Then Jesus said: "You people of this

gente sin ninguna fe. Están siguiendo un camino equivocado. ¿Hasta cuándo tengo que estar con ustedes? ¿Hasta cuándo tengo que soportarlos? Tráiganme al muchacho."

18 Jesús reprendió al espíritu malo, y éste salió del muchacho. En ese mismo momento fue sanado.

19 Los discípulos vinieron a Jesús, cuando estuvo solo, y le preguntaron: "¿Por qué no pudimos nosotros sacar al espíritu malo?"

20 Jesús les dijo: "Porque ustedes tienen muy poca fe. Les aseguro que si tuvieran fe como una semilla de mostaza, podrían decir a este monte, 'Muévete de aquí para allá', y se movería. Ustedes podrían hacer cualquier cosa.

21 Pero esta clase de espíritu malo no sale si no oran, dejando de comer para orar mejor."

Jesús, por segunda vez anuncia su muerte

Marcos 9:30-32 Lucas 9:43-45

22 Mientras estaban en el país de Galilea, Jesús dijo a sus seguidores: "El Hijo del Hombre será entregado a los hombres.

23 Ellos lo matarán, pero él volverá a vivir tres días después." Entonces los seguidores se pusieron muy tristes.

El dinero de los impuestos para el templo

24 Cuando Jesús y sus seguidores llegaron a la ciudad de Capernaum, los cobradores de impuestos para el gran templo se acercaron a Pedro y le dijeron: "¿No paga el maestro de ustedes el impuesto para el templo?"

25 Pedro dijo: "Sí. Cuando Pedro entró en la casa, Jesús habló con él primero y le dijo: "¿Qué crees tú, Simón? Los reyes de este mundo, ¿de quiénes cobran el dinero de los impuestos? ¿De su propia gente, o de los extranjeros?"

26 Pedro le dijo: "De los extranjeros."

day have no faith and you are going the wrong way. How long must I be with you? How long must I put up with you? Bring him here to me."

18 Jesus spoke sharp words to the demon and the demon came out of him. At once the boy was healed.

19 The followers came to Jesus when He was alone. They said: "Why were we not able to put the demon out?"

20 Jesus said to them: "Because you have so little faith. For sure, I tell you, if you have faith as a mustard seed, you will say to this mountain, 'Move from here to over there,' and it would move over. You will be able to do anything.

21 *But this kind of demon does not go out but by prayer and by going without food so you can pray better."

Jesus tells of His death the second time

Mark 9:30-32 Luke 9:43-45

22 While they were still in Galilee, Jesus said to the followers: "The Son of Man will be handed over to men.

23 They will kill Him, but He will be raised from the dead three days later."

Tax money for the house of God

24 They came to the city of Capernaum. Those who gathered the tax for the house of God came to Peter. They said: "Does not your Teacher pay tax money for the house of God?"

25 Peter said: "Yes." When Peter came into the house, Jesus spoke to him first. He said: "What do you think, Simon? From whom do the kings of this earth get their money or taxes, from their own people or from those of another country?"

26 Peter said to him: "From those of

Entonces Jesús le dijo: "Entonces los
suyos no tienen que pagar.
27 Pero aun así, nosotros no debemos
causarles molestias. Baja al lago y echa
el anzuelo. Toma el primer pez que
saques y en su boca encontrarás una
moneda. Tómala y paga mi impuesto y
el tuyo."

Jesús enseña sobre la fe de un niño
Marcos 9:33-50 Lucas 9:46-50

18 En ese entonces los seguidores vinieron a Jesús y le dijeron:
"¿Quién es el más grande en el reino?"
2 Jesús tomó a un niño, lo puso en
medio de ellos y dijo:
3 "Les aseguro que si ustedes no
se convierten, si no se vuelven como
niños, no entrarán en el reino de los
cielos.
4 Cualquiera que se hace humilde es
el mayor en el reino de los cielos.

5 Cualquiera que reciba a un peque-
ñito por mi causa me recibe a mí,
6 pero a cualquiera que sea culpable
de que uno de estos niños que creen
en mí caiga en pecado, le sería mejor
ser echado al mar con una piedra ama-
rrada al cuello.
7 "¡Qué malo es para el mundo que
existan cosas que hacen pecar a la
gente! Porque así los hombres se ven
tentados a pecar. Pero, es peor todavía
para el que hace que otro peque.
8 Si tu mano o tu pie son la causa
de tu pecado, córtalos y tíralos, porque
para ti es mejor ir al cielo sin mano o
sin pie, que tener dos manos o dos pies
y ser echado al fuego del infierno.

9 Si tu ojo es la causa de tu pecado,
sácalo y tíralo. Es mejor para ti ir al cielo con un ojo, que tener dos ojos y ser
echado al fuego del infierno.

10 No odien a ninguno de estos

another country." Then Jesus said: "Then
their own people do not pay taxes.
27 But so we will not make them to
be troubled, go down to the lake and
throw in a hook. Take the first fish that
comes up. In its mouth you will find a
piece of money. Take that and pay the
tax for me and yourself."

Jesus teaches about the faith of a child
Mark 9:33-50 Luke 9:46-50

18 At that time the followers came
to Jesus. They said: "Who is the
greatest in the holy nation of Heaven?"
2 Jesus took a little child and put him
among them.
3 He said: "For sure, I tell you, unless
you have a change of heart and become
like a little child, you will not get into
the holy nation of heaven.
4 Whoever is without pride as this
little child is the greatest in the holy
nation of heaven.
5 Whoever receives a little child
because of me receives Me.
6 But whoever is the reason for one
of these little children who believe in
Me to fall into sin, it would be better for
him to have a large rock put around his
neck and to be thrown into the sea.
7 "It is bad for the world because of
that which makes people sin. Men will
be tempted to sin. But it is bad for the
one who is the reason for someone to
sin.
8 If your hand or your foot is the reason you sin, cut it off and throw it away.
It is better for you to go into life without a hand or a foot, than to have two
hands or two feet and to be thrown
into the fire of hell.
9 If your eye is the reason you sin,
take it out and throw it away. It is better for you to go into life with one eye,
than to have two eyes and be thrown
into the fire of hell.
10 Be sure you do not hate one of

pequeñitos, porque yo les digo que ellos tienen ángeles que están mirando siempre el rostro de mi Padre que está en el cielo.

La oveja perdida

11 Porque el Hijo del Hombre ha venido a salvar lo que estaba perdido.

12 ¿Qué les parece? Un hombre tiene cien ovejas y una de ellas se pierde. ¿No dejará las noventa y nueve e irá a las montañas para buscar a la oveja perdida?

13 Si la encuentra, les digo que tendrá más alegría por ésta que por las noventa y nueve que no se perdieron.

14 Yo les digo que mi Padre que está en el cielo no quiere que ninguno de estos pequeñitos se pierda.

Como se debe perdonar al hermano que peca

15 "Si tu hermano te hace algún mal, anda y dile lo que ha hecho, sin que nadie les oiga. Si él te hace caso, has ganado a tu hermano de nuevo.

16 Pero si no te hace caso, lleva contigo a una o dos personas, para que toda palabra que se diga sea recordada por ellas.

17 Si él no les hace caso, lleva el asunto a la iglesia; y si no hace caso a la iglesia, considérale como una persona que no conoce a Dios o como el que abusa al cobrar los impuestos.

18 "En verdad les digo que cualquier cosa que ustedes no permitan en la tierra no será permitida en el cielo; y cualquier cosa que permitan en la tierra será permitida en el cielo.

19 De nuevo les digo esto: Si dos de ustedes se ponen de acuerdo en la tierra sobre cualquier cosa que quieran pedir, mi Padre que está en el cielo se la dará.

these little children. I tell you, they have angels who are always looking into the face of My Father in Heaven.

The lost sheep

11 "For the Son of Man has come to save that which was lost.

12 What do you think about this? A man has one hundred sheep and one of them is lost. Will he not leave the ninety-nine and go to the mountains to look for that one lost sheep?

13 If he finds it, for sure, I tell you, he will have more joy over that one, than over the ninety-nine that were not lost.

14 I tell you, My Father in heaven does not want one of these little children to be lost.

What to do with a brother who sins against you

15 "If your brother sins against you, go and tell him what he did without other people hearing it. If he listens to you, you have won your brother back again.

16 But if he will not listen to you, take one or two other people with you. Every word may be remembered by the two or three who heard.

17 If he will not listen to them, tell the trouble to the church. If he does not listen to the church, think of him as a person who is as bad as one who does not know God and a person who gathers taxes.

18 "For sure, I tell you, whatever you do not allow on earth will not have been allowed in Heaven. Whatever you allow on earth will have been allowed in Heaven.

19 Again I tell you this: If two of you agree on earth about anything you pray for, it will be done for you by My Father in heaven.

20 Porque donde dos o tres están reunidos en mi nombre, allí estoy yo con ellos."

El verdadero perdón

21 Entonces Pedro vino a Jesús y le dijo: "Señor, ¿cuántas veces podrá mi hermano pecar contra mí y yo perdonarle? ¿Hasta siete veces?"
22 Jesús le dijo: "No te digo siete veces, sino aun hasta setenta veces siete.
23 "El reino de los cielos es como un rey que quiso saber cuánto dinero le debían sus trabajadores.
24 Entonces le trajeron a uno de sus obreros. Este le debía muchísimo dinero.
25 Puesto que no pudo pagarle nada, el rey mandó que él, su mujer, sus hijos y todo lo que tenía fuera vendido para pagar lo que debía.

26 El obrero se arrodilló y, cubriendo su cara ante el rey, le dijo: 'Dame tiempo y yo te pagaré todo el dinero.'
27 Entonces el rey se compadeció del obrero y lo dejó ir, perdonándole la deuda.
28 "Pero el obrero perdonado salió y encontró a otro de los obreros que le debía un poco de dinero. Le tomó por el cuello y le dijo: 'Págame lo que me debes.'
29 El otro se arrodilló y, cubriéndose la cara le dijo: 'Dame tiempo, y te pagaré todo el dinero.'
30 No quiso y le mandó a la cárcel hasta que le pagara todo.
31 "Cuando los otros obreros vieron lo que había pasado, se pusieron tristes y fueron a decirle al rey todo lo que había pasado.
32 Entonces el rey llamó al primero y le dijo: '¡Mal obrero!

20 For where two or three are gathered together in My name, there I am with them."

True forgiveness

21 Then Peter came to Jesus and said: "Lord, how many times may my brother sin against me and I forgive him, up to seven times?"
22 Jesus said to him: "I tell you, not seven times but seventy times seven!
23 "The holy nation of Heaven is like a king who wanted to find out how much money his servants owed him.
24 As he began, one of the servants was brought to him who owed him very much money.
25 He could pay nothing that he owed. So the king spoke the word that he and his wife and his children and all that he had should be sold to pay what he owed.
26 The servant got down on his face in front of the king. He said, 'Give me time, and I will pay you all the money.'
27 Then the king took pity on his servant and let him go. He told him he did not have to pay the money back.
28 "But that servant went out and found one of the other servants who owed him very little money. He took hold of his neck and said, 'Pay me the money you owe me!'
29 The other servant got down at his feet and said, 'Give me time, and I will pay you all the money.'
30 But he would not. He had him put in prison until he could pay the money.
31 "When his other servants saw what had happened, they were very sorry. They came and told the king all that was done.
32 Then the king called for the first one. He said, 'You bad servant! I forgave you. I said that you would not have to pay back any of the money you owed me because you asked me.

33 Porque me rogaste, yo te perdoné y te dije que no tendrías que pagarme nada de tu deuda. ¿No debías tener compasión del otro obrero?'
34 El rey se enojó mucho y lo entregó para que lo castigaran hasta que pagara todo el dinero que debía.
35 Así hará mi Padre que está en el cielo con cada uno de ustedes, si no perdonan a su hermano de todo corazón."

Enseñanza de Jesús acerca del matrimonio y del divorcio

Marcos 10:1-12

19 Cuando Jesús terminó de hablar, se fue del país de Galilea, al país de Judea y a la región que está al este del río Jordán.
2 Le siguió mucha gente. Allí sanó a los enfermos.
3 Los celosos religiosos vinieron a Jesús, tratando de ponerle una trampa, y le preguntaron: "¿No enseña la ley que un hombre puede divorciarse de su mujer por cualquier cosa?"
4 Él les dijo: "¿No han leído ustedes que quien al principio los hizo, los hizo hombre y mujer?
5 Las escrituras dicen: 'Por está razón, el hombre dejará a su padre y a su madre y vivirá con su mujer, y los dos serán uno,'
6 de manera que ya no serán dos, sino uno. Génesis 2:24 Que ningún hombre separe lo que Dios ha unido"
7 Los celosos religiosos dijeron a Jesús: "Entonces, ¿Por qué permite la ley de Moisés a un hombre dar carta de divorcio a su mujer y desecharla?"
8 Jesús les dijo: "Por causa de la dureza de los corazones de ustedes, Moisés les permitió divorciarse de sus mujeres, pero esto no fue así al principio.
9 Yo les digo: Cualquier hombre que

33 Should you not have had pity on the other servant, even as I had pity on you?'
34 The king was very angry. He handed him over to men who would beat and hurt him until he paid all the money he owed.
35 So will My Father in heaven do to you, if each one of you does not forgive his brother from his heart."

What Jesus taught about marriage and divorce

Mark 10:1-12

19 When Jesus had finished talking, He went from the country of Galilee. He came to the part of the country of Judea which is on the other side of the Jordan River.
2 Many people followed Him and He healed them there.
3 The proud religious law keepers came to Jesus. They tried to trap Him by saying: "Does the Law say a man can divorce his wife for any reason?"
4 He said to them: "Have you not read that He Who made them in the first place made them man and woman?
5 It says, 'For this reason a man will leave his father and his mother and will live with his wife. The two will become one.'
6 So they are no longer two but one Génesis 2:24 Let no man divide what God has put together."
7 The proud religious law keepers said to Jesus: "Then why did the Law of Moses allow a man to divorce his wife if he put it down in writing and gave it to her?"
8 Jesus said to them: "Because of your hard hearts Moses allowed you to divorce your wives. It was not like that from the beginning.
9 And I say to you, whoever divorces

se divorcie de su mujer, si no es por causa de pecado sexual, y que se casa con otra es culpable de pecado sexual en el matrimonio. Cualquier hombre que se case con la divorciada también es culpable del mismo pecado."

10 Sus seguidores le dijeron: "Si este es el caso de un hombre con su mujer, es mejor no casarse."

11 Jesús les dijo: "Pero no todos los hombres pueden hacer esto, sino solamente aquellos a quienes es dado.

12 Hay algunos hombres que nacen impotentes y nunca pueden tener hijos. Hay otros hombres que han sido castrados por los hombres. Pero hay otros que se abstienen de casarse por causa del reino de los cielos. Al que pueda hacer esto, déjenlo que lo haga."

Jesús da gracias por los niños

Marcos 10:13-16 Lucas 18:15-17

13 Entonces le trajeron unos niños para que pusiera sus manos sobre ellos y orara por ellos. Los seguidores regañaron a los que trajeron a los niños, pero Jesús les dijo:

14 "Dejen que los niños vengan a mí, y no los detengan. El reino de los cielos es de aquellos que son como niños."

15 Puso sus manos sobre ellos y después se fue.

Jesús enseña a guardar la ley

Marcos 10:17-31 Lucas 18:18-30

16 Un joven vino a Jesús y le preguntó: "Maestro bueno, ¿qué obra buena debo hacer para tener la vida que dura para siempre?"

17 Jesús le dijo: "¿Por qué me llamas bueno? Dios es el único bueno. Si quieres tener la vida que dura para siempre, debes obedecer las leyes y los mandamientos."

18 El joven dijo: "¿Qué clase de man-

his wife, except for sex sins, and marries another, is guilty of sex sins in marriage. Whoever marries her that is divorced is guilty of sex sins in marriage."

10 His followers said to Him: "If that is the way of a man with his wife, it is better not to be married."

11 But Jesus said to them: "Not all men are able to do this, but only those to whom it has been given.

12 For there are some men who from birth will never be able to have children. There are some men who have been made so by men. There are some men who have had themselves made that way because of the holy nation of heaven. The one who is able to do this, let him do it."

Jesus gives thanks for little children

Mark 10:13-16 Luke 18:15-17

13 Then little children were brought to Him that He might put His hands on them and pray for them. The followers spoke sharp words to them.

14 But Jesus said: "Let the little children come to Me. Do not stop them. The holy nation of heaven is made up of ones like these."

15 He put His hands on them and went away.

Jesus teaches about keeping the law

Mark 10:17-31 Luke 18:18-30

16 A man came to Jesus and asked: "Good Teacher, what good work must I do to have life that lasts forever?"

17 Jesus said to him: "Why are you asking Me about what is good? There is only One Who is good. If you want to have life that lasts forever, you must obey the Laws."

18 The man said to Him: "What kind

damientos?" Jesús le dijo: "No matarás
a nadie; no cometerás pecados sexuales; no robarás; no mentirás.

19 Respeta a tu padre y a tu madre, y
ama a tu vecino como a ti mismo."

20 El joven le dijo a Jesús: "Yo he obedecido. todas las leyes. ¿Qué más debo
hacer?"
21 Jesús le dijo: "Si quieres ser perfecto, anda, vende todo lo que tienes y
entrega el dinero a los pobres; entonces tendrás riquezas en el cielo. Luego,
ven y sígueme."
22 Cuando el joven oyó estas palabras, se fue triste, porque era muy
rico.

El peligro de las riquezas

23 Jesús dijo a sus seguidores: "En verdad les digo que al rico le será difícil
entrar en el reino de los cielos.
24 De nuevo les digo que es más fácil
que un camello pase por el ojo de una
aguja que un rico entre en el reino de
los cielos."
25 Cuando sus seguidores oyeron
esto, no pudieron comprender y dijeron: "Entonces, ¿quién podrá salvarse
del castigo del pecado?"
26 Jesús les miró y les dijo: "Esto es
imposible para los hombres, pero para
Dios todas las cosas son posibles."
27 Entonces Pedro le dijo: "Nosotros
hemos dejado todo y te hemos seguido; ¿qué, pues, recibiremos?"
28 Jesús les dijo: "En verdad les digo
que cuando todo se vuelva nuevo y el
Hijo del Hombre se siente en su lugar
como Rey en gloria y esplendor, ustedes que me han seguido tendrán también doce lugares para sentarse conmigo. Ustedes dirán entonces quiénes
son culpables o inocentes de entre las
doce familias de la nación judía.
29 Cualquiera que haya dejado cosas,

of laws?" Jesus said: "You must not kill
another person. You must not be guilty
of sex sins. You must not steal. You
must not lie.
19 how respect to your father and
your mother. And love your neighbor
as you love yourself."
20 The young man said to Jesus: "I
have obeyed all these Laws. What
more should I do?"
21 Jesus said to him: "If you want to
be perfect, go and sell everything you
have and give the money to poor people. Then you will have riches in heav-
en. Come and follow Me."
22 When the young man heard these
words, he went away sad for he had
many riches.

The danger of riches

23 Jesus said to His followers: "For sure,
I tell you, it will be hard for a rich man to
get into the holy nation of heaven.
24 Again I tell you, it is easier for a
camel to go through the eye of a needle than for a rich man to get into the
holy nation of heaven."
25 When His followers heard this,
they could not understand it. They
said: "Then who can be saved from the
punishment of sin?"
26 Jesus looked at them and said:
"This cannot be done by men. But with
God all things can be done."
27 Then Peter said to Him: "We have
given up everything and have followed
You. Then what will we have?"
28 Jesus said to them: "For sure, I tell
you, when all the earth will be new and
the Son of Man will sit on His throne
in His shining greatness, you who have
followed Me will also sit on twelve
thrones, and judge the twelve family
groups of the Jewish nation.

29 Everyone who has given up houses

o hermanos, o hermanas, o padre, o madre, o tierras por mi causa recibirá cien veces más; también recibirá la vida que dura para siempre.

30 Muchos de los primeros serán últimos, y muchos de los últimos serán primeros.

La historia del trabajador en el campo de uvas

20 "El reino de los cielos es como el dueño de un campo de uvas que salió temprano en la mañana a contratar obreros para su viña.

2 Prometió pagarles el jornal de un día y luego les mandó a la viña.

3 Más tarde, en la mañana, fue a la plaza y allí vio a los hombres que no tenían nada que hacer.

4 Les dijo: 'Ustedes también vayan a mi viña y trabajen allí, que yo les pagaré lo que sea justo.' Y ellos fueron.

5 De nuevo salió al mediodía y después a las tres de la tarde e hizo lo mismo.

6 Como a las cinco de la tarde, salió otra vez y encontró todavía a otros que no tenían trabajo. Les preguntó: '¿Por qué están parados aquí todo el día, sin hacer nada?'

7 Ellos le dijeron: 'Porque nadie nos ha contratado.' Él les dijo: 'Vayan a trabajar en mi viña, que yo les pagaré lo que sea justo.'

8 "Cuando llegó la noche, el dueño dijo al principal de los obreros: 'Llama a todos los obreros y dales su paga. Comienza con los últimos contratados y sigue hasta los primeros.'

9 Los obreros que habían sido contratados a las cinco de la tarde vinieron primero, y cada uno recibió su paga.

10 Cuando vinieron los primeros obreros que habían sido contratados en la mañana, pensaron que recibirían más, pero cada uno recibió el mismo

or brothers or sisters or father or mother or wife or children or lands because of Me, will get a hundred times more. And you will get life that lasts forever.

30 Many who are first will be last. Many who are last will be first.

The picture story of the women in the grape field

20 "For the holy nation of heaven is like the owner of a grape field. He went out early in the morning to hire workmen to work in his grape field.

2 He promised to give them a day's pay and then sent them to his grape field.

3 Later in the morning he went to the center of the town where people gather. He saw men standing there doing nothing.

4 He said to them, 'You go to my grape field and work also. Whatever is right, I will pay you.' And they went.

5 Again he went out about noon and at three o'clock and did the same thing.

6 About five o'clock he went out and still found others doing nothing. He asked them, 'Why do you stand here all day and do nothing?'

7 They said to him, 'Because no one has hired us.' He said, 'Go to my grape field and work. Whatever is right, I will pay you.'

8 "When evening came, the owner of the grape field said to the boss of the workmen, 'Call the workmen. Give them their pay. Start with the last ones hired and go on to the first ones hired.'

9 The workmen who had been hired at five o'clock came up. Each one of them got a day's pay for his work.

10 When the workmen who had been hired the first thing in the morning came, they thought they would get more. But each one got a day's pay.

jornal de un día.
11 Después que recibieron el pago,
hablaron entre sí contra el dueño.
12 Y le dijeron: 'Los últimos obreros
contratados han trabajado solamente
una hora, y tú les has dado lo mismo
que a nosotros, que hemos trabajado
durante el calor del día.'
13 Pero él le dijo a uno de los obreros: 'Amigo, no estoy haciendo nada
malo contra ti. ¿No aceptaste cuando
te prometí pagar el jornal de un día?
14 Tómalo y vete. Yo quiero darles a
los últimos contratados lo mismo que
te he dado a ti.
15 ¿No tengo derecho a hacer lo que
quiero con mi dinero? ¿Te da envidia
porque yo soy bueno?'
16 Así que, los últimos serán primeros
y los primeros serán los últimos."

11 After they received it, they talked
against the owner.
12 They said, 'The last workmen hired
have only worked one hour. You have
given to them the same as to us. We
have worked hard through the heat of
the day.'
13 But he said to one of them, 'Friend,
I am doing you no wrong. Did you not
agree with me when I promised to pay
you a day's pay?
14 Take your pay and go. I want to
give the last ones hired the same as I
have given you.
15 Do I not have the right to do what I
want to do with my own money? Does
your eye make you want more because
I am good?'
16 So those who are last will be first
and the first will be last."

Jesús, por tercera vez, anuncia su muerte

Marcos 10:32-34 Lucas 18:31-34

17 Cuando Jesús estaba por subir
a Jerusalén, se separó con sus doce
seguidores, y junto al camino, les dijo:
18 "Oigan ustedes. Estamos en camino de Jerusalén donde el Hijo del
Hombre será entregado a los dirigentes religiosos y a los maestros de la ley.
Estos pedirán que él sea condenado a
muerte.
19 Le entregarán a gente mala. Se
burlarán de él y lo azotarán. Lo clavarán en una cruz. Tres días después él
será levantado de entre los muertos."

Jesus tells of his death the third time

Mark 10:32-34 Luke 18:31-34

17 As Jesus was going up to Jerusalem,
He talked also to the twelve followers
by the side of the road. He said,
18 "Listen! We are going up to Jerusalem. The Son of Man will be handed
over to the religious leaders and to the
teachers of the Law. They will say that
He must be put to death.
19 They will hand Him over to the
people who do not know God. They
will make fun of Him and will beat Him.
They will nail Him to a cross. Three
days later He will be raised to life."

La madre de Jacobo y Juan pide a Jesús algo difícil

Marcos 10:35-45

20 La madre de Jacobo y Juan, hijos
de Zebedeo, vino a Jesús con sus hijos.
Se puso de rodillas delante de él para
pedirle algo.
21 Jesús le dijo: "¿Qué quieres?" Ella

The mother of James and John asks Jesus something hard

Mark 10:35-45

20 The mother of Zebedee's children,
James and John, came to Jesus with
her sons. She got down on her knees
before Jesus to ask something of Him.
21 He said to her: "What do you

contestó: "Manda que mis dos hijos se sienten, el uno a tu derecha y el otro a tu izquierda, cuando seas Rey."

22 Jesús le dijo: "Ustedes no saben lo que piden. ¿Pueden ustedes soportar el sufrimiento que pronto voy a sufrir? ¿Pueden ser bautizados con el bautismo con que yo soy bautizado?" Ellos dijeron: "Sí, podemos."

23 Él les dijo: "Ustedes sufrirán como yo. Serán bautizados con el bautismo con que yo soy bautizado. Pero los lugares a mi derecha y a mi izquierda, a mí no me corresponde darlos, sino que serán de aquellos que indique mi Padre."

24 Los otros diez seguidores oyeron esto y se enojaron contra los dos hermanos.

25 Jesús les llamó y les dijo: "Ustedes saben cómo los reyes de las naciones muestran su poder ante la gente. Los jefes importantes también usan su poder sobre la gente.

26 No será así con ustedes. Cualquiera que desee ser importante entre ustedes debe ser ayudante de otros.

27 Y el que quiera ser primero entre ustedes debe ser como un siervo de todos.

28 Porque el Hijo del Hombre no vino para ser servido, sino para servir a los demás. Vino a dar su vida para que muchos fueran comprados por su sangre y librados del castigo del pecado."

La curación de los ciegos

Marcos 10:46-52 Lucas 18:35-43

29 Cuando salieron de la ciudad de Jericó, les siguió mucha gente.

30 Dos ciegos estaban sentados al lado del camino. Estos gritaron cuando oyeron que Jesús pasaba por allí. Dijeron: "¡Señor, ten compasión de nosotros, Hijo de David!"

31 Muchos hablaron con palabras fuertes a los ciegos, para que no gritaran.

want?" She said: "Say that my two sons may sit, one at Your right side and one at Your left side, when You are King."

22 Jesus said to her: "You do not know what you are asking. Are you able to take the suffering that I am about to take? Are you able to be baptized with the baptism that I am baptized with?" They said: "Yes, we are able."

23 He said to them: "You will suffer as I will suffer. But the places at My right side and at My left side are not Mine to give. Whoever My Father says will have those places."

24 The other ten followers heard this. They were angry with the two brothers.

25 Jesus called them to Him and said: "You know how the kings of the nations show their power to the people. Important leaders use their power over the people.

26 It must not be that way with you. But whoever wants to be great among you, let him care for you.

27 Whoever wants to be first among you, let him be your servant.

28 For the Son of Man came not to be cared for. He came to care for others. He came to give His life so that many could be bought by His blood and made free from the punishment of sin."

The healing of the blind men

Mark 10:46-52 Luke 18:35-43

29 As they went away from the city of Jericho, many people followed Him.

30 Two blind men were sitting by the side of the road. They called out when they heard that Jesus was going by. They said: "Lord, take pity on us, Son of David!"

31 Many people spoke sharp words to them. They told the blind men not to call out. But they called all the more:

"Lord! Take pity on us, Son of David!"

32 Jesús se detuvo, les llamó y les preguntó: "¿Qué quieren que haga por ustedes?"

33 Los ciegos le dijeron: "¡Señor, queremos que nuestros ojos sean abiertos!"

34 Jesús tuvo compasión y puso sus manos sobre los ojos de ellos. Al momento, pudieron ver. Y siguieron a Jesús.

32 Jesus stopped and called them. He asked: "What do you want Me to do for you?"

33 The blind men said to Jesus: "Lord, we want our eyes opened!"

34 Jesus had loving pity on them and put His hands on their eyes. At once they could see, and they followed Jesus.

La última vez que Jesús va a Jerusalén

Marcos 11:1-11 Lucas 19:29-44
Juan 12:12-19

21 Ya estaban cerca de Jerusalén. Llegaron a la ciudad de Betfagé en el monte de los Olivos. Jesús mandó primero a dos de sus seguidores,

2 diciéndoles: "Vayan a la ciudad de enfrente y allí encontrarán una burra atada, con su cría. Desátenlas y tráiganlas acá.

3 Si alguien les dice algo, ustedes le responderán: 'El Señor las necesita.' Y él las enviará en seguida."

4 Pasó tal como el antiguo predicador lo anunció,

5 "Digan a la gente de Jerusalén, 'Aquí viene tu Rey, manso, montado en una burra.'" Zacarías 9:9 Isaías 62:11

6 Los discípulos fueron e hicieron tal como Jesús les mandó.

7 Trajeron la burra con su cría. Pusieron su ropa sobre la burra para que Jesús se sentara encima.

8 Mucha gente tendía su ropa a lo largo del camino. Otros cortaban ramas de los árboles y las ponían en el camino.

9 La gente que iba delante y la que iba detrás de Jesús gritaba: "¡Bendito el Hijo de David! ¡Gloria y honor para el que viene en nombre del Señor! ¡Gloria en lo alto del cielo!"

10 Cuando Jesús entró en Jerusalén, toda la gente de la ciudad se alborotó.

The last time Jesus goes into Jerusalem

Mark 11:1-11 Luke 19:29-44
John 12:12-19

21 They were near Jerusalem and had come to the town of Bethphage at the Mount of Olives. Jesus sent two followers on ahead.

2 He said to them: "Go to the town over there. You will find a donkey tied and her young with her. Let them loose and bring them to Me.

3 If anyone says something to you, say, 'The Lord needs them.' He will send them at once."

4 It happened as the early preacher said it would happen, saying,

5 "Say to the people in Jerusalem, 'See! Your King is coming to you. He is gentle. He is riding on a young donkey.' " Zechariah 9:9 Isaiah 62:11

6 The followers went and did as Jesus told them.

7 They brought the donkey and her young one. They put their clothes on the donkey and Jesus sat on them.

8 Many people put their coats down on the road. Other people cut branches from the trees and put them along the way.

9 The people who went in front and those who followed Jesus called out: "Greatest One! The Son of David! Great and honored is He Who comes in the name of the Lord! Greatest One in the highest Heaven."

10 When Jesus came into Jerusalem, all the people of the city were trou-

Unos dijeron: "¿Quién es éste?"
11 Otros respondieron: "Este es Jesús, el que habla en nombre de Dios; es de la ciudad de Nazaret, del país de Galilea."

Jesús acaba con la compra y venta en el templo

Marcos 11:15-19 Lucas 19:45-48 Juan 2:13-17

12 Entonces Jesús fue al gran templo de Dios e hizo salir a todos los que estaban comprando y vendiendo. Volteó las mesas de los que cambiaban monedas y las sillas de los que vendían palomas.
13 Les dijo: "Escrito está, 'Mi casa será llamada casa de oración', pero ustedes la han hecho un lugar para ladrones." Isaías 56:7 Jeremías 7:11
14 Los ciegos y los que no podían andar vinieron a Jesús en el templo, y él los sanó.
15 Los dirigentes religiosos y los maestros de la ley vieron las obras poderosas que él hacía y oyeron a los niños que gritaban en el templo diciendo: "¡Bendito el Hijo de David!"
16 Los jefes del pueblo estaban muy enojados, y dijeron a Jesús: "¿Oyes lo que estos niños están diciendo?" Jesús les dijo: "Sí. ¿No han leído ustedes las escrituras? '¿Aun los niños y los recién nacidos le alabarán a él'?" Salmo 8:2.
17 Jesús los dejó y salió de la ciudad al pueblo de Betania, donde pasó esa noche.

La higuera que se secó

Marcos 11:20-26

18 En la mañana, cuando él volvía a la ciudad, tuvo hambre.
19 Vio una higuera al lado del camino y se acercó a ella. La higuera sólo tenía hojas. Jesús le dijo: "Nunca más vuelvas a dar fruto." En seguida se secó la higuera.
20 Al ver eso sus discípulos se admira-

bled. They said: "Who is this?"
11 Many people said: "This is Jesus, the One Who speaks for God from the town of Nazareth in the country of Galilee."

Jesus stops the buying and the selling in the house of God

Mark 11:15-19 Luke 19:45-48 John 2:13-17

12 Then Jesus went into the house of God and made all those leave who were buying and selling there. He turned over the tables of the men who changed money. He turned over the seats of those who sold doves.
13 He said to them: "It is written, 'My house is to be called a house of prayer.' You have made it a place of robbers." Isaiah 56:7 Jeremiah 7:11.
14 The blind and those who could not walk came to Jesus in the house of God and He healed them.
15 The religious leaders of the Jews and the teachers of the Law saw the great things He did. They heard the children calling in the house of God and saying: "Greatest One! Son of David!" The leaders were very angry.
16 They said to Jesus: "Do you hear what these children are saying?" Jesus said to them: "Yes, have you not read the writings, 'Even little children and babies will honor Him'?" Psalm 8:2
17 Jesus left them and went out of the city to the town of Bethany. He stayed there that night.

The fig tree dries up

Mark 11:20-26

18 In the morning as He was coming back to the city, He was hungry.
19 He saw a fig tree by the side of the road and went to it. There was nothing on it but leaves. He said to the tree: "No fruit will ever grow on you again." At once the fig tree dried up.
20 The followers saw it and were sur-

ron y le dijeron: "¿Cómo es que se secó enseguida la higuera?"

21 Jesús les dijo: "En verdad les digo, si ustedes tienen fe y no dudan, no sólo harán esto con la higuera, sino que también podrán decir a este monte, 'Muévete de aquí y échate al mar', y lo hará.

22 Todas las cosas que ustedes pidan en oración las recibirán, si tienen fe."

Preguntan a Jesús quién le dio el poder de hacer estas cosas

Marcos 11:27-33 Lucas 20:1-8

23 Jesús vino al gran templo y los dirigentes religiosos junto con los principales del pueblo vinieron a él, cuando estaba enseñando, y le preguntaron: "¿Con qué derecho y poder haces estas cosas? ¿Quién te dio el poder para hacerlas?"

24 Jesús les contestó: "Yo también les preguntaré a ustedes una cosa. Si ustedes me responden, entonces yo les diré con qué derecho y poder hago estas cosas.

25 El bautismo de Juan: ¿Era del cielo o de los hombres?" Ellos pensaron entre sí: *Si decimos 'del cielo', él nos dirá: Entonces ¿por qué no creyeron en él?*

26 *Pero si decimos, 'de los hombres', tememos al pueblo; porque todos creen que Juan era uno del cielos que hablaba en nombre de Dios."*

27 Le dijeron a Jesús: "No sabemos." Él les dijo: "Entonces, yo tampoco les diré con qué derecho y poder hago estas cosas.

La historia de los dos hijos

28 "¿Qué piensan ustedes de esta historia? Había un hombre que tenía dos hijos. Fue al primero de los hijos y le dijo: 'Hijo mío, anda a mi viña y trabaja allí un día.'

29 El hijo le contestó: 'No, no iré.'

prised and wondered. They said: "How did the fig tree dry up so fast?"

21 Jesus said to them: "For sure, I tell you this: If you have faith and do not doubt, you will not only be able to do what was done to the fig tree. You will also be able to say to this mountain, 'Move from here and be thrown into the sea,' and it will be done.

22 All things you ask for in prayer, you will receive if you have faith."

They ask Jesus who gave Him the power to do these things

Mark 11:27-33 Luke 20:1-8

23 Jesus came into the house of God. The religious leaders and the other leaders of the people came up to Him as He was teaching. They said: "By what right and power are You doing these things? Who gave You the right and the power to do them?"

24 Jesus said to them: "I will ask you one thing also. If you tell Me, then I will tell you by what right and power I do these things.

25 Was the baptism of John from heaven or from men?" They thought among themselves: "If we say, 'From Heaven,' then He will say, 'Then why did you not believe him?'

26 But if we say, 'From men,' we are afraid of the people, because they all think John was one who spoke for God."

27 They said to Jesus: "We do not know." He said to them: "Then I will not tell you by what right and power I do these things.

The picture story of the two sons

28 "What do you think about this? There was a man who had two sons. He came to the first son and said, 'My son, go to my grapefield and work today.'

29 He said, 'I will go.' But he did not go.

Después, cambió y fue.
30 El padre fue al segundo hijo y le
pidió la misma cosa. Este le dijo: 'Sí, yo
iré.' Pero no fue.

31 ¿Cuál de los dos hijos hizo lo que el
padre quería?" Ellos le dijeron: "El primer hijo." Jesús les dijo: "En verdad, les
digo que los cobradores de impuestos
y las mujeres que entregan su cuerpo
por dinero entrarán en el reino de los
cielos antes que ustedes.
32 Porque Juan vino predicándoles la
manera de estar bien con Dios. Ustedes
no lo creyeron, pero los cobradores de
impuestos y las mujeres que entregan
su cuerpo por dinero, sí, lo creyeron.
Cuando ustedes vieron esto, no cambiaron su actitud acerca de sus pecados
ni los dejaron, ni le creyeron a él.

La historia del campo de uvas

Marcos 12:1-12; Lucas 20:9-18

33 "Oigan otra historia: Un hombre
tenía un terreno. Puso una cerca alrededor de su campo y sembró en él.
Hizo un lugar para hacer vino, construyó una torre para mirar todo el campo
de uvas, lo alquiló a unos labradores y
marchó luego a otro país.
34 Vino el tiempo de cosechar las
uvas y mandó a unos de sus ayudantes
a recoger las uvas con los labradores.
35 Estos tomaron a los ayudantes y
azotaron a uno, mataron a otro y apedrearon a otro.
36 De nuevo, mandó a otros ayudantes. Pero ahora los mandó en mayor
número que en la primera vez. Los
labradores hicieron lo mismo con estos
ayudantes del dueño.
37 Después el dueño mandó a su hijo
y se dijo a sí mismo: 'Respetarán a mi
hijo.'
38 Cuando los labradores vieron al
hijo, se dijeron entre sí: 'Este es el que
recibirá todo cuando el dueño mue-

30 The father came to the second son
and asked the same thing. The son said,
'No, I will not go.' Later he was sorry
and went.
31 Which one of the two sons did
what his father wanted?" They said
to Jesus: "The second son." Jesus said
to them: "For sure, I tell you this: Tax
gatherers and women who sell the use
of their bodies will get into the holy
nation of heaven before you.
32 For John came to you preaching
about being right with God. You did
not believe him. But tax gatherers and
women who sell the use of their bodies did believe him. When you saw this,
you were not sorry for your sins and
did not turn from them and believe
him.

The picture story of the grape field

Mark 12:1-12 Luke 20:9-18

33 "Listen to another picture story. A
man who owned land planted grapes
in a field and put a fence around it. He
made a place for making wine. He built
a tower to look over the grape field.
He let farmers rent it and then he went
into another country.
34 The time came for gathering the
grapes. He sent his servants to the
farmers to get the grapes.
35 The farmers took his servants and
hit one. They killed another and threw
stones at another.
36 Again he sent other servants. He
sent more than the first time. The farmers did the same to those servants.

37 After this he sent his son to them.
He said to himself, 'They will respect
my son.'
38 When the farmers saw the son,
they said to themselves, 'This is the
one who will get everything when the

ra. Matémosle y nos quedaremos con todo.'
39 Lo llevaron fuera del campo de uvas y lo mataron.
40 Cuando venga el dueño de la viña, ¿qué creen que hará con estos malos labradores?
41 Ellos le dijeron: "Los entregará a la muerte y luego alquilará el campo de uvas a otros labradores que le pagarán la cosecha a su tiempo."
42 Jesús les respondió: "¿Nunca han leído ustedes en las sagradas escrituras: 'La piedra que los edificadores pusieron a un lado ha llegado a ser la piedra más importante del edificio. ¡El Señor es quien ha hecho esto, y nos parece maravilloso!' Salmo 118:22-23.
43 Yo les digo que por esto el reino de Dios les será quitado a ustedes y será dado a una nación que produzca fruto.
44 Cualquiera que caiga sobre esta piedra se hará pedazos; y sobre el que ésta caiga, lo hará polvo."
45 Cuando los dirigentes y los celosos religiosos oyeron estas historias, se dieron cuenta que él hablaba de ellos.
46 Trataron de tomarlo, pero tuvieron miedo al pueblo que sabía que hablaba la palabra de Dios.

La historia del banquete de bodas

22 Otra vez Jesús les habló en historias diciendo:
2 "El reino de los cielos es como un rey que ofreció un banquete en la boda de su hijo.
3 Mandó a sus siervos a llamar a los invitados, pero no quisieron venir.
4 Mandó a otros siervos, diciéndoles: 'Digan a los invitados que vengan. El banquete está listo; he mandado matar mis animales gordos, y todo está listo.

owner dies. Let us kill him and we will get it all.'
39 They took him and threw him out of the grape field and killed him.
40 When the owner of the grape field comes, what will he do to those farmers?"
41 They said to Him: "He will put those bad men to death. Then he will rent the grape field to other farmers who will give him the grapes when they are ready."
42 Jesus said to them: "Have you not read in the Holy Writings, 'The Stone that was put aside by the workmen has become the most important Stone in the building? The Lord has done this. We think it is great!' Psalm 118:22-23
43 I say to you, because of this, the holy nation of God will be taken from you. It will be given to a nation that will give fruit.
44 Whoever falls on this Stone will be broken. And on the one it falls, it will make him like dust."
45 When the religious leaders and the proud religious law keepers heard this picture story, they knew He spoke of them.
46 When they tried to put their hands on Him, they were afraid of the many people. The people thought He was One Who spoke for God.

The picture story of the marriage supper

22 Again Jesus spoke to them in picture stories. He said,
2 "The holy nation of heaven is like a king who gave a wedding supper for his son.
3 He sent his servants to tell the people, who had been asked, to come to the supper. But the people did not want to come.
4 "He sent other servants, saying to them, 'Tell those who have been asked to come: "See! My supper is ready. My cows and fat calves are killed. Every-

¡Vengan al banquete de la boda!'

5 Pero los invitados no hicieron caso y se fueron a trabajar. Uno se fue a su haciendo; otro se fue a su tienda.

6 Los otros tomaron a los siervos del rey, los hirieron y los mataron.

7 "Cuando el rey oyó esto, se enojó mucho. Mandó a sus soldados para que mataran a los que habían matado a sus siervos y luego quemó la ciudad de ellos.

8 Entonces dijo a sus siervos: 'El banquete de la boda está listo, pero aquellos invitados no lo merecían.

9 Salgan a los caminos y a cuantos encuentren invítenles a que vengan al banquete de bodas.'

10 "Sus siervos salieron a los caminos y trajeron a todos cuantos pudieron encontrar, tanto malos como buenos. El comedor de la boda estaba lleno de gente.

11 El rey entró a ver a los que habían venido. Vio a uno que no tenía la ropa apropiada para el banquete de bodas.

12 Le dijo: 'Amigo, ¿cómo entraste aquí sin la ropa apropiada para el banquete de bodas?' El hombre no le contestó.

13 Entonces el rey dijo a sus siervos: 'Átenle de pies y manos y échenlo a la oscuridad de afuera, donde llorará y rechinará los dientes.'

14 Porque muchos son llamados pero pocos los escogidos."

Los celosos religiosos tratan de ponerle una trampa a Jesús

Marcos 12:13-17 Lucas 20:19-26

15 Entonces los celosos religiosos se reunieron para pensar cómo podrían ponerle una trampa a Jesús cuando hablaba.

16 Mandaron a unos de sus seguidores, en compañía con algunos de los

thing is ready. Come to the wedding supper!'"

5 But they did not listen and went on working. One went to his farm. Another went to his store.

6 The others took hold of his servants, and hurt them and killed them.

7 "When the king heard this, he was very angry. He sent his soldiers to put those to death who had killed his servants. He burned their city.

8 Then he said to his servants, 'The wedding supper is ready. Those who were asked to come to the supper were not good enough.

9 Go out into the roads and as many people as you can find, ask them to come to the wedding supper.'

10 "The servants went out into the roads and brought all they could find, both bad and good. The wedding supper room was full of people.

11 The king came in to see those who had come. He saw one man who did not have on wedding supper clothes.

12 He said to him, 'Friend, how did you get in here without wedding supper clothes?' The man could not speak!

13 Then the king said to his servants, 'Tie his hands and feet, and throw him out into the darkness. In that place there will be loud crying and grinding of teeth.'

14 For many are called but few are chosen."

The proud religious law keepers try to trap Jesus

Mark 12:13-17 Luke 20:19-26

15 Then the proud religious law keepers got together to think how they could trap Jesus in His talk.

16 They sent their followers to Jesus with some of King Herod's men. They

hombres del rey Herodes, que fueran a
Jesús. Le preguntaron: "Maestro, sabemos que dices la verdad y que enseñas
la verdad acerca de Dios. Sabemos
también que no tienes miedo de lo que
los hombres piensen o digan de ti.
17 Dinos lo que piensas de esto: ¿Es
correcto pagar los impuestos a César,
o no?"
18 Jesús sabía lo que pensaban y les
dijo: "Ustedes son falsos; se dan por lo
que no son. ¿Por qué tratan de ponerme una trampa?
19 Muéstrenme una moneda." Ellos le
trajeron una,
20 y Jesús les dijo: "¿De quién es esta
imagen? ¿De quién es el nombre escrito aquí?"
21 Ellos le contestaron: "De César."
Entonces él les dijo: "Paguen a César lo
que es de César y paguen a Dios lo que
es de Dios."
22 Cuando oyeron esto, se quedaron
sorprendidos y admirados. Entonces se
fueron y lo dejaron solo.

Preguntan acerca de volver a vivir

Marcos 12:18-27 Lucas 20:27-40

23 El mismo día vinieron a Jesús algunas personas del grupo religioso que
no creía en que los muertos vuelven a
vivir. Estos le dijeron:
24 "Maestro, Moisés dijo: 'Si un hombre muere sin haber tenido hijos, el
hermano debe casarse con su mujer y
tener hijos en lugar del hermano.'
Deuteronomio 25:5.
25 Hubo entre nosotros siete hermanos. El primero se casó. Pero murió
antes de tener hijos. Entonces el segundo hermano se casó con la misma
mujer.
26 El segundo hermano también murió,
y lo mismo pasó con el tercero y todos
los demás, hasta el séptimo inclusive.
27 Luego también murió la mujer.
28 Cuando los muertos vuelvan a vivir,

asked: "Teacher, we know that You are
true. We know that You are teaching
the truth about God. We know You
are not afraid of what men think or say
about You.
17 Tell us what You think of this. Is it
right to pay taxes to Caesar, or not?"
18 Jesus knew their sinful thoughts
and said: "You pretend to be someone
you are not! Why do you try to trap
Me?
19 Show Me a piece of money." They
brought Him a piece.
20 Jesus said to them: "Whose picture
is this? Whose name is on it?"
21 They said to Him: "Caesar's." Then
He said to them: "Pay to Caesar the
things that belong to Caesar. Pay to
God the things that belong to God."
22 When they heard this, they were
surprised and wondered about it. Then
they went away from Him.

They ask about being raised from the dead

Mark 12:18-27 Luke 20:27-40

23 The same day some people from
the religious group who believe no one
will be raised from the dead came to
Jesus. They asked,
24 "Teacher, Moses said, 'If a man
should die without having children,
then his brother must marry his wife.
He should have children for his brother.' Deuteronomy 25:5
25 There were seven brothers with
us. The first was married but died
before he had any children. The second
brother then married the first brother's
wife.
26 The second brother died and the
same with the third and on to the seventh.
27 Then the woman died also.
28 When people are raised from the

¿mujer de cuál de estos siete hermanos será ella? Fue, sucesivamente, esposa de todos."

29 Jesús les dijo: "Ustedes se equivocan; no conocen las sagradas escrituras ni el poder de Dios.

30 Después de que los muertos vuelvan a vivir, no se casarán, sino que serán como los ángeles del cielo.

31 ¿No han leído lo que Dios dice sobre esto? Él dice:

32 "Yo soy el Dios de Abraham, y el Dios de Isaac y el Dios de Jacob." ¡El no es Dios de muertos, sino Dios de vivos!" Éxodo 3:6

33 Cuando la gente oyó esto, se quedó muy sorprendida y admirada de sus enseñanzas.

El gran mandamiento
Marcos 12:28-34

34 Cuando los celosos religiosos supieron que Jesús había hecho callar al grupo que decía que los muertos no vuelven a vivir, se reunieron.

35 Uno de ellos que conocía la ley trató de ponerle una trampa a Jesús. Le dijo:

36 "Maestro, ¿cuál es el más grande mandamiento?"

37 Jesús le dijo: "'Amarás al Señor tu Dios, con todo tu corazón y con toda tu alma y con toda tu mente.' Deuteronomio 6:5.

38 Este es el primero y más grande mandamiento.

39 El segundo es semejante: 'Amarás a tu vecino como a ti mismo.' Levítico 19:18.

40 Todos los mandamientos y todas las escrituras de los antiguos predicadores están basados en estos dos importantes mandamientos."

41 Mientras los celosos religiosos estaban reunidos Jesús les preguntó:

dead, whose wife will she be of the seven? They all had her for a wife."

29 Jesus said to them: "You are wrong because you do not know the Holy Writings or the power of God.

30 After people are raised from the dead, they do not marry. They are like the angels in heaven.

31 Have you not read what God said to you about those who are raised from the dead? He said,

32 'I am the God of Abraham and the God of Isaac and the God of Jacob.' He is not the God of the dead but of the living!" Exodus 3:6

33 When the people heard this, they were surprised and wondered about His teaching.

The great law
Mark 12:28-34

34 The proud religious law keepers got together when they heard that the religious group of people who believe no one will be raised from the dead were not able to talk anymore to Jesus.

35 A proud religious law keeper who knew the Law tried to trap Jesus. He said,

36 "Teacher, which one is the greatest of the Laws?"

37 Jesus said to him: "'You must love the Lord your God with all your heart and with all your soul and with all your mind.' Deuteronomy 6:5

38 This is the first and greatest of the Laws.

39 The second is like it, 'You must love your neighbor as you love yourself.' Leviticus 19:18.

40 All the Laws and the writings of the early preachers depend on these two most important Laws."

41 The proud religious law keepers were gathered together. Then Jesus asked,

42 "¿Qué piensan ustedes del Cristo? ¿De quién es Hijo?" Ellos le respondieron: "Es Hijo de David."

43 Jesús les dijo: "Entonces ¿Por qué es que David, dirigido por el Espíritu Santo, le llama 'Señor'? Porque David dice:

44 'El Señor dijo a mi Señor: "Siéntate a mi derecha hasta que haga de todos los que te odian un sitio donde descansar tus pies."' Salmo 110:1

45 Si David lo llama 'Señor,' entonces ¿cómo puede ser hijo de David?"

46 Ninguno pudo contestar ni una sola palabra. Y después de ese día, nadie le volvió a preguntar nada.

Los maestros de la ley y los celosos religiosos

Marcos 12:38-40 Lucas 20:45-47

23 Entonces Jesús habló a la gente y a sus seguidores.

2 Les dijo: "Los maestros de la ley y los celosos religiosos se han puesto en lugar de Moisés como maestros.

3 Hagan ustedes lo que ellos dicen que se debe hacer. Háganlo siempre, pero no sigan su ejemplo, porque ellos dicen una cosa y hacen otra.

4 Preparan cargas pesadas y las ponen en los hombros de la gente, pero no ayudan a levantarlas ni siquiera con un dedo.

5 Todo lo que hacen, lo hacen para que los hombres los vean. Llevan en el brazo izquierdo y en la frente palabras de las sagradas escrituras escritas con letras grandes. En sus vestidos, ponen flecos largos.

6 Les gusta ocupar los puestos más importantes en los banquetes y los mejores asientos en los templos locales.

7 También les gusta que la gente les salude, cuando se paran en la plaza del pueblo, donde se reúne la gente. Les gusta ser llamados maestros.

42 "What do you think about the Christ? Whose Son is He?" They said to Him: "The Son of David."

43 Jesus said to them: "Then how is it that David, being led by the Holy Spirit, calls Him 'Lord'? He said,

44 'The Lord said to my Lord: "Sit at My right side until I make those who hate you a place to rest Your feet."' Psalm 110:1

45 If David calls Him 'Lord,' then how can He be the Son of David?"

46 No one could answer a word, and after that day no one asked Him anything.

The teachers of the law and the proud religious law keepers

Mark 12:38-40 Luke 20:45-47

23 Then Jesus talked to the many people and to His followers.

2 He said: "The teachers of the Law and the proud religious law keepers have put themselves in Moses' place as teachers.

3 Do what they tell you to do and keep on doing it. But do not follow what they do. They preach but do not obey their own preaching.

4 They make heavy loads and put them on the shoulders of men. But they will not help lift them with a finger.

5 Everything they do, they do to be seen of men. They have words from the Holy Writings written in large letters on their left arm and forehead and they make wide trimming for their clothes.

6 They like to have the important places at big suppers and the best seats in the Jewish places of worship.

7 They like to have people show respect to them as they stand in the center of town where people gather. They like to be called teacher.

8 "Pero ustedes no serán llamados maestros, porque hay un solo maestro y todos ustedes son hermanos.

9 A nadie llamen padre aquí en la tierra. Hay un solo Padre y es el que está en el cielo.

10 Ustedes no serán llamados jefes, porque hay un solo jefe, que es Cristo.

11 "El más grande entre ustedes será el que les sirva a todos.

12 La persona que crea ser importante se dará cuenta que vale muy poco, pero la persona que no trate de alabarse a sí misma llegará a ser importante.

Jesús dirige palabras fuertes a los celosos religiosos

13 "¡Ay de ustedes, maestros de la ley y ustedes celosos religiosos, que fingen ser lo que no son! Ustedes no permiten que los hombres entren en el reino de los cielos. No entran ustedes, ni dejan entrar a los que están por entrar.

14 ¡Ay de ustedes, maestros de la ley y celosos religiosos, que fingen ser lo que no son! Ustedes roban las cosas de las viudas pobres, y entonces para disimularlo, hacen largas oraciones, por lo cual serán castigados duramente.

15 ¡Ay de ustedes, maestros de la ley y ustedes celosos religiosos, que fingen ser lo que no son! Ustedes recorren tierra y mar para ganar un seguidor, pero cuando lo consiguen, lo hacen dos veces más hijo del infierno que ustedes mismos.

16 "¡Ay de ustedes, guías ciegos! Porque dicen: 'La promesa hecha jurando por el templo no vale nada. Pero la promesa hecha jurando por el oro del templo, sí, tiene que cumplirse.'

17 ¡Hombres torpes y ciegos! ¿Qué

8 "But you are not to be called teacher. There is only one Teacher, and all of you are brothers.

9 Do not call any man here on earth your father. There is only one Father and He is in heaven.

10 You are not to be called leader. There is only one Leader and He is Christ.

11 "He who is greatest among you will be the one to care for you.

12 The person who thinks he is important will find out how little he is worth. The person who is not trying to honor himself will be made important.

Jesus speaks sharp words to the proud religious law keepers

13 "It is bad for you, teachers of the Law and proud religious law keepers, you who pretend to be someone you are not! You keep men from going into the holy nation of Heaven. You are not going in yourselves, and you do not allow those to go in who are about to go in.

14 It is bad for you, teachers of the Law and proud religious law keepers, you who pretend to be someone you are not! You take houses from poor women whose husbands have died. Then you try to cover it up by making long prayers. You will be punished all the more because of this.

15 It is bad for you, teachers of the Law and proud religious law keepers, you who pretend to be someone you are not! You go over land and sea to win one follower. When you have him, you make him twice as much a child of hell as you are.

16 "It is bad for you, blind leaders! You say, 'Whoever makes a promise by the house of God, his promise is worth nothing. But whoever makes a promise by the gold of the house of God, then his promise has to be kept.'

17 You fools and blind men! Which is

vale más, el oro o el templo que santifica el oro?

18 También ustedes dicen: 'Cualquiera que promete jurando por el altar no está obligado a cumplir su promesa. Pero cualquiera que promete jurando por la ofrenda que está sobre el altar; entonces, sí, tiene que cumplir su promesa.'

19 ¡Hombres torpes y ciegos! ¿Qué es mayor, la ofrenda o el altar que santifica la ofrenda?

20 Cualquiera que jure por el altar está jurando por el altar y todo lo que hay encima.

21 Cualquiera que jure por el templo de Dios no jura sólo por el templo sino también por Dios que vive allí.

22 Cualquiera que jure por el cielo jura al mismo tiempo por el trono de Dios.

23 "¡Ay de ustedes, maestros de la ley, y ustedes celosos religiosos, que se hacen pasar por lo que no son! Ustedes dan para Dios una décima parte de las especias, pero no han cumplido con las partes más importantes de la ley, que son: la rectitud, la compasión y la fe. Estas cosas deben hacerse sin dejar de hacer las otras.

24 ¡Ustedes son guías ciegos que sacan el mosquito de la taza, pero se tragan el camello!

25 "¡Ay de ustedes, maestros de la ley y ustedes celosos religiosos, que fingen ser lo que no son! Ustedes son los que limpian la taza y el plato por fuera, pero por dentro los dejan llenos de los peores deseos y no pueden dejar el pecado.

26 ¡Ciegos, celosos religiosos! Limpien ustedes el interior de la taza y del plato, para que también lo de afuera quede limpio.

27 "¡Ay de ustedes, maestros de la ley y ustedes celosos religiosos, que fingen ser lo que no son! Ustedes son como sepulcros blanqueados que se ven

greater, the gold or the house of God that makes the gold holy?

18 You say, 'Whoever will promise by the altar, his promise does not have to be kept. But whoever makes a promise by the gift on the altar, then his promise has to be kept.'

19 You fools and blind men! Which is greater, the gift, or the altar that makes the gift holy?

20 Whoever makes a promise by the altar, promises by it and by everything on it.

21 Whoever makes a promise by the house of God, promises by it and by Him Who is in it.

22 Whoever makes a promise by heaven, promises by the throne of God and by Him Who sits there.

23 "It is bad for you, teachers of the Law and proud religious law keepers, you who pretend to be someone you are not! You give one tenth part of your spices, and have not done the most important things of the Law, such as thinking what is right and wrong, and having pity and faith. These you should have done and still have done the other things also.

24 You blind leaders, you take a small bug out of your cup but you swallow a camel!

25 "It is bad for you, teachers of the Law and proud religious law keepers, you who pretend to be someone you are not! You clean the outside of the cup and plate, but leave the inside full of strong bad desires and are not able to keep from doing sinful things.

26 You blind proud religious law keepers! Clean the inside of the cup and plate, then the outside will be clean also.

27 "It is bad for you, teachers of the Law and proud religious law keepers, you who pretend to be someone you are not! You are like graves that have been made

hermosos por fuera, pero por dentro
están llenos de huesos de muertos y
de toda suciedad.
28 Cuando los hombres los miran,
aparentan ser buenos y rectos, pero
por dentro son falsos y malos. Ustedes
fingen ser lo que no son.
29 "¡Ay de ustedes, maestros de la ley
y ustedes, celosos religiosos, que fingen
ser lo que no son! Ustedes hacen lápi-
das para los sepulcros de los antiguos
predicadores y adornan las tumbas de
los que fueron buenos ante Dios. Ustedes dicen:
30 'Si hubiéramos vivido en los días de
nuestros padres, no habríamos ayudado
a matar a los antiguos predicadores.'
31 Ustedes, en realidad, están demostrando ser hijos de aquellos que mataron a los antiguos predicadores.
32 Bien pueden terminar lo que sus
padres comenzaron.
33 ¡Serpientes! ¡Raza de víboras! ¿Cómo
podrán ustedes librarse del infierno?
34 "Por esto seguiré mandándo-
les hombres que les hablen de Dios,
sabios y maestros de la ley, pero ustedes matarán a unos, clavarán en la cruz
a otros y azotarán en los templos a
algunos. Les causarán muchas dificultades cuando ellos vayan de ciudad en
ciudad.
35 Por esto, ustedes serán culpables
ante Dios de la sangre de todos los
hombres buenos que ha sido derramada sobre la tierra. Desde la sangre
de Abel, que fue hombre bueno ante
Dios, hasta la sangre de Zacarías, hijo
de Berequías, a quien ustedes mataron
entre el templo y el altar.
36 En verdad les digo que el castigo
caerá sobre la gente de hoy.

Lamento de Jesús por Jerusalén

37 "¡Jerusalén, Jerusalén! Tú que matas
a los hombres que hablan en nombre

white and look beautiful on the outside.
But inside you are full of the bones of
dead men and of every sinful thing.
28 As men look at you, you seem to
be good and right but inside you are
full of sin. You pretend to be someone
you are not.
29 "It is bad for you, teachers of the
Law and proud religious law keepers,
you who pretend to be someone you
are not! You make buildings for the
graves of the early preachers, and you
make the graves beautiful of those who
are right with God.
30 You say, 'If we had lived in the days
of our early fathers, we would not have
helped kill the early preachers.'
31 In this way, you are showing that
you are the sons of those who killed
the early preachers.
32 You might as well finish what your
early fathers did.
33 You snakes! You family of snakes!
How can you be kept from hell?
34 "Because of this, I am going to keep
on sending to you men who speak for
God and wise men and teachers of the
Law. Some of them you will kill and
nail to a cross. Some of them you will
beat in your places of worship. You will
make it very hard for them as they go
from city to city.
35 Because of this, you will be guilty
of the blood of all those right with God
on the earth. It will be from the blood
of Abel who was right with God to the
blood of Zachariah son of Barachias.
He was the one you killed between the
house of God and the altar.
36 For sure, I tell you, all these things
will come on the people of this day.

Jesus sorrows over Jerusalem

37 "O Jerusalem, Jerusalem! You
kill the men who speak for God and

de Dios y tiras piedras a los que son
enviados a ti. ¡Cuántas veces quise
reunir a tus hijos alrededor de mí, como
la gallina junta a sus pollitos debajo de
sus alas, pero tú no me dejaste!
38 ¡Mira, ahora! Tu casa está vacía.
39 Yo les digo que no me volverán a ver
hasta que digan: 'Grande y poderoso es
el que viene en el nombre del Señor.'"

Jesús habla del templo

Marcos 13:1-37; Lucas 21:5-36

24 Jesús salió del gran templo y
cuando se iba sus seguidores le
llamaron la atención a los edificios del
templo.
2 Jesús les dijo: "¿Ven ustedes todo
esto? En verdad les digo que todas
estas piedras serán echadas abajo. No
quedará una piedra sobre otra."

Jesús enseña en el monte de los Olivos

3 Jesús se sentó en el monte de los
Olivos y, cuando estaba solo, sus seguidores vinieron a él y le dijeron: "Dinos,
¿cuándo pasará esto? ¿Qué señal debemos esperar que nos muestre tu venida y el fin del mundo?"
4 Jesús les dijo: "Cuidado, que nadie
les lleve por el mal camino,
5 porque muchos vendrán usando
mi nombre y diciendo: 'Yo soy el Cristo.' Engañarán, y muchos volverán al
mal camino.
6 Ustedes oirán de guerras y se
hablará de guerras, pero no tengan
miedo. Estas cosas tienen que pasar,
pero todavía no será el fin.
7 Los pueblos pelearán con otros y
países contra otros países. Habrá hambre y la tierra temblará en muchos
lugares.

8 Estas cosas serán el principio de
dolores.
9 "Entonces los llevarán a ustedes
para herirlos y matarlos, porque serán

throw stones at those who were sent
to you. How many times I wanted to
gather your children around Me, as a
chicken gathers her young ones under
her wings. But you would not let Me.
38 See! Your house is empty.
39 I say to you, you will not see Me
again until you will say, 'Great is He Who
comes in the name of the Lord!'"

Jesus tells of the house of God

Mark 13:1-37; Luke 21:5-36

24 Jesus went out of the house of
God. On the way His followers
came to Him to show Him the buildings of the house of God.
2 Jesus said to them: "Do you see
all these things? For sure, I tell you, all
these stones will be thrown down. Not
one will be left standing on another."

Jesus teaches on the Mount of Olives

3 Jesus sat on the Mount of Olives.
The followers came to Him when He
was alone and said: "Tell us, when will
this happen? What can we look for to
show us of Your coming and of the end
of the world?"
4 Jesus said to them: "Be careful that
no one leads you the wrong way.
5 Many people will come using My
name. They will say, 'I am Christ.' They
will fool many people and will turn
them to the wrong way.
6 You will hear of wars and lots of
talk about wars, but do not be afraid.
These things must happen, but it is not
the end yet.
7 Nations will have wars with other
nations. Countries will fight against
countries. There will be no food for
people. The earth will shake and break
apart in different places.
8 These things are the beginning of
sorrows and pains.
9 "Then they will hand you over to
be hurt. They will kill you. You will be

odiados por todo el mundo por causa de mi nombre.
10 En ese tiempo muchos se darán por vencidos y se volverán atrás. Entregarán sus hermanos a sus enemigos y por eso se odiarán unos a otros.
11 Entonces vendrán muchos falsos maestros religiosos que engañarán a la gente y la llevará al mal camino.
12 Y porque el pecado abunda en todas partes, el amor que está en el corazón de muchos se enfriará.
13 Pero el que permanezca firme hasta el fin será salvo.
14 "Estas buenas nuevas del reino de Dios serán predicadas en toda la tierra, y dichas a todas las naciones, y entonces vendrá el fin.

Días de problemas, dolor y aflicción

15 "Ustedes verán un dios muy malo, hecho de hombres, levantado en el templo en Jerusalén, tal como dijo el antiguo predicador Daniel. Daniel 9:27, 12:11. El que lea esto, que lo entienda.
16 Entonces los que están en el país de Judea deben correr a las montañas.
17 El que se encuentre en el techo de su casa no debe bajar a sacar nada de la casa.
18 El que esté en el campo no debe regresar a buscar su saco.
19 ¡Pobres mujeres, las que están encinta y las que tengan niños de pecho!
20 Pidan a Dios que no tengan que salir en invierno o en el día de descanso.
21 En esos días habrá mucho dolor y aflicción, como nunca los hubo desde el principio del mundo ni nunca los habrá después.
22 Si esos días no fueran acortados, ninguna vida podría salvarse; pero, por amor al pueblo de Dios, esos días serán acortados.

hated by all the world because of My name.
10 Many people will give up and turn away at this time. People will hand over each other. They will hate each other.
11 Many false religious teachers will come. They will fool many people and will turn them to the wrong way.
12 Because of people breaking the laws and sin being everywhere, the love in the hearts of many people will become cold.
13 But the one who stays true to the end will be saved.
14 "This Good News about the holy nation of God must be preached over all the earth. It must be told to all nations and then the end will come.

Days of trouble and pain and sorrow

15 "You will see a sinful man made god standing in the house of God in Jerusalem. It was spoken of by the early preacher Daniel. Daniel 9:27, 12:11 The one who reads this should understand it.
16 Then those in the country of Judea should run to the mountains.
17 The man who is on the top of his house should not come down to take anything out of his house.
18 The man who is in the field should not go back to get his coat.
19 It will be hard for a woman who will soon be a mother. It will be hard for the ones feeding babies in those days!
20 Pray that you will not have to go in the winter or on the day of rest.
21 In those days there will be very much trouble and pain and sorrow. It has never been this bad from the beginning of the world and never will be again.
22 If the time had not been made short, no life would have been saved. Because of God's people, the time will be made short.

Los falsos maestros religiosos

23 "Si alguien les dijera a ustedes: '¡Miren! ¡Aquí está el Cristo!' o '¡Allá está él!', no lo crean.

24 Porque vendrán personas haciéndose pasar por cristos y por hombres que hablan de parte de Dios. Harán cosas maravillosas para que las vea la gente. Con esas cosas especiales tratarán de engañar al pueblo de Dios para que caiga en el error.

25 ¡Escuchen! Les he dicho esto antes de que pasen estas cosas.

26 Si les dicen: '¡Miren! Él está en el desierto', no vayan a verlo. O si les dijeran: '¡Miren! Él está en el cuarto interior', no lo crean.

27 El Hijo del Hombre vendrá con la rapidez con que el relámpago cruza el cielo de este a oeste.

28 Donde hay un cuerpo muerto, allí se juntan los buitres.

Jesús volverá otra vez en su gloriosa majestad

29 "Tan pronto como pasen esos días de dolor y aflicción, el sol se pondrá oscuro, la luna no dará su luz, las estrellas caerán del cielo, anunciando al Hijo del Hombre.

30 Todas las naciones de la tierra llorarán y verán al Hijo del Hombre viniendo en las nubes del cielo con poder y gran gloria.

31 Mandará a sus ángeles con fuerte sonido de trompeta, y el pueblo de Dios se reunirá de los cuatro vientos. Vendrán del uno al otro extremo del cielo.

La historia de la higuera

32 "Ahora aprendan algo de la higuera. Cuando las ramas comienzan a crecer y brotan las hojas, ustedes saben

The false religious teachers

23 "If anyone says to you, 'See! Here is the Christ!' or 'There He is!' do not believe it.

24 People who say they are Christ and false preachers will come. They will do special things for people to see. They will do great things, so that if it can be done, God's people will be fooled to believe something wrong.

25 Listen! I have told you before it comes.

26 If they tell you, 'See! He is in the desert,' do not go to see. Or if they say, 'See! He is in the inside room,' do not believe them.

27 The Son of Man will come as fast as lightning shines across the sky from east to west.

28 Birds gather wherever there is a dead body.

Jesus will come again in His shining greatness

29 "As soon as those days of trouble and pain and sorrow are over, the sun will get dark. The moon will not give light. The stars will fall from the sky. The powers in the heavens will be shaken.

30 Then something special will be seen in the sky telling of the Son of Man. All nations of the earth will have sorrow. They will see the Son of Man coming in the clouds of the sky with power and shining greatness.

31 He will send His angels with the loud sound of a horn. They will gather God's people together from the four winds. They will come from one end of the heavens to the other.

The picture story of the fig tree

32 "Now learn something from the fig tree. When the branch begins to grow and puts out its leaves, you know that

que el verano está cerca.
33 En la misma manera, cuando ustedes
vean todas estas cosas, sabrán que el
Hijo del Hombre está cerca, a la puerta.
34 En verdad les digo que la gente de
ese tiempo no morirá hasta que todas
estas cosas hayan pasado.

Nadie sabe cuándo volverá Jesús

35 "El cielo y la tierra pasarán, pero
mis palabras no pasarán.
36 Sin embargo, nadie sabe el día ni la
hora, ni siquiera los ángeles del cielo,
sino solamente mi Padre.
37 "Cuando el Hijo del Hombre venga, será como cuando vivió Noé.
38 En esos días, antes del diluvio, la
gente comía y bebía; se casaban y casaban a sus hijos. Esto siguió hasta el día
en que Noé entró en el barco.
39 Pero ellos no supieron lo que estaba pasando, hasta que vino el diluvio y
las aguas los llevaran a todos. Así será
cuando el Hijo del Hombre venga.
40 "Dos hombres estarán trabajando
en el campo, uno será llevado y el otro
dejado.
41 Así también dos mujeres estarán
moliendo grano; una será llevada y la
otra dejada.
42 "Por esto, ¡tengan cuidado! Ustedes no saben qué día vendrá su Señor.
43 Pero quiero que comprendan esto:
Si el dueño de la casa supiera cuándo
iba a venir el ladrón, estaría vigilando y
no dejaría que su casa fuera robada.
44 Ustedes deben estar listos, porque el Hijo del Hombre vendrá en el
momento que menos piensen.

Trabajadores fieles y trabajadores infieles

45 "¿Quién es el siervo sabio y fiel, a
quien su patrón le ha puesto por mayor-

summer is near.
33 In the same way, when you see all
these things happen, you know the Son
of Man is near, even at the door.
34 For sure, I tell you, the people of
this day will not pass away before all
these things have happened.

No one knows when Jesus will come again

35 "Heaven and earth will pass away,
but My words will not pass away.
36 But no one knows the day or
the hour. No! Not even the angels in
heaven know. The Son does not know.
Only the Father knows.
37 "When the Son of Man comes, it
will be the same as when Noah lived.
38 In the days before the flood, people
were eating and drinking. They were
marrying and being given in marriage.
This kept on until the day Noah went
into the large boat.
39 They did not know what was happening until the flood came and the
water carried them all away. It will be
like this when the Son of Man comes.
40 "Two men will be working in a
field. One will be taken and the other
will be left.
41 Two women will be grinding grain.
One will be taken and the other will be
left.
42 "Because of this, watch! You do not
know on what day your Lord is coming.
43 But understand this: If the owner of
a house had known when the robber
was coming, he would have watched.
He would not have allowed his house
to have been broken into.
44 You must be ready also. The Son of
Man is coming at a time when you do
not think He will come.

Faithful servants and servants who are not faithful

45 "Who is the faithful and wise servant whom his owner has made boss

domo sobre los demás siervos? Este les
dará de comer a la hora debida
46 y se sentirá feliz, haciendo lo que su
patrón quiere que haga para cuando él
venga.
47 En verdad les digo que él le pondrá
como mayordomo de todo lo que él
tiene.
48 Pero si el siervo es malo, pensará
que el patrón no volverá pronto y golpeará a los otros,
49 comerá y beberá con los borrachos.
50 El patrón volverá el día y a la hora
en que el siervo no lo espere.
51 El patrón lo castigará y lo pondrá
con los falsos. Allí habrá llanto y rechinar de dientes.

over the other servants? He is to have
food ready for them at the right time.
46 That servant is happy who is doing
what his owner wants him to do when
he comes back.
47 For sure, I tell you, he will make
him boss over all that he has.
48 But if that servant is bad, he will
think, 'The owner will not come soon.'
49 He will beat the others. He will eat
and drink with those who are drunk.
50 The owner will come on a day and
at an hour when the servant is not
looking for him.
51 The owner will punish the servant
and will give him his place with those
who pretend to be someone they
are not. There will be loud crying and
grinding of teeth.

La historia de las vírgenes

25 "Entonces el reino de los cielos será como diez vírgenes
que tomaron sus lámparas y salieron a
recibir al novio.
2 Cinco de ellas eran sabias, pero
cinco eran tontas.
3 Las tontas tomaron sus lámparas,
pero no llevaron más aceite.
4 Las mujeres sabias llevaron un frasco de aceite junto con sus lámparas.
5 Esperando, todas se durmieron,
porque el novio tardó mucho en llegar.
6 "A las doce de la noche, se oyó un
fuerte grito: '¡Miren, ya viene el novio!
¡Salgan a recibirle!'
7 Entonces todas las vírgenes se
levantaron y arreglaron sus lámparas.
8 Las vírgenes tontas dijeron a las
sabias: "Dennos algo de aceite, porque
nuestras lámparas se apagan."
9 Pero las sabias les respondieron:
'¡No! Porque no alcanzaría para noso-

The picture story of ten young women

25 "At that time the holy nation of heaven will be like ten women
who have never had men. They took
their lamps and went out to meet the
man soon to be married.
2 Five of them were wise and five
were foolish.
3 The foolish women took their
lamps but did not take oil with them.
4 The wise women took oil in a jar
with their lamps.
5 They all went to sleep because the
man to be married did not come for a
long time.
6 "At twelve o'clock in the night there
was a loud call, 'See! The man soon to be
married is coming! Go out to meet him!'
7 Then all the women got up and
made their lamps brighter.
8 The foolish women said to the
wise women, 'Give us some of your oil
because our lamps are going out.'
9 But the wise women said, 'No!
There will not be enough for us and

tras y para ustedes también. Corran a la tienda y compren el aceite que les falta.'

10 Mientras ellas fueron a comprar aceite, el novio vino, y las que estaban listas entraron con él a la boda. Y se cerró la puerta.

11 "Más tarde regresaron las vírgenes tontas diciendo: "Señor, Señor ábrenos la puerta."

12 Pero el novio respondió: "¡En verdad les digo que no las conozco!"

13 Así que, tengan cuidado, porque ustedes no saben ni el día ni la hora en que el Hijo del Hombre va a venir.

La historia de los empleados y el dinero

14 "El reino de los cielos es como un hombre que se fue a un país muy distante. Llamó a todos los empleados y les dio dinero para usar.

15 A un empleado le dio cinco monedas de mucho valor; a otro le dio dos monedas de mucho valor; a otro empleado le dio una moneda de mucho valor. Dio a cada uno según sus capacidades. Luego el hombre se fue de viaje.

16 El empleado que recibió las cinco monedas salió a los almacenes y negoció, hasta que ganó otras cinco monedas.

17 El que recibió dos monedas hizo la misma cosa y ganó dos monedas más.

18 El empleado que recibió una sola moneda fue y la puso en un hoyo en la tierra, escondiendo el dinero que le había dado su patrón.

19 "Después de mucho tiempo, el patrón de esos empleados regresó y quiso saber lo que habían hecho con su dinero.

20 El que había recibido las cinco monedas de mucho valor, vino y le entregó cinco monedas más, diciéndole: 'Señor, tú me diste cinco monedas.

you. Go to the store and buy oil for yourselves.'

10 While they were gone to buy oil, the man soon to be married came. Those who were ready went in with him to the marriage. The door was shut.

11 "Later the foolish women came. They said, 'Sir, Sir, open the door for us!'

12 But he said to them, 'For sure, I tell you, I do not know you!'

13 So watch! You do not know what day or what hour the Son of Man is coming.

The picture story of the three servants and the money

14 "For the holy nation of heaven is like a man who was going to a country far away. He called together the servants he owned and gave them his money to use.

15 He gave to one servant five pieces of money worth much. He gave to another servant two pieces of money worth much. He gave to another servant one piece of money worth much. He gave to each one as he was able to use it. Then he went on his trip.

16 The servant who had the five pieces of money went out to the stores and traded until he made five more pieces.

17 The servant who had two pieces of money did the same thing. He made two more pieces.

18 The servant who had received the one piece of money went and hid the money in a hole in the ground. He hid his owner's money.

19 "After a long time the owner of those servants came back. He wanted to know what had been done with his money.

20 The one who had received the five pieces of money worth much came and handed him five pieces more. He said, 'Sir, you gave me five pieces

¡Mira! Las he negociado y he ganado
cinco monedas más.'
21 Su patrón le dijo: 'Has hecho bien;
eres un buen empleado. Ya que has
sido fiel en lo poco, yo pondré muchas
cosas a tu cuidado. Entra y participa de
mi alegría.'
22 El que recibió dos monedas de
mucho valor también vino, diciendo:
'Señor, tú me diste dos monedas; pero
¡mira! Las he negociado y he ganado
otras dos monedas.'
23 Su patrón le dijo: 'Has hecho bien;
eres un buen empleado. Has sido fiel
en lo poco, yo pondré muchas cosas
a tu cuidado. Entra y participa de mi
alegría.'
24 El que recibió una moneda de
mucho valor vino diciéndole: 'Señor, yo
sé que tú eres hombre duro, que cose-
chas grano donde no sembraste y que
recoges donde no esparciste.

25 Tuve miedo, y escondí tu dinero en
la tierra. ¡Mira! Aquí tienes tu dinero.'
26 Su patrón le dijo: 'Tú eres un
empleado malo y flojo. Si pensabas que
yo cosecho donde no sembré y recojo
donde no esparcí,

27 por lo menos debías haber puesto mi dinero en el banco, para que a
mi regreso pudiera haber retirado mi
dinero con los intereses.
28 Quítenle la moneda que recibió y
denla al que tiene diez monedas.'

29 Porque al que tiene, se le dará más;
y tendrá más que suficiente. Al que no
tiene, se le quitará aun lo que tenga.

30 Echen al mal empleado a las tinieblas de afuera, donde habrá llanto y
rechinar de dientes

of money. See! I used it and made five
more pieces.'
21 His owner said to him, 'You have
done well. You are a good and faithful
servant. You have been faithful over a
few things. I will put many things in your
care. Come and share my joy.'
22 The one who received two pieces
of money worth much came also. He
said, 'Sir, you gave me two pieces of
money. See! I used it and made two
more pieces.'
23 His owner said to him, 'You have
done well. You are a good and faithful
servant. You have been faithful over a
few things. I will put many things in your
care. Come and share my joy.'
24 The one who had received one
piece of money worth much came. He
said, 'Sir, I know that you are a hard
man. You gather grain where you have
not planted. You take up where you
have not spread out.
25 I was afraid and I hid your money in
the ground. See! Here is your money.'
26 His owner said to him, 'You bad
and lazy servant. You knew that I gather grain where I have not planted. You
knew that I take up where I have not
spread out.
27 You should have taken my money
to the bank. When I came back, I could
have had my own money and what the
bank paid for using it.
28 Take the one piece of money from
him. Give it to the one who has ten
pieces of money.'
29 For the man who has will have
more given to him. He will have more
than enough. The man who has nothing, even what he has will be taken
away.
30 Throw the bad servant out into
the darkness. There will be loud crying
and grinding of teeth.

Las ovejas y las cabras

31 "Cuando el Hijo del Hombre venga en su gloria, se sentará en su trono. Todos los ángeles estarán con él.

32 Todas las naciones de la tierra se reunirán ante él. Entonces los separará, como el pastor separa a las ovejas de las cabras.

33 A las ovejas, las pondrá a su lado derecho y a las cabras, a su lado izquierdo.

34 "Entonces el Rey dirá a los que están a su lado derecho: 'Vengan los que han sido llamados por mi Padre. Entren en el reino de los cielos que ha sido preparado para ustedes desde antes de que el mundo fuera hecho.

35 Porque tuve hambre, y ustedes me dieron de comer. Tuve sed, y me dieron de beber. Fui forastero, y me hospedaron.

36 Estuve desnudo, y me dieron ropa. Estuve enfermo, y me atendieron. Estuve en la cárcel, y me visitaron.'

37 "Entonces los fieles ante Dios dirán: 'Señor, ¿cuándo te vimos con hambre y te dimos de comer? ¿Cuándo te vimos con sed y te dimos de beber?

38 ¿Cuándo fuiste forastero y te dimos hospedaje? ¿Cuándo estuviste desnudo y te dimos ropa?

39 ¿Y cuándo te vimos enfermo o en la cárcel y te visitamos?'

40 Entonces el Rey dirá: 'En verdad les digo que por haber hecho esto a uno de mis hermanos pequeñitos, me lo han hecho a mí.'

41 "Entonces el Rey dirá a los de su lado izquierdo: 'Apártense de mí, porque ustedes son culpables. Váyanse al fuego que dura para siempre y que ha sido preparado para el diablo y sus ángeles.

The sheep and the goats

31 "When the Son of Man comes in His shining greatness, He will sit down on His throne of greatness. All the angels will be with Him.

32 All the nations of the earth will be gathered before Him. He will divide them from each other as a shepherd divides the sheep from the goats.

33 He will put the sheep on His right side, but the goats He will put on His left side.

34 "Then the King will say to those on His right side, 'Come, you who have been called by My Father. Come into the holy nation that has been made ready for you before the world was made.

35 For I was hungry and you gave Me food to eat. I was thirsty and you gave Me water to drink. I was a stranger and you gave Me a room.

36 I had no clothes and you gave Me clothes to wear. I was sick and you cared for Me. I was in prison and you came to see Me.'

37 "Then those that are right with God will say, 'Lord, when did we see You hungry and feed You? When did we see You thirsty and give You a drink?

38 When did we see You a stranger and give You a room? When did we see You had no clothes and we gave You clothes?

39 And when did we see You sick or in prison and we came to You?'

40 Then the King will say, 'For sure, I tell you, because you did it to one of the least of My brothers, you have done it to Me.'

41 "Then the King will say to those on His left side, 'Go away from Me! You are guilty! Go into the fire that lasts forever. It has been made ready for the devil and his angels.

42 Porque yo tuve hambre, y no me dieron de comer. Tuve sed, y no me dieron agua para beber.
43 Fui forastero, y no me dieron hospedaje. Estuve desnudo, y no me dieron ropa. Estuve enfermo, y en la cárcel, y no me visitaron,'

44 "Entonces ellos le preguntarán: 'Señor, ¿cuándo te vimos con hambre o con sed, o forastero, o desnudo, o enfermo, o en la cárcel y no te atendimos?'
45 Entonces él les dirá: 'En verdad les digo que por no haber hecho todo esto con uno de mis hermanos pequeñitos, no me lo hicieron a mí.'
46 Estos irán al lugar donde serán castigados para siempre, pero los aceptados ante Dios tendrán la vida que dura para siempre."

Jesús, por cuarta vez, anuncia su muerte

Marcos 14:1-2 Lucas 22:1-6

26 Cuando Jesús había terminado de enseñarles todas estas cosas, les dijo a sus seguidores:
2 "Ustedes saben que dentro de dos días es la fiesta religiosa que recuerda cuando los judíos salieron de Egipto. Entonces el Hijo del Hombre será entregado para que lo claven en una cruz."
3 Los jefes religiosos y los principales del pueblo se reunieron en la casa del principal dirigente, que se llamaba Caifás.
4 Se pusieron de acuerdo para ponerle una trampa a Jesús y así matarlo.
5 Pero ellos dijeron: "Esto no debe hacerse el día de la fiesta porque la gente podría estar en contra y causar muchas molestias."

42 For I was hungry but you did not give Me food to eat. I was thirsty but you did not give Me water to drink.
43 I was a stranger but you did not give Me a room. I had no clothes but you did not give Me clothes. I was sick and in prison but you did not come to see Me.'
44 "Then they will ask, 'Lord, when did we see You hungry or thirsty or a stranger? When did we see You without clothes or sick or in prison and did not care for You?'
45 Then He will say to them, 'For sure, I tell you, because you did not do it to one of the least of these, you did not do it to Me.'
46 These will go to the place where they will be punished forever. But those right with God will have life that lasts forever."

Jesus tells of His death the fourth time

Mark 14:1-2 Luke 22:1-6

26 When Jesus had finished all this teaching, He said to His followers,
2 "You know that the special religious supper to remember how the Jews left Egypt is in two days. The Son of Man will be handed over to be nailed to a cross."
3 The religious leaders and the leaders of the people gathered at the house of the head religious leader. His name was Caiaphas.
4 They talked together how they might trap Jesus and kill Him.
5 But they said: "This must not happen on the day of the special supper. The people would be against it. They would make much trouble."

María de Betania pone un perfume especial sobre Jesús

Marcos 14:3-9 Juan 12:1-11

6 Jesús estaba en el pueblo de Betania, en la casa de Simón, el que había tenido una enfermedad mala en la piel.

7 Una mujer vino con un frasco de perfume por el cual había pagado mucho dinero. Cuando Jesús comía recostado, ella derramó el frasco del perfume sobre su cabeza.

8 Cuando los seguidores de Jesús vieron esto, se enojaron y dijeron: "¿Por qué se ha malgastado esto?

9 Este perfume podría haberse vendido por mucho dinero para ayudar a los pobres."

10 Jesús sabía lo que ellos estaban diciendo y les dijo: "¿Por qué molestan a esta mujer? Ella me ha hecho algo bueno.

11 A los pobres, los tendrán siempre con ustedes; pero a mí, no siempre me tendrán.

12 Ella derramó este perfume sobre mi cuerpo, preparándolo para la tumba.

13 En verdad les digo que donde quiera que estas buenas nuevas sean predicadas en todo el mundo, esta mujer será recordada por lo que acaba de hacer."

Judas entrega a Jesús a la muerte

Marcos 14:10-11

14 Judas Iscariote era uno de los seguidores de Jesús. Fue a los dirigentes religiosos de los judíos

15 y les preguntó: "¿Cuánto me pagarán ustedes por entregarles a Jesús?" Ellos prometieron pagarle treinta monedas.

16 Desde ese momento Judas buscaba la manera de entregar a Jesús en manos de ellos.

Preparativos para la fiesta

Marcos 14:12-16 Lucas 22:7-13

17 El primer día de la fiesta en que se

Mary of Bethany puts special perfume on Jesus

Mark 14:3-9 John 12:1-11

6 Jesus was in the town of Bethany in the house of Simon. Simon had a very bad skin disease.

7 A woman came with a jar of perfume. She had given much money for this. As Jesus ate, she poured the perfume on His head.

8 When the followers saw it, they were angry. They said: "Why was this wasted?

9 This perfume could have been sold for much money and given to poor people."

10 Jesus knew what they were saying. He said to them: "Why are you giving this woman trouble? She has done a good thing to Me.

11 You will have poor people with you all the time. But you will not have Me with you all the time.

12 She put this perfume on My body to make it ready for the grave.

13 For sure, I tell you, wherever this Good News is preached in all the world, this woman will be remembered for what she has done."

Judas hands Jesus over to be killed

Mark 14:10-11

14 Judas Iscariot was one of the twelve followers. He went to the religious leaders of the Jews.

15 He said: "What will you pay me if I hand Jesus over to you?" They promised to pay him thirty pieces of silver.

16 From that time on Judas looked for a way to hand Jesus over to them.

Getting ready for the special supper

Mark 14:12-16 Luke 22:7-13

17 On the first day of the supper of

comía el pan sin levadura, los seguidores de Jesús vinieron a él y le dijeron: "¿Qué lugar quieres que preparemos para la cena especial de la celebración religiosa que recuerda cuando los judíos salieron de Egipto?"
18 Él les dijo: "Vayan a la ciudad, a la casa de cierto hombre y díganle: 'El maestro dice: "Mi hora está cerca, y en tu casa celebraré la fiesta, con mis seguidores."'
19 Los seguidores hicieron tal como Jesús les mandó, preparando todo para la fiesta.

bread without yeast the followers came to Jesus. They said: "What place do You want us to make ready for You to eat the supper of the special religious gathering to remember how the Jews left Egypt?"
18 He said: "Go into the city to a certain man and say to him, 'The Teacher says: "My time is near. I will eat the special supper at your house with My followers."'
19 The followers did as Jesus told them. They made things ready for this special supper.

La última cena especial

Marcos 14:17-21 Lucas 22:14-18 Juan 13:21-35

20 Cuando llegó la noche, Jesús se sentó a la mesa con sus doce seguidores.
21 Mientras comían, Jesús les dijo: "En verdad les digo que uno de ustedes me va a traicionar."
22 Ellos se pusieron muy tristes y le dijeron uno después de otro: "Señor, ¿soy yo?"
23 Él respondió: "El que me va a entregar es el que acaba de meter su mano con la mía en el plato.
24 El Hijo del Hombre va, tal como las escrituras lo dicen: pero ¡ay de aquél que entregue al Hijo del Hombre! ¡Le hubiera sido mejor no haber nacido!"
25 Judas era el que le entregaría y le dijo: "Maestro, ¿soy yo?" Jesús le contestó: "Tú lo has dicho."

The Last Special Supper

Mark 14:17-21 Luke 22:14-18 John 13:21-35

20 When evening came, Jesus sat with the twelve followers.
21 As they were eating, Jesus said: "For sure, I tell you, one of you will hand Me over."
22 They were very sad. They said to Him one after the other: "Lord, is it I?"
23 He said: "The one who will hand Me over is the one who has just put his hand with Mine in the dish.
24 The Son of Man is going away as it is written of Him. It is bad for that man who hands the Son of Man over! It would have been better if he had not been born!"
25 Judas was the one who was handing Jesus over. He said: "Teacher, am I the one?" Jesus said to him: "You have said it."

La primera cena del Señor

Marcos 14:22-26 Lucas 22:19-20

26 Mientras comían, Jesús tomó el pan, dio gracias, lo partió en pedazos y lo entregó a sus seguidores, diciendo: "Tomen; coman; esto es mi cuerpo."
27 Entonces tomó la copa, dio gracias y se la dio, diciendo: "Todos ustedes deben tomar de ella.

The first Lord's Supper

Mark 14:22-26 Luke 22:19-20

26 As they were eating, Jesus took a loaf of bread. He gave thanks and broke it in pieces. He gave it to His followers and said: "Take, eat, this is My body."
27 Then He took the cup and gave thanks. He gave it to them and said: "You must all drink from it.

28 Esta es mi sangre, que confirma el nuevo acuerdo con Dios; es derramada para muchos, para perdón de los pecados.
29 Les digo que no volveré a tomar del fruto de la vid hasta aquel día cuando lo tomaré de nuevo, junto con ustedes, en el reino de mi Padre."
30 Después de cantar un himno, salieron al monte de los Olivos.

Jesús declara cómo le negará Pedro

Marcos 14:27-31 Lucas 22:31-34 Juan 13:36-38

31 Jesús les dijo: "Todos ustedes se avergonzarán de mí y me abandonarán esta noche, porque así está escrito: 'Mataré al pastor y las ovejas del rebaño serán esparcidas.' Zacarías 13:7
32 Después de que sea levantado de la muerte, iré delante de ustedes al país de Galilea."
33 Pedro dijo a Jesús: "Aunque todos te nieguen, yo no lo haré."
34 Jesús le dijo: "En verdad te digo, que antes de que el gallo cante esta noche, tú dirás tres veces que no me conoces."
35 Pedro le dijo: "Aunque tuviera que morir contigo, jamás diría que no te conozco." Todos los demás seguidores de Jesús dijeron lo mismo.

Oración de Jesús en Getsemaní

Marcos 14:32-42 Lucas 22:39-46

36 Jesús vino con ellos a un lugar llamado Getsemaní y les dijo: "Siéntense ustedes aquí, mientras voy a orar allá."
37 Llevó con él a Pedro y a los dos hijos de Zebedeo. Comenzó a sentir angustia y mucha tristeza.
38 Entonces les dijo: "Mi alma está muy triste y con agonía de muerte; quédense ustedes despiertos conmigo."
39 Él se fue un poco más adelante y se

28 This is My blood of the new way of worship which is given for many. It is given so the sins of many can be forgiven.
29 I tell you that I will not drink of the fruit of the vine again until that day when I will drink it new with you in the holy nation of My Father."
30 After they sang a song they went out to the Mount of Olives.

Jesus tells how Peter will lie about Him

Mark 14:27-31 Luke 22:31-34 John 13:36-38

31 Jesus said to them: "All of you will be ashamed of Me and leave Me tonight. For it is written, 'I will kill the shepherd and the sheep of the flock will be spread everywhere.' Zechariah 13:7
32 After I am raised from the dead, I will go before you to the country of Galilee."
33 Peter said to Jesus: "Even if all men give up and turn away because of You, I will never."
34 Jesus said to him: "For sure, I tell you, before a rooster crows this night, you will say three times you do not know Me."
35 Peter said to Him: "Even if I have to die with You, I will never say I do not know You." And all the followers said the same thing.

Jesus prays In Gethsemane

Mark 14:32-42 Luke 22:39-46

36 Jesus came with them to a place called Gethsemane. He said to them: "You sit here while I go over there to pray."
37 He took Peter and the two sons of Zebedee with Him. He began to have much sorrow and a heavy heart.
38 Then He said to them: "My soul is very sad. My soul is so full of sorrow I am ready to die. You stay here and watch with Me."
39 He went on a little farther and got

arrodilló con su cara en tierra, orando así: "Padre mío, si es posible, quítame lo que tengo delante de mí, pero no lo que yo quiera, sino lo que tú quieras."
40 Entonces vino a sus seguidores y los encontró durmiendo. A Pedro le dijo: "¿No han podido permanecer despiertos conmigo una hora?
41 Quédense despiertos y oren, para que no sean tentados, porque el espíritu está listo, pero el cuerpo es débil."
42 De nuevo se alejó Jesús la segunda vez y oró diciendo: "Padre mío, si no es posible evitar que sufra yo esta prueba, entonces que se haga tu voluntad."
43 Vino y encontró a sus seguidores durmiendo otra vez, porque sus ojos estaban pesados.
44 Se alejó de ellos por tercera vez, y oró de la misma manera.
45 Entonces vino a sus seguidores y les preguntó: "¿Todavía están durmiendo y descansando? Tal como yo les dije: la hora ha llegado en que el Hijo del Hombre será entregado a los pecadores.
46 Levántense y vámonos ya. ¡Miren: el que me va a entregar está cerca!"

Jesús es entregado a los pecadores

Marcos 14:43-52 Lucas 22:47-51 Juan 18:1-11

47 Judas, uno de los doce seguidores de Jesús, vino cuando él estaba hablando, acompañado de muchos otros que traían espadas y palos. Estos vinieron enviados por los dirigentes de los judíos y por los principales del pueblo.
48 El que lo entregaba les había dado una señal, diciendo: "Al que yo bese, es el que ustedes buscan, ¡tómenlo!"
49 En seguida Judas se dirigió a Jesús y le dijo: "Buenas noches, Maestro." Y lo besó.
50 Jesús le dijo: "Amigo, haz lo que has venido a hacer." Y entonces ellos vinieron y llevaron preso a Jesús.
51 Uno de los que estaba con Jesús

down with His face on the ground. He prayed: "My Father, if it can be done, take away what is before Me. Even so, not what I want but what You want."
40 Then He came to the followers and found them sleeping. He said to Peter: "Were you not able to watch with Me one hour?
41 Watch and pray so that you will not be tempted. Man's spirit is willing, but the body does not have the power to do it."
42 He went away again the second time. He prayed, saying: "My Father, if this must happen to Me, may whatever You want be done."
43 He came and found them asleep again. Their eyes were heavy.
44 He went away from them the third time and prayed the same prayer.
45 Then He came to His followers and asked them: "Are you still sleeping and getting your rest? As I speak, the time has come when the Son of Man will be handed over to sinners.
46 Get up and let us go. See! The man who will hand Me over is near."

Jesus handed over to sinners

Mark 14:43-52 Luke 22:47-51 John 18:1-11

47 Judas, one of the twelve followers, came while Jesus was talking. He came with many others who had swords and sticks. They came from the religious leaders of the Jews and the leaders of the people.
48 The man who handed Jesus over gave the men something to look for. He said: "The one I kiss is the one you want. Take Him!"
49 At once Judas went up to Jesus and said: "Hello, Teacher," and kissed Him.
50 Jesus said to him: "Friend, do what you came to do." Then they came and put their hands on Jesus and took Him.
51 One of those with Jesus took his

sacó su espada e hirió al siervo del dirigente religioso principal, cortándole la
oreja.
52 Jesús le dijo: "Guarda la espada,
porque cualquiera que usa la espada
morirá por la espada.
53 ¿No crees que si orara a mi Padre,
él me enviaría al momento más de
setenta mil ángeles?
54 Pero si así lo hiciera, ¿cómo podría
pasar lo que las escrituras dijeron que
pasaría? Esto tiene que ser así."
55 Entonces Jesús dijo a la gente:
"¿Han venido ustedes con espadas y
palos a llevarme como si fuera ladrón?
He estado con ustedes todos los días
enseñando en el templo, y nunca me
llevaron preso.
56 Esto ha pasado como el antiguo
predicador dijo en las sagradas escrituras." Entonces todos los seguidores de
Jesús lo abandonaron y se fueron.

Jesús ante los dirigentes religiosos

Marcos 14:53-54 Lucas 22:52-54 Juan 18:19-24

57 Los que prendieron a Jesús le llevaron ante Caifás, el principal dirigente
religioso. Con él se habían reunido los
maestros de la ley y otros dirigentes
religiosos.
58 Pedro les seguía de lejos, camino a
la casa del principal dirigente religioso.
llegando, entró y se sentó con los ayudantes del dirigente religioso principal
para ver qué pasaba.
59 Los jefes religiosos, junto con todos
los de la corte, buscaban falsas acusa-
ciones contra Jesús, para tener alguna
razón de matarlo.
60 No encontraron ninguna, aunque
muchos vinieron a decir mentiras en
contra de él. Al fin, dos pasaron al frente y dijeron.
61 "Este hombre dijo: 'Yo puedo destruir el gran templo y volverlo a construir en tres días.'"
62 Entonces el principal dirigente se

sword. He hit the servant who was
owned by the religious leader and cut
off his ear.
52 Jesus said to him: "Put your sword
back where it belongs. Everyone who
uses a sword will die with a sword.
53 Do you not think that I can pray to
My Father? At once He would send Me
more than 70,000 angels.
54 If I did, how could it happen as the
Holy Writings said it would happen? It
must be this way."
55 Then Jesus said to the many people: "Have you come with swords and
sticks to take Me as if I were a robber?
I have been with you every day teaching in the house of God. You never put
your hands on Me then.
56 But this has happened as the early
preachers said in the Holy Writings it
would happen." Then all the followers
left Him and ran away.

Jesus stands in front of the religious leaders

Mark 14:53-54 Luke 22:52-54 John 18:19-24

57 Those who had taken Jesus led
Him away to Caiaphas. He was the
head religious leader. The teachers of
the Law and the other leaders were
gathered there.
58 But Peter followed Him a long way
behind while going to the house of the
head religious leader. Then he went in
and sat with the helpers to see what
would happen.
59 The religious leaders and the other
leaders and all the court were looking for false things to say against Jesus.
They wanted some reason to kill Him.
60 They found none, but many came
and told false things about Him. At last
two came to the front.
61 They said: "This Man said, 'I am
able to destroy the house of God and
build it up again in three days.'"
62 Then the head religious leader

puso en pie y le dijo a Jesús: "¿No tienes nada que decir? ¿Qué respondes a todo lo que estos hombres dicen contra ti?"
63 Jesús le dijo: "Nada." Entonces el principal dirigente le dijo: "En el nombre del Dios vivo te mando que digas la verdad. Dinos si tú eres el Cristo, el Hijo de Dios."
64 Jesús le dijo: "Lo que tú has dicho es la verdad; y yo les digo desde ahora que ustedes verán al Hijo del Hombre sentado a la derecha del Dios Todopoderoso. Lo verán viniendo en las nubes del cielo."
65 Entonces el principal dirigente religioso rasgó sus vestidos y dijo: "¡Ha hablado como si fuera Dios! ¿Acaso necesitamos todavía más testigos? Ustedes han oído que él habla como si fuera Dios.
66 ¿Qué les parece?" Ellos contestaron: "¡Que es culpable y debe morir!"
67 Entonces le escupieron la cara, le azotaron, le golpearon
68 y le dijeron: "Adivina, Cristo, tú que puedes decir lo que va a pasar; ¿quién te golpeó?"

Pedro dice que no conoce a Jesús

Marcos 14:66-72 Lucas 22:55-62
Juan 18:15-18; 25-27

69 Pedro se sentó afuera en el patio. Una joven sirvienta se acercó a él, diciendo: "¡Tú también estabas con Jesús, el del país de Galilea!"
70 Pedro mintió ante todos ellos, diciendo: "No sé de lo que estás hablando."
71 Después él salió a la puerta. Allí otra joven sirvienta lo vio y dijo a los que estaban cerca: "Este hombre estaba con Jesús de Nazaret."
72 De nuevo mintió Pedro y juró: "¡Yo no conozco a ese hombre!"
73 Después de un momento, algunos de los que estaban parados cerca vinieron a Pedro y le dijeron: "Seguro que

stood up. He said to Jesus: "Have You nothing to say? What about the things these men are saying against You?"
63 Jesus said nothing. Then the head religious leader said to Him: "In the name of the living God, I tell You to say the truth. Tell us if You are the Christ, the Son of God."
64 Jesus said to him: "What you said is true. I say to you, from now on you will see the Son of Man seated on the right hand of the All Powerful God. You will see Him coming on the clouds of the sky."
65 Then the head religious leader tore his clothes apart. He said: "He has spoken as if He were God! Do we need other people to speak against Him yet? You have heard Him speak as if He were God!
66 What do you think?" They said: "He is guilty of death!"
67 Then they spit on His face. They hit Him with their hands. Others beat Him.
68 They said: "Tell us, Christ, You Who can tell what is going to happen, who hit You?"

Peter said He did not know Jesus

Mark 14:66-72 Luke 22:55-62
John 18:15-18; 25-27

69 Peter sat outside in the yard. A young servant girl came to him. She said: "You were also with Jesus Who is from the country of Galilee!"
70 But Peter lied in front of all of them, saying: "I do not know what you are talking about."
71 After he had gone out, another young servant girl saw him. She said to those standing around: "This man was with Jesus of Nazareth."
72 Again he lied and swore: "I do not know this Man!"
73 After a little while some of the people standing around came up to Peter and said: "For sure, you are one

tú eres uno de ellos, porque tu manera
de hablar es igual."
74 Entonces Pedro comenzó a decir
malas palabras y a jurar diciendo: "¡Yo
no conozco a ese hombre!" En ese
momento cantó el gallo.
75 Pedro se acordó de las palabras
que Jesús le había dicho: "Antes de que
el gallo cante, tú dirás tres veces que
no me conoces." Entonces Pedro salió
y lloró amargamente.

Jesús ante Pilato

Marcos 15:1-5 Lucas 23:1-5 Juan 18:28-37

27 Temprano por la mañana, todos los principales dirigentes
religiosos y otros líderes del pueblo se
reunieron para buscar la manera de
matar a Jesús.
2 Lo ataron y lo llevaron para entregarlo a Pilato, que era el gobernador
del país.
3 Judas se puso muy triste por haber
entregado a Jesús, cuando vio que lo
iban a matar. Llevó las treinta monedas
de plata y se las devolvió a los principales dirigentes y a los otros líderes.
4 Les dijo: "Yo he pecado, porque
entregué a un hombre que no ha hecho
nada malo." Ellos le contestaron: "¿Qué
nos importa a nosotros? Ese es asunto
tuyo."
5 Entonces Judas tiró el dinero en el
templo. Se fue y se ahorcó.
6 Los principales dirigentes religiosos
recogieron el dinero pero dijeron: "Es
contrario a la ley poner este dinero en
la ofrenda, porque es precio de sangre."
7 Hablaron de lo que debían hacer
con el dinero. Decidieron comprar
un terreno para enterrar en él a los
extranjeros.
8 Por esta razón, ese terreno es llama-

of them. You talk like they do."
74 Then he began to say bad words
and swear. He said: "I do not know the
Man!" At once a rooster crowed.
75 Peter remembered the words
Jesus had said to him: "Before a rooster
crows, you will say three times you do
not know Me." Peter went outside and
cried with loud cries.

Jesus stands in front of Pilate

Mark 15:1-5 Luke 23:1-5 John 18:28-37

27 Early in the morning all the
head religious leaders of the
Jews and the leaders of the people
gathered together and talked about
how they could put Jesus to death.
2 They tied Him and took Him away.
Then they handed Him over to Pilate
who was the leader of the country.
3 Then Judas was sorry he had handed Jesus over when he saw that Jesus
was going to be killed. He took back
the thirty pieces of silver and gave it
to the head religious leaders and the
other leaders.
4 He said: "I have sinned because I
handed over a Man Who has done no
wrong." And they said: "What is that to
us? That is your own doing."
5 He threw the money down in the
house of God and went outside. Then
he went away and killed himself by
hanging from a rope.
6 The head religious leaders took the
money. They said: "It is against the Law
to put this money in the house of God.
This money has bought blood."
7 They talked about what to do with
the money. Then they decided to buy
land to bury strangers in.
8 Because of this, that land is called

do hasta ahora el Campo de Sangre.
9 Pasó tal como el antiguo predicador Jeremías anunció que pasaría cuando dijo: "Y ellos tomaron las treinta monedas de plata, precio que los judíos dijeron que pagarían por él,
10 y con ellas compraron un terreno en el cual enterrarían a los extranjeros, tal como el Señor me dijo." Zacarías 11:12-13
11 Entonces Jesús fue llevado ante Pilato el gobernador del país. Este le preguntó: "¿Eres tú el Rey de los judíos?" Jesús le contestó: "Lo que tú dices es la verdad."
12 Cuando el principal dirigente religioso y los otros líderes hablaron en contra de Jesús, Jesús no contestó nada.
13 Entonces Pilato le dijo: "¿No oyes todas estas cosas que dicen contra ti?"
14 Jesús no contestó ni una palabra, y el gobernador se admiró mucho.

Jesús o Barrabás debía quedar libre
Marcos15:6-14 Lucas 23:17-25
Juan 18:38-48

15 Cuando celebraban la cena especial cada año, el gobernador soltaba a uno de los presos, a cualquiera que pidiera la gente.
16 Tenían preso a un hombre llamado Barrabás, bien conocido de todos.
17 Cuando todos estaban reunidos, Pilato dijo a la gente: "¿A quién quieren que suelte? ¿A Barrabás, o a Jesús, que se llama el Cristo?"
18 Porque el gobernador sabía que le habían entregado a Jesús por envidia.
19 Pilato estaba sentado en el lugar donde acostumbraba sentarse cuando declaraba culpable o no culpable a la gente. Su mujer le envió un aviso: "No tengas nada que ver con ese buen

the Field of Blood to this day.
9 It happened as the early preacher Jeremiah said it would happen. He said: "And they took the thirty pieces of silver which was the price the Jews said they would pay for Him.
10 And they bought land to bury strangers in, as the Lord told me" Zechariah 11:12-13
11 Then Jesus stood in front of the leader of the country. The leader asked Jesus: "Are You the King of the Jews?" Jesus said to him: "What you say is true."
12 Then the head religious leaders and the other leaders spoke against Him, He said nothing.
13 Then Pilate said to Him: "Do You not hear all these things they are saying against You?"
14 Jesus did not say a word. The leader was much surprised and wondered about it.

Jesus or Barabbas is to go free
Mark 15:6-14 Luke 23:17-25
John 18:38-40

15 At the special supper each year the leader of the country would always let one person who was in prison go free. It would be the one the people wanted.
16 They had a man who was known by all the people whose name was Barabbas.
17 When they were gathered together, Pilate said to them: "Whom do you want me to let go free? Should it be Barabbas or Jesus Who is called Christ?"
18 For the leader of the country knew the religious leaders had given Jesus over to him because they were jealous.
19 While Pilate was sitting in the place where he judges, his wife sent him this word: "Have nothing to do with that good Man. I have been troubled today in a dream about Him."

hombre, porque hoy he sufrido mucho
en un sueño que tuve acerca de él."
20 Los principales dirigentes religiosos
y los otros líderes del pueblo hablaron a
la gente para que pidiera la libertad de
Barrabás y que a Jesús se le matara.
21 El gobernador les dijo: "¿A cuál de
los dos quieren que suelte?" Ellos dijeron: "A Barrabás."
22 Pilato les dijo: "Entonces ¿qué debo
hacer con Jesús que se llama el Cristo?"
Todos ellos contestaron: "¡Clávalo en
una cruz!"
23 Entonces Pilato dijo: "Pero ¿por
qué?, ¿qué mal ha hecho?" Ellos gritaron
más todavía: "¡Clávalo en una cruz!"
24 Pilato vio que no podía hacer nada,
pues la gente gritaba y se hacía más
alboroto. Entonces pidió agua y se lavó
las manos delante de la gente, diciendo: "Yo no soy culpable de la sangre de
este buen hombre. Este es asunto de
ustedes.
25 Entonces toda la gente dijo: "Deja
que su sangre sea sobre nosotros y
sobre nuestros hijos."
26 Pilato dejó en libertad a Barrabás y
mandó que azotaran a Jesús. Luego lo
entregó para ser clavado en una cruz.

20 The head religious leaders and the
other leaders talked the many people
into asking for Barabbas to go free and
for Jesus to be put to death.
21 The leader of the country said to them:
"Which one of the two do you want me
to let go free?" They said: "Barabbas."
22 Pilate said to them: "Then what
am I to do with Jesus Who is called
Christ?" They all said to him: "Nail Him
to a cross!"
23 Then Pilate said: "Why, what bad
thing has He done?" But they cried out
all the more: "Nail Him to a cross!"
24 Pilate saw that he could do nothing. The people were making loud calls
and there was much pushing around.
He took water and washed his hands
in front of the many people. He said: "I
am not guilty of the blood of this good
Man. This is your own doing."
25 Then all the people said: "Let His
blood be on us and on our children!"
26 Pilate let Barabbas go free but he
had men whip Jesus. Then he handed
Him over to be nailed to a cross.

La corona de espinas

Marcos 15:15-21 Juan 19:1-5

27 Entonces los soldados de Pilato llevaron a Jesús a un salón grande, donde
se reunieron muchos soldados alrededor de él.
28 Le quitaron la ropa y le pusieron
en el cuerpo un vestido color rojizo,
29 una corona de espinas en la cabeza y una vara en la mano derecha.
Se arrodillaron ante él y se burlaron
diciéndole: "¡Viva el Rey de los judíos!"
30 También le escupían y con la vara
le azotaron en la cabeza.
31 Después de que se burlaron de él,
le quitaron el vestido, le pusieron su

The crown of thorns

Mark 15:15-21 John 19:1-5

27 Then the soldiers of Pilate took
Jesus into a large room. A big group of
soldiers gathered around Him.
28 They took off His clothes and put a
purple coat on Him.
29 They put a crown of thorns on
His head. They put a stick in His right
hand. They got on their knees before
Him and made fun of Him. They said:
"Hello, King of the Jews!"
30 They spit on Him. They took a stick
and hit Him on the head.
31 After they had made fun of Him,
they took the coat off and put His own

propia ropa y le sacaron para clavarlo
en una cruz.
32 Mientras iban caminando, encontraron a un hombre llamado Simón,
del país de Cirene, a quien hicieron cargar la cruz de Jesús.

clothes on Him. Then they led Him
away to be nailed to a cross.
32 As they were on the way, they
came to a man called Simon from the country of Cyrene. They made him carry the cross for Jesus.

Jesús es clavado en la cruz

Marcos 15:22-26 Lucas 23:26-38 Juan 19:17-22

33 Entonces llegaron a un lugar llamado Gólgota, que quiere decir el lugar de la calavera.
34 Le dieron a Jesús un vino mezclado con hiel, pero después de probarlo, no lo quiso tomar.
35 Cuando ya lo habían clavado en la cruz, los soldados echaron suertes para repartirse entre ellos la ropa de Jesús. Pasó tal como el antiguo predicador dijo que pasaría: "Se dividieron mis vestidos entre ellos, echando suertes, para ver quién se llevaría mi ropa." Salmo 22:18
36 Entonces se sentaron a vigilarlo.

37 Encima de su cabeza pusieron un escrito, con la acusación que tenían contra él, ESTE ES JESÚS, EL REY DE LOS JUDÍOS.

Jesus on the cross

Mark15:22-26 Luke 23:26-38 John 19:17-22

33 They came to a place called Golgotha. This name means the place of a skull.
34 They gave Him wine with something in it to take away the pain. After tasting it, He took no more.
35 When they had nailed Him to the cross, they divided His clothes by drawing names. It happened as the early preacher said it would happen. He said: "They divided My clothes among them by drawing names to see who would get My coat." Psalm 22:18
36 Then they sat down and watched Him.
37 Over His head they put in writing what they had against Him, THIS IS JESUS THE KING OF THE JEWS.

Los dos ladrones

Marcos 15:27-32 Lucas 23:39-43

38 Con él, clavaron en cruces a dos ladrones, uno a su derecha y otro a su izquierda.
39 Los que pasaban por allí movían las cabezas y se reían de él,
40 diciendo: "Tú que ibas a destruir el gran templo y edificarlo en tres días, ahora sálvate a ti mismo. Si eres Hijo de Dios, bájate de la cruz."
41 Los principales dirigentes religiosos, los maestros de la ley y los otros líderes del pueblo también se burlaban de él. Decían:
42 "Salvó a otros, pero no puede salvarse a sí mismo. Si es el rey de los judíos, que se baje de la cruz y enton-

The two robbers

Mark 15:27-32 Luke 23:39-43

38 They nailed two robbers to crosses beside Him. One was on His right side. The other was on His left side.
39 Those who walked by shook their heads and laughed at Him.
40 They said: "You are the One Who could destroy the house of God and build it up again in three days. Now save Yourself. If You are the Son of God, come down from the cross."
41 The head religious leaders and the teachers of the Law and the other leaders made fun of Him also. They said,
42 "He saved others but He cannot save Himself. If He is the King of the Jews, let Him come down from the

ces creeremos en él.
43 Confió en Dios; que él lo salve ahora, si es que Dios le hace caso, ya que dijo: 'Yo soy el Hijo de Dios.'"
44 Y los ladrones que estaban clavados en las cruces junto a él también se burlaban de la misma manera.

La muerte de Jesús

Marcos 15:33-36 Lucas 23:44-49 Juan 19:28-37

45 Desde el mediodía hasta las tres de la tarde, se oscureció toda la tierra.
46 Como a las tres de la tarde, Jesús gritó diciendo: "Dios mío, Dios mío, ¿por qué me has abandonado?"
47 Cuando algunos de los que estaban cerca oyeron el grito, dijeron: "Este hombre está llamando a Elías."
48 En seguida uno de ellos corrió a traer una esponja mojada con vinagre, la puso en una vara y se la dio para que bebiera.
49 Los otros le dijeron: "Déjalo solo. Veamos si Elías viene a salvarlo."
50 Entonces Jesús volvió a dar un fuerte grito y murió.

Las cosas poderosas que pasaron cuando Jesús murió

Marcos 15:37-39

51 En ese momento, se rompió en dos la cortina del gran templo. La tierra tembló. Las rocas se rajaron.

52 Las tumbas se abrieron, y los cuerpos de muchos hombres de Dios que habían muerto se levantaron.
53 Después de que Jesús se levantó de la tumba, éstos que también se habían levantado de sus tumbas fueron a Jerusalén, la ciudad santa, y mucha gente los vio.
54 El capitán de los soldados y los que estaban con él, vigilando a Jesús, vieron el temblor de tierra y lo que estaba pasando. Tuvieron mucho miedo y dijeron: "De veras, este hombre era el

cross. Then we will believe in Him.
43 He trusts God. Let God save Him now, if God cares for Him. He has said, 'I am the Son of God.'"
44 And the robbers who were nailed to crosses beside Him made fun of Him the same way also.

The death of Jesus

Mark 15:33-36 Luke 23:44-49 John 19:28-37

45 From noon until three o'clock it was dark over all the land.
46 About three o'clock Jesus cried with a loud voice: "My God, My God, why have You left Me alone?"
47 When some of those who stood by heard that, they said: "This Man is calling for Elijah."
48 At once one of them ran and took a sponge and filled it with sour wine. He put it on a stick and gave it to Him to drink.
49 The others said: "Let Him alone. Let us see if Elijah will come and save Him."
50 Then Jesus gave another loud cry and gave up His spirit and died.

The powerful works at the time of His death

Mark 15:37-39

51 At once the curtain in the house of God was torn in two from top to bottom. The earth shook and the rocks fell apart.
52 Graves were opened. Bodies of many of God's people who were dead were raised.
53 After Jesus was raised from the grave, these arose from their graves and went into Jerusalem, the Holy City. These were seen by many people.
54 The captain of the soldiers and those with him who were watching Jesus, saw all the things that were happening. They saw the earth shake and they were very much afraid. They said: "For sure, this

Hijo de Dios."

Las mujeres miraban la cruz
Marcos 15:40-41 Juan 19:25-27

55 Muchas mujeres estaban mirando frente a la cruz, desde lejos. Habían seguido a Jesús desde Galilea y eran las mujeres que le habían ayudado.
56 Entre ellas estaban María Magdalena, María la madre de Jacobo y de José y María la madre de los hijos de Zebedeo.

La tumba de Jesús
Marcos 15:42-47 Lucas 23:50-56 Juan 19:38-42

57 Cuando llegó la noche vino un hombre rico de la ciudad de Arimatea. Se llamaba José. Él también había sido seguidor de Jesús.
58 Fue a Pilato y pidió el cuerpo de Jesús. Pilato dijo que se le entregara el cuerpo.
59 José lo tomó y lo envolvió en una tela limpia.
60 Lo puso en una tumba nueva, que era de él, la cual había sido labrada en el lado de una roca. Hizo rodar una piedra grande a la puerta de la tumba y se fue.
61 María Magdalena y la otra María estaban sentadas allí, cerca de la tumba.
62 Al día siguiente, después de que Jesús fue muerto, los principales dirigentes y los celosos religiosos se reunieron delante de Pilato.
63 Estos le dijeron: "Señor, nosotros recordamos que este hombre que engañaba a la gente dijo cuando estaba vivo, 'Después de tres días me levantaré de entre los muertos.'
64 Por esto, manda que se vigile la tumba durante tres días, para que sus seguidores no vengan de noche, se lo lleven y digan a la gente: 'Se ha levan-

Man was the Son of God."

The women at the cross
Mark 15:40-41 John 19:25-27

55 Many women were looking on from far away. These had followed Jesus from the country of Galilee. They had cared for Him.
56 Among them was Mary Magdalene and Mary the mother of James and Joseph and the mother of Zebedee's sons.

The grave of Jesus
Mark 15:42-47 Luke 23:50-56 John 19:38-42

57 When it was evening, a rich man came from the city of Arimathea. His name was Joseph. He was a follower of Jesus also.
58 He went to Pilate and asked for the body of Jesus. Then Pilate said that the body should be given to him.
59 Joseph took the body and put clean linen cloth around it.
60 He laid it in his own new grave. This grave had been cut out in the side of a rock. He pushed a big stone over the door of the grave and went away.
61 Mary Magdalene and the other Mary stayed there. They were sitting near the grave.
62 The next day, the day after Jesus was killed, the head religious leaders and the proud religious law keepers gathered together in front of Pilate.
63 They said: "Sir, we remember what that Man Who fooled people said when He was living, 'After three days I am to rise from the dead.'
64 Speak the word to have the grave watched for three days. Then His followers cannot come at night and take Him away and say to the people, 'He

tado de entre los muertos.' Así, esta última mentira sería peor que la primera."

65 Pilato les dijo: "Tomen a los soldados y vayan a cuidar la tumba."

66 Entonces fueron y dejaron a los soldados cuidando la tumba, después de hacer segura la puerta de piedra y sellarla.

Jesús se levanta de la muerte

Marcos 16:1-8 Lucas 24:1-12 Juan 20:1-19

28 Cuando el día de descanso había terminado y el sol estaba saliendo el primer día de la semana, María Magdalena y la otra María vinieron a ver la tumba.

2 De repente la tierra tembló. Un ángel del Señor bajó del cielo, empujó la piedra de la puerta y se sentó sobre ella.

3 Su rostro era brillante como un relámpago; su ropa blanca, como la nieve.

4 Los soldados temblaron de miedo y se quedaron como muertos.

5 El ángel les dijo a las mujeres: "No tengan miedo. Yo sé que ustedes buscan a Jesús que fue clavado en una cruz.

6 No está aquí. Se ha levantado de la muerte tal como dijo que haría. Vengan a ver el lugar donde el Señor fue puesto.

7 Y corran a decir a sus seguidores que Jesús se ha levantado de la muerte y que va delante de ustedes al país de Galilea. Allí le verán, como yo les he dicho."

8 Las mujeres salieron de la tumba rápidamente. Aunque asustadas, estaban llenas de felicidad. Corrieron a contar las nuevas a los seguidores de Jesús.

9 Cuando iban a contar las nuevas a sus seguidores, Jesús las encontró y las saludó. Las mujeres se arrodillaron, abrazándole los pies y le adoraron.

10 Entonces Jesús les dijo: "No tengan

has been raised from the dead.' The last mistake would be worse than the first."

65 Pilate said to them: "Take the soldiers. Go and watch the grave."

66 Then they went and made the soldiers stand by the grave. They put a lock on the big stone door.

Jesus is raised from the dead

Mark 16:1-8 Luke 24:1-12 John 20:1-19

28 The Day of Rest was over. The sun was coming up on the first day of the week. Mary Magdalene and the other Mary came to see the grave.

2 At once the earth shook and an ángel of the Lord came down from heaven. He came and pushed back the stone from the door and sat on it.

3 His face was bright like lightning. His clothes were white as snow.

4 The soldiers were shaking with fear and became as dead men.

5 The ángel said to the women: "Do not be afraid. I know you are looking for Jesus Who was nailed to the cross.

6 He is not here! He has risen from the dead as He said He would. Come and see the place where the Lord lay.

7 Run fast and tell His followers that He is risen from the dead. He is going before you to the country of Galilee. You will see Him there as I have told you."

8 They went away from the grave in a hurry. They were afraid and yet had much joy. They ran to tell the news to His followers.

9 As they went to tell the followers, Jesus met them and said hello to them. They came and held His feet and worshiped Him.

10 Then Jesus said to them: "Do not

miedo. Corran a decir a mis seguidores que vayan al país de Galilea, que me verán allá."

11 Mientras ellas iban en camino, algunos de los soldados que cuidaban la tumba fueron a la ciudad. Dijeron a los principales dirigentes religiosos todo lo que había pasado.

12 Los soldados se reunieron con los otros líderes del pueblo para ver qué podían hacer. Estos dieron mucho dinero a los soldados

13 y les dijeron: "Digan ustedes que durante la noche, mientras ustedes estaban durmiendo, los seguidores de Jesús vinieron y se llevaron su cuerpo.

14 Nosotros cuidaremos de que ustedes no tengan ningún problema en el caso de que Pilato sepa de ello."

15 Entonces los soldados recibieron el dinero e hicieron tal como les habían mandado. Esta historia es contada entre los judíos hasta el día de hoy.

Jesús manda a sus seguidores a enseñar

Marcos 16:15-18 Lucas 24:44-49 Juan 20:21-23

16 Entonces los once seguidores de Jesús fueron al país de Galilea, al monte donde Jesús les había dicho que fueran.

17 Cuando le vieron, le adoraron aunque algunos dudaban.

18 Jesús vino y les dijo: "Todo poder me es dado en el cielo y en la tierra.

19 Vayan a hacer seguidores en todas las naciones, bautizándoles en el nombre del Padre, y del Hijo y del Espíritu Santo,

20 enseñándoles que hagan todas las cosas que les he mandado, y yo estaré con ustedes siempre, hasta el fin del mundo."

be afraid. Go and tell My followers to go to Galilee. They will see Me there."

11 While they were on their way, some of the soldiers who were to watch the grave came into the city. They told the head religious leaders everything that had happened.

12 The soldiers gathered together with the other leaders and talked about what to do. The leaders gave much money to the soldiers.

13 They said: "Tell the people, 'His followers came at night and took His body while we were sleeping.'

14 We will see that you do not get into trouble over this if Pilate hears about it."

15 They took the money and did as they were told. This story was told among the Jews and is still told today.

Jesus sends His followers to teach

Mark 16:15-18 Luke 24:44-49 John 20:15-18

16 Then the eleven followers went to Galilee. They went to the mountain where Jesus had told them to go.

17 Then they saw Jesus, they worshiped Him. But some did not believe.

18 Jesus came and said to them: "All power has been given to Me in heaven and on earth.

19 Go and make followers of all the nations. Baptize them in the name of the Father and of the Son and of the Holy Spirit.

20 Teach them to do all the things I have told you. And I am with you always, even to the end of the world."

Marcos

Juan el bautista prepara el camino para la venida de Jesús
Mateo 3:1-12 Lucas 3:1-18 Juan 1:15-28

1 Las buenas nuevas de Jesús, el Hijo de Dios,
2 comienzan con los antiguos predicadores: "¡Escuchen! Yo mandaré a mi ayudante para que lleve las noticias delante de ti. Él preparará el camino.
3 Su voz llama en el desierto: ¡Preparen el camino para el Señor! ¡Enderécenle el camino!" Isaías 40:3
4 Juan el bautista predicaba en el desierto. Decía que la gente debía bautizarse, cambiando de actitud y dejando sus pecados para recibir perdón.

5 La gente de todas partes del país de Judea y de Jerusalén venía a oírlo. Confesaban sus pecados, y Juan los bautizaba en el río Jordán.
6 Juan vestia ropa hecha de camello y usaba un cinturón de cuero. Comía langostas y miel del campo.

7 Predicaba, diciendo: "Detrás de mí, viene uno que tiene más poder que yo. Yo no soy lo suficientemente bueno ni para agacharme y ayudarle a quitarse los zapatos.
8 Yo les he bautizado con agua, pero él les bautizará con el Espíritu Santo."

El bautismo de Jesús
Mateo 3:13-17 Lucas 3:21-22 Juan 1:29-34

9 Jesús vino al río Jordán desde el pueblo de Nazaret, en el país de Galilea. Juan le bautizó.
10 Tan pronto como subió del agua, vio que se abrió el cielo, y el Espíritu Santo bajó en forma de paloma y se posó en él.

Mark

John the Baptist makes the way ready for the coming of Jesus
Matthew 3:1-12 Luke 3:1-18 John 1:15-28

1 The Good News of Jesus Christ, the Son of God,
2 begins with the words of the early preachers: "Listen! I will send My helper to carry the news ahead of you. He will make the way ready.
3 His voice calls out in the desert, 'Make the way ready for the Lord. Make the road straight for Him!'" Isaiah 40:3
4 John the Baptist preached in the desert. He preached that people should be baptized because they were sorry for their sins and turned from them. And they would be forgiven.
5 People from over all the country of Judea and from Jerusalem came to him. They told of their sins and were baptized by John in the Jordan River.
6 John wore clothes made of hair from camels. He had a leather belt around him. His food was locusts and wild honey.
7 He preached, saying: "One is coming after me Who is greater than I. I am not good enough to get down and help Him take off His shoes.

8 I have baptized you with water. But He will baptize you with the Holy Spirit."

The baptism of Jesus
Matthew 3:13-17 Luke 3:21-22 John 1:29-34

9 Jesus came to the Jordan River from the town of Nazareth in the country of Galilee. He was baptized by John.
10 As soon as Jesus came up out of the water, He saw heaven open up. The Holy Spirit came down on Him like a dove.

11 Se oyó del cielo una voz que dijo: "Tú eres mi hijo amado, y de ti estoy muy contento."

Tentación de Jesús

Mateo 4:1-11 Lucas 4:1-13

12 Entonces el Espíritu Santo llevó a Jesús al desierto.
13 Allí el diablo le tentó durante cuarenta días. Estuvo con los animales del campo, pero los ángeles le cuidaban.

Jesús predica en el país de Galilea

Mateo 4:12-17 Lucas 4:14-15

14 Después de que Juan el bautista fue puesto en la cárcel, Jesús vino al país de Galilea. Predicaba las buenas nuevas de Dios,
15 y decía: "La hora ha llegado; el reino de Dios está cerca. Cambien de actitud, dejen sus pecados y crean en las buenas nuevas."

Jesús llama a Simón y a Andrés

Mateo 4:18-22 Lucas 5:1-11

16 Jesús iba caminando por la orilla del lago de Galilea cuando vio a Simón y a su hermano Andrés, echando su red en el lago, porque eran pescadores.
17 Entonces Jesús les dijo: "¡Síganme! ¡Yo les haré pescadores de hombres!"
18 Ellos dejaron sus redes y lo siguieron.

Jesús llama a Jacobo y a Juan

19 Jesús siguió un poco más adelante y vio a Jacobo y a su hermano Juan, los hijos de Zebedeo. Estaban en un barco, remendando sus redes.
20 Jesús los llamó. Y ellos dejaron a su padre Zebedeo, quien estaba en el barco con sus ayudantes, y fueron con Jesús.

Jesús sana a un hombre que tenía un espíritu malo

Lucas 4:31-37

21 Jesús y sus seguidores estaban en

11 A voice came from heaven and said: "You are My much loved Son. I am very happy with You."

Jesus was tempted

Matthew 4:1-11 Luke 4:1-13

12 At once the Holy Spirit sent Jesus to a desert.
13 He was tempted by Satan for forty days there. He was with wild animals but angels took care of Him.

Jesus preaches in Galilee

Matthew 4:12-17 Luke 4:14-15

14 After John the Baptist was put in prison, Jesus came to the country of Galilee. He preached the Good News of God.
15 He said: "The time has come. The holy nation of God is near. Be sorry for your sins, turn from them, and believe the Good News."

Jesus calls Simon and Andrew

Matthew 4:18-22 Luke 5:1-11

16 Jesus was walking by the Sea of Galilee. He saw Simon and his brother Andrew putting a net into the sea. They were fishermen.
17 Jesus said to them: "Follow Me. I will make you fish for men!"
18 At once they left their nets and followed Him.

Jesus calls James and John

19 Jesus went on a little farther. He saw James and his brother John who were sons of Zebedee. They were in a boat mending their nets.
20 Jesus called them and they left their father Zebedee. He was in the boat with men who were working for him.

Jesus heals a man with a demon

Luke 4:31-37

21 Jesus and His followers went to the

la ciudad de Capernaum, en el día de descanso, y fueron al templo local donde Jesús enseñó a la gente.
22 Todos se admiraban de sus enseñanzas, porque les enseñaba como quien tenía el derecho y el poder de enseñar, y no como los maestros de la ley.
23 Había allí un hombre que tenía un espíritu malo, el cual gritó:
24 "¿Qué quieres de nosotros, Jesús de Nazaret? ¿Has venido a destruirnos? Yo sé quién eres; tú eres el Santo de Dios."
25 Jesús reprendió al espíritu malo y le dijo: "¡No hables, y sal del hombre!"
26 El espíritu malo echó al hombre al suelo, dio un fuerte grito y luego salió de él.
27 La gente se asombró. Se preguntaban unos a otros: "¿Qué es esto? ¿Es ésta una nueva ensenañza? ¡Habla con poder aun a los espíritus malos, y estos le obedecen!"
28 Entonces las noticias acerca de Jesús se extendieron por todo el país de Galilea.

city of Capernaum on the Day of Rest. They went to the Jewish place of worship where Jesus taught the people.
22 The people were surprised and wondered about His teaching. He taught them as One Who had the right and the power to teach and not as the teachers of the Law.
23 There was a man in the Jewish place of worship who had a demon. The demon cried out,
24 "What do You want of us, Jesus of Nazareth? Have You come to destroy us? I know Who You are. You are the Holy One of God."
25 Jesus spoke sharp words to the demon and said: "Do not talk! Come out of the man!"
26 The demon threw the man down and gave a loud cry. Then he came out of him.
27 The people were all surprised and wondered. They asked each other: "What is this? Is this a new teaching? He speaks with power even to the demons and they obey Him!"
28 At once the news about Jesus went through all the country around Galilee.

La suegra de Pedro es sanada

Mateo 8:14-15 Lucas 4:38-39

29 Jesús y sus seguidores salieron del templo local y fueron a la casa de Simón y de Andrés. Jacobo y Juan fueran con ellos.
30 Le dijeron a Jesús que la suegra de Simón estaba enferma en cama.
31 Él fue, la tomó de la mano y la levantó. Luego la fiebre desapareció, y ella se levantó para servirles.

Peter's mother-in-law healed

Matthew 8:14-15; Luke 4:38-39

29 Jesus and His followers came out of the Jewish place of worship. Then they went to the house of Simon and Andrew. James and John went with them.
30 They told Jesus about Simon's mother-in-law who was in bed, very sick.
31 He went and took her by the hand and raised her up. At once her sickness was gone. She got up and cared for them.

Jesús sana en Galilea

Mateo 8:16-17 Lucas 4:40-41

32 De noche, después que el sol se

Jesus heals in Galilee

Matthew 8:16-17 Luke 4:40-41

32 In the evening as the sun went

puso, la gente llevó todos sus enfermos a Jesús.

33 "Todo el pueblo se juntó a la puerta.
34 Y Jesús sanó a los que tenían diversas enfermedades y echó fuera a muchos espíritus malos. A éstos, no les permitió hablar, porque ellos sabían quién era él.

down, the people took all who were sick to Jesus. They took those who had demons to Him.
33 All the town gathered at the door.
34 Jesus healed those who were sick of many kinds of diseases. He put out many demons. Jesus would not allow the demons to speak because they knew Who He was.

Jesús sigue predicando en Galilea

Mateo 4:23-25 Lucas 4:42-44

35 Por la mañana, antes de salir el sol, Jesús fue a un lugar donde podía estar solo, y allí oró.
36 Simón y los otros seguidores buscaron a Jesús.
37 Cuando le hallaron, le dijeron: "Toda la gente te busca."
38 Jesús dijo a sus seguidores: "Vamos a los pueblos vecinos para predicarles a ellos, porque para esto he venido."
39 Pasó por todo el país de Galilea, predicó en los templos locales y echó fuera espíritus malos.

Jesus keeps on preaching in Galilee

Matthew 4:23-25 Luke 4:42-44

35 In the morning before the sun was up, Jesus went to a place where He could be alone. He prayed there.
36 Simon and the others looked for Jesus.
37 They found Him and said: "All the people are looking for You."
38 Jesus said to the followers: "Let us go to the towns near here so I can preach there also. That is why I came."
39 He went through Galilee. He preached in their places of worship and put out demons.

Jesús sana a un hombre que tenía una enfermedad en la piel

Mateo 8:1-4 Lucas 5:12-16

40 Un hombre vino a Jesús con una mala enfermedad en la piel. Se puso de rodillas y le rogó diciendo: "Si tú quieres, puedes sanarme."
41 Jesús puso su mano sobre él con compasión y le dijo: "Quiero, ya estás sano."
42 En ese momento, la enfermedad se fue de él, y él quedó sano.
43 Jesús le encargó algo a este hombre antes de dejarlo ir,
44 diciéndole: "No digas esto a nadie. Anda y deja que los dirigentes religiosos te vean. Entrega las ofrendas que Moisés manda dar cuando un hombre es sanado de su enfermedad. Deja que los dirigentes religiosos sepan que tú has sido sanado."

Jesus heals a man with a bad skin disease

Matthew 8:1-4 Luke 5:12-16

40 A man came to Jesus with a bad skin disease. This man got down on his knees and begged Jesus, saying: "If You want to, You can heal me."
41 Jesus put His hand on him with loving pity. He said: "I want to. Be healed."
42 At once the disease was gone and the man was healed.
43 Jesus spoke strong words to the man before He sent him away.
44 He said to him: "Tell no one about this. Go and let the religious leader of the Jews see you. Give the gifts Moses has told you to give when a man is healed of a disease. Let the leaders know you have been healed."

45 Pero el hombre salió y lo contó en todas partes. Por eso, Jesús no podía entrar en ninguna ciudad cuando la gente sabía que estaba allí. Se quedaba fuera en lugares desiertos, y la gente de todas partes venía a él.

Jesús sana a un hombre que fue bajado por el techo de la casa

Mateo 9:1-8 Lucas 5:17-26

2 Después de algunos días, Jesús regresó a la ciudad de Capernaum. Las noticias de que estaba en casa se corrieron.

2 Pronto se juntó allí mucha gente. No había más espacio, ni siquiera en la puerta; y él les habló de la palabra de Dios.

3 Después, cuatro hombres vinieron a Jesús, trayendo a un hombre que no podía mover el cuerpo.

4 Como no podían acercarse a Jesús, por causa de la mucha gente, hicieron una abertura en el techo de la casa, sobre el lugar donde estaba Jesús, y bajaron la camilla, con el enfermo en ella.

5 Cuando Jesús vio la fe de ellos, le dijo al enfermo: "Hijo, tus pecados te son perdonados."

6 Algunos maestros de la ley estaban sentados allí, y pensaban entre sí.

7 *¿Por qué habla este hombre de esta manera? ¡Está hablando como si él fuera Dios! ¿Quién puede perdonar pecados? Solamente uno puede perdonar pecados, Dios!*

8 Jesús sabía lo que pensaban los maestros de la ley y les dijo: "¿Por qué piensan esto en sus corazones?

9 ¿Qué es más fácil decirle al enfermo: 'Tus pecados te son perdonados,' o decirle: 'Levántate, toma tu camilla y anda'?

10 Hago esto para que ustedes sepan que el Hijo del Hombre tiene poder en

45 But the man went out and talked about it everywhere. After this Jesus could not go to any town if people knew He was there. He had to stay in the desert. People came to Him from everywhere.

Jesus heals a man who was let down through the roof of a house

Matthew 9:1-8 Luke 5:17-26

2 After some days Jesus went back to the city of Capernaum. Then news got around that He was home.

2 Soon many people gathered there. There was no more room, not even at the door. He spoke the Word of God to them.

3 Four men came to Jesus carrying a man who could not move his body.

4 These men could not get near Jesus because of so many people. They made a hole in the roof of the house over where Jesus stood. Then they let down the bed with the sick man on it.

5 When Jesus saw their faith, He said to the sick man: "Son, your sins are forgiven."

6 Some teachers of the Law were sitting there. They thought to themselves,

7 "Why does this Man talk like this? He is speaking as if He is God! Who can forgive sins? Only One can forgive sins and that is God!"

8 At once Jesus knew the teachers of the Law were thinking this. He said to them: "Why do you think this in your hearts?

9 Which is easier to say to the sick man, 'Your sins are forgiven,' or to say, 'Get up, take your bed, and start to walk?'

10 I am doing this so you may know the Son of Man has power on earth to

la tierra para perdonar pecados." Luego le dijo al enfermo:
11 "A ti te digo: 'Levántate. Toma tu
camilla y vete a tu casa.'"
12 En seguida el enfermo se levantó,
tomó su camilla y se fue. Todos lo vieron y se asombraron. Dieron gracias a
Dios, diciendo: "¡Nunca hemos visto tal
cosa!"

forgive sins." He said to the sick man
who could not move his body,
11 "I say to you, 'Get up. Take your
bed and go to your home.'"
12 At once the sick man got up and
took his bed and went away. Everybody saw him. They were all surprised
and wondered about it. They thanked
God, saying: "We have never seen anything like this!"

Jesús llama a Mateo

Mateo 9:9-13 Lucas 5:27-32

13 Jesús volvió a caminar por la orilla
del lago. Mucha gente se juntó allí y él
le enseñó.
14 Caminó un poco más adelante y
vio a Leví, Mateo, el hijo de Alfeo, que
estaba sentado, cobrando impuestos.
Jesús le dijo: "Sígueme." Leví se levantó
y le siguió.
15 Jesús comió en casa de Leví.
Muchos cobradores de impuestos y
otros que eran pecadores vinieron y
se sentaron con Jesús y sus seguidores.
Había muchos que le seguían.
16 Los maestros de la ley y los celosos
religiosos vieron a Jesús que comía con
los cobradores de impuestos, y dijeron
a sus seguidores: "¿Por qué come y
bebe él con los cobradores de impuestos y con los pecadores?"
17 Jesús oyó esto y les dijo: "La gente sana no necesita médico. Yo no he
venido a llamar a los buenos, sino a los
pecadores."

Jesus calls Matthew

Matthew 9:9-13 Luke 5:27-32

13 Jesus walked along the sea-shore
again. Many people came together and
He taught them.
14 He walked farther and saw Leví,
Matthew, the son of Alphaeus. Leví
was sitting at his work gathering taxes.
Jesus said to him: "Follow Me." Leví got
up and followed Him.
15 Jesus ate in Leví's house. Many men
who gather taxes and others who were
sinners came and sat down with Jesus
and His followers. There were many
following Him.
16 The teachers of the Law and the
proud religious law keepers saw Jesus
eat with men who gather taxes and
others who were sinners. They said to
His followers: "Why does He eat and
drink with men who gather taxes and
with sinners?"
17 Jesus heard it and said to them:
"People who are well do not need a
doctor. Only those who are sick need
a doctor. I have not come to call those
who are right with God. I have come to
call those who are sinners."

Jesús ensena a no comer para poder orar mejor

Mateo 9:14-17 Lucas 5:33-35

18 Los seguidores de Juan y los celosos religiosos no comían para poder
orar mejor. Algunos vinieron a Jesús y
le dijeron: "¿Por qué ellos se quedan sin

Jesus teaches about going without food so you can pray better

Matthew 9:14-17 Luke 5:33-35

18 The followers of John and the
proud religious law keepers were not
eating food so they could pray better.
Some people came to Jesus and said:

comer para poder orar mejor, pero tus seguidores no?"

19 Jesús les dijo: "¿Pueden los amigos en una boda quedarse sin comer, cuando el novio ésta con ellos? Mientras esté con ellos, no se quedarán sin comer.

20 Pero vendrán días cuando el novio no estará más con ellos. Entonces no comerán para poder orar mejor.

21 Nadie cose un pedazo de tela nueva en saco viejo, porque el remiendo nuevo se encoge y rompe la tela vieja.

22 Nadie pone vino nuevo en bolsas de cuero viejo. El cuero se rompe, y el vino se derrama. Las bolsas no servirían para nada. El vino nuevo debe ponerse en bolsas de cuero nuevo."

Enseñanza de Jesús del día de descanso

Mateo 12:1-8 Lucas 6:1-5

23 En otra ocasión, Jesús caminaba por los campos de trigo el día de descanso. Mientras caminaban, sus seguidores comenzaron a arrancar el grano.

24 Los celosos religiosos le dijeron a Jesús: "¡Mira! ¿Por qué están haciendo ellos lo que la ley dice que no debe hacerse en el día de descanso?"

25 Él les dijo: "No han leído ustedes lo que hizo el rey David cuando él y sus compañeros tuvieron hambre?

26 Entró en el templo cuando Abiatar era el dirigente religioso principal y comió del pan especial que se usa en la adoración religiosa. La ley dice que solamente los dirigentes religiosos podían comerlo. Además David dio parte de este pan a los que venían con él."

27 Luego Jesús les declaró: "El día de descanso fue hecho para el bien del hombre, no el hombre para el día de descanso.

"Why do the followers of John and the proud religious law keepers go without food so they can pray better, but Your followers do not?"

19 Jesus said to them: "Can the friends at a wedding go without food when the man just married is with them? As long as they have him with them, they will not go without food.

20 The days will come when the man just married will be taken from them. Then they will not eat food so they can pray better.

21 No man sews a piece of new cloth on an old coat. If it comes off, it will make the hole bigger.

22 No man puts new wine into old skin bags. The skin would break and the wine would run out. The bags would be no good. New wine must be put into new skin bags."

Jesus teaches about the day of rest

Matthew 12:1-8 Luke 6:1-5

23 At that time Jesus walked through the grain fields on the Day of Rest. As they went, His followers began to take some of the grain.

24 The proud religious law keepers said to Jesus: "See! Why are they doing what the Law says should not be done on the Day of Rest?"

25 He said to them: "Have you not read what David did when he and his men were hungry?

26 He went into the house of God when Abiathar was head religious leader of the Jews. He ate the special bread used in the religious worship. The Law says only the Jewish religious leaders may eat that. David gave some to those who were with him also."

27 Jesus said to them: "The Day of Rest was made for the good of man. Man was not made for the Day of Rest.

28 El Hijo del Hombre es Señor del día de descanso."

28 The Son of Man is Lord of the Day of Rest also."

Jesús sana en el día de descanso

Mateo 12:9-14 Lucas 6:6-11

3 Jesús fue de nuevo al templo local y encontró un hombre que tenía una mano seca.

2 Los celosos religiosos observaban a Jesús para ver si sanaría a ese hombre en el día de descanso. Buscaban algo que decir en contra de Jesús.

3 Entonces Jesús le dijo al hombre de la mano seca: "Levántate."

4 Entonces les preguntó a los celosos religiosos: "¿Dice la ley que se debe hacer el bien en el día de descanso, o hacer el mal?, ¿salvar la vida, o quitarla?" Pero ellos no respondieron nada.

5 Jesús miró alrededor con enojo. Estaba triste por la dureza de sus corazones. Entonces le dijo al hombre: "Estira tu mano." La estiró, y su mano fue sana. Quedó tan buena como la otra.

6 Los celosos religiosos se fueron e hicieron planes con los seguidores del rey Herodes para matar a Jesús.

Jesus heals on the day of rest

Matthew 12:9-14 Luke 6:6-11

3 Jesus went into the Jewish place of worship again. A man was there with a dried up hand.

2 The proud religious law keepers watched Jesus to see if He would heal the man on the Day of Rest. They wanted to have something to say against Jesus.

3 Jesus said to the man with the dried up hand: "Stand up."

4 Then Jesus said to the proud religious law keepers: "Does the Law say to do good on the Day of Rest or to do bad, to save life or to kill?" But they said nothing.

5 Jesus looked around at them with anger. He was sad because of their hard hearts. Then He said to the man: "Put out your hand." He put it out and his hand was healed. It was as good as the other.

6 The proud religious law keepers went out and made plans with the followers of King Herod how they might kill Jesus.

Jesús sana a orillas del lago

Mateo 12:15-21 Lucas 6:17-19

7 Jesús fue al lago con sus seguidores. Mucha gente lo siguió de los países de Galilea y de Judea.

8 Lo siguieron también desde la ciudad de Jerusalén y del país de Idumea. Vinieron del otro lado del río Jordán y de las ciudades de Tiro y Sidón. Muchas personas oyeron de todo lo que Jesús estaba haciendo y vinieron a él.

9 Les dijo a sus seguidores que le tuvieran listo un pequeño barco, porque la gente lo apretaba.

10 Había sanado a tantos que los

Jesus heals by the sea shore

Matthew 12:15-21 Luke 6:17-19

7 Jesus went with His followers to the sea. Many people followed Him from the countries of Galilee and Judea.

8 They followed from Jerusalem and from the country of Idumea. They came from the other side of the Jordan River and from the cities of Tyre and Sidon. Many people heard all that Jesus was doing and came to Him.

9 He told His followers to have a small boat ready for Him because so many people might push Him down.

10 He had healed so many that the

enfermos lo apretaban, tratando de tocarlo.

11 Cuando los espíritus malos lo vieron, se hincaron ante él y gritaron: "¡Tú eres el Hijo de Dios!"
12 Pero él les reprendió, para que no dijeran a nadie quién era.

Jesús llama a sus doce seguidores íntimos
Mateo 10:1-4 Lucas 6:12-16

13 Jesús subió a un monte, llamó a los que él quiso, y ellos vinieron a él.

14 Así escogió a doce seguidores para que estuvieran con él y para enviarlos a predicar.
15 Jesús les dio el derecho y el poder de sanar enfermedades y echar fuera a los espíritus malos.
16 A Simón Jesús le puso otro nombre: Pedro.
17 A Jacobo y Juan, quienes eran hermanos e hijos de Zebedeo, los llamó "Boanerges", que quiere decir "los hijos del trueno".
18 Los otros fueron Andrés, Felipe, Bartolomé, Mateo, Tomás, Jacobo el hijo de Alfeo, Tadeo, Simón el miembro del partido cananita,
19 y Judas Iscariote quien entregó a Jesús a la muerte.

Jesús es detenido por su familia

20 Cuando Jesús entró en una casa, tantas personas se reunieron alrededor de él que ni siquiera él ni sus seguidores podían comer.
21 Al saber esto, sus familiares fueron a traerlo, pues dijeron: "Estará loco."

Una nación que no puede permanecer
Mateo 12:22-37 Lucas 11:14-23

22 Unos maestros de la ley vinie-

sick people were pushing in on Him. They were trying to put their hands on Him.

11 When demons saw Him, they got down at His feet and cried out: "You are the Son of God!"
12 He spoke strong words that the demons should tell no one Who He was.

Jesus calls His twelve followers
Matthew 10:1-4 Luke 6:12-16

13 He went up on a mountain and called those He wanted. They followed Him.

14 He picked out twelve followers to be with Him so He might send them out to preach.
15 They would have the right and the power to heal diseases and to put out demons.
16 Jesus gave Simon another name, Peter.
17 James and John were brothers. They were the sons of Zebedee. He named them Boanerges, which means, The Sons of Thunder.
18 The others were Andrew, Philip, Bartholomew, Matthew, Thomas, James the son of Alphaeus, Thaddaeus, Simon the Canaanite,
19 and Judas Iscariot. Judas was the one who handed Jesus over to be killed.

The family of Jesus holds Him back

20 When Jesus came into a house, many people gathered around Him again. Jesus and His followers could not even eat.
21 When His family heard of it, they went to take Him. They said: "He must be crazy."

A nation that cannot stand
Matthew 12:22-37 Luke 11:14-23

22 Teachers of the Law came down

ron de Jerusalén. Estos dijeron que
Jesús estaba poseído por el diablo y
que sacaba a los espíritus malos por
poder del rey de los mismos espíritus
malos.
23 Jesús les llamó y les habló en historias. Les dijo: "¿Cómo puede el espíritu
malo echar fuera al espíritu malo?
24 Una nación no puede permanecer
si está dividida contra sí misma.
25 Una familia tampoco podrá permanecer si está dividida contra sí misma.
26 Si el diablo pelea contra sí mismo
y está dividido, no puede permanecer,
pues pronto hallará su fin.
27 Nadie puede entrar en la casa del
hombre fuerte y robar sus cosas sin
que primero lo haya atado. Solamente
entonces podrá llevarse las cosas de su
casa.
28 En verdad les digo que todo pecado será perdonado, aun las cosas malas
que el hombre diga contra Dios.
29 Pero si alguien habla cosas malas
contra el Espíritu Santo, nunca le será
perdonado, pues será culpable de un
pecado que dura para siempre."
30 Jesús les dijo esto porque ellos
decían: "Él tiene un espíritu malo."

La nueva clase de familia

Mateo 12:46-50 Lucas 8:19-21

31 Entonces llegaron su madre y sus
hermanos. Se quedaron afuera y mandaron llamar a Jesús.
32 La gente que estaba sentada alrededor de él le dijo: "¡Mira! Tu madre y
tus hermanos te buscan."
33 Él les dijo: "¿Quién es mi madre y
mis hermanos?"
34 Se volvió a los que estaban sentados alrededor de él y les dijo: "¡Miren!
¡Estos son mi madre y mis hermanos!
35 Cualquiera que hace lo que mi
Padre desea es mi hermano, mi hermana y mi madre."

from Jerusalem. They said: "Jesus
has Satan in Him. This Man puts out
demons by the king of demons."
23 Jesus called them to Him and
spoke to them in picture stories. He
said: "How can the devil put out the
devil?
24 A nation cannot last if it is divided
against itself.
25 A family cannot last if it is divided
against itself.
26 If the devil fights against himself
and is divided, he cannot last. He will
come to an end.
27 No man can go into a strong
man's house and take away his things,
unless he ties up the strong man first.
Only then can he take things from his
house.
28 For sure, I tell you, all sins will be
forgiven people, and bad things they
speak against God.
29 But if anyone speaks bad things
against the Holy Spirit, he will never be
forgiven. He is guilty of a sin that lasts
forever."
30 Jesus told them this because they
said: "He has a demon."

The new kind of family

Matthew 12:46-50 Luke 8:19-21

31 Then His mother and brothers
came and stood outside. They sent for
Jesus.
32 Many people were sitting around
Him. They said: "See! Your mother and
brothers are outside looking for You."
33 He said to them: "Who is My
mother or My brothers?"
34 He turned to those sitting around
Him and said: "See! My mother and My
brothers!
35 Whoever does what My Father
wants is My brother and My sister and
My mother."

La historia del hombre que sembró semilla

Mateo 13:1-52 Lucas 8:4-18

4 Jesús comenzó a enseñar de nuevo a orillas del lago. Mucha gente se reunió alrededor de él. Habían tantas personas que tuvo que entrar en un barco y sentarse allí. La gente estaba en la orilla.

2 Les enseñó muchas cosas, usando historias. Les dijo:

3 "¡Oigan ustedes! Un hombre salió a sembrar.

4 Mientras sembraba, una parte cayó al lado del camino. Los pájaros vinieron y se la comieron.

5 Parte cayó entre las piedras. Creció pronto porque había poca tierra.

6 Pero cuando salió el sol, se quemó, porque no tenía raíces.

7 Parte de la semilla cayó entre espinos. Crecieron los espinos y no dejaron espacio para que creciera la semilla. Esta semilla no dio fruto.

8 Parte cayó en buena tierra, nació y dio mucho fruto. Algunas semillas dieron treinta granos por semilla; otras dieron sesenta granos; otras dieron cien."

9 Él les dijo: "Ustedes tienen oídos, pues oigan."

10 Cuando estuvo solo, los que estaban con Jesús y los doce le preguntaron acerca de la historia del sembrador.

11 Él les dijo: "A ustedes, se les han dado los secretos del reino de Dios. A los que están fuera del reino de Dios, todo se les dice en historias.

12 Ellos ven pero no entienden el significado. Ellos oyen pero no comprenden. Si entendieran, podrían volverse a Dios y sus pecados les serían perdonados." Isaías 6:9-10

The picture story of the man who planted seed

Matthew 13:1-52 Luke 8:4-18

4 Jesus began to teach by the sea shore again. Many people gathered around Him. There were so many He had to get into a boat and sit down. The people were on the shore.

2 He taught them many things by using picturestories. As He taught, He said,

3 "Listen! A man went out to plant seed.

4 As he planted the seed, some fell by the side of the road. Birds came and ate them.

5 Some seed fell among rocks. It came up at once because there was so little ground.

6 But it dried up when the sun was high in the sky because it had no root.

7 Some seed fell among thorns. The thorns grew and did not give the seed room to grow. This seed gave no grain.

8 Some seed fell on good ground. It came up and grew and gave much grain. Some gave thirty times as much grain. Some gave sixty times as much grain. Some gave one hundred times as much grain."

9 He said to them: "You have ears, then listen!"

10 Those who were with Jesus and the twelve followers came to Him when He was alone. They asked about the picture story.

11 He said to them: "You were given the secrets about the holy nation of God. Everything is told in picturestories to those who are outside the holy nation of God.

12 They see, but do not know what it means. They hear, but do not understand. If they did, they might turn to God and have their sins forgiven." Isaiah 6:9-10

Jesús explica acerca del hombre que sembró semilla

13 Jesús les preguntó: "¿Ustedes no entienden esta historia? Entonces, ¿cómo podrán entender otras?

14 Lo que el hombre siembra es la palabra de Dios.

15 Las semillas que cayeron cerca del camino son los que oyen la palabra. Pero tan pronto como la oyen, el diablo viene y se lleva la palabra que fue sembrada en sus corazones.

16 La semilla que cayó entre piedras es como la gente que recibe la palabra con alegría cuando la oye.

17 Pero sus raíces no son profundas y, por eso, vive sólo poco tiempo; entonces viene la aflicción y los problemas por causa de la palabra, se cansan y la dejan.

18 La semilla plantada entre espinos es como algunos que oyen la palabra,

19 pero los problemas de esta vida permiten que nazcan los espinos. El amor por las riquezas y el querer otras cosas permiten que crezcan los espinos. Estas cosas no dejan lugar para que crezca la palabra. Por eso, no dan ningún fruto.

20 La semilla que cayó en buena tierra es como la gente que oye la palabra y la comprende. Esta da mucho fruto: una de treinta granos por cada semilla, otra de sesenta y otra de cien."

La historia de la lámpara

21 Jesús les dijo: "¿Usan la lámpara para ponerla debajo de una caja o de una cama? ¿No debe ser puesta sobre una mesa?

22 No hay nada oculto que no será descubierto. Y todo lo que está escandido saldrá a luz.

Jesus tells about the man who planted the seed

13 Jesus said to them: "Do you not understand this picture story? Then how will you understand any of the picture stories?

14 What the man plants is the Word of God.

15 Those by the side of the road are the ones who hear the Word. As soon as they hear it, the devil comes and takes away the Word that is planted in their hearts.

16 The seed that fell among rocks is like people who receive the Word with joy when they hear it.

17 Their roots are not deep so they live only a short time. When sorrow and trouble come because of the Word, they give up and fall away.

18 The seed that was planted among thorns is like some people who listen to the Word.

19 But the cares of this life let thorns come up. A love for riches and always wanting other things let thorns grow. These things do not give the Word room to grow so it does not give grain.

20 The seed that fell on good ground is like people who hear the Word and understand it. They give much grain. Some give thirty times as much grain. Some give sixty times as much grain. Some give one hundred times as much grain."

The picture story of the lamp

21 He said to them: "Is a lamp to be put under a pail or under a bed? Should it not be put on a lamp stand?

22 Everything that is hidden will be brought into the light. Everything that is a secret will be made known.

23 Ustedes tienen oídos, ¡pues oigan!"

24 Jesús les dijo: "Presten atención a lo que oyen. La misma cantidad que den se les volverá a dar, y aún más.

25 Al que tiene, se le dará, y al que no tiene, aun lo poco que tiene se le quitará."

La historia del grano

26 Jesús dijo: "El reino de Dios es como un hombre que planta semillas en la tierra.

27 Se duerme cada noche y se levanta cada mañana. La semilla crece, pero él no sabe cómo.

28 El terreno da su fruto por sí solo; primero sale la hoja y luego se ve el grano tierno. Al final, el grano está listo para ser recogido.

29 En cuanto el grano está listo, él lo recoge, porque el tiempo de la cosecha ha llegado."

La historia de la semilla de mostaza

30 Jesús les dijo: "¿A qué se parece el reino de Dios? o ¿qué historia podemos contar para ayudarles a comprender?

31 Es como una semilla de mostaza que es sembrada en la tierra. Es la más pequeña de todas las semillas.

32 Después de sembrada, crece y llega a ser la más grande de todas las plantas. Da ramas tan grandes que hasta los pájaros del cielo pueden vivir en ellas."

33 Hasta donde podían ellos entender, Jesús les hablaba de la palabra usando muchas historias.

34 Les ayudaba a comprenderlas cuando estaba solo con ellos.

El viento y las olas obedecen a Jesús

Mateo 8:23-27 Lucas 8:22-25

35 Fue la noche de ese mismo día,

23 You have ears, then listen!"

24 Jesus said to them: "Be careful what you listen to. The same amount you give will be given to you, and even more.

25 He who has, to him will be given. To him who does not have, even the little he has will be taken from him."

The picture story of the grain

26 He said: "The holy nation of God is like a man who plants seed in the ground.

27 He goes to sleep every night and gets up every day. The seed grows, but he does not know how.

28 The earth gives fruit by itself. The leaf comes first and then the young grain can be seen. And last, the grain is ready to gather.

29 As soon as the grain is ready, he cuts it. The time of gathering the grain has come."

The picture story of the mustard seed

30 Jesus said: "In what way can we show what the holy nation of God is like? Or what picture story can we use to help you understand?

31 It is like a grain of mustard seed that is planted in the ground. It is the smallest of all seeds.

32 After it is put in the ground, it grows and becomes the largest of the spices. It puts out long branches so birds of the sky can live in it."

33 As they were able to understand, He spoke the Word to them by using many picturestories.

34 Jesus helped His followers understand everything when He was alone with them.

The wind and waves obey Jesus

Matthew 8:23-27 Luke 8:22-25

35 It was evening of that same day.

cuando Jesús les dijo: "Pasemos al otro
lado."
36 Después de despedir a la gente,
llevaron a Jesús, como estaba, en un
barco. Era el mismo barco que usó
Jesús cuando les enseñaba. Otros barcos pequeños les siguieron.
37 Vino una fuerte tempestad y echaba las olas en el barco, llenándolo de
agua.
38 Jesús estaba durmiendo sobre una
almohada, en la parte de atrás del barco. Le despertaron gritando: "Maestro,
¿no te importa que nos estemos hun-
diendo?"
39 Él se levantó, reprendió al viento, y
dijo al mar: "¡Calla! ¡Quédate quieto!"
En seguida el viento dejó de soplar, y
calmaron las olas.

40 Jesús les dijo a sus seguidores: "¿Por
qué tienen tanto miedo? ¿No tienen
ustedes fe?"
41 Estaban muy temerosos y se decían
unos a otros: "¿Quién es éste que aun
el viento y las olas le obedecen?"

Los espíritus malos piden a Jesús que les permita vivir en los puercos

Mateo 8:28-34 Lucas 8:26-39

5 Jesús y sus seguidores vinieron
al otro lado del lago, al país de
los gadarenos.
2 Jesús salió del barco. En seguida se
le acercó un hombre que vivía entre las
tumbas y que tenía un espíritu malo.
3 Nadie podía dominarlo, ni siquiera
con cadenas.
4 Muchas veces había sido encadenado pero rompía las cadenas y los fie-
rros que le ponían en las manos y las
piernas. Nadie lo podía dominar.

5 De noche y de día, andaba entre
las tumbas y en los cerros. Gritaba y se
lastimaba con piedras.

Jesus said to them: "Let us go over to
the other side."
36 After sending the people away,
they took Jesus with them in a boat. It
was the same boat He used when He
taught them. Other little boats went
along with them.
37 A bad wind storm came up. The
waves were coming over the side of
the boat. It was filling up with water.
38 Jesus was in the back part of the
boat sleeping on a pillow. They woke
Him up, crying out: "Teacher, do You
not care that we are about to die?"
39 He got up and spoke sharp words
to the wind. He said to the sea: "Be
quiet! Be still." At once the wind
stopped blowing. There were no
more waves.
40 He said to His followers: "Why are
you so full of fear? Do you not have
faith?"
41 They were very much afraid and
said to each other: "Who is this? Even
the wind and waves obey Him!"

Demons ask Jesus to let them live in pigs

Matthew 8:28-34 Luke 8:26-39

5 Jesus and His followers came to
the other side of the sea to the
country of the Gerasenes.
2 He got out of the boat. At once
a man came to Him from among the
graves. This man had a demon.
3 He lived among the graves. No
man could tie him, even with chains.
4 Many times he had been tied with
chains on his feet. He had broken the
chains as well as the irons from his
hands and legs. No man was strong
enough to keep him tied.
5 Night and day he was among the
graves and in the mountains. He would
cry out and cut himself with stones.

6 Cuando este hombre vio a Jesús de lejos, corrió a adorarlo

7 y, gritando: dijo: "¿Qué quieres conmigo, Jesús, Hijo del Dios altísimo? ¡Te pido en nombre de Dios que no me hagas daño!"

8 Al mismo tiempo, Jesús le estaba diciendo: "¡Sal de ese hombre, espíritu malo!"

9 Y le preguntó: "¿Cómo te llamas?" Este respondió: "Mi nombre es Muchos porque somos muchos."

10 Los espíritus malos le pidieron que no los echara de esa región.

11 Había muchos puercos comiendo a un lado del cerro,

12 y los espíritus malos le rogaran que los dejara entrar en los puercos.

13 Jesús se lo permitió, y entraron a los puercos. Estos se arrojaron por una barranca y cayeron al lago. Allí murieron. Había como dos mil.

14 El hombre que cuidaba los puercos corrió a la ciudad y al campo a contar a todos lo que había pasado. Muchos vinieron a ver.

15 Cuando se acercaban a Jesús, encontraron al hombre que había tenido los espíritus malos, sentado y vestido, con su mente clara. Tuvieron miedo.

16 Los que habían visto todo, contaron lo que le había pasado a aquel hombre y lo que pasó con los puercos.

17 Entonces pidieron a Jesús que se fuera de allí.

18 Jesús entró en el barco, y el hombre que había tenido los espíritus malos le pidió que lo dejara ir con él.

19 Jesús no se lo permitió pero le dijo: "Vé a tu casa, a tu familia, y diles las

6 When the man with the demon saw Jesus a long way off, he ran and worshiped Him.

7 The man spoke with a loud voice and said: "What do You want with me, Jesus, Son of the Most High God? I ask You, in the name of God, do not hurt me!"

8 At the same time, Jesus was saying: "Come out of the man, you demon!"

9 Jesus asked the demon: "What is your name?" He said: "My name is Many, for there are many of us."

10 The demons asked Jesus not to send them out of the country.

11 There were many pigs feeding on the mountain side.

12 The demons asked Him saying: "Send us to the pigs that we may go into them."

13 Then Jesus let them do what they wanted to do. So they went into the pigs. The pigs ran fast down the side of the mountain and into the sea and died. There were about 2000.

14 The men who cared for the pigs ran fast to the town and out to the country telling what had been done. People came to see what had happened.

15 They came to Jesus and saw the man who had had the demons. He was sitting with clothes on and in his right mind. The men were afraid.

16 Those who had seen it told what had happened to the man who had had the demons. They told what had happened to the pigs.

17 Then they asked Jesus to leave their country.

18 Jesus got into the boat. The man who had had the demons asked to go with Him.

19 Jesus would not let him go but said to him: "Go home to your own people.

grandes cosas que el Señor ha hecho y la compasión que tuvo por ti."

20 El hombre fue y contó a toda la gente de la tierra de Decápolis las grandes cosas que Jesús había hecho por él. Todos los que le oían se admiraban.

Los dos sanados por la fe

Mateo 9:18-26 Lucas 8:40-56

21 Entonces Jesús pasó al otro lado del lago en el barco, y mucha gente se juntó alrededor de él, a la orilla del lago.

22 Jairo era uno de los jefes en el templo local. Cuando Jairo se acercó a Jesús, se arrodilló delante de él,

23 y le suplicó: "Mi hija está casi muerta. ¡Ven y pon tu mano sobre ella para que sane y viva!"

24 Jesús fue con él y mucha gente le siguió, apretándolo por todos lados.

25 Entre la gente que lo apretaba, había una mujer enferma, con un derrame de sangre durante doce años.

26 Había sufrido mucho y había gastado todo el dinero que tenía con los médicos. No sentía ningún alivio; por el contrario, se sentía peor.

27 Cuando oyó de Jesús, fue a verlo, abriéndose paso entre la gente que lo seguía. Tocó el vestido de Jesús,

28 pensando: *Si tan sólo puedo tocar su vestido, quedaré sana.*

29 Al momento, se detuvo el derrame y ella sintió en su cuerpo que estaba sana.

30 Al mismo tiempo, Jesús supo que su poder había sanado a alguien. Se volvió y dijo a la gente que lo seguía: "¿Quién tocó mi vestido?"

31 Sus seguidores le contestaron: "¿No ves que la multitud aprieta por todos lados? ¿Por qué preguntas? "¿Quién tocó mi vestido?"

Tell them what great things the Lord has done for you. Tell them how He had pity on you."

20 The man went his way and told everyone in the land of Decapolis what great things Jesus had done for him. All the people were surprised and wondered.

Two were healed through faith

Matthew 9:18-26 Luke 8:40-56

21 Then Jesus went by boat over to the other side of the sea. Many people gathered around Him. He stayed by the seashore.

22 Jairus was one of the leaders of the Jewish place of worship. As Jairus came to Jesus, he got down at His feet.

23 He cried out to Jesus and said: "My little daughter is almost dead. Come and put your hand on her that she may be healed and live."

24 Jesus went with him. Many people followed and pushed around Jesus.

25 A woman had been sick for twelve years with a flow of blood.

26 She had suffered much because of having many doctors. She had spent all the money she had. She had received no help, but became worse.

27 She heard about Jesus and went among the people who were following Him. She touched His coat.

28 For she said to herself: "If I can only touch His coat, I will be healed."

29 At once the flow of blood stopped. She felt in her body that she was healed of her sickness.

30 At the same time Jesus knew that power had gone from Him. He turned and said to the people following Him: "Who touched My coat?"

31 His followers said to Him: "You see the many people pushing on every side. Why do You ask, 'Who touched My coat?'"

32 Miró entonces alrededor, para ver
quién había sido.
33 La mujer tenía mucho miedo, porque se daba cuenta de lo que había pasado. Vino, se arrodilló ante Jesús y le dijo la verdad.
34 Él le dijo: "Hija, tu fe te ha sanado. Vete en paz. Ya estás libre de tu enfermedad."
35 Mientras Jesús hablaba, unos hombres vinieron de la casa de Jairo y le dijeron a éste: "Tu hija está muerta. ¿Por qué sigues molestando al Maestro?"
36 Jesús oyó esto y le dijo a Jairo: "No tengas miedo; solamente cree."
37 No permitió Jesús que nadie fuera con él, sólo Pedro, Jacobo y Juan, el hermano de Jacobo.
38 Llegaron a la casa de Jairo y encontraron allí a mucha gente haciendo confusión y llorando.
39 Se acercó Jesús y les preguntó: "¿Por qué hacen tanto ruido y hay tanta tristeza? La muchacha no ha muerto; está dormida."
40 La gente se rió de Jesús, pero él les mandó a todos salir del cuarto. Luego trajo a los padres de la muchacha y a los que estaban con él. Ellos entraron en el cuarto donde estaba ella.
41 Tomó a la muchacha por la mano y le dijo: "Muchacha, a ti te digo: ¡levántate!"
42 Al momento, la muchacha, que tenía doce años de edad, se levantó y comenzó a andar. Todos se admiraron de esto.
43 Jesús les mandó que no dijeran nada a nadie. También les pidió que dieran de comer a la muchacha.

32 He looked around to see who had done it.
33 The woman was filled with fear when she knew what had happened to her. She came and got down before Jesus and told Him the truth.
34 He said to her: "Daughter, your faith has healed you. Go in peace and be free from your sickness."
35 While Jesus spoke, men came from the house of the leader of the place of worship. They said: "Your daughter is dead. Why trouble the Teacher anymore?"
36 Jesus heard this. He said to the leader of the Jewish place of worship: "Do not be afraid, just believe."
37 He allowed no one to go with Him but Peter and James and John, the brother of James.
38 They came to the house where the leader of the place of worship lived. Jesus found many people making much noise and crying.
39 He went in and asked them: "Why is there so much noise and crying? The girl is not dead. She is sleeping."
40 They laughed at Jesus. But He sent them all out of the room. Then He took the girl's father and mother and those who were with Him. They went into the room where the girl was.
41 He took the girl by the hand and said: "Little girl, I say to you, get up!"
42 At once the girl got up and walked. She was twelve years old. They were very much surprised and wondered about it.
43 He spoke sharp words to them that they should not tell anyone. He told them to give her something to eat.

Jesús visita Nazaret, su propia ciudad
Mateo 13:53-58

6 Jesús salió de allí a su propia ciudad de Nazaret. Sus seguidores fueron con él.

2 El día de descanso, comenzó a enseñar en el templo local, y mucha gente se acercó a oírlo. Muchos, asombrados, decían: "¿Dónde aprendió este hombre todas estas cosas? ¿Qué clase de sabiduría tiene? ¿Cómo puede hacer todas estas obras poderosas?

3 ¿No es el carpintero, hijo de María y hermano de Jacobo (Santiago), de José, de Judas y de Simón? ¿No viven sus hermanas aquí con nosotros?" La gente se ofendió de él y lo abandonó.

4 Jesús les dijo: "El que habla en nombre de Dios es respetado en todas partes, menos en su propio país, entre sus familiares y en su propia casa."

5 Por esto, Jesús no pudo hacer allí muchas obras poderosas. Solamente puso sus manos sobre unos pocos enfermos y los sanó.

6 Estaba asombrado por la falta de fe entre esa gente. Y se fue a los pueblos vecinos a enseñar allí.

Jesús llama a doce seguidores y los manda a predicar
Mateo 10:1-42 Lucas 9:1-6

7 Jesús llamó a sus doce seguidores y los mandó de dos en dos. Les dio poder sobre los espíritus malos

8 y les dijo que no llevaran nada con ellos, sino sólo un bastón. No debían llevar ni bolsa, ni comida, ni dinero,

9 Podían llevar zapatos, pero no dos sacos.

10 Les dijo: "En cualquier casa que entren, quédense allí hasta que salgan del pueblo.

Jesus visits His own town, Nazareth
Matthew 13:53-58

6 Jesus went from the house of Jairus and came to His home town. His followers came after Him.

2 On the Day of Rest He began to teach in the Jewish place of worship. Many people heard Him. They were surprised and wondered, saying: "Where did this Man get all this? What wisdom is this that has been given to Him? How can He do these powerful works with His hands?

3 Is He not a Man Who makes things from wood? Is He not the Son of Mary and the brother of James and Joses and Judas and Simon? Do not His sisters live here with us?" The people were ashamed of Him and turned away from Him.

4 Jesus said to them: "One who speaks for God is respected everywhere but in his own country and among his own family and in his own house."

5 So Jesus could do no powerful works there. But He did put His hands on a few sick people and healed them.

6 He wondered because they had no faith. But He went around to the towns and taught as He went.

Jesus calls twelve followers and sends them out
Matthew 10:1-42 Luke 9:1-6

7 Jesus called the twelve followers to Him and began to send them out two by two. He gave them power over demons.

8 He told them to take nothing along with them but a walking stick. They were not to take a bag or food or money in their belts.

9 They were to wear shoes. They were not to take two coats.

10 He said to them: "Whatever house you go into, stay there until you leave that town.

11 Si alguien no los recibe o no los escucha, al momento de salir de ese lugar, sacudan el polvo de sus pies. Esto será como una palabra en contra de ellos. Les aseguro que será más fácil para las ciudades de Sodoma y Gomorra el día cuando los hombres vendrán ante Dios para ser examinados que para esas ciudades."

12 Entonces fueron y predicaron que todos los hombres deben cambiar su actitud acerca de sus pecados y dejarlos.

13 Sacaron muchos espíritus malos, pusieron aceite sobre muchos enfermos y los sanaron.

Juan el bautista es llevado a la cárcel

Mateo 14:1-5 Lucas 3:18-20

14 El rey Herodes había oído de Jesús porque todos hablaban de él. Algunos decían que Juan el bautista se había levantado de entre los muertos y que por eso hacía todas esas cosas poderosas.

15 Otros decían: "Es el profeta Elías." Todavía otros decían que era uno de los que hablaban en nombre de Dios como uno de los antiguos predicadores."

16 Cuando Herodes oyó esto dijo: "Este es Juan el bautista, a quien mandé cortar la cabeza. Se ha levantado de entre los muertos."

17 Herodes había mandado apresar a Juan, por causa de Herodías, la esposa de su hermano Felipe.

18 Juan el bautista le había dicho a Herodes: "No te es permitido tener la mujer de tu hermano."

19 Herodías se enojó con Juan el bautista y quería mandarlo matar; pero no hallaba cómo hacerlo.

20 Herodes tenía miedo de Juan porque sabía que era un buen hombre, aceptado ante Dios. le cuidaba para

11 Whoever does not take you in or listen to you, when you leave there, shake the dust off your feet. By doing that, you will speak against them. For sure, I tell you, it will be easier for the cities of Sodom and Gomorrah on the day men stand before God and are judged than for that city."

12 Then they left. They preached that men should be sorry for their sins and turn from them.

13 They put out many demons. They poured oil on many people that were sick and healed them.

John the Baptist is put in prison

Matthew 14:1-5 Luke 3:18-20

14 King Herod heard about Jesus because everyone was talking about Him. Some people said: "John the Baptist has been raised from the dead. That is why he is doing such powerful works."

15 Other people said: "He is Elijah." Others said: "He is one who speaks for God like one of the early preachers."

16 When Herod heard this, he said: "It is John the Baptist, whose head I cut off. He has been raised from the dead."

17 For Herod had sent men to take John and put him into prison. He did this because of his wife, Herodias. She had been the wife of his brother Philip.

18 John the Baptist had said to Herod: "It is wrong for you to have your brother's wife."

19 Herodias became angry with him. She wanted to have John the Baptist killed but she could not.

20 Herod was afraid of John. He knew he was a good man and right with God, and he kept John from being hurt or

que nadie le hiciera daño o lo matara. A Herodes, le gustaba escuchar a Juan predicar; pero cada vez que lo escuchaba, quedaba muy perturbado.

killed. He liked to listen to John preach. But when he did, he became troubled.

Muerte de Juan el bautista

Mateo 14:1-12 Lucas 9:7-9

21 Al fin, Herodías halló una manera de matar a Juan. Herodes ofreció un gran banquete en su cumpleaños. Invitó a los gobernadores del país, a los capitanes del ejército y a los dirigentes de Galilea que vinieran al banquete.

22 La hija de Herodías vino y bailó delante de ellos. Complació a Herodes y a sus invitados. Entonces el Rey dijo a la muchacha: "Pídeme lo que tú quieras y te lo daré."

23 Le hizo una promesa a ella: "Lo que tú me pidas, te lo daré hasta la mitad de lo que tengo."

24 Ella fue a preguntar a su madre qué debía pedirle. La madre le respondió: "Yo quiero la cabeza de Juan el bautista."

25 En seguida la muchacha fue a Herodes y le dijo: "Quiero que me des ahora mismo, en un plato, la cabeza de Juan el bautista."

26 Herodes se puso muy triste pero tenía que cumplir su promesa por causa de los que estaban sentados a la mesa con él.

27 En seguida, envió a uno de sus soldados y le mandó traer la cabeza de Juan el bautista. El soldado fue a la cárcel y le cortó la cabeza a Juan.

28 La llevó en un plato y la entregó a la muchacha. La muchacha se la dio a su madre.

29 Cuando los seguidores de Juan oyeron esto, fueron a pedir el cuerpo para enterrarlo.

John the Baptist is killed

Matthew 14:1-12 Luke 9:7-9

21 Then Herodias found a way to have John killed. Herod gave a big supper on his birthday. He asked the leaders of the country and army captains and the leaders of Galilee to come.

22 The daughter of Herodias came in and danced before them. This made Herod and his friends happy. The king said to the girl: "Ask me for whatever you want and I will give it to you."

23 Then he made a promise to her: "Whatever you ask for, I will give it to you. I will give you even half of my nation."

24 She went to her mother and asked: "What should I ask for?" The mother answered: "I want the head of John the Baptist."

25 At once the girl went to Herod. She said: "I want you to give me the head of John the Baptist on a plate now."

26 Herod was very sorry. He had to do it because of his promise and because of those who ate with him.

27 At once he sent one of his soldiers and told him to bring the head of John the Baptist. The soldier went to the prison and cut off John's head.

28 He took John's head in on a plate and gave it to the girl. The girl gave it to her mother.

29 John's followers heard this. They went and took his body and buried it.

Jesús da de comer a los cinco mil

Mateo 14:13-21 Lucas 9:10-17 Juan 6:1-14

30 Los misioneros de Jesús volvieron

The feeding of the five thousand

Matthew 14:13-21 Luke 9:10-17 John 6:1-14

30 The followers of Jesus came back

a él para decirle todo lo que habían hecho y enseñado.
31 Él les dijo: "Alejémonos de la gente para estar solos y descansar."
32 Se fueron en un barco a un lugar apartado.
33 Mucha gente les vio salir. La gente sabía quiénes eran; así que muchas personas corrieron, atravesando rápidamente todas las ciudades, y llegaron allí primero.
34 Cuando Jesús salió del barco, vio que había mucha gente reunida. Tuvo compasión por ellos, porque eran como ovejas que no tenían pastor. Comenzó a enseñarles muchas cosas.
35 Cuando era tarde, los seguidores de Jesús vinieron a él y le dijeron: "Este es un desierto, y se está haciendo tarde.
36 Di a la gente que se vaya a los campos y a las ciudades para comprar de comer."
37 Él les dijo: "Denles ustedes de comer." Ellos le contestaron: "¿Quieres que vayamos a comprar suficiente pan para que les demos a todos?"
38 Él les preguntó: "¿Cuántos panes tienen aquí? Vayan a ver." Cuando lo supieron, le dijeron: "Tenemos cinco panes y dos pescados."
39 ¡Entonces Jesús los mandó hacer sentar a la gente en grupos, sobre la hierba.
40 Se sentaron en grupos de cincuenta y de cien.
41 Jesús tomó los cinco panes y los dos pescados, miró hacia el cielo y dio gracias. Partió el pan en pedazos y los dio a sus seguidores para que se los dieran a la gente. También dividió los dos pescados entre toda la gente.
42 Todos comieron y estaban satisfechos.

to Him. They told Jesus all they had done and taught.
31 He said to them: "Come away from the people. Be by yourselves and rest." There were many people coming and going. They had had no time even to eat.
32 They went by themselves in a boat to a desert.
33 Many people saw them leave and knew who they were. People ran fast from all the cities and got there first.
34 When Jesus got out of the boat, He saw many people gathered together. He had loving pity for them. They were like sheep without a shepherd. He began to teach them many things.
35 The day was almost gone. The followers of Jesus came to Him. They said: "This is a desert. It is getting late.
36 Tell the people to go to the towns and villages and buy food for themselves."
37 He said to them: "Give them something to eat." They said to Him: "Are we to go and buy many loaves of bread and give it to them?"
38 He said to them: "How many loaves of bread do you have here? Go and see." When they knew, they said: "Five loaves of bread and two fish."
39 Then He told them to have all the people sit down together in groups on the green grass.
40 They sat down in groups of fifty people and in groups of one hundred people.
41 Jesus took the five loaves of bread and two fish. He looked up to heaven and gave thanks. He broke the loaves in pieces and gave them to the followers to set before the people. He divided the two fish among them all.
42 They all ate and were filled.

43 Luego, sus seguidores recogieron doce canastas llenas de pedazos de pan y pescado.
44 Comieron unos cinco mil hombres.

Jesús camina sobre el agua
Mateo 14: 22-23 Juan 6:15-21

45 En seguida, Jesús mandó a sus seguidores que entraran en el barco y que se fueran delante de él al otro lado, a la ciudad de Betsaida. Despidió a la gente,
46 y cuando todos se habían ido, subió al cerro para orar.
47 Al venir la noche, el barco estaba en medio del lago, y Jesús solo en la orilla.
48 Vio que sus seguidores estaban cansados porque tenían el viento en contra y, aunque remaban con fuerza, no avanzaban. Como a las tres de la mañana, Jesús fue caminando sobre el agua. Quería pasarlos.
49 Cuando sus seguidores lo vieron, creyeron que era un fantasma y gritaron de miedo,
50 pues todos lo vieron y se asustaron. En seguida, Jesús les habló y dijo: "Tengan valor; soy yo; no tengan miedo."
51 Se acercó a ellos y entró en el barco. El viento se calmó. Ellos se asombraron y admiraron mucho.
52 No habían aprendido lo que debían aprender de los panes, porque sus corazones estaban duros.

La gente es sanada en Genesaret
Mateo14:34-36

53 Entonces cruzaron el lago y vinieron a la tierra de Genesaret. Se acercaron a la orilla.
54 Cuando Jesús salió del barco, la gente lo reconoció al momento.
55 Corrieron por toda la región, tra-

43 After that the followers picked up twelve baskets full of pieces of bread and fish.
44 About five thousand men ate the bread.

Jesus walks on the water
Matthew 14:22-33 John 6:15-21

45 At once Jesus had His followers get into the boat and go ahead of Him to the other side to the town of Bethsaida. He sent the people away.
46 When they were all gone, He went up to the mountain to pray.
47 It was evening.The boat was halfway across the sea. Jesus was alone on the land.
48 He saw His followers were in trouble. The wind was against them. They were working very hard rowing the boat. About three o'clock in the morning Jesus came to them walking on the sea. He would have gone past them.
49 When the followers saw Him walking on the water, they thought it was a spirit and cried out with fear.
50 For they all saw Him and were afraid. At once Jesus talked to them. He said: "Take hope. It is I, do not be afraid."
51 He came over to them and got into the boat. The wind stopped. They were very much surprised and wondered about it.
52 They had not learned what they should have learned from the loaves because their hearts were hard.

People are healed at Gennesaret
Matthew 14:34-36

53 Then they crossed the sea and came to the land of Gennesaret and went to shore.
54 When Jesus got out of the boat, the people knew Him at once.
55 They ran through all the country

yendo hacia Jesús a los enfermos en sus camas.

56 Recostaban a los enfermos en las calles y en las plazas centrales, por donde Jesús iba a pasar. Le rogaban a Jesús que les permitiera tocar el borde de su vestido, porque cualquiera que lo hacía era sanado. Esto pasó en los pueblos, en las ciudades y en los países a donde él iba.

Jesús reprende a los dirigentes

Mateo 15:1-20

7 Los celosos religiosos y algunos de los maestros de la ley vinieron de Jerusalén y se reunieron alrededor de Jesús.

2 Habían visto a algunos de los seguidores de Jesús comer sin lavarse las manos.

3 Los celosos religiosos y todos los judíos siempre se lavaban las manos en una manera especial antes de comer, para así cumplir las enseñanzas que habían recibido.

4 Cuando volvían de la plaza, si no se lavaban las manos, no comían. Otras muchas enseñanzas semejantes cumplían, tales como lavar las tazas, los platos y las ollas en una manera especial.

5 Entonces los celosos religiosos y los maestros de la ley preguntaron a Jesús: "¿Por qué tus seguidores no obedecen las enseñanzas dadas por nuestros antiguos padres? ¿Por qué comen sin lavarse las manos?"

6 Él les dijo: "Isaías habló de ustedes, los que pretenden ser lo que no son, cuando escribió, 'Esta gente me honra con la boca, pero su corazón está lejos de mí.

7 De nada sirve su adoración. Enseñan lo que los hombres mandan que se haga.' Isaías 29:13

8 Ustedes ponen a un lado la ley de Dios y obedecen las leyes de los hombres."

bringing people who were sick on their beds to Jesus.

56 Wherever He went, they would lay the sick people in the streets in the center of town where people gather. They begged Him that they might touch the bottom of His coat. Everyone who did was healed. This happened in the towns and in the cities and in the country where He went.

Jesus speaks sharp words to the leaders

Matthew 15:1-20

7 The proud religious law keepers and some of the teachers of the Law had come from Jerusalem. They gathered around Jesus.

2 They had seen some of His followers eat bread without washing their hands.

3 The proud religious law keepers and all the Jews never eat until they wash their hands. They keep the teaching that was given to them by their early fathers.

4 When they come from the stores, they never eat until they wash. There are many other teachings they keep. Some are the washing of cups and pots and pans in a special way.

5 Then the proud religious law keepers and the teachers of the Law asked Jesus: "Why do Your followers not obey the teaching given to them by their early fathers? They eat bread without washing their hands."

6 He said to them: "Isaiah told about you who pretend to be someone you are not. Isaiah wrote, 'These people honor Me with their lips, but their hearts are far from Me.

7 Their worship of Me is worth nothing. They teach what men say must be done.' Isaiah 29:13

8 You put away the Laws of God and obey the laws made by men."

9 Jesús les dijo: "Ustedes ponen a un lado las leyes de Dios, pero cumplen sus propias enseñanzas,

10 Moisés dijo: 'Respeta a tu padre y a tu madre.' Éxodo 20:12 También dijo: '¡El que hable mal de su padre o su madre debe morir!' Éxodo 21:17

11 Pero ustedes dicen que está bien si una persona no ayuda a su padre o a su madre con tal que diga que ha dado a Dios lo que podría haberles dado a ellos.

12 Así ustedes no permiten que esa persona haga algo en favor de su padre o de su madre.

13 Están haciendo a un lado la palabra de Dios para cumplir sus propias enseñanzas. Hacen otras cosas semejantes a éstas también.

14 Jesús llamó de nuevo a la gente y le dijo: "Escúchenme todos y entiendan estas palabras.

15 No es lo que de afuera entra por la boca del hombre que hace mal a su mente y a su corazón. Es, más bien, lo que sale de adentro que hace mal.

16 Ustedes tienen oídos, pues oigan."

17 Cuando Jesús entró en la casa, después de irse la gente, sus seguidores comenzaron a preguntarle acerca de la historia.

18 Les dijo: "¿Todavía no han entendido? ¿No entienden que lo que entra en el hombre no le hace mal?

19 Porque no entra en su corazón, sino en su estómago; luego sale de su cuerpo." De esta manera, les estaba diciendo que todo alimento es limpio.

20 También dijo: "Lo que sale del hombre es lo que le hace mal.

21 De dentro del corazón del hombre salen los malos pensamientos, los pecados sexuales de los casados y de los solteros, los asesinatos,

22 los robos, los deseos de obtener

9 Jesus said to them: "You put away the Laws of God but keep your own teaching.

10 Moses said, 'Respect your father and mother.' Exodus 20:12 'He who curses his father and mother will be put to death!' Exodus 21:17

11 But you say that it is right if a man does not help his father and mother because he says he has given to God what he could have given to them.

12 You are not making him do anything for his father and mother.

13 You are putting away the Word of God to keep your own teaching. You are doing many other things like this."

14 Jesus called the people to Him again. He said: "Listen to Me, all of you, and understand this.

15 It is not what goes into a man's mouth from the outside that makes his mind and heart sinful. It is what comes out from the inside that makes him sinful.

16 You have ears, then listen!"

17 He went into the house away from all the people. His followers began to ask about the picture story.

18 He said to them: "Do you not understand yet? Do you not understand that whatever goes into a man cannot make him sinful?

19 It does not go into his heart, but into his stomach and then on out of his body." In this way, He was saying that all food is clean.

20 He said: "Whatever comes out of a man is what makes the man sinful.

21 From the inside, out of the heart of men come bad thoughts, sex sins of a married person, sex sins of a person not married, killing other people,

22 stealing, wanting something that

lo ajeno, las maldades, las mentiras, los deseos sexuales, las mentes que quieren pecar, el hablar contra Dios, el creerse mejor de lo que uno es y el hacer tonterías.
23 Todas estas cosas malas salen de adentro y hacen malo al hombre."

Jesús saca un espíritu malo de una muchacha

Mateo 15:21-28

24 Jesús fue a los lugares en la región de las ciudades de Tiro y Sidón. Entró en una casa y quería quedarse allí, sin que lo supiera nadie; pero no pudo esconderse de la gente.

25 Una mujer que tenía una hija con un espíritu malo oyó hablar de Jesús. Llegó a él y se arrodilló a sus pies.
26 Esta mujer no era judía, sino del país de Sirofenicia. Pidió a Jesús que sacara el espíritu malo de su hija.

27 Jesús le dijo: "Deja que los hijos coman primero, porque no está bien dar alimento de los hijos a los perras."

28 Ella le dijo: "Sí, Señor, pero también los perros comen los pedazos que caen de la mesa de los hijos."
29 Él le dijo: "Por lo que tú has dicho: sigue tu camino; el espíritu malo ha salido de tu hija."
30 Se fue a su casa y encontró a su hija acostada en la cama, y el espíritu malo había salido de ella.

Jesús sana al hombre que no podía oir ni hablar bien

31 Entonces Jesús salió de las tierras cerca de las ciudades de Tiro y Sidón y, pasando por la tierra de Decápolis, Diez Ciudades, volvió al lago de Galilea.
32 Le trajeron a un hombre que no podía oír ni hablar bien. Le pidieron que pusiera su mano sobre él.

belongs to someone else, doing wrong, lying, having a desire for sex sins, having a mind that is always looking for sin, speaking against God, thinking you are better than you are and doing foolish things.
23 All these bad things come from the inside and make the man sinful."

Jesus puts a demon out of a girl

Matthew 15:21-28

24 Jesus went from their towns and cities to the cities of Tyre and Sidon. He went into a house and wanted to stay there without people knowing where He was. But He could not hide Himself.
25 A woman who had a daughter with a demon heard of Him. She came and got down at His feet.
26 The woman was not a Jew. She was from the country of Syrophenicia. She asked Jesus if He would put the demon out of her daughter.
27 Jesus said to her: "Let the children have what they want first. It is wrong to take children's food and throw it to the dogs."
28 She said to Him: "Yes, Lord, but even the dogs eat the pieces that fall from the children's table."
29 He said to her: "Because of what you have said, go your way. The demon is gone out of your daughter."
30 So she went to her house and found the demon was gone and her daughter was lying on the bed.

Jesus heals the man who could not hear or speak well

31 Then Jesus left the cities of Tyre and Sidon. He came back to the Sea of Galilee by way of the land of Decapolis.
32 They took a man to Him who could not hear or speak well. They asked Jesus to put His hand on him.

33 Jesús lo llevó lejos de la gente, puso sus dedos en los oídos del hombre, escupió y le puso sus dedos en la lengua.

34 Entonces, mirando al cielo, Jesús suspiró y dijo: "¡Ábranse!"

35 En seguida, sus oídos se abrieron, su lengua fue sanada y hablaba bien.

36 Luego, Jesús les mandó que no lo dijeran a nadie, pero cuanto más recomendaba esto, tanto más lo contaban.

37 Todos se admiraban de lo que pasó, y decían: "Todas las cosas ha hecho bien; a los sordos, les ha hecho oir; y a los mudos, les ha hecho hablar."

Jesús da de comer a cuatro mil

Mateo 15:32-39

8 En esos días se juntó mucha gente, y no tenían suficiente para comer. Jesús llamó a sus seguidores y les dijo:

2 "Tengo compasión por esta gente. Han estado conmigo tres días y no tienen nada què comer.

3 Si les envió sin comer, puede que se desmayen en el camino, puesto que muchos de ellos han venido de muy lejos."

4 Sus seguidores le dijeron: "Nadie puede conseguir aquí en este desierto pan suficiente para ellos."

5 Jesús les preguntó: "¿Cuántos panes tienen?" Ellos dijeron: "Siete."

6 Entonces le dijo a la gente que se sentara en el suelo. Tomó los siete panes y dio gracias a Dios. Los partió y los entregó a sus seguidores para dar a la gente. Así lo hicieron, sirviendo el pan a todos ellos.

7 También tenían algunos pescados.

33 Jesus took him away from the other people. He put His fingers into the man's ears. He spit and put His finger on the man's tongue.

34 Then Jesus looked up to heaven and breathed deep within. He said to the man: "Be opened!"

35 At once his ears were opened. His tongue was made loose and he spoke as other people.

36 Then Jesus told them they should tell no one. The more He told them this, the more they told what He had done.

37 They were very much surprised and wondered about it. They said: "He has done all things well. He makes those who could not hear so they can hear. He makes those who could not speak so they can speak."

The feeding of the four thousand

Matthew 15:32-39

8 In those days many people were gathered together. They had nothing to eat. Jesus called His followers to Him and said,

2 "I pity these people because they have been with Me three days and have nothing to eat.

3 If I send them home without food, they may be too weak as they go. Many of them have come a long way."

4 His followers said to Him: "Where can anyone get enough bread for them here in this desert?"

5 He asked them: "How many loaves of bread do you have?" They said: "Seven."

6 Then He told the people to sit down on the ground. Jesus took the seven loaves of bread and gave thanks to God. He broke the loaves and gave them to His followers to give to the people. The followers gave the bread to them.

7 They had a few small fish also. He

Jesús dio gracias a Dios pidiendo que sus seguidores los repartieran entre todos.

8 Después de comer todos hasta estar satisfechos, recogieron siete canastas de pedazos de pan y pescado

9 Comieron como cuatro mil. Después de esto, Jesús los despidió.

Los celosos religiosos le piden a Jesús que les muestre una obra poderosa

Mateo 16:1-4

10 Después, Jesús subió al barco con sus seguidores, y llegaron al país de Dalmanuta.

11 Los celosos religiosos se le acercaron y comenzaron a pedirle que les mostrara alguna obra poderosa del cielo. Ellos querían ponerle una trampa.

12 Suspirando profundamente, Jesús les dijo: "¿Por qué busca la gente alguna obra poderosa? En verdad les digo que la gente de ahora no tendrá ninguna señal del cielo."

13 Entonces los dejó, subió al barco y pasó al otro lado del lago.

Jesús demuestra que la ensenanza de los celosos religiosos es equivocada

Mateo 16:5-12

14 Los seguidores de Jesús se habían olvidado de traer pan. Solamente había un pan en el barco.

15 Él les dijo: Cuídense de no tener nada que ver con la levadura de los celosos religiosos y de Herodes.

16 Y se discutían entre sí diciendo: "Él dice esto, porque nos olvidamos de traer pan."

17 Jesús sabía lo que estaban pensando y les dijo: "¿Por qué hablan entre ustedes de haberse olvidado de traer pan? ¿No comprenden? ¿No está claro? ¿Su corazón sigue endurecido?

gave thanks to God and told the followers to give the fish to them.

8 They all ate and were filled. They picked up seven baskets full of pieces of bread and fish after the people were finished eating.

9 About four thousand ate. Then Jesus sent the people away.

The proud religious law keepers ask for something special to see

Matthew 16:1-4

10 At once Jesus got in a boat with His followers and came to the country of Dalmanutha.

11 The proud religious law keepers came and began to ask Him for something special to see from heaven. They wanted to trap Jesus.

12 He breathed deep within and said: "Why do the people of this day look for something special to see? For sure, I tell you, the people of this day will have nothing special to see from heaven."

13 Then He left them. He got in the boat and went to the other side of the sea.

Jesus shows that the teaching of the proud religious law keepers is wrong

Matthew 16:5-12

14 The followers had forgotten to take bread, only one loaf was in the boat.

15 He said to them: "Look out! Have nothing to do with the yeast of the proud religious law keepers and of Herod."

16 They talked about it among themselves. They said: "He said this because we forgot to bring bread."

17 Jesus knew what they were thinking. He said to them: "Why are you talking among yourselves about forgetting to bring bread? Do you not understand? Is it not plain to you? Are your hearts still hard?

18 ¿Tienen ojos y no pueden ver? ¿Tienen oídos y no pueden oír?

19 ¿No recuerdan cuando repartí los cinco panes entre los cinco mil? ¿Cuántas canastas llenas de pedazos recogieron?" Ellos le contestaron: "Doce."

20 "Y cuando repartí los siete panes entre los cuatro mil, ¿cuántas canastas llenas de pedazos recogieron?" Le contestaron: "Siete."

21 Entonces les preguntó: "¿Por qué no entienden todavía?"

Jesús sana a un ciego

22 Entonces vinieron a la ciudad de Betsaida, y le trajeron a un hombre ciego. Pidieron a Jesús que lo tocara.

23 Jesús le tomó de la mano y le sacó del pueblo. Luego, usó saliva para mojar los ojos del ciego, puso sus manos sobre él, y le preguntó: ¿Ves algo?

24 El ciego miró y dijo: "Veo algunos hombres que parecen árboles, caminando."

25 Jesús volvió a poner sus manos sobre el ciego y le mandó mirar. Después quedó sano y vio todas las cosas perfectamente.

26 Jesús lo envió a su casa y le dijo: "No entres en el pueblo, ni digas a nadie nada de esto."

Pedro declara que Jesús es el Cristo

Mateo 16:13-20 Lucas 9:18-20

27 De allí, Jesús y sus seguidores se fueron a las aldeas del país de Cesarea de Filipo. Mientras caminaban les preguntó: "¿Quién dicen los hombres que soy?"

28 Ellos le contestaron: "Algunos dicen que eres Juan el bautista; otros dicen que eres Elías, u otro de los antiguos predicadores."

29 Él les dijo: "Pero ¿quién dicen ustedes que soy?" Pedro respondió: "Tú eres el Cristo."

18 You have eyes, do you not see? You have ears, do you not hear? Do you not remember?

19 When I divided the five loaves of bread among the five thousand, how many baskets full of pieces did you pick up?" They said: "Twelve."

20 "When I divided the seven loaves of bread among the four thousand, how many baskets full of pieces did you pick up?" They said: "Seven."

21 Then He asked: "Why do you not understand yet?"

Jesus heals a blind man

22 Then they came to the town of Bethsaida. Some people brought a blind man to Jesus. They asked if He would touch him.

23 He took the blind man by the hand out of town. Then He spit on the eyes of the blind man and put His hands on him. He asked: "Do you see anything?"

24 The blind man looked up and said: "I see some men. They look like trees, walking."

25 Jesus put His hands on the man's eyes again and told him to look up. Then he was healed and saw everything well.

26 Jesus sent him to his home and said: "Do not go into the town, or tell it to anyone there."

Peter says Jesus is the Christ

Matthew 16:13-20 Luke 9:18-20

27 Jesus and His followers went from there to the towns of Caesarea Philippi. As they went, He asked His followers: "Who do people say that I am?"

28 They answered: "Some say John the Baptist and some say Elijah and others say one of the early preachers."

29 He said to them: "But who do you say that I am?" Peter said: "You are the Christ."

30 Jesús les mandó que no dijeran esto a nadie.

30 He told them with strong words that they should tell no one about Him.

Por primera vez Jesús habla de su muerte

Mateo 16:21-28 Lucas 9:21-27

31 Comenzó a enseñarles que el Hijo del Hombre debía sufrir muchas cosas y que sería rechazado por los dirigentes religiosos y los maestros de la ley. También les dijo que lo iban a matar, pero que tres días más tarde se levantaría de entre los muertos.

32 Esto lo dijo claramente. Pedro le llevó aparte de los demás y comenzó a hablarle severamente.

33 Jesús se volvió, miro a sus seguidores y retó a Pedro, diciéndole: "¡Apártate de mí, diablo! Tus pensamientos no son los de Dios, sino de los hombres."

Jesus tells of His death for the first time

Matthew 16:21-28 Luke 9:21-27

31 He began to teach them that the Son of Man must suffer many things. He told them that the leaders and the religious leaders of the Jews and the teachers of the Law would have nothing to do with Him. He told them He would be killed and three days later He would be raised from the dead.

32 He had said this in plain words. Peter took Him away from the others and began to speak sharp words to Him.

33 Jesus turned around. He looked at His followers and spoke sharp words to Peter. He said: "Get behind Me, Satan! Your thoughts are not thoughts from God but from men."

Abandono de intereses y deseos personales

34 Jesús llamó a la gente y a sus seguidores hacia él y les dijo: "Si alguien quiere ser mi seguidor, debe abandonar sus intereses personales y sus propios deseos. Debe tomar su cruz y selguirme.

35 Si alguien quiere salvar su vida, la perderá; pero si alguien pierde su vida por mí y por las buenas nuevas, la salvará.

36 Porque ¿de qué le sirve al hombre si gana todo el mundo y pierde su propia alma?

37 ¿Qué puede dar un hombre por su alma?

38 Cualquiera que se avergüenza de mí y de mis palabras ante la gente pecadora de hoy en día, el Hijo del Hombre se avergonzará de él: "cuando vuelva en la gloria resplandeciente de su Padre y de sus santos ángeles."

Giving up self and one's own desires

34 Jesus called the people and His followers to Him. He said to them: "If anyone wants to be My follower, he must give up himself and his own desires. He must take up his cross and follow Me.

35 If anyone wants to keep his own life safe, he will lose it. If anyone gives up his life because of Me and because of the Good News, he will save it.

36 For what does a man have if he gets all the world and loses his own soul?

37 What can a man give to buy back his soul?

38 Whoever is ashamed of Me and My Words among the sinful people of this day, the Son of Man will be ashamed of him when He comes in the shining greatness of His Father and His holy angels."

Jesús cambia su apariencia

Mateo 17:1-13 Lucas 9:28-36

9 Jesús les dijo: "¡En verdad les digo que algunos de los que están aquí no morirán hasta que vean venir con poder el reino de los cielos!"

2 Seis días después, Jesús tomó a Pedro, a Jacobo y a Juan y los llevó a un cerro alto. Allí su aspecto cambió mientras ellos lo miraban.

3 Sus ropas se volvieron brillantes, blancas como la nieve, tanto que nadie en la tierra hubiera podido hacerlas tan blancas.

4 Vieron allí a Moisés y a Elías hablando con Jesús.

5 Pedro dijo a Jesús: "Maestro, qué bueno que estemos aquí. Hagamos tres enramadas, una para ti, otra para Moisés y otra para Elías."

6 Pedro no sabía qué decir: porque estaban muy asustados.

7 Una nube vino sobre ellos, y una voz de la nube dijo: "Este es mi hijo amado; escúchenle a él."

8 Enseguida ellos miraron alrededor y no vieron a nadie, sino sólo a Jesús.

9 Cuando bajaron del monte, Jesús les mandó que no dijeran a nadie lo que habían visto, pero que debían esperar hasta que el Hijo del Hombre se levantara de entre los muertos.

10 Y guardaron estas palabras, hablando entre sí sobre qué sería esto de ser levantado de entre los muertos.

11 Le preguntaron a Jesús: "¿Por qué los maestros de la ley dicen que Elías vendrá primero?"

12 Él les respondió: "En verdad, Elías vendrá primero y tendrá todas las cosas listas. ¿No está escrito que el Hijo del Hombre sufrirá muchas cosas y los hombres no querrán tener nada que ver con él? Isaías 53:3

13 Pero yo les digo que Elías ya vino

A look at what Jesus will be like

Matthew 17:1-13 Luke 9:28-36

9 Jesus said to them: "For sure I tell you, some standing here will not die until they see the holy nation of God come with power!"

2 Six days later Jesus took Peter and James and John with Him. He led them up to a high mountain by themselves. Jesus was changed as they looked at Him.

3 His clothes did shine. They were as white as snow. No one on earth could clean them so white.

4 Moses and Elijah were seen talking to Jesus.

5 Peter said to Jesus: "Teacher, it is good for us to be here. Let us make three tents to worship in. One will be for You and one for Moses and one for Elijah."

6 Peter did not know what to say. They were very much afraid.

7 A cloud came over them and a voice from the cloud said: "This is My much loved Son. Listen to Him."

8 At once they looked around but saw no one there but Jesus.

9 They came down from the mountain. Then Jesus said with strong words that they should tell no one what they had seen. They should wait until the Son of Man had risen from the dead.

10 So they kept those words to themselves, talking to each other about what He meant by being raised from the dead.

11 They asked Jesus: "Why do the teachers of the Law say that Elijah must come first?"

12 He said to them: "For sure, Elijah will come first and get things ready. Is it not written that the Son of Man must suffer many things and that men will have nothing to do with Him? Isaiah 53:3

13 But I say to you, Elijah has already

y que ellos hicieron con él lo que quisieron, como estaba escrito que lo harían."

Un muchacho con espíritu malo es sanado

Mateo 17:14-21 Lucas 9:37-42

14 Cuando Jesús regresó donde estaban sus seguidores, vio mucha gente alrededor de ellos. Los maestros de la ley estaban discutiendo con ellos.

15 La gente vio a Jesús y se sorprendió. Corrieron hacía él para saludarlo.

16 Jesús preguntó a los maestros de la ley: "¿Qué están discutiendo con mis seguidores?"

17 Uno de la multitud dijo: "Maestro, te traje a mi hijo porque tiene un espíritu malo y no puede hablar.

18 A dondequiera que le lleva, el espíritu malo lo arroja al suelo, echa espuma por la boca y rechina los dientes. Se ha debilitado mucho. Pedí a tus seguidores que sacaran al espíritu malo y no pudieron."

19 Él les dijo: "¡Ay! ¡Gente sin fe! ¿Hasta cuando estaré entre ustedes? ¿Hasta cuando tendré que soportarlos? Traigan aquí al muchacho."

20 Llevaron al muchacho a Jesús. En cuanto el espíritu malo lo vio, puso al muchacho bajo su poder. El muchacho cayó al suelo, echando espuma por la boca.

21 Jesús le preguntó al padre del muchacho: "¿Cuánto tiempo ha estado así?" El padre le contestó: "Desde que era niño.

22 Muchas veces, le hace caer al fuego; otras veces, en el agua, queriendo matarle. Si tú puedes ayudarnos, ¡ten compasión de nosotros!"

23 Jesús le dijo: "¿Por qué me pides eso? Para el que tiene fe todo es posible."

24 En seguida gritó el padre y con lágrimas en los ojos dijo: "Señor, yo tengo fe; ¡ayúdame para que mi débil fe se haga fuerte!"

come. They did to him whatever they wanted to do. It is written that they would."

A boy with a demon is healed

Matthew 17:14-21 Luke 9:37-42

14 When Jesus came back to His followers, He saw many people standing around them. The teachers of the Law were arguing with them.

15 The people saw Jesus and were surprised and ran to say hello to Him.

16 Jesus asked the teachers of the Law: "What are you arguing about with them?"

17 One of the people said: "Teacher, I brought my son to You. He has a demon in him and cannot talk.

18 Wherever the demon takes him, it throws him down. Spit runs from his mouth. He grinds his teeth. He is getting weaker. I asked Your followers to put the demon out but they could not."

19 He said: "You people of this day have no faith. How long must I be with you? How long must I put up with you? Bring the boy to Me."

20 They brought the boy to Jesus. The demon saw Jesus and at once held the boy in his power. The boy fell to the ground with spit running from his mouth.

21 Jesus asked the boy's father: "How long has he been like this?" The father said: "From the time he was a child.

22 Many times it throws him into the fire and into the water to kill him. If You can do anything to help us, take pity on us!"

23 Jesus said to him: "Why do you ask Me that? The one who has faith can do all things."

24 At once the father cried out. He said with tears in his eyes: "Lord, I have faith. Help my weak faith to be stronger!"

25 Viendo Jesús que se juntaba mucha gente, entonces le mandó al espíritu malo: "¡A ti te digo, espíritu malo, sordo y mudo, sal de él!"

26 El espíritu malo gritó, echó al muchacho en el suelo y salió de él. El muchacho parecía muerto. Y la gente dijo: "¡El muchacho está muerto!"

27 Pero Jesús le tomó de la mano y le ayudó a ponerse de pie.

28 Cuando Jesús entró en la casa a solas con sus seguidores, éstos le preguntaron: "¿Por qué no pudimos nosotros sacar el espíritu malo?"

29 Él les dijo: "La única manera de sacar esta clase de espíritu malo, es por medio de la oración, dejando de comer, para poder orar mejor."

Jesús por segunda vez habla de su muerte

Mateo 17:22-23 Lucas 9:43-45

30 De allí, Jesús y sus seguidores fueran al país de Galilea. No quería que nadie supiera dónde estaba.

31 Les dijo a sus seguidores: "El Hijo del Hombre será entregado a los hombres y lo matarán, pero tres días después que lo maten, se levantará de entre los muertos."

32 Ellos no entendieron lo que les decía y tuvieron miedo de preguntarle.

Jesús enseña acerca de la fe de un niño

Mateo 18:1-35 Lucas 9:46-50

33 Vinieron a la ciudad de Capernaum. Estando ya en la casa, Jesús preguntó a sus seguidores: "¿Qué estaban discutiendo en el camino?"

34 Ellos no respondieron nada, pero lo que habían estado discutiendo en el camino era sobre quién de ellos era el mejor.

35 Jesús se sentó y llamó a sus discípulos y les dijo: "Si alguno quiere ser

25 Jesus saw that many people were gathering together in a hurry. He spoke sharp words to the demon. He said: "Demon! You who cannot speak or hear, I say to you, come out of him! Do not ever go into him again."

26 The demon gave a cry. It threw the boy down and came out of him. The boy was so much like a dead man that people said: "He is dead!"

27 But Jesus took him by the hand and helped him and he stood up.

28 When Jesus went into the house, His followers asked Him when He was alone: "Why could we not put out the demon?"

29 He said to them: "The only way this kind of demon is put out is by prayer and by going without food so you can pray better."

Jesus tells of His death the second time

Matthew 17:22-23 Luke 9:43-45

30 From there Jesus and His followers went through the country of Galilee. He did not want anyone to know where He was.

31 He taught His followers, saying: "The Son of Man will be handed over to men. They will kill Him. Three days after He is killed, He will be raised from the dead."

32 They did not understand what He said and were afraid to ask Him.

Jesus teaches about the faith of a child

Matthew 18:1-35 Luke 9:46-50

33 They came to the city of Capernaum and were in the house. Jesus asked His followers: "What were you arguing about along the road?"

34 They did not answer. They had been arguing along the road about who was the greatest.

35 Jesus sat down and called the followers to Him. He said: "If anyone

el primero, tendrá que ser el último de todos, el que sirve a los demás."
36 Jesús tomó a un niño y le puso en medio de ellos; luego lo levantó en sus brazos y les dijo:
37 "Cualquiera que reciba a uno de estos pequeñitos, en mi nombre, me recibe a mí. Cualquiera que me recibe no me recibe a mí, sino a Aquel que me envió."

Jesús reprende a sus seguidores

38 Juan dijo a Jesús: "Maestro, vimos a alguien que sacaba espíritus malos en tu nombre y le dijimos que no lo hiciera, porque él no nos seguía."
39 Jesús dijo: "No lo impidan, porque ninguno de los que hacen estas obras poderosas en mi nombre podrá hablar luego en contra de mí.
40 El que no está contra nosotros, con nosotros está.
41 En verdad les digo, cualquiera que les dé un vaso de agua en mi nombre, porque son de Cristo, no perderá su premio.
42 Cualquiera que sea culpable de que uno de estos pequeñitos que creen en mí peque, mejor le sería colgarse una piedra grande al cuello y dejarse echar al mar.
43 Si tu mano es la causa de que caigas en pecado, córtala; porque es mejor entrar en la vida sin una mano que, teniendo dos manos, ir al fuego del infierno, que no puede ser apagado.
44 Allí es donde el gusano nunca muere, y el fuego nunca se apaga.
45 Si tu pie es la causa de que caigas en pecado, córtalo. Es mejor entrar en la vida con un solo pie que, teniendo dos pies, ir al fuego del infierno que no puede ser apagado,
46 donde el gusano nunca muere y el fuego nunca se apaga.
47 Si tu ojo es la causa de que caigas

wants to be first, he must be last of all. He will be the one to care for all."
36 Jesus took a child and stood it among them. Then He took the child up in His arms and said to the followers,
37 "Whoever receives one of these little children in My name, receives Me. Whoever will receive Me, receives not Me, but Him Who sent Me."

Jesus speaks sharp words against the followers

38 John said to Him: "Teacher, we saw someone putting out demons in Your name. We told him to stop because he was not following us."
39 Jesus said: "Do not stop him. No one who does a powerful work in My name can say anything bad about Me soon after.
40 The person who is not against us is for us.
41 For sure, I tell you, whoever gives you a cup of water to drink in My name because you belong to Christ will not lose his reward from God.
42 Whoever is the reason for one of these little ones who believes in Me to sin, it would be better for him to have a large stone put around his neck and to be thrown into the sea.
43 If your hand is the reason you fall into sin, cut it off. It is better to go into life without a hand, than to have two hands and go into the fire of hell that cannot be put out.
44 There is where their worm never dies and the fire cannot be put out.
45 If your foot is the reason you fall into sin, cut it off. It is better to go into life with only one foot, than to have two feet and go into the fire of hell that cannot be put out.
46 There is where their worm never dies and the fire cannot be put out.
47 If your eye is the reason you fall

en pecado, sácalo, porque es mejor entrar al reino de Dios con un solo ojo que, teniendo dos ojos, ser echado en el fuego del infierno.

48 Allí es donde el gusano nunca muere y el fuego nunca se apaga.

49 Cada uno de ustedes tendrá que ser salado o sazonado con el fuego de la disciplina.

50 Hablando de sal, recordemos que es buena y útil, pero si pierde su sabor, ¿cómo podrá usarse como sal? Tengan sal en ustedes mismos y vivan en paz los unos con los otros."

Jesús enseña acerca del divorcio

Mateo 19:1-12

10 Jesús se alejó de la ciudad de Capernaum. Fue al país de Judea y al otro lado del río Jordán. La gente volvió a juntarse a su alrededor, y él comenzó a enseñarles, como siempre.

2 Los celosos religiosos vinieron a él, tratando de hacerle caer en trampa. Le preguntaron: "¿Es correcto que un hombre se divorcie de su esposa?"

3 Él les respondió: "¿Qué dice la ley de Moisés?"

4 Le dijeron: "Moisés permitió al hombre divorciar y dejar a su mujer, si le daba carta de divorcio."

5 Jesús les dijo: "Por la dureza del corazón de ustedes, Moisés les dio esta ley.

6 Pero desde el comienzo del mundo, Dios los hizo hombre y mujer.

7 Por esto, el hombre dejará a su padre y a su madre y vivirá con su esposa.

8 Los dos se harán uno. Ya no serán dos, sino uno.

9 Que ningún hombre separe lo que Dios ha unido.

10 En la casa, los seguidores le preguntaron otra vez acerca de esto.

11 Él les dijo: "Cualquiera que se

into sin, take it out. It is better to go into the holy nation of God with only one eye, than to have two eyes and be thrown into the fire of hell.

48 There is where their worm never dies and the fire is never put out.

49 Everyone will be made cleaner and stronger with fire.

50 Salt is good. But if salt loses its taste, how can it be made to taste like salt again? Have salt in yourselves and be at peace with each other."

Jesus teaches about divorce

Matthew 19:1-12

10 Jesus went away from the city of Capernaum. He came to the country of Judea and to the other side of the Jordan River. Again the people gathered around Him. He began to teach them as He had been doing.

2 The proud religious law keepers came to Him. They tried to trap Him and asked: "Does the Law say a man can divorce his wife?"

3 He said to them: "What did the Law of Moses say?"

4 They said: "Moses allowed a man to divorce his wife, if he put it in writing and gave it to her."

5 Jesus said to them: "Because of your hard hearts, Moses gave you this Law.

6 From the beginning of the world, God made them man and woman.

7 Because of this, a man is to leave his father and mother and is to live with his wife.

8 The two will become one. So they are no longer two, but one.

9 Let no man divide what God has put together."

10 In the house the followers asked Jesus about this again.

11 He said to them: "Whoever divorc-

divorcia de su esposa y se casa con otra no es fiel a ella. Es culpable de pecado sexual.

12 Si una mujer se divorcia de su esposo y se casa con otro no es fiel a su esposo. Es culpable de pecado sexual."

Jesús da gracias por los niños
Mateo 19:13-15 Lucas 18:15-17

13 Trajeron niños a Jesús para que pusiera sus manos sobre ellos, pero los seguidores retaban a los que los traían.

14 Jesús vio esto y se enojó con los seguidores. Les dijo: "Dejen que los niños vengan a mí; no los detengan. El reino de Dios es de seres como ellos.

15 En verdad les digo, cualquiera que no recibe el reino de Dios como un niño pequeño no entrará en él."

16 Jesús tomó a los niños en sus brazos y los bendijo: poniendo sus manos sobre ellos.

Jesús enseña que se debe respetar la ley
Mateo 19:16-30 Lucas 18:18-30

17 Jesús seguía su camino, cuando un hombre corrió hacia él y se arrodilló diciéndole: "Maestro bueno, ¿qué debo hacer para tener la vida que dura para siempre?"

18 Jesús le dijo: "¿Por qué me llamas bueno? Hay solamente uno que es bueno, Dios.

19 Tú debes conocer los mandamientos, 'No cometas pecados sexuales; no mates a ninguna persona; no tomes lo ajeno, engañando o robando; no mientas; respeta a tu padre y a tu madre.'"

20 El hombre le dijo: "Maestro, he obedecido todas esas leyes desde que era muchacho."

21 Jesús lo miró con amor y le dijo: "Todavía hay algo que te falta hacer. Ve, vende todo lo que tienes y da el dinero

es his wife and marries another is not faithful to her and is guilty of a sex sin.

12 If a woman divorces her husband and marries another, she is not faithful to her husband and is guilty of a sex sin."

Jesus gives thanks for little children
Matthew 19:13-15 Luke 18:15-17

13 They brought little children to Jesus that He might put His hand on them. The followers spoke sharp words to those who brought them.

14 Jesus saw this and was angry with the followers. He said: "Let the little children come to Me. Do not stop them. The holy nation of God is made up of ones like these.

15 For sure, I tell you, whoever does not receive the holy nation of God as a little child does not go into it."

16 He took the children in His arms. He put His hands on them and prayed that good would come to them.

Jesus teaches about keeping the law
Matthew 19:16-30 Luke 18:18-30

17 Jesus was going on His way. A man ran to Him and got down on his knees. He said: "Good Teacher, what must I do to have life that lasts forever?"

18 Jesus said to him: "Why do you call Me good? There is only One Who is good. That is God.

19 You know the Laws, 'Do not be guilty of sex sins in marriage. Do not kill another person. Do not take things from people in wrong ways. Do not steal. Do not lie. Respect your father and mother.'"

20 The man said to Jesus: "Teacher, I have obeyed all these Laws since I was a boy."

21 Jesus looked at him with love and said: "There is one thing for you to do yet. Go and sell everything you have

a los pobres; pues así tendrás riquezas
en el cielo. Luego ven y sígueme."

22 Cuando el hombre oyó esto, se fue
muy triste, porque era muy rico.

El peligro de las riquezas

23 Jesús miró a su alrededor y dijo a
sus seguidores: "¡Qué difícil es para los
ricos entrar en el reino de Dios!"

24 Sus seguidores se asombraron de
sus palabras, pero Jesús les dijo de nuevo: "Hijos, ¡qué difícil es para los que
creen en las riquezas entrar en el reino
de Dios!

25 Es más fácil que un camello pase
por el ojo de una aguja que un rico
entre en el cielo.
26 Ellos se asombraron más diciendo
entre sí: "Entonces, ¿quién puede salvarse del castigo del pecado?"

27 Jesús los miró y dijo: "El hombre no
puede, pero Dios todo lo puede."

28 Entonces, Pedro comenzó a decirle
a Jesús: "Nosotros hemos dejado todo
lo que teníamos para seguirte."
29 Jesús le dijo: "En verdad les digo
que todos los que hayan dejado casas,
o hermanos, o padre, o madre, o esposa, o hijos, o terrenos por causa mía y
de las buenas nuevas.
30 Recibirán ahora cien veces más
casas, hermanos y hermanas, madres e
hijos y terrenos aunque junto con esto,
tendrán muchas dificultades. También
recibirán, en el mundo que viene, la
vida que dura para siempre.

31 Muchos primeros serán los últimos,
y muchos últimos serán los primeros."

and give the money to poor people.
You will have riches in heaven. Then
come and follow Me."
22 When the man heard these words,
he was sad. He walked away with sorrow because he had many riches here
on earth.

The danger of riches

23 Jesus looked around Him. He said
to His followers: "How hard it is for
rich people to get into the holy nation
of God!"
24 The followers were surprised and
wondered about His words. But Jesus
said to them again: "Children! How
hard it is for those who put their trust
in riches to get into the holy nation of
God!
25 It is easier for a camel to go through
the eye of a needle than for a rich man
to go to heaven."
26 They were very surprised and
wondered, saying to themselves: "Then
who can be saved from the punishment
of sin?"
27 Jesus looked at them and said:
"This cannot be done by men but God
can do anything."
28 Then Peter began to say to Him:
"We have given up everything we had
and have followed You."
29 Jesus said: "For sure, I tell you, there
are those who have given up houses or
brothers or sisters or father or mother
or wife or children or lands because of
Me, and the Good News.
30 They will get back one hundred
times as much now at this time in houses and brothers and sisters and mothers and children and lands. Along with
this, they will have very much trouble.
And they will have life that lasts forever
in the world to come.
31 Many who are first will be last.
Many who are last will be first."

Jesús habla por tercera vez de su muerte

Mateo 20:17-19 Lucas 18:31-34

32 Seguían su camino para Jerusalén, y Jesús iba delante. Los que le seguían se asombraron y sentían miedo. Entonces Jesús llevó aparte a sus doce seguidores y les dijo lo que iba a pasar.

33 Les dijo: "Escuchen; vamos hacia Jerusalén, en donde el Hijo del Hombre será entregado a los dirigentes de los judíos y a los maestros de la ley. Estos le condenarán a muerte y le entregarán a gente que no es judía.

34 Se burlarán de él, le pegarán, le escupirán y le matarán. Pero después de tres días, se levantará de entre los muertos."

Jesus tells of His death the third time

Matthew 20:17-19 Luke 18:31-34

32 They were on their way to Jerusalem. Jesus walked in front of them. Those who followed were surprised and afraid. Then Jesus took the twelve followers by themselves. He told them what would happen to Him.

33 He said: "Listen, we are going to Jerusalem. The Son of Man will be handed over to the religious leaders of the Jews and to the teachers of the Law. They will say that He must be put to death. They will hand Him over to the people who are not Jews.

34 They will make fun of Him and will beat Him. They will spit on Him and will kill Him. But three days later He will be raised from the dead."

Jacobo y Juan piden a Jesús algo difícil

Mateo 20:20-28

35 Jacobo y Juan, los hijos de Zebedeo, vinieron a Jesús y le dijeron: "Maestro, queremos que nos hagas lo que te pidamos."

36 Él les respondió: "¿Qué quieren?"

37 Ellos le dijeron: "Permite que uno de nosotros se siente a tu derecha y el otro a tu izquierda, cuando recibas tu gran honor."

38 Jesús les contestó: "Ustedes no saben lo que piden. ¿Acaso pueden soportar el sufrimiento que pronto he de llevar? ¿Pueden ustedes ser bautizados con el bautismo con que yo soy bautizado?"

39 Ellos le dijeron: "Sí, podemos." Jesús contestó: "En verdad, ustedes sufrirán en la manera como yo sufriré. Serán bautizados con el bautismo con que yo soy bautizado.

40 Pero decirles que se sienten a mi izquierda o a mi derecha no me toca a mí. Esto será dado a aquellos para quienes se ha preparado."

James and John ask Jesus something hard

Matthew 20:20-28

35 James and John, the sons of Zebedee, came to Jesus. They said: "Teacher, we would like to have You do for us whatever we ask You."

36 He said to them: "What would you like to have Me do for you?"

37 They said to Him: "Let one of us sit by Your right side and the other by Your left side when You receive Your great honor in heaven."

38 Jesus said to them: "You do not know what you ask. Can you take the suffering I am about to take? Can you be baptized with the baptism that I am baptized with?"

39 They said to Him: "Yes, we can." Jesus said to them: "You will, for sure, suffer the way I will suffer. You will be baptized with the baptism that I am baptized with.

40 But to sit on My right side or on My left side is not for Me to give. It will be given to those for whom it has been made ready."

41 Los otros diez seguidores oyeron
esto y se enojaron con Jacobo y Juan.
42 Jesús les llamó y les dijo: "Ustedes
saben que los que se hacen gobernantes
de las naciones usan su poder sobre la
gente. Los jefes más importantes son los
que usan más su poder sobre la gente.
43 Pero entre ustedes, no será así. El
que quiera ser grande entre ustedes
tendrá que ser el siervo de todos.
44 El que quiera ser primero entre
ustedes tendrá que cuidar a todos.

45 Porque el Hijo del Hombre no vino
para ser servido, sino para servir a los
demás y para dar su vida, comprando
así a muchos con su sangre y librándo-
los del pecado."

Curación del ciego

Mateo 20:29-34 Lucas 18:35-43

46 Entonces vinieron Jesús y sus seguidores a la ciudad de Jericó. Cuando salieron de allí, Jesús estaba acompañado de
sus seguidores y de mucha gente. Y en
el camino estaba sentado un ciego que
pedía a la gente que le diera comida y
dinero cuando pasaba por allí. Su nombre era Bartimeo, el hijo de Timeo.
47 Oyó que Jesús de Nazaret pasaba
por allí y comenzó a gritar: "¡Jesús, Hijo
de David, ten compasión de mí!"

48 Algunas personas retaban al ciego para que no gritara en esa manera,
pero él gritó aun más. Le dijo: "¡Hijo de
David ten compasión de mí!"
49 Jesús se detuvo y les pidió que le
llamaran. Fueron y le llamaron, diciéndole: "¡Ten fe; levántate, que Jesús te
llama!"
50 El ciego se levantó de un solo brin-
co, echó su saco a un lado y se acercó
a Jesús.
51 Jesús le dijo: "¿Qué quieres que te
haga?" El ciego le dijo: "Señor, ¡Yo quiero ver!"

41 The other ten followers heard it.
They were angry with James and John.
42 Jesus called them to Him and said:
"You know that those who are made
leaders over the nations show their
power to the people. Important leaders use their power over the people.
43 It must not be that way with you.
Whoever wants to be great among
you, let him care for you.
44 Whoever wants to be first among
you, must be the one who is owned
and cares for all.
45 For the Son of Man did not come
to be cared for. He came to care for
others. He came to give His life so that
many could be bought by His blood
and be made free from sin."

Healing of the blind man

Matthew 20:29-34 Luke 18:35-43

46 Then they came to the city of
Jericho. When He was leaving the city
with His followers and many people, a
blind man was sitting by the road. He
was asking people for food or money
as they passed by. His name was Barti-
maeus, the son of Timaeus.

47 He heard that Jesus of Nazareth
was passing by. He began to speak
with a loud voice, saying: "Jesus, Son of
David, take pity on me!"
48 Many people spoke sharp words to
the blind man telling him not to call out
like that. But he spoke all the more. He
said: "Son of David, take pity on me."
49 Jesus stopped and told them to call
the blind man. They called to him and
said: "Take hope! Stand up, He is calling
for you!"
50 As he jumped up, he threw off his
coat and came to Jesus.

51 Jesus said to him: "What do you
want Me to do for you?" The blind man
said to Him: "Lord, I want to see!"

52 Jesús le contestó: "¡Vete! Tu fe te ha sanado." En seguida pudo ver y siguió a Jesús por el camino.

La gran entrada de Jesús a Jerusalén

Mateo 21:1-11 Lucas 19:29-44 Juan 12:12-19

11 Cuando se acercaban a Jerusalén, pasando por las ciudades de Betfagé y Betania, frente al monte de los Olivos, Jesús envió a dos de sus seguidores,

2 diciéndoles: "Vayan a la ciudad que está delante y tan pronto como entren en ella, encontrarán un burro atado en el cual nadie ha montado. Desátenlo y tráiganlo acá.

3 Si alguien les pregunta por qué hacen esto, contéstenle que el Señor lo necesita y que pronto se lo devolverá."

4 Los dos seguidores se fueron y encontraron al burro atado a la puerta, en el cruce de dos calles. Lo desataron.

5 Algunos de los que estaban parados allí les dijeron: "¿Por qué desatan al burro?"

6 Los dos seguidores de Jesús contestaron lo que él les había indicado, y les dejaron llevar al burro.

7 Lo trajeron a Jesús y pusieron sus sacos sobre el animal. Jesús se sentó sobre el burro.

8 Mucha gente ponía sobre el camino su ropa y ramas cortadas de los árboles.

9 Los que iban delante y los que iban atrás gritaban: "¡Bendito es el que viene en nombre del Señor!

10 ¡Bendito es el reino de nuestro padre David! ¡Bendito en los altos cielos!"

11 Jesús llegó a Jerusalén y entró en el gran templo. Miró alrededor y luego se

52 Jesus said: "Go! Your faith has healed you." At once he could see and he followed Jesus down the road.

The last time Jesus goes to Jerusalem

Matthew 21:1-11 Luke 19:29-44 John 12:12-19

11 Jesus and His followers were near Jerusalem at the Mount of Olives. They were in the towns of Bethphage and Bethany. Jesus sent two of His followers on ahead.

2 He said to them: "Go into the town over there. As soon as you get there, you will find a young donkey tied. No man has ever sat on it. Let the donkey loose and bring it here.

3 If anyone asks you, 'Why are you doing that?' say, 'The Lord needs it. He will send it back again soon.' "

4 The two followers went on their way. They found the young donkey tied by the door where two streets crossed. They took the rope off its neck.

5 Some men were standing there. They said to the two followers: "Why are you taking the rope off that young donkey?"

6 The two followers told them what Jesus had said and the men let them take the donkey.

7 They brought it to Jesus and put their coats over it. Jesus sat on the donkey.

8 Many people put their clothes down on the road. Others cut branches off the trees and put them down on the road.

9 Those who went in front and those who followed spoke with loud voices: "Greatest One! Great and honored is He Who comes in the name of the Lord!

10 Great is the coming holy nation of our father David. It will come in the name of the Lord, Greatest One in the highest heaven."

11 Jesus came to Jerusalem and went into the house of God. He looked

fue, con sus doce seguidores, a la ciudad de Betania, porque ya era tarde.

La higuera sin fruto

12 Al día siguiente, cuando salieron de la ciudad de Betania, Jesús tuvo hambre.
13 En el camino, vio una higuera que tenía hojas. Se acercó para ver si tenía fruto. No encontró nada, solamente hojas, porque no era tiempo de higos.
14 Jesús le dijo al árbol: "Que nadie vuelva a comer jamás fruto de ti," y sus seguidores le oyeron decir esto.

Jesús detiene compras y ventas en el templo

Mateo 21:12-17 Lucas 19:45-48 Juan 2:13-17

15 Entonces vinieron a Jerusalén, y Jesús fue al gran templo. Allí comenzó a sacar a los compradores y vendedores. Volteó las mesas de los cambiadores de monedas. Volteó los asientos de los que vendían palomas.
16 No permitió a nadie llevar utensilio alguno por el templo.
17 Les enseñó diciendo: "¿No está escrito, 'Mi casa será llamada casa de oración para todas las naciones'? Pero ustedes la han hecho una cueva de ladrones."
18 Los maestros de la ley y los dirigentes religiosos oyeron esto y trataban de encontrar alguna manera de matarle; pero tenían miedo de él, porque toda la gente se admiraba de sus enseñanzas.
19 Al llegar la noche, Jesús y sus seguidores salieron de la ciudad.

La higuera se había secado

Mateo 21:18-22

20 Por la mañana, pasaron cerca de la higuera y vieron que estaba seca desde las raíces.

around at everything. Then He went with the twelve followers to the town of Bethany because it was late.

The fig tree with no fruit

12 They came from Bethany the next morning. Jesus was hungry.
13 Along the road He saw a fig tree with leaves on it. He went over to see if it had any fruit. He saw nothing but leaves. It was not the right time for figs.
14 Jesus said to the tree: "Let no one ever again eat fruit from you." His followers heard Him say it.

Jesus stops the buying and the selling in the House of God

Matthew 21:12-17 Luke 19:45-48 John 2:13-17

15 Then they came to Jerusalem. Jesus went into the house of God. He began to make the people leave who were selling and buying in the house of God. He turned over the tables of the men who changed money. He turned over the seats of those who sold doves.
16 He would not allow anyone to carry a pot or pan through the house of God.
17 He taught them saying: "Is it not written, 'My house is to be called a house of prayer for all the nations'? You have made it a place of robbers."
18 The teachers of the Law and the religious leaders of the Jews heard it. They tried to find some way to put Jesus to death. But they were afraid of Him because all the people were surprised and wondered about His teaching.
19 When evening came, Jesus and His followers went out of the city.

The fig tree dries up

Matthew 21:18-22

20 In the morning they passed by the fig tree. They saw it was dried up from the roots.

21 Pedro se acordó de lo que había pasado el día anterior y le dijo a Jesús: "¡Mira, Maestro! ¡La higuera a la cual hablaste se ha secado!"

22 Jesús les dijo: "Tengan fe en Dios.

23 En verdad les digo que una persona puede decir a este monte: 'Muévete de aquí y échate al mar', y si no duda, sino que cree que lo que dice se hará, así será.

24 Por esto, les digo que lo que ustedes pidan, teniendo fe que lo van a recibir, se les dará.

25 Cuando estén orando, si tienen algo contra alguien, perdónenselo, para que su Padre que está en el cielo también les perdone a ustedes sus pecados.

26 Si ustedes no perdonan los pecados de ellos, su Padre que está en el cielo tampoco perdonará los pecados de ustedes."

27 De nuevo, volvieron a Jerusalén. Jesús caminaba por el templo, cuando los dirigentes, junto con los maestros de la ley y otros jefes, vinieron a él.

28 Le preguntaron: "¿Qué derecho y qué poder tienes tú para hacer estas cosas? ¿Quién te dio el derecho y el poder para hacerlas?

29 Jesús les respondió: "Yo también les preguntaré algo. Si me responden, entonces yo les diré con qué derecho y poder hago estas cosas.

30 El bautismo de Juan, ¿era del cielo o de los hombres? Contéstenme."

31 Ellos hablaron entre sí y dijeron: "Si decimos del cielo, nos dirá: '¿Por qué no creyeron en él.'

32 Pero, ¿cómo podemos decir que era 'de los hombres'?" Tenían miedo a la gente, pues todos creían que Juan era uno de los que hablaba en nombre de Dios como los antiguos predicadores.

21 Peter remembered what had happened the day before and said to Jesus: "Teacher, see! The fig tree which You spoke to has dried up!"

22 Jesus said to them: "Have faith in God.

23 For sure, I tell you, a person may say to this mountain, 'Move from here into the sea.' And if he does not doubt, but believes that what he says will be done, it will happen.

24 Because of this, I say to you, whatever you ask for when you pray, have faith that you will receive it. Then you will get it.

25 When you stand to pray, if you have anything against anyone, forgive him. Then your Father in heaven will forgive your sins also.

26 If you do not forgive them their sins, your Father in heaven will not forgive your sins."

27 They came again to Jerusalem. Jesus was walking around in the house of God. The religious leaders and the teachers of the Law and other leaders came to Him.

28 They asked: "How do You have the right and the power to do these things? Who gave You the right and the power to do them?"

29 Jesus said to them: "I will ask you one thing also. If you tell Me, then I will tell you by what right and power I do these things.

30 Was the baptism of John from heaven or from men? Tell Me."

31 They talked among themselves. They said: "If we say from heaven, He will say, 'Why did you not believe him?'

32 But how can we say, 'From men'?" They were afraid of the people because everyone believed that John was one who spoke for God.

33 Así que dijeron: "No sabemos." Entonces Jesús les dijo: "Tampoco yo les diré con qué derecho y poder hago estas cosas."

La historia del campo de uvas

Mateo 21:33-46 Lucas 20:9-18

12 Jesús comenzó a enseñarles, usando historias. Les dijo: "Había un hombre que sembró uvas en su campo. Le puso una cerca y construyó un lugar para hacer vino. Hizo también una torre alta para mirar todo el campo. Luego lo rentó a unos viñadores y se fue a otro país.

2 "Llegó el tiempo de cosechar y envió a uno de sus siervos para recoger las uvas.

3 Los viñadores lo agarraron y lo golpearon, haciéndole volver sin nada.

4 El dueño envió otro siervo, y los viñadores lo apedrearon, le golpearon en la cabeza y le hicieron otros males a éste también.

5 De nuevo el dueño envió a otro siervo, y los viñadores lo mataron. Envió a muchos otros siervos, y ellos golpearon a unos y mataron a otros.

6 "Todavía le quedaba por enviar a su hijo muy amado. Al fin, lo envió a ellos, pensando: *Por ser mi hijo, lo respetarán.*

7 Los viñadores se dijeron: 'Este es el que recibirá todo cuando el dueño muera. ¡Matémosle y nos quedaremos con todo!'

8 Lo tomaron y lo mataron, echando su cuerpo fuera del campo.

9 ¿Qué creen ustedes que hará el dueño del campo? Vendrá y matará a los viñadores. Luego dará el campo a otros viñadores.

10 "¿No han leído ustedes lo que dicen las sagradas escrituras? 'La piedra que los edificadores pusieron a un lado ha venido a ser la piedra más importante de la esquina del edificio.

33 So they said: "We do not know." Then Jesus said: "Then I will not tell you by what right and power I do these things."

The picture story of the grape field

Matthew 21:33-46 Luke 20:9-18

12 Jesus began to teach them by using picture stories, saying: "There was a man who planted grapes in a field. He put a fence around it and made a place for making wine. He built a tower to look over the field. Then he let farmers rent it and went into another country.

2 "The time came for gathering the grapes. He sent his servant to the farmers to get some of the grapes.

3 The farmers took him and beat him. They sent him back with nothing.

4 The owner sent another servant. The farmers threw stones at him and hit him on the head and did other bad things to him.

5 Again the owner sent another servant. The farmers killed that one. Many other servants were sent. They beat some and they killed others.

6 "He had a much loved son to send yet. So last of all he sent him to them, saying, 'They will respect my son.'

7 The farmers said to themselves, 'This is the one who will get everything when the owner dies. Let us kill him and we will get everything.'

8 They took him and killed him. They threw his body outside the field.

9 What will the owner of the field do? He will come and kill the farmers. He will give the field to other farmers.

10 "Have you not read what the Holy Writings say? 'The Stone that was put aside by the workmen has become the most important Stone in the corner of the building.

11 El Señor ha hecho esto y es maravilloso a nuestros ojos.'" Salmo 118:22-23

12 Los dirigentes quisieron tomarlo, pero temían a la gente. Sabían que él había dicho la historia ilustrativa contra ellos. Y lo dejaron y se fueron.

Tratan de ponerle una trampa a Jesús

Mateo 22:15-22 Lucas 20:19-26

13 Varios de los celosos religiosos y algunos hombres de Herodes fueron enviados a ponerle una trampa a Jesús mientras hablaba.

14 Vinieron a él y le dijeron: "Maestro, sabemos que tú dices la verdad, que no tienes miedo de lo que los hombres piensen o digan de ti y que enseñas el camino de Dios con verdad. Dinos, ¿es correcto pagar los impuestos a César o no?

15 ¿Debemos pagar, o no?" Jesús sabía cómo ellos fingían ser lo que no eran y les dijo: "¿Por qué quieren ponerme una trampa? Tráiganme una moneda."

16 Le llevaron una, y él les preguntó: "¿De quién es esta imagen y este hombre que está en ella?" Le contestaron: "De César.

17 Entonces Jesús les dijo: "Paguen a César lo que es de César, y a Dios lo que es de Dios." Y ellos se admiraban de él.

Preguntaron a Jesús cómo se levantarán los muertos

Mateo 22:23-33 Lucas 20:27-40

18 Algunos del grupo religioso que no creía que nadie se levantaría de los muertos vinieron a Jesús y le preguntaron:

19 "Maestro, Moisés nos dio una ley, que dice, 'que si el hermano de un hombre muere y deja a su esposa sin hijos, entonces el hermano debe casar-

11 The Lord has done this. It is great in our eyes.'" Psalm 118:22-23

12 The leaders wanted to take Him but they were afraid of the people. They knew He had told the picture story against them. They left Him and went away.

They try to trap Jesus

Matthew 22:15-22 Luke 20:19-26

13 Some of the proud religious law keepers and Herod's men were sent to trap Jesus in His talk.

14 They came to Him and said: "Teacher, we know You are true. We know You are not afraid of what men think or say about You. You teach the way of God in truth. Is it right to pay taxes to Caesar or not?

15 Should we pay or not pay?" Jesus knew how they pretended to be someone they were not. He said to them: "Why do you try to trap Me? Bring Me a small piece of money so I may look at it."

16 They brought Him one. He asked them: "Whose picture is this? Whose name is on it?" They answered: "Caesar's."

17 Then Jesus said to them: "Pay to Caesar the things that belong to Caesar. Pay to God the things that belong to God." They were surprised and wondered at Him.

They ask about being raised from the dead

Matthew 22:23-33 Luke 20:27-40

18 Some people from the religious group who believe no one will be raised from the dead came to Jesus. They asked Him,

19 "Teacher, Moses gave us a Law. It said, 'If a man's brother dies and leaves his wife behind, but no children, then his brother should marry his wife and

se con la mujer para tener hijos y así
continuar la familia del hermano muerto.' Deuteronomio 25:5
20 Bien, había siete hermanos. El primero era casado, pero murió sin tener
hijos.
21 El segundo se casó con ella y murió
sin tener hijos. Lo mismo pasó con el
tercero.
22 Los siete la tuvieron por esposa,
muriendo sin tener hijos. Al fin murió
también la mujer.
23 Cuando se levanten de la muerte,
¿esposa de cuál será ella? Fue esposa de
los siete."
24 Jesús les dijo: "¡Saben por qué se
equivocan! Es porque no conocen las
sagradas escrituras y el poder de Dios.
25 Los que se levantan de la muerte ni
se casan, ni son dados en casamiento,
pues son como los ángeles del cielo.
26 Y en cuanto a que los muertos se
levantan, ¿no han leído ustedes, en el
libro de Moisés, cómo Dios le habló en
la zarza que ardía? Elle dijo: 'Yo soy el
Dios de Abraham, y el Dios de Isaac, y
el Dios de Jacob.' Éxodo 3:2-6
27 El no es Dios de muertos, sino
Dios de vivos; así que ustedes están
muy equivocados."

El gran mandamiento

Mateo 22:34-40

28 Entonces uno de los maestros de la
ley les oyó discutiendo y pensó que Jesús
había hablado bien. Le preguntó a Jesús:
"¿Cuál es el primer mandamiento?"
29 Jesús le contestó: "El primero de los
mandamientos es este, 'Oye, pueblo judío,
el Señor nuestro Dios, ¡es uno solo!
30 Amarás al Señor, tu Dios, con todo
tu corazón, con toda tu alma, con toda
tu mente y con toda tu fuerza.' Deuteronomio 6:4-5 Este es el primero de
los mandamientos.

raise children for his brother.' Deuteronomy 25:5
20 There were seven brothers. The
first was married. He died before he
had any children.
21 The second married her and died.
He had no children. The same happened with the third.
22 All seven had her for a wife. All
died without children. Last of all the
woman died.
23 When people are raised from the
dead, whose wife will she be? All seven
had her for a wife."
24 Jesus said to them: "Is this not the
reason you are wrong, because you
do not know the Holy Writings or the
power of God?
25 When people are raised from the
dead, they do not marry and are not
given in marriage. They are like angels
in heaven.
26 As for the dead being raised, have
you not read in the book of Moses how
God spoke to him in the burning bush?
He said, 'I am the God of Abraham and
the God of Isaac and the God of Jacob.'
Exodus 3:2-6
27 He is not the God of the dead, He
is the God of the living. So you are very
much wrong."

The great law

Matthew 22:34-40

28 Then one of the teachers of the
Law heard them arguing. He thought
Jesus had spoken well. He asked Him:
"Which Law is the greatest of all?"
29 Jesus said to him: "The greatest
Law is this, 'Listen, Jewish people, The
Lord our God is one Lord!
30 You must love the Lord your God
with all your heart and with all your
soul and with all your mind and with
all your strength.' Deuteronomy 6:4-5
This is the first Law.

31 "El segundo de los mandamientos es este, 'Amarás a tu vecino como a ti mismo.' Levítico 19:18 Ningún otro mandamiento es más importante que éstos."

32 Entonces otro de los maestros de la ley dijo: "Maestro, tú has dicho la verdad. Hay un solo Dios, y no hay otro fuera de él.

33 Hay que amarlo con todo el corazón, con todo el entendimiento, con toda el alma y con todas las fuerzas, y amar al vecino como a sí mismo. Esto es más importante que traer animales para quemarlos en el altar, como ofrenda, o presentar a Dios otras ofrendas en el altar, como adoración.

34 Jesús vio que había hablado con sabiduría y le dijo: "No estás lejos del reino de Dios. Después de esto, nadie pensó en preguntarle nada.

Jesús pregunta a los celosos religiosos acerca del Cristo

Mateo 22:41-46 Lucas 20:41-44

35 Jesús estaba en el templo enseñando y les preguntó: "¿Por qué es que los maestros de la ley dicen que el Cristo es el hijo de David?

36 El mismo David, guiado por el Espíritu Santo, dijo: 'El Señor dijo a mi Señor, siéntate a mi derecha, hasta que haga de todos los que te odian un asiento para descansar tus pies.' Salmo 110:1

37 David mismo le llama Señor; entonces, ¿cómo puede ser su hijo?" Mucha gente recibía las palabras de Jesús con gozo.

Falsos maestros

Mateo 23:1-36 Lucas 20:45-47

38 Jesús les enseñó diciendo: "Cuídense de los maestros de la ley. A ellos les gusta andar con ropas largas; les gusta que los hombres les muestren respeto cuando se paran en la plaza del pueblo.

31 "The second Law is this: 'You must love your neighbor as yourself.' Leviticus 19:18 No other Law is greater than these."

32 Then the teacher of the Law said: "Teacher, You have told the truth. There is one God. There is no other God but Him.

33 A man should love Him with all his heart and with all his understanding. He should love Him with all his soul and with all his strength and love his neighbor as himself. This is more important than to bring animals to be burned on the altar or to give God other gifts on the altar in worship."

34 Jesus saw he had spoken with understanding. He said to him: "You are not far from the holy nation of God." After that no one thought they could ask Him anything.

Jesus asks the proud religious law keepers about the Christ

Matthew 22:41-46 Luke 20:41-44

35 Jesus was in the house of God teaching. He asked: "How do the teachers of the Law say that Christ is the Son of David?

36 For David himself, led by the Holy Spirit, said, 'The Lord said to my Lord, sit at my right side until I make those who hate You a place to rest Your feet.' Psalm 110:1

37 David himself calls Him Lord. Then how can He be his son?" Many people were glad to hear Him.

False teachers

Matthew 23:1-36 Luke 20:45-47

38 Jesus taught them, saying: "Look out for the teachers of the Law. They like to walk around in long coats. They like to have the respect of men as they stand in the center of town where people gather.

39 Les gusta ocupar los asientos importantes en los templos y los principales lugares en los grandes banquetes.
40 Pero quitan las casas a las pobres viudas. Esconden todo lo malo que hacen, diciendo largas oraciones. Recibirán el mayor castigo.

39 They like to have the important seats in the places of worship and the important places at big suppers.
40 They take houses from poor women whose husbands have died. They cover up the bad they do by saying long prayers. They will be punished all the more."

La viuda dio todo lo que tenía

Lucas 21:1-4

41 Jesús se sentó cerca de la caja de las ofrendas en el templo para mirar a la gente que ponía su dinero.
42 Una viuda pobre pasó por allí y dio dos monedas pequeñas.
43 Jesús llamó a sus seguidores y les dijo: "En verdad les digo que esta pobre mujer, cuyo esposo ha muerto, dio mas que todos los otros.
44 Ellos dieron de lo que sobraba. Ella es pobre y dio todo lo que tenía, aun lo que tenía para vivir."

The woman whose husband had died gave all she had

Luke 21:1-4

41 Jesus sat near the money box in the house of God. He watched the people putting in money. Many of them were rich and gave much money.
42 A poor woman whose husband had died came by and gave two very small pieces of money.
43 Jesus called His followers to Him. He said: "For sure, I tell you, this poor woman whose husband has died has given more money than all the others.
44 They all gave of that which was more than they needed for their own living. She is poor and yet she gave all she had, even what she needed for her own living."

Jesús se refiere al templo

Mateo 24:1-51 Lucas 21:5-36

13 Cuando Jesús salió del templo, uno de sus seguidores le dijo: "¡Maestro, mira estas enormes piedras y estos grandes edificios!"
2 Jesús le contestó: "¿Ves estos grandes edificios? Todas estas piedras serán echadas abajo. No quedará una sobre otra."

Jesus tells of the house of God

Matthew 24:1-51 Luke 21:5-36

13 Jesus went out of the house of God. One of His followers said to Him: "Teacher, look at the big stones and these great buildings!"
2 Jesus said: "Do you see these great buildings? All these stones will be thrown down. Not one will be left standing on another."

Jesús enseña en el monte de los Olivos

3 Jesús se sentó en el monte de los Olivos, en un lugar desde donde podía ver el templo. Pedro, Jacobo, Juan y Andrés vinieron a él. Le preguntaron: sin oírles nadie:
4 Dinos, ¿cuándo será esto? ¿qué cosas

Jesus teaches on the Mount of Olives

3 Jesus sat down on the Mount of Olives at a place where He could see the house of God. Peter and James and John and Andrew came to Him. They asked without anyone else hearing,
4 "Tell us when this will be? What

debemos esperar ver como señales para cuando estas cosas estén por pasar?"

5 Jesús comenzó a decirles: "Cuídense de que nadie les lleve por mal camino.

6 Muchos vendrán usando mi nombre, diciendo: 'Yo soy el Cristo.' Y muchos se irán por mal camino.

7 Cuando ustedes oigan de guerras y más guerras, no se sorprendan. Estas cosas tienen que pasar, pero todavía no será el fin.

8 Las naciones tendrán guerras contra otras naciones, y los países pelearán contra otros países. La tierra temblará y se abrirá en diferentes lugares. No habrá alimentos para la gente. Vendrán muchas dificultades. Estas cosas serán el principio de mucha aflicción y dolor.

Dificultades para los creyentes

9 "Cuídense ustedes mismos, porque les llevarán a las cortes, y en los templos los golpearán. Los llevarán ante los jefes del pueblo y ante los reyes por mi causa y para que ellos les escuchen a ustedes hablar de mí.

10 Las buenas nuevas serán predicadas primeramente a todas las naciones.

11 "Cuando estén ustedes en las manos de ellos, no tengan miedo de lo que van a decir o cómo lo van a decir. Lo que les sea dado para decir en ese momento, díganlo, porque no serán ustedes los que estarán hablando, sino el Espíritu Santo.

12 El hermano entregará a su hermano a la muerte; el padre entregará a su hijo; los hijos se volverán contra los padres y los entregarán a la muerte.

13 Les odiarán a ustedes por causa mía, pero el que sea firme hasta el fin, será salvo.

Días de problemas dolor y aflicción

14 "Ustedes verán un dios muy pecaminoso hecho por los hombres, de pie

are we to look for when these things are to happen?"

5 Jesus began to say to them: "Be careful that no one leads you the wrong way.

6 Many people will come using My name. They will say, 'I am Christ.' They will turn many to the wrong way.

7 When you hear of wars and much talk about wars, do not be surprised. These things have to happen. But the end is not yet.

8 Nations will have wars with other nations. Countries will fight against countries. The earth will shake and break apart in different places. There will be no food for people. There will be much trouble. These things are the beginning of much sorrow and pain.

It will be hard for those who believe

9 "Watch out for yourselves. They will take you to the courts. In the places of worship they will beat you. You will be taken in front of rulers and in front of kings because of Me. You will be there to tell them about Me.

10 The Good News must first be preached to all the nations.

11 "When you are put into their hands, do not be afraid of what you are to say or how you are to say it. Whatever is given to you to say at that time, say it. It will not be you who speaks, but the Holy Spirit.

12 A brother will hand over a brother to death. A father will hand over his son. Children will turn against their parents and have them put to death.

13 You will be hated by all people because of Me. But he who stays true to the end will be saved.

Days of trouble and pain and sorrow

14 "You will see a very sinful man made god standing in the house of God

en el templo, en donde no debe estar.
Entonces, los que estén en el país de
Judea deben correr a las montañas,
tal como lo dijo el antiguo predicador
Daniel. Daniel 9:27; 12:11 El que lee
esto debe comprenderlo.
15 El que está en la azotea de la casa
no pierda el tiempo bajando a sacar
alguna cosa.
16 El que esté en el campo no debe
volverse a tomar su saco.
17 ¡Para la mujer que esté encinta, le
será muy difícil, lo mismo para las que
tengan en esos días niños de pecho!
18 Oren, pues, que no pase esto en
invierno,
19 porque en esos días habrá muchas
dificultades. Habrá dolor y aflicción,
como nunca ha habido desde el principio de los tiempos, ni volverá a haber.
20 Si el Señor no acortara esos días,
ninguna vida podría salvarse; pero por
causa del pueblo de Dios, al cual Dios
escogió, él acortará esos días.

Los falsos maestros religiosos

21 "Si alguien les dice: '¡Miren! Aquí
está el Cristo!' o 'Allá está él', no lo
crean.
22 Algunos vendrán diciendo que
ellos son cristos, y aparecerán falsos
predicadores. Estos harán cosas raras
para que la gente las note, y lo que
harán será tan sorprendente, que
posiblemente engañara al pueblo de
Dios.
23 ¡Escuchen! Yo ya les he dicho todo
antes.

Jesús volverá de nuevo en su gloria

24 "Después que hayan pasado estos
días de muchas dificultades, dolores y
sufrimientos, el sol se oscurecerá y la
luna no dará su luz.
25 Las estrellas caerán del cielo, y los
poderes en los cielos temblarán.
26 Entonces verán al Hijo del Hombre,

where it has no right to stand. Then
those in the country of Judea should
run to the mountains. It was spoken
of by the early preacher Daniel. Daniel 9:27; 12:11 The one who reads this
should understand.
15 He that is on the top of the house
should not take the time to get anything out of his house.
16 He that is in the field should not go
back to get his coat.
17 It will be hard for women who will
soon be mothers. It will be hard for
those feeding babies in those days!
18 Pray that it will not be during the
winter.
19 In those days there will be much
trouble and pain and sorrow. It has
never been this bad from the beginning
of time and never will be again.
20 If the Lord had not made those days
short, no life would have been saved.
Because of God's people whom He has
chosen, He made the days short.

The false religious teachers

21 "If anyone says to you, 'See! Here
is the Christ,' or, 'There He is!' do not
believe it.
22 Some will come who will say they
are Christ. False preachers will come.
These people will do special things for
people to see. They will do surpris-
ing things, so that if it can be, God's
people will be led to believe something
wrong.
23 See! I have told you about these
things before they happen.

Jesus will come again in His greatness

24 "After those days of much trouble
and pain and sorrow are over, the sun
will get dark. The moon will not give
light.
25 The stars will fall from the sky. The
powers in the heavens will be shaken.
26 Then they will see the Son of Man

viniendo en las nubes con gran poder y brillante gloria.
27 Enviará a sus ángeles a reunir al pueblo de Dios de los cuatro vientos. Vendrán desde el fin de la tierra hasta el otro extremo del cielo.

La historia ilustrativa de la higuera

28 "Ahora, aprendan algo de la higuera. Cuando las ramas comienzan a crecer y aparecen las hojas, ustedes saben que el verano está cerca.
29 De igual manera, cuando vean que todas estas cosas pasan, sepan que el Hijo del Hombre está muy cerca, a las puertas.
30 En verdad les digo, la gente de este tiempo no morirá antes de que estas cosas hayan pasado.
31 "El cielo y la tierra desaparecerán, pero mis palabras permanecerán para siempre.
32 Pero nadie sabe ni el día ni la hora, ni siquiera los ángeles del cielo. Tampoco lo sabe el Hijo; solamente el Padre lo sabe.
33 "¡Tengan cuidado! Vigilen y oren, porque ustedes no saben cuándo pasará esto.
34 La venida del Hijo del Hombre será como el hombre que se fue de su casa a un país lejano. A cada uno de sus siervos le dio un trabajo que hacer. Al que estaba parado en la puerta, le mandó vigilar.
35 De la misma manera, vigilen ustedes también, pues no saben cuándo vendrá el dueño de la casa. Puede que sea de noche, en la madrugada, a la salida del sol, o en la mañana.
36 Tal vez venga cuando ustedes menos lo esperen y los encuentre durmiendo.
37 Lo que les digo a ustedes, lo digo a todos, ¡Vigilen!"

coming in the clouds with great power and shining greatness.
27 He will send His angels. They will gather together God's people from the four winds. They will come from one end of the earth to the other end of heaven.

The picture story of the fig tree

28 "Now learn something from the fig tree. When the branch begins to grow and puts out its leaves, you know summer is near.
29 In the same way, when you see all these things happen, you know the Son of Man is near. He is even at the door.
30 For sure, I tell you, the people of this day will not pass away before all these things have happened.
31 "Heaven and earth will pass away, but My Words will not pass away.
32 But no one knows the day or the hour. No! Not even the angels in heaven know. The Son does not know. Only the Father knows.
33 "Be careful! Watch and pray. You do not know when it will happen.
34 The coming of the Son of Man is as a man who went from his house to a far country. He gave each one of his servants some work to do. He told the one standing at the door to watch.
35 In the same way, you are to watch also! You do not know when the Owner of the house will be coming. It may be in the evening or in the night or when the sun comes up or in the morning.
36 He may come when you are not looking for Him and find you sleeping.
37 What I say to you, I say to all. Watch!"

Buscan la manera de matar a Jesús

Mateo 26:1-5 Lucas 22:1-6

14 Faltaban dos días para la cena especial de la fiesta religiosa que conmemoraba la salida de los judíos de Egipto y la comida con panes sin levadura. Los dirigentes religiosos y los maestros de la ley buscaban la manera de atrapar a Jesús para condenarlo a la muerte.

2 Pero dijeron: "Esto no debe pasar en el día de la cena especial, para que la gente no se alborote."

María de Betania derrama un perfume especial en Jesús

Mateo 26:6-13 Juan 12:1-11

3 Cuando Jesús estaba en la ciudad de Betania, comiendo en casa de Simón, un hombre que había tenido una enfermedad en la piel, vino una mujer con un frasco de perfume especial, por el cual había pagado mucho dinero. Rompió el frasco y derramó el perfume especial sobre la cabeza de Jesús.

4 Algunos de ellos se disgustaron y dijeron: "¿Por qué se ha desperdiciado este perfume especial?

5 Este perfume podía haberse vendido por mucho dinero para dar a los pobres." Y hablaron en contra de ella.

6 Jesús dijo: "Déjenla. ¿Por qué la molestan? Ella me ha hecho una buena obra.

7 Ustedes tendrán siempre a los pobres y cuando quieran, podrán hacerles el bien; pero a mí, no me tendrán siempre.

8 Ella hizo lo que pudo, al poner este perfume en mi cuerpo y prepararme para la sepultura.

9 En verdad les digo, que donde quiera que las buenas nuevas sean predicadas en todo el mundo, recordarán a esta mujer por lo que ella acaba de hacer."

They look for a way to put Jesus to death

Matthew 26:1-5 Luke 22:1-6

14 It was now two days before the supper of the special religious gathering to remember how the Jews left Egypt and the supper of bread without yeast. The religious leaders and the teachers of the Law tried to trap Jesus. They tried to take Him so they could put Him to death.

2 These men said: "This must not happen on the day of the special supper. The people would be against it and make much trouble."

Mary of Bethany puts special perfume on Jesus

Matthew 26:6-13 John 12:1-11

3 Jesus was in the town of Bethany eating in the house of Simon. Simon was a man with a very bad skin disease. A woman came with a jar of special perfume. She had given much money for this. She broke the jar and poured the special perfume on the head of Jesus.

4 Some of them were angry. They said: "Why was this special perfume wasted?

5 This perfume could have been sold for much money and given to poor people." They spoke against her.

6 Jesus said: "Let her alone. Why are you giving her trouble? She has done a good thing to Me.

7 You will have poor people with you all the time. Whenever you want, you can do something good for them. You will not have Me all the time.

8 She did what she could. She put this perfume on My body to make Me ready for the grave.

9 For sure, I tell you, wherever this Good News is preached in all the world, this woman will be remembered for what she has done."

Judas entrega a Jesús a la muerte
Mateo 26:14-16

10 Judas Iscariote era uno de los doce seguidores. Fue a ver al principal dirigente de los judíos para arreglar la manera de entregar a Jesús.

11 Cuando los dirigentes oyeron esto, se alegraron y le prometieron a Judas dinero. Entonces Judas buscaba cómo entregar a Jesús.

Judas hands Jesus over to be killed
Matthew 26:14-16

10 Judas Iscariot was one of the twelve followers. He went to the head religious leaders of the Jews to talk about how he might hand Jesus over to them.

11 When the leaders heard it, they were glad. They promised to give Judas money. Then he looked for a way to hand Jesus over.

Preparativos para la cena especial
Mateo 26:17-19 Lucas 22:7-13

12 El primer día de la cena con panes sin levadura era cuando se mataba un cordero para la fiesta especial religiosa que recordaba la salida de los judíos de Egipto. Sus seguidores dijeron a Jesús: "¿Qué lugar quieres que preparemos para comer la cena especial?"

13 Jesús envió adelante a dos de sus seguidores y les dijo: "Vayan a la ciudad, donde encontrarán a un hombre que lleva un cántaro con agua. Síganlo,

14 porque entrará en una casa. Ustedes le dirán al dueño de esa casa: 'El Maestro pregunta: "¿Dónde está el cuarto reservado para los amigos donde comeré la cena especial junto con mis seguidores?"'

15 Él les llevará a un cuarto grande en el segundo piso, donde encontrarán todo lo necesario. Prepárenlo para nosotros.

16 Los seguidores fueron de allí a la ciudad, encontraron todo tal como Jesús les había dicho: e hicieron los preparativos para la cena especial.

Getting ready for the special supper
Matthew 26:17-19 Luke 22:7-13

12 The first day of the supper of bread without yeast was the day to kill an animal. It was for the special religious gathering to remember how the Jews left Egypt. His followers said to Jesus: "What place do You want us to make ready for You to eat this special supper?"

13 Jesus sent two of His followers on ahead and said to them: "Go into the city. There a man carrying a jar of water will meet you. Follow him.

14 He will go into a house. You say to the owner of the house, 'The Teacher asks: "Where is the room you keep for friends, where I can eat this special supper with My followers?"'

15 He will take you to a large room on the second floor with everything in it. Make it ready for us."

16 The followers went from there and came into the city. They found everything as Jesus had said.

La última cena especial
Mateo 26:20-25 Lucas 22:14-18 Juan 13:21-35

17 De noche, vino Jesús con sus seguidores.

18 Se sentaron a la mesa y comieron. Él les dijo: "En verdad les digo que uno de ustedes me entregará a la muerte, uno que está comiendo conmigo."

They made things ready for the special supper
Matthew 26:20-25 Lucas 22:14-18 John 13:21-35

17 In the evening He came with the twelve followers.

18 They sat at the table and ate. Jesus said: "For sure, I tell you, one of you will hand Me over to be killed. He is eating with Me."

19 Todos se pusieron tristes y le preguntaron, uno tras otro: "¿Seré yo?"
20 Él les dijo: "Es uno de los doce seguidores, el que come conmigo en el mismo plato.
21 El Hijo del Hombre se va, tal como lo dicen las escrituras; pero ¡pobre del que entregue al Hijo del Hombre a la muerte! ¡Mejor le hubiera sido no nacer!"

La primera cena del Señor

Mateo 26:26-30 Lucas 22:19-20

22 Mientras comían, Jesús tomó pan, dio gracias y lo partió en pedazos. Se lo dio a sus seguidores y les dijo: "Tomen, coman, esto es mi cuerpo."
23 Entonces tomó la copa y dio gracias. Se la dio a ellos, y todos bebieron de ella.
24 Les dijo: "Esta es mi sangre del nuevo acuerdo con Dios. Es dada por muchos.
25 En verdad les digo que no volveré a beber del fruto de la viña, hasta aquel día en que lo beberé de nuevo en el reino de Dios."
26 Después de cantar un himno, salieron al monte de los Olivos.

Jesús dice que Pedro mentirá diciendo que no lo conoce

Mateo 26:31-35 Lucas 22:31-34 Juan 13:36-38

27 Jesús les dijo: "Todos ustedes se avergonzarán de mí y me abandonarán esta noche, porque está escrito: 'Mataré al pastor y las ovejas del rebaño se irán por todas partes.' Zacarías 13:7
28 Después de que sea levantado de la muerte, iré delante de ustedes al país de Galilea."
29 Pedro le dijo: "Aunque todos los hombres se avergüencen de ti y te abandonen, yo no lo haré nunca."
30 Jesús le dijo: "En verdad te digo, que esta misma noche, antes de que

19 They were very sad. They said to Him one after the other: "Is it I?"
20 He said to them: "It is one of the twelve followers. It is the one who is putting his hand with mine into the same dish.
21 The Son of Man is going away as it is written of Him. But it will be bad for that man who hands the Son of Man over to be killed! It would have been better if he had not been born!"

The first Lord's Supper

Matthew 26:26-30 Luke 22:19-20

22 As they were eating, Jesus took a loaf of bread. He gave thanks and broke it in pieces. He gave it to them and said: "Take, eat, this is My body."
23 Then He took the cup and gave thanks. He gave it to them and they all drank from it.
24 He said to them: "This is My blood of the New Way of Worship which is given for many.
25 For sure, I tell you, that I will not drink of the fruit of the vine until that day when I drink it new in the holy nation of God."
26 After they sang a song, they went out to the Mount of Olives.

Jesus tells how Peter will lie about Him

Matthew 26:31-35 Luke 22:31-34 John 13:36-38

27 Jesus said to them: "All of you will be ashamed of Me and leave Me tonight. For it is written, 'I will kill the shepherd and the sheep of the flock will spread everywhere.' Zechariah 13:7
28 After I am raised from the dead, I will go before you into the country of Galilee."
29 Peter said to Him: "Even if all men are ashamed of You and leave You, I never will."
30 Jesus said to him: "For sure, I tell you, that today, even tonight, before a

el gallo cante dos veces, tú dirás tres
veces que no me conoces."
31 Pedro habló entonces con palabras
más fuertes: "Aunque tenga que morir
contigo, nunca diré que no te conozco."
Todos sus seguidores dijeron lo mismo.

Jesús oro en Getsemaní

Mateo 26:36-46 Lucas 22:39-46

32 Vinieron a un lugar llamado Getsemaní. Jesús dijo a sus seguidores: "Siéntense aquí, mientras oro."
33 Jesús llevó consigo a Pedro, a Jacobo y a Juan y comenzó a entristecerse
mucho y a afligirse.
34 Les dijo: "Mi alma está triste; mi alma
sufre mucho porque estoy próximo a la
muerte. Quédense aquí y vigilen."
35 Se fue un poco más adelante y se
postró en el suelo. Oró que, si fuera
posible, no tuviera que pasar este sufrimiento.
36 Jesús dijo: "Padre, tú puedes hacer
todas las cosas, líbrame de este trago
amargo. Sin embargo, no lo que yo
quiera, sino lo que tú quieras."
37 Entonces Jesús vino a sus seguidores y los encontró durmiendo. Le dijo a
Pedro: "Simón, ¿estás durmiendo?, ¿no
pudiste vigilar ni una hora?
38 Vigilen y oren para que no sean
tentados. El espíritu del hombre quiere
hacer esto, pero el cuerpo es débil."
39 De nuevo Jesús se apartó y oró
diciendo las mismas palabras.
40 Volvió y los encontró de nuevo
durmiendo, porque sus ojos estaban
pesados y no sabían qué decirle.
41 Volvió la tercera vez y les dijo:
"¿Todavía están durmiendo y descansando? ¡Basta! Escuchen, el momento
ha llegado en que el Hijo del Hombre
será entregado a los pecadores.
42 Levántense y vayamos. ¡Miren! El
hombre que me entregará a los dirigentes está cerca."

rooster crows two times, you will say
three times you do not know Me."
31 Peter spoke with strong words:
"Even if I have to die with You, I will
never say that I do not know You." All
the followers said the same thing.

Jesus prays in Gethsemane

Matthew 26:36-46 Luke 22:39-46

32 They came to a place called Gethsemane. Jesus said to His followers:
"You sit here while I pray."
33 He took Peter and James and John
with Him. He began to have much sorrow and a heavy heart.
34 He said to them: "My soul is very
sad. My soul is so full of sorrow I am
ready to die. You stay here and watch."
35 He went a little farther and got
down with His face on the ground. He
prayed that this time of suffering might
pass from Him if it could.
36 He said: "Father, You can do all
things. Take away what must happen to
Me. Even so, not what I want, but what
You want."
37 Then Jesus came to the followers
and found them sleeping. He said to
Peter: "Simon, are you sleeping? Were
you not able to watch one hour?
38 Watch and pray so that you will
not be tempted. Man's spirit wants to
do this, but the body does not have the
power to do it."
39 Again Jesus went away and prayed
saying the same words.
40 He came back and found them
sleeping again. Their eyes were heavy.
They did not know what to say to Him.
41 He came the third time and said to
them: "Are you still sleeping and resting? It is enough! Listen, the time has
come when the Son of Man will be
handed over to sinners.
42 Get up and let us go. See! The man
who will hand Me over to the head religious leader is near."

Jesús es entregado a los pecadores

Mateo 26:47-56 Lucas 22:47-51 Juan 18:1-11

43 El mismo momento en que Jesús estaba hablando, vino Judas, uno de los doce seguidores. Vino con muchos hombres armados de espadas y palos. Venían de parte de los dirigentes religiosos de los judíos, de los maestros de la ley y de los jefes del pueblo.

44 El hombre que entregaba a Jesús les había dado a los hombres armados una señal que debían esperar. Les había dicho: "El hombre a quien yo bese es él. Tómenlo preso y llévenlo."

45 En seguida Judas fue directamente a Jesús. Le dijo: "¡Maestro!" Y lo besó.

46 Entonces lo tomaron preso y lo llevaron.

47 Uno de los seguidores de Jesús que estaba mirando sacó su espada e hirió al siervo del jefe, cortándole la oreja.

48 Jesús les dijo: "¿Han venido a tomarme preso con espadas y palos como si fuera ladrón?

49 Yo he estado con ustedes todos los días en el templo, y nunca me tomaron preso. Pero esto ha pasado tal como las escrituras dijeron que pasaría."

50 Entonces todos sus seguidores le dejaron y se fueron.

51 Un joven les seguía, cubierto sólo con una sábana, y lo tomaron preso;

52 pero, dejando la sábana, huyó desnudo.

Jesús es llevado ante el principal dirigente

Mateo 26:57-58 Lucas 22:52-54 Juan 18:19-24

53 Llevaron a Jesús al principal dirigente, al lugar donde se encontraban reunidos todos los dirigentes religiosos, junto con otros jefes y con los maestros de la ley.

Jesus handed over to sinners

Matthew 26:47-56 Luke 22:47-51 John 18:1-11

43 At once, while Jesus was talking, Judas came. He was one of the twelve followers. He came with many other men who had swords and sticks. They came from the head religious leaders of the Jews and the teachers of the Law and the leaders of the people.

44 The man who was going to hand Jesus over gave the men something to look for. He said: "The Man I kiss is the One. Take hold of Him and take Him away."

45 At once Judas went straight to Jesus and said: "Teacher!" and kissed Him.

46 Then they put their hands on Him and took Him.

47 One of the followers of Jesus who stood watching took his sword. He hit the servant owned by the head religious leader and cut off his ear.

48 Jesus said to them: "Have you come with swords and sticks to take Me as if I were a robber?

49 I have been with you every day teaching in the house of God. You never took hold of Me. But this has happened as the Holy Writings said it would happen."

50 Then all His followers left Him and ran away.

51 A young man was following Him with only a piece of cloth around his body. They put their hands on the young man.

52 Leaving the cloth behind, he ran away with no clothes on.

Jesus stands in front of the head religious leaders

Matthew 26:57-58 Luke 22:52-54 John 18:19-24

53 They led Jesus away to the head religious leader. All the religious leaders and other leaders and the teachers of the Law were gathered there.

54 Y Pedro siguió de lejos, hasta dentro del patio de la casa del principal dirigente. Se sentó con los ayudantes para calentarse cerca del fuego.

54 But Peter followed a long way behind as they went to the house of the head religious leader. He sat with the helpers and got warm by the fire.

Jesús ante la corte

Mateo 26:59-68

55 Los dirigentes y toda la corte buscaban algo contra Jesús, pues querían encontrar algún pretexto para matarlo. Pero no encontraron nada.

56 Muchos vinieron y dijeron mentiras en contra de él, pero se contradecían unos a otros.

57 Algunos se pararon y mintieron contra él, diciendo:

58 "Nosotros le oímos decir: 'Yo destruiré el templo que fue hecho con manos, y en tres días haré otro no hecho con manos.'"

59 Aun éstos que hablaron contra él se contradecían.

60 El principal dirigente se paró delante de la gente y preguntó a Jesús: "¿No tienes nada que decir? ¿Qué respondes a las cosas que estos hombres dicen contra ti?"

61 Jesús no respondió nada. De nuevo el principal dirigente le preguntó: "¿Eres tú el Cristo, el Hijo del santo Dios?"

62 Jesús dijo: "¡Sí, yo soy! Y ustedes verán al Hijo del Hombre sentado a la derecha del Dios altísimo. Lo verán viniendo otra vez en las nubes del cielo."

63Entonces el principal dirigente rasgó sus vestidos y dijo: "¿Necesitamos a otros para hablar en su contra?

64 ¡Ustedes lo han oído hablar como si fuera Dios! ¿Qué piensan de esto?" Todos respondieron: "Es culpable de muerte."

65 Algunos comenzaron a escupirle. le taparon la cara. le pegaban y le decían: "Dinos qué va a pasar." Los soldados lo golpearon con sus manos.

Jesus stands in front of the court

Matthew 26:59-68

55 The religious leaders and all the court were looking for something against Jesus. They wanted to find something so they could kill Him. But they could find nothing.

56 Many came and told false things about Him, but their words did not agree.

57 Some got up and said false things against Him. They said,

58 "We have heard Him say, 'I will destroy the house of God that was made with hands. In three days I will build another that is not made with hands.'"

59 Even these who spoke against Him were not able to agree.

60 The head religious leader stood up in front of the people. He asked Jesus: "Have You nothing to say? What about the things these men are saying against You?"

61 Jesus said nothing. Again the head religious leader asked Him: "Are You the Christ, the Son of the Holy One?"

62 Jesus said: "I am! And you will see the Son of Man seated on the right side of the All Powerful God. You will see Him coming again in the clouds of the sky."

63 Then the head religious leader tore his clothes apart. He said: "Do we need other people to speak against Him?

64 You have heard Him speak as if He were God! What do you think?" They all said He was guilty of death.

65 Some began to spit on Him. They covered Jesus' face, and they hit Him. They said: "Tell us what is going to happen." Soldiers hit Him with their hands.

Pedro dice que no conoce a Jesús
Mateo 26:69-75 Lucas 22:55-62
Juan 18:15-18, 25-27

66 Pedro estaba afuera en el patio cuando vino una de las criadas del principal dirigente.
67 Vio a Pedro que se calentaba, lo miró y dijo: "Tú estabas con Jesús de Nazaret."
68 Pedro mintió y dijo: "Yo no conozco a Jesús y no sé de qué me hablas." Cuando salió, cantó el gallo.
69 La muchacha lo vio de nuevo y dijo: "Este hombre es uno de ellos."
70 Él mintió de nuevo, diciendo que no conocía a Jesús. Más tarde, los que estaban alrededor, dijeron de nuevo a Pedro: "En verdad, tú eres uno de ellos, porque tú eres del país de Galilea y hablas como ellos."
71 Comenzó a maldecir y a jurar diciendo: "¡Yo no conozco al hombre de quien están hablando!"
72 En seguida cantó el gallo por segunda vez. Pedro se acordó de lo que Jesús le había dicho: "Antes de que el gallo cante dos veces, tú dirás tres veces que no me conoces." Cuando Pedro se acordó de esto, lloró.

Peter said he did not know Jesus
Matthew 26:69-75 Luke 22:55-62
John 18:15-18, 25-27

66 Peter was outside in the yard. One of the servant girls of the head religious leader came.
67 She saw Peter getting warm. She looked at him and said: "You were with Jesus of Nazareth."
68 Peter lied, saying: "I do not know Jesus and do not understand what you are talking about." As he went out, a rooster crowed.
69 The servant girl saw him again. She said to the people standing around: "This man is one of them."
70 He lied again saying that he did not know Jesus. Later, those who stood around said to Peter again: "For sure you are one of them. You are from the country of Galilee. You talk like they do."
71 He began to say strong words and to swear. He said: "I do not know the Man you are talking about!"
72 At once a rooster crowed the second time. Peter remembered what Jesus had said to him: "Before a rooster crows two times, you will say three times you do not know Me." When he thought about it, he cried.

Jesús ante Pilato
Mateo 27:1-2, 11-14 Lucas 23:1-5 Juan 18:28-37

15 Temprano por la mañana, los principales dirigentes de los judíos y otros jefes junto con los maestros de la ley y toda la corte se reunieron para hablar acerca de Jesús. Después, lo ataron y lo entregaron a Pilato.
2 Pilato le preguntó: "¿Eres tú el Rey de los judíos?" Él le respondió: "Lo que tú dices es verdad."
3 Los dirigentes hablaban muchas cosas contra él, pero Jesús no dijo ni una sola palabra.

Jesus before Pilate
Matthew 27:1-2,11-14 Luke 23:1-5 John 18:28-37

15 Early in the morning the head religious leaders of the Jews and other leaders and the teachers of the Law and all the court gathered together to talk about Jesus. Then they tied up Jesus and led Him away. They handed Him over to Pilate.
2 Pilate asked Jesus: "Are You the King of the Jews?" He said to Pilate: "What you say is true."
3 The religious leaders spoke many things against Him. Jesus did not say a word.

4 Pilato le volvió a preguntar: "¿No tienes nada que decir? ¡Escucha todas las cosas que dicen contra ti!"
5 Jesús se quedó callado. Pilato se admiraba de esto.

Jesús o Barrabás debía quedar libre

Mateo 27:15-26

Lucas 23:17-25 Juan 18:38-40

6 Cada año, al celebrarse la cena especial, Pilato dejaba a uno de los presos en libertad, a cualquiera que la gente le pidiera.
7 El nombre de uno de los presos era Barrabás. Este junto con otros había matado a personas durante una revuelta contra los gobernantes del país.
8 Toda la gente fue a Pilato y le pidió que hiciera lo mismo que en otras ocasiones.
9 Pilato les dijo: "¿Quieren ustedes que deje en libertad al Rey de los judíos?"
10 Él sabía que los dirigentes habían entregado a Jesús porque tenían celos.
11 Ellos aconsejaron a la gente que pidiera que Pilato dejara en libertad a Barrabás.
12 Pilato les preguntó otra vez: "¿Qué quieren que haga con el hombre que ustedes llaman Rey de los judíos?"
13 Ellos respondieron otra vez con gritos: "¡Clávalo en una cruz!"
14 Entonces Pilato les dijo: "¿Por qué? ¿Qué cosa mala ha hecho?" Volvieron a gritarle todavía más fuerte: "¡Clávalo en una cruz!"

La corona de espinas

Mateo 27:27-32 Juan 19:1-5

15 Pilato quiso complacer a la gente. Les entregó a Barrabás y a Jesús lo mandó azotar. Entonces lo entregó para que fuera clavado en una cruz.
16 Los soldados llevaron a Jesús a un salón grande de la corte y llamaron a todos los soldados.

4 Pilate asked Him again: "Have You nothing to say? Listen to the things they are saying against You!"
5 Jesus did not say a word. Pilate was much surprised and wondered about it.

Jesus or Barabbas is to go free

Matthew 27:15-26

Luke 23:17-25 John 18:38-40

6 Each year at the special supper Pilate would let one person who was in prison go free. It would be the one the people asked for.
7 The name of one of those in prison was Barabbas. He, together with others, had killed people while working against the leaders of the country.
8 All the people went to Pilate and asked him to do as he had done before.
9 Pilate said: "Do you want me to let the King of the Jews go free?"
10 He knew the religious leaders had handed Jesus over to him because they were jealous.
11 The religious leaders talked the people into thinking that Pilate should let Barabbas go free.
12 Pilate said to them again: "What do you want me to do with the Man you call the King of the Jews?"
13 They spoke with loud voices again: "Nail Him to a cross."
14 Then Pilate said to them: "Why? What bad thing has He done?" They spoke with loud voices all the more: "Nail Him to a cross!"

The crown of thorns

Matthew 27:27-32 John 19:1-5

15 Pilate wanted to please the people. He gave Barabbas to them and had Jesus beaten. Then he handed Him over to be nailed to a cross.
16 The soldiers led Jesus away to a large room in the court. They called all the soldiers together.

17 Le pusieron un vestido rojizo y una corona de espinas sobre su cabeza.

18 Le saludaban diciéndole: "¡Hola, Rey de los judíos!"

19 Le golpeaban en la cabeza con un palo y le escupían. Se arrodillaban y le adoraban.

20 Después de burlarse de él, le quitaron el vestido rojizo y le pusieron de nuevo sus vestidos. Después, lo llevaron para clavarlo en una cruz.

21 Obligaron a un hombre llamado Simón que venía del país de Cirene. Simón era padre de Alejandro y Rufo. que cargara la cruz de Jesús.

Jesús en la cruz

Mateo 27:33-37 Lucas 23:26-38 Juan 19:17-22

22 Llevaron a Jesús a un lugar llamado Gólgota, que quiere decir lugar de la calavera.

23 Le dieron vino mezclado con mirra, pero no lo bebió.

24 Cuando clavaron a Jesús en la cruz, dividieron sus vestidos y los repartieron por suertes, para ver qué se llevaría cada uno de los soldados.

25 Eran como las nueve de la mañana cuando lo clavaron en la cruz.

26 Sobre la cabeza de Jesús pusieron un escrito con la acusación que ellos tenían contra él: "EL REY DE LOS JUDIOS."

Los dos ladrones

Mateo 27:38-44 Lucas 23:39-43

27 Clavaron a dos ladrones en cruces cerca de Jesús. Uno estaba a su lado derecho, y el otro estaba a su lado izquierdo.

28 Pasó tal como dijeron las sagradas escrituras que pasaría: "Ellos lo consideraron como un malhechor." Isaías 53:12

17 The soldiers put a purple coat on Him. They put a crown of thorns on His head,

18 and said to Him: "Hello, King of the Jews!"

19 They hit Him on the head with a stick and spit on Him. They got down on their knees and worshiped Him.

20 After they had made fun of Him, they took the purple coat off of Him and put His own clothes back on Him. Then they led Him away to be nailed to a cross.

21 They came to a man called Simon who was coming from the country of Cyrene. He was the father of Alexander and Rufus. They made Simon carry the cross of Jesus.

Jesus on the cross

Matthew 27:33-37 Luke 23:26-38 John 19:17-22

22 They led Jesus to a place called Golgotha. This name means the place of the skull.

23 They gave Him wine with something in it to take away the pain, but He would not drink it.

24 When they had nailed Jesus to the cross, they divided His clothes by drawing names to see what each man should take.

25 It was about nine o'clock in the morning when they nailed Him to the cross.

26 Over Jesus' head they put in writing what they had against Him, THE KING OF THE JEWS.

The two robbers

Matthew 27:38-44 Luke 23:39-43

27 They nailed two robbers on crosses beside Jesus. One was on His right side and the other was on His left side.

28 It happened as the Holy Writings said it would happen: "They thought of Him as One Who broke the Law." Isaiah 53:12

29 Los que pasaban por allí meneaban
la cabeza y se reían de Jesús. Decían:
"Tú eres el que podía destruir el templo y volverlo a construir en tres días.

30 Ahora, sálvate a ti mismo y baja de
la cruz."
31 Los principales dirigentes y los
maestros de la ley también se burlaban
de él. Se decían unos a otros: "A otros
los salvó pero no puede salvarse a sí
mismo.
32 Que baje 'el Cristo', 'el Rey de los
judíos', de la cruz para que lo veamos.
Entonces creeremos." Los que estaban
en las cruces junto a Jesús le insultaban
también.

La muerte de Jesús

Mateo 27:45-50 Lucas 23:44-49 Juan 19:28-37

33 Desde el mediodía, hasta las tres
de la tarde, hubo oscuridad sobre toda
la tierra.
34 A las tres, Jesús gritó con gran voz:
"Dios mío, Dios mío, ¿Por qué me has
dejado solo?"
35 Cuando algunos de los que estaban allí oyeron esto, dijeron: "¡Oigan!
Está llamando a Elías."
36 Uno de ellos corrió y tomó una
esponja, la mojó con vinagre, la puso
en un palo y se la dio a beber. Luego
dijo: "Déjenlo, veamos si Elías viene a
bajarlo."

Obras poderosas que pasaron en el momento de su muerte

Mateo 27:51-54

37 Entonces Jesús gritó muy fuerte,
entregó su espíritu y murió.
38 La cortina del templo se partió en
dos, de arriba hacia abajo.
39 El capitán de los soldados estaba
mirando a Jesús cuando gritó. Lo vio
morir y dijo: "Verdaderamente este
hombre era el Hijo de Dios."

29 Those who walked by shook their
heads and laughed at Jesus. They said:
"You were the One Who could destroy
the house of God and build it again in
three days.
30 Save Yourself and come down
from the cross."
31 The head religious leaders and
the teachers of the Law made fun of
Him also. They said to each other: "He
saved others but He cannot save Himself.
32 Let Christ, the King of the Jews,
come down from the cross. We want
to see it and then we will believe."
Those who were on the crosses beside
Jesus spoke bad things to Him.

The death of Jesus

Matthew 27:45-50 Luke 23:44-49 John 19:28-37

33 From noon until three o'clock it
was dark over all the land.

34 At three o'clock Jesus cried with
a loud voice: "My God, My God, why
have You left Me alone?"
35 When some of those who stood
by heard that, they said: "Listen! He is
calling for Elijah."
36 One of them ran and took a sponge
and filled it with sour wine. He put it
on a stick and gave it to Him to drink.
He said: "Let Him alone. Let us see if
Elijah will come and take Him down."

The powerful works at the time of His death

Matthew 27:51-54

37 Then Jesus gave a loud cry. He gave
up His spirit and died.
38 The curtain in the house of God
was torn in two from top to bottom.
39 The captain of the soldiers was
looking at Jesus when He cried out. He
saw Him die and said: "For sure, this
Man was the Son of God."

Las mujeres que estaban al pie de la cruz

Mateo 27:55-56 Juan 19:25-27

40 Algunas mujeres estaban allí, mirando de lejos. Entre ellas estaba María Magdalena, María la madre de Jacobo el menor y de José, y Salomé.
41 Cuando estaba en Galilea, estas mujeres seguían y cuidaban a Jesús. Estaban allí otras muchas mujeres que lo habían seguido a Jerusalén.

La tumba de Jesús

Mateo 27:57-66 Lucas 23:50-56 Juan 19:38-42

42 Era el día de preparación para el día de descanso, y ya era de noche.
43 José, de la ciudad de Arimatea, era un hombre importante de la corte y buscaba el reino de Dios. Sin ningún miedo fue a Pilato y le pidió el cuerpo de Jesús.
44 Pilato se sorprendió de que Jesús había muerto tan pronto. Llamó al capitán de los soldados y le preguntó si ya estaba muerto Jesús.
45 Después que el capitán le dijo que sí, Pilato le permitió a José llevarse el cuerpo.
46 José bajó de la cruz el cuerpo de Jesús y lo envolvió en una tela de lino que para esto había comprado. Entonces puso el cuerpo de Jesús en una tumba que había sido labrada en la roca y con una piedra tapó la entrada de la tumba.
47 María Magdalena y María, la madre de José, vieron dónde enterraron a Jesús.

Jesús se levanta de la muerte

Mateo 28:1-10 Lucas 24:1-12 Juan 20:1-18

16 El día de descanso había pasado. María Magdalena, María la madre de Jacobo, y Salomé compraron especias para ponerlas sobre el cuerpo de Jesús.
2 Muy temprano, por la mañana, el primer día de la semana, vinieron a la tumba, cuando salió el sol.

The women at the cross

Matthew 27:55-56 John 19:25-27

40 Women were looking on from far away. Among them was Mary Magdalene and Mary the mother of the younger James and of Joses, and Salomé.
41 These cared for Him when He was in the country of Galilee. There were many other women there who had followed Him to Jerusalem.

The grave of Jesus

Matthew 27:57-66 Luke 23:50-56 John 19:38-42

42 It was the day to get ready for the Day of Rest and it was now evening.
43 Joseph, who was from the city of Arimathea, was an important man in the court. He was looking for the holy nation of God. Without being afraid, he went to Pilate and asked for the body of Jesus.
44 Pilate was surprised and wondered if Jesus was dead so soon. He called the captain of the soldiers and asked if Jesus was already dead.
45 After the captain said that Jesus was dead, Pilate let Joseph take the body.
46 Joseph took the body of Jesus down from the cross. He put the linen cloth he had bought around the body. Then he laid the body in a grave which had been cut out in the side of a rock. He pushed a stone over to cover the door of the grave.
47 Mary Magdalene and Mary the mother of Joses saw where He was laid.

Jesus is raised from the dead

Matthew 28:1-10 Luke 24:1-12 John 20:1-18

16 The Day of Rest was over. Mary Magdalene and Mary the mother of James, and Salomé bought spices. They wanted to put the spices on Jesus' body.
2 Very early in the morning on the first day of the week, they came to the grave. The sun had come up.

3 Ellas dijeron entre sí: "¿Quién nos quitará la piedra que está en la entrada de la tumba?"

4 Pero cuando miraron, se dieron cuenta de que la enorme piedra estaba quitada.

5 Ellas entraron en la tumba y vieron a un joven con vestidos blancos y largos, sentado al lado derecho, y tuvieron miedo.

6 Él les dijo: "No tengan miedo. Ustedes buscan a Jesús de Nazaret, que fue clavado a una cruz, pero ¡él se ha levantado! ¡No está aquí! Miren, aquí está el lugar donde lo pusieron.

7 Vayan y digan a sus seguidores y a Pedro que él va delante de ustedes al país de Galilea, y que allí lo verán, tal como él les dijo."

8 Corrieron de la tumba, temblando, y se fueron asustadas. No dijeron nada a nadie porque tenían miedo.

Los seguidores de Jesús no creyeron que se había levantado de la muerte
Lucas 24:13-43 Juan 20:24-29

9 Era muy temprano, el primer día de la semana, cuando Jesús se levantó de la muerte. Lo vio primero María Magdalena, la mujer de quien había sacado siete espíritus malos.

10 Ella fue y les contó a los seguidores de Jesús, quienes estaban muy tristes y llorando.

11 Pero ellos no le creyeron cuando les contó que lo había visto vivo.

12 Después de esto, Jesús fue visto de otra forma por dos de sus seguidores mientras caminaban por el campo.

13 Fueron y contaron a los demás, pero tampoco les creyeron.

14 Más tarde, Jesús fue visto por sus once seguidores cuando estaban comiendo. Les habló con palabras fuertes porque no habían creído. Sus corazones estaban endurecidos, pues

3 They said to themselves: "Who will roll the stone away from the door of the grave for us?"

4 But when they looked, they saw the very large stone had been rolled away.

5 They went into the grave. There they saw a young man with a long white coat sitting on the right side. They were afraid.

6 He said: "Do not be afraid. You are looking for Jesus of Nazareth Who was nailed to a cross. He is risen! He is not here! See, here is the place where they laid Him.

7 Go and tell His followers and Peter that He is going ahead of you into Galilee. You will see Him there as He told you."

8 They ran from the grave shaking and were surprised. They did not say anything to anyone because they were afraid.

The followers of Jesus do not believe He was raised from the dead
Luke 24:13-43 John 20:24-29

9 It was early on the first day of the week when Jesus was raised from the dead. Mary Magdalene saw Him first. He had put seven demons out of her.

10 She went and told His followers. They were crying because of much sorrow.

11 But they did not believe her when she said she had seen Him alive.

12 After that He was seen again by two of His followers as they walked into the country. He did not look like He had looked before to these two people.

13 They went and told it to the others. The others did not believe them.

14 Later He was seen by the eleven followers as they were eating. He spoke to them with sharp words because they did not believe and their hearts were hard. And they did not believe

no habían aceptado las palabras de los otros que lo habían visto después de levantarse de la muerte.

Jesús manda a sus seguidores a predicar

Mateo 28:16-20 Lucas 24:44-49 Juan 20:21-23

15 Él les dijo: "Vayan ustedes a todo el mundo a predicar las buenas nuevas a toda persona.
16 El que crea en mí y se bautice será salvo del castigo del pecado. Pero, el que no crea en mí es culpable y será castigado para siempre.

17 Estas obras poderosas especiales, las harán aquellos que creen en mí. En mi nombre sacarán espíritus malos y hablarán lenguas que nunca aprendieron.
18 Tomarán en sus manos serpientes; y si tomaran veneno, no les hará ningún daño. Pondrán sus manos sobre los enfermos y éstos serán sanados."

Jesús se va al lado de su Padre

Lucas 24:50-53

19 Después que Jesús habló a sus seguidores, fue llevado al cielo y se sentó a la derecha de Dios.
20 Los seguidores de Jesús se fueron y predicaron en todas partes. El Señor trabajaba con ellos y les mostraba que la palabra de Dios es verdad, por las grandes obras que ellos hacían con el poder que habían recibido.

the others who had seen Him since He had been raised from the dead.

Jesus sends His followers to preach

Matthew 28:16-20 Luke 24:44-49 John 20:21-23

15 He said to them: "You are to go to all the world and preach the Good News to every person.
16 He who puts his trust in Me and is baptized will be saved from the punishment of sin. But he who does not put his trust in Me is guilty and will be punished forever.
17 These special powerful works will be done by those who have put their trust in Me. In My name they will put out demons. They will speak with languages they have never learned.
18 They will pick up snakes. If they drink any poison, it will not hurt them. They will put their hands on the sick and they will be healed."

Jesus goes to be beside His Father

Luke 24:50-53

19 After Jesus had talked to them, He was taken up into heaven. He sat down on the right side of God.
20 The followers went from there and preached everywhere. The Lord worked with them. The Lord showed that the Word of God was true by the special works they had power to do.

Lucas

Lucas escribe a Teófilo

1 Muchas personas han escrito sobre las cosas que han pasado entre nosotros.

2 Los que vieron todo desde el principio y ayudaron a enseñar las buenas nuevas las han dado a nosotros.

3 Querido Teófilo, he visto con mucho cuidado estas cosas desde el principio y he decidido que sería bueno escribírtelas una tras otra, en la manera en que pasaron.

4 Así puedes estar seguro de la verdad de las cosas que te han enseñado.

Un angel habla del nacimiento de Juan el bautista

5 Cuando Herodes era el rey del país de Judea, había un dirigente religioso entre los judíos que se llamaba Zacarías. Pertenecía al grupo de Abías. Su esposa era de la familia de Aarón y su nombre era Elisabet.

6 Ellos estaban bien con Dios. Obedecían la ley judía y hacían lo que el Señor les mandaba.

7 No tenían niños, porque Elisabet no podía tener hijos. Los dos eran personas ya ancianas.

8 Zacarías estaba haciendo su trabajo como dirigente religioso de Dios.

9 Los dirigentes religiosos tenían que hacer cierta clase de trabajos, y Zacarías fue escogido para ir al gran templo de Dios a quemar un perfume especial.

10 Mucha gente se quedaba de pie afuera, orando mientras el perfume se quemaba.

11 Zacarías vio a un ángel del Señor, de pie, al lado derecho del altar donde se quemaba el perfume.

Luke

Luke writes to Theophilus

1 Many people have written about the things that have happened among us.

2 Those who saw everything from the first and helped teach the Good News have passed these things on to us.

3 Dear Theophilus, I have looked with care into these things from the beginning. I have decided it would be good to write them to you one after the other the way they happened.

4 Then you can be sure you know the truth about the things you have been taught.

An angel tells of the birth of John the Baptist

5 When Herod was king of the country of Judea, there was a Jewish religious leader named Zacharias. He worked for Abijah. His wife was of the family group of Aaron. Her name was Elizabeth.

6 They were right with God and obeyed the Jewish Law and did what the Lord said to do.

7 They had no children because Elizabeth was not able to have a child. Both of them were older people.

8 Zacharias was doing his work as a religious leader for God.

9 The religious leaders were given certain kinds of work to do. Zacharias was chosen to go to the house of God to burn special perfume.

10 Many people stood outside praying during the time the special perfume was burning.

11 Zacharias saw an angel of the Lord standing on the right side of the altar where the special perfume was burning.

12 Cuando vio al ángel, Zacarías se
puso nervioso y tuvo miedo.
13 El ángel le dijo: "Zacarías, no tengas miedo. Tu oración se ha oído y tu
esposa Elisabet va a tener un hijo. Le
vas a poner por nombre Juan.
14 Vas a estar contento y tendrás
mucho gozo. Muchas personas estarán
felices por su nacimiento.
15 Será grande delante del Señor y
nunca beberá vino ni ninguna bebida
fuerte. Desde su nacimiento, estará lleno del Espíritu Santo.
16 Por él, muchos de los judíos seguirán al Señor, su Dios.
17 Él será quien predique en el espíritu y en el poder de Elías, antes de que
Cristo venga. Él volverá los corazones
de los padres hacia sus hijos. A aquellos
que no obedecen, les enseñará a estar
bien con Dios. Él preparará a la gente
para recibir al Señor." Malaquías 4:5-6

Zacarías no le cree al ángel

18 Zacarías dijo al ángel: "¿Cómo puedo estar seguro de esto? Yo ya soy viejo y mi esposa también."
19 El ángel le dijo: "Mi nombre es Gabriel
y estoy cerca de Dios. Él me envió a
hablarte y a traerte estas buenas nuevas.
20 ¡Escucha! No podrás hablar sino
hasta el día que esto pase, porque
no creíste mis palabras. Lo que te dije
pasará a su debido tiempo."
21 La gente estaba esperando afuera.
Estaban sorprendidos y se preguntaban por qué Zacarías se había quedado
tanto tiempo en el templo.
22 Cuando él salió, no podía hablar. Ellos
se dieron cuenta que había visto algo especial de parte de Dios mientras estaba en
el templo. Trató de hablarles por medio
de señas, pero no podía decir nada.
23 Cuando terminaron los días de
su trabajo en el templo, regresó a su
hogar.

12 When he saw the angel, Zacharias
was troubled and afraid.
13 The angel said to him: "Zacharias,
do not be afraid. Your prayer has been
heard. Your wife Elizabeth will give birth
to a son. You are to name him John.
14 You will be glad and have much joy.
Many people will be happy because he
is born.
15 He will be great in the sight of the
Lord and will never drink wine or any
strong drink. Even from his birth, he
will be filled with the Holy Spirit.
16 Many of the Jews will be turned to
the Lord their God by him.
17 He will be the one to go in the
spirit and power of Elijah before Christ
comes. He will turn the hearts of the
fathers back to their children. He will
teach those who do not obey to be
right with God. He will get people
ready for the Lord." Malachi 4:5-6

Zacharias does not believe the angel

18 Zacharias said to the angel: "How
can I know this for sure? I am old and
my wife is old also."
19 The angel said to him: "My name
is Gabriel. I stand near God. He sent
me to talk to you and bring to you this
good news.
20 See! You will not be able to talk
until the day this happens. It is because
you did not believe my words. What I
said will happen at the right time."
21 The people outside were waiting.
They were surprised and wondered
why Zacharias stayed so long in the
house of God.
22 When he came out, he could not talk
to them. They knew he had seen something special from God while he was in the
house of God. He tried to talk to them
with his hands but could say nothing.
23 When his days of working in the
house of God were over, he went to
his home.

El Señor cumplió lo prometido

24 Un poco después, Elisabet supo que iba a ser madre. Se quedó escondida durante cinco meses. Ella dijo:

25 "Esto es lo que el Señor ha hecho por mí. Me ha estimado y ha quitado mi verguenza de entre los hombres."

Gabriel habla a María

26 Seis meses después de que Elisabet supo que iba a ser madre, Gabriel fue enviado por Dios a Nazaret, un pueblo en el país de Galilea.

27 Él fue a ver a una mujer que nunca había tenido esposo. Su nombre era María. Ella estaba comprometida en matrimonio con un hombre llamado José que era de la familia de David.

28 El ángel vino a ella y le dijo: "Has sido muy honrada y eres una mujer muy favorecida. El Señor está contigo. Has sido escogida entre todas las mujeres."

29 Cuando ella vio al ángel, se turbó por sus palabras. Pensó en lo que le había dicho.

30 El ángel le dijo: "María, no tengas miedo. Has hallado favor con Dios.

31 ¡Escucha! Vas a ser madre. Tendrás un hijo y lo debes llamar Jesús.

32 Él será grande. Será llamado Hijo del Altísimo. El Señor Dios le dará el trono donde se sentó David.

33 Será rey sobre toda la familia de Jacob para siempre y su reino no tendrá fin."

34 María le dijo al ángel: "¿Cómo puede pasar esto? Yo nunca he tenido esposo."

35 El ángel le dijo: "El Espíritu Santo vendrá sobre ti y el poder del Altísimo te cubrirá como una nube. El santo niño que darás a luz será llamado Hijo de Dios.

The Lord did what He promised

24 Some time later Elizabeth knew she was to become a mother. She kept herself hidden for five months. She said,

25 "This is what the Lord has done for me. He has looked on me and has taken away my shame from among men."

Gabriel speaks to Mary

26 Six months after Elizabeth knew she was to become a mother, Gabriel was sent from God to Nazareth. Nazareth was a town in the country of Galilee.

27 He went to a woman who had never had a man. Her name was Mary. She was promised in marriage to a man named Joseph. Joseph was of the family of David.

28 The angel came to her and said: "You are honored very much. You are a favored woman. The Lord is with you. You are chosen from among many women."

29 When she saw the angel, she was troubled at his words. She thought about what had been said.

30 The angel said to her: "Mary, do not be afraid. You have found favor with God.

31 See! You are to become a mother and have a Son. You are to give Him the name Jesus.

32 He will be great. He will be called the Son of the Most High. The Lord God will give Him the place where His early father David sat.

33 He will be King over the family of Jacob forever and His nation will have no end."

34 Mary said to the angel: "How will this happen? I have never had a man."

35 The angel said to her: "The Holy Spirit will come on you. The power of the Most High will cover you. The holy Child you give birth to will be called the Son of God.

36 "Escucha, tu prima Elisabet, anciana como es, va a tener un niño. Ella no podía tener hijos antes, pero ahora está en su sexto mes.
37 Porque Dios puede hacer todas las cosas.
38 Entonces María dijo: "Estoy dispuesta a ser usada por el Señor. Que pase conmigo como has dicho." Entonces el ángel se retiró de ella.

María visita a Elisabet

39 De inmediato, María salió para un pueblo en las montañas del país de Judea.
40 Fue a la casa de Zacarías a ver a Elisabet.
41 Cuando Elisabet oyó hablar a María, el niño se movió dentro de su cuerpo. Al mismo tiempo, Elisabet fue llena del Espíritu Santo.
42 Elisabet habló en voz alta: "¡Alabada eres tú entre las mujeres! ¡Tu hijo también es alabado!
43 ¿Por qué me ha pasado esto? ¿Por qué la madre de mi Señor ha venido a mí?
44 Tan pronto escuché tu voz, el niño se movió de gozo dentro de mi cuerpo.
45 Eres feliz porque creíste. Te pasará todo lo que el Señor te dijo que pasaría."

El canto de gratitud de María

46 Luego María dijo: "Mi corazón canta de gratitud a mi Señor.
47 Mi espíritu está alegre en Dios, el único que me salva del castigo del pecado.
48 El Señor me ha estimado a mí. Le pertenezco a él y no soy importante. Pero desde ahora toda la gente me dirá dichosa.
49 El que es poderoso ha hecho grandes cosas conmigo. Su nombre es santo.
50 El Señor siempre está lleno de

36 "See, your cousin Elizabeth, as old as she is, is going to give birth to a child. She was not able to have children before, but now she is in her sixth month.
37 For God can do all things."
38 Then Mary said: "I am willing to be used of the Lord. Let it happen to me as you have said." Then the angel went away from her.

Mary visits Elizabeth

39 At once Mary went from there to a town in the hill country of Judea.
40 She went to the house of Zacharias to see Elizabeth.
41 When Elizabeth heard Mary speak, the baby moved in her body. At the same time Elizabeth was filled with the Holy Spirit.
42 Elizabeth spoke in a loud voice: "You are honored among women! Your Child is honored!
43 Why has this happened to me? Why has the mother of my Lord come to me?
44 As soon as I heard your voice, the baby in my body moved for joy.
45 You are happy because you believed. Everything will happen as the Lord told you it would happen."

Mary's song of thanks

46 Then Mary said: "My heart sings with thanks for my Lord.
47 And my spirit is happy in God, the One Who saves from the punishment of sin.
48 The Lord has looked on me, His servant girl and one who is not important. But from now on all people will honor me.
49 He Who is powerful has done great things for me. His name is holy.
50 The loving kindness of the Lord is

amor para todos los pueblos que le honran.

51 Él ha hecho obras poderosas con su brazo. Ha separado uno de otro a aquellos que tienen orgullo en sus corazones.

52 Ha quitado a reyes de sus tronos. A los que estaban en un lugar muy humilde, los ha puesto en un lugar importante.

53 Ha llenado a los que tienen hambre de cosas buenas. Ha enviado sin nada a la gente rica.

54 Ha ayudado a los judíos. Ellos son el pueblo que es de él. Esto fue hecho para que recordaran su gran amor.

55 Él les prometió esto a nuestros antiguos padres, a Abraham y a su familia, para siempre."

56 María se quedó con Elisabet unos tres meses. Luego volvió a su propia casa.

El nacimiento de Juan el bautista

57 Cuando llegó el tiempo, Elisabet dio a luz un hijo.

58 Sus vecinos y su familia oyeron cómo el Señor había mostrado su amor para con ella. Se sintieron muy contentos por ella.

59 Al octavo día, hicieron con el niño según la costumbre de los judíos. Le pusieron por nombre Zacarías, como su padre.

60 Pero su madre dijo: "¡No! Su nombre es Juan."

61 Ellos le dijeron: "Nadie en tu familia tiene ese nombre."

62 Luego hablaron con su padre, haciendo señas con las manos, para averiguar cómo le llamaría al niño.

63 Él pidió algo en qué escribir y escribió: "Su nombre es Juan." Todos se sorprendieron.

64 De repente, Zacarías pudo hablar otra vez. Y dio gracias a Dios.

65 Todos los que vivían cerca de ellos

given to the people of all times who honor Him.

51 He has done powerful works with His arm. He has divided from each other those who have pride in their hearts.

52 He has taken rulers down from their thrones. He has put those who are in a place that is not important to a place that is important.

53 He has filled those who are hungry with good things. He has sent the rich people away with nothing.

54 He has helped Israel His servant. This was done to remember His loving kindness.

55 He promised He would do this to our early fathers and to Abraham and to his family forever."

56 Mary stayed with Elizabeth about three months. Then she went to her own home.

The birth of John the Baptist

57 When the time came, Elizabeth gave birth to a son.

58 Her neighbors and family heard how the Lord had shown loving kindness to her. They were happy for her.

59 On the eighth day they did the religious act of the Jews on the child. They named him Zacharias, after his father.

60 But his mother said: "No! His name is John."

61 They said to her: "No one in your family has that name."

62 Then they talked to his father with their hands to find out what he would name the child.

63 He asked for something to write on. He wrote: "His name is John." They were all surprised and wondered about it.

64 Zacharias was able to talk from that time on and he gave thanks to God.

65 All those who lived near them

tuvieron miedo. La noticia de lo que había pasado se contó en todas las montañas del país de Judea.

66 Y todos los que escuchaban aquellas palabras las recordaban y decían: "¿Qué va a ser este niño?" Porque la mano del Señor ha estado sobre él.

El canto de gratitud de Zacarías a Dios

67 Zacarías, el padre de Juan, fue lleno del Espíritu Santo. Dijo lo que iba a pasar:

68 "Damos gracias al Señor, Dios de los judíos. Él ha comprado a su pueblo y lo ha hecho libre.

69 Ha levantado a uno de la familia de David que salva a su pueblo del castigo de sus pecados.

70 Sus antiguos predicadores nos dijeron esto hace tiempo.

71 Dios nos dijo que seríamos salvos de aquellos que nos odian y de todos los que están contra nosotros.

72 Que mostraría su amor a nuestros primeros padres y que recordaría su santa promesa.

73 Dios prometió esto a nuestro padre Abraham.

74 Él prometió que nos salvaría de quienes nos odian y que podríamos adorarlo sin tener miedo.

75 Podemos ser buenos y estar bien con Dios, todos los días de nuestra vida.

76 "Y tú, hijo mío, serás quien hable por el Altísimo, porque irás delante del Señor para prepararle el camino.

77 Tú dirás a su pueblo cómo ser salvo del castigo del pecado, al ser perdonados sus pecados.

78 El corazón de nuestro Dios está lleno de amor, y una luz del cielo brillará sobre nosotros.

79 Alumbrará a aquellos que viven en la oscuridad y que están bajo la sombra

were afraid. The news of what had happened was told through all the hill country of Judea.

66 And all who heard those words remembered them and said: "What is this child going to be?" For the hand of the Lord was on him.

Zacharias's song of thanks to God

67 Zacharias, the father of John, was filled with the Holy Spirit. He told what was going to happen, saying,

68 "Let us thank the Lord God of Israel. He has bought His people and made them free.

69 He has raised up from the family of David One Who saves people from the punishment of their sins.

70 His holy early preachers told us this long ago.

71 God told us that we should be saved from those who hate us and from all those who work against us.

72 He would show loving kindness to our early fathers. He would remember His holy promise.

73 God promised this to our early father Abraham.

74 He promised that we would be saved from those who hate us and that we might worship Him without being afraid.

75 We can be holy and right with God all the days of our life.

76 "And you, my son, will be the one who speaks for the Most High. For you will go before the Lord to make the way ready for Him.

77 You will tell His people how to be saved from the punishment of sin by being forgiven of their sins.

78 Because the heart of our God is full of loving kindness for us, a light from heaven will shine on us.

79 It will give light to those who live in darkness and are under the shadow of

de la muerte. Guiará nuestros pies en el camino de la paz."

80 El niño crecío y llegó a ser fuerte en Espíritu. Vivió en el desierto hasta el día que empezó a predicar a los judíos.

El nacimiento de Jesús

Mateo 1:18-25

2 En aquellos días, Augusto César envió una orden de que el nombre de toda persona en el imperio romano debía ser escrito en los libros de la nación.

2 Esto se hizo por primera vez cuando Cirenio era dirigente de Siria.

3 Así que toda la gente iba a sus ciudades de origen para escribir sus nombres en los libros de la nación.

4 José subió del pueblo de Nazaret, en el país de Galilea, al pueblo de Belén que se conocía como "la ciudad de David". Fue allí porque él era de la familia de David.

5 José fue para que se escribiera su nombre y el de María en los libros de la nación. María era su prometida y pronto iba a tener un hijo.

6 Mientras se encontraban en el pueblo de Belén, llegó el tiempo de que María diera a luz a su niño.

7 Nació su primer hijo. Ella lo envolvió en pañales y lo acostó en un lugar donde comía el ganado, porque no había lugar para ellos en la posada.

Los pastores llegan a saber del nacimiento de Jesús

8 Cerca de allí, había pastores en los campos. Estaban cuidando sus rebaños de ovejas en la noche.

9 El ángel del Señor vino a ellos. El brillo de la grandeza del Señor los alumbró. Tuvieron mucho miedo.

10 El ángel les dijo: "No tengan miedo. ¡Escuchen! Les traigo buenas nuevas de

death. It will lead our feet in the way of peace."

80 The child grew and became strong in spirit. He lived in a desert until the day he started to preach to the Jews.

The birth of Jesus

Matthew 1:18-25

2 In those days Caesar Augustus sent out word that the name of every person in the Roman nation must be written in the books of the nation.

2 This first writing took place while Quirinius was ruler of Syria.

3 So all the people went to their own cities to have their names written in the books of the nation.

4 Joseph went up from the town of Nazareth in the country of Galilee to the town of Bethlehem. It was known as the city of David. He went there because he was from the family of David.

5 Joseph went to have his and Mary's names written in the books of the nation. Mary was his promised wife and soon to become a mother.

6 While they were there in Bethlehem, the time came for Mary to give birth to her baby.

7 Her first son was born. She put cloth around Him and laid Him in a place where cattle are fed. There was no room for them in the place where people stay for the night.

The shepherds learn of the birth of Jesus

8 In the same country there were shepherds in the fields. They were watching their flocks of sheep at night.

9 The angel of the Lord came to them. The shining greatness of the Lord shone around them. They were very much afraid.

10 The angel said to them: "Do not be afraid. See! I bring you good news of

gran gozo que son para todos los pueblos.
11 Hoy ha nacido en la cuidad de
David el que salva del castigo del pecado.
12 Hay algo especial que ustedes
verán. Esta es la manera en que lo van
a conocer: Encontrarán al niño envuel-
to en sus pañales, acostado en el lugar
donde se da de comer al ganado."
13 Inmediatamente se vieron muchos
otros ángeles del cielo, junto con el
primero, dando gracias a Dios. Ellos
decían:
14 "Gloria y honor a nuestro Dios en el
alto cielo y paz en la tierra entre los hombres que hacen lo que a él le agrada."

Los pastores van a Belén

15 Los ángeles dejaron a los pastores y volvieron al cielo. Los pastores
se decían unos con otros: "Vayamos
al pueblo de Belén para ver lo que ha
pasado. El Señor nos lo ha contado."
16 Fueron de prisa y encontraron a
María y a José. Encontraron al niño,
acostado en el lugar donde se alimenta
al ganado.
17 Cuando vieron al niño, contaron lo
que el ángel les había dicho acerca de él.
18 Todos los que escucharon a los pastores se sorprendieron de sus palabras.
19 Pero María guardó todas estas
palabras en su corazón y pensó mucho
en ellas.
20 Los pastores regresaron, llenos de
gozo. Dieron gracias a Dios por todo
lo que habían visto y oído, tal como el
ángel les había dicho.

Jesús es llevado al gran templo de Dios

21 Cuando pasaron ocho días, hicieron en el niño según la costumbre de
los judíos. Le llamaron Jesús. Este nombre le fue dado por el ángel cuando le
anunció a María que iba a nacer.
22 Cuando pasaron los días para que

great joy which is for all people.

11 Today, One Who saves from the
punishment of sin has been born in the
city of David. He is Christ the Lord.
12 There will be something special
for you to see. This is the way you
will know Him. You will find the Baby
with cloth around Him, lying in a place
where cattle are fed."
13 At once many angels from heaven
were seen, along with the angel, giving
thanks to God. They were saying,

14 "Greatness and honor to our God
in the highest heaven and peace on
earth among men who please Him."

The shepherds go to Bethlehem

15 The angels went from the shepherds back to heaven. The shepherds
said to each other: "Let us go now to
Bethlehem and see what has happened.
The Lord has told us about this."
16 They went fast and found Mary
and Joseph. They found the Baby lying
in a place where cattle are fed.

17 When they saw the Child, they
told what the angel said about Him.
18 All who heard it were surprised at
what the shepherds told them.
19 But Mary hid all these words in her
heart. She thought about them much.

20 The shepherds went back full of
joy. They thanked God for all they had
heard and seen. It happened as the
angel had told them.

Jesus taken to the house of God

21 When eight days were over, they did
the religious act of becoming a Jew on the
Child. He was named Jesus. This name
was given to Him by the angel when
Mary was told He was to be born.
22 When the days were over for her

ella fuera purificada, como estaba escrito en la ley de Moisés, llevaron a Jesús a Jerusalén para ofrecerlo al Señor.
23 Está escrito en la ley del Señor: "El primer hijo varón nacido de una mujer será llamado santo al Señor."
24 Ellos debían dar una ofrenda de dos palomas o dos tortolitas y presentarla en el altar en adoración al Señor. Esto estaba escrito en la ley del Señor.

Canto de gratitud de Simeón

25 Había en Jerusalén un hombre llamado Simeón. Era un hombre bueno y muy religioso. Él estaba esperando el tiempo cuando la nación judía sería salva. El Espíritu Santo estaba en él.
26 El Espíritu Santo le había hecho saber a Simeón que no moriría sin haber visto al Escogido de Dios.
27 Él, guiado por el Espíritu Santo, fue al gran templo de Dios. José y María llevaron al niño Jesús al mismo templo. Fueron para hacer lo que la ley judía decía que debían hacer.
28 Entonces Simeón tomó a Jesús en brazos y dio gracias a Dios, diciendo:
29 "Señor, ahora puedo morir en paz, como tú lo has dicho.
30 Mis ojos han visto a quien salvará a los hombres del castigo de sus pecados.
31 Lo has preparado a la vista de todas las naciones.
32 Él será una luz que brille sobre toda la gente que no es judía. Él será el brillo grandioso de tu pueblo, los judíos."
33 José y la madre de Jesús se sorprendieron de las palabras que se decían sobre Jesús.
34 Simeón oró para que les fuera bien y dijo a María, la madre de Jesús: "¡Escuchad! Este niño hará caer y hará levantarse a mucha gente en la nación

to be made pure as it was written in the Law of Moses, they took Jesus to Jerusalem to give Him to the Lord.
23 It is written in the Law of the Lord: "The first born male born of a woman will be called holy to the Lord."
24 They were to give a gift of two turtle doves or two young birds on the altar in worship to the Lord. This was written in the Law of the Lord.

Simeon's song of thanks

25 There was a man in Jerusalem by the name of Simeon. He was a good man and very religious. He was looking for the time when the Jewish nation would be saved. The Holy Spirit was on him.
26 The Holy Spirit made it known to Simeon that he would not die before he had seen God's Chosen One.
27 He came to the house of God being led by the Holy Spirit. The parents took Jesus to the house of God. They came to do what the Law said must be done.
28 Then Simeon took Jesus in his arms. He gave honor to Him and thanked God, saying,
29 "Lord, now let me die in peace, as You have said.
30 My eyes have seen the One Who will save men from the punishment of their sins.
31 You have made Him ready in the sight of all nations.
32 He will be a light to shine on the people who are not Jews. He will be the shining greatness of Your people the Jews."
33 Joseph and the mother of Jesus were surprised and wondered about these words which were said about Jesus.
34 Simeon honored them and said to Mary the mother of Jesus: "See! This Child will make many people fall and many people rise in the Jewish nation.

judía. Hablarán en contra de él.
35 Esto será como una espada que
entrará en tu alma. Por esto los pensamientos de muchos corazones podrán
comprenderse."

Ana da gracias por Jesús

36 Ana era una mujer que hablaba la
palabra de Dios. Era hija de Fanuel, de
la familia de Aser. Ana era muy anciana.
Había vivido con su esposo siete años
de matrimonio.
37 Su esposo había muerto, y ella había
vivido sola, por ochenta y cuatro años.
Aunque anciana, ella no se había alejado
del gran templo de Dios. Trabajaba para
Dios día y noche, orando y quedándose
sin comer para poder orar mejor.
38 En ese momento, llegó y dio gracias
a Dios. Habló a la gente de Jerusalén
sobre Jesús. Ellos estaban esperando
a Aquel que los salvaría del castigo de
sus pecados y los haría libres.

Regresan a Nazaret

Mateo 2:19-23

39 Cuando José y María habían hecho
todo lo que la ley mandaba, regresaron
a su propio pueblo de Nazaret en el
país de Galilea.
40 El niño crecía y se hacía fuerte en
espíritu. Estaba lleno de sabiduría, y el
favor de Dios era con él.
41 Sus padres iban a Jerusalén cada
año para una fiesta religiosa especial,
que recordaba cómo los judíos habían
salido de Egipto.
42 Cuando el niño tenía doce años,
fueron a Jerusalén, como habían hecho
antes.
43 Después de terminar los días de la
fiesta especial, comenzaron el viaje de
regreso a su pueblo. Pero el niño Jesús
se quedó en Jerusalén, y sus padres no
se dieron cuenta.
44 Creyeron que Jesús estaba con las

He will be spoken against.
35 A sword will cut through your soul.
By this the thoughts of many hearts will
be understood."

Anna gives thanks for Jesus

36 Anna was a woman who spoke
God's Word. She was the daughter of
Phanuel of the family group of Asher.
Anna was many years old. She had lived
with her husband seven years after she
was married.
37 Her husband had died and she had
lived without a husband eighty-four
years. Yet she did not go away from the
house of God. She served God day and
night, praying and going without food
so she could pray better.
38 At that time she came and gave thanks
to God. She told the people in Jerusalem
about Jesus. They were looking for the
One to save them from the punishment
of their sins and to set them free.

They return to Nazareth

Matthew 2:19-23

39 When Joseph and Mary had done
everything the Law said to do, they
went back to Nazareth in Galilee.
40 The Child grew and became strong
in spirit. He was filled with wisdom and
the loving favor of God was on Him.
41 His parents went to Jerusalem
every year for the special religious
gathering to remember how the Jews
left Egypt.
42 When He was twelve years old,
they went up to Jerusalem as they had
done before.
43 When the days of the special supper were over, they started back to
their town. But the boy Jesus was still
in Jerusalem. His parents did not know
it.
44 They thought Jesus was with the

otras personas del grupo. Caminaron
todo un día. luego lo buscaron entre su
familia y sus amigos.
45 Cuando no pudieron encontrar a
Jesús, volvieron a Jerusalén a buscarlo.

46 Tres días después, lo hallaron en el
gran templo de Dios. Estaba sentado en
medio de los maestros, escuchando lo
que le decían y haciéndoles preguntas.
47 Todos los que lo oían estaban sorprendidos y maravillados de su entendimiento y de lo que decía.
48 Cuando sus padres lo vieron, se
quedaron sorprendidos. Su madre le
dijo: "Hijo mío, ¿por qué nos has hecho
esto? Tu padre y yo hemos estado muy
afligidos buscándote."
49 Él les dijo: "¿Por qué me buscaban?
¿No saben ustedes que yo debo estar
en la casa de mi Padre?"
50 Pero ellos no entendieron las cosas
que les decía.
51 Jesús fue con ellos al pueblo de
Nazaret y les obedecía. Su madre guardaba todas estas cosas en su corazón.
52 Jesús crecía fuerte de mente, de
cuerpo y en el favor de Dios y de los
hombres.

Juan el bautista prepara el camino para Jesús

Mateo 3:1-12 Marcos 1:1-8 Juan 1:15-28

3 Hacía quince años Tiberio César era emperador. Poncio Pilato era el gobernador del país de Judea.
Herodes era gobernador del país de
Galilea. Su hermano Felipe era gobernador de los países de Iturea y Traco-
nite. Lisanias era gobernador del país
de Abilinia.
2 Anás y Caifás eran los principales
dirigentes religiosos. Llegó la palabra
de Dios a Juan, el hijo de Zacarías. Juan
se encontraba en el desierto.
3 Recorría todo el país, cerca del río
Jordán, predicando que la gente debía

others of the group. They walked for
one day. Then they looked for Him
among their family and friends.
45 When they could not find Jesus,
they turned back to Jerusalem to look
for Him.
46 Three days later they found Him
in the house of God. He was sitting
among the teachers. He was hearing
what they said and asking questions.
47 All those who heard Him were
surprised and wondered about His
understanding and at what He said.
48 When His parents saw Him, they
were surprised. His mother said to
Him: "My Son, why have You done this
to us? See! Your father and I have had
much sorrow looking for You."
49 He said to them: "Why were you
looking for Me? Do you not know that
I must be in My Father's house?"
50 They did not understand the things
He said to them.
51 He went with them to Nazareth
and obeyed them. But His mother kept
all these words in her heart.
52 Jesus grew strong in mind and body.
He grew in favor with God and men.

John the Baptist makes the way ready for Jesus

Matthew 3:1-12 Mark 1:1-8 John 1:15-28

3 Tiberius Caesar had been ruler
for fifteen years. Pontius Pilate
was ruler of the country of Judea.
Herod was the ruler of the country
of Galilee. His brother Philip was the
ruler of the countries of Ituraea and
Trachonitis. Lysanias was the ruler of
the country of Abilene.
2 Annas and Caiaphas were the
head religious leaders. The Word of
God came to John the Baptist, the son
of Zacharias. John was in the desert.
3 He went into all the country around
the Jordan River. He preached that

ser bautizada al sentirse tristes por sus pecados y dejarlos. Que así serían perdonados.

4 El antiguo predicador Isaías escribió estas palabras: "Su voz llama desde el desierto. 'Preparen el camino del Señor. ¡Enderecen el camino para él!

5 Todo valle será llenado, y toda montaña y toda colina serán hechas planas. Lo torcido del camino se hará recto, y los lugares duros serán llanos.

6 Todos los hombres verán a Dios, salvando a su pueblo del castigo de sus pecados.'" Isaías 40:3-5

7 Juan le decía a la gente que llegaba a ser bautizada por él: "¡Familia de víboras! ¿Quién les dijo cómo librarse de la ira que viene de Dios?

8 Hagan algo que me muestre que están tristes por sus pecados y que los han dejado. No se digan a sí mismos: 'Tenemos a Abraham como nuestro padre.' Les digo que Dios puede hacer nacer hijos a Abraham aun de estas piedras.

9 Ahora mismo, el hacha está en la raíz de los árboles, y cada árbol que no dé buen fruto se cortará y será echado al fuego."

10 La gente le preguntó: "Entonces, ¿qué podemos hacer?"

11 Él les contestó: "Si tienen dos sacos, den uno al que no tiene. Si tienen comida, compartan algo de ella."

12 También venían a ser bautizados los que cobraban impuestos. Le preguntaron: "Maestro, ¿qué debemos hacer nosotros?"

13 Él les dijo: "No le quiten a la gente más dinero de lo que deben."

14 Vinieron también soldados a preguntarle: "¿Qué debemos hacer nosotros?" Él les contestó: "No tomen dinero por la fuerza. No mientan a nadie. Estén contentos con su paga."

15 La gente estaba esperando que

people should be baptized because they were sorry for their sins and had turned from them, and they would be forgiven.

4 The early preacher Isaiah wrote these words: "His voice calls out in the desert. 'Make the way ready for the Lord. Make the road straight for Him!

5 Every valley will be filled and every mountain and hill will be brought down. The turns in the road will be made straight and the rough places will be made smooth.

6 And all men will see God saving people from the punishment of their sins.'" Isaiah 40:3-5

7 John said to the people who came to be baptized by him: "You family of snakes! Who told you how to keep from the anger of God that is coming?

8 Do something to let me see that you have turned from your sins. Do not begin to say to yourselves, 'We have Abraham as our father.' I tell you, God can make children for Abraham out of these stones.

9 Even now the ax is on the root of the trees. Every tree that does not give good fruit is cut down and thrown into the fire."

10 The people asked him: "Then what should we do?"

11 He answered them: "If you have two coats, give one to him who has none. If you have food, you must share some."

12 Taxgatherers came to be baptized also. They asked him: "Teacher, what are we to do?"

13 He said to them: "Do not take more money from people than you should."

14 Also soldiers asked him: "What are we to do?" He answered them: "Take no money from anyone by using your own strength. Do not lie about anyone. Be happy with the pay you get."

15 The people were looking for some-

algo pasara. Pensaban en sus corazones sobre Juan el bautista. Se preguntaban si sería él el Cristo.

16 Pero Juan les dijo a todos ellos: "Yo los bautizo con agua. Pero viene uno que es mayor que yo. Yo no soy bastante bueno ni siquiera para inclinarme y ayudarle a quitarse los zapatos. Él los bautizará con el Espíritu Santo y con fuego.

17 Él viene listo para limpiar el grano. Juntará todo el grano y lo limpiará totalmente. Pondrá el grano limpio en su lugar, pero quemará la paja en el fuego que no se puede apagar."

Juan el bautista es puesto en la cárcel

Mateo 14:1-5 Marcos 6:14-20

18 Juan habló muchas cosas al predicar las buenas nuevas a la gente.

19 Habló también palabras severas a Herodes, el gobernador, por causa de Herodías, quien era la esposa de su hermano Felipe. Juan le habló a Herodes sobre todas las cosas malas que había hecho.

20 A todas estas cosas, Herodes añadió otro pecado: puso a Juan en la cárcel.

El bautismo de Jesús

Mateo 3:13-17 Marcos 1:9-11 Juan 1:29-34

21 Cuando toda la gente se estaba bautizando, Jesús también fue bautizado. Cuando él oró, se abrió el cielo.

22 El Espíritu Santo bajó sobre él en un cuerpo parecido al de una paloma. Llegó una voz desde el cielo y dijo: "Tú eres mi Hijo amado. Estoy muy feliz contigo."

La familia de Jesús por parte de María

Mateo 1:1-17

23 Jesús tenía unos treinta años cuando comenzó su trabajo. La gente pensaba que Jesús era el hijo de José, el hijo de Elí.

24 Elí era hijo de Matat. Matat era hijo

thing to happen. They were thinking in their hearts about John the Baptist. They wondered if he might be the Christ.

16 But John said to all of them: "I baptize you with water. There is One coming Who is greater than I. I am not good enough to get down and help Him take off His shoes. He will baptize you with the Holy Spirit and with fire.

17 He comes ready to clean the grain. He will gather the grain and clean it all. He will put the clean grain into a building. But He will burn that which is no good with a fire that cannot be put out."

John the Baptist is put in prison

Matthew 14:1-5 Mark 6:14-20

18 John spoke much more as he preached the Good News to the people.

19 He had also spoken sharp words to Herod the ruler because of Herodias. She was his brother Philip's wife. And John spoke to Herod about all the wrongs he had done.

20 To all these, Herod added another sin by putting John in prison.

The baptism of Jesus

Matthew 3:13-17 Mark 1:9-11 John 1:29-34

21 When all the people were being baptized, Jesus was baptized also. As He prayed, the heaven opened.

22 The Holy Spirit came down on Him in a body like a dove. A voice came from heaven and said: "You are My much loved Son. I am very happy with You."

The family of Jesus through Mary

Matthew 1:1-17

23 Jesus was about thirty years old when He began His work. People thought Jesus was the son of Joseph, the son of Heli.

24 Heli was the son of Matthat. Mat-

de Leví. Leví era hijo de Melqui. Melqui
era hijo de Jana. Jana era hijo de José.

25 José era hijo de Matatías. Matatías
era hijo de Amós. Amós era hijo de
Nahum. Nahum era hijo de Esli. Esli era
hijo de Nagai.
26 Nagai era hijo de Maat. Maat era
hijo de Matatías. Matatías era hijo de
Semei. Semei era hijo de José. José era
hijo de Judá.

27 Judá era hijo de Joana. Joana era
hijo de Resa. Resa era hijo de Zorobabel. Zorobabel era hijo de Salatiel.
Salatiel era hijo de Neri.

28 Neri era hijo de Melqui. Melqui
era hijo de Adi. Adi era hijo de Cosam.
Cosam era hijo de Elmodam. Elmodam
era hijo de Er.
29 Er era hijo de Josué. Josué era hijo
de Eliezer. Eliezer era hijo de Jorim.
Jorim era hijo de Matat. Matat era hijo
de Leví.
30 Leví era hijo de Simeón. Simeón
era hijo de Judá. Judá era hijo de José.
José era hijo de Jonán. Jonán era hijo de
Eliaquim.
31 Eliaquim era hijo de Melea. Melea
era hijo de Mainán. Mainán era hijo
de Matata. Matata era hijo de Natán.
Natán era hijo de David.
32 David era hijo de Isaí. Isaí era hijo
de Obed. Obed era hijo de Booz. Booz
era hijo de Salmón. Salmón era hijo de
Naasón.
33 Naasón era hijo de Aminadab.
Aminadab era hijo de Aram. Aram era
hijo de Esrom. Esrom era hijo de Fares.
Fares era hijo de Judá.

34 Judá era hijo de Jacob. Jacob era
hijo de Isaac. Isaac era hijo de Abraham. Abraham era hijo de Taré. Taré
era hijo de Nacor.
35 Nacor era hijo de Serug. Serug era

that was the son of Leví. Leví was the
son of Melchi. Melchi was the son of
Jannai. Jannai was the son of Joseph.
25 Joseph was the son of Mattathias.
Mattathias was the son of Amos. Amos
was the son of Nahum. Nahum was the
son of Esli. Esli was the son of Naggai.
26 Naggai was the son of Maath.
Maath was the son of Mattathias. Mattathias was the son of Semein. Semein
was the son of Joseck. Joseck was the
son of Juda.
27 Juda was the son of Johanan. Johanan was the son of Rhesa. Rhesa was
the son of Zerubbabel. Zerubbabel
was the son of Salathiel. Salathiel was
the son of Neri.
28 Neri was the son of Melchi. Melchi
was the son of Addi. Addi was the son
of Cosam. Cosam was the son of Elmadam. Elmadam was the son of Er.
29 Er was the son of Joshua. Joshua
was the son of Eliezer. Eliezer was the
son of Jorim. Jorim was the son of Matthat. Matthat was the son of Leví.
30 Leví was the son of Simeon. Simeon was the son of Judah. Judah was the
son of Joseph. Joseph was the son of
Janam. Janam was the son of Eliakim.
31 Eliakim was the son of Melea. Melea
was the son of Menna. Menna was the
son of Mattatha. Mattatha was the son of
Nathan. Nathan was the son of David.
32 David was the son of Jesse. Jesse
was the son of Obed. Obed was the
son of Boaz. Boaz was the son of Salmon. Salmon was the son of Nahshon.
33 Nahshon was the son of Amminadab. Amminadab was the son of Admin.
Admin was the son of Ram. Ram was
the son of Hezron. Hezron was the son
of Perez. Perez was the son of Judah.
34 Judah was the son of Jacob. Jacob
was the son of Isaac. Isaac was the son
of Abraham. Abraham was the son of
Terah. Terah was the son of Nahor.
35 Nahor was the son of Serug. Serug

hijo de Ragau. Ragau era hijo de Peleg.
Peleg era hijo de Heber. Heber era hijo
de Sala.
36 Sala era hijo de Cainán. Cainán era
hijo de Arfaxad. Arfaxad era hijo de
Sem. Sem era hijo de Noé. Noé era
hijo de Lamec.

37 Lamec era hijo de Matusalén.
Matusalén era hijo de Enoc. Enoc era
hijo de Jared. Jared era hijo de Mahalaleel. Mahalaleel era hijo de Cainán.

38 Cainán era hijo de Enós. Enós era
hijo de Set. Set era hijo de Adán. Adán
era hijo de Dios.

Jesús fue tentado

Mateo 4:1-11 Marcos 1:12-13

4 Jesús estaba lleno del Espíritu
Santo cuando regresó del río
Jordán. Luego fue conducido por el Espíritu Santo al desierto.
2 Fue tentado por el diablo durante
cuarenta días. No comió nada durante
ese tiempo. Después tuvo hambre.
3 El diablo le dijo: "Si tú eres el Hijo
de Dios, dile a esta piedra que se haga
pan."
4 Jesús le dijo: "Está escrito, 'El hombre no vive solamente de pan.'"
Deuteronomio 8:3
5 El diablo llevó a Jesús a una montaña alta, y le enseñó todas las naciones
del mundo en un momento.
6 El diablo le dijo a Jesús: "Todo este
poder y esta grandeza son míos. Si
quiero, puedo darlos a cualquier persona.
7 Si me adoras, todo esto será
tuyo."
8 Jesús le dijo al diablo: "¡Apártate de
mí, diablo! Escrito está: 'Debes adorar
al Señor tu Dios y obedecerle solamente a él.'" Deuteronomio 6:13
9 Luego el diablo llevó a Jesús a Jerusalén. Subieron a la parte más alta del

was the son of Ragau. Ragau was the
son of Peleg. Peleg was the son of Eber.
Eber was the son of Shelah.
36 Shelah was the son of Cainan.
Cainan was the son of Arphaxad.
Arphaxad was the son of Shem. Shem
was the son of Noah. Noah was the
son of Lamech.
37 Lamech was the son of Methuselah. Methuselah was the son of Enoch.
Enoch was the son of Jared. Jared was
the son of Mahalaleel. Mahalaleel was
the son of Cainan.
38 Cainan was the son of Enos. Enos
was the son of Seth. Seth was the son
of Adam. Adam was the son of God.

Jesus was tempted

Matthew 4:1-11 Mark 1:12-13

4 Jesus was full of the Holy Spirit
when He returned from the
Jordan River. Then He was led by the
Holy Spirit to a desert.
2 He was tempted by the devil for
forty days and He ate nothing during
that time. After that He was hungry.
3 The devil said to Him: "If You are
the Son of God, tell this stone to be
made into bread."
4 Jesus said to him: "It is written,
'Man is not to live by bread alone.'"
Deuteronomy 8:3
5 The devil took Jesus up on a high
mountain. He had Jesus look at all the
nations of the world at one time.
6 The devil said to Jesus: "I will give
You all this power and greatness. It has
been given to me. I can give it to anyone I want to.
7 If You will worship me, all this will
be Yours."
8 Jesus said to the devil: "Get behind
Me, Satan! For it is written, 'You must
worship the Lord your God. You must
obey Him only.'" Deuteronomy 6:13
9 Then the devil took Jesus up to
Jerusalem. He had Jesus stand on the

gran templo de Dios. El diablo le dijo a
Jesús: "Si tú eres el Hijo de Dios, échate abajo.
10 Porque está escrito: 'Él ha dicho a sus
ángeles que te cuiden y que te guarden.
11 Ellos te van a sostener con sus
manos para que tu pie no tropiece con
piedra."' Salmo 91:11-12
12 Jesús le dijo al diablo: "Está escrito:
'No debes tentar al Señor tu Dios."'
Deuteronomio 6:16
13 Cuando el diablo terminó de tentar a Jesús en todas estas maneras, se
alejó de él por algún tiempo.

Jesús predica en Galilea

Mateo 4:12-17 Marcos 1:14-15

14 Jesús regresó al país de Galilea en
el poder del Espíritu Santo. La gente
hablaba tanto de él que era muy bien
conocido en todo el país.
15 Jesús enseñaba en los templos
locales y era alabado de toda la gente.

En Nazaret, no creen en Jesús

16 Jesús llegó al pueblo de Nazaret
donde se había criado. Como lo había
hecho antes, fue al templo local en el
día de descanso. Luego se puso en pie
para leer.
17 Alguien le dio el libro del antiguo predicador Isaías. Jesús lo abrió y
encontró el lugar donde estaba escrito:
18 "El Espíritu del Señor está sobre mí.
Ha puesto su mano sobre mí para predicar las buenas nuevas a la gente pobre.
Me ha enviado para curar a los tristes de
corazón. Me ha enviado para decirles a los
que están cautivos que pueden ser libres.
Me ha enviado para sanar a los ciegos y
para libertar a los que tienen dificultades.
19 Me envío para anunciar que los
hombres podrán recibir el favor del
Señor." Isaías 61:1-2
20 Jesús cerró el libro. Lo devolvió
al dirigente y se sentó. Todos los que

highest part of the house of God. The
devil said to Jesus: "If You are the Son of
God, throw Yourself down from here.
10 For it is written, 'He has told His
angels to care for You and to keep You.
11 In their hands they will hold You
up. Then Your foot will not hit against a
stone."' Psalm 91:11-12
12 Jesus said to the devil: "It is written, 'You must not tempt the Lord your
God."' Deuteronomy 6:16
13 When the devil finished tempting
Jesus in every way, he went away from
Jesus for awhile.

Jesus preaches in Galilee

Matthew 4:12-17 Mark 1:14-15

14 Jesus went back to Galilee in the
power of the Holy Spirit. People talked
about Him so much that He was well
known through all the country.
15 Jesus taught in their places of worship and was honored by all people.

In Nazareth they do not believe in Jesus

16 Jesus came to Nazareth where He
had grown up. As He had done before,
He went into the Jewish place of worship on the Day of Rest. Then He stood
up to read.
17 Someone handed Him the book of
the early preacher Isaiah. He opened it
and found the place where it was written,
18 "The Spirit of the Lord is on Me. He
has put His hand on Me to preach the
Good News to poor people. He has sent
Me to heal those with a sad heart. He
has sent Me to tell those who are being
held that they can go free. He has sent
Me to make the blind to see and to free
those who are held because of trouble.
19 He sent Me to tell of the time when
men can receive favor with the Lord."
Isaiah 61:1-2
20 Jesus closed the book. Then He
gave it back to the leader and sat down.

estaban en la reunión lo miraron.

21 Luego, principió a decirles: "Las sagradas escrituras que acaban de escuchar se han cumplido hoy."
22 Las personas presentes hablaron bien de Jesús y se asombraron de las palabras que él decía. Preguntaban: "¿No es éste el hijo de José?"
23 Él les dijo: "Tal vez ustedes me dirán este viejo refrán: 'Médico, ¡cúrate a ti mismo! Lo que hiciste en la ciudad de Capernaum, ¡hazlo aquí en tu propio país!'"
24 Siguió diciendo: "Un hombre que habla en nombre de Dios no es respetado en su propio país.
25 Es cierto que había muchas mujeres cuyos maridos habían muerto en la tierra de los judíos cuando vivía Elías. Durante tres años y medio no hubo lluvia, y había muy poca comida en la tierra.
26 Pero Elías no fue enviado a ninguna de ellas, sino a una mujer en la ciudad de Sarepta, en el país de Sidón. El esposo de esta mujer había muerto.
27 Había mucha gente en la tierra de los judíos que tenía una enfermedad muy mala de la piel cuando vivió el predicador Eliseo. Pero ninguno de ellos, sino Naamán, fue sanado. Y él era del país de Siria."
28 Todos los que estaban congregados en la reunión se enojaron mucho cuando oyeron sus palabras.
29 Se levantaron y llevaron a Jesús del pueblo hasta lo alto de un cerro. Querían tirarlo desde allí.
30 Pero Jesús pasó por en medio de ellos y se fue por su propio camino.

Jesús sana a un hombre que tenía un demonio

Marcos 1:21-28

31 Jesús descendió a la ciudad de Capernaum en el país de Galilea. Enseñaba en los días de descanso.

All those in the Jewish place of worship kept their eyes on Him.

21 Then He began to say to them: "The Holy Writings you have just heard have been completed today."
22 They all spoke well of Jesus and agreed with the words He spoke. They said: "Is not this the son of Joseph?"
23 He said to them: "I wonder if you will tell this old saying to Me, 'Doctor, heal Yourself. What You did in the city of Capernaum, do in Your own country!'"
24 He said: "A man who speaks for God is not respected in his own country.
25 It is true that there were many women whose husbands had died in the Jewish land when Elijah lived. For three and a half years there was no rain and there was very little food in the land.
26 Elijah was sent to none of them, but he was sent to a woman in the city of Zarephath in the land of Sidon. This woman's husband had died.
27 There were many people in the Jewish land who had a bad skin disease when the early preacher Elisha lived. None of them was healed. But Naaman from the country of Syria was healed."
28 All those in the Jewish place of worship were angry when they heard His words.
29 They got up and took Jesus out of town to the top of a high hill. They wanted to throw Him over the side.
30 But Jesus got away from among them and went on His way.

Jesus heals a man with a demon

Mark 1:21-28

31 Jesus went down to Capernaum in Galilee. He taught them on the Days of Rest.

32 La gente estaba sorprendida. Entre los presentes, se hacían preguntas sobre su enseñanza. Sus palabras tenían poder.

33 Un hombre que estaba en el templo local tenía un espíritu malo. Gritaba con voz muy fuerte.

34 "¿Qué quieres de nosotros, Jesús de Nazaret? Yo sé quién eres tú. Tú eres el Santo de Dios."

35 Jesús habló con palabras fuertes al espíritu malo y le dijo: "¡No hables! ¡Sal fuera de este hombre!" Cuando el espíritu malo tiró al hombre al suelo, salió de él sin hacerle daño.

36 Toda la gente estaba sorprendida. Se preguntaban unos a otros: "¿Qué clase de palabra es ésta? Él habla a los espíritus malos con poder, y ellos salen."

37 Por todo el país corrían las noticias sobre Jesús.

La suegra de Pedro sanada

Mateo 8:14-15 Marcos 1:29-31

38 Jesús salió del templo local y fue a casa de Simón. La suegra de Simón estaba en cama, muy enferma. Le pidieron a Jesús que la ayudara.

39 Él se puso junto a ella y mandó a la enfermedad que la dejara. La enfermedad salió, y de inmediato ella se levantó y los atendió.

Jesús sana en Galilea

Mateo 8:16-17 Marcos 1:32-34

40 Al ponerse el sol, la gente llevó a Jesús a todos los que estaban enfermos, de muchas clases de enfermedades. Él puso sus manos sobre ellos, y sanaron.

41 También los espíritus malos salieron de mucha gente. Los espíritus malos gritaban y decían: "Tú eres Cristo, el Hijo de Dios." Jesús les habló duramente y no les permitió hablar. Ellos sabían que él era el Cristo.

Jesús sigue predicando en Galilea

Mateo 4:23-25 Marcos 1:35-39

42 Por la mañana, salió al desierto. Pero la gente lo buscaba y cuando lo encontraron, trataron de detenerlo

32 The people were surprised and wondered about His teaching. His words had power.

33 A man in the Jewish place of worship had a demon. He cried with a loud voice,

34 "What do You want of us, Jesus of Nazareth? I know Who You are. You are the Holy One of God."

35 Jesus spoke sharp words to the demon and said: "Do not talk! Come out of him!" When the demon had thrown the man down, he came out without hurting the man.

36 The people were all surprised. They asked each other: "What kind of word is this? He speaks to the demons with power and they come out!"

37 The news about Jesus went through all the country.

Peter's mother-in-law healed

Matthew 8:14-15 Mark 1:29-31

38 Jesus went away from the Jewish place of worship and went into Simon's house. Simon's mother-in-law was in bed, very sick. They asked Jesus to help her.

39 He stood by her and told the disease to leave. It went from her. At once she got up and cared for them.

Jesus heals in Galilee

Matthew 8:16-17 Mark 1:32-34

40 As the sun went down, the people took all that were sick with many kinds of diseases to Jesus. He put His hands on all of them and they were healed.

41 Also demons came out of many people. The demons cried out and said: "You are Christ, the Son of God." Jesus spoke strong words to them and would not let them speak. They knew He was the Christ.

Jesus keeps on preaching in Galilee

Matthew 4:23-25 Mark 1:35-39

42 In the morning He went out to a desert. The people looked for Him. When they found Him, they were trying to keep

para que no se fuera.
43 Les dijo: "Debo predicar sobre el
reino de Dios en otras ciudades también. Para esto, fui enviado."
44 Y siguió predicando en los templos
locales en todo el país de Galilea.

Jesús llama a Simón, a Andrés y a Juan

Mateo 4:18-22 Marcos 1:16-20

5 Estando Jesús parado cerca del
lago de Genesaret, mucha gen-
te se juntó. Querían oír la palabra de
Dios.
2 Jesús vio dos barcos en la orilla.
Los pescadores no estaban allí, porque
estaban lavando sus redes.
3 Jesús subió a uno de estos barcos que era de Simón y le pidió que
se apartase un poco de la orilla. Sentándose, él enseñó a la gente desde el
barco.
4 Cuando terminó de hablar, le dijo
a Simón: "Vamos a la parte honda del
lago. Allí echen sus redes para pescar."
5 Simón le respondió: "Maestro,
hemos trabajado toda la noche y no
hemos pescado nada. Pero, porque tú
me lo pides, lo haré."
6 Cuando echaron las redes, sacaron
muchos peces. Sus redes se rompían.
7 Entonces, por señas, llamaron a sus
amigos que estaban en el otro barco
para que vinieran a ayudarles. Vinieron
y llenaron los dos barcos tanto que casi
se hundían.
8 Cuando Simón Pedro vio esto, se
arrodilló a los pies de Jesús y le dijo:
"Vete de mí, Señor, porque soy un
hombre pecador."
9 Él y todos los demás estaban sorprendidos y asustados por la pesca que
habían hecho.
10 También Jacobo y Juan, los hijos de
Zebedeo que trabajaban con Simón,
estaban admirados. Entonces Jesús le

Him from going away from them.
43 He said to them: "I must preach
about the holy nation of God in other
cities also. This is why I was sent."
44 And He kept on preaching in the
Jewish places of worship in Galilee.

Jesus calls Simon and James and John

Matthew 4:18-22 Mark 1:16-20

5 While Jesus was standing by
the lake of Gennesaret, many
people pushed to get near Him. They
wanted to hear the Word of God.
2 Jesus saw two boats on the shore.
The fishermen were not there because
they were washing their nets.
3 Jesus got into a boat which belonged
to Simon. Jesus asked him to push it
out a little way from land. Then He sat
down and taught the people from the
boat.
4 When He had finished speaking,
He said to Simon: "Push out into the
deep water. Let down your nets for
some fish."
5 Simon said to Him: "Teacher, we
have worked all night and we have
caught nothing. But because You told
me to, I will let the net down."
6 When they had done this, they
caught so many fish, their net started
to break.
7 They called to their friends working in the other boat to come and help
them. They came and both boats were
so full of fish they began to sink.
8 When Simon Peter saw it, he got
down at the feet of Jesus. He said: "Go
away from me, Lord, because I am a
sinful man."
9 He and all those with him were
surprised and wondered about the
many fish.
10 James and John, the sons of Zebedee, were surprised also. They were
working together with Simon. Then

dijo a Simón: "No tengas miedo, desde hoy tú serás pescador de hombres."

11 Al regresar a tierra con sus barcos, dejaron todo y siguieron a Jesús.

Jesús sana a un hombre que tenía una mala enfermedad en la piel

Mateo 8:1-4 Marcos 1:40-45

12 Cuando Jesús estaba en un pueblo, un hombre con una enfermedad mala en la piel se le acercó y, al verlo, se arrodilló, poniendo su cara en el suelo. Dijo: "Señor, si tú quieres, puedes curarme."

13 Jesús entonces puso sus manos sobre él y dijo: "Sí, quiero que tu piel se limpie." E inmediatamente la enfermedad le dejó y su piel quedó limpia.

14 Entonces Jesús le mandó que no dijera nada a nadie. "Le mandó que fuera al dirigente religioso para que lo viera. También debía llevar la ofrenda que Moisés mandó que se diera cuando un enfermo de la piel se curara. Esto les mostrará a los sacerdotes que tú has sido curado," le dijo Jesús.

15 La fama de Jesús se extendió más y más. Mucha gente se reunía para oírle y para que él los curara de sus enfermedades.

16 Jesús, sin embargo, se apartaba a orar en lugares donde no había gente.

Jesús sana a un hombre que no podía andar

Mateo 9:1-8 Marcos 2:1-12

17 Un día que Jesús estaba enseñando, algunos maestros de la ley estaban sentados delante de él. Habían venido de todos los pueblos de los países de Galilea y Judea y de la ciudad de Jerusalén. Jesús tenía el poder de Dios para curar.

18 Unos hombres trajeron a otro que no podía andar. Lo cargaban en cama. Al llegar, miraron dentro de la casa,

Jesus said to Simon: "Do not be afraid. From now on you will fish for men."

11 When they came to land with their boats, they left everything and followed Jesus.

Jesus heals a man with a bad skin disease

Matthew 8:1-4 Mark 1:40-45

12 While Jesus was in one of the towns, a man came to Him with a bad skin disease over all his body. When he saw Jesus, he got down on his face before Him. He begged Him, saying: "Lord, if You are willing, You can heal me."

13 Jesus put His hand on him and said: "I will, be healed." At once the disease went away from him.

14 Then Jesus told him to tell no one. He said: "Go and let the religious leader of the Jews see you. Give the gift on the altar in worship that Moses told you to give when a man is healed of a disease. This will show the leaders you have been healed."

15 The news about Jesus went out all the more. Many people came to hear Him and to be healed of their diseases.

16 Then He went away by Himself to pray in a desert.

Jesus heals a man let down through the roof of a house

Matthew 9:1-8 Mark 2:1-12

17 On one of the days while Jesus was teaching, some proud religious law keepers and teachers of the Law were sitting by Him. They had come from every town in the countries of Galilee and Judea and from Jerusalem. The power of the Lord was there to heal them.

18 Some men took a man who was not able to move his body to Jesus. He was carried on a bed. They looked for

buscando la manera de llevarlo hasta Jesús.

19 No pudieron entrar porque había mucha gente. Entonces hicieron un hoyo en el tejado y por allí bajaron la cama con el enfermo hasta donde estaba Jesús.

20 Cuando Jesús vio su fe, dijo al enfermo: "Amigo, tus pecados te son perdonados."

21 Los maestros de la ley y los celosos religiosos pensaron entre sí. "¿Quién es este hombre que habla como si fuera Dios?"

22 Jesús supo lo que ellos pensaban y les dijo: "¿Por qué piensan de ese modo en sus corazones?

23 ¿Qué es más fácil decir: 'Tus pecados te son perdonados' o decir: 'Levántate y anda'?

24 "Pues para que sepan que el Hijo del Hombre tiene poder en la tierra para perdonar pecados", dijo al hombre enfermo: "A ti te digo, levántate, toma tu cama y vete a tu casa."

25 Al momento, el hombre que no podía caminar se paró enfrente de él, tomó su cama y se fue a su casa dando gracias a Dios.

26 Y todos los que allí estaban quedaron sorprendidos y daban gracias a Dios diciendo: "Hoy hemos visto grandes cosas."

a way to take the man into the house where Jesus was.

19 But they could not find a way to take him in because of so many people. They made a hole in the roof over where Jesus stood. Then they let the bed with the sick man on it down before Jesus.

20 When Jesus saw their faith, He said to the man: "Friend, your sins are forgiven."

21 The teachers of the Law and the proud religious law keepers thought to themselves: "Who is this Man Who speaks as if He is God? Who can forgive sins but God only?"

22 Jesus knew what they were thinking. He said to them: "Why do you think this way in your hearts?

23 Which is easier to say, 'Your sins are forgiven,' or, 'Get up and walk'?

24 "So that you may know the Son of Man has the right and the power on earth to forgive sins," He said to the man who could not move his body: "I say to you, get up. Take your bed and go to your home."

25 At once the sick man got up in front of them. He took his bed and went to his home thanking God.

26 All those who were there were surprised and gave thanks to God, saying: "We have seen very special things today."

Jesús llama a Mateo

Mateo 9:9-13 Marcos 2:13-17

27 Después de estas cosas, Jesús salió y vio a un hombre que cobraba los impuestos. Su nombre era Leví, Mateo. Él estaba sentado, trabajando, cuando Jesús le dijo: "Sígueme."

28 Leví se levantó, dejó todo allí y lo siguió.

29 Después, Leví hizo una gran comida

Jesus calls Matthew

Matthew 9:9-13 Mark 2:13-17

27 After this Jesus went out and saw a man who gathered taxes. His name was Levi, Matthew. Levi was sitting at his work. Jesus said to him: "Follow Me."

28 Levi got up, left everything and followed Jesus.

29 Levi made a big supper for Jesus

en su casa para Jesús. Muchas personas, entre ellas varios otros cobradores de impuestos fueron invitadas y estaban presentes para la cena.
30 Los maestros de la ley y los celosos religiosos hablaban en contra de los seguidores de Jesús, diciendo: "¿Por qué comen y beben con los que cobran impuestos y con los pecadores?"
31 Fue Jesús quien les respondió: "La gente que está sana no necesita de un médico. Sólo aquellos que están enfermos lo necesitan.
32 No he venido a llamar a los que se creen buenos ante Dios; he venido a llamar a los pecadores para que cambien de actitud y dejen sus pecados."

Jesús les enseña que sin comer se puede orar mejor
Mateo 9:14-17 Marcos 2:18-22

33 Ellos preguntaron a Jesús: "¿Por qué los seguidores de Juan y los seguidores de los celosos religiosos no comen para orar mejor, pero tus seguidores comen y beben?"
34 Jesús les respondió: "¿Pueden los amigos en una boda estar tristes cuando el novio está con ellos?
35 Días vendrán cuando el novio les será quitado. Entonces, no comerán ni beberán y así podrán orar mejor."

La historia del remiendo y de las bolsas de cuero

36 Entonces Jesús les contó una historia, y les dijo: "Nadie corta un pedazo de vestido nuevo y lo cose en un vestido viejo. Si lo hace, el vestido nuevo tendrá un agujero, y el pedazo de vestido nuevo y el vestido viejo no serán iguales.
37 Ningún hombre pone vino nuevo en bolsas de cuero viejas. Si lo hace, el cuero se rompe, el vino se tira, y las bolsas se echan a perder.
38 El vino nuevo debe ponerse en

in his house. Many men who gathered taxes and other people sat down with them.
30 The teachers of the Law and the proud religious law keepers talked against the followers of Jesus. They said: "Why do You eat and drink with men who gather taxes and with sinners?"
31 Jesus said to them: "People who are well do not need a doctor. Only those who are sick need a doctor.
32 I have not come to call good people. I have come to call sinners to be sorry for their sins and to turn from them."

Jesus teaches about going without food so you can pray better
Matthew 9:14-17 Mark 2:18-22

33 They asked Jesus: "Why do the followers of John and of the proud religious law keepers go without food so they can pray better, but Your followers keep on eating and drinking?"
34 Jesus answered them: "Can the friends at a wedding be sorry when the man just married is with them?
35 The days will come when the man just married will be taken from them. Then they will not eat food so they can pray better in those days."

The picture story of the cloth and the bags

36 Then Jesus told them a picture story. He said: "No one sews a piece of cloth from a new coat on an old coat. If he does, the new coat will have a hole. The new piece and the old coat will not be the same.
37 No man puts new wine into old skin bags. If they did, the skins would break and the wine would run out. The bags would be no good.
38 New wine must be put into new

bolsas nuevas, y las dos cosas estarán seguras.
39 Nadie quiere tomar vino nuevo, después de beber vino viejo; pues dice: 'El vino viejo es mejor.'"

Jesús enseña sobre el día de descanso
Mateo 12:1-8 Marcos 2:23-28

6 Un día de descanso, Jesús caminaba entre los sembrados de trigo. Sus seguidores recogían espigas, las frotaban con las manos y comían el grano.
2 Algunos de los celosos religiosos les preguntaron: "¿Por qué están haciendo lo que la ley prohíbe hacer en el día de descanso?"
3 Jesús les respondió: "¿No han leído lo que David hizo cuando él y sus hombres tuvieron hambre?
4 David entró en el gran templo de Dios y comió del pan especial que es usado para la adoración religiosa. También les dio de comer a los que con él estaban. La ley dice que sólo los dirigentes religiosos pueden comer de ese pan.
5 Sepan, pues, que el Hijo del Hombre es Señor del día de descanso."

Jesús sana en el día de descanso
Mateo 12:9-14 Marcos 3:1-6

6 Otro día de descanso, Jesús entró en un templo local y les enseñó. Un hombre con una mano seca estaba allí.
7 Los maestros de la ley y los celosos religiosos estaban atentos para ver si Jesús lo sanaría en el día de descanso. Ellos querían tener algo que decir en contra de Jesús.
8 Él sabía lo que estaban pensando y le dijo al hombre que tenía la mano seca: "Párate y ven." El hombre se paró y se acercó a Jesús.
9 Entonces Jesús les dijo: "Les voy a preguntar algo. ¿Dice la ley que debemos hacer bien o mal en el día de des-

bags and both are kept safe.
39 No one wants new wine after drinking old wine. He says, 'The old wine is better.'"

Jesus teaches about the day of rest
Matthew 12:1-8 Mark 2:23-28

6 On the next Day of Rest Jesus was walking through the grain fields. His followers picked grain. They rubbed it in their hands and ate it.
2 Some of the proud religious law keepers said to them: "Why are you doing what the Law says should not be done on the Day of Rest?"
3 Jesus answered them: "Have you not read what David did when he and his men were hungry?
4 He went into the house of God and ate the special bread used in the religious worship. He gave some to those who were with him also. The Law says only the religious leaders may eat that bread.
5 The Son of Man is Lord of the Day of Rest also."

Jesus heals on the day of rest
Matthew 12:9-14 Mark 3:1-6

6 On another Day of Rest Jesus went into the Jewish place of worship and taught. A man with a dried up hand was there.
7 The teachers of the Law and the proud religious law keepers watched to see if He would heal on the Day of Rest. They wanted to have something to say against Him.
8 Jesus knew what they were thinking. He said to the man with the dried up hand: "Stand up and come here." The man stood up and went to Jesus.
9 Then Jesus said to them: "I will ask you one thing. Does the Law say to do good on the Day of Rest or to do bad?

canso? ¿Salvar la vida o matar?"

10 Jesús miró a todos y le dijo al hombre: "Levanta la mano." Él la levantó y su mano fue sanada. Estaba tan sana como la otra mano.

11 Los maestros de la ley y los celosos religiosos de la ley estaban muy enojados y hablaban entre sí para ver qué podrían hacer contra Jesús.

Jesús llama a sus doce seguidores

Mateo 10:1-4 Marcos 3:13-19

12 Un día, Jesús subió a un monte para orar y estuvo orando toda la noche a Dios.

13 En la mañana, llamó al grupo de sus seguidores. Escogió a doce de entre todos y les llamó misioneros.

14 Eran estos Simón a quien él llamó Pedro, Andrés hermano de Pedro, Jacobo, Juan, Felipe, Bartolomé,

15 Mateo, Tomás, Jacobo hijo de Alfeo, Simón llamado Zelote;

16 Judas quien era hermano de Jacobo, y Judas Iscariote quien entregaría a Jesús para que lo mataran.

Jesús sana a mucha gente

Mateo 12:15-21 Marcos 3:7-12

17 Entonces Jesús bajó y se paró en un lugar plano con sus seguidores y muchas otras personas. Mucha gente venía de todo el país de Judea y de las ciudades de Jerusalén, Tiro y Sidón para oírle y para ser sanados de sus enfermedades.

18 Aquellos que habían sufrido con espíritus malos vinieron y fueron sanados.

19 Toda la gente trataba de tocar a Jesús. Salía poder de él, y todos sanaban.

Jesús enseña en la montaña

Mateo 5:1-7:29

20 Jesús miró a sus seguidores y les

To save life or to kill?"

10 Jesus looked around at them all and said to the man: "Put out your hand." He put it out and his hand was healed. It was as good as his other hand.

11 The teachers of the Law and the proud religious law keepers were filled with anger. They talked with each other about what they might do to Jesus.

Jesus calls his twelve followers

Matthew 10:1-4 Mark 3:13-19

12 One day Jesus went up on a mountain to pray. He prayed all night to God.

13 In the morning He called His followers to Him. He chose twelve of them and called them.

14 There were Simon, whom He also named Peter, and his brother Andrew. There were James and John, Philip and Bartholomew,

15 Matthew and Thomas. There were James the son of Alphaeus, and Simon the Canaanite.

16 There were Judas, who was the brother of James, and Judas Iscariot who would hand Jesus over to be killed.

Jesus heals many people

Matthew 12:15-21 Mark 3:7-12

17 Then Jesus came down and stood on a plain with many of His followers. Many people came from the country of Judea and from Jerusalem and from the cities of Tyre and Sidon. They came to hear Him and to be healed of their diseases.

18 Those who were troubled with demons came and were healed.

19 All the people tried to put their hands on Jesus. Power came from Him and He healed them all.

Jesus teaches on the mountain

Matthew 5:1-7:29

20 He looked at His followers and

dijo: "Los de ustedes que ahora son pobres, alégrense, porque el reino de Dios es de ustedes.

21 Ustedes que tienen hambre, alégrense, porque serán llenados. Aquellos de ustedes que ahora sufren, alégrense, porque reirán.

22 Sean felices cuando los hombres les odien o no les quieran o hablen mal de ustedes porque ustedes confían y creen en mí.

23 Alégrense en aquel día y gócense, porque su pago será mucho en el cielo. Los padres de los hombres malos hicieron las mismas cosas con los antiguos predicadores.

24 "Será malo para los que ahora son ricos. Están recibiendo todo lo que merecen.

25 Será malo para los que están satisfechos. Estarán hambrientos. Será malo para los que ahora ríen. Estarán tristes y llorarán.

26 Será malo para aquellos de quienes todos hablan bien. En la misma manera, sus padres hablaron bien de los falsos maestros.

Jesús enseña acerca del amor

27 "Yo digo a quien me oye: ama a aquellos que trabajan en tu contra. Haz bien a aquellos que te odian.

28 Respeta y da gracias por aquellos que tratan de hacerte mal. Ora por aquellos que te molestan.

29 A quien alguna vez tome tu abrigo, dale también tu camisa.

30 Dale a quien te pide. Si una persona toma algo de ti, no pidas que te lo devuelva.

31 Haz a otros lo que te gustaría que ellos hicieran contigo.

32 "Si aman a los que los aman, ¿qué

said: "Those of you who are poor are happy, because the holy nation of God is yours.

21 Those of you who are hungry now are happy, because you will be filled. Those of you who have sorrow now are happy, because you will laugh.

22 You are happy when men hate you and do not want you around and put shame on you because you trust in Me.

23 Be glad in that day. Be full of joy for your reward is much in heaven. Their fathers did these things to the early preachers.

24 "It is bad for you who are rich. You are receiving all that you will get.

25 It is bad for you that are full. You will be hungry. It is bad for you who laugh now. You will have sorrow and you will cry.

26 It is bad for you when everyone speaks well of you. In the same way, their fathers spoke well of the false teachers.

Jesus teaches what the law says about love

27 "I say to you who hear Me, love those who work against you. Do good to those who hate you.

28 Respect and give thanks for those who try to bring bad to you. Pray for those who make it very hard for you.

29 Whoever hits you on one side of the face, turn so he can hit the other side also. Whoever takes your coat, give him your shirt also.

30 Give to any person who asks you for something. If a person takes something from you, do not ask for it back.

31 Do for other people what you would like to have them do for you.

32 "If you love those who love you,

pago pueden esperar de eso? Los pecadores también aman a quienes les aman.

33 Si hacen el bien a aquellos de quienes reciben el bien, ¿qué pago pueden esperar de esto? Los pecadores también hacen el bien a quienes les dan bien.

34 Si dejan a la gente usar sus cosas y esperan recibir algo a cambio, ¿qué pago pueden esperar de esto? Aun los pecadores prestan a los pecadores, y esperan recibir el doble.

35 Pero amen a aquellos que los odian. Háganles el bien. Presten sus cosas y no esperen recibir nada. Su pago será mayor. Ustedes serán hijos del Altísimo. Él es bueno aun con aquellos que no le dan gracias y que están llenos de pecado.

Jesús enseña sobre el hallar culpables a los demás

36 "Deben ser buenos y amables como su Padre es bueno y tiene amor.

37 No digan lo que está mal en la vida de otras personas. Así otros no hablarán mal de ustedes. No digan que alguien es culpable. Así nadie los culpará. Perdonen a otros, y así serán perdonados.

38 "Den, y se les dará. Tendrán más que suficiente; medida apretada, más que llena, les será dada. De la misma manera que ustedes den a otros será como ustedes recibirán."

39 Jesús les habló, dándoles como ejemplo una historia. Les dijo: "¿Puede un hombre ciego guiar a otro ciego? ¿No caerán los dos en el hoyo?

40 El seguidor no es más importante que su maestro, pero cualquiera que aprende bien puede ser como su maestro.

Jesús les enseña sobre el hablar mal de otros

41 "¿Por qué ves la pequeña paja en el

what reward can you expect from that? Sinners also love those who love them.

33 If you do good to those who do good to you, what thanks can you expect from that? Sinners also do good to those who do good to them.

34 If you let people use your things and expect to get something back, what thanks can you expect from that? Even sinners let sinners use things and they expect to get something back.

35 But love those who hate you. Do good to them. Let them use your things and do not expect something back. Your reward will be much. You will be the children of the Most High. He is kind to those who are not thankful and to those who are full of sin.

Jesus teaches about finding bad in others

36 "You must have loving kindness just as your Father has loving kindness.

37 Do not say what is wrong in other people's lives. Then other people will not say what is wrong in your life. Do not say someone is guilty. Then other people will not say you are guilty. Forgive other people and other people will forgive you.

38 "Give, and it will be given to you. You will have more than enough. It can be pushed down and shaken together and it will still run over as it is given to you. The way you give to others is the way you will receive in return."

39 Jesus used a picture story as He spoke to them. He said: "Can one blind man lead another blind man? Will they not fall into the ditch together?

40 The follower is not more important than his teacher. But everyone who learns well will be like his teacher.

Jesus teaches about saying what is wrong in others

41 "Why do you look at the small

ojo de tu hermano, y no ves la viga que hay en el tuyo?

42 ¿Cómo es que dices a tu hermano déjame quitar la paja de tu ojo, cuando no miras el gran trozo de madera que hay en tu propio ojo? Pretendes ser quien no eres. Primero, quita la viga de tu ojo; entonces podrás ver mejor para quitar la paja del ojo de tu hermano.

piece of wood in your brother's eye and do not see the big piece of wood in your own eye?

42 How can you say to your brother, 'Let me take that small piece of wood out of your eye,' when you do not see the big piece of wood in your own eye? You pretend to be someone you are not. First, take the big piece of wood out of your own eye. Then you can see better to take the small piece of wood out of your brother's eye.

Jesús les enseña sobre los falsos maestros

Mateo 7:15-23

43 "Un buen árbol no puede dar mal fruto, y un mal árbol no puede dar buen fruto.

44 Porque cada árbol es conocido por su fruto. El hombre no cosecha higos de los espinos. No se recogen uvas de las zarzas.

45 El bien viene del hombre bueno, por la riqueza que hay en su corazón. El mal sale del hombre pecador, por el mal que hay en su corazón. La boca habla según lo que hay en el corazón.

Jesus teaches about false teachers

Matthew 7:15-23

43 "A good tree cannot have bad fruit. A bad tree cannot have good fruit.

44 For every tree is known by its own fruit. Men do not gather figs from thorns. They do not gather grapes from thistles.

45 Good comes from a good man because of the riches he has in his heart. Sin comes from a sinful man because of the sin he has in his heart. The mouth speaks of what the heart is full of.

Jesús enseña sobre las casas construídas en roca o sobre arena

Mateo 7:24-27

46 "¿Por qué me llaman, 'Señor, Señor', pero no hacen lo que yo digo?

47 Cualquiera que viene a mí y oye mis palabras y hace lo que digo, les diré a quién se parece.

48 Es como un hombre que construyó su casa. Él cavó hondo y edificó sobre roca. Cuando hubo una inundación y el río golpeó contra la casa ésta no se cayó, porque estaba construida sobre roca.

49 Pero, aquel que oye mis palabras y no hace lo que digo es como un hombre que construyó su casa sobre arena. El agua golpeó contra la casa, y al momento, ésta se cayó y quedó destruida."

Jesus teaches about houses built on rock and sand

Matthew 7:24-27

46 "And why do you call Me, 'Lord, Lord,' but do not do what I say?

47 Whoever comes to Me and hears and does what I say, I will show you who he is like.

48 He is like a man who built a house. He dug deep to put the building on rock. When the water came up and the river beat against the house, the building could not be shaken because it was built on rock.

49 But he who hears and does not do what I say, is like a man who built a house on nothing but earth. The water beat against the house. At once it fell and was destroyed."

Jesús sana al ayudante de un capitán

Mateo 8:5-13

7 Cuando Jesús terminó de enseñar a la gente, regresó a Capernaum.

2 Un capitán del ejército tenía un ayudante a quien quería mucho y que estaba muy enfermo, casi muriendo.

3 Cuando el capitán oyó de Jesús, le envió a algunos líderes judíos.

4 Llegaron a Jesús y le rogaron diciendo: "Este hombre es bueno y merece que le concedas esto.

5 El ama nuestra nación y ha edificado un templo local."

6 Jesús fue con ellos. Cuando estaban cerca de la casa, el capitán mandó a algunos amigos a decirle: "Señor, no te molestes en llegar hasta la casa porque no soy lo suficientemente bueno para que entres en mi casa.

7 Ni soy bueno para ir a ti; pero sólo di tú la palabra, y mi ayudante sanará.

8 Porque yo soy un hombre que trabajo y tengo soldados bajo mis órdenes. Si le digo a alguno 'Ve', va; si a otro le digo 'Ven', viene; y si le digo a mi ayudante, 'Haz esto', lo hace."

9 Jesús se sorprendió cuando oyó esto. Se volteó hacia la gente que le seguía y les dijo: "Les digo, que ni aun en Israel he encontrado tanta fe."

10 Y aquellos que habían sido enviados regresaron a la casa del capitán y encontraron al ayudante sano.

Jesús levanta de la muerte al hijo de una viuda

11 Al día siguiente Jesús fue a la ciudad

The healing of the captain's helper

Matthew 8:5-13

7 When Jesus had finished teaching the people, He went back to Capernaum.

2 A captain of the army had a servant that he thought much of. This servant was very sick and was about to die.

3 When the captain heard of Jesus, he sent some Jewish leaders to Him. They were to ask if He would come and heal this servant.

4 They came to Jesus and begged Him, saying: "The man is respected and should have this done for him.

5 He loves our nation and has built our Jewish place of worship."

6 Jesus went with them. When He was not far from the house, the captain told some friends to tell this to Jesus: "Lord, do not take the time to come to my house, because I am not good enough.

7 And I am not good enough to come to You. But just say the word and my servant will be healed.

8 For I am a man who works for someone else also, and I have soldiers who work for me. I say to this man, 'Go!' and he goes. I say to another, 'Come!' and he comes. I say to my workman, 'Do this!' and he does it."

9 Jesus was surprised when He heard this. He turned to the people following Him and said: "I tell you, I have not found so much faith even in the Jewish nation."

10 Those who had been sent went back to the captain's house and found the servant well again.

The son of a woman whose husband had died was raised from the dead

11 The next day Jesus went to a city

llamada Naín. Sus seguidores y mucha gente iban con él.
12 Cuando llegó cerca de la puerta de la ciudad, vieron que cargaban un muerto que iban a enterrar. Era el único hijo de una viuda. Mucha gente de la ciudad estaba con ella.
13 Cuando el Señor la vio, se sintió triste con ella y le dijo: "¡No llores!"
14 Entonces fue y tocó la caja donde lo cargaban. Los hombres que cargaban la caja se pararon y Jesús dijo: "Muchacho, a ti te digo, ¡levántate!"
15 El muchacho se levantó y empezó a hablar. Entonces Jesús lo dio de nuevo a su madre.
16 Todos tenían miedo y daban gracias a Dios. Decían: "Un gran hombre que habla por Dios está con nosotros." "Dios ha visitado a su pueblo."
17 Las noticias acerca de Jesús se extendieron por todo el país de Judea y por toda la región.

Juan el bautista pregunta sobre Jesús

Mateo 11:1-6

18 Los seguidores de Juan el bautista le dijeron de todas estas cosas.
19 Llamó Juan a dos de sus seguidores y los mandó a Jesús para preguntarle: "¿Eres tú el que ha de venir o debemos esperar a otro?"
20 Los hombres llegaron con Jesús y le dijeron: "Juan el bautista nos manda a preguntarte: '¿Eres tú el que ha de venir, o debemos esperar a otro?'"
21 En ese tiempo Jesús sanaba a mucha gente de toda clase de enfermedades y echaba fuera espíritus malos. Muchos que eran ciegos ahora veían.
22 Jesús les dijo a los seguidores de Juan: "Regresen a Juan el bautista y díganle lo que han visto y oído. Díganle que los ciegos ven, que aquellos que no podían andar ahora andan; que aquellos que tenían enfermedades en

called Nain. His followers and many other people went with Him.
12 When they came near the city gate, a dead man was being carried out. He was the only son of a woman whose husband had died. Many people of the city were with her.
13 When the Lord saw her, He had loving pity for her and said: "Do not cry."
14 He went and put His hand on the box in which the dead man was carried. The men who were carrying it, stopped. Jesus said: "Young man, I say to you, get up!"
15 The man who was dead sat up and began to talk. Then Jesus gave him to his mother.
16 Everyone was afraid and they gave thanks to God. They said: "A great Man Who speaks for God has come among us! God has cared for His people!"
17 The news about Jesus went through all the country of Judea and over all the land.

John the Baptist asks about Jesus

Matthew 11:1-6

18 The followers of John the Baptist told him about all these things.
19 John called two of his followers and sent them to Jesus to ask: "Are You the One Who is to come? Or are we to look for another?"
20 The men came to Jesus and said: "John the Baptist sent us to ask You, 'Are You the One Who is to come? Or are we to look for another?' "
21 At that time Jesus was healing many people of all kinds of sickness and disease and was putting out demons. Many that were blind were able to see.
22 Jesus said to John's followers: "Go back to John the Baptist and tell him what you have seen and heard. Tell him the blind are made to see. Those who could not walk, are walking. Those with a bad skin disease are healed. Those

la piel ahora son sanos; aquellos que no oían ahora oyen. Los muertos han sido levantados, y viven. Los pobres han escuchado las buenas nuevas.

23 La gente que no se avergüenza de mí y no me da la espalda es feliz."

who could not hear, are hearing. The dead are raised to life and poor people have the Good News preached to them.

23 The person who is not ashamed of Me and does not turn away from Me is happy."

Jesús habla sobre Juan el bautista

Mateo 11:7-19

24 Cuando los seguidores de Juan se habían ido, Jesús les habló de Juan. Dijo: "¿Qué salieron a ver al desierto? ¿Salieron a ver un pequeño árbol moviéndose en el viento?

25 ¿Qué salieron a ver? ¿A un hombre bien vestido? Los que se visten de ropa elegante están en casas de reyes.

26 Pero ¿qué salieron a ver? ¿A uno que habla por Dios? Sí, en verdad les digo que él es más que uno que habla por Dios.

27 Este es el hombre del que está escrito en las sagradas escrituras. '¡Miren! Envió mi mensajero a llevar noticias. Él me preparará el camino.' Malaquías 3:1; Isaías 40:3

28 "En verdad les digo que entre los nacidos de mujer no hay otro mayor que Juan el bautista. Pero el más pequeño en el reino de Dios es mayor que él."

29 Toda la gente que oyó a Jesús y aquellos que cobraban impuestos obedecieron a Dios. Tales personas fueron bautizadas por Juan.

30 Pero los celosos religiosos y los intérpretes de la ley no escucharon, no fueron bautizados por Juan y no recibieron lo que Dios tenía para ellos.

Jesus tells about John the Baptist

Matthew 11:7-19

24 As John's followers were going away, Jesus began to tell the people about John the Baptist. He said: "Why did you go out to the desert? Did you go out to see a small tree moving in the wind?

25 What did you go out to see? A man dressed in good clothes? Those who are dressed in good clothes are in the houses of kings.

26 But what did you go to see? One who speaks for God? Yes, I tell you, he is more than one who speaks for God.

27 This is the man the Holy Writings spoke of when they said, 'See! I will send My helper to carry news ahead of You. He will make Your way ready for You!' Malachi 3:1; Isaiah 40:3

28 "I tell you, of those born of women, there is no one greater than John the Baptist. The least in the holy nation of God is greater than he."

29 All the people who heard Jesus and those who gathered taxes showed they knew God was right and were baptized by John.

30 But the proud religious law keepers and the men who knew the Law would not listen. They would not be baptized by John and they did not receive what God had for them.

Jesús habla contra la gente necia

31 Entonces el Señor dijo: "¿A quién se parecen los hombres de hoy?

32 Son como niños jugando en la plaza. Llaman a sus amigos y les dicen: 'Hemos tocado música para ustedes, pero no

Jesus speaks against the people of this day

31 Then the Lord said: "What are the people of this day like?

32 They are like children playing in front of stores. They call to their friends, 'We have played music for you, but you

bailaron. Hemos estado tristes por
ustedes, pero ustedes no lo están.'
33 Juan el bautista no ha venido
comiendo pan o bebiendo vino y ustedes dicen: 'Tiene un espíritu malo'.
34 El Hijo del Hombre vino comiendo y
bebiendo, y ustedes dicen: '¡Mira!, le gusta la comida y el vino. Es amigo de los que
cobran impuestos y de pecadores.'
35 La sabiduría es mostrada claramente por aquellos que son sabios."

Una mujer pone perfume en los pies de Jesús

36 Uno de los celosos religiosos quiso
que Jesús comiera con él. Jesús entró
en su casa y se sentó a la mesa.

37 Había una mujer de la ciudad, que
era pecadora. Supo que Jesús comía en
la casa del celoso religioso y trajo un
perfume especial.

38 Entonces estando detrás de él
empezó a llorar. Sus lágrimas mojaban
los pies del Señor. Los secaba con sus
cabellos. Los besaba y ponía el perfume especial en ellos.
39 El celoso religioso, que había invitado a Jesús a comer con él, vio esto y
pensó: *Si este hombre en verdad hablara
por Dios, él sabría quién y qué clase de
mujer es la que lo toca, pues ella es pecadora.*
40 Jesús le dijo: "Tengo algo que
decirte, Simón." Simón le respondío:
"Di, Maestro."
41 "Había dos hombres que debían
a un hombre algo de dinero. Uno le
debía quinientas monedas de plata; el
otro le debía cincuenta monedas de
plata.
42 Ninguno de los dos tenía dinero,
así que a los dos les dijo que no tenían
que pagarle lo que le debían. Dime,
¿Cuál de los dos le amará más?
43 Simón le dijo: "Yo creo que debe

did not dance. We have had sorrow for
you, but you did not have sorrow.'
33 John the Baptist did not come eating bread or drinking wine and you say,
'He has a demon.'
34 The Son of Man came eating and
drinking and you say, 'See! He likes
food and wine. He is a friend of men
who gather taxes and of sinners!'
35 Wisdom is shown to be right by
those who are wise."

A woman puts special perfume on the feet of Jesus

36 One of the proud religious law
keepers wanted Jesus to eat with him.
Jesus went to his house and sat down
to eat.
37 There was a woman in the city
who was a sinner. She knew Jesus was
eating in the house of the proud religious law keeper. She brought a jar of
special perfume.
38 Then she stood behind Him by His
feet and cried. Her tears wet His feet
and she dried them with her hair. She
kissed His feet and put the special perfume on them.
39 The proud religious law keeper who
had asked Jesus to eat with him saw this.
He said to himself: "If this Man were
One Who speaks for God, He would
know who and what kind of a woman
put her hands on Him. She is a sinner."
40 Jesus said to him: "I have something
to say to you, Simon." And Simon said:
"Teacher, say it."
41 "There were two men who owed
a certain man some money. The one
man owed 500 pieces of silver money.
The other man owed 50 pieces of silver money.
42 Neither one of them had any money, so he told them they did not have
to pay him back. Tell Me, which one
would love him the most?"
43 Simon said: "I think it would be the

ser el que más le debía." Jesús le dijo:
"Has dicho bien."
44 Y, mirando a la mujer, le dijo a
Simón: "¿Ves a esta mujer? Yo llegué a
tu casa, y no me diste agua para lavar
mis pies. Ella los lavó con sus lágrimas y
los secó con sus cabellos.

45 Tú no me besaste, pero esta mujer
ha besado mis pies desde que llegué.

46 Tú no me pusiste aceite en mi
cabeza, pero esta mujer me ha echado
un perfume especial en mis pies.
47 De verdad, te digo, sus muchos
pecados le son perdonados porque
ella ama mucho. Pero al que se le perdona poco, ama poco.
48 Entonces le dijo a la mujer: "Tus
pecados te son perdonados."
49 Aquellos que estaban comiendo
con él, empezaron a decir: "¿Quién es
este hombre que aun perdona pecados?"
50 Él le dijo a la mujer: "Tu fe te ha
salvado del castigo del pecado. ¡Ve en
paz!"

Jesús enseña en el país de Galilea

8 Después de esto, Jesús fue a todas las ciudades y pueblos predicando y hablando de las buenas nuevas sobre el reino de Dios. Sus doce seguidores iban con él.
2 Algunas mujeres que él había sanado de enfermedades y de espíritus malos también iban con él. María Magdalena, de quien habían salido siete demonios, era una de ellas.
3 Otras eran Juana, esposa de Chuza que era ayudante de Herodes. Susana y muchas otras también sostenían a Jesús con sus bienes.

one who owed the most." And Jesus said
to him: "You have said the right thing."
44 He turned to the woman and said
to Simon: "Do you see this woman? I
came into your house and you gave Me
no water to wash My feet. She washed
My feet with her tears and dried them
with the hairs of her head.
45 You gave me no kiss, but this woman has kissed my feet from the time I
came in.
46 You did not put even oil on My
head but this woman has put special
perfume on My feet.
47 I tell you, her many sins are forgiven because she loves much. But the
one who has been forgiven little, loves
little."
48 Then He said to the woman: "Your
sins are forgiven."
49 Those who were eating with Him
began to say to themselves: "Who is
this Man Who even forgives sins?"

50 He said to the woman: "Your faith
has saved you from the punishment of
sin. Go in peace."

Jesus teaches in Galilee

8 After this Jesus went to all the cities and towns preaching and telling the Good News about the holy nation of God. The twelve followers were with Him.
2 Some women who had been healed of demons and diseases were with Him. Mary Magdalene, who had had seven demons put out of her, was one of them.
3 Joanna, the wife of Chuza who was one of Herod's helpers, was another one. Susanna and many others also cared for Jesus by using what they had.

La historia sobre el sembrador

Mateo 13:1-23 Marcos 4:1-20

4 Mucha gente se reunió de todos los pueblos, y Jesús le contó una historia,

5 "Un hombre salió a sembrar su semilla. Mientras la sembraba, alguna parte cayó junto al camino y fue pisada muchas veces por caminantes. Los pájaros vinieron y se la comieron.

6 Otras semillas cayeron entre rocas. Cuando empezaron a crecer, se secaron porque no tenían agua.

7 Otras semillas cayeron entre espinos. Los espinos crecieron y no dejaron crecer a las semillas.

8 Algunas semillas cayeron en tierra buena. Esas semillas crecieron y dieron cien veces más grano." Cuando Jesús terminó de decir esto, les gritó: "¡Si tienen oídos, entonces oigan!"

9 Sus seguidores le preguntaron qué significaba esta historia.

10 Jesús les dijo: "A ustedes les son dados los secretos del reino de Dios. A otros se les dice por historias, para que viendo, no vean y oyendo, no entiendan.

Jesús les habla sobre el sembrador

11 "Esto es lo que la historia significa: La semilla es la palabra de Dios.

12 Aquellos junto al camino son los que oyen la palabra, pero el diablo viene y se lleva la semilla de sus corazones. Él no quiere que crean y se salven del castigo.

13 Aquellos sobre la piedra son los que reciben la palabra con gozo, pero no tienen raíces. Por un tiempo creen, pero cuando son tentados, se apartan.

14 La que cayó entre espinos son los que oyen la palabra pero siguen por su camino. Los cuidados de la vida dejan

The picture story of the man who planted seed

Matthew 13:1-23 Mark 4:1-20

4 Many people came together from every town to Jesus. He told them a picture story.

5 "A man went out to plant seed. As he planted the seed, some fell by the side of the road. It was walked on and birds came and ate it.

6 Some seed fell between rocks. As soon as it started to grow, it dried up because it had no water.

7 Some seed fell among thorns. The thorns grew and did not give the seed room to grow.

8 Some seed fell on good ground. It grew and gave one hundred times as much grain." When Jesus had finished saying this, He cried out: "You have ears, then listen!"

9 His followers asked Him what this picture story meant.

10 Jesus said: "You were given the secrets about the holy nation of God. Others are told picturestories. As they look, they do not see. As they hear, they do not understand.

Jesus tells about the man who planted seed

11 "This is what the picture story means. The seed is the Word of God.

12 Those by the side of the road hear the Word. Then the devil comes and takes the Word from their hearts. He does not want them to believe and be saved from the punishment of sin.

13 Those which fell among rocks are those who when they hear the Word receive it with joy. These have no root. For awhile they believe, but when they are tempted they give up.

14 Those which fell among thorns hear the Word but go their own way. The cares of this life let the thorns

crecer a los espinos. El amor por el dinero deja crecer a los espinos, y los placeres de la vida dejan crecer a los espinos. La semilla nunca puede crecer.

15 Pero la semilla que cayó en buena tierra son los que han oído la Palabra, la guardaron en su corazón y dan mucho fruto.

La historia de la lámpara

Marcos 4:21-25

16 "Ningún hombre enciende una lámpara y la pone debajo de un mueble, sino sobre una mesa; así todos que entren al cuarto la verán.

17 Nada hay secreto que no se vaya a conoçer. Nada oculto que no salga a la luz.

18 Tengan cuidado cuando oyen. Porque al que tenga, se le dará; y al que no tenga, aun lo poco que tenga, se le quitará."

La nueva familia

Mateo 12:46-50 Marcos 3:31-35

19 La madre de Jesús y sus hermanos vinieron a él y no pudieron llegar cerca de él porque había mucha gente.

20 Alguien le dijo a Jesús: "Tu madre y tus hermanos están afuera y quieren verte."

21 Jesús les dijo: "Mi madre y mis hermanos son los que oyen la palabra de Dios y la obedecen."

El viento y las olas obedecen a Jesús

Mateo 8:23-27 Marcos 4:35-41

22 Un día, Jesús y sus seguidores subieron a un barco. Jesús les dijo: "Vamos al otro lado del lago." Entonces empujaron el barco y partieron.

23 Mientras navegaban, Jesús se durmió. De repente, una tempestad de viento vino sobre el lago. El barco se llenaba de agua y estaba en peligro.

24 Sus seguidores vinieron a despertar

grow. A love for money lets the thorns grow also. And the fun of this life lets the thorns grow. Their grain never becomes full grown.

15 But those which fell on good ground have heard the Word. They keep it in a good and true heart and they keep on giving good grain.

The picture story of the lamp

Mark 4:21-25

16 "No man lights a lamp and puts it under a pail or under a bed. He puts it on a lamp stand so all who come into the room may see it.

17 Nothing is secret but what will be known. Anything that is hidden will be brought into the light.

18 Be careful how you listen! Whoever has, to him will be given. Whoever does not have, even the little he has will be taken from him."

The new kind of family

Matthew 12:46-50 Mark 3:31-35

19 The mother of Jesus and His brothers came to Him. They could not get near Him because of so many people.

20 Someone said to Jesus: "Your mother and brothers are standing outside. They want to see You."

21 Jesus said to them: "My mother and brothers are these who hear the Word of God and do it."

The wind qnd waves obey Jesus

Matthew 8:23-27 Mark 4:35-41

22 On one of those days Jesus and His followers got into a boat. Jesus said to them: "Let us go over to the other side of the lake." Then they pushed out into the water.

23 As they were going, Jesus fell asleep. A wind storm came over the lake. The boat was filling with water and they were in danger.

24 The followers came to awake Jesus.

a Jesús y le dijeron: "¡Maestro, Maestro! ¡Vamos a morir!" Entonces Jesús se
levantó y habló fuertemente a las olas
y al viento. El viento dejó de soplar, y
todo se calmó.
25 Él les dijo: "¿Dónde está su fe?" Sus
seguidores estaban muy sorprendidos
y tenían miedo. Se decían unos a otros:
"¿Qué clase de hombre es él? Habla, y
aun el viento y las olas lo obedecen."

Los demonios piden a Jesús que los deje vivir en unos cerdos

Mateo 8:28-34 Marcos 5:1-20

26 Llegaron a la tierra de los gadarenos que está al otro lado del lago de
Galilea.
27 En cuanto Jesús llegó a la tierra,
un hombre, que venía de la ciudad, se
acercó a él. Este hombre tenía espíritus malos en él. Por mucho tiempo, no
había usado ropa, ni vivía en una casa,
sino en los cementerios.
28 Cuando vio a Jesús, se arrodilló
delante de él, y gritando, le dijo: "¿Qué
quieres conmigo, Jesús, Hijo del Altísimo? Te pido que no me hagas mal."
29 Pues Jesús había mandado al espíritu malo que saliera del hombre. Desde
hacía mucho tiempo, el espíritu malo
se había apoderado de él. La gente a
veces lo ataba con cadenas, pero él
las rompía y era llevado por el espíritu
malo al desierto.
30 Jesús le preguntó: "¿Cómo te llamas?" Y el espíritu malo respondió:
"Muchos." Porque muchos espíritus
malos habían entrado en él.
31 Ellos le pidieron a Jesús que no los
mandara al pozo sin fondo.
32 Había allí muchos puercos, comiendo cerca de una montaña. Los espíritus
pidieron a Jesús que los dejara entrar
en los puercos, y Jesús les dio permiso.

They said: "Teacher! Teacher! We are
going to die!" Then Jesus got up and
spoke sharp words to the wind and the
high waves. The wind stopped blowing
and there were no more waves.
25 He said to them: "Where is your
faith?" The followers were surprised
and afraid. They said to each other:
"What kind of a man is He? He speaks
to the wind and the waves and they
obey Him."

Demons ask Jesus to let them live in pigs

Matthew 8:28-34 Mark 5:1-20

26 They came to the land of the
Gadarenes, which is on the other side
of the country of Galilee.
27 As Jesus stepped out on land, a
man met Him who had come from the
city. This man had demons in him. For
a long time he had worn no clothes. He
did not live in a house, but lived among
the graves.
28 When he saw Jesus, he got down
before Him and cried with a loud voice:
"What do You want with me, Jesus,
Son of the Most High? I beg of You not
to hurt me!"
29 For Jesus had spoken to the demon
to come out of the man. Many times
the demon had taken hold of him. The
man had to be tied with chains. But he
would break the chains and be taken
by the demon into the desert.
30 Jesus asked him: "What is your
name?" And the demon answered:
"Many," because many demons had
gone into him.
31 The demons asked Jesus not to
send them to the hole without a bottom in the earth.
32 There were many pigs feeding on
the side of the mountain. The demons
begged Jesus to let them go into the
pigs. Jesus said they could.

33 Los espíritus malos salieron del hombre y entraron en los cerdos. Los cerdos corrieron, se cayeron de la montaña al lago y murieron.
34 Los hombres que cuidaban de los puercos corrieron y dijeron a todos lo que habían visto, tanto en la ciudad como en los campos.
35 La gente salió a ver lo que había pasado. Vinieron a Jesús y vieron al hombre de quien habían salido los espíritus. Estaba sentado a los pies de Jesús, con ropa, y sano. La gente se asustó.
36 Aquellos que lo habían visto les dijeron cómo el hombre había sido sanado.
37 Entonces toda la gente del país de los gadarenos le pidió a Jesús que se fuera. Tenían mucho miedo. Y Jesús, subiendo al barco, regresó al otro lado del lago.
38 El hombre de quien habían salido los espíritus le rogó que le dejara ir con él, pero Jesús le dijo:
39 "Vuelve a tu casa, y dile a todos lo que Dios ha hecho por ti." Y el hombre se fue, diciendo por toda la ciudad las grandes cosas que Jesús había hecho por él.

33 The demons came out of the man and went into the pigs. Then the many pigs ran down the side of the mountain into the water and died.
34 The men who cared for the pigs ran fast and told what had happened in the town and in the country.
35 People came to see what had happened. They came to Jesus and saw the man from whom the demons had been sent. He was sitting at the feet of Jesus with clothes on and had the right use of his mind. The people were afraid.
36 Those who had seen it told how the man who had had the demons was healed.
37 Then all the people of the country of the Gadarenes begged Jesus to go away from them. They were very much afraid. Jesus got into the boat and went back to the other side.
38 The man out of whom the demons had gone begged to go with Jesus. But Jesus sent him away and said,
39 "Go back to your house and tell everything God has done for you." He went back and told all the people of the city what great things Jesus had done for him.

Dos fueron sanados por fe

Mateo 9:18-26 Marcos 5:21-43

40 Mucha gente estaba feliz de ver a Jesús de regreso, pues todos le esperaban.
41 Un hombre llamado Jairo, y que era líder de los judíos, vino a Jesús y arrodillándose delante de él, le rogó que fuera a su casa.
42 Él tenía sólo una hija, y ella estaba muriéndose. La muchacha tenía como doce años. Mientras iba Jesús, la multitud lo apretaba.
43 Una mujer había estado enferma por doce años con derrames de sangre.

Two were healed through faith

Matthew 9:18-26 Mark 5:21-43

40 Many people were glad to see Jesus when He got back. They were waiting for Him.
41 A man named Jairus was a leader of the Jewish place of worship. As he came to Jesus, he got down at His feet. He asked Jesus if He would come to his house.
42 He had only one daughter and she was dying. This girl was about twelve years old. As Jesus went, the people pushed Him from every side.
43 A woman had been sick for twelve years with a flow of blood. She had

Había gastado todo su dinero en médicos, pero no había sido sanada por ninguno.
44 Vino cerca de Jesús y tocó el borde de su manto. Al instante, el derrame de sangre se seco.
45 Jesús dijo: "¿Quién me ha tocado?" Todos dijeron que ellos no le habían tocado, y Pedro le dijo: "Maestro, mucha gente te aprieta y empuja de todos lados, y tú dices: '¿Quién me ha tocado?'"
46 Entonces Jesús le dijo: "Alguien me ha tocado, porque salió poder de mí."

47 Cuando la mujer vio que no podía esconderse, vino temblando. Se arrodilló delante de Jesús y le dijo delante de toda la gente por qué lo había tocado. Le dijo también cómo había sanado al instante.
48 Jesús le dijo: "Hija, tu fe te ha sanado; ve en paz."
49 Estando Jesús hablando, un ayudante de Jairo, el dirigente del templo local, vino y le dijo a Jairo: "Tu hija ha muerto; no hagas perder tiempo al maestro."

50 Jesús, al oír esto, dijo a Jairo: "No tengas miedo. Ten fe, y ella se pondrá bien."
51 Jesús llegó a la casa y sólo dejó que Pedro, Jacobo y Juan, y el padre y la madre de la niña entraran con él.

52 Todos lloraban y estaban muy tristes porque la hija había muerto. Jesús les dijo: "No lloren. Ella no ha muerto, sino que está dormida."
53 Entonces se rieron de Jesús porque sabían que había muerto.
54 Jesús mandó a todos salir. Luego tomó la mano de la muchacha y le dijo: "Niña, levántate."
55 Su espíritu regresó a ella, y se levantó al instante. Jesús les mandó que le trajeran a ella algo que comer.

spent all the money she had on doctors. But she could not be healed by anyone.
44 She came behind Jesus and touched the bottom of His coat. At once the flow of blood stopped.
45 Jesus said: "Who touched Me?" Everyone said that they had not touched Him. Peter said: "Teacher, so many people are pushing You from every side and You say, 'Who touched Me?'"
46 Then Jesus said: "Someone touched Me because I know power has gone from Me."
47 When the woman saw she could not hide it, she came shaking. She got down before Jesus. Then she told Jesus in front of all the people why she had touched Him. She told how she was healed at once.
48 Jesus said to her: "Daughter, your faith has healed you. Go in peace."
49 While Jesus was yet talking, a man came from the house of the leader of the place of worship. This man said to Jairus: "Your daughter is dead. Do not make the Teacher use anymore of His time."
50 Jesus heard it and said to Jairus: "Do not be afraid, only believe. She will be made well."
51 Jesus went into the house. He let only Peter and James and John and the father and mother of the girl go in with Him.
52 Everyone was crying and full of sorrow because of her. Jesus said: "Do not cry. She is not dead, but is sleeping."

53 Then they laughed at Jesus because they knew she was dead.
54 Jesus sent them all out. He took the girl by the hand and said: "Child, get up!"
55 Her spirit came back and she got up at once. Jesus told them to bring her food.

56 Sus padres estaban sorprendidos y admirados de esto. Entonces Jesús les mandó que no dijeran a nadie lo que había pasado.

Jesús envía a sus doce seguidores a predicar

Mateo 10:1-42 Marcos 6:7-13

9 Jesús reunió a sus doce seguidores y les dio derecho y poder sobre los espíritus malos y para curar enfermedades.

2 Los envió a predicar sobre el reino de Dios y a curar a los enfermos.

3 Y les dijo: "No lleven nada para el camino, ni palo, ni saco, ni pan, ni dinero. No lleven tampoco cambio de ropa.

4 Quédense en cualquier casa en que entren, hasta que estén listos para irse.

5 Si alguien no les permite entrar, límpiense hasta el polvo de los pies, al salir de la ciudad. Eso irá en contra de ellos."

6 Salieron y fueron de ciudad en ciudad, predicando las buenas nuevas y curando a los enfermos en todas partes.

Muerte de Juan el bautista

Mateo 14:6-12 Marcos 6:21-29

7 Entonces, el rey Herodes oyó hablar de todo lo que había hecho Jesús. Se inquietó mucho, porque mucha gente decía que Juan el bautista se había levantado de entre los muertos.

8 Había personas que decían que Elías había vuelto. Otros creían que uno de los antiguos predicadores había salido de entre los muertos.

9 Entonces, Herodes dijo: "Yo mandé que le cortaran la cabeza a Juan. ¿Quién es, pues, este hombre del que se dicen todas esas cosas?" Y quería ver a Jesús.

Alimentación de los cinco mil

Mateo 14:13-21 Marcos 6:30-44 Juan 6:1-14

10 Los doce misioneros volvieron y le dijeron a Jesús lo que habían hecho.

56 Her parents were surprised and wondered about it. Then Jesus told them they should tell no one what had happened.

Jesus sends his twelve followers out

Matthew 10:1-42 Mark 6:7-13

9 Jesus called His twelve followers to Him. He gave them the right and the power over all demons and to heal diseases.

2 He sent them to preach about the holy nation of God and to heal the sick.

3 Then He said to them: "Take nothing along for the trip. Do not take a walking stick or a bag or bread or money. Do not take two coats.

4 Whatever house you go into, stay there until you are ready to go on.

5 If anyone will not take you in, as you leave that city, shake its dust off your feet. That will speak against them."

6 They went out, going from town to town. They preached the Good News and healed the sick everywhere.

John the Baptist is killed

Matthew 14:6-12 Mark 6:21-29

7 Now Herod the leader heard of all that had been done by Jesus. He was troubled because some people said that John the Baptist had been raised from the dead.

8 Some people said that Elijah had come back. Others thought one of the early preachers had been raised from the dead.

9 Then Herod said: "I had John's head cut off. But who is this Man that I hear these things about?" He wanted to see Jesus.

The feeding of the five thousand

Matthew 14:13-21 Mark 6:30-44 John 6:1-14

10 The twelve followers came back. They told Jesus what they had done.

Entonces, Jesús los llevó a un desierto, cerca de la ciudad de Betsaida, donde podían estar solos.

11 Cuando la gente supo dónde estaba Jesús, lo siguió. Jesús se sintió feliz al verlos. Les habló del reino de Dios y curó a todos los que estaban enfermos.

12 Cuando el día terminaba, los doce seguidores se acercaron a Jesús y le dijeron: "Envía a esa gente, para que pueda ir a las ciudades y los pueblos cercanos y encontrar lugares para dormir y alimentos, pues estamos en un desierto."

13 Pero Jesús les dijo: "Denles algo para comer." Ellos respondieron: "Sólo tenemos cinco panes y dos peces. ¿Tenemos que ir a comprar comida para toda esta gente?"

14 Estaban reunidos casi cinco mil hombres, y Jesús les dijo a sus seguidores: "Hagan que se sienten en grupos de cincuenta personas."

15 Sus seguidores hicieron lo que les había dicho: y toda la gente se sentó.

16 Jesús tomó los cinco panes y los dos peces; miró al cielo y dio gracias; luego, los partió en pedazos y se los dio a sus seguidores para repartir entre la gente.

17 Todos comieron hasta llenarse, y se recogieron doce cestos llenos de pedazos de pan y peces, después que todos terminaron de comer.

Pedro dice que Jesús es el Cristo

Mateo 16:13-20 Marcos 8:27-30

18 Mientras Jesús estaba orando solo, sus seguidores estaban con él. Jesús les preguntó: "¿Quién dice la gente que soy yo?"

19 Ellos le respondieron: "Juan el bautista; pero algunos dicen que Elías. Otros dicen que eres uno de los antiguos predicadores que ha vuelto de entre los muertos."

Jesus took them to a desert near the town of Bethsaida. There they could be alone.

11 When the people knew where Jesus was, they followed Him. Jesus was happy to see them and talked to them about the holy nation of God. He healed all who were sick.

12 When the day was about over, the twelve followers came to Jesus. They said: "Send these many people away so they can go to the towns and country near here. There they can find a place to sleep and get food. We are here in a desert."

13 But Jesus said to them: "Give them something to eat." They said: "We have only five loaves of bread and two fish. Are we to go and buy food for all these people?"

14 There were about five thousand men. Jesus said to His followers: "Have them sit down in groups of fifty people."

15 They did as He told them. They made all of the people sit down.

16 As Jesus took the five loaves of bread and two fish, He looked up to heaven and gave thanks. He broke them in pieces and gave them to His followers to give to the people.

17 They all ate and were filled. They picked up twelve baskets full of pieces of bread and fish after the people finished eating.

Peter says Jesus is the Christ

Matthew 16:13-20 Mark 8:27-30

18 While Jesus was praying alone, His followers were with Him. Jesus asked them: "Who do people say that I am?"

19 They said: "John the Baptist, but some say Elijah. Others say that one of the early preachers has been raised from the dead."

20 Entonces, Jesús les preguntó: "Y ustedes, ¿quién creen que soy?" Pedro le dijo: "Eres el Cristo de Dios."

Jesús habla por primera vez de su muerte

Mateo 16:21-28 Marcos 8:31-38

21 Jesús les habló, entonces, pidiéndoles que no se lo dijeran a nadie:
22 "El Hijo del Hombre tiene que sufrir muchas cosas y ser despreciado por los jefes del pueblo, los dirigentes religiosos y los maestros de la ley. Tiene que morir, pero será levantado de entre los muertos tres días después."

Olvídese de sí mismo y de los deseos personales

23 Luego, Jesús les dijo a todos: "Si alguien quiere seguirme, debe olvidarse de sí mismo y de sus deseos personales, tomar su cruz todos los días y seguirme.
24 Si alguien desea salvar su vida, primero deberá perderla. Si alguien da su vida por mí la salvará.
25 Porque, ¿qué gana un hombre si tiene todo el mundo y pierde su vida?

26 Si alguien se avergüenza de mí y de mis palabras, de él se avergonzará el Hijo del Hombre cuando venga en gloria, la del Padre y la de los santos ángeles.
27 Y les digo en verdad que algunos de los que están aquí no morirán hasta ver el reino de Dios."

Una mirada a lo que será Jesús

Mateo 17:1-13 Marcos 9:1-13

28 Unos ocho días después de que Jesús dijo esas cosas, llevó con él a Pedro, Jacobo y Juan. Subieron al monte a orar.
29 Mientras Jesús oraba, su aspecto cambió ante ellos y su ropa se volvió blanca y brillante.
30 Dos hombres hablaban con Jesús. Eran Moisés y Elías.

20 Jesus said to them: "But who do you say that I am?" Peter said: "You are the Christ of God."

Jesus tells of His death for the first time

Matthew 16:21-28 Mark 8:31-38

21 Then Jesus spoke to them and told them to tell no one.
22 He said: "The Son of Man must suffer many things. The leaders and the religious leaders and the teachers of the Law will have nothing to do with Him. He must be killed and be raised from the dead three days later."

Giving up self and one's own desires

23 Then Jesus said to them all: "If anyone wants to follow Me, he must give up himself and his own desires. He must take up his cross everyday and follow Me.
24 If anyone wants to keep his own life safe, he must lose it. If anyone gives up his life because of Me, he will save it.
25 For what does a man have if he gets all the world and loses or gives up his life?
26 Whoever is ashamed of Me and My Words, the Son of Man will be ashamed of him when He comes in His own shining greatness and of the Father's and of the holy angels.
27 I tell you the truth, some standing here will not die until they see the holy nation of God."

A look at what Jesus will be like

Matthew 17:1-13 Mark 9:1-13

28 About eight days after Jesus had said these things, He took Peter and James and John with Him. They went up on a mountain to pray.
29 As Jesus prayed, He was changed in looks before them. His clothes became white and shining bright.
30 Two men talked with Jesus. They were Moses and Elijah.

31 Mientras hablaban sobre su muerte en Jerusalén, que sería ya pronto, el aspecto de Jesús era el de la gloriosa grandeza del cielo.

32 Pero Pedro y los que estaban con él habían dormido. Al despertar, vieron su grandeza brillante y a los dos hombres que estaban con él.

33 Cuando los dos hombres se alejaron de Jesús, Pedro le dijo: "Maestro, es bueno que nos quedemos aquí. Hagamos tres lugares especiales, uno para ti, otro para Moisés y otro para Elías." No sabía lo que estaba diciendo.

34 Mientras hablaba, una nube los cubrió y se asustaron.

35 De la nube, salió una voz que decía: "Este es mi Hijo, mi escogido. ¡Escúchenlo!"

36 Cuando la voz cesó, Jesús estaba en pie solo. A partir de entonces, se guardaron esas cosas para ellos, y no le dijeron a nadie lo que habían visto.

31 They looked like the shining greatness of heaven as they talked about His death in Jerusalem which was soon to happen.

32 But Peter and those with him had gone to sleep. When they woke up, they saw His shining greatness and the two men who stood with Him.

33 As the two men went from Jesus, Peter said to Him: "Teacher, it is good for us to be here. Let us build three tents to worship in. One will be for You. One will be for Moses. One will be for Elijah." He did not know what he was saying.

34 While he was talking, a cloud came over them. They were afraid as the cloud came in around them.

35 A voice came out of the cloud, saying: "This is My Son, the One I have chosen. Listen to Him!"

36 When the voice was gone, Jesus was standing there alone. From that time on, they kept these things to themselves. They told no one what they had seen.

Jesús cura a un niño con un espíritu malo

Mateo 17:14-21 Marcos 9:14-29

37 Al día siguiente, bajaron de la montaña, y mucha gente salió para ver a Jesús.

38 Un hombre de entre la gente gritó: "Maestro, te ruego que veas a mi hijo, mi único hijo.

39 Un espíritu malo lo toma, lo hace gritar, se apodera de él y lo sacude. Su boca se llena de espuma y tiene heridas en el cuerpo. El espíritu malo no quiere salir de él.

40 Les pedí a tus seguidores que sacaran al espíritu malo, pero no pudieron hacerlo."

41 Entonces, Jesús dijo: "La gente de estos días no tiene fe. ¡Se apartan de lo que es bueno! ¿Cuánto tiempo debo estar con ustedes? ¿Hasta cuándo los soportaré? Traéme a tu hijo."

A boy with a demon is healed

Matthew 17:14-21 Mark 9:14-29

37 The next day they came down from the mountain and many people met Jesus.

38 A man from among the people cried out: "Teacher, I beg of You to look at my son. He is my only child.

39 See, a demon takes him and makes him cry out. It takes hold of him and makes him shake. Spit runs from his mouth. He has marks on his body from being hurt. The demon does not want to go from him.

40 I begged Your followers to put the demon out, but they could not."

41 Then Jesus said: "You people of this day do not have faith. You turn from what is right! How long must I be with you? How long must I put up with you? Bring your son to Me."

42 Mientras el niño se acercaba, el espíritu malo le hizo sufrir un ataque. Jesús le dirigió palabras duras al espíritu malo, curó al niño y se lo devolvió a su padre.

42 While the boy was coming, the demon threw him down and made him lose the use of his mind for awhile. Jesus spoke sharp words to the demon. He healed the child and gave him back to his father.

Jesús habla por segunda vez de su muerte

Mateo 17:22-23 Marcos 9:30-32

43 Todos se sorprendieron del gran poder de Dios y pensaban en las cosas especiales que había hecho Jesús. Entonces, Jesús les dijo a sus seguidores:
44 "Recuerden estas palabras, porque el Hijo del Hombre será entregado en manos de hombres."
45 No entendieron esas palabras, porque eran difíciles para ellos. No sabían lo que Jesús quería decir y tenían miedo de preguntárselo.

Jesus tells of His death the second time

Matthew 17:22-23 Mark 9:30-32

43 They were all surprised at the great power of God. They all were thinking about the special things Jesus had done. And Jesus said to His followers,
44 "Remember these words. For the Son of Man will be given over into the hands of men."
45 They did not understand these words because it was hidden from them. They did not know what Jesus meant and were afraid to ask Him.

Jesús enseña sobre la fe de un niño

Mateo 18:1-5 Marcos 9:33-50

46 Los seguidores discutían entre sí sobre quién de ellos sería el más grande.
47 Jesús sabía lo que estaban pensando. Tomó a un niño y lo puso a su lado.
48 Luego, les dijo a sus seguidores: "Quien reciba a este niño en mi nombre me recibe a mí. El que me recibe a mí, recibe al que me ha enviado. El menor de entre ustedes es el más grande."

Jesus teaches about the faith of a child

Matthew 18:1-5 Mark 9:33-50

46 The followers argued among themselves about which of them would be the greatest.
47 Jesus knew what they were thinking. He put a child beside Him.
48 He said to the followers: "Whoever receives this child in My name, receives Me. Whoever receives Me, receives Him Who sent Me. The one who is least among you is the one who is great."

Palabras duras contra sus seguidores

Marcos 9:38-40

49 Juan dijo: "Maestro, vimos a alguien que echaba espíritus malos en tu nombre. Le dijimos que dejara de hacerlo, porque no nos estaba siguiendo."
50 Jesús le respondió: "No se lo impidan. El que no está contra nosotros está con nosotros."

The sharp words against the followers

Mark 9:38-40

49 John said: "Teacher, we saw someone putting out demons in Your name. We told him to stop because he was not following us."
50 Jesus said to him: "Do not stop him. He who is not against us is for us."

Jesús y sus seguidores salen del país de Galilea

51 Era ya tiempo para que Jesús fuera recibido en el cielo, de modo que se

Jesus and His followers leave Galilee

51 It was about time for Jesus to be taken up into heaven. He turned

volvió hacia Jerusalén. Estaba seguro
de que nadie le impediría ir.
52 Mandó hombres delante de él que
llegaron a una ciudad de Samaria y prepararon todas las cosas para Jesús.
53 Pero la gente no quería que estuviera allí, porque ellos sabían que Jesús
iba en camino a Jerusalén.
54 Jacobo y Juan, sus seguidores, dijeron: "Señor, ¿quieres que pidamos que
venga fuego del cielo y los queme,
como lo hizo Elías?
55 Jesús se volvió hacia ellos y les dirigió palabras duras. Dijo: "Ustedes no
saben qué clase de espíritu tienen.
56 El Hijo del Hombre no vino a destruir vidas humanas. Vino a salvar a los
hombres del castigo del pecado." Ellos
se fueron a otra aldea.

Prueba de algunos seguidores

Mateo 8:18-22

57 Mientras iban en camino, un hombre le dijo a Jesús: "Señor, te seguiré a
dondequiera que vayas."
58 Jesús le dijo: "Las zorras tienen
cuevas, y los pájaros, sus nidos; pero el
Hijo del Hombre no tiene dónde descansar su cabeza."
59 A otro le dijo: "Sígueme." Pero
el hombre respondió: "Señor, déjame
que vaya antes a enterrar a mi padre."
60 Jesús le dijo: "Deja que los que
están muertos entierren a sus propios
muertos; vete tú a predicar sobre el
reino de Dios."
61 Y otro le dijo: "Señor, voy a seguirte;
pero, antes, déjame ir a despedirme de
los que están en mi casa." Jesús le dijo:
62 "El que pone la mano en el arado y
mira hacia las cosas que ha dejado atrás
no es útil en el reino de Dios."

Jesús envía los setenta

10 Después de esto, el Señor
escogió a otros setenta y los

toward Jerusalem and was sure that
nothing would stop Him from going.
52 He sent men on ahead of Him.
They came to a town in Samaria. There
they got things ready for Jesus.
53 The people did not want Him there
because they knew He was on His way
to Jerusalem.
54 James and John, His followers, saw
this. They said: "Lord, do You want us
to speak so fire will come down from
heaven and burn them up as Elijah did?"
55 Jesus turned and spoke sharp
words to them. He said: "You do not
know what kind of spirit you have.
56 The Son of Man did not come to
destroy men's lives. He came to save
them from the punishment of sin." They
went on their way to another town.

The testing of some followers

Matthew 8:18-22

57 As they were going on their way,
a man said to Jesus: "Lord, I will follow
You wherever You go."
58 Jesus said to him: "Foxes have holes.
Birds of the sky have nests. The Son of
Man has no place to put His head."
59 He said to another: "Follow Me."
But the man said: "Lord, let me go first
and bury my father."
60 Jesus said to him: "Let the people
who are dead bury their own dead. You
go and preach about the holy nation of
God."
61 And another one said: "Lord, I will
follow You, but first let me go and say
goodbye to those at home."
62 Jesus said to him: "Anyone who
puts his hand on a plow and looks back
at the things behind is of no use in the
holy nation of God."

Seventy are sent out

10 After this the Lord chose seventy others. He sent them out

mandó, de dos en dos, a todas las ciudades y a los lugares donde él iría más tarde.

2 Jesús les dijo: "Hay mucho grano para cosechar, pero los trabajadores son pocos. Así pues, pídanle al Señor que es el propietario de los campos de grano, que envíe hombres para que recojan su cosecha.

3 Vayan, pero, ¡escuchen! Los envío como corderos entre lobos.

4 No lleven dinero, ni bolsa, ni zapatos. No hablen a nadie en el camino.

5 Cuando entren a una casa, digan que esperan que en ella haya paz.

6 Si vive allí un hombre que ama la paz, sus buenos deseos irán a él. Si sus buenos deseos no son recibidos, volverán a ustedes.

7 Quédense en la misma casa. Coman y beban lo que les den. Los obreros deben recibir su pago. No vayan de casa en casa.

8 "Siempre que los reciban en una ciudad, coman las cosas que les presenten,

9 curen a los enfermos y díganles: 'El reino de Dios está cerca.'

10 Si en alguna ciudad no los reciben, vayan a sus calles y digan:

11 'Aun el polvo de su ciudad que tenemos en los pies, nos lo limpiamos. Se tendrá en cuenta contra ustedes. ¡Entiendan que el reino de Dios se ha acercado a ustedes!'

12 Les aseguro que el día en que los hombres se encuentren delante de Dios, la ciudad de Sodoma sufrirá menos que esa ciudad.

13 "¡Ay de ti, ciudad de Corazín! ¡Ay de ti, ciudad de Betsaida! Porque si las grandes cosas que se han hecho en ustedes se hubieran hecho en Tiro y Sidón, estas ciudades hubieran abandonado hace mucho tiempo sus pecados y hubieran mostrado su dolor, vistiéndose de luto.

two together to every city and place where He would be going later.

2 Jesus said to them: "There is much grain ready to gather. But the workmen are few. Pray then to the Lord Who is the Owner of the grain fields that He will send workmen to gather His grain.

3 Go on your way. Listen! I send you out like lambs among wolves.

4 Take no money. Do not take a bag or shoes. Speak to no one along the way.

5 When you go into a house, say that you hope peace will come to them.

6 If a man who loves peace lives there, your good wishes will come to him. If your good wishes are not received, they will come back to you.

7 Stay in the same house. Eat and drink what they give you. The workman should have his thanks. Do not move from house to house.

8 "Whenever a city receives you, eat the things that are put before you there.

9 Heal the sick. Say to them, 'The holy nation of God is near.'

10 Whatever city does not receive you, go into its streets and say,

11 'Even the dust of your city that is on our feet we are cleaning off against you. But understand this, the holy nation of God has come near you!'

12 I tell you, on the day men stand before God, it will be easier for the city of Sodom than for that city.

13 "It is bad for you, city of Chorazin! It is bad for you, town of Bethsaida! For if the powerful works which were done in you had been done in the cities of Tyre and Sidon they would have turned from their sins long ago. They would have shown their sorrow by putting on clothes made from hair and would have sat in ashes.

14 Será mejor para Tiro y Sidón que para ustedes en el día que los hombres se presenten ante Dios para ser declarados culpables.

15 Y tú, ciudad de Capernaum, ¿vas a levantarte hasta el cielo? Hasta los infiernos serás bajada.

16 El que los oye a ustedes me oye a mí; quien los desprecia a ustedes me desprecia a mí; y el que me desprecia a mí desprecia al que me envió."

Vuelven los setenta

17 Los setenta volvieron llenos de alegría y dijeron: "Señor, hasta los espíritus malos nos obedecieron cuando usamos tu nombre."

18 Jesús les dijo: "Vi al diablo caer del cielo como un rayo.

19 ¡Escuchen! Les doy poder para pisotear serpientes y alacranes. Les doy poder sobre todo el poder del que trabaja contra ustedes. Nada les hará daño.

20 De todos modos, no estén contentos porque los demonios los obedecen, sino que deben estar felices porque sus nombres están escritos en el cielo."

La alegría del Espíritu Santo

Mateo 11:25-27

21 En esos momentos, Jesús estaba lleno de alegría del Espíritu Santo y dijo: "Gracias te doy, Padre, Señor del cielo y de la tierra porque no hablaste estas cosas a los sabios y los entendidos, pero las has mostrado a los pequeños. Sí, Padre, eso es lo que tú quisiste.

22 "Mi Padre me lo ha dado todo. Sólo el Padre conoce al Hijo. Sólo el Hijo conoce al Padre, y el Hijo presenta al Padre a los que él quiere."

14 It will be better for Tyre and Sidon on the day men stand before God and be told they are guilty than for you.

15 And you, Capernaum, are you to be lifted up into heaven? You will be taken down to hell.

16 Whoever listens to you, listens to Me. Whoever has nothing to do with you, has nothing to do with Me. Whoever has nothing to do with Me, has nothing to do with the One Who sent Me."

The seventy came back

17 The seventy came back full of joy. They said: "Lord, even the demons obeyed us when we used Your name."

18 Jesus said to them: "I saw Satan fall from heaven like lightning.

19 Listen! I have given you power to walk on snakes. I have given you power over small animals with a sting of poison. I have given you power over all the power of the one who works against you. Nothing will hurt you.

20 Even so, you should not be happy because the demons obey you but be happy because your names are written in heaven."

The joy of the Holy Spirit

Matthew 11:25-27

21 At this time Jesus was full of the joy of the Holy Spirit. He said: "I thank You, Father, Lord of heaven and earth. You have kept these things hidden from the wise and from those who have much learning. You have shown them to little children. Yes, Father, it was what you wanted done.

22 "Everything has been given to Me by My Father. No one knows the Son but the Father. No one knows the Father but the Son and the Son makes the Father known to those He chooses."

23 Luego, se volvió hacia sus seguidores y les dijo, sin que nadie más lo oyera: "¡Felices son los que ven lo que ustedes ven!
24 Les aseguro que muchos predicadores y reyes antiguos desearon ver las cosas que ustedes ven pero no pudieron verlas. Quisieron escuchar lo que ustedes escuchan, pero no lo escucharon."

Jesús les habla a los maestros de la ley

25 Se levantó un hombre que conocía la ley, tratando de ponerle una trampa a Jesús, y le dijo: "Maestro, ¿qué debo hacer para tener la vida que dura para siempre?"
26 Jesús le respondió: "¿Qué está escrito en la ley? ¿Qué dice la ley?"
27 El hombre dijo: "Debes amar al Señor tu Dios con todo tu corazón, con toda tu alma, con todas tus fuerzas y con todo tu entendimiento, y a tu vecino como a ti mismo."
28 Jesús le dijo: "Lo que has dicho es correcto. Hazlo y tendrás vida."
29 El hombre, queriendo quedar bien ante todos, le preguntó a Jesús: "¿Quién es mi vecino?"

La historla del buen samaritano

30 Jesús dijo: "Un hombre iba de Jerusalén a la ciudad de Jericó y fue atacado por ladrones. Lo robaron, lo golpearon y se fueron, dejándolo casi muerto.
31 Un dirigente religioso pasaba por el camino y vio al hombre pero siguió por el otro lado.
32 En la misma manera, un hombre de la familia de Leví iba por ese camino. Cuando vio al hombre herido, se acercó a él; pero siguió adelante, también por el otro lado del camino.

23 Then He turned to His followers and said without anyone else hearing: "Happy are those who see what you see!
24 I tell you, many early preachers and kings have wanted to see the things you are seeing, but they did not see them. They have wanted to hear the things you are hearing, but they did not hear them."

Jesus talks to the man who knew the law

25 A man stood up who knew the Law and tried to trap Jesus. He said: "Teacher, what must I do to have life that lasts forever?"
26 Jesus said to him: "What is written in the Law? What does the Law say?"
27 The man said: "You must love the Lord your God with all your heart. You must love Him with all your soul. You must love Him with all your strength. You must love Him with all your mind. You must love your neighbor as you love yourself."
28 Jesus said to him: "You have said the right thing. Do this and you will have life."
29 The man tried to make himself look good. He asked Jesus: "Who is my neighbor?"

The picture story of the good samaritan

30 Jesus said: "A man was going down from Jerusalem to the city of Jericho. Robbers came out after him. They took his clothes off and beat him. Then they went away, leaving him almost dead.
31 A religious leader was walking down that road and saw the man. But he went by on the other side.
32 In the same way, a man from the family group of Leví was walking down that road. When he saw the man who was hurt, he came near to him but kept on going on the other side of the road.

33 Luego, pasó un hombre del país de Sarmaria, vio al herido y sintió amor por él.
34 Se acercó a él, le lavó las heridas con vino y aceite y las vendó con ropa. Luego, el hombre de Samaria puso al herido sobre su propio burro, lo llevó a una posada y lo cuidó

35 Al día siguiente, el hombre de Samaria decidió seguir su camino pero le dio al dueño de la posada dos monedas para que cuidara al herido, diciéndole: "Cuida a este hombre, y si gastas más dinero que éste, te lo pagaré cuando regrese."
36 "¿Cuál de los tres hombres fue buen vecino para el herido?"

37 El hombre que conocía la ley dijo: "El que sintió amor y que lo cuidó". Entonces, Jesús le dijo: "Ve tú y haz lo mismo".

María y Marta cuidan a Jesús

38 Siguieron adelante y llegaron a una ciudad en la que vivía una mujer llamada Marta, que recibió a Jesús en su casa y lo cuidó.
39 Marta tenía una hermana llamada María, que se sentó a los pies de Jesús, escuchando todo lo que decía.
40 Marta estaba trabajando mucho, preparando la comida. Ella se acercó a Jesús y le dijo: "¿Ves que mi hermana no me ayuda? Dile que lo haga".
41 Entonces, Jesús le dijo: "Marta, Marta, estás preocupada e inquieta por muchas cosas.
42 Sólo unas pocas cosas son importantes, o, más bien, sólo una. María ha escogido lo mejor, y no le será quitado."

Jesús enseña a orar a sus seguidores

11 Jesús estaba orando y uno de sus seguidores le dijo: "Señor,

33 Then a man from the country of Samaria came by. He went up to the man. As he saw him, he had loving pity on him.
34 He got down and put oil and wine on the places where he was hurt and put cloth around them. Then the man from Samaria put this man on his own donkey. He took him to a place where people stay for the night and cared for him.
35 The next day the man from Samaria was ready to leave. He gave the owner of that place two pieces of money to care for him. He said to him, 'Take care of this man. If you use more than this, I will give it to you when I come again.'

36 "Which of these three do you think was a neighbor to the man who was beaten by the robbers?"
37 The man who knew the Law said: "The one who showed loving pity on him." Then Jesus said: "Go and do the same."

Mary and Martha care for Jesus

38 As they went on their way, they came to a town where a woman named Martha lived. She cared for Jesus in her home.
39 Martha had a sister named Mary. Mary sat at the feet of Jesus and listened to all He said.
40 Martha was working hard getting the supper ready. She came to Jesus and said: "Do You see that my sister is not helping me? Tell her to help me."
41 Jesus said to her: "Martha, Martha, you are worried and troubled about many things.
42 Only a few things are important, even just one. Mary has chosen the good thing. It will not be taken away from her."

Jesus teaches His followers to pray

11 Jesus had been praying. One of His followers said to Him:

enséñanos a orar, como Juan el bautista
enseñó a sus seguidores."
2 Jesús les dijo: "Cuando oren, digan:
'Padre nuestro que estás en los cielos,
tu nombre es santo. Venga tu reino. Sea
hecha tu voluntad en la tierra como en
el cielo.
3 Danos hoy nuestro pan de cada
día.
4 Perdónanos nuestros pecados así
como también nosotros perdonamos a
todos los que pecan contra nosotros.
Y no nos dejes caer en tentación, sino
líbranos del mal.'"

Ejemplo de cómo pedir

5 Jesús les dijo: "Si uno de ustedes
tiene un amigo que va a verle durante
la noche y le dice: 'Amigo mío, dame
tres panes.
6 Un amigo mío está de viaje y se ha
detenido en mi casa. No tengo alimentos qué darle.'
7 El hombre de dentro de la casa le
dirá: 'No me molestes. La puerta está
cerrada. Mis hijos y yo estamos acostados,
y no puedo levantarme para darte pan.'
8 Les digo que es posible que no se
levante para darle el pan meramen-
te porque se trata de un amigo. Sin
embargo, si sigue pidiéndole, el hombre se levantará y le dará al amigo todo
lo que necesite.
9 Y yo les digo: 'Pidan, y se les dará;
busquen, y encontrarán; llamen, y la
puerta les será abierta.

10 Porque todo el que pide, recibe; el
que busca, encuentra; y al que llama, se
le abre la puerta'.

11 "¿Y qué padre de ustedes, si su hijo
le pide pan, le dará una piedra? O si
pide pescado le dará una serpiente?

"Lord, teach us to pray as John the
Baptist taught his followers."
2 Jesus said to them: "When you
pray, say, 'Our Father in heaven, Your
name is holy. May Your holy nation
come. What You want done, may it be
done on earth as it is in heaven.
3 Give us the bread we need everyday.
4 Forgive us our sins, as we forgive
those who sin against us. Do not let us
be tempted.'"

A picture story about how to ask

5 Jesus said to them: "If one of you
has a friend and goes to him in the
night and says, 'Friend, give me three
loaves of bread,
6 for a friend of mine is on a trip and
has stopped at my house. I have no
food to give him.'
7 The man inside the house will say,
'Do not trouble me. The door is shut.
My children and I are in bed. I cannot
get up and give you bread.'

8 I say to you, he may not get up and
give him bread because he is a friend.
Yet, if he keeps on asking, he will get up
and give him as much as he needs.

9 I say to you, ask, and what you ask
for will be given to you. Look, and what
you are looking for you will find. Knock,
and the door you are knocking on will
be opened to you.
10 For everyone who asks, will receive
what he asks for. Everyone who looks,
will find what he is looking for. Everyone who knocks, will have the door
opened to him.
11 "Would any of you fathers give
your son a stone if he asked for bread?
Or would you give a snake if he asked
for a fish?

12 ¿O si pide un huevo, le dará un insecto?

13 Ustedes son pecadores, pero saben darles buenas cosas a sus hijos. ¿Cuánto más su Padre que está en los cielos les dará el Espíritu Santo a los que se lo pidan?"

Una nación que no durará

Mateo 12:22-37 Marcos 3:22-30

14 Jesús estaba sacando a un espíritu malo de un hombre que no podía hablar. Cuando el espíritu malo se fue, el hombre pudo hablar, y toda la gente se sorprendió y se maravilló de ello.

15 Hubo algunos que dijeron: "Saca a los espíritus malos en nombre del diablo, quien es el rey de tales espíritus,"

16 Otros trataron de hacer caer a Jesús en una trampa y le pedían que les mostrara algo visible del cielo.

17 Pero él conocía sus pensamientos y les dijo: "Toda nación, dividida en grupos que luchan unos con otros, será destruida. Toda familia dividida en grupos que pelean unos con otros, no durará.

18 Si el diablo está dividido contra sí mismo, ¿cómo puede durar? ¡Y, sin embargo, dicen que saco a los espíritus malos en nombre del diablo!

19 Si echo a los espíritus malos en nombre del diablo, ¿en nombre de quién los echan los hijos de ustedes? Sus propios hijos dirán si ustedes son culpables o no.

20 Pero si echo los espíritus malos por el poder de Dios, entonces, el reino de Dios ha llegado hasta ustedes.

21 "Cuando un hombre fuerte vigila su casa y está dispuesto a luchar, sus cosas estarán a salvo.

22 Cuando aparezca un hombre más fuerte, lo vence en la pelea, le quitará todas las armas en que confiaba el

12 Or if he asked for an egg, would you give him a small animal with a sting of poison?

13 You are sinful and you know how to give good things to your children. How much more will your Father in heaven give the Holy Spirit to those who ask Him?"

A nation that cannot stand

Matthew 12:22-37 Mark 3:22-30

14 Jesus was putting a demon out of a man who could not speak. When the demon was gone, the man could speak. All the people were surprised and wondered about it.

15 Some of them said: "He puts out demons through Satan, the king of demons."

16 Others tried to trap Jesus. They asked for something special to see from heaven.

17 But He knew their thoughts and said to them: "Every nation divided into groups that fight each other will be destroyed. Every family divided into groups that fight each other will not stand.

18 If Satan is divided against himself, how will his nation stand? And yet you say I put out demons through Satan!

19 If I put out demons through Satan, by whose help do your sons put them out? Your own sons will say if you are guilty or not.

20 But if I put out demons by the power of God, then the holy nation of God has come to you.

21 "When a strong man watches his house and is ready to fight, his things are safe.

22 When a stronger man comes along, he wins the fight. He takes away all the things to fight with that the man of the

hombre de la casa y, luego, se llevará
todas las cosas que quiera.

23 El que no está conmigo está contra
mí; y el que no recoge conmigo desparrama.

Una persona llena del mal o del bien

Mateo 12:43-45

24 "Cuando un espíritu malo sale de
un hombre, va a lugares secos, buscando descanso. Si no lo encuentra, dice:
'Volveré a mi casa, de la que salí.'
25 Cuando el espíritu malo vuelve,
encuentra la casa limpia y en buena
condición.
26 Entonces, el espíritu malo se va y
vuelve con otros siete espíritus malos,
peores que él. Entran y viven allí. Al fin,
ese hombre será peor que al principio."
27 Mientras Jesús hablaba, una mujer
del grupo dijo en voz alta: "¡Feliz la
madre que te trajo al mundo y te ali-
mentó!"
28 Pero Jesús dijo: "Sí pero aquellos
que escuchan la palabra de Dios y le
obedecen son más felices."

Jesús habla de Jonás

Mateo 12:38-42

29 Cuando la gente se reunió junto a
él, le dijo: "La gente de estos días es
pecadora. Busca algo especial que ver.
Pero no podrá ver nada especial, sino
lo que mostró Jonás, el antiguo predicador.
30 Como Jonás era especial para la
gente de la ciudad de Nínive, lo será
también el Hijo del Hombre para la
gente de su tiempo.
31 La reina del sur se levantará en el
día cuando los hombres se presenten
delante de Dios, y dirá que la gente
de hoy en día es culpable, porque ella
vino del otro extremo de la tierra a
escuchar la sabiduría de Salomón. Pero

house had put his trust in. Then the
stronger man takes anything he wants
from the house.
23 Whoever is not with Me is against
Me. Whoever does not gather with Me
is sending them everywhere.

A person filled with bad or good

Matthew 12:43-45

24 "When a demon is gone out of a
man, it goes through dry places to find
rest. If it finds none, it says, 'I will go
back to my house I came from.'
25 When the demon comes back, it
finds the house cleaned and looking
good.
26 Then the demon goes out and
comes back bringing seven demons
worse than itself. They go in and live
there. In the end that man is worse
than at the first."
27 As Jesus was talking, a woman of
the group said with a loud voice: "The
woman is happy who gave You birth
and who fed You."
28 But He said: "Yes, but those who
hear the Word of God and obey it are
happy."

Jesus tells about Jonah

Matthew 12:38-42

29 When the people were gathered
near Jesus, He said: "The people of
this day are sinful. They are looking
for something special to see. They will
get nothing special to see, except what
Jonah the early preacher did.
30 As Jonah was something special to
the people of the city of Nineveh, the
Son of Man will be to the people of this
day also.
31 The queen of the south will stand
up on the day men stand before God.
She will say the people of this day are
guilty because she came from the
ends of the earth to listen to the wise
sayings of Solomon. And look, Some-

¡alguien mayor que Salomón está en este lugar!

32 Los hombres de Nínive se levantarán en el día cuando los hombres se presenten delante de Dios, y dirán que la gente de hoy en día es culpable, porque los hombres de Nínive sintieron dolor por sus pecados y los abandonaron cuando les predicó Jonás. ¡Y en este lugar hay alguien mayor que Jonás!

Jesús enseña sobre la luz

33 "Ningún hombre enciende una lámpara y la esconde bajo una caja, sino que la pone sobre una mesa, para que todos los que lleguen la vean.

34 El ojo es la luz del cuerpo. Cuando los ojos están sanos, todo el cuerpo está lleno de luz. Cuando los ojos están malos, todo el cuerpo estará lleno de oscuridad.

35 Tengan cuidado de que la luz que hay en ustedes no sea oscuridad.

36 Si sus cuerpos están llenos de luz, sin partes oscuras, brillarán y serán como lámparas que dan luz."

Jesús dirige palabras duras a los celosos religiosos

37 Mientras Jesús hablaba, un celoso religioso le pidió que comiera con él. Jesús fue a la casa del hombre y se sentó a la mesa.

38 El celoso religioso se sorprendió de que Jesús no se lavara antes de comer.

39 Pero el Señor le dijo: "Ustedes los celosos religiosos limpian el exterior de la copa y el plato; pero tienen el interior lleno de robo y maldad.

40 Tontos, el que hizo lo de fuera, ¿no hizo también lo de dentro?

41 Dense a sí mismos como ofrenda a los pobres, y todo les será limpio.

42 "¡Ay de ustedes, celosos religiosos! Dan la décima parte de sus especias; pero no piensan en lo que es justo y

one greater than Solomon is here!

32 The men of Nineveh will stand up on the day men stand before God. They will say the people of this day are guilty because the men of Nineveh were sorry for their sins and turned from them when Jonah preached. And look, Someone greater than Jonah is here!

Jesus teaches about light

33 "No man lights a lamp and then hides it under a pail. He puts the light on a lampstand so those who come in can see it.

34 The eye is the light of the body. When your eye is good, your whole body is full of light. When your eye is sinful, your whole body is full of darkness.

35 Be careful that the light in you is not dark.

36 If your whole body is full of light, with no dark part, then it will shine. It will be as a lamp that gives light."

Jesus speaks sharp words to the proud religious law keeper

37 As Jesus was talking, a proud religious law keeper asked Him to eat with him. Jesus went to the man's house and took His place at the table.

38 The proud religious law keeper was surprised and wondered why Jesus had not washed before He ate.

39 But the Lord said to him: "You proud religious law keepers make the outside of the cup and plate clean, but inside you are full of stealing and sinning.

40 You are foolish. Did not He that made the outside make the inside also?

41 Give yourself as a gift and then you will be clean.

42 "It is bad for you, proud religious law keepers! You give one tenth part of your spices. But you give no thought

en el amor de Dios. Deberían hacer las dos cosas.

43 "¡Ay de ustedes, celosos religiosos! Porque les gustan los primeros lugares en los lugares de cultos y que la gente les dirija palabras de respeto en las plazas de las ciudades.

44 ¡Ay de ustedes, maestros de la ley y celosos religiosos que dicen ser lo que no son! Porque son como tumbas ocultas, y los hombres que pasan sobre ellas no saben que están allí."

Jesús dirige palabras duras a los hombres que conocen la ley

45 Uno de los hombres que conocía la ley le dijo a Jesús: "Maestro, nos haces quedar mal cuando hablas así."

46 Jesús le dijo: "¡Ay de ustedes también, hombres que conocen la ley! Porque ponen cargas pesadas en las espaldas de los hombres; pero ustedes no quieren ni poner un dedo en esas cargas para ayudarlos.

47 ¡Ay de ustedes! Porque hacen edificios hermosos para tumbas de los antiguos predicadores, a los que mataron sus padres.

48 Dicen que lo que hicieron sus padres fue bueno, porque mataron a los antiguos predicadores. Y ustedes construyen sus tumbas.

49 "Por esta razón, la sabiduría de Dios dijo: 'Les enviaré predicadores y misioneros. A algunos de ellos matarán y a otros causarán dificultades.'

50 La sangre de todos los predicadores antiguos, desde los comienzos del mundo, está sobre la gente de hoy:

51 Desde la sangre de Abel hasta la de Zacarías, el que murió entre el altar y el gran templo de Dios. Os digo que la gente de ahora será culpable por ello.

to what is right and to the love of God. You should do both of these.

43 "It is bad for you, proud religious law keepers! For you like to have the important seats in the places of worship. You like to have people speak good sounding words to you as you are in the center of town where people gather.

44 It is bad for you, teachers of the Law and proud religious law keepers and you who pretend to be someone you are not! For you are like graves that are hidden. Men walk on graves without knowing they are there."

Jesus speaks sharp words to the men who knew the law

45 One of the men who knew the Law said to Jesus: "Teacher, You are making us look bad when You speak like this."

46 Jesus said: "It is bad for you also, you men who know the Law! For you put heavy loads on the shoulders of men. But you will not even put your finger on one of these loads to help them.

47 It is bad for you! For you make beautiful buildings for the graves of the early preachers your fathers killed.

48 You are saying what your fathers did was good, because they killed the early preachers and you are making their graves.

49 "For this reason the wisdom of God has said, 'I will send them early preachers and missionaries. Some they will kill and some they will make it very hard for.'

50 The blood of all the early preachers from the beginning of the world is on the people of this day.

51 It will be from the blood of Abel to the blood of Zacharias, the one who died between the altar and the house of God. For sure, I tell you, the people of this day will be guilty for this.

52 "¡Ay de ustedes, hombres que conocen la ley! Porque han cerrado la puerta de la casa de la enseñanza. Ni entran ustedes ni dejan entrar a los que quieren hacerlo."

53 Al apartarse Jesús de ellos, los maestros de la ley y los celosos religiosos estaban muy enojados y trataban de hacerle hablar de muchas cosas.

54 Hacían planes contra Jesús. Trataban de sorprenderlo en algo que diría.

Jesús enseña a sus seguidores y a miles de otras personas

12 En esos días, se reunieron miles de personas. Eran tantas que se pisoteaban unas a otras. Jesús se dirigió primeramente a sus doce seguidores y les dijo: "No actúen según la manera de ser de los celosos religiosos, que fingen ser lo que no son.

2 Pues nada hay cubierto que no haya de verse, ni oculto que no haya de saberse.

3 Lo que digan en la oscuridad se oirá en la claridad. Lo que digan en voz baja en una habitación cerrada se gritará desde los tejados de las casas.

4 "Y les digo, amigos, que no teman a los que matan el cuerpo y después no pueden hacer nada más.

5 Les enseñaré a quién deben temer: teman a quien pueda quitarles la vida y echarlos al infierno. ¡Les digo que le teman a él!

6 "¿No se venden cinco pajaritos por dos monedas pequeñas? Pues Dios no se olvida ni de uno solo de los pájaros.

7 Dios sabe cuántos cabellos tienen en sus cabezas. No teman, pues, porque ustedes valen más que muchos pajaritos.

8 "Además, les digo que todo aquel que me dé a conocer a los hombres, el

52 "It is bad for you men who know the Law! For you have locked the door to the house of learning. You are not going in yourselves and you do not allow those to go in who are about to go in."

53 As Jesus went away from there, the teachers of the Law and the proud religious law keepers were very angry and tried to make Him say many things.

54 They planned against Jesus and tried to trap Him with something He might say.

Jesus teaches His followers and thousands of other people

12 At that time thousands of people gathered together. There were so many that they walked on each other. Jesus spoke to His twelve followers first, saying: "Look out! Have nothing to do with the yeast of the proud religious law keepers which is pretending to be something it is not.

2 For there is nothing covered up that will not be seen. There is nothing hidden that will not be known.

3 What you have said in the dark will be heard in the light. What you have said in a low voice in a closed room will be spoken with a loud voice from the top of houses.

4 "I say to you, My friends, do not be afraid of those who kill the body and then can do no more.

5 I will tell you the one to be afraid of. Be afraid of Him Who has power to put you into hell after He has killed you. Yes, I say to you, be afraid of Him!

6 "Are not five small birds sold for two small pieces of money? God does not forget even one of the birds.

7 God knows how many hairs you have on your head. Do not be afraid. You are worth more than many small birds.

8 "Also, I tell you, everyone who makes Me known to men, the Son of

Hijo del Hombre lo dará a conocer a
los ángeles de Dios.
9 Pero el que me negare con sus
actos y no me dé a conocer a los hombres, no será presentado a los ángeles
de Dios.
10 "Si alguien habla contra el Hijo
del Hombre, será perdonado; pero si
alguien habla contra el Espíritu Santo,
no será perdonado.
11 Cuando los inconversos les lleven
a los templos locales de los judíos, o
a las cortes o ante los gobernantes de
los países, no se preocupen por lo que
deben decir o cómo deben decirlo.
12 El Espíritu Santo les indicará lo que
deben decir en esos momentos."
13 Uno de entre la gente le dijo a Jesús:
"Maestro, dile a mi hermano que repar-
ta las riquezas que nos dejó mi padre."
14 Jesús le respondió: "Amigo, ¿quién
me ha puesto a mí para que diga qué
debe recibir cada uno?"
15 Luego, Jesús se dirigió a todos y
les dijo: "¡Tengan cuidado! No deseen
cosas que no deben tener; porque la
vida de un hombre no consiste en las
muchas cosas que posee."

Historia del rico necio

16 Entonces, les contó una historia,
diciendo: "Los campos de un hombre
rico daban gran cosecha.
17 Y pensaba: '¿Qué haré? ¡No tengo
dónde guardar la cosecha!'
18 Después, dijo: 'Ya sé lo que voy a
hacer. Destruiré mi granero y construiré otro más grande. Luego, pondré en
él la cosecha y otras cosas que tengo.
19 Le diré a mi alma: "Alma, tienes
muchas cosas buenas guardadas en tu
edificio. Será todo lo que necesitarás
todavía durante muchos años. Ahora,
descansa, bebe, come y alégrate."'
20 Pero Dios le dijo: '¡Necio! Esta
noche te quitarán tu alma, y, ¿quién

Man will make him known to the angels
of God.
9 But whoever acts as if he does
not know Me and does not make Me
known to men, he will not be spoken
of to the angels of God.
10 "Whoever speaks a word against
the Son of Man will be forgiven. Whoever speaks against the Holy Spirit will
not be forgiven.
11 When they take you to the places
of worship and to the courts and to the
leaders of the country, do not be worried about what you should say or how
to say it.
12 The Holy Spirit will tell you what
you should say at that time."
13 One of the people said to Jesus:
"Teacher, tell my brother to divide the
riches that our father left us."
14 Jesus said to him: "Friend, who has
told Me to say who should get what?"
15 Then Jesus said to them all: "Watch
yourselves! Keep from wanting all kinds
of things you should not have. A man's
life is not made up of things, even if he
has many riches."

The picture story of the rich fool

16 Then He told them a picture story,
saying: "The fields of a rich man gave
much grain.
17 The rich man thought to himself,
'What will I do? I have no place to put
the grain.'
18 Then he said, 'I know what I will do.
I will take down my grain building and I
will build a bigger one. I will put all my
grain and other things I own into it.
19 And I will say to my soul: "Soul,
you have many good things put away in
your building. It will be all you need for
many years to come. Now rest and eat
and drink and have lots of fun."'
20 But God said to him, 'You fool!
Tonight your soul will be taken from

recibirá todas las cosas que has guardado?'

21 Lo mismo pasa con cualquier hombre que guarda riquezas para sí mismo y no tiene las riquezas de Dios."

Jesús enseña sobre los cuidados de esta vida

22 Jesús les dijo a sus seguidores: "Por esto, les digo que no se preocupen por su vida o lo que tienen que comer. Ni se preocupen por sus cuerpos o lo que vayan a vestir.

23 La vida es más que la comida, y el cuerpo más que el vestido.

24 Miren a los pájaros. No siembran, ni cosechan, ni tienen graneros. Sin embargo, Dios los alimenta. ¿No valen ustedes más que los pájaros?

25 "¿Quién de ustedes puede hacerse más alto con preocuparse?

26 Si no pueden hacer eso, que es tan pequeño, ¿por qué se preocupan por otras cosas?

27 Piensen cómo crecen las flores. No trabajan ni hacen su ropa; pero les aseguro que ni el rey Salomón, con toda su grandeza, se vistió tan bien como cualquiera de esas flores.

28 Dios puso esos vestidos en las hierbas del campo, que hoy están en el campo y mañana se echarán al fuego. ¿Cuánto más querrá vestirlos a ustedes, hombres de poca fe?

29 No piensen tanto en lo que comerán o beberán, ni se preocupen por ello,

30 porque todas las naciones del mundo buscan esas cosas. Su Padre sabe que las necesitan.

31 En lugar de eso, busquen el reino de Dios; entonces, se les darán, además, todas esas otras cosas.

32 No teman, pequeño rebaño, porque su Padre desea darles el reino de Dios.

you. Then who will have all the things you have put away?'

21 It is the same with a man who puts away riches for himself and does not have the riches of God."

Jesus teaches about the cares of this life

22 Jesus said to His followers: "Because of this, I say to you, do not worry about your life, what you are going to eat. Do not worry about your body, what you are going to wear.

23 Life is worth more than food. The body is worth more than clothes.

24 Look at the birds. They do not plant seeds. They do not gather grain. They have no grain buildings for keeping grain. Yet God feeds them. Are you not worth more than the birds?

25 "Which of you can make yourself a little taller by worrying?

26 If you cannot do that which is so little, why do you worry about other things?

27 Think how the flowers grow. They do not work or make cloth. Yet, I tell you, that King Solomon in all his greatness was not dressed as well as one of these flowers.

28 God puts these clothes on the grass of the field. The grass is in the field today and put into the fire tomorrow. How much more would He want to give you clothing? You have so little faith!

29 Do not give so much thought to what you will eat or drink. Do not be worried about it.

30 For all the nations of the world go after these things. Your Father knows you need these things.

31 Instead, go after the holy nation of God. Then all these other things will be given to you.

32 Do not be afraid, little flock. Your Father wants to give you the holy nation of God.

33 Vendan lo que tengan y denles el dinero a los pobres. Tengan bolsas que nunca se desgasten, llenas de riquezas en el cielo. Esas riquezas nunca se acaban. Ningún ladrón se las puede llevar, ni pueden comérselas los insectos.
34 Recuerden: su corazón estará donde estén sus riquezas.

Jesús manda estar vigilantes y listos para su segunda venida

35 "Estén listos y vestidos, con las luces encendidas.
36 Sean como hombres que esperan que su amo llegue a su casa para su fiesta de bodas. Cuando llega y llama a la puerta, se le abrirá inmediatamente.

37 Esos obreros estarán felices cuando llegue su amo y los encuentre vigilantes. Les aseguro que estarán vestidos y listos para atenderlo.

38 El amo puede llegar tarde, en la noche, o temprano, por la mañana. Los trabajadores se verán contentos de que su amo los encuentre despiertos cuando llegue.
39 Pero entiendan que si el dueño de una casa supiera cuándo llegará el ladrón, se mantendría despierto. No permitiría al ladrón robar su casa.

40 Ustedes también deben estar listos. El Hijo del Hombre llegará en el momento que menos lo esperan."

Trabajadores fieles e infieles

Mateo 24:45-51

41 Pedro dijo: "Señor, ¿has contado esa historia para nosotros solamente, o para toda la gente?"
42 El Señor le dijo: "¿Quién es el obrero fiel y prudente al que su amo le pondrá por encargado de los demás?

33 Sell what you have and give the money to poor people. Have money bags for yourselves that will never wear out. These moneybags are riches in heaven that will always be there. No robber can take them and no bugs can eat them there.
34 Your heart will be wherever your riches are.

Jesus says to watch and be ready for His second coming

35 "Be ready and dressed. Have your lights burning.
36 Be like men who are waiting for their owner to come home from a wedding supper. When he comes and knocks on the door, they will open it for him at once.
37 Those servants are happy when their owner finds them watching when he comes. For sure, I tell you, he will be dressed and ready to care for them. He will have them seated at the table.
38 The owner might come late at night or early in the morning. Those servants are happy if their owner finds them watching whenever he comes.

39 But understand this, that if the owner of a house had known when the robber was coming, he would have been watching. He would not have allowed his house to be broken into.
40 You must be ready also. The Son of Man is coming at a time when you do not think He will come."

Faithful servants and servants who are not faithful

Matthew 24:45-51

41 Peter said: "Lord, are You telling this picture story to us or to all the people?"
42 The Lord said: "Who is the faithful and wise servant his owner made boss over the others? He is the one who is

Es el que tendrá lista la comida en el momento oportuno.
43 Será feliz el obrero al que su Señor, cuando llegue, encontrará trabajando.
44 Les aseguro que lo pondrá sobre todos sus bienes.
45 "Pero, ¿qué pasará si ese obrero se dice: 'El amo tardará en llegar' y si golpea a los demás obreros, come, bebe y se emborracha?
46 El amo de ese obrero llegará un día y a una hora en que no lo estará esperando, destruirá al obrero y lo pondrá con los infieles.

47 "El obrero que sabía lo que el amo quería que hiciera; pero no se preparó a recibirlo, o no hizo lo que quería, será castigado muchas veces.
48 Pero el que no sabía lo que su amo deseaba que hiciera, pero hizo cosas que merecen castigo, será castigado menos. El hombre que recibe mucho debe dar mucho. Al que se le dé a cuidar mucho, se le pedirá más.

to have food ready at the right time.
43 That servant is happy who is doing his work when the owner comes.
44 For sure, I tell you, he will make him boss over all he has.
45 "But what if that servant says to himself, 'The owner will not be coming soon,' and then beats the other servants and eats and drinks and gets drunk?
46 The owner of that servant will come on a day and at an hour when he is not looking for him. He will cut him in pieces and will put him with those who do not believe.
47 "The servant who knew what the owner wanted done, but did not get ready for him, or did not do what he wanted done, will be beaten many times.
48 But the servant who did not know what his owner wanted done, but did things that would be reason to be beaten, will be beaten only a few times. The man who receives much will have to give much. If much is given to a man to take care of, men will expect to get more from him.

Los hombres se dividen cuando siguen a Cristo
Mateo 10:34-36

49 "He venido a traer fuego a la tierra. ¡Desearía que ya estuviera encendido!
50 Tengo que ser bautizado y qué inquieto me siento hasta que todo pase!
51 ¿Creen que vine a traer paz a la tierra? Pues no es así; vine a dividir.
52 Tres estarán contra dos, y dos contra tres.

53 El padre se enfrentará al hijo, y el hijo al padre. La madre estará contra su hija, y la hija contra su madre. La suegra se opondrá a su nuera, y la nuera a su suegra."

Men are divided when they follow Christ
Matthew 10:34-36

49 "I have come to bring fire down to the earth. I wish it were already started!
50 I have a baptism to go through. How troubled I am until it is over!
51 Do you think I came to bring peace on the earth? I tell you, no! I came to divide.
52 From now on there will be five in one house divided. Three will be against two and two will be against three.
53 The father will be against the son. The son will be against the father. The mother will be against the daughter. The daughter will be against the mother. The mother-in-law will be against the daughter-in-law. The daughter-in-law will be against the mother-in-law."

54 Cuando ven una nube que se acerca del oeste, dicen inmediatamente: "Va a llover.' Y así es.

55 Cuando ven que el viento sopla del sur, dicen: "Será un día caluroso." Y lo es.

56 Los que fingen ser lo que no son dicen saberlo todo sobre el cielo y la tierra; pero, ¿por qué no saben qué es lo que está pasando en estos días?

57 ¿Por qué no saben lo que es bueno para sí mismos?

58 Cuando una persona dice que estás equivocado y te lleva ante los tribunales, trata de llegar a un acuerdo con él en el camino, O te presentará ante el juez, el cual te entregará a la policía, que te meterá a la cárcel.

59 Y te aseguro que no saldrás de allí hasta que hayas pagado hasta la última moneda de la multa."

Todos deben cambiar su actitud acerca de sus pecados y dejarlos

13 En aquel tiempo unas personas vinieron a ver a Jesús y le dijeron que Pilato había matado a algunos habitantes del país de Galilea. Esto pasó mientras ofrecían animales en un altar como sacrificio a Dios. Pilato mezcló la sangre de ellos con la de los animales.

2 Jesús les dijo: "¿Cómo eran estos galileos? ¿Eran más pecadores que los otros habitantes del país de Galilea porque sufrieron estas cosas?

3 Les digo que no. Pero a menos que ustedes cambien su actitud acerca de sus pecados y los dejen, también morirán.

4 ¿Qué les pasó a aquellos dieciocho hombres que murieron cuando les cayó encima la torre de Siloé? ¿Creen que eran los peores pecadores de Jerusalén?

5 Les repito que no. Pero a menos

54 Then Jesus also said to the people: "When you see a cloud coming in the west, you say at once, 'It is going to rain.' And it does.

55 When you see the wind blow from the south, you say, 'It will be a hot day.' And it is.

56 You who pretend to be someone you are not, you know all about the sky and the earth. But why do you not know what is happening these days?

57 Why do you not know for yourselves what is right?

58 When a person says you are wrong and takes you to court, try to make it right with him as you go, or he will take you to the head of the court. Then he will take you to the police and you will be put in prison.

59 I tell you, you will not be let out of prison until you have paid the last piece of money of the fine."

Everyone should be sorry for their sins and turn from them

13 At this time some people came to Jesus. They told Him that Pilate had killed some people from the country of Galilee. It was while they were giving gifts of animals on the altar in worship to God.

2 Pilate put their blood together with the blood of the animals. Jesus said to them: "What about these people from Galilee? Were they worse sinners than all the other people from Galilee because they suffered these things?

3 No, I tell you. But unless you are sorry for your sins and turn from them, you too will all die.

4 What about those eighteen men who were killed when the high building in Siloam fell on them? Do you think they were the worst sinners living in Jerusalem?

5 No, I tell you. But unless you are

que ustedes cambien de actitud acerca de sus pecados y dejen de practicarlos, también morirán."

La historia de la higuera que no tenía fruto

6 Entonces Jesús les relató esta historia ilustrativa: "Un hombre tenía una higuera en su campo de uvas.

7 Y le dijo a su labrador: 'Mira, durante tres años he venido a buscar higos en esta planta y nunca he encontrado ninguno. Córtala ya, para que no se ocupe terreno en vano.'

8 El labrador le dijo: 'Amo, déjala un año más. Limpiaré la tierra a su alrededor y le pondré abono.

9 Es posible que el próximo año tenga fruto, pero si no tiene, entonces la cortaré.'"

Jesús sana en el día de descanso

10 Jesús enseñaba el día de descanso en un templo local.

11 Allí había una mujer que por dieciocho años había sido atormentada por un espíritu malo. No podía andar recta.

12 Jesús la vio y le dijo: "Mujer, estás libre de tu mal."

13 Entonces él puso sus manos sobre ella; y en seguida, la mujer se puso de pie y dio gracias a Dios.

14 El dirigente del templo local se enojó porque Jesús sanó a la mujer en el día de descanso. Dijo a la gente: "Hay seis días de la semana en que debe trabajarse y hacer otras cosas. Vengan durante estos días para ser curados, pero no en el día de descanso."

15 Entonces Jesús le dijo: "Finges ser lo que no eres. ¿No les dan todos ustedes de beber a sus animales, su vaca o su burro, en el día de descanso?

sorry for your sins and turn from them, you too will all die."

The picture story of the fig tree which had no fruit

6 Then He told them this picture story: "A man had a fig tree in his grape field. He looked for fruit on it but found none.

7 He said to his servant, 'See! For three years I have been coming here looking for fruit on this fig tree. I never find any. Cut it down. Why does it even waste the ground?'

8 The servant said, 'Sir! Leave it here one more year. I will dig around it and put plant food on it.

9 It may be that it will give fruit next year. If it does not, then cut it down.' "

Jesus heals on the day of rest

10 Jesus was teaching in one of the Jewish places of worship on the Day of Rest.

11 A woman was there who had suffered for eighteen years because of a demon. She was not able to stand up straight.

12 Jesus saw her and said: "Woman, you are now free from your trouble!"

13 Then He put His hand on her. At once she stood up straight and gave thanks to God.

14 The leader of the Jewish place of worship was angry because Jesus healed on the Day of Rest. The leader said to the people: "There are six days in which work should be done. Come on those days and get healed. Do not come to be healed on the Day of Rest."

15 The Lord said to him: "You pretend to be someone you are not! Do not each of you let his cow or his donkey out and lead them to water on the Day of Rest?

16 Y esta mujer judía no podía ser
librada de su mal en el día de descanso? Estuvo encadenada por el diablo
durante dieciocho años."
17 Cuando dijo esto, todos los que
estaban en contra de él se avergonza-
ron. la mayoría de la gente se alegró por
las cosas maravillosas que Jesús hacía.

La historia de la semilla de mostaza y la levadura

Mateo 13:31-33 Marcos 4:30-32

18 Entonces Jesús les preguntó: "¿A
qué se parece el reino de Dios? ¿Con
qué lo comparo?
19 Es como una semilla de mostaza
que un hombre sembró en su campo.
Creció y llegó a ser un árbol. Los pájaros hasta hicieron nidos en las ramas."
20 Otra vez dijo Jesús: "¿Qué puedo
usar para enseñarles a qué se parece el
reino de Dios?
21 Es como la levadura que una mujer
puso en tres medidas de harina hasta
que todo se fermentó."

Jesús enseña en el camino a Jerusalén

Mateo 7:13-14, 21-23

22 En el camino a Jerusalén, Jesús
enseñaba a la gente que se encontraba
en las ciudades y pueblos por donde
iba pasando.
23 Algunos le preguntaron: "Señor,
¿son pocas las personas que se salvan
el castigo que viene por el pecado?" Él
les contestó:
24 "Procuren entrar por la puerta
angosta, porque les digo que muchos
tratarán de entrar pero no podrán.
25 El dueño de la casa se levantará y
cerrará la puerta; y ustedes, que van a
estar afuera de la casa, tocarán la puerta y dirán: 'Señor, permítenos entrar.'
Entonces él les dirá: 'No los conozco.'
26 Entonces ustedes diran: 'Nosotros
comimos y bebimos contigo cuando
enseñabas en nuestras calles.'

16 Should not this Jewish woman be
made free from this trouble on the Day
of Rest? She has been chained by Satan
for eighteen years."
17 When He said this, all those who
were against Him were ashamed. All
the many people were glad for the
great things being done by Him.

The picture stories of the mustard seed and the yeast

Matthew 13:31-33 Mark 4:30-32

18 Then Jesus asked: "What is the
holy nation of God like? What can I use
to show you?
19 It is like a mustard seed which a
man took and planted in his field. It
grew and became a tree. The birds of
the sky stayed in its branches."
20 Again Jesus said: "What can I use
to show you what the holy nation of
God is like?
21 It is like yeast that a woman put
into three pails of flour until it was all
full of yeast."

Jesus teaches on the way to Jerusalem

Matthew 7:13-14, 21-23

22 Jesus taught the people as He went
through the cities and towns on His
way to Jerusalem.

23 Someone asked Jesus: "Lord, will
only a few people be saved from the
punishment of sin?" Jesus said to them,

24 "Work hard to go in through the
narrow door. I tell you, many will try to
go in but will not be able to go in.
25 The owner of the house will get up
and shut the door. You who are on the
outside will knock on the door and say,
'Lord, let us in.' Then He will say, 'I do
not know you.'
26 Then you will say, 'We ate and
drank with You when You taught in our
streets.'

27 Pero él les dirá: 'Les digo que no los conozco. Apártense de mí, ustedes que son pecadores.'

28 "Habrá fuerte gritería y rechinar de dientes cuando vean a Abraham, a Isaac y a Jacob y todos los antiguos predicadores entrar en el reino de Dios, y ustedes se quedarán afuera.

29 Aquellos que se sienten a la mesa en el reino de Dios vendrán del este y del oeste y del norte y del sur.

30 ¡Escuchen! algunos que son los últimos serán los primeros, y algunos que son los primeros serán los últimos."

31 Ese mismo día algunos de los celosos religiosos vinieron a Jesús y le dijeron: "Vete de aquí porque Herodes quiere matarte."

32 Jesús les contestó: "Vayan y díganle a ese zorro: 'Mira, yo saco espíritus malos y curo a los enfermos; haré estas cosas hoy y mañana. Y al tercer día, estaré terminado de mi trabajo.'

33 Pero tengo que seguir mi camino el día de hoy, mañana y pasado mañana. Uno que habla enviado por Dios no puede morir sino en Jerusalén.

Jesús llora sobre Jerusalén

Mateo 23:37-39

34 "Jerusalén, Jerusalén, tú has matado a los predicadores antiguos y apedreado a los que son enviados a ti. Cuántas veces quise juntar a tus hijos alrededor de mí, como las gallinas juntan sus pollitos bajo sus alas, pero tú no me dejaste.

35 Mira cómo se ha quedado vacía tu casa. Te digo que no me verás otra vez hasta que venga el tiempo en que digas: 'Grande y honorable es el que viene de parte del Señor.'"

27 But He will say, 'I tell you, I do not know you. Go away from Me. You are sinful.'

28 "There will be loud crying and grinding of teeth when you see Abraham and Isaac and Jacob and all the early preachers in the holy nation of God, but you will be put out.

29 Those who sit at the table in the holy nation of God will come from the east and west and from the north and south.

30 Listen! Some are last who will be first. Some are first who will be last."

31 That same day some of the proud religious law keepers came to Jesus. They said: "Go away from here! Herod wants to kill You."

32 Jesus said to them: "Go and tell that fox, 'See. I put out demons and heal the sick. I will do these things today and tomorrow. And the third day My work will be finished.'

33 But I must go on My way today and tomorrow and the day after. One who speaks for God cannot die except at Jerusalem.

Jesus sorrows over Jerusalem

Matthew 23:37-39

34 "Jerusalem, Jerusalem, you kill the early preachers and throw stones on those sent to you. How many times I wanted to gather your children around me, as a bird gathers her young under her wings, but you would not let Me.

35 See! Your house is empty. And I tell you, you will not see Me again until the time comes when you will say, 'Great and honored is the One Who comes in the name of the Lord.' "

Otro hombre es sanado en el día de descanso

14 El día de descanso, Jesús fue a
la casa de uno de los dirigentes
religiosos para comer. Todos miraban a
Jesús para ver qué haría.

2 Pusieron ante Jesús a un hombre
que estaba enfermo de una hincha-
zón.
3 Jesús les preguntó a los dirigentes
y a los celosos religiosos: "¿Dice la ley
que es correcto curar en el día de descanso o no?"
4 Cuando ellos no contestaron: Jesús
tomó al hombre y lo curó. Luego lo
despidió.
5 Entonces Jesús les dijo a los dirigentes: "Si uno de ustedes tuviera una
vaca, o un burro y se cayera en un pozo
¿no lo sacaría en el día de descanso?"
6 Ellos no pudieron contestar.

Jesús enseña acerca de cómo vivir con otros

7 Jesús estaba mirando a los que
habían sido invitados a la cena. Todos
trataban de conseguir los principales
lugares. Él les contó una historia diciendo:
8 "Cuando te inviten a una cena
de boda, no te sientes en los lugares importantes, porque puede venir
alguien más importante que tú,

9 y el que los invitó puede decirte:
'Este lugar importante es para esta
otra persona.' Tú pasarás vergüenza
mientras te diriges al asiento de atrás.
10 Pero cuando te inviten a venir a
la mesa, siéntate en el lugar de atrás.
Entonces el que te invitó puede venir a
donde estás tú a decirte: 'Amigo, pása-
te a un lugar principal.' Entonces serás
respetado delante de todos los que te
acompañan a la mesa.

Another man healed on the day of rest

14 On the Day of Rest Jesus
went into the house of one of
the leaders of the proud religious law
keepers to eat. They all watched Jesus
to see what He would do.
2 A man who had very large arms
and legs because of a sickness was put
before Jesus.
3 Jesus asked the teachers of the Law
and the proud religious law keepers:
"Does the Law say it is right to heal on
the Day of Rest, or not?"
4 They did not answer. Jesus took
hold of the man and healed him and
sent him away.
5 Then Jesus said to the leaders: "If
one of you had a cow or donkey that fell
into a hole, would you not go at once
and pull it out on the Day of Rest?"
6 And they were not able to answer
His questions.

Jesus teaches about how to live with others

7 Jesus had been watching those who
were asked to come to supper. They
were all trying to get the important
seats. He told them a picture story,
saying,
8 "When you are asked by someone
to a wedding supper, do not take the
important seat. Someone more important than you may have been asked to
come also.
9 The one who asked both of you to
come may say to you, 'The important
seat is for this man.' Then you will be
ashamed as you take the last place.
10 But when you are asked to come
to the table, sit down on the last seat.
Then the one who asked you may
come and say to you, 'Friend, go to a
more important place.' Then you will
be shown respect in front of all who
are at the table with you.

11 Cualquiera que desee aparecer más importante de lo que es encontrará que vale muy poco; pero cualquiera que no se siente importante será hecho importante."

12 Entonces Jesús le dijo al hombre que lo invitó a comer en su casa: "Cuando hagas una cena, no invites a tus amigos, o a tus hermanos, o a tu familia o a tus vecinos ricos. Ellos te invitarán a sus casas a cenar, en pago por la invitación que les hiciste.

13 Cuando hagas cena invita a los pobres, a los cojos que no pueden caminar y a los ciegos.

14 Vas a recibir tu paga cuando la gente que está bien con Dios se levante de los muertos."

15 Cuando uno de los que estaban comiendo en la mesa con Jesús oyó esto, dijo: "Felices todos los que coman en el reino de Dios."

La historia de la gran cena

Mateo 22:1-14

16 Entonces Jesús dijo al jefe de los celosos religiosos: "Hubo un hombre que dio una gran cena e invitó a mucha gente a cenar.

17 Cuando se acercaba el día de la cena, envió a uno de sus siervos a decirles a los que había invitado: 'Vengan, que todo está listo ya.'

18 Pero todos los invitados dieron diferentes disculpas para no ir. El primero dijo: 'Compré un terreno y debo ir a verlo. No me esperen.'

19 Otro dijo: 'He comprado diez bueyes para usarlos en mis tierras y debo ir a probarlos. No me esperen.'

20 Y otro dijo: 'Me acabo de casar y no puedo ir.'"

21 "El siervo volvió a su dueño y le dijo estas cosas. El dueño se enojó y le

11 Whoever makes himself look more important than he is will find out how little he is worth. Whoever does not try to honor himself will be made important."

12 Then Jesus said to the man who asked Him to eat in his house: "When you have a supper, do not ask your friends or your brothers or your family or your rich neighbors. They will ask you to come to their place for a supper. That way you will be paid back for what you have done.

13 When you have a supper, ask poor people. Ask those who cannot walk and those who are blind.

14 You will be happy if you do this. They cannot pay you back. You will get your reward when the people who are right with God are raised from the dead."

15 When one of those eating at the table with Jesus heard this, he said: "Everyone is happy who will eat in the holy nation of God."

The picture story of the big supper

Matthew 22:1-14

16 Then Jesus said to the leader of the proud religious law keepers: "There was a man who was giving a big supper. He asked many people to come to eat.

17 When it was about time to eat, he sent one of the servants he owned to tell those he had asked, saying, 'Come, everything is ready now.'

18 They all gave different reasons why they could not come. The first said, 'I have bought some land and I must go and see it. Do not expect me to come.'

19 Another one said, 'I have bought ten cows to use for working in my fields. I must go and try them out. Do not expect me to come.'

20 And another one said, 'I have just been married and I cannot come.'"

21 "The servant went back to his owner and told him these things. Then

dijo a su siervo: 'Vete a las calles y a las
veredas de la ciudad y trae aquí a los
pobres; trae a los enfermos, a los cojos
y a los ciegos.'

22 El siervo regresó y dijo: 'Señor, hice
lo que me mandó, pero todavía hay
lugares vacíos.'
23 Entonces el Señor dijo a su criado:
'Vete a los caminos que van de la ciudad hacia los campos y diles que tienen
que venir. Haz esto para que se llene
mi casa.
24 Te digo que ninguno de los que yo
antes invité comerá de mi cena.'"

Dejando las cosas de este mundo
Mateo 10:37-39

25 Mucha gente seguía a Jesús, y él,
volteándose, les dijo:
26 "Si alguno viene a mí y no me ama
más que a su padre y a su madre, esposa e hijos, hermanos y hermanas, y aun
su propia vida, no puede seguirme.

27 Si no carga su cruz y viene atrás de
mí, no puede ser mi seguidor.
28 "Si alguno de ustedes quiere
construir un edificio grande, primero
se sienta y piensa cuánto le costará
construirlo; debe ver si tiene suficiente
dinero para terminarlo.
29 Si no, al terminar los cimientos que
van a sostener el edificio, se le acaba el
dinero; y todos se reirán.

30 Entonces se dirá: 'Este hombre
empezó a construir y no pudo terminar.'
31 "¿Qué sucede si un gobernante
hace la guerra a otro? ¿No se sentará
primero y decidirá si es capaz de ir con
diez mil hombres contra el otro rey
que viene con veinte mil hombres?
32 O enviará un soldado al otro rey

his owner became angry. He said to
his servant, 'Hurry into the streets and
narrow roads of the city and bring poor
people here. Bring those whose bodies
are diseased. Bring those who cannot
walk and those who are blind.'
22 The servant came back and said, 'Sir,
what you told me to do has been done.
But there are still some empty places.'
23 Then the owner said to his servant,
'Go out along the roads leading away
from the city and into the fields. Tell
them they must come. Do this so my
house will be filled.
24 I tell you, not one of those I had
asked will eat of my supper.'"

Giving up things of this earth
Matthew 10:37-39

25 Many people followed Jesus. Then
He turned around and said to them,
26 "If any man comes to Me and does
not have much more love for Me than
for his father and mother, wife and
children, brothers and sisters, and
even his own life, he cannot be My follower.
27 If he does not carry his cross and
follow Me, he cannot be My follower.
28 "If one of you wanted to build a
large building, you would sit down first
and think of how much money it would
take to build it. You would see if you
had enough money to finish it,
29 or when the base of the building is
finished, you might see that you do not
have enough money to finish it. Then
all who would see it would make fun of
you.
30 They would say, 'This man began to
build and was not able to finish.'
31 "What if a king is going to war with
another king? Will he not sit down
first and decide if he is able to go with
10,000 men against the other king who
is coming with 20,000 men?
32 Or, he will send a soldier to the

mientras está lejos y preguntará qué
puede hacerse para tener paz.

33 De la misma manera, cualquiera
que no renuncia a todo lo que tiene no
puede ser mi seguidor.
34 "La sal es buena, pero si pierde su
sabor, ¿qué puede hacerse para que
otra vez sepa a sal?
35 No sirve para nada, se arroja fuera.
El que tiene oídos para oír, que oiga."

La historia de la oveja perdida
Mateo 18:11-14

15 Todos los cobradores de impuestos y los pecadores se
acercaban para oír a Jesús.
2 Los celosos religiosos y los maestros de la ley empezaron a hablar de él,
diciendo: "Este recibe a los pecadores
y come con ellos."
3 Entonces Jesús les contó una historia, diciendo:
4 "¿Qué pasa si uno de ustedes tiene cien ovejas y pierde una? ¿No deja
las noventa y nueve en el campo para
buscar a la que se perdió hasta encon-
trarla?
5 Cuando la encuentra, se pone feliz
y se la echa sobre los hombros.
6 Se va a casa y reúne a sus amigos y
vecinos y les dice: '¡Pónganse contentos
junto conmigo porque encontré la oveja que se había perdido!'

7 Les digo que habrá más gozo en el
cielo por un pecador que sienta tristeza de sus pecados y los abandone,
que por noventa y nueve personas que
están en paz con Dios y no necesitan
cambiarse.

La historia
de la moneda perdida
8 "¿Qué sucede si una mujer tiene
diez monedas de plata y pierde una?

other king while he is still a long way
off. He will ask what can be done to
have peace.
33 In the same way, whoever does not
give up all that he has, cannot be My
follower.
34 "Salt is good. But if salt has lost its
taste, how can it be made to taste like
salt again?
35 It is no good for the field or the
waste place. Men throw it away. You
have ears, then listen!"

The picture story of the lost sheep
Matthew 18:11-14

15 All the tax gatherers and sinners were coming to hear
Jesus.
2 The proud religious law keepers
and the teachers of the Law began to
speak against Him. They said: "This man
receives sinners and eats with them."
3 Then Jesus told them a picture
story, saying,
4 "What if one of you had one hundred sheep and you lost one of them?
Would you not leave the ninety-nine in
the country and go back and look for
the one which was lost until you find it?
5 When you find it, you are happy as
you carry it back on your shoulders.
6 Then you would go to your house
and call your friends and neighbors.
You would say to them, 'Be happy with
me because I have found my sheep that
was lost.'
7 I tell you, there will be more joy in
heaven because of one sinner who is
sorry for his sins and turns from them,
than for ninety-nine people right with
God who do not have sins to be sorry
for.

The picture story of the
lost piece of money
8 "What if a woman has ten silver
pieces of money and loses one of them?

¿No enciende una lámpara para barrer el piso hasta que la encuentra?
9 Cuando la encuentra, llama a sus amigas y vecinas y les dice: 'Alégrense conmigo porque encontré la moneda de plata que perdí.'
10 Les digo que pasa lo mismo entre los ángeles de Dios, si un pecador cambia su actitud acerca de sus pecados y los abandona."

Does she not light a lamp and sweep the floor and look until she finds it?
9 When she finds it, she calls her friends and neighbors together. She says to them, 'Be happy with me. I have found the piece of money I had lost.'
10 I tell you, it is the same way among the angels of God. If one sinner is sorry for his sins and turns from them, the angels are very happy."

La historia del hijo necio que perdió todo su dinero

11 También les dijo: "Había un hombre que tenía dos hijos.
12 El menor dijo a su padre: 'Padre, dame la parte de la herencia que me toca.' Entonces el padre dividió entre sus dos hijos todo lo que tenía.
13 Al poco tiempo el hijo menor tomó todo lo que se le había dado, y se fue lejos a otro país. Ahí gastó todo lo que tenía, viviendo una vida mala.
14 Cuando se le acabó el dinero, tuvo hambre porque vino una escasez de alimentos en aquel país.
15 Entonces fue a trabajar con uno de los habitantes de aquella tierra. Su tarea era la de alimentar a los cerdos.
16 Tenía tanta hambre que quería comerse las bellotas que comían los puercos, pero nadie le daba de comer.
17 "Entonces empezó a pensar en lo que había hecho y se dijo a sí mismo: 'Mi padre les paga a los hombres que trabajan para él. Tienen toda la comida que quieran y aun más. Yo estoy a punto de morir de hambre.
18 Me levantaré, iré a ver a mi padre y le diré: "Padre, he pecado contra el cielo y contra ti.
19 No merezco ser llamado tu hijo. ¿Podría ser como uno de los hombres que trabajan para ti?"'

The picture story of the foolish son who spent all his money

11 And Jesus said: "There was a man who had two sons.
12 The younger son said to his father, 'Father, let me have the part of the family riches that will be coming to me.' Then the father divided all that he owned between his two sons.
13 Soon after that the younger son took all that had been given to him and went to another country far away. There he spent all he had on wild and foolish living.
14 When all his money was spent, he was hungry. There was no food in the land.
15 He went to work for a man in this far away country. His work was to feed pigs.
16 He was so hungry he was ready to eat the outside part of the ears of the corn the pigs ate because no one gave him anything.
17 "He began to think about what he had done. He said to himself, 'My father pays many men who work for him. They have all the food they want and more than enough. I am about dead because I am so hungry.
18 I will get up and go to my father. I will say to him: "Father, I have sinned against heaven and against you.
19 I am not good enough to be called your son. But may I be as one of the workmen you pay to work?"'

20 "El hijo se levantó y fue a ver a
su padre. Todavía no llegaba a la casa
cuando lo vio su padre; estaba lleno de
amor hacia él. Corrió, lo abrazó y lo
besó.
21 El hijo le dijo: 'Padre, he pecado
contra el cielo y contra ti, no merezco
ser llamado hijo tuyo.'

22 Pero el padre les dijo a sus trabajadores: '¡Apresúrense! Consigan el
mejor traje y pónganselo. Pónganle un
anillo en la mano y zapatos en los pies.
23 Traigan el becerro gordo y máten-
lo. Comamos y alegrémonos.
24 Mi hijo estaba muerto y ahora está
vivo otra vez. Se había perdido y ha
aparecido. Comamos y alegrémonos.'
25 "El hijo mayor estaba en el campo.
Y mientras se acercaba a la casa, oyó la
música y el baile.
26 Llamó a uno de los mozos y le preguntó qué pasaba.
27 El mozo contestó: 'Tu hermano ya
regresó. Tu padre ha matado el becerro gordo. Tu hermano está en la casa
y está bien.'
28 El hermano mayor se enojó y no
quería ir a la casa. Su padre salió y pidió
que entrara,
29 pero el hijo mayor le dijo: 'Todos
estos años he trabajado para ti, pero
tú nunca me diste ni un cabrito para
que pudiera cenar y divertirme con mis
amigos.

30 Pero en cuanto vino este hijo que
malgastó tu dinero con mujeres de la
calle, mataste el becerro gordo.'"

31 "Entonces el padre le dijo: 'Hijo
mío, tú siempre estás conmigo, y todo
lo que tengo es tuyo.
32 Ahora es bueno que nos divirta-
mos y estemos alegres, porque tu hermano estaba muerto y ahora está vivo.
Se había perdido pero se ha hallado.'"

20 "The son got up and went to his
father. While he was yet a long way off,
his father saw him. The father was full
of loving pity for him. He ran and threw
his arms around him and kissed him.
21 The son said to him, 'Father, I have
sinned against heaven and against you.
I am not good enough to be called your
son.'
22 But the father said to the workmen he owned, 'Hurry! Get the best
coat and put it on him. Put a ring on his
hand and shoes on his feet.
23 Bring the calf that is fat and kill it.
Let us eat and be glad.
24 For my son was dead and now he
is alive again. He was lost and now he is
found. Let us eat and have a good time.'
25 "The older son was out in the field.
As he was coming near the house, he
heard music and dancing.
26 He called one of the servants and
asked what was happening.
27 The servant answered, 'Your
brother has come back and your father
has killed the fat calf. Your brother is in
the house and is well.'
28 The older brother was angry and
would not go into the house. His father
went outside and asked him to come in.
29 The older son said to his father, 'All
these many years I have served you. I
have always obeyed what you said. But
you never gave me a young goat so I
could have a supper and a good time
with my friends.
30 But as soon as this son of yours
came back, you killed the fat calf. And
yet he wasted your money with bad
women.'"
31 "The father said to him, 'My son, you
are with me all the time. All that I have
is yours.
32 It is right and good that we should
have a good time and be glad. Your brother was dead and now he is alive again. He
was lost and now he is found.'"

La historla del jefe que robaba

16 Jesús dijo a sus seguidores: "Había un hombre rico que puso un jefe sobre sus casas y terrenos. Alguien le dijo que éste no estaba usando bien las riquezas.

2 El hombre rico mandó traer al jefe y le dijo: '¿Qué es esto que oigo acerca de ti? Dime, ¿qué has hecho con mis cosas? Ya no serás el jefe de mis casas y terrenos.'

3 "El jefe pensó, '¿Qué voy a hacer, si el dueño me quita el trabajo? No puedo trabajar en el campo para vivir, y me da vergüenza pedir ayuda.

4 Ya sé qué haré. Lo haré de tal manera que cuando pierda este trabajo pueda ir a la casa de mis amigos.'

5 "Mandó traer a la gente que le debía al rico y le preguntó al primero: '¿Cuánto le debes al amo?'

6 Él dijo: 'Cien barriles de aceite.' Entonces el jefe le dijo: 'Toma tu cuenta y cámbialo a cincuenta.'

7 Luego le preguntó a otro: '¿Cuánto debes?' Este respondió: 'Cien bolsas de trigo.' Entonces el jefe le dijo: 'Toma tu cuenta y cámbialo a ochenta.'

8 Cuando lo supo el rico dijo que este jefe malo había sido sabio al planear así para el futuro. Porque la gente del mundo es más sabia que los hijos de luz.

9 "Yo les digo: usen bien las riquezas del mundo, las cuales a menudo se usan equivocadamente, de tal manera que cuando se acaben, los amigos puedan recibirlos en una casa que será eterna.

10 El que es fiel con las cosas pequeñas también es fiel con las cosas grandes, y el que no es honrado con las cosas pequeñas tampoco es honrado con las cosas grandes.

11 Si no son fieles con las riquezas

The picture story of the boss who stole

16 Jesus said to His followers: "There was a rich man who put a boss over his houses and lands. Someone told him that his boss was not using his riches in a right way.

2 The rich man sent for the boss and said, 'What is this I hear about you? Tell me what you have done with my things. You are not to be the boss of my houses and lands anymore.'

3 "The boss said to himself, 'What will I do now? The owner of the houses and lands is taking my work away from me. I cannot dig in the ground for a living. I am too proud to ask for help.

4 I know what I will do. I will make it so that when I lose this work I will be able to go to the homes of my friends.'

5 "He sent for the people who owed the rich man. He asked the first one, 'How much do you owe the owner?'

6 The first man said, 'One hundred barrels of oil.' The boss said to him, 'Take your bill. Sit down at once and change it to fifty.'

7 He asked another one, 'How much do you owe?' He said, 'One hundred bags of wheat.' He said to him, 'Take your bill and change it to eighty.'

8 Then the rich man said that this sinful boss had been wise to plan for himself for the days ahead. For the people of the world are wiser in their day than the children of light.

9 "I tell you, make friends for yourselves by using the riches of the world that are so often used in wrong ways. So when riches are a thing of the past, friends may receive you into a home that will be forever.

10 He that is faithful with little things is faithful with big things also. He that is not honest with little things is not honest with big things.

11 If you have not been faithful with

de este mundo, ¿quién les confiará las riquezas verdaderas?
12 Y si no son fieles con lo de otras personas, ¿quién les dará las cosas de ustedes?
13 Ningún trabajador puede tener dos amos. Odiará a uno y amará al otro, o será fiel a uno e infiel al otro. Ustedes no pueden ser fieles a Dios y a las riquezas al mismo tiempo."

Jesús enseña que la ley no se ha terminado

14 Los celosos religiosos oían estas cosas. Se burlaron de Jesús porque amaban al dinero.
15 Entonces Jesús les dijo: "Ustedes son la clase de personas que se hacen aparecer buenas delante de otros, pero Dios conoce sus corazones. Lo que el hombre piensa que es bueno es odiado por Dios.
16 "Hasta la venida de Juan, ustedes tenían los escritos de la ley y de los antiguos predicadores de Dios. Desde entonces hasta ahora se han proclamado las buenas nuevas del reino de Dios y todos tratan de entrar en él.
17 Pero es más fácil que el cielo y la tierra dejen de existir que una pequeña parte de una palabra de la ley quede sin cumplirse.
18 "Cualquiera que se divorcia y se casa con otra es infiel al matrimonio y culpable de pecado sexual.

El hombre rico y Lázaro

19 "Había un hombre rico que se vestía con ropa fina diariamente. Vivía como un rey con las mejores comidas.
20 También había un mendigo llamado Lázaro que estaba cubierto de llagas malignas y se sentaba a la puerta del rico.

riches of this world, who will trust you with true riches?
12 If you have not been faithful in that which belongs to another person, who will give you things to have as your own?
13 No servant can have two bosses. He will hate the one and love the other. Or, he will be faithful to one and not faithful to the other. You cannot be faithful to God and to riches at the same time."

Jesus teaches that the law is not finished

14 The proud religious law keepers heard all these things. They loved money so they made fun of Jesus.
15 Jesus said to them: "You are the kind of people who make yourselves look good before other people. God knows your hearts. What men think is good is hated in the eyes of God.
16 Until John came, you had the writings of the Law and of the early preachers. From that time until now the Good News of the holy nation of God has been preached. Everyone is pushing his way in.
17 But it is easier for heaven and earth to pass away than for one small part of a word in the Law to be of no more use.
18 "Whoever divorces his wife and marries another woman is not faithful in marriage and is guilty of sex sins.

The rich man and the man who begged for food

19 "There was a rich man who dressed in purple linen clothes everyday. He lived like a king would live with the best of food.
20 There was a poor man named Lazarus who had many bad sores. He was put by the door of the rich man.

21 Deseaba los pedazos de comida que caían de la mesa del rico. Los
perros venían y le lamían las llagas.
22 "El mendigo murió y fue llevado
por los ángeles a los brazos de Abraham. El rico también murió y lo enterraron.
23 Estando en el infierno con muchos
dolores, el rico alzó la vista y vio a Abraham a lo lejos, y a Lázaro junto a él.
24 Entonces gritando dijo: 'Padre Abraham, ten lástima de mí. Mándame a Lázaro para que moje la punta de su dedo
en agua y refresque mi lengua, porque
tengo mucho dolor en este fuego.'
25 Abraham le dijo: 'Hijo mío, no olvi-
des que durante tu vida tuviste muchas
cosas buenas. Lázaro sólo tuvo males,
pero ahora él es bien atendido y tú
estás en tormento.
26 Además de esto, hay una gran distancia entre nosotros. Nadie de aquí
puede ir allá aunque quiera, y nadie
puede venir de allá.'
27 "Entonces el rico dijo: 'Padre, te
ruego que envíes a Lázaro a la casa de
mi padre,
28 donde tengo cinco hermanos.
Permítele que les diga de esto: de otro
modo ellos también vendrán a este
lugar de dolor.'
29 Abraham le dijo: 'Tienen los escritos de Moisés y de los antiguos predicadores de Dios; que oigan lo que ellos
les dicen.'
30 Pero el rico le dijo: 'No, Padre
Abraham, si alguien va a ellos de los
muertos, cambiarán de actitud acerca
de sus pecados y los dejarán.'
31 Abraham le dijo: 'Si no escuchan
a Moisés y a los antiguos predicadores
de Dios, tampoco escucharán a alguien
que se levanta de los muertos.'"

21 He wanted the pieces of food that
fell from the table of the rich man. Even
dogs came and licked his sores.
22 "The poor man who asked for food
died. He was taken by the angels into
the arms of Abraham. The rich man
died also and was buried.
23 In hell the rich man was in much
pain. He looked up and saw Abraham
far away and Lazarus beside him.
24 He cried out and said, 'Father
Abraham, take pity on me. Send Lazarus. Let him put the end of his finger
in water and cool my tongue. I am in
much pain in this fire.'
25 Abraham said, 'My son, do not
forget that when you were living you
had your good things. Lazarus had bad
things. Now he is well cared for. You
are in pain.
26 And more than all this, there is a big
deep place between us. No one from
here can go there even if he wanted to
go. No one can come from there.'
27 "Then the rich man said, 'Father,
then I beg you to send Lazarus to my
father's house.
28 I have five brothers. Let him tell
them of these things, or they will come
to this place of much pain also.'
29 Abraham said, 'They have the Writings of Moses and of the early preachers. Let them hear what they say.'
30 But the rich man said, 'No, Father
Abraham. If someone goes to them
from the dead, they will be sorry for
their sins and turn from them.'
31 Abraham said to him, 'If they do
not listen to Moses and to the early
preachers, they will not listen even if
someone is raised from the dead.'"

Jesús habla sobre el perdón

Mateo 18:6-7, 21-22 Marcos 9:42

17 Jesús les dice a los que le siguen: "Es cierto que sucederán cosas que harán que la gente peque; pero pobre del que haga algo para que otro peque.

2 Sería mejor que se amarrara una piedra pesada al cuello y se tirara al mar, que hacer que peque uno de mis pequeñitos.

3 "¡Tengan cuidado! Si tu hermano peca, háblale claro. Si lo siente y no lo vuelve a hacer, perdónalo.

4 Y si peca siete veces contra ti, si siete veces en el día, y vuelve para decirte que lo siente, perdónalo."

5 Sus misioneros le dijeron al Señor: "Danos más fe."

6 El Señor les dijo: "Si su fe fuera como una semilla de mostaza, podrían decirle a este árbol: 'Arranca tus raíces y plántate en el mar' y el árbol les obedecería.

Jesús enseña lo que es ser fiel

7 "Si alguno de ustedes tuviera un obrero que trabajara el campo o cuidara las ovejas, al regresar de su trabajo, ¿le diria: 'Siéntate y come'?

8 No, le dirá: 'Prepárame la cena; vístete y atiéndeme hasta que termine de comer y beber; después, come y bebe tú.'

9 ¿Se le dan las gracias al obrero porque hizo lo que se le mandó? Creo que no.

10 Con ustedes es lo mismo. Cuando hayan terminado de hacer lo que les dijeron, deben decir: 'No somos obreros especiales, porque sólo hicimos lo que debíamos hacer.'"

Jesús cura a diez enfermos de la piel

11 Cuando Jesús iba a Jerusalén, pasaba

Jesus teaches about forgiving

Matthew 18:6-7, 21-22 Mark 9:42

17 Jesus said to His followers: "For sure, things will come that will make people sin. But it is bad for the person who makes someone else sin.

2 It would be better for him to have a large rock put around his neck and be thrown into the sea, than that he should cause one of these little ones to sin.

3 "Watch yourselves! If your brother sins, speak sharp words to him. If he is sorry and turns from his sin, forgive him.

4 What if he sins against you seven times in one day? If he comes to you and says he is sorry and turns from his sin, forgive him."

5 The missionaries said to the Lord: "Give us more faith."

6 The Lord said: "If your faith was as a mustard seed, you could say to this tree, 'Be pulled out of the ground and planted in the sea,' and it would obey you.

Jesus teaches about being faithful

7 "What if you owned a servant who was working in the field or taking care of sheep? Would you say to him when he came in from his work, 'Come and sit down to eat'?

8 No, instead you would say, 'Get my supper ready. Dress yourself and care for me until I am through eating and drinking. Then you can eat and drink.'

9 Does the servant get thanks for doing what he was told to do? I am sure he does not.

10 It is the same with you also. When you do everything you have been told to do, you must say, 'We are not any special servants. We have done only what we should have done.' "

Jesus heals ten men with a bad skin disease

11 Jesus went on His way to Jerusalem.

por los países de Samaria y Galilea.

12 Y al entrar en un pueblo, se acercaron a él diez hombres muy enfermos
de la piel. Se quedaron un poco lejos.
13 Y le gritaron: "¡Jesús! ¡Maestro! ¡Ten
lástima de nosotros!"
14 Cuando Jesús los vio, les dijo:
"Vayan y preséntense a los dirigentes
religiosos." Y cuando se iban, quedaron
sanados.
15 Uno de ellos regresó, al ver que
estaba curado, y dio gracias a Dios a
gritos.
16 Se puso de rodillas, inclinó la cabeza ante Jesús y le dio gracias. Era un
hombre de Samaria.
17 Jesús le preguntó: "¿No eran diez
los que sanaron? ¿En dónde están los
otros nueve?
18 ¿Es este extranjero el único que
regresó a dar gracias a Dios?"
19 Luego, Jesús le dijo: "Levántate y
sigue tu camino; tu fe te ha curado."

Jesús enseña sobre el reino de Dios

Mateo 24:23-28, 36-41

20 Los celosos religiosos le preguntaron cuándo vendría el reino de Dios.
Jesús les dijo: "Cuando el reino de Dios
venga, no lo verán con los ojos.
21 No diran, '¡Miren! ¡Aquí está!' ni,
'¡Allí está!', porque el reino de Dios
está en ustedes."

Jesús habla sobre su segunda venida

22 Jesús les dijo a sus seguidores:
"Vendrá el tiempo en que desearán
ver uno de los días del Hijo del Hombre y no lo verán.
23 Ellos les dirán: '¡Está aquí!' o '¡Está
allá!,' pero no les sigan.
24 Cuando venga el Hijo del Hombre,

He was passing between the countries
of Samaria and Galilee.
12 As He was going into one of the
towns, ten men with a bad skin disease
came to Him. They stood a little way off.
13 They called to Him: "Jesus! Teacher! Take pity on us!"
14 When Jesus saw them, He said:
"Go and show yourselves to the religious leaders." As they went, they were
healed.
15 One of them turned back when he
saw he was healed. He thanked God
with a loud voice.
16 He got down on his face at the feet
of Jesus and thanked Him. He was from
the country of Samaria.
17 Jesus asked: "Were there not ten
men who were healed? Where are the
other nine?
18 Is this stranger from another country the only one who turned back to
give thanks to God?"
19 Then Jesus said to him: "Get up
and go on your way. Your trust in God
has healed you."

Jesus teaches about the Holy Nation of God

Matthew 24:23-28, 36-41

20 The proud religious law keepers
asked when the holy nation of God
would come. Jesus said to them: "The
holy nation of God is not coming in
such a way that can be seen with the
eyes.
21 It will not be said, 'See, here it is!'
or, 'There it is!' For the holy nation of
God is in you."

Jesus tells of His second coming

22 Jesus said to His followers: "The
time will come when you will wish you
could see the Son of Man for one day.
But you will not be able to.
23 They will say to you, 'He is here,' or,
'He is there,' but do not follow them.
24 When the Son of Man comes, He

será como un relámpago que brilla de
una parte del cielo a otra.
25 Pero, antes de eso, él tiene que
sufrir muchas cosas, y la gente de este
tiempo lo rechazará.
26 "Como fue en los tiempos de Noé,
así será cuando regrese el Hijo del
Hombre.
27 La gente comía y bebía. Se casaban
y se daban en casamiento. Hicieron
todo esto hasta el día que Noé entró
en el arca. Luego vinieron las lluvias y
toda la gente del mundo murió.

28 Lo mismo pasó cuando Lot vivió.
La gente comía y bebía, compraba y
vendía, sembraba y construía.
29 Pero el día que Lot salió de la ciudad de Sodoma, cayó fuego y azufre
del cielo, como si fuera lluvia, y mató a
todos los que vivían en Sodoma.
30 "Lo mismo pasará cuando regrese
el Hijo del Hombre.
31 En ese día, el hombre que esté
en el techo de una casa no debe bajar
para sacar sus cosas de la casa. Tampoco el hombre que esté en el campo
debe regresar a su casa.
32 ¡Acuérdense de la esposa de Lot!
33 "El que quiera salvar su vida la perderá, y el que la pierda se la devolve-
rán.

34 Les aseguro que en esa noche
habrá dos en la misma cama; se llevará
a uno y dejará el otro.

35 Dos mujeres estarán moliendo
juntas; se llevará a una y se dejará a la
otra.
36 Estarán dos hombres trabajando
en el campo; se llevará a uno y se dejará el otro."
37 Luego, le preguntaron a Jesús:
"¿Dónde pasará esto?" Y él les dijo:
"También los buitres se juntarán en
donde esté un cuerpo muerto."

will be as lightning that shines from one
part of the sky to the other.
25 But before that, He must suffer
many hard things. The people of this
day will have nothing to do with Him.
26 "As it was in the time of Noah, so
will it be when the Son of Man comes
back.
27 People ate and drank. They married and were given in marriage. They
did these things until the day Noah
went into the large boat. Then the
flood came and killed all the people on
earth.
28 It was the same in the time of Lot.
People ate and drank. They bought and
sold. They planted and built.
29 But the day Lot left the city of Sodom, fire and sulphur came down from
heaven like rain. It killed all the people
of Sodom.
30 "It will be the same on the day
when the Son of Man comes again.
31 In that day the man who is on top
of a house should not come down to
take his things out of the house. In the
same way, the man who is in the field
should not go back to his house.
32 Remember Lot's wife!
33 "He who wants to keep his life will
have it taken away from him. He who
loses his life will have it given back to
him.
34 I tell you, on that night there will
be two men in the same bed. One of
them will be taken. The other will be
left.
35 Two women will be grinding grain
together. One of them will be taken.
The other will be left.
36 Two men will be working in a field.
One will be taken. The other will be
left."
37 Then they asked Jesus: "Where will
this happen?" He said to them: "Birds
also gather where there is a dead
body."

La historia de la viuda

18 Jesús les dijo una historia, para
enseñarles que los hombres
deben orar siempre y no darse por
vencidos.
2 Les dijo: "Había un juez en una ciudad, encargado de decidir si una persona era culpable o no. Este hombre
no obedecía a Dios ni respetaba a los
hombres.
3 En la misma ciudad, vivía una viuda
que no dejaba de ir a él para decirle:
'¡Ayúdeme! ¡Hay alguien que trata de
hacerme mal!'
4 Pero el juez no la ayudaba, hasta
que comenzó a pensar: *No obedezco a*
Dios ni respeto a los hombres;
5 *pero le ayudaré a esta viuda, porque*
estoy cansado de oírla."
6 Luego, dijo el Señor: "Escuchen las
palabras del juez malo.
7 ¿No ayudará Dios a los de su pueblo que le piden de día y de noche?
¿Tardará mucho en ayudarles?
8 Yo les digo que les ayudará sin
tardar; pero, cuando venga el Hijo del
Hombre, ¿encontrará fe en la tierra?"

La historia de los celosos religiosos y los cobradores de impuestos

9 Jesús les contó otra historia a unas
personas que se creían buenas pero
que despreciaban a los demás.
10 Jesús dijo: "Dos hombres fueron al
gran templo de Dios a orar. Uno de
ellos era un celoso religioso y el otro
un cobrador de impuestos.
11 El celoso religioso se puso de pie
y oró a Dios así: 'Dios, te doy gracias

The picture story of the woman whose husband had died

18 Jesus told them a picture story
to show that men should always pray and not give up.
2 He said: "There was a man in one
of the cities who was head of the court.
His work was to say if a person was
guilty or not. This man was not afraid
of God. He did not respect any man.
3 In that city there was a woman
whose husband had died. She kept
coming to him and saying, 'Help me!
There is someone who is working
against me.'
4 For awhile he would not help her.
Then he began to think, 'I am not afraid
of God and I do not respect any man.
5 But I will see that this woman
whose husband has died gets her rights
because I get tired of her coming all the
time.'"
6 Then the Lord said: "Listen to the
words of the sinful man who is head of
the court.
7 Will not God make the things that
are right come to His chosen people
who cry day and night to Him? Will He
wait a long time to help them?
8 I tell you, He will be quick to help
them. But when the Son of Man comes,
will He find faith on the earth?"

The picture story of the proud religious law keepers and the tax gatherers

9 Jesus told another picture story
to some people who trusted in themselves and thought they were right
with God. These people did not think
well of other men.
10 Jesus said: "Two men went up to
the house of God to pray. One of them
was a proud religious law keeper. The
other was a man who gathered taxes.
11 The proud religious law keeper
stood and prayed to himself like this,

porque no soy como otros hombres; no soy ladrón, soy justo, no tengo otras mujeres, ni siquiera soy como ese cobrador de impuestos.

12 Para orar mejor, no como nada dos veces por semana; y doy la décima parte de lo que gano.'

13 El cobrador de impuestos se había quedado lejos; ni siquiera levantaba los ojos al cielo, pero se golpeaba el pecho, diciendo: '¡Dios, ten compasión de mí, porque soy pecador!'

14 Les digo que este hombre volvió a su casa perdonado y el otro no. Porque el que se dé más importancia de la que tiene verá lo poco que vale; y el que no trate de pasarse por importante recibirá más honor."

Jesús da gracias por los niños

Mateo 19:13-15 Marcos 10:13-16

15 La gente le llevaba sus niños a Jesús, para que pusiera sus manos sobre ellos. Cuando los que lo seguían vieron esto, comenzaron a regañarlos.

16 Jesús llamó a sus seguidores y les dijo: "Dejen que los niños se acerquen a mí; no los estorben, porque el reino de Dios es de ellos.

17 Yo les aseguro que el que no recibe el reino de Dios como un niño, no entrará en él."

Jesús y el jefe rico

Mateo 19:16-30 Marcos 10:17-31

18 Uno de los jefes le preguntó a Jesús: "Maestro bueno, ¿qué debo hacer para tener la vida sin fin?"

19 Jesús le dijo: "¿Por qué me llamas bueno? sólo hay uno que es bueno, Dios.

20 Conoces las leyes: no cometerás pecados sexuales, no matarás, no robarás, no dirás mentiras acerca de

'God, I thank You that I am not like other men. I am not like those who steal. I am not like those who do things that are wrong. I am not like those who do sex sins. I am not even like this tax gatherer.

12 I go without food two times a week so I can pray better. I give one-tenth part of the money I earn.'

13 But the man who gathered taxes stood a long way off. He would not even lift his eyes to heaven. But he hit himself on his chest and said, 'God, have pity on me! I am a sinner!'

14 I tell you, this man went back to his house forgiven, and not the other man. For whoever makes himself look more important than he is will find out how little he is worth. Whoever does not try to honor himself will be made important."

Jesus gives thanks for little children

Matthew 19:13-15 Mark 10:13-16

15 People took their little children to Jesus so He could put His hand on them. When His followers saw it, they spoke sharp words to the people.

16 Jesus called the followers to Him and said: "Let the little children come to Me. Do not try to stop them. The holy nation of God is made up of ones like these.

17 For sure, I tell you, whoever does not receive the holy nation of God as a child will not go into the holy nation."

Jesus teaches about keeping the law

Matthew 19:16-30 Mark 10:17-31

18 A leader of the people asked Jesus: "Good Teacher, what must I do to have life that lasts forever?"

19 Jesus said to him: "Why do you call Me good? There is only One Who is good. That is God.

20 You know the Laws. You must not do any sex sins. You must not kill another person. You must not steal.

los demás. Respeta a tu padre y a tu
madre."

21 El jefe dijo: "He obedecido estas
leyes desde que era niño."
22 Cuando Jesús oyó esto, le dijo: "Hay
algo que te falta hacer: vende todo lo
que tienes y da el dinero a los pobres.
Así tendrás riquezas en el cielo. luego,
ven, sígueme."

23 Cuando el jefe oyó esto, se sintió
muy triste, porque era muy rico.
24 Jesús se dio cuenta de su tristeza y
dijo: "Es muy difícil que los ricos entren
en el reino de Dios.

25 Es más fácil que un camello pase
por el ojo de una aguja que un rico
entre al reino de Dios."
26 Los que lo oyeron dijeron: "Entonces, ¿quién puede salvarse del castigo
del pecado?
27 Jesús dijo: "Dios hace lo que los
hombres no pueden hacer."
28 Entonces, Pedro dijo: "Pues nosotros
lo hemos dejado todo para seguirte."
29 Jesús les dijo: "Y yo les digo, cualquiera que deja su casa o sus padres o
hermanos o esposa o hijos por el reino
de Dios,
30 recibirá mucho más ahora y, en el
futuro, tendrá la vida sin fin."

You must not tell a lie about someone else. Respect your father and your
mother."
21 The leader said: "I have obeyed all
these Laws since I was a boy."
22 When Jesus heard this, He said to
the leader of the people: "There is still
one thing you need to do. Sell everything you have. Give the money to
poor people. Then you will have riches
in heaven. Come and follow Me."
23 When the leader heard this, he was
very sad because he had many riches.
24 When Jesus saw that he was very
sad, He said: "It is hard for those with
riches to go into the holy nation of
God!
25 It is easier for a camel to go through
the eye of a needle than for a rich man
to go into the holy nation of God."
26 Those who heard this, said: "Then
who can be saved from the punishment of sin?"
27 Jesus said: "God can do things men
cannot do."
28 Then Peter said: "See, we have left
everything and have followed You."
29 Jesus said to them: "For sure, I tell
you, anyone who has left his house or
parents or brothers or wife or children
because of the holy nation of God
30 will receive much more now. In the
time to come he will have life that lasts
forever."

Jesús habla por tercera vez de su muerte

Mateo 20:17-19 Marcos 10:32-34

31 Luego, Jesús llevó aparte a sus
doce seguidores y les dijo: "Escuchen,
vamos a ir a Jerusalén y pasarán todas
las cosas que dijeron los antiguos predicadores sobre el Hijo del Hombre.
32 Será entregado a la gente. Se burlarán de él, lo herirán y le escupirán.

33 Y después de azotarlo, lo matarán;
pero él volverá a la vida al tercer día."

Jesus tells of His death the third time

Matthew 20:17-19 Mark 10:32-34

31 Then Jesus took the twelve followers to one side and said: "See! We are
going up to Jerusalem. All the things
the early preachers wrote about the
Son of Man are going to happen.
32 He will be given over to the people
who are not Jews. He will be made fun
of. He will be hurt. He will be spit on.
33 They will beat Him and kill Him. After
three days He will be raised again."

34 Sus seguidores no le entendieron; no comprendieron sus palabras; no sabían de qué les hablaba.

34 The followers did not understand these words. The meaning of these words was hidden from them. They did not know what He said.

Jesús cura al ciego

Mateo 20:29-34 Marcos 10:46-52

35 Cuando Jesús iba llegando a la ciudad de Jericó, vio a un hombre sentado al lado del camino, pidiendo ayuda.

36 El ciego oyó ruido de mucha gente y preguntó qué pasaba.

37 Le dijeron que Jesús de Nazaret iba pasando por allí.

38 Entonces, el ciego gritó: "¡Jesús, Hijo de David, ten lástima de mí!

39 Entonces, la gente le regañó y le dijo que se callara; pero él gritó más fuerte todavía: "¡Hijo de David, ten lástima de mí!"

40 Jesús se detuvo y les dijo que le trajeran al ciego. Cuando llegó a su lado, le preguntó:

41 "¿Qué quieres que te haga? El ciego contestó: "Señor, quiero ver."

42 Jesús le dijo: "¡Entonces ve, tu fe te ha curado!"

43 Y el ciego vio desde ese momento y siguió a Jesús dando gracias a Dios. Cuando el pueblo vio esto, también dio gracias a Dios.

Healing of the blind man

Matthew 20:29-34 Mark 10:46-52

35 Jesus was coming near Jericho. A blind man was sitting by the side of the road, begging.

36 He heard many people going by and asked what was happening.

37 They told him that Jesus of Nazareth was going by.

38 Then he cried out and said: "Jesus, Son of David, have pity on me."

39 The people spoke sharp words to him and told him not to call out. But he cried out all the more: "Son of David, have pity on me."

40 Jesus stopped and told the people to bring the blind man to Him. When the man was near, Jesus asked,

41 "What do you want Me to do for you?" He answered: "Lord, I want to see."

42 Jesus said to him: "Then see! Your faith has healed you."

43 At once he could see. He followed Jesus and gave thanks to God. All the people gave thanks to God when they saw it.

La nueva vida de Zaqueo

19 Jesús siguio su camino y entró en la ciudad de Jericó.

2 Allí había un hombre rico, llamado Zaqueo, que era el jefe de los cobradores de impuestos.

3 Zaqueo quería ver a Jesús; pero no podía, porque había mucha gente y él era muy bajo.

4 Entonces, se adelantó y se subió a un árbol sicómoro, para verlo cuando pasará por allí.

5 Cuando Jesús llegó a ese lugar, miró hacia arriba y dijo: "Zaqueo, baja

The changed life of Zaccheus

19 Jesus went on to the city of Jericho and was passing through it.

2 There was a rich man named Zaccheus. He was a leader of those who gathered taxes.

3 Zaccheus wanted to see Jesus but he could not because so many people were there and he was a short man.

4 He ran ahead and got up into a sycamore tree to see Him. Jesus was going by that way.

5 When Jesus came to the place, He looked up and saw Zaccheus. He said:

en seguida, porque necesito quedarme en tu casa hoy."

6 Él bajó rápidamente y se sintió feliz de poder recibir a Jesús en su casa.

7 Cuando la gente vio esto, todos comenzaron a quejarse. Dijeron: "Va con un hombre que todos saben es pecador."

8 Zaqueo se puso en pie y le dijo al Señor: "Mira, Señor, doy a los pobres la mitad de todo lo que es mío; y si a alguien le he quitado de más, le devolveré cuatro veces."

9 Jesús le dijo: "Hoy la salvación ha llegado a esta casa. Tú has mostrado ser de la familia de Abraham.

10 Porque el Hijo del Hombre vino a buscar y salvar a los que estaban perdidos.

La historia de los diez trabajadores y el dinero

11 Cuando oyeron estas cosas, Jesús les contó una historia, porque, como estaban cerca de Jerusalén, pensaban que el reino de Dios estaba por llegar.

12 Y Jesús les dijo: "Un hombre rico e importante se fue a un lugar lejano, en donde iba a recibir un reino y luego volver a casa.

13 Llamó a diez de sus trabajadores. Les dio a cada uno diez monedas y les dijo: 'Usen este dinero hasta que yo vuelva.'

14 Pero había en ese lugar otros hombres que lo odiaban y enviaron hombres detrás de él, para decirle que no querían tenerlo como su rey.

15 Pero cuando recibió el otro reino, volvió y llamó a los trabajadores que habían recibido el dinero, porque quería saber cómo lo habían usado.

16 El primero llegó y dijo: 'Señor, con la moneda que me diste, gané otras diez monedas más.'

"Zaccheus, come down at once. I must stay in your house today."

6 At once he came down and was glad to have Jesus come to his house.

7 When the people saw it, they began to complain among themselves. They said: "He is going to stay with a man who is known to be a sinner."

8 Zaccheus stood up and said to the Lord: "Lord, see! Half of what I own I will give to poor people. And if I have taken money from anyone in a wrong way, I will pay him back four times as much."

9 Jesus said to him: "Today, a person has been saved in this house. This man is a Jew also.

10 For the Son of Man came to look for and to save from the punishment of sin those who are lost."

The picture story of the ten servants and the money

11 As they heard these things, Jesus told them a picture story. Because He was near Jerusalem, they thought the holy nation of God would come at once.

12 So Jesus said: "A leader of a country went to another country far away. A nation was to be given to him, then he would return home.

13 He called ten of the servants he owned. He gave them ten pieces of money and said to them, 'Put this money to use until I return.'

14 But other men in his country hated him. They sent men after him to tell him they did not want him as their king.

15 After he had been given the other nation, he returned as king. He asked for his servants who had received the money to come to him. He wanted to know how much more they had after putting it to use.

16 The first one came and said, 'Lord, the piece of money you gave me has made ten more pieces of money.'

17 El Señor le dijo: 'Muy bien, como supiste cuidar lo poco que te di, ahora mandarás en diez ciudades.'

18 "El segundo hombre llegó y le dijo: 'Señor, con la moneda que me diste, gané otras cinco monedas.'
19 Y él le dijo: 'Tú gobernarás cinco ciudades.'
20 "Otro llegó y dijo: 'Mira, Señor, aquí está la moneda que me diste. La tuve escondida en un pañuelo.
21 Te temía, porque sé que eres un hombre duro; tomas lo que no pusiste y siegas lo que no sembraste.'

22 El rey le dijo: 'Por tus propias palabras te condeno, hombre malo e inútil. Sabías que tomo de donde no puse y que siego donde no sembré.

23 ¿Por qué no pusiste mi dinero en el banco? Así, al volver, por lo menos habría recibido mi dinero y lo que el banco paga por usarlo.'
24 "Entonces, el señor dijo a los que estaban con él: 'Quítenle la moneda y dénsela al que tiene diez.'
25 Ellos le dijeron: 'Señor, el ya tiene diez monedas.'"
26 Les digo: "El que tiene recibirá más; y el que no tiene, hasta lo poco que tiene, se le quitará.

27 'Traigan a los que no me querían tener como rey y mátenlos delante de mí.'
28 Cuando terminó de contar la historia, se fue delante de ellos a Jerusalén.

La última vez que Jesús entra en Jerusalén
Mateo 21:1-11 Marcos 11:1-11
Juan 12:12-19

29 Cuando Jesús se acercaba a los

17 He said to him, 'You are a good servant. You have been faithful in using a little. Now you will be leader over ten cities.'
18 "The second man came to him and said, 'Lord, the piece of money you gave me has made five more pieces of money.'
19 He said to him, 'You are to be leader over five cities.'
20 "Another one came saying, 'Lord, look! Here is your piece of money. I have kept it hid in a piece of cloth.
21 I was afraid of you. You are a hard man. You take what you have not put down. You gather where you have not planted.'
22 The king said to him, 'By the words from your own mouth I must say that you are guilty. You are a sinful servant. You knew I was a hard man. You knew I take what I have not put down. You knew I gather where I have not planted.
23 Why did you not put my money in the bank? Then when I came back I could have had my own money and what the bank paid for using it.'
24 "Then he said to those who were standing by, 'Take the piece of money from him and give it to the one who has ten pieces of money.'
25 And they said to him, 'Lord, he already has ten pieces of money.' "
26 Jesus said: "I tell you, he who has, to him will be given more. To him who does not have, even the little he has will be taken from him.
27 'Bring here those who hated me and did not want me to be their king and kill them in front of me.'
28 When He had finished the picture story, He went on ahead of them up to Jerusalem.

The last time Jesus goes into Jerusalem
Matthew 21:1-11 Mark 11:1-11
John 12:12-19

29 When Jesus was coming near the

pueblos de Betfagé y Betania, cerca del
monte de los Olivos, envió adelante a
dos de sus seguidores,
30 y les dijo: "Varan al pueblo que
está cerca y encontrarán un burro atado en que nadie se ha sentado jamás.
Desátenlo y tráiganmelo.
31 Si alguien les pregunta: '¿Por qué lo
desatan?', díganle: 'Porque el Señor lo
necesita.'"
32 Los enviados encontraron todo
como Jesús les había dicho.
33 Cuando desataban al burro, el
dueño les preguntó: "¿Por qué están
desatando al burro?"

34 Ellos contestaron: "El Señor lo
necesita."
35 Luego, se lo llevaron a Jesús. Le
pusieron sus ropas encima, y el Señor
se montó en él.
36 Al ir pasando Jesús, la gente ponía
su ropa en el camino.
37 Y cuando se acercaron a la bajada del monte de los Olivos, la multitud
que lo seguía comenzó a cantar con
fuerza y a dar gracias a Dios por las
obras poderosas que habían visto.
38 Y decían: "¡Bendito es el Rey que
viene en el nombre del Señor. Paz en
el cielo y gloria al Altísimo!"

39 Algunos de los celosos religiosos,
que estaban entre la gente, le dijeron
a Jesús: "Maestro, regaña a los que te
siguen."
40 Pero Jesús les dijo: "Pues yo les
digo que si éstos callaran hablarían las
mismas piedras."

Jesús llora al ver a Jerusalén

41 Cuando Jesús llegó cerca de Jerusalén, lloró al ver la ciudad.
42 Y dijo: "¡Oh, si tú supieras en este
tu gran día, cosas que podrían darte la
paz! Pero ahora quedan escondidas a
tus ojos.

towns of Bethphage and Bethany by
the Mount of Olives, He sent two of
His followers on ahead.
30 He said: "Go into the town ahead
of you. There you will find a young
donkey tied. No man has ever sat on it.
Let it loose and bring it to Me.
31 If anyone asks you, 'Why are you
letting it loose?' say to him, 'Because
the Lord needs it.' "
32 Those who were sent found everything as Jesus had told them.
33 As they were letting the young
donkey loose, the owners said to them:
"Why are you letting the young donkey loose?"
34 They answered: "The Lord needs
it."
35 Then they brought it to Jesus. They
put their coats on the donkey and they
put Jesus on it.
36 As Jesus was going, they put their
coats down on the road.
37 Jesus was near the city and ready to
go down the Mount of Olives. The many
people who were following Him began to
sing with loud voices and give thanks for
all the powerful works they had seen.
38 They said: "Great and honored is
the King Who comes in the name of
the Lord. There is peace and greatness
in the highest heaven."
39 Some of the proud religious law
keepers who were in among the people said to Jesus: "Teacher, speak sharp
words to Your followers."
40 Jesus said to them: "I tell you that
if these did not speak, the very stones
would call out."

Jesus cries as He sees Jerusalem

41 When Jesus came near the city, He
cried as He saw it.
42 He said: "If you had only known
on this great day the things that make
peace! But now they are hidden from
your eyes.

43 Se acercan los días en que tus enemigos harán guerra contra ti. Te encerrarán por todos lados.

44 Te destruirán y a tus hijos contigo. No quedará piedra sobre piedra, porque no reconociste la visita de tu Dios."

Jesús no permite que hagan negocios en el gran templo de Dios

Mateo 21:12-17 Marcos 11:15-19 Juan 2:13-17

45 Jesús entró en el gran templo de Dios y comenzó a echar fuera a los que compraban y vendían adentro.
46 Les dijo: "Está escrito que mi casa es casa de oración; pero ustedes la han hecho cueva de ladrones." Isaías 56:7 Jeremías 7:11
47 Jesús comenzó a enseñar cada día en el templo, y los celosos religiosos, los maestros de la ley, y los jefes del pueblo buscaban la manera de matarlo;
48 pero no encontraban cómo, porque la gente le seguía siempre para oír lo que enseñaba.

Le preguntaron a Jesús quién le daba el poder para hacer estas cosas

Mateo 21:23-32 Marcos 11:27-33

20 Cuando predicaba y enseñaba las buenas nuevas, se acercaron a él los dirigentes religiosos, los maestros de la ley y los jefes del pueblo judío
2 para preguntarle: "Dinos, ¿con qué derecho y poder haces estas cosas? Y, ¿quién te dio ese derecho y ese poder?"
3 Jesús les dijo: "Yo también les preguntaré algo, para que me contesten:
4 El bautismo de Juan, ¿era del cielo o de los hombres?"
5 Ellos se dijeron entre sí: "Si decimos 'Del cielo', nos dirá, 'Entonces, ¿por qué no creyeron en él?'

43 The time is coming when those who hate you will dig earth and throw it up around you making a wall. They will shut you in from every side.
44 They will destroy you and your children with you. There will not be one stone on another. It is because you did not know when God visited you."

Jesus stops the buying and selling in the house of God

Matthew 21:12-17 Mark 11:15-19 John 2:13-17

45 Jesus went into the house of God. He made those leave who were buying and selling there.
46 He said to them: "It is written, 'My house is a house of prayer.' 'But you have made it a place of robbers.'" Isaiah 56:7 Jeremiah 7:11
47 Jesus taught each day in the house of God. But the religious leaders and the teachers of the Law and other leaders of the people tried to think of some way they could kill Him.
48 They could not find a way because the people were always near Him listening to Him teach.

They ask Jesus who gave Him the power to do these things

Matthew 21:23-32 Mark 11:27-33

20 As He was teaching and preaching the Good News, the religious leaders and the teachers of the Law and the elders came.
2 They said to Him: "Tell us, by what right and power are You doing these things? Who gave You the right and the power?"
3 Jesus said to them: "I will ask you one question also. You answer Me.
4 Was the baptism of John from heaven or from men?"
5 They said to themselves: "If we say, 'From heaven,' He will say, 'Then why did you not believe Him?'

6 Pero, si decimos, 'De los hombres', entonces la gente nos apedreará, porque creen que Juan era uno que hablaba en nombre de Dios."
7 Entonces, dijeron que no sabían de dónde era el bautismo de Juan.
8 Jesús les dijo: "Yo no les diré tampoco con qué derecho y poder hago estas cosas."

6 But if we say, 'From men,' then all the people will throw stones at us because they believe John was one who spoke for God."
7 They said that they did not know where John's baptism came from.
8 Jesus said to them: "And I will not tell you where I get the right and the power to do these things."

La historia del campo de uvas

Mateo 21:33-46 Marcos 12:1-12

9 Jesús le contó a la gente una historia que decía: "Había una vez un hombre que plantó un campo de uvas. Lo alquiló a unos agricultores y, luego, se fue a un país lejano, quedando allí mucho tiempo.
10 Cuando llegó la hora de recoger la cosecha, mandó a uno de sus ayudantes, para que le trajera algo del fruto que le tocaba. Pero los agricultores lo golpearon y le enviaron sin nada.
11 El dueño envió a otro hombre, y los agricultores lo golpearon y lo humillaron a él también. Lo hicieron regresar sin nada.
12 Luego, el dueño envió a un tercer hombre. Los agricultores lo vieron y lo echaron del campo.
13 "Entonces, el dueño dijo: '¿Qué puedo hacer? Enviaré a mi amado hijo; quizá a él lo respeten.'
14 Cuando los agricultores vieron al hijo, dijeron: 'Este es el que va a ser dueño de todo cuando su padre muera. Vamos a matarlo, para que el campo sea nuestro.'
15 Entonces, lo sacaron del campo y lo mataron. Ahora, ¿qué les hará el dueño del campo?
16 Vendrá y matará a los agricultores y, luego, alquilará el campo de uvas a otros hombres." Cuando ellos oyeron esto, dijeron: "¡Dios nos libre!" Pero
17 Jesús los miró y dijo: "¿Qué significa lo que está escrito, 'La piedra que los

The picture story of the grape field

Matthew 21:33-46 Mark 12:1-12

9 Jesus began to tell the people a picture story, saying: "There was a man who planted a grape field. He rented it to farmers. Then he went to a country far away for a long time.
10 At the time of gathering fruit he sent one of his servants to the farmers to get some of the fruit. But the farmers beat him and sent him away without fruit.
11 He sent another servant. The farmers beat him also. They made it very hard for him and sent him away without fruit.
12 He sent a third servant. They hurt him and threw him out of the grape field.
13 "Then the owner of the grape field said, 'What should I do? I will send my much loved son. They might respect him.'
14 The farmers saw the son. They said to themselves, 'This is the one who will get everything when the owner dies. Let us kill him, and we will get everything.'
15 They put him out of the grape field and killed him. Now what will the owner of the grape field do to them?
16 He will come and kill those farmers. Then he will rent the grape field to other farmers."
When they heard this, they said: "May this never be done!"
17 Jesus looked at them and said: "What does this writing mean, 'The

edificadores pasaron por alto es ahora la más importante de la construcción'? Salmo 118:22
18 El que caiga en esta piedra será quebrantado; y si la piedra cae sobre alguien, lo hará polvo" Isaías 8:14-15

Stone that was put aside by the workmen has become the most important Stone in the building'? Psalm 118:22
18 Whoever falls on this Stone will be broken. And on the one it falls, it will make him like dust." Isaiah 8:14-15

Tratan de ponerle trampa a Jesús

Mateo 22:15-22 Marcos 12:13-17

19 Los dirigentes religiosos y los maestros de la ley trataban de tomar a Jesús pero tenían miedo a la gente. Ellos sabían que Jesús había dicho esa historia en contra suya.
20 Vigilaban al Señor y, para observarlo, mandaban a hombres que se hacían pasar por seguidores suyos, para tomarlo en un error y poder entregarlo a los dirigentes del pueblo, que podían castigarlo.
21 Estos hombres le dijeron a Jesús: "Maestro, sabemos que lo que dices y enseñas es correcto, que eres justo con todos por igual y que enseñas con verdad el camino de Dios.
22 ¿Debemos pagar, o no, los impuestos al César?"
23 Jesús sabía que trataban de engañarlo y les dijo:
24 "Enséñenme una moneda. ¿De quién es esta imagen? ¿De quién es el nombre que está escrito aquí?" Y ellos contestaron: "Es de César."
25 Entonces Jesús les dijo: "Den a César lo que es de César y a Dios lo que es de Dios."
26 No pudieron encontrar nada malo en lo que enseñaba y al oír su contestación se sorprendieron mucho y se callaron.

They try to trap Jesus

Matthew 22:15-22 Mark 12:13-17

19 At this time the religious leaders and the teachers of the Law tried to take Jesus, but they were afraid of the people. These leaders knew Jesus had told this picture story against them.
20 They watched Jesus and they sent men who pretended to be good people to watch Him. They wanted to trap Him in something He said. Then they could give Him over to the leader of the people who had the right and the power to say what to do with Him.
21 These men who were sent asked Jesus: "Teacher, we know what You say and teach is right. We know You do not show more respect to one person than to another. We know You teach the truth about God.
22 Is it right for us to pay taxes to Caesar or not?"
23 Jesus knew they were trying to trap Him. He said,
24 "Show Me a piece of money. Whose picture is this? Whose name is on it?" And they said: "Caesar's."
25 Jesus said to them: "Pay to Caesar the things that belong to Caesar. Pay to God the things that belong to God."
26 They could find nothing wrong with what He taught. They were surprised and wondered about what He told the people, so they said nothing more.

Le preguntan a Jesús sobre los muertos que vuelven a la vida

Mateo 22:23-33 Marcos 12:18-27

27 Algunas personas del grupo religioso

They ask about being raised from the dead

Matthew 22:23-33 Mark 12:18-27

27 Some people from the religious

que no creía que los muertos volverán
a vivir se acercaron a Jesús para preguntarle.
28 "Maestro, Moisés, en su ley, dice:
'Si el hermano de un hombre muere y
deja a su esposa sin hijos, su hermano
debe casarse con ella y tener hijos por
su hermano muerto.' Deuteronomio
25:5
29 Había una vez siete hermanos. El
primero tenía esposa pero murió sin
hijos.
30 El segundo hermano se casó con
ella; pero también murió sin hijos.
31 Luego, el tercero se casó con ella
y así, los siete hermanos. Todos murieron sin hijos.
32 Más tarde, la mujer murió también.
33 Cuando los muertos vuelvan a
la vida, ¿de quién va a ser esposa esa
mujer, si los siete hermanos se casaron
con ella?"
34 Jesús les dijo: "La gente de este
mundo se casa y se dan en casamiento.
35 Pero los que vuelven a vivir después de morir ni se casan ni se dan en
casamiento.
36 Ya no pueden morir otra vez: son
como los ángeles, hijos de Dios que
han vuelto a vivir.
37 Y hablando de que los muertos
volverán a la vida, es algo que aun Moisés enseñó, cuando habló de la planta
que ardía, al llamar al Señor el "Dios
de Abraham, Dios de Isaac y Dios de
Jacob.
38 Porque él no es Dios de muertos,
sino de vivos, ya que todos viven por
él."
39 Uno de los maestros de la ley le
dijo: "Maestro, has hablado bien."
40 Y después de esto, tenían miedo
de preguntarle más.

group who believe no one will be
raised from the dead came to Jesus.
They asked Him,
28 "Teacher, Moses wrote to us in the
Law, 'If a man's brother dies and leaves
a wife but no children, then his brother
must marry her. He should have children for his brother who died.'
Deuteronomy 25:5
29 There were seven brothers. The
first had a wife but died without children.
30 The second brother took her for
his wife. He died without children.
31 The third brother took her for his
wife. In the same way all seven took her
for a wife. They all died without children.
32 Then the woman died also.
33 When people are raised from the
dead, whose wife will she be? All seven
brothers had her for a wife."
34 Jesus said to them: "People of this
earth marry and are given in marriage.
35 But those who have the right to
have that life and are raised from the
dead do not marry and are not given in
marriage.
36 They cannot die anymore. They
are as the angels and are sons of God.
They are children who have been
raised from the dead.
37 As for the dead being raised, even
Moses spoke of that when he told of
the burning bush. There he calls the
Lord, the God of Abraham and the
God of Isaac and the God of Jacob.
38 For He is not the God of the dead.
He is the God of the living. All live for
Him."
39 One of the teachers of the Law
said: "Teacher, You have spoken well."
40 After that they were afraid to ask
Him anything.

Jesús les pregunta a
los maestros de la ley sobre el Cristo
Mateo 22:41-46 Marcos 12:35-37

41 Jesús les dijo: "¿Cómo dicen que el
Cristo es el hijo de David?
42 Porque David mismo dijo en el
libro de los salmos: 'El Señor le dijo a
mi Señor: "Siéntate a mi derecha
43 mientras pongo a tus enemigos
como mueble en qué descansar tus
pies."' Salmo 110:1
44 David le llama, 'Señor'. ¿Cómo,
entonces, puede ser su hijo?"

Falsos maestros
Mateo 23:1-36 Marcos 12:38-40

45 Toda la gente oía con atención. Les
dijo a sus seguidores:
46 "Tengan cuidado con los maestros
de la ley, a quienes les gusta andar con
ropas largas y quieren que la gente los
salude en las plazas. Son personas que
buscan las primeras sillas en los lugares
de culto y los mejores asientos en las
cenas.
47 Sin embargo, quitan las casas a las
viudas, con el pretexto de hacer largas
oraciones. Estos recibirán un castigo
más grande."

Una viuda da todo
lo que tiene
Marcos 12:41-44

21 Jesús levantó la vista y vio a los
ricos poniendo su dinero en la
caja de las ofrendas en el templo.
2 Vio también a una pobre viuda. Ella echó dos monedas de muy
poco valor.
3 Él dijo: "Yo digo en verdad, que
esta pobre mujer ha echado más que
todos ellos.
4 Porque aquéllos han dado un poco
del dinero que no necesitaban. Ella es
muy pobre y ha dado todo lo que tenía.
Ha dado aun lo que necesitaba para vi

Jesus asks the teachers
of the law about the Christ
Matthew 22:41-46 Mark 12:35-37

41 Jesus said to them: "How do they
say that Christ is the Son of David?
42 For David himself said in the Book
of Psalms, 'The Lord said to My Lord:
"Sit at my right side
43 until I make those who hate You a
place to rest Your feet."' Psalm 110:1
44 David calls Him, 'Lord!' Then how
can He be his son?"

False teachers
Matthew 23:1-36 Mark 12:38-40

45 All the people were listening. He
said to His followers,
46 "Look out for the teachers of the
Law. They like to walk around in long
coats. They like to have people speak
words of respect to them in the center of town where people gather. They
like the important seats in the places of
worship. They like the important places
at big suppers.
47 They take houses from poor women
whose husbands have died. They cover
up their actions by making long prayers.
They will be punished all the more."

A woman whose husband had
died gave all she had
Mark 12:41-44

21 Jesus looked up and saw rich
men putting their money into
the money box in the house of God.
2 He saw a poor woman whose husband had died. She put in two very
small pieces of money.
3 He said: "I tell you the truth, this
poor woman has put in more than all
of them.
4 For they have put in a little of the
money they had no need for. She is very
poor and has put in all she had. She has put
in what she needed for her own living."

Jesús habla acerca del templo

Mateo 24:1-51 Marcos 13:1-37

5 Algunas personas, estaban hablando sobre el gran templo de Dios. Decían que las piedras eran hermosas y que se habían dado muchas ofrendas para construirlo. Jesús dijo:

6 "Por lo que toca a las cosas que ven, todas estas piedras serán destruidas. Ni una sola piedra quedará sobre otra.

7 Le preguntaron a Jesús: "Maestro, ¿cuándo pasará esto?'

8 Jesús dijo: "Tengan cuidado que nadie les diga mentiras. Porque muchos vendrán usando mi nombre. Dirán: 'Yo soy el Cristo.' El tiempo está cerca; no los sigan a ellos.

9 Cuando oigan de guerras y peleas en diferentes lugares, no tengan miedo. Estas cosas tienen que pasar primero, pero todavía no es el fin.

10 Entonces Jesús les dijo: "Las naciones se pelearán con otras naciones países contra países.

11 La tierra temblará y se romperá en diferentes lugares. Faltará la comida. Habrá enfermedades entre mucha gente. Muchas cosas raras se verán en el cielo, y por eso la gente tendrá mucho miedo.

12 "Pero antes de que todo esto pase, los hombres los tomarán a ustedes y los harán sufrir mucho. Los llevarán a los lugares de culto de ellos y a las prisiones. Los traerán delante de reyes y delante de los jefes del pueblo. Todo esto les harán por causa mía.

13 Este será el tiempo en que ustedes deben hablar de mí.

14 No piensen ahora en qué deberán decir entonces.

15 Yo les daré sabiduría para que sepan qué decir: yo les ayudaré a que lo digan. Los que están contra ustedes

Jesus tells of the house of God

Matthew 24:1-51 Mark 13:1-37

5 Some people were talking about the house of God. They were saying that the stones were beautiful and that many gifts had been given. Jesus said,

6 As for these things you see, all these stones will be thrown down. Not one will be left on another."

7 They asked Jesus: "Teacher, when will this take place? What are we to look for to show us these things are about to happen?"

8 He said: "Be careful that no one leads you the wrong way. For many people will come in My name. They will say, 'I am the Christ.' The time is near. Do not follow them.

9 When you hear of wars and fighting in different places, do not be afraid. These things have to happen first, but the end is not yet."

10 Then Jesus said to them: "Nations will have wars with other nations. Countries will fight against countries.

11 The earth will shake and break apart in different places. There will be no food. There will be bad diseases among many people. Very special things will be seen in the sky that will make people much afraid.

12 "But before all this happens, men will take hold of you and make it very hard for you. They will give you over to the places of worship and to the prisons. They will bring you in front of kings and the leaders of the people. This will all be done to you because of Me.

13 This will be a time for you to tell about Me.

14 Do not think about what you will say ahead of time.

15 For I will give you wisdom in what to say and I will help you say it. Those who are against you will not be able to

no los podrán detener, ni decir que están equivocados.

16 "Sus mismos padres, sus hermanos, su familia y amigos los traicionarán. Matarán a algunos de ustedes.

17 Todos los hombres los odiarán por causa mía.

18 Pero ni un solo cabello de su cabeza se perderá.

19 Si se mantienen firmes, ganarán sus almas.

Días de dificultad, dolor y aflicción

20 "Cuando vean los ejércitos alrededor de Jerusalén, entonces sepan que pronto será destruida.

21 Aquellos que estén en el país de Judea deben huir a las montañas. Los que estén en la ciudad deben huir cuanto antes. Los que estén en el campo no deben acercarse a la ciudad.

22 La gente será castigada en aquellos duros días. Todas las cosas pasarán tal como está escrito.

23 'Será difícil para las mujeres que estén encinta. Será difícil para las que estén alimentando a los recién nacidos. Será muy difícil para la gente en toda la tierra. El enojo vendrá sobre todos ellos.

24 La gente será muerta con espada. Serán puestos en las cárceles por todas las naciones. Jerusalén será dominada por la gente que no es judía, hasta que su tiempo se cumpla.

Jesús vendrá otra vez con gran esplendor

25 "Habrá algunas cosas raras que ver en el sol, en la luna y en las estrellas. Las naciones de la tierra tendrán dificultades y no sabrán qué hacer. Tendrán miedo de las ondas furiosas del mar.

26 Los hombres desmayarán por el miedo de lo que está por suceder en la

stop you or say you are wrong.

16 "You will be handed over by your parents and your brothers and your family and your friends. They will kill some of you.

17 All men will hate you because of Me.

18 Yet not one hair of your head will be lost.

19 But stay true and your souls will have life.

Days of trouble and pain and sorrow

20 "When you see armies all around Jerusalem, know that it will soon be destroyed.

21 Those in the country of Judea must run to the mountains. Those in the city must leave at once. Those in the country must not go into the city.

22 People will be punished in these hard days. All things will happen as it is written.

23 "It will be hard for women who will soon be mothers. It will be hard for those feeding babies in those days. It will be very hard for the people in the land and anger will be brought down on them.

24 People will be killed by the sword. They will be held in prison by all nations. Jerusalem will be walked over by the people who are not Jews until their time is finished.

Jesus will come again in His shining greatness

25 "There will be special things to look for in the sun and moon and stars. The nations of the earth will be troubled and will not know what to do. They will be troubled at the angry sea and waves.

26 The hearts of men will give up because of being afraid of what is coming

tierra. Los poderes de los cielos serán sacudidos.

27 Entonces, verán al Hijo de Dios que viene en las nubes con poder y mucha grandeza.

28 Cuando estas cosas empiecen a suceder, pónganse de pie y levanten sus cabezas, porque pronto serán libres."

La historia de la higuera

29 Jesús les contó una historia. Les dijo: "Fíjense en la higuera y todos los otros árboles.

30 Cuando vean que sus hojas empiezan a salir, saben que se acerca el verano.

31 De la misma manera, cuando vean que estas cosas están sucediendo, sabrán que el reino de Dios está cerca.

32 Yo les digo en verdad, que la gente de ahora no morirá antes de que estas cosas sucedan.

33 "El cielo y la tierra pasarán, pero mis palabras no pasarán.

34 ¡Cuídense ustedes mismos! No se dejen llevar por los vicios del mucho comer o beber. No dejen que los problemas de esta vida les afecten. Si lo hacen, ese día vendrá sin que estén listos.

35 Vendrá sobre toda la gente en todo el mundo.

36 No se olviden de estar preparados. Oren todo el tiempo para que no tengan que sufrir todas estas cosas que sucederán. Oren que puedan estar de pie ante el Hijo del Hombre."

37 Jesús enseñaba todos los días en el gran templo de Dios. Por la noche fue al monte de los Olivos y se quedó allí.

38 Temprano en la mañana toda la gente vino al templo para oírle.

Buscan la manera de matar a Jesús

Mateo 26:1-5,14-16 Marcos 14:1-2,10-11

22 Se acercaba el tiempo para la cena de los panes sin levadura.

on the earth. The powers of the heavens will be shaken.

27 Then they will see the Son of Man coming in the clouds with power and much greatness.

28 When these things begin to happen, lift up your heads because you have been bought by the blood of Christ and will soon be free."

The picture story of the fig tree

29 Jesus told them a picture story. He said: "Look at the fig tree and all the other trees.

30 When you see their leaves coming out, you know summer is near.

31 In the same way, when you see these things happening, you will know the holy nation of God is near.

32 For sure, I tell you, that the people of this day will not die before all these things happen.

33 "Heaven and earth will pass away, but My Words will not pass away.

34 Watch yourselves! Do not let yourselves be loaded down with too much eating and strong drink. Do not be troubled with the cares of this life. If you do, that day will come on you without you knowing it.

35 It will come on all people over all the earth.

36 Be sure you watch. Pray all the time so that you may be able to keep from going through all these things that will happen and be able to stand before the Son of Man."

37 Everyday Jesus taught in the house of God. At night He went to the Mount of Olives and stayed there.

38 Early in the morning all the people came to the house of God to hear Him.

They look for a way to put Jesus to death.

Matthew 26:1-5, 14-16 Mark 14:1-2,10-11

22 The time for the supper of bread without yeast was near.

Era una fiesta religiosa especial para recordar cómo habían salido los judíos de Egipto.

2 Los dirigentes religiosos principales y los maestros de la ley buscaban la manera de matar a Jesús. Pero tenían miedo a la gente.

3 Entonces el diablo entró en el corazón de Judas, al que le decían Iscariote. Era uno de los doce seguidores.

4 Judas se fue y habló con los dirigentes religiosos y los jefes del pueblo. Habló de cómo entregarles a Jesús.

5 Estaban contentos y prometieron darle dinero.

6 Judas prometió entregárselo a ellos, buscando la forma de hacerlo cuando no hubiera mucha gente.

Preparándose para la cena especial

Mateo 26:17-19 Marcos 14:12-16

7 Llegó el día de los panes sin levadura. Era el día cuando debía matarse el cordero y llevarlo como ofrenda al altar de adoración en el gran templo de Dios. La fiesta religiosa especial recordaba cómo habían salido los judíos de Egipto.

8 Jesús mandó a Pedro y a Juan, diciéndoles: "Vayan y preparen la cena para que podamos ir a comer."

9 Ellos le dijeron: "¿Dónde quieres que la preparemos?"

10 Él les contestó: "Miren, cuando lleguen a la ciudad, se van a encontrar a un hombre que lleva una jarra con agua. Síganlo hasta su casa.

11 Pídanle al dueño de la casa que les enseñe dónde está el cuarto para los visitantes, donde el Maestro puede tener la cena especial con sus seguidores.

12 Entonces él los llevará a un cuarto grande en el segundo piso, donde hay todo. Alístenlo para nosotros."

13 Se fueron entonces y encontraron

It was the special religious gathering to remember how the Jews left Egypt.

2 The religious leaders and the teachers of the Law looked for a way to kill Jesus. But they were afraid of the people.

3 Then Satan came into the heart of Judas who was called Iscariot. He was one of the twelve followers.

4 Judas went away and talked with the religious leaders and the leaders of the people. He talked about how he might hand Jesus over to them.

5 They were glad and promised to pay him money.

6 Judas promised to do this and then looked for a way to hand Jesus over when there were no people around.

Getting ready for the special supper

Matthew 26:17-19 Mark 14:12-16

7 The day of bread without yeast came. It was the day when the lamb had to be killed and given on the altar in worship in the house of God. It was the special religious gathering to remember how the Jews left Egypt.

8 Jesus sent Peter and John and said: "Go and get this special supper ready for us that we may eat."

9 They said to Him: "Where do You want us to get it ready?"

10 He answered: "See, when you go into the city, you will meet a man carrying a jar of water. Follow him into the house where he goes.

11 Say to the owner of the house, 'The Teacher asks you: "Where is the room you keep for friends where I may eat this special supper with My followers?"'

12 He will take you to a large room on the second floor with everything in it. Make it ready for us."

13 They went and found everything as

todo como Jesús les había dicho. Tuvieran todo listo para la cena especial.

La última cena especial

14 Cuando llegó la hora, Jesús se sentó con sus doce misioneros.

15 Les dijo: "Yo deseaba mucho tener con ustedes esta cena especial para recordar cómo salieron los judíos de Egipto. Quería comerla con ustedes antes de sufrir.

16 Yo les digo, que no volveré a comer esta cena especial, hasta que sea cumplido su verdadero significado en el reino de Dios."

17 Entonces Jesús tomó la copa y dio gracias. Él dijo: "Tómenla y pásenla a cada uno.

18 Les digo que no beberé jugo del fruto de uvas hasta que venga el reino de Dios."

19 Entonces Jesús tomó el pan y dio gracias y lo partió en pedazos. Se los dio y les dijo: "Este es mi cuerpo que es dado por ustedes. Hagan esto para acordarse de mí."

20 Del mismo modo, después de terminarse el pan, él tomó la copa. Dijo: "Esta copa es mi sangre del nuevo acuerdo con Dios. Mi sangre es dada por ustedes."

Jesús les dice que uno de ellos le va a traicionar

21 "Miren, la mano del que me va a traicionar con los jefes está conmigo en la mesa.

22 El Hijo del Hombre será llevado en esta manera porque así ha sido el plan de Dios. Pero, ¡Pobre de ese hombre que me va a traicionar!"

23 Ellos empezaron a preguntarse entre sí quién iba a hacer esto.

Discuten sobre quién es el más grande

24 Empezaron a discutir entre ellos mismos para ver quién era el más grande.

Jesus had said. They got ready for the special supper.

The first Lord's supper

14 When the time came, Jesus sat down with the twelve followers.

15 He said to them: "I have wanted very much to eat this special supper with you to remember how the Jews left Egypt. I have wanted to eat this with you before I suffer.

16 I say to you, I will not eat this special supper again until its true meaning is completed in the holy nation of God."

17 Then Jesus took the cup and gave thanks. He said: "Take this and pass it to each one.

18 I say to you that I will not drink of the fruit of the vine until the holy nation of God comes."

19 Then Jesus took bread and gave thanks and broke it in pieces. He gave it to them, saying: "This is My body which is given for you. Do this to remember Me."

20 In the same way, after they had finished the bread, He took the cup. He said: "This cup is My blood of the New Way of Worship which is given for you.

Jesus tells of the one who will Hand Him over

21 "See, the hand of the one who will give Me over to the leaders of the country is on the table with Me.

22 The Son of Man will be taken this way because it has been in God's plan. But it is bad for that man who hands Him over!"

23 They began to ask each other which of them would do this.

Arguing about who is the greatest

24 They started to argue among themselves about who was thought to be the greatest.

25 Jesús les dijo: "Los reyes de las
naciones muestran su poder a la gente.
A los que tienen el poder sobre la gente, se les dan nombres honorables.
26 Pero con ustedes, no será así.
Dejen que el más grande entre ustedes sea el último. Dejen que el jefe se
preocupe por los demás.
27 ¿Quién es más grande? ¿El que está
sentado en la mesa o el que le sirve?
¿No es más grande el que está en la
mesa? Pero yo estoy aquí como el que
les sirve.
28 "Ustedes han estado conmigo a
través de todas las pruebas que yo he
pasado.
29 Como mi Padre me ha dado el reino, yo les daré el derecho de
30 comer y beber en mi mesa en mi
reino. Se sentarán en el lugar donde se
sientan los reyes y dirán quién es el culpable de los doce grupos de familias de
la nación judía."

Jesús les anuncia lo que Pedro va a hacer Mateo 26:31-35 Marcos 14:27-31 Juan 13:36-38

31 El Señor dijo: "¡Simón, escucha!
El diablo ha querido apoderarse de ti
para dividirte así como el trigo es dividido de la paja.
32 Pero he orado por ti. He orado
para que tu fe sea fuerte y que no te
des por vencido. Cuando regreses,
debes ayudar a tus hermanos para que
ellos sean fuertes."
33 Pedro le dijo a Jesús: "¡Señor, estoy
listo a ir a la cárcel y hasta morir por
ti!"
34 Jesús dijo: "Yo te digo, Pedro, que
hoy no cantará el gallo antes de que tú
digas tres veces que no me conoces."

Las pruebas que habrán de venir

35 Jesús les dijo: "Yo los envié sin dinero, ni bolsa, ni zapatos. ¿Alguna vez nece-
sitaron algo?" Ellos dijeron: "Nada."

25 Jesus said to them: "The kings of
the nations show their power to the
people. Those who have power over
the people are given names of honor.
26 But you will not be like that. Let the
greatest among you be as the least. Let
the leader be as the one who cares for
others.
27 Who is greater, the one who is
eating at the table, or the one who is
caring for him? Is it not the one who is
eating at the table? But I am here with
you as One Who cares for you.
28 "You have stayed with Me through
all the hard things that have come to
Me.
29 As My Father has given Me a holy
nation, I will give you the right
30 to eat and drink at My table in My
holy nation. You will sit on thrones and
judge the twelve family groups of the
Jewish nation."

Jesus tells how Peter will lie about Him Matthew 26:31-35 Mark 14:27-31 John 13:36-38

31 The Lord said: "Simon, Simon, listen! Satan has wanted to have you. He
will divide you as wheat is divided from
that which is no good.
32 But I have prayed for you. I have
prayed that your faith will be strong
and that you will not give up. When
you return, you must help to make
your brothers strong."
33 Peter said to Jesus: "Lord, I am
ready to go to prison and to die with
You!"
34 Jesus said: "I tell you, Peter, a rooster
will not crow today before you will say
three times that you do not know Me."

The followers are told of trouble to come

35 Jesus said to them: "I sent you without money or bag or shoes. Did you
need anything?" They said: "Nothing."

36 Entonces les dijo: "Pero ahora cualquiera que tenga un monedero y una bolsa para comida, debe llevarla. Cualquiera que no tenga espada debe vender su saco y comprar una.
37 Yo les digo, lo que se ha escrito de mí tiene que suceder. Dice: 'Fue llevado entre malvados.' Aquello que se dice de mí ha de suceder." Isaías 53:12
38 Ellos dijeron: "Señor aquí tenemos dos espadas." Él contestó: "Eso es suficiente."

36 Then He said to them: "But now whoever has a moneybag and a bag for food should take it. Whoever does not have a sword should sell his coat and buy one.
37 I tell you, that what has been written about Me must happen. It says, 'He was among the wrongdoers.' Isaiah 53:12 What is told about Me must happen."
38 They said: "Lord, look, we have two swords." He answered: "That is enough."

Jesús ora en el suelo

Mateo 26:36-46 Marcos 14:32-42

39 Jesús salió del cuarto. Entonces se fue al monte de los Olivos, como hacía antes. Sus sequidores fueron con él.

40 Cuando llegó ahí, él les dijo: "Oren para que no sean tentados."
41 Se retiró de ellos como la distancia que uno tira una piedra. Ahí inclinó su cara hasta el suelo y oró.

42 Dijo: "Padre, si se puede, quita lo que me va a suceder. Pero que se haga lo que tú quieres, y no lo que yo quiero."
43 Un ángel del cielo vino y le dio fuerzas.
44 Entre más oraba, su corazón estaba más afligido. Le corrían gotas de sudor por la cara como si fuera sangre.
45 Cuando Jesús se levantó después de orar, regresó donde estaban sus seguidores y los encontró durmiendo por tanta tristeza.
46 Les dijo: "¿Por qué están durmiendo? Levántense y oren, para que no sean tentados."

Jesus prays in the garden

Matthew 26:36-46 Mark 14:32-42

39 Jesus came out of the room. Then He went to the Mount of Olives as He had been doing. The followers went with Him.
40 When He got there, He said to them: "Pray that you will not be tempted."
41 He walked away from them about as far as a stone can be thrown. There He got down with His face on the ground and prayed.
42 He said: "Father, if it can be done, take away what must happen to Me. Even so, not what I want, but what You want."
43 An angel from heaven came and gave Him strength.
44 His heart was much troubled and He prayed all the more. Water ran from His face like blood and fell to the ground.
45 When Jesus got up after praying, He went back to the followers. He found them sleeping because of so much sorrow.
46 He said to them: "Why are you sleeping? Get up and pray that you will not be tempted."

Jesús es entregado a los pecadores

Mateo 26:47-56 Marcos 14:43-52
Juan 18:1-11

47 Mientras Jesús estaba hablando, Judas, no de los doce seguidores, venía

Jesus is handed over to sinners

Matthew 26:47-56 Mark 14:43-52
John 18:1-11

47 While Jesus was speaking, Judas came walking ahead of many people.

delante de mucha gente. Se acercó a
Jesús para besarle.
48 Pero Jesús le dijo: "Judas, ¿entregas
al Hijo del Hombre con un beso?"
49 Los que estaban junto a Jesús vieron lo que iba a pasar y preguntaron:
"Señor, ¿debemos pelear con nuestras
espadas?"
50 Uno de ellos hirió a uno de los
soldados y le cortó la oreja derecha.
Este soldado era siervo del principal
dirigente religioso.
51 Jesús dijo: "¡Alto, basta!" Y puso su
mano sobre la oreja y la sanó.

Jesús ante los dirigentes religiosos
Mateo 26:57-58 Marcos 14:53-54
Juan 18:19-24

52 Jesús dijo a los dirigentes religiosos,
a los jefes del templo, y a otras personas que se le acercaron: "¿Han venido
con espadas y palos para apresarme
como si fuera un ladrón?
53 Mientras estuve con ustedes en el
templo nunca me tocaron. Pero ahora
es el tiempo para que ustedes vengan,
y han venido en la oscuridad."
54 Entonces llevaron a Jesús a la casa
del dirigente religioso principal. Pedro
lo siguió desde muy lejos.

Pedro dice que no conoce a Jesús
Mateo 26:69-75 Marcos 14:66-72
Juan 18:15-18, 25-27

55 Hicieron un fuego en el patio y se
sentaron. Pedro se sentó con ellos.
56 Una sirvienta vio a Pedro sentarse junto al fuego y viéndolo dijo: "Este
hombre también estaba con Jesús."
57 Pedro mintió y dijo: "Mujer, no lo
conozco."
58 Poco después otra persona lo vio
y dijo: "Tú también eres uno de ellos."
Pedro dijo: "No, señor, no lo soy."

He was one of the twelve followers.
He came near to Jesus to kiss Him.
48 But Jesus said to him: "Judas, are
you handing over the Son of Man with
a kiss?"
49 Those around Jesus saw what was
going to happen and asked: "Lord,
should we fight with our swords?"
50 One of them hit a servant who was
owned by the head religious leader and
cut off his right ear.
51 Jesus said: "Stop! This is enough."
And He put His hand on his ear and
healed him.

Jesus stands in front of the religious leaders
Matthew 26:57-58 Mark 14:53-54
John 18:19-24

52 Jesus said to the religious leaders
and the leaders of the house of God
and the other leaders who came to
Him: "Have you come with swords and
sticks to take Me, as if I were a robber?
53 While I was with you everyday in
the house of God, you never took hold
of Me. But now is the time you are to
come and you have come in the dark."
54 Then they led Jesus away to the
house of the head religious leader.
Peter followed a long way behind Him.

Peter said He did not know Jesus
Matthew 26:69-75 Mark 14:66-72
John 18:15-18, 25-27

55 They built a fire in the yard and sat
down. Peter sat down with them.
56 One of the servant girls saw Peter
as he sat by the fire and looked right at
him. She said: "This man was with Jesus
also."
57 Peter lied and said: "Woman, I do
not know Him."
58 After awhile another person saw
him and said: "You are one of them
also." Peter said: "No, sir, I am not."

59 Como una hora después, otra persona dijo lo mismo: "De segura este hombre estuvo con Jesús, porque es galileo."
60 Pero Pedro dijo: "No sé lo que estás diciendo." Y en ese momento, mientras hablaba, un gallo cantó.
61 El Señor volteó y vio a Pedro. Este recordó que Jesús había dicho: "Antes de que el gallo cante, tres veces dirás que no me conoces."
62 Pedro salió y lloró con el corazón hecho pedazos.
63 Los que vigilaban a Jesús para ver que no escapara se burlaban de él y le golpearon.
64 Le taparon los ojos con un trapo y le dijeron: "Adivina quién te golpeó."
65 Dijeron en contra de Jesús muchas otras cosas malas.
66 Por la mañana, los jefes del pueblo, los dirigentes religiosos principales y los maestros de la ley se reunieron y llevaron a Jesús a la corte del dirigente religioso principal. Dijeron:
67 "Dinos si tú eres el Cristo". Él les dijo: "Si les digo, no me van a creer.
68 Si les pregunto algo, no me lo dirán.
69 De aquí en adelante el Hijo del Hombre estará sentado a la mano derecha del Dios Todopoderoso."
70 Todos dijeron: "Entonces, ¿tú eres el Hijo de Dios?" Él dijo: "Ustedes dicen que yo lo soy."
71 Entonces dijeron: "¿Qué otra palabra necesitamos contra él? Le hemos escuchado decir esto con sus propios labios."

Jesús ante Pilato
Mateo 27:1-2, 11-14 Marcos 15:1-5
Juan 18:28-37

23 Entonces toda la gente se levantó y llevó a Jesús ante Pilato.

59 About an hour later another person said the same thing: "For sure, this man was with Jesus also because he is from Galilee."
60 But Peter said: "Sir, I do not know what you are saying." And at once, while he was talking, a rooster crowed.
61 The Lord turned and looked at Peter. He remembered the Lord had said: "Before a rooster crows, you will say three times that you do not know Me."
62 Peter went outside and cried with a troubled heart.
63 Those who watched Jesus so He could not get away made fun of Him and beat Him.
64 They covered His eyes with a cloth and asked Him: "Tell us who hit You!"
65 They said many other bad things against Jesus.
66 When it was morning the leaders of the people and the religious leaders and the teachers of the Law got together. They took Jesus to the court of the religious leader. They said,
67 "Tell us if you are the Christ." He said to them: "If I tell you, you will not believe Me.
68 If I ask you something, you will not tell Me.
69 From now on, the Son of Man will be seated at the right hand of the All Powerful God."
70 They all said: "Then are You the Son of God?" He said: "You say that I am."
71 Then they said: "What other word do we need against Him? We have heard Him say this with His own mouth."

Jesus stands in front of Pilate
Matthew 27:1-2, 11-14 Mark 15:1-5
John 18:28-37

23 Then all the many people got up and took Jesus to Pilate.

2 Empezaron a decir cosas contra él, como: "Hemos encontrado a este hombre guiando a la gente de nuestra nación en errores. Les ha dicho que no paguen impuestos a César. Ha dicho que él es el Cristo, un rey."

3 Pilato le preguntó a Jesús: "¿Eres tú el Rey de los judíos?" Él dijo: "Lo que tú dices es verdad."

4 Entonces Pilato les dijo a los dirigentes religiosos principales y a la gente: "No encuentro nada malo en este hombre."

5 Ellos se enojaron mucho y dijeron: "Alborota entre la gente. Habiendo empezado en el país de Galilea, ha enseñado por todo el país de Judea, y ahora aquí."

Jesús es enviado a Herodes

6 Cuando Pilato oyó la palabra "Galilea," preguntó: "¿Es del país de Galilea este hombre?"

7 Tan pronto como Pilato supo que Jesús era del país donde Herodes era rey, lo mandó a él. En esos días, Herodes estaba en Jerusalén.

8 Herodes se puso muy contento cuando vio a Jesús, porque había querido verlo desde hacía mucho tiempo. Había oído muchas cosas acerca de él y tenía esperanzas de verlo hacer alguna obra poderosa.

9 Herodes le habló a Jesús, preguntándole muchas cosas. Pero Jesús no le dijo nada.

10 Los dirigentes religiosos y los maestros de la ley estaban allí. Ellos dijeron muchas cosas contra Jesús.

11 Entonces Herodes y sus soldados maltrataron a Jesús y se burlaron de él. Pusieron un hermoso manto sobre él y lo llevaron de nuevo a Pilato.

12 Ese día, Pilato y Herodes se hicieron amigos, porque antes eran enemigos.

13 Pilato llamó a los jefes religiosos y a

2 They began to tell things against Him, saying: "We have found this Man leading the people of our nation in a wrong way. He has been telling them not to pay taxes to Caesar. He has been saying He is Christ, a King."

3 Pilate asked Jesus: "Are You the King of the Jews?" He said: "What you said is true."

4 Then Pilate said to the religious leaders and to the people: "I find nothing wrong in this Man."

5 They became more angry. They said: "He makes trouble among the people. He has been teaching over all the country of Judea, starting in Galilee and now here."

Jesus is sent to Herod

6 When Pilate heard the word, Galilee, he asked: "Is the Man from Galilee?"

7 As soon as Pilate knew Jesus belonged in the country where Herod was king, he sent Him to Herod. Herod was in Jerusalem at that time also.

8 Herod was very glad when he saw Jesus because he had wanted to see Him for a long time. He had heard many things about Him and had hoped to see Him do some powerful work.

9 Herod talked to Jesus and asked many things. But Jesus said nothing.

10 The religious leaders and the teachers of the Law were standing there. They said many false things against Him.

11 Then Herod and his soldiers were very bad to Jesus and made fun of Him. They put a beautiful coat on Him and sent Him back to Pilate.

12 That day Pilate and Herod became friends. Before that they had worked against each other.

13 Pilate called the religious leaders

los jefes de la gente y a todo el pueblo para que se reunieran.
14 Les dijo: "Me trajeron a este hombre por estar confundiendo a la gente. Le he preguntado sobre estas cosas delante de ustedes. No lo encuentro culpable de las cosas que ustedes dicen contra él.
15 Herodes no encontró nada malo en Jesús y lo mandó a nosotros de nuevo. No hay razón para matarlo.
16 Lo castigaré y lo dejaré libre."

Jesús o Barrabás debe ser librado
Mateo 27:15-16 Marcos 15:6-14
Juan 18:38-40

17 Cada año en la fecha de la cena especial, Pilato soltaba un prisionero.
18 Todos gritaron muy fuerte: "¡Llévate a este hombre! ¡Suelta a Barrabás!"
19 Barrabás había matado a algunas personas y había hecho rebelión contra el gobernador del país. Por eso lo habían puesto en la cárcel.
20 Pilato quería soltar a Jesús. Así que habló otra vez con ellos.
21 Pero volvieron a gritar: "Clávale en una cruz! ¡Clávale en una cruz!"
22 Pilato les dijo por tercera vez: "¿Por qué?, ¿qué ha hecho de malo? No he encontrado razón para matarlo. Lo castigaré y lo dejaré ir."
23 Pero seguían gritando muy fuerte, diciendo que debería ser clavado en una cruz. Sus gritos ganaron lo que querían,
24 y Pilato dijo que debía hacerse lo que ellos pedían.
25 Pilato dejó que saliera libre el hombre que había causado las dificultades a los oficiales del país y que había matado gente. Y les entregó a Jesús para hacer con él lo que pedían.

and the leaders of the people and the people together.
14 He said to them: "You brought this Man to me as one that leads the people in the wrong way. I have asked Him about these things in front of you. I do not find Him guilty of the things you say against Him.
15 Herod found nothing wrong with Him because he sent Him back to us. There is no reason to have Him put to death.
16 I will punish Him and let Him go free."

Jesus or Barabbas is to go free
Matthew 27:15-26 Mark 15:6-14
John 18:38-40

17 Every year at the time of the special supper, Pilate would let one person who was in prison go free.
18 They all cried out together with a loud voice: "Take this Man away! Let Barabbas go free."
19 Barabbas had killed some people and had made trouble against the leaders of the country. He had been put in prison.
20 Pilate wanted to let Jesus go free so he talked to them again.
21 But they cried out: "Nail Him to a cross! Nail Him to a cross!"
22 Pilate said to them the third time: "Why, what bad thing has He done? I have found no reason to put Him to death. I will punish Him and let Him go free."
23 But they kept on crying out with loud voices saying that He must be nailed to a cross. Their loud voices got what they wanted.
24 Then Pilate said that it should be done as they wanted.
25 Pilate let the man go free who had made trouble against the leaders of the country and who had killed people. He gave Jesus over to them to do with as they wanted.

Jesús en la cruz

Mateo 27:33-37 Marcos 15:22-26 Juan 19:17-22

26 Llevaron a Jesús. Un hombre que se llamaba Simón venía llegando del país de Cirene. A él lo obligaron a cargar la cruz, siguiendo a Jesús.

27 Muchas personas siguieron a Jesús. Había mujeres que lloraban y se dolían de él.

28 Jesús se volteó y les dijo: "Hijas de Jerusalén, no lloren por mí. Lloren por ustedes y por sus niños.

29 ¡Oigan! Los días vienen cuando dirán: 'Felices los que nunca han tenido hijos. Felices aquellos que no saben lo que es tener hijos. Felices los que nunca han dado de comer a los recién nacidos.'

30 Empezarán a decir a las montañas: 'Caigan sobre nosotros.' Les dirán a los cerros: 'cúbrannos'.

31 Si ellos hacen estas cosas a un árbol verde, ¿qué le harán a un árbol seco?"

32 Otros dos hombres fueron llevados con Jesús para matarlos también. Estos hombres merecían la muerte por lo que habían hecho.

33 Cuando llegaron al lugar llamado Calvario, clavaron a Jesús en una cruz. También los otros dos hombres fueron clavados en cruces. Uno estaba a la derecha de Jesús, y el otro, a su izquierda.

34 Entonces Jesús dijo: "Padre perdónalos. No saben lo que están haciendo." Dividieron su ropa por sorteo.

35 La gente estaba parada alrededor mirando. Los jefes estaban con ellos riéndose de Jesús y diciendo: "Salvó a otros, que se salve a sí mismo si es el Cristo, el Escogido de Dios."

36 También los soldados se burlaban de él. Pusieron vino agrio delante de él.

37 Dijeron: "Si eres el Rey de los judíos, sálvate."

Jesus on the cross

Matthew 27:33-37 Mark 15:22-26 John 19:17-22

26 They led Jesus away. A man named Simon was coming in from the country of Cyrene and they made him carry the cross following behind Jesus.

27 Many people followed Jesus. There were women who cried and had sorrow for Him.

28 Jesus turned to them and said: "Daughters of Jerusalem, do not cry for Me. Cry for yourselves and your children.

29 Listen! The days are coming when they will say, 'Those who have never had children are happy. Those whose bodies have never given birth are happy. Those who have never fed babies are happy.'

30 They will begin to say to the mountains, 'Fall on us.' They will say to the hills, 'Cover us.'

31 If they do these things to a green tree, what will they do when it is dry?"

32 Two other men were led away with Jesus to be put to death also. These men had done things making them guilty of death.

33 When they came to the place called Calvary, they nailed Jesus to a cross. The other two men were nailed to crosses also. One was on the right side of Jesus and the other was on His left side.

34 Then Jesus said: "Father, forgive them. They do not know what they are doing." And they divided His clothes by drawing names.

35 The people stood around looking on. The leaders were there with them making fun of Jesus. They said: "He saved others, let Him save Himself if He is the Christ, the Chosen One of God!"

36 The soldiers made fun of Him also. They put sour wine before Him.

37 They said: "If You are the King of the Jews, save Yourself."

38 Estas palabras estaban escritas en los idiomas griego, latín y hebreo sobre su cabeza: "ESTE ES EL REY DE LOS Judíos."

39 Uno de los hombres que era culpable de muerte y que estaba en la cruz junto a Jesús lo insultaba diciendo: "Si tú eres el Cristo, sálvate tú mismo, y también a nosotros."

40 Pero el hombre en la otra cruz usó palabras duras para el que se burlaba de Jesús, le dijo: "¿Que no le tienes miedo a Dios? Tú también eres culpable y serás castigado.

41 Nosotros sufrimos como merecemos, por lo malo que hemos hecho, pero este Hombre no ha hecho nada malo."

42 Y le dijo a Jesús: "Señor, acuérdate de mí cuando llegues a tu reino."

43 Jesús le dijo: "En verdad te digo, que hoy estarás conmigo en el paraíso."

La muerte de Jesús

Mateo 27:45-50 Marcos 15:33-36 Juan 19:28-37

44 Se oscureció toda la tierra, desde el mediodía hasta las tres de la tarde.

45 El sol no brilló. En el gran templo de Dios, la cortina se rompió en dos.

46 Entonces Jesús gritó: "Padre, en tus manos entrego mi espíritu." Al decir esto, murió.

47 Cuando el capitán romano vio lo que había pasado, le dio gracias a Dios. Dijo: "Seguramente éste era un buen hombre."

48 Toda la gente que vino para ver las cosas que estaban pasando se alejó golpeándose el pecho.

49 Todos sus amigos y las mujeres que habían venido con él de Galilea estaban parados a lo lejos viendo estas cosas.

38 These words were written in the Greek and Latin and Hebrew languages above His head: "THIS IS THE KING OF THE JEWS."

39 One of the men who was guilty of death who was on a cross beside Jesus spoke bad words to Him. He said: "If You are the Christ, save Yourself and us."

40 But the other man on a cross spoke sharp words to the one who made fun of Jesus. He said: "Are you not afraid of God? You are also guilty and will be punished.

41 We are suffering and we should, because of the wrong we have done. But this Man has done nothing wrong."

42 And he said to Jesus: "Lord, remember me when You come into Your holy nation."

43 Jesus said to him: "For sure, I tell you, today you will be with Me in Paradise."

The death of Jesus

Matthew 27:45-50 Mark 15:33-36 John 19:28-37

44 It was dark over all the earth from noon until three o'clock.

45 The sun did not shine. In the house of God the curtain was torn in two pieces.

46 Then Jesus cried out with a loud voice: "Father, into Your hands I give My spirit." When He said this, He died.

47 When the soldier saw what had happened, he thanked God. He said: "For sure, He was a good man."

48 All the many people who came together to see the things that were done, went away beating themselves on their chests.

49 All His friends and the women who had come with Him from Galilee stood a long way off watching these things.

La tumba de Jesús
Mateo 27:57-66
Marcos 15:42-47 Juan 19:38-42

50 Había un buen hombre que se llamaba José y que era miembro de la corte.

51 Él no estaba de acuerdo con lo que la corte había hecho. Era de Arimatea, una ciudad de los judíos. Buscaba el reino de Dios que había de venir.

52 José fue a Pilato y le pidió el cuerpo de Jesús.

53 Entonces lo bajó y lo envolvió en una sábana de lino. Lo puso en una tumba que había sido cavada en una roca. No habían usado esta tumba antes.

54 Ahora era el tiempo de prepararse para el día da descanso, el cual estaba por empezar.

55 Las mujeres que habían venido con Jesús de Galilea, le seguían. Vieron la tumba y cómo ponían el cuerpo.

56 Se fueron y prepararon algunos perfumes y especias. Reposaron el día de descanso, como la ley decía que debían hacer.

Jesús es levantado de los muertos
Mateo 28:1-10 Marcos 16:1-8
Juan 20:1-18

24 Temprano en la mañana el primer día de la semana, las mujeres fueron a la tumba llevando las especias que habían preparado.

2 Encontraron que la piedra había sido quitada de la tumba.

3 Entraron pero no encontraron el cuerpo del Señor Jesús.

4 Mientras se preguntaban qué había pasado, vieron a dos hombres parados junto a ellas con vestidos brillantes.

5 Les dio mucho miedo y se inclinaron al suelo. Los hombres les dijeron: "¿Por qué buscan entre los muertos al que vive?

The grave of Jesus
Matthew 27:57-66 Mark 15:42-47
John 19:38-42

50 There was a man named Joseph who belonged to the court. He was a good man and one who did right.

51 This man did not agree with what the court did. He was from Arimathea, a city of the Jews. He was looking for the holy nation of God to come.

52 Joseph went to Pilate and asked for the body of Jesus.

53 Then he took it down and put it in linen cloth. It was laid in a grave which had been cut out in the side of a rock. This grave had never been used.

54 It was time to get ready for the Day of Rest which was about to begin.

55 The women who had come with Jesus from Galilee followed behind. They saw the grave and how His body was laid.

56 They went back and got some spices and perfumes ready. But they rested on the Day of Rest as the Law said to do.

Jesus is raised from the dead
Matthew 28:1-10 Mark 16:1-8
John 20:1-18

24 Early in the morning on the first day of the week, the women went to the grave taking the spices they had made ready.

2 They found the stone had been pushed away from the grave.

3 They went in but they did not find the body of the Lord Jesus.

4 While they wondered about what had happened, they saw two men standing by them in shining clothes.

5 They were very much afraid and got down with their faces to the ground. The men said to them: "Why do you look for the living One among

6 No está aquí, ya volvió a vivir. ¿No recuerdan lo que les dijo cuando estaba todavía en el país de Galilea?

7 Les dijo: 'El Hijo del Hombre será entregado en las manos de hombres pecadores. Lo pondrán en una cruz. Se levantará tres días después.'"

8 Entonces se acordaron de lo que él les había dicho.

9 Cuando regresaron de la tumba, les contaron todas estas cosas a los once misioneros y a todos los demás.

10 Ellas eran María Magdalena, Juana, y María, la madre de Jacobo. Otras mujeres que estaban allí contaron estas cosas también a los once misioneros.

11 A ellos, les parecieron locuras lo que decían y no les creyeron.

12 Pero Pedro se levantó y corrió a la tumba. Se inclinó y vio sólo la ropa de lino. Entonces se fue sorprendido de lo que había pasado.

Los seguidores de Jesús no creen que él ha vuelto a vivir
Marcos 16:9-14 Juan 20:24-29

13 Ese mismo día dos de sus seguidores iban al pueblo de Emaús. Tenían que caminar como dos horas desde Jerusalén.

14 Iban hablando de todas estas cosas que habían pasado.

15 Mientras hablaban, Jesús mismo llegó y empezó a caminar junto a ellos.

16 Algo no les permitía darse cuenta de quién era él.

17 Entonces les dijo: "¿De qué hablan?" Se detuvieron con tristeza.

18 Uno de ellos, que se llamaba Cleofas, le dijo: "¿Estás de visita en Jerusalén y no has oído las cosas que han pasado en estos días?"

19 Jesús les preguntó: "¿Qué cosas?"

those who are dead?

6 He is not here. He is risen. Do you not remember what He said to you when He was yet in Galilee?

7 He said, 'The Son of Man must be given over into the hands of sinful men. He must be nailed to a cross. He will rise again three days later.'"

8 They remembered what He had said.

9 When they came back from the grave, they told all these things to the eleven followers and to all the others.

10 They were Mary Magdalene and Joanna and Mary the mother of James. Other women who were with them told these things to the followers also.

11 Their words sounded like foolish talk. The followers did not believe them.

12 But Peter got up and ran to the grave. He got down to look in and saw only the linen clothes. Then he went away, surprised about what had happened.

The followers of Jesus do not believe He is risen
Mark 16:9-14 John 20:24-29

13 That same day two of His followers were going to the town of Emmaus. It was about a two hour walk from Jerusalem.

14 They talked of all these things that had happened.

15 While they were talking together, Jesus Himself came and walked along with them.

16 Something kept their eyes from seeing Who He was.

17 He said to them: "What are you talking about as you walk?" They stood still and looked sad.

18 One of them, whose name was Cleopas, said to Him: "Are you the only one visiting Jerusalem who has not heard of the things that have happened here these days?"

19 Jesus said to them: "What things?"

Contestaron: "Las cosas sobre Jesús de Nazaret, quien fue hombre importante que hablaba de Dios. Hizo obras poderosas y habló poderosas palabras ante Dios y la gente.

20 Y los dirigentes religiosos y los jefes del pueblo lo llevaron y lo mataron en una cruz.

21 Nosotros teníamos la esperanza que él fuera a darle libertad al pueblo judío; pero desde que estas cosas pasaron, ya son tres días.

22 'Algunas mujeres de nuestro grupo nos han sorprendido y nos han puesto a pensar. Fueron a la tumba temprano esta mañana.

23 Pero no encontraron su cuerpo. Regresaron, diciendo que habían visto ángeles en sueño especial quienes habían dicho que él estaba vivo.

24 Algunos de los que estaban con nosotros fueron a la tumba y encontraron lo que las mujeres habían dicho: pero no lo encontraron a él."

25 Entonces Jesús les dijo: "Hombres necios. Qué lentos son ustedes para creer lo que los antiguos predicadores dijeron.

26 ¿No tuvo que pasar Cristo por todas estas dificultades para venir con gran resplandor?"

27 Jesús les contó entonces lo que Moisés y todos los antiguos predicadores habían dicho sobre él en las sagradas escrituras.

28 Cuando llegaron al pueblo a donde iban, Jesús hizo como que iba a seguir más adelante.

29 Pero le dijeron: "Quédate con nosotros, pronto va a ser de noche. Va se acabó el día." Entonces él se quedó con ellos.

30 Al sentarse a la mesa con ellos, tomó el pan y dio gracias y lo partió. Entonces se los dio a ellos.

31 Y se abrieron los ojos de ellos y lo pudieron reconocer. Entonces se fue y

They answered: "The things about Jesus of Nazareth. He was the great One Who spoke for God. He did powerful works and spoke powerful words in the sight of God and the people.

20 And the religious leaders and the leaders of the people gave Him over to be killed and nailed Him to a cross.

21 We were hoping He was the One Who was going to make the Jewish people free. But it was three days ago when these things happened.

22 "Some of the women of our group have surprised us and made us wonder. They went to the grave early this morning.

23 They did not find His body. They came back saying they had seen angels in a special dream who said that He was alive.

24 Some of those who were with us went to the grave and found it as the women had said. But they did not see Him."

25 Then Jesus said to them: "You foolish men. How slow you are to believe what the early preachers have said.

26 Did not Christ have to go through these hard things to come into His shining greatness?"

27 Jesus kept on telling them what Moses and all the early preachers had said about Him in the Holy Writings.

28 When they came to the town where they were going, Jesus acted as if He were going farther.

29 But they said to Him: "Stay with us. It will soon be evening. The day is about over." He went in to stay with them.

30 As He sat at the table with them, He took the bread and gave thanks and broke it. Then He gave it to them.

31 And their eyes were opened and they knew Him. Then He left them and

no lo pudieron ver más.
32 Y se decían uno a otro: "¿No se llenaron nuestros corazones de gozo cuando hablaba con nosotros en el camino sobre lo que dicen las sagradas escrituras?"
33 Entonces pronto se pusieron en pie para regresar a Jerusalén. Encontraron a los once seguidores juntos y a otros con ellos.
34 Les dijeron: "Seguramente el Señor ha vuelto a vivir y Simón lo ha visto."
35 Entonces les contaron lo que había pasado en el camino y cómo lo habían reconocido cuando partió el pan.

could not be seen.
32 They said to each other: "Were not our hearts filled with joy when He talked to us on the road about what the Holy Writings said?"
33 Then they got up at once and went back to Jerusalem. They found the eleven followers together and others with them.
34 They said: "For sure the Lord is risen and was seen by Simon."
35 Then they told what had happened on the road and how they came to know Him when He broke the bread.

Otros diez seguidores ven a Jesús

36 Mientras ellos platicaban, Jesús mismo se paró entre ellos. Les dijo: "La paz sea con ustedes."
37 Pero ellos tenían mucho miedo, y pensaron que estaban viendo a un espíritu.
38 Jesús les dijo: "¿Por qué tienen miedo, por qué tienen dudas en sus corazones?
39 Miren mis manos y mis pies. ¡Miren! ¡Soy yo mismo! Tóquenme y vean por sí mismos. Un espíritu no tiene carne ni huesos, como yo los tengo."
40 Cuando Jesús dijo esto, les mostró sus manos y pies.
41 Aun después de esto, ellos todavía dudaban. Les era difícil creerlo y a la vez les hacía sentirse muy contentos. Entonces él les dijo: "¿Tienen algo que comer?"
42 Le dieron a Jesús un pedazo de pescado cocido y un poco de miel de abeja.
43 Y él comió delante de ellos.

Jesus is seen by the other ten followers

36 As they talked, Jesus Himself stood among them. He said: "May you have peace."
37 But they were afraid and full of fear. They thought they saw a spirit.
38 Jesus said to them: "Why are you afraid? Why do you have doubts in your hearts?
39 Look at My hands and My feet. See! It is I, Myself! Touch Me and see for yourself. A spirit does not have flesh and bones as I have."
40 When Jesus had said this, He showed them His hands and feet.
41 They still wondered. It was hard for them to believe it and yet it made them happy. Then He said to them: "Do you have anything here to eat?"
42 They gave Jesus a piece of fish that had been cooked and some honey.
43 He took it and ate it in front of them.

Jesús manda a sus seguidores a enseñar
Mateo 28:16-20 Marcos 16:15-18
Juan 20:21-23

44 Jesús les dijo: "Estas son las cosas

Jesus sends His followers to teach
Matthew 28:16-20 Mark 16:15-18
John 20:21-23

44 Jesus said to them: "These are the

que yo les dije cuando estuve con ustedes. Todas las cosas escritas acerca de mí en la ley de Moisés y en los libros de los antiguos predicadores y en los salmos necesitan pasar como ellos dijeron que pasarían."

45 Entonces les abrió sus mentes para que entendieran las sagradas escrituras.

46 Les dijo: "Está escrito que el Cristo sufrirá y se levantará de los muertos después de los tres días.

47 Será predicado que los hombres cambien su actitud acerca de sus pecados y se aparten de ellos. Entonces serán perdonados. Esto tendrá que predicarse en su nombre a todas las naciones comenzando con Jerusalén.

48 Ustedes deben contar lo que han visto y aprendido.

49 ¡Oigan! Les mandaré lo que mi Padre ha prometido. Pero ustedes deben quedarse en Jerusalén hasta que hayan recibido el poder de arriba."

Jesús se va para estar junto a su Padre

Marcos 16:19-20

50 Jesús se los llevó fuera hasta la ciudad de Betania. Entonces levantó sus manos y oró para que ellos recibieran bendiciones.

51 Mientras oraba para que recibieran bendiciones, se elevó sobre ellos. El cielo lo recibió y

52 ellos lo adoraron. Entonces se regresaron a Jerusalén llenos de gozo

53 y pasaban todo su tiempo en el templo alabando a Dios y dándole gracias.

things I told you while I was yet with you. All things written about Me in the Law of Moses and in the Books of the early preachers and in the Psalms must happen as they said they would happen."

45 Then He opened their minds to understand the Holy Writings.

46 He said to them: "It is written that Christ should suffer and be raised from the dead after three days.

47 It must be preached that men must be sorry for their sins and turn from them. Then they will be forgiven. This must be preached in His name to all nations beginning in Jerusalem.

48 You are to tell what you have seen.

49 See! I will send you what My Father promised. But you are to stay in Jerusalem until you have received power from above."

Jesus goes to be beside His Father

Mark 16:19-20

50 Jesus led them out as far as Bethany. Then He lifted up His hands and prayed that good would come to them.

51 And while He was praying that good would come to them, He went from them and was taken up to heaven and

52 they worshiped Him. Then they went back to Jerusalem with great joy.

53 They spent all their time in the house of God honoring and giving thanks to God.

Juan

Cristo vivía antes de que el mundo fuera hecho.

1 La Palabra (Cristo) era en el principio. La Palabra estaba con Dios. La Palabra era Dios.

2 Él estaba con Dios en el principio.

3 Él hizo existir todas las cosas. Nada fue hecho sin él.

4 La vida empezó con él. Su vida fue la luz para los hombres.

5 La Luz brilla en la oscuridad, y la oscuridad no ha podido apagarla.

Juan el bautista habla de la venida de Cristo

6 Había un hombre enviado de Dios cuyo nombre era Juan.

7 Vino a decir lo que él sabía acerca de la Luz para que todos los hombres pudieran creer por medio de él.

8 Juan no era la Luz, pero él fue enviado para hablar acerca de la Luz.

9 Esta Luz verdadera, al venir al mundo, da luz a todo hombre.

10 Él vino al mundo. El mundo fue hecho por él, pero el mundo no lo conoció.

11 Vino a los suyos, pero los suyos no lo recibieron.

12 Pero a aquellos que le recibieron les dio el derecho y el poder de llegar a ser hijos de Dios. Dio esto a aquellos que creyeron en su nombre.

13 Estos hijos de Dios no nacieron de sangre y de carne ni de los deseos del hombre, sino que nacieron de Dios.

14 Cristo vino en cuerpo humano y vivió entre nosotros. Vimos su brillante grandeza. Esta grandeza es dada solamente al único Hijo muy amado por el Padre. Cristo estaba lleno de favor y verdad.

John

Christ lived before the World was made

1 The Word (Christ) was in the beginning. The Word was with God. The Word was God.

2 He was with God in the beginning.

3 He made all things. Nothing was made without Him making it.

4 Life began by Him. His Life was the Light for men.

5 The Light shines in the darkness. The darkness has never been able to put out the Light.

John the Baptist tells of the coming of Christ

6 There was a man sent from God whose name was John.

7 He came to tell what he knew about the Light so that all men might believe through him.

8 John was not the Light, but he was sent to tell about the Light.

9 This true Light, coming into the world, gives light to every man.

10 He came into the world. The world was made by Him, but it did not know Him.

11 He came to His own, but His own did not receive Him.

12 He gave the right and the power to become children of God to those who received Him. He gave this to those who put their trust in His name.

13 These children of God were not born of blood and of flesh and of man's desires, but they were born of God.

14 Christ became human flesh and lived among us. We saw His shining greatness. This greatness is given only to a much loved Son from His Father. He was full of loving favor and truth.

Juan el bautista prepara el camino para Jesucristo

Mateo 3:1-12 Marcos 1:1-8 Lucas 3:1-18

15 Juan habló acerca de Cristo. Dijo:
"He hablado acerca de éste, cuando
dije: 'El que viene después de mí es
más importante que yo, porque vivía
antes que yo.'"
16 De quien tiene tanto hemos recibido grandes favores, beneficio tras
beneficio.
17 La ley fue dada por medio de Moisés, pero el favor y la verdad divinos
vinieron por medio de Jesucristo.
18 El Hijo amado está cerca del Padre.
Ningún hombre ha visto a Dios, pero
Cristo nos ha hecho conocer a Dios.
19 Los judíos enviaron sus líderes religiosos y hombres de la familia de Leví a
preguntar a Juan: "¿Quién eres tú?"
20 Les dijo solamente estas palabras:
"¡No soy el Cristo!"
21 Ellos le preguntaron: "¿Eres alguien
especial que vino a hablar de Dios?"
Juan dijo: "No."
22 Entonces le preguntaron: "¿Quién
eres? Debemos decírselo a quienes
nos enviaron. ¿Qué puedes decir de ti
mismo?"
23 Juan dijo: "Yo soy la voz del que clama en el desierto. 'Preparen el camino
para el Señor', como dijo Isaías, el antiguo predicador." Isaías 40:3
24 Aquellos que fueron enviados por
los celosos religiosos
25 le preguntaron a Juan otra vez:
"Entonces, ¿por qué bautizas si no eres
el Cristo o Elías o el enviado especial que
se esperaba para hablarnos de Dios?"
26 Juan contestó: "Yo bautizo con
agua. Pero hay otro entre ustedes, a
quien no conocen.
27 Él viene después de mí. Y no soy
suficientemente bueno para hincarme
y ayudarle a quitarse los zapatos."

John the Baptist makes the way ready for Jesus Christ

Matthew 3:1-12 Mark 1:1-8 Luke 3:1-18

15 John told about Christ and said: "I
have been telling you about this One.
I said, 'He is coming after me. He is
more important than I because He
lived before me.'"
16 From Him Who has so much we
have all received loving favor, one loving favor after another.
17 The Law was given through Moses,
but loving favor and truth came through
Jesus Christ.
18 The much loved Son is beside the
Father. No man has ever seen God. But
Christ has made God known to us.
19 The Jews sent their religious leaders and men from the family group of
Leví to ask John: "Who are you?"
20 He told them without holding back
any words: "I am not the Christ!"
21 They asked him: "Then who are
you? Are you Elijah?" He said: "I am
not!" Then they asked: "Are you the
special One Who was to come to
speak for God?" John said: "No."
22 Then they asked him: "Who are
you? We must tell those who sent us.
What do you say about yourself?"
23 John said: "I am the voice of one
crying in the desert. 'Make the road
straight for the Lord,' as the early
preacher Isaiah said." Isaiah 40:3
24 Those who had been sent were
from the proud religious law keepers.
25 They asked John again: "Then why
do you baptize if you are not the Christ
or Elijah or that special One Who was
to come to speak for God?"
26 John answered: "I baptize with
water. But there is One standing among
you Whom you do not know.
27 He is the One Who is coming after
me. I am not good enough to get down
and help Him take off His shoes."

28 Todo esto pasó cuando Juan bautizaba en el pueblo de Betania. Estaba en el otro lado del río Jordán.

El bautismo de Jesús

Mateo 3:13-17 Marcos 1:9-11
Lucas 3:21-22

29 Al día siguiente, Juan el bautista vio a Jesús viniendo hacia él. Y les dijo: "¡Miren! ¡El Cordero de Dios que quita el pecado del mundo!

30 He hablado acerca de él, cuando dije: 'Alguien viene después de mí, que es más importante que yo, porque vivía antes que yo naciera.'

31 Yo no le conocí, pero vine a bautizar con agua para que los judíos puedan conocerlo."

32 Entonces Juan dijo: "Vi al Espíritu Santo bajar del cielo en forma de paloma y posar sobre Jesús.

33 Todavía no le conocía. Pero Dios me había enviado a bautizar con agua y me dijo: 'El Espíritu Santo vendrá y se parará en el Cristo. Él es quien bautizará con el Espíritu Santo.'

34 Vi que esto pasó. Ahora digo que Jesús es el Hijo de Dios."

Jesús llama a Andrés y a Pedro

35 Al día siguiente, Juan el bautista estaba parado con dos de sus seguidores.

36 Jesús pasó por allí. Juan lo vio y dijo: "¡Miren! El Cordero de Dios."

37 Los dos seguidores de Juan lo oyeron decir esto y siguieron a Jesús.

38 Jesús se volteó, los vio siguiéndolo y les dijo: "¿A quién buscan?" Ellos contestaron: "Maestro ¿dónde vives?"

39 Y el les dijo: "Vengan y vean. Ellos lo siguieron y vieron dónde vivía él y se quedaron con él todo el día. Eran cerca de las cuatro de la tarde.

28 All this happened when John was baptizing in the town of Bethany. He was on the other side of the Jordan River.

The baptism of Jesus

Matthew 3:13-17 Mark 1:9-11
Luke 3:21-22

29 The next day John the Baptist saw Jesus coming to him. He said: "See! The Lamb of God Who takes away the sin of the world!

30 I have been talking about Him. I said, 'One is coming after me Who is more important than I, because He lived before I was born.'

31 I did not know who He was, but I have come to baptize with water so the Jews might know about Him."

32 Then John said: "I saw the Holy Spirit come down on Jesus as a dove from heaven. The Holy Spirit stayed on Him.

33 I did not know Him then. But God sent me to baptize with water. God said to me, 'The Holy Spirit will come down and stay on Him. He is the One Who baptizes with the Holy Spirit.'

34 I saw this happen. I am now saying that Jesus is the Son of God."

Jesus calls Andrew and Peter

35 The next day John the Baptist was standing with two of his own followers.

36 Jesus walked by John looked at Him and said: "See! The Lamb of God."

37 John's two followers heard him say this and followed Jesus.

38 Jesus turned around and saw them following. He said to them: "What are you looking for?" They answered: "Teacher, where are you staying?"

39 He said to them: "Come and see." They followed Him and saw where He lived. They stayed with Him that day. It was about four o'clock in the afternoon.

40 Andrés, el hermano de Simón
Pedro, fue uno de los dos que había
oído las palabras de Juan y había seguido a Jesús.
41 Lo primero que hizo fue buscar a
su hermano Simón y decirle: "¡Hemos
encontrado al Cristo!"
42 Andrés llevó a Simón a Jesús. Cuando Jesús vio a Simón, le dijo: "Tú eres
Simón, hijo de Jonás. Tu nombre será
Cefas." El nombre Cefas quiere decir
"Pedro", o "piedra".

Jesús llama a Felipe y a Natanael

43 Al día siguiente, Jesús quiso ir a la
región de Galilea. Allí encontró a Felipe
y le dijo: "Sígueme."
44 Felipe era de la aldea de Betsaida.
Andrés y Pedro eran también de esa
aldea.
45 Felipe encontró a Natanael y le
dijo: "Hemos encontrado al hombre
de quien Moisés habló en el libro de la
ley. Es el hombre de quien los antiguos
predicadores escribieron. Es Jesús de
Nazaret, el hijo de José."
46 Natanael dijo: "¿Puede alguna cosa
buena venir de la ciudad de Nazaret?"
Y Felipe dijo: "Ven y ve."
47 Jesús vio a Natanael venir hacia él y
le dijo: "Mira, él es un verdadero judío,
un hombre honrado."
48 Entonces Natanael le preguntó:
"¿Cómo me conoces?" Jesús le contestó: "Antes que Felipe hablara contigo
yo te vi debajo de la higuera."
49 Natanael le dijo: "Maestro, tú eres
el Hijo de Dios. Tú eres el rey de los
judíos."
50 Y Jesús le dijo: "¿Acaso crees eso
sólo porque te dije que te vi debajo
de la higuera? Verás cosas más grandes
que estas.
51 En verdad, te digo que verás el
cielo abierto y a los ángeles de Dios
subiendo y bajando sobre el Hijo del
Hombre."

40 Andrew, Simon Peter's brother,
was one of the two who had heard
John's words and had followed Jesus.
41 The first thing he did was to find
his brother Simon. He said to him:
"We have found the Christ!"
42 Andrew took Simon to Jesus.
When Jesus saw Simon, He said: "You
are Simon, the son of John. Your name
will be Cephas." The name Cephas
means Peter, or a rock.

Jesus calls Philip and Nathanael

43 The next day Jesus wanted to go to
the country of Galilee. He found Philip
and said to him: "Follow Me."
44 Philip was from the town of Bethsaida. Andrew and Peter were from
this town also.
45 Philip found Nathanael and said to
him: "We have found the One Moses
wrote about in the Law. He is the One
the early preachers wrote about. He is
Jesus of Nazareth, the Son of Joseph."
46 Nathanael said: "Can anything
good come out of the town of Nazareth?" Philip said: "Come and see."
47 Jesus saw Nathanael coming to
Him and said: "See! There is a true Jew.
There is nothing false in him."
48 Nathanael said to Jesus: "How do
You know me?" Jesus answered him:
"Before Philip talked to you, I saw you
under the fig tree."
49 Nathanael said to Him: "Teacher,
You are the Son of God. You are the
King of the Jews."
50 Jesus said to him: "Do you believe
because I said I saw you under the fig
tree? You will see greater things than
that.
51 For sure, I tell you, you will see
heaven opened and the angels of God
coming and going upon the Son of
Man."

La obra poderosa en la boda de la aldea de Caná

2 Tres días más tarde hubo una boda en la aldea de Caná, en el país de Galilea. La madre de Jesús estaba allí.

2 Jesús y sus seguidores fueron invitados a la boda.

3 Cuando se acabó el vino, su madre le dijo: "No tienen más vino."

4 Jesús le contestó: "Mujer, ¿qué tiene que ver esto contigo y conmigo? Todavía no ha llegado mi tiempo de trabajar."

5 Su madre le dijo a los criados: "Hagan todo lo que él les diga."

6 Había allí seis tinajas para agua. El contenido de cada una era de medio barril. Los judíos usaban estas tinajas en ceremonias para limpiar.

7 Jesús les dijo entonces a los criados: "Llenen las tinajas con agua." Ellos las llenaron.

8 Entonces él les dijo: "Tomen un poco y lléveselo al jefe que está atendiendo a los invitados." Y le llevaron un poco.

9 El jefe probó el agua que había sido convertida en vino. Él no sabía de dónde venía, pero los criados que la llevaron sí lo sabían. El jefe llamó entonces al hombre que se acababa de casar.

10 Le dijo: "Todo el mundo sirve primero el mejor vino. Después cuando la gente ha bebido mucho, se sirve el vino que no es tan bueno. Pero tú has guardado el mejor vino hasta ahora."

11 Esta fue la primera obra poderosa que Jesús hizo. Fue hecha en la aldea de Caná en el país de Galilea. Demostró su poder. Sus seguidores pusieron su fe en él.

12 Después de esto, bajó a la ciudad de Capernaum. Su madre, sus hermanos y sus seguidores fueron con él y se quedaron allí por unos días.

The powerful work at the wedding of Cana

2 Three days later there was a wedding in the town of Cana in the country of Galilee. The mother of Jesus was there.

2 Jesus and His followers were asked to come to the wedding.

3 When the wine was all gone, the mother of Jesus said to Him: "They have no more wine."

4 Jesus said to her: "Woman, what is that to you and to Me. It is not time for Me to work yet."

5 His mother said to the helpers: "Do whatever He says."

6 Six stone water jars were there. Each one held about onehalf barrel of water. These water jars were used in the Jewish worship of washing.

7 Jesus said to the helpers: "Fill the jars with water." They filled them to the top.

8 Then He said: "Take some out and give it to the head man who is caring for the people." They took some to him.

9 The head man tasted the water that had become wine. He did not know where it came from but the helpers who took it to him knew. He called the man who had just been married.

10 The head man said to him: "Everyone puts out his best wine first. After people have had much to drink, he puts out the wine that is not so good. You have kept the good wine until now!"

11 This was the first powerful work Jesus did. It was done in Cana of Galilee where He showed His power. His followers put their trust in Him.

12 After this He went down to the city of Capernaum. His mother and brothers and followers went with Him. They stayed there a few days.

Jesús pone fin a las ventas en el gran templo de Dios

Mateo 21:12-17 Marcos 11:15-19 Lucas 19:45-48

13 Había llegado el tiempo para la fiesta religiosa que recordaba cómo los judíos habían salido de Egipto. Jesús subió a Jerusalén.

14 Entró en el gran templo de Dios y encontró que vendían allí vacas, ovejas y palomas. También había hombres allí que cambiaban dinero.

15 Jesús hizo un látigo de cuerdas y los echó fuera del templo junto con sus ovejas y vacas. Tiró el dinero que estaba en las mesas, volteando las mesas mismas.

16 Dijo a los que vendían palomas: "¡Lleven estas cosas fuera de aquí. No deben hacer de la casa de mi Padre un lugar de compra y venta!"

17 Entonces sus seguidores recordaron que eso estaba escrito en las sagradas escrituras: "Siento celo por el honor de tu casa." Salmo 69:9

Los judíos piden algo especial para ver

18 Entonces los judíos le preguntaron: "¿Qué puedes hacer para mostrarnos que tú tienes derecho y poder para hacer estas cosas?"

19 Y Jesús les contestó: "Destruyan este gran templo de Dios y en tres días lo construiré otra vez."

20 Entonces los judíos le dijeron: "Tomó cuarenta y seis años el construir este templo. ¿Lo puedes construir tú en tres días?"

21 Jesús estaba diciendo que su cuerpo es el templo

22 después que Jesús fue levantado de los muertos, sus seguidores recordaron que él había dicho esto. Así creyeron en las sagradas escrituras y en lo que él había dicho.

23 Jesús estuvo en Jerusalén en el tiempo de la fiesta religiosa que tenían los judíos para recordar su salida de

Jesus stops the buying and the selling in the House of God

Matthew 21:12-17 Mark 11:15-19 Luke 19:45-48

13 It was time for the special religious gathering to remember how the Jews left Egypt. Jesus went up to Jerusalem.

14 He went into the house of God and found cattle and sheep and doves being sold. Men were sitting there changing money.

15 Jesus made a whip of small ropes. He used it to make them all leave the house of God along with the sheep and cattle. He pushed their money off the tables and turned the tables over.

16 He said to those who sold doves: "Take these things out of here! You must not make My Father's house a place for buying and selling!"

17 Then His followers remembered that it was written in the Holy Writings: "I am jealous for the honor of Your house." Psalm 69:9

The Jews ask for something special to see

18 Then the Jews asked Him: "What can You do to show us You have the right and the power to do these things?"

19 Jesus answered them: "Destroy this house of God and in three days I will build it again."

20 Then the Jews said: "It took forty-six years to build this house of God. Will You build it up in three days?"

21 Jesus was speaking of His body as the house of God.

22 After Jesus had been raised from the dead, His followers remembered He said this. They believed the Holy Writings and what He had said.

23 Jesus was in Jerusalem at the time of the special religious gathering to remember how the Jews left Egypt.

Egipto. Mucha gente creyó en él, al ver
las obras poderosas que él hacía.
24 Pero Jesús no se confiaba en ellos,
porque él conocía a todos los hombres.
25 No necesitó que alguien le hablara
acerca de la gente. Él sabía lo que había
en el corazón del hombre.

Nicodemo le pregunta a Jesús acerca de la vida

3 Había un hombre llamado Nicodemo. Era un celoso religioso
y jefe de los judíos.
2 Vino a Jesús de noche y le dijo:
"Sabemos que tú has venido de Dios
para enseñarnos. Nadie puede hacer
esas obras poderosas que tú haces, sin
que Dios sea con él."

Jesús les habla de la nueva clase de nacimiento

3 Jesús le dijo: "En verdad te digo, a
menos que un hombre nazca de nuevo, no puede ver el reino de Dios."
4 Nicodemo le preguntó: "¿Cómo
puede un hombre nacer de nuevo
cuando ya es grande? ¿Cómo puede
entrar al cuerpo de su madre y nacer
por segunda vez?"
5 Jesús le contestó: "En verdad te
digo, a menos que un hombre nazca de
agua y del Espíritu de Dios, no podrá
entrar en el reino de Dios.
6 El que es nacido de la carne, carne
es. El que es nacido del Espíritu, espíritu es.
7 No te sorprendas de lo que te
digo: "Tú tienes que nacer otra vez."
8 El viento sopla de donde quiere. Tú
puedes oír su sonido pero no sabes de
donde viene ni a dónde va. Es lo mismo
con cada uno que nace del Espíritu de
Dios.
9 Nicodemo le dijo: "¿Cómo puede
ser esto?"

Many people put their trust in Him when
they saw the powerful works He did.
24 But Jesus did not trust them
because He knew all men.
25 He did not need anyone to tell
Him about man. He knew what was in
man.

Nicodemus asks Jesus about life

3 There was a man named Nicodemus. He was a proud religious
law keeper and a leader of the Jews.
2 He came to Jesus at night and said:
"Teacher, we know You have come
from God to teach us. No one can do
these powerful works You do unless
God is with Him."

Jesus tells of the new kind of birth

3 Jesus said to him: "For sure, I tell
you, unless a man is born again, he cannot see the holy nation of God."
4 Nicodemus said to Him: "How can
a man be born when he is old? How
can he get into his mother's body and
be born the second time?"
5 Jesus answered: "For sure, I tell
you, unless a man is born of water and
of the Spirit of God, he cannot get into
the holy nation of God.
6 Whatever is born of the flesh is
flesh. Whatever is born of the Spirit is
spirit.
7 "Do not be surprised that I said to
you, 'You must be born again.'
8 The wind blows where it wants
to and you hear its sound. You do not
know where it comes from or where it
goes. It is the same with everyone who
is born of the Spirit of God."
9 Nicodemus said to Him: "How can
this be?"

10 Jesús le contestó: "¿Eres maestro entre los judíos y no sabes estas cosas?

11 En verdad, te digo, que estamos hablando de cosas que nosotros sabemos. Hablamos de lo que hemos visto. Sin embargo, ustedes no toman nuestras palabras como verdaderas.

12 Te digo cosas de la tierra, y no crees en ellas. ¿Cómo podrías creer si yo te dijera cosas acerca del cielo?

13 "Nadie ha subido al cielo, sino Aquel que vino del cielo. Ese es el Hijo del Hombre que está en el cielo.

14 Y como Moisés levantó la serpiente en el desierto, así el Hijo del Hombre será levantado.

15 Entonces quien ponga su fe en él tendrá vida que durará para siempre.

16 Porque Dios amó tanto al mundo que dio a su único Hijo, para que quien confía en el Hijo de Dios no se pierda sino que tenga una vida que dura para siempre.

17 Porque Dios no envió a su Hijo para declarar culpable al mundo, sino para que por él, el mundo sea salvo del castigo del pecado.

18 Toda persona que cree en el Hijo de Dios no es culpable, pero la persona que no cree en él ya es culpable, porque no cree en el nombre del Hijo de Dios.

19 "La luz vino al mundo. Y la luz es la prueba por la cual los hombres pueden ser considerados culpables o no. La gente ama la oscuridad más que la luz, porque las cosas que hacen están llenas de pecado.

20 Todo aquél que peca, odia la luz. Y se aparta de la luz para que su pecado no sea descubierto.

21 El hombre que hace lo recto viene a la luz. Y lo que él haga será visto, porque ha hecho lo que Dios quiso que hiciera."

10 Jesus said: "Are you a teacher among the Jews and do not know these things?

11 For sure, I tell you, We are talking about things We know. We tell of what We have seen. Yet you do not take Our words to be true.

12 I tell you about things of the earth and you do not believe them. How will you believe if I tell you things about heaven?

13 "No one has gone up into heaven except the One Who came down from heaven. That One is the Son of Man Who is in heaven.

14 As Moses lifted up the snake in the desert, so the Son of Man must be lifted up.

15 Then whoever puts his trust in Him will have life that lasts forever.

16 For God so loved the world that He gave His only Son. Whoever puts his trust in God's Son will not be lost but will have life that lasts forever.

17 For God did not send His Son into the world to say it is guilty. He sent His Son so the world might be saved from the punishment of sin by Him.

18 Whoever puts his trust in His Son is not guilty. Whoever does not put his trust in Him is guilty already. It is because he does not put his trust in the name of the only Son of God.

19 "The Light has come into the world. And the light is the test by which men are guilty or not. People love darkness more than the light because the things they do are sinful.

20 Everyone who sins hates the Light. He stays away from the Light because his sin would be found out.

21 The man who does what is right comes to the Light. What he does will be seen because he has done what God wanted him to do."

22 Después de esto, Jesús y sus seguidores fueron al país de Judea. Estuvo con la gente allí y bautizó a muchos.
23 Juan estaba bautizando en el pueblo de Enón cerca de Salim. Allí había mucha agua, y la gente venía a él para ser bautizada.
24 Juan todavía no había sido puesto en la cárcel.
25 Entonces algunos de los seguidores de Juan empezaron a discutir con un judío acerca del lavamiento religioso, rito de la adoración judía.
26 Y viniendo a Juan le dijeron: "Maestro, aquel que estaba contigo al otro lado del río Jordán también está bautizando. Es aquél de quien tú nos hablaste. Todos van hacia él."
27 Y Juan les dijo: "Un hombre no recibe nada a no ser que le sea dado del cielo.
28 Ustedes oyeron las palabras que dije: 'No soy el Cristo, pero fui enviado antes que él.'
29 El hombre recién casado tiene la novia. El amigo del recién casado se para a su lado y le escucha. Y se goza cuando oye la voz del recién casado. Yo también me lleno de este gozo.
30 Él debe ser más importante. Y yo debo ser menos importante.
31 "Aquel que viene de arriba está sobre todos. Y el que viene de la tierra es de la tierra y habla de la tierra. Pero el que viene del cielo está sobre todos.
32 Y habla de lo que ha visto y oído. Pero nadie cree lo que él dice.
33 Y la persona que recibe sus palabra prueba que Dios dice la verdad.
34 El fue enviado por Dios y habla la palabra de Dios. Y Dios le da todo su Espíritu.
35 El Padre ama al Hijo y pone todas las cosas en su mano.

22 After this, Jesus and His followers came into the country of Judea. He stayed with them there and baptized people.
23 John was baptizing in the town of Aenon near Salim. There was much water there and people were coming to be baptized.
24 John had not been put in prison yet.
25 Then some of the followers of John and a Jew started to argue about the religious washing of the Jewish worship.
26 They came to John and said to him: "Teacher, the One with you on the other side of the Jordan River is baptizing also. He is the One you told of. Everyone is going to Him."
27 John said: "A man can receive nothing unless it has been given to him from heaven.
28 You heard the words that I said, 'I am not the Christ, but I have been sent before Him.'
29 The man who has just been married has the bride. The friend of the man just married stands at his side and listens to him. He has joy when he hears the voice of the man just married. I am full of this joy.
30 He must become more important. I must become less important.
31 "He Who comes from above is above all. He who comes from the earth is of the earth and speaks of the earth. He Who comes from heaven is above all.
32 He tells of what He has seen and heard. But no one believes what He says.
33 Whoever receives His words proves that God is true.
34 He was sent by God and He speaks God's Word. God gives Him all of His Spirit.
35 The Father loves the Son and has given all things into His hand.

36 Aquel que confía en el Hijo tiene vida que durará para siempre. Y aquel que no cree en el Hijo no tendrá vida. El enojo de Dios está sobre él.

Una mujer samaritana en el pozo

4 Jesús supo que los celosos religiosos habían oído que él estaba bautizando y que tenía más seguidores que Juan.

2 Jesús no bautizó a ninguno, pero sus seguidores sí lo hicieron.

3 Entonces Jesús fue del país de Judea al de Galilea.

4 Tenía que pasar por el país de Samaria.

5 Llegó a un pueblo de Samaria llamado Sicar. Estaba cerca de un terreno que Jacob dio a su hijo José.

6 Allí se encontraba el pozo de Jacob. Jesús estaba cansado de viajar. Así, se sentó junto al pozo. Era cerca de mediodía.

7 Una mujer de Samaria vino a llevar agua. Jesús le dijo: "Dame de beber."

8 Sus seguidores se habían ido al pueblo a comprar comida.

9 Y la mujer de Samaria le contestó: "Tú eres judío y yo soy samaritana. ¿Por qué me pides de beber, cuando los judíos no se tratan con la gente de Samaria?"

10 Jesús le dijo: "Tú no sabes lo que Dios da. Y no sabes quién te lo dice. Si lo supieras, entonces le pedirías a él: 'Dame de beber', y él te daría agua viva."

11 La mujer le dijo: "Señor, el pozo está hondo. Y ni siquiera tienes con qué sacar agua. ¿De dónde podrás sacar el agua viva?

12 ¿Acaso eres más grande que nuestro padre Jacob? Él nos dio el pozo, y él, sus hijos y su ganado bebieron de él."

36 He who puts his trust in the Son has life that lasts forever. He who does not put his trust in the Son will not have life, but the anger of God is on him."

A woman of Samaria at the well

4 Jesus knew the proud religious law keepers had heard He was making and baptizing more followers than John.

2 Jesus did not baptize anyone Himself but His followers did.

3 Then Jesus went from the country of Judea to the country of Galilee.

4 He had to go through the country of Samaria.

5 So He came to a town in Samaria called Sycar. It was near the piece of ground that Jacob gave to his son Joseph.

6 Jacob's well was there. Jesus was tired from traveling so He sat down just as He was by the well. It was about noon.

7 A woman of Samaria came to get water. Jesus said to her: "Give Me a drink."

8 His followers had gone to the town to buy food.

9 The woman of Samaria said to Him: "You are a Jew. I am of Samaria. Why do You ask me for a drink when the Jews have nothing to do with the people of Samaria?"

10 Jesus said to her: "You do not know what God has to give. You do not know Who said to you, 'Give Me a drink.' If you knew, you would have asked Him. He would have given you living water."

11 The woman said to Him: "Sir, the well is deep. You have nothing to get water with. Where will You get the living water?

12 Are You greater than our early father Jacob? He gave us the well. He and his children and his cattle drank from it."

Jesús habla del agua viva

13 Jesús le dijo: "El que beba de esta agua tendrá sed otra vez.

14 Pero el que bebe del agua que yo le doy jamás tendrá sed. El agua que yo le doy vendrá a ser en él como una fuente de vida que durará para siempre."

15 Y la mujer le dijo: "Señor, dame de esta agua para que nunca vuelva a tener sed. Y entonces no tendré que venir hasta aquí por el agua."

La verdadera clase de adoración

16 Jesús le dijo: "Ve, llama a tu marido y regresa."

17 Y la mujer le contestó: "No tengo marido." Jesús le dijo: "Has dicho la verdad cuando dijiste: 'No tengo marido.'

18 Porque has tenido cinco maridos y el que ahora tienes no es tu marido. Has dicho la verdad."

19 Y la mujer le dijo: "Señor, creo que tú eres una persona que habla por Dios.

20 Nuestros primeros padres adoraron aquí en este monte. Y ustedes los judíos dicen que Jerusalén es el lugar donde los hombres deben adorar."

21 Jesús le contestó: "Mujer, créeme. El tiempo viene cuando tú no tendrás que adorar al Padre ni en este monte ni en Jerusalén.

22 Ustedes no saben qué adoran. Y nosotros los judíos sí sabemos lo que adoramos. Y es a través de los judíos que los hombres son salvos del castigo de sus pecados.

23 El tiempo viene y está aquí ahora, cuando los verdaderos adoradores adorarán al Padre en espíritu y en verdad. El Padre quiere esa clase de adoradores.

24 Dios es Espíritu. Y los que le adoran a él deben adorarle en espíritu y en verdad."

Jesus tells of the living water

13 Jesus said to her: "Whoever drinks this water will be thirsty again.

14 Whoever drinks the water that I will give him will never be thirsty. The water that I will give him will become in him a well of life that lasts forever."

15 The woman said: "Sir, give me this water so I will never be thirsty. Then I will not have to come all this way for water."

The true kind of worship

16 Jesus said to her: "Go call your husband and come back."

17 The woman said: "I have no husband." Jesus said: "You told the truth when you said, 'I have no husband.'

18 You have had five husbands. The one you have now is not your husband. You told the truth."

19 The woman said to Him: "Sir, I think You are a person Who speaks for God.

20 Our early fathers worshiped on this mountain. You Jews say Jerusalem is the place where men should worship."

21 Jesus said to her: "Woman, believe Me. The time is coming when you will not worship the Father on this mountain or in Jerusalem.

22 You people do not know what you worship. We Jews know what we worship. It is through the Jews that men are saved from the punishment of their sins.

23 The time is coming, yes, it is here now, when the true worshipers will worship the Father in spirit and in truth. The Father wants that kind of worshipers.

24 God is Spirit. Those who worship Him must worship Him in spirit and in truth."

Jesús es aquel a quien
los judíos están esperando

25 La mujer le dijo: "Yo sé que los
judíos están esperando a aquel que ha
de venir. Es llamado el Cristo. Cuando
él venga, nos dirá todas las cosas."
26 Jesús le dijo: "¡Yo soy el Cristo, el
que habla contigo!"
27 En ese momento sus seguidores
regresaron y estaban sorprendidos y
maravillados de encontrarle hablando
con una mujer. Pero nadie dijo: "¿Qué
quieres?" o "¿Por qué estás hablando
con ella?"
28 La mujer dejó su jarro de agua,
corrió al pueblo, y les dijo a los hombres:
29 "Vengan y vean a un hombre que
me dijo todo lo que yo he hecho.
¿Podría ser este el Cristo?"
30 Salieron entonces del pueblo y fueron a él.

Jesús les habla de una
nueva clase de comida

31 En este tiempo sus seguidores le
dijeron: "Maestro, come algo."
32 Él les dijo: "Tengo comida que
ustedes no conocen."
33 Sus seguidores se dijeron unos a
otros: "¿Alguien le ha traído comida?"
34 Jesús les dijo: "Mi comida es hacer
lo que Dios quiere que haga y terminar
su trabajo.
35 ¿No dicen ustedes: 'Faltan cuatro
meses para la cosecha'? ¡Escuchen! Yo
les digo que abran los ojos y vean los
campos. Ya están blancos, esperando
que el grano sea recogido.

36 Aquel que recoge recibe su pago y
recoge fruto que durará para siempre.
El que planta y el que recoge se goza-
rán juntos.
37 Estas palabras son verdaderas, 'Un
hombre planta y otro recoge.'
38 Yo les envío a recoger donde no

Jesus is the One
the Jews are looking for

25 The woman said to Him: "I know
the Jews are looking for One Who is
coming. He is called the Christ. When
He comes, He will tell us everything."
26 Jesus said to her: "I am the Christ,
the One talking with you!"
27 Right then the followers came
back and were surprised and wondered about finding Him talking with
a woman. But no one said: "What do
You want?" or: "Why are You talking
with her?"
28 The woman left her water jar and
went into the town. She said to the
men,
29 "Come and see a Man Who told
me everything I ever did! Can this be
the Christ?"
30 They went out of town and came
to Him.

Jesus tells them of
a new kind of food

31 During this time His followers were
saying to Him: "Teacher, eat something."
32 He said: "I have food to eat that
you do not know of."
33 The followers said to each other:
"Has someone taken food to Him?"
34 Jesus said: "My food is to do what
God wants Me to do and to finish His
work.
35 Do you not say, 'It is four months
yet until the time to gather grain'? Listen! I say to you, open your eyes and
look at the fields. They are white now
and waiting for the grain to be gathered in.
36 The one who gathers gets his pay.
He gathers fruit that lasts forever. The
one who plants and the one who gathers will have joy together.
37 These words are true, 'One man
plants and another man gathers.'
38 I sent you to gather where you

han sembrado. Otros han plantado y ustedes han venido a recoger su fruto.

La gente del país de Samaria creyó en Jesús

39 Mucha gente del país de Samaria creyó en Jesús por lo que la mujer había hablado de él. Ella decía: "Me dijo todo lo que yo había hecho."
40 De modo que la gente de Samaria vino a él y le pidió que se quedara con ellos. Jesús se quedó por dos días.
41 Mucha gente más creyó por lo que él decía.
42 Entonces dijeron a la mujer: "Ahora creemos, y no por lo que tú nos has dicho sino por lo que hemos oído personalmente. Ahora estamos seguros de que él es el Cristo, el que salva al mundo del castigo de sus pecados."

Jesús va a Galilea

43 Dos días más tarde, Jesús salió de allí y vino al país de Galilea.
44 Porque como dijo Jesús: "Nadie que habla de Dios es respetado en su propia tierra.
45 Cuando llegó al país de Galilea, la gente se alegró de verlo. Pues habían visto todas las cosas que había hecho en Jerusalén, durante la fiesta religiosa especial que hacían los judíos para recordar su salida de Egipto. Muchos de ellos también habían estado allí.

Jesús sana en la ciudad de Capernaum un muchacho que se estaba muriendo

46 Jesús regresó a la aldea de Caná en el país de Galilea donde había cambiado el agua en vino. Un hombre que trabajaba para el rey tenía un hijo enfermo en la ciudad de Capernaum.
47 Este hombre fue a Jesús. Había oído que Jesús había llegado del país de Judea al de Galilea. El hombre le pidió a Jesús

have not planted. Others have planted and you have come along to gather in their fruit."

The people of Samaria believe in Jesus

39 Many people in that town of Samaria believed in Jesus because of what the woman said about Him. She said: "He told me everything I ever did.
40 So the people of Samaria came to Him. They asked Him to stay with them. Jesus stayed there two days.
41 Many more people believed because of what He said.
42 They said to the woman: "Now we believe! It is no longer because of what you said about Jesus but we have heard Him ourselves. We know, for sure, that He is the Christ, the One Who saves men of this world from the punishment of their sins."

Jesus goes to Galilee

43 Two days later He went from there and came to the country of Galilee.
44 Jesus Himself said that no one who speaks for God is respected in his own country.
45 When He came to Galilee, the people there were glad. They had seen all the things He did in Jerusalem. It was at the time of the special religious gathering to remember how the Jews left Egypt. They had been there also.

Jesus heals the dying boy in Capernaum

46 Jesus came again to the town of Cana of Galilee where He had made water into wine. A man who worked with the king had a son who was sick in the city of Capernaum.
47 This man went to Jesus. He had heard that Jesus had come from the country of Judea to Galilee. The man

que fuera a la ciudad de Capernaum y
sanara a su hijo que se estaba muriendo.
48 Entonces Jesús le dijo: "A menos
que se vean cosas especiales y obras
poderosas, la gente no cree.
49 Pero el hombre le dijo: "Señor, ven
pronto, antes que mi hijo muera."
50 Jesús entonces le dijo: "Vuelve a tu
casa; tu hijo vivirá." El hombre creyó a
Jesús y salió.
51 Cuando iba camino a su casa, sus
siervos le encontraron. Dijeron: "¡Tu
hijo vive!"
52 Él les preguntó a qué hora empezó a sentirse bien. Ellos le contestaron:
"Ayer a la una, la enfermedad lo dejó."
53 El padre se dio cuenta que a esa
hora Jesús le había dicho: "Tu hijo vivirá." Y él y toda su casa creyeron en
Jesús.
54 Esta fue la segunda obra poderosa
que Jesús hizo, después que él vino del
país de Judea al de Galilea.

Jesús sana al hombre del estanque Betesda

5 Un poco después, había una
fiesta religiosa de los judíos, y
Jesús subió a Jerusalén.
2 En Jerusalén había un estanque con
cinco portales llamado Betesda. Estaba
cerca de la puerta de la ciudad llamada
la de las ovejas.
3 Dentro de los portales se hallaba
recostada mucha gente enferma. Algunos
estaban ciegos; otros no podían andar;
algunos no podían mover sus cuerpos.
4 Se decía que algunas veces el ángel
del Señor venía y movía el agua. Todos
esperaban ese tiempo. Y quien fuera
el primero en entrar al agua, después
de removerse el agua, era sanado de
cualquier enfermedad que tenía.
5 Había allí un hombre que había
estado enfermo por treinta y ocho
años.

asked Jesus if He would go to Capernaum and heal his son who was dying.
48 Then Jesus said to him: "Unless you
see special things and powerful works
done, you will not believe."
49 The man said to Him: "Sir, come
with me before my son dies."
50 Jesus said to him: "Go your way.
Your son will live." The man put his
trust in what Jesus said and left.
51 As he was on his way home, his
servants met him. They said to him:
"Your son is living!"
52 He asked them what time his boy
began to get well. They said to him: "Yesterday at one o'clock the sickness left."
53 The father knew it was the time
Jesus had said to him: "Your son will
live." He and everyone in his house put
their trust in Jesus.
54 This was the second powerful
work that Jesus did after He came from
the country of Judea to the country of
Galilee.

Jesus heals the man at the Pool of Bethesda

5 Some time later, there was a
religious gathering of the Jews.
Jesus went up to Jerusalem.
2 In Jerusalem there is a pool with
five porches called Bethesda near the
sheep gate.
3 Inside these porches lay many sick
people. Some were blind. Some could
not walk. Some could not move their
bodies.
4 An angel of the Lord came at certain times and made the water move.
All of them were waiting for it to move.
Whoever got in the water first after it
was moving was healed of whatever
sickness he had.
5 A man was there who had been
sick for thirty-eight years.

6 Cuando Jesús lo vio recostado, se dio cuenta de que el hombre había estado enfermo por todo ese tiempo y le preguntó: "¿Te gustaría ser sano?"

7 El hombre enfermo le contestó: "Señor, no tengo a nadie que me meta en el agua cuando es removida. Y cuando trato de entrar, otro entra primero y me gana."

8 Jesús le dijo: "¡Levántate! Recoge tu cama y anda."

9 Al momento el hombre estuvo sano. Recogió su cama y anduvo. Esto pasó en el día de descanso.

10 Los judíos le dijeron al que había sido sanado: "Hoy es día de descanso; no está permitido cargar tu camilla.

11 El hombre les contesto: "El que me sanó me dijo: 'Recoge tu camilla y anda.'"

12 Entonces le preguntaron: "¿Quién es el que te dijo: 'recoge tu camilla y anda'?"

13 Pero el hombre no sabía quién lo había sanado, porque había mucha gente allí y Jesús ya se había ido.

14 Más tarde Jesús, en el gran templo, encontró al hombre a quien él había sanado. Le dijo: "Escucha; ahora que has sido sanado, deja de pecar, o algo peor podrá pasarte."

15 El hombre se fue y les contó a los judíos que Jesús lo había sanado.

Los judíos quieren matar a Jesús

16 Porque Jesús había hecho estas cosas en el día de descanso, los judíos querían matarlo.

17 Jesús les dijo: "Mi padre trabaja todo el tiempo, así que yo también trabajo."

18 Entonces los judíos aun más trataron de matarlo, no sólo porque había trabajado en el día de descanso, sino porque había llamado a Dios su propio padre, haciéndose igual a Dios.

6 Jesus saw him lying there and knew the man had been sick a long time. Jesus said to him: "Would you like to be healed?"

7 The sick man said: "Sir, I have no one to put me in the pool when the water is moving. While I am coming, another one gets in first."

8 Jesus said to him: "Get up! Pick up your bed and walk."

9 At once the man was healed and picked up his bed and walked. This happened on the Day of Rest.

10 The Jews said to the man who had been healed: "This is the Day of Rest. It is against the Law for you to carry your bed."

11 He said to them: "The Man Who healed me said to me, 'Pick up your bed and walk.'"

12 Then the Jews asked him: "What man said to you, 'Pick up your bed and walk'?"

13 The man who had been healed did not know Who He was. Jesus had gone away while many people were there.

14 Later Jesus found the man who had been healed in the house of God. He said to him: "Listen! You have been healed. Stop sinning or something worse will come to you."

15 The man went away and told the Jews that it was Jesus Who had healed him.

The Jews want to kill Jesus

16 Because Jesus did these things on the Day of Rest, the Jews made it very hard for Him.

17 Jesus said to them: "My Father is still working all the time so I am working also."

18 The Jews tried all the more to kill Him, not only because He had worked on the Day of Rest, but because He had also called God His Own Father. This made Him the same as God.

Jesús les dice cómo él trabaja

19 Entonces Jesús les dijo: "En verdad les digo, que el Hijo no puede hacer nada solo. Él hace sólo lo que ve a su Padre hacer. Todo lo que el Padre hace, el Hijo lo hace también.

20 El Padre ama a su Hijo y le enseña todo lo que él hace. Le enseñará trabajos más grandes que éstos, y ustedes quedarán sorprendidos.

21 Y como el Padre levanta a los muertos y los hace vivir, también el Hijo da vida a quien él escoge.

22 El Padre no dice quién es culpable. Él deja que su Hijo lo haga.

23 Hace esto para que todos los hombres le den honor al Hijo así como también ellos honran al Padre. El que no honra al Hijo no honra al Padre que lo envió.

24 "En verdad, les digo, cualquiera que oye mi palabra y cree en el que me envió tiene vida que durará para siempre; no será culpable, pues ya ha pasado de la muerte a la vida.

Jesus tells how He works

19 Then Jesus said to them: "For sure, I tell you, the Son can do nothing by Himself. He does what He sees the Father doing. Whatever the Father does, the Son does also.

20 The Father loves the Son and shows the Son everything He does. The Father will show Him greater works than these. They will surprise you.

21 The Father raises up the dead and makes them live. The Son also gives life to anyone He chooses.

22 The Father does not say who is guilty. He gives this to the Son to do.

23 He does this so that all people will honor the Son as they honor the Father. He who does not honor the Son does not honor the Father Who sent Him.

24 "For sure, I tell you, anyone who hears My Word and puts his trust in Him Who sent Me has life that lasts forever. He will not be guilty. He has already passed from death into life.

La gente buena y la gente pecadora son levantadas de entre los muertos

25 "En verdad les digo, que el tiempo viene. Sí, el tiempo ha llegado cuando los muertos oirán la voz del Hijo de Dios. Aquellos que oyen vivirán.

26 El Padre tiene vida en sí mismo; y él le ha dado el poder a su hijo para tener vida en sí mismo también.

27 Dios le ha dado al Hijo el derecho y poder de decir si la gente es culpable, porque él es el Hijo del Hombre.

28 No se sorprendan de esto. El tiempo viene cuando todos los que están en sus tumbas oirán su voz,

29 y ¡saldrán fuera! Los que han estado bien con Dios se levantarán y tendrán vida sin fin; los que han sido pecadores se levantarán para oír que son culpables y ser castigados.

The good people and the sinful people are raised from the dead

25 "For sure, I tell you, the time is coming. Yes, the time is here when the dead will hear the voice of the Son of God. Those who hear will live.

26 The Father has life in Himself. He has given power to the Son to have life in Himself.

27 God has given Him the right and the power to say if people are guilty, because He is the Son of Man.

28 Do not be surprised at this. The time is coming when all who are in their graves will hear His voice.

29 They will come out. Those who have done good will be raised again and will have new life. Those who have been sinful will be raised again and will be told they are guilty and will be punished.

Jesús les habla de él y de Juan

30 "Yo no puedo hacer nada por mi propia cuenta. Y digo quién es culpable, como mi Padre me lo dice. Yo digo lo que es correcto, porque no estoy tratando de hacer lo que yo quiero. Hago lo que el Padre, que me envió, quiere que haga.
31 Si les hablo de mí mismo, mis palabras no valen.
32 Hay otro que habla de mí. Y sé que las palabras que él dice de mí son verdad.
33 "Ustedes mandaron a preguntarle a Juan el bautista, y lo que él dijo es verdad.
34 Yo no necesito palabras de hombres para probar quién soy y qué hago. Digo esto para que ustedes puedan ser salvos del castigo del pecado.
35 Juan era una luz que ardía y brillaba. Ustedes estuvieron dispuestos a gozarse en su luz.
36 Pero yo tengo algo más grande que Juan para dar testimonio de mí. Estoy haciendo obras que el Padre me encargó que hiciera. Ellas prueban que el Padre me ha enviado.
37 El Padre ha hablado de mí. Me ha enviado. Y ustedes nunca han oído su voz; nunca lo han visto.
38 No tienen la palabra de él viviendo en sus corazones, porque no ponen su fe en aquel a quien él envió.
39 "Leen las sagradas escrituras y piensan que tienen vida sin fin nada más porque las leen. Ellas hablan de mí.
40 Pero ustedes no quieren venir a mí para que así puedan tener vida.
41 Yo no acepto ningún honor de los hombres.
42 Los conozco; sé que ustedes no tienen el amor de Dios en sus corazones.
43 Yo he venido en el nombre de mi Padre, y ustedes no me han aceptado.

Jesus tells of John and of Himself

30 "I can do nothing by Myself. I say who is guilty only as My Father tells Me. That way, what I say is right, because I am not trying to do what I want to do. I am doing what the Father, Who sent Me, wants Me to do.
31 If I tell about Myself, My words are worth nothing.
32 There is another One Who tells about Me. I know the words He says about Me are true.
33 "You sent to John the Baptist and he told you the truth.
34 I do not need words from men to say I am right. I say this that you might be saved from the punishment of sin.
35 John the Baptist was a burning and shining light. You were willing for awhile to be glad in his light.
36 I have something greater than John which tells of Me. I am doing works the Father has given Me to do and they are proving that the Father has sent Me.
37 The Father has told of Me and has sent Me. You have never heard His voice. You have never seen Him.
38 You do not have His word living in your hearts because you do not put your trust in the One He sent.
39 "You do read the Holy Writings. You think you have life that lasts forever just because you read them. They do tell of Me.
40 But you do not want to come to Me so you might have life.
41 I do not take any honor from men.
42 I know you and you do not have the love of God in your hearts.
43 I have come in the name of My Father. You do not receive Me. If another

Si otra persona viene en su propio nombre, ustedes sí la aceptan.

44 ¿Cómo pueden creer cuando siempre quieren el honor de unos y de otros? Y todavía ustedes no buscan el honor que viene del Padre.

45 "No crean que le voy a decir al Padre que son culpables. El que dice que son culpables es Moisés, y ¡es en él que ustedes han puesto su esperanza!

46 Si ustedes creyeran en él, creerían en mí, porque Moisés escribió acerca de mí.

47 Y si ustedes no creen lo que él escribió, ¿cómo podrán creer en mis palabras?"

La alimentación de los cinco mil

Mateo 14:13-21 Marcos 6:30-44 Lucas 9:10-17

6 Después de esto, Jesús fue al otro lado del lago de Galilea, llamado también, a veces, el lago de Tiberias.

2 Mucha gente lo siguió. Ellos vieron las obras poderosas que él hacía con los enfermos.

3 Entonces Jesús subió a un monte y se sentó con sus seguidores.

4 Ya estaba cerca la fiesta religiosa que los judíos hacían para recordar su salida de Egipto.

5 Jesús vio que mucha gente venía hacía él y le dijo a Felipe: "¿Dónde podremos comprar pan para alimentar a esta gente?"

6 Él dijo esto para ver qué diría Felipe. Jesús mismo sabía lo que él iba a hacer.

7 Entonces Felipe le contestó: "El dinero que tenemos no es suficiente para comprar pan y darle a cada uno de ellos un poco."

8 Andrés, uno de los seguidores de Jesús y hermano de Simón Pedro, le dijo a Jesús:

9 "Aquí hay un niño que tiene cinco panes de cebada y dos pescados. ¿Pero qué puede ser esto para tanta gente?"

person comes in his own name, you will receive him.

44 How can you believe when you are always wanting honor from each other? And yet you do not look for the honor that comes from the only God.

45 "Do not think that I will tell the Father you are guilty. The one who says you are guilty is Moses. You trust him.

46 If you had believed Moses, you would believe Me. For Moses wrote about Me.

47 If you do not believe what he wrote, how will you believe My Words?"

The feeding of the five thousand

Matthew 14:13-21 Mark 6:30-44 Luke 9:10-17

6 After this Jesus went over to the other side of the sea of Galilee. It is sometimes called Tiberias.

2 Many people followed Him. They saw the powerful works He did on those who were sick.

3 Jesus went up on a mountain and sat down with His followers.

4 The special religious supper to remember how the Jews left Egypt was soon.

5 Jesus looked up and saw many people coming to Him. He said to Philip: "Where can we buy bread to feed these people?"

6 He said this to see what Philip would say. Jesus knew what He would do.

7 Philip said to Him: "The money we have is not enough to buy bread to give each one a little."

8 One of His followers was Andrew, Simon Peter's brother. He said to Jesus,

9 "There is a boy here who has five loaves of barley bread and two small fish. What is that for so many people?"

10 Jesús le dijo: "Manda que la gente
se siente." Había pasto en ese lugar, y
se sentaron allí sobre el pasto, cerca de
cinco mil personas.
11 Jesús tomó los panes y dio gracias.
Entonces empezó a darles pan a los
que estaban sentados. Y el pescado
fue dado también al mismo tiempo. La
gente comió todo lo que quería.
12 Cuando ya estaban llenos, Jesús
dijo a sus seguidores: "Recojan los
pedazos que sobraron."
13 Y se llenaron doce canastas de pan
de cebada. Todas éstas sobraron después de que la gente había comido.

14 La gente vio las obras poderosas
que Jesús había hecho y dijo: "¡Es verdad! Este es aquel que habla de Dios y
que había de venir al mundo."

Jesús anda sobre el agua

Mateo 14:22-33 Marcos 6:45-52

15 Jesús sabía que aquella gente estaba acercándose para llevarlo y hacerlo
rey a la fuerza. Así que se retiró él solo
a las montañas.
16 Y cuando llegó la noche sus seguidores bajaron al lago
17 y subieron a un barco para cruzar
el lago a la ciudad de Capernaum. Para
entonces ya estaba oscuro, y Jesús no
había regresado todavía.
18 Un fuerte viento estaba levantando grandes olas en el lago.
19 Los seguidores estaban en medio
del lago cuando vieron a Jesús andando
sobre el agua. Y como se iba acercan-
do al barco tuvieron miedo.
20 Pero Jesús les llamó y les dijo: "Soy
yo, no tengan miedo."
21 Ellos se alegraron de poder llevarlo
en el barco. Entonces llegaron al otro
lado a donde querían ir.

Jesús enseña a mucha gente

22 Al día siguiente, la gente que se

10 Jesus said: "Have the people sit
down." There was much grass in that
place. About five thousand men sat
down.
11 Jesus took the loaves and gave
thanks. Then He gave the bread to
those who were sitting down. The
fish were given out the same way. The
people had as much as they wanted.
12 When they were filled, Jesus said
to His followers: "Gather up the pieces
that are left. None will be wasted."
13 The followers gathered the pieces
together. Twelve baskets were filled
with pieces of barley bread. These were
left after all the people had eaten.
14 The people saw the powerful work
Jesus had done. They said: "It is true!
This is the One Who speaks for God
Who is to come into the world."

Jesus walks on the water

Matthew 14:22-33 Mark 6:45-52

15 Jesus knew they were about to
come and take Him to make Him king,
so He went to the mountain by Himself.
16 When evening had come, His followers went down to the lake.
17 They got into a boat and started
to cross the lake to go to the city of
Capernaum. By this time it was dark.
Jesus had not come back to them yet.
18 A strong wind was making high
waves on the lake.
19 They were about half way across
the lake when they saw Jesus walking
on the water. As He got near the boat,
they were afraid.
20 But Jesus called to them: "It is I. Do
not be afraid."
21 They were glad to take Him into
the boat. At once they got to the other
side where they wanted to go.

Jesus teaches many people

22 The next day the people on the

había quedado al otro lado del lago se dio cuenta que por la tarde no había habido sino un solo barco, el que los seguidores de Jesús habían usado cuando se fueron. Y la gente sabía que Jesús no se había ido con ellos. La gente había visto a los seguidores salir solos.

other side of the lake saw no other boat there but the one His followers had been in. The people knew Jesus had not gone with His followers in the boat because they had gone alone.

23 Pero mientras tanto, habían llegado otros barcos cerca del lugar en donde todos habían comido el pan después de dar gracias el Señor. Estos barcos eran de la ciudad de Tiberias.

23 There were other boats from Tiberias that had come near the place where they had eaten the bread after the Lord had given thanks.

24 Entonces, cuando la gente vio que Jesús y sus seguidores no estaban allí, entraron en estos barcos y se fueron a la ciudad de Capernaum para buscar a Jesús.

24 The people saw that Jesus and His followers were not there. They got into boats and went to Capernaum looking for Jesus.

25 La gente lo encontró al otro lado del lago y le preguntó: "Maestro, ¿cuándo llegaste aquí?"

25 The people found Him on the other side of the lake. They said to Him: "Teacher, when did You come here?"

26 Jesús les contestó: "En verdad les digo, ustedes me buscan porque han comido pan hasta llenarse.

26 Jesus said to them: "For sure, I tell you, you are not looking for Me because of the powerful works. You are looking for Me because you ate bread and were filled.

27 No trabajen por la comida que no dura. Trabajen por la comida que dura para siempre. Porque el Hijo del Hombre les dará esa clase de comida. Dios el Padre les ha mostrado que él hará esto."

27 Do not work for food that does not last. Work for food that lasts forever. The Son of Man will give you that kind of food. God the Father has shown He will do this."

Jesús enseña cómo hacer el trabajo de Dios

Jesus teaches about doing the work of God

28 Entonces la gente le preguntó: "¿Cuáles son las obras que Dios quiere que hagamos?"

28 Then the people said to Him: "What are the works God wants us to do?"

29 Y Jesús les dijo: "Esta es la obra de Dios. que ustedes crean en Aquel a quien Dios envió."

29 Jesus said to them: "This is the work of God, that you put your trust in the One He has sent."

30 Ellos le contestaron: "¿Puedes mostrarnos algunas obras poderosas? Entonces veremos y creeremos. ¿Qué puedes hacer?

30 They said to Him: "Can You show us some powerful work? Then we can see it and believe You. What will You do?

31 Nuestros primeros padres comieron pan que vino del cielo en el desierto. Esto pasó tal como está escrito, 'El les dio pan del cielo para comer.'" Éxodo 16:15

31 Our early fathers ate bread that came from heaven in the desert. This happened as it is written, 'He gave them bread from heaven to eat.'" Exodus 16:15

Jesús es el pan de vida

32 Entonces Jesús le dijo a la gente: "En verdad, les digo que no fue Moisés quien les dio el pan del cielo, sino mi Padre quien les da el verdadero pan del cielo.

33 El pan de Dios es el que bajó del cielo para dar vida al mundo."

34 Ellos le dijeron: "Señor, danos este pan todo el tiempo."

35 Entonces Jesús les dijo: "Yo soy el pan de vida. El que viene a mí nunca tendrá hambre. Aquel que pone su fe en mí nunca tendrá sed.

36 Y como les digo, ustedes me han visto pero no han puesto su fe en mí.

37 Todos los que el Padre me ha dado vendrán a mí. Y nunca despediré al que viene a mí.

38 Yo bajé del cielo. No vine a hacer lo que yo quería. Vine a hacer lo que mi Padre quería que hiciera. Él es quien me envió.

39 "Sí, el Padre me envió. Y él no quiere que pierda a ninguno de todos los que él me ha dado. Quiere que los levante a vida en el último día.

40 Y quiere que todos vean al Hijo y crean en él para así tener vida que dura para siempre. A éstos, yo los levantaré en el último día."

A los judíos no les gustaron las palabras de Jesús

41 Los judíos empezaron a hablar entre ellos en contra de Jesús. A ellos no les gustó que Jesús había dicho: "Yo soy el pan que vino del cielo."

42 Se preguntaban unos a otros: "¿No es éste, Jesús, el hijo de José? Conocemos a su padre y a su madre. ¿Cómo puede él decir: 'Bajé del cielo'?"

43 Y Jesús les dijo: "No hablen entre sí, criticándome.

44 Porque el Padre me envió. Y nin-

Jesus is the Bread of Life

32 Then Jesus said to the people: "For sure, I tell you, it was not Moses who gave you bread from heaven. My Father gives you the true Bread from heaven.

33 The Bread of God is He Who comes down from heaven and gives life to the world."

34 They said to Him: "Sir, give us this Bread all the time."

35 Jesus said to them: "I am the Bread of Life. He who comes to Me will never be hungry. He who puts his trust in Me will never be thirsty.

36 I said to you that you have seen Me and yet you do not put your trust in Me.

37 All whom My Father has given to Me will come to Me. I will never turn away anyone who comes to Me.

38 I came down from heaven. I did not come to do what I wanted to do. I came to do what My Father wanted Me to do. He is the One Who sent Me.

39 "The Father sent Me. He did not want Me to lose any of all those He gave Me. He wants Me to raise them to life on the last day.

40 He wants everyone who sees the Son to put his trust in Him and have life that lasts forever. I will raise that one up on the last day."

The Jews did not like the words of Jesus

41 The Jews talked among themselves against Him. They did not like it because He said: "I am the Bread that came down from heaven."

42 They asked each other: "Is not this Jesus, the son of Joseph? We know His father and mother. How can He say, 'I came down from heaven'?"

43 Jesus said to them: "Do not talk among yourselves against Me.

44 The Father sent Me. No man can

gún hombre puede venir a mí, a menos
que el Padre lo traiga. Y yo lo levantaré
a vida en el último día.
45 Los primeros predicadores escribieron, 'Dios les enseñará a todos'.
Isaías 54:13 Todos los que escuchan al
Padre y aprenden de él vienen a mí.
46 Nadie ha visto al Padre, yo soy el
único que lo he visto.
47 Porque en verdad les digo que el
que cree en mí tendrá vida que dura
para siempre.
48 Yo soy el pan de la vida.
49 Sus primeros padres comieron del
pan que cayó del cielo en el desierto y
murieron.
50 Pero éste es el pan que baja del
cielo. Y el que lo come nunca morirá.

51 Porque yo soy el pan de vida que
bajó del cielo. Y si alguno come de este
pan, vivirá para siempre. El pan que yo
les doy es mi cuerpo, y yo lo daré por
la vida del mundo."
52 Entonces los judíos discutían entre
sí diciendo: "¿Cómo puede este hombre darnos su cuerpo para comer?"
53 Jesús les dijo: "En verdad les digo
que no tendrán vida a menos que
ustedes coman el cuerpo del Hijo del
Hombre y beban su sangre.
54 Quien coma mi cuerpo y beba mi
sangre tiene vida que dura para siempre. Y yo le levantaré en el último día.
55 Mi carne es verdadera comida, y
mi sangre, verdadera bebida.
56 Cualquiera, pues, que come mi
carne y bebe mi sangre vive en mí, y yo
vivo en él.
57 El Padre que me envió tiene vida, y
yo vivo por él. Del mismo modo, quien
come de mí vivirá por mí.
58 Yo soy este pan que bajó del cielo. No es igual al pan que sus primeros
padres comieron y luego murieron. Y
el que coma de este pan vivirá para
siempre."

come to Me unless the Father gives
him the desire to come to Me. Then I
will raise him to life on the last day.
45 The early preachers wrote, 'They
will all be taught of God.' Isaiah 54:13
Everyone who listens to the Father and
learns from Him comes to Me.
46 No one has seen the Father. I am
the only One Who has seen Him.
47 For sure, I tell you, he who puts his
trust in Me has life that lasts forever.

48 I am the Bread of Life.
49 Your early fathers ate bread that
came from heaven in the desert. They
died.
50 But this is the Bread that comes
down from heaven. The one who eats
it never dies.
51 I am the Living Bread that came
down from heaven. If anyone eats this
Bread, he will live forever. The Bread
which I will give is My flesh. I will give
this for the life of the world."
52 The Jews argued among themselves, saying: "How can this Man give
us His flesh to eat?"
53 Jesus said to them: "For sure, I tell
you, unless you eat the flesh of the Son
of Man and drink His blood, you do not
have life in you.
54 Whoever eats My flesh and drinks
My blood has life that lasts forever. I
will raise him up on the last day.
55 My flesh is true food and My blood
is true drink.
56 Whoever eats My flesh and drinks
My blood lives in Me and I live in him.

57 The living Father sent Me and I live
because of Him. In the same way, the one
who eats Me will live because of Me.
58 I am this Bread that came down
from heaven. It is not like the bread
that your early fathers ate and they
died. Whoever eats this Bread will live
forever."

59 Jesús dijo estas cosas cuando estaba enseñando en el templo local de la ciudad de Capernaum.

Los seguidores confusos dejan a Jesús

60 Después de oír esto, muchos de los seguidores dijeron: "Esta enseñanza es muy difícil. ¿Quién puede entenderla?"

61 Jesús se dio cuenta que sus seguidores hablaban contra lo que él les había dicho. Les preguntó: "¿Los confunde esto?

62 Entonces, ¿qué dirían ustedes si vieran al Hijo del Hombre subir a donde estaba él antes?

63 Es el Espíritu que da vida. El cuerpo no ayuda. Las palabras que yo les hablo son espíritu y vida.

64 Pero algunos de ustedes no creen." Jesús sabía desde el principio quiénes no ponían su fe en él. Sabía quién lo entregaría a los jefes del país,

65 y les dijo: "Es por eso que les dije, nadie puede venir a mí a menos que el Padre se lo permita."

66 Desde entonces muchos de sus seguidores regresaron a su antiguo modo de vivir y no anduvieron más con él.

Pedro se da cuenta quién es Jesús

67 Entonces, Jesús les dijo a sus doce seguidores: "¿Me dejarán ustedes también?"

68 Y Simón Pedro le dijo: "Señor, ¿a quién otro podemos ir? Tú tienes palabras de la vida que dura para siempre.

69 Nosotros creemos y sabemos que tú eres el Cristo. Eres el Hijo del Dios viviente."

70 Y Jesús les dijo: "He escogido a ustedes doce como mis seguidores. Pero uno de ustedes es un diablo."

71 El estaba hablando de Judas Iscariote, hijo de Simón. Judas era uno de los seguidores, y estaba listo para entregar a Jesús a los jefes religiosos.

59 Jesus said these things in the Jewish place of worship while He was teaching in the city of Capernaum.

The troubled followers leave Jesus

60 After hearing this, many of His followers said: "This teaching is too hard! Who can listen to it?"

61 Jesus knew His followers talked against what He had said. He said to them: "Does this trouble you?

62 Then what would you say if you saw the Son of Man going up where He was before?

63 It is the Spirit that gives life. The flesh is of no help. The words I speak to you are spirit and life.

64 But some of you do not believe." Jesus knew from the beginning who would not put their trust in Him. He knew who would hand Him over to the leaders of the country.

65 He said: "That is why I told you no one can come to Me unless the Father allows it."

66 From that time on, many of His followers turned back to their old ways of living. They would not go along with Him after that.

Peter knows who Jesus is

67 Then Jesus said to the twelve followers: "Will you leave Me also?"

68 Simon Peter said to Him: "Lord, who else can we go to? You have words that give life that lasts forever.

69 We believe and know You are the Christ. You are the Son of the Living God."

70 Jesus said to them: "I chose you twelve as My followers. And one of you is a devil."

71 He was speaking of Judas Iscariot, Simon's son, who was one of the twelve followers. He was ready to hand Jesus over to the leaders of the country.

Los hermanos de Jesús disputan con él

7 Jesús no se quedó en el país de Judea porque los judíos trataban de matarlo. Después de esto, él fue de lugar en lugar por el país de Galilea.

2 Una fiesta religiosa de los judíos estaba cerca; se llamaba la fiesta de las enramadas.

3 Los hermanos de Jesús le dijeron: "Sal de aquí y vete al país de Judea. Deja que tus seguidores vean allí las cosas que tú haces.

4 Porque si una persona quiere que otros se den cuenta de lo que está haciendo, él hace las cosas para ser visto. Puesto que tú estás haciendo tales cosas, muéstrate al mundo."

5 Porque ni aun sus hermanos tenían fe en él.

6 Y Jesús les dijo: "Mi tiempo no ha llegado todavía, pero para ustedes cualquier tiempo es bueno.

7 El mundo no puede odiarlos a ustedes, pero a mí, sí, me odia. Hablo en contra del mundo, porque sus obras son malas.

8 Vayan ustedes a la fiesta religiosa. Yo me quedo porque mi tiempo aún no ha llegado."

9 Jesús les habló esto a sus hermanos y se quedó en el país de Galilea.

10 Después que sus hermanos se fueron a la fiesta religiosa, se fue él, pues así no podría ser visto allí.

11 Durante la fiesta religiosa, los judíos buscaban a Jesús y se preguntaban: "¿Dónde está él?"

12 Se hablaba mucho entre la gente acerca de él. Algunos dijeron: "Es un buen hombre." Otros decían: "No, él guía a la gente por el mal camino."

13 Pero nadie hablaba de él ante otras personas, porque tenían miedo a los dirigentes.

The brothers of Jesus argue with Him

7 Jesus did not stay in the country of Judea because the Jews were trying to kill Him. After this He went from place to place in the country of Galilee.

2 A religious gathering of the Jews was near. This gathering was called the Supper of Tents.

3 The brothers of Jesus said to Him: "Leave here and go to the country of Judea. Let your followers there see the things You do.

4 If a person wants others to know what he is doing, he does things to be seen. Since You are doing such things, show Yourself to the world."

5 Not even His brothers were putting their trust in Him.

6 Jesus said to them: "My time has not yet come. But any time is good for you.

7 The world cannot hate you but it hates Me. I speak against the world because of its sinful works.

8 You go to the religious gathering. I am not going yet. My time has not yet come."

9 Jesus told His brothers this and then stayed in Galilee.

10 His brothers went to the religious gathering. He went later by Himself so He would not be seen there.

11 At the religious gathering the Jews were looking for Jesus. They were saying: "Where is He?"

12 There was much talk among the people about Him. Some said: "He is a good Man." Others said: "No, He leads the people in the wrong way."

13 No one spoke about Him in front of other people. They were afraid of the Jews.

Jesús les dice de dónde viene su enseñanza

14 La fiesta religiosa ya iba a la mitad cuando Jesús fue al gran templo y enseñó.

15 Los judíos se sorprendieron y, admirados, dijeron: "¿Cómo puede este hombre saber tanto, si nunca ha asistido a la escuela?"

16 Jesús les dijo: "Lo que enseño no es mío. Esto viene de Dios quien me envió.

17 Si alguno hace lo que Dios quiere, entonces va a conocer si mis enseñanzas vienen de él, o si nada más hablo de mi propia cuenta.

18 El hombre que habla de sí mismo está buscando grandeza para sí mismo. Pero el que está buscando la grandeza de Aquel que lo envió es el verdadero. No hay nada falso en él.

19 ¿No les dio Moisés la ley? Y sin embargo, ninguno de ustedes la obedece. ¿Por qué tratan de matarme?"

20 La gente dijo: "Tú tienes un espíritu malo. ¿Quién está tratando de matarte?"

21 Jesús les dijo: "Yo hice una obra, y ustedes están admirados.

22 Moisés les dio el rito religioso para hacerse judíos. (Aunque no era de Moisés, sino de los primeros padres.) Y ustedes hacen el rito religioso en un hombre, aun en día de descanso.

23 Ahora, si ustedes pueden hacer eso, ¿por qué se enojan conmigo porque haya sanado a un hombre en el día de descanso?

24 No culpen a una persona por lo que ven. Estén seguros de saber lo que dicen del bien o del mal."

25 Algunas personas de Jerusalén dijeron: "¿No es éste el hombre que los judíos quieren matar?

26 Pero, ¡miren! Está hablando en público, y no le dicen nada. ¿Sabrán los jefes que éste es el Cristo verdadero?

Jesus tells where His teaching is from

14 The religious gathering was half over when Jesus went to the house of God and taught.

15 The Jews were surprised and wondered, saying: "How can this Man know so much when He has never been to school?"

16 Jesus said to them: "What I teach is not Mine. It is from God Who sent Me.

17 If anyone will do what God wants, he will know if My teaching is from God, or if I am speaking of Myself.

18 The man who speaks of himself is looking for greatness for himself. But He Who is looking for the greatness of the One Who sent Him is true. There is nothing false in Him.

19 Did not Moses give you the Law? And yet not one of you keeps the Law. Why do you try to kill me?"

20 The people said: "You have a demon in You. Who is trying to kill You?"

21 Jesus said to them: "I did one work and you are surprised.

22 Moses gave you the religious act of becoming a Jew. (Yet it was not from Moses but from the early fathers.) You do this religious act on a man on the Day of Rest.

23 Now if you can do that, why are you angry with Me for healing a man on the Day of Rest?

24 Do not say a person is guilty by what you see. Be sure you know when you say what is right or wrong."

25 Some of the people of Jerusalem said: "Is not this the Man the Jews want to kill?

26 But see! This Man is speaking out in the open. They are saying nothing to Him. Do the leaders know this is the true Christ?

27 Claro, nosotros sabemas de dónde viene este hombre, y cuando el Cristo venga, nadie sabrá de dónde viene."

28 Entonces Jesús habló con voz fuerte, así como él había enseñado en el templo. Dijo: "Ustedes me conocen y saben de dónde vengo. No he venido por mi propia cuenta. Aquel que me envió es verdadero, pero ustedes no lo conocen.

29 Yo lo conozco porque vengo de él y porque él me envió."

30 Entonces algunos de ellos quisieron tomar a Jesús, pero ninguno le echó mano. Su tiempo aún no había llegado.

31 Y mucha gente creyó en él. Dijeron: "Cuando Cristo venga, ¿hará obras más poderosas que este hombre?'

32 Los celosos religiosos oyeron a la gente hablar acerca de Jesús. Los jefes de los judíos y los celosos religiosos enviaron a los soldados para llevarle.

33 Jesús les dijo: "Yo estaré con ustedes un poco más todavía. Y después regresaré a Aquel que me envió.

34 Y ustedes me buscarán pero no me encontrarán. Porque a donde yo voy, ustedes no podrán venir."

35 Los judíos se preguntaban unos a otros: "¿A dónde puede ir que no podamos encontrarlo? Irá a enseñar a nuestra gente que ¿vive entre los griegos?

36 ¿Qué pretende al decir: 'Ustedes me buscarán y no me encontrarán' y 'A dónde voy, ustedes no podrán venir'?"

Jesús promete dar el Espíritu Santo

37 Era el último y gran día de la fiesta religiosa. Jesús se paró y habló con voz fuerte: "Si alguno tiene sed, que venga a mí y beba.

38 Las sagradas escrituras dicen que ríos de agua viva correrán del corazón de aquel que cree en él."

27 We know where this Man came from. When the Christ comes, no one will know where He comes from."

28 Then Jesus spoke with a loud voice as He taught in the house of God. He said: "You know Me. You know where I came from. I have not come on My own. The One Who sent Me is true but you do not know Him.

29 I know Him because I am from Him and He sent Me."

30 Then they wanted to take Jesus but no one put his hands on Him. His time had not yet come.

31 Many of the people believed in Him. They said: "When Christ comes, will He do more powerful works than this Man?"

32 The proud religious law keepers heard the people talking about Jesus. The religious leaders of the Jews and the proud religious law keepers sent soldiers to take Him.

33 Jesus said to them: "I will be with you a little while yet. Then I will go back to Him Who sent Me.

34 You will look for Me but you will not find Me. Where I go, you cannot come."

35 The Jews said to themselves: "Where can He go that we will not find Him? Will He go to our people who live among the Greeks and teach the Greeks?

36 What does He mean when He says, 'You will look for Me but you will not find Me, and where I go, you cannot come'?"

Jesus promises to give the Holy Spirit

37 It was the last and great day of the religious gathering. Jesus stood up and spoke with a loud voice: "If anyone is thirsty, let him come to Me and drink.

38 The Holy Writings say that rivers of living water will flow from the heart of the one who puts his trust in Me."

39 Esto dijo del Espíritu Santo que
habían de recibir los que creen en él,
pues aún no había sido dado, porque
Jesús todavía no había sido glorificado.

La gente no había decidido acerca de quién era él

40 Cuando muchos oyeron sus palabras, dijeron: "De seguro que éste es
aquel que habla por Dios."
41 Otros dijeron: "¡Él es el Cristo!" Y
otros: "El Cristo no vendrá del país de
Galilea, ¿verdad?
42 ¿Acaso no dicen las sagradas escrituras que el Cristo vendrá de la familia
de David? ¿No vendrá del pueblo de
Belén, donde David vivió?"
43 La gente se dividió en cuanto a sus
ideas acerca de Jesús.
44 Algunos de ellos quisieron llevarle
preso, pero ninguno le echó mano.
45 Los soldados regresaron a los jefes
religiosos de los judíos y los celosos
religiosos. Estos les preguntaron a los
soldados: "¿Por qué no lo trajeron?"

46 Y los soldados contestaron: "Ningún
hombre ha hablado como éste habla."
47 Entonces, los celosos religiosos
dijeron: "¿También se han dejado guiar
por el mal camino?
48 ¿Hay alguno de los jefes o alguno
de nuestro grupo que crea en él?
49 En cuanto a toda esta gente, como
no conoce la ley, ya es culpable y será
castigada por Dios."
50 Nicodemo, quien fue uno de los
celosos religiosos que hacía tiempo
había venido a Jesús, dijo:

51 "Nuestra ley no culpa a un hombre
antes de que haya sido juzgado en la
corte por lo que ha hecho."
52 Ellos le preguntaron: "¿Acaso tú
también eres del país de Galilea? Lee
las escrituras y verás que ninguno que

39 Jesus said this about the Holy Spirit
Who would come to those who put
their trust in Him. The Holy Spirit had
not yet been given. Jesus had not yet
been raised to the place of honor.

The people cannot make up their minds Who He is

40 When many of the people heard
His words, they said: "For sure, this is
the One Who speaks for God."
41 Others said: "He is the Christ!"
Some said: "The Christ would not come
from the country of Galilee, would He?
42 Do not the Holy Writings say that
the Christ will come from the family of
David? Will He not come from the town
of Bethlehem where David lived?"
43 The people were divided in what
they thought about Him.
44 Some of them wanted to take Him.
But no one put their hands on Him.
45 The soldiers came back to the religious leaders of the Jews and to the
proud religious law keepers. They said
to the soldiers: "Why did you not bring
Him?"
46 The soldiers answered: "No man
has ever spoken like this Man speaks."
47 The proud religious law keepers
said: "Have you been led the wrong
way also?
48 Has anyone of the leaders or anyone from our group believed in Him?
49 As for all these people, they do not
know the Law. They are guilty and will
be punished by God."
50 Nicodemus was one of the proud
religious law keepers. He had come to
Jesus at another time. Nicodemus said
to them,
51 "Our Law does not say a man is
guilty before he has been in court and
before we know what he has done."
52 They said to him: "Are you from
Galilee also? Look into the Word of
God yourself. You will see that no one

habla en nombre de Dios ha venido de
Galilea."
53 Entonces cada uno se fue a su propia casa.

Jesús habla a los maestros de la ley y a los celosos religiosos

8 Jesús fue al monte de los Olivos.
2 Muy temprano en la mañana,
regresó al templo, y toda la gente vino
a él. Sentándose, les enseñó.
3 Mientras hablaba, los maestros de
la ley y los celosos religiosos vinieron a
él. Le trajeron a una mujer que había
sido encontrada cometiendo el acto
sexual con un hombre que no era su
esposo. Y la hicieron pararse delante
de todos ellos.
4 Entonces ellos le dijeron a Jesús:
"Maestro, esta mujer fue encontrada
en acto sexual con un hombre que no
es su marido.
5 Moisés nos dijo en su ley que a
las mujeres como ésta, las matáramos
tirándoles piedras. Tú, ¿qué dices acerca de esto?"
6 Ellos estaban tratando de ponerle
una trampa para hallar algo en contra
de él. Jesús se inclinó y empezó a escribir en la tierra con el dedo.
7 Ellos siguieron preguntándole.
Entonces se levantó y dijo: "Si alguno
de ustedes no tiene pecado, tírele la
primera piedra."
8 Y se inclinó otra vez y escribió en la
tierra.
9 Cuando ellos oyeron lo que Jesús
había dicho, se fueron uno por uno,
empezando desde el más viejo. Al fin,
no quedó ninguno.
10 Entonces Jesús se levantó y le
preguntó a la mujer: "Y, ¿dónde están
aquellos que te acusaban? ¿Ninguno de
estos hombres te condenó?"

who speaks for God comes from Galilee."
53 Then everyone went home.

Jesus speaks to the teachers of the Law and the proud religious law keepers

8 Jesus went to the Mount of Olivos.
2 Early in the morning He went back
to the house of God and all the people
came to Him. He sat down and taught
them.
3 The teachers of the Law and the
proud religious law keepers came to
Him. They brought a woman who had
been caught doing a sex sin. They made
her stand in front of them all.
4 Then they said to Jesus: "Teacher,
this woman was caught in the act of
doing a sex sin.
5 Moses told us in the Law to throw
stones and kill a woman like this. What
do You say about it?"
6 They were trying to set a trap to
find something against Him. Jesus got
down and began to write in the dust
with His finger.
7 They kept on asking Him. Then He
stood up and said: "Anyone of you who
is without sin can throw the first stone
at her."
8 Again He got down and wrote in
the dust.
9 When they heard what He said,
they went away one by one, beginning
with the older ones until they were all
gone. Then Jesus was left alone with
the woman.
10 Jesus stood up and said to her:
"Woman, where are those who spoke
against you? Has no man said you are
guilty?"

11 Y ella respondió: "No, Señor, ninguno." Jesús le dijo: "Ni yo te condeno. Vete y no vuelvas a pecar."

Jesús enseña acerca de la luz del mundo

12 Jesús le habló a toda la gente diciendo: "Yo soy la luz del mundo. Cualquiera que me siga, no andará en la oscuridad. Él tendrá la luz de la vida.
13 Los celosos religiosos le dijeron: "Tú estás hablando de ti mismo y lo que dices de ti no es verdad."

14 Jesús les dijo: "Aunque hablo de mí mismo, lo que yo digo es la verdad. Yo sé de dónde vengo y a dónde voy. Y ustedes no saben de dónde vengo ni a dónde voy.
15 Ustedes culpan y castigan según las reglas que tienen.

16 Y yo no culpo ni castigo a nadie. Y aunque así lo hiciera, mi sentencia sería verdadera. Pues no estoy solo. Porque el Padre que me envió está conmigo.
17 En la ley de ustedes, está escrito que cuando dos hombres están de acuerdo en algo, eso prueba que es verdad. Deuteronomio 19:15
18 Yo hablo por mí mismo, y el Padre que me envió habla por mí."
19 Los celosos religiosos le preguntaron: "¿Dónde está tu Padre?" Y Jesús les contestó: "Ustedes no me conocen a mí, ni a mi Padre tampoco. Si ustedes me hubieran conocido, hubieran conocido a mi Padre.
20 Mientras Jesús enseñaba en el gran templo, habló estas palabras cerca de donde estaba la caja del dinero. Y ninguno le echó mano a Jesús. Su tiempo aún no había llegado.

Jesús les habla de su salida

21 Jesús les habló a los judíos otra vez diciendo: "Voy a irme. Y ustedes me buscarán, pero morirán en sus peca-

11 She said: "No one, Sir." Jesus said to her: "Neither do I say you are guilty. Go on your way and do not sin again."

Jesus teaches about the light of the world

12 Jesus spoke to all the people, saying: "I am the Light of the world. Anyone who follows Me will not walk in darkness. He will have the Light of Life."
13 The proud religious law keepers said to Him: "You are talking about Yourself. What You say about Yourself is not true."
14 Jesus said: "Even if I speak of Myself, what I am saying is true. I know where I came from and where I am going. You do not know where I came from or where I am going.
15 You say as a man would say if people are guilty or not guilty. I am not saying anyone is guilty.
16 But even if I did, it would be true. I am not alone. The Father Who sent Me is with Me.

17 It is written in your Law that when two men agree about something, it proves it is true. Deuteronomy 19:15

18 I speak for Myself and the Father Who sent Me speaks for Me."
19 The proud religious law keepers asked Him: "Where is Your Father?" Jesus said: "You do not know Me or My Father. If you had known Me, you would have known My Father also."

20 Jesus spoke these words near the money box while He taught in the house of God. No one put his hands on Jesus because His time had not yet come.

Jesus tells of His going away

21 Jesus spoke to the Jews again, saying: "I am going away. You will look for Me but you will die in your sins.

dos. Porque a donde yo voy, ustedes
no pueden venir."
22 Los judíos dijeron: "¿Se matará?
¿Por qué ha dicho: 'A donde yo voy,
ustedes no podrán ir'?"
23 Entonces les contestó: "Ustedes
son de abajo, y yo soy de arriba. Ustedes son de este mundo, y yo no soy de
este mundo.
24 Es por eso que yo he dicho que
ustedes morirán en sus pecados. Si
ustedes no creen que yo soy el Cristo,
morirán en sus pecados."
25 Entonces ellos le preguntaron:
"¿Quién eres?" Jesús les contestó: "La
respuesta es la misma que les he dicho
desde el principio.
26 Tengo mucho que decirles. Y debo
decirles que son culpables. El que me
envió es verdadero. Yo digo las cosas
que he oído de él."
27 Ellos no entendieron que Jesús les
hablaba acerca de su Padre.
28 Jesús les dijo: "Cuando hayan
levantado al Hijo del Hombre, sabrán
que yo soy el Cristo. No hago las cosas
por mi propia cuenta. Digo estas cosas
como mi Padre me las ha enseñado.
29 El que me envió está conmigo. Mi
Padre no me ha dejado solo. Siempre
hago lo que él quiere que haga."
30 Y como Jesús dijo estas cosas,
mucha gente creyó en él.
31 Entonces, les dijo a los que creyeron: "Si ustedes guardan y obedecen
mi palabra, serán mis seguidores.
32 Ustedes sabrán la verdad, y la verdad los hará libres."

Jesús enseña lo que quiere decir ser libre

33 Le dijeron a Jesús: "Nosotros somos
hijos de Abraham. Y nunca hemos sido
esclavos de nadie. ¿Qué quieres decir:
'Serán libres'?"
34 Entonces Jesús les contestó: "En
verdad, les digo, cualquiera que peca

Where I am going, you cannot come."
22 The Jews said: "Will He kill Himself
because He said, 'Where I am going
you cannot come'?"
23 He answered them: "You are from
below. I am from above. You are of this
world. I am not of this world.
24 That is why I said that you will die
in your sins. If you do not believe that
I am the Christ, you will die in your
sins."
25 Then they said to Him: "Who are
You?" Jesus answered: "The answer is
the same as I told you from the beginning.
26 I have much to say about you. I
must say if you are guilty. But He Who
sent Me is true. I tell the world the
things I have heard from Him."
27 They did not understand that
Jesus was speaking to them about the
Father.
28 Jesus said to them: "When you
have lifted up the Son of Man, you will
know that I am the Christ. I do nothing of Myself. I say these things as My
Father has taught Me.
29 He that sent Me is with Me. The
Father has not left Me alone. I always
do what He wants Me to do."
30 As Jesus said these things, many
people put their trust in Him.
31 He said to the Jews who believed:
"If you keep and obey My Word, then
you are My followers for sure.
32 You will know the truth and the
truth will make you free."

Jesus teaches what it means to be free

33 They said to Jesus: "We are children of Abraham. We have never been
servants to anyone. What do you mean
when You say, 'You will be free'?"
34 Jesus answered them: "For sure,
I tell you, everyone who sins is the

es como el hombre que es siervo de
alguien y tiene que trabajar sin pago
alguno. Y el pecado lo tiene preso.
35 Un siervo en esas condiciones no
pertenece a la casa. Pero el hijo sí pertenece.
36 Así que si el Hijo les hace libres, de
seguro serán libres.
37 "Sé que ustedes son los hijos de
Abraham. Pero quieren matarme porque mi palabra no está en sus corazones.
38 Yo hablo de lo que vi cuando estaba con mi Padre. Y ustedes hacen lo
que ven que hace su padre."
39 Ellos le contestaron: "Nuestro
padre es Abraham." Y Jesús les dijo:
"Si ustedes fueran hijos de Abraham,
harían lo que él hizo.
40 Yo soy un hombre que les ha dicho
la verdad, así como la he oído de mi
Padre. Y ahora ustedes están tratando de matarme. Abraham nunca hizo
nada así.
41 Ustedes están haciendo los trabajos de su padre." Y ellos le contestaron: "Nosotros nacimos de padres que
estuvieron fielmente casados. Tenemos un solo padre. Y ese es Dios."
42 Y Jesús les dijo: "Si Dios fuera su
padre, ustedes me amarían. Porque yo
vengo de Dios. No vengo por mi propia cuenta, porque Dios así me envió.
43 ¿Por qué no entienden lo que yo
digo? Es que no quieren oír mi enseñanza.
44 El diablo es su padre, y ustedes son
de él. Ustedes quieren hacer las cosas
malas que su padre el diablo quiere
que hagan. El diablo es un asesino desde el principio. El diablo no tiene nada
que hacer con la verdad. Porque no
hay verdad en él. Se sabe que el diablo
miente, porque es un mentiroso y el
padre de la mentira.
45 Pero yo les digo la verdad, y por
eso ustedes no creen en mí.

servant of sin because sin has a hold on
him.
35 And the servant does not belong
in the house. The son belongs in the
house.
36 So if the Son makes you free, you
will be free for sure.
37 "I know that you are the children
of Abraham. But you want to kill
Me because My Word is not in your
hearts.
38 I speak of what I saw when I was
with My Father. You do what you have
seen your father do."
39 They said to Him: "Abraham is our
father." Jesus said: "If you were children
of Abraham, you would do what he
did.
40 I am a Man Who has told you the
truth as I heard it from God. Now you
are trying to kill Me. Abraham never
did anything like that.
41 You are doing the works of your
father." They said to Him: "We were
born of parents who were faithful in
marriage. We have one Father. He is
God."
42 Jesus said to them: "If God were
your father, you would love Me. I came
from God. I did not come on My own,
but God sent Me.
43 Why do you not understand what
I say? It is because you do not want to
hear My teaching.
44 The devil is your father. You are
from him. You want to do the sinful
things your father, the devil, wants you
to do. He has been a killer from the
beginning. The devil has nothing to do
with the truth. There is no truth in him.
It is expected of the devil to lie, for he
is a liar and the father of lies.
45 I tell you the truth and that is why
you do not put your trust in Me.

46 ¿Quién de ustedes puede demostrar que yo tengo algún pecado? Y si yo les digo la verdad, ¿por qué no me creen?

47 Cualquiera que es nacido de Dios escucha la palabra de Dios. Ustedes no oyen su palabra, porque no son nacidos de Dios."

Los judíos dijeron: "Jesús tiene un espíritu malo"

48 Los judíos dijeron a Jesús: "¿Tenemos razón cuando decimos que eres del país de Samaria y que tienes un espíritu malo?"

49 Jesús les contestó: "No, no tengo un espíritu malo. Yo honro a mi Padre. Y ustedes no me honran.

50 No estoy buscando honra para mí mismo. Aunque hay alguien que busca mi honor, y él examina.

51 En verdad les digo, el que hace caso a lo que yo digo, nunca morirá."

52 Entonces los judíos le dijeron: "Ahora sabemos que tienes un espíritu malo. Abraham murió. Los antiguos predicadores murieron. Y tú estás diciendo: 'Que si alguno cree en ti, nunca morirá.'

53 ¿Acaso eres tú más grande que nuestro padre Abraham? Él murió y los antiguos predicadores murieron. ¿Quién crees tú que eres?

54 "Si me honro a mí mismo, mi honor no vale nada. Pero mi Padre es el que me honra. El mismo que ustedes dicen que es su Dios.

55 Ustedes nunca lo han conocido, pero yo sí lo he conocido. Si dijera: "No lo conozco", sería mentiroso como ustedes, pero yo sí conozco al Padre y obedezco su palabra.

56 Su padre Abraham estuvo contento de ver mi venida. La vio y se fue feliz."

57 Los judíos le dijeron: "Todavía no tienes ni cincuenta años. ¿Cómo podrías haber visto a Abraham?"

46 Which one of you can say I am guilty of sin? If I tell you the truth, why do you not believe Me?

47 Whoever is born of God listens to God's Word. You do not hear His Word because you are not born of God."

The Jews say Jesus has a demon

48 The Jews said to Jesus: "Are we not right when we say You are from the country of Samaria, and You have a demon?"

49 Jesus said: "No, I do not have a demon. I honor My Father. You do not honor Me.

50 I am not looking for honor for Myself. There is One Who is looking for it. He says what is right from wrong.

51 For sure, I tell you, if anyone keeps My Word, that one will never die."

52 Then the Jews said to Him: "Now we know You have a demon. Abraham died. The early preachers died. You say, 'If anyone keeps My Word, that one will never die.'

53 Are you greater than our father Abraham? He died and the early preachers died. Who do You think You are?"

54 Jesus said: "If I honor Myself, My honor would be worth nothing. My Father honors Me. You say He is your God.

55 You have never known Him, but I know Him. If I said I did not know Him, I would be a liar like you. But I do know the Father and obey His Word.

56 Your father Abraham was glad that he was to see My coming. He saw it and was happy."

57 The Jews said to Jesus: "You are not even fifty years old. How could you have seen Abraham?"

58 Jesús les dijo: "En verdad les digo: ¡Antes que Abraham naciera, yo ya era. Soy y siempre seré!"
59 Entonces cogieron piedras para tirarle, pero se escondió y salió del templo.

Jesús sana a un hombre que nació ciego

9 Cuando Jesús seguía su camino, vio a un hombre que nació ciego.
2 Entonces sus seguidores le preguntaron: "Maestro, ¿quién pecó para que este hombre naciera ciego? ¿Fueron los pecados de este hombre o los de sus padres?"
3 Entonces Jesús les contestó: "Ni los pecados de este hombre ni los pecados de sus padres hicieron que este hombre naciera ciego. Él nació ciego para que así el poder de Dios fuera visto en él.
4 Mientras es de día, debo seguir haciendo el trabajo del que me envió.
5 Mientras estoy en el mundo soy la Luz del mundo."
6 Después de que Jesús había dicho esto, escupió en el suelo, mezcló la saliva con la tierra y puso el lodo en los ojos del ciego.
7 Entonces Jesús le dijo: "Vé y lávate en el estanque de Siloé." Siloé quiere decir enviado. El hombre fue y se lavó. Cuando regresó, podía ver.
8 Los vecinos y otros que habían visto al ciego pidiendo limosna dijeron: "¿No es éste el hombre que se sentaba y pedía limosna?"
9 Algunos dijeron: "Sí, éste es." Otros dijeron: "No, pero se parece." Pero el hombre que había estado ciego dijo: "Yo soy el hombre."
10 Ellos le dijeron: "¿Cómo fueron abiertos tus ojos?"

58 Jesus said to them: "For sure, I tell you, before Abraham was born, I was and am and always will be!"
59 Then they picked up stones to throw at Him. Jesus hid Himself and left the house of God.

Jesus heals a man who was born blind

9 As Jesus went on His way, He saw a man who had been born blind.
2 His followers asked Him: "Teacher, whose sin made this man to be born blind? Was it the sin of this man or the sin of his parents?"
3 Jesus answered: "The sin of this man or the sin of his parents did not make him to be born blind. He was born blind so the work of God would be seen in him.
4 We must keep on doing the work of Him Who sent Me while it is day. Night is coming when no man can work.
5 While I am in the world, I am the Light of the world."
6 After Jesus had said this, He spit on the ground. He mixed it with dust and put that mud on the eyes of the blind man.
7 Then Jesus said to him: "Go and wash in the pool of Siloam." Siloam means Sent. The man went away and washed. When he came back, he could see.
8 Neighbors and others had seen him begging. They said: "Is not this the man who sat and begged?"
9 Some said: "This is the one." Others said: "No, but he looks like him." But the man who had been blind said: "I am the man."
10 They said to him: "How were your eyes opened?"

11 Y él les contestó: "Un hombre llamado Jesús hizo lodo y lo puso en mis
ojos. Entonces me dijo: 'Ve y lávate en
el estanque de Siloé.' Fui, me lavé, y
pude ver."
12 Entonces le preguntaron: "¿Dónde
está él?" Y él les contestó: "No lo sé."

Los celosos religiosos están confusos acerca de este evento

13 Entonces tomaron al hombre que
había sido ciego de nacimiento y lo llevaron ante los celosos religiosos.
14 Fue el día de descanso cuando
Jesús hizo este lodo y abrió sus ojos.
15 Otra vez los celosos religiosos le
preguntaron al hombre que había sido
ciego qué había hecho para ver. Y él les
contestó: "Jesús puso lodo en mis ojos,
los lavé y ahora veo."
16 Algunos de los celosos religiosos
dijeron: "El hombre que hizo esto no
viene de Dios, porque trabajó en el día
de descanso." Otros dijeron: "¿Cómo
puede un hombre pecador hacer obras
poderosas?" Y no podían ponerse de
acuerdo acerca de Jesús.
17 Le hablaron otra vez al hombre
ciego diciéndole: "¿Qué dices acerca
de él, ya que te abrió los ojos?" Y él
contestó: "Él es un enviado de Dios."
18 Los judíos no creyeron que este
hombre había sido ciego y que ya podía
ver. Llamaron a sus padres,
19 y les preguntaron: "¿Es éste su hijo?
¿Dicen ustedes que era ciego? ¿Cómo
puede ver ahora?"
20 Ellos contestaron: "Sabemos que
éste es nuestro hijo y sabemos que
nació ciego.
21 Pero no sabemos cómo puede ver
ahora. Tampoco sabemos cómo se
abrieron sus ojos. Él es mayor de edad;
pregúntenle. Él mismo puede explicár-
selo."
22 Sus padres dijeron esto porque les

11 He answered: "A Man called Jesus
made mud and put it on my eyes. Then
He said to me, 'Go and wash in the
pool of Siloam.' I went and washed and
I can see."
12 Then they asked him: "Where is
He?" He answered: "I do not know."

The proud religious law keepers are troubled about this healing

13 They took the man who had been
born blind to the proud religious law
keepers.
14 It was the Day of Rest when Jesus
had made mud and opened his eyes.
15 Again the proud religious law keepers asked the man who had been born
blind how he had been made to see.
He answered them: "Jesus put mud on
my eyes. I washed and now I see!"
16 Some of the proud religious law
keepers said: "The Man Who did this is
not from God because He worked on
the Day of Rest." Others said: "How
can a sinful man do powerful works?"
They could not agree about Jesus.
17 They spoke again to the blind
man, saying: "What do you say about
Him since He opened your eyes?" He
answered: "He is One Who speaks for
God."
18 The Jews did not believe this man
had been blind and had been made to
see. They called his parents
19 and asked them: "Is this your son?
Do you say he was born blind? How
does he see now?"
20 They answered: "We know this
is our son and we know he was born
blind.
21 But we do not know how it is that
he can see now. We do not know who
opened his eyes. He is old enough, ask
him. He can tell you himself."
22 His parents said this because they

tenían miedo a los judíos. Los judíos hablaron entre sí, y habían acordado que a la persona que dijera que Jesús era el Cristo, la echarían fuera del templo local.
23 Es por eso que sus padres dijeron: "Es mayor de edad; pregúntenle."
24 Los celosos religiosos llamaron otra vez al hombre que había sido antes ciego y le dijeron: "Da gloria a Dios. Pues nosotros sabemos que este hombre es pecador."
25 El hombre que había sido ciego les dijo: "No sé si es pecador o no. Una cosa sí sé, que yo era ciego y ahora veo."
26 Ellos le preguntaron otra vez: "¿Qué te hizo? ¿Cómo te abrió los ojos?"
27 Y él contestó: "Ya les dije, pero ustedes no escuchan. ¿Por qué quieren oírlo otra vez? ¿Quieren ser sus seguidores también?"
28 Los celosos religiosos se enojaron y dijeron: "Tú eres seguidor de Jesús. Nosotros somos seguidores de Moisés.
29 Sabemos que Dios le habló a Moisés. No sabemos de dónde viene este hombre."
30 El hombre les dijo: "¡Esto sí que es raro! Ustedes no saben de dónde viene, y a mí me dio la vista.
31 Nosotros sabemos que Dios no escucha a los pecadores. Pero sabemos que si alguien ama a Dios y le adora, lo que él pida, Dios lo escucha.
32 Desde el principio del mundo nadie ha oído que alguien le pueda abrir los ojos a un hombre que haya nacido ciego.
33 Si este hombre no viniera de Dios, no habría podido hacer nada así."
34 Entonces ellos le dijeron: "Tú naciste en el pecado. ¿Acaso estás tratando de enseñarnos? Luego lo echaron del templo local.

were afraid of the Jews. The Jews had talked among themselves. They had agreed that the person who said that Jesus was the Christ would be put out of the Jewish place of worship.
23 That is why his parents said: "He is old enough, ask him."
24 The proud religious law keepers asked the man again, who had been blind, to come. They said to him: "Give thanks to God. We know this man is a sinner."
25 The man who had been blind said to them: "I do not know if He is a sinner or not. One thing I know. I was blind, but now I can see."
26 They asked him again: "What did He do to you? How did He open your eyes?"
27 He answered: "I have told you already. You did not listen. Why do you want to hear it again? Do you want to become His followers also?"
28 The proud religious law keepers became angry at him and said: "You are a follower of Jesus. We are followers of Moses.
29 We know God spoke to Moses. We do not know where this Man is from."
30 The man said to them: "This is strange! You do not know where He came from and yet He opened my eyes.
31 We know that God does not listen to sinners. We know if anyone loves and worships God, and does what He wants, God listens to him.
32 From the beginning of the world no one has ever heard of anyone opening the eyes of a man born blind.
33 If this Man were not from God, He would not be able to do anything like this."
34 They said to him: "You were born in sin. Are you trying to teach us?" Then they put him out of the place of worship.

Jesús habla palabras fuertes a los celosos religiosos

35 Jesús oyó que los celosos religiosos habían puesto fuera del templo local al hombre que él había sanado. Encontró al hombre y le preguntó: "¿Pusiste tu fe en el Hijo de Dios?"

36 Y él contestó: "¿Quién es él, Señor? Dime para que yo pueda poner mi fe en él."

37 Entonces Jesús le dijo: "Tú le has visto. Está hablando contigo."

38 Y él contestó: "Señor, creo en ti." Entonces se inclinó ante Jesús y lo adoró.

39 Jesús le dijo: "Yo vine a este mundo a decir lo que está bien y lo que está mal. Yo vine para que los que no ven puedan ver y para que aquellos que ven sean hechos ciegos."

40 Algunos de los celosos religiosos estaban con él y oyeron esto. Entonces le preguntaron: "¿Somos ciegos también?"

41 Y Jesús les respondió: "Si ustedes fueran ciegos, no tendrían culpa de pecado. Pero como dicen: 'Vemos', entonces son culpables de sus pecados.

El pastor y la puerta

10 "En verdad les digo, el hombre que no entra al corral de las ovejas por la puerta, sino que usa otro camino, el tal es ladrón.

2 El pastor de las ovejas entra por la puerta.

3 Y aquel que cuida la puerta se las abre, y las ovejas oyen su voz. Él las llama por su nombre y las guía.

4 Cuando el pastor va delante, ellas le siguen porque conocen su voz.

5 No seguirán a un desconocido, porque no conocen su voz. Huirán de él."

Jesus speaks sharp words to the proud religious law keepers

35 Jesus heard that the proud religious law keepers had put the man who had been healed out of the place of worship. He found the man and said to him: "Do you put your trust in the Son of God?"

36 He said: "Who is He, Sir? Tell me so that I can put my trust in Him."

37 Jesus said to him: "You have seen Him. He is talking with you."

38 He said: "I do put my trust in You, Lord." Then he bowed down before Jesus and worshiped Him.

39 Jesus said: "I came into this world to say what is right from wrong. I came so those who do not see might see, and those who do see might be made blind."

40 Some of the proud religious law keepers who were with Him heard this. They said to Him: "Are we blind also?"

41 Jesus said to them: "If you were blind, you would not be guilty of sin. But because you say, 'We see,' you still are guilty of your sin.

The Shepherd and the door

10 "For sure, I tell you, the man who goes into the sheep pen some other way than through the door is one who steals and robs.

2 The shepherd of the sheep goes in through the door.

3 The one who watches the door opens it for him. The sheep listen to the voice of the shepherd. He calls his own sheep by name and he leads them out.

4 When the shepherd walks ahead of them, they follow him because they know his voice.

5 They will not follow someone they do not know because they do not know his voice. They will run away from him."

6 Jesús les puso esta comparación. Y ni aun así entendieron lo que quería decir.

6 Jesus told this picture story to them. Yet they did not understand what He said.

Jesús es la Puerta

7 Otra vez Jesús les dijo: "En verdad les digo: yo soy la puerta de las ovejas.
8 Todos aquellos que vinieron antes que yo, son hombres que hurtan y roban, y las ovejas no los obedecieron.
9 Yo soy la puerta. Cualquiera que entra por mí será salvo del castigo del pecado. Porque entrará y saldrá, y encontrará comida.
10 El ladrón viene sólo para hurtar, matar y destruir. Yo vengo para que ellos tengan vida, una vida llena de bendiciones.

Jesus is the Door

7 Again Jesus said to them: "For sure, I tell you, I am the Door of the sheep.
8 All others who came ahead of Me are men who steal and rob. The sheep did not obey them.
9 I am the Door. Anyone who goes in through Me will be saved from the punishment of sin. He will go in and out and find food.
10 The robber comes only to steal and to kill and to destroy. I came so they might have life, a great full life.

Jesús les enseña acerca del buen Pastor

11 "Yo soy el buen pastor. El buen pastor da su vida por las ovejas.
12 Uno a quien le pagan por cuidar las ovejas no es el pastor. Las ovejas no son suyas. Cuando ve venir al lobo, huye, las deja solas y corre, mientras el lobo agarra las ovejas y las esparce.
13 El hombre a quien le pagan huye porque sólo trabaja por el pago y no le interesan las ovejas.
14 "Yo soy el buen pastor. Conozco a mis ovejas, y ellas me conocen.
15 Como mi Padre me conoce a mí, yo conozco a mi Padre. Doy mi vida por las ovejas.
16 Tengo otras ovejas que no son de este corral. Debo traerlas también. Ellas escucharán mi voz. Entonces habrá un rebaño con un pastor.
17 "Es por esta razón que mi Padre me ama. Porque doy mi vida. Puedo volverla a tomar.
18 Nadie me quita la vida; yo mismo la doy. Y tengo el derecho y el poder de

Jesus teaches about the Good Shepherd

11 "I am the Good Shepherd. The Good Shepherd gives His life for the sheep.
12 One who is hired to watch the sheep is not the shepherd. He does not own the sheep. He sees the wolf coming and leaves the sheep. He runs away while the wolf gets the sheep and makes them run everywhere.
13 The hired man runs away because he is hired. He does not care about the sheep.
14 "I am the Good Shepherd. I know My sheep and My sheep know Me.
15 I know My Father as My Father knows Me. I give My life for the sheep.
16 I have other sheep which are not from this sheep pen. I must bring them also. They will listen to My voice. Then there will be one flock with one shepherd.
17 "For this reason My Father loves Me. It is because I give My life that I might take it back again.
18 No one takes my life from Me. I give it by Myself. I have the right and the

tomarla otra vez. Mi Padre me ha dado
este derecho y poder."
19 Muchos judíos no estuvieron de
acuerdo con lo que había dicho.
20 Algunos dijeron: "¿Por qué lo escuchan? Tiene un espíritu malo y está
loco."
21 Otros dijeron: "Un hombre que
tiene un espíritu malo no habla de ese
modo. ¿Puede un espíritu malo abrirle
los ojos a un hombre ciego?"

Jesús les dice quién es él

22 Era el tiempo de la fiesta religiosa que recordaba cómo el templo fue
abierto en Jerusalén.
23 Era el invierno y Jesús estaba allí,
andando por el portal de Salomón en
el gran templo.
24 Entonces los judíos se juntaron y
le preguntaran: "¿Hasta cuándo vas a
tenernos en duda? Si tú eres el Cristo,
dínoslo claramente."
25 Jesús les contestó: "Ya les dije y no
me creen. Las obras que yo hago en
nombre de mi Padre hablan por mí.
26 Ustedes no creen porque no son
mis ovejas.
27 Mis ovejas oyen mi voz, me conocen y me siguen.
28 Y les doy vida que dura para siempre. Nunca serán castigadas. Y nadie
podrá quitarlas de mi mano.
29 Mi Padre que me las dio es más
grande que todos. Nadie podrá quitarlas de la mano de mi Padre.
30 Porque mi Padre y yo somos uno."

Jesús les habla a los hombres enojados

31 Otra vez los judíos tomaron piedras para tirárselas.
32 Jesús les preguntó: "Muchas cosas
buenas les he enseñado que vienen de
mi Padre. ¿Por cuál de estas cosas van
a tirarme piedras?"
33 Y ellos le contestaron: "No vamos
a tirarte piedras por ninguna obra

power to take it back again. My Father
has given Me this right and power."
19 Because of what He said, the Jews
did not agree in their thinking.
20 Many of them said: "He has a
demon and is crazy. Why listen to
Him?"
21 Others said: "A man who has a
demon does not talk this way. Can a
demon open the eyes of a blind man?"

Jesus tells Who He is

22 It was time for the religious gathering of remembering how the house of
God was opened in Jerusalem.
23 It was winter and Jesus was there.
He was walking in Solomon's porch in
the house of God.
24 The Jews gathered around Him.
They said: "How long are You going to
keep us in doubt? If You are the Christ,
tell us."
25 Jesus answered: "I told you and you
do not believe. The works I do in My
Father's name speak of Me.
26 You do not believe because you
are not My sheep.
27 My sheep hear My voice and I know
them. They follow Me.
28 I give them life that lasts forever.
They will never be punished. No one is
able to take them out of My hand.
29 My Father Who gave them to Me
is greater than all. No one is able to
take them out of My Father's hand.
30 My Father and I are one!"

Jesus talks to angry men

31 Again the Jews picked up stones to
throw at Him.
32 Jesus said to them: "Many good
things have I shown you from My
Father. For which of these things are
you going to throw stones at Me?"
33 They said: "We are not going to
throw stones at You for any good work.

buena, sino por el modo que hablas
contra Dios. Es porque te estás haciendo
Dios, cuando eres sólo un hombre."
34 Jesús les dijo: "¿No está escrito en
su ley: 'Yo dije, ustedes son dioses'? Salmo 82:6
35 Las sagradas escrituras que les dio
Dios les llamó dioses. (La palabra de
Dios no puede ponerse a un lado.)
36 Pero Dios me apartó y me envió al
mundo. Entonces, ¿cómo pueden decir
que estoy hablando contra Dios sólo
porque digo 'que soy el Hijo de Dios'?
37 Si no hago las obras de mi Padre,
no me crean.
38 Pero si las hago, aunque no crean
en mí, crean en las obras que yo hago.
Entonces sabrán que mi Padre está en
mí y yo en él."
39 Otra vez querían llevarlo preso,
pero se escapó de ellos.
40 Jesús fue al otro lado del río Jordán
a un lugar donde Juan bautizaba a la
gente. Y se quedó allí.
41 Mucha gente vino a él diciendo: "Juan
no hizo obras poderosas, pero lo que Juan
dijo de este hombre, Jesús, es verdad."
42 Y mucha gente allí creyó en Jesús.

Jesús oye acerca de Lázaro

11 Había un hombre enfermo llamado Lázaro. Vivía en el pueblo de Betania con sus hermanas Marta
y María.
2 Era la María que puso perfume en
los pies del Señor y los secó con sus
cabellos. Y era Lázaro, su hermano,
quien estaba enfermo.
3 Las hermanas enviaron palabra a
Jesús, diciendo: "¡Señor, tu amigo está
enfermo!"
4 Cuando Jesús oyó esto, dijo: "Esta
enfermedad no terminará en muerte.
Esto ha pasado para traer gloria a Dios,
y para que el Hijo de Dios sea honrado
también."

It is because of the way You talk against
God. It is because You make Yourself
to be God when You are only a man."
34 Jesus said to them: "Is it not written
in your Law, 'I said, you are gods'?
Psalm 82:6
35 The Holy Writings were given to
them and God called them gods. (The
Word of God cannot be put aside.)
36 But God has set Me apart for Himself.
He sent Me into the world. Then how can
you say that I am speaking against God
because I said, 'I am the Son of God'?
37 If I am not doing the works of My
Father, do not believe Me.
38 But if I do them, even if you do not
believe Me, believe the works that I do.
Then you will know the Father is in Me
and I am in Him."
39 They tried again to take Him but
He got out of their hands.
40 Jesus went away to the other side of
the Jordan River to the place where John
was baptizing people. Jesus stayed there.
41 Many people came to Him and
said: "John did no powerful work, but
what John said about this Man is true."
42 Many people put their trust in Jesus
there.

Jesus hears about Lazarus

11 A man named Lazarus was sick. He lived in the town of Bethany
with his sisters, Mary and Martha.
2 This was the Mary who put perfume
on the Lord and dried His feet
with her hair. It was her brother Lazarus
who was sick.
3 The sisters sent word to Jesus, saying:
"Lord, your friend is sick!"
4 When Jesus heard this, He said:
"This sickness will not end in death. It
has happened so that it will bring honor
to God. And the Son of God will be
honored by it also."

Jesús habla de la muerte de Lázaro

5 Jesús amaba a Marta, a su hermana y a Lázaro.
6 Y cuando oyó que Lázaro estaba enfermo, se quedó dos días más en el lugar donde estaba.
7 Entonces Jesús les dijo a sus seguidores: "Vamos otra vez al país de Judea."
8 Pero sus discípulos le dijeron: "Maestro, hace poco los judíos trataron de matarte a pedradas. ¿Y quieres ir allí otra vez?"
9 Jesús les dijo: "¿No hay doce horas en el día? Si un hombre camina durante el día, no caerá. Porque ve la luz del mundo.
10 Si un hombre camina durante la noche, caerá, porque la luz no está en él."
11 Después que Jesús había dicho esto, habló otra vez y dijo: "Nuestro amigo Lázaro duerme. Debo ir a levantarlo."
12 Sus seguidores le dijeron: "Si duerme, sanará."
13 Pero Jesús quiso decir que Lázaro estaba muerto. Ellos pensaron que Lázaro estaba descansando y dormía.
14 Entonces Jesús les dijo: "Lázaro está muerto.
15 Para que ustedes puedan creer, me alegro de que yo no estuviera allí. Vengan, vamos a verlo."
16 Tomás, a quien le llamaban el gemelo, les dijo a los otros seguidores: "Vamos también nosotros para poder morir con Jesús."

Jesus tells of the death of Lazarus

5 Jesus loved Martha and her sister and Lazarus.
6 But when He heard that Lazarus was sick, He stayed where He was two more days.
7 Then He said to His followers: "Let us go into the country of Judea again."
8 The followers said to Him: "Teacher, the Jews tried to throw stones at You to kill You not long ago. Are You going there again?"
9 Jesus said: "Are there not twelve hours in the day? If a man walks during the day, he will not fall. He sees the light of this world.
10 If a man walks during the night, he will fall. The light is not in him."
11 After Jesus had said this, He spoke again and said: "Our friend Lazarus is sleeping. I will go and wake him up."
12 The followers said to Him: "If he is sleeping, he will get well."
13 But Jesus meant Lazarus was dead. They thought He meant Lazarus was resting in sleep.
14 Then Jesus said to them: "Lazarus is dead.
15 Because of you I am glad I was not there so that you may believe. Come, let us go to him."
16 Thomas, who was called the Twin, said to the other followers: "Let us go also so we may die with Jesus."

Jesús les dice que la tumba no detendrá los muertos

17 Cuando Jesús llegó allí, oyó que Lázaro llevaba cuatro días en la tumba.
18 El pueblo de Betania estaba a media hora de camino de Jerusalén.
19 Muchos judíos habían venido a visitar a Marta y a María para consolarlas por la muerte de su hermano.

Jesus tells that the grave will not hold the dead

17 When Jesus got there, He heard that Lazarus had been in the grave four days.
18 Bethany was about one-half hour walk from Jerusalem.
19 Many Jews had come to Martha and Mary to give words of comfort about their brother.

20 Marta oyó que Jesús venía y fue a encontrarlo, pero María se quedó en casa.
21 Marta le dijo a Jesús: "Señor, si tú hubieras estado aquí, mi hermano no habría muerto.
22 Yo sé que Dios te dará aun ahora lo que le pidas."
23 Jesús le dijo: "Tu hermano se levantará otra vez."
24 Marta le dijo: "Sí, yo sé que se levantará, cuando los muertos sean levantados de las tumbas, en el último día."
25 Jesús le contestó: "Yo soy Aquel que levanta a los muertos y les da vida. Cualquiera que cree en mí aunque muera, volverá a vivir.
26 Cualquiera que vive y cree en mí nunca morirá. ¿Crees esto?"
27 Y ella contestó: "Sí, Señor, creo que tú eres el Cristo, el Hijo de Dios. Tú eres aquel que había de venir al mundo."

Lázaro es levantado de la muerte

28 Después de que Marta dijo esto, fue y llamó a su hermana María, hablando sin que nadie más oyera: "El Maestro está aquí y pregunta por ti."
29 Cuando María oyó esto, se levantó y fue hacia él.
30 Jesús aún no había entrado al pueblo. Seguía en el lugar donde Marta lo había encontrado.
31 Los judíos habían ido a la casa a consolar a María. Y ellos la vieron levantarse y salir con prisa. La siguieron y dijeron: "Va a la tumba a llorar allí."
32 María había ido al lugar donde estaba Jesús. Cuando ella lo vio, se arrodilló a sus pies y le dijo: "Señor, si hubieras estado aquí, mi hermano no habría muerto."
33 Jesús la vio llorando. Y los judíos que estaban con ella también lloraban.

20 Martha heard that Jesus was coming and went to meet Him. Mary stayed in the house.
21 Martha said to Jesus: "Lord, if You had been here, my brother would not have died.
22 I know even now God will give You whatever You ask."
23 Jesus said to her: "Your brother will rise again."
24 Martha said to Him: "I know that he will rise again when the dead are raised from the grave on the last day."
25 Jesus said to her: "I am the One Who raises the dead and gives them life. Anyone who puts his trust in Me will live again, even if he dies.
26 Anyone who lives and has put his trust in Me will never die. Do you believe this?"
27 She answered: "Yes, Lord, I believe that You are the Christ, the Son of God. You are the One Who was to come into the world."

Lazarus is raised from the dead

28 After Martha said this, she went and called her sister Mary. She said without anyone else hearing: "The Teacher is here and has sent for you."
29 When Mary heard this, she got up and went to Him.
30 Jesus had not yet come into their town. He was still where Martha had met Him.
31 The Jews had been in the house comforting Mary. They saw her get up and hurry out. They followed her and said: "She is going to the grave to cry there."
32 Mary went to the place where Jesus was. When she saw Him, she got down at His feet. She said to Him: "Lord, if You had been here, my brother would not have died."
33 Jesus saw her crying. The Jews who came with her were crying also. His

El corazón de Jesús estaba muy triste y
perturbado.
34 Entonces él les pregunto: "¿Dónde
enterraron a Lázaro?" Ellos le dijeron:
"Señor, venga y vea."
35 Entonces Jesús lloró.
36 Los judíos dijeron: "Miren cuánto
amaba a Lázaro."
37 Algunos de ellos dijeron: "Si este
hombre abrió los ojos de un hombre
ciego, ¿no podía hacer que Lázaro no
muriera?
38 Jesús fue a la tumba con su corazón
muy triste. La tumba era una cueva en
un lado de una roca. Una piedra cubría
la entrada.
39 Jesús les dijo: "Quiten la piedra."
Marta, la hermana del muerto, le dijo:
"Pero, Señor, ahora su cuerpo huele
mal. Lleva cuatro días de muerto."
40 Jesús le dijo: "¿No te dije que si
tienes fe, verás brillar la grandeza de
Dios?"
41 Quitaron la piedra. Jesús miró hacia
el cielo y dijo: "Padre, te doy gracias
por oírme.
42 Yo sé que siempre me oyes. Pero
he dicho esto por la gente que está
aquí, para que ellos puedan creer que
tú me has enviado."
43 Cuando hubo dicho esto, llamó
con fuerte voz: "¡Lázaro, sal de allí!"
44 El hombre que había estado muerto salió. Sus manos y sus pies estaban
atados con vendas. Y un pedazo de
tela blanca cubría su cara. Jesús les dijo:
"Quítenle la mortaja y déjenlo ir."

Los celosos religiosos trataban de pensar en algún modo para matar a Jesús

45 Muchos de los judíos que habían
venido a visitar a María vieron lo que
Jesús había hecho y creyeron en él.
46 Algunos de ellos fueron a los celosos religiosos y les dijeron lo que Jesús
había hecho.

heart was very sad and He was troubled.
34 He said: "Where did you lay Lazarus?" They said: "Lord, come and see."
35 Then Jesus cried.
36 The Jews said: "See how much He
loved Lazarus."
37 Some of them said: "This Man
opened the eyes of the blind man.
Could He not have kept this man from
dying?"
38 Jesus went to the grave with a sad
heart. The grave was a cave in the side
of a hill. A stone covered the door.
39 Jesus said: "Take the stone away."
The dead man's sister, Martha, said to
Him: "Lord, by now his body has a bad
smell. He has been dead four days."
40 Jesus said to her: "Did I not say that
if you would believe, you would see the
shining greatness of God?"
41 They took the stone away. Jesus
looked up and said: "Father, I thank You
for hearing Me.
42 I know You always hear Me. But
I have said this for the people standing here, so they may believe You have
sent Me."
43 When He had said this, He called
with a loud voice: "Lazarus, come out!"
44 The man who had been dead
came out. His hands and feet were
tied in grave clothes. A white cloth was
tied around his face. Jesus said to the
people: "Take off the grave clothes and
let him go!"

The proud religious law keepers try to think of a way to kill Jesus

45 Many of the Jews who had come to
visit Mary and had seen what Jesus had
done put their trust in Him.
46 Some of them went to the proud
religious law keepers and told them
what Jesus had done.

47 Los jefes religiosos de los judíos y los celosos religiosos se reunieron en la corte y dijeron: "¿Qué haremos? Este hombre está haciendo muchas obras poderosas.
48 Si le permitimos hacer estas cosas, todos los hombres creerán en él. Los romanos vendrán, y tomarán el gran templo y nuestra nación.
49 Caifás era el jefe de los líderes religiosos ese año y les dijo: "Ustedes no saben nada acerca de esto.
50 ¿No ven que es mejor que un hombre muera por el pueblo, y no que toda la nación sea destruida?"
51 Caifás no pensó estas palabras por su propia cuenta. Habló lo que Dios dijo que pasaría. Estaba diciendo esto antes de que sucediera que Jesús fuera a morir por la nación.
52 Él tiene que morir no sólo por la nación, sino también para juntar como un grupo a todos los hijos de Dios, quienes estaban viviendo en muchos otros lugares.
53 Desde ese día ellos hicieron planes para matar a Jesús.
54 Por esta razón Jesús no se dejaba ver entre los judíos. Fue a un pueblo llamado Efraín. Estaba cerca del desierto. Se quedó allí con sus seguidores.

47 The religious leaders of the Jews and the proud religious law keepers gathered a court together. They said: "What will we do? This Man is doing many powerful works.
48 If we let Him keep doing these things, all men will put their trust in Him. The Romans will come and take away the house of God and our nation."
49 Caiaphas was the head religious leader that year. He said to them: "You know nothing about this.
50 Do you not see it is better for one man to die for the people than for the whole nation to be destroyed?"
51 Caiaphas did not think of these words himself. He spoke what God had said would happen. He was telling before it happened that Jesus must die for the nation.
52 He must die not only for the nation, but also to bring together into one group the children of God who were living in many places.
53 From that day on they talked together about how they might kill Jesus.
54 For this reason Jesus did not walk out in the open among the Jews. He went to a town called Ephraim. It was near a desert. He stayed there with His followers.

Los celosos religiosos buscaban a Jesús

55 Estaba cerca la gran fiesta religiosa que recuerda cómo los judíos salieron de Egipto. Y mucha gente subió a Jerusalén. Vinieron a purificarse en actos de adoración antes de tener la cena especial.
56 Y buscaban a Jesús. Estando todos juntos en el gran templo de Dios, se preguntaba uno al otro: "¿Qué crees tú? ¿Vendrá él a la fiesta religiosa?"
57 Los dirigentes del pueblo judío y los celosos religiosos habían dicho que

The proud religious law keepers look for Jesus

55 The special religious gathering to remember how the Jews left Egypt was soon. Many people from around the country came up to Jerusalem to go through the religious washing before the special supper.
56 They looked for Jesus. They stood together in the house of God and asked each other: "What do you think? Will He come to the special supper?"
57 The religious leaders of the Jews and the proud religious law keepers

si algún hombre sabía dónde estaba Jesús, debía decirlo, porque querían tomarlo preso.

María de Betania le echa perfume especial a Jesús

Mateo 26:6-13 Marcos 14:3-9

12 Seis días antes de la fiesta religiosa que recordaba cómo los judíos habían salido de Egipto, Jesús vino a Betania donde vivía Lázaro. Jesús había levantado a Lázaro de los muertos.

2 Le habían preparado cena, y Marta puso el alimento en la mesa. Lázaro estaba sentado con él.

3 María tomó una jarra de perfume especial, que costaba mucho dinero, y la vació en los pies de Jesús, los cuales ella secó con sus cabellos. Toda la casa se llenó del olor del perfume especial.

4 Judas Iscariote era uno de los seguidores. Él ya estaba para entregar a Jesús a los jefes religiosos. Ahora dijo:

5 "¿Por qué no se vendió este perfume especial por mucho dinero, para dárselo a la gente pobre?"

6 Él no dijo esto porque pensara en la gente pobre, sino porque él era ladrón. Él cargaba la bolsa de dinero y podía robar de ella.

7 Entonces Jesús le dijo: "Déjala; pues ha guardado esto para el tiempo en que seré enterrado.

8 Ustedes siempre tendrán gente pobre, pero a mí no siempre me tendrán.

Los judíos hablan acerca de matar a Lázaro

9 Muchos de los judíos vinieron a ese lugar porque sabían que Jesús estaba allí. Vinieron no sólo a ver a Jesús, sino a Lázaro también, que había sido levantado de la muerte.

had said that if any man knew where Jesus was, he should tell them. They wanted to take Him.

Mary of Bethany puts special perfume on Jesus

Matthew 26:6-13 Mark 14:3-9

12 It was six days before the special religious gathering to remember how the Jews left Egypt. Jesus came to Bethany where Lazarus lived. Jesus had raised Lazarus from the dead.

2 They made supper for Him. Martha put the food on the table. Lazarus was at the table with Him.

3 Mary took a jar of special perfume that cost much money and poured it on the feet of Jesus. She dried His feet with her hair. The house was filled with the smell of the special perfume.

4 Judas Iscariot was one of the followers. He was about to hand Jesus over to the leaders of the country. He said,

5 "Why was not this special perfume sold for much money and given to poor people?"

6 He did not say this because he cared for poor people. He said this because he was a robber. He carried the bag of money and would steal some of it for himself.

7 Jesus said: "Let her alone. She has kept it for the time when I will be buried.

8 You will always have poor people with you. You will not always have Me."

The Jews talk about having Lazarus killed

9 Many Jews came to the place because they knew Jesus was there. They came not only to see Jesus, but to see Lazarus also. Jesus had raised Lazarus from the dead.

10 Los jefes religiosos de los judíos se juntaron también a hablar acerca de matar a Lázaro.
11 Por causa de Lázaro, muchos judíos habían dejado su propia religión y habían creido en Jesús.

La última vez que Jesús va a Jerusalén
Mateo 21:1-11 Marcos 11:1-11
Lucas 19:29-44

12 Al día siguiente mucha gente estaba en Jerusalén para la fiesta religiosa. Al oír que Jesús venía,
13 tomaron ramas de árboles y fueron a encontrarlo, gritando: "¡Gloria a Dios! ¡Grande y venerable es Aquel que viene en el nombre del Señor, el Rey de los judíos!"
14 Jesús encontró un burro y se montó en él. Como dice en las sagradas escrituras:
15 "No tengan miedo, gentes de Jerusalén, ¡miren! Su Rey viene montado en un burro!" Zacarías 9:9
16 Al principio, sus seguidores no entendían qué quería decir esto; pero cuando Jesús había regresado al cielo a recibir el gran honor, entonces recordaron que todas estas cosas estaban escritas acerca de él y que esto le había pasado.
17 La gente que había estado con Jesús cuando él había llamado a Lázaro de la tumba seguía contando esta obra poderosa a otros. Ellos habían visto a Lázaro levantado de la muerte.
18 Por eso esta gente fue a encontrar a Jesús, pues habían oído de esta obra poderosa que él había hecho.
19 Los celosos religiosos dijeron entre ellos: "Miren, estamos perdiendo seguidores. ¡Todos están siguiendo a Jesús!"

La gente griega quiere ver a Jesús

20 Algunos griegos habían venido a la fiesta religiosa para adorar. Estaban

10 The religious leaders of the Jews talked together about having Lazarus killed also.
11 Because of Lazarus, many Jews were leaving their own religion. They were putting their trust in Jesus.

The last time Jesus goes to Jerusalem
Matthew 21:1-11 Mark 11:1-11
Luke 19:29-44

12 The next day many people were in Jerusalem for the religious gathering. They heard Jesus was coming.
13 They took branches of trees and went to meet Him. They spoke with a loud voice: "Greatest One! Great and honored is He Who comes in the name of the Lord, the King of the Jews!"
14 Jesus found a young donkey and sat on it. The Holy Writings say,
15 "Do not be afraid, people of Jerusalem. See! Your King comes sitting on a young donkey!" Zechariah 9:9
16 His followers did not understand what this meant at first. When Jesus had gone back to heaven to receive great honor, they remembered these things were written about Him. They remembered they had done this to Him.
17 The people who had been with Jesus when He had called Lazarus from the grave kept telling of this powerful work to others. They had seen Lazarus raised from the dead.
18 Because of this the people went to meet Jesus. They had heard He had done this powerful work.
19 The proud religious law keepers said among themselves: "Look, we are losing followers. Everyone is following Jesus!"

The Greek people want to see Jesus

20 Some Greek people had come to worship at the religious gathering. They

entre los otros también que habían
venido a adorar.
21 Estas personas griegas vinieron a
Felipe quien era de la ciudad de Betsaida en el país de Galilea. Le dijeron:
"¡Señor, queremos ver a Jesús!"
22 Felipe fue y lo dijo a Andrés. Entonces Felipe y Andrés lo dijeron a Jesús.

La ley de vida

23 Jesús respondió: "La hora está cerca en que el Hijo del Hombre ha de ser llevado al cielo a recibir la gloria.
24 En verdad les digo, si una semilla no cae en la tierra y muere, será sólo una semilla; pero si muere, dará mucho fruto.
25 El que ama su vida la perderá. El que desprecia su vida en este mundo la conservará para siempre.
26 Si alguno quiere trabajar para mí, debe seguirme. Así que donde yo esté, el que quiere trabajar conmigo también estará allí. Y si alguien trabaja para mí, mi Padre le honrará.
27 "Ahora mi alma está preocupada. ¿Qué voy a decir: 'Padre, sálvame de este tiempo de aflicción y dolor'? No; es por esa razón que vine en este tiempo.
28 ¡Padre, honra tu nombre!"

La gente oye la voz de Dios

Entonces se oyó una voz del cielo que decía: "Ya he honrado mi nombre. Y lo honraré otra vez."
29 La gente oyó la voz y algunos de los que estaban allí dijeron: "Fue un trueno." Otros dijeron: "Un ángel le habló."
30 Jesús dijo: "La voz no vino por mí sino para ayudales a ustedes.

Jesús les dice cómo va a morir

31 "Se les ha dicho ahora que este mundo es culpable. Ahora el jefe de este mundo será echado fuera.
32 Y cuando yo sea levantado de la

were among the others who had come to worship.
21 These Greek people came to Philip. He was from the city of Bethsaida in the country of Galilee. They said to him: "Sir, we want to see Jesus!"
22 Philip went and told Andrew. Then Andrew and Philip told Jesus.

The law of life

23 Jesus said to them: "The hour is near for the Son of Man to be taken to heaven to receive great honor.
24 For sure, I tell you, unless a seed falls into the ground and dies, it will only be a seed. If it dies, it will give much grain.
25 Anyone who loves his life will lose it. Anyone who hates his life in this world will keep it forever.
26 If anyone wants to serve Me, he must follow Me. So where I am, the one who wants to serve Me will be there also. If anyone serves Me, My Father will honor him.
27 "Now My soul is troubled. Should I say, 'Father, save Me from this time of trouble and pain'? No, this is why I came to this time.
28 Father, honor Your name!"

The people hear the voice of God

Then a voice from heaven came, saying: "I have already honored My name. I will honor it again!"
29 The people heard the voice. Some who stood there said: "It was thunder." Others said: "An angel spoke to Him."
30 Jesus said: "The voice did not come for Me, but it came to be a help to you.

Jesus tells how He will die

31 "Now this world is being told it is guilty. Now the leader of this world will be thrown out.
32 And when I am lifted up from the

tierra, atraeré a mucha gente hacia mí."
33 Él les dijo esto para que entendieran de qué clase de muerte iba él a morir.
34 La gente le dijo: "La ley de Moisés dice que el Cristo va a vivir para siempre. ¿Por qué dices tú, 'El Hijo del Hombre debe ser levantado'? ¿Quién es el Hijo del Hombre?"
35 Y Jesús les dijo: "La luz estará con ustedes por un poco más de tiempo. Anden mientras tengan la luz; así no estarán en la oscuridad. Cuando un hombre anda en la oscuridad, no sabe hacia dónde va.
36 Mientras tengan la luz, crean en la luz. Entonces serán hijos de luz." Después que Jesús dijo esas cosas, se fue y se escondió de ellos.

La gente no cree

37 Jesús había hecho muchas obras poderosas delante de ellos, pero ni así creyeron en él.
38 Esto pasó como había dicho el antiguo predicador Isaías que pasaría. Él había dicho: "Señor, ¿acaso ha creído alguien nuestra predicación? ¿Ha mostrado el Señor su poder a alguien?"
39 La razón por la que ellos no creen está escrita también en Isaías.
40 Dice: "Él los ha hecho ciegos y duros de corazón; entonces no podrán ver con sus ojos, ni entenderán con sus corazones. No se volverán a mí. Y no podré sanarlos." Isaías 6:9-10
41 Esto es lo que Isaías dijo cuando vio la grandeza de Jesús brillar y hablo de él.
42 Aun entre los jefes de la gente que estaba allí había muchos que creyeron en Jesús. Pero por causa de los celosos religiosos no dijeron nada. Si ellos lo hubieran confesado, los habrían puesto fuera del templo de los judíos.

earth, I will attract all people toward Me."
33 He said this to tell the kind of death He was going to die.
34 The people said to Him: "The Law of Moses says that the Christ is to live forever. Why do you say, 'The Son of Man must be lifted up'? Who is this Son of Man?"
35 Jesus said to them: "The Light will be with you for a little while yet. Go on your way while you have the Light so you will not be in the dark. When a man is walking in the dark, he does not know where he is going.
36 While you have the Light, put your trust in the Light. Then you will be the sons of the Light." Jesus said these things and then went away. He hid Himself from them.

The people do not believe

37 Jesus had done many powerful works in front of them, but they did not put their trust in Him.
38 This happened as the words of the early preacher Isaiah said it would happen. He had said: "Lord, has anyone believed our preaching? Has the Lord shown His power to anyone?"
39 The reason they could not believe is written again in Isaiah.
40 It says: "He has blinded their eyes and made their hearts hard. Then they would not see with their eyes. They would not understand with their heart. They would not turn to Me. I could not heal them." Isaiah 6:9-10
41 This is what Isaiah said when he saw the shining greatness of Jesus and spoke of Him.
42 Even among the leaders of the people there were many who believed in Jesus. But because of the proud religious law keepers, they did not tell about it. If they had, they would have been put out of the Jewish place of worship.

43 Ellos querían más tener el respeto de los hombres que honrar a Dios, porque amaban más el respeto de los hombres que el honor de Dios.

Jesús y su Padre son uno

44 Entonces Jesús les habló con voz fuerte: "Si alguno cree en mí, cree no sólo en mí, sino también en el que me envió.

45 Cualquiera que me ve, ve a aquel que me envió.

46 Vine al mundo para ser la luz. Cualquiera que cree en mí no andará en tinieblas.

47 Si alguno oye mis palabras y no las cree, no lo culpo. Porque yo no vine a decir que el mundo merece castigo, pero vine a salvar al mundo del castigo de sus pecados.

48 Cualquiera que no me recibe y no recibe mis palabras, tiene quien lo culpa. La palabra que yo he dicho lo culpará en el último día.

49 No he hablado por mi propia cuenta. El Padre que me envió me ha dicho lo que digo y hablo.

50 Yo sé que su palabra es vida que dura para siempre. Hablo de las cosas que el Padre me ha mandado que hable."

Jesús lava los pies de sus seguidores

13 Era antes de la fiesta religiosa especial que recordaba cómo los judíos salieron de Egipto. Jesús sabía que su tiempo de salir de este mundo para ir a su Padre había llegado. Había amado a los suyos, quienes estaban en el mundo. Y los amó hasta el fin.

2 Él y sus seguidores estaban cenando. El diablo había puesto en el corazón de Judas Iscariote el pensamiento de entregar a Jesús a los líderes de los judíos.

3 Jesús sabía que el Padre había dejado todo en sus manos. Sabía que había

43 They loved to have the respect from men more than honor from God.

Jesus and His Father are one

44 Then Jesus spoke with a loud voice: "Anyone who puts his trust in Me, puts his trust not only in Me, but in Him Who sent Me.

45 Anyone who sees Me, sees Him Who sent Me.

46 I came to the world to be a Light. Anyone who puts his trust in Me will not be in darkness.

47 If anyone hears My Words but does not believe them, I do not say he is guilty. I did not come to say the world is guilty. I came to save the world from the punishment of sin.

48 Anyone who does not receive Me and does not receive My teaching has One Who will say he is guilty. The Word that I have spoken will say he is guilty on the last day.

49 I have not spoken by My own power. The Father Who sent Me has told Me what to say and speak.

50 I know that His Word is life that lasts forever. I speak the things the Father has told Me to speak."

Jesus washes the feet of His followers

13 It was before the special religious gathering to remember how the Jews left Egypt. Jesus knew the time had come for Him to leave this world and go to the Father. He had loved His own who were in the world. He loved them to the end.

2 He and His followers were having supper. Satan had put the thought into the heart of Judas Iscariot of handing Jesus over to the leaders of the country.

3 Jesus knew the Father had put everything into His hands. He knew

venido de Dios y que iba a regresar a él.

4 Jesús se levantó de la mesa y se quitó la ropa que le cubría. Tomó una toalla y se la ató a la cintura.

5 Echó agua en un lavamanos y empezó a lavarles los pies a sus seguidores.

Pedro no quiere que Jesús lave sus pies

6 Jesús vino a Simón Pedro, y Pedro le dijo: "Señor, ¿vas a lavar mis pies?"

7 Jesús le contestó: "Tú no entiendes lo que hago ahora, pero lo entenderás más tarde."

8 Pedro le dijo: "Nunca dejaré que laves mis pies." Jesús le dijo: "Si no te lavo, no tendrás parte conmigo."

9 Simón Pedro le dijo: "Señor, no laves solamente mis pies, sino también mis manos y mi cabeza."

10 Y Jesús le contestó: "Cualquiera que se baña necesita solamente lavar sus pies. Entonces estará todo limpio. Todos ustedes están limpios menos uno."

11 Jesús sabía quién lo iba a entregar a los jefes. Es por eso que dijo: "Todos están limpios, menos uno."

Jesús les dice por qué les lavó los pies

12 Jesús les lavó los pies. Entonces se puso su manto, se sentó otra vez y les dijo: "¿Han entendido lo que les he hecho?

13 Ustedes me llaman Maestro y Señor. Está bien, porque lo soy.

14 Yo soy su Maestro y Señor. Y les he lavado sus pies. También ustedes deben lavar los pies los unos a otros.

15 Yo he hecho esto para mostrarles lo que deben hacer. Deben hacer lo que yo les he hecho.

16 En verdad les digo, el siervo no es

He had come from God and was going back to God.

4 Jesus got up from the supper and took off His coat. He picked up a cloth and put it around Him.

5 Then He put water into a wash pan and began to wash the feet of His followers. He dried their feet with the cloth He had put around Himself.

Peter speaks out against Jesus washing His feet

6 Jesus came to Simon Peter. Peter said to Him: "Lord, are You going to wash my feet?"

7 Jesus answered him: "You do not understand now what I am doing but you will later."

8 Peter said to Him: "I will never let You wash my feet." Jesus said: "Unless I wash you, you will not be a part of Me."

9 Simon Peter said to Him: "Lord, do not wash only my feet, but wash my hands and my head also."

10 Jesus said to him: "Anyone who has washed his body needs only to wash his feet. Then he is clean all over. You are all clean except one."

11 Jesus knew who was going to hand Him over to the leaders. That is why He said: "You are all clean except one."

Jesus tells why He washed their feet

12 Jesus washed their feet and put on His coat. Then He sat down again and said to them: "Do you understand what I have done to you?

13 You call Me Teacher and Lord. You are right because that is what I am.

14 I am your Teacher and Lord. I have washed your feet. You should wash each other's feet also.

15 I have done this to show you what should be done. You should do as I have done to you.

16 For sure, I tell you, a workman who

más importante que su patrón. Aquél que es enviado no es más importante que el que me envió.
17 Si saben estas cosas y las hacen, serán felices.
18 "No estoy hablando de todos ustedes. Yo sé a quiénes he escogido. Debe pasar lo que está escrito en las sagradas escrituras que dicen: 'El hombre que come pan conmigo se ha vuelto contra mí'. Salmo 41:9
19 Les digo esto antes que pase. Porque después de que pase, ustedes creerán lo que les dije, que soy el Cristo.
20 En verdad les digo que el que recibe al que envíe me recibe a mí, y el que me recibe a mí recibe al que me envió."

Jesús les habla de aquel que lo ha de entregar a los jefes

Mateo 26:20-25 Marcos 14:17-21 Lucas 22:14-18

21 Cuando Jesús hubo dicho esto, se sintió afligido de corazón. Y les habló en palabras sencillas, diciéndoles: "En verdad les digo, que uno de ustedes me va a entregar a los jefes del país."
22 Sus seguidores empezaron a mirarse uno a otro, pues no sabían de quién estaba hablando.
23 Uno de sus seguidores, a quien Jesús amaba, estaba sentado al lado de él.
24 Entonces Simón Pedro le hizo señas para que le preguntara a Jesús de quién estaba hablando.
25 Se acercó más a Jesús y le preguntó: "¿Señor, quién es?"
26 Y Jesús le contestó: "Es aquel a quien yo le dé el pedazo de pan después de haberlo puesto en el plato." Entonces puso el pan en el plato y se lo dio a Judas Iscariote, el hijo de Simón.
27 Después de que Judas comió el pedazo de pan, el diablo entró en él. Jesús le dijo a Judas: "Lo que vas a hacer, hazlo pronto."

is owned by someone is not greater than his owner. One who is sent is not greater than the one who sent him.
17 If you know these things, you will be happy if you do them.
18 "I am not speaking about all of you. I know the ones I have chosen. What is written in the Holy Writings must happen. It says, 'The man who eats bread with Me has turned against Me.' Psalm 41:9
19 I tell you this now before it happens. After it happens, you will believe that I am Who I say I am, the Christ.
20 For sure, I tell you, he who receives the one I send out, receives Me. He who receives Me receives Him who sent Me."

Jesus tells of the one who will hand Him over to the leaders

Matthew 26:20-25 Mark 14:17-21 Luke 22:14-18

21 When Jesus had said this, He was troubled in heart. He told them in very plain words, saying: "For sure, I tell you, one of you is going to hand Me over to the leaders of the country."
22 The followers began to look at each other. They did not know which one He was speaking of.
23 One follower, whom Jesus loved, was beside Jesus.
24 Simon Peter got this follower to look his way. He wanted him to ask Jesus which one He was speaking of.
25 While close beside Jesus, he asked: "Lord, who is it?"
26 Jesus answered: "It is the one I give this piece of bread to after I have put it in the dish." Then He put the bread in the dish and gave it to Judas Iscariot, the son of Simon.
27 After Judas had eaten the piece of bread, Satan went into him. Jesus said to Judas: "What you are going to do, do in a hurry."

28 Nadie a la mesa entendió por qué Jesús le había dicho esto a Judas.
29 Ellos pensaron que, como Judas cargaba la bolsa del dinero, Jesús le había dicho que comprara lo que ellos necesitaban para la fiesta religiosa.

30 Tan pronto como Judas había tomado el pedazo de pan, salió. Era noche.

Amor, la ley más grande

31 Después que Judas salió, Jesús dijo: "El Hijo del Hombre es ahora honrado, y Dios se ha honrado en él.
32 Y si Dios se ha honrado en él, Dios le honrará pronto.
33 Hijitos, estaré con ustedes sólo un poco de tiempo. Y me buscarán, y yo les digo lo que les dije a los judíos: "A donde yo voy, no pueden ir."
34 Les doy una ley nueva. Deben amarse unos a otros como yo los he amado.
35 Si se aman unos a otros, todos los hombres sabrán que son mis seguidores."

Jesús habla de cómo Pedro mentirá acerca de él

Mateo 26:31-35 Marcos 14:27-31 Lucas 22:31-34

36 Simón Pedro le dijo a Jesús: "Señor, ¿a dónde vas?" Y Jesús le contestó: "A donde yo voy ustedes no podrán seguirme. Pero más tarde ustedes me seguirán."
37 Y Pedro le dijo a Jesús: "¿Por qué no podemos seguirte ahora? Moriré por ti."
38 Jesús le contestó: "¿Morirás por mí? En verdad te digo, que antes que un gallo cante, Tú habrás dicho tres veces que no me conoces."

Jesús consuela a sus seguidores

14 "No dejen que su corazón esté triste. Ustedes han creído en Dios; también tengan confianza en mí.

28 No one at the supper knew why Jesus had said this to Judas.
29 They thought it was because Judas carried the bag of money, and Jesus had said that Judas should buy what they needed for the religious gathering. Or they thought Judas should give something to poor people.
30 As soon as Judas had taken the piece of bread, he went out. It was night.

Love—the greatest law

31 After Judas went out, Jesus said: "The Son of Man is now honored and God has been honored in Him.
32 If God is honored in Him, God will also honor Him in Himself right now.
33 Little children, I will be with you only a little while. You will look for Me. I say to you what I said to the Jews, 'Where I am going, you cannot come!'
34 I give you a new Law. You are to love each other. You must love each other as I have loved you.
35 If you love each other, all men will know you are My followers."

Jesus tells how Peter will lie about Him

Matthew 26:31-35 Mark 14:27-31 Luke 22:31-34

36 Simon Peter said to Jesus: "Lord, where are You going?" Jesus answered: "You cannot follow Me now where I am going. Later you will follow Me."
37 Peter said to Jesus: "Why can I not follow You now? I will die for You."
38 Jesus answered Peter: "Will you die for Me? For sure, I tell you, before a rooster crows, you will have said three times that you do not know Me."

Jesus comforts His followers

14 "Do not let your heart be troubled. You have put your trust in God, put your trust in Me also.

2 En la casa de mi Padre, hay muchos cuartos. Si no fuera así, yo se lo hubiera dicho. Me voy para prepararles un lugar.

3 Después que me vaya y prepare lugar para ustedes, regresaré y los llevaré conmigo. Entonces ustedes podrán estar donde yo esté.

4 Ustedes saben a donde voy, y conocen cómo llegar allí."

5 Entonces Tomás le dijo: "Señor, no sabemos a dónde vas. ¿Cómo vamos a saber el camino para llegar allí?"

6 Jesús dijo: "Yo soy el camino, la verdad, y la vida. Nadie puede ir al Padre si no es por mí.

7 Si ustedes me han conocido, también conocerán a mi Padre. Y lo conocen desde ahora, pues lo han visto."

Jesús y su Padre uno son

8 Felipe le dijo: "Señor, muéstranos al Padre. Esto es todo lo que pedimos."

9 Jesús le dijo: "He estado con ustedes todo este tiempo, ¿Y todavía no me conocen? Cualquiera que me ve ha visto al Padre. ¿Cómo pueden decir ustedes: 'Muéstranos al Padre'?

10 ¿No creen ustedes que yo estoy en el Padre y el Padre en mí? Lo que les digo no lo digo por mi propia cuenta. El padre que vive en mí hace su trabajo por mí.

11 "Créanme que yo estoy en el Padre, y que el Padre está en mí. O al menos, crean en mí por causa de las cosas que he hecho.

12 En verdad les digo que el que cree en mí puede hacer las cosas que yo hago. Y hará todavía cosas más grandes que éstas, porque yo voy al Padre.

13 Y todo lo que pidan en mi nombre, yo lo haré, para que así la grandeza del Padre brille y sea vista en el Hijo.

14 Sí, cualquier cosa que pidan en mí nombre yo lo haré.

2 There are many rooms in My Father's house. If it were not so, I would have told you. I am going away to make a place for you.

3 After I go and make a place for you, I will come back and take you with Me. Then you may be where I am.

4 You know where I am going and you know how to get there."

5 Thomas said to Jesus: "Lord, we do not know where You are going. How can we know the way to get there?"

6 Jesus said: "I am the Way and the Truth and the Life. No one can go to the Father except by Me.

7 If you had known Me, you would know My Father also. From now on you know Him and have seen Him."

Jesus and His Father are one

8 Philip said to Jesus: "Lord, show us the Father. That is all we ask."

9 Jesus said to him: "Have I been with you all this time and you do not know Me yet? Whoever has seen Me, has seen the Father. How can you say, 'Show us the Father'?

10 Do you not believe that I am in the Father and that the Father is in Me? What I say to you, I do not say by My own power. The Father Who lives in Me does His work through Me.

11 "Believe Me that I am in the Father and that the Father is in Me. Or else believe Me because of the things I do.

12 For sure, I tell you, whoever puts his trust in Me can do the things I am doing. He will do even greater things than these because I am going to the Father.

13 Whatever you ask in My name, I will do it so the shining greatness of the Father may be seen in the Son.

14 Yes, if you ask anything in My name, I will do it.

Jesús promete dar el Espíritu Santo

15 "Si ustedes me aman, harán lo que yo digo.

16 Entonces yo le pediré a mi Padre, y él les dará alguien que les ayude. Él estará con ustedes para siempre.

17 Él es el Espíritu de verdad. El mundo no lo puede recibir, porque no lo ve ni lo conoce. Pero ustedes lo conocen, porque vive con ustedes y estará en ustedes.

Jesús les habla de su muerte

18 "No los dejaré sin ayuda, como a niños sin padres. Vendré a ustedes.

19 Dentro de poco el mundo no me verá más. Pero ustedes me verán, porque yo vivo y ustedes también vivirán.

20 Cuando el día venga, ustedes sabrán que estoy en mi Padre y ustedes en mí.

21 Aquel que me ama es aquel que tiene mi enseñanza y la obedece. Y mi Padre amará a quien me ame. También yo le amaré y me mostraré a él.

22 El otro Judas, no el Iscariote, le preguntó: "¿Por qué es que te vas a mostrar a nosotros, tus seguidores, y no al mundo?"

23 Jesús le dijo: "Aquel que me ama obedecerá mis enseñanzas. Y mi Padre lo amará y vendremos a él; viviremos con él.

24 Y aquel que no me ama, no obedece mis enseñanzas. La enseñanza que están oyendo ahora no es mía, sino de mi Padre que me envió.

25 "Mientras estoy con ustedes yo les digo estas cosas.

26 El Espíritu, que el Padre enviará en mi lugar, les enseñará todo y les ayudará a recordar lo que les he dicho.

Jesus promises to give the Holy Spirit

15 "If you love Me, you will do what I say.

16 Then I will ask My Father and He will give you another Helper. He will be with you forever.

17 He is the Spirit of Truth. The world cannot receive Him. It does not see Him or know Him. You know Him because He lives with you and will be in you.

Jesus tells of His death

18 "I will not leave you without help as children without parents. I will come to you.

19 In a little while the world will see Me no more. You will see Me. Because I live, you will live also.

20 When that day comes, you will know that I am in My Father. You will know that you are in Me. You will know that I am in you.

21 The one who loves Me is the one who has My teaching and obeys it. My Father will love whoever loves Me. I will love him and will show Myself to him."

22 The other Judas, not Iscariot, said to Him: "Why is it You are going to show Yourself to us followers and not to the world?"

23 Jesus said: "The one who loves Me will obey My teaching. My Father will love him. We will come to him and live with him.

24 The one who does not love Me does not obey My teaching. The teaching you are now hearing is not My teaching but it is from My Father Who sent Me.

25 "I have told you these things while I am still with you.

26 The Helper is the Holy Spirit. The Father will send Him in My place. He will teach you everything and help you remember everything I have told you.

Jesús les da paz a sus seguidores

27 "Yo les doy mi paz. La dejo con ustedes. No les doy paz como el mundo la da. No dejen que sus corazones sean turbados ni tengan miedo.

28 Ustedes me han oído decir que me voy. Pero regresaré. Y si me aman, se alegrarán de que vaya al Padre, porque el Padre es más grande que yo.

29 Ya les he dicho esto antes de que pase. Entonces cuando pase, creerán.

30 "Ya no hablaré mucho más con ustedes. El dirigente malo de este mundo viene. Pero no tiene poder sobre mí.

31 Estoy haciendo lo que el Padre me dijo que hiciera, para que así el mundo conociera que amo al Padre. Vengan, vámonos ya.

La planta de uva y sus ramas

15 "Yo soy la verdadera planta de uva. Mi padre es quien cuída de la planta de uva.

2 Él quita cualquiera de las ramas que no da fruto, y cualquier rama que da fruto la poda; pues así dará más fruto.

3 Ustedes han sido limpiados por las palabras que les he hablado.

4 Obtengan vida de mí, y yo viviré en ustedes. Ninguna rama puede dar fruto por sí sola. Tiene que obtener vida de la planta de uvas. Y ustedes podrán solamente dar fruto cuando obtengan vida de mí.

5 Yo soy la planta de uva, y ustedes son las ramas. Obtengan vida de mí; entonces yo viviré en ustedes, y ustedes darán mucho fruto. Porque sin mí, nada podrán hacer.

6 "Si alguno no obtiene vida de mí, es quitado como una rama y se seca, como las ramas que se juntan y se tiran al fuego para ser quemadas.

Jesus gives His followers peace

27 "Peace I leave with you. My peace I give to you. I do not give peace to you as the world gives. Do not let your hearts be troubled or afraid.

28 You heard Me say that I am going away. But I am coming back to you. If you love Me, you would be glad that I am going to the Father. The Father is greater than I.

29 I have told you this before it happens. Then when it does happen, you will believe.

30 "I will not talk much more with you. The leader of this world is coming. He has no power over Me.

31 I am doing what the Father told Me to do so the world may know I love the Father. Come, let us be on our way.

The vine and the branches

15 "I am the true Vine. My Father is the One Who cares for the Vine.

2 He takes away any branch in Me that does not give fruit. Any branch that gives fruit, He cuts it back so it will give more fruit.

3 You are made clean by the words I have spoken to you.

4 Get your life from Me and I will live in you. No branch can give fruit by itself. It has to get life from the vine. You are able to give fruit only when you have life from Me.

5 I am the Vine and you are the branches. Get your life from Me. Then I will live in you and you will give much fruit. You can do nothing without Me.

6 "If anyone does not get his life from Me, he is cut off like a branch and dries up. Such branches are gathered and thrown into the fire and they are burned.

7 Si obtienen la vida de mí y mis palabras viven en ustedes, pidan lo que quieran, y se les hará.

8 "Cuando dan mucho fruto, mi Padre recibe honor. Y esto muestra que son mis seguidores.

9 Yo los he amado tal como mi Padre me ha amado. Permanezcan en mi amor.

10 Si obedecen mis enseñanzas vivirán en mi amor. De esta manera, yo he obedecido las enseñanzas de mi Padre y vivo en su amor.

11 Les he dicho estas cosas para que así mi gozo esté en ustedes y para que su gozo sea completo.

El cristiano con otros cristianos

12 "Esto es lo que les digo que hagan: Que se amen unos a otros como yo les he amado.

13 Nadie puede tener amor más grande que dar su vida por sus amigos.

14 Ustedes son mis amigos si hacen lo que yo digo.

15 Ya no los llamaré mis obreros, porque un obrero no sabe lo que está haciendo su patrón. Los llamaré mis amigos, porque les he dicho todo lo que he oído de mi Padre.

16 Ustedes no me han escogido a mí; yo los he escogido a ustedes. Los he apartado para el trabajo de dar fruto. Su fruto durará y cualquier cosa que pidan al Padre en mi nombre, él se la dará.

Los cristianos en el mundo

17 "Esto es lo que les digo que hagan: Que se amen unos a otros.

18 Si el mundo los odia, sepan que me odió a mí antes de odiarlos a ustedes.

19 Si ustedes fueran del mundo, el mundo los amaría como a los suyos. Pero ustedes no son del mundo. Como los saqué del mundo, el mundo los odia.

7 If you get your life from Me and My Words live in you, ask whatever you want. It will be done for you.

8 "When you give much fruit, My Father is honored. This shows you are My followers.

9 I have loved you just as My Father has loved Me. Stay in My love.

10 If you obey My teaching, you will live in My love. In this way, I have obeyed My Father's teaching and live in His love.

11 I have told you these things so My joy may be in you and your joy may be full.

The Christian with other Christians

12 "This is what I tell you to do: Love each other just as I have loved you.

13 No one can have greater love than to give his life for his friends.

14 You are My friends if you do what I tell you.

15 I do not call you servants that I own anymore. A servant does not know what his owner is doing. I call you friends, because I have told you everything I have heard from My Father.

16 You have not chosen Me, I have chosen you. I have set you apart for the work of bringing in fruit. Your fruit should last. And whatever you ask the Father in My name, He will give it to you.

The Christian and the world

17 "This is what I tell you to do: Love each other.

18 If the world hates you, you know it hated Me before it hated you.

19 If you belonged to the world, the world would love you as its own. You do not belong to the world. I have chosen you out of the world and the world hates you.

20 Recuerden lo que les dije: 'Un
obrero que pertenece a alguien no es
más grande que su patrón.' Si ellos lo
han hecho difícil para mí, también lo
harán difícil para ustedes.

21 Ellos les harán todas estas cosas
a ustedes, porque ustedes me pertenecen. Y ellos no conocen a mi Padre,
quien me envió.
22 "Yo he venido y les he hablado.
Así que son culpables de pecado. Pero
ahora ellos no tienen disculpa de seguir
pecando.
23 Cualquiera que me odia odia también a mi Padre.
24 Yo he hecho cosas que nadie ha
hecho, así que son culpables de pecado. Ellos las han visto y, de todas maneras, me odian a mí y a mi Padre.

25 Esto cumple lo que su ley dice que
pasaría: 'Ellos me odiarán sin ninguna
razón'. Salmo 35:19
26 "Cuando venga el que les va a ayudar (el Espíritu Santo), él les hablará de
mí, y lo enviaré de parte del Padre. Es el
Espíritu de verdad y viene del Padre.

27 Ustedes también hablarán de mí
porque han estado conmigo desde el
principio.

Jesús les habla a sus seguidores de lo difícil que será para ellos

16 "Les he dicho estas cosas para
que no se avergüencen de mí
y me dejen.
2 Los sacarán de los templos locales.
El tiempo vendrá cuando cualquiera
que los mate pensará que está sirviendo a Dios.
3 Les harán estas cosas porque no
nos conocen ni al Padre ni a mí.

4 "Cuando estas cosas pasen, recordarán que les dije que pasarían. Es por

20 Remember I said to you, 'A servant is not greater than his owner.' If
they made it very hard for Me, they will
make it very hard for you also. If they
obeyed My teachings, they will obey
your teachings also.
21 They will do all these things to you
because you belong to Me. They do
not know My Father Who sent Me.

22 "I have come and have spoken to
them so they are guilty of sin. But now
they have no reason to give for keeping
their sin any longer.
23 Whoever hates Me, hates My
Father also.
24 I have done things among them
which no one else has done so they are
guilty of sin. But now they have seen
these things and have hated Me and My
Father.
25 This happened as their Law said it
would happen, 'They hated Me without a reason.' Psalm 35:19
26 "The Helper (Holy Spirit) will tell
about Me when He comes. I will send
Him to you from the Father. He is the
Spirit of Truth and comes from the
Father.
27 You will also tell of Me because you
have been with Me from the beginning.

Jesus tells His followers it will be very hard for them

16 "I have told you these things so
you will not be ashamed of Me
and leave Me.
2 They will put you out of the places
of worship. The time will come when
anyone who kills you will think he is
helping God.
3 They will do these things to you
because they do not know the Father
or Me.
4 "When these things happen, you
will remember I told you they would

eso que les digo estas cosas ahora. Y no se las dije antes porque yo estaba con ustedes.

5 Pero ahora me voy al que me envió. Y ninguno de ustedes me pregunta: '¿A dónde vas?'

Las tres clases de trabajo del Espíritu Santo

6 "Sus corazones están llenos de tristeza por las cosas que les estoy diciendo.

7 Y les digo la verdad. Es mejor que yo me vaya, porque si no me voy, el que les dará ayuda no vendrá a ustedes. Pero si me voy, se los enviaré.

8 Cuando el que los ayuda venga, le mostrará al mundo la verdad acerca del pecado. Mostrará al mundo cómo estar bien con Dios. Y mostrará al mundo qué es ser culpable.

9 Mostrará al mundo la verdad acerca del pecado, porque no han confiado en mí.

10 También le mostrará al mundo, cómo estar bien con Dios, porque voy al Padre, y ustedes no me verán a mí más.

11 Le mostrará al mundo lo que es ser culpable porque el dirigente malo de este mundo (el diablo) es culpable.

El Espíritu Santo dará honra al Hijo

12 "Todavía tengo muchas cosas que decirles, pero ustedes aún no están suficientemente preparados para entenderlas.

13 El Espíritu Santo viene, y él los guiará a toda verdad. Él no hablará sus propias palabras, sino lo que oye. Él les dirá de las cosas que vendrán.

14 Él me honrará. Recibirá de mí y se lo dirá a ustedes.

15 Todo lo que el Padre tiene es mío. Es por eso que les digo que él recibirá lo que es mío y se lo dará a ustedes.

happen. That is why I am telling you about these things now. I did not tell you these things before, because I was with you.

5 But now I am going to Him Who sent Me. Yet none of you asks Me, 'Where are You going?'"

The three kinds of work of the Holy Spirit

6 "Your hearts are full of sorrow because I am telling you these things.

7 I tell you the truth. It is better for you that I go away. If I do not go, the Helper will not come to you. If I go, I will send Him to you.

8 When the Helper comes, He will show the world the truth about sin. He will show the world about being right with God. And He will show the world what it is to be guilty.

9 He will show the world about sin, because they do not put their trust in Me.

10 He will show the world about being right with God, because I go to My Father and you will see Me no more.

11 He will show the world what it is to be guilty because the leader of this world (Satan) is guilty.

The Holy Spirit will give honor to the Son

12 "I still have many things to say to you. You are not strong enough to understand them now.

13 The Holy Spirit is coming. He will lead you into all truth. He will not speak His Own words. He will speak what He hears. He will tell you of things to come.

14 He will honor Me. He will receive what is Mine and will tell it to you.

15 Everything the Father has is Mine. That is why I said to you, 'He will receive what is Mine and will tell it to you.

Jesús les habla de su muerte

16 "Dentro de poco, no me van a ver.
Pero después, me verán otra vez."

17 Algunos de sus seguidores se
decían unos a otros: "¿Qué está tratando de decirnos cuando dice: 'Dentro
de poco, no me van a ver'?"

18 Y ellos dijeron: "¿Qué estará tratando de decir cuando dice: 'dentro
de poco'? No entendemos lo que está
diciendo."
19 Jesús sabía que ellos querían preguntarle algo y les dijo: "¿Están pregun-
tándose uno a otro por qué dije: "Un
poco más y ustedes no me van a ver, y
después, me verán otra vez"?
20 En verdad les digo, ustedes llorarán
y estarán tristes, pero el mundo estará
alegre.

21 Cuando una mujer da a luz a un
niño, se pone triste porque su tiempo ha llegado. Después que el niño ha
nacido, se olvida de su dolor. Se llena
de gozo porque un niño ha nacido en
el mundo.
22 Ustedes están tristes ahora. Pero
yo los veré otra vez, y entonces sus
corazones se llenarán de gozo. Nadie
puede quitarles ese gozo.

Pidiendo y recibiendo

23 "Cuando el tiempo venga de que
me vean otra vez, no me preguntarán
nada. En verdad les digo, mi Padre les
dará todo lo que pidan en mi nombre.
24 Hasta ahora ustedes no han pedido
nada en mi nombre. Pidan y recibirán.
Entonces su gozo será completo.
25 "Yo les he dicho estas cosas por
medio de comparaciones. El tiempo
vendrá cuando no usaré comparaciones; les hablaré de mi Padre en palabras claras.

Jesus tells of His death

16 "In a little while you will not see
Me. Then in a little while you will see
Me again."
17 Some of His followers said to each
other: "What is He trying to tell us when
He says, 'In a little while you will not see
Me, and in a little while you will see Me
again,' and 'Because I go to My Father'?"
18 So they said: "What is He trying to
tell us by saying, 'A little while'? We do
not know what He is talking about."

19 Jesus knew they wanted to ask Him
something. He said to them: "Are you
asking each other why I said, 'In a little
while you will not see Me, and in a little
while you will see Me again'?
20 For sure, I tell you, you will cry and
have sorrow, but the world will have
joy. You will have sorrow, but your sorrow will turn into joy.
21 When a woman gives birth to
a child, she has sorrow because her
time has come. After the child is born,
she forgets her pain. She is full of joy
because a child has been born into the
world.
22 You are sad now. I will see you
again and then your hearts will be full
of joy. No one can take your joy from
you.

Asking and receiving

23 "When the time comes that you
see Me again, you will ask Me no question. For sure, I tell you, My Father will
give you whatever you ask in My name.

24 Until now you have not asked for
anything in My name. Ask and you will
receive. Then your joy will be full.
25 "I have told you these things in picture stories. The time is coming when
I will not use picture stories. I will talk
about My Father in plain words.

26 En ese día ustedes pedirán en mi
nombre, y yo no le pediré al Padre por
ustedes,
27 porque el Padre mismo les ama.
Él les ama porque ustedes me aman y
creen que vengo del Padre.

Jesús les habla de su salida

28 "Yo vine del Padre a este mundo.
Ahora dejo al mundo y voy al Padre."

29 Sus seguidores le dijeron: "Ahora
estás hablando en palabras claras, y no
estás usando comparaciones.
30 Ahora estamos seguros que sabes
todas las cosas y que no necesitas que
nadie te diga nada. Es por eso que
creemos que has venido de Dios."
31 Jesús les preguntó: "¿Creen ahora?

32 El tiempo viene y ahora ha llegado
cuando ustedes se irán por sus propios
caminos. Todos se irán a sus casas. Me
dejarán solo. Pero no estoy solo, porque el Padre está conmigo.
33 Les digo estas cosas para que ustedes puedan tener paz en mí. Tendrán
muchos problemas en el mundo. ¡Pero
tengan valor! Yo he vencido al mundo!"

Jesús ora por él mismo

17 Después que Jesús había dicho
estas cosas miró al cielo y dijo:
"¡Padre, el tiempo ha llegado! Da honor a tu Hijo para que tu Hijo te dé
honor a ti.
2 Tú le has dado poder sobre todos
los hombres. Y él da vida que dura para
siempre a todos los que le diste.
3 La vida que dura para siempre es:
conocerte a ti, el verdadero Dios, y
conocer a Cristo a quien has enviado.
4 Yo te di honor en la tierra e hice el
trabajo que me diste que hiciera.
5 Ahora, Padre, hónrame con el
honor que tuve contigo antes de que
el mundo fuera hecho.

26 In that day you will ask in My name.
I will not ask the Father for you

27 because the Father loves you. He
loves you because you love Me and
believe that I came from the Father.

Jesus tells of His going

28 "I came from the Father and have
come into the world. I am leaving the
world and going to the Father."
29 His followers said to Him: "Now
You are talking in plain words. You are
not using picture stories.
30 Now we are sure You know
everything. You do not need anyone
to tell You anything. Because of this we
believe that You came from God."
31 Jesus said to them: "Do you believe
now?
32 The time is coming, yes, it is already
here when you will be going your own
way. Everyone will go to his own house
and leave Me alone. Yet I am not alone
because the Father is with Me.
33 I have told you these things so you
may have peace in Me. In the world
you will have much trouble. But take
hope! I have power over the world!"

Jesus prays for Himself

17 When Jesus had said these
things, He looked up to heaven
and said: "Father, the time has come!
Honor Your Son so Your Son may
honor You.
2 You have given Him power over all
men. He is to give life that lasts forever
to all You have given to Him.
3 This is life that lasts forever. It is to
know You, the only true God, and to
know Jesus Christ Whom You have sent.
4 I honored You on earth. I did the
work You gave Me to do.
5 Now, Father, honor Me with the
honor I had with You before the world
was made.

Jesús ora por sus seguidores

6 "He dado a conocer tu nombre a la gente que tú sacaste del mundo. Ellos eran tuyos; tú me los diste. Y han obedecido tu palabra.

7 Ahora ellos saben que todo lo que me has dado viene de ti.

8 Yo les di la palabra que tú me diste. Y ellos la recibieron. Ellos saben que vine de ti y creen que tú me enviaste.

9 "Oro por ellos. No oro por los del mundo. Oro por los que me diste, porque son tuyos.

10 Todo lo que es mío es tuyo. Y todo lo que es tuyo es mío. Yo he recibido honra por ellos.

11 No voy a estar más tiempo en el mundo. Voy a ti, pero éstos se quedan en el mundo. Padre Santo, guarda a estos que me has dado con el poder de tu nombre. Entonces, todos ellos serán uno, así como nosotros somos uno.

12 Mientras que estuve con ellos en el mundo, los guardé con el poder de tu nombre. He guardado y cuidado a aquellos que me diste. Ninguno se ha perdido, menos aquel que va a ser destruido, quien es hijo de muerte. Con él, es como las sagradas escrituras dijeron que pasaría. Salmo 41:9 Juan 6:70

13 Pero ahora voy a ti, Padre. Y digo estas cosas mientras estoy en el mundo. De ese modo, mis seguidores podrán tener mi gozo en sus corazones.

14 "Yo les he dado tu palabra a mis seguidores. Y el mundo los odia, porque no son del mundo, como yo no soy del mundo.

15 No te pido que los quites del mundo, sino que los guardes del diablo.

16 Mis seguidores no pertenecen al mundo, como yo no pertenezco al mundo.

Jesus prays for His followers

6 "I have made Your name known to the people You have given Me from the world. They were Yours but You gave them to Me. They have obeyed Your Word.

7 Now they know that everything You have given Me came from You.

8 I gave them the Word which You gave Me. They received it. They know I came from You and they believe You sent Me.

9 "I pray for them. I do not pray for the world. I pray for those You gave Me. They are Yours.

10 All that is Mine is Yours. All that is Yours is Mine. I have been honored through them.

11 I am no longer in the world. I am coming to You. But these are still in the world. Holy Father, keep those You have given to Me in the power of Your name. Then they will be one, even as We are One.

12 While I have been with them in the world, I have kept them in the power of Your name. I have kept watch over those You gave Me. Not one of them has been lost except the one who is going to be destroyed, which is the son of death. The Holy Writings said it would happen. Psalm 41:9 John 6:70

13 But now I come to You, Father. I say these things while I am in the world. In this way, My followers may have My joy in their hearts.

14 "I have given Your Word to My followers. The world hated them because they do not belong to the world, even as I do not belong to the world.

15 I do not ask You to take them out of the world. I ask You to keep them from the devil.

16 My followers do not belong to the world just as I do not belong to the world.

17 Hazlos consagrados para ti, por la
verdad. Tu palabra es verdad."
18 "Así como me enviaste al mundo,
así los he enviado también al mundo.
19 Yo me aparto para ser consagrado
para ellos. Entonces ellos pueden ser
consagrados por la verdad."

Jesús ora por todos los cristianos

20 "Yo no oro solamente por estos
seguidores, sino también por aquellos
que van a creer en mí por las enseñanzas que ellos han oído.
21 Que todos puedan ser uno, Padre,
como tú estás en mí y yo estoy en ti.
22 Yo les doy el honor que tú me
diste, para que ellos sean uno, como
nosotros somos uno.
23 Yo en ellos y ellos en mí para que
puedan ser una sola cosa perfecta.
Entonces el mundo sabrá que tú me
enviaste, y que tú los amas como tú me
amas a mí.
24 "Padre, quiero que los seguidores
que me diste estén conmigo donde yo
estoy. Entonces ellos podrán ver brillar
mi grandeza, la cual me diste porque
me amaste antes que el mundo fuera
hecho.
25 Padre Santo, el mundo no te ha
conocido.
26 Y yo he hecho que conozcan tú
nombre y que lo sigan dando a conocer.
Para que el amor que me tienes pueda
estar en ellos y yo estar con ellos."

Jesús es entregado a los pecadores

Mateo 26:47-56 Marcos 14:43-52
Lucas 22:47-51

18 Cuando Jesús había dicho estas
cosas, se fue con sus seguidores al otro lado del pequeño río Ce-
drón. Él y sus seguidores fueron allí a
un jardín.

17 Make them holy for Yourself by the
truth. Your Word is truth."
18 "As You sent Me into the world so
I have sent them into the world also.
19 I set Myself apart to be holy for
them. Then they may be made holy by
the truth."

Jesus prays for all Christians

20 "I do not pray for these followers
only. I pray for those who will put their
trust in Me through the teaching they
have heard.
21 May they all be as one, Father, as
You are in Me and I am in You. May
they belong to Us. Then the world will
believe that You sent Me.
22 I gave them the honor You gave
Me that they may be one as We are
one.
23 I am in them and You are in Me so
they may be one and be made perfect.
Then the world may know that You
sent Me and that You love them as You
love Me.
24 "Father, I want My followers You
gave Me to be with Me where I am.
Then they may see My shining greatness which You gave Me because You
loved Me before the world was made.
25 Holy Father, the world has not
known You. I have known You. These
have known You sent Me.
26 I have made Your name known to
them and will make it known. So then
the love You have for Me may be in
them and I may be in them."

Jesus handed over to sinners

Matthew 26:47-56 Mark 14:43-52
Luke 22:47-51

18 When Jesus had said these
things, He went with His followers across the small river Kidron.
He and His followers went to a garden
there.

2 Judas, quien era el que lo iba a entregar a los jefes, también conocía el lugar, porque Jesús y sus seguidores se habían reunido allí muchas veces.

3 Judas guió al jardín a algunos soldados y otros hombres. Fueron mandados por el principal de los dirigentes judíos y por los celosos religiosos. Llevaban armas, lámparas y antorchas.

4 Pero como Jesús sabía lo que iba a pasar, fue a ellos y les preguntó: "¿A quién buscan?"

5 Los soldados le contestaron: "A Jesús de Nazaret." Jesús dijo: "Yo soy." Y Judas también estaba con ellos.

6 Cuando Jesús contestó: "Yo soy," cayeron al suelo.

7 Jesús volvió a preguntarles a quién buscaban y ellos contestaron: "A Jesús de Nazaret."

8 Jesús contestó: "Les he dicho que yo soy. Si a mí me buscan, dejen que éstos vayan por su camino."

9 Dijo esto para que se cumpliera lo que había dicho: "He guardado y cuidado a aquellos que me diste. Ninguno se ha perdido." Juan 17:12

10 Simón Pedro tenía una espada; tomándola, cortó la oreja derecha a un hombre que era siervo del principal de los religiosos. El nombre de este siervo era Malco.

11 Entonces Jesús le dijo a Pedro: "Mete tu espada en la vaina. ¿No crees que debo sufrir la prueba que mi Padre me ha dado?"

Jesús ante Anás

12 Entonces los soldados con su capitán y los hombres enviados por los jefes religiosos de los judíos tomaron a Jesús y lo ataron.

13 Primero lo llevaron a Anás. Este era el suegro de Caifás. Caifás era el

2 Judas, who was handing Him over to the leaders, knew the place also. Jesus and His followers had met there many times.

3 Judas led some soldiers and some men who had been sent by the head religious leaders of the Jews and the proud religious law keepers to the garden. They carried lamps and sticks that were burning and swords.

4 Jesus knew what was going to happen to Him. He went out and asked them: "Who are you looking for?"

5 The soldiers answered Him: "Jesus of Nazareth." Jesus said: "I am." Judas, who was handing Him over, was with them also.

6 When He said to them: "I am," they stepped back and fell to the ground.

7 He asked them again: "Who are you looking for?" They said again: "Jesus of Nazareth."

8 He said: "I have told you that I am Jesus. If you are looking for Me, let these men go their way."

9 He said this so the words He spoke might happen: "I have not lost one of those You gave Me." John 17:12

10 Simon Peter had a sword. He took it and hit a servant who was owned by the head religious leader and cut off his right ear. The servant's name was Malchus.

11 Then Jesus said to Peter: "Put your sword back where it belongs. Am I not to go through what My Father has given Me to go through?"

Jesus stands in front of Annas

12 Then the soldiers and their captain and the men sent by the Jewish religious leaders took Jesus and tied Him.

13 They took Him to Annas first. He was the father-in-law of Caiaphas.

principal de los dirigentes religiosos ese año.
14 Este Caifás era el que les había dicho a los judíos que sería bueno que un hombre muriera por la gente. Juan 11:49-50

Caiaphas was the head religious leader that year.
14 Caiaphas had talked to the Jews. He told them it would be a good thing if one man should die for the people. John 11:49-50

Pedro niega a Jesús
Mateo 26:69-75 Marcos 14:66-72 Lucas 22:55-62

15 Simón Pedro y otro de sus seguidores iban detrás de Jesús. El otro seguidor era conocido por el principal de los jefes religiosos; así que entró con Jesús en la casa del principal.
16 Pedro se quedó afuera de la puerta. El otro seguidor, quien era conocido por el principal de los jefes religiosos, salió y le habló a la joven portera. Entonces tomó a Pedro y lo metió.
17 La joven portera le preguntó a Pedro: "¿No eres tú seguidor de este hombre?" Y él contestó: "¡No, no soy!"
18 Los obreros y los soldados habían prendido fuego, porque estaba haciendo frío. Estaban calentándose en él. Y Pedro se calentaba también con ellos.

Peter lies about Jesus
Matthew 26:69-75 Mark 14:66-72 Luke 22:55-62

15 Simon Peter and another follower came behind Jesus. This other follower was known to the head religious leader. He went with Jesus to the head religious leader's house.
16 Peter stood outside at the gate. The other follower, who was known by the head religious leader, went out and talked to the servant girl who watched the gate. Then he took Peter inside.
17 The servant girl who watched the door said to Peter: "Are you not a follower of this Man?" He said: "I am not!"
18 The servants who were owned by someone and the soldiers had made a fire because it was cold. They were getting warm by the fire. Peter was standing with them getting warm.

Jesús ante Caifás
Mateo 26:57-58 Marcos 14:53-54 Lucas 22:52-54

19 El principal de los jefes religiosos judíos le preguntó a Jesús acerca de sus seguidores y sus enseñanzas.
20 Jesús le contestó: "Yo he hablado al mundo con palabras muy claras. Muchas veces he enseñado en el gran templo de Dios, a donde los judíos siempre van. Y mis palabras no han sido dichas en secreto.
21 ¿Por qué me preguntan a mí? Pregúntenle a aquellos que han oído lo que yo les he dicho. Ellos saben lo que dije."
22 Entonces uno de los soldados que

Jesus stands in front of Caiphas
Matthew 26:57-58 Mark 14:53-54 Luke 22:52-54

19 The head religious leader of the Jews asked Jesus about His followers. He asked Jesus about His teaching.
20 Jesus said: "I have spoken very plain words to the world. I have always taught in the Jewish place of worship and in the house of God. It is where the Jews go all the time. My words have not been said in secret.
21 Why do you ask Me? Ask those who have heard what I said to them. They know what I said."
22 Then one of the soldiers standing

estaba allí le pegó a Jesús una bofetada
y le dijo: "¿Así le hablas al principal de
los dirigentes religiosos?"
23 Jesús le contestó: "Si he dicho alguna cosa equivocada, dime en qué estaba equivocado. Y si he dicho lo que era
correcto, ¿por qué me pegas?"
24 Entonces Anás mandó a Jesús a
Caifás, el principal de los dirigentes
religiosos. Jesús seguía amarrado.
25 Simón Pedro estaba parado allí
calentándose, y ellos le preguntaron:
"¿No eres también uno de sus seguidores?' Él mintió, diciendo que no conocía
a Jesús. Contestó: "¡No, no soy!"
26 Estaba allí un siervo que pertenecía al principal de los jefes religiosos
judíos. Él era de la familia del hombre
a quien Pedro le había cortado una
oreja. Y el hombre dijo: "¿No te vi en
el jardín con él?
27 Otra vez Pedro lo negó, diciendo que no conocía a Jesús. Y en ese
momento, cantó el gallo.

there hit Jesus with his hand. He said:
"Is that how You talk to the head religious leaders?"
23 Jesus said: "If I said anything wrong,
tell Me what was wrong. If I said what
was right, why did you hit Me?"
24 Then Annas sent Jesus to Caiaphas,
the head religious leader. Jesus was still
tied up.
25 Simon Peter was standing there
and getting warm. They said to him:
"Are you not one of His followers
also?" He lied and said he did not know
Jesus and answered: "I am not!"
26 A servant who was owned by the
head religious leader was there. He
was of the family of the man whose ear
Peter cut off. The man said: "Did I not
see you in the garden with Him?"
27 Again Peter lied and said he did not
know Jesus. At once a rooster crowed.

Jesús ante Pilato

Mateo 27:1-2,11-14 Marcos 15:1-5
Lucas 23:1-5

28 Entonces llevaron a Jesús de Caifás
hasta el palacio. Era muy temprano en
la mañana. Ellos no entraron porque su
ley decía que si ellos entraban, serían
contaminados de pecado. Entonces no
podrían tomar parte en la cena religiosa que recordaba cómo los judíos
habían salido de Egipto.
29 Así que Pilato vino a ellos y les
preguntó: "¿Qué es lo que tienen que
decir en contra de este hombre?"
30 Los judíos le dijeron: "Si no hubiera
hecho nada malo, no te lo habríamos
traído."
31 Entonces Pilato les dijo: "Llévenlo y
hagan con él ségun la ley de ustedes."
Los judíos le dijeron: "No nos permiten darle muerte a ninguno."
32 Esto sucedió tal como Jesús dijo

Jesus stands in front of Pilate

Matthew 27:1-2, 11-14 Mark 15:1-5
Luke 23:1-5

28 They led Jesus from Caiaphas
into the court room. It was early in
the morning. They did not go inside
because their Law said if they did they
would become dirty with sin. Then they
would not be able to eat the religious
supper to remember how the Jews left
Egypt.
29 So Pilate came out to them. He
asked: "What have you to say against
the Man?"
30 The Jews said: "If He had not done
wrong, we would not have brought
Him to you."
31 Then Pilate said to them: "Take Him
yourselves and give Him a trial by your
Law." The Jews said to him: "It is against
our Law to put anyone to death."
32 This happened as Jesus said it

que pasaría, cuando él había hablado acerca de la manera en que moriría.

33 Pilato regresó al palacio, llamó a Jesús y le preguntó: "¿Eres tú el Rey de los judíos?"

34 Jesús le contestó: "¿Me preguntas esto por tu cuenta, o es que otros te lo han dicho de mí?"

35 Pilato dijo: "¿Crees tú que soy judío? Tu propia gente, y los jefes religiosos te han entregado a mí. ¿Qué has hecho?"

36 Jesús dijo: "Mi reino no es de este mundo. Si mi reino fuera de este mundo, mis ayudantes pelearían, y yo no sería prisionero de los judíos." Pilato le dijo:

37 "¿Así que eres rey?" Jesús le contestó: "Tienes razón cuando dices que soy rey. Yo nací por esta razón. Vine al mundo por esta razón. Vine a hablar acerca de la verdad. Cualquiera que ama la verdad oye mi voz."

Jesús o Barrabás va a salir libre

Mateo 27:15-26 Marcos 15:6-14
Lucas 23:17-25

38 Pilato dijo a Jesús: "¿Qué es la verdad?" Después que Pilato dijo esto, fue otra vez a los judíos y les dijo: "No lo encuentro culpable.

39 Pero cada año, en la fiesta religiosa que recuerda cómo los judíos salieron de Egipto, se le permite salir libre a un prisionero. ¿Quieren que el Rey de los judíos salga libre?"

40 Entonces dijeron en voz alta: "¡Este hombre no! ¡Suelta a Barrabás!" Barrabás era ladrón.

La corona de espinas

Mateo 27:27-32 Marcos 15:15-21

19 Entonces Pilato llevó a Jesús para que fuera golpeado.

2 Los soldados pusieron en su cabe-

would happen. He had told what kind of death He would die.

33 Then Pilate went back into the court room. He called for Jesus and said to Him: "Are You the King of the Jews?"

34 Jesus said: "Do you ask Me this yourself, or did others say this to you about Me?"

35 Pilate said: "Do you think I am a Jew? Your own people and religious leaders have handed You over to me. What have You done?"

36 Jesus said: "My holy nation does not belong to this world. If My holy nation were of this world, My helpers would fight so I would not be handed over to the Jews. My holy nation is not of this world."

37 Pilate said to Him: "So You are a King?" Jesus said: "You are right when you say that I am a King. I was born for this reason. I came into the world for this reason. I came to speak about the truth. Everyone who is of the truth hears My voice."

Jesus or Barabbas is to go free

Matthew 27:15-26 Mark 15:6-14
Luke 23:17-25

38 Pilate said to Jesus: "What is truth?" After Pilate said this, he went out again to the Jews. He said: "I do not find Him guilty.

39 But every year a man who is in prison is allowed to go free at the special religious gathering to remember how the Jews left Egypt. Do you want the King of the Jews to go free?"

40 Then they spoke with loud voices: "Not this Man, but Barabbas!" Now Barabbas was a robber.

The crown of thorns

Matthew 27:27-32 Mark 15:15-21

19 Then Pilate took Jesus and had Him beaten.

2 The soldiers put a crown of thorns

za una corona de espinas. Y le pusieron una capa morada.

3 Entonces ellos dijeron: "¡Hola, Rey de los judíos!" Y lo golpearon.

4 Pilato volvió a salir y dijo a la gente: "Miren, lo saco fuera para que vean que no lo hallo culpable."

5 Jesús salió. Tenía en su cabeza una corona de espinas y una capa morada. Pilato le dijo a la gente: "¡Miren, este es el hombre!"

Pilato trata de soltar a Jesús

6 Los jefes religiosos y los soldados lo vieron y hablaron con fuertes voces: "¡Clávalo en una cruz! ¡Claválo en una cruz!" Y Pilato les dijo: "Llévenlo ustedes mismos y clávenlo en una cruz. Porque yo no lo hallo culpable."

7 Los judíos le dijeron a Pilato: "Tenemos una ley que dice que éste debe morir, porque ha dicho que es Hijo de Dios."

8 Cuando Pilato les oyó decir esto, tuvo más miedo.

9 Entró en el palacio otra vez y le preguntó a Jesús: "¿De dónde vienes?" Y Jesús no le contestó ni una palabra.

10 Pilato le dijo: "¿A mí no me hablarás? ¿No sabes que tengo el derecho y poder de clavarte en la cruz? Y también tengo el derecho y poder de soltarte."

11 Jesús le contestó: "No tendrías ningún derecho o poder sobre mí, si no te fuere dado por Dios. Por esta razón, el que me entregó a ti tiene mayor pecado.

12 Cuando Pilato oyó esto, quiso soltar a Jesús; pero los judíos seguían diciendo: "Si dejas a este hombre libre, no eres amigo del César! Cualquiera que se hace a sí mismo como un rey está trabajando contra César.

13 Cuando Pilato oyó esto, mandó traer a Jesús ante él. Pilato se sentó en el lugar donde a los hombres les dicen

on His head. They put a purple coat on Him.

3 Then they said: "Hello, King of the Jews!" and hit Him with their hands.

4 Pilate went out again and said to the people: "See, I bring Him out to you so you will know I do not find Him guilty."

5 Jesus came out. He had on the crown of thorns and a purple coat. Pilate said to the people: "See! This is the Man!"

Pilate tries to let Jesus go free

6 The religious leaders and the soldiers saw Him. They spoke with loud voices: "Nail Him to a cross! Nail Him to a cross!" Pilate said: "Take Him yourselves and nail Him to a cross. As for me, I do not find Him guilty."

7 The Jews said to Pilate: "We have a Law that says He should die because He has said He is the Son of God."

8 When Pilate heard them say this, he was more afraid.

9 He went into the court room again. He said to Jesus: "Where do You come from?" Jesus did not say a word.

10 Pilate said: "Will You not speak to me? Do You not know that I have the right and the power to nail You to a cross? I have the right and the power to let You go free also."

11 Jesus said: "You would not have any right or power over Me if it were not given you from above. For this reason the one who handed Me over to you has the worse sin."

12 When Pilate heard this, he wanted to let Jesus go free. But the Jews kept saying: "If you let this man go free, you are not a friend of Caesar! Whoever makes himself as a king is working against Caesar."

13 When Pilate heard this, he had Jesus brought in front of him. Pilate sat down at the place where men stand in front of

si son culpables o no. El lugar es llamado el Piso de Piedra.
14 Era cerca de mediodía el día de
preparación para la gran fiesta religiosa
que recordaba cómo los judíos habían
salido de Egipto. Pilato les dijo a los
judíos: "¡Miren a su rey!"
15 Ellos dijeron en voz alta: "¡Sáquen-
lo! ¡Clávenlo en la cruz!" Pilato les dijo:
"¿Quieren que clave a su rey en la
cruz?" Y el principal de los jefes religiosos dijo: "¡No tenemos otro rey que
César!"
16 Entonces Pilato se lo entregó para
ser clavado en la cruz. Ellos tomaron a
Jesús y se lo llevaron.

Jesús en la cruz

Mateo 27:33-37 Marcos 15:22-26
Lucas 23:26-38

17 Jesús cargó su propia cruz a un
monte llamado el Lugar de la Calavera.
18 Allí lo clavaron en la cruz. Con él,
había otros dos hombres, uno a cada
lado.
19 Entonces Pilato puso un rótulo en
la cruz que decía: Jesús DE NAZARET,
EL REY DE LOS JUDÍOS.
20 Y éste fue leído por muchos de los
judíos. El lugar donde Jesús fue clavado
en la cruz estaba cerca de la ciudad. El
rótulo que pusieron sobre la cruz estaba escrito en los idiomas hebreo, latín
y griego.
21 Entonces el principal de los dirigentes religiosos le dijo a Pilato: "No escribas, '¡Rey de los judíos!' Escribe, 'él dijo:
Yo soy rey de los judíos.'"
22 Pero Pilato les dijo: "¡Lo que he
escrito se va a quedar tal como está!"

Ellos dividieron sus ropas

Mateo 27:35 Marcos 15:24

23 Los soldados que clavaron a Jesús
en la cruz tomaron sus ropas y las dividieron en cuatro partes. A cada soldado le tocó una parte. Pero su capa no

him if they are thought to be guilty. The
place is called the Stone Floor.
14 It was the day to get ready for the
special religious gathering to remember
how the Jews left Egypt. It was about
noon. Pilate said to the Jews: "See, your
king!"
15 They spoke with a loud voice:
"Take Him away! Nail Him to a cross!"
Pilate said to them: "Do you want me
to nail your king to a cross?" The head
religious leaders said: "We have no
king but Caesar!"
16 Then Pilate handed Him over to be
nailed to a cross. They took Jesus and
led Him away.

Jesus on the cross

Matthew 27:33-37 Mark 15:22-26
Luke 23:26-38

17 Jesus carried His own cross to a hill
called the Place of the Skull.
18 There they nailed Him to the cross.
With Him were two others. There was
one on each side of Jesus.
19 Then Pilate put a writing on the
cross which said, JESUS OF NAZA-
RETH, THE KING OF THE JEWS.
20 This was read by many of the Jews.
The place where Jesus was nailed to
the cross was near the city. The writing was written in the Hebrew and the
Latin and the Greek languages.
21 Then the head religious leaders of
the Jews said to Pilate: "Do not write,
'The King of the Jews'! Write, 'He said,
I am the King of the Jews.' "
22 Pilate said: "What I have written is
to stay just as it is!"

They divided His clothes

Matthew 27:35 Mark 15:24

23 The soldiers who nailed Jesus to
the cross took His clothes and divided
them in four parts, each soldier getting
one part. But His coat which was not

estaba cosida, sino hecha de una sola
pieza.
24 Se dijeron uno al otro: "Dejémosla
sin cortar. Vamos a sortear los nombres para ver quién se queda con ella."
Esto pasó como las sagradas escrituras dijeron que iba a pasar: "Y dividieron mis ropas entre ellos y sortearon mi capa" Salmo 22:18
25 Y esto fue lo que los soldados hicieron.

Las mujeres y la cruz

Mateo 27:55-56 Marcos 15:40-41

Estaban cerca de la cruz, la madre de Jesús y María, hermana de su madre y esposa de Cleofas. También María Magdalena estaba allí.
26 Jesús vio que estaban cerca su madre y uno de sus seguidores, a quien él amó. Y le dijo a su madre: "Mujer, allí está tu hijo."
27 Entonces Jesús le dijo a su seguidor: "Allí está tu madre." Desde ese tiempo este seguidor de Jesús la llevó a su propia casa.

La muerte de Jesús

Mateo 27:45-50 Marcos 15:33-36
Lucas 23:44-49

28 Jesús sabía que ahora todo estaba terminado. Todo pasó como las sagradas escrituras habían dicho que iba a pasar. Él dijo: "Tengo sed." Salmo 69:21
29 Había cerca una jarra llena de vinagre. Empaparon una esponja, la pusieron sobre un palo y se la colocaron en su boca.
30 Jesús bebió el vinagre y dijo: "Está terminado." Y bajando su cabeza, murío.
31 Esto fue antes del día de la gran fiesta religiosa que recordaba cómo los judíos salieron de Egipto. El siguiente día era de descanso y de la fiesta religiosa. Los judíos fueron a Pilato y le

sewed was made in one piece.
24 They said to each other: "Let us not cut it up. Let us draw names to see whose it should be." This happened as the Holy Writings said it would happen: "They divided My clothes among them and they drew names for My coat." Psalm 22:18
25 This is what the soldiers did.

The women at the cross

Matthew 27:55-56 Mark 15:40-41

The mother of Jesus and her sister Mary, the wife of Cleophas, were standing near the cross. Mary Magdalene was there also.
26 Jesus saw His mother and the follower whom He loved standing near. He said to His mother: "Woman, look at your son."
27 Then Jesus said to the follower: "Look at your mother." From that time the follower took her to his own house.

The death of Jesus

Matthew 27:45-50 Mark 15:33-36
Luke 23:44-49

28 Jesus knew that everything was now finished. Everything happened as the Holy Writings said it would happen. He said: "I am thirsty." Psalm 69:21
29 There was a jar full of sour wine near. They filled a sponge and put it on a stick and put it to His mouth.
30 Jesus took the sour wine and said: "It is finished." He put His head down and gave up His spirit and died.
31 This was the day before the special religious gathering to remember how the Jews left Egypt. The next day was the Day of Rest and the great day of the religious gathering. The Jews went

pidieron quebraran las piernas de los hombres. Ellos querían que sus cuerpos fueran quitados, porque no querían dejarlos colgando de las cruces el día de descanso.
32 Entonces los soldados vinieron y quebraron las piernas del primer hombre y del otro, quienes habían sido clavados en las cruces a los dos lados de Jesús.
33 Pero cuando se acercaron a Jesús y vieron que ya estaba muerto, no le quebraron sus piernas.
34 Sin embargo, los soldados le clavaron una lanza en el costado, y salió sangre y agua.
35 Aquel que lo vio está escribiendo esto y lo que él dice es verdad. Él sabe que está diciendo la verdad para que ustedes puedan creerlo.
36 Estas cosas pasaron como las sagradas escrituras habían dicho que pasarían: "Ninguno de sus huesos sería quebrado" Éxodo 12:46
37 Y en otro lugar las sagradas escrituras dicen: "Verán a él cuyo costado han herido." Zacarías 12:10

La tumba de Jesús
Mateo 27:57-66 Marcos 15:42-47 Lucas 23:50-56

38 José era del pueblo de Arimatea. Fue seguidor de Jesús pero en secreto porque tenía miedo a los judíos. Él preguntó a Pilato si podía llevarse el cuerpo de Jesús. Pilato le dio permiso. Entonces José vino y se lo llevó.
39 También vino Nicodemo, el que había ido a hablar con Jesús de noche. Trajo con él una caja grande de perfume.
40 Entonces ellos ungieron el cuerpo de Jesús con los perfumes y lo envolvieron en lienzos de lino. De este modo los judíos preparaban el cuerpo para el entierro.

to Pilate and asked to have the legs of the men broken. They wanted their bodies taken away so they would not be hanging on the crosses on the Day of Rest.
32 Then the soldiers came and broke the legs of the first man and of the other one who had been nailed to crosses beside Jesus.
33 They came to Jesus. They saw He was already dead so they did not break His legs.
34 But one of the soldiers pushed a spear into His side. Blood and water ran out.
35 The one who saw it is writing this and what he says is true. He knows he is telling the truth so you may believe.
36 These things happened as the Holy Writings said they would happen: "Not one of His bones will be broken." Exodus 12:46
37 And in another place the Holy Writings say: "They will look at Him Whose side they cut." Zechariah 12:10

The grave of Jesus
Matthew 27:57-66 Mark 15:42-47 Luke 23:50-56

38 Joseph was from the town of Arimathea. He was a follower of Jesus but was afraid of the Jews. So he worshiped without anyone knowing it. He asked Pilate if he could take away the body of Jesus. Pilate said he could. Then Joseph came and took it away.
39 Nicodemus came also. The first time he had come to Jesus had been at night. He brought with him a large box of spices.
40 Then they took the body of Jesus with the spices and put it in linen cloths. This was the way the Jews made a body ready for the grave.

41 Había un jardín cerca al lugar donde él había sido clavado en la cruz. En el jardín había una tumba nueva, en el lado de una roca. Nadie había sido puesto allí.

42 Porque este lugar estaba cerca, y porque era el día en que los judíos se preparaban para la gran fiesta religiosa, allí pusieron el cuerpo de Jesús.

Jesús se levanta de la tumba

Mateo 28:1-10 Marcos 16:1-8
Lucas 24:1-12

20 El primer día de la semana, muy temprano en la mañana, cuando todavía estaba oscuro, María Magdalena vino a la tumba. ¡Vio que la piedra estaba quitada de la entrada!

2 Entonces corrió a donde estaban Simón Pedro y otro de los seguidores, el que Jesús amó, y les dijo: "Sacaron al Señor de la tumba, y no sabemos dónde lo pusieron."

3 Entonces Pedro y el otro seguidor fueron a la tumba.

4 Corrieron, pero el otro corrió más rápido que Pedro y llegó a la tumba primero.

5 Se agachó a mirar y vio los lienzos de lino, pero no entró.

6 Entonces llegó Simón Pedro. Él entró en la tumba y vio los lienzos de lino tirados allí.

7 El lienzo blanco que había estado alrededor de la cabeza de Jesús no estaba con los otros lienzos de lino. Estaba solo, aparte.

8 Entonces el otro seguidor, el que había llegado primero, también entró, vio y creyó.

9 Todavía no entendían lo que las sagradas escrituras querían decir acerca de que él iba a levantarse de la muerte.

10 Entonces los seguidores de Jesús regresaron otra vez a sus casas.

11 María estaba fuera de la tumba

41 There was a garden near the place where He had been nailed to the cross. In the garden there was a new grave in the side of the hill. No one had ever been laid there.

42 This place was near by. Because it was the day the Jews got ready for the special religious gathering, they laid Jesus in it.

Jesus is raised from the grave

Matthew 28:1-10 Mark 16:1-8
Luke 24:1-12

20 It was the first day of the week. Mary Magdalene came to the grave early in the morning while it was still dark. She saw that the stone had been pushed away from the grave.

2 She ran to Simon Peter and the other follower whom Jesus loved. She said to them: "They have taken the Lord out of the grave. We do not know where they have put Him."

3 Then Peter and the other follower went to the grave.

4 They ran but the other follower ran faster than Peter and came to the grave first.

5 He got down and looked in and saw the linen cloths but did not go in.

6 Then Simon Peter came and went into the grave. He saw the linen cloths lying there.

7 The white cloth that had been around the head of Jesus was not lying with the other linen cloths. It was rolled up and lying apart by itself.

8 Then the other follower, who had come first, went in also. He saw and believed.

9 They still did not understand what the Holy Writings meant when they said that He must rise again from the dead.

10 Then the followers went back again to their homes.

11 Mary stood outside the grave crying.

llorando. Y mientras lloraba, se agachó y vio dentro de la tumba.

12 Vio dos ángeles vestidos de lino blanco. Estaban sentados donde el cuerpo de Jesús había estado. Un ángel estaba donde su cabeza había estado, y el otro estaba donde habían estado sus pies.

13 Ellos le preguntaron: "Mujer, ¿por qué estás llorando?" Y ella les contestó: "Porque se llevaron a mi Señor, y no sé dónde lo pusieron."

14 Después de decir esto se dio vuelta y vio a Jesús parado allí, pero no sabía que era Jesús.

15 Él le preguntó: "Mujer, ¿Por qué estás llorando? ¿A quién buscas?" Ella pensó que era el hombre que cuidaba el jardín y le dijo: "Señor, si tú te has llevado a Jesús de aquí, dime dónde lo pusiste, y yo me lo llevaré."

16 Jesús le dijo: "¡María!" Ella volteó y le dijo: "¡Maestro!"

17 Jesús le dijo: "No me toques porque aún no he subido a mi Padre. Pero ve a mis hermanos y diles que iré a mi Padre que es su Padre, y a mi Dios que es su Dios."

18 María Magdalena fue y les dijo a los seguidores de Jesús que ella había visto al Señor. Y les contó las cosas que él le había dicho.

Jesús es visto por sus once seguidores —excepto Tomás

19 Era la noche del primer día de la semana. Los seguidores de Jesús se habían reunido, a puerta cerrada, porque tenían miedo a los judíos. Jesús vino y estuvo entre ellos. Les dijo: "Paz tengan ustedes."

20 Después de que hubo dicho esto, les mostró sus manos y su costado. Cuando los seguidores vieron al Señor, se llenaron de gozo.

As she cried, she got down and looked inside the grave.

12 She saw two angels dressed in white clothes. They were sitting where the body of Jesus had lain. One angel was where His head had lain and one angel was where His feet had lain.

13 They said to her: "Woman, why are you crying?" She said to them: "Because they have taken away my Lord. I do not know where they have put Him."

14 After saying this, she turned around and saw Jesus standing there. But she did not know that it was Jesus.

15 He said to her: "Woman, why are you crying? Who are you looking for?" She thought He was the man who cared for the garden. She said to Him: "Sir, if you have taken Jesus from here, tell me where you have put Him. I will take Him away."

16 Jesus said to her: "Mary!" She turned around and said to Him: "Teacher!"

17 Jesus said to her: "Do not hold on to Me. I have not yet gone up to My Father. But go to My brothers. Tell them that I will go up to My Father and your Father, and to My God and your God!"

18 Mary Magdalene went and told the followers that she had seen the Lord. She told them the things He had said to her.

Jesus was seen by His followers —Thomas was not there

19 It was evening of the first day of the week. The followers had gathered together with the doors locked because they were afraid of the Jews. Jesus came and stood among them. He said: "May you have peace."

20 When He had said this, He showed them His hands and His side. When the followers saw the Lord, they were filled with joy.

Jesús manda a sus seguidores a predicar

Mateo 28:16-20 Marcos 16:15-18
Lucas 24:44-49

21 Entonces Jesús les dijo otra vez: "Paz
sea con ustedes. Así como el Padre me
envió, yo también los envío."
22 Después que Jesús había dicho
esto, sopló sobre ellos y les dijo: "Reciban el Espíritu Santo.
23 Si ustedes dicen que la gente está
libre de pecados, quedarán libres de
ellos. Y si ustedes dicen que no son
libres de pecados, ellos seguirán en sus
pecados."

Tomás no cree que Jesús se levantó de la muerte

Marcos 16:9-14 Lucas 24:13-43

24 Cuando Jesús vino, Tomás no estaba con ellos. Él era uno de los doce
seguidores y era llamado el gemelo.
25 Los otros seguidores le dijeron:
"¡Hemos visto al Señor!" Y él les dijo:
"No creeré hasta que vea las marcas
hechas por los clavos de sus manos. No
creeré hasta que meta mi dedo en las
marcas de los clavos. No creeré hasta
que ponga mi mano en su costado."

Jesús es visto otra vez por todos sus once seguidores

26 Ocho días después los seguidores
de Jesús estaban dentro de una casa,
y Tomás estaba con ellos. La puerta
estaba cerrada. Jesús vino y se paró en
medio de ellos, diciéndoles: "¡Paz tengan ustedes!"
27 Y le dijo a Tomás: "Pon tu dedo
en mis manos. Y pon tu mano en mi
costado. No dudes. ¡Cree!"
28 Tomás le dijo: "¡Mi Señor y mi
Dios!"
29 Jesús le dijo: "Tomás, porque me
viste has creído. ¡Felices los que no me
han visto y sin embargo, creen!"

30 Jesús hizo muchas obras poderosas

Jesus sends His followers to preach

Matthew 28:16-20 Mark 16:15-18
Luke 24:44-49

21 Then Jesus said to them again: "May
you have peace. As the Father has sent
Me, I also am sending you."
22 When Jesus had said this, He
breathed on them. He said: "Receive
the Holy Spirit.
23 If you say that people are free of
sins, they are free of them. If you say
that people are not free of sins, they
still have them."

Thomas does not believe Jesus is raised from the dead

Mark 16:9-14 Luke 24:13-43

24 Thomas was not with them when
Jesus came. He was one of the twelve
followers and was called the Twin.
25 The other followers told him: "We
have seen the Lord!" He said to them:
"I will not believe until I see the marks
made by the nails in His hands. I will
not believe until I put my finger into the
marks of the nails. I will not believe until
I put my hand into His side."

Jesus was seen again by His followers, Thomas was there

26 Eight days later the followers were
again inside a house. Thomas was with
them. The doors were locked. Jesus
came and stood among them. He said:
"May you have peace!"
27 He said to Thomas: "Put your finger into My hands. Put your hand into
My side. Do not doubt, believe!"
28 Thomas said to Him: "My Lord and
my God!"
29 Jesus said to him: "Thomas, because
you have seen Me, you believe. Those
are happy who have never seen Me
and yet believe!"
30 Jesus did many other powerful

delante de sus seguidores que no están escritas en este libro.

31 Pero éstas se han escrito para que ustedes crean que Jesús es el Cristo, el Hijo de Dios. Y cuando ustedes crean en él, tendrán, por su nombre, vida que dura para siempre.

El Cristo levantado habla con sus seguidores

21 Después de esto, Jesús se mostró a sus seguidores. El lugar fue el lago de Tiberias, otras veces llamado el lago de Galilea. Pasó así:

2 Simón Pedro, Tomás llamado el gemelo, Natanael del pueblo de Caná del país de Galilea, los hijos de Zebedeo y otros dos de los seguidores de Jesús estaban todos juntos.

3 Simón Pedro les dijo: "Voy a pescar." Los otros dijeron: "Iremos contigo." Entonces se fueron y entraron en el barco. Pero esa noche, no pescaron nada.

4 Temprano en la mañana Jesús estuvo en la orilla del lago. Sus seguidores no sabían que era Jesús.

5 Entonces Jesús les dijo: "Muchachos, ¿han pescado algo?" Ellos dijeron: "No."

6 Y él les dijo: "Echen la red del lado derecho del barco y entonces podrán pescar." Echaron la red y ¡no podían sacarla porque estaba llena de pescados!

7 Entonces el seguidor a quien Jesús amaba le dijo a Pedro: "¡Es el Señor!" Cuando Pedro oyó que era el Señor, se puso su ropa exterior (pues se la había quitado) y se tiró al agua.

8 Los otros seguidores de Jesús llegaron a la orilla en el barco tirando la red, llena de pescados, pues no estaban lejos de la playa.

9 Cuando se bajaron del barco vieron pescado y pan sobre las brasas.

10 Jesús les dijo: "Traigan algunos de los pescados que acaban de pescar."

works in front of His followers. They are not written in this book.

31 But these are written so you may believe that Jesus is the Christ, the Son of God. When you put your trust in Him, you will have life that lasts forever through His name.

The risen Christ talks to His followers

21 After this, Jesus again showed Himself to His followers at the lake of Tiberias. It happened like this:

2 Simon Peter and Thomas who was called the Twin and Nathanael from the town of Cana in the country of Galilee and the sons of Zebedee and two other followers were all together.

3 Simon Peter said to them: "I am going fishing." The others said: "We will go with you." They went out and got into a boat. That night they caught no fish.

4 Early in the morning Jesus stood on the shore of the lake. The followers did not know it was Jesus.

5 Then Jesus said to them: "Children, do you have any fish?" They said: "No."

6 He said to them: "Put your net over the right side of the boat. Then you will catch some fish." They put out the net. They were not able to pull it in because it was so full of fish.

7 Then the follower whom Jesus loved said to Peter: "It is the Lord!" When Peter heard it was the Lord, he put on his fisherman's coat. (He had taken it off.) Then he jumped into the water.

8 The other followers came in the boat. They were pulling the net with the fish. They were not far from land, only a little way out.

9 When they came to land they saw fish and bread on a fire.

10 Jesus said to them: "Bring some of the fish you have just caught."

11 Simón Pedro salió y tiró la red a la
tierra. Había 153 pescados grandes. Y
la red no se rompió, a pesar de tener
tantos.
12 Jesús les dijo: "Vengan y coman."
Ninguno de sus seguidores preguntaba:
"¿Quién eres tú?", porque ellos sabían
que era el Señor.
13 Jesús vino y tomó pan y pescado y
se los dio.
14 Esta fue la tercera vez que Jesús se
mostró a sus seguidores después de
haber sido levantado de la muerte.

El Cristo levantado habla a Pedro

15 Cuando estaban comiendo el
pescado, Jesús le dijo a Simón Pedro:
"Simón, hijo de Jonás, ¿me amas más
que éstos?" Pedro le contestó: "Sí,
Señor, tú sabes que te quiero." Jesús le
dijo: "Alimenta mis corderos."
16 Jesús le dijo a Pedro por segunda
vez: "Simón, hijo de Jonás, ¿me amas?,
Sí, Señor, tú sabes que te quiero." Jesús
le dijo: "Cuida mis ovejas."

17 Jesús le dijo a Pedro por tercera
vez: "Simón, hijo de Jonás, ¿me amas?"
Pedro se puso triste porque Jesús le
preguntó por tercera vez: "¿Me amas?"
y le contestó: "Señor, tú conoces todas
las cosas. Y sabes que te quiero." Jesús
le dijo: "Alimenta mis ovejas.
18 En verdad te digo, cuando eras
joven, te ponías tu cinto y te ibas a donde querías. Cuando seas viejo, exten-
derás tus manos, algún otro te pondrá
tu cinto, y te llevará a donde no quieras
ir."

19 Él le dijo esto a Pedro para decirle la clase de muerte que tendría, en
honor a Dios. Después que Jesús habló
esto, le dijo a Pedro: "Sígueme."
20 Pedro volteó y vio al seguidor a
quien Jesús amaba, siguiéndole. Este
era el que había estado al lado de Jesús

11 Simon Peter went out and pulled
the net to land. There were 153 big
fish. The net was not broken even with
so many.
12 Jesus said to them: "Come and
eat." Not one of the followers would
ask: "Who are You?" They knew it was
the Lord.
13 Jesus came and took bread and fish
and gave it to them.
14 This was the third time Jesus had
shown Himself to His followers after
He had risen from the dead.

The risen Christ talks to Peter

15 When they were finished eating,
Jesus said to Simon Peter: "Simon, son
of John, do you love Me more than
these?" Peter answered Jesus: "Yes,
Lord, You know that I love You." Jesus
said to him: "Feed My lambs."
16 Jesus said to Peter the second time:
"Simon, son of John, do you love Me?"
He answered Jesus: "Yes, Lord, You
know that I love You." Jesus said to him:
"Take care of My sheep."
17 Jesus said to Peter the third time:
"Simon, son of John, do you love Me?"
Peter felt bad because Jesus asked him
the third time: "Do you love Me?"
He answered Jesus: "Lord, You know
everything. You know I love You." Jesus
said to him: "Feed My sheep.
18 For sure, I tell you, when you were
young, you put on your belt and went
wherever you wanted to go. When you
get old, you will put out your hands and
someone else will put on your belt and
take you away where you do not want
to go."
19 He said this to tell Peter what kind
of death he would die to honor God.
After Jesus said this, He said to Peter:
"Follow Me."
20 Peter turned around. He saw the
follower whom Jesus loved, following.
This one had been beside Jesus at the

en la cena, aquel que le preguntó a Jesús: "Señor, ¿quién te entregará?"

21 Pedro lo vio y le preguntó a Jesús: "Pero, Señor, ¿qué le va a pasar a éste?"

22 Jesús le dijo: "Si yo quiero que éste espere hasta que yo venga, ¿qué te interesa a ti? Tú sígueme."

23 Así que las nuevas se corrieron entre los seguidores de Jesús, que este seguidor no moriría. Pero Jesús no dijo que no moriría, sino: "Si yo quiero que espere hasta que yo venga, ¿qué te interesa a ti?"

Juan cuenta que él escribió este libro

24 Este es el seguidor que está contando estas cosas, quien las escribió. Sabemos que su palabra es verdad.

25 Hay muchas otras cosas que también hizo Jesús. Si todas estuvieran escritas, creo que en el mundo no cabrían los libros que serían escritos.

supper. This is the one who had asked Jesus: "Lord, who will hand You over?"

21 Peter saw him and said to Jesus: "But Lord, what about this one?"

22 Jesus said: "If I want this one to wait until I come, what is that to you? You follow Me."

23 So the news spread among the followers that this follower would not die. But Jesus did not say to him that he would not die. He said: "If I want him to wait until I come, what is that to you?"

John tells that he wrote this book

24 This is the follower who is telling of these things and who has written them. We know that his word is true.

25 There are many other things which Jesus did also. If they were all written down, I do not think the world itself could hold the books that would be written.

Hechos

Lucas le escribe a Teófilo

1 Querido Teófilo: En mi primer escrito hablé de todas las cosas que Jesús hizo y enseñó desde el principio,

2 hasta que se fue al cielo. Él habló a sus misioneros por medio del Espíritu Santo y les dijo a éstos, sus escogidos, qué debían hacer.

3 Había sufrido mucho y había muerto; pero después, se mostró vivo otra vez. Durante cuarenta días, dio pruebas seguras que había sido levantado de los muertos y habló a sus seguidores acerca del reino de Dios.

Jesús habla, antes de irse con el Padre

4 Cuando estaban todos juntos con él, les dijo: "No se vayan de Jerusalén. Esperen lo que el Padre ha prometido y de lo cual yo ya les he hablado.

5 Porque Juan el bautista bautizaba con agua; pero, en unos días, ustedes serán bautizados con el Espíritu Santo."

6 Los que estaban con él le preguntaron: "Señor, ¿ha llegado el tiempo en que le devuelvas su nación a los judíos?"

7 Jesús les respondió: "No les toca a ustedes saber los días ni los momentos especiales que el Padre estableció con su poder.

8 "Pero recibirán poder cuando el Espíritu Santo venga a sus vidas. Entonces hablarán de mí en la ciudad de Jerusalén, en los países de Judea y Samaria y hasta lo último de la tierra."

Jesús se va con el Padre

9 Después de decir eso y mientras todos lo miraban, subió al cielo. Una nube lo cubrió, y no le vieron más.

Acts

Luke writes to Theophilus

1 Dear Theophilus, in my first writings I wrote about all the things Jesus did and taught from the beginning

2 until the day He went to heaven. He spoke to the missionaries through the Holy Spirit. He told those whom He had chosen what they should do.

3 After He had suffered much and then died, He showed Himself alive in many sure ways for forty days. He told them many things about the holy nation of God.

Jesus speaks before He goes to be with the Father

4 As they were gathered together with Him, He told them: "Do not leave Jerusalem. Wait for what the Father has promised. You heard Me speak of this.

5 For John the Baptist baptized with water but in a few days you will be baptized with the Holy Spirit."

6 Those who were with Him asked: "Lord, is this the time for You to give the nation back to the Jews?"

7 He said: "It is not for you to know the special days or the special times which the Father has put in His own power.

8 "But you will receive power when the Holy Spirit comes into your life. You will tell about Me in the city of Jerusalem and over all the countries of Judea and Samaria and to the ends of the earth."

Jesus goes to be with the Father

9 When Jesus had said this and while they were still looking at Him, He was taken up. A cloud carried Him away so they could not see Him.

10 Estaban todavía mirando al cielo, viendo que se iba, cuando de pronto, dos hombres vestidos de blanco se pusieron junto a ellos

11 y dijeron: "Hombres de Galilea, ¿por qué miran al cielo? Este mismo Jesús a quien han visto irse al cielo volverá en la misma forma en que lo han visto."

10 They were still looking up to heaven, watching Him go. All at once two men dressed in white stood beside them.

11 They said: "You men of the country of Galilee, why do you stand looking up into heaven? This same Jesus Who was taken from you into heaven will return in the same way you saw Him go up into heaven."

Elección de Matías para ocupar el lugar de Judas

12 Los seguidores regresaron a Jerusalén desde el monte de los Olivos, que está cerca de Jerusalén.

13 Al entrar en la ciudad, subieron a un cuarto en el piso alto y se quedaron allí. Los misioneros eran Pedro, Jacobo, Juan, Andrés, Felipe, Tomás, Bartolomé, Mateo, Jacobo hijo de Alfeo, Simón Zelotes y Judas, el hermano de Jacobo.

14 Todos ellos estaban de acuerdo y en oración. Las mujeres, María, la madre de Jesús, y sus hermanos, también estaban allí.

15 Cierto día, Pedro se levantó en medio de los seguidores, se puso enfrente (había unas ciento veinte personas reunidas) y dijo:

16 "Hombres y hermanos, ha ocurrido lo que las sagradas escrituras dicen que iba a pasar, cuando el Espíritu Santo habló, por medio de David, acerca de Judas, el que entregó a Jesús en manos de los que querían prenderlo.

17 Judas era uno de nuestro grupo. Tenía parte en nuestro trabajo.

18 Pero con el dinero que recibió por su pecado, compró un campo. Más tarde se cayó de cabeza, su cuerpo se reventó y sus entrañas se desparramaron.

19 Toda la gente de Jerusalén lo supo, y por ella, llamaron a ese lugar Campo de Sangre.

Matthias is chosen to take the place of Judas

12 The followers went back to Jerusalem from the Mount of Olives, which is close to Jerusalem.

13 When they came into the city, they went up to a room on the second floor where they stayed. The followers were Peter and John, James and Andrew, Philip and Thomas, Bartholomew and Matthew, James the son of Alphaeus, Simon the Canaanite, and Judas the brother of James.

14 These all agreed as they prayed together. The women and Mary the mother of Jesus and His brothers were there.

15 On one of those days Peter got up in front of the followers. (There were about 120 people there.) He said,

16 "Men and brothers, it happened as the Holy Writings said it would happen which the Holy Spirit spoke through David. They told about Judas who would hand Jesus over to those who wanted to take Him.

17 Judas was one of our group and had a part in our work.

18 This man bought a field with the money he received for his sin. And falling down head first, his body broke open and his insides ran out.

19 All the people of Jerusalem knew about this. They called the place Field of Blood.

20 Porque está escrito en el libro de los Salmos: 'Que su habitación quede desierta y que nadie viva en ella' y 'que otra persona se encargue de su trabajo.' Salmo 69:25;109:8

21 "Es necesario, pues, que el hombre que ocupe el lugar dejado por Judas sea uno de los que iban con nosotros, cuando el Señor Jesús andaba entre nosotros.

22 Debe ser uno que ha estado con Jesús desde el día en que él fue bautizado por Juan, hasta el día en que se elevó de entre nosotros. Por lo tanto, debemos agregar uno de ellos a nuestro grupo, para que les diga a otros que vio a Jesús levantado de entre los muertos."

23 Presentaron a dos, a José, llamado también Barsabás el Justo, y a Matías.

24 Entonces, los misioneros oraron, diciendo: "Señor, tú que conoces los corazones de todos los hombres, muéstranos a cuál de estos dos has escogido,

25 para que tome el lugar de Judas en este trabajo y sea misionero. Judas perdió su lugar y se fue a donde debía ir, por su pecado."

26 Entonces, determinaron y fue elegido Matías, al que contaron junto con los otros once misioneros.

El Espíritu Santo viene a los seguidores de Jesús

2 Los seguidores de Jesús estaban todos reunidos en el mismo lugar, cincuenta días después de la fiesta religiosa que recuerda la manera en que los judíos salieron de Egipto.

2 De pronto, llegó del cielo un ruido como el de un viento muy fuerte que llenó la casa en que estaban.

3 Entonces, vieron lenguas repartidas, que eran como de fuego y que se posaron sobre cada uno de ellos.

20 For it is written in the Book of Psalms, `Let his place of living be empty and let no one live there,' and, 'Let another person take over his work.' Psalm 69:25;109:8

21 "The man to take the place of Judas should be one of these men who walked along with us when the Lord Jesus was with us.

22 He must have been with Jesus from the day He was baptized by John to the day He was taken up from us. So one of these should be added to our group who will tell others that he saw Jesus raised from the dead."

23 They brought two men in front of them. They were Joseph, also called Barsabbas Justus, and Matthias.

24 Then the followers prayed, saying: "Lord, You know the hearts of all men. Show us which of these two men You have chosen.

25 He is to take the place of Judas in this work and be a missionary. Judas lost his place and went where he belonged because of sin."

26 Then they drew names and the name of Matthias was chosen. He became one with the eleven missionaries.

The Holy Spirit comes on the followers of Jesus

2 The followers of Jesus were all together in one place fifty days after the special religious gathering to remember how the Jews left Egypt.

2 All at once there was a sound from heaven like a powerful wind. It filled the house where they were sitting.

3 Then they saw tongues which were divided that looked like fire. These came down on each one of them.

4 Todos fueron llenos del Espíritu Santo y comenzaron a hablar en otras lenguas, según el Espíritu Santo los capacitó.

5 Había en Jerusalén muchos judíos religiosos que habían venido de todos los países del mundo.

6 Ellos, al oír aquel extraño ruido, se reunieron, prestaron atención y se sorprendieron mucho al oír palabras en sus propias lenguas.

7 Se maravillaron y se hicieron preguntas a ese respecto: "¿No son galileos los que están hablando?

8 ¿Cómo es posible, entonces, que cada uno de nosotros los entienda en su propia lengua?

9 Somos de los países de Partia, Media, Elam, Mesopotamia, Judea, Capadocia, Ponto, Asia,

10 Frigia, Panfilia, Egipto, Libia y Cirene. Otros han llegado de la ciudad de Roma. Hay entre nosotros judíos de nacimiento y otros por conversión.

11 Hay también ciudadanos cretenses y árabes. ¡Y a todos nosotros nos están hablando de las obras poderosas de Dios, en nuestras propias lenguas!"

12 Estaban muy sorprendidos y confusos, diciéndose unos a otros: "¿Qué es esto?"

13 Pero otros se reían y burlándose dijeron: "Esos hombres están llenos de vino nuevo."

Pedro predica ha sucedido lo que el antiguo predicador Joel dijo que pasaría

14 Entonces, Pedro se puso en pie, junto con los otros once misioneros y habló, con voz fuerte: "Hombres de la región de Judea y todos los que están en Jerusalén, quiero que sepan lo que está ocurriendo. Por lo tanto, escuchen lo que voy a decirles.

4 They were all filled with the Holy Spirit. Then they began to speak in other languages which the Holy Spirit made them able to speak.

5 There were many religious Jews staying in Jerusalem. They were from every country of the world.

6 When they heard this strange sound, they gathered together. They all listened! It was hard for them to believe they were hearing words in their own language.

7 They were surprised and wondered about it. They said to each other: "Are not these Galileans who are speaking?

8 How is it that each one of us can hear his own language?

9 We are Parthians and Medes, Elamites and from the countries of Mesopotamia, Judea and Cappadocia, Pontus and in the countries of Asia,

10 Phrygia and Pamphylia, Egypt and the parts of Libya near Cyrene. Some have come from the city of Rome. Some are Jews by birth and others have become Jews.

11 Some are also men of the countries of Crete and Arabia. They are speaking of the powerful works of God to all of us in our own language!"

12 They were all surprised and wondered about this. They said to each other: "What can this mean?"

13 But others laughed and made fun, saying: "These men are full of new wine."

Peter preaches what Joel said would happen has happened

14 Then Peter stood up with the eleven missionaries and spoke with a loud voice: "Men of the country of Judea and all of you who are living in Jerusalem, I want you to know what is happening. So listen to what I am going to say.

15 Estos hombres no están borrachos, como ustedes creen. Apenas son las nueve de la mañana.

16 Joel, el antiguo predicador, dijo que esto iba a pasar.

17 Dios dice por Joel: 'En los últimos días, derramaré de mi Espíritu sobre todos los hombres. Entonces, sus hijos e hijas hablarán las palabras de Dios. Sus jóvenes verán lo que Dios permita que vean, y sus ancianos tendrán sueños.

18 Sí, en esos días enviaré mi Espíritu sobre todos los que me pertenecen, hombres y mujeres, que hablarán la palabra de Dios.

19 Mostraré obras poderosas en el cielo y podrán verse en la tierra cosas como sangre, fuego, nubes de humo.

20 El sol se oscurecerá y la luna tomará el color de la sangre, antes de venir el día del Señor. El día de su llegada será un día grande y especial.

21 Y entonces, todo el que invoque el nombre del Señor será salvo del castigo del pecado.' Joel 2:28-32

15 These men are not drunk as you think. It is only nine o'clock in the morning.

16 The early preacher Joel said this would happen.

17 God says, 'In the last days I will send My Spirit on all men. Then your sons and daughters will speak God's Word. Your young men will see what God has given them to see. Your old men will dream dreams.

18 Yes, on those I own, both men and women, I will send My Spirit in those days. They will speak God's Word.

19 I will show powerful works in the sky above. There will be things to see in the earth below like blood and fire and clouds of smoke.

20 The sun will turn dark and the moon will turn to blood before the day of the Lord. His coming will be a great and special day.

21 It will be that whoever calls on the name of the Lord will be saved from the punishment of sin.' Joel 2:28-32

Pedro predica

Jesús demostró quién era por lo que hizo

22 "Varones judíos, escuchen lo que voy a decirles. Conocieron a Jesús, quien se había criado en la ciudad de Nazaret. Lo conocieron por las maravillas que él hizo. Como ya lo saben, Dios actuaba con obras grandes y maravillosas por medio de Jesús, mientras estuvo con ustedes.

23 Pero Jesús fue entregado a hombres pecadores. Dios lo sabía y había hecho planes tocantes a todo esto. Ustedes hicieron que hombres pecadores lo apresaran y lo clavaran a una cruz, matándole.

24 Pero Dios lo levantó, permitiéndole que se librara del dolor de la muerte, que no podía tener poder sobre él.

Peter preaches

Jesus shows who He is by what He did

22 "Jewish men, listen to what I have to say! You knew Jesus of the town of Nazareth by the powerful works He did. God worked through Jesus while He was with you. You all know this.

23 Jesus was handed over to sinful men. God knew this and planned for it to happen. You had sinful men take Him and nail Him to a cross.

24 But God raised Him up. He allowed Him to be set free from the pain of death. Death could not hold its power over Him.

Pedro predica Jesús demostró quién era por lo que dijo

25 "David dijo lo siguiente sobre él:
'Puedo ver al Señor delante de mí,
siempre. Está a mi derecha, de modo
que no necesito preocuparme.
26 Estoy contento, y mi lengua está
llena de alegría. Mi cuerpo reposa con
esperanza.
27 No dejarás mi alma morir, ni permitirás que tu Santo sea destruido.
28 Me has mostrado los caminos de
vida y me llenaré de alegría cuando vea
tu rostro.' Salmo 16
29 "Hermanos, puedo decirles con
libertad que nuestro antiguo padre
David no sólo murió, sino que fue
enterrado. Ahora, sabemos dónde se
encuentra su tumba.
30 Era un hombre por medio de
quien Dios hablaba al pueblo. Él sabía
que Dios le había prometido que de
su familia nacería el Cristo y tomaría su
lugar como rey.
31 Sabía todo esto desde antes y dijo
que Cristo se levantaría de la muerte.
El alma de Cristo no iba a permanecer
muerta, ni su cuerpo destruido.
32 ¡Jesús es el Santo! Dios lo levantó, y
todos lo hemos visto.
33 "Este Jesús se elevó a la derecha de
Dios. El Padre Dios prometió el Espíritu Santo, ahora nos lo ha dado. ¡Eso es
lo que están viendo y oyendo ahora!
34 No fue David el que subió al cielo, porque dijo: 'El Señor le dijo a mi
Señor: "Siéntate a mi derecha,
35 hasta que ponga a los que te odian
como un mueble sobre el cual descansar tus pies."' Salmo 110:1
36 Toda la nación judía debe saber,
con seguridad, que Dios hizo a este
Jesús, Señor y Cristo. ¡Y él fue a quien
ustedes clavaron en una cruz!"

Peter preaches Jesus shows who He is by what He said

25 "David said this about Him, 'I can
see the Lord before me all the time. He
is at my right side so that I do not need
to be troubled.
26 I am glad and my tongue is full of
joy. My body rests in hope.
27 You will not leave my soul in death.
You will not allow Your Holy One to be
destroyed.
28 You have shown me the ways of
life. I will be full of joy when I see Your
face.' Psalm 16
29 "Brothers, I can tell you in plain
words that our early father David not
only died but was buried. We know
where his grave is today.
30 He was one who spoke for God.
He knew God had made a promise
to him. From his family Christ would
come and take His place as King.
31 He knew this before and spoke
of Christ being raised from the dead.
Christ's soul would not be left in hell.
His body would not be destroyed.
32 Jesus is this One! God has raised
Him up and we have all seen Him.
33 "This Jesus has been lifted up to
God's right side. The Holy Spirit was
promised by the Father. God has given
Him to us. That is what you are seeing
and hearing now!
34 It was not David who was taken up
to heaven, because he said, 'The Lord
said to my Lord: "Sit at My right side,
35 for those who hate You will be a
place to rest Your feet."' Psalm 110:1
36 The whole Jewish nation must
know for sure that God has made this
Jesus, both Lord and Christ. He is the
One you nailed to a cross!"

Le preguntan a Pedro qué deben hacer

37 Cuando los judíos oyeron eso, sus corazones se conmovieron y le dijeron a Pedro y a los demás misioneros: "Hermanos, ¿qué debemos hacer?"

38 Pedro les respondió: "Cambien de actitud acerca de sus pecados y abandónenlos; sean bautizados en el nombre de Jesucristo y los pecados les serán perdonados. Además, recibirán el don del Espíritu Santo.

39 Porque la promesa es para ustedes, sus hijos y todas las personas de todo el mundo; es para todos aquellos que el Señor nuestro Dios llame."

40 Dijo muchas otras cosas y les hizo comprender que debían apartarse de la gente pecadora de esos días.

41 Los que creyeron lo que dijo fueron bautizados. Y ese día se añadieron a los seguidores de Cristo como tres mil creyentes.

La primera iglesia

42 Todos escuchaban fielmente las enseñanzas de los misioneros, celebraban cultos, oraban y tomaban juntos la cena del Señor.

43 Se sorprendieron y se llenaron de temor. Y los misioneros hacían muchas maravillas y cosas admirables.

44 Todos los que pusieron su confianza en Cristo estaban juntos y compartían todo lo que tenían.

45 Cuando algunos de ellos tenían necesidad, vendían lo que poseían y lo repartían entre otros.

46 Todos los días, iban juntos al gran templo de Dios. Y en sus casas, tomaban juntos sus alimentos. Sus corazones estaban llenos de felicidad.

47 Daban gracias a Dios. Todos los respetaban. Y el Señor añadía todos los días al grupo a los que habían de salvarse del castigo del pecado.

They ask Peter what they should do

37 When the Jews heard this, their hearts were troubled. They said to Peter and to the other missionaries: "Brothers, what should we do?"

38 Peter said to them: "Be sorry for your sins and turn from them and be baptized in the name of Jesus Christ, and your sins will be forgiven. You will receive the gift of the Holy Spirit.

39 This promise is to you and your children. It is to all people everywhere. It is to as many as the Lord our God will call."

40 He said many other things. He helped them understand that they should keep themselves from the sinful people of this day.

41 Those who believed what he said were baptized. There were about 3,000 more followers added that day.

The first church

42 They were faithful in listening to the teaching of the missionaries. They worshiped and prayed and ate the Lord's supper together.

43 Many powerful works were done by the missionaries. Surprise and fear came on them all.

44 All those who put their trust in Christ were together and shared what they owned.

45 As anyone had need, they sold what they owned and shared with everyone.

46 Day after day they went to the house of God together. In their houses they ate their food together. Their hearts were happy.

47 They gave thanks to God and all the people respected them. The Lord added to the group each day those who were being saved from the punishment of sin.

Pedro y Juan curan a un hombre a la puerta del gran templo

3 Pedro y Juan iban al templo a eso de las tres de la tarde, que era la hora de la oración.

2 Había un hombre que nunca había podido andar. Todos los días era llevado a la puerta del gran templo llamada La Hermosa para pedir limosna a todos los que entraban.

3 Cuando vio que Pedro y Juan entraban al templo, les pidió dinero.

4 Pedro y Juan lo miraron y Pedro le dijo: "¡Míranos!"

5 El hombre que no podía andar los miró, pensando que podría obtener algo de ellos.

6 Pedro le dijo: "No tengo dinero; pero voy a darte lo que tengo. ¡En el nombre de Jesús de Nazaret, levántate y anda!"

7 Pedro tomó al hombre por la mano derecha y lo ayudó a levantarse. Inmediatamente sus pies y los huesos de sus piernas se pusieron fuertes.

8 El hombre se levantó de un salto y pudo andar. Entonces, entró con ellos en el templo y dio gracias a Dios.

9 Toda la gente lo vio andar y dar gracias a Dios.

10 Sabían que era el hombre que había pedido limosna en la puerta La Hermosa y se sorprendieron al verlo andar.

11 El hombre curado se quedó con Pedro y Juan. Toda la gente, muy sorprendida, se reunió alrededor de ellos, en un lugar llamado el Pórtico de Salomón.

Pedro predica por segunda vez

12 Al ver esto, Pedro les dijo: "Varones judíos, ¿por que se sorprenden de esto? ¿Por qué nos miran como si hubiéramos hecho por nuestro propio poder, o por nuestras vidas santas, que este hombre pudiera caminar?

Peter and John heal a man at the gate of the House of God

3 Peter and John were going to the house of God about three o'clock. It was the time for prayer.

2 Each day a certain man was carried to the Beautiful Gate of the house of God. This man had never been able to walk. He was there begging for money from those who were going in.

3 He asked Peter and John for money when he saw them going in.

4 Peter and John looked at him. Then Peter said: "Look at us!"

5 The man who could not walk looked at them. He thought he would get something from them.

6 Peter said: "I have no money, but what I have I will give you! In the name of Jesus Christ of Nazareth, get up and walk!"

7 Peter took the man by the right hand and lifted him up. At once his feet and the bones in his legs became strong.

8 He jumped up on his feet and walked. Then he went into the house of God with them. He gave thanks to God as he walked.

9 All the people saw him walking and giving thanks to God.

10 They knew it was the man who had been sitting and begging at the Beautiful Gate. They were surprised he was walking.

11 The man who was healed held on to Peter and John. All the people who were surprised gathered together around them in a place called Solomon's Porch.

Peter preaches the second time

12 When Peter saw this, he said to them: "Jewish men, why are you surprised at this? Why do you look at us as if we had made this man walk by our own power or holy lives?

13 El Dios de nuestros padres, el Dios de Abraham, Isaac y Jacob lo hizo. Ha honrado a su Hijo Jesús, al que ustedes entregaron a Pilato y al que volvieron las espaldas cuando Pilato el gobernador quería dejarlo en libertad.

14 Pero negaron la libertad al Santo y Justo y pidieron en cambio que quedara en libertad un asesino.

15 ¡Mataron al Autor de la vida! Pero Dios lo levantó de entre los muertos, y nosotros lo vimos vivo.

16 Este hombre, al que ven delante de ustedes y a quien todos ustedes conocen, ha sido curado por medio de la fe en el nombre de Jesús. En verdad, la fe en Cristo ha hecho que este hombre esté ahora sano y fuerte.

17 "Hermanos, sé que ustedes y sus jefes principales cuando mataron a Jesús lo hicieron sin entender todo lo que estaban haciendo.

18 Es que así Dios hizo como, por medio de los antiguos predicadores, dijo que haría. Había dicho que Cristo debería sufrir mucho.

19 Pero ustedes deben sentir dolor por sus pecados y apartarse de ellos. Deben volverse hacia Dios para que sus pecados sean borrados. Entonces, sus almas recibirán nuevas fuerzas del Señor.

20 Y enviará de nuevo al mundo a Jesús, que es para ustedes, el Cristo, escogido y anunciado desde hace mucho tiempo.

21 Sin embargo, durante cierto tiempo, Cristo debe permanecer en el cielo, hasta que todas las cosas se corrijan. Dios anunció que esas cosas pasarían por boca de sus santos predicadores antiguos.

22 "Moisés dijo: 'El Señor vuestro Dios levantará de entre sus hermanos a uno que hablará en nombre de Dios, como yo. Deberán escuchar todo lo que les diga.

13 The God of our fathers, the God of Abraham and Isaac and Jacob, has done this. He has honored His Son Jesus. He is the One you handed over to Pilate. You turned your backs on Him after Pilate had decided to let Him go free.

14 But you turned your backs against the Holy and Right One. Then you asked for a man who had killed someone to go free.

15 You killed the very One Who made all life. But God raised Him from the dead. We saw Him alive.

16 You see and know this man here. He has been made strong through faith in Jesus' name. Yes, it is faith in Christ that has made this man well and strong. This man is standing here in front of you all.

17 "Brothers, I know you and your leaders did this without knowing what you were doing.

18 In this way, God did what He said He would do through all the early preachers. He said that Christ must suffer many hard things.

19 But you must be sorry for your sins and turn from them. You must turn to God and have your sins taken away. Then many times your soul will receive new strength from the Lord.

20 He will send Jesus back to the world. He is the Christ Who long ago was chosen for you.

21 But for awhile He must stay in heaven until the time when all things are made right. God said these things would happen through His holy early preachers.

22 "Moses said, 'The Lord God will raise up from among your brothers One Who speaks for God, as He raised me. You must listen to everything He says.

23 Todos los del pueblo que no escuchen al que habla en nombre de Dios morirán' Deuteronomio 18:18-19

24 Todos los antiguos predicadores, desde Samuel hasta ahora, han hablado de estos días.

25 Ustedes son hijos de los antiguos predicadores y participan de la promesa que Dios hizo a nuestros antiguos padres, cuando dijo a Abraham: 'Todas las familias de la tierra recibirán el favor de Dios por medio de tus hijos.'

26 Dios levantó a su Hijo Jesús y lo envió primeramente a ustedes, para dar el favor de Dios a fin de que cada uno deje su vida de pecado."

Pedro y Juan son encarcelados

4 Mientras Pedro y Juan hablaban a la gente, se acercaron los principales religiosos, el jefe del templo y algunos del grupo religioso que no creía que los muertos vuelven a vivir.

2 Estaban muy enojados, porque Pedro y Juan habían enseñado a la gente que Jesús se había levantado de entre los muertos.

3 Por este motivo los arrestaron y los llevaron a la cárcel hasta el día siguiente, porque ya era tarde.

4 Pero muchos de los que oyeron lo que dijeron Pedro y Juan creyeron en Cristo. El grupo de creyentes era ya de unos cinco mil hombres.

Pedro habla ante la corte de los principales religiosos

5 Al día siguiente, se reunieron en Jerusalén los principales religiosos, los jefes del pueblo y los maestros de la ley.

6 Estaban allí Anás, el principal dirigente religioso, Caifás, Juan, Alejandro y otros que eran de la familia de los principales dirigentes religiosos.

23 Everyone among the people who will not listen to that One Who speaks for God will be put to death.' Deuteronomy 18:18-19

24 All the early preachers who have spoken from Samuel until now have told of these days.

25 You are of the family of the early preachers and of the promise that God made with our early fathers. He said to Abraham, 'All the families of the earth will receive God's favor through your children.'

26 God has raised up His Son Jesus and has sent Him to you first to give God's favor to each of you who will turn away from his sinful ways."

Peter and John are put in prison

4 The religious leaders and the leader of the house of God and some of the religious group who believe no one will be raised from the dead came to Peter and John while they were talking to the people.

2 They were angry because Peter and John had been teaching the people and preaching that Jesus had been raised from the dead.

3 So they took them and put them in prison until the next day because it was evening.

4 But many of those who heard what Peter and John said put their trust in Christ. The group of followers was now about 5,000 men.

Peter speaks to the religious leaders' court

5 The next day the leaders of the court and the leaders of the people and the teachers of the Law came together in Jerusalem.

6 Annas the head religious leader was there. Caiaphas and John and Alexander were there also and all who were in the family of the head religious leader.

7 Colocaron a los misioneros ante ellos y les preguntaron: "¿Por cuál poder, o en qué nombre, han hecho eso?

8 Entonces Pedro, lleno del Espíritu Santo, dijo:

9 "Ustedes, que son los principales del pueblo, ¿nos preguntan ahora sobre la buena obra que hicimos con un hombre que necesitaba ayuda?

10 Ustedes y todos los judíos deben saber que lo hicimos en el nombre de Jesucristo de Nazaret, al que ustedes clavaron en una cruz y al que Dios levantó de entre los muertos. Es por él que este hombre está ante ustedes, sano.

11 Cristo es la piedra que ustedes, los constructores, despreciaron, pero él ha llegado a ser la piedra más importante del edificio. Salmo 118:22

12 Por medio de ningún otro es posible salvarse del castigo del pecado; porque no hay otro nombre dado entre los hombres, debajo del cielo, por el que podamos ser salvos."

Pedro y Juan quedan en libertad; pero les dicen que no prediquen

13 Estaban sorprendidos y maravillados por la facilidad con que hablaban Pedro y Juan, puesto que sabían que eran hombres con poco estudio; pero sabían que habían estado con Jesús.

14 No podían decir nada contra lo dicho por Pedro y Juan, porque el hombre que había sido curado estaba allí con ellos.

15 Los principales religiosos les mandaron a Pedro y a Juan que salieran de la corte, para poder hablar a solas.

16 Y dijeron: "¿Qué debemos hacer con estos hombres? Todos los habitantes de Jerusalén saben que han hecho una obra poderosa. No podemos negarlo.

17 Digámosles, con palabras fuertes, que no vuelvan a hablarle a nadie en

7 They put the missionaries in front of them and asked: "By what power or in whose name have you done this?"

8 Then Peter, having been filled with the Holy Spirit, said: "You who are leaders of the people,

9 are you asking us today about the good work we did to a man who needed help? Are you asking how he was healed?

10 You and all the Jews must know that it was by the name of Jesus Christ of Nazareth, the One you nailed to a cross and God raised from the dead. It is through Him that this man stands in front of you well and strong.

11 Christ is the Stone that was put aside by you workmen. But He has become the most important Stone in the building. Psalm 118:22

12 There is no way to be saved from the punishment of sin through anyone else. For there is no other name under heaven given to men by which we can be saved."

Peter and John are free to go but are told not to preach

13 They were surprised and wondered how easy it was for Peter and John to speak. They could tell they were men who had not gone to school. But they knew they had been with Jesus.

14 They were not able to argue about what Peter and John had said because the man who had been healed was standing with them.

15 The religious leaders told Peter and John to leave the court so the leaders could talk together.

16 They said: "What should we do with these men? Everyone living in Jerusalem knows a powerful work has been done by them. We cannot say that it did not happen.

17 Let us tell them with strong words that they must not speak again to anyone

ese nombre. Eso evitará que la noticia
sea conocida aun más entre la gente.
18 Entonces, los hicieron entrar de
nuevo y les dieron orden de no hablar
ni enseñar más en el nombre de Jesús.
19 Pedro y Juan dijeron: Decidan ustedes si es más correcto obedecerles a
ustedes antes que a Dios.
20 Pero nosotros no podemos dejar
de decir lo que hemos visto y oído."
21 Después, los jefes judíos les dirigie-
ron otras palabras duras a Pedro y Juan
y los dejaron en libertad. No podían
castigarlos, porque el pueblo estaba
dando gracias a Dios por lo que había
sucedido.
22 El hombre que había sido curado
tan maravillosamente tenía más de cuarenta años de edad.

Oración de la nueva iglesia

23 En cuanto los misioneros fueron
puestos en libertad, regresaron al grupo de hermanos y les contaron todo lo
que les dijeron los dirigentes religiosos.
24 Cuando lo oyeron, todos oraron
a Dios, diciendo: "Señor Dios, tú hiciste los cielos y la tierra y el mar y todo
cuanto hay en ellos.
25 Dijiste por medio del Espíritu
Santo, por medio de nuestro antiguo
padre David: '¡Por qué están tan albo-
rotadas las naciones y por qué planean
tonterías los pueblos!
26 Los reyes de la tierra se pusieron
en línea para pelear, y todos los dirigentes se levantaron contra el Señor y su
Cristo.' Salmo 2:1-2
27 En esta ciudad se levantaron Herodes, Pilato, los judíos y los no judíos,
reunidos en contra de Jesús, tu Santo
Hijo, al que escogiste
28 para que hiciera todo lo que pla-
neaste y dijiste.
29 Y ahora, Señor, escucha cómo nos
han hablado con duras palabras y haz

in this name. This will keep the news from
going out among the people."
18 Then they called them in and told
them they must not speak or teach
anymore in the name of Jesus.
19 Peter and John said: "If it is right to
listen to you more than to God, you
decide about that.
20 For we must tell what we have
seen and heard."
21 After they had spoken more sharp
words to them, they let them go. They
could not beat them because the people were giving thanks to God for what
had happened.
22 The man on whom this powerful
work of healing had been done was
more than forty years old.

The prayer of the young church

23 As soon as the missionaries were
free to go, they went back to their own
group. They told them everything the
religious leaders had said.
24 When they heard it, they all prayed
to God, saying: "Lord God, You made
the heaven and the earth and the sea
and everything that is in them.
25 You said through the Holy Spirit by
the mouth of our father David, 'Why
are the nations so shaken up and the
people planning foolish things?
26 The kings of the earth stood in
a line ready to fight, and the leaders
were all against the Lord and against
His Christ.' Psalm 2:1-2
27 You know that Herod and Pilate
and the Jews and the people who
are not Jews gathered together here
against Jesus. He was Your Holy Son
and the One You had chosen
28 to do everything You planned and
said would happen.
29 And now, Lord, listen to their sharp
words. Make it easy for your servants

que tus seguidores tengan poder para predicar tu palabra.

30 Extiende tus manos para sanar y para hacer obras poderosas y visibles, en el nombre de Jesús, tu Santo Hijo."

Los cristianos se llenan del Espíritu Santo

31 Cuando terminaron de orar, el lugar en el que estaban reunidos tembló. Todos fueron llenos del Espíritu Santo, de modo que pudieron hablar con facilidad la palabra de Dios.

El nuevo modo de vida

32 Los numerosos creyentes pensaban y actuaban de la misma manera. Ninguno de ellos decía que alguna de las cosas que tenía era suya, sino que todos compartían todo.

33 Los misioneros hablaban con gran poder de cómo Jesús había sido levantado de entre los muertos. Todos gozaban del favor de Dios.

34 Entre ellos no había ningún necesitado. Los que tenían casas o tierras las vendieron y llevaron el dinero así obtenido.

35 Lo dieron a los misioneros. Todo se repartía entre todos, según sus necesidades.

36 Entre ellos estaba José, al que los misioneros llamaban Bernabé, que quiere decir: hijo de consolación. Era del grupo familiar de Leví y del país de Chipre.

37 Tenía tierras que vendió. Luego llevó el dinero a los misioneros.

El pecado de Ananías y Safira

5 Un hombre llamado Ananías y su esposa, Safira, vendieron unas tierras.

2 Pero Ananías guardó para él parte del dinero, y su mujer participó en el plan. El resto se lo dio a los misioneros.

to preach Your Word with power.

30 May You heal and do powerful works and special things to see through the name of Jesus, Your Holy Son!"

The Christians are filled with the Holy Spirit

31 When they had finished praying, the place where they were gathered was shaken. They were all filled with the Holy Spirit. It was easy for them to speak the Word of God.

The new way of life

32 The many followers acted and thought the same way. None of them said that any of their things were their own, but they shared all things.

33 The missionaries told with much power how Jesus was raised from the dead. God's favor was on them all.

34 No one was in need. All who owned houses or pieces of land sold them and brought the money from what was sold.

35 They gave it to the missionaries. It was divided to each one as he had need.

36 Joseph was among them. The missionaries called him Barnabas. His name means Son of Comfort. He was from the family group of Leví and from the country of Cyprus.

37 He had some land which he sold and brought the money to the missionaries.

The sin of Ananias and Sapphira

5 A man by the name of Ananias and his wife, Sapphira, sold some land.

2 He kept back part of the money for himself. His wife knew it also. The other part he took to the missionaries.

3 Pedro le dijo a Ananías: "¡Por qué has dejado que el diablo llene tu corazón! Hizo que tú mintieras al Espíritu Santo, al guardarte parte del dinero que obtuviste de las tierras.

4 ¿No era tuya la tierra antes de venderla? Y después de vendida, podías haber hecho lo que querías con el dinero. ¿Por qué dejaste que tu corazón hiciera esto? Le has mentido a Dios, no a los hombres."

5 Cuando Ananías oyó esas palabras cayó muerto. Todos los que supieron lo que había pasado se llenaron de miedo.

6 Los jóvenes se levantaron, cubrieron su cuerpo, lo llevaron y lo enterraron.

7 Unas tres horas más tarde, llegó su esposa, sin saber lo que había pasado,

8 Pedro le dijo: "Dime, ¿vendieron las tierras por esta cantidad de dinero?" Ella dijo: "Sí."

9 Entonces, Pedro le dijo: "¿Cómo pudieron ponerse de acuerdo ustedes dos para mentirle al Espíritu Santo? ¡Escucha! Los que enterraron a tu esposo están a la puerta y te llevarán también a ti."

10 Inmediatamente, Safira cayó a sus pies y murió. Cuando entraron los jóvenes, descubrieron que estaba muerta. La tomaron y la enterraron junto a su marido.

11 Y se llenaron de temor todos los de la iglesia y los que oyeron lo que pasó.

La primera iglesia crece

12 Los misioneros hicieron muchas obras poderosas entre el pueblo y se reunieron todos en el Pórtico de Salomón.

13 Nadie que no fuera de su grupo entró con ellos, porque estaban todos asustados. Pero los que no eran de la iglesia tenían respeto por los creyentes.

3 Peter said to Ananias: "Why did you let Satan fill your heart? He made you lie to the Holy Spirit. You kept back part of the money you got from your land.

4 Was not the land yours before you sold it? After it was sold, you could have done what you wanted to do with the money. Why did you allow your heart to do this? You have lied to God, not to men."

5 When Ananias heard these words, he fell down dead. Much fear came on all those who heard what was done.

6 The young men got up and covered his body and carried him out and buried him.

7 About three hours later his wife came in. She did not know what had happened.

8 Peter said to her: "Tell me, did you sell the land for this amount of money?" She said: "Yes."

9 Then Peter said to her: "How could you two have talked together about lying to the Holy Spirit? See! Those who buried your husband are standing at the door and they will carry you out also."

10 At once she fell down at his feet and died. When the young men came in, they found that she was dead. They took her out and buried her beside her husband.

11 Much fear came on all the church and on all who heard it.

The first church grows

12 The missionaries did many powerful works among the people. They gathered together on Solomon's Porch.

13 No one from outside their own group came in with them because they were afraid. But those outside the church had respect for the followers.

14 Muchos otros hombres y mujeres creyeron en Cristo y se añadieron al grupo.

15 Llevaban a los enfermos y los acostaban en las calles, esperando que, si Pedro pasaba por allí, su sombra pasaría sobre algunos de ellos.

16 Mucha gente fue a Jerusalén de las ciudades cercanas, llevando consigo a sus enfermos y los poseídos por malos espíritus. Todos fueron curados.

Encarcelan a los misioneros

17 El principal dirigente religioso y algunos del grupo religioso que no creía que los muertos vuelven a vivir oyeron hablar de las curaciones. Se enojaron mucho.

18 Agarraron a los misioneros y los metieron en la cárcel.

19 Un ángel del Señor abrió las puertas de la cárcel por la noche y los dejó salir, diciéndoles:

20 "Vayan al templo, a donde estaban, y sigan hablándole a la gente de esta nueva vida."

21 Cuando Pedro y Juan oyeron esto, fueron al gran templo de Dios por la mañana temprano y comenzaron a enseñar. Entre tanto, llegó el principal dirigente religioso y los que estaban con él, y reunieron a los jueces y a los dirigentes de los judíos. Luego, enviaron hombres a la cárcel para traer a los misioneros.

22 Al llegar allí, los soldados no los encontraron en la cárcel. Regresaran para dar la noticia de la corte.

23 Dijeron: "Hallamos las puertas de la cárcel cerradas y los soldados vigilando las puertas; pero, cuando las abrimos, vimos que no había nadie adentro."

24 Cuando el principal dirigente religioso y el jefe de la guardia del templo oyeron esto, se preocuparon mucho por lo que pudiera pasar.

14 Many more men and women put their trust in Christ and were added to the group.

15 They brought the sick people and laid them on the streets hoping that if Peter walked by, his shadow would fall on some of them.

16 Many people went into Jerusalem from towns nearby. They took with them their sick people and all who were troubled with demons. All of them were healed.

The missionaries are put in prison

17 The head religious leader heard this. Some of the religious group who believe no one will be raised from the dead also heard of the people being healed. They became very jealous.

18 They took hold of the missionaries and put them in prison.

19 An angel of the Lord opened the doors of the prison in the night and let them out. The angel said to them,

20 "Go, stand where you have been standing in the house of God. Keep on telling the people about this new life."

21 When Peter and John heard this, they went in the house of God early in the morning and began to teach. When the head religious leader and those with him had come, they gathered the men of the court and the leaders of the Jews together. Then they sent to have the missionaries brought to them from the prison.

22 When the soldiers got there, they did not find them in prison. They went back and told the court.

23 The soldiers said: "We found the door of the prison locked and the soldiers watching the doors. When we opened the door, we found no one inside."

24 When the religious leaders and the leader of the house of God heard this, they were much troubled as to what might happen.

25 Entonces, llegó alguien y les dijo: "Los hombres que ustedes metieron a la cárcel están ahora en el templo, enseñando al pueblo."

26 El director de la guardia fue con sus hombres y los detuvo. Pero no golpearon a los misioneros, porque tenían miedo de ser apedreados por el pueblo.

27 Llevaron a los misioneros y los presentaron ante la corte. Entonces el principal dirigente religioso dijo:

28 "¡Les mandamos que no enseñaran nada sobre Cristo! Pero ahora están extendiendo esas enseñanzas por todo Jerusalén y hacen parecer que nosotros somos culpables de la muerte de ese hombre."

Los misioneros dicen la verdad

29 Entonces, Pedro y los demás misioneros dijeron: "¡Debemos obedecer a Dios, no a los hombres!

30 El Dios de nuestros padres levantó a Jesús, al que ustedes mataron, clavándolo en una cruz.

31 Dios elevó a ese Hombre a su derecha, como Príncipe y Salvador, haciendo posible que los judíos cambien de actitud acerca de sus pecados y los abandonen. Así serán perdonados.

32 Nosotros hemos visto esas cosas y hablamos de ellas, lo mismo que el Espíritu Santo, que Dios da a quienes le obedecen."

Gamaliel habla en la corte

33 Los dirigentes religiosos se enojaron al oír esas palabras e hicieron planes para matar a los misioneros.

34 Gamaliel era un hombre que formaba parte de la corte de los dirigentes del pueblo. También era celoso religioso y maestro de la ley. Tenía el respeto de todos. De pronto, se puso

25 Then someone came and told them: "The men you put in prison are now standing in the house of God and teaching the people."

26 The leader of the house of God took his men and got them. They did not hurt the missionaries because they were afraid the people would throw stones at them.

27 They brought the missionaries in and made them stand in front of the court. The head religious leader said,

28 "We told you not to teach about Christ! See! You are spreading this teaching over all Jerusalem. Now you are making it look as if we are guilty of killing this Man."

The missionaries speak the Truth

29 Then Peter and the missionaries said: "We must obey God instead of men!

30 The God of our early fathers raised up Jesus, the One you killed and nailed to a cross.

31 God raised this Man to His own right side as a leader and as the One Who saves from the punishment of sin. He makes it possible for the Jews to be sorry for their sins. Then they can turn from them and be forgiven.

32 We have seen these things and are telling about them. The Holy Spirit makes these things known also. God gives His Spirit to those who obey Him."

Gamaliel speaks in court

33 The religious leaders became angry when they heard this. They planned to kill the missionaries.

34 Gamaliel was a man of the religious leaders' court. He was a proud religious law keeper and a teacher of the Law. He was respected by all the people. He stood up and said that the

de pie y pidió que hicieran salir a los
misioneros por unos momentos.
35 Luego, Gamaliel dijo ante la corte:
"Varones judíos, tengan cuidado con lo
que piensan hacer a esos hombres.
36 Recuerden que, hace algunos años,
se presentó un hombre llamado Teu-
das, que pretendía ser alguien. Reunió
a unos cuatrocientos seguidores. Lo
mataron, sus seguidores se dispersaron
y nada quedó de sus enseñanzas.
37 Después de él, Judas de Galilea
reunió a muchos seguidores. Era el
momento en que todas las personas
tenían que escribir sus nombres en el
libro de la nación. También murió ese
Judas, y todos sus seguidores se sepa-
raron y se fueron.
38 Así pues, ahora les aconsejo que
dejen a estos hombres y que no los
toquen. Si sus enseñanzas y sus trabajos son de los hombres, se reducirán a
la nada;
39 y si son de Dios, no podrán detenerlos. Es posible, también, que ustedes
se encuentren luchando contra Dios."

Castigan a los misioneros

40 Los miembros de la corte estuvieron de acuerdo con Gamaliel, de modo
que hicieron entrar a los misioneros y
los azotaron; luego, les mandaron que
no enseñaran más en nombre de Jesús
y los dejaron libres.
41 Así, los misioneros salieron de la corte, sintiéndose felices que podían sufrir
vergüenza por el nombre del Señor.
42 Y todos los días, en el gran templo y en las casas, seguían enseñando y
predicando a Jesucristo.

La iglesia escoge ayudantes

6 En esos días, el grupo de creyentes crecía; y había judíos,
de lengua griega, en el grupo, que se
quejaban contra los judíos que vivían
en la región que rodeaba a Jerusalén.

missionaries should be sent outside for
a short time.
35 Then Gamaliel said to the court:
"Jewish men, be careful what you plan
to do with these men.
36 Remember that many years ago a
man called Theudas made himself out
to be someone great. He had about
400 followers. He was killed. His followers were divided and nothing came
of his teaching.
37 After him, Judas of the country
of Galilee gathered many followers. It
was the time for every person to have
his name written in the books of the
nation. This Judas was killed also. All
his followers were divided and went
away.
38 I say to you now, stay away from
these men and leave them alone. If this
teaching and work is from men, it will
come to nothing.
39 If it is from God, you will not be
able to stop it. You may even find yourselves fighting against God."

Missionaries beaten

40 The court agreed with Gamaliel.
So they called the missionaries in and
beat them. They told them they must
not speak in the name of Jesus. Then
they were sent away.
41 So the missionaries went away
from the court happy that they could
suffer shame because of His Name.
42 Every day in the house of God and
in the homes, they kept teaching and
preaching about Jesus Christ.

Church leaders are chosen

6 In those days the group of followers was getting larger.
Greekspeaking Jews in the group com-
plained against the Jews living in the
country around Jerusalem. The Greek

Los judíos que hablaban griego decían que a sus viudas no las tomaban en cuenta cuando repartían los alimentos cada día.

2 Por lo tanto, los doce misioneros reunieron a todos los creyentes y les dijeron: "No es correcto que dejemos de predicar la palabra de Dios para repartir los alimentos.

3 Hermanos, escojan de entre ustedes a siete hombres respetados, con sabiduría y que estén llenos del Espíritu Santo, para que se encarguen de ese trabajo.

4 Entonces, podremos usar todo nuestro tiempo para orar y enseñar la palabra de Dios."

5 Esas palabras les agradaron a todos y eligieron a éstos: Esteban (un hombre lleno de fe y del Espíritu Santo), Felipe, Procoro, Nicanor, Timón, Parmenas y Nicolás (un hombre de la ciudad de Antioquía que se había hecho judío).

6 Esos siete fueron llevados ante los misioneros quienes, después de orar, pusieron sus manos sobre ellos.

7 La palabra de Dios siguió extendiéndose, y el grupo de creyentes se aumentó mucho en Jerusalén. Muchos de los mismos dirigentes religiosos aceptaban la fe de los seguidores de Cristo.

Llevan a Esteban ante la corte de los dirigentes religiosos

8 Esteban era un hombre lleno del favor de Dios y de poder. Hacía muchas cosas grandes entre la gente.

9 Pero se presentaron varios judíos de su lugar de cultos, conocidos como gente libre, y discutieron con Esteban. Eran hombres de las regiones de Cirene y Alejandría, Cilicia y Asia.

10 Esteban hablaba con sabiduría y el poder del Espíritu Santo, por lo tanto, no podían contradecirle.

speaking Jews said that their women whose husbands had died were not taken care of when the food was given out each day.

2 So the twelve missionaries called a meeting of the many followers and said: "It is not right that we should give up preaching the Word of God to hand out food.

3 Brothers; choose from among you seven men who are respected and who are full of the Holy Spirit and wisdom. We will have them take care of this work.

4 Then we will use all of our time to pray and to teach the Word of God."

5 These words pleased all of them. They chose Stephen who was a man full of faith and full of the Holy Spirit. They also chose Philip, Prochorus, Nicanor, Timon, Parmenas and Nicholas of Antioch who had become a Jew.

6 These men were taken to the missionaries. After praying, the missionaries laid their hands on them.

7 The Word of God spread further. The group of followers became much larger in Jerusalem. Many of the religious leaders believed in the faith of the Christians.

Stephen is brought in front of the religious leaders' court

8 Stephen was a man full of faith and power. He did many great things among the people.

9 But some men came from their place of worship who were known as the Free people. They started to argue with Stephen. These men were from the countries of Cyrene and Alexandria and Cilicia and Asia.

10 Stephen spoke with wisdom and power given by the Holy Spirit. They were not able to say anything against what he said.

11 Así pues, pagaron a otros hombres para que dijeran: "Le hemos oído decir cosas contra Moisés y Dios."

12 De esa manera, provocaron a la gente en contra de Esteban. Entonces, llegaron los dirigentes religiosos del pueblo y los maestros de la ley. Tomaron preso a Esteban y lo llevaron ante la corte.

13 Al pueblo lo convencieron para que mintiera, diciendo: "Este hombre habla siempre contra este lugar santo y la ley de Moisés.

14 Le hemos oído decir: Jesús de Nazaret destruirá este lugar y cambiará lo que nos enseñó Moisés.'"

15 Los hombres sentados en la corte de los dirigentes religiosos estaban mirando a Esteban y notaron que su rostro era como el de un ángel.

Esteban habla sobre el Dios de Abraham

7 El principal dirigente religioso le preguntó a Esteban: "¿Es eso cierto?"

2 Y él respondió: "Hermanos y padres, oigan. El gran Dios se le apareció a nuestro padre Abraham, cuando éste vivía en el país de Mesopotamia. Eso era antes de ir a la ciudad de Harán.

3 Dios le dijo: 'Deja a tu familia y esta tierra en que naciste y vete a una tierra que te mostraré.'

4 Entonces, salió de la tierra de los caldeos y vivió en la ciudad de Harán. Luego, después de la muerte de su padre, vino a la tierra en la que vivimos ahora.

5 Dios no le dio tierras como posesión inmediata, ni siquiera la suficiente para poner sus pies. Pero le prometió que la tierra sería suya y de sus hijos, después de él. En ese tiempo ni tenía hijos.

11 So they told other men to say: "We have heard him say things against Moses and God."

12 In this way they got the people talking against Stephen. The leaders of the people and the teachers of the Law came and took him to the religious leaders' court.

13 The people were told to lie and say: "This man keeps on talking against this place of worship and the Law of Moses.

14 We have heard him say, 'Jesus of Nazareth is going to pull down this place. He is going to change what Moses taught us.' "

15 The men sitting in the religious leaders' court were looking at Stephen. They all saw that his face looked like the face of an angel.

Stephen speaks about the God of Abraham

7 The head religious leader asked Stephen: "Are these things true?"

2 Stephen said: "My brothers and fathers, listen to me. The great God showed Himself to our early father Abraham while he lived in the country of Mesopotamia. This was before he moved to the country of Haran.

3 God said to him, 'Leave your family and this land where you were born. Go to a land that I will show you.'

4 He went from the land of the Chaldeans and lived in Haran. After his father died, he came to this country where you now live.

5 God did not give him any land to own, not even enough to put his feet on. But He promised that the land would be his and his children's after him. At that time he had no children.

6 Y le dijo Dios: 'Los hijos de tus hijos vivirán en tierras extrañas durante cuatrocientos años. Tendrán que trabajar sin pago y sufrir muchas penas.

7 Yo castigaré a esa nación por hacerlos trabajar sin pagarles. Después de eso, podrán irse libremente. Saldrán de ese país y me servirán en este lugar.'

8 "Hizo una promesa con Abraham que se selló mediante el rito religioso de hacerse judío. Abraham tuvo un hijo, Isaac, y al octavo día después de su nacimiento, Abraham tomó a Isaac y lo sometió al rito religioso. Isaac fue padre de Jacob, y éste fue padre de nuestros doce antiguos grupos de familias.

9 "Los hijos de Jacob vendieron a José a gente del país de Egipto, porque le tenían envidia. Pero Dios estaba con José.

10 y lo ayudó a salir de todas sus dificultades. Le dio sabiduría y el favor del Faraón, el rey de Egipto. Este rey hizo a José dirigente de Egipto y sobre toda la casa del rey.

11 "Llegó una época en la que no había alimentos en toda la tierra de Egipto y de Canaán. El pueblo sufría mucho. Nuestros primeros padres no podían conseguir alimentos.

12 Entonces, Jacob supo que había alimentos en Egipto y envió allí, por primera vez, a nuestros padres.

13 "La segunda vez que fueron a Egipto, José se dio a conocer a sus hermanos; y el Faraón conoció a la familia de José.

14 José pidió a su padre Jacob y a toda su familia que vinieran a él. La familia era de setenta y cinco personas.

15 Jacob se fue a Egipto y murió allí, lo mismo sus hijos que son nuestros primeros padres.

16 Después llevaron sus restos a Siquem para ser enterrados. Abraham

6 This is what God said, 'Your children's children will be living in a strange land. They will live there 400 years. They will be made to work without pay and will suffer many hard things.

7 I will say to that nation that it is guilty for holding them and making them work without pay. After that they will go free. They will leave that country and worship Me in this place.'

8 "He made a promise with Abraham. It was kept by a religious act of becoming a Jew. Abraham had a son, Isaac. On the eighth day Abraham took Isaac and had this religious act done to him. Isaac was the father of Jacob. Jacob was the father of our twelve early fathers.

9 "The sons of Jacob sold Joseph to people from the country of Egypt because they were jealous of him. But God was with Joseph.

10 He helped him in all his troubles. He gave him wisdom and favor with Pharaoh, the king of Egypt. This king made Joseph leader over Egypt and over all the king's house.

11 "The time came when there was no food to eat in all the land of Egypt and Canaan. The people suffered much. Our early fathers were not able to get food.

12 Then Jacob heard there was food in Egypt. He sent our early fathers there the first time.

13 "The second time they went to the country of Egypt, Joseph made himself known to his brothers. The family of Joseph became known to Pharaoh.

14 Joseph asked his father Jacob and all his family to come. There were seventy-five people in the family.

15 Jacob moved down to Egypt and died there. Our early fathers died there also.

16 They were brought back to the city of Shechem where they were buried.

les había pagado a los hijos de Hamor, de la ciudad de Siquem, por el lugar donde fueron sepultados.

Esteban habla del Dios de Moisés

17 "La promesa dada por Dios a Abraham estaba a punto de cumplirse. En esa época, había muchos más de nuestro pueblo que se encontraban en la tierra de Egipto.
18 Entonces, otro hombre se hizo rey de Egipto. Y éste no conocía a José.
19 Este rey fue duro con nuestra nación y nuestro pueblo, maltrató a nuestros padres y les hizo abandonar a sus hijos, para que muriesen.
20 "Entonces nació Moisés. Era hermoso a la vista de Dios. Lo alimentaron en la casa de su padre durante tres meses.
21 Luego, lo dejaron afuera. La hija del Faraón lo halló y lo cuidó como si fuera su propio hijo.
22 A Moisés le enseñaron toda la sabiduría de los egipcios. Llegó a ser un hombre poderoso, tanto en sus palabras como en las cosas que hacía.
23 Cuando tenía cuarenta años de edad, pensó que debería visitar a sus hermanos, los judíos.
24 Vio que herían a un judío. Entonces, ayudó al judío y mató al egipcio.
25 Pensó que su pueblo comprendería y que sabría que: Dios lo libertaría por medio de él; pero el pueblo no lo comprendía.
26 "Al día siguiente, Moisés vio a varios judíos que peleaban. Trató de detenerlos y les dijo: 'Varones, ustedes son hermanos. ¿Por qué se hieren unos a otros?'
27 Entonces, uno que estaba hiriendo a su vecino, empujó a Moisés y le dijo: '¿Quién te puso sobre nosotros? ¿Quién dijo que puedes decidir quién es culpable?

Abraham paid money for the grave from the sons of Hamor in Shechem.

Stephen speaks about the God of Moses

17 "The promise God had given Abraham was about to happen. At this time many more of our people were in the country of Egypt.
18 Then another man became king in Egypt. He was a king who did not know Joseph.
19 He was hard on our people and nation. He worked against our early fathers. He made them put their babies outside so they would die.
20 "At that time Moses was born. He was beautiful in God's sight. He was fed in his father's house for three months.
21 Then he was put outside. Pharaoh's daughter took him and cared for him as her own son.
22 Moses was taught in all the wisdom of the Egyptians. He became a powerful man in words and in the things he did.
23 When he was forty years old, he thought he should visit his brothers, the Jews.
24 He saw one of the Jews being hurt. Moses helped the Jew and killed the man from Egypt.
25 He thought his people would understand. He thought they knew God would let them go free by his help. But the people did not understand.
26 "The next day Moses came to some Jews who were fighting. He tried to get them to stop. Moses said to the Jews, 'Sirs, you are brothers. Why do you hurt each other?'
27 One was beating his neighbor. He pushed Moses away and said, 'Who made you a leader over us? Who said you could say who is guilty?

28 ¿Quieres matarme, como mataste
ayer al egipcio?'
29 Cuando Moisés oyó aquello, huyó a
la tierra de Madián, donde era extranjero. Mientras permaneció allí, se convirtió en padre de dos hijos.
30 Pasaron cuarenta años, y Moisés
estaba cerca del monte Sinaí, en un
desierto. Allí, vio a un ángel en el fuego
de una planta que ardía.
31 Se sorprendió y maravilló al verlo.
Se levantó y se acercó para verlo mejor.
Oyó la voz del Señor, que le dijo:
32 'Yo soy el Dios de tus padres, el
Dios de Abraham, Isaac y Jacob.' Moisés estaba tan asustado que no se atre-
vía a mirar la planta que ardía.

33 "Entonces, el Señor le dijo: 'Quí-
tate los zapatos de los pies, porque el
lugar en que estás es tierra santa.
34 He visto sufrir a mi pueblo en el
país de Egipto. He oído sus lamentos y
he bajado para liberarlos. Así pues, ven
y te enviaré de nuevo a Egipto.'

35 "El pueblo no había aceptado a
Moisés, cuando había dicho: '¿Quién
te puso sobre nosotros? ¿Quién dijo
que puedes decidir quién es culpable?'
Pero Dios lo hizo dirigente. Moisés fue
el que sacó a los judíos de la tierra de
Egipto. Lo hizo con la ayuda del ángel
que estaba en la planta que ardía.
36 Moisés los dirigió. Hizo obras
poderosas en la tierra de Egipto y en
el Mar Rojo. Luego, durante cuarenta
años, los llevó por el desierto.
37 "Moisés les dijo a los judíos: 'Dios
les dará a uno como yo que hable por
él; vendrá de una de nuestras familias.'
38 Este es el hombre que estuvo con
la nación judía en el desierto al que le
habló el ángel en el monte Sinaí. Es el
que estuvo con nuestros padres y el
que recibió de Dios las palabras de
vida para dárnoslas.

28 Do you want to kill me as you killed
the man from Egypt yesterday?'
29 When Moses heard that, he went as
fast as he could to the country of Midian
where he was a stranger. While he was
there, he became the father of two sons.
30 Forty years passed and Moses was
near Mount Sinai where no people live.
There he saw an angel in the fire of a
burning bush.
31 He was surprised and wondered
when he saw it. He went up close to
see it better. Then he heard the voice
of the Lord speak to him.
32 'I am the God of your fathers, the
God of Abraham and of Isaac and of
Jacob.' Moses shook! He was so afraid
he did not look at the bush.
33 "Then the Lord said to him, 'Take
your shoes off your feet! The place
where you are standing is holy ground.
34 I have seen My people suffer in the
country of Egypt and I have heard their
cries. I have come down to let them go
free. So come now, I will send you back
to Egypt.'
35 "The people had put Moses aside.
They said, 'Who made you a leader over
us? Who said you are the one to say
what is right or wrong?' But God made
this man a leader. Moses was the one
who brought them out of the country
of Egypt. This was done by the help of
the angel who was in the burning bush.
36 This man led them. He did powerful works in Egypt and at the Red Sea.
For forty years he led them in the desert.
37 "Moses said to the Jews, 'God will
give you one who speaks for Him like
me from among your brothers.'
38 This is the man who was with the
Jewish nation in the desert. The angel
talked to him on Mount Sinai. Moses
told it to our early fathers. He also
received the living Words of God to
give to us.

39 "Nuestros padres no quisieron escucharlo ni obedecerlo. En sus corazones, deseaban regresar a la tierra de Egipto.

40 Y le dijeron a Aarón: 'Haznos dioses que vayan delante de nosotros. No sabemos qué le ha pasado al Moisés, que nos sacó de la tierra de Egipto.'

41 "En esos días, hicieron un becerro de oro y pusieron ofrendas delante de su dios, adorándolo. Se sintieron felices por lo que habían hecho con sus manos.

42 Pero Dios se apartó de ellos y los dejó adorar a las estrellas del cielo. Esto está escrito en el libro de los antiguos predicadores: 'Nación judía, ¿fue a mí al que ofreciste sacrificios de ovejas y ganado en el altar, durante cuarenta años en el desierto?

43 No, levantaste la carpa para adorar en ella al dios Moloc y a la estrella de su dios Renfán. Hiciste figuras para adorarlas. Así pues, te llevaré a tierras remotas en el país de Babilonia.' Amós 5:25-27

El lugar de adoración y el gran templo

44 "Nuestros antiguos padres tenían la carpa de adoración y la usaban en el desierto. Dios le dijo a Moisés que la construyera siguiendo el modelo que había visto.

45 Esa carpa de adoración la recibieron nuestros antiguos padres y la trajeron aquí cuando ganaron las guerras contra los pueblos que no eran judíos. Ocurrió cuando Josué era nuestro jefe. Dios hizo que esos pueblos se fueran, y nuestros antiguos padres tomaran las tierras. La carpa estuvo aquí hasta los tiempos de David.

46 David agradó a Dios y quería construir una casa para adorar en ella al Dios de Jacob.

47 Pero fue Salomón el que construyó el gran templo.

39 "Our early fathers would not listen to him. They did not obey him. In their hearts they wanted to go back to the country of Egypt.

40 They said to Aaron, 'Make us gods to go before us. We do not know what has happened to this Moses who led us out of Egypt.'

41 "In those days they made a calf of gold. They put gifts down in front of their god in worship. They were happy with what they had made with their hands.

42 But God turned from them and let them worship the stars of heaven. This is written in the book of the early preachers, 'Nation of Jews, was it to Me you gave gifts of sheep and cattle on the altar for forty years in the desert?

43 No, you set up the tent to worship the god of Molock and the star of your god Rompha. You made gods to worship them. I will carry you away to the other side of the country of Babylon.' Amos 5:25-27

The place of worship and the House of God

44 "Our early fathers had the tent to worship in. They used it in the desert. God told Moses to make it like the plan which he had seen.

45 This was received by our early fathers. They brought it here when they won the wars with the people who were not Jews. It was when Joshua was our leader. God made those people leave as our early fathers took the land. The tent was here until the time of David.

46 David pleased God and wanted to build a house for worship for the God of Jacob.

47 But Solomon was the one who built the house of God for Him.

48 Sin embargo, el Altísimo no vive en casas hechas por mano de hombre. El antiguo predicador dijo:

49 'El cielo es el lugar donde estoy sentado, y la tierra es el sitio en que descansan mis pies. ¿Qué casa me edificarán?', dice el Señor. '¿O cuál es mi lugar de reposo?

50 ¿No hicieron mis manos todas estas cosas?' Isaías 66:1-2

Los judíos se sienten heridos

51 "¡Tienen corazones duros y oídos que no me escuchan! Se oponen siempre al Espíritu Santo. Lo hicieron así sus antiguos padres y ustedes también lo hacen.

52 ¿Cuál de los antiguos predicadores no fue perseguido y lastimado por sus padres? Mataron a los que anunciaron la venida del Justo de Dios, al que ahora han entregado y matado.

53 Los ángeles les dieron la ley, pero no la han obedecido."

Muerte de Esteban

54 Los judíos y los dirigentes religiosos que escuchaban a Esteban se enojaron mucho y crujían los dientes contra él.

55 Pero Esteban estaba lleno del Espíritu Santo y, al mirar al cielo, vio la gloria de Dios y a Jesús, que estaba a la derecha de Dios.

56 Entonces, dijo: "¡Miren! ¡Veo el cielo abierto y al Hijo del Hombre, que está a la derecha de Dios!"

57 Entonces, dando gritos, se taparon los oídos con las manos y se lanzaron contra él.

58 Lo sacaron de la ciudad y lo apedrearon. Los hombres que le tiraban piedras dejaron sus vestidos en el suelo, delante de un joven llamado Saulo.

59 Mientras lo apedreaban, Esteban oraba, diciendo: "Señor Jesús, recibe mi espíritu."

48 But the Most High does not live in buildings made by hands. The early preacher said,

49 'Heaven is the place where I sit and the earth is the place where I rest My feet. What house will you build Me?' says the Lord. 'Or what is My place of rest?

50 Did not My hands make all these things?' Isaiah 66:1-2

The Jews are hurt

51 "You have hard hearts and ears that will not listen to me! You are always working against the Holy Spirit. Your early fathers did. You do too.

52 Which of the early preachers was not beaten and hurt by your early fathers? They killed those who told of the coming of the One Right with God. Now you have handed Him over and killed Him.

53 You had the Law given to you by angels. Yet you have not kept it."

Stephen is killed

54 The Jews and religious leaders listened to Stephen. Then they became angry and began to grind their teeth at him.

55 He was filled with the Holy Spirit. As he looked up to heaven, he saw the shining greatness of God and Jesus standing at the right side of God.

56 He said: "See! I see heaven open and the Son of Man standing at the right side of God!"

57 They cried out with loud voices. They put their hands over their ears and they all pushed on him.

58 Then they took him out of the city and threw stones at him. The men who were throwing the stones laid their coats down in front of a young man named Saul.

59 While they threw stones at Stephen, he prayed: "Lord Jesus, receive my spirit."

60 Después de esto, cayó de rodillas y gritó: "Señor, no los culpes por este pecado." Luego que dijo esto, murió.

A los cristianos se les presentan dificultades en Jerusalén

8 Saulo pensaba que estaba bien que mataran a Esteban. Ese día la gente comenzó a perseguir a la iglesia en Jerusalén. A todos los obligaron a irse, menos a los misioneros. Los que se fueron salieron para los países de Judea y Samaria.

2 Varios hombres buenos enterraron a Esteban y le lloraron mucho.

3 Durante ese tiempo, Saulo perseguía con dureza a la iglesia. Iba de casa en casa, se llevaba a los hombres y a las mujeres y los echaba en la cárcel.

Felipe predica en Samaria

4 Los que se habían visto obligados a irse a otros lugares, por el camino predicaban la palabra.

5 Felipe fue a una ciudad del país de Samaria y predicó de Cristo.

6 Todo el pueblo escuchaba atentamente lo que les decía Felipe. Veían las obras poderosas que hacía.

7 Había muchas personas que tenían espíritus malos que daban grandes voces al salir de ellas. Muchas personas que no podían moverse fueron curadas.

8 Así que había mucha alegría en aquella ciudad.

Simón el brujo

9 Había allí un hombre llamado Simón, que antes era brujo y engañaba a la gente de Samaria con las cosas que hacía. Pretendía ser un gran hombre.

60 After that he fell on his knees and cried out with a loud voice: "Lord, do not hold this sin against them." When he had said this, he died.

It is hard for the Christians in Jerusalem

8 Saul thought it was all right that Stephen was killed. On that day people started to work very hard against the church in Jerusalem. All the followers, except the missionaries, were made to leave. They went to parts of the countries of Judea and Samaria.

2 Good men put Stephen in a grave. There was much sorrow because of him.

3 During this time Saul was making it very hard for the church. He went into every house of the followers of Jesus and took men and women and put them in prison.

Philip preaches in Samaria

4 Those who had been made to go to other places preached the Word as they went.

5 Philip went down to a city in Samaria and preached about Christ.

6 The people all listened to what Philip said. As they listened, they watched him do powerful works.

7 There were many people who had demons in their bodies. The demons cried with loud voices when they went out of the people. Many of the people could not move their bodies or arms and legs. They were all healed.

8 There was much joy in that city.

Simon the witch doctor

9 A man by the name of Simon had done witchcraft there. The people of Samaria were surprised at the things he did. He pretended that he was a great man.

10 Toda la gente le observaba y escuchaba, diciendo: "Este hombre debe de tener el gran poder de Dios."
11 Siguieron prestándole atención, porque los había engañado durante mucho tiempo con su brujería.
12 Cuando Felipe les hablaba de las buenas nuevas del reino de Dios y de Jesucristo, muchos hombres y mujeres creyeron en Cristo y se bautizaron.
13 También Simón creyó en Cristo, se bautizó e iba con Felipe a todas partes, sorprendido por las obras poderosas que se hacían.

14 En Jerusalén, los misioneros oyeron decir que la gente de Samaria había recibido la palabra de Dios y les enviaron a Pedro y Juan.
15 Cuando Pedro y Juan llegaron allí, oraron para que los nuevos creyentes pudieran recibir el Espíritu Santo,
16 que todavía no había bajado sobre ninguno de ellos, pues sólo habían sido bautizados en el nombre de Jesús.
17 Los misioneros pusieron sus manos sobre ellos y recibieron el Espíritu Santo.
18 Cuando Simón vio que el Espíritu Santo se daba cuando los misioneros ponían sus manos sobre la gente, quería darles dinero.

19 Y les dijo: "Véndanme también ese poder, y podré darles el Espíritu Santo a todos los que les ponga las manos encima."
20 Pedro le respondió: "¡Tu dinero sea destruido contigo, porque crees poder comprar con dinero el don de Dios!

21 Tú no tienes parte ni lugar en este trabajo, porque tu corazón no es bueno delante de Dios.
22 Debes sentir dolor por ese pecado y alejarte de él. Pídele al Señor que te perdone por tener ese pensamiento en tu corazón.

10 All the people watched and listened to him. They said: "This man must be that great power of God."
11 They kept running after him. For a long time he fooled them with his witchcraft.
12 Philip told the Good News of the holy nation of God and of Jesus Christ. Both men and women put their trust in Christ and were baptized.
13 Even Simon believed in Christ and was baptized. He went along with Philip everywhere. He was surprised when he saw the powerful works that were being done.
14 The missionaries in Jerusalem heard that the people of Samaria had received the Word of God. They sent Peter and John to them.
15 When Peter and John got there, they prayed that the new followers might receive the Holy Spirit.
16 He had not yet come on any of them. They had only been baptized in the name of the Lord Jesus.
17 They laid their hands on them and the followers received the Holy Spirit.
18 When Simon saw that the Holy Spirit was given when the missionaries laid their hands on the people, he wanted to give money to the missionaries.
19 He said: "Let me also have this power. Then I can give the Holy Spirit to anyone I lay my hands on."

20 Peter said to him: "May your money be destroyed with you because you thought you could buy the gift of God with money!
21 You have no part or place in this work. Your heart is not right in God's sight.
22 You must be sorry for this sin of yours and turn from it. Pray to the Lord that He will forgive you for having such a thought in your heart.

23 Veo que estás lleno de envidia y encadenado por tu pecado.
24 Entonces, Simón dijo: "Ora al Señor por mí, para que no me pase nada de lo que has dicho."
25 Después de haber visto y oído lo que pasaba en Samaria y después de haberles predicado la palabra del Señor también, Pedro y Juan regresaron a Jerusalén. Por el camino, predicaron las buenas nuevas en mucho otros pueblos en la región de Samaria.

Felipe y el etíope

26 Un ángel del Señor le habló a Felipe, diciéndole: "Levántate y vete al sur. Toma el camino que sale de Jerusalén hacia la ciudad de Gaza, pasando por el desierto."
27 Felipe se levantó y se puso en camino. Del país de Etiopía había un hombre al que habían operado para que no tuviera hijos. Este había ido a Jerusalén a adorar. Era el encargado de todas las riquezas que pertenecían a Candace, reina de Etiopía.
28 De regreso a su país, sentado en su carro, iba leyendo el libro del antiguo predicador Isaías.
29 El Espíritu Santo le dijo a Felipe: "Vé hacia ese carro y alcánzalo."
30 Felipe se acercó al carro corriendo. Oyó que el etíope estaba leyendo los escritos del antiguo predicador Isaías. Entonces, le dijo: "¿Comprendes lo que estás leyendo?"
31 El etíope le respondió: ¿Cómo puedo entender, a menos que alguien me explique? Luego, le pidió a Felipe que se sentara a su lado.
32 Estaba leyendo la parte de las sagradas escrituras que dice: "Era como una oveja a la que iban a matar, como el cordero no bala cuando le quitan la lana, así, no abrió su boca.
33 Nadie lo escuchó, por su humillación. ¿Quién contará la historia de su

23 I see that you are full of jealousy and chained by your sin."
24 Simon said: "Pray to the Lord for me that nothing you have said will come to me."
25 Peter and John went back to Jerusalem after telling what they had seen and heard. They had preached the Word of the Lord also. On the way they preached the Good News in many other towns in the country of Samaria.

Philip and the man from Ethiopia

26 An angel of the Lord spoke to Philip saying: "Get up and go south. Take the road that goes down from Jerusalem to the country of Gaza. It goes through the desert."
27 Philip got up and went. A man from the country of Ethiopia had come to Jerusalem to worship. He had been made so he could not have children. He cared for all the riches that belonged to Candace who was Queen of Ethiopia.
28 As he was going back home, he was sitting in his wagon reading about the the early preacher Isaiah.
29 The Holy Spirit said to Philip: "Go over to that wagon and get on it."
30 Philip ran up to him. He saw that the man from Ethiopia was reading from the writings of the early preacher Isaiah and said: "Do you understand what you are reading?"
31 The man from Ethiopia said: "How can I, unless someone teaches me?" Then he asked Philip to come up and sit beside him.
32 He was reading the part in the Holy Writings which says He was taken like a lamb to be put to death. A sheep does not make a sound while its wool is cut. So He made no sound.
33 No one listened to Him because of His shame. Who will tell the story

familia? Su vida fue quitada de la tierra."
Isaías 53:7-8
34 El etíope le dijo a Felipe: "¿De
quién habla el antiguo predicador, de él
mismo o de otro?"
35 Así, Felipe, comenzó por esa parte
de las sagradas escrituras y le predicó
las buenas nuevas de Jesús.
36 Por el camino, llegaron a un lugar
donde había agua y el etíope dijo:
"¡Mira! Ahí hay agua, ¿Por qué no puedo ser bautizado?"
37 Felipe le respondió: "Si crees con
todo tu corazón, puedes hacerlo." El
hombre dijo: "Creo que Jesucristo es
el Hijo de Dios,"
38 y paró el carro. Entonces, Felipe y
el etíope bajaron a las aguas, y Felipe lo
bautizó.

39 Cuando salieron de las aguas, el
Espíritu Santo se llevó a Felipe. El etíope no volvió a verlo. Siguió su camino,
lleno de gozo.
40 Felipe pronto se encontró en la
ciudad de Azoto, y fue anunciando
las buenas nuevas por todas las ciudades por las que pasaba, hasta llegar a
Cesarea.

Saulo se hace cristiano
Hechos 22:6-16 26:12-18

9 Saulo seguía hablando mucho de
cuánto le gustaba amenazar de
muerte a los creyentes del Señor. Fue a
ver al principal dirigente religioso
2 y le pidió cartas para los grupos
judíos en la ciudad de Damasco. Estas
cartas le daban autoridad que si encon-
trara allí a hombres o mujeres que
siguieran el camino de Cristo, podría
llevarlos encadenados a Jerusalén.
3 Se puso en camino. Cuando estaba
ya cerca de la ciudad de Damasco, de
pronto vio una luz del cielo que brillaba
alrededor de él.

of His day? For His life was taken away
from the earth. Isaiah 53:7-8
34 The man from Ethiopia said to Philip: "Who is the early preacher talking
about, himself, or someone else?"
35 So Philip started with this part of
the Holy Writings and preached the
Good News of Jesus to him.
36 As they went on their way, they
came to some water. The man from
Ethiopia said: "See! Here is water. What
is to stop me from being baptized?"
37 Philip said: "If you believe with all
your heart, you may." The man said: "I
believe that Jesus Christ is the Son of
God."
38 He stopped the wagon. Then both
Philip and the man from Ethiopia went
down into the water and Philip baptized him.
39 When they came up out of the
water, the Holy Spirit took Philip away.
The man from Ethiopia did not see Philip again. He went on his way full of joy.
40 Philip found himself at the city of
Azotus. Then Philip went through all
the towns as far as the city of Caesarea preaching the Good News at each
place.

Saul becomes a Christian on the way to Damascus
Acts 22:6-16 26:12-18

9 Saul was still talking much about
how he would like to kill the
followers of the Lord. He went to the
head religious leader.
2 He asked for letters to be written
to the Jewish places of worship in the
city of Damascus. The letters were to
say that if he found any men or women
following the Way of Christ he might
bring them to Jerusalem in chains.
3 He went on his way until he came
near Damascus. All at once he saw a
light from heaven shining around him.

4 Cayó al suelo y oyó una voz que le decía: "Saulo, Saulo, ¿por qué te esfuerzas tanto en contra mía?"

5 Saulo respondió: "¿Quién eres, Señor?" y él dijo: "Soy Jesús a quien tú persigues. Te estás lastimando a ti mismo al tratar de lastimarme a mí."

6 Saulo se sorprendió y dijo: asustado y temblando: "¿Qué quieres que yo haga, si es posible, Señor?" El Señor le dijo: "¡Levántate! Vete a la ciudad y se te dirá lo que tienes que hacer."

7 Los que estaban con Saulo no podían decir nada. Oyeron una voz, pero no vieron a nadie.

8 Saulo se levantó del suelo y una vez de pie, abrió los ojos, pero no vio nada. Entonces, lo tomaron de la mano y lo llevaron hasta la ciudad de Damasco.

9 Por tres días no pudo ver y, durante ese tiempo, no comió ni bebió nada.

10 En la ciudad de Damasco, había un creyente llamado Ananías. El Señor le habló en sueños diciendo: "¡Ananías!" Y Ananías respondió: "Sí, Señor, aquí estoy."

11 Entonces, el Señor le dijo: "¡Levántate! Vete a la calle Derecha y busca en casa de Judas a un hombre de la ciudad de Tarso, llamado Saulo. Él se encuentra allí orando.

12 Ha visto en sueños a un hombre llamado Ananías, quien le pondrá las manos encima, para que reciba la vista otra vez."

13 Ananías dijo: "Señor, he oído a muchos hablar de ese hombre. Ha sido causa de que muchos de tus creyentes hayan sufrido en Jerusalén.

14 Vino con autoridad dada por los principales dirigentes religiosos para poner en la cárcel a todos los que invocan tu nombre."

15 Entonces, el Señor le dijo: "Vete, porque he escogido a este hombre para anunciar mi nombre entre los que

4 He fell to the ground. Then he heard a voice say: "Saul, Saul, why are you working so hard against Me?"

5 Saul answered: "Who are You, Lord?" He said: "I am Jesus, the One Whom you are working against. You hurt yourself by trying to hurt Me."

6 Saul was shaken and surprised. Then he said: "What do you want me to do, Lord?" The Lord said to him: "Get up! Go into the city and you will be told what to do."

7 Those with Saul were not able to say anything. They heard a voice but saw no one.

8 Saul got up from the ground. When he opened his eyes, he saw nothing. They took him by the hand and led him to Damascus.

9 He could not see for three days. During that time he did not eat or drink.

10 In Damascus there was a follower by the name of Ananias. The Lord showed him in a dream what He wanted him to see. He said: "Ananias!" And Ananias answered: "Yes, Lord, I am here."

11 The Lord said: "Get up! Go over to Straight Street to Judas' house and ask for a man from the city of Tarsus. His name is Saul. You will find him praying there.

12 Saul has seen a man called Ananias in a dream. He is to come and put his hands on Saul so he might see again."

13 Ananias said: "But Lord, many people have told me about this man. He is the reason many of Your followers in Jerusalem have had to suffer much.

14 He came here with the right and the power from the head religious leaders to put everyone in chains who call on Your name."

15 The Lord said to him: "Go! This man is the one I have chosen to carry My name among the people who

no son judíos, también a los reyes y aun a los propios judíos.
16 Voy a mostrarle cuánto tendrá que sufrir por mi causa."

Saulo es bautizado

17 Así pues, Ananías fue a la casa, puso las manos sobre Saulo y dijo: "Hermano Saulo, el Señor Jesús me ha enviado a ti. Viste al Señor en el camino, cuando venías para acá. Y ahora, el mismo Señor me ha mandado para que vuelvas a ver y seas lleno del Espíritu Santo."
18 Inmediatamente de los ojos de Saulo se le cayó algo como escamas y volvió a ver. Luego, se levantó y fue bautizado.
19 Después de eso, comió y recobró fuerzas. Se quedó varios días con los creyentes en la ciudad de Damasco.

Saulo predica las buenas nuevas

20 En seguida, Saulo comenzó a predicar en los templos locales de los judíos, diciendo que Jesús es el Hijo de Dios.
21 Todos los que le oían se sorprendían y decían: "¿No es éste el hombre que golpeaba y mataba a los creyentes de Jesús en Jerusalén? ¿No es el que vino aquí para atar con cadenas a ellos y llevárselos a los principales dirigentes religiosos en Jerusalén?"
22 Sin embargo, Saulo se esforzaba cada vez más y confundía con su predicación a los judíos que vivían en la ciudad de Damasco, demostrando que Jesús es el Cristo.
23 Al cabo de muchos días, los judíos se reunieron e hicieron planes para matar a Saulo.
24 Su plan se supo, pues día y noche vigilaban las puertas de la ciudad para matarlo.
25 Por lo tanto, los creyentes ayudaron a Saulo a salir de la ciudad, bajándole una noche por el muro de la ciudad en un cesto.

are not Jews and to their kings and to Jews.
16 I will show him how much he will have to suffer because of Me."

Saul is baptized

17 So Ananias went to that house. He put his hands on Saul and said: "Brother Saul, the Lord Jesus has sent me to you. You saw the Lord along the road as you came here. The Lord has sent me so you might be able to see again and be filled with the Holy Spirit."
18 At once something like a covering fell from the eyes of Saul and he could see. He got up and was baptized.
19 After that he ate some food and received strength. For some days he stayed with the followers in Damascus.

Saul preaches the Good News

20 At once Saul began to preach in the Jewish places of worship that Jesus is the Son of God.
21 All who heard him were surprised and wondered. They said: "This is the man who beat and killed the followers in Jerusalem. He came here to tie the followers in chains and take them to the head religious leaders."
22 But Saul kept on growing in power. The Jews living in Damascus wondered about Saul's preaching. He was proving that Jesus was the Christ.
23 After some days the Jews talked together and made plans how they might kill Saul.
24 He heard of their plans. Day and night they watched for him at the city gates to kill him.
25 So the followers helped him get away at night. They let him down over the wall in a basket.

Saulo va a Jerusalén

26 Cuando Saulo llegó a Jerusalén, trató de reunirse con los creyentes; pero le tenían miedo. No creían que fuera un verdadero seguidor de Jesús.

27 Entonces, Bernabé lo llevó a los misioneros y les contó cómo Saulo había visto al Señor en el camino. También les dijo cómo el Señor le había hablado a Saulo y cómo éste había predicado sin miedo el mensaje de Jesús en la ciudad de Damasco.

28 Después de eso, Saulo entraba y salía de Jerusalén con ellos,

29 predicando sin temor, en el nombre del Señor. Hablaba y disputaba con los judíos que hablaban griego; pero éstos seguían tratando de matarlo.

30 Cuando lo supieron los creyentes, se lo llevaron a la ciudad de Cesarea y, de allí, lo mandaron a la ciudad de Tarso.

31 Entonces, la iglesia estuvo en paz durante cierto tiempo, en todos los países de Judea, Galilea y Samaria, siendo fortalecida y consolada por el Espíritu Santo. Se añadían nuevos creyentes a la iglesia. La iglesia honraba al Señor.

Saul comes to Jerusalem

26 When Saul had come to Jerusalem, he tried to join the followers. But they were afraid of him. They did not believe he was a true follower of Jesus.

27 Then Barnabas took him to the missionaries. He told them that Saul had seen the Lord on the road. He told them also how the Lord had spoken to Saul and how he had preached without fear in Damascus in the name of Jesus.

28 After that he was with them going in and out of Jerusalem.

29 He preached without fear in the name of the Lord. He talked and argued with the Jews who spoke the Greek language. They kept trying to kill him.

30 When the followers heard this, they took him down to the city of Caesarea. From there they sent him to the city of Tarsus.

31 Then the church through all the countries of Judea and Galilee and Samaria had peace for awhile. The church was made strong and it was given comfort by the Holy Spirit. It honored the Lord. More people were added to the church.

Curación de Eneas

32 Cuando Pedro visitaba todas las regiones del país, llegó junto a los fieles creyentes que vivían en la ciudad de Lida.

33 Había allí un hombre llamado Eneas que no podía moverse. Él había estado en cama durante ocho años.

34 Pedro le dijo: "Eneas, Jesucristo te cura. Levántate y recoge tu lecho."

35 Todos los que vivían en Lida y en la ciudad de Sarón vieron a Eneas, y se convirtieron al Señor.

Aeneas is healed

32 When Peter was visiting all parts of the country, he came to the faithful followers who were living in the city of Lydda.

33 A man there named Aeneas could not move his body. He had been in bed eight years.

34 Peter said to him: "Aeneas, Jesus Christ heals you. Get up and roll up your bed." He got up at once.

35 All the people who lived in Lydda and in the city of Sharon saw Aeneas and they turned to the Lord.

Dorcas se levanta de entre los muertos

36 En la ciudad de Jope vivía una mujer creyente llamada Tabita, o Dorcas. Ella hacía muchas obras buenas.

37 Un día, enfermó y murió. Después de lavar su cuerpo, la acostaron en una habitación de la parte alta.

38 La ciudad de Lida estaba cerca de Jope. Los creyentes oyeron decir que Pedro estaba en Lida y mandaron dos hombres para pedirle que viniera allí pronto.

39 Entonces, Pedro fue con ellos. Cuando llegó, lo llevaron a la habitación en que estaba el cadáver. Alrededor estaban muchas viudas llorando y mostrando las ropas que Dorcas hacía cuando estaba todavía con ellas.

40 Pedro hizo salir a todos de la habitación, se puso de rodillas y oró. Luego, se volvió hacia el cuerpo y dijo: "¡Tabita, levántate!" La mujer abrió los ojos, miró a Pedro y se sentó.

41 Él le dio la mano y la levantó. Entonces llamó a los creyentes y a las viudas y se las presentó, viva.

42 Esto se supo en toda Jope y mucha gente creyó en el Señor.

43 Después de esto, Pedro se quedó muchos días en la ciudad de Jope en la casa de Simón, el curtidor.

Dorcas is raised from the dead

36 A woman who was a follower lived in the city of Joppa. Her name was Tabitha, or Dorcas. She did many good things and many acts of kindness.

37 One day she became sick and died. After they had washed her body, they laid her in a room on the second floor.

38 The city of Lydda was near Joppa. The followers heard that Peter was at Lydda and sent two men to ask him to come at once.

39 Peter went back with them. When he came, they took him to the room. All the women whose husbands had died were standing around crying. They were showing the clothes Dorcas had made while she was with them.

40 Peter made them all leave the room. Then he got down on his knees and prayed. He turned to her body and said: "Tabitha, get up!" She opened her eyes and looked at Peter and sat up.

41 He took her by the hand and lifted her up. Then he called in the faithful followers and the women whose husbands had died. He gave her to them, a living person.

42 News of this went through all Joppa. Many people put their trust in the Lord.

43 After this, Peter stayed in Joppa many days in the house of Simon who worked with leather.

Dios le habla a un hombre que no es judío

10 Había en la ciudad de Cesarea un hombre llamado Cornelio. Servía en el ejército romano como capitán de una compañía que se llamaba la italiana.

2 Tanto él como su familia eran buenas personas que honraban a Dios. Cornelio daba mucho dinero al pueblo y siempre oraba.

3 Una tarde, a eso de las tres, vio en

God speaks to a man who was not a Jew

10 There was a man in the city of Caesarea by the name of Cornelius. He was a captain of an Italian group of the army.

2 He and his family were good people and honored God. He gave much money to the people and prayed always to God.

3 One afternoon about three o'clock

sueños lo que Dios quería mostrarle. Un ángel del Señor se le presentó y le dijo: "Cornelio."

4 El hombre tuvo miedo al mirar al ángel y dijo: "¿Qué es, Señor?" El ángel le dijo: "Tus oraciones y tus ofrendas han llegado a la presencia de Dios, y él las ha recordado.

5 Envía hombres a la ciudad de Jope y pídele a Simón Pedro que venga aquí.

6 Está viviendo con Simón, el curtidor, cuya casa está a la orilla del mar. Él te dirá lo que debes hacer."

7 El ángel lo dejó. Entonces, Cornelio llamó a dos de sus criados y a un soldado muy religioso que lo cuidaba.

8 Les dijo lo que había pasado y luego los mandó a Jope.

El sueño de Pedro

9 Al día siguiente, se pusieron en camino y, hacia el mediodía, estaban ya cerca de la ciudad de Jope. Cerca de la misma hora Pedro subió a la terraza de la casa, para orar.

10 Sintió hambre y deseaba comer algo. Mientras le preparaban los alimentos, vio en un sueño cosas que Dios quería mostrarle.

11 Vio el cielo abierto y algo como un gran lienzo que descendía hacia la tierra, bajado de las cuatro puntas.

12 En el lienzo había toda clase de animales de cuatro patas, serpientes de la tierra y pájaros del cielo.

13 Entonces, oyó una voz que le decía: "Levántate, Pedro, mata y come."

14 Pedro dijo: "¡No, Señor! Nunca he comido nada de lo que nuestra ley dice que es impuro."

15 La voz le dijo: por segunda vez: "No digas que está impuro lo que Dios ha limpiado."

16 Esto pasó tres veces y el lienzo volvió a ser levantado hacia el cielo.

he saw in a dream what God wanted him to see. An angel of God came to him and said: "Cornelius."

4 He was afraid as he looked at the angel. He said: "What is it, Lord?" The angel said: "Your prayers and your gifts of money have gone up to God. He has remembered them.

5 Send some men to the city of Joppa and ask Simon Peter to come here.

6 He is living with Simon, the man who works with leather. His house is by the sea shore. He will tell you what you must do."

7 The angel left him. Then Cornelius called two of his servants and a religious soldier who took care of him.

8 He told what had happened. Then he sent them to Joppa.

Peter's dream

9 The next day they went on their way. About noon they were coming near the town. At this time Peter went up on the roof to pray.

10 He became very hungry and wanted something to eat. While they were getting food ready to eat, he saw in a dream things God wanted him to see.

11 He saw heaven open up and something like a large linen cloth being let down to earth by the four corners.

12 On the cloth were all kinds of four-footed animals and snakes of the earth and birds of the sky.

13 A voice came to him: "Get up, Peter, kill something and eat it."

14 Peter said: "No, Lord! I have never eaten anything that our Law says is unclean."

15 The voice said the second time: "What God has made clean you must not say is unclean."

16 This happened three times. Then it was taken back to heaven.

Los hombres de Cornelio encuentran a Pedro

17 Pedro estaba pensando qué sería el significado de su sueño, cuando llegaron los hombres enviados por Cornelio. A la puerta de la ciudad, habían preguntado dónde estaba la casa de Simón

18 y vinieron, preguntando si vivía allí un hombre llamado Simón Pedro.

19 Pedro estaba todavía pensando en su sueño, cuando el Espíritu Santo le dijo: "Te están buscando tres hombres.

20 Levántate, baja y vete con ellos. No dudes de ir con ellos porque yo los he enviado."

21 Entonces, Pedro bajó junto a los hombres enviados por Cornelio y les dijo: "Yo soy el que buscan. ¿Por qué han venido?"

22 Ellos respondieron: "Nos mandó el capitán Cornelio, un buen hombre que honra a Dios, como puede decir toda la gente judía. Un ángel de Dios le dijo que mandara a buscarte y pedirte que vayas a su casa. Él desea oír lo que tengas que decirle."

Pedro va a Cornelio

23 Pedro les pidió que entraran y pasaran la noche con él. Al día siguiente, Pedro se fue con ellos. Algunos de los hermanos de la ciudad de Jope les acompañaron.

24 Al día siguiente, llegaron a la ciudad de Cesarea donde Cornelio los estaba esperando. Había reunido en su casa a toda su familia y sus amigos más cercanos.

25 Cuando llegó Pedro, Cornelio salió a recibirlo y, de rodillas, lo adoró.

26 Pero Pedro lo levantó y le dijo: "¡Levántate! Yo sólo soy un hombre, igual que tú."

27 Mientras hablaba con Cornelio, Pedro entró en la casa y encontró reunido a un grupo grande de personas.

Cornelius' men find Peter

17 Peter thought about the meaning of the dream. The men that Cornelius had sent came. They were standing by the gate asking about Simon's house.

18 They called to ask if Simon Peter was staying there.

19 Peter was still thinking about the dream when the Holy Spirit said to him: "See, three men are looking for you.

20 Get up. Go down and go with them. Do not doubt if you should go, because I sent them."

21 Peter went down to the men who had been sent by Cornelius. He said: "I am the one you are looking for. Why have you come?"

22 They said: "Cornelius sent us. He is a captain and a good man and he honors God. The whole Jewish nation can say this is true. An angel from God told him to send for you. He asks you to come to his house. He wants to hear what you have to say."

Peter goes to Cornelius

23 Peter asked them to come in and stay with him for the night. The next day he went with them. Some of the brothers from Joppa went along.

24 The next day they came to Caesarea. Cornelius was looking for them. He had gathered all his family and close friends at his house.

25 When Peter came, Cornelius got down at his feet and worshiped him.

26 But Peter raised him up and said: "Get up! I am just a man like you."

27 As Peter spoke with Cornelius, he went into the house and found a large group of people gathered together.

28 Pedro les dijo: "Ya saben que es contra nuestra ley que un judío visite a personas de otra nación; pero Dios me ha mostrado que no debo llamar impuro a ningún hombre.
29 Por esta razón, vine tan pronto como mandaron a buscarme. Ahora les pregunto: "¿Por qué me han hecho venir?"
30 Cornelio dijo: "Hace cuatro días, a las tres de la tarde, estaba orando aquí, en mi casa. De pronto, vi a un hombre de pie, delante de mí, vestido de ropas brillantes.
31 Me dijo: 'Cornelio, Dios ha oído tus oraciones y ha recordado tus ofrendas de amor.
32 Debes enviar a la ciudad de Jope a alguien para que le pida a Simón Pedro que venga aquí. Está viviendo en la casa de Simón, el curtidor, cuya casa está a la orilla del mar.'
33 Mandé a buscarte inmediatamente, y has hecho bien en venir. Todos estamos aquí, en la presencia de Dios, listos para oír lo que el Señor quiere que tú nos digas."

Pedro predica en la casa de Cornelio

34 Entonces, Pedro dijo: "Puedo ver, con seguridad, que Dios no tiene preferencia a una persona más que a otra,
35 pero que le agrada cualquier hombre de cualquier nación que le honra y hace lo que es bueno.
36 Dios envió su palabra a los judíos. Les dio las buenas nuevas de paz por medio de Jesús. Jesús es Señor de todos.
37 Ustedes ya conocen la historia, que se extendió por todo el país de Judea. Comenzó en la región de Galilea, después de las predicaciones de Juan el bautista.
38 Dios le dio a Jesús de Nazaret el Espíritu Santo y poder. Y fue haciendo el bien curando a los molestados por el diablo, porque Dios estaba con él.

28 Peter said to them: "You know it is against our Law for a Jew to visit a person of another nation. But God has shown me I should not say that any man is unclean.
29 For this reason I came as soon as you sent for me. But I want to ask you why you sent for me?"
30 Cornelius said: "Four days ago at three o'clock in the afternoon I was praying here in my house. All at once, I saw a man standing in front of me. He had on bright clothes.
31 He said to me, 'Cornelius, God has heard your prayers and has remembered your gifts of love.
32 You must send to Joppa and ask Simon Peter to come here. He is staying at the house of Simon, the man who works with leather. His house is by the seashore.'
33 I sent for you at once. You have done well to come. We are all here and God is with us. We are ready to hear whatever the Lord has told you to say."

Peter preaches in Cornelius' house

34 Then Peter said: "I can see, for sure, that God does not respect one person more than another.
35 He is pleased with any man in any nation who honors Him and does what is right.
36 He has sent His Word to the Jews. He told them the Good News of peace through Jesus Christ. Jesus is Lord of All.
37 You know the story yourselves. It was told in all the country of Judea. It began in the country of Galilee after the preaching of John the Baptist.
38 God gave Jesus of Nazareth the Holy Spirit and power. He went around doing good and healing all who were troubled by the devil because God was with Him.

39 Nosotros hemos visto y oído todo lo que hizo en la tierra de los judíos y en Jerusalén. Sin embargo, lo mataron, clavándolo en una cruz.
40 Dios lo volvió a la vida al tercer día e hizo que fuera visto.
41 No todos lo vieron, sino sólo los que fueron escogidos para verlo. Nosotros lo vimos. Comimos y bebimos con él, después de que volvió de entre los muertos.
42 Nos mandó predicar a la gente y decirle que Dios le dio a Cristo el derecho de ser quien examinará a los vivos y los muertos.
43 Todos los antiguos predicadores hablaron de esto. Todos los que crean en él recibirán el perdón de sus pecados, por su nombre."

El Espíritu Santo desciende sobre la familia de Cornelio

44 Mientras Pedro hablaba, el Espíritu Santo descendió sobre todos los que estaban escuchando sus palabras.
45 Los creyentes judíos que fueron con Pedro se sorprendieron mucho de que también sobre los que no son judíos descendiera el Espíritu Santo.
46 Porque les oían hablar en sonidos diferentes glorificando a Dios. Entonces, Pedro preguntó:
47 "¿Dirá alguien que estas personas no pueden ser bautizadas, cuando ya han recibido al Espíritu Santo, lo mismo que nosotros?"
48 Entonces los mandó bautizar en el nombre del Señor Jesucristo. Luego le pidieron a Pedro que se quedara unos días con ellos.

Pedro explica por qué les predicó a los que no son judíos

11 Los misioneros y los creyentes que estaban en el país de Judea oyeron decir que personas no judías

39 We have seen and heard everything He did in the land of the Jews and in Jerusalem. And yet they killed Him by nailing Him to a cross.
40 God raised Him to life on the third day and made Him to be seen.
41 Not all the people saw Him but those who were chosen to see Him. We saw Him. We ate and drank with Him after He was raised from the dead.
42 He told us to preach to the people and tell them that God gave Christ the right to be the One Who says who is guilty of the living and the dead.
43 All the early preachers spoke of this. Everyone who puts his trust in Christ will have his sins forgiven through His name."

The Holy Spirit comes to the family of Cornelius

44 While Peter was speaking, the Holy Spirit came on all who were hearing his words.
45 The Jewish followers who had come along with Peter were surprised and wondered because the gift of the Holy Spirit was also given to the people who were not Jews.
46 They heard them speak in special sounds and give thanks to God. Then Peter said,
47 "Will anyone say that these people may not be baptized? They have received the Holy Spirit just as we have."
48 He gave the word that they should be baptized in the name of the Lord. Then they asked Peter to stay with them for some days.

Peter tells why he preached to the people who are not Jews

11 The missionaries and followers who were in the country of Judea heard that the people who were

habían recibido también la palabra de
Dios.
2 Cuando Pedro volvió a Jerusalén,
los creyentes judíos disputaban con él,
diciendo:
3 "¿Por qué visitaste a esas personas
que no son judías y comiste con ellas?"
4 Entonces, Pedro les contó todo lo
que había pasado, desde el principio
hasta el fin. Dijo:
5 "Mientras estaba orando, en la ciudad de Jope, vi en un sueño algo que
bajaba del cielo. Era como un gran lienzo, bajado por las cuatro puntas. Descendía hasta llegar junto a mí.
6 Al mirarlo, vi animales de cuatro
patas, serpientes de la tierra y pájaros
del cielo.
7 Y oí una voz que me decía: 'Levántate, Pedro, mata y come.'
8 Pero yo dije: '¡No, Señor! Nunca
entró en mi boca nada que fuera impuro.'
9 La voz del cielo dijo, por segunda
vez: 'No debes decir impuro lo que
Dios ha hecho limpio.'
10 Esto pasó tres veces y luego el lienzo fue levantado hasta el cielo.
11 "Mientras permanecía en pie, tres
hombres habían llegado ya a la casa.
Fueron enviados a buscarme desde la
ciudad de Cesarea.
12 El Espíritu Santo me dijo que fuera
con ellos y que no tuviera dudas de ir.
Estos seis hermanos fueron también
conmigo a la casa de ese hombre.
13 Él nos explicó cómo había visto
a un ángel en su propia casa, que se
había presentado de pie, ante él, y le
había dicho: 'Manda hombres a la ciudad Jope, a buscar a Simón Pedro.
14 Él les dirá, a ti y a tu familia, cómo
pueden salvarse del castigo del pecado.'
15 "Cuando comencé a hablarles, el
Espíritu Santo descendió sobre ellos,

not Jews also had received the Word
of God.
2 When Peter went up to Jerusalem,
the Jewish followers argued with him.
3 They said: "Why did you visit those
people who are not Jews and eat with
them?"
4 Then Peter began to tell all that
had happened from the beginning to
the end. He said,
5 "While I was praying in the city
of Joppa, I saw in a dream something
coming down from heaven. It was like
a large linen cloth let down by the four
corners until it came to me.
6 As I looked at it, I saw fourfooted
animals and snakes of the earth and
birds of the sky.
7 I heard a voice saying to me, 'Get
up, Peter, kill something and eat it.'
8 But I said, 'No, Lord! Nothing that is
unclean has ever gone into my mouth.'
9 The voice from heaven said the
second time, 'What God has made
clean you must not say is unclean.'
10 This happened three times and
then it was taken up again to heaven.
11 "Three men had already come to
the house where I was staying. They
had been sent to me from the city of
Caesarea.
12 The Holy Spirit told me to go
with them and not doubt about going.
These six men also went with me to
this man's house.
13 He told us how he had seen an
angel in his own home. The angel had
stood in front of him and said, 'Send
men to Joppa to ask for Simon Peter.
14 He will tell you and all your family
how you can be saved from the punishment of sin.'
15 "As I began to talk to them, the
Holy Spirit came down on them just as

como lo hizo al principio sobre nosotros.
16 Entonces, recordé que el Señor dijo:
'Juan bautizaba con agua; pero ustedes
serán bautizados con el Espíritu Santo.'
17 Si Dios les dio el mismo don que a
nosotros, cuando creímos en el Señor
Jesucristo, ¿cómo podía yo ir en contra
de Dios?"
18 Cuando oyeron aquellas palabras,
se callaron. Entonces, le dieron gracias
a Dios, diciendo: "Entonces, Dios les
ha dado también vida a los que no son
judíos. La tienen esta nueva vida, porque han sentido dolor por sus pecados
y se han alejado de ellos."

A los creyentes se les llama cristianos por primera vez en Antioquía

19 Los que habían ido a diferentes
lugares, debido a las dificultades que
comenzaron con la muerte de Esteban, fueron hasta los países de Fenicia y
Chipre y hasta la ciudad de Antioquía.
Habían predicado la palabra, pero sólo
a los judíos.
20 Algunos de los hombres de los
países de Chipre y Cirene llegaron a la
ciudad de Antioquía y comenzaron a
predicar las buenas nuevas de Jesucristo al pueblo griego que había allí.
21 El Señor les dio poder, y hubo
muchos que creyeron y se convirtieron
a él.
22 Noticias de eso llegaron a la iglesia
que estaba en Jerusalén, y mandaron a
Bernabé a la ciudad de Antioquía.
23 Al llegar allí y ver lo bueno que
Dios había sido con ellos, se llenó de
gozo y les dijo que siguieran firmes y
fieles al Señor.
24 Bernabé era un buen hombre que
estaba lleno del Espíritu Santo y de fe,
y muchos se convirtieron en creyentes
del Señor.
25 De allí, Bernabé fue a la ciudad de
Tarso, a buscar a Saulo.

He did on us at the beginning.
16 Then I remembered the Lord had
said, 'John baptized with water but you
will be baptized with the Holy Spirit.'
17 If God gave to them the same gift
He gave to us after we put our trust
in the Lord Jesus Christ, how could I
stand against God?"
18 When they heard these words,
they said nothing more. They thanked
God, saying: "Then God has given life
also to the people who are not Jews.
They have this new life by being sorry
for their sins and turning from them."

The followers are called Christians first in Antioch

19 Those who went different places
because of the trouble that started over
Stephen had gone as far as the cities
of Phoenicia and Cyprus and Antioch.
They had preached the Word, but only
to the Jews.
20 Some of the men from Cyprus
and Cyrene returned to Antioch. They
preached the Good News of Jesus
Christ to the Greek people there.
21 The Lord gave them power. Many
people put their trust in the Lord and
turned to Him.
22 The news of this came to the
church in Jerusalem. They sent Barnabas to Antioch.
23 When he got there and saw how
good God had been to them, he was
full of joy. He told them to be true and
faithful to the Lord.
24 Barnabas was a good man and full
of the Holy Spirit and faith. And many
people became followers of the Lord.
25 From there Barnabas went on to
the city of Tarsus to look for Saul.

26 Cuando lo encontró, pidió que le acompañara de regreso a la ciudad de Antioquía. Y durante un año enseñaron a mucha gente en la iglesia. A los creyentes se les llamó por primera vez cristianos en la ciudad de Antioquía.

La iglesia de Antioquía ayuda a la de Jerusalén

27 En esa época llegaron a la ciudad de Antioquía algunos hombres que hablaban en el nombre de Dios. Eran de Jerusalén y dijeron lo que iba a pasar.

28 Uno de ellos era Agabo. El Espíritu Santo le dijo que se levantara y hablara. Les dijo que iban a faltar los alimentos en todo el mundo. Esto pasó cuando Claudio gobernaba al país.

29 Los cristianos acordaron que cada uno de ellos diera el dinero que pudiera, para ayudar a los cristianos que vivían en el país de Judea.

30 Así lo hicieron y se lo enviaron a los dirigentes de la iglesia, por medio de Bernabé y Saulo.

El Rey persigue a la Iglesia

12 En ese tiempo, el rey Herodes usó su poder para perseguir a los cristianos de la iglesia.

2 Mató a espada a Jacobo, hermano de Juan.

3 Al ver que esto alegraba a los judíos, se apoderó también de Pedro. Esto pasó durante la fiesta religiosa que recuerda cómo salieron los judíos de Egipto.

4 Herodes apresó a Pedro, lo metió a la cárcel y lo hizo vigilar por dieciséis soldados. Quería presentárselo al pueblo, después que pasara la fiesta religiosa especial.

Pedro queda libre

5 Así pues, Pedro se quedó en la cárcel; pero la iglesia siguió pidiendo a Dios por él.

26 When he found Saul, he brought him back with him to Antioch. For a year they taught many people in the church. The followers were first called Christians in Antioch.

The Antioch Church helps the Jerusalem Church

27 At that time some men who preached God's Word came to Antioch and told what was going to happen. They were from Jerusalem.

28 One of them was Agabus. The Holy Spirit told him to stand up and speak. He told them there would be very little food to eat over all the world. This happened when Claudius was leader of the country.

29 The Christians agreed that each one should give what money he could to help the Christians living in Judea.

30 They did this and sent it to the church leaders with Barnabas and Saul.

The King makes it hard for the church

12 At that time King Herod used his power to make it hard for the Christians in the church.

2 He killed James, the brother of John, with a sword.

3 When he saw that it made the Jews happy, he took hold of Peter also. This was during the special religious gathering to remember how the Jews left Egypt.

4 Herod took Peter and put him in prison and had sixteen soldiers watch him. After the special religious gathering was over, he planned to bring Peter out to the people.

Peter goes free

5 So Peter was held in prison. But the church kept praying to God for him.

6 La noche antes de que Herodes lo llevara a juicio, Pedro estaba durmiendo entre dos soldados, atado con dos cadenas. Había soldados en la puerta, vigilando la cárcel.

7 De pronto, un ángel del Señor apareció junto a él, y una luz brilló en todo el edificio. El ángel tocó a Pedro en el costado, le despertó y le dijo: "¡Levántate!" Entonces, las cadenas cayeron de sus manos.

8 Y el ángel dijo: "Toma tu ropa y sígueme."

9 Y Pedro le siguió. No sabía que era verdad que el ángel lo estaba ayudando. Pensaba que se trataba de un sueño.

10 Pasaron junto a un soldado y luego junto a otro. Llegaron ante la gran puerta de hierro que conducía a la ciudad. Se abrió sola, y pasaron por ella. En cuanto cruzaron una calle, el ángel le dejó.

A los cristianos les resulta difícil creer que Pedro está libre

11 Cuando Pedro comenzó a darse cuenta de lo que pasó, pensó: *Ahora, estoy seguro de que el Señor ha enviado a su ángel y que me ha librado de las manos de Herodes. También me ha librado de todas las cosas que querían hacerme los judíos.*

12 Después de pensar en eso, fue a casa de María, la madre de Juan Marcos, en donde estaban reunidos muchos cristianos, orando.

13 Cuando Pedro llamó a la puerta, una joven, llamada Rode, salió a ver quién era.

14 Ella reconoció la voz de Pedro, pero debido a su gran gozo, se olvidó de abrir la puerta. Corrió hacia el interior y dio la noticia a los demás que Pedro estaba a la puerta, esperando afuera.

15 Ellos le dijeron: "Estás loca." Pero

6 The night before Herod was to bring him out for his trial, Peter was sleeping between two soldiers. He was tied with two chains. Soldiers stood by the door and watched the prison.

7 All at once an angel of the Lord was seen standing beside him. A light shone in the building. The angel hit Peter on the side and said: "Get up!" Then the chains fell off his hands.

8 The angel said: "Put on your belt and shoes!" He did. The angel said to Peter: "Put on your coat and follow me."

9 Peter followed him out. He was not sure what was happening as the angel helped him. He thought it was a dream.

10 They passed one soldier, then another one. They came to the big iron door that leads to the city and it opened by itself and they went through. As soon as they had gone up one street, the angel left him.

The Christians find it hard to believe Peter is free

11 As Peter began to see what was happening, he said to himself: "Now I am sure the Lord has sent His angel and has taken me out of the hands of Herod. He has taken me also from all the things the Jews wanted to do to me."

12 After thinking about all this, he went to Mary's house. She was the mother of John Mark. Many Christians were gathered there praying.

13 When Peter knocked at the gate, a girl named Rhoda went to see who it was.

14 She knew Peter's voice, but in her joy she forgot to open the gate. She ran in and told them that Peter was standing outside the gate.

15 They said to her: "You are crazy."

Rode repitió que era cierto lo que les
había dicho. Ellos contestaron: "Será su
ángel."
16 Pero Pedro siguió llamando y cuando abrieron la puerta y lo vieron, todos
se sorprendieron mucho.
17 Pedro levantó la mano y les indicó que no hablaran, sino que le escucharan a él. Les explicó cómo el Señor
lo había sacado de la cárcel y les dijo:
"Cuéntenles estas cosas a Jacobo y a
los demás hermanos cristianos." Luego,
salió y se fue a otro lugar.

Muerte de Herodes

18 Por la mañana, los soldados se sintieron muy confusos sobre lo que había
pasado con Pedro.
19 Herodes lo buscó, pero no pudo
encontrarlo. Les hizo preguntas sobre
Pedro a los soldados que cuidaban la cárcel. Luego condenó a muerte a los soldados por haber dejado escapar a Pedro.
Entonces Herodes fue de la región de
Judea a la ciudad de Cesarea, para quedarse allí durante algún tiempo.
20 Herodes estaba muy enojado con
los habitantes de las ciudades de Tiro y
Sidón. Estos fueron a verlo para pedirle
que se hiciera paz. Hacían esa petición
porque su país recibía alimentos del
país del Rey. El pueblo hizo amistad con
Blasto, el principal ayudante del Rey.

21 Un día señalado, Herodes se puso
las ropas de color púrpura que llevan
los reyes, se sentó en su lugar especial
y habló a la gente.
22 Entonces todos comenzaron a gritar: "Esta es la voz de un dios, no de un
hombre."
23 Pero el ángel del Señor lo hirió,
porque no honraba a Dios. Se lo
comieron gusanos, y murió.
24 La palabra de Dios fue escucha-
da por mucha gente y se extendía a
muchos otros lugares.

But she said again that it was so. They
kept saying: "It is his angel."

16 Peter kept knocking. When they
opened the gate and saw him, they
were surprised and wondered about it.
17 He raised his hand and told them
not to talk but to listen to him. He told
them how the Lord had brought him
out of prison. He said: "Tell all these
things to James and to the other Christian brothers." Then he went to another place.

The death of Herod

18 In the morning the soldiers were
very troubled about what had happened to Peter.
19 Herod looked for him but could
not find him. He asked the soldiers
who watched the prison about Peter.
Herod said that the soldiers must be
killed because Peter got away. Then
Herod went down from the country of
Judea to the city of Caesarea to stay for
awhile.
20 Herod was very angry with the
people of the cities of Tyre and Sidon.
They went to him and asked for peace
to be made between them and the king.
They asked this because their country
got food from the king's country. The
people made friends with Blastus, the
king's helper.
21 A day was set aside. On that day
Herod put on purple clothes a king
wears. He sat on his throne and spoke
to the people.
22 They all started to speak with a
loud voice: "This is the voice of a god,
not of a man."
23 The angel of the Lord knocked him
down because he did not give honor to
God. He was eaten by worms and died.
24 The Word of God was heard by
many people and went into more
places.

25 Saulo y Bernabé regresaron a Jerusalén, después de terminar su trabajo, llevando con ellos a Juan Marcos.

Saulo y Bernabé son escogidos para ser misioneros

13 En la iglesia de la ciudad de Antioquía había predicadores y maestros Bernabé, Simón llamado el Negro, Lucio del país de Cirene, Manaen de la familia de Herodes, y Saulo.

2 Mientras adoraban al Señor, sin comer para poder orar mejor, el Espíritu Santo les dijo: "Denme a Bernabé y Saulo para la obra a que los he llamado."

Pablo y Bernabé van a Antioquía

3 Durante ese tiempo, los predicadores y los maestros siguieron dejando de comer para orar mejor. Luego pusieron sus manos sobre Bernabé y Saulo y los despidieron.

4 El Espíritu Santo los envió a la ciudad de Seleucia, de donde, en barco, pasaron a la isla de Chipre.

5 Cuando desembarcaron en la ciudad de Salamina, predicaron la palabra de Dios en los templos locales de los judíos. Juan Marcos fue con ellos como ayudante.

6 Recorrieron la isla de Chipre, hasta llegar a la ciudad de Pafos. Mientras estaban allí, encontraron a un judío que se dedicaba a la magia. Era un falso predicador llamado Barjesus.

7 Estaba con el dirigente del país, Sergio Paulo. Este les pidió a Bernabé y Saulo que fueran a visitarlo, para poder oír la palabra de Dios.

8 Pero Elimas, como también se llamaba el mago, obraba en contra de Bernabé y Saulo, tratando de evitar que el dirigente del país creyera en el Señor.

25 Saul and Barnabas went back to Jerusalem after they had finished their work. They took John Mark with them.

Saul and Barnabas are called to be missionaries

13 In the church in the city of Antioch there were preachers and teachers. They were Barnabas, Simeon Niger, Lucius of the country of Cyrene, Manaen of Herod's family, and Saul.

2 While they were worshiping the Lord and eating no food so they could pray better, the Holy Spirit said: "Let Barnabas and Saul be given to Me for the work I have called them to."

Paul and Barnabas go to Antioch

3 These preachers and teachers went without food during that time and prayed. Then they laid their hands on Barnabas and Saul and sent them away.

4 They were sent by the Holy Spirit to the city of Seleucia. From there they went by ship to the island of Cyprus.

5 When they went to shore at the city of Salamis, they preached the Word of God in the Jewish place of worship. John Mark was with them as their helper.

6 They went over Cyprus as far as the city of Paphos. While there, they found a Jew who did witchcraft. He was a false preacher named Barjesus.

7 Sergius Paulus was the leader of the country and a man who knew much. Barjesus was with Sergius Paulus. Sergius Paulus asked Barnabas and Saul to come to him so he might hear the Word of God.

8 But Elymas, as he called himself, the man who did witchcraft, worked against Barnabas and Saul. He tried to keep the leader of the country from putting his trust in the Lord.

9 Saulo, cuyo otro nombre es Pablo, estaba lleno del Espíritu Santo. Miró a Elimas y

10 dijo: "¡Falso predicador y maligno, hijo del diablo y enemigo de todo lo que es justo! ¿Seguirás alejando siempre a la gente de los caminos buenos del Señor?

11 Ahora pues, la mano del Señor está sobre ti. Te quedarás ciego y durante cierto tiempo, no verás la luz del sol." Inmediatamente una oscuridad descendió sobre Elimas. No podía ver y pedía a la gente que lo tomara de la mano para llevarlo de un lugar a otro.

12 Sergio Paulo, el dirigente del país, creyó en el Señor porque vio lo que había pasado. Estaba sorprendido y se hacía preguntas respecto a las enseñanzas del Señor.

13 Pablo y los que iban con él fueron en barco de la ciudad de Pafos a la de Perge, en el país de Panfilia. Juan Marcos los dejó y regresó a Jerusalén.

Pablo predica en otra ciudad llamada Antioquía

14 De Perge fueron a la ciudad de Antioquía, la que está en el país de Pisidia. En el día de descanso, entraron en el templo judío local y se sentaron.

15 Después que los dirigentes leyeron la ley judía y las escrituras de los antiguos predicadores, les mandaron decir: "Hermanos, si tienen alguna palabra de consuelo y ayuda para el pueblo, hablen ahora."

16 Pablo se levantó y haciendo una señal con la mano para pedir silencio, dijo: "Varones judíos y los que honran a Dios, escuchen.

17 El Dios de los judíos escogió a nuestros padres y los hizo un gran pueblo, cuando vivían en la tierra de Egipto. Los sacó de allí con mano fuerte.

9 Saul, whose other name was Paul, was full of the Holy Spirit. He looked at Elymas.

10 Then Saul said: "You false preacher and troublemaker! You son of the devil! You hate what is right! Will you always be turning people from the right ways of the Lord?

11 And now look! The hand of the Lord is on you. You will become blind. For a time you will not be able to see the sun." At once it became dark to Elymas, and he could not see. He asked people to take him by the hand to lead him from place to place.

12 The leader of the country put his trust in the Lord because he saw what had happened. He was surprised and wondered about the teaching of the Lord.

13 Paul and those with him went by ship from Paphos to the city of Perga in the country of Pamphylia. John Mark did not go with them but went back to Jerusalem.

Paul preaches in Antioch

14 From Perga they went on to the city of Antioch in the country of Pisidia. On the Day of Rest they went into the Jewish place of worship and sat down.

15 After the leaders had read from the Jewish Law and the writings of the early preachers, they sent to them saying: "Brothers, if you have any word of comfort and help for the people, say it now."

16 Paul got up. He raised his hand and said: "Jewish men and you who honor God, listen!

17 The God of the Jews chose our early fathers and made them a great people during the time they lived in the land of Egypt. With a strong hand He took them out from there.

18 Durante unos cuarenta años, los
cuidó en el desierto.
19 Destruyó a la gente de siete naciones en la tierra de Canaán. Luego, dividió la tierra y la repartió como herencia
entre nuestros padres.
20 Durante unos cuatrocientos cincuenta años, les permitió tener dirigentes especiales. Los tuvieron hasta
los tiempos de Samuel.
21 "Entonces quisieron un rey, y Dios
les dio a Saúl, que era hijo de Cis, del
grupo familiar de Benjamín. Fue rey
durante cuarenta años.
22 Cuando Dios quitó a Saúl de ser
rey, les dio como rey a David, diciendo:
'David, hijo de Isaí, agradará a mi corazón y hará todo lo que quiero.'
23 "De la familia de ese hombre, Dios
les dio a los judíos, de acuerdo con su
promesa, al que salva del castigo del
pecado, Jesús.
24 Antes de la llegada de Jesús, Juan
les había predicado a todos los judíos,
diciéndoles que debían ser bautizados,
cuando cambiaran su actitud acerca de
sus pecados y los dejaran.
25 Cuando Juan estaba ya cerca del
fin de su obra, preguntó: '¿Quién creen
que soy? No soy el Cristo. Él viene tras
de mí, y yo no soy digno ni de agacharme y ayudarle a quitarse los zapatos.'

26 "¡Varones hermanos, hijos de la
familia de Abraham, y todos los que
honran a Dios, escuchen! La noticia
de que pueden salvarse del castigo del
pecado les ha sido enviada.
27 El pueblo de Jerusalén y sus dirigentes no reconocían a Jesús. No com-
prendían las palabras de los antiguos
predicadores que les eran leídas todos
los días de descanso. Hicieron todo
lo que los antiguos predicadores dijeron que harían. Entregaron a Jesús a la
muerte.
28 No encontraron ninguna razón por

18 For about forty years He took care
of them in the desert.
19 He destroyed the people of seven
nations in the land of Canaan. Then he
divided the land and gave it to them as
their own.
20 For about 450 years he let them
have special leaders. They had these
leaders until the time of Samuel.

21 "Then they wanted a king. God
gave them Saul who was the son of
Kish from the family group of Benjamín.
He was king forty years.
22 When God took Saul as king from
them, He made David to be their king.
He said, 'David, Jesse's son, will please
My heart. He will do all I want done.'
23 "From this man's family, God gave
to the Jews the One Who saves from
the punishment of sin as He had promised. He is Jesus.
24 Before Jesus came, John had
preached to all the Jews that they
should be baptized because they were
sorry for their sins and turned from
them.
25 When John was near the end of his
work, he asked, 'Who do you think I
am? I am not the Christ. No, but He is
coming later and I am not good enough
to get down and help Him take off His
shoes!'
26 "Men and brothers, sons of the
family of Abraham, and all of you who
honor God, listen! This news of being
able to be saved from the punishment
of sin has been sent to you.
27 The people of Jerusalem and their
leaders did not know Him. They did not
understand the words from the early
preachers. These words were read to
them every Day of Rest. But they did
the very thing the early preachers had
said they would do by handing Him
over to die.
28 They could find no reason that He

la que debiera morir, pero le pidieron a Pilato que lo matase.

29 Cuando se cumplió todo lo que se había escrito sobre él, lo bajaron de la cruz y lo pusieron en una tumba.

30 Pero Dios lo levantó de entre los muertos.

31 Y durante muchos días lo vieron los que lo habían acompañado del país de Galilea a la ciudad de Jerusalén. Estos son los que hablan de él a la gente.

32 "Ahora les traemos las buenas nuevas acerca de la promesa hecha a nuestros padres.

33 Dios la ha cumplido para nosotros que somos sus hijos, levantando a Jesús de entre los muertos. Está escrito en el segundo salmo: 'Eres mi Hijo. Hoy te he dado vida.' Salmo 2:7

34 Dios probó que Jesús es su Hijo, levantándolo de entre los muertos. Nunca volverá a morir. Dijo: 'Cumpliré las promesas hechas a David.' Isaías 55:3

35 "En otro salmo, dice: 'No permitirás que tu Santo vuelva al polvo.' Salmo 16:10

36 David fue un buen dirigente para el pueblo de su tiempo e hizo lo que Dios quería que hiciera. Cuando murió, lo pusieron en una tumba junto a la de su padre. Su cuerpo se volvió otra vez en polvo.

37 Pero Dios levantó a Cristo a la vida; no volvió al polvo.

38 "Varones hermanos, escuchen esto. Sus pecados pueden ser perdonados a través de éste del cual estoy hablando.

39 Todo aquel que crea en Cristo quedará en paz con Dios. Será libre de todas las cosas de las que no nos libra la ley de Moisés.

40 ¡Pero, tengan cuidado! Los escritos de los primeros predicadores hablan de muchas cosas que no querrán que les pasen.

should die, but they asked Pilate to have Him killed.

29 When everything was done that had been written about Him, they took Him down from the cross and laid Him in a grave.

30 But God raised Him from the dead.

31 For many days He was seen by those who came up with Him from Galilee to Jerusalem. These are the ones who tell the people about Him.

32 "We bring you the Good News about the promise made to our early fathers.

33 God has finished this for us who are their children. He did this by raising Jesus from the dead. It is written in the second Psalm, 'You are My Son. Today I have become Your Father.' Psalm 2:7

34 God proved that Jesus was His Son by raising Him from the dead. He will never die again. He has said, 'I will complete the promises made to David.' Isaiah 55:3

35 "In another Psalm He says, 'You will not allow Your Holy One to go back to dust!' Psalm 16:10

36 David was a good leader for the people of his day. He did what God wanted. Then he died and was put into a grave close to his father's grave. His body went back to dust.

37 But God raised this One, Christ, to life. He did not go back to dust.

38 "Men and brothers, listen to this. You may be forgiven of your sins by this One I am telling you about.

39 Everyone who puts his trust in Christ will be made right with God. You will be made free from those things the Law of Moses could not make you free from.

40 But look out! The writings of the early preachers tell of many things that you do not want to happen to you.

41 Uno dice: 'Escuchen, los que dudan y se ríen de la verdad morirán. Haré un trabajo durante sus días. Será un trabajo que no creerán, ni aunque alguien les hablara de él.'" Habacuc 1:5

42 Cuando Pablo y Bernabé salieron del templo local, la gente les pidió que hablaran de esas cosas al siguiente día de descanso.

43 Cuando la gente se fue del templo local, muchos judíos y otros que se habían hecho judíos seguían a Pablo y Bernabé, mientras les hablaban a los judíos, diciéndoles que debían confiar en el amor de Dios.

Pablo y Bernabé van a los que no son judíos

44 Al siguiente día de descanso, casi todos los habitantes de la ciudad fueron a oír la palabra de Dios.

45 Pero los judíos se llenaron de envidia, al ver a tanta gente reunida. Hablaban en contra de Pablo, diciendo que estaba en error. También hablaban en contra de Dios.

46 Entonces Pablo y Bernabé dijeron al pueblo con claridad: "Era nuestro deber predicarles la palabra de Dios primeramente a ustedes; pero, puesto que la rechazan, no son dignos de la vida eterna. Por lo tanto, iremos a los que no son judíos.

47 El Señor nos encargó un trabajo. Dijo: 'Te he puesto para luz de los que no son judíos. Tienes que predicar para que hombres de toda la tierra puedan salvarse del castigo de sus pecados.'" Isaías 49:6

48 Los que no son judíos se gozaron mucho al oír eso y daban gracias por la palabra de Dios. Los escogidos para la vida que nunca termina creyeron.

49 Y la palabra de Dios fue predicada en toda aquella región.

50 Los judíos incitaron los sentimientos

41 'Listen, you who doubt and laugh at the truth will die. I will do a work during your days. It will be a work that you will not believe even if someone tells you about it.' " Habakkuk 1:5

42 As Paul and Barnabas went out of the Jewish place of worship, the people asked them to talk about these things on the next Day of Rest.

43 The people went from the place of worship. Many Jews and others who had become Jews followed Paul and Barnabas as they talked to the Jews. They told them to keep on trusting in the loving favor of God.

Paul and Barnabas go to the people who are not Jews

44 Almost all of the people of the town came to hear the Word of God on the next Day of Rest.

45 The Jews were filled with jealousy when they saw so many people. They spoke against the things Paul said by saying he was wrong. They also spoke against God.

46 Paul and Barnabas said to the people in plain words: "We must preach the Word of God to you first. But because you put it aside, you are not good enough for life that lasts forever. So we will go to the people who are not Jews.

47 The Lord gave us a work to do. He said, 'You are to be a light to the people who are not Jews. You are to preach so that men over all the earth can be saved from the punishment of their sins.'" Isaiah 49:6

48 The people who were not Jews were glad when they heard this. They were thankful for the Word of God. Those who were chosen for life that lasts forever believed.

49 The Word of God was preached over all that land.

50 The Jews worked on the feelings

de las mujeres religiosas y respetadas y
de los dirigentes de la ciudad, oponién-
dose a Pablo y Bernabé y haciendo que
los echaran de su ciudad.

51 Pablo y Bernabé sacudieron el polvo de los zapatos en contra de ellos y
se fueron a la ciudad de Iconio.
52 Los creyentes estaban llenos de
gozo y del Espíritu Santo.

Pablo y Bernabé predican en Iconio

14 En la ciudad de Iconio, Pablo y
Bernabé fueron al templo ju-
dío local, donde predicaron con poder.
Muchos se hicieron cristianos, tanto judíos como griegos.

2 Pero los judíos que no querían
creer levantaron confusión entre los
que no eran judíos y los hicieron volverse contra los cristianos.
3 Pablo y Bernabé se quedaron allí
mucho tiempo, predicando con el
poder que les dio el Señor. Dios les
ayudó a hacer obras poderosas, mientras predicaban, demostrando que él
estaba con ellos.
4 El pueblo de la ciudad estaba dividido. Algunos estaban con los judíos y
otros con los misioneros.
5 Todo el pueblo y sus dirigentes trataban de herirlos, tirándoles piedras.

Pablo y Bernabé van a Listra

6 Cuando Pablo y Bernabé oyeron
eso, se fueron a las ciudades de Listra y
Derbe, del país de Licaonia, por toda la
región alrededor.
7 Se quedaron allí y siguieron predicando las buenas nuevas.
8 En Listra había un hombre que no
había podido andar desde que nació.
9 Este escuchaba lo que decía el
misionero. Pablo lo miró y vio que el
hombre creía que podía ser curado.
10 Entonces, se dirigió a él y, con voz

of the women who were religious and
respected. They worked on the leading men of the city also. They worked
against Paul and Barnabas and made
them leave their city.
51 But Paul and Barnabas shook the
dust off from their feet against them
and went to the city of Iconium.
52 The missionaries were filled with
joy and with the Holy Spirit.

Paul and Barnabas preach in Iconium

14 In the city of Iconium, Paul and
Barnabas went into the Jewish place of worship. They preached
with power and many people became
Christians. These people were Jews
and Greeks.
2 But the Jews who did not want
to believe worked against those who
were not Jews. They made them turn
against the Christians.
3 Paul and Barnabas stayed there a
long time preaching with the strength
the Lord gave. God helped them to do
powerful works when they preached
which showed He was with them.

4 The people of the city were divided.
Some were on the side of the Jews. Some
were on the side of the missionaries.
5 All the people and the leaders tried
to hurt them and throw stones at them.

Paul and Barnabas go to Lystra

6 When Paul and Barnabas heard
this, they got away and went to the cities of Lystra and Derbe in Lycaonia and
to the country close by.
7 They stayed there and kept on
preaching the Good News.
8 There was a man in Lystra who had
never walked from the time he was born.
9 This man listened as Paul spoke.
Paul watched him. He saw that the
man believed he could be healed.
10 Calling to him with a loud voice,

fuerte, le dijo: "¡Ponte de pie!" El hombre se levantó de un salto y anduvo.

A Pablo y Bernabé los llaman dioses luego, los apedrean

11 El pueblo vio lo que hizo Pablo y gritaron, con voces fuertes, en la lengua de Licaonia: "Los dioses se han hecho como hombres y han venido a nosotros."

12 Decían que Bernabé era Júpiter y Pablo, Mercurio, porque hablaba más que Bernabé.

13 La imagen del dios Júpiter estaba en su templo cercano a la puerta de entrada a la ciudad. El dirigente de ese templo llevó a la puerta ganado y flores que él y muchos otros deseaban quemar como sacrificios en un acto de adoración a Pablo y Bernabé.

14 Cuando oyeron aquello Pablo y Bernabé, corrieron entre la gente, rompieron sus ropas y gritaron:

15 "¿Por qué hacen esto? Tan sólo somos hombres, con sentimientos iguales a los suyos. Les predicamos las buenas nuevas para que se alejen de esas cosas vacías y se vuelvan al Dios vivo que hizo los cielos, la tierra, el mar y todo lo que hay en ellos.

16 Tiempo atrás, permitió que toda la gente viviera como quisiera,

17 aunque ni aun entonces les dejó Dios sin quedar algo de él que pudiera ver. Hizo bien; nos dio lluvias del cielo y muchos alimentos; y nos hizo felices."

18 Aun con esas palabras, les fue difícil a Pablo y Bernabé evitar que el pueblo sacrificara los animales como acto de adoración hacia ellos.

19 Entonces llegaron algunos judíos de las ciudades de Antioquía e Iconio que provocaron al pueblo, diciendo que le tiraran piedras a Pablo. Y así lo hicieron. Después de apedrearlo, lo sacaron de la ciudad, pensando que estaba muerto.

Paul said: "Stand up on your feet!" The man jumped up and walked around.

Paul and Barnabas are called gods, then stoned

11 The people saw what Paul did. They called with loud voices in the language of the people of Lycaonia: "The gods have become like men and have come down to us."

12 They said that Barnabas was Jupiter. Paul was called Mercury because he spoke more than Barnabas.

13 The god of Jupiter was in a building near the gate leading into the city. The religious leader of that place brought cattle and flowers to the gate. He and many other people wanted to burn these as gifts in an act of worship to Paul and Barnabas.

14 When Paul and Barnabas heard this, they ran among the people. They tore their clothes and cried out,

15 "Why are you doing this? We are only men with feelings like yours. We preach the Good News that you should turn from these empty things to the living God. He made the heavens and the earth and the sea and everything in them.

16 Long ago He allowed all people to live the way they wanted to.

17 Even then God did not leave you without something to see of Him. He did good. He gave you rain from heaven and much food. He made you happy."

18 Even with these words it was hard for Paul and Barnabas to keep the people from burning cattle in an act of worship to them.

19 By this time some Jews from the cities of Antioch and Iconium came. They turned the minds of the people against Paul and Barnabas and told them to throw stones at Paul. After they threw stones at him, they dragged him out of the city thinking he was dead.

Pablo y Bernabé predican a los cristianos en su viaje de vuelta a Antioquía

20 Cuando los cristianos se reunieron
alrededor de Pablo, éste se levantó y
regresó a la ciudad. Al día siguiente, se
fue con Bernabé a la ciudad de Derbe.
21 Allí predicaron las buenas nuevas
y enseñaron a mucha gente. Después,
volvieron a las ciudades de Listra, Iconio y Antioquía, de Pisidia.
22 En cada una de esas ciudades, ayudaron a los cristianos a ser firmes y fieles en la fe. Les dijeron: "Tenemos que
sufrir muchas penas para entrar en el
reino de Dios."
23 En todas las iglesias, escogieron
dirigentes. Pasaban ese tiempo sin
comer para poder orar mejor. Pablo
y Bernabé oraron por los dirigentes y
los encomendaron al Señor en quien
habían creído.
24 Pasaron por el país de Pisidia y llegaron al de Panfilia.
25 Luego, predicaran las buenas nuevas en la ciudad de Perge. Después,
fueron a la ciudad de Atalia
26 y de allí, por barco, fueron a la ciudad de Antioquía, de Siria, en donde
habían sido entregados al Señor para
su obra. El trabajo de aquel viaje había
terminado.
27 Cuando llegaron allá, reunieron
a la iglesia y le contaron todo lo que
Dios había hecho por ellos, diciéndoles
como Dios había abierto las puertas
para que los que no son judíos tuvieran
fe.
28 Se quedaron allí con los creyentes
durante mucho tiempo.

Reunion de dirigentes de la iglesia en Jerusalén

15 Algunos hombres llegaron del
país de Judea y comenzaron a
enseñarles a los cristianos, diciendo: "A
menos que pasen por el rito religioso

Paul and Barnabas preach to the Christians on their return trip to Antioch

20 As the Christians gathered around
Paul, he got up and went back into the
city. The next day he went with Barnabas to Derbe.
21 In that city they preached the
Good News and taught many people.
Then they returned to the cities of Lystra and Iconium and Antioch.
22 In each city they helped the Christians to be strong and true to the faith.
They told them: "We must suffer many
hard things to get into the holy nation
of God."
23 In every church they chose leaders
for them. They went without food during that time so they could pray better. Paul and Barnabas prayed for the
leaders, giving them over to the Lord
in Whom they believed.
24 When they had gone through the
city of Pisidia, they came to the city of
Pamphylia.
25 Then they preached the Good
News in the city of Perga. After this
they went down to the city of Attalia.
26 From there they went by ship to
Antioch where they had been given to
the Lord for His work. The work of this
trip was done.
27 When they got there, they called
the church together. They told them
everything God had done for them.
They told how God had opened the
door for the people who were not
Jews to have faith.
28 They stayed there with the followers a long time.

A meeting of church leaders in Jerusalem

15 Some men came down from
the country of Judea and started to teach the Christians. They said:
"Unless you go through the religious

de convertirse en judíos, como lo enseñó Moisés, no pueden salvarse del castigo del pecado."

2 Pablo y Bernabé disputaron con ellos. Entonces escogieron a Pablo, Bernabé y otros hombres para que fueran a Jerusalén, donde deberían hablar con los misioneros y los dirigentes de la iglesia sobre esas enseñanzas.

3 La iglesia los envió. Atravesaron los países de Fenicia y Samaria, hablando de cómo los que no eran judíos se estaban volviendo a Dios. Esto hizo llenarse de alegría a los cristianos.

4 Cuando llegaron a Jerusalén, la iglesia, los misioneros y los dirigentes se alegraron al verlos. Pablo y Bernabé les contaron lo que Dios había hecho por medio de ellos.

5 Algunos de los cristianos de allá, que habían sido celosos religiosos, se levantaron y dijeron: "Es preciso pasar por el rito religioso de hacerse judíos y obedecer la ley de Moisés."

6 Entonces, los misioneros y los dirigentes de la iglesia se reunieron para hablar de esto.

7 Después de mucho tiempo de discusiones, Pedro se levantó y les dijo: "Hermanos, saben que desde hace algún tiempo, Dios se agradó en usarme para predicarles las buenas nuevas a los que no son judíos para que crean en Cristo.

8 Dios conoce los corazones de todos los hombres y les demostró a ellos que iban a estar en su amor, enviándoles el Espíritu Santo, del mismo modo que nos lo envió a nosotros. Hechos 10:47; 11:15

9 Sus corazones quedaron también limpios cuando creyeron en el Señor.

10 Ahora pues, ¿por qué tientan a

act of becoming a Jew as Moses taught, you cannot be saved from the punishment of sin."

2 Paul and Barnabas argued with them. Then Paul and Barnabas and some other men were chosen to go up to Jerusalem. They were to talk to the missionaries and church leaders about this teaching.

3 The church sent them on their way. They went through the countries of Phoenicia and Samaria and told how those who were not Jews were turning to God. This made the Christians very happy.

4 When they got to Jerusalem, the church and the missionaries and the church leaders were glad to see them. Paul and Barnabas told them what God had done through them.

5 Some of the Christians there had been proud religious law keepers. They got up and said: "Doing the religious act of becoming a Jew and keeping the Law of Moses are two things that must be done."

6 The missionaries and church leaders got together to talk about this.

7 After a long time of much talking, Peter got up and said to them: "Brothers, you know in the early days God was pleased to use me to preach the Good News to the people who are not Jews so they might put their trust in Christ.

8 God knows the hearts of all men. He showed them they were to have His loving favor by giving them the Holy Spirit the same as He gave to us. Acts 10:47; 11:15

9 He has made no difference between them and us. They had their hearts made clean when they put their trust in Him also.

10 Why do you test God by putting

Dios, poniendo una carga demasiado
pesada sobre las espaldas de los creyentes, una carga que era demasiado pesada
para nuestros padres y para nosotros?
11 Creemos que somos salvos por el
favor del Señor Jesús y que ellos son
salvos del castigo del pecado en la misma manera."
12 Todos los que estaban reunidos se
callaron, escuchando a Pablo y Bernabé. Les contaban las obras poderosas
que Dios había hecho por medio de
ellos entre los que no son judíos.

El llamamiento de Dios es también para los que no son judíos

13 Cuando terminaron de hablar,
Jacobo (Santiago) dijo: "Hermanos,
escúchenme.
14 Simón Pedro ha dicho cómo Dios
visitó primero a los que no son judíos,
para tomar de ellos pueblo para su
nombre.
15 Esto va de acuerdo con lo que dijeron los predicadores antiguos:
16 'Después de esto, volveré y construiré otra vez el edificio de David que
se cayó. Lo construiré otra vez con las
piedras que se cayeron. Y lo volveré a
levantar.
17 Entonces, todas las naciones
podrán buscar al Señor, incluso todos
los que no son judíos que invoquen mi
nombre. Dijo el Señor que hace todas
estas cosas.
18 Dios ha dado a conocer todas sus
obras desde el principio de los tiempos.' Amós 9:11-12

Los que no son judíos no están bajo la ley

19 "Así pues, no debemos inquietar a
los que se convierten a Dios no siendo
judíos.
20 Debemos escribirles que se alejen de todo lo dado a los falsos dioses. Que se mantengan apartados de

too heavy a load on the back of the followers? It was too heavy for our fathers
or for us to carry.
11 We believe it is by the loving favor
of the Lord Jesus that we are saved.
They are saved from the punishment
of sin the same way."
12 All those who were gathered
together said nothing. They listened to
Paul and Barnabas who told of the powerful works God had done through them
among the people who are not Jews.

God's call is also for the people who are not Jews

13 When they finished speaking,
James said: "Brothers, listen to me.
14 Simon Peter has told how God first
visited the people who are not Jews.
He was getting a people for Himself.
15 This agrees with what the early
preacher said,
16 'After this I will come back and
build again the building of David that
fell down. Yes, I will build it again from
the stones that fell down. I will set it up
again.
17 Then all the nations may look for
the Lord, even all the people who are
not Jews who are called by My name.
The Lord said this. He does all these
things.
18 God has made all His works known
from the beginning of time.'
Amos 9:11-12

The people who are not Jews are not under the law

19 "So we should not trouble these
people who are not Jews who are
turning to God.
20 We should write to them that they
should keep away from everything
that is given to gods. They should keep

los pecados del sexo y que no coman sangre, ni carne de animales que hayan sido ahogados.
21 Porque la ley de Moisés se ha leído en todas las ciudades desde los primeros días. Fue leída en los templos locales todos los días de descanso."
22 Entonces, estando de acuerdo los misioneros, los líderes de la iglesia y todos los creyentes, escogieron a algunos hombres de entre ellos para ir a la ciudad de Antioquía con Pablo y Bernabé. Eligieron a Judas Barsabás y a Silas. Eran dirigentes entre los cristianos.
23 Los enviaron con esta carta: "Los misioneros, los dirigentes de la iglesia y los cristianos saludan a los hermanos que no son judíos de la ciudad de Antioquía y de todos los países de Siria y Cilicia.
24 Hemos oído que algunos de nuestro grupo, sin nuestro permiso, los han inquietado y creado dudas. Dicen que deben someterse al rito religioso de hacerse judíos y que deben obedecer la ley de Moisés.
25 Todos nosotros hemos querido mandarles hombres con nuestros bienamados Pablo y Bernabé,
26 cuyas vidas han estado en peligro por el nombre de nuestro Señor Jesucristo.
27 Así pues, les enviamos ahora a Judas y Silas. Ellos les dirán las mismas cosas:
28 Que ha parecido bien al Espíritu Santo y a nosotros pedirles que no hagan más que lo que debe hacerse.
29 Deben alejarse de todo lo que se les ofrezca a los falsos dioses. No coman sangre, ni carne de animales que hayan sido ahogados. Aléjense de los pecados del sexo. Si se guardan de esas cosas, harán bien. Adiós."

away from sex sins and not eat blood or meat from animals that have been killed in ways against the Law.
21 For the Law of Moses has been read in every city from the early days. It has been read in the Jewish places of worship on every Day of Rest."
22 Then the missionaries and the church leaders and the whole church chose some men from among them. They were to be sent to the city of Antioch with Paul and Barnabas. They chose Judas Barsabbas and Silas. These men were leaders among the Christians.
23 They sent them with this letter: "The missionaries and church leaders and Christians greet the brothers who are not Jews in Antioch and Syria and Cilicia.
24 We have heard that some from our group have troubled you and have put doubt in your minds. They said that you must go through the religious act of becoming a Jew and you must keep the Law of Moses. We did not tell them to say these things.
25 All of us have wanted to send men to you with our much loved Paul and Barnabas.
26 Their lives have been in danger for the name of our Lord Jesus Christ.
27 So now we send Judas and Silas to you. They will tell you the same things.
28 It pleased the Holy Spirit and us to ask you to do nothing more than these things that have to be done.
29 You are to keep away from everything that is given to gods. Do not eat blood or meat from animals that have been killed in ways against the Law. Keep away from sex sins. If you keep yourselves free from these things you will do well. Good bye."

Los misioneros vuelven a Antioquía

30 Cuando se acabó la reunión, fueron a la ciudad de Antioquía y en cuanto se reunió la gente, les dieron la carta.

31 Cuando la leyeron, se alegraron por el consuelo y la firmeza que les daba.

32 Judas y Silas eran también predicadores. Les predicaron a los cristianos, ayudándoles a ser más firmes en la le.

33 Se quedaron allí durante cierto tiempo y luego fueron enviados en paz a los misioneros que los habían mandado.

34 Pero Silas pensó que debía quedarse allí.

35 Pablo y Bernabé también se quedaron en la ciudad de Antioquía y con la ayuda de muchos otros, predicaron y enseñaron la palabra de Dios.

The missionaries go back to Antioch

30 When the meeting was finished, they went to Antioch. As soon as they gathered the people together, they gave them the letter.

31 When they read it, they were glad for the comfort and strength it brought them.

32 Judas and Silas were preachers also. They preached to the Christians and helped them to become stronger in the faith.

33 They were there for some time. Then they were sent back in peace to the missionaries who had sent them.

34 But Silas thought he should stay there.

35 Paul and Barnabas stayed in Antioch. With the help of many others, they preached and taught the Word of God.

Pablo sale por segunda vez

36 Un poco después, Pablo le dijo a Bernabé: "Volvamos a visitar a los cristianos en todas las ciudades en las que predicamos la palabra de Dios, para ver cómo están."

37 Bernabé quería llevar con ellos a Juan Marcos.

38 Pablo no creía conveniente llevarlo, porque él los había dejado en el país de Panfilia y no les había ayudado en la obra.

39 Discutieron tanto que se apartaron el uno del otro. Bernabé llevó con él a Juan Marcos y fue por barco a la isla de Chipre.

40 Pablo escogió a Silas y después de que los cristianos pidieron que el favor del Señor estuviera sobre ellos, se pusieron en camino.

41 Fueron por los países de Siria y Cilicia, haciendo más fuertes en la fe a las iglesias.

Paul starts out the second time

36 After awhile, Paul said to Barnabas: "Let us go back and visit the Christians in every city where we have preached the Word of God. Let us see how they are doing."

37 Barnabas wanted to take John Mark with them.

38 Paul did not think it was good to take him because he had left them while they were in Pamphylia. He had not helped them in the work.

39 They argued so much that they left each other. Barnabas took John Mark with him and went by ship to the island of Cyprus.

40 Paul chose Silas. After the Christians asked for the Lord's favor to be on Paul and Silas, they went on their way.

41 They went through Syria and Cilicia making the churches stronger in the faith.

Timoteo comienza a trabajar con Pablo

16 Pablo fue a las ciudades de Derbe y Listra, donde había un creyente llamado Timoteo, hijo de madre judía cristiana y padre griego.

2 De él hablaban bien todos los cristianos de las ciudades de Listra e Iconio.

3 Pablo quiso que Timoteo se fuera con él. Y tomándolo, le hizo pasar por el rito religioso de hacerse judío, a causa de los judíos de esos lugares. Todos sabían que su padre era griego.

4 Fueron de ciudad en ciudad, diciéndoles a los cristianos lo que los misioneros y los dirigentes de la iglesia de Jerusalén habían escrito sobre lo que deben hacer los cristianos.

5 Las iglesias se hicieron fuertes en la fe, y todos los días se añadieron nuevos creyentes.

Pablo es llamado en sueños a Macedonia

6 Pasaron por los países de Frigia y Galacia porque el Espíritu Santo les prohibió predicar la palabra de Dios en los países de Asia.

7 Cuando llegaron a la ciudad de Misia, trataron de ir al país de Bitinia; pero el Espíritu Santo no los dejó.

8 De Misia se fueron a la ciudad de Troas.

9 Esa noche, Pablo tuvo un sueño. Un hombre estaba de pie, ante él, rogándole y diciendo: "¡Ven al país de Macedonia y ayúdanos!"

10 Después de tener ese sueño, estuvimos de acuerdo en que Dios nos mandaba a Macedonia a predicar las buenas nuevas.

Lidia, la primera cristiana en Europa

11 Tomamos un barco de la ciudad de Troas a la de Samotracia y, al día siguiente, fuimos a la ciudad de Neápolis.

Timothy starts to work with Paul

16 Paul went down to the cities of Derbe and Lystra. There was a follower there named Timothy. His mother was a Jewish Christian and his father was a Greek.

2 The Christians in the city of Lystra and Iconium respected Timothy.

3 Paul wanted Timothy to go with him as a missionary. He took him and had Timothy go through the religious act of becoming a Jew because of the Jews who were in those places. Everyone knew his father was a Greek.

4 They went from city to city and told the Christians what the missionaries and the church leaders in Jerusalem had written for the Christians to do.

5 The churches were made stronger in the faith. More people were added each day.

Paul is called to Macedonia in a dream

6 They went through the countries of Phrygia and Galatia. The Holy Spirit kept them from preaching the Word of God in the countries of Asia.

7 When they came to the city of Mysia, they tried to go on to the city of Bithynia but the Holy Spirit would not let them go.

8 From Mysia they went down to the city of Troas.

9 That night Paul had a dream. A man was standing in front of him crying out: "Come over to the country of Macedonia and help us!"

10 After he had seen this, we agreed that God told us to go to Macedonia to tell them the Good News.

Lydia, the first Christian in Europe

11 We took a ship from the city of Troas to the city of Samothracia. The next day we went to the city of Neapolis.

12 De allí, fuimos a la ciudad de Filipos, un lugar importante en el país de Macedonia. Macedonia estaba bajo el gobierno de los romanos. Permanecimos allí varios días.

13 En el día de descanso, salimos de la ciudad a un sitio cerca del río. Sabíamos que algunos solían reunirse allí para orar. Llegaron varias mujeres y nos sentamos y hablamos con ellas.

14 Una de las mujeres que nos escuchaban vendía ropas costosas de púrpura. Era de la ciudad de Tiatira. Su nombre era Lidia y adoraba a Dios. El Señor le abrió el corazón para que escuchara lo que decía Pablo.

15 Cuando ella y su familia fueron bautizadas, nos dijo: "Si creen que soy fiel al Señor, vengan y quédense en mi casa." Insistió mucho y fuimos con ella.

Pablo cura a una muchacha de un espíritu malo

16 Un día, cuando íbamos al lugar de oración, encontramos a una joven dominada de un espíritu malo. Podía decir lo que iba a pasar en el futuro. Su dueño ganaba mucho dinero con su poder.

17 La joven nos siguió a Pablo y a nosotros, gritando: "Estos son siervos del Dios Altísimo y anuncian el modo en que pueden ser salvos del castigo del pecado."

18 Esto lo hizo muchos días, y Pablo estaba preocupado. Entonces, se volvió y le dijo al espíritu que estaba en la joven: "Te ordeno, en el nombre de Jesucristo, que salgas de ella." Y salió de ella inmediatamente.

Pablo y Silas en la cárcel

19 Cuando el dueño de la joven vio que ya no podía seguir ganando dinero con ella, entonces hizo que prendieran a Pablo y a Silas y que los llevaran ante

12 From there we went to the city of Philippi. This was an important city in Macedonia. It was ruled by the leaders of the country of Rome. We stayed here for some days.

13 On the Day of Rest we went outside the city to a place down by the river. We thought people would be gathering there for prayer. Some women came and we sat down and talked to them.

14 One of the women who listened sold purple cloth. She was from the city of Thyatira. Her name was Lydia and she was a worshiper of God. The Lord opened her heart to hear what Paul said.

15 When she and her family had been baptized, she said to us: "If you think I am faithful to the Lord, come and stay at my house." She kept on asking. Then we went with her.

Paul heals a girl with a demon

16 One day as we were going to the place to pray, we met a servant girl who could tell what was going to happen in the future by a demon she had. Her owner made much money from her power.

17 She followed Paul and us crying out: "These are servants of the Highest God. They are telling you how to be saved from the punishment of sin."

18 She did this many days. Paul was troubled. Then he turned and said to the demon in her: "In the name of Jesus Christ, I speak to you. Come out of her!" At once it left her.

Paul and Silas in jail

19 The girl's owners saw that they could not make money with her anymore. Then they took hold of Paul and Silas and dragged them to the leaders.

los dirigentes del pueblo. Esto pasó en la plaza de la ciudad.

20 Después de que los presentaron ante los dirigentes, dijeron: "Estos hombres son judíos y alborotan nuestra ciudad.

21 Enseñan una religión que nosotros, los romanos, no podemos seguir ni practicar."

22 Mucha gente se había reunido alrededor de Pablo y Silas, diciendo muchas cosas en contra de ellos. Los líderes les rompieron las ropas a Pablo y Silas y mandaron que los golpearan con palos.

23 Después de golpearlos muchas veces, los metieron a la cárcel. Los soldados le dijeron al que guardaba la cárcel que se asegurara para que no escaparan.

24 Debido a eso, los metieron en el cuarto de más adentro de la cárcel y amarraron sus pies dentro de unos grandes pedazos de madera.

25 Cerca de la medianoche, Pablo y Silas estaban orando y cantando himnos de alabanza a Dios. Los demás hombres que estaban en la cárcel los escuchaban.

26 De repente la tierra comenzó a temblar. Las piedras de debajo de la cárcel se sacudieron y las puertas se abrieron y las cadenas de todos se rompieron.

27 El hombre que cuidaba la cárcel se despertó y cuando vio las puertas abiertas, creyó que los hombres que estaban en la cárcel se habían escapado. Entonces sacó su espada para matarse.

28 Pero Pablo lo llamó y dijo: "No te hagas daño. ¡Todos estamos aquí!"

29 El hombre que cuidaba la cárcel pidió una luz. Luego entró y se arrodilló ante Pablo y Silas temblando de miedo.

30 Al sacarlos dijo: "¿Qué debo hacer para ser salvo?"

This happened in the center of town where people gather.

20 After they brought them in front of the leaders, they said: "These men are Jews and are making a lot of trouble in our city.

21 They are teaching a religion that we Romans are not allowed to follow."

22 Many people had gathered around Paul and Silas. They were calling out things against them. The leaders had the clothes of Paul and Silas taken off and had them beaten with sticks.

23 After they had hit them many times, they put Paul and Silas in prison. The soldiers told the man who watched the prison to be sure to keep them from getting away.

24 Because of this, they were put in the inside room of the prison and their feet were put in pieces of wood that held them.

25 About midnight Paul and Silas were praying and singing songs of thanks to God. The other men in prison were listening to them.

26 All at once the earth started to shake. The stones under the prison shook and the doors opened. The chains fell off from everyone.

27 The man who watched the prison woke up. He saw the prison doors wide open and thought the men in prison had gotten away. At once he pulled out his sword to kill himself.

28 But Paul called to him: "Do not hurt yourself. We are all here!"

29 The man who watched the prison called for a light. Then he ran in and got down in front of Paul and Silas. He was shaking with fear.

30 As he took them outside, he said: "Sirs, what must I do to be saved?"

31 Ellos le respondieron: "Cree en el Señor Jesucristo y serás salvo del castigo del pecado, tú y tu familia."

32 Entonces Pablo les habló de la palabra de Dios a él y a su familia.

33 Era ya muy de noche, pero el hombre que cuidaba la cárcel tomó a Pablo y Silas y les lavó las heridas. Luego se bautizaron él y todos los suyos.

34 Llevó a Pablo y Silas a su casa y les dio alimentos. Él y todos los de su familia estaban muy felices porque creyeron en Dios.

Dejan libres a Pablo y Silas

35 Cuando amaneció, los dirigentes enviaron a los soldados para decir: "Suelta a esos hombres."

36 El hombre que vigilaba la cárcel se lo indicó a Pablo, diciéndole: "Los dirigentes han mandado que los suelte. Ahora, salgan y vayan en paz."

37 Pablo dijo: "¡No! Nos han golpeado ante mucha gente sin que ninguno dijera si éramos culpables. Somos ciudadanos romanos y nos han encerrado en la cárcel. Ahora, ¿creen que pueden dejarnos ir sin que nadie lo sepa? ¡No! Tienen que venir ellos mismos a sacarnos.

38 Los soldados les dijeron eso a sus dirigentes. Entonces los líderes tuvieron miedo, al saber que Pablo y Silas eran ciudadanos romanos.

39 Fueron ellos mismos y pidieron disculpas ante Pablo y Silas. Luego, los sacaron y les pidieron que salieran de la ciudad.

40 Pablo y Silas fueron a casa de Lidia, al salir de la cárcel. Se reunieron con los cristianos y los consolaron. Después, salieron de la ciudad.

31 They said: "Put your trust in the Lord Jesus Christ and you and your family will be saved from the punishment of sin."

32 Then Paul spoke the Word of God to him and his family.

33 It was late at night, but the man who watched the prison took Paul and Silas in and washed the places on their bodies where they were hurt. Right then he and his family were baptized.

34 He took Paul and Silas to his house and gave them food. He and all his family were full of joy for having put their trust in God.

Paul and Silas are allowed to go free

35 When it was day, the leaders sent a soldier to say: "Let these men go free."

36 The man who watched the prison told this to Paul. He said: "The leaders have sent word to let you go free. Come out now and go without any trouble."

37 Paul said: "No! They have beaten us in front of many people without a trial. We are Roman citizens and they have put us in prison. Now do they think they can send us away without anyone knowing? No! They must come themselves and take us out."

38 The soldiers told this to the leaders. Then the leaders were afraid when they heard that Paul and Silas were Roman citizens.

39 They went themselves and told Paul and Silas they were sorry. Then they took them out and asked them to leave their city.

40 Paul and Silas went to Lydia's house after they left the prison. They met with the Christians and gave them comfort. Then they went away from the city.

Pablo y Silas comienzan una iglesia en Tesalónica

17 Después de pasar por las ciudades de Anfípolis y Apolonia, Pablo y Silas llegaron a la ciudad de Tesalónica, donde los judíos tenían un templo local.

2 Pablo entró en él, como hacía siempre. Se reunieron cada día de descanso durante tres semanas, y Pablo les enseñaba las sagradas escrituras.

3 Les demostró que Cristo tenía que sufrir y levantarse de entre los muertos. Dijo: "Yo les predico de este Jesús, que es el Cristo."

4 Algunos de ellos creyeron en Cristo y siguieron a Pablo y Silas. Entre los que se hicieron cristianos había muchos griegos y mujeres importantes que honraban a Dios.

Los judíos causan dificultades a Pablo y Silas

5 Los judíos que no creían en Cristo se llenaron de envidia y enojo. Tomaron a algunos hombres malos de la plaza pública y se los llevaron a la calle. Esos hombres enojados lograron que todos los habitantes de la ciudad comenzaran a dar grandes voces. Entonces fueron a la casa de Jasón, esperando encontrar allí a Pablo y Silas para entregarlos al pueblo.

6 Ya que no los encontraron allí, llevaron a Jasón y a algunos otros cristianos ante los dirigentes, gritando: "Estos hombres que están alborotando al mundo han venido también aquí.

7 Jasón los ha recibido. Dicen que hay otro rey llamado Jesús, y se oponen a las leyes establecidas por el César."

8 Cuando el pueblo y los dirigentes de la ciudad oyeron eso, se inquietaron.

9 Entonces, hicieron que Jasón y los demás pagaran una multa. Después les permitieron irse.

Paul and Silas start a church in Thessalonica

17 After Paul and Silas had gone through the cities of Amphipolis and Apollonia, they came to the city of Thessalonica. The Jews had a place of worship there.

2 Paul went in as he always did. They gathered together each Day of Rest for three weeks and he taught them from the Holy Writings.

3 He showed them that Christ had to suffer and rise again from the dead. He said: "I preach this Jesus to you. He is the Christ."

4 Some of them put their trust in Christ and followed Paul and Silas. There were many Greek people and some leading women who honored God among those who had become Christians.

The Jews make it hard for Paul and Silas

5 The Jews who did not put their trust in Christ became jealous. They took along some sinful men from the center of town where people gather and brought them out on the street. These angry men started all the people in the city to cry out with loud voices. They went to the house of Jason hoping to find Paul and Silas there and bring them out to the people.

6 But they did not find them there. Then they dragged Jason and some other Christians out in front of the leaders and cried out: "These men who have been making trouble over all the world have come here also.

7 And Jason has taken them in. They say there is another King called Jesus. They are working against the laws made by Caesar."

8 When the people and city leaders heard this, they were troubled.

9 Then they made Jason and the others pay some money and let them go.

Pablo y Silas van a Berea

10 Inmediatamente, los cristianos enviaron de noche a Pablo y Silas a la ciudad de Berea. Cuando llegaron a esta ciudad, fueron al templo local de los judíos.

11 Los judíos de Berea estaban más dispuestos a comprender que los de la ciudad de Tesalónica. Se sintieron muy contentos al escuchar la palabra de Dios y leyeron las sagradas escrituras cada día para ver si todas estas cosas eran ciertas.

12 Muchos se hicieron cristianos. Algunos de ellos eran griegos respetados, tanto hombres como mujeres.

13 Los judíos de la ciudad de Tesalónica supieron que Pablo estaba predicando la palabra de Dios en la ciudad de Berea. Entonces, fueron allá y trabajaron en su contra, hablando con el pueblo.

14 En seguida, los cristianos enviaron a Pablo a la costa, pero Silas y Timoteo se quedaron allí.

Pablo predica en el Areópago en la ciudad de Atenas

15 Los que se habían encargado de acompañar a Pablo lo llevaron a la ciudad de Atenas. Pablo pidió a ellos que dijeran a Silas y Timoteo que fueran a reunirse con él en cuanto pudieran. Entonces los compañeros se fueron.

16 Mientras Pablo esperaba a Silas y Timoteo en la ciudad de Atenas, su espíritu se entristeció al ver que toda la ciudad adoraba a dioses falsos.

17 Les habló a los judíos y otras personas que estaban en el templo local. Todos los días, hablaba con la gente que se reunía en la plaza.

18 Algunos hombres de dos grupos diferentes discutían con Pablo. Los de un grupo pensaban que los hombres debían gozar lo más posible de los placeres de la vida. Los del otro estaban

Paul and Silas go to Berea

10 At once the Christians sent Paul and Silas away at night to the city of Berea. When they got there, they went to the Jewish place of worship.

11 These Jews were more willing to understand than those in the city of Thessalonica. They were very glad to hear the Word of God, and they looked into the Holy Writings to see if those things were true.

12 Many of them became Christians. Some of them were respected Greek women and men.

13 The Jews of Thessalonica heard that Paul was preaching the Word of God in Berea. They went there and worked against the missionaries by talking to the people.

14 At once the Christians sent Paul away to the sea shore. But Silas and Timothy stayed there.

Paul preaches on Mars' Hill in Athens

15 Those who took Paul brought him to the city of Athens. Paul sent word with them that Silas and Timothy should come to him as soon as they could. Then they left.

16 While Paul was waiting for Silas and Timothy in Athens, his spirit was troubled as he saw the whole city worshiping false gods.

17 He talked to the Jews and other people who were worshiping in the Jewish place of worship. Every day he talked with people who gathered in the center of town.

18 Some men from two different groups were arguing with Paul. The one group thought that men might as well get all the fun out of life that they can. The other group thought that wisdom

convencidos de que la sabiduría, por sí
sola, hacía felices a los hombres. Algunos de ellos decían: "Este hombre habla
de muchas cosas de poca importancia.
¿Qué está tratando de decir?" Otros
decían: "Predica acerca de dioses extraños. Decían esto porque Pablo les predicaba de Jesucristo y que había sido
levantado de entre los muertos.
19 Entonces lo llevaron a una colina
llamada el Areópago, en honor a la
diosa de guerra Ares. Allí se reunían
personas cultas de la ciudad de Atenas para debates. Le dijeron a Pablo:
"Queremos escuchar esas nuevas
enseñanzas de que hablas.
20 Algunas de las cosas que nos dices
nos parecen muy extrañas. Queremos
saber qué quieren decir."
21 El pueblo de Atenas y los que lo
visitaban desde países lejanos pasaban su tiempo hablando o escuchando
alguna cosa nueva.
22 Entonces Pablo, en medio del
Areópago, dijo: "Hombres de Atenas,
he visto lo religiosos que son en todo.
23 Mientras caminaba, viendo las
cosas que adoran, encontré un altar
en el que estaba escrito: AL DIOS NO
CONOCIDO. Lo adoran sin conocerlo. Es él de quien les voy a hablar.

24 "El Dios que hizo el mundo y todo
lo que hay en él es el Señor del cielo y
la tierra. No vive en edificios hechos
por manos,
25 ni debe cuidarlo nadie, como si
necesitara algo. Es él quien da la vida,
el aliento, y todas las cosas a todos.

26 Hizo de una sangre a todas las
naciones que viven en la tierra y les ha
fijado los tiempos y los lugares en que
habían de vivir.
27 "Debieran buscar a Dios. En verdad, podrían buscarlo y encontrarlo, ya

alone makes men happy. Some of them
said: "This man has lots of little things
to talk about. They are not important.
What is he trying to say?" Others said:
"He preaches about strange gods." It
was because he preached of Jesus and
of His being raised from the dead.
19 Then they took him to Mars' Hill
and said: "We want to hear of this new
teaching of yours.

20 Some of the things you are telling
us are strange to our ears. We want to
know what these things mean."
21 The people of Athens and those
visiting from far countries used all their
time in talking or hearing some new
thing.
22 Then Paul stood up on Mars' Hill
and said: "Men of Athens, I see how
very religious you are in every way.
23 As I was walking around and looking at the things you worship, I found
an altar where you worship with the
words written on it, TO THE GOD
WHO IS NOT KNOWN. You are
worshiping Him without knowing Him.
He is the One I will tell you about.
24 "The God Who made the world
and everything in it is the Lord of heav-
en and earth. He does not live in buildings made by hands.
25 No one needs to care for Him as
if He needed anything. He is the One
who gives life and breath and everything to everyone.
26 He made from one blood all nations
who live on the earth. He set the times
and places where they should live.

27 "They were to look for God. Then
they might feel after Him and find Him

que no está lejos de cada uno de nosotros.

28 En él vivimos y nos movemos y somos. Algunos de sus propios hombres han escrito: 'Somos hijos de Dios.'

29 Si somos hijos de Dios, no debemos pensar que él es de oro, plata o piedra. Los dioses hechos de oro, plata o piedra son ideados por hombres y fabricados por ellos.

30 "Dios no tomó en cuenta los tiempos cuando los hombres no sabían de esas cosas. Pero ahora, les manda a todos los hombres de todas partes que cambien la actitud acerca de sus pecados y los dejen.

31 Y ha establecido un día en el que él dirá cuáles del mundo son culpables y cuáles no. Esto lo hará por medio de Jesucristo, su escogido. Dios lo ha demostrado a todos los hombres, levantando a Jesucristo de entre los muertos."

32 Algunos de los presentes se rieron y burlaron al oír a Pablo decir que Cristo se había levantado de entre los muertos. Otros dijeron: "Queremos volverte a oír hablar sobre todo esto."

33 Entonces, Pablo se apartó de ellos.

34 Pero algunos lo siguieron y, creyendo, se hicieron cristianos. Entre ellos estaba Dionisio, uno de los dirigentes de la ciudad. También creyó una mujer llamada Damaris. Y otros más.

Pablo va a Corinto

18 Después de eso, Pablo salió de la ciudad de Atenas y llegó a la ciudad de Corinto.

2 Allí encontró a un judío llamado Aquila, que nació en la región de Ponto y había vivido en el país de Italia durante cierto tiempo. Su mujer, Priscila, estaba con él. Claudio, que era el que gobernaba el país, había mandado a todos los judíos salir de la ciudad de Roma. Pablo fue a ver a Aquila y Priscila.

because He is not far from each one of us.

28 It is in Him that we live and move and keep on living. Some of your own men have written, 'We are God's children.'

29 If we are God's children, we should not think of Him as being like gold or silver or stone. Such gods made of gold or silver or stone are planned by men and are made by them.

30 "God did not remember these times when people did not know better. But now He tells all men everywhere to be sorry for their sins and to turn from them.

31 He has set a day when He will say in the right way if the people of the world are guilty. This will be done by Jesus Christ, the One He has chosen. God has proven this to all men by raising Jesus Christ from the dead."

32 Some people laughed and made fun when they heard Paul speak of Christ being raised from the dead. Others said: "We want to listen to you again about this."

33 So Paul went away from the people.

34 Some people followed him and became Christians. One was Dionysius, a leader in the city. A woman named Damaris believed. And there were others also.

Paul goes to Corinth

18 After that Paul went from the city of Athens and came to the city of Corinth.

2 He met a Jew there named Aquila who was born in the country of Pontus. He had lived in the country of Italy a short time. His wife Priscilla was with him. Claudius, who was the leader of the country, had told all the Jews to leave Rome. Paul went to see Aquila and Priscilla.

3 Estos se ganaban la vida haciendo carpas. Pablo hacía el mismo trabajo, de modo que se quedó con ellos, y trabajaban juntos.

4 Todos los días de descanso, Pablo iba al templo local de los judíos y enseñaba a los judíos y a los griegos.

5 Silas y Timoteo llegaron del país de Macedonia, y entonces Pablo dedicó todo su tiempo a predicarles a los judíos, enseñándoles que Jesús es el Cristo.

6 Pero ellos se oponían a Pablo. Decían cosas feas acerca del mensaje de Cristo. Pablo se sacudió la ropa y les dijo: "Pase lo que pase, será por su culpa. Yo no soy el culpable. De hoy en adelante, me iré con los que no son judíos."

7 Pablo salió de allí y llegó a la casa de un hombre llamado Tito Justo. Este adoraba al Dios verdadero. Su casa estaba junto al templo local de los judíos.

8 Crispo era el director del templo, y él y su familia creyeron en el Señor. Mucha gente de la ciudad de Corinto oyó a Pablo: creyeron y fueron bautizados.

9 Una noche, Pablo vio al Señor en un sueño que le decía: "No temas. Sigue hablando. No te calles.

10 Yo estoy contigo y nadie te podrá hacer mal. Porque tengo a mucha gente en esta ciudad."

11 Pablo permaneció allí durante año y medio, enseñándoles la palabra de Dios.

12 Galión era dirigente del país de Acaya en donde estaba la ciudad de Corinto. Todos los judíos se oponían a Pablo y lo llevaron ante los tribunales.

13 Dijeron: "Este hombre está tratando de hacer que la gente adore a Dios, en contra de la ley judía."

14 Pablo estaba listo a hablar; pero Galión les dijo a los judíos: "Si fuera algo malo o un delito, los escucharía.

3 They made tents for a living. Paul did the same kind of work so he stayed with them and they worked together.

4 Every Day of Rest he would go to the Jewish place of worship and teach both Jews and Greeks.

5 Silas and Timothy came down from the country of Macedonia. Then Paul used all his time preaching to the Jews. He taught that Jesus was the Christ.

6 But they worked against Paul and said bad things about him. He shook his clothes and said: "Whatever happens to you is your own doing. I am free from your guilt. From now on I will go to the people who are not Jews."

7 Paul went from there and came to the house of a man named Titus Justus who worshiped God. His house was next to the Jewish place of worship.

8 Crispus was the leader of the Jewish place of worship. He and his family believed in the Lord. Many of the people of Corinth who heard Paul became Christians and were baptized.

9 Paul saw the Lord in a dream one night. He said to Paul: "Do not be afraid. Keep speaking. Do not close your mouth.

10 I am with you. No one will hurt you. I have many people in this city who belong to Me."

11 For a year and a half Paul stayed there and taught them the Word of God.

12 Gallio was leader of the country of Greece. All the Jews worked against Paul and brought him in front of the court.

13 They said: "This man is trying to get people to worship God against the Law."

14 Paul was ready to speak, but Gallio said to the Jews: "If this were something bad or a wrong doing, I would listen to you.

15 Pero puesto que se trata de palabras y nombres de su propia ley, véanlo
ustedes mismos. No quiero decir quién
tiene la razón en cosas como éstas."

16 Y los echó del tribunal.
17 Entonces, todos los griegos tomaron a Sóstenes, director del templo
judío local, y lo golpearon delante del
tribunal; pero Galión no se interesó
por ello.

Pablo vuelve a Antioquía

18 Pablo se quedó muchos días más en
la ciudad de Corinto. Luego se despidió
y dejó a los creyentes. Se fue en barco al
país de Siria, acompañado por Aquila y
Priscila. En la ciudad de Cencrea, él hizo
que le cortaran todo el cabello porque
había hecho una promesa a Dios.
19 Cuando llegaron a la ciudad de
Éfeso, Aquila y Priscila se quedaron allí.
Pablo fue al templo local de los judíos y
discutió con ellos.
20 Le rogaban que se quedara más
tiempo allí, pero no pudo.
21 Al irse; les dijo: "Debo ir a una fiesta en Jerusalén. Volveré a ustedes, si
Dios así lo quiere." Entonces, tomó un
barco y salió de la ciudad de Éfeso.
22 Pablo se detuvo en la ciudad de
Cesarea, para saludar a los de la iglesia.
Luego se fue a Antioquía,
23 quedándose allí durante cierto
tiempo. Luego se fue de ciudad en ciudad, por los países de Galacia y Frigia.
En todos los lugares ayudó a los cristianos a hacerse fuertes en la fe.

Aquila y Priscila ayudan a Apolos en Éfeso

24 Un judío llamado Apolos había llegado a la ciudad de Éfeso. Era de la ciudad de Alejandría y podía hablar muy
bien sobre las sagradas escrituras.
25 Fue enseñado en los caminos del
Señor y con un fuerte deseo en el

15 But because it is about words and
names and your own Law, you will have
to take care of it yourselves. I do not
want to judge who is right or wrong in
things like this."
16 And he sent them out of his court.
17 Then all the Greek people took
Sosthenes, the leader of the Jewish
place of worship, and beat him in front
of the court. But Gallio did not let this
trouble him.

Paul goes back to Antioch

18 Paul stayed in Corinth many days
longer. Then he said good bye and left
the followers. He went by ship to the
country of Syria with Priscilla and Aquila
going with him. In the city of Cenchrea
he had his hair cut short because of a
promise he had made to God.
19 They came to the city of Ephesus.
Priscilla and Aquila stayed there. Paul
went to the Jewish place of worship
and argued with the Jews.
20 They wanted him to stay longer
but he would not.
21 As he left them, he said: "I must go
to the special supper at Jerusalem. I will
return again to you if God wants me to."
Then he got on a ship and left Ephesus.
22 He stopped in the city of Caesarea
to greet the people in the church. Then
he went down to the city of Antioch.
23 Paul stayed there for some time.
Then he went from city to city through
the countries of Galatia and Phrygia.
In each place he helped the Christians
become strong in the faith.

Aquila and Priscilla help Apollos in Ephesus

24 A Jew by the name of Apollos had
come to Ephesus. He was from the city
of Alexandria. He could talk to people
about the Holy Writings very well.
25 He had been taught in the way of
the Lord. And with a strong desire in

corazón enseñaba sobre Jesús. Lo que
decía era cierto; pero sólo sabía del
bautismo de Juan.
26 Comenzó a hablar sin miedo en el
templo local de los judíos. Aquila y Priscila lo oyeron, y lo llevaron aparte para
enseñarle mucho más sobre las cosas
de Dios.
27 Apolos deseaba cruzar al país de
Acaya donde está la ciudad de Corinto. Los cristianos de la ciudad de Éfeso
les escribieron una carta a los creyentes de allá para que lo recibieran bien.
Cuando llegó allá, fue de mucha ayuda
para los que habían creído en Cristo.
28 Con gran fuerza y ante todos, Apolos demostraba que los judíos estaban
equivocados. Demostró con las sagradas escrituras que Jesús es el Cristo.

Los cristianos se llenan del Espíritu Santo en Éfeso

19 Mientras Apolos estaba en la ciudad de Corinto, Pablo recorrió
la región montañosa, para llegar a Éfeso y
encontró allí a unos cuantos creyentes
2 a los que les preguntó: "¿Recibieron al Espíritu Santo cuando creyeron
en Cristo?" Ellos le respondieron: "No,
ni siquiera hemos oído decir que hay
un Espíritu Santo."
3 Entonces, Pablo les preguntó:
"¿Cómo fueron bautizados?" Ellos respondieron: "Como bautizaba Juan."
4 Entonces, Pablo les dijo: "Juan bautizaba a los que cambiaban su actitud
acerca de sus pecados y los dejaban.
Juan le dijo al pueblo que creyera en
Jesús que había de venir después de él."
5 Al oír esto, la gente fue bautizada
en el nombre de Jesús;
6 y cuando Pablo les impuso las
manos, el Espíritu Santo bajó sobre ellos.
Comenzaron a hablar en lenguas extrañas para predicar la palabra de Dios.
7 Había unos doce hombres.

his heart, he taught about Jesus. What
he said was true, but he knew only
about the baptism of John.
26 He began to speak without fear in
the Jewish place of worship. Aquila and
Priscilla heard him. They took him to
their house and taught him much more
about the things of God.
27 Apollos wanted to cross over to
Greece. The Christians wrote a letter
to the followers there asking them to
be good to him. When he got there, he
was much help to those who had put
their trust in Christ.
28 In front of everyone he proved
with great power that the Jews were
wrong. He showed from the Holy
Writings that Jesus was the Christ.

Christians in Ephesus are filled with the Holy Spirit

19 While Apollos was in the city of
Corinth, Paul went through the
hill country to get to the city of Ephesus. He found a few followers there.
2 He asked them: "Did you receive
the Holy Spirit when you put your trust
in Christ?" They said: "No, we have not
even heard that there is a Holy Spirit."
3 He asked them: "How were you
baptized?" They answered: "The way
John baptized."
4 Paul said: "John baptized those who
were sorry for their sins and turned
from them. He told the people to put
their trust in Jesus Who was coming
later."
5 The people there were baptized in
the name of the Lord Jesus when they
heard this.
6 When Paul laid his hands on them,
the Holy Spirit came on them. They
started to talk in special sounds and to
speak God's Word.
7 There were about twelve men.

Pablo predica en el templo y en una escuela en Éfeso

8 Durante tres meses, Pablo fue al templo local de los judíos y habló sin miedo, enseñándoles cosas sobre el reino de Dios.

9 Algunos endurecieron sus corazones y no creyeron en Cristo. Estos hablaban contra la religión de los cristianos ante otras personas. Entonces Pablo apartó a los creyentes de los demás y les enseñaba todos los días en la escuela de Tirano.

10 Lo hizo así por dos años, durante los cuales todos los judíos y los griegos de los países de Asia oyeron la palabra del Señor.

Pablo hace obras poderosas

11 Dios usó a Pablo para hacer obras poderosas especiales.

12 Pusieron sobre enfermos pedazos de tela y trozos de sus ropas, que habían estado cerca del cuerpo de Pablo. Entonces, se curaron de sus enfermedades y los espíritus malos salieron de ellos.

13 Había judíos que iban de ciudad en ciudad, tratando de echar fuera a los espíritus malos de la gente. Algunos de ellos trataban de usar el nombre del Señor Jesús con los que tenían espíritus malos diciendo: "Te hablo en el nombre de Jesús, el que Pablo predica."

14 Un dirigente judío del pueblo, llamado Esceva, tenía siete hijos que hacían esto.

15 Pero el espíritu malo les dijo: "Conozco a Jesús y he oído hablar de Pablo, pero, ¿quiénes son ustedes?"

16 Entonces, el hombre que tenía el espíritu malo saltó sobre los hijos. Pudo más que ellos. Él los golpeó, y ellos huyeron de la casa, desnudos y heridos.

17 Todos los judíos y los griegos que vivían en la ciudad de Éfeso lo supieron y tuvieron miedo. Y el nombre del

Paul preaches in a place of worship and in a school in Ephesus

8 For three months Paul went into the Jewish place of worship and spoke without fear. He taught them things about the holy nation of God.

9 Some let their hearts grow hard. They would not put their trust in Christ. These spoke against the Christian religion in front of other people. Then Paul took the followers away from the others. He taught them each day in the school of Tyrannus.

10 He did this for two years. All the Jews and the Greeks in the countries of Asia heard the Word of the Lord.

Paul does powerful works

11 God used Paul to do powerful special works.

12 Pieces of cloth and parts of his clothes that had been next to his body were put on sick people. Then they were healed of their diseases and demons came out of them.

13 There were Jews who went from city to city trying to put demons out of people. Some of these tried to use the name of the Lord Jesus on those who had demons. They said: "I speak to you in the name of Jesus, the One Paul preaches about."

14 A Jewish leader of the people by the name of Sceva had seven sons. These sons were trying to do this.

15 The demon said: "I know Jesus. I know about Paul. But who are you?"

16 Then the man with the demon jumped on the sons. He had power over them and beat them. They ran out of the house with no clothes on and they were hurt.

17 All the Jews and Greeks living in Ephesus heard about it. Because of this all the people became afraid. And

Señor Jesús fue muy honrado.

18 Muchos creyentes venían y confesaron las cosas malas que habían hecho.

19 Muchos de los que se dedicaban a la magia reunieron sus libros y los quemaron públicamente. Esos libros valían como cincuenta mil monedas de plata.

20 La palabra del Señor se extendió mucho.

21 Después de esto, Pablo pensó ir a los países de Macedonia y Acaya y, luego, a Jerusalén. Dijo: "Después de estar allí, debo ir también a la ciudad de Roma."

22 Envió al país de Macedonia a dos de los que le ayudaban, Timoteo y Erasto. Pero Pablo mismo se quedó durante cierto tiempo en el país de Asia.

Reunión en Éfeso de los que trabajan la plata

23 Durante ese tiempo, había mucha agitación a causa de los cristianos.

24 Un platero llamado Demetrio, que hacía pequeños templecitos de plata para la adoración de la diosa Diana, les daba a ganar mucho dinero a sus trabajadores.

25 Él reunió a sus trabajadores y a otros hombres que hacían esos pequeños templecitos de plata y les dijo: "Señores, ustedes saben que ganamos mucho dinero con este trabajo.

26 Ahora, hemos oído que este Pablo ha apartado a mucha gente en la ciudad de Éfeso y en otras regiones de Asia, diciendo que no son dioses los que se hacen con las manos.

27 Es posible que ahora nuestro trabajo no sea respetado y que, además, el templo de la diosa Diana quede sin valor y que se destruya su grandeza. Todos los países de Asia y el mundo adoran a esta diosa."

28 Cuando oyeron eso, todos se eno-

the name of the Lord Jesus was held in great honor.

18 Many Christians came and told of the wrong things they were doing.

19 Many of those who did witchcraft gathered their books together and burned them in front of everyone. These books were worth 50,000 pieces of silver money.

20 The Word of the Lord became well known.

21 After this, Paul thought he would go through the countries of Macedonia and Greece. Then he would go to Jerusalem. He said: "After I have been there, I must go to the city of Rome also."

22 He sent two of his helpers, Timothy and Erastus, to Macedonia. Paul stayed in the countries of Asia awhile longer.

The meeting of the silver workmen in Ephesus

23 During that time there was much trouble about the Christians.

24 A man named Demetrius made small silver buildings for the worship of Diana. His workmen received much money for their work.

25 He called his workmen together and other men who made these small silver buildings. He said to them: "Men, you know we make much money from this work.

26 Now you hear that Paul has turned away many people in Ephesus as well as in Asia. He tells them that gods made with hands are not gods.

27 It could be that our work will not be respected. Not only that, the house of worship for the god of Diana will be worth nothing and her greatness will be destroyed. All the countries of Asia and the world worship her."

28 They became angry when they

jaron mucho y gritaron: "¡Grande es
Diana de los efesios!"
29 Toda la ciudad se llenó de confusión y prendieron a Gayo y Aristarco,
dos hombres del país de Macedonia
que estaban con Pablo. Muchos se juntaron alrededor de ellos en el lugar de
reuniones públicas que había en la ciudad.
30 Pablo deseaba presentarse ante
todo el pueblo, pero los creyentes no
lo dejaron.
31 Algunos de los dirigentes de la ciudad que eran sus amigos le dijeron que
no fuera a la reunión.
32 Durante todo ese tiempo, unos
gritaban una cosa y otros otra. En la
reunión, había mucha confusión. La
mayoría ni sabía por qué estaban allí.
33 Entonces, los judíos empujaron
a Alejandro delante. Este levantó la
mano como para hablar.
34 En cuanto vieron que era judío, gritaron durante dos horas: "¡Grande es
Diana de los efesios!"
35 Al fin uno de los líderes de la ciudad hizo cesar el alboroto. Dijo a la
multitud: "Varones de Éfeso, todos
saben que es en nuestra ciudad donde
está el templo de la diosa Diana, la diosa de piedra que cayó del cielo.
36 Todos lo saben, de modo que no
necesitan gritar, ni hacer tonterías.
37 Los hombres que ustedes han traído
aquí no han robado las casas de adoración, ni han hablado contra nuestra diosa.
38 Si Demetrio y sus trabajadores tienen algo contra alguien, tenemos días
especiales en que funcionan las cortes.
Que vayan ante la corte.
39 Si desean alguna otra cosa, debe
hacerse en otra reunión.
40 Corremos el peligro de que nos
reclamen por el alboroto de hoy. No
podemos dar ninguna buena razón
para esta reunión."
41 Después de esto, los despidió a sus

heard this and cried out: "Great is
Diana of Ephesus."
29 The whole city was filled with loud
cries. They caught Gaius and Aristarchus. These two men from Macedonia were with Paul. They gathered
around them at the meeting place in
the city.
30 Paul wanted to stand in front of all
the people but his followers would not
let him.
31 Some of the city leaders who were
his friends told him not to go to the
meeting.
32 All this time some were crying out
one thing and some another. The meeting was all noise. Most of the people did
not know why they had come together.
33 Then the Jews pushed Alexander
to the front. Alexander held his hand
up and was going to speak.
34 As soon as they saw he was a Jew,
they cried out with a loud voice for two
hours: "Great is Diana of Ephesus!"
35 One of the city leaders stopped
the noise. He spoke: "Men of Ephesus,
everyone knows our city is where the
god of Diana is kept. That is the stone
god that fell from the sky.
36 Everyone knows this is true, so you
must not cry out or do anything foolish.
37 The men you brought here do not
rob houses of worship or talk against
our god.
38 If Demetrius and his workmen
have something against anyone, we
have special days for courts. Let them
go to court.
39 If you want anything else, it should
be done in another meeting.
40 We are in danger of being asked
about this trouble today. There is
no good reason we can give for this
meeting."
41 When he had said this, he told

casas.

Pablo va a Grecia y Macedonia

20 Cuando cesó el alboroto, Pablo llamó a los creyentes. Les dio palabras de consuelo y se despidió de ellos. Entonces se fue al país de Macedonia.

2 Al pasar por esas regiones del país, les dio muchas palabras de consuelo y ayuda a los cristianos. Luego, siguió hacia el país de Grecia

3 donde se quedó tres meses. Cuando estaba listo para tomar un barco para irse al país de Siria, supo que los judíos habían hecho planes para apoderarse de él. Cambió sus planes y volvió al país de Macedonia.

4 Algunos hermanos iban con él. Eran Sopater de la ciudad de Berea, Aristarco y Segundo, de la ciudad de Tesalónica, Gayo, de la ciudad de Derbe, y Timoteo, Tíquico y Trófimo, de los países de Asia.

5 Fueron adelante a la ciudad de Troas, donde nos esperaron.

6 Después de la cena de pan sin levadura, tomamos un barco en la ciudad de Filipos y nos reunimos con ellos en Troas. Tardamos cinco días en llegar. Estuvimos allí una semana.

Éutico se cae de un edificio, mientras Pablo predica

7 El primer día de la semana, nos reunimos para tomar la cena del Señor, y Pablo les enseñaba. Creía que se iba al día siguiente y, por eso, siguió hablando hasta la medianoche.

8 En el cuarto del tercer piso en que estábamos reunidos, había varias luces.

9 Un joven llamado Éutico estaba sentado en la ventana. Como Pablo seguía predicando, le dio sueño a este joven. Se durmió y se cayó al suelo, desde el tercer piso. Lo levantaron

them to leave.

Paul goes to Greece and Macedonia

20 When the noise had come to an end, Paul called the followers to him. He spoke words of comfort and then said good bye. He left to go to the country of Macedonia.

2 As he went through those parts of the country, he spoke words of comfort and help to the Christians. Then he went on to the country of Greece.

3 He stayed there three months. As he was about to get on a ship for the country of Syria, he learned that the Jews had made a plan to take him. He changed his plans and went back through Macedonia.

4 Some men were going along with him. They were Sopater of the city of Berea, Aristarchus and Secundus of the city of Thessalonica, Gaius of the city of Derbe, and Timothy and Tychicus and Trophimus of the countries of Asia.

5 They went on to the city of Troas and waited there for us.

6 After the supper of bread without yeast we got on a ship in the city of Philippi. We met these men at Troas. It took five days to get there and we stayed one week.

Eutychus falls from a building while Paul preaches

7 On the first day of the week we met together to eat the Lord's supper. Paul talked to them. He thought he would leave the next day, so he kept on talking until twelve o'clock at night.

8 There were many lights in the room on the third floor where we had our meeting.

9 A young man named Eutychus sat in the window. As Paul kept on preaching, this man started to go to sleep. At last he went to sleep. He fell from the third floor to the ground and was

muerto.
10 Entonces, descendió Pablo, se tendió sobre él, lo abrazó y dijo: "No se preocupen. ¡Está vivo!"
11 Pablo volvió a la reunión y comió con ellos. Habló con los presentes hasta el amanecer y se fue.
12 Estaban felices de poder llevar al joven a su casa, vivo.
13 Nosotros seguimos en barco a la ciudad de Asón, para recoger allí a Pablo. Él lo había planeado así, porque quería ir hasta allí por tierra.
14 Llegamos a Asón y lo encontramos allí. Lo tomamos y seguimos hasta la ciudad de Mitilene.
15 Al día siguiente, fuimos en barco a un lugar cercano a la isla de Quío. Y al día siguiente, pasamos a la isla de Samos. Entonces, al día siguiente, llegamos a la ciudad de Mileto.
16 Pablo hizo planes para pasar por la ciudad de Éfeso, para no perder más tiempo en las regiones de Asia. Quería estar en Jerusalén, si le era posible, para el día en que se recordaba la venida del Espíritu Santo sobre la iglesia.

Pablo se reúne con los dirigentes de la iglesia de Éfeso

17 De la ciudad de Mileto, mandó llamar a los dirigentes de la iglesia en la ciudad de Éfeso.
18 Cuando ellos llegaron, Pablo les dijo: "Desde el primer día de mi llegada a los países de Asia, ustedes han visto cómo ha sido mi vida.
19 He servido al Señor con humildad; he derramado muchas lágrimas por las dificultades que me han causado los judíos.
20 Siempre les he dicho a ustedes cosas que les ayudarían. Les he enseñado en reuniones abiertas y de casa en casa.
21 Les he predicado a judíos y a griegos, pidiéndoles que dejasen sus peca-

picked up dead.
10 Paul went down and stood over him. Then he took him in his arms and said: "Do not be worried. He is alive!"
11 Paul went up again to the meeting and ate with them. He talked with them until the sun came up. Then he left.
12 They were happy they could take the young man home alive.
13 We went on ahead by ship to the city of Assos. There we were to pick up Paul. He had planned it that way. He wanted to walk by land that far.
14 We got to Assos and met him there. We picked him up and went on to the city of Mitylene.
15 The next day we went by ship to a place beside the island of Chios. The next day we crossed over to the island of Samos. Then the next day we came to the city of Miletus.
16 Paul planned to pass by the city of Ephesus so he would not lose more time in Asia. He wanted to be in Jerusalem if he could be on the day to remember how the Holy Spirit came on the church.

Paul meets with the leaders of the church of Ephesus

17 From Miletus he sent word to Ephesus. He asked the leaders of the church to come to him.
18 When they got there, he said to them: "From the first day that I came to Asia you have seen what my life has been like.
19 I worked for the Lord without pride. Because of the trouble the Jews gave me, I have had many tears.
20 I always told you everything that would be a help to you. I taught you in open meetings and from house to house.
21 I preached to the Jews and to the Greeks. I told them to turn from their

dos y se volviesen a Dios creyendo en nuestro Señor Jesucristo.
22 "Como ven, estoy en camino hacia Jerusalén. El Espíritu Santo me hace ir allá, y no sé lo que me pasará.
23 Pero en todas las ciudades donde he estado, el Espíritu Santo me ha dicho que me esperan dificultades y cadenas allá.
24 Sin embargo, no me preocupo por ello. No creo que mi vida valga mucho, pero deseo terminar la obra que me encomendó el Señor Jesús. Mi trabajo es predicar las buenas nuevas del favor de Dios.
25 "Todos ustedes me han oído predicar las buenas nuevas, y estoy segura de que ninguno de ustedes volverá a ver mi rostro.
26 Hoy les digo que estoy limpio y libre de la sangre de todos los hombres.
27 Les he dicho toda la verdad acerca de Dios.
28 Miren por ustedes y por la iglesia, de la cual el Espíritu Santo les hizo dirigentes. Alimenten y cuiden a la iglesia de Dios, la cual Cristo compró con su propia sangre.
29 "Sé que cuando me vaya, aparecerán en medio de ustedes lobos hambrientos que tratarán de destruir la iglesia.
30 Asimismo, hay hombres de su propio grupo que enseñarán cosas que no son ciertas y harán que algunos les sigan.
31 Por lo tanto, estén prevenidos, y recuerden que durante tres años día y noche, sin desmayar, los estuve enseñando, hasta con lágrimas.
32 "Y ahora, hermanos, les encomiendo a Dios y a la palabra de su amor, la cual es poderosa para fortalecerlos y darles lo que deben recibir, junto con todos los escogidos de Dios.
33 No he quitado dinero ni ropa de nadie.

sin to God and to put their trust in our Lord Jesus Christ.
22 "As you see, I am on my way to Jerusalem. The Holy Spirit makes me go. I do not know what will happen to me there.
23 But in every city I have been, the Holy Spirit tells me that trouble and chains will be waiting for me there.
24 But I am not worried about this. I do not think of my life as worth much, but I do want to finish the work the Lord Jesus gave me to do. My work is to preach the Good News of God's loving favor.
25 "All of you have heard me preach the Good News. I am sure that none of you will ever see my face again.
26 I tell you this day that I am clean and free from the blood of all men.
27 I told you all the truth about God.
28 Keep a careful watch over yourselves and over the church. The Holy Spirit has made you its leaders. Feed and care for the church of God. He bought it with His own blood.
29 "Yes, I know that when I am gone, hungry wolves will come in among you. They will try to destroy the church.
30 Also men from your own group will begin to teach things that are not true. They will get men to follow them.
31 I say again, keep watching! Remember that for three years I taught everyone of you night and day, even with tears.
32 "And now, my brothers, I give you over to God and to the word of His love. It is able to make you strong and to give you what you are to have, along with all those who are set apart for God.
33 I have not tried to get anyone's money or clothes.

34 Todos saben que estas manos trabajaban para conseguir lo que yo necesitaba, y para las necesidades de los
que estaban conmigo.
35 Les he mostrado de todos modos
que trabajando mucho, en esa manera,
podemos ayudar a los débiles. Y debemos recordar lo que dijo el Señor Jesús:
'Es más agradable dar que recibir.'"
36 Cuando terminó de hablar, cayó de
rodillas y oró con todos ellos.
37 Todos lloraron, y abrazando a Pablo,
lo besaron.
38 Lo que más les entristecía era que
había dicho que no volverían a ver su
rostro. Luego, lo acompañaron al barco.

Pablo va de Mileto a Tiro

21 Cuando los dejamos, tomamos
un barco y nos fuimos directamente a la isla de Cos. Al día siguiente,
llegamos a la isla de Rodas y, de allí, a la
ciudad de Pátara,
2 donde encontramos un barco que
iba al país de Fenicia, Lo tomamos y
seguimos adelante.
3 Vimos la isla de Chipre a nuestra
izquierda, pero seguimos hacia el país
de Siria. Desembarcamos en la ciudad
de Tiro, donde el barco tenía que dejar
su carga.
4 Buscamos a los cristianos y nos
quedamos con ellos siete días. El Espíritu Santo había dicho a los cristianos
que le dijeran a Pablo que no fuera a
Jerusalén.
5 Cuando llegó el momento, salimos
de allí, acompañándonos todos, con
sus mujeres e hijos hasta fuera de la
ciudad. En la orilla del mar, se arrodillaron y oraron.
6 Después de que nos despedimos
de ellos, subimos al barco, y todos
regresaron a sus casas.

34 You all know that these hands
worked for what I needed and for what
those with me needed.
35 In every way I showed you that by
working hard like this we can help those
who are weak. We must remember what
the Lord Jesus said, 'We are more happy
when we give than when we receive.'"
36 As he finished talking, he got down
on his knees and prayed with them all.
37 They cried and put their arms
around Paul and kissed him.
38 What made them sad most of all
was he said that they would never see
his face again. Then they went with him
to the ship.

Paul goes from Miletus to Tyre

21 After we left them, we got on
a ship and came straight down
to the island of Cos. The next day we
came to the island of Rhodes and from
there to the city of Patara.
2 There we found a ship that was
going over to the country of Phoenicia.
We got on it and went along.
3 We saw the island of Cyprus to
our left but went on to the country of
Syria. We came to land at the city of
Tyre. The ship was to leave its load of
freight there.
4 We looked for the Christians and
stayed with them seven days. The
Christians had been told by the Holy
Spirit to tell Paul not to go to Jerusalem.
5 When our time was up, we left
there and went on our way. All of them
with their wives and children went with
us out of town. They got down on their
knees on the shore and prayed.
6 After we said good bye, we got on
the ship and they went back to their
houses.

Pablo va de Tiro a Jerusalén

7 El mismo barco nos llevó de la ciudad de Tiro a la de Tolemaida, donde
permanecimos un día con los cristianos.
8 Al día siguiente, nos fuimos. Lleg-
mos a la ciudad de Cesarea y fuimos a
la casa de Felipe donde nos quedamos.
Era un predicador que iba de una ciudad a otra, y uno de los siete ayudantes
de la iglesia. Hechos 6:1-7
9 Felipe tenía cuatro hijas solteras
que hablaban la palabra de Dios.

10 Mientras estábamos allí unos cuantos días, llegó de la región de Judea un
hombre, llamado Agabo, que hablaba
en nombre de Dios.
11 Fue a vernos. Entonces, tomó el
cinto de Pablo y lo usó para atarse los
pies y los manos. Luego dijo: "Esto es
lo que dice el Espíritu Santo: 'Los judíos
de Jerusalén atarán al dueño de este
cinto. Luego, lo entregarán a los que no
son judíos.'"
12 Cuando oímos eso, nosotros y
todos los que vivían allí, le rogamos a
Pablo que no fuera a Jerusalén.
13 Entonces, Pablo respondió: "¿Qué
hacen llorando y entristeciéndome el
corazón? Estoy listo para estar en cadenas en Jerusalén. También estoy listo para
morir por el nombre del Señor Jesús."
14 Pablo no quiso escucharnos;
entonces dejamos de rogarle. Dijimos:
"Hágase la voluntad del Señor."

Pablo en Jerusalén

15 Después de esto, nos preparamos y
nos pusimos en camino hacia Jerusalén.
16 Algunos de los creyentes de la ciudad de Cesarea fueron con nosotros y
nos llevaron a la casa de Mnasón, uno
de los primeros creyentes de la isla de
Chipre. Nos quedamos con él.
17 Cuando llegamos a Jerusalén, los
cristianos se alegraron al vernos.
18 Al día siguiente, fuimos con Pablo a

Paul goes from Tyre to Jerusalem

7 The same ship took us from Tyre
to the city of Ptolemais. We stayed
with the Christians there one day.
8 The next day we left and came to
the city of Caesarea. We went to the
house of Philip and stayed with him. He
was a preacher who goes from town to
town and was one of the seven church
leaders. Acts 6:1-7
9 Philip had four daughters who were
not married. They spoke the Word of
God.
10 While we were there a few days, a
man who speaks for God named Agabus came down from the country of
Judea.
11 He came to see us. Then he took
Paul's belt and used it to tie his own
feet and hands. He said: "This is what
the Holy Spirit says, 'The Jews at Jerusalem will tie the man who owns this
belt. Then they will hand him over to
the people who are not Jews.' "
12 When we heard this, we and all the
people living there begged Paul not to
go up to Jerusalem.
13 Then Paul said: "What do you
mean by crying and breaking my heart?
I am ready to be put in chains in Jerusalem. I am also ready to die for the name
of the Lord Jesus."
14 Paul would not listen to us. So we
stopped begging him and said: "May
whatever God wants be done."

Paul is in Jerusalem

15 After this, we got ready and started up to Jerusalem.
16 Some of the followers in Caesarea
went with us. They took us to Mnason's
house. He was one of the first followers from Cyprus. We stayed with him.
17 When we got to Jerusalem, the
Christians were glad to see us.
18 The next day we went with Paul to

ver a Jacobo, Santiago. También fueron todos los dirigentes de la iglesia.

19 Después de saludarlos, Pablo explicó todo lo que había hecho Dios por medio de su trabajo para los que no son judíos.

20 Al oír eso, le dieron gracias al Señor. Luego, le dijeron a Pablo: "Ya ves, hermano, cuántos miles de cristianos hay entre los judíos, y todos obedecen la ley de Moisés.

21 Pero han sido informados sobre ti y han oído decir que les enseñas a los judíos que viven entre los que no son judíos que se aparten de la ley de Moisés, que no lleven a cabo el rito religioso de convertirse en judíos, y que no sigan los antiguos métodos religiosos de adoración.

22 ¿Qué haremos pues? Todos sabrán que has venido.

23 Haz pues lo que te mandemos. Hay entre nosotros cuatro hombres que le han hecho una promesa a Dios.

24 Llévalos contigo, sométete al rito religioso del lavado, y paga para que les corten todo el cabello. Entonces, todos sabrán que no es cierto lo que han oído decir sobre ti, y que eres uno que guarda la ley de Moisés.

25 En cuanto a los creyentes que no son judíos, les hemos escrito, diciéndoles que deben apartarse de todo lo sacrificado a los dioses falsos, que no deben comer la sangre ni la carne de animales que hayan sido ahogados, y que tienen que apartarse de los pecados del sexo."

26 Al día siguiente, Pablo tomó con él a aquellos hombres y llevó a cabo el rito religioso de lavarse con ellos. Entraron en el gran templo de Dios para decir cuándo concluiría su rito religioso de lavado y entonces, dar una ofrenda por cada uno de ellos.

see James. All the church leaders came also.

19 After greeting them, Paul told of what God had done through his work for the people who were not Jews.

20 When they heard this, they thanked the Lord. Then they said to him: "You see, brother, how many thousands of Christians there are among the Jews. They all obey the Law of Moses.

21 They have heard about you. They have heard you teach the Jews who live among people who are not Jews. They have heard you teach them to break away from the Law of Moses. They say you are telling them not to do the religious act of becoming a Jew and not to follow old religious ways of worship.

22 What should we do about it? They will hear that you have come.

23 You must do what we tell you. We have four men with us who have made a promise to God.

24 Take these four men and go through the religious worship of washing with them. You pay to have their hair cut off. Then everybody will know what they have heard about you is not true. They will know you are careful to obey the Law of Moses.

25 As for the people who are not Jews, we wrote to them. We said that they must keep away from everything that has been given to gods. They must not eat blood or meat from animals that have been killed in ways against the Law. They must keep away from sex sins."

26 The next day Paul took the men. He went through the religious worship of washing with them. They went into the house of God to tell when their religious worship of washing would be finished. Then the gift for each one of them would be given as an act of worship.

27 Pero cuando estaban por acabarse los siete días, llegaron judíos de los países de Asia, quienes vieron a Pablo en la casa de Dios. Ellos levantaron al pueblo contra él, lo apresaron,

28 y gritaron, diciendo: "Varones judíos, ayúdennos. Este es el hombre que enseña contra nuestro pueblo, nuestra ley y este gran templo de Dios. Además de esto, hizo entrar a griegos aquí en el templo, ensuciando este santo lugar."

29 Lo habían visto antes en la ciudad con Trófimo, que era de la ciudad de Éfeso, y pensaban que Pablo lo había llevado también con él al templo.

30 Toda la gente de la ciudad daba grandes voces. La multitud se movía y se apretaba. Entonces, tomaron a Pablo y lo arrastraron fuera del templo y luego cerraron las puertas.

31 Se estaban preparando para matarlo cuando el capitán de los soldados supo que había mucha agitación.

32 Inmediatamente, reunió a sus soldados y corrieron hacia la gente. Cuando la multitud vio al capitán y a los soldados, dejó de golpear a Pablo.

Atan a Pablo con cadenas

33 Entonces llegó el capitán, lo prendió y les dijo a sus soldados que ataran a Pablo con cadenas. Luego le preguntó quién era y qué había hecho.

34 Entre la gente, unos gritaban una cosa y otros otra, de modo que el capitán no pudo saber lo que había pasado y les dijo a sus hombres que llevaran a Pablo al interior del edificio de los soldados.

35 La gente daba tan grandes voces y empujaba tanto, que Pablo tuvo que ser llevado por los soldados escaleras arriba.

36 Toda la gente siguió empujando y gritando: "¡Mátale!"

27 The seven days were almost finished. Jews from the countries of Asia saw Paul in the house of God. They made the people turn against him. Then they took hold of him.

28 They cried out: "You who are Jews, help us! This is the man who is teaching against our people and our Law and this house of God. Also he has brought Greek people into the house of God. This has made this holy place unclean."

29 They had seen him before in the city with Trophimus who was from the city of Ephesus. They thought Paul had brought him into the house of God also.

30 All the people in the city were crying out with loud voices. The people pushed and moved together. They took Paul and dragged him out of the house of God. Then the doors were shut.

31 They were getting ready to kill him. The captain of the soldiers heard there was trouble over all Jerusalem.

32 At once the captain called his soldiers and they ran down to the people. When the people saw the captain and his soldiers, they stopped beating Paul.

Paul is tied with chains

33 The captain came and took hold of Paul. He told his soldiers to tie Paul with two chains. Then he asked who he was and what he had done.

34 Some of the people called out one thing and some another. The captain was not able to find out what had happened. He told his men to take Paul into the soldiers' building.

35 The people cried out so loud and pushed so hard that Paul had to be carried up the steps by the soldiers.

36 All the people kept pushing and calling out: "Kill him!"

37 Llevaron a Pablo al interior del edificio de los soldados y le dijo al capitán: "¿Puedo decirte algo?" El capitán le preguntó: "¿Hablas la lengua griega?

38 ¿No eres tú el egipcio que hizo agitación contra nuestro país, el hombre que se llevó a cuatro mil guerrilleros al desierto?"

39 Pablo le dijo: "¡No! Soy judío y ciudadano de una gran ciudad. Soy de Tarso, en el país de Cilicia. Te ruego me permitas que le hable al pueblo."

40 El capitán le dijo a Pablo que hablara. Entonces, Pablo se puso de pie en los escalones y levantó la mano. Cuando hubo silencio, les habló en la lengua de los judíos.

Pablo habla del trabajo que hizo antes ser cristiano

22 Pablo dijo: "Hermanos, y padres, oigan lo que tengo que decirles."

2 Cuando lo oyeron hablar en su lengua, dejaron de hacer ruido. Entonces, Pablo continuó, diciendo:

3 "Soy judío. Nací en la ciudad de Tarso, en el país de Cilicia y, de joven, vivía aquí en Jerusalén. Fui a la escuela de Gamaliel y aprendí todo sobre la ley de nuestros padres. Me esforcé en trabajar por Dios, como lo hacen ustedes hoy en día.

4 "Buscaba y mataba a hombres y mujeres que creían lo que yo creo ahora. Los ataba con cadenas y los metía en la cárcel.

5 El principal dirigente religioso y los líderes del pueblo pueden decirles que esto es verdad. Ellos me dieron cartas para nuestros hermanos judíos de la ciudad de Damasco, a donde iba para atar a los cristianos con cadenas y traerlos a Jerusalén, en donde serían castigados.

37 Paul was brought into the soldiers' building. He said to the captain: "May I say something to you?" The captain said: "Can you speak the Greek language?

38 Are you not the man from the country of Egypt who made trouble against our country? That man led 4,000 fighting men into the desert."

39 Paul said: "No! I am a Jew and a citizen of a large city. I am from Tarsus in the country of Cilicia. I ask you to let me speak to the people."

40 The captain told Paul to speak. So Paul stood on the steps and held up his hand. When there was no more noise, he spoke to them in the language of the Jews.

Paul tells of his past life

22 Paul said: "Brothers and fathers, listen to what I have to say to you."

2 When they heard him speak to them in their own language, they stopped making noise. Then he said,

3 "I am a Jew. I was born in the city of Tarsus in the country of Cilicia. When I was a young man, I lived here in Jerusalem. I went to Gamaliel's school and learned all about the Law of our early fathers. I worked hard for God as you all do today.

4 "I worked hard and killed men and women who believed as I believe today. I put them in chains and sent them to prison.

5 The head religious leader and the leaders of the people can tell you this is true. I got letters from them to take to our Jewish brothers in the city of Damascus. I was going there to put the Christians in chains and bring them to Jerusalem where they would be beaten.

El cambio de la vida de Pablo en el camino a Damasco

6 "Estaba ya cerca de la ciudad de Damasco cuando, de pronto, hacia el mediodía, vi una poderosa luz del cielo que brillaba alrededor de mí.

7 Caí al suelo y una voz me dijo: 'Saulo, Saulo, ¿por qué te esfuerzas tanto en perseguirme?'

8 Yo le pregunté: '¿Quién eres, Señor?', y él me dijo: 'Soy Jesús de Nazaret, a quien tú persigues.'

9 Los que estaban conmigo vieron la luz, pero no oyeron la voz que me hablaba.

10 Entonces le pregunté: 'Señor, ¿qué debo hacer?' y el Señor me dijo: '¡Levántate! Vete a Damasco y allí se te dirá lo que debes hacer.'

11 "Por lo brillante de la luz, no podía ver, y los que iban conmigo tuvieron que llevarme de la mano hasta llegar a la ciudad.

12 Allí vivía Ananías, un hombre que obedecía la ley y que era respetado de todos los judíos.

13 Vino junto a mí y dijo: 'Hermano Saulo, recibe la vista.' Pude ver inmediatamente.

14 Entonces, Ananías dijo: 'El Dios de nuestros padres te ha escogido para que conozcas su voluntad. Te escogió para que vieras a Jesucristo, el Santo de Dios, y para que oyeras su voz.

15 Tienes que decirles a todos los hombres lo que has visto y oído.

16 Ahora, pues, ¿por qué estás esperando? Levántate, sé bautizado y tus pecados serán perdonados invocando su nombre.'

Pablo es llamado a trabajar con los que no son judíos

17 "Volví a Jerusalén y cuando estaba orando en el templo, tuve un sueño

18 en que le vi a él y me decía: '¡Vete

The change in Paul's life on the Damascus Road

6 "I was near Damascus. All at once, about noon, I saw a bright light from heaven shining around me.

7 I fell to the ground. A voice said to me, 'Saul, Saul, why do you work so hard against Me?'

8 I said, 'Who are You, Lord?' He said to me, 'I am Jesus of Nazareth, the One you are working against.'

9 Those who were with me saw the light. But they did not hear Him speaking to me.

10 I asked, 'Lord, what should I do?' The Lord said to me, 'Get up! Go to Damascus. You will be told what to do there.'

11 "I could not see because of the bright light. Those who were with me had to lead me by the hand until we came to Damascus.

12 Ananias lived there. He obeyed the Law and was respected by all the Jews.

13 He came and stood near me and said, 'Brother Saul, receive your sight.' At once I was able to see him.

14 Then Ananias said, 'The God of our fathers chose you to know what He wants done. He chose you to see Jesus Christ, the One Right with God, and to hear His voice.

15 You are to tell all men what you have seen and heard.

16 What are you waiting for? Get up! Be baptized. Have your sins washed away by calling on His name.'

Paul is called to work with the people who are not Jews

17 "I came back to Jerusalem. When I was praying in the house of God, I had a dream.

18 I saw Him as He said to me, 'Get

de Jerusalén! ¡No te escucharán cuando les hables de mí!'
19 Yo le dije: 'Señor, saben que he
sacado a los cristianos de todos los
templos, y los mandé golpear metién-
dolos a la cárcel.
20 También, cuando mataron a Esteban, yo estaba allí, aceptando que le
tiraran piedras. Los que le tiraban piedras me dieron a guardar su ropa.'
21 Mas el Señor me dijo: '¡Vete! Te
mandaré lejos, con los que no son
judíos.'"
22 Le escucharon hasta que dijo eso.
Entonces dieron grandes voces: "¡Máta-
lo! ¡Quita a ese hombre de la tierra!
¡No debe vivir!"
23 Siguieron gritando: y luego tiraron
su ropa y echaron polvo al aire.

Pablo dice quién es

24 Entonces el capitán les mandó que
llevaran a Pablo al interior del cuartel
del edificio de los soldados y que lo
azotaran hasta hacerlo decir por qué el
pueblo gritaba contra él.
25 Cuando lo ataron, Pablo le dijo al
soldado: "¿Dice la ley que puedes golpear a un ciudadano romano cuando
nadie ha dicho que es culpable?"
26 Al oír eso el soldado le dijo al capitán: "¿Qué vas a hacer? Este hombre es
ciudadano romano."
27 El capitán vino y le preguntó a
Pablo: "Dime, ¿eres ciudadano romano?" Y Pablo respondió: "Sí."
28 El capitán dijo: "Yo tuve que pagar
mucho dinero para ser ciudadano."
Pablo dijo: "Pero yo soy romano de
nacimiento."
29 Los que iban a golpearlo se apartaron de él en seguida y también el capitán tuvo miedo de oír que Pablo era
ciudadano romano, porque lo había
tenido atado.

out of Jerusalem! They will not listen to
you when you tell them about Me!'
19 I said, 'Lord, they know I took
Christians out of every Jewish place of
worship. I had them beaten and put in
prison.
20 Also when Stephen was killed, I
stood there and watched them throw
stones at him. Those who threw the
stones had me watch their coats.'
21 The Lord said to me, 'Go! I will
send you far away to the people who
are not Jews.'"
22 They listened to him until he said
that. Then they all cried out with loud
voices: "Kill him! Take such a man from
the earth! He should not live!"
23 They kept on calling out. Then they
pulled off their coats and threw dust in
the air.

Paul tells who he is

24 The captain told them to bring Paul
into the soldiers' building. He told his
soldiers to find out from Paul, by beating him, why the people were crying
out against him.
25 As they tied him up, Paul said to
the soldier: "Does the law say that you
can beat a Roman citizen when no one
has said he is guilty?"
26 When the soldier heard this, he
told it to the captain. He said: "Listen!
What are you doing? This man is a
Roman citizen."
27 The captain came and asked Paul:
"Tell me, are you a Roman citizen?"
Paul said: "Yes!"
28 The captain said: "I had to pay a
lot of money to be a citizen." Paul said:
"But I was born a Roman."
29 Those who were going to beat him
left him at once. The captain was also
afraid when he heard that Paul was
a Roman citizen because he had him
tied.

Pablo se presenta ante el tribunal de los dirlgentes religiosos

30 Al día siguiente, le quitaron las cadenas que lo ataban. El capitán quería saber por qué querían matarlo los judíos, de modo que les dijo a los principales dirigentes religiosos que se reunieran en su corte. Entonces, llevó a Pablo y lo presentó ante ellos.

Pablo habla ante la corte de los dirigentes religiosos

23 Entonces, Pablo miró a los de la corte y dijo: "Hermanos judíos, he vivido para Dios con un corazón que me ha dicho que hasta hoy no soy culpable.

2 Entonces Ananías, el principal dirigente religioso, les dijo a los que estaban junto a él que lo golpearan en la boca.

3 Pablo dijo: "¡Dios te golpeará, pared blanqueada! ¿Estás sentado para juzgarme por la ley y contra la ley me mandas golpear?"

4 Los que estaban cerca dijeron: "¿Le hablas así al principal dirigente religioso de Dios?"

5 Pablo dijo: "No sabía, hermanos, que era el principal dirigente religioso de Dios, pues sé que las sagradas escrituras dicen: 'No hablarás contra el dirigente de tu pueblo.'" Éxodo 22:28

6 Pablo vio que parte de la corte se componía de hombres del grupo que no creía que los muertos vuelven a vivir y que los demás eran celosos religiosos. Entonces, gritó: "Hermanos judíos, soy un celoso religioso y de una familia de celosos religiosos. Me han traído ante este tribunal a causa de mi esperanza de ser levantado de entre los muertos."

7 Al oír eso, los dos grupos religiosos comenzaron a discutir. Los hombres de la corte se dividieron en lo que pensaban.

Paul stands in front of the religious leaders' court

30 The next day they took off the chains that were holding Paul. The captain wanted to know why the Jews wanted to kill him. So the captain told the head religious leaders to gather for their court. They brought Paul and put him in front of them.

Paul speaks to the religious leaders' court

23 Paul looked straight at the court and said: "Brother Jews, I have lived for God with a heart that has said I am not guilty to this day."

2 Then Ananias, the head religious leader, told those standing near him to hit him on the mouth.

3 Paul said: "God will hit you, you whitewashed wall! Do you sit there and say I am guilty by the Law when you break the Law by having me hit?"

4 Those standing near said: "Do you talk like that to God's head religious leader?"

5 Paul said: "Brother Jews, I did not know that he was God's head religious leader. I know the Holy Writings say, 'You must not speak against the leader of your people.' " Exodus 22:28

6 Paul saw that part of the court was made up of the religious group who believe no one is raised from the dead. The other part were proud religious law keepers. Then he cried out: "Brother Jews, I am a proud religious law keeper and from a family of proud religious law keepers. I have been brought in front of this court because of the hope of being raised from the dead."

7 When they heard this, both religious groups started to argue and the people of the court were divided in what they thought.

8 Por un lado estaba el grupo que no cree que los muertos vuelven a vivir, ese grupo tampoco creía en ángeles ni espíritus. Por el otro lado estaba el otro grupo religioso, el de los celosos religiosos, que creía que las personas sí se levantarían de entre los muertos y que había ángeles y espíritus.

9 La sala de la corte se llenó de ruido. Algunos de los maestros de la ley, que trabajaban con los celosos religiosos, se pusieron de pie y dijeron: "Ningún mal hallamos en este hombre, ¿y qué importa si le ha hablado un ángel o un espíritu?"

10 Discutían cada vez más. El capitán tuvo miedo de que despedazaran a Pablo. Por eso les dijo a los soldados que lo sacaran de allí y lo llevaran al edificio de los soldados.

11 A la noche siguiente, el Señor se le presentó a Pablo y le dijo: "Pablo, no tengas miedo. Es necesario que hables de mí en la ciudad de Roma, como has hablado de mí en Jerusalén."

El plan para matar a Pablo

12 Por la mañana se reunieron algunos de los judíos e hicieron un plan para matar a Pablo. Prometieron unos a otros que no comerían ni beberían hasta matar a Pablo.

13 Más de cuarenta de ellos hicieron esa promesa.

14 Entonces, fueron al principal dirigente religioso y a los dirigentes del pueblo y dijeron: "Hemos prometido no comer hasta que hayamos matado a Pablo.

15 Ahora pues, les pedimos que hagan que el capitán traiga a Pablo a la corte mañana. Que parezca que desea hacerle preguntas y, antes de que llegue a ustedes, lo estaremos esperando para matarlo."

16 El sobrino de Pablo oyó el plan, fue al edificio de los soldados y se lo dijo a Pablo.

8 The one religious group believes that no one is raised from the dead. Also, they do not believe in angels or spirits. But the other religious group, the proud religious law keepers, believe that people are raised from the dead and that there are angels and spirits.

9 The courtroom was filled with noise. Some of the teachers of the Law working with the proud religious law keepers stood up and said: "We find nothing wrong with this man. What if an angel or spirit has spoken to him?"

10 They argued all the more. Then the captain was afraid they would pull Paul to pieces. He told his men to get Paul out of there and take him back to the soldiers' building.

11 The next night the Lord came to Paul and said: "Paul, do not be afraid! You will tell about Me in the city of Rome the same as you have told about Me in Jerusalem."

The plan to kill Paul

12 In the morning some of the Jews gathered together and made a plan to kill Paul. They promised each other that they would not eat or drink until they had killed him.

13 There were more than forty of them who had made this promise.

14 These people came to the head religious leader and to the leaders of the people and said: "We have made a promise not to eat any food until we have killed Paul.

15 We ask you and the court to have the captain bring Paul down to you tomorrow. It will look as if you want to ask him some things. Before he gets near you, we will be waiting to kill him."

16 Paul's nephew heard about the plan. He went to the soldiers' building and told Paul.

17 Pablo llamó a uno de los soldados
y le dijo: "Lleva a este joven al capitán.
Tiene algo qué decirle."
18 Entonces el soldado llevó al joven
at capitán y le dijo: "Pablo me pidió
que te trajera a este joven. Tiene algo
que decirte."
19 El capitán lo tomó de la mano y se
fueron a un lugar en que podían estar
solos. Entonces le dijo: "¿Qué es lo que
tienes que decirme?"
20 El joven le dijo: "Los judíos han
hecho un plan para pedirte que lleves
mañana a Pablo a la corte. Parecerá
que tienen preguntas que hacerle.

21 No dejes que te convenzan, pues
habrá más de cuarenta hombres esperando en secreto para matarlo. Se han
prometido unos a otros no comer ni
beber nada hasta que lo maten; y ahora están esperando tu palabra."
22 El capitán le dijo al joven que se
fuera y le advirtió: "No le digas a nadie
que me has dicho esto."

Pablo es enviado a Félix en Cesarea

23 Entonces el capitán llamó a dos
soldados y les dijo: "Preparen a doscientos hombres para ir a la ciudad de
Cesarea a las nueve de esta noche, con
setenta hombres de a caballo y doscientos hombres con lanzas.
24 Preparen caballos para que monte
Pablo y llévenselo a Félix el gobernador del pueblo."
25 Además, escribió una carta que
decia:
26 "Claudio Lisias saluda a Félix el
buen gobernador del pueblo.
27 Este hombre Pablo fue prendido
por los judíos, quienes estaban a punto
de matarlo, pero llegué con mis soldados e impedí que lo mataran. Lo hice,
al saber que es ciudadano romano.

28 Quise saber lo que tenían contra él

17 Paul called one of the soldiers and
said: "Take this young man to the captain. He has something to tell him."
18 The soldiers brought the young
man to the captain and said: "Paul
asked me to bring this young man to
you. He has something to tell you."
19 The captain took him by the hand
and they walked over where they could
be alone. He said: "What is it that you
have to tell me?"
20 The young man said: "The Jews
have made a plan to ask you to bring
Paul to the courtroom tomorrow. It
would look as if they were going to ask
him some things.
21 Do not let them talk you into it.
More than forty men are waiting in
secret to kill him. They have promised
each other not to eat or drink anything
until they have killed him. They are all
waiting for you to say the word."
22 The captain told the young man to
go. He said: "Do not tell anyone you
have told me this."

Paul is sent to Felix in Caesarea

23 Then the captain called two soldiers and said: "Get 200 men ready
to go to the city of Caesarea by nine
o'clock tonight. Also have seventy men
ride on horses and 200 men carry
spears.
24 Get horses ready for Paul to ride.
Take him to Felix, the leader of the
people."
25 He wrote a letter which said,

26 "Claudius Lysias greets Felix, the
best leader of the people.
27 This man Paul was taken by the
Jews. He was about to be killed by
them. But I came along with my soldiers and kept him from being killed.
I did this when I learned that he was a
Roman citizen.
28 I wanted to know what they had

y lo presenté ante la corte de los dirigentes religiosos.

29 Supe que lo tenían preso por cosas de la ley de ellos. No había razón para matarlo ni de meterlo en la cárcel.

30 Se me dijo que los judíos tenían un plan para matar a este hombre e inmediatamente te lo mandé. Les dije a los judíos que deseaban matarlo, que te dijeran lo que tengan contra él. Pásalo bien."

31 Los soldados tomaron a Pablo, como se les ordenó y, durante la misma noche, lo llevaron a la ciudad de Antípatris.

32 Al día siguiente volvieron a su edificio en Jerusalén, y los hombres de a caballo fueron con Pablo.

33 Cuando llegaron a la ciudad de Cesarea, entregaron la carta y a Pablo al dirigente del pueblo.

34 Después de leer la carta, el dirigente del pueblo preguntó de dónde era Pablo. Le dijeron que era del país de Cilicia,

35 Y dijo: "Oiré todo esto cuando lleguen los hombres que quieren matarte." Hizo que guardaran a Pablo en el palacio del rey Herodes.

Pablo se presenta ante Félix

24 Cinco días después, llegó a la ciudad de Cesarea, Ananías que era el principal dirigente religioso. También llegaron otros dirigentes religiosos y un hombre llamado Tértulo, que trabajaba en las cortes y conocía todo sobre las leyes. Él le explicó a Félix lo que tenían los judíos contra Pablo.

2 Hicieron entrar a Pablo, y entonces Tértulo comenzó a explicar lo que tenían los judíos contra él diciendo: "Muy respetado Félix, gracias a ti estamos viviendo en paz. Muchas cosas malas se han corregido en este país.

against him. So I took him to the religious leaders' court.

29 I learned they were holding him because of something about their Law. There was no reason for him to be killed or to be put in prison.

30 I was told that the Jews had a plan to kill this man. At once I sent him to you. I told the Jews who wanted to kill him to tell you what they have against him. Good bye."

31 The soldiers took Paul as they were told. They brought him during the night to Antipatris.

32 The next day they went back to their building in Jerusalem. The men riding horses went on with Paul.

33 When they came to Caesarea, they gave the letter to the leader of the people. They also handed Paul over to him.

34 After he read the letter, he asked what part of the country Paul was from. He was told that Paul was from the city of Cilicia.

35 He said: "I will listen to all of this when the men come who want to kill you." He had Paul kept in King Herod's building.

Paul stands in front of Felix

24 Five days later Ananias came to the city of Caesarea. He was the head religious leader. Some other religious leaders and a man whose name was Tertullus came also. This man worked in courts and knew all about the laws. He told Felix what the Jews had against Paul.

2 They brought in Paul. Then Tertullus started to tell what the Jews had against him, saying: "Most respected Felix, because of you, we are living in peace. Wrong doings have been made right in this nation.

3 De todas maneras y en todos los lugares, te damos gracias por ello.

4 No deseamos entretenerte mucho tiempo, pero te rogamos que escuches las pocas palabras que tenemos que decirte.

5 "Hemos descubierto que este hombre es un alborotador entre todos los judíos del mundo. Es un dirigente de un grupo religioso conocido como los nazarenos.

6 Trató, incluso, de usar en una manera no correcta nuestro gran templo en Jerusalén, llevando a él a personas que no eran judías. Lo prendimos y hubiéramos podido decir que era culpable por nuestra ley;

7 pero Lisias, el capitán, se presentó y nos lo quitó de las manos.

8 Entonces les dijo a los que querían matarlo que te dijeran lo que tienen contra él. Cuando le preguntes estas cosas, podrás saber todo lo que tenemos contra él."

9 Los judíos estuvieron de acuerdo en lo que dijo en contra de Pablo.

Pablo, por primera vez, habla por sí mismo

10 Entonces Félix, el dirigente del pueblo, le dijo a Pablo que hablara y Pablo dijo: "Sé que has sido dirigente de esta nación durante muchos años y estoy contento de poder hablar por mí mismo.

11 Puedes descubrir tú mismo que no hace más de doce días que fui a Jerusalén a adorar.

12 No discutí con nadie en el gran templo, ni en los templos locales, ni en otra parte. Yo no estaba alborotando.

13 No pueden probar nada de lo que dicen contra mí.

14 "Pero te diré esto: adoro al Dios de nuestros padres según el nuevo modo que algunos dicen que es falso. Yo creo

3 In every way and in every place, we thank you for all of this.

4 We do not want to keep you here too long. I ask you to listen to our few words. You are known to be kind in this way.

5 "We have found this man to be a trouble maker among all the Jews in the world. He is a leader of a religious group called the Nazarenes.

6 He even tried to make the house of God unclean by taking people into it who were not Jews. But we took hold of him. We could have said he was guilty by our Law.

7 But Lysias, the captain, came and took him out of our hands.

8 He told those who wanted to kill him to tell you what they had against him. When you ask him about these things, you will be able to learn everything we have against him."

9 The Jews agreed to what he said against Paul.

Paul speaks for himself the first time

10 Then Felix, the leader of the people, told Paul to speak. Paul said: "I know that you have been a leader of this nation for many years. I am happy to be able to speak for myself.

11 Not more than twelve days ago I went up to Jerusalem to worship. You can find out about this yourself.

12 I did not argue with anyone in the house of God or in the Jewish places of worship or in the city. I was not making trouble.

13 They cannot prove any of these things they say against me.

14 "I will say this, I worship the God of our fathers in the new Way. They say it is a false way. But I believe everything

todo lo escrito en la ley y dicho por los
antiguos predicadores.
15 Confío en Dios por las mismas
cosas que ellos esperan. Espero que
los muertos se levanten, tanto los justos como los pecadores
16 y siempre trato de vivir del modo en
que mi corazón me dice que no soy culpable ante Dios ni ante los hombres.
17 "Después de unos años, volví a dar
ofrendas de dinero al pueblo de Jerusalén.
18 Unos judíos de los países de Asia
me encontraron en el templo después
de que me sometí al rito religioso del
lavado. No había gente cerca de mí, y
no había ruido ni peleas.
19 Ellos deben estar aquí para acusar-
me, si tienen algo contra mí,
20 o que digan estos mismos si hallaron algún mal en mí, cuando me presenté ante la corte,
21 a menos que sean las palabras que
grité cuando estuve ante ellos y dije:
'Me han traído ante este tribunal por la
esperanza de levantarme de entre los
muertos.'"

Félix espera que llegue Lisias

22 Félix sabía de la religión cristiana y
detuvo al tribunal, diciendo: "Cuando
llegue Lisias, el capitán, decidiré sobre
esto."
23 Le dijo al soldado que vigilara a
Pablo, pero que lo dejara ir y venir
como quisiera y que los amigos de
Pablo podrían ir a verlo y cuidarlo.

Pablo, por segunda vez, habla por sí mismo

24 Varios días después, volvió Félix.
Drusila, su esposa judía, lo acompañaba. Mandó llamar a Pablo y lo oyó
hablar sobre la fe en Jesucristo.
25 Pablo habló de cómo estar bien
con Dios, del dominio de uno mismo y
del tiempo cuando todo hombre estará ante Aquel que nos dirá si somos o

that has been written in the Law and
by the early preachers.
15 I trust God for the same things
they are looking for. I am looking for
the dead to rise, both those right with
God and the sinful.
16 I always try to live so my own heart
tells me I am not guilty before God or
man.
17 "After a few years I came to bring
gifts of money to the people of my
country, Jerusalem.
18 Some Jews from the countries of
Asia found me in the house of God
after I had gone through the worship of
washing. There were no people around
me and there was no noise or fighting.
19 They should be here if they have
anything against me.
20 Or let these men tell what wrong
they found in me as I stood in front of
their court,
21 unless it was the words I cried out
as I stood in front of them. I said, 'I have
been brought in front of this court
because of the hope of being raised
from the dead.'"

Felix waits for Lysias to come

22 Felix knew about the Christian
religion. He stopped the court, saying:
"When Lysias the captain comes down,
I will decide about this."
23 He told the soldier to watch Paul,
but to let him come and go as much as
he wanted to. Paul's friends were to be
able to come and care for him.

Paul speaks for himself the second time

24 Some days later Felix came again.
His Jewish wife Drusilla was with him.
He sent for Paul and heard him talk
about faith in Christ Jesus.
25 Paul spoke about being right with
God. He spoke about being the boss
over our own desires. He spoke about
standing before One Who will tell us if

no culpables. Cuando Félix oyó esto, se asustó y dijo: "Vete ahora. Te volveré a llamar cuando sea oportuno."

26 Félix esperaba que Pablo le diera dinero para que lo dejara libre. Por esa razón seguía llamando a Pablo varias veces y hablando con él.

27 Al cabo de dos años, Porcio Festo llegó a ser gobernador del país, en lugar de Félix. Este último, deseaba agradar a los judíos, y por eso, dejó a Pablo en la cárcel.

Pablo se presenta ante Festo

25 Tres días después de que Festo llegó a ser gobernador del país, fue de la ciudad de Cesarea a Jerusalén.

2 Entonces, los principales dirigentes religiosos y los dirigentes de los judíos le dijeron a Festo lo que tenían en contra de Pablo.

3 Y le pidieron un favor: Querían que Pablo fuera llevado a Jerusalén, tenían planes para matarlo en el camino.

4 Festo les dijo que Pablo debía quedarse en la ciudad de Cesarea, a donde iba a ir pronto.

5 Festo dijo: "Si Pablo ha hecho algo malo, que sus dirigentes vengan conmigo y digan lo que tienen contra él."

6 Después de estar con ellos unos diez días, Festo bajó a la ciudad de Cesarea. Al día siguiente tomó asiento en la sala de la corte y mandó que le trajeran a Pablo.

7 Cuando Pablo entró en la sala, los judíos que habían ido de Jerusalén lo rodearon, diciendo muchas cosas malas contra él. Pero no podían probar nada de lo que decían.

8 Pablo habló por sí mismo, diciendo: "No he hecho nada malo contra la ley de los judíos, contra la casa de Dios, ni contra César."

we are guilty. When Felix heard this, he became afraid and said: "Go now. I will send for you when it is a better time."

26 He was hoping that Paul would give him money so he could go free. For that reason he kept sending for Paul and talking to him.

27 After two years Porcius Festus became leader of the people instead of Felix. Felix wanted to please the Jews so he kept Paul in prison.

Paul stands in front of Festus

25 Three days after Festus had become leader in the country, he went from the city of Caesarea to Jerusalem.

2 The head religious leaders and the leaders of the Jews told Festus what they had against Paul.

3 They asked Festus for a favor. They wanted Paul to be brought to Jerusalem because they had plans to kill him on the way.

4 Festus told them that Paul was to be kept in Caesarea and that he would be going there soon.

5 Festus said: "If Paul has done anything wrong, let your leaders go along with me and say what they have against him."

6 After staying with them about ten days, Festus went down to Caesarea. The next day he sat in the courtroom and asked for Paul to be brought in.

7 Paul came into the courtroom. The Jews who had come down from Jerusalem stood around him. They said many bad things against him. But they could not prove any of the things they said.

8 Paul spoke for himself, saying: "I have done nothing wrong against the Law of the Jews or against the house of God or against Caesar."

9 Festo esperaba ganarse el respeto de los judíos y le preguntó a Pablo: "¿Quieres ir ante la corte en Jerusalén y dejarme decir si eres o no culpable de estas cosas?"

10 Pablo dijo: "Estoy ante la corte de César, donde deben decirme si tengo culpa o no. No les he hecho ningún mal a los judíos como tú lo sabes.

11 Si hice algún mal y debo morir, no me niego a morir; pero si esas cosas que dicen contra mí no son verdad, nadie puede entregarme a ellos. Pido que me lleven ante César."

12 Festo les habló a los dirigentes del tribunal. luego le dijo a Pablo: "Has pedido ir ante César y ante él irás."

Festo le habla de Pablo al rey Agripa

13 Después de unos días, el rey Agripa y Berenice, su mujer, bajaron a la ciudad de Cesarea. Fueron a saludar a Festo,

14 quedándose allí unos cuantos días. Festo les habló de Pablo, diciendo: "Hay aquí un hombre al que Félix dejó en la cárcel.

15 Cuando estuve en Jerusalén, los principales dirigentes religiosos y los dirigentes del pueblo me hablaron de él y me pidieron que lo declarara culpable.

16 Les dije que era contra la ley de Roma el entregar a un hombre a la muerte antes de ponerle cara a cara con los que tuvieran algo contra él y poder hablar por sí mismo.

17 Cuando vinieron aquí, tomé inmediatamente mi lugar en la sala e hice traer a ese hombre.

18 Cuando hablaron los otros, no tenían nada contra él de lo que yo pensaba.

19 No estaban de acuerdo con él sobre su propia religión. Se disputaron sobre alguien llamado Jesús que murió pero que Pablo seguía diciendo que estaba vivo.

9 Festus was hoping to get the respect of the Jews. He asked Paul: "Will you go to the court in Jerusalem and let me say if you are guilty or not about these things?"

10 Paul said: "I am standing in front of Caesar's court where I should be told I am right or wrong. I have done no wrong to the Jews. You know that.

11 If I have done wrong and should die, I am not trying to keep from dying. But if these things they say against me are not true, no one can give me over to them. I ask to be taken to Caesar."

12 Festus talked to the leaders of the court. Then he said to Paul: "You have asked to be taken to Caesar. You will go to him."

Festus tells King Agrippa about Paul

13 After a few days, King Agrippa and his wife, Bernice, came down to Caesarea. They went to Festus to greet him.

14 They stayed there a few days. Festus told them about Paul. He said: "There is a man here who was left in prison by Felix.

15 When I was at Jerusalem, the head religious leaders and the leaders of the people told me about him and asked me to say that he is guilty.

16 I told them it was against the Roman law to hand over a man to be put to death before he stood face to face with those who had something against him and could speak for himself.

17 When they came here, I took my seat in the courtroom at once. I had the man brought in.

18 When the others spoke, they had nothing against him that I thought they had.

19 They did not agree with him about their own religion, and they argued about someone called Jesus. He had died but Paul kept saying He was alive.

20 No sabía qué hacer. Le pregunté si
quería ir a Jerusalén para ser examina-
do allá de esas cosas.
21 Pero Pablo pidió ir ante César.
Por lo tanto, decidí que se quedara
en la cárcel hasta poder ser enviado a
César."
22 Agripa le dijo a Festo: "Me gustaría
escuchar a ese hombre." Festo le dijo:
"Mañana lo escucharás."

Pablo se presenta ante el rey Agripa

23 Al día siguiente, Agripa y Berenice
fueron a la sala de la corte, vestidos
para mostrar su grandeza como rey y
reina. Dirigentes del ejército y principales de la ciudad entraron con ellos. Festo había hecho que llevaran a Pablo.
24 Festo dijo: "Rey Agripa y todos los
que están con nosotros, vean a este
hombre. Todos los judíos, tanto aquí
como en Jerusalén, dicen que Pablo
debe ser condenado a muerte.
25 No he oído nada contra él que sea
razón de matarlo; pero él ha pedido ir
ante César, y he aceptado mandarle a
Pablo ante él.

26 Cuando le escriba a César, no tendré nada que decir contra él. Por esta
razón, lo presento ante todos ustedes
y ante ti, rey Agripa. Después de hacerle preguntas, es posible que tenga algo
que escribir.
27 Me parece fuera de razón el enviar
ante César a un hombre, sin escribir lo
que hay en contra de él."

Pablo le habla al rey Agripa

26 Agripa le dijo a Pablo: "Ahora,
puedes hablar por ti mismo."
Pablo levantó la mano y comenzó a
hablar.
2 "Rey Agripa, los judíos han dicho
muchas cosas contra mí y estoy contento de poder decirte mi defensa.

20 I did not know what to do. Then I
asked him if he would go on trial about
these things at Jerusalem.
21 But Paul asked to go on trial in
front of Caesar. I said that he should be
kept in prison until he could be sent to
Caesar."
22 Agrippa said to Festus: "I would like
to hear this man." Festus said: "Tomorrow you will hear him."

Paul stands in front of King Agrippa

23 The next day Agrippa and Bernice
came into the courtroom. They were
dressed to show their greatness as king
and queen. Army leaders and leading
men of the city came in with them. Festus had Paul brought in.
24 Festus said: "King Agrippa and all of
you who are here with us, you see this
man. All of the Jews both here and at
Jerusalem are saying that Paul should
be put to death.
25 I have heard nothing against him
that would be reason to put him to
death. But he asked for a trial in front
of Caesar. I have agreed to send Paul to
him.
26 When I write to Caesar, I have
nothing to say against him. For this
reason, I brought him in front of you
all and in front of you, King Agrippa.
After we ask him questions, I may have
something to write about.
27 It is foolish for me to send a man up
for trial without writing what is against
him."

Paul speaks to King Agrippa

26 Agrippa said to Paul: "You may
now speak for yourself." Paul
lifted his hand and started to talk,

2 "King Agrippa, the Jews have said
many things against me. I am happy
to be able to tell you my side of the
story.

3 Tú conoces todos los problemas y las costumbres de los judíos. Así pues, te ruego que me escuches hasta que termine.

4 "Todos los judíos conocen mi vida, desde que era niño hasta ahora. Viví entre mi propio pueblo, en Jerusalén.

5 Si quisieran contarte lo que saben, te dirían que llevé la vida de un celoso religioso. Era del grupo de los celosos religiosos que tratan de obedecer todas las leyes.

6 "Y ahora estoy aquí, en juicio, porque creo en la promesa que Dios les hizo a nuestros padres.

7 Esa promesa es la que nuestros doce grupos familiares de la nación judía esperan ver cumplida. Adoran a Dios día y noche. Rey Agripa, es por esa esperanza que dicen cosas contra mí.

8 ¿Por qué piensan que es difícil creer que Dios levanta a las personas de entre los muertos?

9 "Pensé antes que era mi deber hacer muchas cosas contra el nombre de Jesús de Nazaret.

10 Lo hice así en Jerusalén y metí en la cárcel a muchos de los creyentes. Los principales dirigentes religiosos me dieron derecho y poder de hacerlo. Entonces, cuando los mataban, yo decía que era correcto.

11 Los golpeaba y trataba de obligarles a hablar contra Dios, en todos los lugares de adoración de los judíos. En mi lucha contra ellos, los perseguí hasta en ciudades de otros países.

12 "Cuando iba a Damasco para hacerlo, los principales dirigentes religiosos me dieron el derecho y el poder de poner dificultades a los creyentes.

13 Estaba en camino, al mediodía, rey Agripa, cuando vi una luz en el cielo, más brillante que el sol. Brillaba alrededor de mí y los hombres que iban conmigo.

3 You know all about the Jewish ways and problems. So I ask you to listen to me until I have finished.

4 "All the Jews know about my life from the time I was a boy until now. I lived among my own people in Jerusalem.

5 If they would tell what they know, they would say that I lived the life of a proud religious law keeper. I was in the group of proud religious law keepers who tried to obey every law.

6 "And now I am on trial here because I trust the promise God made to our fathers.

7 This promise is what our twelve family groups of the Jewish nation hope to see happen. They worship God day and night. King Agrippa, it is because of this hope that they are saying things against me.

8 Why do you think it is hard to believe that God raises people from the dead?

9 "I used to think I should work hard against the name of Jesus of Nazareth.

10 I did that in Jerusalem. I put many of the followers in prison. The head religious leaders gave me the right and the power to do it. Then when the followers were killed, I said it was all right.

11 I beat them and tried to make them speak against God in all the Jewish places of worship. In my fight against them, I kept going after them even into cities in other countries.

12 "When I was going to Damascus to do this, I had the right and the power from the head religious leaders to make it hard for the followers.

13 I was on the road at noon. King Agrippa, I saw a light from heaven brighter than the sun. It was shining around me and the men with me.

14 Todos caímos al suelo. Entonces oí una voz que me hablaba en la lengua de los judíos, diciendo: 'Saulo, Saulo, ¿por que te esfuerzas en perseguirme? Te haces daño, tratando de herirme.'

15 Yo le dije: '¿Quién eres, Señor?' Él me respondió: 'Soy Jesús, a quien tu persigues.

16 Levántate, ponte de pie, porque te he escogido para trabajar por mí. Dirás lo que has visto, y lo que quiero que digas. Es por eso que te he dejado que me veas.

17 Te libraré de los judíos y de los que no son judíos. A éstos te envío en forma especial.

18 Debes abrirles los ojos y hacerlos pasar de la oscuridad a la luz. Debes hacer que se vuelvan del poder del diablo al poder de Dios. En esa manera, pueden recibir el perdón de sus pecados y tener lo que se les da, entre los elegidos de Dios que tienen fe en mí.'

19 "Rey Agripa, obedecí a lo que vi del cielo.

20 Primeramente, les dije lo que había visto a los de la ciudad de Damasco, y después, en Jerusalén. Hablé de ello en toda la región de Judea. Aun les prediqué a los que no son judíos, diciéndoles que debían sentir dolor por sus pecados, dejarlos y volverse a Dios. Les dije que tenían que hacer algo para mostrar que tenían dolor por sus pecados.

21 "Es por eso que los judíos me prendieron en el gran templo de Dios y trataron de matarme. Pero

22 Dios me ha ayudado. Hasta ahora he explicado estas cosas a personas bien conocidas y a otras desconocidas. He dicho sólo lo que los antiguos predicadores y Moisés dijeron que iba a pasar.

23 Era que Cristo tenía que sufrir y ser el primero en levantarse de entre los muertos. Él daría luz a los judíos y otros pueblos.

14 We all fell to the ground. Then I heard a voice speaking to me in the Jewish language, 'Saul, Saul, why are you working so hard against Me? You hurt yourself by trying to hurt Me.'

15 I said, 'Who are You, Lord?' And He said, 'I am Jesus, the One you are working against.

16 Get up. Stand on your feet. I have chosen you to work for Me. You will tell what you have seen and you will say what I want you to say. This is the reason I have allowed you to see Me.

17 I will keep you safe from the Jews and from the people who are not Jews. I am sending you to these people.

18 You are to open their eyes. You are to turn them from darkness to light. You are to turn them from the power of Satan to the power of God. In this way, they may have their sins forgiven. They may have what is given to them, along with all those who are set apart for God by having faith in Me.'

19 "King Agrippa, I obeyed what I saw from heaven.

20 First I told what I saw to those in Damascus and then in Jerusalem. I told it through all the country of Judea. I even preached to the people who are not Jews that they should be sorry for their sins and turn from them to God. I told them they should do things to show they are sorry for their sins.

21 "That is why the Jews took hold of me in the house of God and tried to kill me.

22 God has helped me. To this day I have told these things to the people who are well known and to those not known. I have told only what the early preachers and Moses said would happen.

23 It was that Christ must suffer and be the first to rise from the dead. He would give light to the Jews and to the other nations."

24 Mientras Pablo hablaba por sí mismo, Festo gritó con voz fuerte: "¡Pablo, estás loco! ¡Tu mucho saber te impide pensar bien!"

25 Pablo dijo: "No estoy loco, excelentísimo Festo, ¡Estoy diciendo la verdad!

26 El rey conoce todo esto y tengo libertad de hablarle con claridad. Nada de lo que he dicho es nuevo para él. Pues estas cosas pasaron donde todos podían verlas.

27 ¿Crees rey Agripa, en las escrituras de los antiguos predicadores? Yo sé que crees."

28 Entonces Agripa le dijo a Pablo: "En tan corto tiempo casi me has demostrado que debo hacerme cristiano."

29 Entonces, Pablo dijo: "¡Mi oración a Dios es que tú y todos los que me escuchan fueran cristianos como yo, pero sin estas cadenas!"

30 El rey Agripa, Festo, Berenice y los que estaban sentados con ellos se levantaron.

31 Al salir de la sala, se decían unos a otros: "Este hombre no ha hecho nada para estar en la cárcel o recibir la muerte."

32 Agripa le dijo a Festo: "Este hombre podría quedar libre, si no hubiera pedido que se lo enviara ante César."

Pablo es enviado a Roma

27 Se decidió que fuéramos al país de Italia por barco. Entonces encadenaron a Pablo y a algunos otros hombres, y Julio, un capitán del ejército de César, tenía que cuidarlos.

2 Tomaron un barco que era de la ciudad de Adramitio y que iba a pararse en las ciudades de la costa de Asia. Aristarco iba con nosotros. Era un hombre de la ciudad de Tesalónica, en el país de Macedonia.

3 Al día siguiente, nos detuvimos en la ciudad de Sidón. Julio fue amable

24 As Paul was speaking for himself, Festus cried out in a loud voice: "Paul, you are crazy! All your learning keeps you from thinking right!"

25 Paul said: "Most respected Festus, I am not crazy. I am speaking the truth!

26 The king knows about all this. I am free to speak to him in plain words. Nothing I have said is new to him. These things happened where everyone saw them.

27 King Agrippa, do you believe the writings of the early preachers? I know that you believe them."

28 Then Agrippa said to Paul: "In this short time you have almost proven to me that I should become a Christian!"

29 Paul said: "My prayer to God is that you and all who hear me today would be a Christian as I am, only not have these chains!"

30 King Agrippa and Festus and Bernice and those who sat with them got up.

31 As they left the courtroom, they said to each other: "This man has done nothing for which he should be kept in prison or be put to death."

32 Agrippa told Festus: "This man could go free if he had not asked to be sent to Caesar."

Paul is sent to Rome

27 It was decided that we should go to the country of Italy by ship. Then they put Paul and some other men in chains. Julius, a captain of Caesar's army, was to watch them.

2 We went on a ship that was from the city of Adramyttian. It was going to stop at the towns along the sea shore of Asia. Aristarchus was with us. He was a man from the city of Thessalonica in the country of Macedonia.

3 The next day we stopped in the city of Sidon. Julius was kind to Paul.

con Pablo y lo dejó visitar a sus amigos quienes lo cuidaron.

4 Después de salir de Sidón, fuimos llevados por el viento a lo largo del lado sur de la isla de Chipre. Teníamos el viento en contra.

5 Cruzamos el mar a lo largo de los países de Cilicia y Panfilia y llegamos a la ciudad de Mira, en el país de Licia.

6 El capitán encontró un barco de la ciudad de Alejandría que iba a Italia y nos hizo embarcar en él.

7 Durante muchos días, el barco no avanzó mucho. Fue difícil llegar a la ciudad de Gnido porque el viento no nos dejaba seguir adelante. Así pues, seguimos la costa sur de la isla de Creta y pasamos el extremo de la ciudad llamada Salmón.

8 Teníamos el viento en contra y no navegábamos mucho. Entonces llegamos a un lugar llamado Buenos Puertos, que estaba cerca de la ciudad de Lasea.

9 Habíamos perdido mucho tiempo, y era peligroso seguir adelante en esa época del año. Pablo habló con palabras firmes:

10 "Señores, me parece que este barco y su carga van a perderse. Corremos peligro de perdernos también nosotros."

11 El capitán de los soldados escuchó más lo que le dijo el capitán del barco y no a lo que dijo Pablo.

12 No era un buen lugar para pasar el invierno, y la mayoría de los que estaban en el barco deseaba seguir adelante y tratar de llegar a la ciudad de Fenice, para pasar allí el invierno. La isla de Creta era un buen lugar para llevar el barco a puerto.

13 Cuando comenzó a soplar un viento del sur, pensaron que sus planes eran buenos. Levantaron el ancla y se fueron cerca de la costa de la isla de Creta.

14 Más tarde, llegó un mal viento de tempestad, que se llama Noreste.

He let him visit friends who cared for him.

4 After leaving Sidon we were blown by the wind along the south side of the island of Cyprus. The wind was against us.

5 We crossed the sea along the countries of Cilicia and Pamphylia and got to the city of Myra in the country of Lycia.

6 The captain found a ship from the city of Alexandria that was going to the country of Italy. He put us on it.

7 For many days the ship did not move fast. It was hard to get to the city of Cnidus. The wind would not let us go on. So we went along the south shore of the island of Crete and passed the end of the island called Salomé.

8 The wind was against us, and we did not sail very fast. Then we came to a place called Fair Havens. It was near the city of Lasea.

9 Much time had been lost. To keep going that late in the year would mean danger. Paul spoke with strong words,

10 "Sirs, it looks to me as if this ship and its freight will be lost. We are in danger of being lost also."

11 The captain of the soldiers listened to what the captain of the ship said and not to what Paul said.

12 It was not a good place to spend the winter. Most of those on the ship wanted to go on and try to get to Phoenix. Crete was a good place to tie up the ship. They wanted to spend the winter there.

13 When a south wind started to blow, they thought their plan was right. They pulled up the anchor and went close to the shore of Crete.

14 Later a bad wind storm came down from the land. It was called a northeaster.

15 El viento detuvo el barco, y al cabo de cierto tiempo, cedimos y dejamos que el viento nos llevara.
16 Fuimos detrás de una pequeña isla, llamada Claudia. Nos costó un gran esfuerzo, pero pudimos poner a salvo el bote del barco.
17 Lo levantaron y lo ataron con cuerdas al barco. Tenían miedo de ir a parar a las arenas de Sirte, de modo que recogieron las velas y dejaron el barco ir con el viento.
18 La tormenta era tan fuerte que las olas altas se echaban contra el barco. Al día siguiente los hombres tiraron al mar parte de la carga.
19 Al tercer día, con sus propias manos, tiraron al mar parte de las velas y las cuerdas.
20 No vimos el sol ni las estrellas durante muchos días. Una tormenta muy fuerte seguía golpeándonos. Perdimos todas las esperanzas de salvarnos.

Pablo demuestra su fe

21 Nadie había comido desde hacía mucho tiempo. Entonces, Pablo se levantó y les dijo: "Varones, debieron de haberme escuchado y no salir de la isla de Creta. Entonces, no hubieran tenido estas pérdidas, ni estas dificultades.
22 Pero ahora, quiero que tengan esperanzas. Nadie perderá la vida. Sólo se perderá el barco.
23 Yo le pertenezco a Dios y trabajo para él. Anoche, se me presentó un ángel de Dios
24 y me dijo: 'No tengas miedo, Pablo, debes presentarte ante César. Dios te ha dado las vidas de todos los hombres de este barco.'
25 Así pues, anímense, hombres. Creo que mi Dios hará lo que me ha dicho:
26 pero el barco se va a perder en alguna isla."
27 Era entonces la décimocuarta noche. Íbamos con el viento sobre el Mar

15 The ship was stopped by the wind. After awhile we gave up and let it go with the wind.
16 We went behind a small island called Claudia. It was hard work but we were able to make the ship's boat safe.
17 They pulled it up and tied ropes around it and the ship. They were afraid of going on the Syrtis sands. So they took the sail down and let the ship go with the wind.
18 The storm was so bad the high waves were beating against the ship. The next day the men threw some of the freight over into the sea.
19 On the third day, with their own hands, they threw part of the sails and ropes into the sea.
20 We did not see the sun or stars for many days. A very bad storm kept beating against us. We lost all hope of being saved.

Paul shows his faith

21 No one had eaten for a long time. Then Paul stood up and said to them: "Men, you should have listened to me and not left Crete. You would not have had this trouble and loss.
22 But now I want you to take hope. No one will lose his life. Only the ship will be lost.
23 I belong to God and I work for Him. Last night an angel of God stood by me
24 and said, 'Do not be afraid, Paul. You must stand in front of Caesar. God has given you the lives of all the men on this ship.'
25 So take hope, men. I believe my God will do what He has told me.
26 But the ship will be lost on some island."
27 It was now the fourteenth night. We were going with the wind on the

Adriático. A medianoche los marineros
creyeron que la tierra estaba cerca.
28 Hicieron bajar el peso de plomo y
vieron que el agua no tenía mucha pro-
fundidad. Cuando fueron un poco más
lejos, descubrieron que había menos
agua.
29 Tenían miedo de ser lanzados contra las rocas de la costa, de modo que
tiraron cuatro anclas de la parte de
atrás del barco. Luego, esperaron hasta
la mañana.
30 Los marinos pensaban abandonar el barco y bajaron un bote, como
si fueran a echar anclas por la parte
delantera del barco.
31 Pero Pablo le dijo al capitán y a
los soldados: "¡Estos hombres deben
quedarse en el barco, o no se salvarán
ustedes!"
32 Entonces, los soldados cortaron las
cuerdas y dejaron caer el bote al mar.
33 Poco antes de amanecer Pablo les
dijo a todos que comieran: "Hoy es el
décimocuarto día que no comen.
34 Deben comer para tener fuerzas.
Ninguno de ustedes perderá ni un
cabello de su cabeza."
35 Después de decir esto, tomó un
poco de pan, dio gracias a Dios ante
todos ellos, partió el pan en pedazos y
comenzó a comer.
36 Todos se sintieron animados y
tomaron alimentos.
37 En total éramos doscientos setenta
y seis personas en el barco.
38 Después de comer, tiraron el trigo al mar, para que el barco no pesara
tanto.
39 Por la mañana, no sabían cuál era
la tierra que tenían cerca. Más tarde,
vieron una bahía donde había una playa
de arena. Hicieron planes para llevar el
barco sobre la arena, si podían.
40 Cortaron las anclas y las dejaron
en el mar. Luego, quitaron las cuerdas

Adriatic Sea. At midnight the sailors
thought land was near.
28 They let down the lead weight and
found the water was not very deep.
After they had gone a little farther, they
found there was not as much water.
29 They were afraid we might be
thrown against the rocks on the shore.
So they put out four anchors from the
back of the ship. Then they waited for
morning to come.
30 The sailors were thinking of leaving the ship. They let down a boat as
if they were going to put out anchors
from the front of the ship.
31 But Paul said to the captain and the
soldiers: "These men must stay on the
ship or you cannot be safe!"
32 Then the soldiers cut the ropes
and let the boat fall into the sea.
33 Just before the light of day came,
Paul told all of them to eat. He said:
"Today is the fourteenth day you have
not eaten.
34 You must eat. It will give you
strength. Not one of you will lose a hair
from your head."
35 After he said this, he took some
bread. He gave thanks to God in front
of them all. He broke it in pieces and
started to eat.
36 They all were comforted. Each one
ate some food.
37 All together there were 276 of us
on the ship.
38 After they had eaten, they threw
the wheat into the sea so the ship
would not be as heavy.
39 In the morning they could not see
what land they were near. Later they
could see a river. Near its mouth there
was a shore of sand. They planned to run
the ship onto the sand if they could.
40 The anchors were cut loose and
left in the sea. Then they took the

que sostenían el timón. Cuando levantaron las velas, el viento llevó al barco hacia la costa.

41 Pero el barco llegó a un lugar donde el agua era menos honda, porque se encontraban dos corrientes. El frente del barco no se movía; pero las altas olas hicieron pedazos la parte de atrás del barco.

42 Los soldados pensaron matar a los hombres encadenados, porque tenían miedo de que nadaran hasta la playa y escaparan.

43 Pero el capitán quería salvar a Pablo y no les dejó llevar a cabo su plan. Mandó que los que sabían nadar saltaran al mar y nadaran hasta la playa.

44 Los demás deberían usar maderas o cualquier otra cosa del barco. En esa manera, todos llegaron a tierra sin sufrir daños.

ropes off that were holding the rudder. When they put up the sail, the wind took the ship toward shore.

41 But the ship hit a place where the water was low. It was made from where two seas meet. The front of the ship did not move but the back part broke in pieces by the high waves.

42 The soldiers planned to kill the men in chains. They were afraid they would swim to shore and get away,

43 but the captain wanted to save Paul. He kept them from their plan. Calling out to those who could swim, he told them to jump into the sea and swim to shore.

44 The others should use wood or anything from the ship. In this way, they all got to shore without getting hurt.

La obra poderosa de Pablo

28 Después de estar a salvo en la isla, supimos que era Malta.

2 La gente de la isla fue muy buena con nosotros. Como llovía y hacía frío, hicieron una hoguera para calentarnos.

3 Pablo había recogido leña pero cuando la echó al fuego, salió una serpiente debido al calor y le mordió la mano.

4 Cuando la gente de la isla vio la serpiente colgando de la mano, se dijeron unos a otros: "Este hombre es un asesino. Se salvó del mar pero no es justo que viva."

5 Pablo arrojó la serpiente al fuego. No estaba herido en nada.

6 La gente esperó, creyendo que se le iba a hinchar la mano y que Pablo caería muerto. Después de mirarlo durante mucho tiempo, vieron que no le pasaba nada. Entonces, cambiaron la manera de pensar y dijeron que Pablo era un dios.

The powerful work of Paul

28 After we were safe on the island, we knew that it was Malta.

2 The people on the island were very kind to us. It was raining and cold. They made a fire so we could get warm.

3 Paul had gathered some wood. As he laid it on the fire, a snake came out because of the heat. It held fast to Paul's hand.

4 When the people of the island saw the snake holding to his hand, they said to each other: "This man is a killer. He was saved from the sea and yet it is not right for him to live."

5 Paul shook off the snake into the fire. He was not hurt in any way.

6 The people waited. They thought his hand would get large and he would fall over dead. After watching for a long time, they saw nothing happen to him. Then they changed their minds and said that Paul was a god.

El padre de Publio es curado

7 Publio era el jefe de la isla. Poseía tierras alrededor de aquel lugar. Por tres días nos recibió dándonos todo lo que necesitábamos.

8 El padre de Publio estaba en cama, con una enfermedad del vientre y Pablo fue a verlo. Oró y puso sus manos sobre el hombre y éste fue curado.

9 A causa de eso otras personas enfermas de la isla vinieron a Pablo y fueron curadas.

10 Nos tenían un gran respeto y cuando tomamos un barco para irnos, nos dieron todo lo que necesitábamos.

11 Estuvimos en la isla tres meses. Entonces, nos fuimos en un barco que había estado allí todo el invierno y era de la ciudad de Alejandría. Ese barco se llamaba Hermanos Gemelos.

12 Llegamos a la ciudad de Siracusa donde estuvimos tres días.

13 Desde allí, siguiendo la costa, llegamos a la ciudad de Regio, y al cabo de un día, comenzó a soplar viento del sur. Al segundo día llegamos a la ciudad de Puteoli.

14 Encontramos allí a algunos cristianos, que nos rogaron que nos quedáramos con ellos. Estuvimos allí siete días. Luego seguimos hacia la ciudad de Roma.

15 Cuando los cristianos supieron de nuestra llegada, fueron a recibirnos. Llegaron hasta el pueblo de Apio y a un lugar que se llamaba Las Tres Tabernas. Cuando Pablo los vio, dio gracias a Dios y se animó.

Pablo explica por qué y cómo había llegado

16 Cuando llegamos a Roma, a Pablo le dejaron vivir donde quería, pero siempre le acompañaba un soldado, para vigilarlo.

17 Tres días después, Pablo llamo junto a él a los dirigentes de los judíos. Cuando se reunieron, les dijo: "Hermanos,

The father of Publius is healed

7 Publius was the head man of the island. He owned land around there. For three days he took us in and gave us everything we needed.

8 The father of Publius was sick with a stomach sickness. Paul went to see him. He prayed and laid his hands on him and the man was healed.

9 Because of this, other people of the island who were sick came to Paul and were healed.

10 They had great respect for us. When we got into a ship to leave, they gave us everything we needed.

11 We had stayed on the island three months. Then we left on a ship that had stayed there during the winter. It was from the city of Alexandria. This ship was called the Twin Brothers.

12 We came to Syracuse and stayed there three days.

13 From there we went by ship around to the city of Rhegium. After a day a south wind started to blow. On the second day we came to the city of Puteoli.

14 We found some Christians there, and they asked us to stay with them. We were there seven days and then went on to the city of Rome.

15 When the Christians heard of our coming, they came to meet us. They came as far as the town of Appius and to a place to stay called the Three Stores. When Paul saw them, he thanked God and took courage.

Paul tells why and how he has come

16 When we got to Rome, Paul was allowed to live where he wanted to. But a soldier was always by his side to watch him.

17 Three days later Paul asked the leaders of the Jews to come to him. When they had gathered together, he

no he hecho nada contra nuestro pueblo o el modo en que vivían nuestros
padres. Sin embargo, me ataron con
cadenas en Jerusalén y me entregaron
a los romanos.
18 Me dijeron ser culpable, aunque no
encontraron razón para matarme. Me
hubieran dejado libre,
19 pero eso no les agradaba a los
judíos. Así pues, tuve que pedir que
me mandaran a César. No fue porque
tenga algo contra mi pueblo.
20 La razón por la cual les he pedido
que vengan es para decirles esto: es
por la esperanza de la nación judía por
lo que estoy atado con estas cadenas.
21 Ellos le dijeron a Pablo: "No hemos
recibido cartas de Judea sobre ti, y ninguno de los judíos que han venido aquí
ha dicho nunca nada malo sobre ti.
22 Queremos que nos digas lo que
crees. En cuanto a esa nueva religión,
todo lo que sabemos es que todos
hablan contra ella."
23 Hicieron planes para reunirse con
él cierto día. Mucha gente fue al lugar
en que estaba. Les predicó sobre el
reino de Dios y trató de hacerles creyentes en Jesucristo, predicándoles de
la ley de Moisés y las escrituras de los
antiguos predicadores. Les habló desde
la mañana hasta la noche.

24 Algunos creyeron en sus enseñanzas, y otros no.
25 Al irse, no estaban de acuerdo
unos con otros. Entonces, Pablo dijo:
"El Espíritu Santo les habló a nuestros
padres por medio del antiguo predicador Isaías,
26 diciendo: 'Ve a este pueblo y diles:
"Oirán y nunca comprenderán. Mira-
rán y nunca verán,
27 porque el corazón de este pueblo
se ha puesto duro. No oyen bien con
sus oídos. Han cerrado los ojos para no
ver, y sus oídos no oyen y sus mentes

said: "Brothers, I have done nothing
against our people or the way our early
fathers lived. And yet, I was tied with
chains in Jerusalem and handed over to
the Romans.
18 I was put on trial, but they found
no reason to put me to death. They
would have let me go free.
19 But the Jews did not like this. So I
had to ask to be sent to Caesar. It was
not because I had anything against my
people.
20 The reason I have asked you to
come is to tell you this. It is because of
the hope of the Jewish nation that I am
tied in these chains."
21 They said to Paul: "We have had
no letters from Judea about you. No
Jew who has come here has ever said
anything bad about you.
22 We would like to hear from you
what you believe. As for this new religion, all we know is that everyone is
talking against it."
23 They planned to meet him on a
certain day. Many people came to the
place where he stayed. He preached to
them about the holy nation of God. He
tried to get them to put their trust in
Jesus Christ by preaching from the Law
of Moses and from the writings of the
early preachers. From morning until
night he spoke to them.
24 Some of them believed his teaching. Others did not believe.
25 As they left, they did not agree with
each other. Then Paul said: "The Holy
Spirit spoke the truth to your early
fathers through the early preacher
Isaiah.
26 He said, 'Go to these people and
say: "You will hear and never understand, you will look and never see,
27 because these people have hearts
that have become fat. They do not hear
well with their ears. They have closed
their eyes so their eyes do not see and

no comprenden y no se vuelven a mí, para permitirme curarles.'" Isaías 6:9-10

28 "Quiero que sepan que las buenas nuevas de Dios sobre cómo salvarse del castigo del pecado han llegado a los que no son judíos ¡y ellos las escucharán!"

29 Después de decir estas cosas, los judíos se fueron, discutiendo unos con otros.

30 Pablo pagó dinero para vivir solo en una casa durante dos años y se sentía feliz por todos los que iban a verlo.

31 Siguió predicando el reino de Dios. Enseñó del Señor Jesucristo sin miedo, y nadie se lo impidió.

their ears do not hear and their minds do not understand and they do not turn to Me and let Me heal them.'" Isaiah 6:9-10

28 "I want you to know that the Good News of God of knowing how to be saved from the punishment of sin has been sent to the people who are not Jews. And they will listen to it!"

29 After he had said these things, the Jews went away and argued with each other.

30 Paul paid money to live in a house by himself for two years. He was happy for all who came to see him.

31 He kept on preaching about the holy nation of God. He taught about the Lord Jesus Christ without fear. No one stopped him.

Romanos

1 Esta carta la escribió Pablo. Yo soy un servidor de Jesucristo. Dios me llamó a ser misionero para anunciar sus buenas nuevas.

2 Estas buenas nuevas las prometió Dios hace mucho tiempo por los antiguos predicadores en las sagradas escrituras.

3 Ellas hablan de su Hijo, nuestro Señor Jesucristo, quien, como hombre, vino de la familia de David.

4 El Espíritu Santo mostró con un hecho poderoso que Jesús nuestro Señor es el Hijo de Dios, cuando él se levantó de los muertos.

5 Cristo nos ha dado el favor de Dios y nos ha hecho sus misioneros; entonces debemos anunciar a todas las naciones que deben obedecerlo y confiar en él.

6 También ustedes han sido escogidos para pertenecer a Cristo.

7 Por eso, les escribo a todos ustedes que viven en la ciudad de Roma y les digo que Dios los ama y que los ha escogido y los ha separado para sí mismo. Que Dios nuestro Padre y el Señor Jesucristo les den su favor y paz.

Oración de gratitud

8 Primero, doy gracias a mi Dios, por medio de Jesucristo, por todos ustedes, porque todo el mundo habla de su fe en Cristo.

9 Dios sabe cómo he trabajado por él, sabe que he anunciado con todo mi corazón las buenas nuevas de su Hijo y que siempre me acuerdo de ustedes en mis oraciones.

10 Le he pedido que él me permita visitarlos.

Romans

1 This letter is from Paul. I am a servant owned by Jesus Christ and a missionary chosen by God to preach His Good News.

2 The Good News was promised long ago by God's early preachers in His Holy Writings.

3 It tells of His Son, our Lord Jesus Christ, Who was born as a person in the flesh through the family of King David.

4 The Holy Spirit proved by a powerful act that Jesus our Lord is the Son of God because He was raised from the dead.

5 Jesus has given us His loving favor and has made us His missionaries. We are to preach to the people of all nations that they should obey Him and put their trust in Him.

6 You have been chosen to belong to Jesus Christ also.

7 So I write to all of you in the city of Rome. God loves you and has chosen you to be set apart for Himself. May God our Father and the Lord Jesus Christ give you His loving favor and peace.

Prayer of thanks

8 First of all, I keep thanking my God, through Jesus Christ, for all of you. This is because the whole world knows of your faith in Christ.

9 God knows how I work for Him. He knows how I preach with all my heart the Good News about His Son. He knows how I always pray for you.

10 I pray that I might be able to visit you, if God wants me to.

11 Deseo verlos para poder compartir con ustedes alguna ayuda especial del Espíritu Santo, para hacerles más fuertes.
12 Ustedes y yo -todosnecesitamos ayuda, y yo puedo ayudarles en hacer más fuerte su fe. Ustedes pueden hacer lo mismo por mí. Nos necesitamos los unos a los otros.

11 I want to see you so I can share some special gift of the Holy Spirit with you. It will make you strong.
12 Both of us need help. I can help make your faith strong and you can do the same for me. We need each other.

El hombre pecador

13 Hermanos cristianos, muchas veces he deseado visitarlos, pero hasta ahora no he podido hacerlo. He querido enseñarles el camino a Cristo como he podido hacer en otros lugares en donde no conocían a Dios.
14 Debo ayudar a los pueblos que han oído las buenas nuevas y a los que no las han oído, a los que tienen mucho conocimiento y a los que no saben nada.
15 Por esto, estoy listo para anunciar las buenas nuevas también a ustedes que viven en la ciudad de Roma.
16 No me avergüenzo de las buenas nuevas porque son el poder de Dios; es la manera en que él salva a los hombres del castigo de sus pecados si confían en él, primero para los judíos y después para todos los demás.
17 Las buenas nuevas nos dicen que podemos ser completamente perdonados y quedar bien con Dios por medio de la fe en él. Luego, por la fe podemos vivir esa nueva vida en él. Las sagradas escrituras dicen: "El hombre que está puesto bien con Dios vivirá por la fe." Habacuc 2:4

Sinful man

13 Christian brothers, many times I have wanted to visit you. Something has kept me from going until now. I have wanted to lead some of you to Christ also, as I have done in other places where they did not know God.
14 I must help the people who have had a chance to hear the Good News and those who have not. I must help those with much learning and those who have never learned from books.
15 So I want to preach the Good News to you who live in Rome also.
16 I am not ashamed of the Good News. It is the power of God. It is the way He saves men from the punishment of their sins if they put their trust in Him. It is for the Jew first and for all other people also.
17 The Good News tells us we are made right with God by faith in Him. Then, by faith we live that new life through Him. The Holy Writings say: "A man right with God lives by faith." Habakkuk 2:4

El mundo pecador

18 Vemos que la ira de Dios baja del cielo contra todos los pecados de los hombres que no dejan que los demás conozcan la verdad.
19 Los hombres saben de Dios, porque él se ha revelado.

The sinful world

18 We see the anger of God coming down from heaven against all the sins of men. These sinful men keep the truth from being known.
19 Men know about God. He has made it plain to them.

20 Los hombres no pueden decir que no han oído de Dios, porque desde el principio han visto las cosas que él ha hecho. En esto vemos su poder que dura para siempre. Vemos que él es Dios.

21 Conocían a Dios, pero no lo honraron como Dios, ni le daban gracias. Más bien pensaron cosas necias y sus mentes tontas se oscurecieron.

22 Decían ser sabios, pero mostraron ser necios.

23 Honraron a dioses falsos que se parecían a hombres mortales, a aves, a animales de cuatro patas y a víboras. Dieron a estos dioses falsos el honor que le pertenece a Dios, quien vive para siempre.

24 Y Dios los dejó seguir los deseos de sus corazones pecaminosos y hacer cosas inmundas entre sí con sus propios cuerpos.

25 Ellos cambiaron la verdad de Dios en una mentira; adoraban y buscaban las cosas hechas por Dios, en lugar de adorar a Dios quien las creó y merece recibir el honor y la gratitud para siempre. Así sea.

26 Por esto, Dios los dejó seguir los deseos perversos que tenían, llenándolos de vergüenza. Las mujeres usaron sus cuerpos en manera contraria a lo establecido por Dios.

27 Y también los hombres olvidaron el uso natural de sus mujeres y cometieron pecados del sexo con otros hombres. Recibieron en ellos mismos la recompensa por sus acciones malas.

28 Ya no querían acordarse más de Dios. Por tanto, él los abandonó. Sus mentes pecadoras deseaban hacer sólo lo que no conviene.

29 Se dedicaron a toda inmundicia, deseando lo que era de otros. Estaban

20 Men cannot say they do not know about God. From the beginning of the world, men could see what God is like through the things He has made.This shows His power that lasts forever. It shows that He is God.

21 They did know God, but they did not honor Him as God. They were not thankful to Him and thought only of foolish things. Their foolish minds became dark.

22 They said that they were wise, but they showed how foolish they were.

23 They gave honor to false gods that looked like people who can die and to birds and animals and snakes. This honor belongs to God Who can never die.

24 So God let them follow the desires of their sinful hearts. They did sinful things among themselves with their bodies.

25 They traded the truth of God for a lie. They worshiped and cared for what God made instead of worshiping the God Who made it. He is the One Who is to receive honor and thanks forever. Let it be so.

26 Because of this, God let them follow their sinful desires which lead to shame. Women used their bodies in ways God had not planned.

27 In the same way, men left the right use of women's bodies. They did sex sins with other men. They received for themselves the punishment that was coming to them for their sin.

28 Because they would not keep God in their thoughts anymore, He gave them up. Their minds were sinful and they wanted only to do things they should not do.

29 They are full of everything that is sinful and want things that belong to

llenos de envidia y celos, de odio, asesinatos y engaños.

30 Hablaban mal de la gente, eran mentirosos, odiaban a Dios, eran altivos, soberbios, inventores de nuevas pecados y desobedientes a sus padres.

31 Necios, desleales, sin afectos naturales, sin compasión.

32 A pesar de que saben lo que Dios dijo en contra de estas cosas, no sólo las hacen, sino que están alegres cuando otros las hacen también.

Todos los hombres son pecadores

2 Por esto no tienes ninguna excusa, porque eres culpable cuando dices que alguien es culpable. Cuando dices que otro tiene culpa, te culpas a ti mismo, porque estas haciendo lo mismo que él.

2 Sabemos que Dios dirá que los que hacen estas cosas son culpables.

3 ¿Piensas tú que culpando a los que hacen estas cosas que tú también haces, tú escaparás cuando Dios diga que los que hacen tales cosas son culpables?

4 ¿O no quieres recordar su gran compasión y paciencia? Sabes bien que Dios es bondadoso y que quiere que dejes tus pecados.

5 Pero como no cambias de actitud ni dejas tus pecados, haces que la ira de Dios aumente para aquel día cuando él diga quiénes son culpables.

6 Él hará que cada hombre reciba la paga por lo que hizo.

7 Los que siguen haciendo el bien y buscan su grandeza y su gloria recibirán la vida que nunca acaba.

others. They hate people and are jealous. They kill other people. They fight and lie. They do not like other people and talk against them.

30 They talk about people, and they hate God. They are filled with pride and tell of all the good they do. They think of new ways to sin. They do not obey their parents.

31 They are not able to understand. They do not do what they say they will do. They have no love and no loving pity.

32 They know God has said that all who do such things should die. But they keep on doing these things and are happy when others do them also.

All men are sinners

2 So you can say nothing because you are guilty when you say someone else is guilty. While you say someone is guilty, you are doing the same things he does.

2 We know that God will say those who do such things are guilty.

3 Do you think God will punish others for doing wrong and let you keep sinning?

4 Do you forget about His loving kindness to you? Do you forget how long He is waiting for you? You know that God is kind. He is trying to get you to be sorry for your sins and turn from them.

5 Because you are not sorry for your sins and will not turn from them, you will be punished even more on the day of God's anger. God will be right in saying you are guilty.

6 He will give to every man what he should get for the things he has done.

7 Those who keep on doing good and are looking for His greatness and honor will receive life that lasts forever.

8 Los que sólo se aman a sí mismos y no obedecen la verdad, sino hacen lo malo, recibirán el castigo de Dios y su ira estará sobre ellos.

9 Todas las personas, sean judías o no, que hayan hecho lo malo sufrirán dificultades y tendrán grandes angustias.

10 Pero Dios dará gloria, honor y paz a todos los que obedezcan la verdad, sean judíos o no.

11 Porque Dios no favorece a unos para despreciar a otros.

Dios hace bien a todos los hombres

12 Porque los que pecaron sin tener la ley judía serán declarados culpables también sin ley. Y los que pecaron teniendo la ley judía serán declarados culpables por la misma ley.

13 Porque sólo conocer la ley judía no lo hace a uno estar bien con Dios, sino el cumplirla.

14 Los que no son judíos no tienen la ley judía; pero cuando hacen por su propia voluntad lo que dice la ley, aunque no tengan ley, ellos se hacen ley para ellos mismos.

15 Esto demuestra que sus obras son de la ley escrita en sus corazones y que sus conciencias y sus corazones les dicen cuando han hecho mal.

16 Y habrá un día en que Dios dirá quién es culpable, porque él conoce los pensamientos secretos de los hombres, por medio de Jesucristo. Esto es parte de las buenas nuevas que predico.

17 Si tú eres judío y crees estar seguro por la ley, piensas que puedes decir a los demás cómo conocer a Dios.

18 Tú sabes lo que él quiere que hagas, conoces la ley y sabes lo bueno y lo malo.

19 Crees que puedes guiar a un ciego y que puedes darles luz a los que están en la oscuridad.

8 Those who love only themselves and do not obey the truth, but do what is wrong, will be punished by God. His anger will be on them.

9 Every Jew and every person who is not a Jew who sins will suffer and have great sorrow.

10 But God will give His greatness and honor and peace to all those who obey the truth. Both Jews and those who are not Jews will receive this.

11 God does not show favor to one man more than to another.

God does what is right to all men

12 Those who have sinned without having the Law will be lost without the Law being used. Those who have the Law and have sinned will be judged by the Law.

13 Just to hear the Law does not make a man right with God. The man right with God is the one who obeys the Law.

14 The people who are not Jews do not have the Law. When they do what the Law tells them to do, even if they do not have the Law, it shows they know what they should do.

15 They show that what the Law wants them to do is written in their hearts. Their own hearts tell them if they are guilty.

16 There will be a day when God will judge because He knows the secret thoughts of men. He will do this through Jesus Christ. This is part of the Good News I preach.

17 You are a Jew and think you are safe because of the Law. You tell others about how you know God.

18 You know what He wants you to do. You understand how the Law works. You know right from wrong.

19 You think you can lead a blind man. You think you can give light to those in darkness.

20 Piensas que puedes enseñar a los que no saben y a los niños, tú que tienes en la ley el plan de la verdad y la sabiduría.
21 Tú que enseñas a otros, ¿Por qué no te enseñas a ti mismo? Tú que enseñas que no se debe robar, ¿robas tú?
22 Tú que dices que nadie debe cometer pecados del sexo, ¿haces tú pecados del sexo? Odias a los dioses falsos, pero ¿haces casas de robo en los templos en que los tienen?
23 Tú que te sientes tan orgulloso de la ley judía, ¿no deshonras a Dios cuando no obedeces la ley?
24 Las sagradas escrituras dicen: "Los que no son judíos hablan en contra del nombre de Dios por culpa de ustedes" Isaías 52:5
25 El cumplir con el rito religioso para hacerse judío vale algo si se obedece la ley; pero si no se obedece, de nada vale.
26 Si una persona que no ha cumplido con el rito religioso para hacerse judío obedece la ley judía, Dios le tendrá por judía.
27 Ustedes, los judíos, tienen una ley, pero no la siguen. También han cumplido con el rito religioso para hacerse judíos. Al mismo tiempo, los que no son judíos obedecen la ley aunque no han cumplido con el rito religioso para hacerse judíos. De tal manera que estas personas prueban que ustedes son culpables.
28 Un hombre no se hace judío sólo por el cumplir externamente con el rito religioso para serlo.
29 El verdadero judío es aquel cuyo corazón está bien con Dios. El rito religioso para hacerse judío debe hacerse en el corazón. Esta obra la hace el Espíritu Santo y no la ley. Su gratitud no es de los hombres, sino de Dios.

20 You think you can teach foolish people and children about God. You have in the Law the plan of truth and wisdom.
21 You teach others. Why do you not teach yourselves? You tell others not to steal. Do you steal?
22 You say that no one should do sex sins. Do you do sex sins? You hate false gods. Do you rob the houses where they are kept?
23 You are proud of the Law. Do you take honor away from God when you do not obey the Law?
24 The Holy Writings say: "God's name is hated by the people who are not Jews because of you." Isaiah 52:5
25 Going through the religious act of becoming a Jew is worth something if you obey the Law. If you do not obey the Law, it is worth nothing to you.
26 If a person who is not a Jew and has not gone through the act of becoming a Jew, obeys the Law, God will think of him as a Jew.
27 You Jews have the Law but do not obey it. You have gone through the religious act also. At the same time those who are not Jews obey the Law even if they have not gone through the religious act of becoming a Jew. In this way, these people show you are guilty.
28 A man is not a Jew just because he goes through the religious act of becoming a Jew.
29 The true Jew is one whose heart is right with God. The religious act of becoming a Jew must be done in the heart. That is the work of the Holy Spirit. The Law does not do that kind of work. The true Jew gets his thanks from God, not from men.

Los judíos también son pecadores

3 ¿Tienen los judíos algo que no tengan los que no son judíos? ¿De qué sirve cumplir con el rito religioso para hacerse judíos?

2 Sí, los judíos tienen mucho en varias maneras. En primer lugar, los judíos recibieron la ley de Dios.

3 Si algunos de ellos no fueron fieles, ¿quiere decir eso que Dios no será fiel?

4 ¡Por supuesto que no! Dios es siempre verdadero a pesar de que el hombre mienta. Las sagradas escrituras dicen: "Para que seas reconocido bueno en tu palabra y tenido por puro en tu pensamiento." Salmo 51:4

5 Si nuestros pecados demuestran que Dios está en lo correcto, ¿qué podemos decir? ¿Que Dios hace mal en castigarnos? Hablo como lo hacen los hombres.

6 ¡De ninguna manera! Porque si Dios no pudiera castigarnos, ¿cómo podría juzgar al mundo?

7 Si mis mentiras le hacen honor a Dios dejando ver lo recto que es él, ¿Por qué todavía me castiga como pecador?

8 ¿Por qué no podemos decir: "pequemos, para que venga el bien"? Y hay gentes que nos han acusado de haber dicho esto. Estos serán castigados como merecen.

Todo el mundo es pecador

9 ¿Qué podemos pensar, entonces? ¿Somos los judíos mejores que los que no son judíos? ¿De ninguna manera? Ya he dicho que tanto los judíos, como los que no lo son, todos son pecadores.

10 Las sagradas escrituras dicen: "No hay buenos, ¡ni siquiera uno!

11 No hay nadie que entienda, no hay nadie que trate de encontrar a Dios." Salmo 14:2

Jews are sinners also

3 Do the Jews have anything that those who are not Jews do not have? What good does it do to go through the religious act of becoming a Jew?

2 Yes, the Jews have much more in every way. First of all, God gave the Jews His Law.

3 If some of them were not faithful, does it mean that God will not be faithful?

4 No, not at all! God is always true even if every man lies. The Holy Writings say: "Speak the truth and you will not be proven guilty." Psalm 51:4

5 If our sins show how right God is, what can we say? Is it wrong for God to punish us for it? I am speaking as men do

6 No, not at all! If it were wrong for God to punish us, how could He judge the world?

7 If my lies honor God by showing how true He is, why am I still being judged as a sinner?

8 Why not say: "Let us sin that good will come from it." Some people have said I talk like this! They will be punished as they should be.

The whole world is guilty of sin

9 What about it then? Are we Jews better than the people who are not Jews? Not at all! I have already said that Jews and the people who are not Jews are all sinners.

10 The Holy Writings say: "There is not one person who is right with God. No, not even one!

11 There is not one who understands. There is not one who tries to find God." Psalm 14:2

12 "Todos se han alejado de Dios, todos han hecho lo malo, ni siquiera hay uno que haya hecho el bien, ¡ni siquiera uno!
13 Sus bocas son como sepulcro abierto, sus lenguas hablan con engaño." Salmo 5:9; 140:3 Sus palabras son como veneno de serpientes.
14 Sus bocas hablan cosas malas y mentiras. Salmo 10:7

15 Se apresuran a derramar sangre.

16 A donde quiera que van destruyen y siembran sufrimiento,
17 no saben lo que es paz. Isaías 59: 7-8; y
18 no tienen ningún temor de Dios." Salmo 36:1
19 Sabemos que la ley judía es para los que viven bajo la ley. Nadie puede decir que no sabe lo que es pecado. Todo el mundo está sujeto a Dios.

20 Ninguna persona logrará estar bien con Dios haciendo las obras que dice la ley judía, porque la ley hace que se vea nuestro pecado.
21 Pero ahora, Dios nos ha dado otra manera para estar en paz con él y que no es mediante la ley. La ley misma y los antiguos predicadores de Dios han hablado de esto.
22 Los hombres pueden lograr su paz con Dios poniendo su confianza en Cristo Jesús y creyendo en él. Para Dios no hay ninguna diferencia,
23 porque todos han pecado y han perdido el derecho de ir a la presencia de Dios.
24 Pero pueden ser perdonados gratuitamente por su favor mediante la sangre de Cristo que los libra de sus pecados.

25 Dios dio a Cristo Jesús al mundo para que los pecados de los hombres

12 Everyone has turned away from God. They have all done wrong. Not one of them does what is good. No, not even one!
13 Their mouth is like an open grave. They tell lies with their tongues. Psalm 5:9; 140:3 Whatever they say is like the poison of snakes.
14 Their mouths speak bad things against God. They say bad things about other people. Psalm 10:7
15 They are quick to hurt and kill people.
16 Wherever they go, they destroy and make people suffer.
17 They know nothing about peace. Isaiah 59:7-8
18 They do not honor God with love and fear." Psalm 36:1
19 Now we know that the Law speaks to those who live under the Law. No one can say that he does not know what sin is. Yes, every person in the world stands guilty before God.
20 No person will be made right with God by doing what the Law says. The Law shows us how sinful we are.

21 But now God has made another way to make men right with Himself. It is not by the Law. The Law and the early preachers tell about it.

22 Men become right with God by putting their trust in Jesus Christ. God will accept men if they come this way. All men are the same to God.
23 For all men have sinned and have missed the shining greatness of God.

24 Anyone can be made right with God by the free gift of His loving favor. It is Jesus Christ Who bought them with His blood and made them free from their sins.
25 God gave Jesus Christ to the world. Men's sins can be forgiven through the

puedan ser perdonados. Ese perdón es posible porque Cristo derramó su sangre. Se hace una realidad cuando los hombres confían en él. También lo dio para mostrar su bondad y su gran paciencia. Por eso, él hizo olvidar los pecados de antes,

26 para poder mostrar su bondad ahora, para que se sepa que él es el único bueno y el que hace estar bien con él al que cree en Jesús.

27 Entonces, ¿de qué nos podemos jactar? ¡De nada! ¿Por cuál ley? ¿La de las obras? No, más bien por la ley de la fe.

28 Esto es lo que hemos aprendido: que el hombre recibe bondad ante Dios por su fe en Cristo y no por las obras que haga de acuerdo con la ley judía.

29 ¿Es Dios solamente Dios de los judíos? ¿No es también Dios el Dios de los que no son judíos? Sí, claro que también es su Dios.

30 Porque sólo hay un Dios, y él puede hacer que haya paz entre él y los hombres que confían en Cristo Jesús, sean judíos o no.

31 Entonces, ¿nos olvidamos de la ley judía al creer en Cristo? Claro que no, más bien la damos a conocer.

Abraham recibió el perdón de sus pecados por su fe en Dios

4 ¿Qué podemos decir de Abraham, nuestro antiguo padre? ¿Qué fue lo que él encontró?

2 Que si Abraham pudo haber tenido paz con Dios por medio de sus obras, habría tenido de qué jactarse aunque realmente su jactancia no habría valido ante Dios.

3 Pero las sagradas escrituras dicen: "Abraham creyó en Dios y esto lo hizo estar bien con él." Génesis 15:6

blood of Christ when they put their trust in Him. God gave His Son Jesus Christ to show how right He is. Before this, God did not look on the sins that were done.

26 But now God proves that He is right in saving men from sin. He shows that He is the One Who has no sin. God makes anyone right with Himself who puts his trust in Jesus.

27 What then do we have to be proud of? Nothing at all! Why? Is it because men obey the Law? No! It is because men put their trust in Christ.

28 This is what we have come to know. A man is made right with God by putting his trust in Christ. It is not by his doing what the Law says.

29 Is God the God of the Jews only? Is He not the God of the people who are not Jews also? He is for sure.

30 He is one God. He will make Jews and the people who are not Jews right with Himself if they put their trust in Christ.

31 Does this mean that we do away with the Law when we put our trust in Christ? No, not at all. It means we know the Law is important.

Abraham was saved from sin by His trust in God

4 What about Abraham, our early father? What did he learn?

2 If Abraham was made right with God by what he did, he would have had something to be proud of. But he could not be proud before God.

3 The Holy Writings say: "Abraham put his trust in God and that made him right with God." Genesis 15:6

4 Si un hombre trabaja, el salario que recibe no es un favor. Es algo que él gana.

5 y si un hombre no trabaja para recibir la salvación, pero ha creído en Dios quien salva a los hombres del castigo del pecado, ese hombre está bien delante de Dios por creer en él.

6 El rey David también dice que el hombre que cree en Dios es feliz, porque está en paz con Dios sin necesidad de las obras.

7 "Felices los que tienen sus pecados perdonados y cuyas cosas malas están cubiertas.

8 Felices aquellos cuyos pecados Dios no recuerda jamás." Salmo 32:1-2

9 ¿Es esta dicha y felicidad sólo para los judíos o también para los que no lo son? Volvemos a decir: "Abraham creyó en Dios y recibió bondad ante él por esta confianza." Génesis 15:6

10 ¿Cuándo fue esto? ¿Fue antes o después de hacer Abraham el rito religioso para hacerse judío? Fue antes.

11 Cumplió con este rito religioso después de haber confiado en Dios. Este rito demostró que su confianza en Dios le hizo estar bien ante Dios. Fue antes de cumplir con el rito religioso para hacerse judío. De esta manera, él es padre de todos los creyentes que no son judíos y prueba también que los que no cumplen con el rito religioso para ser judíos pueden estar bien ante Dios.

12 Desde luego, Abraham también es padre de los judíos, o sea, de los que cumplen con el rito religioso para ser judíos. A la vez es padre de todos los que creen en Dios, como él. Repetimos: Abraham confió en Dios antes de hacer el rito religioso para hacerse judío.

13 Dios le prometió darle el mundo a Abraham y a toda su descendencia. Esta promesa no fue por obedecer la

4 If a man works, his pay is not a gift. It is something he has earned.

5 If a man has not worked to be saved, but has put his trust in God Who saves men from the punishment of their sins, that man is made right with God because of his trust in God.

6 David tells of this. He spoke of how happy the man is who puts his trust in God without working to be saved from the punishment of sin.

7 "Those people are happy whose sinful acts are forgiven and whose sins are covered.

8 Those people are happy whose sins the Lord will not remember." Psalm 32:1-2

9 Is this happiness given to the Jews only? Or is it given also to the people who are not Jews? We say again: "Abraham put his trust in God and that made him right with God." Genesis 15:6

10 When did this happen? Was it before or after Abraham went through the religious act of becoming a Jew? It was before.

11 He went through the religious act after he had put his trust in God. That religious act proved that his trust in God made him right with God even before he went through the religious act of becoming a Jew. In that way, it made him the early father of all those who believe. It showed that those who did not go through the religious act of becoming a Jew could be right with God.

12 He is also the early father of all those who have gone through the religious act of becoming a Jew. It is not because they went through the act. It is because they put their trust in God the same as Abraham did before he went through the religious act of becoming a Jew.

13 God promised to give the world to him and to all his family after him. He did not make this promise because

ley, sino porque creyó en Dios y tuvo posición ante Dios por su fe.

14 Porque si los que cumplen la ley reciben el mundo, entonces de nada vale confiar en Dios. Y su promesa a Abraham no tiene valor.

15 La ira de Dios cae sobre un hombre cuando no obedece la ley judía; pero si no hay ley judía, tampoco puede haber desobediencia a ella.

16 Por eso, recibimos la promesa de Dios: porque hemos confiado en él y por su gracia hacia nosotros. Su promesa es para toda la descendencia de Abraham, no sólo para los que obedecen la ley judía, sino también para los que confían en Dios, como lo hizo Abraham. De esta manera, es el padre de todos los creyentes.

17 Las sagradas escrituras dicen: "Te he puesto por padre de mucha gente." Esta promesa es buena porque Dios la hizo. Él es el mismo Dios que hace a los muertos vivir de nuevo y, cuando habla, hace existir algo de la nada.

18 Abraham creía que iba a ser el padre de mucha gente. No tenía razones de esperarlo; pero se le había dicho: "De tus hijos se harán muchas naciones." Génesis 15:5

19 Abraham tenía cerca de cien años de edad. Su cuerpo estaba casi muerto; pero no fue débil en fe al pensar en su cuerpo ni en el de su esposa Sara quien ya había pasado de la edad en que podía tener hijos.

20 Abraham no dudó de la promesa de Dios. Su fe en Dios era firme. Le dio gracias a Dios,

21 pues sabía que Dios era poderoso para hacer lo que había prometido.

22 Abraham tuvo fe en Dios: y eso le sirvió como bondad.

23 Las palabras: "Le fue contado por

Abraham obeyed the Law. He promised to give the world to Abraham because he put his trust in God. This made him right with God.

14 If those who obey the Law are to get the world, then a person putting his trust in God means nothing. God's promise to Abraham would be worth nothing.

15 God's anger comes on a man when he does not obey the Law. But if there were no Law, then no one could break it.

16 So God's promise is given to us because we put our trust in Him. We can be sure of it. It is because of His loving favor to us. It is for all the family of Abraham. It is for those who obey the Law. It is for those who put their trust in God as Abraham did. In this way, he is the father of all Christians.

17 The Holy Writings say: "I have made you a father of many nations." This promise is good because of Who God is. He makes the dead live again. He speaks, and something is made out of nothing.

18 Abraham believed he would be the father of many nations. He had no reason to hope for this, but he had been told: "Your children will become many nations." Genesis 15:5

19 Abraham was about one hundred years old. His body was about dead, but his faith in God was not weak when he thought of his body. His faith was not weak when he thought of his wife Sarah being past the age of having children.

20 Abraham did not doubt God's promise. His faith in God was strong, and he gave thanks to God.

21 He was sure God was able to do what He had promised.

22 Abraham put his trust in God and was made right with Him.

23 The words: "He was made right

bondad" no fueron sólo para Abraham,
24 sino también para nosotros. Dios nos dará esa paz del mismo modo que lo hizo con Abraham, si ponemos nuestra confianza en el Dios que levantó de entre los muertos a Jesús, nuestro Señor.
25 Jesús murió por nuestros pecados y fue levantado de entre los muertos para nuestra paz ante Dios.

El gozo de estar bien con Dios

5 Ahora que estamos bien con Dios, confiando en él, tenemos paz con Dios, por lo que nuestro Señor Jesucristo hizo por nosotros.

2 Al confiar en Dios, nos ha dado su favor que no merecemos. Dios nos ha recibido, y somos felices por la esperanza que tenemos de compartir la grandeza de él.
3 Somos felices también por nuestras penas, sabiendo que ellas nos ayudan a no rendirnos.
4 Cuando aprendemos a no rendirnos, mostramos que salimos bien en la prueba. Y cuando hemos salido bien en la prueba, tenemos esperanza.
5 La esperanza no deshonra, porque el amor de Dios ha entrado en nuestros corazones por el Espíritu Santo que nos es dado.
6 Eramos débiles y no podíamos ayudarnos nosotros mismos. Entonces, Cristo llegó en el momento oportuno y dio su vida por todos nosotros, los pecadores.
7 Nadie quiere morir por otra persona; aunque es posible que alguien lo haga por un hombre muy bueno.
8 Con todo, Dios nos mostró su amor, cuando éramos todavía pecadores. Así, Cristo murió por nosotros.
9 Ahora somos salvos del castigo del pecado por la sangre de Cristo, y él nos salvará también de la ira de Dios.

with God," were not for Abraham only.
24 They were for us also. God will make us right with Himself the same way He did Abraham, if we put our trust in God Who raised Jesus our Lord from the dead.
25 Jesus died for our sins. He was raised from the dead to make us right with God.

The joy of being right with God

5 Now that we have been made right with God by putting our trust in Him, we have peace with Him. It is because of what our Lord Jesus Christ did for us.
2 By putting our trust in God, He has given us His loving favor and has received us. We are happy for the hope we have of sharing the shining-greatness of God.
3 We are glad for our troubles also. We know that troubles help us learn not to give up.
4 When we have learned not to give up, it shows we have stood the test. When we have stood the test, it gives us hope.
5 Hope never makes us ashamed because the love of God has come into our hearts through the Holy Spirit Who was given to us.
6 We were weak and could not help ourselves. Then Christ came at the right time and gave His life for all sinners.

7 No one is willing to die for another person, but for a good man someone might be willing to die.
8 But God showed His love to us. While we were still sinners, Christ died for us.
9 Now that we have been saved from the punishment of sin by the blood of Christ, He will save us from God's anger also.

10 Éramos enemigos de Dios; pero fuimos salvados del castigo del pecado por la muerte de Cristo. Él nos ha puesto en paz con Dios. Y seremos salvos por su vida.

11 Le damos gracias a Dios por nuestro Señor Jesucristo, quien nos hizo volver a Dios y tener paz con él.

10 We hated God. But we were saved from the punishment of sin by the death of Christ. He has brought us back to God and we will be saved by His life.

11 Not only that, we give thanks to God through our Lord Jesus Christ. Through Him we have been brought back to God.

Adán y Cristo

12 Esto es lo que pasó: el pecado entró al mundo por un hombre, Adán, llevando consigo la muerte. La muerte llegó a todos los hombres, porque todos pecaron.

13 El pecado estaba en el mundo antes de la ley judía; pero no se culpa a un hombre de pecado cuando no hay ley.

14 Y, sin embargo, la muerte tuvo poder sobre los hombres desde los tiempos de Adán hasta los de Moisés. El poder de la muerte estaba aun sobre los que no habían pecado en la misma forma que Adán. Adán representaba el que había de venir.

15 El don de Dios sin precio no es como el pecado de Adán. Muchos murieron por el pecado de ese hombre Adán, pero el favor de Dios vino también sobre muchos. Este regalo llegó también por un hombre, Jesucristo, el Hijo de Dios.

16 El regalo de Dios no es como el pecado de Adán. Dios le dijo a Adán que él tenía la culpa por su pecado. Por él, llegó a todos el pecado y la culpa. Pero el regalo de Dios hace que el hombre esté bien con él. Por medio de un hombre, Cristo, los pecados de los hombres son perdonados.

17 Por el pecado de un hombre, Adán, el poder de la muerte llegó a estar sobre todos los hombres. Pero muchos recibirán el favor de Dios y el regalo de estar bien con él por otro hombre, Jesucristo. Tendrán poder en la vida por él.

Adam and Christ

12 This is what happened: Sin came into the world by one man, Adam. Sin brought death with it. Death spread to all men because all have sinned.

13 Sin was in the world before the Law was given. But sin is not held against a person when there is no Law.

14 And yet death had power over men from the time of Adam until the time of Moses. Even the power of death was over those who had not sinned in the same way Adam sinned. Adam was like the One Who was to come.

15 God's free gift is not like the sin of Adam. Many people died because of the sin of this one man, Adam. But the loving favor of God came to many people also. This gift came also by one Man Jesus Christ, God's Son.

16 The free gift of God is not like Adam's sin. God told Adam he was guilty because of his sin and through this one came sin and guilt. But the free gift makes men right with God. Through One, Christ, men's sins are forgiven.

17 The power of death was over all men because of the sin of one man, Adam. But many people will receive His loving favor and the gift of being made right with God. They will have power in life by Jesus Christ.

18 Por el pecado de Adán, vinieron la muerte y el infierno para todos los hombres; pero por otro hombre, Cristo, por su buena acción en la cruz, hay libertad para los hombres. Cristo les da la vida.

19 Adán no hizo lo que Dios quería, y muchos fueron hechos pecadores a causa de él. Cristo hizo lo que Dios quería y hace que muchos estén bien con Dios.

El favor de Dios es mayor que la ley judía

20 Hubo mucho pecado cuando se dio la ley judía; pero donde hubo mucho pecado, hubo mucho más del gran favor de Dios.

21 El pecado tenía un poder que terminaba en la muerte. Ahora, el favor de Dios tiene poder para que los hombres tengan paz con él y tengan la vida que dura para siempre. Nuestro Señor Jesucristo hizo esto por nosotros.

El favor de Dios

6 ¿Qué quiere decir esto? ¿Que debemos seguir pecando para que Dios nos dé más de su favor?

2 ¡No. De ninguna manera! Estamos muertos al pecado, de modo que ¿cómo podemos seguir viviendo en pecado?

3 Todos nosotros fuimos bautizados para mostrar que somos de Cristo. Fuimos bautizados, ante todo, para mostrar su muerte.

4 Fuimos enterrados en el bautismo, como Cristo lo fue en la muerte, para que, como Cristo se levantó de entre los muertos por el gran poder de Dios, nosotros tengamos una nueva vida.

5 Si nos hicimos uno con Cristo en su muerte, seremos uno con él al levantarnos de entre los muertos.

6 Sabemos que nuestra vida de antes, nuestro viejo yo pecador, fue clavado en la cruz con Cristo. Y así se destruyó

18 Through Adam's sin, death and hell came to all men. But another Man, Christ, by His right act makes men free and gives them life.

19 Adam did not obey God, and many people become sinners through him. Christ obeyed God and makes many people right with Himself.

God's loving favor is greater than the Jewish law

20 Sin spread when the Law was given. But where sin spread, God's loving favor spread all the more.

21 Sin had power that ended in death. Now, God's loving favor has power to make men right with Himself. It gives life that lasts forever. Our Lord Jesus Christ did this for us.

Being right with God

6 What does this mean? Are we to keep on sinning so that God will give us more of His loving favor?

2 No, not at all! We are dead to sin. How then can we keep on living in sin?

3 All of us were baptized to show we belong to Christ. We were baptized first of all to show His death.

4 We were buried in baptism as Christ was buried in death. As Christ was raised from the dead by the great power of God, so we will have new life also.

5 If we have become one with Christ in His death, we will be one with Him in being raised from the dead to new life.

6 We know that our old life, our old sinful self, was nailed to the cross with Christ. And so the power of sin that

el poder del pecado, que tenía poder sobre nosotros. El pecado ya no tiene poder sobre nosotros.

7 Cuando un hombre está muerto, queda libre del poder del pecado.

8 Y si nosotros hemos muerto con Cristo, creemos que también viviremos con él.

9 Sabemos que Cristo fue levantado de entre los muertos y que no volverá a morir nunca. La muerte ya no tiene poder sobre él.

10 Murió una vez; pero ahora vive. Murió para romper el poder del pecado, y la vida que ahora tiene es para Dios.

11 ¡Ustedes deben hacer lo mismo! Piensen que ustedes también han muerto al poder del pecado; pero ahora tienen nueva vida, por Jesucristo nuestro Señor. Están viviendo esta vida para Dios.

12 Así pues, no permitan que el pecado tenga poder sobre sus cuerpos aquí en la tierra.

13 No deben hacer los pecados que el cuerpo quiere. En lugar de ello, dense ustedes mismos a Dios, como personas vivas, que se han levantado de entre los muertos. Denle todas las partes de su cuerpo a Dios, para hacer lo que es bueno.

14 El pecado no debe tener poder sobre ustedes, porque viven ya bajo el favor de Dios.

15 Entonces, ¿qué haremos? ¿Pecaremos porque tenemos el favor de Dios y no vivimos bajo la ley judía? ¡No! ¡De ninguna manera!

16 ¿No saben que cuando personas se entregan a otro como sus siervos, ése es su dueño? Si se entregan al pecado, el fin es la muerte. Y si ustedes se dan a sí mismos a Dios, el fin es el estar bien con Dios.

17 Antes, estaban bajo el poder del pecado. Ahora, hacen, con todo su corazón, las enseñanzas que fueron dadas

held us was destroyed. Sin is no longer our boss.

7 When a man is dead, he is free from the power of sin.

8 And if we have died with Christ, we believe we will live with Him also.

9 We know that Christ was raised from the dead. He will never die again. Death has no more power over Him.

10 He died once but now lives. He died to break the power of sin, and the life He now lives is for God.

11 You must do the same thing! Think of yourselves as dead to the power of sin. But now you have new life because of Jesus Christ our Lord. You are living this new life for God.

12 So do not let sin have power over your body here on earth. You must not obey the body and let it do what it wants to do.

13 Do not give any part of your body for sinful use. Instead, give yourself to God as a living person who has been raised from the dead. Give every part of your body to God to do what is right.

14 Sin must not have power over you. You are not living by the Law. You have life because of God's loving favor.

15 What are we to do then? Are we to sin because we have God's loving favor and are not living by the Law? No, not at all!

16 Do you not know that when you give yourself as a servant to be owned by someone, that one becomes your owner? If you give yourself to sin, the end is death. If you give yourself to God, the end is being right with Him.

17 At one time you were held by the power of sin. But now you obey with all your heart the teaching that was given

a ustedes. ¡Gracias a Dios por esto!

18 Fueron libertados del poder del pecado. Ahora, es el estar bien con Dios que tiene el poder sobre sus vidas.

19 Estoy usando palabras fáciles de entender, porque su manera humana de pensar es débil. Antes, se dieron al poder del pecado. Pecaban cada vez más. Ahora, deben darse al buen camino de Dios. Vivan una vida que a Dios le agrada, haciendo su trabajo.

20 Cuando el pecado tenía poder sobre sus vidas, no estaban bien con Dios.

21 ¿Qué sacaban de bueno de aquellas cosas de las que ahora se avergüenzan? Su fin es la muerte.

22 Pero ahora, libres de ser siervos del pecado, son más bien servidores de Dios. Su vida está apartada para agradar a Dios. El fin es la vida que nunca termina.

23 Porque la paga del pecado es la muerte; pero el regalo de Dios es la vida que dura para siempre, la cual nos da nuestro Señor Jesucristo.

La ley judía muestra lo que es pecado

7 Hermanos cristianos, estoy seguro de que comprenderán lo que voy a decir: porque conocen la ley y saben que tiene poder sobre un hombre mientras vive.

2 Una mujer casada está unida por ley a su marido mientras éste viva. Pero si muere, la mujer quedará libre de la ley que la unía a él.

3 Si se casa con otro hombre mientras su marido está vivo todavía, peca porque no es fiel a su esposo. Si su marido muere, ella quedará libre de la ley que la unía a él. Después de esto, podrá casarse con otro. No pecará al casarse con otro hombre.

4 Hermanos cristianos, lo mismo da con ustedes. Estaban bajo el poder de la ley judía. Pero ahora están muertos

to you. Thank God for this!

18 You were made free from the power of sin. Being right with God has power over you now.

19 I speak with words easy to understand because your human thinking is weak. At one time you gave yourselves over to the power of sin. You kept on sinning all the more. Now give yourselves over to being right with God. Set yourself apart for Godlike living and to do His work.

20 When sin had power over your life, you were not right with God.

21 What good did you get from the things you are ashamed of now? Those things bring death.

22 But now you are free from the power of sin. You have become a servant for God. Your life is set apart for Godlike living. The end is life that lasts forever.

23 You get what is coming to you when you sin. It is death! But God's free gift is life that lasts forever. It is given to us by our Lord Jesus Christ.

The law shows what sin is

7 Christian brothers, I am sure you understand what I am going to say. You know all about the Law. The Law has power over a man as long as he lives.

2 A married woman is joined by law to her husband as long as he lives. But if he dies, she is free from the law that joined her to him.

3 If she marries another man while her husband is still alive, she is sinning by not being faithful in marriage. If her husband dies, she is free from the law that joined her to him. After that she can marry someone else. She does not sin if she marries another man.

4 My Christian brothers, that is the way it is with you. You were under the power of the Law. But now you are

a ella. Son de otro, de Cristo que se levantó de entre los muertos. Esto es así, para que podamos ser lo que Dios quiere que seamos, y para que nuestras vidas den frutos para él.

5 Cuando vivíamos para complacer a nuestros cuerpos, los deseos pecaminosos nos dominaban siempre. Queríamos hacer todo el tiempo lo que la ley judía dice que hagamos. Al vivir de esa manera, nuestro fin era la muerte;

6 pero, ahora, estamos libres de la ley judía. Estamos muertos al pecado que antes nos dominaba. Ya no seguimos la ley judía, que era el camino antiguo. Seguimos el nuevo camino, el del Espíritu.

La ley judía y el pecado

7 Entonces, ¿qué diremos? ¿Es pecado la ley? ¡De ninguna manera! Pero fue la ley la que mostró lo que es pecado. Yo no sabía que era pecado obedecer a los malos deseos; pero la ley dice: "No obedecerás a los malos deseos."

8 La ley judía me hizo saber lo mucho que estaba pecando, pues deseaba toda clase de cosas. Porque sin la ley, el pecado está muerto.

9 Yo estaba vivo, antes de saber lo que dice la ley que debo hacer. Entonces, vi que había violado la ley y supe que era pecador. La muerte era mi paga, debido a la ley.

10 Se suponía que la ley judía iba a darme nueva vida; pero, en lugar de ella, me dio la muerte.

11 El pecado se abrió paso hasta mí, y me puso una trampa por la ley judía. Luego, el pecado me mató, usando la ley.

12 La ley judía es santa. Cada una de las leyes es santa, correcta y buena.

13 Entonces, ¿quiere esto decir que la ley judía, que es buena, me trajo la muerte? ¡No! ¡De ninguna manera! Lo hizo el pecado. El pecado me trajo la muerte, por medio de la ley, aunque

dead to it because you are joined to another. You are joined to Christ Who was raised from the dead. This is so we may be what God wants us to be. Our lives are to give fruit for Him.

5 When we lived to please our bodies, those sinful desires were pulling at us all the time. We always wanted to do what the Law said not to do. Living that kind of life brings death,

6 but now we are free from the Law. We are dead to sin that once held us in its power. No longer do we follow the Law which is the old way. We now follow the new way, the way of the Spirit.

The law and sin

7 Then what are we saying? Is the Law sinful? No, not at all! But it was the Law that showed me what sin is. I did not know it was sin to follow wrong desires, but the Law said: "You must not follow wrong desires."

8 The Law made me know how much I was sinning. It showed me how I had a desire for all kinds of things. For without the Law, sin is dead.

9 I was once alive. That was when I did not know what the Law said I had to do. Then I found that I had broken the Law. I knew I was a sinner. Death was mine because of the Law.

10 The Law was supposed to give me new life. Instead, it gave me death.

11 Sin found a way to trap me by working through the Law. Then sin killed me by using the Law.

12 The Law is holy. Each one of the Laws is holy and right and good.

13 Then does it mean that the Law, which is good, brought death to me? No, not at all! It was sin that did it. Sin brought death to me by the Law that is good. In that way, sin was shown to

ésta es buena. De esta manera el pecado apareció tal y como es. Así pues, a causa de la ley, el pecado se hace mucho más malo.

Las dos clases de hombres

14 Sabemos que la ley judía es buena y correcta; pero yo hago lo que es malo y falso. No tengo poder sobre mí, sino que el pecado me domina.

15 No me comprendo. Deseo hacer lo que es correcto pero no lo hago. En lugar de ello, hago precisamente lo que odio.

16 Cuando hago lo que no deseo hacer, ello me demuestra que la ley es correcta y buena.

17 Así, no lo hago yo, sino el pecado que vive en mí.

18 Sé que no hay nada bueno en mí, o sea, en la carne; porque quiero hacer el bien y no lo hago.

19 No hago el bien que quiero, pero hago siempre las cosas malas que no quiero hacer.

20 Si hago siempre lo que no quiero hacer, eso quiere decir que ya no soy yo quien lo hace. Es el pecado que vive en mí.

21 Ese ha llegado a ser mi modo de vivir: cuando quiero hacer lo bueno, hago siempre lo malo.

22 Mi corazón y mi mente están de acuerdo con la ley de Dios.

23 Pero hay una ley diferente, que obra en lo más profundo de mí y lucha contra mi voluntad. Esta ley del pecado me tiene bajo su poder, porque el pecado está todavía en mí.

24 ¡No hay felicidad en mí! ¿Quién puede librarme de mi antiguo yo pecador?

25 La ley de Dios tiene poder sobre mi mente; pero el pecado domina todavía mi viejo yo pecador. ¡Doy gracias a Dios que puedo estar libre por medio de Jesucristo, nuestro Señor!

be what it is. So because of the Law, sin becomes much more sinful.

The two kinds of men

14 We know that the Law is right and good, but I am a person who does what is wrong and bad. I am not my own boss. Sin is my boss.

15 I do not understand myself. I want to do what is right but I do not do it. Instead, I do the very thing I hate.

16 When I do the thing I do not want to do, it shows me that the Law is right and good.

17 So I am not doing it. Sin living in me is doing it.

18 I know there is nothing good in me, that is, in my flesh. For I want to do good but I do not.

19 I do not do the good I want to do. Instead, I am always doing the sinful things I do not want to do.

20 If I am always doing the very thing I do not want to do, it means I am no longer the one who does it. It is sin that lives in me.

21 This has become my way of life: When I want to do what is right, I always do what is wrong.

22 My mind and heart agree with the Law of God.

23 But there is a different law at work deep inside of me that fights with my mind. This law of sin holds me in its power because sin is still in me.

24 There is no happiness in me! Who can set me free from my sinful old self?

25 God's Law has power over my mind, but sin still has power over my sinful old self. I thank God I can be free through Jesus Christ our Lord!

El Espíritu Santo nos liberta

8 Ahora, por causa de esto, los que pertenecen a Cristo no sufrirán el castigo del pecado.

2 El poder del Espíritu Santo me ha librado del poder del pecado y de la muerte. Este poder es mío, porque pertenezco a Cristo.

3 La ley judía no podía librarme del poder del pecado y la muerte. Era débil porque se ejercía sobre seres humanos débiles, pero Dios envió a su propio Hijo. Vino a la tierra con un cuerpo físico, que podía ser tentado a pecar, como podemos serlo nosotros en nuestros cuerpos. Él se dio para acabar con el pecado. Al hacerlo, acabó con el poder que el pecado tenía sobre nosotros.

4 En esta manera, Jesús hizo por nosotros lo que la ley judía decía que era necesario hacer. Ya no hacemos lo que nuestro viejo yo pecaminoso nos dice que hagamos. Ahora, hacemos lo que quiere el Espíritu Santo que hagamos.

5 Los que permitan que su antiguo yo pecador les indique lo que van a hacer viven bajo el poder del antiguo yo pecador; pero los que dejan que el Espíritu Santo les indique lo que deben hacer están bajo su poder.

6 Si su antiguo yo pecador domina sus mentes, eso lleva a la muerte. Pero si el Espíritu Santo domina sus mentes, eso lleva a la vida y la paz.

7 La mente que sólo piensa en formas de satisfacción para el antiguo yo pecador está luchando contra Dios. No obedece las leyes de Dios; nunca puede.

8 Los que hacen lo que desea su antiguo yo pecador no pueden agradar a Dios.

9 Pero ustedes no hacen lo que su antiguo yo pecador desea que hagan, sino lo que les indica que hagan el Espíritu Santo, si el Espíritu de Dios vive en ustedes. Nadie pertenece a Cristo, si no tiene dentro de sí el espíritu de Cristo.

The Holy Spirit makes us free

8 Now, because of this, those who belong to Christ will not suffer the punishment of sin.

2 The power of the Holy Spirit has made me free from the power of sin and death. This power is mine because I belong to Christ Jesus.

3 The Law could not make me free from the power of sin and death. It was weak because it had to work with weak human beings. But God sent His own Son. He came to earth in a body of flesh which could be tempted to sin as we in our bodies can be. He gave Himself to take away sin. By doing that, He took away the power sin had over us.

4 In that way, Jesus did for us what the Law said had to be done. We do not do what our sinful old selves tell us to do anymore. Now we do what the Holy Spirit wants us to do.

5 Those who let their sinful old selves tell them what to do live under that power of their sinful old selves. But those who let the Holy Spirit tell them what to do are under His power.

6 If your sinful old self is the boss over your mind, it leads to death. But if the Holy Spirit is the boss over your mind, it leads to life and peace.

7 The mind that thinks only of ways to please the sinful old self is fighting against God. It is not able to obey God's Laws. It never can.

8 Those who do what their sinful old selves want to do cannot please God.

9 But you are not doing what your sinful old selves want you to do. You are doing what the Holy Spirit tells you to do, if you have God's Spirit living in you. No one belongs to Christ if he does not have Christ's Spirit in him.

10 Si Cristo está en ustedes, sus espíritus viven, porque están en paz con Dios y, no obstante, sus cuerpos están muertos, por causa del pecado.

11 El Espíritu Santo levantó a Jesús de entre los muertos. Si el mismo Espíritu Santo vive en ustedes, les dará vida a sus cuerpos, en la misma manera.

12 Así pues, hermanos cristianos, no debemos hacer lo que nuestro antiguo yo pecador quiere que hagamos.

13 Si hacen lo que su antiguo yo pecador quiere que hagan, morirán en su pecado. Pero, si por el poder del Espíritu Santo, destruyen los actos que puedan gobernar el cuerpo, tendrán vida.

14 Todos los que son guiados por el Espíritu Santo son hijos de Dios.

15 No deben portarse como personas esclavas de alguien, que siempre tienen miedo. En lugar de ello, el Espíritu Santo nos hace sus hijos. Podemos llamarle a él "Padre",

16 porque el Espíritu Santo nos habla y le dice a nuestro espíritu que somos hijos de Dios.

17 Si somos hijos de Dios, recibiremos todo lo que Dios nos ha prometido. Compartiremos con Cristo todas las cosas que Dios le ha dado. Pero, para compartir su grandeza, debemos compartir también su sufrimiento.

Otro cuadro del futuro

18 Estoy seguro que nuestro sufrimiento presente no puede compararse a la grandeza que él nos dará.

19 Todo lo que se hizo en el mundo espera el día en que Dios dará a conocer a sus hijos.

20 Todo lo que se hizo en el mundo es vano. No es que el mundo quisiera ser así, sino que Dios permitió serlo. Sin embargo, hay esperanza.

21 Todo lo que se hizo en el mundo se librará del poder que puede destruir.

10 If Christ is in you, your spirit lives because you are right with God, and yet your body is dead because of sin.

11 The Holy Spirit raised Jesus from the dead. If the same Holy Spirit lives in you, He will give life to your bodies in the same way.

12 So then, Christian brothers, we are not to do what our sinful old selves want us to do.

13 If you do what your sinful old selves want you to do, you will die in sin. But if, through the power of the Holy Spirit, you destroy those actions to which the body can be led, you will have life.

14 All those who are led by the Holy Spirit are sons of God.

15 You should not act like people who are owned by someone. They are always afraid. Instead, the Holy Spirit makes us His sons, and we can call to Him: "My Father."

16 For the Holy Spirit speaks to us and tells our spirit that we are children of God.

17 If we are children of God, we will receive everything He has promised us. We will share with Christ all the things God has given to Him. But we must share His suffering if we are to share His shining greatness.

Another picture of the future

18 I am sure that our suffering now cannot be compared to the shining greatness that He is going to give us.

19 Everything that has been made in the world is waiting for the day when God will make His sons known.

20 Everything that has been made in the world is weak. It is not that the world wanted it to be that way. God allowed it to be that way. Yet there is hope.

21 Everything that has been made in the world will be set free from the

Se librarán del mismo modo que se libran los que se hacen hijos de Dios.

22 Sabemos que todo lo que hay en la tierra llora de dolor, como la mujer que está dando a luz a un hijo.

23 También nosotros lloramos por dentro, los que hemos recibido el Espíritu Santo. El Espíritu Santo es el primer regalo de Dios para nosotros. Esperamos el convertirnos por completo en sus hijos, cuando nuestros cuerpos sean librados.

24 Fuimos salvados con esta esperanza ante nosotros. Esperanza quiere decir que estamos esperando algo que no tenemos. Porque, ¿cómo puede alguien estar esperando algo que ya tiene?

25 Pero si esperamos algo que todavía no vemos, debemos aprender a esperar.

26 En la misma manera, el Espíritu Santo nos ayuda cuando somos débiles. No sabemos cómo orar ni qué pedir; pero el Espíritu Santo le ruega a Dios por nosotros, con sonidos que no pueden expresarse con palabras.

27 Dios conoce los corazones de los hombres y sabe lo que está pensando el Espíritu Santo porque, conforme a la voluntad de Dios, ruega por los que son de Cristo.

Dios nos da su grandeza

28 Sabemos que Dios hace que todas las cosas sean para bien a los que le aman y han sido escogidos para formar parte de su plan.

29 Dios sabía desde el principio quiénes iban a creer en él. Por eso, los escogió y los hizo semejantes a su Hijo. Cristo fue el primero y todos los que pertenecen a Dios son sus hermanos.

30 A los que escogió, llamó; a los que llamó, les hizo estar bien con él; y a los que hizo estar bien con él, les hizo compartir su grandeza.

power that can destroy. These will become free just as the children of God become free.

22 We know that everything on the earth cries out with pain the same as a woman giving birth to a child.

23 We also cry inside ourselves, even we who have received the Holy Spirit. The Holy Spirit is the first of God's gifts to us. We are waiting to become His complete sons when our bodies are made free.

24 We were saved with this hope ahead of us. Now hope means we are waiting for something we do not have. How can a man hope for something he already has?

25 But if we hope for something we do not yet see, we must learn how to wait for it.

26 In the same way, the Holy Spirit helps us where we are weak. We do not know how to pray or what we should pray for, but the Holy Spirit prays to God for us with sounds that cannot be put into words.

27 God knows the hearts of men. He knows what the Holy Spirit is thinking. The Holy Spirit prays for those who belong to Christ the way God wants Him to pray.

God gives us His greatness

28 We know that God makes all things work together for the good of those who love Him and are chosen to be a part of His plan.

29 God knew from the beginning who would put their trust in Him. So He chose them and made them to be like His Son. Christ was first and all those who belong to God are His brothers.

30 He called to Himself also those He chose. Those He called, He made right with Himself. Then He shared His shining greatness with those He made right with Himself.

31 ¿Qué podemos decir de todas estas cosas? Puesto que Dios está con nosotros, ¿qué importa quién está contra nosotros?

32 Dios no guardó para sí a su propio Hijo, sino que nos lo dio a todos nosotros. Entonces, con su Hijo, ¿no nos dará también todas las cosas?

33 ¿Quién puede decir algo contra el pueblo que Dios ha escogido? Es Dios el que dice que están bien con él.

34 Entonces, ¿quién puede decir que son culpables? Fue Jesucristo que murió, se levantó de entre los muertos y está a la derecha de Dios, rogando por nosotros.

35 ¿Qué puede apartarnos del amor de Cristo? ¿Las dificultades o los problemas? ¿El sufrir los daños que otros nos hagan o la falta de alimento? ¿El no tener ropa o el peligro de guerra?

36 Las sagradas escrituras dicen: "Porque te pertenecemos, estamos todo el tiempo en peligro de morir. Se nos considera como ovejas listas para el matadero." Salmo 44:22

37 Pero tenemos poder sobre todas esas cosas por Jesucristo, que tanto nos ama.

38 Porque sé que ¡nada ni nadie puede apartarnos del amor de Dios! Ni la muerte, ni la vida, ni ángeles, ni dirigentes, ni ningún poder, ni los sufrimientos presentes o futuros,

39 ni lo alto, ni lo bajo, ni ninguna criatura viviente. ¡Nada ni nadie puede apartarnos del amor de Dios, que es nuestro, por Jesucristo nuestro Señor!

El pueblo escogido por Dios

9 Digo la verdad porque soy de Cristo. El Espíritu Santo dice a mi corazón que no miento.

2 Tengo mucha tristeza y el dolor de mi corazón nunca termina.

3 Deseo aun ser separado de Cristo,

31 What can we say about all these things? Since God is for us, who can be against us?

32 God did not keep His own Son for Himself but gave Him for us all. Then with His Son, will He not give us all things?

33 Who can say anything against the people God has chosen? It is God Who says they are right with Himself.

34 Who then can say we are guilty? It was Christ Jesus Who died. He was raised from the dead. He is on the right side of God praying to Him for us.

35 Who can keep us away from the love of Christ? Can trouble or problems? Can suffering wrong from others or no food? Can it be because of no clothes or because of danger or war?

36 The Holy Writings say: "Because of belonging to Jesus, we are in danger of being killed all day long. We are thought of as sheep that are ready to be killed." Psalm 44:22

37 But we have power over all these things through Jesus Who loves us so much.

38 For I know that nothing can keep us from the love of God. Death cannot! Life cannot! Angels cannot! Leaders cannot! Any other power cannot! Hard things now or in the future cannot!

39 The world above or the world below cannot! Any other living thing cannot keep us away from the love of God which is ours through Christ Jesus our Lord.

The people God chose for Himself

9 I am telling the truth because I belong to Christ. The Holy Spirit tells my heart that I am not lying.

2 I have much sorrow. The pain in my heart never leaves.

3 I could even wish that I might be

si eso ayudara a salvar a mi pueblo del castigo del pecado.

4 Son de la misma carne y la misma sangre que yo, judíos, del pueblo escogido. Dios compartió con ellos su grandeza; les dio su ley y su acuerdo. Les hizo sus promesas.

5 Los antiguos predicadores salieron de esta familia. Cristo mismo nació de carne de esta familia. Ahora él está sobre todas las cosas. ¡Gracias y honra le sean dadas por siempre a Dios! Así sea.

6 No digo que Dios no cumple sus promesas. No todos los judíos son del pueblo que Dios escogió para sí.

7 Dios le dijo a Abraham: "Sólo la familia de Isaac será tu familia." Génesis 21:9-12

8 Esto quiere decir que no todos los hijos de Abraham son hijos de Dios. Sólo son sus hijos los que nacieron según la promesa de Dios a Abraham.

9 Esta fue la promesa que hizo Dios: "El año próximo, vendré como en este tiempo, y Sara tendrá un hijo." Génesis 18:10

10 Y no sólo esto, sino más tarde, también Rebeca, quien dio a luz gemelos. Isaac fue su padre.

11 Aun antes de nacer los dos hijos, pudimos ver el plan de la elección de Dios y su derecho divino de escoger a quien quisiera. Fue algo que el hijo mayor no podía cambiar aunque quisiera, pues fue antes de hacer los dos algo bueno o malo.

12 A Rebeca le fue dicho: "El hijo mayor trabajará para el menor."

13 Las sagradas escrituras dicen: "Yo amaba a Jacob; pero no quise a Esaú," Malaquías 1:2

14 Entonces, ¿qué diremos de eso?

kept from being with Christ if that would help my people to be saved from the punishment of sin. They are of my own flesh and blood.

4 They are Jews and are the people God chose for Himself. He shared His shining greatness with them and gave them His Law and a way to worship. They have His promises.

5 The early preachers came from this family. Christ Himself was born of flesh from this family and He is over all things. May God be honored and thanked forever. Let it be so.

6 I am not saying that God did not keep His promises. Not all the Jews are people God chose for Himself.

7 Not all of Abraham's family are children of God. God told Abraham: "Only the family of Isaac will be called your family." Genesis 21:9-12

8 This means that children born to Abraham are not all children of God. Only those that are born because of God's promise to Abraham are His children.

9 This was the promise God made: "About this time next year I will come, and Sarah will have a son." Genesis 18:10

10 Not only this, but there was Rebecca also. Rebecca gave birth to two sons at the same time. Both of them were sons of Isaac.

11 Even before the two sons were born, we see God's plan of choosing. God could choose whom He wanted. It could not be changed because of anything the older son tried to do about it. It was before either one had done anything good or bad.

12 Rebecca was told: "The older son will work for the younger son."

13 The Holy Writings say: "I loved Jacob, but hated Esau." Malachi 1:2

14 What about it then? Can we say

¿Que Dios no es bueno? ¡No! ¡De ninguna manera!

15 Dios le dijo a Moisés: "Estaré lleno de amor y tendré compasión con quienes yo quiera." Éxodo 33:19

16 Esas cosas buenas de Dios no se dan a alguien porque esa persona las quiera o porque trabaje para tenerlas, sino por el gran amor de Dios.

17 Por ejemplo, las sagradas escrituras dicen de Faraón: "Te hice dirigente por esta razón: Te utilicé para mostrar mi poder, para que mi nombre fuera conocido en toda la tierra." Éxodo 9:16

18 De manera que Dios está lleno de amor con algunos; mas con otros, les hace duro el corazón.

19 Pero ustedes me preguntarán: "¿Por qué culpa Dios a los hombres por lo que hacen? ¿Quién puede ir en contra de lo que Dios quiere?"

20 ¿Quiénes son ustedes para responder a Dios? Un vaso de barro no dice al hombre que lo hace: "¿Por qué me haces de esta forma?"

21 El hombre que hace los vasos tiene derecho de usar el barro como quiera. Puede hacer dos vasos con el mismo pedazo de barro. Uno de ellos puede ser para un uso importante y el otro para uso común.

22 Puede ser que Dios desee mostrar su poder y su ira contra el pecado, esperando mucho tiempo por hombres quienes realmente están listos a ser destruidos.

23 Dios también quería mostrar su grandeza a aquellos que habían recibido su gran amor. Los preparó para su grandeza desde el principio.

24 Nosotros somos los escogidos. Dios no sólo escogió judíos, sino también no judíos.

25 En el libro de Oseas, dice: "Llamaré al que no era mi pueblo 'pueblo mío'. Y

that God is not fair? No, not at all!

15 God said to Moses: "I will have loving kindness and living pity for anyone I want to." Exodus 33:19

16 These good things from God are not given to someone because he wants them or works to get them. They are given because of His loving kindness.

17 The Holy Writings say to Pharaoh: "I made you leader for this reason: I used you to show My power. I used you to make My name known over all the world." Exodus 9:16

18 So God has loving kindness for those He wants to. He makes some have hard hearts if He wants to.

19 But you will ask me: "Why does God blame men for what they do? Who can go against what God wants?"

20 Who are you to talk back to God? A pot being made from clay does not talk to the man making it and say: "Why did you make me like this?"

21 The man making the pots has the right to use the clay as he wants to. He can make two pots from the same piece of clay. One can have an important use. The other one can be of little use.

22 It may be that God wants to show His power and His anger against sin. He waits a long time on some men who are ready to be destroyed.

23 God also wanted to show His shining greatness to those He has given His loving kindness. He made them ready for His shining greatness from the beginning.

24 We are the ones He chose. He did not only choose Jews. He also chose some from among the people who are not Jews.

25 In the Book of Hosea He says: "Those who are not My people, I will

a los no amados, 'amados.' Oseas 2:23

26 "En otro lugar dice: 'Ustedes que no son mi pueblo' serán llamados hijos del Dios vivo." Oseas 1:10

27 También Isaías dijo: acerca de los judíos: "Aunque hubiera tantos judíos como arena en la orilla del mar, sólo unos pocos de ellos se salvarán del castigo del pecado.

28 Porque el Señor hará en la tierra lo que dice en su palabra: 'Obraré con rapidez', cuando dice lo que pasará aquí." Isaías 10:22-23

29 Isaías dijo también: "Si Dios no hubiera dejado a algunos de los judíos, todos hubiéramos sido destruidos, como el pueblo que vivía en las ciudades de Sodoma y Gomorra." Isaías 1:9

call, 'My people.' Those who are not loved, I will call, 'My loved ones.' Hosea 2:23

26 "And where it said, 'You are not my people,' they will be called sons of the living God." Hosea 1:10

27 Isaiah says this about the Jews: "Even if there are as many Jews as the sand by the sea, only a few of them will be saved from the punishment of sin.

28 For the Lord will do on earth what He says in His Word. He will work fast when He says what will happen here." Isaiah 10:22-23

29 Isaiah said also: "If God had not left some of the Jews, we would have all been destroyed like the people who lived in the cities of Sodom and Gomorrah." Isaiah 1:9

Los judíos y las buenas nuevas

30 ¿Qué podemos decir de todas estas cosas? Los no judíos no fueron puestos bien ante Dios mediante la ley. Fueron aceptados porque creyeron en él.

31 Los judíos trataron de ser buenos, obedeciendo la ley; pero tampoco quedaron bien ante Dios.

32 ¿Por qué? Porque no creyeron en Dios. Trataron de ser aceptados por Dios, siguiendo la ley, y se tropezaron en la piedra más importante (Cristo).

33 Las sagradas escrituras dicen: "¡Escucha! Pongo en Jerusalén una piedra en la que se tropezará la gente, y se caerá. Pero la persona que ponga su confianza en esa piedra (Cristo) no será avergonzada." Isaías 28:16

The Jews and the Good News

30 What are we to say about these things? The people who are not Jews were not made right with God by the Law. They were made right with God because they put their trust in Him.

31 The Jews tried to be right with God by obeying the Law, but they did not become right with God.

32 Why? Because they did not put their trust in God. They tried to be right with God by working for it. They tripped over the most important Stone (Christ).

33 The Holy Writings say: "See! I put in Jerusalem a Stone that people will trip over. It is a Rock that will make them fall. But the person who puts his trust in the Rock (Christ) will not be put to shame." Isaiah 28:16

Los judíos han tratado de hacer su propio camino

10 Hermanos cristianos, el deseo de mi corazón y mi ruego a Dios es que los judíos puedan salvarse del castigo del pecado.

The Jews have tried to make their own way

10 Christian brothers, the desire of my heart and my prayer to God is that the Jews might be saved from the punishment of sin.

2 Sé que tienen un fuerte deseo de Dios pero no saben lo que deben saber de esto.

3 No han sabido cómo Dios acepta a los hombres, y en lugar de ella, han tratado de hacer su propio camino. No han sido aceptados por Dios porque no han hecho lo que Dios dijo que es necesario hacer.

4 Porque Cristo le puso fin a la ley judía para que cualquiera que cree en él esté bien ante Dios y tenga paz con él.

5 Moisés escribió que el hombre que obedece la ley debe vivir por ella;

6 pero cuando un hombre cree en Cristo, tiene paz con Dios. No necesita preguntar: "¿Quién irá al cielo a traer a Cristo?"

7 Ni tampoco: "¿Quién va a bajar al abismo para levantar a Cristo de entre los muertos?"

8 Esto es lo que dice: "Las buenas nuevas están cerca de ti, en tu boca y en tu corazón." Deuteronomio 30:14 Estas son las buenas nuevas de la fe en Cristo que predicamos.

9 Si dicen con su boca que Jesús es el Señor y creen en sus corazones que Dios lo levantó de entre los muertos, se salvarán del castigo del pecado.

10 Cuando creemos en nuestros corazones, somos perdonados y recibimos paz con Dios. Y con nuestra boca decimos cómo nos salvaremos del castigo del pecado.

11 Las escrituras dicen: "Todo aquel que en él creyere, no será avergonzado." Isaías 28:16

12 No hay diferencia entre los judíos y los que no son judíos. Todos son iguales ante el Señor. Él es Señor sobre todos ellos. Da de su grandeza a todos los que le piden ayuda.

13 Porque todo aquel que invoque el

2 I know about them. They have a strong desire for God, but they do not know what they should about Him.

3 They have not known how God makes men right with Himself. Instead, they have tried to make their own way. They have not become right with God because they have not done what God said to do.

4 For Christ has put an end to the Law, so everyone who has put his trust in Christ is made right with God.

5 Moses writes that the man who obeys the Law has to live by it.

6 But when a man puts his trust in Christ, he is made right with God. You do not need to ask yourself: "Who will go up to heaven to bring Christ down?"

7 And you do not need to ask: "Who will go below and bring Christ up from the dead?"

8 This is what it says: "The Good News is near you. It is in your mouth and in your heart." Deuteronomy 30:14 This Good News tells about putting your trust in Christ. This is what we preach to you.

9 If you say with your mouth that Jesus is Lord, and believe in your heart that God raised Him from the dead, you will be saved from the punishment of sin.

10 When we believe in our hearts, we are made right with God. We tell with our mouth how we were saved from the punishment of sin.

11 The Holy Writings say: "No one who puts his trust in Christ will ever be put to shame." Isaiah 28:16

12 There is no difference between the Jews and the people who are not Jews. They are all the same to the Lord. And He is Lord over all of them. He gives of His greatness to all who call on Him for help.

13 For everyone who calls on the

nombre del Señor, se salvará del castigo del pecado.
14 ¿Cómo, pues invocaran su nombre,
los que no han creído en él? ¿Y cómo
creerán en aquel del que no han oído?
¿Y cómo pueden oír hablar de él, si no
hay alguien que les predique?

15 ¿Y cómo predicarán si no son
enviados? La escritura dice: "Los pies
de los que llevan las buenas nuevas son
hermosos." Isaías 52:7
16 Pero no todos han dado atención
a las buenas nuevas. Isaías dice: "Señor,
¿quién ha creído lo que hemos dicho?"
Isaías 53:1
17 Así, la fe nos llega al escuchar las
buenas nuevas, y las buenas nuevas llegan cuando hay alguien que las predica.
18 Y pregunto: "¿No han oído?" Seguro que oyeron. Las escrituras dicen:
"Su voz se oyó por toda la tierra. Las
buenas nuevas se predicaron hasta los
confines de la tierra." Salmo 19:4
19 Vuelvo a preguntar: "¿No comprendieron los judíos?" Ante todo, Moisés
dice: "Os provocaré a envidia con gente que no es mía. Haré que se enojen
con una nación insensata, de gente que
no comprende." Deuteronomio 32:21
20 Isaías usa palabras todavía más
fuertes: "Me encontraron los que no
me buscaban. Me mostré a quienes no
preguntaban por mí." Isaías 65:1
21 Esto es lo que dice Dios sobre los
judíos: "Todo el día tendí la mano a un
pueblo que no me obedece, y que trabaja contra mí." Isaías 65:2

La misericordia de Dios hacia los judíos

11 Así pues, pregunto: "¿Ha dejado: Dios a su pueblo?" ¡No! ¡De
ninguna manera! Yo también soy judío,
descendiente de Abraham y de la familia de Benjamín.
2 Dios no ha dejado a su pueblo. Lo
escogió desde el principio. ¿No saben lo

name of the Lord will be saved from
the punishment of sin.
14 But how can they call on Him if
they have not put their trust in Him?
And how can they put their trust in
Him if they have not heard of Him?
And how can they hear of Him unless
someone tells them?
15 And how can someone tell them if
he is not sent? The Holy Writings say:
"The feet of those who bring the Good
News are beautiful." Isaiah 52:7
16 But they have not all listened to the
Good News. Isaiah says: "Lord, who
believed what we told them?" Isaiah
53:1
17 So then, faith comes to us by hearing the Good News. And the Good
News comes by someone preaching it.
18 And so I ask: "Did they not hear?"
For sure they did. The Holy Writings
say: "Their voice was heard over all the
earth. The Good News was told to the
ends of the earth." Psalm 19:4
19 Again I ask: "Did the Jews not
understand?" First of all, Moses says: "I
will make you jealous of those who are
not a nation. I will make you angry with
a foolish nation of people who do not
understand." Deuteronomy 32:21
20 Isaiah says even stronger words: "I
have been found by men who did not
look for Me. I have shown Myself to those
who were not asking for Me." Isaiah 65:1
21 This is what God says about the
Jews: "All day long I held out my hand to
a people who would not obey Me and
who worked against Me." Isaiah 65:2

God's loving kindness for the Jews

11 I ask then: "Has God put His people, the Jews, aside?" No,
not at all! I myself am a Jew. Abraham
was my early father. I am from the family group of Benjamín.
2 God has not put His people aside.
He chose them from the beginning. Do

que dice de Elías la escritura? ¿Saben lo que le dijo Elías a Dios contra los judíos?

3 Dijo: "Señor, han matado a tus antiguos predicadores y destruido tus templos. Yo soy el único que queda y tratan de matarme."

4 Pero, ¿qué le respondió Dios? Le dijo: "Tengo todavía a siete mil hombres, que no han adorado al falso dios Baal."

5 Ahora pasa lo mismo. Unos pocos de entre los judíos fueron escogidos, por el gran favor de Dios.

6 Si se salvan del castigo del pecado por el favor de Dios, no es porque los hombres hagan algo para salvarse. Si los hombres se lo ganaran haciendo algo, entonces el favor de Dios no sería un regalo.

7 Así fue. Muchos judíos no obtuvieron lo que buscaban; sólo los que Dios escogió. Y se endurecieron los corazones de los demás, para que no comprendieran.

8 La escritura dice lo siguiente sobre ellos: "Dios les dio corazones y mentes perezosos, ojos que no ven y oídos que no oyen, hasta hoy." Isaías 29:10

9 David dijo: "Que su mesa con la comida se convierta en trampa para detenerlos y hoyo para que caigan y sufran.

10 Que sus ojos se cierren para que no puedan ver. Que sus espaldas no puedan enderezarse, por las cargas que les hacen cansados." Salmo 69:23

11 Y pregunto: "¿Han caído los judíos de tal modo que se pierdan para siempre?" ¡No! ¡De ninguna manera! Quiere decir que los que no son judíos pueden salvarse del castigo del pecado, porque los judíos pecaron al no creer en Cristo. Eso hizo que los judíos tuvieran ira contra los que no son judíos.

you know what the Holy Writings say about Elijah? Do you know what Elijah said to God against the Jews?

3 He said: "Lord, they have killed Your early preachers. They have destroyed the places where You are worshiped. I am the only one left. They are trying to kill me."

4 But what did God say to him? God said: "I still have 7,000 men. None of them have worshiped the false god Baal."

5 It is the same now. A few of the Jews are being chosen because of God's loving favor.

6 If they are saved from the punishment of sin because of God's loving favor, it is nothing men have done to earn it. If men had earned it, then His loving favor would not be a free gift.

7 This is the way it was. Many Jews did not get what they were looking for. Only those God chose received it. The hearts of the others were made hard. They could not understand it.

8 The Holy Writings say this about them: "God gave them hearts and minds that want to sleep. He gave them eyes that could not see. To this very day He gave them ears that could not hear." Isaiah 29:10

9 David said: "Let their table of food become a trap to hold them. Let it be a hole into which they fall and will suffer.

10 Let their eyes be closed so they cannot see. Keep their backs from being straight always because of their troubles." Psalm 69:23

11 I ask then: "Did the Jews fall so they would be lost forever?" No, not at all! It means the people who are not Jews are able to be saved from the punishment of sin because the Jews sinned by not putting their trust in Christ. This made the Jews jealous of those who are not Jews.

12 El mundo recibió cosas buenas de Dios debido al pecado de los judíos. Porque los judíos no aceptaron el regalo de Dios, los no judíos recibieron cosas buenas de él. ¡Piensen cuánto más recibirá el mundo cuando los judíos cumplan el plan de Dios, creyendo en Cristo!

13 Les estoy hablando a ustedes, los que no son judíos. Puesto que Dios me ha enviado a ustedes, quiero que sepan lo importante que es mi trabajo.

14 Lo hago para que mi propio pueblo, los judíos, se llene de envidia. Así, puede ser que algunos de ellos se salven del castigo del pecado.

15 Puesto que los judíos se han apartado, muchas otras personas de otras naciones se han salvado del castigo del pecado. Piensen en lo que será cuando también ellos sean recibidos. ¡Será como los muertos que vuelven a la vida!

16 Si la primera rebanada es santa, todo el pan es santo. Y si las raíces son santas, lo serán también las ramas.

17 Pero algunas de las ramas (que son los judíos) se rompieron y ustedes, los que no son judíos, fueron puestos en el lugar en que se rompieron las ramas. Ahora ustedes comparten la rica raíz del olivo.

18 No estén orgullosos. No crean que son mejores que las ramas que se rompieron. Deben saber que no sostienen ustedes a la raíz, sino la raíz a ustedes.

19 Pueden decir: "Se rompieron las ramas para dejarme lugar a mí."

20 Es cierto. Se rompieron porque no creyeron en Cristo. Y ustedes están allí sólo por su fe. No tengan orgullo. En lugar de ello, teman.

21 Dios no conservó las primeras ramas (que son los judíos), de modo que tengan cuidado o no se conservarán en el árbol.

12 The world received good things from God because of the sin of the Jews. Because the Jews did not receive God's free gift, the people who are not Jews received good things from Him. Think how much more the world will receive when the Jews finish God's plan by putting their trust in Christ!

13 I am speaking to you people who are not Jews. As long as I am a missionary to you, I want you to know how important my job is.

14 I do this so it will make my own people, the Jews, jealous. Then it may be that some will be saved from the punishment of sin.

15 Because the Jews have been put aside, many other people in the world have been saved from the punishment of sin. Think what it will be like when they are also gathered in. It will be like the dead coming back to life!

16 If the first loaf is holy, all the bread is holy. If the root is holy, all the branches are holy.

17 But some of the branches (who are the Jews) were broken off. You who are not Jews were put in the place where the branches had been broken off. Now you are sharing the rich root of the olive tree.

18 Do not be proud. Do not think you are better than the branches that were broken off. If you are proud, remember that you do not hold the root. It is the root that holds you.

19 You may say: "Branches were broken off to make room for me."

20 It is true. They were broken off because they did not put their trust in Christ. And you are there only because of your faith. Do not be proud. Instead, be afraid.

21 God did not keep the first branches (who are the Jews) on the tree. Then watch, or He will not keep you on the tree.

22 Veamos, pues, la bondad de Dios, y también su dureza. Es duro para los que caen; pero bondadoso para con ustedes, si siguen creyendo en él. Si no creen, también serán cortados.

23 Si los judíos creyeran en Cristo, Dios los pondría de nuevo en el árbol. Tiene poder para hacerlo.

24 Ustedes, los que no son judíos, fueron cortados de un olivo del campo y fueron puestos en un olivo cultivado, que no es el lugar natural para que crezcan. A Dios le sería fácil poner a los judíos en su propio olivo, porque son las ramas que le pertenecen.

El gran amor de Dios para todos

25 Hermanos cristianos, quiero que comprendan esta verdad que ya no es secreto. Esto evitará que piensen que son muy listos. Algunos judíos se han puesto duros, hasta que el número correcto de los que no son judíos se vuelva hacia Dios.

26 Luego, todos los judíos serán salvados, como lo dicen las escrituras: "El que salva del castigo del pecado saldrá de Jerusalén. Hará que los judíos dejen de hacer cosas malas." Isaías 59:20-21

27 "Y esta es mi promesa a ellos, cuando les quite sus pecados." Isaías 27:9

28 Los judíos están luchando contra las buenas nuevas, porque las odian. Esto les ha ayudado a ustedes, que no son judíos. Pero Dios ama todavía a los judíos, porque los ha escogido por su promesa hecha a sus padres.

29 Dios no cambia de opinión cuando escoge a los hombres y les da sus regalos.

30 Antes, ustedes no obedecían a Dios; pero cuando los judíos no recibieron el regalo de Dios, ustedes lo aceptaron.

22 We see how kind God is. It shows how hard He is also. He is hard on those who fall away. But He is kind to you if you keep on trusting Him. If you do not, He will cut you off.

23 If the Jews would put their trust in Christ, God would put them back into the tree. He has power to do that.

24 You people who are not Jews were cut off from a wild olive tree. Instead of being there, you were put into a garden olive tree which is not the right place for you to grow. It would be easy for God to put the Jews back onto their own olive tree because they are the branches that belong there.

God's loving kindness to all

25 Christian brothers, I want you to understand this truth which is no longer a secret. It will keep you from thinking you are so wise. Some Jews have become hard until the right amount of people who are not Jews come to God.

26 Then all the Jews will be saved, as the Holy Writings say: "The One Who saves from the punishment of sin will come out of Jerusalem. He will turn the Jews from doing sinful things." Isaiah 59:20-21

27 "And this is My promise to them when I take away their sins." Isaiah 27:9

28 The Jews are fighting against the Good News. Because they hate the Good News, it has helped you who are not Jews. But God still loves the Jews because He has chosen them and because of His promise to their early fathers.

29 God does not change His mind when He chooses men and gives them His gifts.

30 At one time you did not obey God. But when the Jews did not receive God's gift, you did. It was because they did not obey.

31 Los judíos no obedecerán ahora, para que la bondad de Dios para ustedes algún día les haga volver a él. Entonces, también los judíos podrán tener su misericordia.

32 Dios ha dicho que todos los hombres han violado su ley, pero estará lleno de amor hacia todos.

33 ¡Son tan grandes las riquezas de Dios! ¡Son tan profundas las cosas que sabe! Nadie puede comprender sus pensamientos ni sus caminos.

34 La escritura dice: "¿Quién conoce la mente del Señor? ¿Quién puede decirle qué hacer?" Isaías 40:13-14

35 "¿O quién le dio a él primero, para que le sea pagado?" Job 35:7; 41:11

36 Todo viene de él. Su poder mantiene todas las cosas. Todo fue creado por él. Que sea honrado para siempre. Así sea.

Nuestros cuerpos deben ser una ofrenda viva

12 Hermanos cristianos, les pido de corazón que le den sus cuerpos a Dios, por su bondad para con nosotros. Que nuestros cuerpos sean un regalo vivo y santo, hecho a Dios. Esto le agrada. Es la verdadera adoración que deben darle a él.

2 No hagan como la gente pecadora del mundo. Más bien, permitan que Dios cambie sus vidas y que les dé mentes nuevas. Entonces sabrán lo que quiere Dios que hagan. Y las cosas que hagan serán buenas, agradables y perfectas.

La Iglesia de Dios y las capacidades que él usa

3 Dios me ha dado su favor. Él me ayuda a escribirles estas cosas. A cada uno de ustedes, le pido que no tenga más alto concepto de sí que el que

31 The Jews will not obey now. God's loving kindness to you will some day turn them to Him. Then the Jews may have His loving kindness also.

32 God has said that all men have broken His Law. But He will show loving kindness on all of them.

33 God's riches are so great! The things He knows and His wisdom are so deep! No one can understand His thoughts. No one can understand His ways.

34 The Holy Writings say: "Who knows the mind of the Lord? Who is able to tell Him what to do?" Isaiah 40:13-14

35 "Who has given first to God, that God should pay him back?"
Job 35:7; 41:11

36 Everything comes from Him. His power keeps all things together. All things are made for Him. May He be honored forever. Let it be so.

Our bodies are to be a living gift

12 Christian brothers, I ask you from my heart to give your bodies to God because of His loving kindness to us. Let your bodies be a living and holy gift given to God. He is pleased with this kind of gift. This is the true worship that you should give Him.

2 Do not act like the sinful people of the world. Let God change your life. First of all, let Him give you a new mind. Then you will know what God wants you to do. And the things you do will be good and pleasing and perfect.

God's Church and the gifts He uses

3 God has given me His loving favor. This helps me write these things to you. I ask each one of you not to think more of himself than he should think. Instead,

debe tener. Al contrario, que cada quien piense en sí como debe, de acuerdo con la fe que Dios le ha dado.
4 Nuestros cuerpos tienen muchas partes, y ninguna de ellas tiene los mismos usos que las demás.
5 Hay muchas personas que pertenecen a Cristo. Sin embargo, somos un cuerpo, el cuerpo de Cristo. Todos somos diferentes; pero dependemos unos de otros.
6 Todos tenemos capacidades diferentes, que Dios nos ha dado por su favor. Debemos usarlas. Si alguien tiene la capacidad de predicar las buenas nuevas, debe predicar. Debe usar la fe que Dios le ha dado.
7 Si alguien tiene la capacidad de ayudar a otros, debe ayudar. Si alguien tiene la capacidad de enseñar, debe enseñar.
8 Si alguien tiene la capacidad de decir palabras de consuelo y ayuda, debe decirlas. Si alguien tiene la capacidad de compartir lo que tiene, debe dar con corazón lleno de alegría. Si alguien tiene la capacidad de dirigir a otros, debe dirigirlos. Si alguien tiene la capacidad de ser bondadoso con otros, debe sentirse feliz al hacerlo.

Modos en que los cristianos pueden ayudar a otros cristianos

9 Su amor debe ser verdadero. Pongan a un lado el pecado y guarden lo que es bueno.
10 Tengan amor unos a otros como hermanos cristianos. Muestren respeto unos por otros.
11 No sean perezosos, sino trabajen siempre con esfuerzo. Trabajen por el Señor con un corazón lleno de amor.
12 Tengan gozo en su esperanza y no se rindan en las dificultades. No dejen que haya nada que les impida orar.
13 Compartan lo que tengan con hermanos cristianos que tengan necesidad,

think in the right way toward yourself by the faith God has given you.
4 Our bodies are made up of many parts. None of these parts have the same use.
5 There are many people who belong to Christ. And yet, we are one body which is Christ's. We are all different but we depend on each other.
6 We all have different gifts that God has given to us by His loving favor. We are to use them. If someone has the gift of preaching the Good News, he should preach. He should use the faith God has given him.
7 If someone has the gift of helping others, then he should help. If someone has the gift of teaching, he should teach.
8 If someone has the gift of speaking words of comfort and help, he should speak. If someone has the gift of sharing what he has, he should give from a willing heart. If someone has the gift of leading other people, he should lead them. If someone has the gift of showing kindness to others, he should be happy as he does it.

Ways Christians can help other Christians

9 Be sure your love is true love. Hate what is sinful. Hold on to whatever is good.
10 Love each other as Christian brothers. Show respect for each other.
11 Do not be lazy but always work hard. Work for the Lord with a heart full of love for Him.
12 Be happy in your hope. Do not give up when trouble comes. Do not let anything stop you from praying.
13 Share what you have with Christian brothers who are in need. Give meals

dando comida y un lugar de descanso a quienes lo necesiten.

14 Oren y den gracias por los que los persiguen. Sí, oren por ellos, en lugar de hablar en contra de ellos.

15 Sean felices con quienes están felices, y tristes con los que están tristes.

16 Vivan en paz unos con otros, no obren ni piensen con orgullo, y estén contentos cuando están con los pobres. No piensen que son sabios.

17 Cuando alguien les haga algo malo, no le correspondan con algo malo, sino que traten de hacer lo que todos los hombres saben que es correcto y bueno.

18 Hasta donde puedan, vivan en paz con todos los hombres.

19 Hermanos cristianos, no tomen venganza nunca de alguien por el mal que les ha hecho. Dejen que la ira de Dios caiga sobre esa persona, porque la escritura dice: "Mía es la venganza; yo pagaré, dice el Señor." Deuteronomio 32:35

20 "Si el que les odia tiene hambre, denle de comer. Si tiene sed, denle agua. Si lo hacen así, harán que él tenga más vergüenza de sí mismo."
Proverbios 25:21-22

21 No permitan que el pecado tenga poder sobre ustedes. ¡Que el bien tenga poder sobre el pecado!

Obedezcan a los dirigentes del país

13 Toda persona debe obedecer a los dirigentes del país. Sólo Dios da poder, y todos los dirigentes tienen el permiso de Dios.

2 La persona que no obedezca a los líderes del país se opone a lo que Dios ha hecho. Todo el que obre así será castigado.

3 Los que hacen el bien no tienen que temer a los dirigentes. Los que obran mal les tienen miedo. ¿Quieres no temer a los dirigentes? Entonces,

and a place to stay to those who need it.

14 Pray and give thanks for those who make trouble for you. Yes, pray for them instead of talking against them.

15 Be happy with those who are happy. Be sad with those who are sad.

16 Live in peace with each other. Do not act or think with pride. Be happy to be with poor people. Keep yourself from thinking you are so wise.

17 When someone does something bad to you, do not pay him back with something bad. Try to do what all men know is right and good.

18 As much as you can, live in peace with all men.

19 Christian brothers, never pay back someone for the bad he has done to you. Let the anger of God take care of the other person. The Holy Writings say: "I will pay back to them what they should get, says the Lord." Deuteronomy 32:35

20 "If the one who hates you is hungry, feed him. If he is thirsty, give him water. If you do that, you will be making him more ashamed of himself."
Proverbs 25:21-22

21 Do not let sin have power over you. Let good have power over sin!

Obey the leaders of the land

13 Every person must obey the leaders of the land. There is no power given but from God, and all leaders are allowed by God.

2 The person who does not obey the leaders of the land is working against what God has done. Anyone who does that will be punished.

3 Those who do right do not have to be afraid of the leaders. Those who do wrong are afraid of them. Do you want to be free from fear of them? Then do

haz lo que es correcto. Así serás respetado.

4 Los líderes son obreros de Dios para ayudarte. Si haces el mal, debes tener miedo, pues tienen poder para castigarte. Trabajan para Dios, pues hacen lo que Dios desea que se les haga a los que hacen el mal.

5 Deben obedecer a los dirigentes del país, no sólo para evitar problemas, sino para que sus propios corazones tengan paz.

6 Paguen ustedes sus impuestos. Porque los dirigentes del país son trabajadores de Dios que se ocupan de esas cosas.

7 Paguen impuestos a quienes deban pagarlos. Teman a quienes deben temer. Respeten a los que deben respetar.

Cómo debe vivir un cristiano con su vecino

8 No deban nada a nadie, sino ámense unos a otros. Quien ama a su vecino ha hecho lo que la ley dice que hay que hacer.

9 La ley dice: "No cometerás ningún pecado sexual. No matarás a nadie. No robarás. No dirás mentiras de otras personas. No desearás algo que es de otra persona." La ley dice también que esa y otras muchas leyes se reducen a una sola: "Amarás a tu vecino como a ti mismo."

10 Alguien que ama a su vecino no le hará mal. Así que, con amor se guarda la ley.

11 Hay otra razón para hacer el bien. Saben que ya es tiempo de despertarnos del sueño. El momento en que seremos llevados para estar con Cristo no está tan lejos como cuando creímos en él.

12 La noche casi ha pasado, y el día está para llegar. Debemos dejar de hacer las cosas del pecado que se hacen

what is right. You will be respected instead.

4 Leaders are God's servants to help you. If you do wrong, you should be afraid. They have the power to punish you. They work for God. They do what God wants done to those who do wrong.

5 You must obey the leaders of the land, not only to keep from God's anger, but so your own heart will have peace.

6 It is right for you to pay taxes because the leaders of the land are servants for God who care for these things.

7 Pay taxes to whom taxes are to be paid. Be afraid of those you should fear. Respect those you should respect.

How a Christian should live with his neighbor

8 Do not owe anyone anything, but love each other. Whoever loves his neighbor has done what the Law says to do.

9 The Law says: "You must not do any sex sin. You must not kill another person. You must not steal. You must not tell a lie about another person. You must not want something someone else has." The Law also says that these and many other Laws are brought together in one Law: "You must love your neighbor as yourself."

10 Anyone who loves his neighbor will do no wrong to him. You keep the Law with love.

11 There is another reason for doing what is right. You know what time it is. It is time for you to wake up from your sleep. The time when we will be taken up to be with Christ is not as far off as when we first put our trust in Him.

12 Night is almost gone. Day is almost here. We must stop doing the sinful things that are done in the dark. We

en la oscuridad. Pongámonos las cosas que Dios nos ha dado para luchar con ellas durante el día.

13 Debemos vivir siempre como si fuera de día. Apartémonos de las fiestas malas y las borracheras. Guardémonos limpios de pecados del sexo y las malas acciones. No peleemos, ni tengamos envidia.

14 Seamos enteramente de Jesucristo y no dejemos que nuestros débiles pensamientos nos conduzcan a actos de pecado.

Ayuden a cristianos débiles

14 Si hay alguien cuya fe es débil, sean amables y recíbanlo sin disputar sobre lo que piensa.

2 Un hombre cree que se debe comer de todo; y otro, cuya fe es débil, sólo come verduras.

3 El que come de todo no debe creer que es mejor que el que come verduras; y el que come verduras no debe decir que el que come de todo es malo, porque Dios lo ha recibido.

4 ¿Quién eres tú para decir si obra bien o mal el trabajador de otra persona? Es a su propio dueño que rinde cuentas. El Señor puede ayudarlo.

5 Un hombre piensa que un día es más importante que otro. Otro cree que todos los días son iguales. Cada uno debe estar seguro de su opinión.

6 El hombre que adora en cierto día, lo hace para honrar al Señor. El que come carne, lo hace para honrar al Señor dándole gracias a Dios por lo que come. El otro no come carne. En esta forma, honra al Señor y también da gracias a Dios.

7 Porque nadie vive sólo para sí, ni muere sólo para sí.

8 Si vivimos, es para el Señor; y si morimos, es para el Señor. Si vivimos o morimos, le pertenecemos al Señor.

must put on all the things God gives us to fight with for the day.

13 We must act all the time as if it were day. Keep away from wild parties and do not be drunk. Keep yourself free from sex sins and bad actions. Do not fight or be jealous.

14 Let every part of you belong to the Lord Jesus Christ. Do not allow your weak thoughts to lead you into sinful actions.

Help weak Christians

14 If there is someone whose faith is weak, be kind and receive him. Do not argue about what he thinks.

2 One man believes he may eat everything. Another man with weak faith eats only vegetables.

3 The man who eats everything should not think he is better than the one who eats only vegetables. The man who eats only vegetables should not say the other man is wrong, because God has received him.

4 Who are you to tell another person's servant if he is right or wrong? It is to his owner that he does good or bad. The Lord is able to help him.

5 One man thinks one day is more important than another. Another man thinks every day is the same. Every man must be sure in his own mind.

6 The man who worships on a special day does it to honor the Lord. The man who eats meat does it to honor the Lord. He gives thanks to God for what he eats. The other man does not eat meat. In this way, he honors the Lord. He gives thanks to God also.

7 No one lives for himself alone. No one dies for himself alone.

8 If we live, it is for the Lord. If we die, it is for the Lord. If we live or die, we belong to the Lord.

9 Cristo murió y volvió a vivir, por eso es Señor de los vivos y de los muertos.

10 ¿Por qué tratas de decir que tu hermano cristiano es bueno o malo? Todos estaremos delante del lugar en que se siente Cristo, cuando él diga si somos, o no somos, culpables.

11 La escritura dice: "Vivo yo, dice el Señor, que ante mí se doblará toda rodilla. Y toda lengua dirá que yo soy Dios."

12 Cada uno de nosotros le responderá a Dios por nosotros mismos.

13 Así pues, debemos dejar de decir que pensamos que alguna otra persona es mala. En lugar de ella, decidamos vivir de tal modo que nuestros hermanos cristianos no tengan razón para tropezar o caer por culpa nuestra.

14 Cristo me ha hecho saber que, de por sí, todo es limpio.

15 Si tu hermano cristiano se siente herido por algún alimento que comes, ya no estás viviendo con amor. No destruyas al hombre por quien murió Cristo por el alimento que comes.

16 No den lugar, pues para que se hable mal de lo que ustedes tienen por bueno,

17 porque el reino de Dios no es comida ni bebida, sino bondad, paz y gozo por el Espíritu Santo.

18 Si siguen a Cristo en esas cosas, Dios estará contento con ustedes, y también los hombres los aceptarán.

19 Trabajemos por las cosas de la paz. Ayudémonos unos a otros a ser cristianos más fuertes.

20 No destruyas la obra de Dios por causa de la comida. Todas las cosas son buenas para comer, pero es malo comer algo que haga que alguien caiga en el pecado.

9 Christ died and lived again. This is why He is the Lord of the living and of the dead.

10 Why do you try to say your Christian brother is right or wrong? Why do you hate your Christian brother? We will all stand before God to be judged by Him.

11 The Holy Writings say: "As I live, says the Lord, every knee will bow before Me. And every tongue will say that I am God."

12 Everyone of us will give an answer to God about himself.

13 So you should stop saying that you think other people are wrong. Instead, decide to live so that your Christian brother will not have a reason to trip or fall into sin because of you.

14 Christ has made me know that everything in itself is clean. But if a person thinks something is not clean, then to him it is not clean.

15 If your Christian brother is hurt because of some foods you eat, then you are no longer living by love. Do not destroy the man for whom Christ died by the food you eat.

16 Do not let what is good for you be talked about as bad.

17 For the holy nation of God is not food and drink. It is being right with God. It is peace and joy given by the Holy Spirit.

18 If you follow Christ in these things, God will be happy with you. Men will think well of you also.

19 Work for the things that make peace and help each other become stronger Christians.

20 Do not destroy what God has done just because of some food. All food is good to eat. But it is wrong to eat anything that will make someone fall into sin.

21 Bueno es no comer carne, ni beber vino, ni nada en que tu hermano caiga.

22 Guarda ln que crees entre Dios y tú. Un hombre se siente feliz cuando sabe que está obrando bien.

23 Pero si tienes dudas sobre lo que comes, Dios dice que eres culpable si lo comes. Es así porque estarás comiendo sin creer. Todo lo que no se hace con fe es pecado.

Vive agradando a tus vecinos

15 Los que tenemos una creencia firme debemos ayudar a los de creencia débil, sin buscar sólo nuestro propio placer.

2 Cada uno de nosotros debe vivir para agradar a sus vecinos. Esto les ayudará a crecer en fe.

3 Cristo no buscó agradarse a sí mismo, como las sagradas escrituras dicen: "Los insultos que lanzaron contra ti cayeron sobre mí." Salmo 69:9

4 Las cosas que se escribieron antes en las sagradas escrituras se escribieron para enseñarnos a nosotros, para que nuestra esperanza sea mayor por el consuelo que nos dan las escrituras.

5 Ahora, el Dios que sostiene la esperanza de ustedes y les da fuerza, les ayudará para que estén unidos en Cristo Jesús,

6 para que todos juntos puedan dar gracias al Dios y Padre de nuestro Señor Jesucristo.

Las buenas nuevas son para las gentes que no son judías

7 Todos ustedes deben recibirse unos a otros como Cristo los recibió, porque esto honrará a Dios.

8 Cristo vino a ayudar a los judíos. Esto demostró que Dios había hablado con la verdad a los antiguos padres y que siempre cumple lo que promete.

9 También Cristo vino para que los

21 Do not eat meat or drink wine or do anything else if it would make your Christian brother fall into sin.

22 Keep the faith you have between yourself and God. A man is happy if he knows he is doing right.

23 But if he has doubts about the food he eats, God says he is guilty when he eats it. It is because he is eating without faith. Anything that is not done in faith is sin.

Live to please your neighbor

15 We who have strong faith should help those who are weak. We should not live to please ourselves.

2 Each of us should live to please his neighbor. This will help him grow in faith.

3 Even Christ did not please Himself. The Holy Writings say: "The sharp words spoken against you fell on Me." Psalm 69:9

4 Everything that was written in the Holy Writings long ago was written to teach us. By not giving up, God's Word gives us strength and hope.

5 Now the God Who helps you not to give up and gives you strength will help you think so you can please each other as Christ Jesus did.

6 Then all of you together can thank the God and Father of our Lord Jesus Christ.

The Good News is for the people who are not Jews

7 Receive each other as Christ received you. This will honor God.

8 Christ came to help the Jews. This proved that God had told the truth to their early fathers. This proved that God would do what He promised.

9 This was done so the people who

que no son judíos le den gracias a Dios por su favor. Las sagradas escrituras dicen: "Por eso te confesaré entre los que no son judíos y cantaré a tu nombre." Salmo 18:49

10 También dicen: "Los que no son judíos, estén llenos de alegría con su pueblo, los judíos." Deuteronomio 32:43

11 Y: "Den honra y gracias al Señor, todos los que no son judíos, que todos los pueblos lo alaben." Salmo 117:1

12 Isaías dice: "Habrá uno de la familia de Isaí que será guía de los pueblos que no son judíos, su esperanza estará con él." Isaías 11:10

13 Nuestra esperanza viene de Dios. Que él los llene de gozo y paz por la confianza que tienen en él, que el Espíritu Santo haga crecer cada vez más su esperanza.

14 Estoy seguro de que ustedes son sabios y están llenos de bondad, de manera que pueden ayudar y enseñar unos a otros.

15 Les he escrito duramente sobre algunas cosas; pero lo he hecho para que no las olviden. Dios me ayudó a escribirles así,

16 para llevar el servicio de la predicación de Dios entre la gente que no es judía. Soy un siervo de Jesucristo. Hago saber las buenas nuevas de Dios para que los que no son judíos puedan ser como una ofrenda a Dios. El Espíritu Santo los separará para que Dios esté contento con ellos.

17 Tengo razones para sentir orgullo por el trabajo que he hecho para Dios. Es porque yo pertenezco a Cristo Jesús.

18 Sólo puedo hablar sobre lo que Cristo ha hecho por mí. He ayudado para que los que no son judíos le obedezcan. Esto lo he hecho con mis palabras y viviendo con ellos.

19 Dios les mostró su poder por medio de mí, y el Espíritu Santo hizo

are not Jews can thank God for His loving kindness. The Holy Writings say: "This is why I will give thanks to you among the people who are not Jews. I will sing to Your name." Psalm 18:49

10 It says also: "You who are not Jews, be happy with His people, the Jews." Deuteronomy 32:43

11 And: "Honor and give thanks to the Lord, you who are not Jews. Let everyone honor Him." Psalm 117:1

12 And Isaiah says: "There will be One from the family of Jesse Who will be a leader over the people who are not Jews. Their hope will be in Him." Isaiah 11:10

13 Our hope comes from God. May He fill you with joy and peace because of your trust in Him. May your hope grow stronger by the power of the Holy Spirit.

14 I am sure you are wise in all things and full of much good. You are able to help and teach each other.

15 I have written to you with strong words about some things. I have written so you would remember. God helped me write like this.

16 I am able to write these things because God made me a missionary to the people who are not Jews. I work as a servant of Jesus Christ. I preach the Good News of God so the people who are not Jews may be as a gift to God. The Holy Spirit will set them apart so God will be pleased with them.

17 I have reason to be proud of my work for God. It is because I belong to Christ Jesus.

18 I can only speak of what Christ has done through me. I have helped the people who are not Jews to obey Him. I have done it by words and by living with them.

19 God showed them His power through me. The Holy Spirit did

grandes obras poderosas por mí, delante de ellos. He hecho saber las buenas
nuevas de Cristo desde Jerusalén hasta
el país de Ilírico.
20 Es mi deseo hacer saber las buenas
nuevas en donde nunca antes se había
hablado de ellas. Quiero predicar sólo
donde no conozcan a Cristo.
21 Las sagradas escrituras dicen: "Los
que nunca supieron de él lo verán, y los
que nunca oyeron de él entenderán."
Isaías 52:15

Pablo espera visitar a los cristianos que viven en Roma

22 Por esto he tenido problemas que
no me han permitido ir,
23 pero ahora he terminado mi trabajo aquí y como hace muchos años que
deseo ir a visitarles a ustedes,
24 espero poder hacerlo ahora. Estoy
haciendo planes para ir a España; y,
en mi viaje a ese lugar, pasaré a verlos. Después de tener la gran alegría
de estar con ustedes un tiempo, me
podrán ayudar para continuar mi viaje.
25 Ahora tengo que ir a Jerusalén
para entregar a los cristianos un regalo
de dinero
26 que las iglesias de los países de
Macedonia y Grecia decidieron enviar
para ayudar a los cristianos pobres de
Jerusalén.
27 De ellos, salió el deseo de hacerlo.
Creo que deben ayudarlos en esta forma porque tienen muchas cosas que
agradecer a los cristianos de Jerusalén.
Los judíos compartieron las buenas
nuevas con los que no son judíos y,
por esta razón, los que no son judíos
deben compartir todo lo que puedan
con los judíos.
28 Yo les entregaré este regalo de
dinero y luego iré a visitarlos a ustedes
cuando vaya camino a España.
29 Estoy seguro de que cuando lle-

powerful works through me in front of
them. From Jerusalem to the country
of Illyricum I have preached the Good
News of Christ.
20 It is my desire to preach the
Good News where it has never been
preached. I want to preach only where
Christ is not known.
21 The Holy Writings say: "Those
who have never known about Him will
see. And those who have never heard
about Him will understand." Isaiah
52:15

Paul hopes to visit the Christians in Rome

22 This is why I have been kept many
times from coming to you.
23 But now I am finished with my work
here. I have been wanting to come and
visit you for many years.
24 I hope I can now. I am making plans
to go to the country of Spain. On my
way there I will stop and visit you.
After I have had the joy of visiting you
for awhile, you can help me on my way
again.
25 But now I am going to Jerusalem to
hand the Christians the gift of money.
26 The churches in the countries of
Macedonia and Greece have decided
to give money to help some of the
poor Christians in Jerusalem.
27 They wanted to do it. They should
help them in this way because they
owe much to the Christians in Jerusalem. The Jews shared the Good News
with the people who are not Jews. For
this reason, they should share what
they can with the Jews.
28 I will hand this gift of money to
them. Then I will stop to see you on
my way to the country of Spain.
29 I know that when I come to you,

gue a ustedes, Cristo me dará muchas bendiciones que pueda compartir con ustedes.

30 Hermanos cristianos, les pido con todo el corazón, que oren mucho por mí. Se los pido en el nombre de nuestro Señor Jesucristo.

31 Oren para que Dios me guarde de los peligros de la gente que vive en el país de Judea, que no es cristiana. Oren también para que el trabajo que estoy haciendo para los cristianos de Jerusalén les sea útil.

32 Luego iré a verlos a ustedes, si Dios quiere, y me sentiré lleno de gozo. Estaremos juntos en paz.

33 Que el Dios nuestro que nos da la paz sea con todos ustedes. Así sea.

Pablo saluda a muchos amigos suyos

16 Quisiera hablarles sobre nuestra hermana en Cristo, Febe, que es una ayuda en la iglesia de la ciudad de Cencrea,

2 para que los cristianos la reciban como a una hermana que es de la familia de Dios. Ayúdenla a ella en lo que puedan, porque ella ha ayudado a muchas personas y a mí también.

3 Saluden a Priscila y a Aquila, quienes me ayudaron en el trabajo de Cristo

4 y casi murieron por mí. No soy yo el único que está agradecido con ellos. También lo están todos en las iglesias de los que no son judíos.

5 Saluden también a la iglesia que se reúne en casa de Priscila y Aquila. Saluden también a Epeneto, mi muy querido amigo, que fue el primer cristiano de Asia.

6 Den mis saludos a María, quien ha trabajado mucho entre ustedes;

7 también a Andrónico y a Junias, que son parientes míos y estuvieron prisioneros conmigo. Ellos confiaron en Cristo antes que yo y son muy bien conocidos entre los misioneros.

Christ will give me much good to share with you.

30 I ask you from my heart, Christian brothers, to pray much for me. I ask this in the name of our Lord Jesus Christ.

31 Pray that God will keep me safe from the people in the country of Judea who are not Christians. Pray also that the work I am to do for the Christians in Jerusalem will help them.

32 Then I will be coming to you if God wants me to come. I will be full of joy, and together we can have some rest.

33 May our God Who gives us peace, be with you all. Let it be so.

Paul greets many friends

16 I want to let you know about our Christian sister Phoebe. She is a helper in the church in the city of Cenchrea.

2 The Christians should receive her as a sister who belongs to the Lord. Help her any way you can. She has helped many people and has helped me also.

3 Greet Priscilla and Aquila. They worked with me for Christ.

4 They almost died for me. I am thankful for them. All the churches that were started among the people who are not Jews are thankful for them also.

5 Greet the church that worships in their house. Greet Epaenetus, my much loved friend. He was the first Christian in the countries of Asia.

6 Greet Mary. She worked hard for you.

7 Greet Andronicus and Junias. They are from my family and were in prison with me. They put their trust in Christ before I did. They have been respected missionaries.

8 Envío mis saludos a Amplias, a quien amo mucho en el Señor.

9 Saluden a Urbano; él trabajó por Cristo con nosotros. Y también a Estaquis, mi amado amigo.

10 Den mis saludos a Apeles, quien demostró ser fiel a Cristo. Saluden a toda la familia de Aristóbulo.

11 Envío mis saludos a Herodión, que es de mi familia, y también a los cristianos de la familia de Narciso.

12 Saluden a Trifena y a Trifosa, que trabajan en el Señor. También a Pérsida, quien, como otros, ha trabajado mucho para Cristo.

13 Saluden a Rufo, un buen creyente, y a su madre, quien ha sido como una madre para mí también.

14 Den mis saludos a Asíncrito, a Flegonte, a Hermas, a Patrobas, a Hermes y a los hermanos que están con ellos.

15 Saluden a Filólogo y a Julia, a Nereo, a su hermana, a Olimpas y a todos los cristianos que están con ellos.

16 Salúdense unos a otros con un beso de amor santo. Todas las iglesias de Cristo les saludan.

17 Les ruego, hermanos cristianos, que tengan cuidado con los que hagan problemas y pleitos. Cuídense de los que trabajan en contra de las enseñanzas que han recibido. No se junten con ellos.

18 Los hombres que hacen esto no trabajan para nuestro Señor Jesucristo, sino que son siervos de sus propios deseos y usan palabras bonitas que a la gente le gusta oír. Pero muchos se dejan engañar por ellos.

19 Todos saben que ustedes han obedecido las enseñanzas que recibieron, y yo me siento gozoso con ustedes por esto. Sean, sin embargo, cuidadosos en estas cosas buenas y puros en cuanto a las cosas del pecado.

20 Dios, quien es nuestra paz, destruirá pronto al diablo y lo pondrá bajo sus

8 Greet Ampliatus. He is a much loved Christian brother.

9 Greet Urbanus. He worked with us for Christ. Greet Stachys, my much loved friend.

10 Greet Apelles. He proved he was faithful to Christ. Greet all the family of Aristobulus.

11 Greet Herodian. He is one of my family. Greet the Christians in the family of Narcissus.

12 Greet Tryphaena and Tryphosa and Persis. They are all much loved workmen for the Lord.

13 Greet Rufus and his mother. She was like a mother to me. Rufus is a good Christian.

14 Greet Asyncritus and Phlegon and Hermes and Patrobas and Hermas and all the Christians with them.

15 Greet Philologus and Julia and Nereus and his sister and Olympas and all the Christians with them.

16 Greet each other with a kiss of holy love. All the churches here greet you.

17 I ask you, Christian brothers, watch out for those who make trouble and start fights. Keep your eye on those who work against the teaching you received. Keep away from them.

18 Men like that are not working for our Lord Jesus Christ. They are chained to their own desires. With soft words they say things people want to hear. People are fooled by them.

19 Everyone knows you have obeyed the teaching you received. I am happy with you because of this. But I want you to be wise about good things and pure about sinful things.

20 God, Who is our peace, will soon crush Satan under your feet. May

pies. Que el favor de nuestro Señor Jesucristo sea con ustedes.

21 Timoteo, mi ayudante, les envía saludos. Lucio, Jasón y Sosípater, mis familiares, les saludan también.

22 Yo, Tercio, que escribí esta carta para Pablo, les envío también mi saludo de hermano en Cristo.

23 El hombre que me cuida, Gayo, y la iglesia que se reúne aquí les saludan. Erasto, el hombre a cargo del dinero de la ciudad y el hermano Cuarto les saludan también.

24 El favor de nuestro Señor Jesucristo sea con todos ustedes. Así sea.

25 Damos honra a Dios, que puede hacer que ustedes se hagan más fuertes mientras yo hablo de las sagradas escrituras de Cristo Jesús. Era un secreto oculto desde el principio del mundo.

26 pero ahora conocemos este secreto del cual escribieron los antiguos enviados de Dios, como fue el mandato del Dios que vive para siempre, para que lo sepa toda la gente y lleguen a creer en Dios y a obedecerlo.

27 Que Dios, el único que es sabio, reciba el honor para siempre por medio de nuestro Señor Jesucristo. Así sea.

the loving favor of our Lord Jesus be yours.

21 Timothy, my helper, greets you. Lucius and Jason and Sosipater from my family also greet you.

22 I, Tertius, am writing this letter for Paul, and I greet you as a Christian brother.

23 Gaius is the man taking care of me. The church meets here in his house. He greets you. Erastus, the man who takes care of the money for the city, greets you and Quartus does also. He is a Christian brother.

24 May you have loving favor from our Lord Jesus Christ. Let it be so.

25 We give honor to God. He is able to make you strong as I preach from the Holy Writings about Jesus Christ. It was a secret hidden from the beginning of the world.

26 But now it is for us to know. The early preachers wrote about it. God says it is to be preached to all the people of the world so men can put their trust in God and obey Him.

27 May God, Who only is wise, be honored forever through our Lord Jesus Christ. Let it be so.

I Corintios

1 Esta carta es de Pablo, escogido por Dios para ser misionero de Jesucristo. Sóstenes, un hermano cristiano, también escribe.

2 Escribo a la iglesia de Dios en la ciudad de Corinto. Les escribo a aquellos que pertenecen a Jesucristo, a aquellos que son separados y hechos verdaderos cristianos por él. Escribo a los creyentes que en todos lugares invocan el nombre de Jesucristo. El Señor es nuestro y también de ellos.

3 Que ustedes tengan el favor de Dios nuestro Padre y del Señor Jesucristo.

Pablo da gracias por la fe de ellos

4 Siempre doy gracias a Dios por ustedes. Doy gracias por el favor que Dios les ha dado porque pertenecen a Jesucristo.

5 Él ha hecho ricas sus vidas en muchas maneras. Ahora ustedes tienen poder para hablar en su nombre. Les dio buen entendimiento.

6 Esto demuestra que lo que les dije acerca de Cristo era verdad. También demuestra que lo que Cristo ofrecía hacer en sus vidas, él, de veras, lo ha hecho.

7 Ustedes tienen los dones del Espíritu Santo que necesitan mientras esperan que el Senor Jesucristo venga otra vez.

8 Cristo les dará fuerza hasta que venga otra vez. No se hallará culpa en ustedes.

9 Dios es fiel. Les ha escogido para ser unidos juntamente con su Hijo, Jesucristo, nuestro Señor.

I Corinthians

1 This letter is from Paul. I have been chosen by God to be a missionary of Jesus Christ. Sosthenes, a Christian brother, writes also.

2 I write to God's church in the city of Corinth. I write to those who belong to Christ Jesus and to those who are set apart by Him and made holy. I write to all the Christians everywhere who call on the name of Jesus Christ. He is our Lord and their Lord also.

3 May you have loving favor and peace from God our Father and from the Lord Jesus Christ.

Paul gives thanks for their faith

4 I am thankful to God all the time for you. I am thankful for the loving favor God has given to you because you belong to Christ Jesus.

5 He has made your lives rich in every way. Now you have power to speak for Him. He gave you good understanding.

6 This shows that what I told you about Christ and what He could do for you has been done in your lives.

7 You have the gifts of the Holy Spirit that you need while you wait for the Lord Jesus Christ to come again.

8 Christ will keep you strong until He comes again. No blame will be held against you.

9 God is faithful. He chose you to be joined together with His Son, Jesus Christ our Lord.

La iglesia en Corinto está dividida

10 Hermanos en Cristo, les pido de todo corazón en el nombre del Señor Jesucristo que no haya divisiones entre ustedes. No se dividan en grupos. Mas bien, piensen y actúen cómo si todos tuvieran la misma mente.

11 Hermanos míos, he oído por algunos de la familia de Cloé, que hay pleitos entre ustedes mismos.

12 He oído que algunos de ustedes dicen: "Yo soy seguidor de Pablo," o "Yo soy seguidor de Apolos," o "Yo soy seguidor de Pedro," o "Yo soy seguidor de Cristo."

13 ¿Está dividido Cristo? ¿Fue Pablo clavado en una cruz por los pecados de ustedes? ¿Fueron ustedes bautizados en el nombre de Pablo?

14 Doy gracias a Dios que he bautizado solamente a Crispo y a Gayo.

15 Nadie puede decir que ustedes fueron bautizados en el nombre de Pablo.

16 Recuerdo que bauticé también a la familia de Estéfanas, pero no recuerdo si bauticé a alguien más.

17 Cristo no me envió a bautizar; me envió a predicar las buenas nuevas. No usé palabras de sabiduría propia cuando prediqué. Si lo hubiera hecho, el poder de la cruz de Cristo hubiera sido en vano.

18 La predicación acerca de la cruz parece tontería para aquellos que se mueren en sus pecados. Pero es poder de Dios para los que nos salvamos del castigo del pecado.

19 Las sagradas escrituras dicen: "Destruiré la sabiduría de los sabios. Pondré a un lado los conocimientos de aquellos que creen saber mucho." Isaías 29:14

20 ¿Dónde está el hombre que cree que lo sabe todo? ¿Dónde está el hombre que cree que tiene todas las respuestas? Dios ha hecho parecer la sabiduría de este mundo como tontería.

The church in Corinth is divided

10 Christian brothers, I ask you with all my heart in the name of the Lord Jesus Christ to agree among yourselves. Do not be divided into little groups. Think and act as if you all had the same mind.

11 My Christian brothers, I have heard from some of Chloe's family that you are arguing among yourselves.

12 I hear that some of you are saying: "I am a follower of Paul," and "I am a follower of Apollos," and "I am a follower of Peter," and "I am a follower of Christ."

13 Has Christ been divided? Was Paul put on a cross to die for your sins? Were you baptized in the name of Paul?

14 I am thankful to God that I baptized Crispus and Gaius only.

15 No one can say that you were baptized in the name of Paul.

16 I remember I did baptize the family of Stephanas, but I do not remember baptizing any others.

17 Christ did not send me to baptize. He sent me to preach the Good News. I did not use big sounding words when I preached. If I had, the power of the cross of Christ would be taken away.

18 Preaching about the cross sounds foolish to those who are dying in sin. But it is the power of God to those of us who are being saved from the punishment of sin.

19 The Holy Writings say: "I will destroy the wisdom of the wise people. I will put aside the learning of those who think they know a lot." Isaiah 29:14

20 Where is the man who is wise? Where is the man who thinks he knows a lot? Where is the man who thinks he has all the answers? God has made the wisdom of this world look foolish.

21 Dios es sabio. Él no permitió al hombre conocerle por medio de la sabiduría de este mundo. Le agradó a Dios salvar a los hombres del castigo del pecado por la predicación de las buenas nuevas. Esta predicación parece tontería.

22 Los judíos buscan ver obras poderosas. Los no judíos buscan una respuesta con sabiduría.

23 Pero nosotros predicamos que Cristo murió en una cruz para salvarnos de los pecados. Estas palabras les parecen obstáculo a los judíos. Y los que no son judíos piensan que son tonterías.

24 Cristo es el poder y la sabiduría de Dios para aquellos que son escogidos para ser salvados del castigo del pecado, sean judíos o no judíos.

25 El plan de Dios les pareció tontería a los hombres, pero es más sabio que el mejor plan de los hombres. El plan de Dios, que parece débil, es más fuerte que el más fuerte plan de los hombres.

26 Hermanos en Cristo, piensen en lo que eran cuando el Señor los llamó. Pocos de ustedes eran sabios, poderosos, o nacidos de familias importantes.

27 Pero Dios ha escogido lo que al mundo le parece tontería para avergonzar al fuerte.

28 Dios ha escogido lo que es débil y tonto en este mundo, lo que es odiado y desconocido, a fin de destruir las cosas en que confía el mundo.

29 De ese modo, ningún hombre puede sentirse orgulloso al estar en la presencia de Dios.

30 Dios mismo hizo el camino para que ustedes puedan tener una vida nueva por Jesucristo. Dios nos dio a Cristo para que él fuera nuestra sabiduría. Cristo nos hizo estar bien con Dios y nos apartó para Dios. Nos hizo verdaderos cristianos. Cristo nos compró con su sangre y nos libró de nuestros pecados.

21 In His wisdom, He did not allow man to come to know Him through the wisdom of this world. It pleased God to save men from the punishment of their sins through preaching the Good News. This preaching sounds foolish.

22 The Jews are looking for something special to see. The Greek people are looking for the answer in wisdom.

23 But we preach that Christ died on a cross to save them from their sins. These words are hard for the Jews to listen to. The Greek people think it is foolish.

24 Christ is the power and wisdom of God to those who are chosen to be saved from the punishment of sin for both Jews and Greeks.

25 God's plan looked foolish to men, but it is wiser than the best plans of men. God's plan which may look weak is stronger than the strongest plans of men.

26 Christian brothers, think who you were when the Lord called you. Not many of you were wise or powerful or born into the family of leaders of a country.

27 But God has chosen what the world calls foolish to shame the wise. He has chosen what the world calls weak to shame what is strong.

28 God has chosen what is weak and foolish of the world, what is hated and not known, to destroy the things the world trusts in.

29 In that way, no man can be proud as he stands before God.

30 God Himself made the way so you can have new life through Christ Jesus. God gave us Christ to be our wisdom. Christ made us right with God and set us apart for God and made us holy. Christ bought us with His blood and made us free from our sins.

31 Es como dicen las sagradas escrituras: "Si alguno se jacta de algo, debe hacerlo en el Señor."

Pablo recibió las buenas nuevas de Dios

2 Hermanos en Cristo, cuando vine a ustedes, no prediqué los misterios de Dios con palabras difíciles o de sabiduría.

2 Decidí que mientras estaba con ustedes, no hablaría otra cosa que Jesucristo y su muerte en la cruz.

3 Cuando estuve con ustedes, fui débil y tenía miedo.

4 Lo que tuve que decir cuando predicaba no fue con palabras de hombres sabios. Pero lo hice en el poder del Espíritu Santo.

5 De este modo, ustedes no creen en Cristo a causa de la sabiduría de los hombres. Creen en Cristo por causa del poder de Dios.

La verdadera sabiduría viene de Dios

6 Hablamos con sabiduría a los cristianos maduros. Esta sabiduría no es de este mundo o de los líderes de este mundo. Ellos mueren, y su sabiduría muere con ellos.

7 Lo que predicamos es la sabiduría de Dios. Era un misterio hasta hoy. Antes de existir el mundo, Dios planeó para nosotros este honor.

8 Ninguno de los líderes de este mundo entendió esta sabiduría. Si la hubieran entendido, no hubieran matado a Cristo en una cruz. Él es el Señor de la gloria.

9 Las sagradas escrituras dicen: "Ningún ojo ha visto, ningún oído ha escuchado, y ninguna mente ha pensado las cosas maravillosas que Dios ha preparado para los que le aman." Isaías 64:4; 65:17

10 Dios nos ha mostrado estas cosas por su Espíritu Santo, el que ve todas

31 It is as the Holy Writings say: "If anyone is going to be proud of anything, he should be proud of the Lord."

Paul received the Good News from God

2 Christian brothers, when I came to you, I did not preach the secrets of God with big sounding words or make it sound as if I were so wise.

2 I made up my mind that while I was with you I would speak of nothing except Jesus Christ and of His death on the cross.

3 When I was with you, I was weak. I was afraid and I shook.

4 What I had to say when I preached was not in big sounding words of man's wisdom. But it was given in the power of the Holy Spirit.

5 In this way, you do not have faith in Christ because of the wisdom of men. You have faith in Christ because of the power of God.

True wisdom comes from God

6 We speak wisdom to fullgrown Christians. This wisdom is not from this world or from the leaders of today. They die and their wisdom dies with them.

7 What we preach is God's wisdom. It was a secret until now. God planned for us to have this honor before the world began.

8 None of the world leaders understood this wisdom. If they had, they would not have put Christ up on a cross to die. He is the Lord of shining-greatness.

9 The Holy Writings say: "No eye has ever seen or no ear has ever heard or no mind has ever thought of the wonderful things God has made ready for those who love Him." Isaiah 64:4; 65:17

10 God has shown these things to us through His Holy Spirit. It is the Holy

las cosas, aun las cosas secretas de Dios, y nos las enseña.

11 ¿Quién puede conocer las cosas acerca del hombre, sino el propio espíritu del hombre que hay en él? Con Dios sucede lo mismo. ¿Quién puede entenderlo, sino su Espíritu Santo?

12 Nosotros no hemos recibido el espíritu del mundo. Dios nos ha dado su Espíritu Santo para que conozcamos las cosas que él nos ha dado.

13 También hablamos de estas cosas. No usamos palabras de sabiduría de hombre. Usamos las palabras para decir lo que el Espíritu Santo quiere decir a aquellos que han puesto su confianza en él.

14 Pero la persona que no es cristiana no entiende las palabras del Espíritu Santo. Para ella parecen ser locura. No puede entenderlas porque no tiene al Espíritu Santo para ayudarle a entender.

15 El cristiano maduro entiende todas las cosas; y, sin embargo, él mismo a veces no es entendido.

16 ¿Quién tiene los pensamientos del Senor? ¿Quién puede decirle lo que él debe hacer? Mas nosotros tenemos la mente de Cristo.

3 Hermanos, yo no pude hablarles como a cristianos maduros. Les hablé como a hombres que no obeden las cosas en que han sido enseñados.

2 Les hablé como si yo les fuera a dar leche, como a niños. No pude darles carne porque; no estaban listos para ello.

3 Aún viven como si no fueran cristianos. Cuando ustedes tienen celos se pelean unos con otros. Están viviendo en pecado y portándose como los hombres pecadores del mundo.

Spirit Who looks into all things, even the secrets of God, and shows them to us.

11 Who can know the things about a man, except a man's own spirit that is in him? It is the same with God. Who can understand Him except the Holy Spirit?

12 We have not received the spirit of the world. God has given us His Holy Spirit that we may know about the things given to us by Him.

13 We speak about these things also. We do not use words of man's wisdom. We use words given to us by the Holy Spirit. We use these words to tell what the Holy Spirit wants to say to those who put their trust in Him.

14 But the person who is not a Christian does not understand these words from the Holy Spirit. He thinks they are foolish. He cannot understand them because he does not have the Holy Spirit to help him understand.

15 The fullgrown Christian understands all things, and yet he is not understood.

16 For who has the thoughts of the Lord? Who can tell Him what to do? But we have the thoughts of Christ.

3 Christian brothers, I could not speak to you as to fullgrown Christians. I spoke to you as men who have not obeyed the things you have been taught. I spoke to you as if you were baby Christians.

2 My teaching was as if I were giving you milk to drink. I could not give you meat because you were not ready for it. Even yet you are not able to have anything but milk.

3 You still live as men who are not Christians. When you are jealous and fight with each other, you are still living in sin and acting like sinful men in the world.

4 Cuando uno dice: "Yo sigo a Pablo", y otro dice: "Yo sigo a Apolos," ¿no parece esto hablar como niños en Cristo?

5 ¿Quién es Apolos? ¿Quién es Pablo? Solamente somos obreros que pertenecen a Dios. Él nos dio dones para predicar su palabra. Y, a causa de eso, ustedes pusieron su confianza en Cristo.

6 Yo planté la semilla. Apolos la regó, pero fue Dios quien la hizo crecer.

7 Esto muestra que el que planta y el que riega no son los importantes. Dios es el importante. Él la hace crecer.

8 El que planta y el que riega son parecidos; cada uno recibirá su paga.

9 Porque trabajamos junto con Dios, y ustedes son el campo de Dios. También ustedes son edificio de Dios.

10 A través del favor de Dios hacia mí yo puse las piedras que iban a ser la base del edificio. Lo hice como alguien que sabía lo que estaba haciendo. Ahora otra persona está construyendo encima. Cada persona que edifica debe tener cuidado de cómo lo hace.

11 Jesucristo es la base sobre la cual deben ponerse otras piedras para el edificio. Esta base solamente puede ser Cristo.

12 Ahora, si un hombre construye sobre la base con oro, plata o piedras preciosas, o si edifica con madera, o paja u hojarasca,

13 la obra de cada persona será conocida. Habrá un día en que será probada con fuego. El fuego mostrará qué clase de obra es.

14 Si un hombre edifica una obra que dure, recibirá su pago.

15 Si la obra se quema, se perderá, Pero, él mismo será salvado, como si fuera por fuego.

16 ¿No saben que ustedes son el tem-

4 When one says: "I am a follower of Paul," and another says: "I am a follower of Apollos," does not this sound like the talk of baby Christians?

5 Who is Apollos? Who is Paul? We are only servants owned by God. He gave us gifts to preach His Word. And because of that, you put your trust in Christ.

6 I planted the seed. Apollos watered it, but it was God Who kept it growing.

7 This shows that the one who plants or the one who waters is not the important one. God is the important One. He makes it grow.

8 The one who plants and the one who waters are alike. Each one will receive his own reward.

9 For we work together with God. You are God's field. You are God's building also.

10 Through God's loving favor to me, I laid the stones on which the building was to be built. I did it like one who knew what he was doing. Now another person is building on it. Each person who builds must be careful how he builds on it.

11 Jesus Christ is the Stone on which other stones for the building must be laid. It can be only Christ.

12 Now if a man builds on the Stone with gold or silver or beautiful stones, or if he builds with wood or grass or straw,

13 each man's work will become known. There will be a day when it will be tested by fire. The fire will show what kind of work it is.

14 If a man builds on work that lasts, he will receive his reward.

15 If his work is burned up, he will lose it. Yet he himself will be saved as if he were going through a fire.

16 Do you not know that you are a

plo de Dios y que el Espíritu Santo vive en ustedes?

17 Si algún hombre destruye el templo de Dios, Dios lo destruirá a él. El templo de Dios es santo, porque es en ustedes que él vive.

18 No se hagan tontos ustedes mismos. Si alguien cree que sabe mucho de las cosas de este mundo, mejor que se volviera un tonto. Entonces puede volverse sabio.

19 La sabiduría de este mundo es tontería para Dios. Las sagradas escrituras dicen: "Él es el que los pone en una trampa cuando ellos usan su propia sabiduría" Job 5:13

20 También dicen: "El Señor conoce cómo piensa el hombre sabio. Su pensamiento no vale nada." Salmo 94:11

21 Como cristianos, no sean orgullosos de los hombres y de lo que pueden hacer. Todas las cosas pertenecen a ustedes.

22 Pablo, Apolos y Pedro pertenecen a ustedes. El mundo, la vida y la muerte pertenecen a ustedes. Las cosas presentes y las que vienen pertenecen a ustedes.

23 Ustedes pertenecen a Cristo, y Cristo pertenece a Dios.

4 Piensen en nosotros como obreros que pertenecen a Cristo. Nuestra tarea es compartir los secretos de Dios.

2 Un obrero debe ser fiel a su patrón. Esto es lo que se espera de él.

3 Lo más importante no es lo que ustedes u otras personas piensan de mí; aun lo que yo pienso de mí mismo no vale mucho.

4 En cuanto a mí, mi corazón me dice que no soy culpable de nada. Pero esto no prueba que soy libre de culpa. Es el Señor quien conoce mi vida y dice lo que está mal.

5 No se apresuren a decir quién

house of God and that the Holy Spirit lives in you?

17 If any man destroys the house of God, God will destroy him. God's house is holy. You are the place where He lives.

18 Do not fool yourself. If anyone thinks he knows a lot about the things of this world, he had better become a fool. Then he may become wise.

19 The wisdom of this world is foolish to God. The Holy Writings say: "He is the One Who gets them in a trap when they use their own wisdom." Job 5:13

20 They also say: "The Lord knows how the wise man thinks. His thinking is worth nothing." Psalm 94:11

21 As a Christian, do not be proud of men and of what they can do. All things belong to you.

22 Paul and Apollos and Peter belong to you. The world and life and death belong to you. Things now and things to come belong to you.

23 You belong to Christ, and Christ belongs to God.

4 Think of us as servants who are owned by Christ. It is our job to share the secrets of God.

2 A servant must be faithful to his owner. This is expected of him.

3 It is not the most important thing to me what you or any other people think of me. Even what I think of myself does not mean much.

4 As for me, my heart tells me I am not guilty of anything. But that does not prove I am free from guilt. It is the Lord Who looks into my life and says what is wrong.

5 Do not be quick to say who is right

es bueno o malo. Esperen hasta que el Señor regrese. Él traerá a la luz las cosas que están escondidas en el corazón de los hombres. Él mostrará por qué los hombres hicieron cada cosa. Cada hombre recibirá de Dios la alabanza que merece.

6 Hermanos, he usado a Apolos y a mí mismo para mostrarles un ejemplo. Es para ayudarles a no pensar más de los hombres que lo que permite la palabra de Dios. Nunca piensen más de un obrero de Dios que de otro.

7 ¿Quién los ha hecho mejor que su hermano? o, ¿qué tienen que no les haya sido dado? Si Dios te ha dado todo, ¿Por qué estás orgulloso? ¿Por qué vives como si Dios no te lo hubiera dado?

8 Ya están llenos y son ricos. Ustedes viven como reyes y nosotros no. Yo quisiera que ustedes fueran reyes y que pudiéramos ser dirigentes con ustedes.

9 Yo creo que Dios ha hecho un espectáculo de nosotros los misioneros. Somos los últimos y los más odiados entre los hombres. Somos como los que están esperando la muerte. El mundo entero, tanto los hombres como los ángeles, nos están mirando.

10 Somos tontos por causa de Cristo, pero ustedes son sabios en Cristo. Nosotros somos débiles, pero ustedes son fuertes. La gente los respeta, pero a nosotros no.

11 Hasta ahora estamos hambrientos y sedientos, andamos mal vestidos; la gente nos pega y no tenemos casa en dónde vivir.

12 Vivimos del trabajo de nuestras propias manos. Cuando nos insultan, los bendecimos. Cuando nos hacen mal, no decimos nada.

13 Cuando la gente dice mentiras de nosotros, contestamos con bendición. La gente nos considera como basura,

or wrong. Wait until the Lord comes. He will bring into the light the things that are hidden in men's hearts. He will show why men have done these things. Every man will receive from God the thanks he should have.

6 Christian brothers, I have used Apollos and myself to show you what I am talking about. This is to help you so you will not think more of men than what God's Word will allow. Never think more of one of God's servants than another.

7 Who made you better than your brother? Or what do you have that has not been given to you? If God has given you everything, why do you have pride? Why do you act as if He did not give it to you?

8 You are full. You are rich. You live like kings and we do not. I wish you were kings and we could be leaders with you.

9 I think that God has made a show of us missionaries. We are the last and the least among men. We are like men waiting to be put to death. The whole world, men and angels alike, are watching us.

10 We are thought of as fools because of Christ. But you are thought of as wise Christians! We are weak. You are strong. People respect you. They have no respect for us.

11 To this hour we are hungry and thirsty, and our clothes are worn out. People hurt us. We have no homes.

12 We work with our hands to make a living. We speak kind words to those who speak against us. When people hurt us, we say nothing.

13 When people say bad things about us, we answer with kind words. People think of us as dirt that is worth nothing

que no vale nada, y cómo lo peor del mundo hasta el día de hoy.

Sigan el modo de vivir de Pablo

14 No les escribo estas cosas para avergonzarlos. Lo hago para ayudarles a saber lo que tienen que hacer, porque ustedes son mis hijos muy amados.

15 Ustedes pueden tener diez mil maestros cristianos, pero recuerden que yo soy como un padre para ustedes. Ustedes llegaron a ser cristianos cuando les prediqué las buenas nuevas.

16 De manera que les pido con todo mi corazón que sigan la vida que yo vivo.

17 Por esta razón les he enviado a Timoteo. Él es mi hijo amado y un cristiano fiel. Él les dirá cómo me porto desde que soy cristiano. Esta es la clase de vida que enseño en todas las iglesias a donde voy.

18 Algunos de ustedes son muy orgullosos. Piensan que no vendré a visitarlos.

19 Si el Señor me lo permite, iré pronto. Cuando vaya, sabré si esa gente orgullosa tiene el poder de Dios, o si solamente usan palabras bonitas.

20 El reino de Dios no se hace con palabras, sino en poder.

21 ¿Qué quieren ustedes? ¿Quieren que vaya a darles duro? ¿O prefieren que vaya con amor y gentileza?

El pecado de la iglesia

5 Alguien me ha dicho que hay pecados sexuales entre ustedes. Es tan malo que aún los que no conocen a Dios no se atreven a hacerlo. Me han dicho que un hombre está viviendo con la mujer de su padre, como si fuera su propia mujer.

2 En lugar de estar tristes, ustedes están orgullosos. El hombre que vive así debe ser sacado de entre ustedes.

and as the worst thing on earth to this day.

Follow Paul's way of life

14 I do not write these things to shame you. I am doing this to help you know what you should do. You are my much loved children.

15 You may have 10,000 Christian teachers. But remember, I am the only father you have. You became Christians when I preached the Good News to you.

16 So I ask you with all my heart to follow the way I live.

17 For this reason I have sent Timothy to you. He is my much loved child and a faithful Christian. He will tell you how I act as a Christian. This is the kind of life I teach in the churches wherever I go.

18 Some of you are full of pride. You think that I am not coming to visit you.

19 If the Lord wants me to, I will come soon. I will find out when I come if these proud people have God's power, or if they just use a lot of big words.

20 The holy nation of God is not made up of words. It is made up of power.

21 What do you want? Do you want me to come with a stick to whip you? Or do you want me to come with love and a gentle spirit?

Sin in the church

5 Someone has told me about a sex sin among you. It is so bad that even the people who do not know God would not do it. I have been told that one of the men is living with his father's wife as if she were his wife.

2 Instead of being sorry, you are proud of yourselves. The man who is living like that should be sent away from you.

3 Yo estoy lejos de ustedes. Aunque yo no estoy allá, mi espíritu está con ustedes. Yo ya he dicho que ese hombre es culpable de este pecado. Digo esto, como si estuviera con ustedes.

4 Reúnanse en la iglesia. Yo estaré con ustedes en espíritu. En el nombre del Señor Jesucristo y por su poder,

5 entreguen a esta persona al diablo. Su cuerpo va a ser destruido, para que su espíritu pueda salvarse el día que regrese el Señor.

6 No es bueno que tengan orgullo de las cosas que están pasando en su iglesia, pues saben que un poco de levadura entra en toda la masa con que se hace el pan.

7 Limpien la vieja levadura y, entonces, serán nuevos, sin nada de lo viejo en ustedes. Los judíos sacrificaron corderos cuando salieron de Egipto. Así Cristo es nuestro cordero que ha sido sacrificado en el altar de Dios por nosotros.

8 El pan con levadura representa el pecado y el odio. Comamos esta cena juntos con pan sin levadura, un pan puro y verdadero.

9 Les dije en mi carta que no tuvieran trato con los que cometen pecados sexuales.

10 No me refería a los no cristianos que cometen estos pecados. Tampoco a los no cristianos que siempre desean más riquezas, o a los que adoran a dioses falsos. Pues uno tendría que salir de este mundo para no tener trato con personas como ellas.

11 Lo que les escribí era que no tuvieran trato con aquellos que dicen ser hermanos cristianos y que cometen pecados sexuales, o que sean muy deseosos de riquezas, o que adoren dioses falsos, o que maldigan, o que se emborrachen, o que roben. Con estos "hermanos", no deben ni siquiera comer.

3 I am far from you. Even if I am not there, my spirit is with you. I have already said that the man is guilty of this sin. I am saying this as if I were there with you.

4 Call a meeting of the church. I will be with you in spirit. In the name of the Lord Jesus Christ, and by His power,

5 hand this person over to the devil. His body is to be destroyed so his spirit may be saved on the day the Lord comes again.

6 It is not good for you to be proud of the way things are going in your church. You know a little yeast makes the whole loaf of bread rise.

7 Clean out the old yeast. Then you will be new bread with none of the old yeast in you. The Jews killed lambs when they left Egypt. Christ is our lamb. He has already been killed as a gift on the altar to God for us.

8 Bread with yeast in it is like being full of sin and hate. Let us eat this supper together with bread that has no yeast in it. This bread is pure and true.

9 I told you in my letter not to keep on being with people who do any kind of sex sins.

10 I was not talking about people doing sex sins who are bad people of this world. I was not talking about people of this world who always want to get more or those who get things in a wrong way or those who worship false gods. To get away from people like that you would have to leave this world!

11 What I wrote was that you should not keep on being with a person who calls himself a Christian if he does any kind of sex sins. You should not even eat with a person who says he is a Christian but always wants to get more of everything or uses bad language or who gets drunk or gets things in a wrong way.

12 No me toca a mí decidir si los que
están fuera de la iglesia son culpables o
no; pero sí, nos toca decidir quiénes de
los hermanos de la iglesia son culpables.
13 Dios dirá si los que están fuera de
la iglesia son culpables, pero ahora ustedes deben quitar al malo de su iglesia.

Yendo a la corte contra los cristianos

6 ¿Por qué van a las cortes cuando
tienen algo contra otro cristiano? ¿No ven que ellos no son creyentes, y no pueden decidir sobre los cristianos? Deben ir a los que pertenecen
a la iglesia y preguntarles.
2 ¿No sabían que los que son de Cristo algún día van a decidir si el mundo
tiene culpa o no? Y si ustedes van a
decirle a la gente que no pertenece a
la iglesia que son culpables, ¿no pueden
decidir también en las cosas pequeñas?
3 ¿O no saben que nosotros vamos a
decidir también si los ángeles son culpables o no? Así que ustedes mismos
deben encargarse de sus problemas en
este mundo sin dificultades.
4 Cuando tienen que decidir sobre
asuntos de esta vida, ¿Por qué van a la
corte de los hombres que no son cristianos?
5 Deben tener vergüenza. ¿Será verdad que en la iglesia no hay una persona con suficiente sabiduría que pueda
decidir lo correcto, cuando la gente
discute?
6 En vez de eso, un cristiano lleva a
otro cristiano a la corte. Y la corte se
compone de personas que no son cristianas.
7 Esto muestra que están equivocados cuando van a la corte contra otro.
¿No será mejor sufrir el daño? ¿No será
mejor ser defraudados?

8 En vez de esto, ustedes roban y
hacen mal a otros cristianos.

12 It is not for me to judge those outside the church. You are to judge those
who belong to the church.

13 God will judge those outside the
church. So you must put that sinful person out of your church.

Going to court against Christians

6 Why do you go to court when
you have something against another Christian? You are asking people
who are not Christians to judge who
is guilty. You should go to those who
belong to Christ and ask them.
2 Did you not know that those who
belong to Christ will someday judge
this world? If you judge the people of
the world as guilty, are you not able to
do this in small things?

3 Did you not know that we are to
judge angels? So you should be able to
take care of your problem here in this
world without any trouble.

4 When you have things to decide
about this life, why do you go to men
in courts who are not even Christians?

5 You should be ashamed! Is it true
that there is not one person wise
enough in your church to decide who
is right when people argue?

6 Instead, one Christian takes another Christian to court. And that court is
made up of people who are not Christians!
7 This shows you are wrong when
you have to go to court against each
other. Would it not be better to let
someone do something against you
that is wrong? Would it not be better
to let them rob you?
8 Instead, you rob and do wrong to
other Christians.

El cuerpo es santo

9 ¿No saben ustedes que los pecadores no tendrán el reino de Dios? No sean engañados; pues una persona que comete pecado sexual, o que adora dioses falsos, o que no es fiel en su matrimonio, o los hombres que hacen pecados sexuales con personas del mismo sexo no entraran en el reino de Dios.

10 Ni tampoco los que roban, ni los deseosos de riquezas, ni los que toman cosas que no son suyas por engaño.

11 Algunos de ustedes hacían estas cosas, pero ahora sus pecados ya han sido lavados. Ustedes han sido separados por Dios para servirle. Han sido puestos bien con Dios en el nombre de nuestro Señor Jesucristo y por medio del Espíritu de nuestro Dios.

12 Yo puedo hacer todas las cosas, pero no es bueno hacer todo; y no las haré si va a ser difícil dejarlas cuando conviene.

13 El alimento es para el estómago, y el estómago necesita alimento, pero Dios pondra fin al alimento y al estómago. El cuerpo no es para los pecados sexuales. El cuerpo pertenece al Señor. El Señor es para nuestro cuerpo.

14 Dios levantó al Señor de los muertos. También a nosotros nos levantará con su poder.

The body is to be holy

9 Do you not know that sinful men will have no place in the holy nation of God? Do not be fooled. A person who does sex sins, or who worships false gods, or who is not faithful in marriage, or men who act like women, or people who do sex sins with their own sex, will have no place in the holy nation of God.

10 Also those who steal, or those who always want to get more of everything, or who get drunk, or who say bad things about others, or take things that are not theirs, will have no place in the holy nation of God.

11 Some of you were like that. But now your sins are washed away. You were set apart for Godlike living to do His work. You were made right with God through our Lord Jesus Christ by the Spirit of our God.

12 I am allowed to do all things, but not everything is good for me to do! Even if I am free to do all things, I will not do them if I think it would be hard for me to stop when I know I should.

13 Food was meant for the stomach. The stomach needs food, but God will bring to an end both food and the stomach. The body was not meant for sex sins. It was meant to work for the Lord. The Lord is for our body.

14 God raised the Lord from death. He will raise us from death by His power also.

El cuerpo pertenece al Señor

15 ¿No saben ustedes que sus cuerpos son parte de Cristo? ¿Voy a tomar una parte de Cristo y hacerla parte de una ramera, es decir, de una mujer que vende su cuerpo? No, jamás lo haré.

16 ¿No saben que el hombre que se junta con una ramera se hace parte de

The body belongs to the Lord

15 Do you not know that your bodies are a part of Christ Himself? Am I to take a part of Christ and make it a part of a woman who sells the use of her body? No! Never!

16 Do you not know that a man who joins himself to a woman who sells the

ella? Las sagradas escrituras dicen: "Los
dos se hacen uno solo."

17 Pero si ustedes se juntan con el
Señor, se hacen uno con el Espíritu
Santo.
18 ¡Huyan de los pecados sexuales!
Cualquier otro pecado que comete
el hombre no daña su cuerpo, pero el
que hace pecado sexual hace pecado
contra su propio cuerpo.
19 ¿No saben que su cuerpo es el
templo de Dios, y que el Espíritu Santo
vive en él? Dios les dio su Espíritu Santo y ahora ustedes pertenecen a Dios;
ya no pertenecen a ustedes mismos.
20 Dios pagó un gran precio por ustedes, por tanto den honor a Dios con el
cuerpo. Ustedes pertenecen a Dios.

Cómo deben vivir un esposo y su esposa

7 Ustedes me preguntaron algo
en su carta, y yo les respondo
esto: Es bueno para el hombre no casarse.
2 Pero, debido a las tentaciones del
sexo, cada mujer debe casarse y tener
su propio esposo; y cada hombre debe
casarse y tener su propia esposa.
3 El hombre debe complacer a su
esposa, siendo buen esposo. La mujer
debe complacer a su esposo, siendo
buena esposa.
4 La mujer no manda en su propio
cuerpo, porque pertenece a su marido;
y el hombre no manda en su propio
cuerpo, porque pertenece a su esposa.

5 No se nieguen el uno al otro, a
menos que se pongan de acuerdo en
dedicar el tiempo para orar. Pero luego
júntense, para que el diablo no les inci-
te al pecado, es decir, a hacer lo que no
deben.

6 Esto es lo que yo pienso. No estoy
diciendo que ustedes deben hacerlo.

use of her body becomes a part of her?
The Holy Writings say: "The two will
become one."
17 But if you join yourself to the Lord,
you are one with Him in spirit.

18 Have nothing to do with sex sins!
Any other sin that a man does, does
not hurt his own body. But the man
who does a sex sin sins against his own
body.
19 Do you not know that your body is
a house of God where the Holy Spirit
lives? God gave you His Holy Spirit.
Now you belong to God. You do not
belong to yourselves.
20 God bought you with a great price.
So honor God with your body. You
belong to Him.

How a husband and wife should live

7 You asked me some questions
in your letter. This is my answer.
It is good if a man does not get married.
2 But because of being tempted to sex
sins, each man should get married and
have his own wife. Each woman should
get married and have her own husband.
3 The husband should please his wife
as a husband. The wife should please
her husband as a wife.

4 The wife is not the boss of her own
body. It belongs to the husband. And in
the same way, the husband is not the
boss of his own body. It belongs to the
wife.
5 Do not keep from each other that
which belongs to each other in marriage unless you agree for awhile so
you can use your time to pray. Then
come together again or the devil will
tempt you to do that which you know
you should not do.
6 This is what I think. I am not saying
you must do it.

7 Quisiera que todos fueran como yo, pero cada quien tiene su propio don que Dios le dio. Uno tiene un don, y otro tiene otro.

8 Esto es lo que digo a los que no se han casado y a las viudas: Es bueno para ustedes no casarse, así como yo no soy casado.

9 Pero si ustedes no pueden dejar los deseos sexuales, cásense; pues es mejor casarse que pecar a causa de los deseos sexuales.

10 Les digo esto a los que son casados, y estas palabras son del Señor: La esposa no debe dejar al esposo;

11 pero si lo deja, no debe casarse con otro. Sería mejor para ella regresar al lado de su esposo. El esposo tampoco debe dejar a su esposa.

12 Y yo les digo esto, y estas palabras son mías, no del Señor. Si un esposo cristiano tiene una esposa que no es cristiana, y ella quiere vivir con él, no debe dejarla.

13 Si una esposa cristiana tiene un esposo que no es cristiano, y él quiere vivir con ella, no debe dejarlo.

14 El esposo que no es cristiano es separado del pecado del mundo por causa de su esposa cristiana. La esposa que no es cristiana es separada del pecado del mundo por causa de su esposo cristiano. De esta manera las vidas de sus hijos son limpias de pecado.

15 Si el que no es cristiano quiere separarse, deje que se vaya. El que es cristiano no debe detener al otro, porque Dios quiere que vivan en paz.

16 Esposa cristiana, ¿cómo sabes si no ayudarás a tu esposo para que también sea cristiano? Esposo cristiano, ¿cómo sabes si no ayudarás a tu esposa para que también sea cristiana?

7 I wish everyone were as I am, but each has his own gift from God. One has one gift. Another has another gift.

8 This is what I say to those who are not married and to women whose husbands have died. It is good if you do not get married. I am not married.

9 But if you are not able to keep from doing that which you know is wrong, get married. It is better to get married than to have such strong sex desires.

10 I have this to say to those who are married. These words are from the Lord. A wife should not leave her husband,

11 but if she does leave him, she should not get married to another man. It would be better for her to go back to her husband. The husband should not divorce his wife.

12 I have this to say. These words are not from the Lord. If a Christian husband has a wife who is not a Christian, and she wants to live with him, he must not divorce her.

13 If a Christian wife has a husband who is not a Christian, and he wants to live with her, she must not divorce him.

14 The husband who is not a Christian is set apart from the sin of the world because of his Christian wife. The wife who is not a Christian is set apart from the sin of the world because of her Christian husband. In this way, the lives of the children are not unclean because of sin, they are clean.

15 If the one who is not a Christian wants to leave, let that one go. The Christian husband or wife should not try to make the other one stay. God wants you to live in peace.

16 Christian wife, how do you know you will not help your husband to become a Christian? Or Christian husband, how do you know you will not help your wife to become a Christian?

Permanezcan como estaban cuando Dios los escogió

17 Cada quien debe vivir la vida que el Señor le dio. Debe vivir como estaba cuando se hizo cristiano. Esto es lo que enseño en todas las iglesias.

18 Si un hombre se hizo cristiano después de pasar por el rito mediante el cual los hombres se hacen judíos, no haga nada. Si un hombre se hizo cristiano antes de pasar por este rito, no cumpla con este rito.

19 Si lo ha hecho o no, no significa nada. Lo importante es obedecer los mandamientos de Dios.

20 Cada quien debe quedarse como era cuando se hizo cristiano.

21 ¿Eras un obrero que pertenecía a otro hombre cuando te hiciste cristiano? No te preocupes por ello. Si puedes hacerte libre, hazlo.

22 Un obrero que es propiedad de alguien y que se hace creyente cristiano es un hombre libre ante el Señor. Un hombre libre que se hace cristiano es un obrero, propiedad de Cristo.

23 Cristo pagó un gran precio por ustedes cuando los compró. No permitan que los hombres los hagan obreros suyos.

24 Hermanos cristianos, cada uno debe permanecer como estaba cuando se hizo cristiano.

25 No tengo mandamiento del Señor para las personas que nunca se han casado. Les diré lo que pienso. Pueden confiar en mí porque el Señor me ha dado su amor.

26 Pienso, a causa de las dificultades que vendrán, es bueno que una persona no se case.

27 ¿Estás casado con una mujer? No trates de divorciarte; pero si no estás casado, no busques esposa.

28 Si te casas, no es ningún pecado. Si una mujer que no es casada se casa, ella no comete pecado. Pero al casarse

Stay as you were when God chose you

17 Everyone should live the life the Lord gave to him. He should live as he was when he became a Christian. This is what I teach in all the churches.

18 If a man became a Christian after he had gone through the religious act of becoming a Jew, he should do nothing about it. If a man became a Christian before, he should not go through the religious act of becoming a Jew.

19 If it is done or not done, it means nothing. What is important is to obey God's Word.

20 Everyone should stay the same way he was when he became a Christian.

21 Were you a servant who was owned by someone when you became a Christian? Do not worry about it. But if you are able to become free, do that.

22 A servant who is owned by someone and who has become a Christian is the Lord's free man. A free man who has become a Christian is a servant owned by Christ.

23 He paid a great price for you when He bought you. Do not let yourselves become servants owned by men.

24 Christian brothers, each one should stay as he was when he became a Christian.

25 I have no word from the Lord about women or men who have never been married. I will tell you what I think. You can trust me because the Lord has given me His loving kindness.

26 I think, because of the troubles that are coming, it is a good thing for a person not to get married.

27 Are you married to a wife? Do not try to get a divorce. If you are not married, do not look for a wife.

28 If you do get married, you have not sinned. If a woman who is not married gets married, it is no sin. But being

trae sus problemas. Me gustaría que estuvieran libres de esos problemas.

29 Quiero decir esto, hermanos: el tiempo es corto. Un hombre casado debe usar su tiempo, como si no tuviera esposa.

30 Los que lloran deben seguir trabajando, como si no lloraran. Los que tienen gozo deben seguir trabajando, como si no tuvieran tiempo para el gozo. Los que compran no deben usar tiempo para gozarse en lo que tienen.

31 Mientras ustedes viven en este mundo, vivan como si no hubiera lugar para ustedes en el mundo. La manera de este mundo pronto desaparecerá.

32 Quiero que estén libres de los cuidados de este mundo. El que no es casado puede ocupar todo su tiempo trabajando para el Señor y complaciéndolo.

33 El que es casado se preocupa por las cosas del mundo, porque quiere agradar a su mujer.

34 Hay diferencia entre la mujer casada y la que no es casada. La mujer que nunca se ha casado, puede ocupar todo su tiempo sirviendo al Señor. Quiere agradar al Señor con su cuerpo y con su espíritu. La mujer que es casada se preocupa por las cosas del mundo, porque quiere agradar a su esposo.

35 Digo estas cosas para ayudarles. No digo que no deben casarse. Ustedes deben servir primeramente a Dios sin que otras cosas ocupen su tiempo.

36 Si un hombre y una mujer piensan casarse y sus deseos de casarse son fuertes y ella es de edad, deben casarse. No es pecado.

37 Pero si un hombre tiene las fuerzas de no casarse y sabe en su mente que no debe hacerlo, es sabio que no se case.

married will add problems. I would like to have you free from such problems.

29 I mean this, Christian brothers. The time is short. A married man should use his time as if he did not have a wife.

30 Those who have sorrow should keep on working as if they had no sorrow. Those who have joy should keep on working as if there was no time for joy. Those who buy should have no time to get joy from what they have.

31 While you live in this world, live as if the world has no hold on you. The way of this world will soon be gone.

32 I want you to be free from the cares of this world. The man who is not married can spend his time working for the Lord and pleasing Him.

33 The man who is married cares for the things of the world. He wants to please his wife.

34 Married women and women who have never been married are different. The woman who has never been married can spend her time working for the Lord. She wants to please the Lord with her body and spirit. The woman who is married cares for the things of the world. She wants to please her husband.

35 I am saying these things to help you. I am not trying to keep you from getting married. I want you to do what is best. You should work for Him without other things taking your time.

36 If a man and woman expect to get married, and he thinks his desires to marry her are getting too strong, and she is getting older, they should get married. It is no sin.

37 But if a man has the power to keep from getting married and knows in his mind that he should not, he is wise if he does not get married.

38 El hombre que se casa hace bien, pero el que no se casa hace mejor.

39 La esposa no es libre mientras vive su esposo. Si su esposo muere, ella es libre para casarse con quien desee, con tal que él sea un cristiano.
40 Creo que será más feliz si ella no se casa otra vez. Esto es lo que yo creo. Creo que lo está diciendo el Espíritu Santo.

El alimento ofrecido a los dioses falsos

8 Quiero escribir acerca de los alimentos que se ofrecen a los dioses falsos. Todos sabemos algo acerca de ello. El saber algo nos hace sentir importantes, pero el amor nos hace fuertes.
2 La persona que piensa que lo sabe todo, aún tiene mucho que aprender.
3 Pero si ama a Dios, entonces es conocida de Dios.
4 ¿Qué debemos pensar acerca de los alimentos ofrecidos a los dioses falsos? ¿Es correcto comerlos? Sabemos que los dioses falsos no son nada, porque solamente hay un Dios; no hay otro.
5 Los hombres creen que hay muchos dioses y señores en el cielo y en la tierra.
6 Pero sabemos que sólo hay un Dios. Él es Dios Padre, y todas las cosas son de él. Nos creó para él. Sólo hay un Señor, Jesucristo. Él hizo todas las cosas y nos mantiene con vida.
7 No todos los hombres saben esto. Han ofrecido alimento a un dios falso, como si el dios estuviera vivo. Algunos lo han hecho toda su vida. Si comen estos alimentos, sus corazones les dicen que está mal.
8 El alimento no nos acerca más a Dios. No somos peores si no comemos, ni tampoco somos mejores si comemos.
9 Puesto que ustedes son libres para

38 The man who gets married does well, but the man who does not get married does better.
39 A wife is not free as long as her husband lives. If her husband dies, she is free to marry anyone she wants, if he is a Christian.
40 I think she will be much more happy if she does not get married again. This is what I think. I believe it is what the Holy Spirit is saying.

Food given to false gods

8 I want to write about food that has been given as a gift in worship to a false god. We all know something about it. Knowing about it makes one feel important. But love makes one strong.
2 The person who thinks he knows all the answers still has a lot to learn.
3 But if he loves God, he is known by God also.
4 What about food that has been given as a gift to a false god in worship? Is it right? We know that a false god is not a god at all. There is only one God! There is no other.
5 Men have thought there are many such gods and lords in the sky and on the earth.
6 But we know there is only one God. He is the Father. All things are from Him. He made us for Himself. There is one Lord. He is Jesus Christ. He made all things. He keeps us alive.
7 Not all men know this. They have given food as a gift in worship to a god as if the god were alive. Some men have done this all their lives. If they eat such food, their hearts tell them it is wrong.
8 Food will not bring us near to God. We are no worse if we do not eat it, or we are no better if we eat it.

9 Since you are free to do as you

hacer todo lo que quieran, cuiden que esto no vaya a ofender a un cristiano débil.

10 Un cristiano débil te puede ver comiendo alimento sacrificarlo a dioses falsos, y él puede hacer lo mismo.

11 Tú puedes hacer que el cristiano débil caiga en pecado por lo que tú haces. Recuerda que Cristo murió por ese hermano.

12 Cuando haces pecado contra un cristiano débil, incitándolo a hacer algo malo, estás pecando contra Cristo.

13 Por lo cual si el comer ciertos alimentos hace que mi hermano tropiece y caiga, yo no comeré esos alimentos. No quiero hacer que mi hermana cristiano cometa pecado.

Los derechos de un misionero

9 ¿No soy misionero? ¿No soy libre? ¿No he visto a nuestro Señor Jesucristo? ¿No son ustedes cristianos como resultado de mi servicio al Senor?

2 Otras personas piensan que no soy un misionero, pero ustedes sí lo saben. La prueba de que lo soy es que ahora ustedes son creyentes cristianos.

3 Cuando la gente me pregunta acerca de esto, yo les digo:

4 ¿No tenemos derecho de comer y beber cuando trabajamos por el Señor?

5 Tenemos derecho de llevar con nosotros a una esposa cristiana; los otros misioneros lo hacen. Los hermanos del Señor lo hacen. Pedro también.

6 ¿Sólo Bernabé y yo debemos seguir trabajando para vivir y predicar?

7 ¿Alguna vez han oído de un soldado que va a la guerra y paga para tener las cosas que necesita? ¿O alguna vez han oído de un hombre que plante un

please, be careful that this does not hurt a weak Christian.

10 A Christian who is weak may see you eat food in a place where it has been given as a gift to false gods in worship. Since he sees you eat it, he will eat it also.

11 You may make the weak Christian fall into sin by what you have done. Remember, he is a Christian brother for whom Christ died.

12 When you sin against a weak Christian by making him do what is wrong, you sin against Christ.

13 So then, if eating meat makes my Christian brother trip and fall, I will never eat it again. I do not want to make my Christian brother sin.

A missionary's rights

9 Am I not a missionary? Am I not free? Have I not seen Jesus our Lord? Are you not Christians because of the work I have done for the Lord?

2 Other people may not think of me as a missionary, but you do. It proves I am a missionary because you are Christians now.

3 When people ask questions about me, I say this:

4 Do we not have the right to have food and drink when we are working for the Lord?

5 Do we not have the right to take a Christian wife along with us? The other missionaries do. The Lord's brothers do and Peter does.

6 Are Barnabas and I the only ones who should keep working for a living so we can preach?

7 Have you ever heard of a soldier who goes to war and pays for what he needs himself? Have you ever heard of a man planting a field of grapes and not

campo de uvas y no coma algo del fruto? ¿O alguna vez han oído de alguien que cría ganado y no toma de la leche del ganado?

8 Estas cosas no sólo son correctas, según los hombres, sino la ley de Dios habla acerca de esto.

9 En la ley que Dios le dio a Moisés dice: "No pondrás bozal al buey que trilla." Deuteronomlo 25:4 ¿Se preocupa Dios por los bueyes? Seguro, pero esto fue escrito más bien para beneficio de nosotros.

10 El hombre que prepara el campo y el que cosecha el grano esperan recibir un poco del grano.

11 Nosotros hemos sembrado la palabra de Dios entre ustedes. ¿Es mucho esperar que nos den lo que necesitamos para vivir cada día?

12 Si otros tienen derecho de esperar esto de ustedes, ¿acaso no tenemos más derecho nosotros? Pero no hemos usado este derecho con ustedes. Hemos sufrido muchas cosas, y lo hicimos para que las buenas nuevas de Cristo no sean estorbadas.

13 Ustedes deben saber que los que sirven en el templo comen de los alimentos que hay allí y que los que sirven en el altar toman una parte de los alimentos que hay en el altar.

14 El Señor también ha dicho que los que predican las buenas nuevas deben vivir de los que oyen y obedecen las buenas nuevas.

15 Yo no he hecho así entre ustedes, ni les estoy escribiendo para recibir algo. Primero, prefiero morir que perder la alegría de predicar entre ustedes aunque no me den nada.

16 No puedo estar orgulloso porque predico las buenas nuevas; se me ha ordenado que lo haga. Yo estaría mal si no predicara las buenas nuevas.

eating some of the fruit? Have you ever heard of a farmer who feeds cattle and does not drink some of the milk?

8 These things are not just what men think are right to do. God's Law speaks about this.

9 God gave Moses the Law. It says: "When the cow is made to walk on the grain to break it open, do not stop it from eating some." Deuteronomy 25:4 Does God care about the cow?

10 Did not God speak about this because of us. For sure, this was written for us. The man who gets the fields ready and the man who gathers in the grain should expect some of the grain.

11 We have planted God's Word among you. Is it too much to expect you to give us what we need to live each day?

12 If other people have the right to expect this from you, do we not have more right? But we have not asked this of you. We have suffered many things. We did this so the Good News of Christ would not be held back.

13 You must know that those who work in the house of God get their food there. Those who work at the altar in the house of God get a part of the food that is given there.

14 The Lord has said also that those who preach the Good News should get their living from those who hear it.

15 I have not used any of these things. I am not writing now to get anything. I would rather die than lose the joy of preaching to you without you paying me.

16 I cannot be proud because I preach the Good News. I have been told to do it. It would be bad for me if I do not preach the Good News.

17 Si lo hago porque quiero hacerlo, recibiré mi pago; si no quiero hacerlo, de todos modos tengo que hacerlo.
18 Entonces, ¿dónde está mi pago? Lo tengo cuando predico las buenas nuevas sin cobrar nada. No les pido que me paguen, aunque tengo derecho de hacerlo.

17 If I do this because I want to, I will get my reward. If I do not want to do it, I am still expected to do it.
18 Then what is my reward? It is when I preach the Good News without you paying me. I do not ask you to pay me as I could.

Aprendiendo a adaptarse

19 Ningún hombre tiene autoridad sobre mí, pero yo me he hecho siervo de todos. Lo hago para que pueda conducir más personas a Cristo.
20 Con los judíos, vivo como judío para poderlos llevar a Cristo. Algunos viven obedeciendo la ley judía; y yo vivo obedeciendo esta ley a fin de que pueda conducirlos a Cristo.
21 Hay algunos que no obedecen la ley judía; y entonces vivo como uno que no obedece esta ley para que pueda conducirlos a Cristo. Esto no quiere decir que yo no obedezca la ley de Dios. Yo obedezco las enseñanzas de Cristo.
22 Algunos son débiles; y yo vivo como débil para poder conducirlos a Cristo. Vivo como viven los demás, a fin de poder conducir a algunos a Cristo.
23 Todo lo que yo hago es para llevar las buenas nuevas a los hombres, pues es lo que quiero más que nada.

Learning to get along

19 No man has any hold on me, but I have made myself a workman owned by all. I do this so I might lead more people to Christ.
20 I became as a Jew to the Jews so I might lead them to Christ. There are some who live by obeying the Jewish Law. I became as one who lives by obeying the Jewish Law so I might lead them to Christ.
21 There are some who live by not obeying the Jewish law. I became as one who lives by not obeying the Jewish law so I might lead them to Christ. This does not mean that I do not obey God's Law. I obey the teachings of Christ.
22 Some are weak. I have become weak so I might lead them to Christ. I have become like every person so in every way I might lead some to Christ.
23 Everything I do, I do to get the Good News to men. I want to have a part in this work.

Vivan una vida que agrada a Cristo

24 Ustedes saben que solamente una persona gana el premio cuando muchas personas corren en carreras. Ustedes deben correr de tal manera que ganen el premio.
25 Todos los que corren en una carrera se preparan para que su cuerpo esté fuerte. Ellos lo hacen para obtener un premio que pronto no valdrá nada, pero nosotros trabajamos por un premio que durará para siempre.

Live a life that pleases Christ

24 You know that only one person gets a prize for being in a race even if many people run. You must run so you will win the prize.
25 Everyone who runs in a race does many things so his body will be strong. He does it to get a prize that will soon be worth nothing, but we work for a prize that will last forever.

26 De la misma manera yo corro para llegar directamente al final de la carrera; corro para ganar. No golpeo en el aire.

27 Pongo en disciplina a mi cuerpo y lo obligo a obedecerme. Hago esto porque tengo miedo que habiendo predicado las buenas nuevas a otros, yo mismo sea dejado fuera.

El peligro de adorar dioses falsos

10 Hermanos en Cristo, quiero que sepan lo que pasó a nuestros antiguos padres. Salieron del país llamado Egipto bajo una nube que les mostraba el camino. Todos ellos pasaron por las aguas del Mar Rojo;

2 todos ellos fueron sumergidos en la nube y en el mar, mientras Moisés los guiaba.

3 Todos comieron el mismo alimento espiritual.

4 Todos bebieron la misma bebida espiritual, porque bebían de la roca espiritual que iba con ellos. Esa roca era Cristo.

5 Pero la mayoría de ellos no agradaban a Dios, y Dios los destruyó en el desierto.

6 Estas cosas nos enseñan que no debemos desear las cosas que son malas para nosotros, como ellos las desearon.

7 No debemos adorar dioses falsos como algunos de ellos lo hicieron. Las sagradas escrituras dicen: "El pueblo se sentó a comer y a beber, y después se levantó a jugar." Éxodo 32:6

8 No debemos cometer pecados sexuales como algunos de ellos hicieron. En un sólo día murieron veintitrés mil.

9 No debemos poner a prueba al Señor, como algunos de ellos lo hicieron, y fueron destruidos por serpientes.

10 No debemos quejarnos contra Dios como hacían algunos de ellos, pues por esto algunos fueron destruidos.

26 In the same way, I run straight for the place at the end of the race. I fight to win. I do not beat the air.

27 I keep working over my body. I make it obey me. I do this because I am afraid that after I have preached the Good News to others, I myself might be put aside.

The danger of worshiping false gods

10 Christian brothers, I want you to know what happened to our early fathers. They all walked from the country of Egypt under the cloud that showed them the way, and they all passed through the waters of the Red Sea.

2 They were all baptized as they followed Moses in the cloud and in the sea.

3 All of them ate the same holy food.

4 They all drank the same holy drink. They drank from a holy Rock that went along with them. That holy Rock was Christ.

5 Even then most of them did not please God. He destroyed them in the desert.

6 These things show us something. They teach us not to want things that are bad for us like those people did.

7 We must not worship false gods as some of them did. The Holy Writings tell us: "The people sat down to eat and drink. Then they got up to play." Exodus 32:6

8 We must not do sex sins as some of them did. In one day 23,000 died.

9 We must not test the Lord as some of them did. They were destroyed by snakes.

10 We must not complain against God as some of them did. That is why they were destroyed.

11 Todas estas cosas pasaron para enseñarnos algo. Fueron escritas para enseñarnos que el fin del mundo está cerca.

12 Así que estén alerta. La persona que cree que no puede hacer pecado, mejor vigile todo lo que hace, para que no caiga en pecado.

13 Ustedes no han sido tentados a pecar de un modo diferente de las demás personas. Pero Dios es fiel, y él no permitirá que sean tentados más allá de lo que puedan soportar. Pero cuando ustedes son tentados al pecado, él dará una salida para que no caigan en él.

Enseñanza sobre la cena del Señor

14 Mis queridos amigos, aléjense de la adoración a toda clase de dioses falsos.

15 Les hablo a ustedes que son capaces de entender y ver si lo que estoy diciendo es cierto.

16 Cuando damos gracias por el jugo de la uva en la cena del Señor, ¿no estamos participando de la sangre de Cristo? El pan que comemos en la cena del Señor, ¿no es para participar del cuerpo de Cristo?

17 Hay un solo pan, y muchos de nosotros formamos el cuerpo de Cristo. Todos comemos de ese pan.

18 Fíjense en los judíos. Ellos comían los animales que eran traídos a Dios en sacrificio sobre el altar. ¿No mostraban con esto que estaban participando de Dios?

19 ¿Qué quiero decir? ¿Estoy diciendo que vale un dios falso o el alimento que se le pone en el altar?

20 No. ¡De ninguna manera! Lo que digo es que la gente que no conoce a Dios trae ofrendas de animales sacrificados a un dios falso, pero en realidad a quienes lo ofrecen es a los espíritus malos, y no a Dios. Ustedes no quieren tener parte con los espíritus malos, ¿verdad?

11 All these things happened to show us something. They were written to teach us that the end of the world is near.

12 So watch yourself! The person who thinks he can stand against sin had better watch that he does not fall into sin.

13 You have never been tempted to sin in any different way than other people. God is faithful. He will not allow you to be tempted more than you can take. But when you are tempted, He will make a way for you to keep from falling into sin.

Teaching about the Lord's supper

14 My dear friends, keep away from the worship of false gods.

15 I am speaking to you who are able to understand. See if what I am saying is true.

16 When we give thanks for the fruit of the vine at the Lord's supper, are we not sharing in the blood of Christ? The bread we eat at the Lord's supper, are we not sharing in the body of Christ?

17 There is one bread, and many of us Christians make up the body of Christ. All of us eat from that bread.

18 Look at the Jews. They ate the animals that were brought to God as gifts in worship and put on the altar. Did this not show they were sharing with God?

19 What do I mean? Am I saying that a false god or the food brought to it in worship is worth anything?

20 No, not at all! I am saying that the people who do not know God bring gifts of animals in worship. But they have given them to demons, not to God. You do not want to have any share with demons.

21 No pueden beber de la copa del Señor y de la copa de ellos. No pueden comer en la mesa del Señor y en la mesa de ellos.
22 ¿Estamos tratando de provocar al Señor? ¿Acaso creemos que somos más fuertes que él?
23 Podemos hacer de todo, pero no todo resulta para nuestro bien. Podemos hacer de todo, pero no todas las cosas nos ayudan para llegar a ser cristianos fuertes.
24 No trabajen solamente para su propio bien, sino también piensen en lo que pueden hacer por otros.
25 Coman cualquier carne que se venda en las carnicerías, sin hacer preguntas, porque así sus corazones no dirán que está mal hecho.
26 Las sagradas escrituras dicen: "El mundo y todo lo que hay en él pertenece al Señor."
27 Si una persona que no es cristiana los invita a comer, y ustedes quieren ir, coman de todo lo que esté en la mesa. No hagan preguntas acerca de la comida.
28 Pero si alguno dice: "Esta comida fue ofrecida en sacrificio a un dios falso", entonces no coman. De esta manera no se hará daño a la fe del que te lo dijo: y su corazón tendrá paz.
29 Es muy importante tomar en cuenta cómo piensa la otra persona. No somos libres para hacer cosas que hagan daño a otra persona.
30 Si puedo dar gracias a Dios por mi alimento, ¿por qué alguien dirá que estoy equivocado en comer aquello por lo que puedo dar gracias?
31 Por eso, si comen o beben, o hacen otra cosa, háganlo para honrar a Dios.
32 No hagan nada que ofrenda ni a griego, ni a judío, ni a la iglesia de Dios.
33 Yo quiero agradar a todos con las cosas que hago. No pienso en mí mismo.

21 You cannot drink from the cup of the Lord and from the cup of demons. You cannot eat at the Lord's table and at the demon's table.
22 Are we trying to make the Lord jealous? Do we think we are stronger than the Lord?
23 We are allowed to do anything, but not everything is good for us to do. We are allowed to do anything, but not all things help us grow strong as Christians.
24 Do not work only for your own good. Think of what you can do for others.
25 Eat any meat that is sold in the stores. Ask no questions about it. Then your heart will not say it is wrong.
26 The Holy Writings say: "The earth and everything in it belongs to the Lord." Psalm 24:1
27 If a person who is not a Christian wants you to eat with him, and you want to go, eat anything that is on the table. Ask no questions about the food. Then your heart will not say it is wrong.
28 But if someone says: "This meat has been given as a gift to false gods in worship," do not eat it. In that way, it will not hurt the faith of the one who told you and his heart will have peace.
29 How the other person feels is important. We are not free to do things that will hurt another person.
30 If I can give thanks to God for my food, why should anyone say that I am wrong about eating food I can give thanks for?
31 So if you eat or drink or whatever you do, do everything to honor God.
32 Do nothing that would make trouble for a Greek or for a Jew or for the church of God.
33 I want to please everyone in all that I do. I am not thinking of myself. I want

Quiero hacer lo mejor para ellos, a fin de que puedan ser salvados del castigo del pecado.

Cómo deben vivir las mujeres cristianas

11 Sigan mi modo de pensar, así como sigo a Cristo.

2 Creo que han hecho bien al recordarme siempre y al seguir las cosas que les enseñé.

3 Quiero que sepan que Cristo es la cabeza de cada hombre, y que el esposo es cabeza de su esposa, y que Dios es la cabeza de Cristo.

4 Si cualquier hombre ora o predica con el sombrero puesto, deshonra a Cristo.

5 Toda mujer que ora o predica sin cubrir su cabeza, es como si se hubiera cortado el cabello, y no respeta a su marido.

6 Y si la mujer no cubre su cabeza, ¿por qué no podría igualmente cortarse el cabello? Y si la mujer se avergüenza de cortarse el pelo, debe cubrir su cabeza.

7 El hombre es la imagen y gloria de Dios. Por esta razón no debe usar sombrero cuando ora o predica; pero la mujer es gloria del hombre.

8 El hombre no fue creado de la mujer, sino la mujer del hombre,

9 y el hombre no fue hecho para la mujer, sino que la mujer fue creada para el hombre.

10 Por esta razón la mujer debe usar velo sobre su cabeza, pues es señal de respeto al hombre, y también para que lo vean los ángeles.

11 En el plan de Dios la mujer necesita al hombre, y el hombre necesita a la mujer.

12 Así como la mujer fue hecha del hombre, también el hombre es nacido de la mujer; pero todo es de Dios.

13 Examinen esto ustedes mismos.

to do what is best for them so they may be saved from the punishment of sin.

How Christian women should live

11 Follow my way of thinking as I follow Christ.

2 I think you have done well because you always remember me and have followed the things I taught you.

3 I want you to know that Christ is the head of every man. The husband is the head of his wife. God is the head of Christ.

4 If any man prays or preaches with his head covered, he does not give honor to Christ.

5 Every woman who prays or preaches without her head covered does not respect her head. It is the same as if she had her hair cut off.

6 If a woman does not cover her head, she might as well cut off her hair also. If a woman is ashamed to have her hair cut off, she should cover her head.

7 Man is made like God and His shining greatness. For this reason a man should not have his head covered when he prays or preaches, but the woman respects the man.

8 Man was not made from woman. Woman was made from man,

9 and man was not made for woman. Woman was made for man.

10 For this reason a woman should have a covering on her head. This shows she respects man. This is for the angels to see also.

11 In God's plan women need men and men need women.

12 Woman was made from man, but man is born of woman. God made all things.

13 Think this over yourselves. Does it

¿Es correcto que una mujer ore con su cabeza descubierta?

14 ¿No hemos aprendido que es vergonzoso que el hombre tenga pelo largo?

15 Pero una mujer puede estar orgullosa de tener el cabello largo. El cabello le es dado para cubrirse.

16 Si alguien quiere discutir acerca de esto, yo le respondo que esto es lo que enseñamos, y todas las iglesias están de acuerdo.

look right for a woman to pray with no covering on her head?

14 Have we not already learned that it is a shame for a man to have long hair?

15 But a woman can be proud to have long hair. Her hair is given to her for a covering.

16 If anyone wants to argue about this, my answer is that this is what we teach, and all the churches agree with me.

Cómo debe tomarse la cena del Señor

17 Al escribirles a ustedes acerca de estas cosas, permítanme decirles lo que pienso. No hay nada bueno de sus reuniones.

18 En primer lugar, oigo que cuando se juntan en la iglesia están divididos en grupos y discuten. Casi creo que eso es cierto.

19 Porque debe de haber varios grupos entre ustedes; de esa manera los que tienen razón se distinguirán de aquellos que están equivocados.

20 Cuando se reúnen todos juntos, no es para tomar la cena del Señor.

21 Cada quien tiene prisa para comer su propia comida primero; no espera a otros. Así, uno no tiene suficiente comida ni bebida, y otros tienen mucho y se emborrachan.

22 Ustedes tienen sus casas en donde comer y beber. O, ¿desprecian a la iglesia de Dios, y se avergüenzan de los que son pobres? ¿Qué les diré? ¿Voy a decirles que están portándose bien? ¡No! No puedo decir que en esto están en lo correcto.

How the Lord's supper should be eaten

17 While writing about these things, let me tell you what I think. Nothing good is coming from your meeting together.

18 First of all, I hear that when you meet together in the church you are divided into groups and you argue. I almost believe this is true.

19 For there must be different groups among you. In that way, those who are right will be seen from those who are wrong.

20 When you gather together for your meetings, it is not to eat the Lord's supper.

21 Each one is in a hurry to eat his own food first. He does not wait for others. In this way, one does not get enough food and drink. Others get too much and get drunk.

22 You have your own homes to eat and drink in. Or do you hate the church of God and shame those who are poor? What am I to say to you? Am I to say you are right? No! I cannot say you are right in this.

El significado de la cena del Señor

23 Les he enseñado lo que aprendí del Señor. La noche cuando el Señor Jesús fue entregado a los soldados, tomó el pan.

The meaning of the Lord's supper

23 I have given you the teaching I received from the Lord. The night Jesus was handed over to the soldiers, He took bread.

24 Después que dio gracias, lo partió y dijo: "Tomen este pan y cómanlo. Representa mi cuerpo que es dado para el bien de ustedes. Háganlo en memoria de mí."

25 Del mismo modo después de la cena, tomó la copa y dijo: "Esta copa representa el nuevo acuerdo con Dios hecho por medio de mi sangre. Cada vez que la beban, háganlo en memoria de mí."

26 Cada vez que coman este pan y beban esta copa, están anunciando la muerte del Señor hasta que él vuelva.

27 Cualquiera que come pan y bebe la copa con su espíritu en rebelión contra el Señor será culpable de pecar contra el cuerpo y la sangre del Señor.

28 Por eso es que cada persona debe examinar su corazón y su vida antes de comer el pan y beber de la copa.

29 Cualquiera que come este pan y bebe esta copa, teniendo un espíritu de rebelión contra el Señor, será declarado culpable cuando come y bebe. No entiende lo que significa el cuerpo del Señor.

30 Por esta razón algunos de ustedes están enfermos y débiles, y otros ya han muerto.

31 Pero si viéramos nuestras propias vidas, entonces Dios no tendría necesidad de decir que somos culpables.

32 Cuando somos culpables, somos castigados por el Señor para que no se nos diga que somos culpables con el resto del mundo.

33 Hermanos cristianos, cuando se reúnan para comer, espérense unos a otros.

34 Si alguien tiene hambre, debe comer en su casa; entonces no será culpable cuando se reúnen. Hablaré acerca de las otras cosas cuando vaya.

24 When He had given thanks, He broke it and said: "Take this bread and eat it. This is My body which is broken for you. Do this to remember Me."

25 In the same way after supper, He took the cup. He said: "This cup is the New Way of Worship made between God and you by My blood. Whenever you drink it, do it to remember Me."

26 Every time you eat this bread and drink from this cup you are telling of the Lord's death until He comes again.

27 Anyone who eats the bread or drinks from the cup, if his spirit is not right with the Lord, will be guilty of sinning against the body and the blood of the Lord.

28 This is why a man should look into his own heart and life before eating the bread and drinking from the cup.

29 Anyone who eats the bread and drinks from the cup, if his spirit is not right with the Lord, will be guilty as he eats and drinks. He does not understand the meaning of the Lord's body.

30 This is why some of you are sick and weak, and some have died.

31 But if we would look into our own lives and see if we are guilty, then God would not have to say we are guilty.

32 When we are guilty, we are punished by the Lord so we will not be told we are guilty with the rest of the world.

33 Christian brothers, when you come together to eat, wait for each other.

34 If anyone is hungry, he should eat at home. Then he will not be guilty as you meet together. I will talk about the other things when I come.

Los dones del Espíritu Santo

12 Hermanos, quiero que aprendan mucho acerca de los dones del Espíritu Santo. Necesitan entender la verdad sobre estos asuntos.

2 Antes de que fueran cristianos, a ustedes los llevaban a adorar dioses falsos que no podían hablar.

3 Así que yo les digo que ninguno que hable por el Espíritu de Dios puede maldecir a Jesús. Nadie puede decir: "Jesús es el Señor" si no es inspirado por el Espíritu Santo.

Los diferentes dones

4 Hay diferentes clases de dones, pero es el mismo Espíritu Santo quien los reparte.

5 Hay diferentes clases de trabajos que hacer para el Señor, pero estos trabajos son hechos por el mismo Señor.

6 Hay diferentes maneras de hacer el trabajo, pero es el mismo Dios quien usa todas estas maneras en todos.

7 El Espíritu Santo trabaja en cada persona de diferente manera para provecho de todos.

8 A una persona le es dado hablar palabras de sabiduría. A otra persona le es dado el enseñar lo que ha aprendido y sabe. Estos dones son dados por el mismo Espíritu Santo.

9 Uno recibe el don de la fe; y otro, por el mismo Espíritu, recibe el don de sanar a los enfermos.

10 Uno recibe el don de hacer obras poderosas, y otro recibe el de hablar en nombre de Dios. Una persona recibe el don de distinguir entre el Espíritu Santo y los espíritus malos, y otra recibe el de hablar en lenguas. Todavía otra persona recibe el don de interpretar estas lenguas angelicales.

11 El mismo Espíritu Santo, el Espíritu de Dios, es quien hace todas las cosas.

The gifts of the Holy Spirit

12 Christian brothers, I want you to know about the gifts of the Holy Spirit. You need to understand the truth about this.

2 You know that before you were Christians you were led to worship false gods. None of these gods could speak.

3 So I tell you that no one speaking by the help of the Holy Spirit can say that he hates Jesus. No one can say: "Jesus is Lord," except by the help of the Holy Spirit.

The kinds of gifts

4 There are different kinds of gifts. But it is the same Holy Spirit Who gives them.

5 There are different kinds of work to be done for Him. But the work is for the same Lord.

6 There are different ways of doing His work. But it is the same God who uses all these ways in all people.

7 The Holy Spirit works in each person in one way or another for the good of all.

8 One person is given the gift of teaching words of wisdom. Another person is given the gift of teaching what he has learned and knows. These gifts are by the same Holy Spirit.

9 One person receives the gift of faith. Another person receives the gifts of healing. These gifts are given by the same Holy Spirit.

10 One person is given the gift of doing powerful works. Another person is given the gift of speaking God's Word. Another person is given the gift of telling the difference between the Holy Spirit and false spirits. Another person is given the gift of speaking in special sounds. Another person is given the gift of telling what these special sounds mean.

11 But it is the same Holy Spirit, the Spirit of God, Who does all these

Él da a cada persona lo que quiere dar.

Nuestro cuerpo es como el cuerpo de Cristo

12 Nuestro propio cuerpo tiene muchas partes. Cuando todas estas partes se juntan, forman un solo cuerpo. El cuerpo de Cristo es así.

13 Así sucede con nosotros. Los judíos y los que no son judíos, los servidores y los libres, todos hemos sido bautizados por el mismo Espíritu Santo para formar un cuerpo. Y todos hemos recibido el mismo Espíritu.

14 El cuerpo no tiene una parte, sino muchas partes.

15 Si el pie dijera: "No soy parte del cuerpo porque no soy mano", no por eso dejaría de ser parte del cuerpo.

16 Si el oído dijera: "No soy parte del cuerpo porque no soy ojo," no por eso dejaría de ser parte del cuerpo.

17 Si todo el cuerpo fuera ojo, ¿dónde estaría el oído? o ¿dónde estaría el olfato?

18 Pero Dios ha puesto todas las partes en el cuerpo en la manera que él quiere que permanezcan.

19 Si todas las partes fueran lo mismo, no podrían formar un cuerpo.

20 Entonces hay muchas partes mas un solo cuerpo.

21 El ojo no le puede decir a la mano: "No te necesito," o la cabeza no le puede decir al pie: "No te necesito."

22 Algunas de las partes que creemos que son más débiles son muy importantes.

23 Cuidamos y cubrimos con ropas las partes del cuerpo que parecen menos importantes. Las partes que no se ven bellas también tienen un trabajo importante que hacer.

things. He gives to each person as He wants to give.

Our body is like the body of Christ

12 Our own body has many parts. When all these many parts are put together, they are only one body. The body of Christ is like this.

13 It is the same way with us. Jews or those who are not Jews, men who are owned by someone or men who are free to do what they want to do, have all been baptized into the one body by the same Holy Spirit. We have all received the one Spirit.

14 The body is not one part, but many parts.

15 If the foot should say: "I am not a part of the body because I am not a hand," that would not stop it from being a part of the body.

16 If the ear should say: "I am not a part of the body because I am not an eye," that would not stop it from being a part of the body.

17 If the whole body were an eye how would it hear? If the whole body were an ear, how would it smell?

18 But God has put all the parts into the body just as He wants to have them.

19 If all the parts were the same, it could not be a body.

20 But now there are many parts, but one body.

21 The eye cannot say to the hand: "I do not need you." Or the head cannot say to the feet: "I do not need you."

22 Some of the parts we think are weak and not important are very important.

23 We take good care of and cover with clothes the parts of the body that look less important. The parts which do not look beautiful have an important work to do.

24 Las partes que pueden verse no necesitan cuidado especial. Dios ha hecho el cuerpo de tal manera que se cuidan más las partes del cuerpo que más lo necesitan.
25 Esto es para que el cuerpo no se divida en partes, para que todos se cuiden unos a otros.
26 Si una parte del cuerpo sufre, todas las partes sufren con ella. Si una parte se cuida en manera especial, todas las otras partes se gozan.

El cuerpo de Cristo

27 Todos ustedes son una parte del cuerpo de Cristo.
28 Dios ha escogido diferentes personas en la iglesia para hacer su trabajo. Están los misioneros, después los que hablan en nombre de Dios. Luego hay maestros. Después ha escogido a los que hacen obras poderosas y a los que tienen el don de sanar enfermos. Y ha escogido a los que ayudan a las personas necesitadas y a los que dirigen a otros para hacer el trabajo. También ha escogido a los que hablan en lenguas angelicales.
29 ¿Son todos misioneros? ¡No! ¿Hacen todos obras poderosas? ¡No!
30 ¿Hablan todos en lenguas angelicales? ¡No! ¿Son todos capaces de interpretar estas lenguas? ¡No! Pero todos ustedes deben buscar de todo corazón los mejores dones. Y ahora les mostraré un camino aun mejor:

La importancia del amor

13 Si yo hablo lenguas de los hombres y de los ángeles, pero no tengo amor, mi hablar sólo será como muchos ruidos.
2 Y si predico el mensaje de Dios, y entiendo todos los secretos, pero no

24 The parts that can be seen do not need as much care. God has made the body so more care is given to the parts that need it most.
25 This is so the body will not be divided into parts. All the parts care for each other.
26 If one part of the body suffers, all the other parts suffer with it. If one part is given special care, the other parts are happy.

The body of Christ

27 You are all a part of the body of Christ.
28 God has chosen different ones in the church to do His work. First, there are missionaries. Second, there are preachers or those who speak for God. And third, there are teachers. He has also chosen those who do powerful works and those who have the gifts of healing. And He has chosen those who help others who are in need and those who are able to lead others in work and those who speak in special sounds.
29 Are they all missionaries? No. Are they all preachers or those who speak for God? No. Do they all do powerful works? No.
30 Do they all have the gifts of healing? No! Do they all speak in special sounds? No! Are they all able to tell what the special sounds mean? No! But from your heart you should want the best gifts. Now I will show you even a better way.

Love the greatest of all

13 I may be able to speak the languages of men and even of angels, but if I do not have love, it will sound like noisy brass.
2 If I have the gift of speaking God's Word and if I understand all secrets,

tengo amor, no soy nada. Si me sé de memoria todas las cosas, y tengo el poder de una gran fe, de tal manera que puedo mover montañas, y no tengo amor, no soy nada.

3 Si doy todo lo que tengo para dar de comer a los pobres, y si doy mi cuerpo para ser quemado, pero no tengo amor, de nada me sirve.

4 El amor es sufrido; es amable. El amor no es celoso, no se hace pasar por importante. El amor no es orgulloso.

5 no hace cosas malas. El amor nunca piensa en sí mismo,

6 no es feliz con el pecado. El amor se goza con la verdad.

7 El amor todo lo sufre, todo lo cree, todo lo espera, todo lo soporta.

8 El amor nunca se acaba. El don de hablar en nombre de Dios terminará. El don de hablar en lenguas angelicales se acabará. El don de entender todas las cosas también tendrá su fin.

9 Porque ahora sólo conocemos en parte y hablamos en parte.

10 Pero cuando todo sea perfecto, entonces estos dones imperfectos dejarán de ser.

11 Cuando yo era niño, hablaba como niño, pensaba como niño, entendía como niño. Ahora que soy hombre, ya no actúo como niño.

12 Ahora al mirar, es como ver a través de un espejo roto, a medias o en oscuridad. Pero entonces, veremos todo. Ahora sólo conozco una parte, pero entonces conoceré todo de una manera perfecta. Así es como Dios me conoce ahora.

13 Al fin, quedan tres cosas: la fe, la esperanza y el amor, pero la mayor de ellas es el amor.

but do not have love, I am nothing. If I know all things and if I have the gift of faith so I can move mountains, but do not have love, I am nothing.

3 If I give everything I have to feed poor people and if I give my body to be burned, but do not have love, it will not help me.

4 Love does not give up. Love is kind. Love is not jealous. Love does not put itself up as being important. Love has no pride.

5 Love does not do the wrong thing. Love never thinks of itself. Love does not get angry. Love does not remember the suffering that comes from being hurt by someone.

6 Love is not happy with sin. Love is happy with the truth.

7 Love takes everything that comes without giving up. Love believes all things. Love hopes for all things. Love keeps on in all things.

8 Love never comes to an end. The gift of speaking God's Word will come to an end. The gift of speaking in special sounds will be stopped. The gift of understanding will come to an end.

9 For we only know a part now, and we speak only a part.

10 When everything is perfect, then we will not need these gifts that are not perfect.

11 When I was a child, I spoke like a child. I thought like a child. I understood like a child. Now I am a man. I do not act like a child anymore.

12 Now that which we see is as if we were looking in a broken mirror. But then we will see everything. Now I know only a part. But then I will know everything in a perfect way. That is how God knows me right now.

13 And now we have these three: faith and hope and love, but the greatest of these is love.

El uso de los dones en la Iglesia

14 Sigan este amor y busquen los dones que da el Espíritu Santo. Sobre todo, busquen el don de hablar el mensaje de Dios.

2 El hombre que habla en una lengua no aprendida está hablando a Dios, no a los hombres. Nadie le entiende, porque está hablando, por el poder del Espíritu Santo, cosas secretas.

3 El hombre que habla el mensaje de Dios está hablando a los hombres. Es para enseñarlos, para animarlos y para consolarlos.

4 El que habla en una lengua no aprendida se da fuerza a sí mismo, pero el que predica el mensaje de Dios da fuerza a la iglesia.

5 Yo quisiera que todos ustedes hablaran en lenguas angelicales, pero, sobre todo, que predicaran el mensaje de Dios. Hace mejor a la iglesia el que predica que el que habla en una lengua no aprendida. Si ésta se traduce, ayudará a la iglesia.

6 Hermanos, si yo voy a ustedes hablando una lengua no aprendida y no hablo con la verdad, o con conocimiento, o con mensaje de Dios, ¿de qué les va a servir?

7 Si los instrumentos musicales solamente producen ruidos en vez de sonidos armoniosos, ¿cómo se sabrá qué música se está tocando?

8 Si la trompeta no da un buen sonido, ¿cómo se prepararán los hombres para ir a la batalla?

9 De la misma manera, si su lengua no da palabras que se entiendan, ¿cómo sabrán las personas de qué están hablando ustedes? Sus sonidos se perderán en el aire.

10 Hay muchos idiomas en el mundo.

Speaking in special sounds is not the greatest gift

14 You should want to have this love. You should want the gifts of the Holy Spirit and most of all to be able to speak God's Word.

2 The man who speaks in special sounds speaks to God. He is not speaking to men. No one understands. He is speaking secret things through the power of the Holy Spirit.

3 The man who speaks God's Word speaks to men. It helps them to learn and understand. It gives them comfort.

4 The man who speaks in special sounds receives strength. The man who speaks God's Word gives strength to the church.

5 I wish all of you spoke in special sounds. But more than that, I wish all of you spoke God's Word. The one who speaks God's Word has a more important gift than the one who speaks in special sounds. But if he can tell what he is speaking, the church will be helped.

6 Christian brothers, if I come to you speaking in special sounds, what good is it to you? But if I tell you something God has shown me or something I have learned or what God's Word says will happen in the future or teach you God's Word, it will be for your good.

7 There are things on which people play music. If strange sounds are made on these, how will others know which one is played?

8 If a horn does not make a good sound, how will men know they are to get ready to fight?

9 It is the same if you speak to a person in special sounds. How will he know what you say? Your sounds will be lost in the air.

10 There are many languages in the

Todos ellos tienen un significado para
los que entienden.
11 Pero si yo no entiendo lo que
alguien está hablando, el que habla es
un extraño para mí, y yo soy un extraño para él.
12 Ya que ustedes quieren los dones
del Espíritu Santo, traten de sacar el
mayor provecho de ellos para ayudar a
toda la iglesia.
13 Por eso, el que habla en una lengua
no aprendida debe orar por el don de
traducirla a fin de que se entienda.
14 Si yo oro en lengua no aprendida,
es el Espíritu que hace la oración a través de mí, pero mi mente no entiende
nada.
15 ¿Qué debo hacer entonces? Oraré
según el Espíritu me guíe, pero también
oraré con el entendimiento. Cantaré
según me guíe el Espíritu, pero también cantaré con el entendimiento.
16 Si tú honras y das gracias a Dios
sólo con tu espíritu, ¿cómo podrán los
otros honrar y dar gracias a Dios si no
saben lo que estás diciendo?
17 Tú estás honrando y dando gracias
a Dios, pero no estás ayudando a los
otros.
18 Doy gracias a Dios porque hablo
en lenguas angelicales, más que todos
ustedes.
19 Pero en una reunión de la iglesia,
es mejor que diga cinco palabras que
todos entiendan, y tengan provecho al
entenderlas, que decir diez mil palabras
en lengua no aprendida.
20 Hermanos, no sean como niños al
entender estas cosas. Sean como niños
en cuanto al pecado, pero perfectos al
entender estas cosas.
21 Dios dice en las sagradas escrituras:
"Hablaré a este pueblo en lengua de
hombres de otras tierras y en idiomas
extraños, y ni aun así me oirán, dice el
Señor." Isaías 28:11-12

world. All of them have meaning to the
people who understand them.
11 But if I do not understand the language someone uses to speak to me,
the man who speaks is a stranger to
me. I am a stranger to him.
12 Since you want gifts from the Holy
Spirit, ask for those that will build up
the whole church.
13 So the man who speaks in special
sounds should pray for the gift to be
able to tell what they mean.
14 If I pray in special sounds, my spirit
is doing the praying. My mind does not
understand.
15 What should I do? I will pray with
my spirit and I will pray with my mind
also. I will sing with my spirit and I will
sing with my mind also.
16 If you honor and give thanks to
God with your spirit in sounds nobody
understands, how can others honor
and give thanks also if they do not
know what you are saying?
17 You are honoring and giving thanks
to God, but it is not helping other people.
18 I thank God that I speak in special
sounds more than all of you.
19 But in a meeting of the church, it
is better if I say five words that others
can understand and be helped by than
10,000 words in special sounds.
20 Christian brothers, do not be like
children in your thinking. Be fullgrown,
but be like children in not knowing how
to sin.
21 God says in the Holy Writings: "I
will speak to My people. I will speak
through men from other lands in other
languages. Even then My people will
not listen to Me." Isaiah 28:11-12

22 Por eso el hablar en una lengua no aprendida también sirve un propósito para los que no creen, en vez de para los que creen. Y el hablar en nombre de Dios puede ser para los que creen en vez de para los que no creen.

23 Si alguno que no es cristiano viene a una reunión de la iglesia y todos están hablando en lenguas angelicales, creerá que todos ustedes están locos.

24 Pero si uno que no es cristiano llega a una reunión de la iglesia cuando ustedes están hablando el mensaje de Dios, él, por lo que oye, entenderá que es un pecador. Entonces sabrá que es culpable.

25 Lo secreto de su corazón se descubrirá, y él caerá de rodillas adorando a Dios y diciendo: "Ciertamente, Dios está aquí entre ustedes."

26 ¿Qué quiero decirles, hermanos? Cuando se reúnen para adorar, alguno de ustedes canta un himno de alabanza. Alguno tiene algo que enseñar, y alguno tiene palabra de Dios. Alguno tiene lengua no aprendida, y alguno, la traducción de esta lengua. Todo debe hacerse para bien de los que se reúnen; para que sean cristianos fuertes.

27 No más de dos o tres deben hablar en lenguas angelicales y ellos, uno por uno. Alguien debe traducir para saber el significado.

28 Si no hay nadie que pueda traducir esta lengua angelical, no debe hablar en la iglesia. Debe hablar para sí mismo y para Dios.

29 Dos o tres deben predicar el mensaje de Dios. Los otros deben escuchar y decidir si lo que se habla es correcto o no.

30 Si alguien de los que están sentados recibe la voz de Dios, el que está hablando debe guardar silencio.

31 Todos ustedes pueden predicar el

22 So then speaking in special sounds is for those who do not believe. It is not for those who believe. But speaking God's Word is for those who believe. It is not for those who do not believe.

23 If some people who are not Christians come to your church meeting while all the people are speaking in special sounds, they will think you are crazy.

24 But if a man who is not a Christian comes to your church meeting while you are all speaking God's Word, he will understand that he is a sinner by what he hears. He will know he is guilty.

25 The secrets of his heart will be brought into the open. He will get on his knees and worship God. He will say: "For sure, God is here with you!"

26 What am I saying, Christian brothers? When you meet together for worship, some of you have a song to sing. Some of you want to teach and some have special words from God. Some of you speak in special sounds and some of you tell what they mean. Everything should be done to help those who are meeting together to grow strong as Christians.

27 No more than two or three people should speak in special sounds. Only one should speak at a time. Someone must tell the meaning of the special sounds.

28 If no one is there who can tell the meaning of the special sounds, he should not speak in the church. He should speak only to himself and to God.

29 Two or three should speak God's Word. The other people should listen and decide if they are speaking right.

30 If someone sitting in the meeting gets some special word from God, the one who is speaking should stop.

31 All of you can speak God's Word,

mensaje de Dios, uno por uno. De esta
manera todos ustedes pueden aprender y ser animados.
32 Los que dan el mensaje de Dios,
deben saber callarse también.
33 Porque Dios no quiere confusión
al hablar todos al mismo tiempo en la
iglesia. Dios quiere paz, como la que
hay en todas las iglesias del pueblo
escogido de Dios.
34 A las mujeres, no les es permitido
hablar en las reuniones de la iglesia.
Ellas deben obedecer este mandamiento, como también lo dice la ley judía.
35 Si hay algo que quieran saber, deben
preguntar a sus esposos en su casa. Es
cosa vergonzosa que una mujer hable
en una reunión de la iglesia.
36 ¿Salió de ustedes la palabra de
Dios? o, ¿solamente llegó a ustedes?
37 Algunos de ustedes creen que tal
vez tienen el don de dar el mensaje de
Dios o algún otro don del Espíritu Santo. Si así es, deben reconocer que esto
que les escribo es lo que Dios ha dicho
que debemos obedecer.
38 Pero si alguien no acepta estas
enseñanzas, no tengan ustedes nada
que ver con él.
39 Por eso, hermanos, procuren tener
el don de dar el mensaje de Dios, y
no estorben al que habla en lengua no
aprendida.
40 Pero, hágase todo decentemente y
en orden.

Jesucristo se levantó de los muertos

15 Hermanos cristianos, quiero
recordarles lo que son las buenas nuevas. Son lo mismo que les he
predicarlo antes. Ustedes las recibieron, y su fe se ha fortalecido.
2 Les prediqué esto: que ustedes son
salvos del castigo del pecado por medio
de las buenas nuevas. A menos que

but only one person at a time. In
that way, all of you can learn and be
helped.
32 Men who speak God's Word are
able to stop when they should.
33 God does not want everyone
speaking at the same time in church
meetings. He wants peace. All the
churches of God's people worship this
way.
34 Women should not be allowed to
speak in church meetings. They are to
obey this teaching. The Law says this
also.
35 If they want to find out about something, they should ask their husbands at
home. It is a shame for a woman to
speak in a church meeting.
36 Did the Word of God come from
you Christians in the city of Corinth? Or
are you the only people who received
it?
37 Some of you may think you have
the gift of speaking God's Word or
some other gift from the Holy Spirit.
If you do, you should know that what I
am writing to you is what God has told
us we must obey.
38 If any man does not listen to this,
have nothing to do with him.
39 So then, my Christian brothers,
you should want to speak God's Word.
Do not stop anyone from speaking in
special sounds.
40 All things should be done in the
right way, one after the other.

Jesus Christ was raised from the dead

15 Christian brothers, I want to
tell the Good News to you
again. It is the same as I preached to
you before. You received it and your
faith has been made strong by it.
2 This is what I preached to you. You
are saved from the punishment of sin
by the Good News if you keep hold of

su fe sea en vano, deben seguir firmes.

3 Primeramente les enseñé todo lo que recibí. Fue esto: Cristo murió por nuestros pecados de acuerdo con las sagradas escrituras. Isaías 53:5-12

4 Cristo fue sepultado. Se levantó de los muertos al tercer día según las sagradas escrituras. Salmo 16:9-10

5 Cristo fue visto por Pedro. Después de esto fue visto por los doce misioneros.

6 Y después de esto, más de quinientos hermanos juntos le vieron. La mayoría de ellos todavía viven, pero otros han muerto.

7 Después de esto, Santiago vio a Cristo; y luego lo vieron todos los misioneros.

8 Al último, Cristo me apareció a mí, como si yo hubiera nacido muy tarde.

9 Porque soy el menos importante de los misioneros. No merezco ser llamado misionero porque perseguí a la iglesia de Dios.

10 Pero ahora soy diferente, gracias al poder de Dios. Su favor hacia mí no ha sido en vano. Trabajé más que los otros misioneros. Pero no fui yo, sino el poder de Dios obrando en mí.

11 No importa de quién hayan oído las buenas nuevas: De mí, o de los otros misioneros. Lo importante es esto: que les predicamos las buenas nuevas y que ustedes creyeron. También nosotros seremos levantados de entre los muertos.

12 Les predicamos que Cristo fue levantado de entre los muertos. Pero algunos de ustedes dicen que las demás personas no serán levantadas de los muertos. ¿Por qué dicen esto?

13 Si los muertos no son levantados, entonces Cristo no fue levantado de los muertos.

it, unless your faith was worth nothing.

3 First of all, I taught you what I had received. It was this: Christ died for our sins as the Holy Writings said He would. Isaiah 53:5-12

4 Christ was buried. He was raised from the dead three days later as the Holy Writings said He would.
Psalm 16: 9-10

5 Christ was seen by Peter. After that, the twelve followers saw Him.

6 After that, more than 500 of His followers saw Him at one time. Most of them are still here, but some have died.

7 After that, James saw Christ. Then all the missionaries saw Him.

8 Last of all, Christ showed Himself to me as if I had been born too late.

9 For I am the least important of all the missionaries. I should not be called a missionary because I made it so hard for God's church.

10 I am different now. It is all because of what God did for me by His loving favor. His loving favor was not wasted. I worked harder than all the other missionaries. But it was not I who worked. It was God's loving favor working through me.

11 It makes no difference how you heard the Good News. It could have been through the other missionaries or through me. The important thing is this: We preached the Good News to you and you believed it.

12 We preached to you that Christ has been raised from the dead. But some of you say that people are not raised from the dead. Why do you say this?

13 If the dead are not raised, then Christ was not raised from the dead.

14 Si Cristo no fue levantado de los muertos, entonces lo que les predicamas es sin valor. Su fe en Cristo es también sin valor.
15 Si los muertos no vuelven a vivir, esto nos hace mentirosos a todos, porque dijimos que Dios levantó a Cristo de los muertos.
16 Repetimos: Si los muertos no son levantados, entonces Cristo no fue levantado de los muertos.
17 Y si Cristo no fue levantado de los muertos, la fe de ustedes es sin valor, y todavía viven en pecados.
18 Entonces los cristianos que murieron están perdidos en pecado.
19 Si esperamos en Cristo únicamente en esta vida, somos más miserables que nadie.
20 ¡Pero la verdad es esto! Cristo sí fue levantado de entre los muertos. Él fue el primero para ser levantado de entre los muertos, y los que están en sus tumbas le seguirán.
21 La muerte vino por causa de un hombre, Adán. Que seamos levantados de los muertos también viene por causa de un hombre, Cristo.
22 Todos los hombres morirán como murió Adán. Pero todos los que pertenecemos a Cristo seremos levantados a una vida nueva.
23 Sucedera así, Cristo fue el primero. Todos los que pertenecen a Cristo serán levantados de los muertos cuando él venga otra vez.
24 Después, al fin del mundo, Cristo dará el reino a Dios el Padre. Cristo habrá destruido toda nación y poder.
25 Cristo debe ser rey hasta que haya destruido a todos los que odian y trabajan contra él.
26 Lo último que será destruido es la muerte.
27 Las sagradas escrituras dicen que

14 If Christ was not raised from the dead, then what we preach to you is worth nothing. Your faith in Christ is worth nothing.
15 That makes us all liars because we said that God raised Christ from the dead. But God did not raise Christ from the dead if the dead do not come to life again.
16 If the dead are not raised, then not even Christ was raised from the dead.
17 If Christ was not raised from the dead, your faith is worth nothing and you are still living in your sins.
18 Then the Christians who have already died are lost in sin.
19 If we have hope in Christ in this life only, we are more sad than anyone else.
20 But it is true! Christ has been raised from the dead! He was the first One to be raised from the dead and all those who are in graves will follow.
21 Death came because of a man, Adam. Being raised from the dead also came because of a Man, Christ.
22 All men will die as Adam died. But all those who belong to Christ will be raised to new life.
23 This is the way it is: Christ was raised from the dead first. Then all those who belong to Christ will be raised from the dead when He comes again.
24 Next, at the end of the world, Christ will give His holy nation over to God the Father. Christ will have destroyed every nation and power.
25 Christ must be King until He has destroyed all those who hate Him and work against Him.
26 The last thing that will be destroyed is death.
27 The Holy Writings say that God

Dios ha puesto todas las cosas bajo los pies de Cristo, menos él mismo.
28 Cuando Cristo esté sobre todas las cosas, él mismo se pondrá bajo Dios, quien lo puso sobre todas las cosas.
29 ¿Qué provecho sacará la gente al ser bautizada por ayudar a los muertos? Si los muertos no son levantados, ¿por qué la gente se bautiza por ellos?
30 ¿Por qué estamos nosotros también en peligro a cada momento?
31 Digo esto, hermanos; me alegro de lo que nuestro Señor Jesucristo haya hecho por ustedes. Por eso hago frente a la muerte todos los días.
32 Según lo vean los hombres, ¿qué bien me ha hecho haber luchado en Éfeso contra animales salvajes? Si los muertos no son levantados, podemos ser como los que dicen: "Comamos y bebamos, porque mañana moriremos."
33 No permitan que nadie les engañe. La conducta de los malos hace que los que quieren vivir vidas buenas se vuelvan malos.
34 Manténganse alerta en sus pensamientos: De una vez, dejen de pecar. Algunos no conocen bien a Dios. Digo esto para avergonzarlos,

El cuerpo que será levantado

35 Alguno dirá: "¿Cómo son levantados los muertos? ¿Qué clase de cuerpo tendrán?"
36 ¿Qué pregunta? Cuando ustedes siembran una semilla, ésta debe morir antes de producir una nueva vida.
37 Cuando la ponen en la tierra, no están sembrando el cuerpo que va a brotar. Ponen solamente la semilla.
38 Es Dios quien da el cuerpo según él quiere que sea. Cada clase de semilla viene a ser su propio cuerpo diferente que las demás.

has put all things under Christ's feet except Himself.
28 When Christ is over all things, He will put Himself under God Who put all things under Christ. And God will be over all things.
29 What good will it do people if they are baptized for the dead? If the dead are not raised, why are people baptized for them?
30 Why are we also in danger every hour?
31 I say this, Christian brothers, I have joy in what Jesus Christ our Lord has done for you. That is why I face death every day.
32 As men look at it, what good has it done for me in the city of Ephesus to fight with men who act like wild animals? If the dead are not raised, we might as well be like those who say: "Let us eat and drink, for tomorrow we die."
33 Do not let anyone fool you. Bad people can make those who want to live good become bad.
34 Keep your minds awake! Stop sinning. Some do not know God at all. I say this to your shame.

The body that will be raised

35 Someone will say: "How are the dead raised? What kind of bodies will they have?"
36 What a foolish question! When you plant a seed, it must die before it starts new life.
37 When you put it in the earth, you are not planting the body which it will become. You put in only a seed.
38 It is God Who gives it a body just as He wants it to have. Each kind of seed becomes a different kind of body.

39 No toda carne es igual. Los hombres tienen una clase de carne; los animales tienen otra.

40 Hay cuerpos en el cielo, y los hay en la tierra. Su grandeza no es igual.

41 El sol tiene su grandeza, y la luna tiene la suya. Las estrellas tienen su propia grandeza. Una estrella es diferente a otra en cuanto a grandeza.

42 Lo mismo pasa con los que son levantados de los muertos. El cuerpo se vuelve polvo al ponerse en la tumba. Cuando el cuerpo sea levantado de la tumba, ya nunca más volverá a morir.

43 No tiene grandeza al ponerse en la tumba, pero es levantado con grandeza que brilla. Es débil cuando se pone en la tumba, pero es levantado con poder.

44 Cuando muere, no es más que un cuerpo humano; pero cuando es levantado de los muertos, ya es un cuerpo con la naturaleza de Dios, es decir: espiritual. Hay cuerpos humanos, y hay cuerpos espirituales.

45 Las sagradas escrituras dicen: "El primer hombre, Adán, fue hecho alma viviente." Génesis 2:7 Pero el último Adán (Cristo) es Espíritu que da vida.

46 Primero tenemos estos cuerpos humanos. Después se nos dará un cuerpo espiritual que estará capacitado para ir al cielo.

47 Adán fue el primer hombre. Él fue formado del polvo de la tierra. Cristo fue el segundo hombre. Él vino del cielo.

48 Todos los hombres de la tierra son como Adán. Pero los que pertenecen a Cristo tendrán un cuerpo como el de Cristo, que vino del cielo.

49 Ahora nuestros cuerpos son como el cuerpo de Adán. Pero en el cielo, nuestros cuerpos serán como el cuerpo de Cristo.

39 All flesh is not the same. Men have one kind of flesh. Animals have another kind. Fish have another kind, and birds have another kind.

40 There are bodies in the heavens. There are bodies on earth. Their greatness is not the same.

41 The sun has its greatness. The moon has its greatness. Stars have their greatness. One star is different from another star in greatness.

42 It is the same with people who are raised from the dead. The body will turn back to dust when it is put in a grave. When the body is raised from the grave, it will never die.

43 It has no greatness when it is put in a grave, but it is raised with shining-greatness. It is weak when it is put in a grave, but it is raised with power.

44 It is a human body when it dies, but it is a God like body when it is raised from the dead. There are human bodies and there are God like bodies.

45 The Holy Writings say: "The first man, Adam, became a living soul." Genesis 2:7 But the last Adam (Christ) is a lifegiving Spirit.

46 We have these human bodies first. Then we are given Godlike bodies that are ready for heaven.

47 Adam was the first man. He was made from the dust of the earth. Christ was the second man. He came down from heaven.

48 All men of the earth are made like Adam. But those who belong to Christ will have a body like the body of Christ Who came from heaven.

49 Now, our bodies are like Adam's body. But in heaven, our bodies will be like the body of Christ.

50 Hermanos, nuestros cuerpos de carne y sangre no van a heredar el reino de Dios. Lo que muere no puede tener parte con lo que nunca muere.

51 Permítanme decirles un secreto. No todos vamos a morir, pero todos vamos a ser cambiados.

52 En muy poco tiempo, en un abrir y cerrar de ojos, los cristianos que están muertos van a ser levantados. Esto va a pasar cuando suene la trompeta. Los muertos serán levantados para nunca más morir. Luego todos nosotros que vivimos, seremos cambiados.

53 Nuestros cuerpos humanos hechos de polvo, y que pueden morir, serán cambiados en un cuerpo que no puede ser destruido. Nuestros cuerpos humanos que pueden morir serán cambiados en cuerpos que nunca morirán.

54 Cuando lo que puede ser destruido haya sido cambiado en lo que no puede ser destruido, y cuando lo que muere haya sido cambiado en lo que no puede morir, entonces será llevado a cabo lo que dicen las sagradas escrituras: "La muerte ya no tiene poder sobre la vida" Isaías 25:8

55 Oh muerte, ¿dónde está tu poder? Oh muerte, ¿dónde están tus dolores?

56 El dolor de la muerte es el pecado, y el pecado tiene poder sobre los que están bajo la ley.

57 Pero Dios es quien nos da poder para vencer el pecado por medio de nuestro Señor Jesucristo. Damos gracias a Dios por esto.

58 Así que, hermanos, por causa de todo esto, sean fuertes. No permitan que nadie cambie lo que ustedes piensan. Siempre hagan bien su trabajo en la obra del Señor. Sepan que cualquier cosa que hagan por el Señor no es en vano.

50 Christian brothers, our bodies which are made of flesh and blood will not go into the holy nation of God. That which dies can have no part in that which will never die.

51 For sure, I am telling you a secret. We will not all die, but we will all be changed.

52 In a very short time, no longer than it takes for the eye to close and open, the Christians who have died will be raised. It will happen when the last horn sounds. The dead will be raised never to die again. Then the rest of us who are alive will be changed.

53 Our human bodies made from dust must be changed into a body that cannot be destroyed. Our human bodies that can die must be changed into bodies that will never die.

54 When this that can be destroyed has been changed into that which cannot be destroyed, and when this that does die has been changed into that which cannot die, then it will happen as the Holy Writings said it would happen. They said: "Death has no more power over life." Isaiah 25:8

55 O death, where is your power? O death, where are your pains?

56 The pain in death is sin. Sin has power over those under the Law.

57 But God is the One Who gives us power over sin through Jesus Christ our Lord. We give thanks to Him for this.

58 So then, Christian brothers, because of all this, be strong. Do not allow anyone to change your mind. Always do your work well for the Lord. You know that whatever you do for Him will not be wasted.

Ayuda para los pobres

16 Quiero decirles lo que deben hacer en el asunto del dinero que están juntando para los cristianos. Hagan lo mismo que mandé que se hiciera en las iglesias del país de Galicia.

2 El primer día de cada semana cada uno debe apartar en su casa algo de su dinero. Den una parte de lo que hayan ganado. Guárdenlo ahí y no esperen hasta que yo llegue para entonces hacer colectas.

3 Cuando yo llegue, los que tengan carta de autorización de parte de ustedes, a éstos enviaré a Jerusalén.

4 Y si es necesario que yo vaya, ellos irán conmigo.

Planes para una visita

5 Quiero visitarlos después que haya pasado por el país de Macedonia.

6 Podrá ser que me quede con ustedes y que pase el invierno allí. Entonces ustedes pueden enviarme al próximo lugar al que tengo que ir.

7 No quiero detenerme ahora. Quiero pasar un tiempo más largo con ustedes, si es la voluntad del Señor.

8 Estaré en la ciudad de Éfeso hasta el día especial que recuerda cómo vino el Espíritu Santo a la iglesia.

9 Se me ha abierto una puerta amplia aquí para que yo predique las buenas nuevas. Pero hay muchos que están en mi contra.

10 Si llega Timoteo, recíbanle y ayúdenle para que se sienta tranquilo. Él trabaja en la obra del Señor igual que yo.

11 Todos deben respetarlo. Mándenmelo en paz para que esté conmigo. Espero verlo a él pronto y también otros de los creyentes.

12 Quiero que el hermano Apolos vaya con otros hermanos a visitarlos. Pero él no está seguro si debe ir ahora. Irá cuando pueda.

Gifts for the poor

16 I want to tell you what to do about the money you are gathering for the Christians. Do the same as I told the churches in the country of Galatia to do.

2 On the first day of every week each of you should put aside some of your money. Give a certain part of what you have earned. Keep it there because I do not want money gathered when I come.

3 When I get there, I will give letters to the men you want to send. They will take your gift to Jerusalem.

4 If I can go, they can go with me.

Plans for a visit

5 I want to visit you after I have gone through the country of Macedonia for I am going through there.

6 I may be staying with you and even spend the winter with you. Then you can send me on my way to the next place.

7 I do not want to stop now. I want to spend some time with you when I can stay longer, if that is what the Lord wants.

8 I will stay in the city of Ephesus until the special day to remember how the Holy Spirit came on the church.

9 A wide door has been opened to me here to preach the Good News. But there are many who work against me.

10 If Timothy comes, receive him and help him so he will not be afraid. He is working for the Lord as I am.

11 Everyone should respect him. Send him on his way to me in peace. I expect to see him and some of the other Christians soon.

12 I wanted brother Apollos to go with the other Christians to visit you. But he is not sure he should go now. He will come when he can.

13 ¡Velen y estén alerta! Manténganse
firmes en la fe. Pórtense como verdaderos hombres. Esfuércense.
14 Hagan todo en amor.

15 Ustedes saben que Estéfanas y su
familia fueron los primeros cristianos
en la provincia de Acaya. Ellos trabajan
para el Señor, ayudando a su pueblo.
16 Pido que ustedes oigan a esta clase
de dirigentes y trabajen con ellos, y con
otros como ellos.
17 Estoy contento de que Estéfanas,
Fortunato y Acaico hayan venido. Ellos
me ayudaron como lo hubieran hecho
ustedes si hubieran estado aquí.
18 Me hicieron sentir feliz, igual que a
ustedes. Muéstrenles que están agradecidos por su ayuda.
19 Las iglesias de la provincia de Asia
les envían saludos. Aquila y Priscila, con
la iglesia que se reúne en la casa, les
envían saludos de amor cristiano.
20 Todos los hermanos de aquí les
envian saludos. Salúdense unos a otros
con un beso de amor cristiano.
21 Yo, Pablo, les escribo este saludo
de mi puño y letra.
22 Si alguno no ama al Señor, sea mal-
dito de Dios. El Señor viene pronto.

23 Que el favor del Señor Jesús sea
siempre entre ustedes.
24 Les envío mi amor en Jesucristo.
Así sea.

13 Watch and keep awake! Stand true
to the Lord. Keep on acting like men
and be strong.
14 Everything you do should be done
in love.
15 You know that the families of
Stephanas were the first Christians in
the country of Greece. They are working for the Lord in helping His people.
16 I ask you to listen to leaders like
these and work with them as well as
others like them.
17 I am happy that Stephanas and For-
tunatus and Achaicus came here. They
have helped me and you would have
also if you had been here.
18 They have made me happy. They
would have made you happy also. Show
them you are thankful for their help.
19 The churches in the countries of
Asia say hello. Aquila and Priscilla and
the Christians who meet in their house
say hello with Christian love.
20 All the Christians here say hello to
you. Say hello to each other with a kiss
of holy love.
21 I, Paul, am writing the last part of
this letter with my own hand.
22 If anyone does not love the Lord,
let him be kept from being with Christ.
The Lord is coming soon!
23 May you have the loving favor of
our Lord Jesus.
24 I love you all through Christ Jesus.
Let it be so.

2 Corintios

1 Esta carta es de Pablo. He sido escogido por Dios para ser misionero de Jesucristo. Timoteo está conmigo y también les escribe. Estamos escribiendo a la iglesia de Dios que está en la ciudad de Corinto y a todo el pueblo de Dios del país de Acaya.

2 Les deseamos el favor y la paz de Dios nuestro Padre y del Señor Jesucristo.

3 Damos gracias a Dios y Padre de nuestro Señor Jesucristo. Él es nuestro Padre. Está lleno de amor para con nosotros; es el Dios que nos consuelo.

4 En todos nuestros problemas. Así, nosotros podemos consolar a los que tienen los mismos problemas. Damos el mismo consuelo que Dios nos da.

5 Así como hemos sufrido mucho por Cristo y como hemos participado de sus sufrimientos, también tendremos parte en su gran consuelo.

6 Pero si estamos en dificultades, es por el bien de ustedes. Y es así para que sean librados del castigo del pecado. Si Dios nos consuela, es para su bien. Ustedes serán fortalecidos a fin de no rendirse aun cuando tengan las mismas dificultades que nosotros.

7 Nuestra esperanza por ustedes es la misma de siempre. Sabemos que ustedes están participando de nuestros sufrimientos. Así también participarán del consuelo que nosotros recibimos.

8 Hermanos, queremos que sepan las dificultades que tuvimos en el país de Asia. La carga fue tan pesada que no tuvimos fuerzas para continuar. A veces pensamos que íbamos a morir.

9 Pero si tuvimos experiencia de

2 Corinthians

1 This letter is from Paul. I have been chosen by God to be a missionary for Jesus Christ. Timothy is here with me and is writing to you also. We are writing to God's church in the city of Corinth and to all of God's people in the country of Greece.

2 May you have loving favor and peace from God our Father and the Lord Jesus Christ.

3 We give thanks to the God and Father of our Lord Jesus Christ. He is our Father Who shows us loving kindness and our God Who gives us comfort.

4 He gives us comfort in all our troubles. Then we can comfort other people who have the same troubles. We give the same kind of comfort God gives us.

5 As we have suffered much for Christ and have shared in His pain, we also share His great comfort.

6 But if we are in trouble, it is for your good. And it is so you will be saved from the punishment of sin. If God comforts us, it is for your good also. You too will be given strength not to give up when you have the same kind of trouble we have.

7 Our hope for you is the same all the time. We know you are sharing our troubles. And so you will share the comfort we receive.

8 We want you to know, Christian brothers, of the trouble we had in the countries of Asia. The load was so heavy we did not have the strength to keep going. At times we did not think we could live.

9 We thought we would die. This

muerte, fue para que no confiáramos en nosotros mismos, sino en Dios, quien levanta a los muertos.

10 Sí, Dios nos guardó de lo que parecía una muerte segura. Él continúa guardándonos. Al confiar en él, nos guardará en el futuro.

11 También ayúdennos ustedes, orando por nosotros. Muchos dan gracias a Dios por su amor para con nosotros. Es una contestación a las oraciones de muchos.

Pablo quiere visitar a Corinto

12 Me alegra decir esto. Todo lo que hicimos en este mundo, y de seguro cuando estuvimos con ustedes, fue con honestidad. Tuvimos deseos puros. No confiamos en la sabiduría humana. Nuestro poder viene del favor de Dios.

13 Les escribimos porque sabemos lo que ustedes pueden entender. Espero que entiendan todo.

14 Cuando el Señor Jesús venga otra vez, ustedes podrán estar orgullosos de nosotros como nosotros lo estaremos de ustedes. Ahora ustedes no nos entienden completamente.

15 Fue por esto que primero quise visitarlos. De esa manera, ustedes podrían recibir mi ayuda dos veces.

16 Quise detenerme para visitarlos en mi viaje al país de Macedonia, y luego, de regreso de allá, venir a ustedes. Entonces podrían ayudarme en mi viaje al país de Judea.

17 Pero cambié de idea. ¿Indica esto que cambio de idea demasiado? ¿Hago planes como la gente del mundo que dice "sí", cuando quiere decir "no"?

18 Del mismo modo que Dios es verdadero, mi "sí" significa "sí". No soy como aquellas personas que dicen una cosa y piensan otra.

19 Timoteo, Silvano y yo hemos pre-

happened so we would not put our trust in ourselves, but in God Who raises the dead.

10 Yes, God kept us from what looked like sure death and He is keeping us. As we trust Him, He will keep us in the future.

11 You also help us by praying for us. Many people thank God for His favor to us. This is an answer to the prayers of many people.

Paul wants to visit Corinth

12 I am happy to say this. Whatever we did in this world, and for sure when we were with you, we were honest and had pure desires. We did not trust in human wisdom. Our power came from God's loving favor.

13 We write to you only what we know you can understand. I hope you will understand everything.

14 When the Lord Jesus comes again, you can be as proud of us as we will be proud of you. Right now you do not understand us real well.

15 It was because of this, I wanted to visit you first. In that way, you would be helped two times.

16 I wanted to stop to visit you on my way to the country of Macedonia. I would stop again as I came from there. Then you could help me on my way to the country of Judea.

17 Yes, I changed my mind. Does that show that I change my mind a lot? Do I plan things as people of the world who say yes when they mean no? You know I am not like that!

18 As God is true, my yes means yes. I am not the kind of person who says one thing and means another.

19 Timothy and Silvanus and I have

dicado acerca de Jesucristo, el Hijo de Dios. En él, no hay "sí y no". En él siempre es "sí".
20 Jesús dice "sí" a todas las muchas promesas de Dios. Es por Jesús que decimos "así sea", cuando damos gracias a Dios.
21 Dios es quien hace que nuestra fe y la de ustedes sean fuertes en Cristo. Nos ha apartado para él.
22 Ha puesto su sello sobre nosotros para mostrar que le pertenecemos. Su espíritu está en nuestros corazones para probar esto.
23 Yo invoco a Dios para que vea mi corazón. La razón por la cual no fui a la ciudad de Corinto era porque no quise que mi palabra dura les lastimara.
24 No somos el dueño de la fe de ustedes, pero trabajamos con ustedes para alegrarlos. Su fe está firme.

2 Al pensar en esto, decidí no volver, porque los hubiera entristecido.
2 Si yo los entristezco, ¿quién va a alegrarme a mí? ¿Cómo podrán alegrarme si los entristecí?
3 Es por eso que les escribo esta carta. No quise visitarlos y entristecerme por los mismos que debieran alegrarme. Estoy seguro que cuando me gozo, ustedes también se gozan.
4 Les escribí con un corazón atribulado y con lágrimas en mis ojos. Repito: No quise entristecerlos. Quise que supieran cuánto los amé.

Perdonando a un cristiano

5 Si alguien entre ustedes les ha traído tristeza, no me ha hecho triste a mí, tanto como les ha hecho tristes a todos ustedes. Digo esto para que no les sea demasiado difícil.
6 La mayoría ya ha dicho que aquel hombre es culpable.
7 Ahora deben perdonarlo y conso-

preached to you about Jesus Christ, the Son of God. In Him there is no yes and no. In Him is yes.
20 Jesus says yes to all of God's many promises. It is through Jesus that we say: "Let it be so," when we give thanks to God.
21 God is the One Who makes our faith and your faith strong in Christ. He has set us apart for Himself.
22 He has put His mark on us to show we belong to Him. His Spirit is in our hearts to prove this.
23 I call on God to look into my heart. The reason I did not come to the city of Corinth was because I did not want my strong words to hurt you.
24 We are not the boss of your faith but we are working with you to make you happy. Your faith is strong.

2 As I thought about it, I decided I would not come to you again. It would only make you sad.
2 If I make you sad, who is going to make me happy? How can you make me happy if I make you sad?
3 That is why I wrote that letter to you. I did not want to visit you and be made sad by the ones who should be making me happy. I am sure when I am happy, you are happy also.
4 I wrote you with a troubled heart. Tears were coming from my eyes. I did not want to make you sad. I wanted you to know how much I loved you.

Forgiving a Christian

5 If someone among you has brought sorrow, he has not made me as sad as he has all of you. I say this so I may not make it hard for you.
6 Most of you have punished him. That is enough for such a person.
7 Now you should forgive him and

larlo. Si no lo hacen, él se sentirá tan
triste que querrá abandonar todo.
8 Les pido que le muestren que lo
aman.
9 Por eso les escribo, para probarlos
y ver si están dispuestos a obedecer en
todas las cosas.
10 Si perdonan a alguien, yo también
lo perdono. Si he perdonado algo, lo
he hecho por causa de ustedes. Cristo
me ha visto hacerlo.
11 Perdonamos para que el diablo no
gane, pues sabemos cómo trabaja.
12 Cuando llegué a la ciudad de Troas,
el Señor abrió la puerta para que yo
predicara las buenas nuevas de Cristo.
13 Estuve inquieto porque no pude
encontrar a nuestro hermano Tito.
Despidiéndome de ellos, proseguí mi
camino al país de Macedonia.
14 Damos gracias a Dios por el poder
que Cristo nos ha dado. Él nos dirige
y nos hace vencedores en todo. Habla
por nosotros dondequiera que estemos. Las buenas nuevas son como olor
agradable a aquellos que las oyen.
15 Somos un olor agradable de Cristo,
que llega hasta Dios. Llega a aquellos
que son salvos del castigo del pecado
y a aquellos que aún están perdidos en
pecado.
16 Es olor a muerte a los que están
perdidos en pecado. Es olor a vida a los
que son salvos del castigo del pecado.
Y, ¿quién es capaz de hacer esto?

17 No somos como otros, que predican la palabra de Dios para ganar
dinero. Somos hombres de verdad y
hemos sido enviados por Dios. Hablamos la palabra de Dios en el poder de
Cristo. Dios es testigo.

Ustedes los corintios, muestran lo que somos

3 ¿Estamos alabándonos a nosotros mismos? Otros escriben
recomendaciones para sí mismos.

comfort him. If you do not, he will be
so sad that he will want to give up.
8 I ask you to show him you do love
him.
9 This is why I wrote to you. I wanted
to test you to see if you were willing to
obey in all things.
10 If you forgive a man, I forgive him
also. If I have forgiven anything, I have
done it because of you. Christ sees me
as I forgive.
11 We forgive so that Satan will not
win. We know how he works!
12 When I arrived in the city of Troas,
the Lord opened the door for me to
preach the Good News of Christ.
13 I was worried because I could
not find our brother Titus. After saying goodbye, I went on my way to the
country of Macedonia.
14 We thank God for the power Christ
has given us. He leads us and makes us
win in everything. He speaks through
us wherever we go. The Good News
is like a sweet smell to those who hear
it.
15 We are a sweet smell of Christ that
reaches up to God. It reaches out to
those who are being saved from the
punishment of sin and to those who
are still lost in sin.
16 It is the smell of death to those
who are lost in sin. It is the smell of life
to those who are being saved from the
punishment of sin. Who is able for such
a work?
17 We are not like others. They
preach God's Word to make money.
We are men of truth and have been
sent by God. We speak God's Word
with Christ's power. All the time God
sees us.

The old and the new way

3 Are we making it sound as if
we think we are so important?
Other people write letters about

¿Necesitamos escribirles esta clase de cartas?

2 Ustedes son nuestras cartas. Ustedes están grabados en nuestros corazones. Ustedes son conocidos y leidos por todos los hombres.

3 Ustedes son como una carta de Cristo escrita por nosotros. No son como otras cartas, escritas con tinta o sobre piedra. Ustedes están escritos en corazones humanos por el Espíritu del Dios vivo.

4 Podemos decir esto a causa de su fe en Dios por medio de Cristo.

5 Sabemos que nosotros solos no somos capaces de hacer nada, pero Dios nos ayuda a hacerlo.

6 Dios es quien nos hizo ministros de un nuevo acuerdo entre Dios y los hombres, no de la ley sino del Espíritu Santo. La ley mata, pero el Espíritu Santo da vida.

7 La ley de Moisés fue escrita en piedra y trajo muerte. Pero cuando esa ley fue dada originalmente, se manifestó la gloria de Dios. Cuando Moisés la llevó a los judíos, ellos no podían soportar verle la cara porque resplandecía. Pero el resplandor de su cara tuvo que desaparecer.

8 El nuevo modo de vida a través del Espíritu Santo viene con mucha más gloria.

9 Si la ley de Moisés, que lleva a la muerte, vino con gloria, ¿cuánta más gloria traerá la ley que nos perdona completamente y nos hace estar bien con Dios?

10 La ley de Moisés vino con gran gloria hace mucho tiempo. Pero su luz ya no brilla. La gloria del nuevo acuerdo que nos da vida es mucho más brillante.

11 La gloria de la ley de Moisés pronto se acabó. Pero el nuevo modo de vida es mucho mas resplandeciente. Nunca

themselves. Do we need to write such a letter to you?

2 You are our letter. You are written in our hearts. You are known and read by all men.

3 You are as a letter from Christ written by us. You are not written as other letters are written with ink, or on pieces of stone. You are written in human hearts by the Spirit of the living God.

4 We can say these things because of our faith in God through Christ.

5 We know we are not able in ourselves to do any of this work. God makes us able to do these things.

6 God is the One Who made us preachers of a New Way of Worship. This New Way of Worship is not of the Law. It is of the Holy Spirit. The Law brings death, but the Holy Spirit gives life.

7 The Law of Moses was written on stone and it brought death. But God's shining greatness was seen when it was given. When Moses took it to the Jews, they could not look at his face because of the bright light. But that bright light in his face began to pass away.

8 The new way of life through the Holy Spirit comes with much more shining greatness.

9 If the Law of Moses, that leads to death, came in shining greatness, how much greater and brighter is the light that makes us right with God?

10 The Law of Moses came with shining greatness long ago. But that light is no longer bright. The shining greatness of the New Way of Worship that brings us life is so much brighter.

11 The shining light that came with the Law of Moses soon passed away. But the new way of life is much brighter. It

se acabará.

12 Hablamos sin temor porque nuestra confianza está en Cristo.

13 No somos como Moisés, que ponía un velo sobre su cara para que los judíos no pudieran ver que el resplandor se iba apagando.

14 La mente de ellos no podía comprender las cosas. Hasta nuestros días, cada vez que se dé lectura a la ley judía, hay un velo sobre sus mentes. No ven que Cristo es el único que puede quitar el velo.

15 Sí, hasta el día de hoy, hay un velo sobre sus corazones cada vez que es leída la ley de Moisés.

16 Pero cada vez que alguien se vuelve al Señor, es quitado el velo.

17 El Señor es el Espíritu, y donde está el Espíritu del Señor, el corazón es libre.

18 Todos nosotros, sin el velo sobre nuestra cara, mostramos la gloria de Dios como en un espejo. Todo el tiempo somos transformados a fin de parecernos a él con más y más de su gloria. Este cambio proviene del Señor, quien es el Espíritu.

Pablo es fiel al predicar las buenas nuevas

4 Por su amor, Dios nos ha dado este trabajo y no nos desanimamos.

2 Hemos hecho a un lado todas las cosas que se hacen en secreto y dan vergüenza. No jugamos con la palabra de Dios, ni la usamos falsamente. Porque decimos la verdad, deseamos que los corazones de los hombres nos escuchen. Dios conoce nuestros deseos.

3 Si las buenas nuevas que predicamos están ocultas, lo están para los perdidos en pecado.

4 Los ojos del entendimiento de los que no creen son cerrados por el diablo, quien es el gobernador de este mundo.

will never pass away.

12 We speak without fear because our trust is in Christ.

13 We are not like Moses. He put a covering over his face so the Jews would not see that the bright light was passing away.

14 Their minds were not able to understand. Even to this day when the Law is read, there is a covering over their minds. They do not see that Christ is the only One Who can take the covering away.

15 Yes, to this day, there is a covering over their hearts whenever the Law of Moses is read.

16 But whenever a man turns to the Lord, the covering is taken away.

17 The heart is free where the Spirit of the Lord is. The Lord is the Spirit.

18 All of us, with no covering on our faces, show the shining greatness of the Lord as in a mirror. All the time we are being changed to look like Him, with more and more of His shining greatness. This change is from the Lord Who is the Spirit.

Paul is faithful in preaching the Good News

4 Through God's loving kindness, He has given us this job to do. So we do not give up.

2 We have put away all things that are done in secret and in shame. We do not play with the Word of God or use it in a false way. Because we are telling the truth, we want men's hearts to listen to us. God knows our desires.

3 If the Good News we preach is hidden, it is hidden to those who are lost in sin.

4 The eyes of those who do not believe are made blind by Satan who is the god of this world. He does not want

Él no quiere que la luz de las buenas nuevas brille en sus corazones. Estas buenas nuevas brillan como la gloria de Cristo, quien es la imagen de Dios.

5 No nos predicamos a nosotros mismos. Predicamos a Jesucristo el Señor. Somos servidores de ustedes por causa de Jesús.

6 Dios mandó que la luz brillara en la oscuridad. Génesis 1:3 Él es quién hace brillar su luz en nuestros corazones. Esto nos trae la luz del conocimiento de la gloria de Dios, la cual se ve en el rostro de Cristo.

7 Tenemos esta luz de Dios en nuestros cuerpos. Esa luz nos muestra que el poder es de Dios y no de nosotros.

8 Somos apretados por todos lados, pero aún tenemos lugar para movernos. A menudo estamos en apuros, pero nunca nos desanimamos.

9 La gente nos persigue, pero no estamos solos. Nos golpean, pero no nos destruyen.

10 Llevamos en nuestro cuerpo marcas que muestran la muerte de Cristo.

11 Cada día de nuestra vida nos enfrentamos a la muerte por causa de Jesús. De esta manera, se ve su vida en nuestros cuerpos.

12 La muerte trabaja en nosotros porque trabajamos por el Señor, pero la vida de él trabaja en ustedes.

13 Las sagradas escrituras dicen: "Creí, por eso hablé." Salmo 116:10 Nosotros tenemos la misma clase de fe que tuvo David. También creemos, por eso hablamos.

14 Sabemos que Dios levantó a Jesús de la muerte. También nos levantará a nosotros. Dios nos llevará hacia él mismo y les llevará también a ustedes.

15 Estas cosas sucedieron para el bien de ustedes. Cuando más personas reciben el favor de Dios, ellas darán

the light of the Good News to shine in their hearts. This Good News shines as the shining greatness of Christ. Christ is as God is.

5 We do not preach about ourselves. We preach Christ Jesus the Lord. We are your servants because of Jesus.

6 It was God Who said, The light will shine in darkness. Genesis 1:3 He is the One Who made His light shine in our hearts. This brings us the light of knowing God's shining greatness which is seen in Christ's face.

7 We have this light from God in our human bodies. This shows that the power is from God. It is not from ourselves.

8 We are pressed on every side, but we still have room to move. We are often in much trouble, but we never give up.

9 People make it hard for us, but we are not left alone. We are knocked down, but we are not destroyed.

10 We carry marks on our bodies that show the death of Jesus. This is how Jesus makes His life seen in our bodies.

11 Every day of our life we face death because of Jesus. In this way, His life is seen in our bodies.

12 Death is working in us because we work for the Lord, but His life is working in you.

13 The Holy Writings say: "I believed, so I spoke." Psalm 116:10 We have the same kind of faith as David had. We also believe, so we speak.

14 We know that God raised the Lord Jesus from the dead. He will raise us up also. God will take us to Himself and He will take you.

15 These things happened for your good. As more people receive God's favor, they will give thanks for the shin-

más gracias por la gloria de Dios.

ing greatness of God.

La vida ahora, la vida en el cielo

16 Esta es la razón por la que nunca nos desanimamos. Nuestro cuerpo se gasta, pero nuestro espíritu se fortalece cada día.

17 Las pequeñas molestias que sufrimos ahora, por un poco de tiempo, nos preparan para las grandes cosas que Dios nos dará para más allá.

18 No miramos hacia las cosas que pueden verse. Vemos lo que no se puede ver. Las cosas que pueden verse tendrán fin, pero las cosas que no se ven durarán para siempre.

Nuestros débiles cuerpos

5 Nuestro cuerpo es como una casa que habitamos aquí en la tierra. Cuando sea destruido, sabemos que Dios tiene otro cuerpo para nosotros en el cielo. El nuevo cuerpo no será hecho de manos humanas como una casa. Este cuerpo durará para siempre.

2 Ahora mismo lloramos en lo interior porque quisiéramos tener pronto el nuevo cuerpo que tendremos en el cielo.

3 No estaremos sin cuerpo, sino que viviremos en un cuerpo nuevo.

4 Mientras estamos en este cuerpo, lloramos dentro de nosotros mismos porque las cosas son difíciles. No es que queremos morir. Más bien queremos vivir en nuestro nuevo cuerpo. Queremos que este cuerpo que algún día morirá se cambie en un cuerpo viviente que dura para siempre.

5 Es Dios quien nos ha preparado este cambio. Nos ha dado su Espíritu para enseñarnos lo que Dios tiene para nosotros.

6 Estamos seguros de que mientras estemos en este cuerpo, no estamos con el Señor.

7 Nuestra vida la vivimos por fe. No

Life now, life in Heaven

16 This is the reason we do not give up. Our human body is wearing out. But our spirits are getting stronger every day.

17 The little troubles we suffer now for a short time are making us ready for the great things God is going to give us forever.

18 We do not look at the things that can be seen. We look at the things that cannot be seen. The things that can be seen will come to an end. But the things that cannot be seen will last forever.

Our weak human bodies

5 Our body is like a house we live in here on earth. When it is destroyed, we know that God has another body for us in heaven. The new one will not be made by human hands as a house is made. This body will last forever.

2 Right now we cry inside ourselves because we wish we could have our new body which we will have in heaven.

3 We will not be without a body. We will live in a new body.

4 While we are in this body, we cry inside ourselves because things are hard for us. It is not that we want to die. Instead, we want to live in our new bodies. We want this dying body to be changed into a living body that lasts forever.

5 It is God Who has made us ready for this change. He has given us His Spirit to show us what He has for us.

6 We are sure of this. We know that while we are at home in this body we are not with the Lord.

7 Our life is lived by faith. We do not

vivimos por lo que vemos delante de nosotros.

8 Estamos seguros que nos alegraremos al ser libertados de estos cuerpos. Será bueno estar en casa con el Señor.

9 Por eso, si estamos aquí en la tierra, o si estamos con él en el cielo, siempre querremos agradarle.

10 Pues todos nosotros tenemos que presentarnos delante de Cristo cuando el diga quién es culpable o no. Cada uno recibirá su pago por lo que haya hecho en el cuerpo, sea bueno o malo.

11 A causa de esto, conocemos el temor del Señor. Por eso, trabajamos para que los hombres crean en Cristo. Dios lo sabe. Espero que sus corazones también me conozcan bien.

12 No queremos aparentar que somos muy importantes; pero sí, queremos darles oportunidad de que estén orgullosos de nosotros. De esta manera, ustedes pueden hablar acerca de nosotros a los que hablan de la cara pero no se fijan en el corazón.

13 ¿Estamos locos al hablar así? Es por lo que Dios ha hecho. Si usamos bien nuestro pensamiento, es por causa de ustedes.

14 El amor de Cristo nos obliga. Estamos seguros que Cristo murió por todos. De manera que cada quien participa de su muerte.

15 .Cristo murió por todos, a fin de que todos vivan por él. Deben vivir para agradar a Cristo, no a sí mismos, ya que Cristo murió en una cruz y se levantó de los muertos en favor de ellos.

16 De ahora en adelante, no pensamos que podemos conocer a las personas y saber cómo son, mirándoles solamente. Antes pensábamos aun de Cristo de esta manera. Pero ya no pensamos así.

17 De manera que si alguien pertene-

live by what we see in front of us.

8 We are sure we will be glad to be free of these bodies. It will be good to be at home with the Lord.

9 So if we stay here on earth or go home to Him, we always want to please Him.

10 For all of us must stand before Christ when He says who is guilty or not guilty. Each one will receive pay for what he has done. He will be paid for the good or the bad done while he lived in this body.

11 Because of this, we know the fear of God. So we try to get men to put their trust in Christ. God knows us. I hope that your hearts know me well also.

12 We do not want to sound as if we think we are so important. Instead, we are making it easy for you to be proud of us. In that way, you will be able to tell them about us. They always talk about the way people look, but do not care about their hearts.

13 Are we crazy to talk like this? It is all because of what God has done. If we are using our minds well, it is for you.

14 For the love of Christ puts us into action. We are sure that Christ died for everyone. So, because of that, everyone has a part in His death.

15 Christ died for everyone so that they would live for Him. They should not live to please themselves but for Christ Who died on a cross and was raised from the dead for them.

16 So from now on, we do not think about what people are like by looking at them. We even thought about Christ that way one time. But we do not think of Him that way anymore.

17 For if a man belongs to Christ, he

ce a Cristo, es una nueva persona. La vida antigua terminó, y ha empezado una vida nueva.

18 Todo esto viene de Dios. Él es quien nos trajo a sí mismo cuando nosotros lo odiábamos. Nos dio paz por medio de Jesucristo. Luego nos mandó dar paz a otros, conduciéndoles a Cristo.

19 Dios estaba en Cristo. Dios trabajó por medio de Cristo para traer a todo el mundo a él. Dios ya no tomó en cuenta los pecados de los hombres. Y nos dio la tarea de decir esto y demostrarlo a otros.

20 Somos misioneros de Dios. Dios les habla a través de nosotros. Hablamos de parte de Cristo y les rogamos de todo corazón que dejen sus pecados y vengan a Dios.

21 Cristo nunca pecó, pero Dios puso nuestros pecados sobre él. Así que hemos sido perdonados completamente y somos aceptados por Dios a causa de lo que Cristo hizo a nuestro favor.

Nuestra tarea

6 Trabajamos juntos con Dios. Pedimos desde lo más profundo de nuestro corazón que no reciban el favor de Dios para luego malgastarlo.

2 Las sagradas escrituras dicen: "Te oí en el tiempo aceptable. Te ayudé en aquel día para salvarte de la culpa del pecado. Hoy es el día aceptable. ¡Escucha! Hoy es el día para ser salvo." Isaías 49:8

3 No queremos estorbar a nadie en el camino de Dios. No queremos que nos culpen de eso.

4 Todo lo que hacemos muestra que somos obreros de Dios. Hemos tenido que esperar y sufrir. Hemos estado en necesidad. Hemos estado en lugares difíciles. Hemos tenido problemas.

5 Hemos sido golpeados, encarce-

is a new person. The old life is gone. New life has begun.

18 All this comes from God. He is the One Who brought us to Himself when we hated Him. He did this through Christ. Then He gave us the work of bringing others to Him.

19 God was in Christ. He was working through Christ to bring the whole world back to Himself. God no longer held men's sins against them. And He gave us the work of telling and showing men this.

20 We are Christ's missionaries. God is speaking to you through us. We are speaking for Christ and we ask you from our hearts to turn from your sins and come to God.

21 Christ never sinned but God put our sin on Him. Then we are made right with God because of what Christ has done for us.

Our job to do

6 We are working together with God. We ask you from our hearts not to receive God's loving favor and then waste it.

2 The Holy Writings say: "I heard you at the right time. I helped you on that day to be saved from the punishment of sin. Now is the right time! See! Now is the day to be saved." Isaiah 49:8

3 We do not want to put anything in the way that would keep people from God. We do not want to be blamed.

4 Everything we do shows we are God's servants. We have had to wait and suffer. We have needed things. We have been in many hard places and have had many troubles.

5 We have been beaten. We have

lados. Hemos estado en alborotos y
hemos trabajado duro. Hemos estado
sin dormir y hemos pasado hambre.

6 Lo demostramos con una vida pura,
conociendo la verdad a pesar de haber
sufrido bastante. Hemos sido amables.
El Espíritu Santo ha trabajado en nosotros. Hemos tenido amor verdadero.
7 Hemos dicho la verdad. Tenemos
el poder de Dios. Tenemos armas de
justicia en nuestras manos.

8 Algunos hombres nos respetan, y
otros no. Algunos hablan mentiras contra nosotros, y otros nos dan gracias.
Algunos dicen que somos mentirosos,
pero nosotros decimos la verdad.
9 Algunos hombres hacen como si
no nos conocieran, sin embargo, todos
nos conocen. Hacen como si estuviéramos muertos, sin embargo, estamos
vivos. Tratan de hacernos daño y destruirnos, pero no pueden matarnos.
10 Estamos llenos de dolores, sin
embargo, siempre estamos felices.
Somos pobres, y, sin embargo, hacemos ricos a muchos. No tenemos nada;
sin embargo, todo lo tenemos.
11 Les hemos hablado a ustedes los
que viven en la ciudad de Corinto con
palabras sencillas. Nuestros corazones
están abiertos a ustedes.
12 No están cerrados. Pero ustedes
nos han cerrado sus corazones.
13 Les hablo como si fueran mis propios hijos. Abran sus corazones para
nosotros. Esto corresponderá a lo que
hemos hecho con ustedes.
14 No se unan en matrimonio con
aquellos que no pertenecen a Cristo.
¿Cómo puede acompañar lo malo a lo
bueno? ¿Cómo pueden estar juntas, al
mismo tiempo, la luz y la oscuridad?
15 ¿Cómo pueden estar de acuerdo
Cristo y el diablo? ¿Cómo puede vivir
uno que es de Cristo junto con uno

been put in prison. We have been in
fights. We have worked hard. We have
stayed awake watching. We have gone
without food.
6 We have been pure. We have
known what to do. We have suffered
long. We have been kind. The Holy
Spirit has worked in us. We have had
true love.
7 We have spoken the truth. We
have God's power. We have the sword
of being right with God in the right
hand and in the left hand.
8 Some men respect us and some
do not. Some men speak bad against
us and some thank us. They say we lie,
but we speak the truth.

9 Some men act as if they do not
know us. And yet we are known by
everyone. They act as if we were dead,
but we are alive. They try to hurt and
destroy us, but they are not able to kill
us.
10 We are full of sorrow and yet we
are always happy. We are poor and yet
we make many people rich. We have
nothing and yet we have everything.

11 We have spoken to you who are
in the city of Corinth with plain words.
Our hearts are wide open.

12 Our hearts are not closed to you.
But you have closed your hearts to us.
13 I am speaking to you now as if you
were my own children. Open your
hearts wide to us! That will pay us back
for what we have done for you.
14 Do not be joined together with
those who do not belong to Christ.
How can that which is good get along
with that which is bad? How can light
be in the same place with darkness?
15 How can Christ get along with the
devil? How can one who has put his
trust in Christ get along with one who

que no cree en Cristo?

16 ¿Y qué causa común pueden tener el templo de Dios y los dioses falsos? Recuerden que ustedes son templos del Dios viviente. Dios ha dicho: "Viviré y caminaré entre ellos. Yo seré su Dios y ellos serán mi pueblo." Levítico 26:12

17 El Señor ha dicho: "Salgan de en medio de ellos y apártense. No toquen lo pecaminoso, y yo los recibiré.

18 Yo seré un Padre para ustedes, y ustedes serán mis hijos e hijas, dice el Señor Todopoderoso." Isaías 52:11

7 Ya que tenemos estas grandes promesas, amados hermanos, debemos alejarnos de toda cosa pecaminosa, tanto del cuerpo como del espíritu. Honremos a Dios con amor y temor entregándonos a él día tras día.

El amor de Pablo para los corintios

2 Les pedimos que nos reciban en sus corazones. A nadie hemos insultado. A nadie hemos desviado del camino recto. A nadie hemos engañado.

3 No digo esto para declararlos culpables. Ya les he dicho que en nuestro corazón hay un lugar para ustedes, y siempre lo habrá. Si vivimos o morimos, estaremos juntos.

4 Confío en ustedes y estoy orgulloso de ustedes. Ustedes me dan mucho consuelo y gozo en mis sufrimientos.

5 Cuando llegamos al país de Macedonia no tuvimos descanso. Nos encontramos con toda clase de problemas. Había una gran lucha a nuestro derredor. Nuestro corazón tuvo miedo.

6 Pero Dios consuela a aquellos de corazón humilde. Nos consoló cuando vino Tito.

7 Su venida no sólo nos consoló, sino que el consuelo que ustedes le dieron también me hizo feliz. Nos dijo cuánto

has not put his trust in Christ?

16 How can the house of God get along with false gods? We are the house of the living God. God has said: "I will live in them and will walk among them. I will be their God and they will be My people." Leviticus 26:12

17 The Lord has said: "So come out from among them. Do not be joined to them. Touch nothing that is sinful. And I will receive you.

18 I will be a Father to you. You will be My sons and daughters, says the All Powerful God." Isaiah 52:11

7 Since we have these great promises, dear friends, let us turn away from every sin of the body or of the spirit. Let us honor God with love and fear by giving ourselves to Him in every way.

His love for the Corinthians

2 Receive us into your hearts. We have done no wrong to anyone. We have not led anyone in the wrong way. We have not used anyone for our good.

3 I do not say this to tell you that you are wrong. As I have said before, you have a place in our hearts and always will. If we live or die, we will be together.

4 I trust you and am proud of you. You give me much comfort and joy even when I suffer.

5 When we arrived in the country of Macedonia, we had no rest. We had all kinds of trouble. There was fighting all around us. Our hearts were afraid.

6 But God gives comfort to those whose hearts are heavy. He gave us comfort when Titus came.

7 Not only did his coming comfort us, but the comfort you had given him made me happy also. He told us how

desean ustedes vernos. También dijo que estaban tristes a causa de mis dificultades, y que querían ayudarme. Esto me hizo sentirme feliz.

8 No lo siento, si mi carta los puso tristes. Sé que los hizo sentirse tristes, pero fue sólo por poco tiempo.

9 Ahora estoy feliz, no porque ustedes fueron lastimados por mi carta, sino porque les hice volver a Dios. Él la usó, y ustedes no fueron lastimados por lo que hicimos.

10 El dolor que Dios da hace que la gente se sienta triste por sus pecados, y los guía a dejarlos a fin de que sean salvos del castigo del pecado. Deberíamos estar felices por esta clase de dolor, pues el dolor de este mundo produce muerte.

11 Vean cómo este dolor de Dios les permitió que Dios trabajara en ustedes. Ustedes deseaban ser libertados del pecado que les mencioné en mi carta. Estaban enojados por ello y temerosos. Querían hacer algo. En todo hicieron lo que pudieron a fin de hacerlo correctamente.

12 Les envié esa carta. Fue escrita no sólo por causa del que pecó y del que sufrió, sino para que pudieran ver cómo nos preocupamos por ustedes ante Dios.

13 Todo esto nos ha consolado. Más que eso, estamos felices por la venida de Tito. Su espíritu ha sido fortalecido por todos ustedes.

14 Le dije que estaba orgulloso de ustedes. Ustedes no me causaron vergüenza. Lo que le dijimos a Tito resultó cierto.

15 Tito los ama mucho. Él recuerda cómo todos ustedes estuvieron listos para obedecer y cómo lo respetaron.

16 Estoy feliz porque tengo completa confianza en ustedes.

much you wanted to see us. He said that you were sad because of my trouble and that you wanted to help me. This made me happy.

8 I am not sorry now if my letter made you sad. I know it made you sad, but it was only for awhile.

9 I am happy now. It is not because you were hurt by my letter, but because it turned you from sin to God. God used it and you were not hurt by what we did.

10 The sorrow that God uses makes people sorry for their sin and leads them to turn from sin so they can be saved from the punishment of sin. We should be happy for that kind of sorrow, but the sorrow of this world brings death.

11 See how this sorrow God allowed you to have has worked in you. You had a desire to be free of that sin I wrote about. You were angry about it. You were afraid. You wanted to do something about it. In every way you did what you could to make it right.

12 I sent this. It was not written only because of the man who did the wrong or because of the one who suffered.

13 All this has given us comfort. More than this, we are happy for the joy Titus has. His spirit has been made stronger by all of you.

14 I told him how proud I was of you. You did not make me ashamed. What we said to Titus proved to be true.

15 He loves you all the more. He remembers how all of you were ready to obey and how you respected him.

16 I am happy that I can have complete trust in you.

El método cristiano de dar

8 Hermanos, quiero que sepan del favor de Dios que se ve en las iglesias del país de Macedonia.

2 Han sido probadas por muchos problemas pero se gozan mucho. Han dado mucho, aunque pensaban que eran muy pobres.

3 Dieron todo lo que podían porque querían hacerlo.

4 Pidieron de todo corazón si podían ayudar a los cristianos de Jerusalén.

5 Fue más de lo que esperábamos, porque primero se dieron ellos mismos al Señor. Luego se dieron a nosotros para ser usados según la voluntad del Señor.

6 Le pedimos a Tito que les ayudara a ustedes para completar esta obra de amor. Él la empezó:

7 Ustedes son ricos en todo. Tienen fe, predican, tienen mucho conocimiento. Tienen un gran deseo de ayudar, y tienen amor por nosotros. Ahora hagan lo que deben en cuanto al dar.

8 No les digo que tienen que hacerlo, pero les he dicho cómo le han ayudado a otros. Este es un modo de demostrar que su amor es verdadero.

9 Ustedes conocen el amor de Dios que mostró nuestro Señor Jesucristo. Él era rico, pero se hizo muy pobre por amor hacia ustedes. Así ustedes se hicieron ricos al volverse él pobre.

10 Yo pienso que es mejor que terminen lo que empezaron. Ustedes fueron los primeros que quisieron dar un regalo en dinero.

11 Ahora háganlo con el mismo gran deseo que tuvieron al empezar.

12 Si alguien está preparado y desea dar, debe dar de lo que tiene, no de lo que no tiene.

13 Esto no significa que otros no tienen que dar nada y que ustedes deben dar mucho.

The Christian way to give

8 Christian brothers, we want you to know how the loving favor of God has been shown in the churches in the country of Macedonia.

2 They have been put to the test by much trouble, but they have much joy. They have given much even though they were very poor.

3 They gave as much as they could because they wanted to.

4 They asked from their hearts if they could help the Christians in Jerusalem.

5 It was more than we expected. They gave themselves to the Lord first. Then they gave themselves to us to be used as the Lord wanted.

6 We asked Titus to keep on helping you finish this act of love. He was the one to begin this.

7 You are rich in everything. You have faith. You can preach. You have much learning. You have a strong desire to help. And you have love for us. Now do what you should about giving also.

8 I am not saying that you must do this, but I have told you how others have helped. This is a way to prove how true your love is.

9 You know of the loving favor shown by our Lord Jesus Christ. He was rich, but He became poor for your good. In that way, because He became poor, you might become rich.

10 This is what I think. You had better finish what you started a year ago. You were the first to want to give a gift of money.

11 Now do it with the same strong desires you had when you started.

12 If a man is ready and willing to give, he should give of what he has, not of what he does not have.

13 This does not mean that others do not have to give and you have to give much. You should share alike.

14 A ustedes les sobra para satisfacer sus necesidades. Cuando ustedes tengan necesidad, entonces ellos pueden ayudarles. Ustedes son los que deben darles a ellos ahora.

15 Las sagradas escrituras dicen: "El que juntó mucho, no tuvo más. El que recogió poco no tuvo menos." Éxodo 16:18

Tito vendrá

16 Doy gracias a Dios que Tito tuvo el mismo deseo de ayudarles.

17 Estaba contento cuando le pedimos que les ayudara. Decidió él mismo ir a ustedes.

18 Junto con él, enviamos al hermano que es respetado en las iglesias a causa de su predicación.

19 No sólo eso, sino que las iglesias le han pedido que vaya conmigo a Jerusalén. Ayudará a repartirles el regalo. El Señor será glorificado en esto, porque es una demostración de su deseo de que nos ayudemos unos a otros.

20 Queremos que todos confíen en nosotros al llevarles esta gran suma de dinero.

21 Queremos hacer todo bien. Queremos que Dios y los hombres sepan que somos honrados.

22 Estamos enviando a otro hermano con ellos. Lo hemos probado muchas veces. Su fe es verdadera. Él desea mucho ayudar ahora, porque confía en ustedes.

23 Así, Tito trabaja conmigo para ayudarles a ustedes. Los otros dos hermanos fueron enviados por las iglesias. Su vida honra a Cristo.

24 Muestren su amor a estos hombres y permitan que las iglesias vean su amor. Denles razón para saber por qué estoy orgulloso de ustedes.

14 You have more than you need now. When you have need, then they can help you. You should share alike.

15 The Holy Writings say: "The man who gathered much did not have too much. The man who did not gather much had enough." Exodus 16:18

Titus will be coming

16 I thank God that He gave Titus the same desire to help you.

17 He was glad when we asked him to help you. He decided himself to go to you.

18 We are sending the Christian brother along. He is respected in the churches for his preaching.

19 Not only that, but he has been asked by the churches to travel with me to Jerusalem. He will help in giving them the gift. The Lord will be honored by it because it shows how we want to help each other.

20 We want everyone to trust us with the way we take this large gift of money to them.

21 We want to do the right thing. We want God and men to know we are honest.

22 We are sending another Christian brother with them. We have tested him many times. His faith has proven to be true. He wants very much to help because he trusts you.

23 Titus works with me to help you. The other two Christian brothers have been sent by the churches. Their lives honor Christ.

24 Show these men you love them and let the churches see your love. Show them the reason I am proud of you.

Dando para ayudar a otros cristianos

9 No necesito escribirles acerca de ayudar a los que pertenecen a Cristo.

2 Sé que ustedes quieren hacerlo. Le he dicho a la gente en el país de Macedonia que ustedes están listos desde el año pasado para enviar el dinero. El deseo de ustedes ha animado a muchos de ellos a dar.

3 Estoy enviando a estos hermanos para que lo que he dicho de ustedes resulte ser cierto. Quiero que ustedes estén preparados para dar.

4 ¿Qué sucederá si alguna persona de Macedonia viene conmigo y encuentra que ustedes no están preparados para mandar su regalo en dinero? Todos estaríamos avergonzados porque hemos hablado mucho de ustedes.

5 Por eso, les pedí a estos hombres que fueran antes que yo. Entonces ellos podrán ver que su promesa está lista. De esa manera será un verdadero regalo, y no algo hecho por la fuerza.

6 Recuerden esto, el hombre que siembra pocas semillas, no cosechará muchos granos. El hombre que siembra muchas semillas, tendrá muchos granos para cosechar.

7 Cada uno debe dar como ha decidido en su corazón. No debe dar de mala gana. Tampoco debe dar por obligación. Dios ama al que da con alegría.

8 Dios puede darles todo lo que necesiten, y ustedes tendrán suficiente para dar cuando sea necesario.

9 Las sagradas escrituras dicen: "Ha dado mucho al pobre. Sus hechos de amor son eternos." Salmo 112:9

10 Es Dios quien da la semilla al que siembra. También da el pan para comer. Entonces sabremos que él les dará más

Giving to help other Christians

9 I do not need to write to you about helping those who belong to Christ.

2 I know you want to do it. I have told the people in the country of Macedonia that you were ready to send money last year. Your desire has started most of them to give.

3 I am sending these Christian brothers so the words I said about you will prove to be true and you will be ready to help.

4 What if some of the people of Macedonia came with me and found you were not ready to send your gift of money? We would all be ashamed since we have talked of you so much.

5 That is why I asked these men to go ahead of me. They can see that the gift you promised is ready. In that way, it will be a true gift and not something you were made to do.

6 Remember, the man who plants only a few seeds will not have much grain to gather. The man who plants many seeds will have much grain to gather.

7 Each man should give as he has decided in his heart. He should not give, wishing he could keep it. Or he should not give if he feels he has to give. God loves a man who gives because he wants to give.

8 God can give you all you need. He will give you more than enough. You will have everything you need for yourselves. And you will have enough left over to give when there is a need.

9 The Holy Writings say: "He has given much to the poor. His acts of love last forever." Psalm 112:9

10 It is God Who gives seed to the man to plant. He also gives the bread to eat. Then we know He will give you

semilla para sembrar, y la hará crecer
para que ustedes tengan dinero para
dar.
11 Dios les dará suficiente para que
ustedes siempre puedan dar a otros.
Entonces muchos darán gracias a Dios
por enviar regalos a través de nosotros.
12 Este regalo que ustedes mandan
no sólo ayuda a los necesitados, también hace que ellos den gracias a Dios.
13 Por medio de este acto de amor,
demuestran qué clase de personas son.
Ellos darán gracias a Dios por su regalo
a ellos y a otros. Esto es una demostración de que ustedes obedecen las
buenas nuevas de Cristo.
14 Ellos orarán por ustedes con
mucho amor porque Dios les ha dado
a ustedes este regalo.
15 Gracias a Dios por su regalo que
no puede expresarse con palabras.

Pablo demuestra que es un misionero

10 Yo, Pablo, pido esto personalmente. Lo hago por Cristo,
quien es muy humilde y bondadoso.
Algunos dicen que soy humilde y tranquilo cuando estoy entre ustedes, pero
que no tengo temor y que mi lenguaje
es fuerte cuando estoy lejos de ustedes.
2 No me hagan hablar con palabras
fuertes cuando venga a verles. Algunos
piensan que deseamos las cosas del
mundo, por la manera en que nos por-
tamos o hablamos. He decidido hablar
a estas personas si tengo que hacerlo.
3 Es cierto que vivimos en un cuerpo
de carne. Pero no peleamos como la
gente del mundo.
4 No usamos para pelear aquellas
cosas que usa el mundo. Usamos lo
que Dios da para pelear, y esto tiene
poder. Esas armas que Dios nos da
para pelear destruyen las fortalezas del
diablo.

more seed to plant and make it grow
so you will have more to give away.
11 God will give you enough so you
can always give to others. Then many
will give thanks to God for sending gifts
through us.
12 This gift you give not only helps
Christians who are in need, but it also
helps them give thanks to God.
13 You are proving by this act of love
what you are. They will give thanks to
God for your gift to them and to others. This proves you obey the Good
News of Christ.
14 They will pray for you with great
love because God has given you His
loving favor.
15 Thank God for His great Gift.

Paul proves he is a missionary

10 I, Paul, ask you this myself. I do
it through Christ Who is so
gentle and kind. Some people say that
I am gentle and quiet when I am with
you, but that I have no fear and that
my language is strong when I am away
from you.
2 Do not make me speak strong
words to you when I come. Some
people think we want the things of the
world because of what we do and say. I
have decided to talk to these people if
I have to.
3 It is true, we live in a body of flesh.
But we do not fight like people of the
world.
4 We do not use those things to fight
with that the world uses. We use the
things God gives to fight with and they
have power. Those things God gives to
fight with destroy the strong places of
the devil.

5 Destruimos todo pensamiento y
cosa orgullosa que se pone en contra
de la sabiduría de Dios. Sujetamos cada
pensamiento para obedecer a Cristo.

6 Estamos listos para castigar a aquellos que no obedecen tan pronto como
ustedes obedecen en todo.
7 Ustedes ven las cosas según su
apariencia externa. Si alguien se siente
seguro de pertenecer a Cristo, debe
recordar que nosotros también pertenecemos a Cristo.
8 No me avergüenzo si digo esto de
mí mismo. El Señor me dio el derecho
y la autoridad de ayudarles a ser fuertes, no de destruirlos.
9 No quiero que piensen que trato
de asustarlos por cartas.
10 Dicen: "Sus cartas son fuertes y
nos hacen pensar. Pero cuando está
entre nosotros, es débil y difícil."

11 Lo que decimos en nuestras cartas
lo haremos al llegar. Deben entender
esto.
12 No nos comparamos con aquellos que creen que son muy buenos.
Se comparan ellos con ellos mismos.
Deciden si lo que piensan es bueno o
es malo, y se comparan con sus ideas.
Son tontos.
13 Pero nosotros no hablaremos con
orgullo más de lo que Dios nos permita. Seguiremos el plan de la obra que
nos ha dado para hacer. Ustedes son
parte de esa obra.
14 No fuimos más lejos de lo que
debíamos cuando llegamos a ustedes.
Pero llegamos a ustedes con las buenas
nuevas de Cristo.
15 No sentimos orgullo del trabajo
que otros han hecho. Pero esperamos
que su fe siga creciendo por la ayuda
que han recibido de otros. Entonces
creceremos por causa de ustedes.
16 Esperamos predicar las buenas

5 We break down every thought and
proud thing that puts itself up against
the wisdom of God. We take hold
of every thought and make it obey
Christ.
6 We are ready to punish those who
will not obey as soon as you obey in
everything.
7 You are seeing things only as men
see them. If anyone feels sure he
belongs to Christ, he should remember that we belong to Christ also.

8 I am not ashamed if I say this of
myself. The Lord gave me the right and
the power to help you become stronger, not to break you down.
9 I do not want you to think I am trying to make you afraid with my letters.
10 They say: "His letters are strong
and they make us think. When he is
here with us, he is weak and he is hard
to listen to."
11 What we say in our letters we will
do when we get there. They should
understand this.
12 We do not compare ourselves
with those who think they are good.
They compare themselves with themselves. They decide what they think is
good or bad and compare themselves
with those ideas. They are foolish.
13 But we will not talk with pride more
than God allows us to. We will follow
the plan of the work He has given us to
do and you are a part of that work.

14 We did not go farther than we
were supposed to go when we came
to you. But we did come to you with
the Good News of Christ.
15 We take no pride in the work
others have done there. But we hope
your faith will keep growing because of
help from others. Then we will grow
because of you.
16 We hope to preach the Good

nuevas en los lugares que están más allá de ustedes. Entonces no tendremos orgullo en el trabajo hecho en otro lugar.

17 Si alguien quiere tener orgullo, debe tenerlo en la obra del Señor.

18 Lo importante no es lo que un hombre piensa y dice de sí mismo, sino lo que Dios piensa de él.

Pablo el verdadero misionero

11 Quisiera que escucharan un poco las tonterías que voy a decir.

2 Estoy celoso por ustedes con un celo parecido al de Dios. Les he dado, como a una mujer que nunca se ha casado, un marido, que es Cristo.

3 Eva fue engañada por la serpiente en el jardín de Edén. De la misma manera, tuve miedo que ustedes fueran engañados y desviados de su amor puro por Cristo.

4 Ustedes escuchan cuando alguien viene y predica un evangelio diferente al que hemos predicado. Creen lo que oyen acerca de un espíritu diferente y de buenas nuevas diferentes a las que hemos predicado.

5 No pienso que soy menor que aquellos primeros misioneros que han venido a ustedes.

6 Y aunque me es difícil hablar, yo sé de qué estoy hablando. Ustedes lo saben ahora.

7 ¿Hice mal? Cuando les prediqué las buenas nuevas, no les pedí nada. Me hice pobre para que ustedes se hicieran ricos.

8 Acepté dinero de otras iglesias para usarlo mientras trabajé entre ustedes, para que no tuvieran que pagarme ustedes.

9 Cuando estuve entre ustedes, algunas veces no tuve dinero. Pero nunca les pedí nada. Los cristianos del país de

News in the countries on the other side of you. Then we would take no pride in work done by another person in another country.

17 If anyone wants to be proud, he should be proud of what the Lord has done.

18 It is not what a man thinks and says of himself that is important. It is what God thinks of him.

Paul the true missionary

11 I wish you would listen to a little foolish talk from me. Now listen.

2 I am jealous for you with a Godlike jealousy. I have given you, as a woman who has never had a man, to one Husband, Who is Christ.

3 Eve was fooled by the snake in the garden of Eden. In the same way, I am afraid that you will be fooled and led away from your pure love for Christ.

4 You listen when someone comes and preaches a different Jesus than the One we preached. You believe what you hear about a different spirit and different good news than that which we preached.

5 I do not think I am less than those special missionaries who are coming to you.

6 Even if it is hard for me to speak, I know what I am talking about. You know this by now.

7 Did I do wrong? I did not ask you for anything when I preached the Good News to you. I made myself poor so you would be made rich.

8 I did take money from other churches. I used it while I worked with you so you would not have to pay me.

9 Some of the time I had no money when I was with you. But I did not ask you for money. The Christians from

Macedonia me trajeron lo que necesitaba. No les he pedido nada a ustedes, ni les pediré nada.

10 Así como estoy seguro de que la verdad de Cristo está en mí, no dejaré de decirles a los del país de Acaya que estoy orgulloso de esto.

11 ¿Quiere decir esto que no los amo? Dios sabe que sí los amo.

12 Continuaré haciendo lo que hago ahora. Lo haré para detener a los que dicen que trabajan igual que nosotros.

13 Estos son misioneros falsos. Dicen mentiras cuando trabajan.

14 No es ninguna sorpresa; el diablo se transforma en ángel de luz.

15 Por tanto, no es sorpresa si estos obreros también se hacen aparecer como predicadores de las buenas nuevas. Ellos y su trabajo tendrán el mismo fin.

Lo que Pablo ha sufrido como apóstol

16 Déjenme que lo repita: No crean que soy un tonto. Pero si lo creen, entonces dejen que este "tonto" hable un poco de sí mismo.

17 El Señor no me ha dicho que hable de mí mismo. Soy tonto cuando hablo de mí mismo.

18 Ya que otros hablan de sí mismos, yo también voy a hablar de mí mismo.

19 Ustedes son sabios y aguantan a los tontos.

20 Ustedes escuchan a cualquiera que les dice lo que deben hacer, o saca ganancia de ustedes, o les prepara una trampa. Escuchan a cualquiera que se hace más grande que ustedes, o les pega en la cara.

21 Me avergüenzo de decir que soy débil. Pero no me voy a portar como ellos. Cualquier cosa que digan de sí

the country of Macedonia brought me what I needed. I did not ask you and I will not ask you for anything.

10 As sure as the truth of Christ is in me, I will not stop telling those in the country of Greece that I am proud of this.

11 Does it mean I do not love you? God knows I do.

12 What I am doing now, I will keep on doing. I will do it to stop those who say they work as we do.

13 Those men are false missionaries. They lie about their work. But they make themselves look like true missionaries of Christ.

14 It is no surprise! The devil makes himself look like an ángel of light.

15 And so it is no surprise if his servants also make themselves look like preachers of the Good News. They and their work will come to the same end.

What Paul suffered as a missionary

16 Let me say it again. Do not think of me as a fool. But if you do, then let this foolish man speak a little about himself.

17 The Lord has not told me to talk about myself. I am foolish when I do talk about myself like this.

18 Since the other men tell you all about themselves, I will talk about myself also.

19 You are so wise! You put up with fools!

20 You listen to anyone who tells you what to do or makes money off of you or sets a trap for you. You will listen to anyone who makes himself bigger than you or hits you in the face.

21 I am ashamed to say that I am weak! But I do not do as they do. Whatever they say about themselves, I can say

mismos, yo también la puedo decir de mí mismo. Sé que lo que digo suena mal.

22 ¿Son ellos judíos? Yo también lo soy. ¿Son del pueblo de Israel? Yo también. ¿Son de la familia de Abraham? También yo.

23 ¿Trabajan por Cristo? Yo he trabajado mucho más que ellos. Hablo como un "tonto". He hecho más obra. He estado más veces en la cárcel. Ya ni me acuerdo cuántas veces me han golpeado. Muchas veces he estado en peligros de muerte.

24 Cinco veces los judíos me han dado treinta y nueve latigazos en la espalda.

25 Tres veces me han pegado con varas. Una vez me apedrearon. Tres veces estuve en barcos que se han hundido. Pasé un día y una noche en el mar.

26 He hecho muchos viajes difíciles. He estado en peligro de inundaciones. En peligro de ladrones. En peligro entre los judíos. En peligro de las gentes que no conocen a Dios. He estado en peligro en las ciudades y en los lugares solitarios. He estado en peligro en el mar. En peligro entre gente que dice que son de Cristo, pero que en verdad no lo son.

27 He trabajado mucho. Me he cansado, y he sufrido dolores. Muchas veces no he podido dormir. He sufrido hambre y sed. He estado sin comer y sin ropa. He tenido que aguantar el frío.

28 Más que esto, he sufrido en mi persona, porque sobre mí está el cuidado de todas las iglesias.

29 Cuando alguien es débil, yo también me siento débil. Cuando alguien tropieza en pecado, tengo un deseo grande de ayudarle.

30 Si debo hablar de mí, diré las cosas que me hacen débil.

31 El Dios y Padre de nuestro Señor Jesucristo va a ser glorificado y bende-

about myself also. I know what I am saying sounds foolish.

22 Are they Jews? So am I. Are they from the family of Israel? So am I. Are they from the family of Abraham? So am I.

23 Do they work for Christ? I have worked for Him much more than they have. I speak as if I am crazy. I have done much more work. I have been in prison more times. I cannot remember how many times I have been whipped. Many times I have been in danger of death.

24 Five different times the Jews whipped me across my back thirty-nine times.

25 Three times they beat me with sticks. One time they threw stones at me. Three times I was on ships that were wrecked. I spent a day and a night in the water.

26 I have made many hard trips. I have been in danger from high water on rivers. I have been in danger from robbers. I have been in danger from the Jews. I have been in danger from people who do not know God. I have been in danger in cities and in the desert. I have been in danger on the sea. I have been in danger among people who say they belong to Christ but do not.

27 I have worked hard and have been tired and have had pain. I have gone many times without sleep. I have been hungry and thirsty. I have gone without food and clothes. I have been out in the cold.

28 More than all these things that have happened to my body, the care of all the churches is heavy on me.

29 When someone is weak, I feel weak also. When someone is led into sin, I have a strong desire to help him.

30 If I must talk about myself, I will do it about the things that show how weak I am.

31 The God and Father of our Lord Jesus Christ is to be honored and

cido para siempre. Él sabe que digo la verdad.
32 En la ciudad de Damasco, el gobernador nombrado por el rey Aretas puso soldados en todas las puertas para que me tomaran preso.
33 Pero me bajaron en una canasta por una ventana en la muralla, y pude escapar.

Pablo ve una verdad en una visión

12 Ahora tengo que hablar de mí; no es bueno. Pero les diré algunas cosas que vi en una visión, y lo que el Señor me ha enseñado.
2 Conozco a un hombre que pertenece a Cristo. Hace catorce años fue llevado al cielo más alto. No sé si su cuerpo fue llevado o sólo su espíritu; Dios lo sabe.
3 Otra vez digo, conozco a este hombre que fue así llevado. Pero no sé si su cuerpo o sólo su espíritu fue llevado. Sólo Dios lo sabe.
4 Cuando estaba en el cielo más alto, oyó cosas que no pueden decirse con palabras. Ningún hombre puede decirlas.
5 Estaré orgulloso de este hombre, pero no estaré orgulloso de mí, sino en aquellas cosas que muestran lo débil que soy.
6 Y si hablo de mí, no pareceré un tonto, porque todo es verdad. Pero no diré nada más porque no quiero que alguien piense más de lo que oye o ve en mí.
7 Las cosas que Dios me enseñó fueron muy grandes. Pero para que yo no me sienta orgulloso de haber visto estas cosas, me ha sido dada una dolencia en mi cuerpo. Es un enviado del diablo que me hace daño, para que yo no me sienta orgulloso.
8 Tres veces le pedí al Señor que me lo quitara.

thanked forever. He knows I am telling the truth.
32 In the city of Damascus the leader of the people under King Aretas put soldiers at the gates to take me.
33 But I was let down in a basket through a window in the wall and I got away.

Paul sees something true in a special dream

12 I have to talk about myself, even if it does no good. But I will keep on telling about some things I saw in a special dream and that which the Lord has shown me.
2 I know a man who belongs to Christ. Fourteen years ago he was taken up to the highest heaven. I do not know if his body was taken up or just his spirit. Only God knows.
3 I say it again, I know this man was taken up. But I do not know if his body or just his spirit was taken up. Only God knows.
4 When he was in the highest heaven, he heard things that cannot be told with words. No man is allowed to tell them.
5 I will be proud about this man, but I will not be proud about myself except to say things which show how weak I am.
6 Even if I talk about myself, I would not be a fool because it is the truth. But I will say no more because I want no one to think better of me than he does when he sees or hears me.
7 The things God showed me were so great. But to keep me from being too full of pride because of seeing these things, I have been given trouble in my body. It was sent from Satan to hurt me. It keeps me from being proud.
8 I asked the Lord three times to take it away from me.

9 Pero él me contestó: "Mi favor es contigo. Es suficiente. Mis poderes trabajan mejor en los débiles." Entonces, me siento feliz de ser débil y tener problemas para que así, pueda tener el poder de Cristo en mí.

10 ¡Me alegro cuando soy débil! ¡Me alegro cuando la gente habla en mi contra y me causa molestias y trata de hacerme daño, causándome problemas! ¡Me alegro cuando me suceden estas cosas por causa de Cristo, porque cuando soy débil, entonces soy fuerte!

11 Soy un tonto al hablar de mí como lo he hecho. Pero ustedes me han obligado a hacerlo. Ustedes deberían decir lo que he hecho. Pero si no soy nadie, no soy menos importante que los grandes misioneros.

12 Cuando estuve entre ustedes, les demostré que soy un verdadero misionero. Hice obras poderosas y cosas maravillosas. Estas cosas las hice en la fuerza y el poder de Dios.

13 ¿Qué les hace sentirse menos importantes que las otras iglesias? ¿Será porque no les permití que me dieran ropa y comida? ¡Perdónenme este insulto!

14 Esta es la tercera vez que estoy listo para ir a ustedes. No deseo nada de ustedes. Les quiero a ustedes, no a su dinero. Ustedes son mis hijos. Los hijos no deben cuidar a sus padres, sino los padres a los hijos.

15 Estoy contento de dar todo lo que tengo, hasta mí mismo, para ayudarles. Cuando les amo más, parece que ustedes me aman menos.

16 Es verdad que yo no fui una carga para ustedes. Pero algunos dicen que les puse una trampa.

17 ¿Cómo podría yo hacer esto? ¿Acaso saqué algo para mí por medio de los que envié a ustedes?

18 Le pedí a Tito y a otro hermano que los visitaran. ¿Acaso sacó algo Tito

9 He answered me: "I am all you need. I give you My loving favor. My power works best in weak people." I am happy to be weak and have troubles so I can have Christ's power in me.

10 I receive joy when I am weak. I receive joy when people talk against me and make it hard for me and try to hurt me and make trouble for me. I receive joy when all these things come to me because of Christ. For when I am weak, then I am strong.

11 I have been making a fool of myself talking like this. But you made me do it. You should be telling what I have done. Even if I am nothing at all, I am not less important than those false missionaries of yours.

12 When I was with you, I proved to you that I was a true missionary. I did powerful works and there were special things to see. These things were done in the strength and power from God.

13 What makes you feel less important than the other churches? Is it because I did not let you give me food and clothing? Forgive me for this wrong!

14 This is the third time I am ready to come to you. I want nothing from you. I want you, not your money. You are my children. Children should not have to help care for their parents. Parents should help their children.

15 I am glad to give anything I have, even myself, to help you. When I love you more, it looks as if you love me less.

16 It is true that I was not a heavy load to you. But some say I set a trap for you.

17 How could I have done that? Did I get anything from you through the men I sent to you?

18 I asked Titus and the other Christian brother to visit you. Did Titus get

de ustedes para su provecho? ¿No hicimos las cosas de tal manera que tuviéramos el mismo deseo y siguiéramos el mismo método?

19 A ustedes puede parecerles como si estuviéramos tratando de que todo parezca favorable a nosotros ahora. Dios lo sabe, y también Cristo, que todo esto se ha hecho para ayudarles a ustedes.

20 Me temo que cuando yo los visite no los encuentre como a mí me hubiera gustado. Y ustedes no me encontrarán como les hubiera gustado. Me temo que los voy a encontrar peleando, con celos, enojados, y discutiendo, y murmurando unos de otros, pensando que ustedes son muy importantes, y causando dificultades.

21 Pienso que cuando llegue allá Dios me quitará todo el orgullo que haya tenido por causa de ustedes. Estaré triste y turbado por causa de los que han cometido pecados sexuales. Lo mismo por otros que han deseado tales cosas y por todos los que no han sentido tristeza por sus pecados ni los han dejado.

13 Esta es la tercera vez que los voy a visitar. Las sagradas escrituras nos dicen que cuando la gente piensa que alguien ha hecho algo malo, debe ser probado por dos o tres personas que vieron lo que se hizo mal.

2 Durante mi segunda visita hablé con los que habían hecho cosas malas y con todos. Ahora que estoy lejos, vuelvo a hablar de lo mismo. La próxima vez que venga, seré duro con aquellos que hacen cosas malas.

3 Ya que ustedes quieren saberlo, les daré pruebas de que Cristo habla a través de mí. Cristo no es débil cuando obra en sus corazones. Él usa su poder en ustedes.

4 El cuerpo débil de Cristo, o sea el humano, murió en una cruz. Cristo vive

anything from you? Did we not do things that showed we had the same desires and followed the same plan?

19 It may look to you as if we had been trying to make everything look right for ourselves all this time. God knows and so does Christ that all this is done to help you.

20 I am afraid that when I visit you I will not find you as I would like you to be. And you will not find me as you would like me to be. I am afraid I will find you fighting and jealous and angry and arguing and talking about each other and thinking of yourselves as being too important and making trouble.

21 I am afraid when I get there God will take all the pride away from me that I had for you. I will not be happy about many who have lived in sin and done sex sins and have had a desire for such things and have not been sorry for their sins and turned from them.

13 This is my third visit to you. The Holy Writings tell us that when people think someone has done wrong, it must be proven by two or three people who saw the wrong being done.

2 During my second visit I talked to you who have been sinning and to all the others. While I am away, I tell you this again. The next time I come I will be hard on those who sin.

3 Since you want to know, I will prove to you that Christ speaks through me. Christ is not weak when He works in your hearts. He uses His power in you.

4 Christ's weak human body died on a cross. It is by God's power that

hoy por el poder de Dios. Somos nosotros los débiles. Somos como él fue. Pero viviremos con Cristo por medio del poder que Dios tiene para nosotros.

5 Pónganse ustedes mismos a prueba. Vean si pertenecen a Cristo. Entonces sabrán que le pertenecen o no.

6 Yo confío en que ustedes vean que nosotros pertenecemos a él y hemos hecho la prueba.

7 Oramos a Dios para que ustedes no se equivoquen. No oramos para enseñarles que nuestra enseñanza es grande, sino para que ustedes continúen haciendo lo que es correcto, aunque parezca que nosotros hemos hecho mal.

8 No podemos trabajar contra la verdad de Dios. Trabajamos solamente a su favor.

9 Nos alegramos cuando nosotros somos débiles y ustedes son fuertes. Oramos para que ustedes sean cristianos perfectos.

10 Por eso les escribo estas cosas mientras estoy lejos de ustedes. Cuando llegue a ustedes, ya no tendré que usar palabras duras o castigarlos para enseñarles que el Señor me da este poder. Este poder debe usarse para que ustedes sean cristianos fuertes, no para hacerlos débiles y dañar su fe.

11 Por último, hermanos, me despido de ustedes. Alégrense. Hagan aquello que los haga completos. Tengan consolación. Vivan en paz y armonía entre ustedes. El Dios de amor y paz será con ustedes.

12 Salúdense unos a otros con un beso cristiano.

13 Todos los que son de Cristo los saludan.

14 Que tengan el favor del Señor Jesucristo y que sean con ustedes el amor de Dios y la comunión del Espíritu Santo.

Christ lives today. We are weak. We are as He was. But we will be alive with Christ through the power God has for us.

5 Put yourselves through a test. See if you belong to Christ. Then you will know you belong to Christ, unless you do not pass the test.

6 I trust you see that we belong to Him and have passed the test.

7 We pray to God that you do no wrong. We do not pray this to show that our teaching is so great, but that you will keep on doing what is right, even if it looks as if we have done much wrong.

8 We cannot work against the truth of God. We only work for it.

9 We are glad when we are weak and you are strong. We pray that you will become strong Christians.

10 This is why I am writing these things while I am away from you. Then when I get there, I will not have to use strong words or punish you to show you that the Lord gives me this power. This power is to be used to make you stronger Christians, not to make you weak by hurting your faith.

11 Last of all, Christian brothers, goodbye. Do that which makes you complete. Be comforted. Work to get along with others. Live in peace. The God of love and peace will be with you.

12 Greet each other with a kiss of holy love.

13 All those here who belong to Christ greet you.

14 May you have loving favor from our Lord Jesus Christ. May you have the love of God. May you be joined together by the Holy Spirit.

Gálatas

1 Esta carta es de Pablo. Yo soy un misionero enviado por Jesucristo y Dios Padre, quien levantó a Jesús de la muerte. No fui enviado por un grupo de hombres, ni por algún hombre en particular.

2 Todos los cristianos y yo nos unimos, y les escribimos a ustedes que están en las iglesias del país de Galacia.

3 Que tengan el favor y la paz de Dios nuestro Padre y de nuestro Señor Jesucristo.

4 Cristo se dio a sí mismo a la muerte por nuestros pecados para que nosotros fuéramos salvados de este mundo pecador. Dios quería que Cristo hiciera esto.

5 Sea honrado Dios para siempre. Así sea.

Los hombres no deberán cambiar las buenas nuevas

6 Estoy sorprendido de que ustedes estén dejando a Cristo tan pronto. Fueron escogidos por causa de su gran favor. Pero ahora se están volviendo atrás, escuchando otra clase de buenas nuevas.

7 ¡No! No hay otra clase de buenas nuevas. Hay algunos que les están guiando por mal camino. Ellos quieren cambiar las buenas nuevas acerca de Cristo.

8 Pero si alguien de nosotros, aun un ángel del cielo, predicara otra clase de buenas nuevas distinta a la que les hemos predicado, hagan que esa persona sea separada de Cristo.

9 Lo he dicho antes, y ahora lo repito. Si alguien está predicando otro mensaje de las buenas nuevas diferente del que les hemos predicado, hagan que esa persona sea separada de Cristo.

Galatians

1 This letter is from Paul. I am a missionary sent by Jesus Christ and God the Father Who raised Jesus from the dead. I am not sent by men or by any one man.

2 All the Christians join me in writing to you who are in the churches in the country of Galatia.

3 May you have loving favor and peace from God our Father and from the Lord Jesus Christ.

4 He gave Himself to die for our sins. He did this so we could be saved from this sinful world. This is what God wanted Him to do.

5 May He have all the honor forever. Let it be so.

Men must not change the Good News

6 I am surprised you are leaving Christ so soon. You were chosen through His loving favor. But now you are turning and listening to another kind of good news.

7 No! There is not another kind of good news. There are some who would like to lead you in the wrong way. They want to change the Good News about Christ.

8 Even if we or an angel from heaven should preach another kind of good news to you that is not the one we preached, let him be cursed.

9 As we said before, I will say it again. If any man is preaching another good news to you which is not the one you have received, let him be cursed.

Estas buenas nuevas son de Dios

10 ¿Piensan ustedes que estoy tratando de ganar el favor de los hombres? O ¡el de Dios! Si yo estuviera tratando de ganarme el favor de los hombres, ya no sería un siervo de Cristo.

11 Hermanos cristianos, quiero que sepan que las buenas nuevas que he predicado no han sido hechas por el hombre.

12 No las recibí de ningún hombre. Ni nadie me las enseñó. Yo las recibí de Jesucristo como él me las mostró.

13 Habrán oído de mi vida anterior cuando yo seguía la religión judía. Les hacía la vida tan difícil como podía a los cristianos. Hice todo lo posible para destruir la iglesia cristiana.

14 Aprendí más de la religión judía que muchos judíos de mi edad. Tuve un deseo más fuerte que ellos para seguir los caminos de mis antiguos padres.

15 Pero Dios me escogió antes de que yo naciese. Por su gran favor, me llamó para que trabajara para él.

16 Me dio a conocer a su Hijo para que yo pudiera predicar sobre Cristo a la gente que no es judía. Cuando esto pasó, no hablé con nadie.

17 Ni fui a Jerusalén a hablar con aquellos que eran misioneros antes que yo. En cambio, fui al país de Arabia. Después volví a la ciudad de Damasco.

18 Tres años más tarde, fui a Jerusalén a conocer a Pedro. Estuve con él quince días.

19 No vi a ningún otro misionero, excepto a Santiago, el hermano del Señor.

20 Estoy escribiendo la verdad. Dios sabe que no estoy mintiendo.

21 De Jerusalén fui a los países de Siria y Cilicia.

22 Ningún cristiano de las iglesias en el país de Judea me conocía.

This Good News is from God

10 Do you think I am trying to get the favor of men, or of God? If I were still trying to please men, I would not be a servant owned by Christ.

11 Christian brothers, I want you to know the Good News I preached to you was not made by man.

12 I did not receive it from man. No one taught it to me. I received it from Jesus Christ as He showed it to me.

13 You have heard of my old life when I followed the Jewish religion. I made it as hard as I could for the Christians and did everything I could to destroy the Christian church.

14 I had learned more about the Jewish religion than many of the Jews my age. I had a much stronger desire than they to follow the ways of our early fathers.

15 But God chose me before I was born. By His loving favor He called me to work for Him.

16 His Son was to be seen in me. He did this so I could preach about Christ to the people who are not Jews. When this happened, I did not talk to men.

17 I did not even go to Jerusalem to talk to those who were missionaries before me. Instead, I went to the country of Arabia. Later I returned to the city of Damascus.

18 Three years later I went to Jerusalem to meet Peter. I stayed with him fifteen days.

19 I did not see any of the other missionaries except James, the Lord's brother.

20 I am writing the truth. God knows I am not lying.

21 I went from Jerusalem to the countries of Syria and Cilicia.

22 None of the Christians in the churches in the country of Judea had ever seen me.

23 La única cosa que habían oído era: "¡El que había tratado de destruir la iglesia cristiana está ahora predicando las buenas nuevas!"

24 Y ahora dan gracias a Dios por mí.

Los dirigentes de la iglesia en Jerusalén dicen a Pablo que él es un misionero verdadero

2 Catorce años después, regresé a Jerusalén. Esta vez, llevé a Bernabé. Tito también vino con nosotros.

2 Dios me indicó de una manera especial que yo tenía que ir y hablarles de las buenas nuevas que predico a la gente que no es judía. Primero que nada, hablé con los dirigentes de la iglesia. Yo quería que conocieran lo que yo estaba predicando. No quería que lo que había hecho, o lo que estaba haciendo se quedara sin valor.

3 Tito estaba conmigo. Aunque él no era judío, no fue obligado a cumplir con el rito religioso para hacerse judío.

4 Algunos hombres que se llamaban a sí mismos cristianos cuestionaban esto. Entraron a escondidas a nuestra reunión, sin que se les invitara. Fueron a ver qué libertad teníamos, los que pertenecemos a Cristo. Trataban de someternos a la ley judía.

5 No quisimos escucharlos, ni hicimos nada de lo que querían que hiciéramos, porque queríamos que la verdad de las buenas nuevas permaneciera con ustedes.

6 Aquellos que parecen ser dirigentes de la iglesia no me ayudaron. No me enseñaron nada nuevo. A mí no me interesa lo que hayan sido. Dios nos mira igual.

7 Sin embargo, vieron que Dios me encargó el trabajo de predicar las buenas nuevas a los que no eran judíos, como a Pedro le dio el trabajo de predicar las buenas nuevas a los judíos.

23 The only thing they heard was: "The one who tried to destroy the Christian church is now preaching the Good News!"

24 And they gave thanks to God because of me.

The church leaders in Jerusalem say Paul is a true missionary

2 Fourteen years later I went again to Jerusalem. This time I took Barnabas. Titus went with us also.

2 God showed me in a special way I should go. I spoke to them about the Good News that I preach among the people who are not Jews. First of all, I talked alone to the important church leaders. I wanted them to know what I was preaching. I did not want that which I was doing or would be doing to be wasted.

3 Titus was with me. Even being a Greek, he did not have to go through the religious act of becoming a Jew.

4 Some men who called themselves Christians asked about this. They got in our meeting without being asked. They came there to find out how free we are who belong to Christ. They tried to get us to be chained to the Law.

5 But we did not listen to them or do what they wanted us to do so the truth of the Good News might be yours.

6 Those who seemed to be important church leaders did not help me. They did not teach me anything new. What they were, I do not care. God looks on us all as being the same.

7 Anyway, they saw how I had been given the work of preaching the Good News to the people who are not Jews, as Peter had been given the work of preaching the Good News to the Jews.

8 Como Dios ayuda a Pedro a trabajar con los judíos, así también me ayuda a mí con aquellos que no son judíos.

9 Jacobo, Pedro y Juan eran considerados como los principales dirigentes de la iglesia. Ellos pudieron ver las bendiciones que Dios me había dado. Por lo tanto a Bernabé y a mí, nos dieron la mano. Luego nos fuimos a trabajar con la gente que no es judía mientras que ellos iban a trabajar con los judíos.

10 Solamente nos pidieron una cosa, que recordáramos a la gente pobre. Yo pienso que esto es importante.

11 Pero cuando Pedro llegó a la ciudad de Antioquía, me puse en contra de él porque estaba en error.

12 Pedro había estado comiendo con la gente que no era judía, pero después que llegaron unos hombres partidarios de Jacobo, se alejó de la gente no judía. Tenía miedo de aquellos que creen en el rito religioso de hacerse judío.

13 Los otros judíos seguían a Pedro, porque también tenían miedo. Aun Bernabé fue engañado por aquellos que pretendían ser lo que no eran.

14 Cuando noté que no eran honestos acerca de la verdad de las buenas nuevas, le hablé a Pedro delante de todos. Y dije: "Si tú eres judío y vives como la gente que no es judía, ¿cómo quieres que la gente que no es judía viva como los judíos?"

15 Tú y yo somos judíos de nacimiento. No somos pecadores como la gente que no es judía.

16 Sin embargo, sabemos que no estamos bien ante Dios por obediencia de la ley judía. Los hombres somos aceptados por Dios cuando confiamos en Jesucristo. Por esta razón, hemos puesto nuestra confianza en Jesucristo. Hemos sido aceptados por Dios por nuestra fe en Cristo y no por la obediencia a la ley

8 For God helped Peter work with the Jews. He also helped me work with those who are not Jews.

9 James and Peter and John were thought of as being the head church leaders. They could see that God's loving favor had been given to me. Barnabas and I were joined together with them by shaking hands. Then we were sent off to work with the people who are not Jews. They were to work with the Jews.

10 They asked us to do only one thing. We were to remember to help poor people. I think this is important also.

11 But when Peter came to Antioch, I had to stand up against him because he was guilty.

12 Peter had been eating with the people who are not Jews. But after some men came who had been with James, he kept away from them. He was afraid of those who believe in the religious act of becoming a Jew.

13 Then the rest of the Jews followed him because they were afraid to do what they knew they should do. Even Barnabas was fooled by those who pretended to be someone they were not.

14 When I saw they were not honest about the truth of the Good News, I spoke to Peter in front of them all. I said: "If you are a Jew, but live like the people who are not Jews, why do you make the people who are not Jews live like the Jews?"

15 You and I were born Jews. We were not sinners from among the people who are not Jews.

16 Even so, we know we cannot become right with God by obeying the Law. A man is made right with God by putting his trust in Jesus Christ. For that reason, we have put our trust in Jesus Christ also. We have been made right with God because of our faith in Christ and not by obeying the Law. No man

judía. Nadie puede estar bien ante Dios
sólo por obedecer la ley judía.
17 Si tratamos de ser aceptados por
Dios por lo que Cristo ha hecho por
nosotros, ¿qué pasa si somos hallados
pecadores? ¿Será por medio de Cristo
que somos pecadores? No, nunca.
18 Si empezamos a construir algo que
ya está destruido, estamos pecando.

19 La ley judía no tiene poder sobre
mí. He muerto a la ley judía. Ahora
puedo vivir para Dios.
20 He sido puesto en la cruz para
morir con Cristo. Ya no vivo yo, sino
Cristo vive en mí. La vida que yo vivo
en el cuerpo, la vivo poniendo mi confianza en el Hijo de Dios. Él fue el que
me amo y se entregó por mí.
21 No quiero poner a un lado el gran
favor de Dios. Porque si hubiéramos
podido estar bien ante Dios guardando
la ley judía, entonces Cristo murió por
nada.

3 ¡Oh gálatas tontos! ¿Qué extraño poder los ha apartado del camino de la fe en Cristo? Les hemos predicado claramente para que vieran que
Jesucristo ya fue clavado en una cruz.
2 Sólo una cosa quiero saber. ¿Recibieron ustedes el Espíritu Santo por
guardar la ley judía? ¿O lo recibieron
por haber oído de Cristo?
3 ¿Cómo pueden ser tan tontos?
Ustedes comenzaron la vida cristiana
por el Espíritu Santo. Ahora creen que
serán mejores cristianos volviendo a su
culto de antes.
4 Sufrieron mucho a causa de las
buenas nuevas que recibieron.

5 ¿Fue todo por nada? Cristo les dio
el Espíritu Santo, e hizo obras poderosas
entre ustedes. ¿Creen que él hizo esto
porque hacen lo que manda la ley judía, o
porque oyeron y creyeron en la verdad?

can be made right with God by obeying
the Law.
17 As we try to become right with
God by what Christ has done for us,
what if we find we are sinners also?
Does that mean Christ makes us sinners? No! Never!
18 But if I work toward being made
right with God by keeping the Law,
then I make myself a sinner.
19 The Law has no power over me. I
am dead to the Law. Now I can live for
God.
20 I have been put up on the cross to
die with Christ. I no longer live. Christ
lives in me. The life I now live in this
body, I live by putting my trust in the
Son of God. He was the One Who
loved me and gave Himself for me.
21 I say that we are not to put aside
the loving favor of God. If we could be
made right with God by keeping the
Law, then Christ died for nothing.

3 You foolish Galatians! What
strange powers are trying to
lead you from the way of faith in Christ?
We made it plain for you to see that Jesus Christ was put on a cross to die.
2 There is one thing I want to know.
Did you receive the Holy Spirit by
keeping the Law? Or did you receive
Him by hearing about Christ?
3 How foolish can you be? You started the Christian life by the Holy Spirit.
Do you think you are going to become
better Christians by your old way of
worship?
4 You suffered so much because of
the Good News you received. Was
this all of no use?
5 He gave you the Holy Spirit and
did powerful works among you. Does
He do it because you do what the Law
says or because you hear and believe
the truth?

6 Fue lo mismo con Abraham. Él puso su confianza en Dios. Esto hizo que Abraham estuviera puesto bien con Dios y completamente perdonado.

7 Recuerden que cualquier hombre que confía en Dios es hijo de Abraham.

8 La palabra de Dios dijo desde hace mucho tiempo que Dios salvaría a los que no son judíos del castigo del pecado. Antes de esto, la palabra de Dios anunció las buenas nuevas a Abraham así: "Todas las naciones serán benditas por medio de ti." Génesis 12:3

9 Entonces todos los que crean estarán en paz juntamente con Abraham, el creyente.

10 Todos los que esperan que serán salvos del castigo del pecado por medio de la ley judía serán castigados, porque está escrito: "Todos los que no hagan lo que está escrito en el libro de la ley serán castigados. Deuteronomio. 26:27

11 Nadie es aceptado por Dios haciendo lo que dice la ley judía. "El hombre bueno ante Dios vivirá por fe." Habacuc 2:4

12 La ley judía no trata de la fe. Mas dice: "Ustedes deberán obedecer la ley judía; si no, morirán." Levítico 18:5

13 Cristo nos compró con su sangre y nos hizo libres de la ley judía. De esta manera, la ley no nos puede castigar. Cristo hizo esto llevando nuestras culpas y fue castigado en lugar de nosotros. Escrito está: "Cualquiera que sea colgado en una cruz será odiado y castigado." Deuteronomio 21:23

14 Por medio del precio que pagó Cristo Jesús, las cosas buenas que le vinieron a Abraham serán dadas a los que no son judíos. Y poniendo nuestra confianza en Cristo, recibiremos al Espíritu Santo que él nos ha prometido.

15 Hermanos cristianos, permítanme explicarles lo que esto significa. Cuando

6 It was the same with Abraham. He put his trust in God. This made Abraham right with God.

7 Be sure to remember that all men who put their trust in God are the sons of Abraham.

8 The Holy Writings said long ago that God would save the people who are not Jews from the punishment of sin also. Before this time the Holy Writings gave the Good News to Abraham in these words: "All nations will be happy because of you." Genesis 12:3

9 So then, all those who have faith will be happy, along with Abraham who had faith.

10 All those who expect the Law to save them from the punishment of sin will be punished. Because it is written: "Everyone who does not keep on doing all the things written in the Book of the Law will be punished." Deuteronomy 26:27

11 No one is made right with God by doing what the Law says. For: "The man right with God will live by faith." Habakkuk 2:4

12 The Law does not use faith. It says: "You must obey all the Law or you will die." Leviticus 18:5

13 Christ bought us with His blood and made us free from the Law. In that way, the Law could not punish us. Christ did this by carrying the load and by being punished instead of us. It is written: "Anyone who hangs on a cross is hated and punished." Deuteronomy 21:23

14 Because of the price Christ Jesus paid, the good things that came to Abraham might come to the people who are not Jews. And by putting our trust in Christ, we receive the Holy Spirit He has promised.

15 Christian brothers, let me show you what this means. If two men agree

dos hombres se ponen de acuerdo en algo y firman su nombre en un acuerdo, prometiendo cumplirlo, esto no puede ser cambiado.

16 Ahora, esta promesa fue hecha a Abraham y a su hijo. Él no dijo: "y a sus hijos," hablando de muchos. Sino que dijo: "y tu hijo," que significa Cristo.

17 Entonces digo esto: La ley judía que fue dada cuatrocientos treinta años más tarde no puede cambiar la promesa. La promesa ha sido dada por Dios. La ley no puede quitar la promesa.

18 Si hubiera la posibilidad de que la ley judía nos salvara del castigo del pecado, entonces la promesa de Dios que le fue dada a Abraham no tendría ningún valor. Pero como no es posible ser salvos por obedecer la ley judía, la promesa que Dios dio a Abraham vale por todo.

19 Entonces, ¿por qué tenemos la ley judía? Nos fue dada para mostrarnos el pecado. Debería ser usada hasta la venida de Cristo. Se hizo la promesa, pensando en Cristo. La ley fue dada a través de ángeles y por medio de Moisés quien estaba entre Dios y los hombres.

20 Pero antes, cuando la promesa fue dada a Abraham, Dios se la dio sin que hubiera ningún tercero entre ellos.

21 ¿Está la ley judía contra la promesa de Dios? ¡No, nunca! Si fuera posible ser salvados del castigo del pecado obedeciendo la ley judía, entonces para ser aceptados por Dios tendríamos que obedecer la ley judía.

22 Pero la palabra de Dios dice que todo hombre es culpable de pecado. Y lo que fue prometido podrá darse a aquellos que crean en Cristo.

23 Antes que viniera esto de la fe, todavía la ley nos tenía como prisioneros. Nosotros éramos prisioneros hasta que vino Cristo.

to something and sign their names on a paper promising to stay true to what they agree, it cannot be changed.

16 Now the promise was made to Abraham and to his son. He does not say: "And to sons," speaking of many. But instead: "And to your Son," which means Christ.

17 This is what I am saying: The Law which came 430 years later could not change the promise. The promise had already been made by God. The Law could not put that promise aside.

18 If it had been possible to be saved from the punishment of sin by obeying the Law, the promise God gave Abraham would be worth nothing. But since it is not possible to be saved by obeying the Law, the promise God gave Abraham is worth everything.

19 Then why do we have the Law? It was given because of sin. It was to be used until Christ came. The promise had been made looking toward Christ. The Law was given by angels through Moses who stood between God and man.

20 But when the promise was given to Abraham, God gave it without anyone standing between them.

21 Is the Law against the promise of God? No! Never! If it had been possible to be saved from the punishment of sin by obeying the Law, then being right with God would have come by obeying the Law.

22 But the Holy Writings say that all men are guilty of sin. Then that which was promised might be given to those who put their trust in Christ. It will be because their faith is in Him.

23 Before it was possible to be saved from the punishment of sin by putting our trust in Christ, we were held under the Law. It was as if we were being kept

24 La ley judía fue usada para llevarnos a Cristo. Era nuestro maestro. Fuimos aceptados por Dios, poniendo nuestra confianza en Cristo.

25 Ahora que tenemos confianza en Cristo, no necesitamos de la ley judía.

26 Y ustedes son hijos de Dios porque han confiado en Cristo,

27 porque los que fueron bautizados para mostrar que pertenecen a Cristo han llegado a ser como él.

28 Así que ahora ya no hay diferencia entre judíos y no judíos, servidores y libres, hombres y mujeres. Todos somos uno en unión con Cristo Jesús.

29 Si pertenecen a Cristo, son verdaderos hijos de Abraham y recibirán lo que Dios le prometió a él también.

Hijos de Dios

4 Permítanme decirlo de otra manera: Aunque un niño pequeño es heredero de todas las riquezas de su familia, puede no verse gran diferencia entre la vida de él y la de un servidor que pertenece a la familia. El niño en realidad es el dueño de todo.

2 Pero mientras él es niño, está al cuidado de las personas en quienes su padre le confió como sus maestros y ayudadores. Estas personas le indican lo que puede hacer y lo que no puede hacer. En un sentido, el niño no puede hacer nada hasta que cumpla la edad que su padre señala.

3 Nosotros éramos también como niños ayudados por la ley judía. Obedecíamos la ley en nuestros cultos religiosos.

4 Pero llegó el tiempo en que Dios envió a su propio Hijo. Él nació de una mujer y vivía bajo la ley judía.

in prison. We were kept this way until Christ came.

24 The Law was used to lead us to Christ. It was our teacher, and so we were made right with God by putting our trust in Christ.

25 Now that our faith is in Christ, we do not need the Law to lead us.

26 You are now children of God because you have put your trust in Christ Jesus.

27 All of you who have been baptized to show you belong to Christ have become like Christ.

28 God does not see you as a Jew or as a Greek. He does not see you as a person sold to work or as a person free to work. He does not see you as a man or as a woman. You are all one in Christ.

29 If you belong to Christ, then you have become the true children of Abraham. What God promised to him is now yours.

Sons of God

4 Let me say this another way. A young child who will get all the riches of his family is not different from a servant who is owned by the family. And yet the young child owns everything.

2 While he is young, he is cared for by men his father trusts. These men tell the child what he can and cannot do. The child cannot do what he wants to do until he has become a certain age.

3 We were as children also held by the Law. We obeyed the Law in our religious worship.

4 But at the right time, God sent His Son. A woman gave birth to Him under the Law.

5 Él nos compró con su sangre para
libertarnos de la ley judía y así poder
ser hechos hijos de Dios.

6 Porque ustedes son hijos de Dios.
Él ha enviado el Espíritu de su Hijo a
nuestros corazones y clama "Padre."
7 Así que ya no son servidores, sino
hijos. Y recibirán de Dios todo lo que
él tiene preparado para sus hijos.

8 En los tiempos en que ustedes no
conocían a Dios, adoraban a falsos dioses.
9 Pero ahora que conocen a Dios,
o mejor dicho que Dios los conoce a
ustedes, ¿por qué regresan de nuevo a
la antigua y débil ley? ¿Por qué quieren
hacer los ritos religiosos de adoración
que no les dejan gozar de su propia
libertad? ¿Por qué quieren volver a
estar bajo el poder de la ley judía nue-
vamente?
10 Ustedes están guardando ciertos
días, meses, fechas y años.

11 Temo que el trabajo que hice con
ustedes haya sido en vano.

Vivir bajo la ley o ser libre

12 Yo les pido, hermanos, que se
mantengan libres de la ley, como yo.
Aunque soy judío, ya soy libre de la ley,
como ustedes que no son judíos. Ustedes no me hicieron daño.
13 Ustedes saben que cuando les prediqué las buenas nuevas la primera vez,
estaba enfermo. Pero me aceptaron
como si yo llevara a Cristo conmigo
mismo.
14 Aunque la enfermedad fue una
prueba para mí, ustedes no me despreciaron, mas me recibieron como a
un ángel del Señor, como a Jesucristo
mismo.

5 This all happened so He could buy
with His blood and make free all those
who were held by the Law. Then we
might become the sons of God.
6 Because you are the sons of God,
He has sent the Spirit of His Son into
our hearts. The Spirit cries: "Father!"
7 So now you are no longer a servant who is owned by someone. You
are a son. If you are a son, then you
will receive what God has promised
through Christ.
8 During the time when you did not
know God, you worshiped false gods.

9 But now that you know God, or
should I say that you are known by
God, why do you turn back again to the
weak old Law? Why do you want to do
those religious acts of worship that will
keep you from being free? Why do you
want to be held under the power of
the Law again?

10 You do special things on certain
days and months and years and times
of the year.
11 I am afraid my work with you was
wasted.

Living by the law or being free

12 I ask you, Christian brothers, stay
free from the Law as I am. Even if I am
a Jew, I became free from the Law, just
as you who are not Jews. You did no
wrong to me.
13 You know I preached the Good
News to you the first time because of
my sickness.

14 Even though I was hard to look at
because of my sickness, you did not
turn away from me. You took me in as
an ángel from God. You took me in as
you would have taken in Christ Jesus
Himself.

15 ¿Qué pasó con la alegría que tenían? Ustedes se hubieran sacado los ojos si hubieran tenido que dármelos.

15 What has become of the happiness you once had? You would have taken out your own eyes if you could have and given them to me.

16 ¿Me desprecian porque les he dicho la verdad?

16 Do you hate me because I have told you the truth?

17 Aquellos falsos maestros están tratando de apartarles de nosotros para que se vuelvan hacia ellos. No quieren que ustedes sigan mi enseñanza. Lo que están haciendo no es bueno.

17 Those false teachers are trying to turn your eyes toward them. They do not want you to follow my teaching. What they are doing is not good.

18 Es bueno cuando la gente le ayuda, y no pide nada en cambio. Ellos deben ayudarles todo el tiempo y no solamente cuando yo estoy con ustedes.

18 It is good when people help you if they do not hope to get something from it. They should help you all the time, not only when I am with you.

19 Hijos míos, otra vez estoy sufriendo dolores por ustedes como una madre cuando está dando a luz. Yo sufriré hasta que la vida de Cristo esté en sus vidas.

19 My children, I am suffering birth pain for you again. I will suffer until Christ's life is in your life.

20 Cómo deseo estar con ustedes ahora para poder hablarles con una voz más suave, pues estoy muy preocupado por ustedes.

20 I wish I could be with you now. I wish I could speak to you in a more gentle voice, but I am troubled about you.

21 ¡Escuchen! Si ustedes quieren estar bajo la ley judía, ¿por qué no oyen lo que ésta dice?

21 Listen! If you want to be under the Law, why do you not listen to what it says?

22 La palabra de Dios dice que Abraham tenía dos hijos: uno de la sierva, Agar. Ella tenía que hacer lo que le mandaban. El otro era hijo de una mujer libre, Sara, que podía trabajar y hacer lo que quería. Génesis 16:15; 21:2, 9

22 The Holy Writings say that Abraham had two sons. One was born from a woman servant, Hagar, who was owned by someone. She had to do what she was told. The other son was born from a woman, Sarah, who was free to work and live as she desired. Genesis 16:15; 21:2, 9

23 El hijo de la sierva nació como cualquier otro niño. El de la mujer libre nació por la promesa que Dios le había hecho.

23 The son born from the woman servant who was owned by someone was like any other birth. The son born from the free woman was different. That son had been promised by God.

24 Piensen un poco acerca de esto: Estas dos mujeres muestran dos maneras que tiene Dios de trabajar con su gente. Los hijos nacidos de Agar están bajo la ley judía, dada en el monte Sinaí. Serán siervos que pertenecen a otro. Siempre harán lo que se les mande.

24 Think of it like this: These two women show God's two ways of working with His people. The children born from Hagar are under the Law given on Mount Sinai. They will be servants who are owned by someone and will always be told what to do!

25 Agar es conocida como el monte Sinaí, en el país de Arabia. Esta es como la Jerusalén de ahora: porque ella y sus hijos no son libres de hacer lo que quieran.
26 Pero la Jerusalén de arriba es la mujer libre, y es nuestra madre.
27 La palabra de Dios dice: "Mujer, alégrate tú que no puedes tener hijos. Clama y regocíjate, tú que nunca has conocido dolores de parto, porque la mujer que no puede tener hijos, tendrá más que la que vive con su marido." Isaías 54:1
28 Hermanos, nosotros somos como Isaac. Somos los hijos que Dios prometió.
29 En aquel tiempo, el hijo que había nacido como todos perseguía al hijo nacido por la promesa del Espíritu Santo. Lo mismo está pasando ahora.
30 Pero ¿qué dice la palabra de Dios? "Echa fuera de tu casa la sierva y a su hijo. El hijo de la esclava no debe com partir la riqueza de la familia. Todo será dado al hijo de la mujer libre."
Génesis 21:10
31 Hermanos, no somos hijos de la sierva, Agar. Somos hijos de la mujer libre, Sara.

25 Hagar is known as Mount Sinai in the country of Arabia. She is as Jerusalem is today, because she and her children are not free to do what they want to do.
26 But the Jerusalem of heaven is the free woman, and she is our mother.
27 The Holy Writings say: "Woman, be happy, you who have had no children. Cry for joy, you who have never had the pains of having a child, for you will have many children. Yes, you will have more children than the one who has a husband." Isaiah 54:1
28 Christian brothers, we are like Isaac. We are the children God promised.
29 At that time the son born as other children are born made it hard for the son born by the Holy Spirit. It is the same way now.
30 But what do the Holy Writings say? They say: "Put the woman servant who is owned by someone and her son out of your home. The son of that woman servant will never get any of the riches of the family. It will all be given to the son of the free woman." Genesis 21:10
31 Christian brothers, we are not children of the woman servant who was owned by someone, Hagar. We are children of the free woman, Sarah.

Cristo nos hizo libres

5 Cristo nos hizo libres. Permanezcan así. No vuelvan a ser siervos de la ley judía.

2 ¡Escúchenme! Yo, Pablo, les digo que si ustedes hacen el rito religioso para convertirse en judíos, entonces Cristo no les sirve de nada.
3 Lo digo de nuevo. Cada hombre que realiza el rito religioso para hacerse judío debe obedecer toda la ley judía.
4 Si ustedes piensan que serán aceptados por Dios obedeciendo la ley

Christ made us free

5 Christ made us free. Stay that way. Do not get chained all over again in the Law and its kind of religious worship.

2 Listen to me! I, Paul, tell you that if you have the religious act of becoming a Jew done on you, Christ will be of no use to you at all.
3 I say it again. Every man who has the religious act of becoming a Jew done on him must obey every Law.
4 If you expect to be made right with God by obeying the Law, then you have

judía, entonces están apartándose de Cristo y de su gran favor.

5 Estamos esperando ser aceptados por Dios. Esto vendrá por medio del Espíritu Santo y la fe.

6 Si pertenecemos a Cristo Jesús, no significa nada haber cumplido con el rito religioso de hacerse judío. Lo más importante es la fe que nace del amor.

7 Ustedes iban muy bien. ¿Quién les hizo dejar de seguir la verdad?

8 Esto no ha sido por Dios, quien ya los había llamado.

9 Sólo basta un poco de levadura para que el pan se leude.

10 Pero yo sigo confiando en ustedes, por lo que Dios ha hecho en sus vidas. Creo que no seguirán otro camino. Cualquiera que trate de llevarlos por el mal camino, será castigado por Dios.

11 Hermanos, si yo dijera a los hombres que dicen que es necesario para hacerse judíos primero ser cristianos, no estaría sufriendo a causa de los judíos. Si predicara eso, no tendrían razón los judíos de estar en contra de la cruz de Cristo.

12 Quisiera que los que andan molestando para que se operen, se cortaran ellos todo de una vez.

13 Hermanos, ustedes fueron escogidos para ser libres. Tengan cuidado; no aprovechen su libertad para hacer cosas malas. Vivan esta vida de libertad amando y ayudando a otros.

14 Si hacen esto, están obedeciendo a la ley que dice: "Ama a tu prójimo como a ti mismo." Levítico 19:18

15 Pero si ustedes se lastiman y se crean problemas unos a otros, corren el peligro de destruirse el uno al otro.

16 Les digo esto: Dejen que el Espíritu

turned away from Christ and His loving favor.

5 We are waiting for the hope of being made right with God. This will come through the Holy Spirit and by faith.

6 If we belong to Jesus Christ, it means nothing to have or not to have gone through the religious act of becoming a Jew. But faith working through love is important.

7 You were doing well. Who stopped you from obeying the truth?

8 Whatever he used did not come from the One Who chose you to have life.

9 It only takes a little yeast to make the whole loaf of bread rise.

10 I feel I can trust you because of what the Lord has done in your life. I believe you will not follow another way. Whoever is trying to lead you in the wrong way will suffer for it.

11 Christian brothers, if I would still preach that people must go through the religious act of becoming a Jew to be a Christian, I would not be suffering from those who are making it hard for me. If I preached like that, the Jews would have no reason to be against the cross of Christ.

12 I wish those who are so willing to cut your bodies would complete the job by cutting themselves off from you.

13 Christian brother, you were chosen to be free. Be careful that you do not please your old selves by sinning because you are free. Live this free life by loving and helping others.

14 You obey the whole Law when you do this one thing: "Love your neighbor as you love yourself." Leviticus 19:18

15 But if you hurt and make it hard for each other, watch out or you may be destroyed by each other.

16 I say this to you: Let the Holy Spirit

Santo les guíe en cada paso de su vida.
Así no querrán hacer las cosas malas
de antes,
17 porque eso está en contra del Espíritu Santo. Y el Espíritu Santo está en
contra de esos malos deseos. Siempre
están uno en contra del otro. Así que
no pueden hacer lo que quieran.

18 Si permiten que el Espíritu Santo
les guíe, no están bajo el poder de la
ley.
19 Las cosas que su naturaleza pecadora quiere hacer son: pecados sexuales, malos deseos,
20 adorar falsos dioses, brujería, odio,
pleitos, envidias, enojos, discusiones,
formar grupos de división y falsas enseñanzas.

21 Quieren lo que otros tienen, matan,
se emborrachan, comen mucho. Hacen
otras cosas parecidas. Les dije antes y
les digo otra vez: los que hacen todas
estas cosas no tendrán lugar en el reino de Dios.

22 Pero el fruto que viene cuando
tenemos el Espíritu Santo en nuestras
vidas es: amor, gozo, paz, paciencia,
bondad, honradez, fe,
23 humildad y control de nuestros
deseos. La ley no está en contra de
esas cosas.
24 Los que siguen a Cristo han puesto
los pecados de ellos en la cruz de Cristo. Los malos deseos han muerto.
25 Si el Espíritu vive en nosotros, dejemos que él nos dirija en todo.
26 No seamos orgullosos en lo que
no debemos, ni nos enojemos ni tengamos envidia entre nosotros mismos.

Ayudando a otros

6 Hermanos, si ven que alguno
está haciendo algo malo ustedes

lead you in each step. Then you will not
please your sinful old selves.

17 The things our old selves want to
do are against what the Holy Spirit
wants. The Holy Spirit does not agree
with what our sinful old selves want.
These two are against each other. So
you cannot do what you want to do.
18 If you let the Holy Spirit lead you,
the Law no longer has power over
you.
19 The things your sinful old self wants
to do are: sex sins, sinful desires, wild
living,
20 worshiping false gods, witchcraft,
hating, fighting, being jealous, being
angry, arguing, dividing into little groups
and thinking the other groups are
wrong, false teaching,
21 wanting something someone else
has, killing other people, using strong
drink, wild parties, and all things like
these. I told you before and I am telling you again that those who do these
things will have no place in the holy
nation of God.
22 But the fruit that comes from having the Holy Spirit in our lives is: love,
joy, peace, not giving up, being kind,
being good, having faith,
23 being gentle, and being the boss
over our own desires. The Law is not
against these things.
24 Those of us who belong to Christ
have nailed our sinful old selves on His
cross. Our sinful desires are now dead.
25 If the Holy Spirit is living in us, let us
be led by Him in all things.
26 Let us not become proud in ways
in which we should not. We must not
make hard feelings among ourselves as
Christians or make anyone jealous.

Help other Christians

6 Christian brothers, if a person is
found doing some sin, you who

que son cristianos firmes tienen el deber de corregirlo de una manera amable. Cuídense ustedes mismos, no sea que también puedan ser tentados.

2 Ayuden a los que sufren por sus problemas.

3 Si alguien piensa que es importante, no siendo nada, se está engañando a sí mismo.

4 Antes, debe examinarse y ver cómo es su propia conducta. Entonces podrá alegrarse de lo que ha hecho. No debe compararse con su vecino.

5 Cada quien debe hacer su propio trabajo.

6 El que recibió la palabra de Dios debe compartir las cosas buenas que le fueron dadas.

7 No sean tontos; no pueden engañar a Dios. ¡El hombre cosecha lo que siembra!

8 Si un hombre actúa para satisfacer su naturaleza, está perdido. Pero si hace lo que agrada al Espíritu Santo, salvará su vida para siempre.

9 No debemos cansarnos de hacer el bien. Si no nos desanimamos, recibiremos, a su tiempo, lo que merecemos.

10 Por esto, debemos hacer el bien a todos, y de manera especial, a aquellos que pertenecen a Cristo.

Nuestro orgullo debe estar puesto en la cruz

11 Vean qué letras tan grandes les escribo con mi propia mano.

12 Los que dicen que debemos hacernos judíos mediante el rito religioso lo hacen porque quieren quedar bien ante la gente. Así no sufren persecuciones por la cruz de Cristo.

are stronger Christians should lead that one back into the right way. Do not be proud as you do it. Watch yourself, because you may be tempted also.

2 Help each other in troubles and problems. This is the kind of law Christ asks us to obey.

3 If anyone thinks he is important when he is nothing, he is fooling himself.

4 Everyone should look at himself and see how he does his own work. Then he can be happy in what he has done. He should not compare himself with his neighbor.

5 Everyone must do his own work.

6 He who is taught God's Word should share the good things he has with his teacher.

7 Do not be fooled. You cannot fool God. A man will get back whatever he plants!

8 If a man does things to please his sinful old self, his soul will be lost. If a man does things to please the Holy Spirit, he will have life that lasts forever.

9 Do not let yourselves get tired of doing good. If we do not give up, we will get what is coming to us at the right time.

10 Because of this, we should do good to everyone. For sure, we should do good to those who belong to Christ.

The Christian's pride should be in the cross

11 See what big letters I make when I write to you with my own hand.

12 Those men who say you must go through the religious act of becoming a Jew are doing it because they want to make a good show in front of the world. They do this so they will not have to suffer because of following the way of the cross of Christ.

13 Aun los que han realizado el rito de hacerse judíos no conservan la ley judía, pero quieren que ustedes hagan el rito religioso para sentirse orgullosos de que son sus seguidores.

14 De mi parte, yo sólo quiero estar orgulloso de la cruz de nuestro Señor Jesucristo. Pues por la cruz, el mundo ha muerto para mí, y yo he muerto para el mundo.

15 Así que no importa si ustedes han cumplido con el rito de hacerse judíos o no. Lo más importante es que seamos personas nuevas.

16 Aquellos que siguen este camino, tendrán la paz y la bendición de Dios. Ellos son el pueblo de Dios.

17 Para terminar, no quiero que me hagan más problemas. Pues tengo en mi cuerpo las marcas de uno que trabaja para Jesús.

18 Hermanos, que el favor de nuestro Señor Jesucristo sea con ustedes. Así sea.

13 Those who have gone through the religious act of becoming a Jew do not even keep the Law themselves. But they want you to go through that religious act so they can be proud that you are their followers.

14 I do not want to be proud of anything except in the cross of our Lord Jesus Christ. Because of the cross, the ways of this world are dead to me, and I am dead to them.

15 If a person does or does not go through the religious act of becoming a Jew, it is worth nothing. The important thing is to become a new person.

16 Those who follow this way will have God's peace and loving kindness. They are the people of God.

17 Let no one make trouble for me from now on. For I have on my body the whip marks of one who has been a servant owned by Jesus.

18 Christian brothers, may the loving favor of our Lord Jesus Christ be with your spirit. Let it be so.

Efesios

1 Yo, Pablo, soy misionero de Jesucristo. Dios me eligió para trabajar con él. Esta carta es para aquellos que pertenecen a Cristo y viven en la ciudad de Éfeso y también para ustedes, otros fieles creyentes en Cristo Jesús.

2 Tengan el favor y la paz de Dios nuestro Padre y de nuestro Señor Jesucristo.

3 Honremos y demos gracias a Dios y Padre de nuestro Señor Jesucristo. Ya nos ha dado una prueba de lo que es el cielo.

4 Aún antes que el mundo fuera hecho, Dios nos escogió para él mismo por razón de su amor. Quería que fuéramos buenos y sin culpa delante de él.

5 Dios ya quería tenernos como sus propios hijos. Esto fue hecho por Jesucristo. Dios en su plan lo quiso así.

6 Damos gracias a Dios por su gran favor hacia nosotros. Nos lo dio por medio de su Hijo muy amado.

7 Por la sangre de Cristo, somos comprados y hechos libres del castigo del pecado. Por su sangre, nuestros pecados son perdonados, según su gran favor hacia nosotros.

8 Fue bueno con nosotros. Nos trató con sabiduría y entendimiento.

9 Dios nos dio el secreto de lo que él quiso hacer y es esto: con pensamiento amoroso planeó, hace mucho tiempo, enviar a Cristo al mundo.

10 El plan fue de reunirnos en Cristo a todos juntos a un mismo tiempo. Si estamos en el cielo o si todavía en la tierra, nos juntará a todos, y él será el principal sobre todas las cosas.

11 Nosotros fuimos escogidos en Cristo para ser los propios hijos de

Ephesians

1 This letter is from Paul. I am a missionary for Jesus Christ. God wanted me to work for Him. This letter is to those who belong to Christ in the city of Ephesus and to you who are faithful followers of Christ Jesus.

2 May you have loving favor and peace from God our Father and from our Lord Jesus Christ.

3 Let us honor and thank the God and Father of our Lord Jesus Christ. He has already given us a taste of what heaven is like.

4 Even before the world was made, God chose us for Himself because of His love. He planned that we should be holy and without blame as He sees us.

5 God already planned to have us as His own children. This was done by Jesus Christ. In His plan God wanted this done.

6 We thank God for His loving favor to us. He gave this loving favor to us through His much loved Son.

7 Because of the blood of Christ, we are bought and made free from the punishment of sin. And because of His blood, our sins are forgiven. His loving favor to us is so rich.

8 He was so willing to give all of this to us. He did this with wisdom and understanding.

9 God told us the secret of what He wanted to do. It is this: In loving thought He planned long ago to send Christ into the world.

10 The plan was for Christ to gather us all together at the right time. If we are in heaven or still on earth, He will bring us together and will be head over all.

11 We were already chosen to be God's own children by Christ. This was

Dios. Y esto fue hecho según su plan.
12 Nosotros, quienes fuimos los primeros en poner nuestra fe en Cristo,
debemos darle gracias por su grandeza,
13 y por la verdad de las buenas nuevas. Cuando oyeron la verdad, pusieron su fe en Cristo. Entonces Dios los
eligió y fueron sellados con el Espíritu
Santo como una promesa.
14 El Espíritu nos fue dado como una
promesa de que recibiríamos todas las
cosas que Dios tiene para nosotros.
Para mostrar su grandeza, el Espíritu
de Dios estará con nosotros, hasta que
termine su obra de hacernos libres.

La oración de Pablo por los creyentes

15 He oído de la fe que ustedes tienen en el Señor Jesús y de su amor
para todos los creyentes.
16 Desde entonces, he orado y dado
gracias por ustedes.
17 Pido que el gran Dios y Padre de
nuestro Señor Jesucristo les de la sabiduría de su espíritu. Entonces podrán
entender los secretos acerca de él y
podrán conocerlo mejor.
18 Pido que sus corazones puedan
entender. Pido que ustedes puedan
conocer acerca de la esperanza que fue
dada por el llamamiento de Dios. Pido
que ustedes puedan ver cuán grandes
cosas les ha prometido a aquellos que
le pertenecen.
19 Pido que ustedes puedan conocer
la grandeza de su poder para aquellos
que han creído en él.
20 Es el mismo poder que levantó a
Cristo de la muerte. Es el mismo poder
que puso a Cristo en el cielo a la derecha de Dios.
21 Este lugar fue dado a Cristo, y es
mucho más grande que el que un rey
o jefe humano pueda tener. Nadie más
puede tener este lugar de honor y poder.
Nadie en este mundo ni en el mundo
venidero puede tener este lugar.

done just like the plan He had.
12 We who were the first to put our
trust in Christ should thank Him for His
greatness.
13 The truth is the Good News.
When you heard the truth, you put
your trust in Christ. Then God marked
you by giving you His Holy Spirit as a
promise.
14 The Holy Spirit was given to us as
a promise that we will receive everything God has for us. God's Spirit will
be with us until God finishes His work
of making us complete. God does this
to show His shining greatness.

Paul's prayer for the Christians in Ephesus

15 I have heard of your faith in the
Lord Jesus and your love for all Christians.
16 Since then, I always give thanks for
you and pray for you.
17 I pray that the great God and Father
of our Lord Jesus Christ may give you
the wisdom of His Spirit. Then you
will be able to understand the secrets
about Him as you know Him better.
18 I pray that your hearts will be able
to understand. I pray that you will
know about the hope given by God's
call. I pray that you will see how great
the things are that He has promised to
those who belong to Him.
19 I pray that you will know how great
His power is for those who have put
their trust in Him.
20 It is the same power that raised
Christ from the dead. This same power
put Christ at God's right side in heav-
en.
21 This place was given to Christ. It is
much greater than any king or leader
can have. No one else can have this
place of honor and power. No one in
this world or in the world to come can
have such honor and power.

22 Dios ha puesto todas las cosas bajo el poder de Cristo. Le ha puesto a él como el principal de todas las cosas de la iglesia.
23 La iglesia es el cuerpo de Cristo. Está completamente llena de aquel que satisface todas las cosas con él mismo.

Dios nos salva del pecado

2 En un tiempo, ustedes estuvieron muertos a causa del pecado.
2 Por un tiempo, siguieron los caminos pecaminosos del mundo y obedecieron al jefe del poder de la oscuridad. Él es el diablo quien ahora está trabajando con la gente que no obedece a Dios.
3 En un tiempo todos vivimos para complacernos a nosotros mismos. Hicimos lo que nuestros cuerpos y mentes querían. Fuimos pecadores de nacimiento como toda la otra gente. Por todo esto, Dios estaba enojado con nosotros. Tendríamos que sufrir.
4 Pero Dios estaba lleno de amor para con nosotros. Nos amó con tan gran amor
5 que aun cuando estábamos muertos por nuestros pecados, él nos dio vida por lo que hizo por nosotros. Ustedes han sido salvados del castigo de sus pecados por medio del gran favor de Dios.
6 Dios nos levantó de la muerte cuando levantó a Cristo Jesús. Nos ha dado un lugar con Cristo en el cielo.
7 Él hizo esto para demostrarnos en los tiempos venideros las grandes riquezas de su favor. Y nos ha mostrado esta bondad por medio de Cristo Jesús.
8 Por el favor de Dios, ustedes han sido salvados del castigo del pecado, por medio de su fe. Y no es algo que ustedes hayan hecho. Es un regalo de Dios.
9 Y no se les ha dado porque hicieran algo bueno. Si fuera así, ustedes podrían estar orgullosos.

22 God has put all things under Christ's power and has made Him to be the head leader over all things of the church.
23 The church is the body of Christ. It is filled by Him Who fills all things everywhere with Himself.

God saved us from sin

2 At one time you were dead because of your sins.
2 You followed the sinful ways of the world and obeyed the leader of the power of darkness. He is the devil who is now working in the people who do not obey God.
3 At one time all of us lived to please our old selves. We gave in to what our bodies and minds wanted. We were sinful from birth like all other people and would suffer from the anger of God.
4 But God had so much loving kindness. He loved us with such a great love.
5 Even when we were dead because of our sins, He made us alive by what Christ did for us. You have been saved from the punishment of sin by His loving favor.
6 God raised us up from death when He raised up Christ Jesus. He has given us a place with Christ in the heavens.
7 He did this to show us through all the time to come the great riches of His loving favor. He has shown us His kindness through Christ Jesus.
8 For by His loving favor you have been saved from the punishment of sin through faith. It is not by anything you have done. It is a gift of God.
9 It is not given to you because you worked for it. If you could work for it, you would be proud.

10 Nosotros somos obra de él. Él nos hizo para pertenecer a Cristo Jesús a fin de que podamos trabajar por él. Mucho antes Dios hizo planes para que nosotros hiciéramos esto.

Ahora los seguidores vienen a ser el cuerpo de Cristo

11 No olviden eso, que en un tiempo, ustedes no conocían a Dios. Los judíos, que fueron hechos judíos por el rito religioso por las manos de los hombres, dijeron que ustedes son gente que no conoce a Dios.

12 Entonces estaban viviendo sin Cristo. La gente judía, que pertenecía a Dios, nada tenía que ver con ustedes. Las promesas que Dios les dio a ellos no fueron para ustedes. No tenían nada en este mundo en qué esperar, porque estaban sin Dios.

13 Pero ahora pertenecen a Cristo Jesús. En un tiempo estuvieron lejos de Dios. Pero ahora han sido traídos cerca de él. Cristo hizo esto, cuando dio su sangre en la cruz.

14 Tenemos paz por medio de Cristo, porque él hizo de los judíos y de los que no son judíos un solo pueblo. Rompió la pared que los dividía.

15 Por su muerte en la cruz, puso fin a la lucha que había entre ellos. Puso fin a la ley judía. Entonces hizo de las dos, una nueva clase de gente, igual a sí mismo. De este modo, hizo la paz.

16 El trajo ambos grupos a Dios. Cristo terminó las diferencias entre ellos, con su muerte en la cruz.

17 Entonces Cristo vino y predicó las buenas nuevas de paz a aquellos que estaban lejos de Dios. También nos predicó a los que estábamos cerca de Dios.

18 Ahora todos podemos ir al Padre por medio de Cristo, por el camino del Espíritu Santo.

10 We are His work. He has made us to belong to Christ Jesus so we can work for Him. He planned that we should do this.

Followers now become the body of Christ

11 Do not forget that at one time you did not know God. The Jews, who had gone through the religious act of becoming a Jew by man's hands, said you were people who do not know God.

12 You were living without Christ then. The Jewish people who belonged to God had nothing to do with you. The promises He gave to them were not for you. You had nothing in this world to hope for. You were without God.

13 But now you belong to Christ Jesus. At one time you were far away from God. Now you have been brought close to Him. Christ did this for you when He gave His blood on the cross.

14 We have peace because of Christ. He has made the Jews and those who are not Jews one people. He broke down the wall that divided them.

15 He stopped the fighting between them by His death on the cross. He put an end to the Law. Then He made of the two people one new kind of people like Himself. In this way, He made peace.

16 He brought both groups together to God. Christ finished the fighting between them by His death on the cross.

17 Then Christ came and preached the Good News of peace to you who were far away from God. And He preached it to us who were near God.

18 Now all of us can go to the Father through Christ by way of the one Holy Spirit.

19 De ahora en adelante, ustedes no son más extranjeros, en tierra que no es suya, sino ciudadanos juntamente con aquellos que pertenecen a Dios. Pues ustedes pertenecen a la familia de Dios.

20 Esta familia sostiene un edificio, un templo en el espíritu. Está construido sobre las enseñanzas de los misioneros y los antiguos predicadores de Dios. Jesucristo mismo es la piedra principal, la parte más importante del edificio.

21 Cristo mantiene este edificio unido, y está creciendo como un edificio santo para el Señor.

22 También ustedes forman una parte de este edificio, porque Dios vive en ustedes por su Espíritu.

3 Yo, Pablo, estoy en prisión porque soy misionero de Jesucristo a los que no son judíos.

2 Estoy seguro que han oído que Dios en su favor me dio este trabajo.

3 Les he escrito antes un poco de esto. De un modo especial, Dios me mostró su plan secreto.

4 Cuando lean esto, entenderán cómo sé de estas cosas que no son fáciles de entender.

5 Hace mucho tiempo, el hombre no sabía de estas cosas. Pero ahora le son mostradas a sus misioneros y predicadores por el Espíritu Santo.

6 Permítanme decirles que las buenas nuevas son también para la gente que no es judía. Ellos podrán tener vida que dura para siempre. Podrán ser parte de su iglesia y su familia, juntamente con los judíos. Y todos reciben lo que Dios ha prometido por medio de Cristo.

7 Dios me mandó predicar las buenas nuevas. Me dio esa capacidad por su favor. Me dio su poder para predicarlo.

19 From now on you are not strangers and people who are not citizens. You are citizens together with those who belong to God. You belong in God's family.

20 This family is built on the teachings of the missionaries and the early preachers. Jesus Christ Himself is the cornerstone, which is the most important part of the building.

21 Christ keeps this building together and it is growing into a holy building for the Lord.

22 You are also being put together as a part of this building because God lives in you by His Spirit.

3 I, Paul, am in prison because I am a missionary for Jesus Christ to you who are not Jews.

2 I am sure you have heard that God trusted me with His loving favor.

3 I wrote a little about this to you before. In a special way, God showed me His secret plan.

4 When you read this, you will understand how I know about the things that are not easy to understand about Christ.

5 Long ago men did not know these things. But now they have been shown to His missionaries and to the early preachers by the Holy Spirit.

6 Let me tell you that the Good News is for the people who are not Jews also. They are able to have life that lasts forever. They are to be a part of His church and family, together with the Jews. And together they are to receive all that God has promised through Christ.

7 God asked me to preach this Good News. He gave me the gift of His loving favor. He gave me His power to preach it.

8 De todos aquellos que pertenecen a Cristo, yo soy el menos importante. Pero esta capacidad de Dios me fue dada para predicar a personas que no son judías. Fui a anunciarles las grandes riquezas que tenemos en Cristo, las cuales no tendrán fin.

9 Procuré que todos los hombres entendieran ese secreto. Dios lo guardaba para sí mismo desde el principio del mundo. Él es aquel que hizo todas las cosas.

10 Esto fue hecho así, para que la gran sabiduría de Dios pudiera ser vista por los jefes y los que tienen autoridad en los cielos. Esto ha sido hecho por medio de la iglesia.

11 Este fue el plan que Dios tuvo para todos los tiempos. Él lo hizo por medio de Cristo Jesús nuestro Señor.

12 Podemos venir a Dios sin temor, porque hemos puesto nuestra confianza en Cristo.

13 Por eso, les pido que no se desanimen a causa de mis sufrimientos por ustedes. Esto es una ayuda para ustedes.

Pablo ora por la Iglesia

14 Por esta razón, me arrodillo y pido al Padre.

15 Es por él que cada familia en el cielo y en la tierra tiene su nombre.

16 Pido a Dios que dé las riquezas de su grandeza, los haga fuertes con poder en sus corazones, por medio del Espíritu Santo.

17 Pido que Dios pueda vivir en sus corazones por la fe. Y oro para que ustedes sean llenos de su amor.

18 Pido que puedan entender lo ancho, lo largo, lo alto y lo profundo que es su amor.

19 Pido que conozcan el amor de Cristo, que va más allá de cualquier cosa que podamos entender. Pido que

8 Of all those who belong to Christ, I am the least important. But this loving favor was given to me to preach to the people who are not Jews. I was to tell them of the great riches in Christ which do not come to an end.

9 I was to make all men understand the meaning of this secret. God kept this secret to Himself from the beginning of the world. And He is the One Who made all things.

10 This was done so the great wisdom of God might be shown now to the leaders and powers in the heavenly places. It is being done through the church.

11 This was the plan God had for all time. He did this through Christ Jesus our Lord.

12 We can come to God without fear because we have put our trust in Christ.

13 So I ask you not to lose heart because of my suffering for you. It is to help you.

Paul's prayer for the church

14 For this reason, I bow my knees and pray to the Father.

15 It is from Him that every family in heaven and on earth has its name.

16 I pray that because of the riches of His shining greatness, He will make you strong with power in your hearts through the Holy Spirit.

17 I pray that Christ may live in your hearts by faith. I pray that you will be filled with love.

18 I pray that you will be able to understand how wide and how long and how high and how deep His love is.

19 I pray that you will know the love of Christ. His love goes beyond anything we can understand. I pray that you will

sean llenos de Dios mismo.

20 Dios puede hacer mucho más de lo que pedimos o pensamos, por medio de su poder trabajando en nosotros.

21 Podemos ver su grandeza en la iglesia, y que toda la gente en todos los tiempos honre a Cristo Jesús. Que así sea.

4 Estoy prisionero, porque trabajo para el Señor. Les pido con todo mi corazón que vivan y trabajen como el Señor espera que lo hagan.

2 Vivan y trabajen con humildad. Sean amables y no duros con los demás. Trátenlos con amor.

3 Hagan lo posible por estar unidos, con la ayuda del Espíritu Santo. Entonces habrá paz entre ustedes.

4 Hay un solo cuerpo y un solo espíritu, así como una sola esperanza.

5 Hay un Señor, una fe y un bautismo.

6 Hay un Dios que es el Padre de todos, que está sobre todos, el único que actúa en nosotros. Y el único que está en cada uno de nosotros.

7 Dios ha dado favor a cada uno de nosotros. Podremos ver cuán grande es, al darnos a Cristo.

8 La palabra de Dios dice: "Cuando Cristo subió al cielo, se llevó a aquellos que estaban prisioneros con él y dio regalos a los hombres." Salmo 68:18

9 Pero, ¿qué quiere decir "fue al cielo"? Quiere decir que él vino primero, a los lugares más escondidos de la tierra.

10 Así que el que bajó a la tierra es el mismo que subió al cielo. Él hizo esto para llenar al mundo con su presencia.

11 Cristo dio capacidad, o dones, a todos los hombres. A algunos les dio la capacidad de ser misioneros; a otros, el

be filled with God Himself.

20 God is able to do much more than we ask or think through His power working in us.

21 May we see His shining-greatness in the church. May all people in all time honor Christ Jesus. Let it be so.

4 I am being held in prison because of working for the Lord. I ask you from my heart to live and work the way the Lord expected you to live and work.

2 Live and work without pride. Be gentle and kind. Do not be hard on others. Let love keep you from doing that.

3 Work hard to live together as one by the help of the Holy Spirit. Then there will be peace.

4 There is one body and one Spirit. There is one hope in which you were called.

5 There is one Lord and one faith and one baptism.

6 There is one God. He is the Father of us all. He is over us all. He is the One working through us all. He is the One living in us all.

7 Loving favor has been given to each one of us. We can see how great it is by the gift of Christ.

8 The Holy Writings say: "When Christ went up to heaven, He took those who were held with Him. He gave gifts to men." Psalm 68:18

9 When they say: "He went up," what does it mean but that He had first gone down to the deep parts of the earth?

10 Christ Who went down into the deep also went up far above the heavens. He did this to fill all the world with Himself.

11 Christ gave gifts to men. He gave to some the gift to be missionaries, some to be preachers, others to be preach-

don de ser predicadores; a otros, que
fueran de pueblo en pueblo llevando
las buenas nuevas de paz; a otros, el
don de ser pastores y maestros.
12 Todos estos fueron preparados
para que los hijos de Dios sirvan mejor
en su labor a fin de que la iglesia, que
es el cuerpo de Cristo, sea más fuerte.
13 Todos seremos una sola persona
por lo que creemos y porque conocemos al Hijo de Dios. Seremos creyentes maduros; creceremos hasta estar
tan completos como lo es Cristo mismo.
14 Entonces ya no seremos niños. Ni
seremos como barcos en el agua donde
las olas y el viento los llevan por todos
lados. Las enseñanzas que no son verdaderas son como el viento. Hay personas que hacen lo posible para que
otros crean lo que ellas han inventado
y que les sigan por mal camino.
15 Pero nosotros debemos hablar la
palabra de verdad y crecer para tratar
de ser como Cristo, quien es la cabeza
de la iglesia.
16 Cristo puso cada parte de la iglesia en un lugar correcto. Cada parte le
ayuda a la otra. Esto es lo que se necesita para que todo el cuerpo esté completo. De esta manera, todo el cuerpo
crece unido y fortalecido en el amor.

La vida antigua y la vida nueva

17 Les digo esto en el nombre del
Señor: Ustedes ya no deben vivir como
las demás personas que no conocen a
Dios. Porque sus pensamientos no tienen valor.
18 Sus mentes están en la oscuridad.
Ellas no tienen parte en la vida que
Dios da, porque sus corazones no les
permiten entender.
19 A ellas no les interesa si lo que
hacen está bien o está mal. Van por el
mal camino, y su mente siempre está

ers who go from town to town. He
gave others the gift to be church leaders and teachers.
12 These gifts help His people work
well for Him. And then the church
which is the body of Christ will be
made strong.
13 All of us are to be as one in the
faith and in knowing the Son of God.
We are to be fullgrown Christians
standing as high and complete as Christ
is Himself.
14 Then we will not be as children any
longer. Children are like boats thrown
up and down on big waves. They are
blown with the wind. False teaching is
like the wind. False teachers try everything possible to make people believe a
lie,
15 but we are to hold to the truth
with love in our hearts. We are to
grow up and be more like Christ. He is
the leader of the church.
16 Christ has put each part of the
church in its right place. Each part helps
other parts. This is what is needed to
keep the whole body together. In this
way, the whole body grows strong in
love.

The old and the new life

17 I tell you this in the name of the
Lord: You must not live any longer like
the people of the world who do not
know God. Their thoughts are foolish.
18 Their minds are in darkness. They
are strangers to the life of God. This is
because they have closed their minds
to Him and have turned their hearts
away from Him.
19 They do not care anymore about
what is right or wrong. They have
turned themselves over to the sinful

deseando hacer el mal.

20 Pero Cristo no nos enseñó esto.

21 Si ustedes han oído y aprendido de él,

22 deben deshacerse de las actitudes de la vida antigua, cuando no conocían a Dios. Dejen esa vida llena de maldad y malos deseos.

23 Permitan que sus corazones y sus mentes sean renovados.

24 Deben llegar a ser personas nuevas, personas parecidas a Dios. Hasta entonces conocerán a Dios y tendrán una vida verdaderamente santa.

25 No más enganos. Todos debemos decir la verdad los unos a los otros, porque todos formamos parte del cuerpo de Cristo.

26 Si se enojan, no dejen que su enojo les haga pecar. Hagan terminar su enojo antes que termine el día.

27 No den oportunidad a que el diablo se meta en sus vidas.

28 Los que robaban ya no roben más. Deben trabajar, para que tengan lo que necesitan y que puedan dar ayuda a los pobres.

29 Cuiden su manera de hablar. Usen palabras que ayuden a los demás a crecer en el conocimiento de la palabra de Dios.

30 No hagan que el Espíritu Santo de Dios se entristezca por la manera en que viven. Porque el Espíritu Santo ha puesto una marca a todos los que son de él para el día en que sean libertados.

31 Alejen de su corazón todo mal sentimiento contra otras personas, enojo, pasiones. No griten. No digan nada malo que haga daño a otros.

32 Sean amables con todos. Piensen en las demás personas. Perdonen a todos, como Dios nos perdonó por

ways of the world and are always wanting to do every kind of sinful act they can think of.

20 But you did not learn anything like this from Christ.

21 If you have heard of Him and have learned from Him,

22 put away the old person you used to be. Have nothing to do with your old sinful life. It was sinful because of being fooled into following bad desires.

23 Let your minds and hearts be made new.

24 You must become a new person and be Godlike. Then you will be made right with God and have a true holy life.

25 So stop lying to each other. Tell the truth to your neighbor. We all belong to the same body.

26 If you are angry, do not let it become sin. Get over your anger before the day is finished.

27 Do not let the devil start working in your life.

28 Anyone who steals must stop it! He must work with his hands so he will have what he needs and can give to those who need help.

29 Watch your talk! No bad words should be coming from your mouth. Say what is good. Your words should help others grow as Christians.

30 Do not make God's Holy Spirit have sorrow for the way you live. The Holy Spirit has put a mark on you for the day you will be set free.

31 Put out of your life all these things: bad feelings about other people, anger, temper, loud talk, bad talk which hurts other people, and bad feelings which hurt other people.

32 You must be kind to each other. Think of the other person. Forgive other people just as God forgave you

medio de la muerte de Cristo.

5 Hagan lo que Dios haría. Los
hijos amados hacen lo que sus
padres hacen.
2 Vivan con amor, como Cristo nos
amó y dio su vida por nosotros, como
una ofrenda de olor agradable en el
altar de Dios.
3 Ya que son hijos de Dios, no deben
ni siquiera mencionar los pecados
sexuales, ni cualquier otro pecado. No
quieran siempre todo para sí.
4 No es bueno que usen palabras
malas y sucias. Deben dar gracias a
Dios por lo que él ha hecho por ustedes.

5 ¡Pueden estar seguros de esto!
Cualquier persona que ha cometido
pecado sexual, o que desea lo que
otros tienen, no tendrá lugar en el reino de Cristo y de Dios.

6 No se dejen engañar con palabras
tontas. Porque viene el enojo de Dios
sobre los que no le obedecen.

7 No tengan nada que ver con ellos.
8 Hubo un tiempo en que ustedes
vivían en la oscuridad. Ahora viven en
la luz que da el Señor. Vivan como hijos
que tienen la luz del Señor.
9 Su luz es la verdad. Nos hace estar
en paz con Dios, y nos hace ser mejores cada día.
10 Aprendan a hacer lo que le gusta a
Dios.
11 No tengan nada que ver con las
cosas malas que hace la gente que vive
en la oscuridad. Por el contrario, deben
decirles que eso es malo.

12 Es vergonzoso hablar de lo que
ellos hacen en secreto.
13 Todas las cosas pueden verse en

because of Christ's death on the cross.

5 Do as God would do. Much
loved children want to do as
their fathers do.
2 Live with love as Christ loved you.
He gave Himself for us, a gift on the
altar to God which was as a sweet
smell to God.
3 Do not let sex sins or anything sinful be even talked about among those
who belong to Christ. Do not always
want everything.
4 Do not be guilty of telling bad stories and of foolish talk. These things are
not for you to do. Instead, you are to
give thanks for what God has done for
you.
5 Be sure of this! No person who
does sex sins or who is not pure will
have any part in the holy nation of
Christ and of God. The same is true
for the person who always wants what
other people have. This becomes a god
to him.
6 Do not let anyone lead you in the
wrong way with foolish talk. The anger
of God comes on such people because
they choose to not obey Him.
7 Have nothing to do with them.
8 At one time you lived in darkness.
Now you are living in the light that
comes from the Lord. Live as children
who have the light of the Lord in them.
9 This light gives us truth. It makes us
right with God and makes us good.

10 Learn how to please the Lord.

11 Have nothing to do with the bad
things done in darkness. Instead, show
that these things are wrong.

12 It is a shame even to talk about
these things done in secret.
13 All things can be seen when they

la luz, porque todo en la luz se ve tal como es.
14 Dios dice: "Despierta, tú que duermes, levántate de entre los muertos, y Cristo te dará su luz." Isaías 60:1

are in the light. Everything that can be seen is in the light.
14 The Holy Writings say: "Wake up, you who are sleeping. Rise from the dead and Christ will give you light." Isaiah 60:1

Sean llenos del Espíritu Santo de Dios

15 Cuiden la manera en que viven. Vivan como personas sabias, y no como las que no conocen a Dios.
16 Aprovechen todo su tiempo, porque los días son malos.
17 No sean tontos. Entiendan lo que Dios quiere que hagan.
18 No se emborrachen con vino, pues es malo para sus cuerpos. Mejor, sean llenos del Espíritu Santo.
19 Hablen unos con otros con alegría, cantando salmos. Canten con todo el corazón al Señor.
20 Den gracias a Dios siempre por todas las cosas en el nombre de nuestro Señor Jesucristo.

Be filled with the Spirit of God

15 So be careful how you live. Live as men who are wise and not foolish.
16 Make the best use of your time. These are sinful days.
17 Do not be foolish. Understand what the Lord wants you to do.
18 Do not get drunk with wine. That leads to wild living. Instead, be filled with the Holy Spirit.
19 Tell of your joy to each other by singing the Songs of David and church songs. Sing in your heart to the Lord.
20 Always give thanks for all things to God the Father in the name of our Lord Jesus Christ.

Cómo deben vivir las esposas

21 Ayúdense unos a otros. Así muestran respeto a Cristo.
22 Mujeres, obedezcan a sus esposos, porque al hacerlo, obedecen al Señor.
23 El esposo es la cabeza de su esposa, como Cristo es la cabeza de la iglesia. La iglesia es el cuerpo de Cristo, a quien él salva.
24 Como la iglesia obedece a Cristo, así las mujeres deben obedecer a sus maridos en todo.

How wives must live

21 Be willing to help and care for each other because of Christ. By doing this, you honor Christ.
22 Wives, obey your own husbands. In doing this, you obey the Lord.
23 For a husband is the head of his wife as Christ is the head of the church. It is His body (the church) that He saves.
24 As the church is to obey Christ, wives are to obey their own husbands in everything.

Cómo deben vivir los esposos

25 Maridos, amen a sus esposas. Deben amarlas como Cristo amó a la iglesia. Él dio su vida por ella.
26 Cristo hizo esto para apartar a su pueblo, después de limpiarlo con agua y con su palabra,

How husbands must live

25 Husbands, love your wives. You must love them as Christ loved the church. He gave His life for it.
26 Christ did this so He could set the church apart for Himself. He made it clean by the washing of water with the Word.

27 para que la iglesia permanezca santa, pura y sin mancha.

28 Los hombres deben amar a sus esposas como a sus propios cuerpos. El que ama a su esposa, se ama a sí mismo.

29 Ningún hombre se odia a sí mismo. Siempre tiene cuidado de su cuerpo. Cristo hace lo mismo con la iglesia.

30 Nosotros somos miembros de su cuerpo, que es la iglesia.

31 Por esta razón el hombre dejará a su padre y a su madre cuando se case y se unirá a su mujer. Los dos serán uno.

32 Esto es muy difícil de entender, pero nos muestra que la iglesia es el cuerpo de Cristo.

33 Así que todo hombre debe amar a su esposa como si fuera él mismo. Y toda mujer debe respetar a su marido.

Cómo deben vivir los hijos

6 Hijos, su deber como cristianos es obedecer a sus padres, porque esto es bueno.

2 Respeten a su padre, y a su madre, porque es el primer mandamiento con promesa.

3 La promesa es esta: Si respetan a su padre y a su madre, tendrán larga vida y en todo lo que hagan les irá bien.

4 Padres, no sean duros con sus hijos, para que no se enojen. Críenlos en disciplina con amor en el Señor.

5 El que trabaja para otro, debe obedecer a su patrón. Trabajen para ellos lo más que puedan. Hagan el trabajo para los hombres como si lo hicieran para Cristo.

6 No trabajen sólo cuando su patrón los ve, o lo estarán haciendo sólo para

27 Christ did this so the church might stand before Him in shining greatness. There is to be no sin of any kind in it. It is to be holy and without blame.

28 So men should love their wives as they love their own bodies. He who loves his wife loves himself.

29 No man hates himself. He takes care of his own body. That is the way Christ does. He cares for His body which is the church.

30 We are all a part of His body, the church.

31 For this reason, a man must leave his father and mother when he gets married and be joined to his wife. The two become one.

32 This is hard to understand, but it shows that the church is the body of Christ.

33 So every man must love his wife as he loves himself. Every wife must respect her husband.

How children must live

6 Children, as Christians, obey your parents. This is the right thing to do.

2 Respect your father and mother. This is the first Law given that had a promise.

3 The promise is this: If you respect your father and mother, you will live a long time and your life will be full of many good things.

4 Fathers, do not be too hard on your children so they will become angry. Teach them in their growing years with Christian teaching.

5 You servants who are owned by someone must obey your owners. Work for them as hard as you can. Work for them the same as if you were working for Christ.

6 Do not work hard only when your owner sees you. You would be doing

agradar a los hombres. Trabajen como si lo hicieran para Cristo. Hagan lo que Dios manda con todo el corazón.

7 Hagan su trabajo con alegría, como si trabajaran para el Señor, y no para los hombres.

8 Recuerden esto, cualquier cosa que hagan será premiada por el Señor. Dios no hace diferencia entre personas. Para él, todos somos iguales.

9 Patrones, traten bien a los que trabajan para ustedes. No comiencen el día siendo duros con ellos. Recuerden que el patrón de todos está en el cielo. Dios no respeta a unos más que a otros; todos somos iguales ante él.

Armas que Dios da a los cristianos para luchar

10 Esto es lo último que les quiero decir: Sean fuertes con la fuerza de Dios.

11 Usen las armas que Dios les da para luchar, y así no caerán en las trampas del mal.

12 No estamos luchando contra seres humanos como nosotros, sino con espíritus que viven en los cielos, que tienen poder en el mundo de la oscuridad.

13 Por esto usen todas las armas que Dios les ha dado para luchar contra ellos.

14 Así que estén listos, vestidos con el cinturón de la verdad. Y su pecho protegido con la armadura que es el estar bien con Dios.

15 Y anuncien las buenas nuevas de paz, como el soldado se prepara al ponerse los zapatos.

16 Lo más importante de todo es que tengan su fe como un escudo para que puedan defenderse de los ataques del diablo.

this just to please men. Work as you would work for Christ. Do what God wants you to do with all your heart.

7 Be happy as you work. Do your work as for the Lord, not for men.

8 Remember this, whatever good thing you do, the Lord will pay you for it. It is the same to the Lord if you are a servant owned by someone or if you work for pay.

9 Owners, do the right thing for those who work for you. Stop saying that you are going to be hard on them. Remember that your Owner and their Owner is in heaven. God does not respect one person more than another.

Things God gives the Christian to fight with

10 This is the last thing I want to say: Be strong with the Lord's strength.

11 Put on the things God gives you to fight with. Then you will not fall into the traps of the devil.

12 Our fight is not with people. It is against the leaders and the powers and the spirits of darkness in this world. It is against the demon world that works in the heavens.

13 Because of this, put on all the things God gives you to fight with. Then you will be able to stand in that sinful day. When it is all over, you will still be standing.

14 So stand up and do not be moved. Wear a belt of truth around your body. Wear a piece of iron over your chest which is being right with God.

15 Wear shoes on your feet which are the Good News of peace.

16 Most important of all, you need a covering of faith in front of you. This is to put out the firearrows of the devil.

17 Cúbranse la cabeza con la armadura de la salvación. Usen la palabra de Dios como una espada que da el Espíritu.

Por qué y cómo orar

18 Oren todos los días. El Espíritu les dirá lo que deben decir. Pidan por sus necesidades. Oren también por todos los hijos de Dios.

19 También acuérdense de mí en sus oraciones, para que yo pueda seguir hablando sin miedo, a fin de que otros entiendan la palabra de Dios.

20 Fui enviado para decir a todos las buenas nuevas. Y por esto estoy ahora prisionero. Oren que yo siga hablando de Cristo con valor sin tener miedo.

21 Tíquico les dirá cómo nos ha ido. Él es un hermano muy querido y fiel siervo de Dios.

22 Lo he mandado para que les diga cómo hemos estado. Sus palabras les confortarán.

23, 24 Que Dios el Padre y el Señor Jesucristo de paz y favor a todos los que aman al Señor Jesucristo con un amor que no cambia.

17 The covering for your head is that you have been saved from the punishment of sin. Take the sword of the Spirit which is the Word of God.

How and what to pray for

18 You must pray at all times as the Holy Spirit leads you to pray. Pray for the things that are needed. You must watch and keep on praying. Remember to pray for all Christians.

19 Pray for me also. Pray that I might open my mouth without fear. Pray that I will use the right words to preach that which is hard to understand in the Good News.

20 This is the reason I was sent out. But now I am in chains for preaching the Good News. I want to keep on speaking for Christ without fear the way I should.

21 Tychicus will tell you how I am getting along. He is a muchloved brother and a faithful preacher.

22 I have sent him to you because I want him to tell you about us. He will comfort you.

23 May all the Christian brothers have peace and love with faith from God the Father and the Lord Jesus Christ.

24 May God give loving favor to all who love our Lord Jesus Christ with a love that never gets weak.

Filipenses

1 Esta carta la enviamos Pablo y Timoteo, obreros de Jesucristo, a todos los que también son de él, y que viven en la ciudad de Filipos, en unión de sus líderes y ayudantes en la iglesia.

2 Deseamos que gocen de las bendiciones y la paz de Dios nuestro Padre y del Señor Jesucristo.

Pablo da gracias por los cristianos verdaderos

3 Siempre que pienso en ustedes, doy gracias a Dios.

4 Me siento muy alegre al orar por ustedes,

5 porque sé que desde el primer momento en que oyeron las buenas nuevas hasta ahora, hablan de ellas a todos.

6 Estoy seguro que Dios, quien empezó su obra bondadosa en ustedes, la llevará a cabo hasta que Cristo Jesús venga otra vez.

7 Tengo razón para sentir lo que siento por ustedes, porque a todos los amo en gran manera. Cuando estuve en la cárcel y cuando he probado la verdad de las buenas nuevas, todos ustedes han compartido conmigo el favor divino.

8 Dios sabe bien lo que les digo: Cuánto los amo en ese amor que viene de Jesucristo.

9 Y en mis oraciones, pido a Dios que el amor de ustedes crezca más y más y que vayan teniendo mas entendimiento y sabiduría en todas las cosas.

10 Que sepan escoger lo mejor, y que sean fieles y sin culpa hasta el día en que Cristo vuelva.

11 También pido en mis oraciones

Philippians

1 This letter is from Paul and Timothy. We are servants owned by Jesus Christ. This letter is to all who belong to Christ Jesus who are living in the city of Philippi and to the church leaders and their helpers also.

2 May you have loving favor and peace from God our Father and the Lord Jesus Christ.

Paul gives thanks for the true Christians

3 I thank God for you whenever I think of you.

4 I always have joy as I pray for all of you.

5 It is because you have told others the Good News from the first day you heard it until now.

6 I am sure that God Who began the good work in you will keep on working in you until the day Jesus Christ comes again.

7 It is right for me to feel like this about all of you. It is because you are very dear to me. While I was in prison and when I was proving that the Good News is true, you all shared God's loving favor with me.

8 God knows what I am saying. He knows how much I love you all with a love that comes from Jesus Christ.

9 And this is my prayer: I pray that your love will grow more and more. I pray that you will have better understanding and be wise in all things.

10 I pray that you will know what is the very best. I pray that you will be true and without blame until the day Christ comes again.

11 And I pray that you will be filled

que den fruto abundante llevando vidas rectas. Vidas rectas sólo pueden ser producidas por el conocimiento de Jesucristo y para honra y agradecimiento a Dios.

El encarcelamiento de Pablo ha sido para bien

12 Hermanos cristianos, deseo que sepan que lo que me ha pasado me ha ayudado para seguir anunciando las buenas nuevas.

13 Todos aquí saben por qué estoy en la cárcel: por mi predicación sobre Jesucristo. Todos los soldados saben la causa por la cual me encuentro aquí.

14 Por causa de esto, la mayoría de mis hermanos en Cristo se han fortalecido más en su fe y en el Señor. Se sienten más poderosos para predicar sin temor la palabra de Dios.

15 Algunos predican porque tienen envidia y desean causar dificultades. Pero otros lo hacen de buena voluntad.

16 Estos últimos, por amor, pues saben bien que estoy detenido en este lugar para poder probar la verdad de las buenas nuevas.

17 Otros más predican sobre Cristo por intereses. Sus corazones están equivocados y quieren que yo sufra mientras estoy encarcelado.

18 Pero, qué importa si predican por motivos falsos o verdaderos? Yo les aseguro que me siento feliz, y seguiré estándolo mientras Cristo sea predicado.

19 Por las oraciones de ustedes en mi favor y la ayuda que me da el Espíritu Santo, todo resultará para bien.

20 Tengo esperanzas de que no habrá motivo para que yo me avergüence. Espero honrar a Cristo por medio de mi cuerpo, sea que yo viva o muera. Deseo honrar a mi Señor sin temores, ahora y siempre.

21 Para mí, la vida significa tener a

with the fruits of right living. These come from Jesus Christ, with honor and thanks to God.

Paul's being in prison has turned out to be a good thing

12 Christian brothers, I want you to know that what has happened to me has helped spread the Good News.

13 Everyone around here knows why I am in prison. It is because I preached about Jesus Christ. All the soldiers who work for the leader of the country know why I am here.

14 Because of this, most of my Christian brothers have had their faith in the Lord made stronger. They have more power to preach the Word of God without fear.

15 Some are preaching because they are jealous and want to make trouble. Others are doing it for the right reason.

16 These do it because of love. They know that I am put here to prove the Good News is true.

17 The others preach about Christ for what they get out of it. Their hearts are not right. They want to make me suffer while I am in prison.

18 What difference does it make if they pretend or if they are true? I am happy, yes, and I will keep on being happy that Christ is preached.

19 Because of your prayers and the help the Holy Spirit gives me, all of this will turn out for good.

20 I hope very much that I will have no reason to be ashamed. I hope to honor Christ with my body if it be by my life or by my death. I want to honor Him without fear, now and always.

21 To me, living means having Christ.

Cristo; y la muerte, que recibiré aun
más de él.
22 Si mi vida sigue dentro de este
cuerpo, eso quiere decir que podré
guiar a más gente a Cristo. Por eso, no
sé que es mejor para mí.
23 Las dos cosas me atraen mucho:
Deseo dejar este mundo para estar
con Cristo, que es mucho mejor,
24 pero para ustedes, es más importante que yo viva.
25 Estoy seguro de que seguiré viviendo para ayudarles a crecer y estar felices en su fe.
26 Esto les dará motivo para agradecer más a Cristo Jesús, cuando pueda
yo ir a visitarlos.

La batalla por la fe

27 Vivan como las buenas nuevas de
Cristo dicen que deben vivir. Si puedo
ir a verlos o no, siempre quiero saber
que todos ustedes siguen siendo felices. Quiero saber que continúan unidos, predicando las buenas nuevas.
28 No tengan miedo a los que los
odian. Ese odio es prueba de que ellos
serán destruidos y que ustedes tienen
vida eterna dada por Dios.
29 No sólo deben confiar siempre en
él, sino que también tienen que sufrir
por su causa.
30 Ya saben como es la batalla. Ahora, deben tomar parte en ella como lo
hago yo.

Los cristianos no deben ser orgullosos

2 ¿Son fuertes porque son de
Cristo? ¿Sienten el consuelo de
su amor? ¿Tienen ustedes el gozo de
compartir unidos el Espíritu Santo?
¿Tienen amor y compasión unos con
los otros?
2 Entonces, hagan que yo me sienta feliz porque están unidos en sus
pensamientos y en el mismo amor.

To die means that I would have more
of Him.
22 If I keep on living here in this body,
it means that I can lead more people to
Christ. I do not know which is better.
23 There is a strong pull from both
sides. I have a desire to leave this world
to be with Christ, which is much better.
24 But it is more important for you
that I stay.
25 I am sure I will live to help you grow
and be happy in your faith.
26 This will give you reason to give
more thanks to Christ Jesus when I
come to visit you again.

Fight for the faith

27 Live your lives as the Good News
of Christ says you should. If I come to
you or not, I want to hear that you are
standing true as one. I want to hear
that you are working together as one,
preaching the Good News.
28 Do not be afraid of those who hate
you. Their hate for you proves they will
be destroyed. It proves you have life
from God that lasts forever.
29 You are not only to put your trust
in Him, but you are to suffer for Him
also.
30 You know what the fight is like.
Now it is time for you to have a part in
it as I have.

A Christian should not be proud

2 Are you strong because you
belong to Christ? Does His love
comfort you? Do you have joy by being
as one in sharing the Holy Spirit? Do
you have loving kindness and pity for
each other?
2 Then give me true joy by thinking
the same thoughts. Keep having the
same love. Be as one in thoughts and

Sean todos uno solo en sus pensamientos y acciones.

3 Nada debe hacerse por orgullo o pensando sólo en uno mismo. Piensen que otros son más importantes que uno mismo.

4 No piensen siempre en sus propios planes, sino que alégrense en saber lo que los demás hacen.

Cristo jamás fue orgulloso

5 Piensen de la misma forma en que Cristo pensó.

6 Él ha sido siempre lo que Dios es, pero nunca quiso conservar sus derechos como Dios.

7 Se deshizo de todo lo que le correspondía como Dios y se convirtió en una persona igual que cualquier siervo que ha sido comprado. Se hizo hombre, naciendo como nacemos todos los hombres.

8 Además, después de hacerse como hombre, renunció a su posición importante y fue obediente a Dios hasta llegar a morir en una cruz.

9 Por esto, Dios lo elevó sobre todas las cosas. Le dio un nombre que es más importante que cualquier otro nombre.

10 Así cuando se menciona el nombre de Jesús, todos los que están en el cielo, en la tierra y debajo de la tierra, tienen que arrodillarse ante él.

11 Y todos dirán que Jesucristo es el Señor. Alabarán a Dios el Padre.

12 Amigos cristianos, ustedes me han obedecido cuando estaba entre ustedes. Y me han obedecido más ahora que estoy lejos. Deben seguir luchando para demostrar que son salvos del castigo del pecado. Hagan el esfuerzo de agradar siempre a Dios.

13 Él está haciendo su obra en ustedes,

actions.

3 Nothing should be done because of pride or thinking about yourself. Think of other people as more important than yourself.

4 Do not always be thinking about your own plans only. Be happy to know what other people are doing.

Christ was not proud

5 Think as Christ Jesus thought.

6 Jesus has always been as God is. But He did not hold to His rights as God.

7 He put aside everything that belonged to Him and made Himself the same as a servant who is owned by someone. He became human by being born as a man.

8 After He became a man, He gave up His important place and obeyed by dying on a cross.

9 Because of this, God lifted Jesus high above everything else. He gave Him a name that is greater than any other name.

10 So when the name of Jesus is spoken, everyone in heaven and on earth and under the earth will bow down before Him.

11 And every tongue will say Jesus Christ is Lord. Everyone will give honor to God the Father.

12 My Christian friends, you have obeyed me when I was with you. You have obeyed even more when I have been away. You must keep on working to show you have been saved from the punishment of sin. Be afraid that you may not please God.

13 He is working in you. God is helping

y les está ayudando a obedecerlo. Dios esta haciendo lo que desea que se haga en ustedes.

14 Siéntanse felices por hacer lo que deben. Hagan todo sin discusiones y sin hablar de su deseo de hacerlas o no hacerlas.

15 En esa manera, probarán que nadie puede acusarlos. Ustedes son hijos de Dios y nadie puede hablar mal de ustedes, aun en este mundo que sólo ama al pecado y padece por él. Brillen como luces en medio de los pecadores de este mundo.

16 Agárrense de la Palabra de Vida. Así, cuando Cristo venga otra vez, me sentiré feliz por ustedes y podré decir que no he trabajado en vano.

17 Aun si tuviera que dar mi vida como ofrenda sobre el altar de Dios por amor de ustedes, me siento feliz y deseo compartir esta alegría con ustedes.

18 A su vez, estén contentos y seamos felices juntos.

Timoteo será enviado a ustedes

19 Espero, con ayuda del Señor Jesús, que sea posible enviarles dentro de poco tiempo a Timoteo. Me sentiré muy animado cuando él regrese y me traiga noticias de ustedes.

20 No hay persona que tenga más interés en ustedes que Timoteo.

21 Los otros piensan más en sí mismos que en Jesucristo.

22 Ustedes saben bien que Timoteo demostró ser mi amigo verdadero cuando anunciamos juntos las buenas nuevas. Era como un hijo que ayudaba a su padre.

23 Espero mandarles a Timoteo en cuanto sepa yo lo que me van a hacer.

24 Y, con ayuda del Señor, tengo la esperanza de ir yo también a visitarles muy pronto.

25 Creí bueno que Epafrodito regresara con ustedes. Me ayudaron mucho

you obey Him. God is doing what He wants done in you.

14 Be glad you can do the things you should be doing. Do all things without arguing and talking about how you wish you did not have to do them.

15 In that way, you can prove yourselves to be without blame. You are God's children and no one can talk against you, even in a sinloving and sin-sick world. You are to shine as lights among the sinful people of this world.

16 Take a strong hold on the Word of Life. Then when Christ comes again, I will be happy that I did not work with you for nothing.

17 Even if I give my life as a gift on the altar to God for you, I am glad and share this joy with you.

18 You must be happy and share your joy with me also.

Timothy is being sent to you

19 I hope by the help of the Lord Jesus that I can send Timothy to you soon. It will comfort me when he brings news about you.

20 I have no one else who is as interested in you as Timothy.

21 Everyone else thinks of himself instead of Jesus Christ.

22 You know how Timothy proved to be such a true friend to me when we preached the Good News. He was like a son helping his father.

23 I hope to send Timothy as soon as I know what they are going to do to me.

24 I hope by the help of the Lord that I can come soon also.

25 I thought it was right that I send Epaphroditus back to you. You helped

al mandármelo y hemos trabajado juntos. como hermanos. Él se portó como
un soldado, luchando a mi lado.
26 Ahora él desea verlos a todos y se
preocupa porque ustedes supieron de
su enfermedad.
27 Es cierto que estuvo enfermo, y
casi murió. Pero Dios estuvo lleno de
amor tanto para él como para mí. Si
él hubiera muerto de esa enfermedad,
mis penas habrían sido más grandes.
28 Es por esta misma razón que ahora
lo envío a ustedes. Cuando lo vean, se
alegrarán, y yo sentiré menos tristeza.
29 Recíbanlo en su iglesia con toda
alegría. Muéstrenle el respeto que él y
todos los que son como él merecen.
30 Llegó casi hasta la muerte mientras
trabajaba por Cristo, haciendo por mí
lo que ustedes no podían hacer.

Solamente Cristo no las obras

3 Ahora, mis amigos cristianos,
sean felices porque son de Cristo. No me cuesta trabajo escribirles
siempre sobre lo mismo, y es bueno
para ustedes.
2 Cuídense de los falsos maestros
y de los hombres llenos de pecado.
Quieren que ustedes se conviertan a la
religión judía para tener esperanza.
3 El hecho de hacerse judío nada tiene que ver con hacerse cristiano. Los
cristianos adoramos a Dios por medio
de su Espíritu y nos gloriamos únicamente en Cristo. No tenemos fe en
cosa alguna que nosotros hagamos.
4 Yo, por mi parte, tendría razones
para confiar en las cosas de la carne.
Si hay alguien que pudiera sentir que
estas cosas pueden hacer algo por él
mismo, ése soy yo.
5 Mis padres me pasaron por el rito
religioso para hacerme judío a los ocho
días de haber nacido. Nací en familia
judía, que viene del grupo de familias de Benjamín. Por tanto, soy judío,

me by sending him to me. We have
worked together like brothers. He was
like a soldier fighting beside me.
26 He has been wanting to see all of
you and was troubled because you
heard he was sick.
27 It is true, he was sick. Yes, he
almost died, but God showed loving
kindness to him and to me. If he had
died, I would have had even more sorrow.
28 This is all the more reason I have
sent him to you. When you see him,
you will be glad and I will have less sorrow.
29 Take him into your church with joy.
Show respect for men like him.
30 He came close to death while working for Christ. He almost died doing
things for me that you could not do.

It is Christ only not the things you do

3 So now, my Christian brothers,
be happy because you belong to
Christ. It is not hard for me to write the
same things to you. It is good for you.
2 Watch out for false teachers.
Watch out for sinful men. They want
you to depend on the religious act of
becoming a Jew for your hope.
3 The act of becoming a Jew has
nothing to do with us becoming Christians. We worship God through His
Spirit and are proud of Jesus Christ.
We have no faith in what we ourselves
can do.
4 I could have reason to trust in the
flesh. If anyone could feel that the flesh
could do something for him, I could.
5 I went through the religious act of
becoming a Jew when I was eight days
old. I was born a Jew and came from
the family group of Benjamín. I was a
Jewish son of Jewish parents. I belonged

hijo de judíos. Yo era del grupo de los
orgullosos guardadores de la ley judía.
6 Seguí mi religión con todo el corazón, haciendo todo lo que podía por
causarle problemas a la iglesia. No
existe persona que pueda decir algo en
contra de la manera en que yo obedecí
a la ley judía.

to the group of the proud religious law
keepers.
6 I followed my religion with all my
heart and did everything I could to
make it hard for the church. No one
could say anything against the way I
obeyed the Law.

Cristo debe ser el Señor de nuestra vida

7 Sin embargo, por amor a Cristo,
dejé todo lo que era tan importante
para mí.
8 Más aun, creo que todo aquello
no valía nada. Es mucho mejor para mí
conocer a Cristo Jesús como mi Señor,
aunque he perdido, por amor a él,
todo lo que antes tenía. Creo que todo
lo que tenía antes, no es nada ahora,
puesto que tengo a Cristo.
9 Quiero estar unido a él. No podía
yo estar bien con Dios con sólo hacer
lo que la ley manda. Me puse bien con
Dios sólo por fe en Cristo.
10 Quiero conocerlo cada vez más.
Deseo tener en mi vida el mismo
poder que levantó a Cristo de los
muertos. Quiero comprender y sentir
sus sufrimientos y ser como fue él en su
muerte.
11 Será así como podré yo también
ser levantado de los muertos.
12 No digo que ya haya recibido esto,
ni que ya sea perfecto. Pero sigo adelante para conseguir que esa vida sea
mía, tal como Cristo me hizo suyo.
13 No, hermanos cristianos, yo todavía no tengo esa vida. Hago una cosa,
sin embargo: olvido todo lo que queda
detrás de mí y miro con interés hacia
adelante.
14 Mis ojos siempre están puestos en
el premio del llamamiento que Dios
me hace desde el cielo, por medio de
Cristo Jesús.
15 Todos los que ya hemos crecido en
Cristo debemos pensar igual; si ustedes

Christ must be lord of our lives

7 But I gave up those things that
were so important to me for Christ.
8 Even more than that, I think of
everything as worth nothing. It is so
much better to know Christ Jesus my
Lord. I have lost everything for Him.
And I think of these things as worth
nothing so that I can have Christ.
9 I want to be as one with Him. I
could not be right with God by what
the Law said I must do. I was made
right with God by faith in Christ.
10 I want to know Him. I want to have
the same power in my life that raised
Jesus from the dead. I want to understand and have a share in His sufferings
and be like Christ in His death.
11 Then I may be raised up from
among the dead.
12 I do not say that I have received this
or have already become perfect. But I
keep going on to make that life my own
as Christ Jesus made me His own.
13 No, Christian brothers, I do not
have that life yet. But I do one thing. I
forget everything that is behind me and
look forward to that which is ahead
of me.
14 My eyes are on the prize. I want to
win the race and get the prize of God's
call from heaven through Christ Jesus.
15 All of us who are fullgrown Christians should think this way. If you do

no piensan así todavía, Dios les enseñará cómo hacerlo.

16 Por lo tanto, sigamos obedeciendo siempre la misma verdad que hemos conocido.

17 Hermanos en Cristo, vivan sus vidas como yo he vivido. Fíjense en los que viven como yo les he enseñado.

18 Hay muchos que muestran con sus vidas que odian la cruz de Cristo. Ya les he dicho esto antes, pero se los repito ahora con lágrimas en mis ojos.

19 Su dios es su estómago. Se sienten orgullosos de hacer cosas que les deberían dar verguenza. sólo creen en cosas de este mundo. Al fin serán destruidos.

20 Nosotros, sin embargo, somos ciudadanos del cielo. Cristo, el único Salvador que libra de los castigos del pecado, vendrá otra vez del cielo. Estamos esperando su regreso.

21 Él cambiará nuestros cuerpos para hacerlos nuevos. Nos dará cuerpos gloriosos como el cuerpo de él. Él tiene poder para esto, porque puede hacer que todas las cosas le obedezcan.

4 Entonces, queridos hermanos cristianos, ustedes son mi gozo y mi premio. Deseo mucho verlos. Sean fieles a Dios.

2 Les pido a Evodia y a Síntique que se pongan de acuerdo como deben hacerlo todos los cristianos.

3 Mi fiel ayudante, a ti te suplico que ayudes a estas hermanas que trabajaron tanto conmigo para predicar las buenas nuevas. Clemente también ayudó. Hay otros allá que trabajaron también conmigo. Sus nombres están en el libro de la vida.

4 Estén siempre llenos de gozo, porque el Señor es su dueño. Les repito: ¡Estén siempre llenos de gozo!

5 Que todos puedan ver siempre que ustedes son buenos. El Señor ven-

not think this way, God will show it to you.

16 So let us keep on obeying the same truth we have already been following.

17 Christian brothers, live your lives as I have lived mine. Watch those who live as I have taught you to live.

18 There are many whose lives show they hate the cross of Christ. I have told you this before. Now I tell you again with tears in my eyes.

19 Their god is their stomach. They take pride in things they should be ashamed of. All they think about are the things of this world. In the end they will be destroyed.

20 But we are citizens of heaven. Christ, the One Who saves from the punishment of sin, will be coming down from heaven again. We are waiting for Him to return.

21 He will change these bodies of ours of the earth and make them new. He will make them like His body of shining greatness. He has the power to do this because He can make all things obey Him.

4 So, my dear Christian brothers, you are my joy and prize. I want to see you. Keep on staying true to the Lord, my dear friends.

2 I ask Euodias and Syntyche to agree as Christians should.

3 My true helper, I ask you to help these women who have worked with me so much in preaching the Good News to others. Clement helped also. There are others who worked with me. Their names are in the book of life.

4 Be full of joy always because you belong to the Lord. Again I say, be full of joy!

5 Let all people see how gentle you are. The Lord is coming again soon.

drá pronto.

6 No tengan cuidado. Aprendan a orar por todo. Al pedir a Dios lo que necesiten, denle también las gracias.

6 Do not worry. Learn to pray about everything. Give thanks to God as you ask Him for what you need.

7 La paz de Dios es mucho más grande que lo que nuestras mentes humanas pueden entender. Esta paz guardará sus corazones y mentes en Cristo Jesús.

7 The peace of God is much greater than the human mind can understand. This peace will keep your hearts and minds through Christ Jesus.

8 Hermanos, cuiden sus mentes pensando siempre en lo que es verdad, lo que merece respeto, lo que es correcto, lo puro, lo amable, lo que es de buen parecer. Si existe algo bueno y que merece gratitud, piensen siempre en ello.

8 Christian brothers, keep your minds thinking about whatever is true, whatever is respected, whatever is right, whatever is pure, whatever can be loved, and whatever is well thought of. If there is anything good and worth giving thanks for, think about these things.

9 Sigan haciendo lo que aprendieron, recibieron y oyeron de mis labios. Hagan las cosas que me vieron hacer. Así, el Dios que da paz, estará con ustedes.

9 Keep on doing all the things you learned and received and heard from me. Do the things you saw me do. Then the God Who gives peace will be with you.

10 El Señor me da motivo para estar siempre lleno de felicidad. Esto es porque pueden atenderme de nuevo. Yo sé que deseaban cuidarme antes, pero no podían encontrar la manera de hacerlo.

10 The Lord gives me a reason to be full of joy. It is because you are able to care for me again. I know you wanted to before but you did not have a way to help me.

11 No les digo que necesite yo algo, he aprendido a ser feliz con lo que tenga.

11 I am not saying I need anything. I have learned to be happy with whatever I have.

12 Sé vivir con muy poco y también cuando tengo mucho. He aprendido el secreto de estar feliz en todo tiempo. Si tengo mucho alimento y todo lo que necesito, estoy contento. Si tengo hambre y necesidad de algo, estoy feliz.

12 I know how to get along with little and how to live when I have much. I have learned the secret of being happy at all times. If I am full of food and have all I need, I am happy. If I am hungry and need more, I am happy.

13 Puedo hacerlo todo, porque Cristo me da fuerza.

13 I can do all things because Christ gives me the strength.

14 Fueron muy buenos en ayudarme cuando estuve en dificultad.

14 It was kind of you to help me when I was in trouble.

15 Ustedes, hermanos de Filipos, saben también que cuando primeramente salí a predicar las buenas nuevas, la única iglesia que me dio ayuda fue la suya. Eso fue cuando salí para el país de Macedonia.

15 You Philippians also know that when I first preached the Good News, you were the only church that helped me. It was when I left for the country of Macedonia.

16 Aun cuando estaba en la ciudad de Tesalónica, me ayudaron más de una

16 Even while I was in the city of Thessalonica you helped me more than

vez.
17 No es que yo quiera recibir sus
regalos, sino que deseo que reciban el
pago que tendrán más adelante.
18 Tengo todo lo necesario, hasta
más. Recibo muchas atenciones porque
Epafrodito trajo la ofrenda de ustedes.
Para mí, es un regalo muy valioso, porque a ustedes les costó mucho. Esta
es la clase de regalos que hacen feliz a
Dios.
19 Y mi Dios les dará todo lo que
necesiten, de acuerdo con las riquezas
que son de él en Cristo Jesús.
20 ¡Que nuestro Dios y Padre sea alabado por siempre! Así sea.
21 Den mis saludos a todos los que
pertenecen a Cristo Jesús. Los hermanos de aquí les envían saludos.
22 Todos los que son de Cristo, les
saludan, especialmente los que viven
aquí en casa del emperador.
23 Que el Señor Jesucristo les de su
favor a todos ustedes.

once.
17 It is not that I want to receive the
gift. I want you to get the pay that is
coming to you later.
18 I have everything I need and
more than enough. I am taken care of
because Epaphroditus brought your
gift. It is a sweet gift. It is a gift that cost
you something. It is the kind of gift God
is so pleased with.
19 And my God will give you everything you need because of His great
riches in Christ Jesus.
20 Now may our God and Father be
honored forever. Let it be so.
21 Greet all those who belong to
Christ Jesus. The Christian brothers
here with me greet you.
22 All those who belong to Christ
greet you, and most of all, those who
live in Caesar's house.
23 May your spirit have the loving
favor of the Lord Jesus Christ.

Colosenses

Pablo da gracias por los cristianos de Colosas

1 Esta carta es de Pablo, misionero de Jesucristo, por la voluntad de Dios, con el hermano Timoteo.

2 Les escribo a los que pertenecen a Cristo en la ciudad de Colosas. Que Dios nuestro Padre les bendiga y les dé su paz.

3 Siempre oramos y le damos gracias por ustedes a Dios, Padre de nuestro Señor Jesucristo.
4 Damos gracias a Dios, porque tuvimos noticias de su fe en Jesucristo y de su amor para con todos los que le pertenecen.
5 Damos gracias a Dios por la esperanza que está guardada en el cielo para ustedes. Tienen conocimiento de esta esperanza por las buenas nuevas, que son la palabra de verdad.
6 Las buenas nuevas les llegaron en la misma forma en que ahora se extienden por todo el mundo. Las personas están siendo cambiadas, como ustedes fueron cambiados el día que oyeron las buenas nuevas y conocieron la verdad sobre el favor de Dios.
7 Oyeron las buenas nuevas por medio de nuestro muy amado hermano Epafras, que está ocupando mi lugar. Es un fiel trabajador de Cristo.
8 Nos dijo que el Espíritu Santo les había dado mucho amor.
9 Por eso, desde que tuve noticias de ustedes, no he dejado de orar por ustedes, pidiéndole a Dios que les haga conocer lo que desea que hagan. También le pido que les llene con la sabiduría y el entendimiento que da el Espíritu Santo.

Colossians

Paul gives thanks for the Christians in Colossae

1 This letter is from Paul, a missionary for Jesus Christ. God wanted me to work for Him. This letter is from brother Timothy also.
2 I am writing to you who belong to Christ in the city of Colossae. May all the Christian brothers there have loving favor and peace from God our Father.
3 We always pray and give thanks to God for you. He is the Father of our Lord Jesus Christ.
4 We give thanks to God for you because we heard of your faith in Christ Jesus. We thank God for your love for all those who belong to Christ.
5 We thank God for the hope that is being kept for you in heaven. You first heard about this hope through the Good News which is the Word of Truth.
6 The Good News came to you the same as it is now going out to all the world. Lives are being changed, just as your life was changed the day you heard the Good News. You understood the truth about God's lovingfavor.

7 You heard the Good News through our much loved brother Epaphras who is taking my place. He is a faithful servant of Christ.
8 He told us that the Holy Spirit had given you much love.
9 This is why I have never stopped praying for you since I heard about you. I ask God that you may know what He wants you to do. I ask God to fill you with the wisdom and understanding the Holy Spirit gives.

10 Entonces sus vidas serán agradables para el Señor. Harán toda clase de buenas obras y conocerán más de Dios.
11 Oro para que el gran poder de Dios los haga fuertes y que tengan alegría, al esperar, y sin rendirse nunca.
12 Damos gracias al Padre que ha hecho que puedan compartir las buenas cosas dadas a los que pertenecen a Cristo y están en la luz.

13 Dios nos sacó de una vida de oscuridad y nos hizo pasar al santo reino de su Hijo bien amado,
14 que nos compró con su sangre y nos hizo libres. Nuestros pecados son perdonados por él.
15 Cristo es la imagen de Dios. Dios no puede verse y vivía antes de que nada existiera de lo creado.
16 Hizo todo lo que hay en los cielos y la tierra, tanto lo que se ve como lo que no puede verse. Hizo también todos los poderes del cielo. Todo fue hecho por él y para él.

17 Cristo existía antes que todas las cosas, y por él se conserva todo.
18 Cristo es la cabeza de la iglesia, que es su cuerpo, y el comienzo de todas las cosas. Fue el primero que se levantó de entre los muertos y ocupará el primer lugar en todo.
19 A Dios el Padre le agradó que todo fuera hecho perfecto por Cristo, su Hijo.
20 Todo lo que hay en el cielo y la tierra puede llegar a Dios, en paz, porque Cristo murió en la cruz. La sangre de Cristo hizo la paz.
21 Antes, ustedes eran extraños para Dios. Sus pensamientos se oponían a él. Sus obras eran malas.

22 Pero Cristo los ha hecho volver a Dios, por su muerte en la cruz. En esta

10 Then your lives will please the Lord. You will do every kind of good work, and you will know more about God.
11 I pray that God's great power will make you strong, and that you will have joy as you wait and do not give up.
12 I pray that you will be giving thanks to the Father. He has made it so you could share the good things given to those who belong to Christ who are in the light.
13 God took us out of a life of darkness. He has put us in the holy nation of His much loved Son.
14 We have been bought by His blood and made free. Our sins are forgiven through Him.
15 Christ is as God is. God cannot be seen. Christ lived before anything was made.
16 Christ made everything in the heavens and on the earth. He made everything that is seen and things that are not seen. He made all the powers of heaven. Everything was made by Him and for Him.
17 Christ was before all things. All things are held together by Him.
18 Christ is the head of the church which is His body. He is the beginning of all things. He is the first to be raised from the dead. He is to have first place in everything.
19 God the Father was pleased to have everything made perfect by Christ, His Son.
20 Everything in heaven and on earth can come to God because of Christ's death on the cross. Christ's blood has made peace.
21 At one time you were strangers to God and your minds were at war with Him. Your thoughts and actions were wrong.
22 But Christ has brought you back to God by His death on the cross. In this

manera, Cristo puede llevarlos a Dios, santos, puros y sin mancha.
23 Esto es para ustedes, si conservan la fe. No deben cambiar lo que creen ahora, ni abandonar la esperanza de las buenas nuevas que recibieron, y que les fueron predicadas, así como también a todo el mundo. Y yo, Pablo, soy uno de los misioneros de Cristo.

Dios envía a Pablo a hablar de las buenas nuevas

24 Ahora, estoy lleno de alegría por lo que sufro por ustedes. En mi propio cuerpo, estoy haciendo mi parte de lo que debe hacerse en relación con los sufrimientos de Cristo. Esto es por su cuerpo, que es la iglesia.
25 Me hice predicador en su iglesia por ustedes, para su bien y, de acuerdo con el plan de Dios, tengo que hablar de las buenas nuevas.
26 Este gran secreto estaba oculto para la gente del pasado; pero ahora se da a conocer a todos los que pertenecen a Cristo.
27 Dios desea que esa gran riqueza de verdades ocultas se dé a conocer a los que no son judíos. El secreto es este: Cristo en ustedes es la esperanza de las grandes cosas que han de venir.
28 Hablamos de Cristo. Les decimos a todos cómo deben vivir. Usamos sabiduría para enseñarles a todos los hombres. Lo hacemos así para que todos los hombres puedan estar completos en Cristo.
29 Esta es la razón por la que trabajo. El gran poder de Dios obra en mí.

El cristiano es perfecto en Cristo

2 Quiero que sepan lo mucho que he trabajado por ustedes, por los cristianos que se encuentran en la ciudad de Laodicea y por los que nunca me han visto.
2 Deseo que puedan unirse en amor

way, Christ can bring you to God, holy and pure and without blame.
23 This is for you if you keep the faith. You must not change from what you believe now. You must not leave the hope of the Good News you received. The Good News was preached to you and to all the world. And I, Paul, am one of Christ's missionaries.

Paul is sent by God to preach

24 Now I am full of joy to be suffering for you. In my own body I am doing my share of what has to be done to make Christ's sufferings complete. This is for His body which is the Church.
25 I became a preacher in His church for your good. In the plan of God I am to preach the Good News.
26 This great secret was hidden to the people of times past, but it is now made known to those who belong to Christ.
27 God wants these great riches of the hidden truth to be made known to the people who are not Jews. The secret is this: Christ in you brings hope of all the great things to come.
28 We preach Christ. We tell every man how he must live. We use wisdom in teaching every man. We do this so every man will be complete in Christ.
29 This is the reason I am working. God's great power is working in me.

The Christian is complete in Christ

2 I want you to know how hard I have worked for you and for the Christians in the city of Laodicea and for those who have never seen me.
2 May their hearts be given comfort.

cristiano y tener su entendimiento hecho más rico, conociendo el secreto de Dios. Cristo mismo es ese secreto.

3 En él, están escondidas todas las riquezas de sabiduría y entendimiento.

4 Les digo esto para que nadie trate de hacerles cambiar su modo de pensar con palabras que convenzan.

5 Aunque en cuerpo estoy lejos de ustedes, estoy cerca en espíritu. Soy feliz al saber que andan bien y que están firmes en la fe en Cristo.

6 Del mismo modo que creyeron en el Señor Jesucristo, déjenle ahora que les guíe en todos sus pasos.

7 Echen sus raíces profundas en Cristo, crezcan en él y obtengan del Señor sus fuerzas. Permitan que él los haga firmes en la fe, como han aprendido. Que sus vidas estén llenas de agradecimiento hacia él.

La sabiduría del mundo es vacía

8 No permitan que nadie los engañe y les haga perder lo que han creído por medio de enseñanzas e ideas que parezcan verdaderas. Esas cosas son sueños de los hombres que tratan siempre de crear nuevas religiones que dejan a Cristo afuera.

9 Porque Cristo no sólo es divino, sino que, además, es Dios con cuerpo de hombre.

10 Cuando tienen a Cristo, están completos. Él es la cabeza sobre todos los dirigentes y los poderes.

11 Al convertirse en cristianos, quedaron libres de las cosas malas del mundo. Fue algo que no se hizo con manos. Quedaron libres de los pecados de su vida pasada por lo que se hizo en el cuerpo de Cristo.

12 Cuando se levantaron de las aguas del bautismo, fueron levantados de

May they be brought close together in Christian love. May they be rich in understanding and know God's secret. It is Christ Himself.

3 In Christ are hidden all the riches of wisdom and understanding.

4 I tell you this so no one will try to change your mind with big sounding talk.

5 Even if I am far away from you in body, I am with you in spirit. I am happy to learn how well you are getting along. It is good to hear that your faith is so strong in Christ.

6 As you have put your trust in Christ Jesus the Lord to save you from the punishment of sin, now let Him lead you in every step.

7 Have your roots planted deep in Christ. Grow in Him. Get your strength from Him. Let Him make you strong in the faith as you have been taught. Your life should be full of thanks to Him.

Wisdom of the world is empty

8 Be careful that no one changes your mind and faith by much learning and big sounding ideas. Those things are what men dream up. They are always trying to make new religions. These leave out Christ.

9 For Christ is not only Godlike, He is God in human flesh.

10 When you have Christ, you are complete. He is the head over all leaders and powers.

11 When you became a Christian, you were set free from the sinful things of the world. This was not done by human hands. You were set free from the sins of your old self by what was done in Christ's body.

12 When you were baptized, you were buried as Christ was buried.

entre los muertos, como Cristo. Se
levantaron para una nueva vida, al
creer en Dios. Fue Dios quien levantó
a Jesús de entre los muertos.

13 Cuando estaban muertos en sus
pecados, no estaban libres de las cosas
malas del mundo. Pero Dios les perdonó los pecados y les dio nueva vida, por
medio de Cristo.
14 Habíamos violado muchas veces
la ley. Y la ley tenía esos pecados contra nosotros. Esa ley tenía escritos que
decían que éramos pecadores; pero
Cristo ha destruido ese escrito, al ser
clavado en la cruz.
15 Dios les quitó el poder a los dirigentes de este mundo; a los príncipes
de la oscuridad, los presentó al mundo
y los venció, por medio de Cristo.

Tengan cuidado con los que deseen guardar la ley

16 No permitan que nadie les diga qué
cosas no deben comer o beber. Nadie
tiene derecho de decir si es correcto o
no comer ciertos alimentos o ir a cenas
religiosas. No tienen derecho de decirles qué es lo que deben hacer durante
la luna nueva o en el día de descanso.
17 Esas cosas son una sombra de lo
que ha de venir; pero lo importante es
Cristo mismo.
18 No dejen que nadie los quite de su
premio. Tratarán de hacer que se arro-
dillen para adorar a los ángeles, creyendo que eso demuestra que ustedes no
son orgullosos. Dirán que se les reveló
en sueños que hicieran eso; pero son
orgullosos por sus mentes pecadoras.
19 Esas personas no son parte de
Cristo. Recuerden que Cristo es la
cabeza y nosotros, los cristianos, somos
su cuerpo. Estamos unidos como los
miembros de un cuerpo. Nuestra fuerza para crecer viene de Cristo.

When you were raised up in baptism,
you were raised as Christ was raised.
You were raised to a new life by putting your trust in God. It was God Who
raised Jesus from the dead.
13 When you were dead in your sins,
you were not set free from the sinful
things of the world. But God forgave
your sins and gave you new life through
Christ.
14 We had broken the Law many
ways. Those sins were held against
us by the Law. That Law had writings
which said we were sinners. But now
He has destroyed that writing by nailing it to the cross.
15 God took away the power of the
leaders of this world and the powers
of darkness. He showed them to the
world. The battle was won over them
through Christ.

Watch for those who want to keep the law

16 Do not let anyone tell you what you
should or should not eat or drink. They
have no right to say if it is right or wrong
to eat certain foods or if you are to go
to religious suppers. They have no right
to say what you are to do at the time of
the new moon or on the Day of Rest.
17 These things are a picture of what
is coming. The important thing is Christ
Himself.
18 Do not let anyone rob you of your
prize. They will try to get you to bow
down in worship of angels. They think
this shows you are not proud. They say
they were told to do this in a dream.
These people are proud because of
their sinful minds.
19 Such people are not a part of
Christ. Christ is the Head. We Christians make up His body. We are joined
together as a body is held together. Our
strength to grow comes from Christ.

20 Ustedes han muerto con Cristo. Murieron a esos métodos antiguos. Entonces, ¿Por qué siguen con los medios antiguos de adoración?, ¿por qué obedecen las reglas de hombres?

21 Esas reglas dicen: "No pongas tu mano sobre esto." "No te lleves esto a la boca." "No debes poner tu dedo sobre esto otro."

22 Todas esas cosas llegan a su fin cuando se usan. Sólo están siguiendo reglas de hombres.

23 Parece que es sabio seguirlas, porque son duras para el cuerpo. Parece que se hacen sin orgullo; pero no valen nada, ya que no acaban con el deseo de los hombres de pecar.

20 You have died with Christ and become dead to those old ways. Then why do you follow the old ways of worship? Why do you obey manmade rules?

21 These rules say: "You must not put your hand on this." "Do not put this into your mouth." "You must not put your finger on that."

22 All these things come to an end when they are used. You are following only manmade rules.

23 It looks as if it is wise to follow these rules in an act of worship, because they are hard on the body. It looks as if they are done without pride, but they are worth nothing. They do not take away a man's desire to sin.

La nueva vida por el poder de Cristo

3 Si se han levantado con Cristo de entre los muertos, sigan buscando las cosas buenas del cielo, donde está sentado Cristo a la derecha de Dios.

2 Sigan pensando en cosas del cielo y no en cosas de la tierra.

3 Están muertos para las cosas de este mundo. Su nueva vida está ahora escondida en Dios, por medio de Cristo.

4 Cristo es nuestra vida. Cuando él vuelva, ustedes estarán también con él, para compartir su gloria.

The new life lived by the power of Christ

3 If then you have been raised with Christ, keep looking for the good things of heaven. This is where Christ is seated on the right side of God.

2 Keep your minds thinking about things in heaven. Do not think about things on the earth.

3 You are dead to the things of this world. Your new life is now hidden in God through Christ.

4 Christ is our life. When He comes again, you will also be with Him to share His shining greatness.

Abandono del viejo hombre

5 Destruyan los deseos que tienen de pecar, pecados sexuales, todo lo que no sea limpio, los deseos de pecar por el sexo y el querer poseer lo que es de otro. Todo esto es adorar a un falso dios.

6 Es por esos pecados que la ira de Dios desciende sobre los que no le obedecen.

The old person put aside

5 Destroy the desires to sin that are in you. These desires are: sex sins, anything that is not clean, a desire for sex sins, and wanting something someone else has. This is worshiping a god.

6 It is because of these sins that the anger of God comes down on those who do not obey Him.

7 Ustedes pecaban en esa forma cuando vivían ese tipo de vida.

8 Ahora, dejen también estas cosas: ira, enojo, malos sentimientos hacia otros, palabras ofensivas contra los demás, dichos torpes e insultos contra Dios.

9 No se mientan unos a otros, puesto que se han despojado del viejo hombre con sus hechos.

10 Se han convertido en nuevas personas. Aprendan cada vez más sobre Cristo. Que se parezcan más a Cristo. Él los hizo.

11 En esta nueva vida, no hay diferencia entre los hombres. Los judíos y los no judíos son iguales: El hombre que se ha sometido al rito religioso para convertirse en judío y el que no lo ha hecho son iguales. No hay diferencia entre naciones. Los siervos y los libres son iguales. Cristo es el todo y está en todos nosotros.

12 Dios los ha escogido a ustedes. Son santos y amados por él. Por esto, su nueva vida debe estar llena de compasión. Deben ser bondadosos con los demás y no tener orgullo. Sean amables y estén dispuestos a mostrarse tolerantes con otros.

13 Traten de comprender a otras personas. Perdónense unos a otros. Si tienen algo en contra de alguien, perdónenlo. Es así como el Señor los perdonó a ustedes.

14 Y a todas esas cosas, añadan amor. El amor mantiene todo y a todos unidos. Hace que sean perfectas todas estas buenas cosas.

15 Que la paz de Cristo tenga poder sobre sus corazones, pues fueron escogidos como partes de su cuerpo. Sean siempre agradecidos.

16 Que las enseñanzas de Cristo y sus palabras sigan vivas en ustedes; pues harán que sus vidas sean ricas y estén llenas de sabiduría. Enséñense y ayú-

7 You used to do these sins when you lived that kind of life.

8 Put out of your life these things also: anger, bad temper, bad feelings toward others, talk that hurts people, speaking against God, and dirty talk.

9 Do not lie to each other. You have put out of your life your old ways.

10 You have now become a new person and are always learning more about Christ. You are being made more like Christ. He is the One Who made you.

11 There is no difference in men in this new life. Greeks and Jews are the same. The man who has gone through the religious act of becoming a Jew and the one who has not are the same. There is no difference between nations. Men who are sold to work and those who are free are the same. Christ is everything. He is in all of us.

12 God has chosen you. You are holy and loved by Him. Because of this, your new life should be full of loving-pity. You should be kind to others and have no pride. Be gentle and be willing to wait for others.

13 Try to understand other people. Forgive each other. If you have something against someone, forgive him. That is the way the Lord forgave you.

14 And to all these things, you must add love. Love holds everything and everybody together and makes all these good things perfect.

15 Let the peace of Christ have power over your hearts. You were chosen as a part of His body. Always be thankful.

16 Let the teaching of Christ and His words keep on living in you. These make your lives rich and full of wisdom. Keep on teaching and helping each

dense unos a otros. Canten los salmos de David, los himnos de la iglesia y las canciones espirituales, con sus corazones llenos de agradecimiento hacia Dios.

17 Todo lo que hagan o digan, háganlo en el nombre del Señor Jesucristo. Denle gracias a Dios Padre por medio de Jesucristo.

Cómo deben vivir las familias

18 Esposas, obedezcan a sus maridos. Esto es lo que el Señor quiere que hagan.

19 Maridos, amen a sus mujeres y no tengan malos sentimientos contra ellas.

20 Hijos, obedezcan en todo a sus padres, porque eso le agrada al Señor.

21 Padres, no sean duros con sus hijos para que no se desanimen ni dejen de hacer lo que es bueno.

22 Obreros, obedezcan a sus patrones. Trabajen mucho para ellos siempre, no sólo cuando los están vigilando. Trabajen para ellos como lo harían para el Señor. Así honran a Dios.

23 Cualquier trabajo que hagan, háganlo de todo corazón. Háganlo por el Señor y no por los hombres.

24 Recuerden que el Señor les dará su pago, lo que deben recibir, porque trabajan para Cristo, el Señor.

25 Pero el que obre mal, sufrirá por ello. Dios no respeta a ninguna persona más que a otra.

4 Patrones, denles a sus obreros lo que es correcto. Hagan lo mismo por todos. Recuerden que el Patrón de ustedes está en el cielo.

Algunas cosas que son necesarias

2 Sigan orando. Manténganse vigilantes y siempre agradecidos.

other. Sing the Songs of David and the church songs and the songs of heaven with hearts full of thanks to God.

17 Whatever you say or do, do it in the name of the Lord Jesus. Give thanks to God the Father through the Lord Jesus.

How families should live

18 Wives, obey your husbands. This is what the Lord wants you to do.

19 Husbands, love your wives. Do not hold hard feelings against them.

20 Children, obey your parents in everything. The Lord is pleased when you do.

21 Fathers, do not be so hard on your children that they will give up trying to do what is right.

22 You who are servants who are owned by someone, obey your owners. Work hard for them all the time, not just when they are watching you. Work for them as you would for the Lord because you honor God.

23 Whatever work you do, do it with all your heart. Do it for the Lord and not for men.

24 Remember that you will get your reward from the Lord. He will give you what you should receive. You are working for the Lord Christ.

25 If anyone does wrong, he will suffer for it. God does not respect one person more than another.

4 Owners, give your servants what is right. Do the same for all. Remember that your Owner is in heaven.

Some things to do

2 You must keep praying. Keep watching! Be thankful always.

3 Al orar, pidan también por nosotros, para que Dios nos abra la puerta de la palabra, para hablar del secreto del Cristo, por el cual estoy todavía preso.

4 Oren para que yo pueda hablar de tal modo que todos comprendan.

5 Sean prudentes en la manera en que viven entre los no cristianos, usando bien su tiempo.

6 Háblenles de tal modo que deseen escucharlos. Que sus palabras no sean torpes; que sepan dar respuestas correctas a todos.

Saludos de los ayudantes de Pablo

7 Todo acerca de mí les hará saber Tíquico, hermano amado, ayudante fiel y compañero en el Señor.

8 Es por esto que lo he enviado hasta ustedes. Así podrán tener noticias de nosotros. Él llevará alegría a sus corazones.

9 Onésimo va con Tíquico, hermano amado y fiel que es de los de ustedes. Él es fiel y les ama mucho. Les harán saber todo lo que pasa por aquí.

10 Uno de los hombres que está aquí, en la cárcel conmigo, es Aristarco, que les saluda. También Marcos, el sobrino de Bernabé. (Ya saben que si él llega a visitarles, deben recibirlo y tratarle bien.)

11 También los saluda Jesús Justo. Estos son los únicos obreros judíos que me ayudan a enseñar sobre el reino de Dios. ¡Y qué gran ayuda han sido para mí!

12 Les saluda Epafras, que es de su pueblo, siervo de Cristo. Siempre ora por ustedes, pidiendo que estén firmes y sean perfectos y cumplidos en todo lo que Dios quiere.

3 As you pray, be sure to pray for us also. Pray that God will open the door for us to preach the Word. We want to tell the secret of Christ. And this is the reason I am in prison.

4 Pray that I will be able to preach so everyone can understand. This is the way I should speak.

5 Be wise in the way you live around those who are not Christians. Make good use of your time.

6 Speak with them in such a way they will want to listen to you. Do not let your talk sound foolish. Know how to give the right answer to anyone.

Paul's helpers say hello

7 Tychicus will tell you how I am getting along. He is a much loved brother and faithful helper. Both of us are owned by the Lord.

8 This is the reason I have sent him to you. It is so you can know about us. He can also bring joy to your hearts.

9 Onesimus is going with Tychicus. He is one of your own people. He is faithful and we love him very much. They will tell you about everything here.

10 One of the men here in prison with me is Aristarchus. He greets you. Mark, the cousin of Barnabas, greets you. (You have heard before that if he comes to you, you are to receive him and make him happy.)

11 Jesus Justus greets you also. These are the only Jewish workers helping me teach about the holy nation of God. What a help they have been to me!

12 Epaphras greets you. He is one of your people and a servant of Jesus Christ. As he prays for you, he asks God to help you to be strong and to make you perfect. He prays that you will know what God wants you to do in all things.

13 Puedo asegurarles que trabaja con mucho esfuerzo por ustedes y por los cristianos que están en las ciudades de Laodicea Hierápolis.

14 Les saluda Lucas, el médico amado, y Demas.

15 Saluden a todos los cristianos de la ciudad de Laodicea, a Ninfas y a la iglesia que se reúne en su casa.

16 Cuando hayan leído esta carta, hagan que la lean también en la iglesia de Laodicea. Lean ustedes también la carta que he enviado a Laodicea.

17 Digan a Arquipo que no deje de cumplir el trabajo que le encomendó el Señor.

18 Yo, Pablo, les escribo estas palabras con mi propia mano. No se olviden de que estoy en la cárcel. Que el favor de Dios sea con ustedes. Así sea.

13 I can tell you for sure that he works hard for you and for the Christians in the cities of Laodicea and Hierapolis.

14 Luke, the dear doctor, and Demas greet you.

15 Greet all the Christians in Laodicea. Greet Nympha and the Christians who gather for church in her house.

16 When this letter has been read to you, have it read in the church in Laodicea also. Be sure you read the letter that is coming from Laodicea.

17 Tell Archippus to be sure to finish the work the Lord called him to do.

18 I, Paul, am writing this last part with my own hand. Do not forget that I am in prison. May you have God's loving favor.

1 Tesalonicenses

Pablo da gracias por la fe de los tesalonicenses

1 Esta carta es de Pablo, Silvano y Timoteo, para la iglesia de la ciudad de Tesalónica, que es de Dios Padre y nuestro Señor Jesucristo. Que tengan bendiciones y la paz de Dios Padre y nuestro Señor Jesucristo.

2 Le damos siempre gracias a Dios por ustedes. Los recordamos en nuestras oraciones.

3 Cuando oramos a Dios nuestro Padre, siempre nos acordamos de la obra de los que creen, el trabajo de su amor y su esperanza total en nuestro Señor Jesucristo.

4 Hermanos en Cristo, sabemos que Dios los ama y los ha escogido.

5 Las buenas nuevas de Dios no les llegaron sólo de palabra, sino con poder y por medio del Espíritu Santo.

6 Siguieron nuestro modo de vida y la vida del Señor. Otros los hicieron sufrir porque ustedes nos escucharon; no importa; ustedes tienen el gozo que viene del Espíritu Santo.

7 Su vida correcta sirve de ejemplo a todos los creyentes en los países de Macedonia y Grecia.

8 Ustedes han predicado la palabra del Señor en los países de Macedonia y Grecia, y la gente conoce en todas partes su fe en Dios. Nosotros ni tenemos necesidad de hablar de ella.

9 Todos nos hablan de la manera en que nos recibieron cuando llegamos a ustedes y cómo dejaron de adorar a los dioses falsos para adorar al Dios vivo y verdadero.

1 Thessalonians

Paul gives thanks for their faith

1 This letter is from Paul and Silas and Timothy. It is to you, the church, in the city of Thessalonica. You belong to God the Father and the Lord Jesus Christ. May you have His loving favor and His peace.

2 We thank God for you all the time and pray for you.

3 While praying to God our Father, we always remember your work of faith and your acts of love and your hope that never gives up in our Lord Jesus Christ.

4 Christian brothers, we know God loves you and that He has chosen you.

5 The Good News did not come to you by word only, but with power and through the Holy Spirit. You knew it was true. You also knew how we lived among you. It was for your good.

6 You followed our way of life and the life of the Lord. You suffered from others because of listening to us. But you had the joy that came from the Holy Spirit.

7 Because of your good lives, you are showing all the Christians in the countries of Macedonia and Greece how to live.

8 The Word of the Lord has been spoken by you in the countries of Macedonia and Greece. People everywhere know of your faith in God without our telling them.

9 The people themselves tell us how you received us when we came to you. They talk of how you turned to God from worshiping false gods. Now you worship the true and living God.

10 Nos dicen que ustedes están esperando que su Hijo Jesús baje de los cielos. Dios lo levantó de entre los muertos, y es él (Jesús) quien nos salvará de la irá de Dios que ha de venir.

10 They tell us how you are waiting for His Son Jesus to come down from heaven. God raised Him from the dead. It is Jesus Who will save us from the anger of God that is coming.

2 Hermanos en Cristo, ustedes saben que mi visita a ustedes no fue en vano.

2 Antes de llegar a ustedes, habíamos estado en la ciudad de Filipos. Ya saben cómo trabajaron contra nosotros y nos hicieron sufrir. Pero Dios nos ayudó a predicarles a ustedes las buenas nuevas sin temor, aun cuando muchos nos odiaban y nos causaban dificultades.

3 Lo que les dijimos fue cierto: no teníamos malos deseos al enseñarles, ni tratamos de engañarlos.

4 Dios nos ha encargado sus buenas nuevas, y por eso, hablamos de ellas no para agradar a los hombres, sino a Dios. Él prueba nuestros corazones.

5 Ya saben que nunca usamos palabras suaves y agradables al oído. Dios sabe que nunca tratamos de sacarles dinero mediante nuestras palabras.

6 Nunca buscamos el agradecimiento de los hombres, ni de ustedes, ni de ningún otro. Aunque podríamos pedirles que hicieran mucho por nosotros, puesto que somos misioneros de Cristo, no lo hicimos.

7 En lugar de ello, fuimos amables cuando llegamos junto a ustedes, como una madre que cuida a sus hijos.

8 Teníamos un deseo tan fuerte de ayudarlos que nos sentimos felices de poder darles las buenas nuevas de Dios. Los amábamos tanto, que estábamos también dispuestos a darles nuestras propias vidas.

9 Recuerden hermanos cristianos, que trabajamos día y noche para conseguir alimentos y ropa, mientras les predicamos a ustedes las buenas nuevas. No queríamos serles una carga.

2 Christian brothers, you know that my visit with you was not wasted.

2 Just before we came to you, we had been in the city of Philippi. You know how they worked against us and made us suffer. But God helped us preach the Good News to you without fear, even while many people hated us and made it hard for us.

3 You remember what we said to you was true. We had no wrong desire in teaching you. We did not try to fool you.

4 God has allowed us to be trusted with the Good News. Because of this, we preach it to please God, not man. God tests and proves our hearts.

5 You know we never used smooth-sounding words. God knows we never tried to get money from you by preaching.

6 We never looked for thanks from men, not from you or from anyone else. But because we were missionaries of Christ, we could have asked you to do much for us.

7 Instead, we were gentle when we came to you. We were like a mother caring for her children.

8 We had such a strong desire to help you that we were happy to give you the Good News. Because we loved you so much, we were ready to give you our own lives also.

9 You remember, Christian brothers, we worked night and day for our food and clothes while we preached the Good News to you. We did not want to make it hard for you.

10 Ustedes saben, y también Dios lo sabe, que vivimos pura y correctamente y sin reproche entre ustedes, los creyentes.

11 Saben que deseábamos ayudarles y darles consuelo como un padre ayuda a sus hijos. Les dijimos con palabras fuertes

12 que deben vivir para agradar a Dios. Fue él quien les llamó a su reino y gloria.

13 Siempre damos gracias a Dios de que cuando oyeron su palabra, por medio de nosotros, la creyeron. No la recibieron de hombres, sino como la palabra de Dios. Así es en verdad y así actúa en las vidas de ustedes, los creyentes.

14 Porque ustedes, hermanos cristianos, se hicieron como las iglesias de Cristo en el país de Judea: tuvieron que sufrir de los hombres de su país, como esas iglesias tuvieron que sufrir de los judíos.

15 Fueron los judíos los que mataron al Señor Jesús y a los antiguos predicadores de Dios. También a nosotros nos persiguieron y nos obligaron a irnos. Ellos se oponen a todos los hombres y no agradan a Dios.

16 Trataron de impedir que habláramos de las buenas nuevas de Dios a los que no son judíos, pues no desean que se salven del castigo del pecado. Las vidas de los judíos están cada vez más llenas de pecados; pero, por fin, la irá de Dios está sobre ellos.

17 Hermanos cristianos, aunque no hemos podido estar allí con ustedes, ustedes están en nuestros corazones. Hemos deseado mucho verlos.

18 Deseábamos ir donde ustedes. Yo, Pablo, he intentado ir muchas veces; pero el diablo me ha impedido.

19 Porque, ¡quién es nuestra esperanza, alegría o premio en que me gloríe! Son

10 You know, and so does God, how pure and right and without blame we were among you who believe.

11 As a father helps his children, you know how we wanted to help you and give you comfort. We told you with strong words

12 that you should live to please God. He is the One Who chose you to come into His holy nation and to share His shining greatness.

13 We always thank God that when you heard the Word of God from us, you believed it. You did not receive it as from men, but you received it as the Word of God. That is what it is. It is at work in the lives of you who believe.

14 Christian brothers, you became just like the churches in the country of Judea. You had to suffer from the men in your country as those churches had to suffer from the Jews.

15 It was the Jews who killed the Lord Jesus and the early preachers. The Jews made it hard for us and made us leave. They do not please God and are working against all men.

16 They tried to keep us from preaching the Good News to the people who are not Jews. The Jews do not want them saved from the punishment of sin. The lives of the Jews are full of more sin all the time. But now God's anger has come to them at last.

17 Christian brothers, because we have not been able to be with you, our hearts have been with you. We have wanted very much to see you.

18 We wanted to come to you. I, Paul, have tried to come to you more than once but Satan kept us from coming.

19 Who is our hope or joy or crown of happiness? It is you, when you stand

ustedes, cuando estén delante de nuestro Señor Jesucristo, cuando él vuelva.

20 Ustedes son nuestro orgullo y nuestra alegría.

3 Cuando no pudimos esperar más, decidimos que era mejor quedarnos en la ciudad de Atenas, solos,

2 y les enviamos a Timoteo, nuestro hermano y siervo de Dios, que enseñara las buenas nuevas de Cristo, para que les diera fuerzas y consuelo en lo que creen.

3 No queremos que nadie se rinda ante las dificultades y los sufrimientos.

4 Incluso, cuando estuvimos con ustedes, les dijimos que tendríamos que sufrir mucho por las dificultades. Y eso es lo que está pasando, como bien saben.

5 Por esta razón, y no pudiendo esperar más, envié a Timoteo para que viera la fe de ustedes. Temía que el diablo los hubiera tentado y que nuestro trabajo no hubiera servido para nada.

6 Pero Timoteo ha regresado de ustedes a nosotros, con buenas noticias sobre su fe y su amor. Es bueno saber que nos recuerdan bien y que les agradaría a ustedes vernos. Es lo mismo que quisiéramos nosotros.

7 Hermanos cristianos, aunque estamos sufriendo y tenemos muchas dificultades, las noticias sobre su fe nos han llenado de felicidad.

8 El saber que su fe en el Señor es fuerte nos anima mucho.

9 ¿Cómo podemos darle suficientemente las gracias a Dios, por ustedes y por toda la gran alegría que nos dan?

10 Seguimos orando noche y día, pidiendo que podamos volver a verlos, pues deseamos ayudarles para que su fe sea completa.

11 Que el mismo Dios y Padre nuestro y el Señor Jesucristo nos pongan en camino hacia ustedes.

before our Lord Jesus Christ when He comes again.

20 You are our pride and joy.

3 When we could wait no longer, we decided it was best to stay in the city of Athens alone.

2 And we sent Timothy to you. He works with us for God, teaching the Good News of Christ. We sent him to give strength and comfort to your faith.

3 We do not want anyone to give up because of troubles. You know that we can expect troubles.

4 Even when we were with you, we told you that much trouble would come to us. It has come as you can see.

5 For this reason, I could wait no longer. I sent Timothy to find out about your faith. I was afraid the devil had tempted you. Then our work with you would be wasted.

6 But Timothy has come to us from you. He brought good news about your faith and love. It is good to know that you think well of us and that you would like to see us. We would like to see you also.

7 Christian brothers, word about your faith has made us happy even while we are suffering and are in much trouble.

8 It is life to us to know that your faith in the Lord is strong.

9 How can we give God enough thanks for you for all the joy you give us?

10 We keep on praying night and day that we may see you again. We want to help your faith to be complete.

11 May our God and Father Himself and the Lord Jesus Christ take us on our way to you.

12 Que el Señor los haga crecer en amor unos para otros y para todos, como nosotros los amamos.

13 Que nuestro Dios y Padre haga sus corazones fuertes y sin culpa. Que estén libres de pecado delante de Dios, cuando nuestro Señor Jesús vuelva con todos los que le pertenecen.

Pablo les dice que lleven vidas santas

4 Hermanos cristianos, les pedimos, en el Señor Jesús, que sigan llevando una vida que agrade a Dios. Ya les dije cómo crecer en la vida cristiana.

2 El Señor Jesús nos dio el derecho y el poder de decirles lo que deben hacer.

3 Dios quiere que sean fieles. Deben apartarse de los pecados sexuales.

4 Dios quiere que cada uno de ustedes use su cuerpo correctamente, manteniéndolo santo y respetándolo.

5 No deben usarlo para satisfacer sus propios deseos, como lo hacen los que no conocen a Dios.

6 Ningún hombre debe hacer ningún mal a su hermano cristiano, porque el Señor castigará al que lo haga. Ya se los dije antes.

7 Porque Dios no nos ha llamado para que vivamos en pecado, sino para que llevemos una vida santa.

8 El que se aparta de esta enseñanza no se aparta del hombre, sino de Dios quien nos dio su Espíritu Santo.

9 No necesitan que nadie les escriba diciéndoles que amen a sus hermanos cristianos, pues Dios les ha enseñado a amarse unos a otros.

10 Ya sé que aman a todos los cristianos del país de Macedonia; pero les pedimos que los amen todavía más.

11 Procuren llevar una vida tranquila, aprendiendo a hacer bien su propio trabajo, como les enseñamos antes.

12 May the Lord make you grow in love for each other and for everyone. We have this kind of love for you.

13 May our God and Father make your hearts strong and without blame. May your hearts be without sin in God's sight when our Lord Jesus comes again with all those who belong to Him.

Paul tells them to live holy lives

4 Christian brothers, we ask you, because of the Lord Jesus, to keep on living in a way that will please God. I have already told you how to grow in the Christian life.

2 The Lord Jesus gave us the right and the power to tell you what to do.

3 God wants you to be holy. You must keep away from sex sins.

4 God wants each of you to use his body in the right way by keeping it holy and by respecting it.

5 You should not use it to please your own desires like the people who do not know God.

6 No man should do wrong to his Christian brother in anything. The Lord will punish a person who does. I have told you this before.

7 For God has not called us to live in sin. He has called us to live a holy life.

8 The one who turns away from this teaching does not turn away from man, but from God. It is God Who has given us His Holy Spirit.

9 You do not need anyone to write to you about loving your Christian brothers. God has taught you to love each other.

10 You love all the Christians in all the country of Macedonia. But we ask you to love them even more.

11 Do your best to live a quiet life. Learn to do your own work well. We told you about this before.

12 Al hacerlo así, serán respetados por los que no son cristianos. Entonces, no tendrán necesidades, y otros no tendrán que ayudarles.

El Señor vuelve

13 Hermanos cristianos, queremos que tengan seguridad acerca de los que han muerto. No deben tener tristeza, como los que no tienen esperanza.
14 Creemos que Jesús murió y volvió a la vida. Porque creemos esto, sabemos que Dios volverá a la vida a los que pertenecen a Jesús.
15 Les decimos, con palabras del Señor, que los que estemos vivos cuando vuelva el Señor, no subiremos antes de los que han muerto.
16 Porque el Señor mismo descenderá del cielo con grandes voces. El ángel principal hablará en voz alta. La trompeta de Dios sonará. Primeramente, los que son de Cristo serán levantados de sus tumbas para reunirse con el Señor.
17 Luego, los que estemos todavía viviendo en la tierra en aquel día nos reuniremos con ellos en las nubes. Encontraremos al Señor en el aire y estaremos con él para siempre.
18 Por lo tanto, consuélense los unos a los otros con estas palabras.

Esperen la venida del Señor

5 No tienen necesidad de que nadie les escriba ni les diga nada sobre el momento o los tiempos en que pasarán estas cosas.
2 Ya saben muy bien que el día cuando el Señor vuelva a la tierra, él lo hará como ladrón de noche.
3 Cuando digan: "Todo está en paz y seguro," caerá sobre ellos la destrucción, de repente, como los dolores de una mujer que va a tener un hijo. Y no escaparán.

12 By doing this, you will be respected by those who are not Christians. Then you will not be in need and others will not have to help you.

The Lord is coming again

13 Christian brothers, we want you to know for sure about those who have died. You have no reason to have sorrow as those who have no hope.
14 We believe that Jesus died and then came to life again. Because we believe this, we know that God will bring to life again all those who belong to Jesus.
15 We tell you this as it came from the Lord. Those of us who are alive when the Lord comes again will not go ahead of those who have died.
16 For the Lord Himself will come down from heaven with a loud call. The head ángel will speak with a loud voice. God's horn will give its sounds. First, those who belong to Christ will come out of their graves to meet the Lord.
17 Then, those of us who are still living here on earth will be gathered together with them in the clouds. We will meet the Lord in the sky and be with Him forever.
18 Because of this, comfort each other with these words.

Watch for the Lord to come again

5 You do not need anyone to write to tell you when and at what kind of times these things will happen.
2 You know for sure that the day the Lord comes back to earth will be as a robber coming in the night.
3 When they say: "Everything is fine and safe," then all at once they will be destroyed. It will be like pain that comes on a woman when a child is born. They will not be able to get away from it.

4 Pero ustedes no están en la oscuridad, hermanos cristianos. Ese día no les sorprenderá como lo haría un ladrón.

5 Ustedes son hijos de la luz y del día. No somos de la oscuridad ni de la noche.

6 ¡Estemos velando! No nos durmamos como los demás. ¡Vigilemos y mantengámonos despiertos!

7 Los que duermen lo hacen de noche, y los borrachos de noche se emborrachan.

8 Puesto que somos hombres del día, mantengamos nuestras mentes despiertas. Cubramos nuestro pecho con fe y amor y nuestra cabeza con la esperanza de ser salvos.

9 Dios propuso salvarnos del castigo del pecado por nuestro Señor Jesucristo. No quería que sufriéramos su ira.

10 Murió por nosotros, para que, vivos o muertos, estemos con él.

11 Por lo cual, consuélense unos a otros. Dense fuerzas unos a otros, como ya lo están haciendo.

La vida cristiana

12 Les pedimos, hermanos, que respeten a los que trabajan entre ustedes. El Señor los ha puesto como dirigentes y son sus maestros.

13 Deben pensar bien de ellos y amarlos, por su obra. Vivan en paz unos con otros.

14 También les pedimos, hermanos, que hablen con los que no quieran trabajar. Consuelen a los que sienten que no pueden seguir adelante. Ayuden a los débiles. Sean comprensivos y tolerantes con todos los hombres.

15 No permitan que nadie devuelva mal por mal, sino traten de hacer el bien unos a otros y a todos.

16 Estén siempre llenos de gozo.

17 Nunca dejen de orar.

4 But you are not in darkness, Christian brothers. That day will not surprise you as a robber would.

5 For you are children of the light and of the day. We are not of darkness or of night.

6 Keep awake! Do not sleep like others. Watch and keep your minds awake to what is happening.

7 People sleep at night. Those who get drunk do it at night.

8 Because we are men of the day, let us keep our minds awake. Let us cover our chests with faith and love. Let us cover our heads with the hope of being saved.

9 God planned to save us from the punishment of sin through our Lord Jesus Christ. He did not plan for us to suffer from His anger.

10 He died for us so that, dead or alive, we will be with Him.

11 So comfort each other and make each other strong as you are already doing.

Christian living

12 We ask you, Christian brothers, to respect those who work among you. The Lord has placed them over you and they are your teachers.

13 You must think much of them and love them because of their work. Live in peace with each other.

14 We ask you, Christian brothers, speak to those who do not want to work. Comfort those who feel they cannot keep going on. Help the weak. Understand and be willing to wait for all men.

15 Do not let anyone pay back for the bad he received. But look for ways to do good to each other and to all people.

16 Be full of joy all the time.

17 Never stop praying.

18 Den gracias por todo lo que pase. Esto es lo que Dios quiere que hagan por Jesucristo.
19 No traten de detener el trabajo del Espíritu Santo.
20 No desprecien a los que hablan por Dios.
21 Examinen todo y conserven lo bueno.
22 Apártense de toda clase de mal.

23 El Dios de paz los aparte para él. Que cada parte de ustedes sea escogida para Dios, para que su espíritu, su alma y su cuerpo se mantengan enteros y sin culpa, cuando venga nuestro Señor Jesucristo.
24 El que nos llamó es fiel y hará lo que prometió.
25 Hermanos cristianos, oren por nosotros.
26 Saluden a todos los hermanos con un beso de amor cristiano.
27 Les pido por el Señor que esta carta sea leída a todos los creyentes.
28 El favor de nuestro Señor Jesucristo sea con ustedes. Así sea.

18 In everything give thanks. This is what God wants you to do because of Christ Jesus.
19 Do not try to stop the work of the Holy Spirit.
20 Do not laugh at those who speak for God.
21 Test everything and do not let good things get away from you.
22 Keep away from everything that even looks like sin.
23 May the God of peace set you apart for Himself. May every part of you be set apart for God. May your spirit and your soul and your body be kept complete. May you be withoutblame when our Lord Jesus Christ comes again.
24 The One Who called you is faithful and will do what He promised.
25 Christian brothers, pray for us.
26 Greet all the Christians with a kiss of holy love.
27 I tell you to have this letter read to all the Christians.
28 May you have loving favor from our Lord Jesus Christ.

2 Tesalonicenses

1 Esta carta es de Pablo, Silvano y Timoteo, para la iglesia de la ciudad de Tesalónica, que es de Dios Padre y nuestro Señor Jesucristo.

2 Bendición y paz de Dios Padre y nuestro Señor Jesucristo.

3 Debemos darle siempre gracias a Dios por ustedes, hermanos cristianos. Eso es correcto, por lo mucho que está creciendo su fe. Su amor, unos por otros, es cada vez mayor.

4 Nos sentimos orgullosos de ustedes y hablamos de ustedes a las demás iglesias. Les explicamos que su fe sigue siendo muy fuerte, aun cuando otros los persiguen y les hacen sufrir.

5 Dios desea que se prueben ustedes mismos como dignos de estar en su reino, sufriendo por él.

6 Dios hace lo que es justo y dejará que caigan sufrimientos sobre los que les hacen sufrir.

7 Nos ayudará, tanto a nosotros que sufrimos como a ustedes, cuando el Señor descienda de los cielos con sus poderosos ángeles.

8 Castigará a los que no conocen a Dios y a los que no obedecieron las buenas nuevas de nuestro Señor Jesucristo.

9 Serán castigados para siempre y apartados del Señor y de la grandeza de su poder.

10 El día que venga, su grandeza será visible en todos los que le pertenecen. En ese día, será honrado de todos los que creyeron en él. Ustedes creyeron lo que les dijimos.

11 Por esta razón, oramos siempre

2 Thessalonians

1 This letter is from Paul and Silas and Timothy. It is to the church in the city of Thessalonica that belongs to God the Father and the Lord Jesus Christ.

2 May you have loving favor and peace from God the Father and the Lord Jesus Christ.

3 We must give thanks to God for you always, Christian brothers. It is the right thing to do because your faith is growing so much. Your love for each other is stronger all the time.

4 We are proud of you and tell the other churches about you. We tell them how your faith stays so strong even when people make it hard for you and make you suffer.

5 God wants you to prove yourselves to be worth being in His holy nation by suffering for Him.

6 He does what is right and will allow trouble to come to those who are making it hard for you.

7 He will help you and us who are suffering. This will happen when the Lord Jesus comes down from heaven with His powerful angels in a bright fire.

8 He will punish those who do not know God and those who do not obey the Good News of our Lord Jesus Christ.

9 They will be punished forever and taken away from the Lord and from the shining greatness of His power.

10 On the day He comes, His shining greatness will be seen in those who belong to Him. On that day, He will receive honor from all those who put their trust in Him. You believed what we had to say to you.

11 For this reason, we always pray for

por ustedes. Oramos para que Dios los haga dignos de ser elegidos. Oramos para que su poder les ayude a hacer las buenas obras que desean, y que su trabajo de fe sea completo.

12 De esta manera, el nombre de nuestro Señor Jesucristo será honrado en ustedes, ustedes serán honrados de él, por el favor de nuestro Dios y el Señor Jesucristo.

El falso cristo viene

2 Nuestro Señor Jesucristo volverá y nos reuniremos para salir a su encuentro. Pero les pedimos, hermanos,

2 que no se confundan ni se preocupen por lo que oigan. Hay algunos que dicen que el Señor ya ha venido. Hay personas que pueden decir que yo lo escribí en una carta o que se lo dijo un espíritu.

3 No permitan que nadie los engañe, porque el Señor no volverá hasta que mucha gente se aparte de Dios. También tiene que manifestarse el principal de los que pecan, el hijo de perdición.

4 Se opondrá y se levantará contra todo lo que se llame Dios. Tomará su asiento en la casa de Dios y dirá que él mismo es Dios.

5 ¿No recuerdan que les hablé de esto cuando estuve con ustedes?

6 Ya saben ahora lo que retiene el hombre de pecado, pues vendrá cuando llegue su tiempo.

7 Porque ya está obrando el espíritu secreto de pecado. Pero este espíritu secreto sólo puede obrar hasta que se aparte el que detiene al hombre de pecado.

8 Entonces, vendrá el hombre de pecado y el Señor Jesús lo matará con el aliento de su boca. En su venida, Cristo le pondrá fin.

9 El diablo usará a su hombre de

you. We pray that our God will make you worth being chosen. We pray that His power will help you do the good things you want to do. We pray that your work of faith will be complete.

12 In this way, the name of the Lord Jesus Christ will be honored by you and you will be honored by Him. It is through the loving favor of our God and of the Lord Jesus Christ.

Some people will believe a lie

2 Our Lord Jesus Christ is coming again. We will be gathered together to meet Him. But we ask you, Christian brothers,

2 do not be troubled in mind or worried by the talk you hear. Some say that the Lord has already come. People may say that I wrote this in a letter or that a spirit told them.

3 Do not let anyone fool you. For the Lord will not come again until many people turn away from God. Then the leader of those who break the law will come. He is the man of sin.

4 He works against and puts himself above every kind of god that is worshiped. He will take his seat in the house of God and say that he himself is God.

5 Do you not remember that while I was with you, I told you this?

6 You know the power that is keeping the man of sin back now. The man of sin will come only when his time is ready.

7 For the secret power of breaking the law is already at work in the world. But that secret power can only do so much until the One Who keeps back the man of sin is taken out of the way.

8 Then this man of sin will come. The Lord Jesus will kill him with the breath of His mouth. The coming of Christ will put an end to him.

9 Satan will use this man of sin. He will

pecado, que tendrá el poder del diablo. Hará muchas cosas extrañas y obras poderosas que serán falsas.

10 Los perdidos en el pecado se verán engañados por las cosas que él podrá hacer. Están perdidos en el pecado porque no aman la verdad que podría salvarlos.

11 Por esta razón, Dios permitirá que sigan las falsas enseñanzas, para que crean la mentira.

12 Todos ellos serán culpables cuando se presenten ante Dios, porque querían hacer el mal.

Ustedes pertenecen a los que creen en la verdad

13 Hermanos cristianos, el Señor los ama. Siempre le damos gracias a Dios por ustedes. Es porque Dios los escogió desde el principio, para salvarlos del castigo del pecado. Los escogió para hacerlos salvos por medio del Espíritu Santo y para darles fe para que crean en la verdad..

14 Fueron escogidos cuando les hablamos de las buenas nuevas, para que compartan la gloria de nuestro Señor Jesucristo.

15 Así, pues, hermanos, estén firmes y conserven las enseñanzas que les dimos, por palabra y por carta.

16 Y el mismo Señor Jesucristo y Dios Padre nuestro, el cual nos amó, también nos dio consolación que dura para siempre y buena esperanza.

17 Que él consuele sus corazones y les dé fuerzas para decir y hacer toda buena obra.

Hermanos cristianos, oren por nosotros

3 Mis últimas palabras, hermanos, serán para pedirles que oren por nosotros. Oren para que la palabra del Señor se extienda por todo el mundo. Que demuestre su poder,

have Satan's power. He will do strange things and many powerful works that will be false.

10 Those who are lost in sin will be fooled by the things he can do. They are lost in sin because they did not love the truth that would save them.

11 For this reason, God will allow them to follow false teaching so they will believe a lie.

12 They will all be guilty as they stand before God because they wanted to do what was wrong.

You belong to those who believe the truth

13 Christian brothers, the Lord loves you. We always thank God for you. It is because God has chosen you from the beginning to save you from the punishment of sin. He chose to make you holy by the Holy Spirit and to give you faith to believe the truth.

14 It was by our preaching the Good News that you were chosen. He chose you to share the shining greatness of our Lord Jesus Christ.

15 So then, Christian brothers, keep a strong hold on what we have taught you by what we have said and by what we have written.

16 Our Lord Jesus Christ and God our Father loves us. Through His loving favor He gives us comfort and hope that lasts forever.

17 May He give your hearts comfort and strength to say and do every good thing.

Christian brothers, pray for us

3 My last words to you, Christian brothers, are that you pray for us. Pray that the Word of the Lord will go out over all the land and prove its power just as it did with

como lo hizo con ustedes.
2 Que seamos librados de hombres
pecadores, porque no todos los hombres son cristianos.
3 Aun así, el Señor es fiel; él les dará
fuerzas a ustedes y los mantendrá a salvo del diablo.
4 Esta es nuestra confianza en el
Señor por parte de ustedes. Creemos
que están haciendo y seguirán haciendo las cosas que les enseñamos.
5 Que el Señor guíe sus corazones
en el amor de Dios. Que les ayude
mientras esperan a Cristo.
6 Ahora, he aquí lo que les decimos,
hermanos; en el nombre del Señor
Jesús, apártense de cualquier cristiano que esté fuera de orden y no ande
como les enseñamos.
7 Saben que deben seguir el modo
de vida que tuvimos cuando estuvimos
con ustedes. Trabajamos con esfuerzo.
8 No comimos los alimentos de nadie
sin pagar por ellos. Trabajamos con
dureza, noche y día, para que ninguno
de ustedes tuviera que darnos nada.
9 Pudimos pedirles que nos dieran
alimentos; pero no lo hicimos, para
que pudieran seguir nuestro modo de
vida.
10 Cuando estuvimos con ustedes, les
dijimos que si un hombre no trabaja,
no debe comer.
11 Oímos decir que algunos no están
trabajando, sino que pasan el tiempo
viendo lo que otros hacen.
12 A ellos les decimos, en nombre de
nuestro Señor Jesucristo, que se callen.
Que se pongan a trabajar, para que
coman sus propios alimentos.
13 Y ustedes, hermanos, no se cansen
de hacer el bien.
14 Si alguien no quiere escuchar lo
que decimos en esta carta, fíjense
quién es y apártense un poco de él. De

you.
2 Pray that we will be kept from sinful men, because not all men are Christians.
3 But the Lord is faithful. He will give
you strength and keep you safe from
the devil.
4 We have faith in the Lord for you.
We believe you are doing and will keep
on doing the things we told you.
5 May the Lord lead your hearts into
the love of God. May He help you as
you wait for Christ.
6 Now this is what we tell you to do,
Christian brothers. In the name of the
Lord Jesus, keep away from any Christian who is lazy and who does not do
what we taught you.
7 You know you should follow the
way of life we lived when we were with
you. We worked hard while we were
there.
8 We did not eat anyone's food without paying for it. We worked hard night
and day so none of you would have to
give us anything.
9 We could have asked you to give
us food. But we did not so that you
might follow our way of living.
10 When we were with you, we told
you that if a man does not work, he
should not eat.
11 We hear that some are not working. But they are spending their time
trying to see what others are doing.
12 Our words to such people are that
they should be quiet and go to work.
They should eat their own food. In the
name of the Lord Jesus Christ we say
this.
13 But you, Christian brothers, do not
get tired of doing good.
14 If anyone does not want to listen
to what we say in this letter, remember
who he is and stay away from him. In

esta manera, se avergonzará.
15 Sin embargo, no lo consideren como alguien que los odia; más bien háblenle como a un hermano cristiano.
16 Y el mismo Señor de paz les dé siempre de su misma paz. Sea el Señor con todos ustedes.
17 Yo, Pablo, escribo esta última parte con mi propia mano. Así termino todas mis cartas.
18 El favor de nuestro Señor Jesucristo sea con todos ustedes. Así sea.

that way, he will be put to shame.
15 Do not think of him as one who hates you. But talk to him as a Christian brother.
16 May the Lord of peace give you His peace at all times. The Lord be with you all.
17 I, Paul, write this last part with my own hand. It is the way I finish all my letters.
18 May all of you have loving favor from our Lord Jesus Christ.

I Timoteo

1 Esta carta es de Pablo, misionero de Jesucristo. Soy enviado por Dios, quien es nuestro Salvador y por el Señor Jesucristo, quien es nuestra esperanza.

2 Escribo a ti, Timoteo, verdadero hijo mío en la fe cristiana. Bendición, amor y paz de Dios nuestro Padre y de Jesucristo, nuestro Señor.

Cuidado con los falsos maestros

3 Cuando salí del país de Macedonia, te pedí que te quedaras en la ciudad de Éfeso. Quería tu ayuda para que unos falsos maestros no siguieran enseñando cosas que no son ciertas.

4 No deben escuchar cuentos que no son ciertos, pues es una tontería que traten de saber más sobre sus antiguos padres. Eso sólo hace que se les ocurran más preguntas. No fortalece a los que creen en Dios.

5 El fin del mandamiento es el amor nacido de un corazón puro, de buena conciencia y fe sincera.

6 Pero algunos se han apartado de esas cosas, pasando a conversaciones inútiles.

7 Algunos de ellos desean ser maestros de la ley judía; pero no saben de qué están hablando, aun cuando actúen como si lo supieran.

La ley es buena

8 Sabemos que la ley judía es buena, cuando se usa como quiso Dios que se usara.

9 Debemos recordar que la ley no es para las personas que han sido puestas

I Timothy

1 This letter is from Paul, a missionary of Jesus Christ. I am sent by God, the One Who saves, and by our Lord Jesus Christ Who is our hope.

2 I write to you, Timothy. You are my son in the Christian faith. May God the Father and Jesus Christ our Lord give you His loving favor and loving kindness and peace.

Watch for false teachers

3 When I left for the country of Macedonia, I asked you to stay in the city of Ephesus. I wanted you to stay there so you could tell those who are teaching what is not true to stop.

4 They should not listen to stories that are not true. It is foolish for them to try to learn more about their early fathers. These only bring more questions to their minds and do not make their faith in God stronger.

5 We want to see our teaching help you have a true love that comes from a pure heart. Such love comes from a heart that says we are not guilty and from a faith that does not pretend.

6 But some have turned away from these things. They have turned to foolish talking.

7 Some of them want to be teachers of the Law. But they do not know what they are talking about even if they act as if they do.

The law is good

8 We know the Law is good when it is used the way God meant it to be used.

9 We must remember the Law is not for the person who is right with God.

bien con Dios, sino para los que no
obedecen a nada ni a nadie. Es para los
pecadores que odian a Dios y hablan
contra él. Es para los que matan a sus
padres y madres y los que matan a
otras personas.
10 Es para los que cometen pecados
sexuales, para los que pecan con los de
su mismo sexo y para los que roban a
los hombres. Es para los que mienten y
para los que prometen no mentir pero
lo hacen. Es para todo aquel que está en
contra de las verdaderas enseñanzas,
11 que son las buenas nuevas de
nuestro santo Dios. Él me encargó que
hablara de ellas.

Pablo da gracias a Dios

12 Doy gracias a nuestro Señor Jesucristo por la fuerza y el poder que me
ha dado. Él confió en mí y me encargó
su obra.
13 Antes de que él me escogiera, yo
hablaba mal de Cristo y hacía sufrir a
sus seguidores, haciéndoles todo lo
que podía. Pero Dios estuvo lleno de
amor para conmigo. Yo no comprendía
lo que estaba haciendo, porque entonces no era creyente cristiano.
14 Entonces, nuestro Señor me dio su
favor, juntamente con la fe y el amor
que hay en Jesucristo.
15 Lo que digo es cierto, y todo el
mundo debe aceptarlo. Jesucristo vino
al mundo para salvar a los pecadores.
Yo soy el peor de todos.
16 Sin embargo, Dios estaba lleno de
amor conmigo. Jesucristo me ha usado
para mostrar lo mucho que él espera-
rá aun por los peores pecadores. En
esa manera, otros sabrán que pueden
tener la vida que nunca termina.
17 Por tanto, al Rey de los siglos, que
nunca muere, ni se puede ver con el
ojo humano, al sólo sabio Dios, sea
honor y gloria por los siglos. Así sea.

It is for those who do not obey any-
body or anything. It is for the sinners
who hate God and speak against Him.
It is for those who kill their fathers and
mothers and for those who kill other
people.
10 It is for those who do sex sins and
for people who do sex sins with their
own sex. It is for people who steal other people and for those who lie and for
those who promise not to lie, but do.
It is for everything that is against right
teaching.
11 The great Good News of our honored God is right teaching. God has
trusted me to preach this Good News.

Paul gives thanks to God

12 I thank Christ Jesus our Lord for
the power and strength He has given
me. He trusted me and gave me His
work to do.
13 Before He chose me, I talked bad
about Christ. I made His followers suffer. I hurt them every way I could. But
God had loving kindness for me. I did
not understand what I was doing for I
was not a Christian then.
14 Then our Lord gave me much
of His loving favor and faith and love
which are found in Christ Jesus.
15 What I say is true and all the world
should receive it. Christ Jesus came into
the world to save sinners from their sin
and I am the worst sinner.
16 And yet God had loving kindness
for me. Jesus Christ used me to show
how long He will wait for even the
worst sinners. In that way, others will
know they can have life that lasts forever also.
17 We give honor and thanks to the
King Who lives forever. He is the One
Who never dies and Who is never seen.
He is the One Who knows all things.
He is the only God. Let it be so.

18 Timoteo, hijo mío, he aquí lo que te encargo: ¡Lucha bien por el Señor! Los predicadores antiguos nos dijeron que tú lo harías.

19 Guarda firmemente tu fe en Cristo. Deja que tu corazón te diga que andes en lo correcto. Algunos no escucharon lo que les decían sus corazones e hicieron lo que sabían que era malo. Por eso, fracasó su fe en Cristo.

20 Esto les pasó a Himeneo y Alejandro, a quienes entregué al diablo, para que aprendieran a no hablar contra Dios.

2 Ante todo, te pido que ores mucho por todos los hombres y que des gracias por ellos.

2 Por los reyes y por todos los que tienen autoridad sobre nosotros, para que podamos llevar vidas tranquilas y en paz, sirviendo al Señor.

3 Esto es bueno y agradable a Dios nuestro Salvador.

4 Él quiere que todos los hombres sean salvos del castigo del pecado y que lleguen a conocer la verdad.

5 Hay un solo Dios, y uno que está entre Dios y los hombres: Jesucristo, hombre.

6 Él dio su vida por todos los hombres, para que puedan ser libres y no permanecer sujetos al poder del pecado. Dios hizo que el mundo lo supiera en el momento oportuno.

7 Por esto me escogió como maestro y misionero. Debo enseñar la fe y la verdad a los que no conocen a Dios. No digo mentira, sino la verdad.

Mujeres en la iglesia

8 Quiero que los hombres oren en todas partes, levantando manos limpias, sin enojos ni pleitos.

18 Timothy, my son, here is my word to you. Fight well for the Lord! God's preachers told us you would.

19 Keep a strong hold on your faith in Christ. May your heart always say you are right. Some people have not listened to what their hearts say. They have done what they knew was wrong. Because of this, their faith in Christ was wrecked.

20 This happened to Hymenaeus and Alexander. I gave them over to Satan to teach them not to speak against God.

2 First of all, I ask you to pray much for all men and to give thanks for them.

2 Pray for kings and all others who are in power over us so we might live quiet Godlike lives in peace.

3 It is good when you pray like this. It pleases God Who is the One Who saves.

4 He wants all people to be saved from the punishment of sin. He wants them to come to know the truth.

5 There is one God. There is one Man standing between God and men. That Man is Christ Jesus.

6 He gave His life for all men so they could go free and not be held by the power of sin. God made this known to the world at the right time.

7 This is why I was chosen to be a teacher and a missionary. I am to teach faith and truth to the people who do not know God. I am not lying but telling the truth.

Women in the church

8 I want men everywhere to pray. They should lift up holy hands as they pray. They should not be angry or argue.

9 Las mujeres cristianas no deben vestirse ni peinarse el cabello de tal modo que las mire la gente. No deben llevar mucho oro, perlas, ni ropa que cuesta mucho dinero.

10 En lugar de ello, las mujeres cristianas deben distinguirse por sus buenas obras y su vida honesta.

11 Las mujeres deben guardar silencio cuando aprenden. Deben escuchar lo que tienen que decir los hombres.

12 Porque no permito a la mujer enseñar ni tener autoridad sobre el hombre, sino que deben guardar silencio.

13 Adán fue formado primero, luego, Eva.

14 Adán no fue engañado por el diablo; pero la mujer se dejó engañar y así pecó.

15 Pero Dios las salvará, si confían en él y llevan una vida cristiana.

9 Christian women should not be dressed in the kind of clothes and their hair should not be combed in a way that will make people look at them. They should not wear much gold or pearls or clothes that cost much money.

10 Instead of these things, Christian women should be known for doing good things and living good lives.

11 Women should be quiet when they learn. They should listen to what men have to say.

12 I never let women teach men or be leaders over men. They should be quiet.

13 Adam was made first, then Eve.

14 Adam was not fooled by Satan; it was the woman who was fooled and sinned.

15 But women will be saved through the giving of birth to children if they keep on in faith and live loving and holy lives.

Cómo debe ser el dirigente de una iglesia

3 Cierto es que si un hermano desea ser dirigente de la iglesia, desea hacer un buen trabajo.

2 Un dirigente de iglesia debe ser un hombre bueno. Debe llevar una vida tal que nadie pueda decir nada contra él. Debe tener una sola esposa y ser respetado por su vida correcta. Debe estar dispuesto a recibir personas en su casa, deseoso de aprender y capaz de enseñar la palabra de Dios.

3 No debe emborracharse ni querer peleas. En cambio, debe ser bondadoso y no amar el dinero.

4 Debe gobernar bien su propia casa. Sus hijos deben obedecerle y respetarle.

5 Si un hombre no puede gobernar su propia casa, ¿cómo podrá dirigir una iglesia?

What a church leader must be like

3 It is true that if a man wants to be a church leader, he wants to do a good work.

2 A church leader must be a good man. His life must be so no one can say anything against him. He must have only one wife and must be respected for his good living. He must be willing to take people into his home. He must be willing to learn and able to teach the Word of God.

3 He must not get drunk or want to fight. Instead, he must be gentle. He must not have a love for money.

4 He should be a good leader in his own home. His children must obey and respect him.

5 If a man cannot be a good leader in his own home, how can he lead the church?

6 No debe ser un creyente nuevo, ya que podría sentirse orgulloso y caer en el pecado propuesto por el diablo.

7 Un dirigente de la iglesia debe ser respetado también por los que no son cristianos. La razón es para que no haya nada que puedan decir contra él. Así, no se verá atrapado por el diablo.

6 A church leader must not be a new Christian. A new Christian might become proud and fall into sin which is brought on by the devil.

7 A church leader must be respected by people who are not Christians so nothing can be said against him. In that way, he will not be trapped by the devil.

Cómo deben ser los ayudantes de la iglesia

8 Los ayudantes de las iglesias deben ser también hombres buenos y obrar de tal manera que los demás los respeten. Deben decir la verdad, no emborracharse y no tener amor por el dinero.

9 Deben tener su fe en Cristo, ser sus seguidores y tener la conciencia limpia.

10 Primeramente deben ser probados, para ver si están listos ya para trabajar como ayudantes de la iglesia. Entonces, si responden bien, pueden ser elegidos.

11 La esposa de un ayudante de la iglesia debe tener cuidado de cómo se porta. No debe llevar chismes acerca de otros. Debe ser prudente y fiel en todo lo que hace.

12 Los ayudantes de la iglesia deben tener sólo una esposa, deben gobernar bien su hogar y tener el respeto de sus hijos.

13 Los que trabajan como ayudantes de la iglesia recibirán el respeto de otros, y su propia fe en Jesucristo crecerá.

What the church helpers must be like

8 Church helpers must also be good men and act so people will respect them. They must speak the truth. They must not get drunk. They must not have a love for money.

9 They must have their faith in Christ and be His follower with a heart that says they are right.

10 They must first be tested to see if they are ready for the work as church helpers. Then if they do well, they may be chosen as church helpers.

11 The wives of church helpers must be careful how they act. They must not carry stories from one person to another. They must be wise and faithful in all they do.

12 Church helpers must have only one wife. They must lead their home well and their children must obey them.

13 Those who work well as church helpers will be respected by others and their own faith in Christ Jesus will grow.

Por qué escribe Pablo a Timoteo

14 Espero verte pronto pero te estoy escribiendo estas cosas

15 porque puede pasar cierto tiempo antes de que yo llegue. Quiero decirte cómo debes portarte entre la gente de la iglesia, que es la familia del Dios vivo, la iglesia predica la verdad.

Why Paul writes to Timothy

14 I hope to come to you soon. I am writing these things

15 because it may be awhile before I get there. I wanted you to know how you should act among people in the church which is the house of the living God. The church holds up the truth.

16 Es importante conocer el secreto de una vida santa. Es este: Dios en Cristo vino a la tierra como hombre. Cristo fue declarado puro en Espíritu, y fue visto por los ángeles. Cristo es predicado entre las naciones y hombres de todas partes han creído en él. Fue recibido al cielo.

Falsas enseñanzas en los útimos días

4 El Espíritu Santo nos dice con claridad que, en los últimos días, algunos se apartarán de la fe. Escucharán a espíritus de error y seguirán las enseñanzas de demonios.

2 Los que enseñen esas cosas, las presentarán como la verdad, sabiendo que son mentira. Lo harán tantas veces que llegarán a convencerse ellos mismos de que lo que dicen no es mentira.

3 Y dirán: "No se casen, y no coman ciertos tipos de alimentos." Pero Dios les dio esas cosas a los cristianos que conocen la verdad y debemos darle gracias por todo ello.

4 Todo lo hecho por Dios es bueno. No debemos dejar nada a un lado, si podemos tomarlo y darle gracias a Dios por ello.

5 La palabra de Dios y la oración lo santifican.

Los cristianos deben crecer

6 Si dices siempre estas cosas a los cristianos, serás un buen obrero del Señor. Alimentarás tu alma con esas palabras de fe y con las buenas enseñanzas que has seguido.

7 Desecha los cuentos mundanos. Crece en la vida cristiana.

8 El ejercicio del cuerpo para poco sirve pero el crecimiento en la vida interior es muy importante, pues no sólo te ayudará en esta vida, sino también en la otra.

16 It is important to know the secret of God like living, which is: Christ came to earth as a Man. He was pure in His Spirit. He was seen by angels. The nations heard about Him. Men everywhere put their trust in Him. He was taken up into heaven.

False teaching in the last days

4 The Holy Spirit tells us in plain words that in the last days some people will turn away from the faith. They will listen to what is said about spirits and follow the teaching about demons.

2 Those who teach this tell it as the truth when they know it is a lie. They do it so much that their own hearts no longer say it is wrong.

3 They will say: "Do not get married. Do not eat some kinds of food." But God gave these things to Christians who know the truth. We are to thank God for them.

4 Everything God made is good. We should not put anything aside if we can take it and thank God for it.

5 It is made holy by the Word of God and prayer.

Christians are to grow

6 If you keep telling these things to the Christians, you will be a good worker for Jesus Christ. You will feed your own soul on these words of faith and on this good teaching which you have followed.

7 Have nothing to do with foolish stories old women tell. Keep yourself growing in God like living.

8 Growing strong in body is all right but growing in God like living is more important. It will not only help you in this life now but in the next life also.

9 Estas palabras son verdaderas. Todos pueden confiar en ellas.

10 A causa de esto, nos esforzamos en trabajar y aceptamos los sufrimientos. Hemos puesto nuestra esperanza en el Dios vivo, quien salvará del castigo del pecado a todos los que creen en él.

Palabras de aliento de Pablo para el joven Timoteo

11 Diles a todos que esto es lo que deben hacer.

12 No permitas que nadie te demuestre poco respeto porque eres joven. Que tu propia vida sea ejemplar para los demás cristianos. Deben poder imitarte en lo que dices y haces. Muéstrales cómo vivir en fe, amor y santidad.

13 Hasta mi llegada, comenta y enseña la palabra de Dios en la iglesia.

14 Procura utilizar la capacidad que Dios te dio. Los dirigentes lo vieron en ti, cuando pusieron sus manos sobre ti y dijeron lo que debías hacer.

15 Piensa en todo esto y trabaja para que todos puedan ver que estás creciendo como cristiano.

16 Ten cuidado de cómo actúas y qué enseñas. Permanece en lo que es correcto. Si lo haces así, tanto tú como los que te escuchan se salvarán del castigo del pecado.

Enseñanza sobre las viudas

5 No emplees palabras duras con los ancianos. Háblales como si fueran padres. Háblales a los jóvenes como hermanos,

2 y a las mujeres ancianas como madres. Háblales a las mujeres jóvenes como hermanas y consérvate puro.

3 Ayuda a las viudas.

4 Si una viuda tiene hijos o nietos, son ellos los que deben cuidarla. De

9 These words are true and they can be trusted.

10 Because of this, we work hard and do our best because our hope is in the living God, the One Who would save all men. He saves those who believe in Him.

Paul's helpful words to young Timothy

11 Tell people that this is what they must do.

12 Let no one show little respect for you because you are young. Show other Christians how to live by your life. They should be able to follow you in the way you talk and in what you do. Show them how to live in faith and in love and in holy living.

13 Until I come, read and preach and teach the Word of God to the church.

14 Be sure to use the gift God gave you. The leaders saw this in you when they laid their hands on you and said what you should do.

15 Think about all this. Work at it so everyone may see you are growing as a Christian.

16 Watch yourself how you act and what you teach. Stay true to what is right. If you do, you and those who hear you will be saved from the punishment of sin.

Teaching about women whose husbands have died

5 Do not speak sharp words to an older man. Talk with him as if he were a father. Talk to younger men as brothers.

2 Talk to older women as mothers. Talk to younger women as sisters, keeping yourself pure.

3 Help women whose husbands have died.

4 If a woman whose husband has died has children or grandchildren, they are

esa manera, podrán recompensar a sus padres por el amor que tuvieron con ellos. Esto es agradable para Dios.

5 Las viudas están solas en este mundo y confían en el Señor. Oran día y noche.

6 Pero la que sólo vive para los placeres que puede tener este mundo es como si estuviese muerta aunque viva.

7 Enseña estas cosas para que todos hagan lo que es correcto.

8 Cualquiera que no cuide a su familia y a los que están en su casa ha abandonado la fe. El que así descuida a los suyos es peor que una persona que nunca ha puesto su fe en Cristo.

9 Una viuda de más de sesenta años de edad puede recibir ayuda de la iglesia. Para recibir esta ayuda, debe haber sido la mujer de un solo hombre.

10 Debe conocerse por estas cosas: recibir a otras personas en su casa, lavarle los pies a los cristianos y ayudar a los que sufren. Debe ser bondadosa.

11 No incluyas los nombres de las viudas más jóvenes, junto con las que necesitan ayuda. Fácilmente aquéllas se apartarán de Cristo, queriendo volver a casarse.

12 Entonces, serán consideradas como culpables de haber quebrantado su primera promesa.

13 Perderán su tiempo e irán de casa en casa, llevando chismes. Tratarán de encontrar errores en los demás y hablarán de lo que no es conveniente.

14 Creo que es mejor que las viudas jóvenes vuelvan a casarse. Deben tener hijos y cuidar sus hogares. Así, nadie podrá hablar contra ellas.

the ones to care for her. In that way, they can pay back to their parents the kindness that has been shown to them. God is pleased when this is done.

5 Women whose husbands have died are alone in this world. Their trust is in the Lord. They pray day and night.

6 But the one who lives only for the joy she can receive from this world is the same as dead even if she is alive.

7 Teach these things so they will do what is right.

8 Anyone who does not take care of his family and those in his house has turned away from the faith. He is worse than a person who has never put his trust in Christ.

9 A woman over sixty years old whose husband has died may receive help from the church. To receive this help, she must have been the wife of one man.

10 She must be known for doing good things for people and for being a good mother. She must be known for taking strangers into her home and for washing the feet of Christians. She must be known for helping those who suffer and for showing kindness.

11 Do not write the names of younger women whose husbands have died together with the names of others who need help. They will turn away from Christ because of wanting to get married again.

12 Then they would be thought of as guilty of breaking their first promise.

13 They will waste their time. They will go from house to house carrying stories. They will find fault with people and say things they should not talk about.

14 I think it is best for younger women whose husbands have died to get married. They should have children and care for their own homes. Then no one can speak against them.

15 Porque ya hay algunas que se han vuelto atrás, para seguir al diablo.

16 Si la viuda tiene familia, la familia debe cuidarla, para que no tenga que ayudarla la iglesia. La iglesia puede ayudar a las viudas que estén solas en el mundo, y sin familiares que las ayuden.

Enseñanzas sobre los dirigentes

17 Los dirigentes que gobiernan bien deben ser considerados como dignos de doble honra, sobre todo los que se ocupan de enseñar y predicar.

18 Las escrituras dicen: "Cuando el buey camina sobre el grano, trillando, no impedirás que coma de él." Deuteronomio 25:4 También dicen: "Una persona que trabaja debe recibir su pago." Mateo 10:10

19 No admitas acusación contra un dirigente de la iglesia, a menos que haya dos o tres personas que digan la misma cosa.

20 A los que siguen pecando, muéstrales su error delante de toda la iglesia. Así, otros tendrán miedo de pecar.

21 Delante de Dios, Jesucristo y sus ángeles escogidos, te pido que guardes estas cosas. No hagas nada inclinándote ni hacia una parte, ni hacía la otra antes de saber la verdad.

22 No tengas prisa para escoger a un dirigente de la iglesia. No querrás tener parte ni suerte en los pecados de otros. Consérvate limpio.

23 No bebas agua sola. Toma un poco de vino por tu estómago y tus frecuentes enfermedades.

24 Los pecados de algunos hombres pueden verse fácilmente. Eso muestra que son culpables. Los pecados de otros se verán después.

15 Some of these women have already turned away to follow Satan.

16 If you have any women whose husbands have died in your family, you must care for them. The church should not have to help them. The church can help women whose husbands have died who are all alone in this world and have no one else to help them.

Teaching about leaders

17 Leaders who do their work well should be given twice as much honor, and for sure, those who work hard preaching and teaching.

18 The Holy Writings say: "When a cow is walking on the grain to break it open, do not stop it from eating some" Deuteronomy 25:4, and "A person who works should be paid." Matthew 10:10

19 Do not listen to what someone says against a church leader unless two or three persons say the same thing.

20 Show those who keep on sinning where they are wrong in front of the whole church. Then others will be afraid of sinning.

21 I tell you from my heart that you must follow these rules without deciding before the truth is known. God and Jesus Christ and the chosen angels know what I am saying. Show favors to no one.

22 Do not be in a hurry about choosing a church leader. You do not want to have any part in other men's sins. Keep yourself pure.

23 Do not drink water only. Use a little wine because of your stomach and because you are sick so often.

24 The sins of some men can be seen. Their sins go before them and make them guilty. The sins of other men will be seen later.

25 Del mismo modo, las buenas obras son fáciles de ver ahora. Pero algunas que no pueden verse con facilidad no podrán permanecer siempre ocultas.

Enseñanzas sobre cristianos vendidos para trabajar

6 Todos los cristianos que sean propiedad de alguien, respeten a sus dueños y trabajen con esfuerzo por ellos. No dejen que se hable contra el nombre de Dios y nuestras enseñanzas por su mal trabajo.

2 Los que tengan patrones cristianos deberán respetarlos, porque son hermanos cristianos. Deben esforzarse en trabajar para ellos, porque hermanos cristianos muy amados son ayudados por su trabajo. Predica y enseña estas cosas.

Vivan como Dios quiere que vivan

3 Habrá alguna que otra persona que querrá enseñar otras cosas que no están de acuerdo con las enseñanzas de nuestro Señor Jesucristo. Dirán que no es necesario llevar una vida santa.

4 Esas personas están llenas de orgullo pero realmente no saben nada. Pierden el tiempo en cosas vanas y discuten cosas sin importancia. Eso hace que aquellos que los escuchen se vuelvan envidiosos. Arman peleas; hablan mal y tienen malas ideas acerca de otros.

5 Los hombres que no pueden usar sus mentes de una manera correcta, debido al pecado, discuten siempre pero nunca encuentran la verdad. Creen que la religión es un buen negocio y nada más.

6 La vida cristiana nos da mucho; nos sentimos felices cuando nos damos cuenta de lo que tenemos.

7 Llegamos a este mundo sin nada, y nada podremos llevarnos al morir.

25 In the same way, good works are easy to see now. But some that are not easy to be seen cannot always be hid.

Teaching about Christians who were sold to work

6 All you Christians who are servants must respect your owners and work hard for them. Do not let the name of God and our teaching be spoken against because of poor work.

2 Those who have Christian owners must respect their owners because they are Christian brothers. They should work hard for them because much loved Christian brothers are being helped by their work. Teach and preach these things.

Live like God wants you to live

3 Someone may teach something else. He may not agree with the teaching of our Lord Jesus Christ. He may not teach you to live God like lives.

4 Such a person is full of pride and knows nothing. He wastes time on questions and argues about things that are not important. This makes those he teaches jealous and they want to fight. They talk bad and have bad ideas about others.

5 Men who are not able to use their minds in the right way because of sin argue all the time. They do not have the truth. They think religion is a way to get much for themselves.

6 A God like life gives us much when we are happy for what we have.

7 We came into this world with nothing. For sure, when we die, we will take nothing with us.

8 Si tenemos alimentos y ropa, debemos estar contentos.

9 Pero los hombres que quieren mucho dinero son tentados. Se ven impulsados a hacer toda clase de obras necias que en verdad les hacen daño a ellos mismos. Sus deseos los hacen pecar y, al fin, los destruyen.

10 El amor al dinero es el comienzo de toda clase de pecados. Algunos se han apartado de la fe, por causa de su amor por el dinero. En esa manera, se han hecho mucho daño.

Peleen la buena batalla de la fe

11 Pero tú, eres un hombre de Dios. Apártate de todas esas cosas pecaminosas. Esfuérzate para estar en paz con Dios. Lleva una vida santa; ten fe, amor, paciencia, bondad de corazón.

12 Pelea la buena batalla de la fe. Echa mano de la vida que dura para siempre, a la que has sido llamado, pues has hablado bien de ella ante mucha gente.

13 Te digo esto delante de Dios, que nos da la vida a todos, y de Jesucristo, que habló bien ante Poncio Pilato.

14 Deben hacer todo lo que dijo Jesucristo, para que nadie pueda decir nada contra ti. Hazlo así hasta que el Señor vuelva.

15 En el momento oportuno, se nos mostrará que Dios es el que tiene todo el poder, el Rey de reyes y Señor de señores.

16 Mostrará que Dios nunca muere y que vive en una luz tan brillante que ningún hombre puede acercarse a él. Ningún hombre ha visto nunca a Dios ni puede verlo. La honra y el poder le pertenecen a él para siempre. Así sea.

Consejos finales de Pablo a Timoteo

17 Diles a los ricos de este mundo que no sean orgullosos, ni confíen en

8 If we have food and clothing, let us be happy.

9 But men who want lots of money are tempted. They are trapped into doing all kinds of foolish things and things which hurt them. These things drag them into sin and will destroy them.

10 The love of money is the beginning of all kinds of sin. Some people have turned from the faith because of their love for money. They have made much pain for themselves because of this.

Fight the good fight of faith

11 But you, man of God, turn away from all these sinful things. Work at being right with God. Live a God like life. Have faith and love. Be willing to wait. Have a kind heart.

12 Fight the good fight of faith. Take hold of the life that lasts forever. You were chosen to receive it. You have spoken well about this life in front of many people.

13 I tell you this before God Who gives life to all people and before Jesus Christ Who spoke well in front of Pontius Pilate.

14 You must do all our Lord Jesus Christ said so no one can speak against you. Do this until He comes again.

15 At the right time, we will be shown that God is the One Who has all power. He is the King of kings and Lord of lords.

16 He can never die. He lives in a light so bright that no man can go near Him. No man has ever seen God or can see Him. Honor and power belong to Him forever. Let it be so.

Paul's last words to Timothy

17 Tell those who are rich in this world not to be proud and not to trust in

su dinero. En el dinero, no se puede tener confianza. Deben poner su confianza en Dios, que nos da todo lo que necesitamos para ser felices.

18 Diles que hagan el bien y sean ricos en buenas obras. Deben dar mucho a los que tienen necesidad y estar dispuestos a compartir.

19 Así juntarán riquezas para ellos mismos, pues esas buenas obras serán su tesoro para el futuro. En esa manera, tendrán la única vida verdadera.

20 Timoteo, guarda lo que Dios te ha encomendado. Evita el hablar de cosas vanas. No discutas con los que creen saber mucho. Ellos conocen menos de lo que creen.

21 Algunos han tratado de tener muchos conocimientos, que han resultado falsos y los han hecho apartarse de la fe. El favor de Dios sea contigo. Así sea.

their money. Money cannot be trusted. They should put their trust in God. He gives us all we need for our happiness.

18 Tell them to do good and be rich in good works. They should give much to those in need and be ready to share.

19 Then they will be gathering together riches for themselves. These good things are what they will build on for the future. Then they will have the only true life!

20 Timothy, keep safe what God has trusted you with. Turn away from foolish talk. Do not argue with those who think they know so much. They know less than they think they do.

21 Some people have gone after much learning. It has proved to be false and they have turned away from the faith. May you have God's loving favor.

2 Timoteo

1 Esta carta es de Pablo, misionero de Jesucristo por la voluntad de Dios, según la promesa de vida que es er Cristo Jesús.

2 Escribo a Timoteo, muy amado hijo. Que Dios Padre y Jesucristo nuestro Señor te den su bendición, su gran amor y su paz.

La capacidad especial de Timoteo

3 Doy gracias a Dios por ti y te incluyo en mis oraciones día y noche. Estoy trabajando para Dios del mismo modo que lo hicieron mis padres. Mi corazón me dice que estoy libre de pecado.

4 Cuando recuerdo tus lágrimas, deseo verte. Eso me llenaría de alegría.

5 Recuerdo la fe verdadera que tuvo tu abuela, Loida, y tu madre, Eunice. Y estoy seguro que tú tienes esa misma fe también.

6 Por esta razón, te pido que sigas usando la capacidad que Dios te dio, cuando te impuse las manos y oré a Dios, pidiéndole que te usara.

7 Dios no nos dio un espíritu de temor, sino de poder, amor y buen juicio.

8 No te avergüences de hablarles a otros de lo que dijo el Señor. Tampoco te avergüences de mí, que estoy aquí en la prisión por causa de Jesucristo. Está dispuesto a sufrir porque hablas de las buenas nuevas. Dios te dará las fuerzas que necesitas.

9 Dios nos ha salvado del castigo del pecado. También nos escogió para trabajar en su obra, no por algo que nosotros hayamos hecho, sino porque

2 Timothy

1 This letter is from Paul, a missionary of Jesus Christ. God has sent me to tell that He has promised life that lasts forever through Christ Jesus.

2 I am writing to you, Timothy. You are my much loved son. May God the Father and Christ Jesus our Lord give you His loving favor and loving kindness and peace.

Timothy's special gift

3 I thank God for you. I pray for you night and day. I am working for God the way my early fathers worked. My heart says I am free from sin.

4 When I remember your tears, it makes me want to see you. That would fill me with joy.

5 I remember your true faith. It is the same faith your grandmother Lois had and your mother Eunice had. I am sure you have that same faith also.

6 For this reason, I ask you to keep using the gift God gave you. It came to you when I laid my hands on you and prayed that God would use you.

7 For God did not give us a spirit of fear. He gave us a spirit of power and of love and of a good mind.

8 Do not be ashamed to tell others about what our Lord said, or of me here in prison. I am here because of Jesus Christ. Be ready to suffer for preaching the Good News and God will give you the strength you need.

9 He is the One Who saved us from the punishment of sin. He is the One Who chose us to do His work. It is not because of anything we have done.

fue su plan desde el principio. Desde entonces, propuso darnos su bendición por medio de Cristo Jesús.

10 Ahora tenemos conocimiento de su plan por la aparición de Cristo Jesús, el Salvador. Él puso fin al poder de la muerte y trajo la vida que es para siempre. Las buenas nuevas nos dan poder para ver esta vida desde ahora.

11 Yo fui escogido para ser misionero, predicador y maestro de esas buenas nuevas.

12 Por esta razón, estoy sufriendo; pero no me avergüenzo, porque conozco a aquel en quién he creído. Estoy seguro de qué le he confiado, hasta el día en que él venga de nuevo.

13 Guarda todas las cosas que te he enseñado, en la fe y el amor de Jesucristo.

14 Conserva lo que él te confió por el Espíritu Santo quien vive en nosotros.

Onesíforo fue fiel

15 Estoy seguro de que has oído decir que todos los cristianos de los países de Asia se han apartado de mí, inclusive, Figelo y Hermógenes.

16 Onesíforo no se avergonzó de mí, al verme en la cárcel, y vino con frecuencia a consolarme. Que el Señor bendiga a su familia.

17 Cuando llegó a la ciudad de Roma, me buscó por todas partes, hasta encontrarme.

18 Ya sabes lo mucho que me ayudó en la ciudad de Éfeso. Cuando el Señor venga otra vez, que bendiga a Onesíforo.

Sé un buen soldado

2 Y tú, hijo mío, sé fuerte en el favor de Cristo Jesús.

2 Y lo que me oíste decir ante muchos, díselo a los hombres fieles.

But it was His plan from the beginning that He would give us His loving favor through Christ Jesus.

10 We know about it now because of the coming of Jesus Christ, the One Who saves. He put a stop to the power of death and brought life that never dies which is seen through the Good News.

11 I have been chosen to be a missionary and a preacher and a teacher of this Good News.

12 For this reason, I am suffering. But I am not ashamed. I know the One in Whom I have put my trust. I am sure He is able to keep safe that which I have trusted to Him until the day He comes again.

13 Keep all the things I taught you. They were given to you in the faith and love of Jesus Christ.

14 Keep safe that which He has trusted you with by the Holy Spirit Who lives in us.

Onesiphorus was faithful

15 I am sure you have heard that all the Christians in the countries of Asia have turned away from me. Phygelus and Hermogenes turned away also.

16 Onesiphorus was not ashamed of me in prison. He came often to comfort me. May the Lord show loving kindness to his family.

17 When he came to Rome, he looked everywhere until he found me.

18 You know what a help he was to me in Ephesus. When the Lord comes again, may He show loving kindness to Onesiphorus.

Be a good soldier

2 So you, my son, be strong in the loving favor of Christ Jesus.

2 What you have heard me say in front of many people, you must teach

Que éstos sean, a la vez, capaces de enseñárselo a otros.

3 Acepta tu parte de los sufrimientos como un buen soldado de Jesucristo.

4 Ningún soldado que pelea en una guerra tiene tiempo para ocuparse de negocios de la vida, si es que quiere agradar al que lo tomó por soldado.

5 Cualquiera que participa en una carrera debe seguir las reglas para ganar el premio.

6 El agricultor, para recibir los frutos, debe trabajar primero.

7 Piensa en estas cosas, y el Señor te ayudará a entenderlas.

8 Recuerda que Jesucristo, nacido de la familia de David, fue levantado de entre los muertos. Esas son las buenas nuevas que enseño.

9 Sufro mucho y estoy en la prisión, como si fuera alguien que hubiera hecho muchas cosas malas. Estoy en cadenas; pero las buenas nuevas no están presas.

10 Sufro todas las cosas para que el pueblo que Dios escogió pueda salvarse del castigo del pecado, por medio de Jesucristo. Así, este pueblo podrá tener la gloria de Dios que dura para siempre.

11 Es cierto que si morimos con él, también viviremos con él.

12 Si le seguimos y si sufrimos siendo fieles, reinaremos también con él. Si decimos que no lo conocemos, él tampoco nos conocerá.

13 Si no somos fieles, él seguirá siendo fiel, porque no puede ir en contra de lo que es.

Palabras necias

14 Vuelve a hablar a tu pueblo de estas cosas. En el nombre del Señor, diles que no discutan por cosas sin importancia. Eso no sirve para nada y hace débil la fe de los que escuchan.

to faithful men. Then they will be able to teach others also.

3 Take your share of suffering as a good soldier of Jesus Christ.

4 No soldier fighting in a war can take time to make a living. He must please the one who made him a soldier.

5 Anyone who runs in a race must follow the rules to get the prize.

6 A hardworking farmer should receive first some of what he gathers from the field.

7 Think about these things and the Lord will help you understand them.

8 Remember this! Jesus Christ, Who was born from the early family of David, was raised from the dead! This is the Good News I preach.

9 I suffer much and am in prison as one who has done something very bad. I am in chains, but the Word of God is not chained.

10 I suffer all things so the people that God has chosen can be saved from the punishment of their sin through Jesus Christ. Then they will have God's shining greatness that lasts forever.

11 These things are true. If we die with Him, we will live with Him also.

12 If we suffer and stay true to Him, then we will be a leader with Him. If we say we do not know Him, He will say He does not know us.

13 If we have no faith, He will still be faithful for He cannot go against what He is.

Foolish talk

14 Tell your people about these things again. In the name of the Lord, tell them not to argue over words that are not important. It helps no one and it hurts the faith of those who are listening.

15 Haz lo mejor que puedas para saber que Dios está contento de ti. Actúa como un obrero que no tiene de qué avergonzarse. Enseña las palabras de verdad en la forma correcta.

16 Y no escuches las palabras vanas sobre cosas que no tienen ninguna importancia. Pues esas cosas sólo sirven para hacer que la gente se aleje de Dios aún más.

17 Tales palabras se extenderán como el cáncer. Himeneo y Fileto son hombres que hablan así.

18 Se han apartado de la verdad y dicen que los muertos ya han sido levantados. La fe de mucha gente se ha debilitado por esas palabras inútiles.

19 Pero la verdad de Dios no puede cambiarse. Dice: "El Señor conoce a los suyos." Y: "Todo el que dice que es cristiano debe apartarse del pecado."

20 En una casa grande, no sólo hay vasos de oro y plata, sino también de madera y barro. Algunos de ellos se usan más que otros. Y hay algunos que se usan todos los días.

21 Si un hombre lleva una vida limpia, será como un vaso de oro. Será respetado y apartado para un buen uso, por el dueño de la casa.

22 Apártate de las cosas pecaminosas que los jóvenes quieren hacer. Sigue lo que es correcto. Ten deseos de fe, amor y paz, con los que oran al Señor con un corazón limpio.

23 Apártate de las palabras necias y de personas que desean discutir, pues sólo pueden crear dificultades.

24 Un obrero de Dios no debe crear dificultades, sino que debe ser bondadoso con todos, capaz de enseñar y de sufrir cuando le pagan mal por hacer el bien.

25 Sé amable al enseñar a los que están en contra de lo que les dices.

15 Do your best to know that God is pleased with you. Be as a workman who has nothing to be ashamed of. Teach the words of truth in the right way.

16 Do not listen to foolish talk about things that mean nothing. It only leads people farther away from God.

17 Such talk will spread like cancer. Hymenaeus and Philetus are like this.

18 They have turned from the truth. They say the dead have already been raised. The faith of some people has been made weak because of such foolish talk.

19 But the truth of God cannot be changed. It says: "The Lord knows those who are His." And: "Everyone who says he is a Christian must turn away from sin!"

20 In a big house there are not only things made of gold and silver, but also of wood and clay. Some are of more use than others. Some are used every day.

21 If a man lives a clean life, he will be like a dish made of gold. He will be respected and set apart for good use by the owner of the house.

22 Turn away from the sinful things young people want to do. Go after what is right. Have a desire for faith and love and peace. Do this with those who pray to God from a clean heart.

23 Let me say it again. Have nothing to do with foolish talk and those who want to argue. It can only lead to trouble.

24 A servant owned by God must not make trouble. He must be kind to everyone. He must be able to teach. He must be willing to suffer when hurt for doing good.

25 Be gentle when you try to teach those who are against what you say.

Dios puede cambiar sus corazones y
hacer que se vuelvan a la verdad.
26 Entonces, sabrán que estaban
atrapados por el diablo, para que obe-
decieran su voluntad. Tratándoles así,
puede ser que lleguen a librarse.

Cosas que ocurrirán en los últimos días

3 Debes saber que, en los últimos
diás, vendrán tiempos peligro-
sos.
2 La gente se amará a sí misma y al
dinero. Las personas se sentirán orgullosas y hablarán de todas las cosas que
han hecho. Además, hablarán en contra
de Dios. Los hijos no obedecerán a sus
padres. La gente no estará agradecida
ni tendrá respeto a las cosas santas.
3 No se amarán unos a otros, ni
se tolerarán. Dirán mentiras los unos
contra los otros y no podrán dejar de
hacer cosas que bien saben no deben
hacer. Serán malos. Querrán golpear y
herir a los que son buenos.

4 No serán fieles con sus amigos.
Actuarán sin pensar en lo que hacen.
Tendrán una opinión demasiado alta
de sí mismos. Amarán las diversiones,
en vez de amar a Dios.
5 Harán cosas para hacerse pasar
como cristianos. Pero no recibirán el
poder que es de los cristianos. Apártate de ellos.
6 Son las personas que van de casa
en casa y hablan con mujeres necias,
que están llenas de pecados y de toda
clase de deseos malos.
7 Son las personas que siempre
prestan atención a las enseñanzas nuevas pero nunca son capaces de comprender la verdad.
8 Como Janes y Jambres se opusie-
ron a Moisés, se oponen a la verdad.
Sus mentes piensan sólo en pecados
y se han vuelto contra las enseñanzas
cristianas.

God may change their hearts so they
will turn to the truth.
26 Then they will know they had been
held in a trap by the devil to do what
he wanted them to do. But now they
are able to get out of it.

Things that will happen in the last days

3 You must understand that in the
last days there will come times
of much trouble.
2 People will love themselves and
money. They will have pride and tell of
all the things they have done. They will
speak against God. Children and young
people will not obey their parents.
People will not be thankful and they
will not be holy.
3 They will not love each other. No
one can get along with them. They will
tell lies about others. They will not be
able to keep from doing things they
know they should not do. They will be
wild and want to beat and hurt those
who are good.
4 They will not stay true to their
friends. They will act without thinking. They will think too much of themselves. They will love fun instead of
loving God.
5 They will do things to make it look
as if they are Christians. But they will not
receive the power that is for a Christian.
Keep away from such people.
6 These are the kind of people who
go from house to house. They talk to
foolish women who are loaded down
with sins and all kinds of sinful desires.
7 Such women are always listening to
new teaching. But they are never able
to understand the truth.

8 Jannes and Jambres fought against
Moses. So do these teachers fight
against the truth today. Their minds
think only of sinful things. They have
turned against the Christian teaching.

9 No llegarán muy lejos, porque lo falso de sus enseñanzas será puesto a luz. Eso es lo que pasó con los dos que se oponían a Moisés.

Enseña la verdad

10 Pero tú sabes qué enseño y cómo vivo. Sabes lo que deseo hacer y conoces mi fe y mi amor. Sabes lo dispuesto que estoy a esperar mucho tiempo por algo y cómo sigo trabajando por Dios, cueste lo que me cueste.

11 Conoces todas las dificultades, las persecuciones y los sufrimientos que he tenido. Me viste sufrir en las ciudades de Antioquía, Iconio y Listra; pero el Señor me libró.

12 Todos los que pertenecen a Cristo que deseen llevar una vida cristiana y limpia tendrán que sufrir por otros.

13 Los pecadores y los falsos maestros irán de mal en peor. Engañarán a otros y serán engañados ellos mismos.

14 Pero, persiste tú en lo que has aprendido y sabes de la verdad. Recuerda dónde lo aprendiste.

15 Conoces las escrituras desde niño. Ellas pueden hacerte sabio para ser salvo del castigo del pecado, por la fe en Cristo Jesús.

16 Todas las escrituras fueron dadas por Dios y tienen vida por él. El hombre recibe ayuda de las enseñanzas de las escrituras. Le dicen lo que es malo, le cambian la vida, le demuestran cómo estar bien con Dios.

17 Le dan a los cristianos todo lo que necesitan para ser buenos ayudantes de Dios.

El trabajo de Pablo ha terminado—
Timoteo debe seguir adelante

4 En su segunda venida, cuando entre a reinar plenamente, Jesu-

9 They will not get very far. Their foolish teaching will be seen by everyone. That was the way it was with the two who worked against Moses.

Teach the truth

10 But you know what I teach and how I live. You know what I want to do. You know about my faith and my love. You know how long I am willing to wait for something. You know how I keep on working for God even when it is hard for me.

11 You know about all the troubles and hard times I have had. You have seen how I suffered in the cities of Antioch and Iconium and Lystra. Yet the Lord brought me out of all those troubles.

12 Yes! All who want to live a Godlike life who belong to Christ Jesus will suffer from others.

13 Sinful men and false teachers will go from bad to worse. They will lead others the wrong way and will be led the wrong way themselves.

14 But as for you, hold on to what you have learned and know to be true. Remember where you learned them.

15 You have known the Holy Writings since you were a child. They are able to give you wisdom that leads to being saved from the punishment of sin by putting your trust in Christ Jesus.

16 All the Holy Writings are Godgiven and are made alive by Him. Man is helped when he is taught God's Word. It shows what is wrong. It changes the way of a man's life. It shows him how to be right with God.

17 It gives the man who belongs to God everything he needs to work well for Him.

Paul's work is finished—
Timothy must carry on

4 These words are from my heart to you. I say this before God and

cristo dirá quiénes, entre los vivos y los
muertos, son culpables o no. Ahora,
delante de él y de su Padre Dios, te
pido que enseñes las buenas nuevas.
Te pido que hagas esto cuando sea fácil
y la gente esté dispuesta a escuchar, y
también cuando sea difícil y nadie quiera escuchar.
2 Predica siempre. Usa la palabra de
Dios para mostrar a la gente que está
en el error y para ayudarles a hacer el
bien. Hazlo con paciencia y con esfuerzo.
3 Llegará el tiempo en el que la gente
no querrá escuchar la verdad. Buscarán
maestros que les enseñen sólo lo que
quieran oír.
4 No escucharán la verdad, sino que
prestarán oídos a historias hechas por
hombres.
5 Debes tener cuidado con todas
estas cosas. No temas sufrir por nuestro Señor. Enseña las buenas nuevas
de un lugar a otro. Haz todo el trabajo
que debes hacer como predicador.
6 Pronto llegará el tiempo para que
yo deje esta vida.
7 He peleado una buena batalla, he
terminado el trabajo que tenía que
hacer y he conservado la fe.
8 Hay un premio por estar bien con
Dios. El Señor, el que decide quién es
o no culpable, me lo dará el gran día
en que él venga de nuevo. No seré yo
él único que reciba el premio. También
todos los que le aman, piensan en su
venida y lo buscan, recibirán el suyo.

Pablo le da noticias a Timoteo sobre algunos amigos

9 Ven a verme lo antes posible.

Jesus Christ. Some day He will judge
those who are living and those who are
dead. It will be when Christ comes to
bring His holy nation.
2 Preach the Word of God. Preach it
when it is easy and people want to listen
and when it is hard and people do not
want to listen. Preach it all the time. Use
the Word of God to show people they
are wrong. Use the Word of God to
help them do right. You must be willing
to wait for people to understand what
you teach as you teach them.
3 The time will come when people
will not listen to the truth. They will
look for teachers who will tell them
only what they want to hear.
4 They will not listen to the truth.
Instead, they will listen to stories made
up by men.
5 You must watch for all these things.
Do not be afraid to suffer for our Lord.
Preach the Good News from place to
place. Do all the work you are to do.
6 It will soon be time for me to leave
this life.
7 I have fought a good fight. I have
finished the work I was to do. I have
kept the faith.
8 There is a crown which comes
from being right with God. The Lord,
the One Who will judge, will give it to
me on that great day when He comes
again. I will not be the only one to
receive a crown. All those who love to
think of His coming and are looking for
Him will receive one also.

Paul sends word to Timothy about some friends

9 Come to me here as soon as you
can.

10 Demas me ha dejado, pues amaba las cosas de este mundo. Se fue a la ciudad de Tesalónica. Crescencio se fue al país de Galacia y Tito al país de Dalmacia.

11 Lucas es el único que está aquí conmigo. Trae contigo a Marcos cuando vengas, porque me es útil en la obra.

12 Envié a Tíquico a la ciudad de Éfeso.

13 Cuando vengas, tráeme la capa que dejé con Carpo, en la ciudad de Troas.

14 Alejandro, el que hace cosas de cobre, me ha causado muchos males. El Señor le dé el pago que merece por ello.

15 Guárdate tú también de él, porque se opone a todo lo que decimos.

16 En mi primer juicio, nadie me ayudó. Todos me abandonaron. Espero que eso no sea tenido en cuenta contra ellos.

17 El Señor estaba conmigo y me dio poder para hablar de las buenas nuevas. Sirvió para que todos los que no conocían a Dios pudieran escuchar. Y fui librado de la boca del león.

18 Todavía el Señor me librará de toda obra mala y me llevará al reino de los cielos. A él sea la gloria por los siglos de los siglos. Así sea.

19 Saluda a Priscila y Aquila y a toda la familia de Onesíforo.

20 Erasto se quedó en la ciudad de Corinto. Dejé a Trófimo enfermo en la ciudad de Mileto.

21 Trata de venir antes del invierno. Te saludan Eubulo, Pudente, Lino, Claudia y todos los hermanos cristianos.

22 El Señor Jesucristo sea con tu espíritu y la bendición de Dios sea con todos ustedes. Así sea.

10 Demas left me. He loved the things of this world and has gone to the city of Thessalonica. Crescens has gone to the city of Galatia. Titus has gone to the city of Dalmatia.

11 Luke is the only one with me here. Bring Mark when you come. He is a help to me in this work.

12 I sent Tychicus to the city of Ephesus.

13 When you come, bring the coat I left with Carpus in the city of Troas. Bring the books and for sure do not forget the writings written on sheepskin.

14 Alexander, the man who makes things out of copper, has worked hard against me. The Lord will give him the reward that is coming to him.

15 Watch him! He fought against every word we preached.

16 At my first trial no one helped me. Everyone left me. I hope this will not be held against them.

17 But the Lord was with me. He gave me power to preach the Good News so all the people who do not know God might hear. I was taken from the mouth of the lion.

18 The Lord will look after me and will keep me from every sinful plan they have. He will bring me safe into His holy nation of heaven. May He have all the shining greatness forever. Let it be so.

19 Greet Priscilla and Aquila for me and to all the family of Onesiphorus.

20 Erastus stayed in the city of Corinth. I left Trophimus sick in the city of Miletus.

21 Try to come before winter. Eubulus, Pudens, Linus, Claudia, and all the Christian brothers greet you.

22 May the Lord Jesus Christ be with your spirit. May you have God's loving favor.

Tito

1 Esta carta es de Pablo, siervo de Dios y misionero de Jesucristo. Soy enviado por Dios a su pueblo, para enseñarles la verdad que nos hace llevar una vida cristiana limpia.

2 Esta verdad también da esperanza en la vida para siempre. Dios lo prometió antes de que comenzara el mundo. Y él no puede mentir.

3 Lo dio a conocer en el momento oportuno por medio de su palabra. Dios, quien salva del castigo del pecado, me encargó predicar su mensaje.

4 Te escribo a ti, Tito, que eres mi hijo verdadero en la fe que ambos tenemos. Que la bendición y la paz de Dios Padre y Jesucristo, el Salvador, sean contigo.

Cómo debe ser el dirigente de una iglesia

5 Te dejé en la isla de Creta para que hicieras algunas cosas que faltaban. Te pedí que escogieras dirigentes para las iglesias de cada lugar.

6 La vida de los dirigentes que escoges debe ser tal que nadie pueda decir nada contra ellos. Deben tener un sola mujer; sus hijos deben ser cristianos y tener fama de ser buenos. Los hijos deben obedecer a sus padres y no ser rebeldes.

7 Un dirigente de la iglesia es siervo de Dios, y su vida debe ser tal que nadie pueda decir nada contra él. Debe tratar de no agradarse a sí mismo, ni ser pronto a enojarse por cosas de poca importancia. No debe emborracharse ni pelear, ni desear más dinero para sí.

8 Debe estar agradecido, recibir personas en su casa y amar lo que es bueno. Debe ser capaz de pensar

Titus

1 This letter is from Paul, a servant owned by God, and a missionary of Jesus Christ. I have been sent to those God has chosen for Himself. I am to teach them the truth that leads to God like living.

2 This truth also gives hope of life that lasts forever. God promised this before the world began. He cannot lie.

3 He made this known at the right time through His Word. God, the One Who saves, told me I should preach it.

4 I am writing to you, Titus. You are my true son in the faith which we both have. May you have loving favor and peace from God the Father and Jesus Christ, the One Who saves.

What a church leader must be like

5 I left you on the island of Crete so you could do some things that needed to be done. I asked you to choose church leaders in every city.

6 Their lives must be so that no one can talk against them. They must have only one wife. Their children must be Christians and known to be good. They must obey their parents. They must not be wild.

7 A church leader is God's servant. His life must be so that no one can say anything against him. He should not try to please himself and not be quick to get angry over little things. He must not get drunk or want to fight. He must not always want more money for himself.

8 He must like to take people into his home. He must love what is good. He must be able to think well and do

bien y hacer las cosas bien. Debe llevar una vida santa y controlar sus propios deseos.

9 Debe apegarse a las palabras de verdad que le fueron enseñadas. Debe ser capaz de enseñar la verdad y demostrar sus errores a los que están contra la verdad.

Falsos maestros

10 Hay muchos hombres que no querrán escuchar ni obedecer la verdad. Sus enseñanzas son necias y harán que otras personas crean en mentiras. Algunos judíos creen sus mentiras,

11 y eso debe terminar. Hacen que familias enteras se aparten de la verdad, enseñando de esas cosas por dinero.

12 Uno de sus propios maestros dijo: "La gente de la isla de Creta siempre miente. Son como animales salvajes, perezosos, que sólo piensan en comer."

13 Es la verdad. Por lo tanto, repréndelos duramente. Condúcelos al camino recto, para que tengan una fe firme.

14 No les dejes escuchar historias judías inventadas por hombres, ni les permitas obedecer reglas humanas que los aparten de la verdad.

15 Todas las cosas son puras para los hombres de corazón puro; pero nada es puro para los pecadores. Tanto sus mentes como sus corazones son malos.

16 Dicen que conocen a Dios; pero demuestran que no lo conocen, por el modo en que se portan. Son un pueblo pecador; no obedecen; no sirven para ningún buen trabajo.

Enseñanzas correctas

2 Debes enseñar lo que es verdadero y justo.

2 Que los ancianos estén tranquilos y sean cuidadosos del modo en que se portan. Deben controlar sus propios

all things in the right way. He must live a holy life and be the boss over his own desires.

9 He must hold to the words of truth which he was taught. He must be able to teach the truth and show those who are against the truth that they are wrong.

False teachers

10 There are many men who will not listen or will not obey the truth. Their teaching is foolish and they lead people to believe a lie. Some Jews believe their lies.

11 This must be stopped. It turns whole families from the truth. They teach these things to make money.

12 One of their own teachers said: "People of the island of Crete always lie. They are like wild animals. They are lazy. All they want to do is eat."

13 This is true of them. Speak sharp words to them because it is true. Lead them in the right way so they will have strong faith.

14 Do not let them listen to Jewish stories made up by men. Do not let them listen to manmade rules which lead them away from the truth.

15 All things are pure to the man with a pure heart. But to sinful people nothing is pure. Both their minds and their hearts are bad.

16 They say they know God, but by the way they act, they show that they do not. They are sinful people. They will not obey and are of no use for any good work.

Right teaching

2 You must teach what is right and true.

2 Older men are to be quiet and to be careful how they act. They are to be the boss over their own desires. Their

deseos. Su fe y su amor deben ser firmes. No deben darse por vencidos.

3 Enseña también a las ancianas a ser calmadas, y a tener cuidado con lo que hacen. No deben decir cosas malas contra otros. No deben mentir, ni dedicarse a la bebida. Más bien, deben enseñar lo que es bueno.

4 Las mujeres ancianas deben enseñarles a las jóvenes a amar a sus esposos y a sus hijos.

5 Deben enseñarles a pensar antes de hacer, a ser puras y trabajadoras en sus hogares, amables y obedientes a sus maridos. De esa manera, se honra la palabra de Dios.

6 Asimismo, enséñales a los jóvenes a ser prudentes.

7 Muéstrales en todas las cosas cómo deben vivir. Hazlo con el ejempro de tu propia vida y con tus buenas enseñanzas.

8 Sé sabio en lo que dices. Así, los que estén contra ti se avergonzarán y no podrán decir nada contra ti.

9 Los empleados deben obedecer a sus patrones y agradarles en todo. No deben discutir

10 ni robar a sus patrones, sino mostrarles que se puede confiar en ellos en todo. Así, sus vidas honrarán las enseñanzas de Dios. Él salva a los hombres del castigo del pecado.

11 Dios mostró su bondad, dándonos la salvación a todos,

12 enseñándonos que no debemos tomar parte en nada que vaya contra Dios. Debemos apartarnos de los deseos de este mundo, ser sabios y estar en paz con Dios. Debemos llevar vidas cristianas limpias en este mundo.

13 Debemos buscar la gran esperanza en la venida de nuestro gran Dios y el Salvador del castigo del pecado, Jesucristo

faith and love are to stay strong and they are not to give up.

3 Teach older women to be quiet and to be careful how they act also. They are not to go around speaking bad things about others or things that are not true. They are not to be chained by strong drink. They should teach what is good.

4 Older women are to teach the young women to love their husbands and children.

5 They are to teach them to think before they act, to be pure, to be workers at home, to be kind, and to obey their own husbands. In this way, the Word of God is honored.

6 Also teach young men to be wise.

7 In all things show them how to live by your life and by right teaching.

8 You should be wise in what you say. Then the one who is against you will be ashamed and will not be able to say anything bad about you.

9 Those who are servants owned by someone must obey their owners and please them in everything. They must not argue.

10 They must not steal from their owners but prove they can be trusted in every way. In this way, their lives will honor the teaching of God Who saves us.

11 God's free gift of being saved is being given to everyone.

12 We are taught to have nothing to do with that which is against God. We are to have nothing to do with the desires of this world. We are to be wise and to be right with God. We are to live God like lives in this world.

13 We are to be looking for the great hope and the coming of our great God and the One Who saves, Christ Jesus.

14 que se dio a sí mismo para que su pueblo esté limpio y haga el bien.

15 Enseña todas estas cosas; da palabras de ayuda. Demuéstrales a las personas equivocadas que están en error. Tienes derecho y poder para hacerlo. Que nadie te desprecie.

El trabajo de un dirigente

3 Dile a tu pueblo que obedezca a los gobernantes del país. Que deben estar dispuestos a hacer todo buen trabajo.

2 No deben hablar mal de nadie ni discutir. Que sean amables y bondadosos con todos.

Dios nos salvó de todas esas cosas

3 Una vez, fuimos nosotros también necios y desobedientes. Estábamos perdidos. Había fuertes deseos que nos mantenían en su poder. Sólo tratábamos de responder a nuestros planes. Queríamos lo que tenían otros y nos enojábamos al no poder tenerlo. Odiábamos a otros, y ellos nos odiaban a nosotros.

4 Pero Dios, el Salvador, demostró su bondad y su amor hacia nosotros,

5 salvándonos del castigo del pecado. Eso no fue porque nos esforzamos en hacer las paces con Dios, sino por su gran favor. Así él limpió nuestros pecados. Al mismo tiempo, nos dio nueva vida cuando el Espíritu Santo entró en nuestras vidas.

6 Su Espíritu fue derramado sobre nosotros por Jesucristo, el Salvador.

7 Debido a esto, hemos sido puestos bien con Dios, por su amor. Ahora podemos tener la vida que dura para siempre, como él ha prometido.

14 He gave Himself for us. He did this by buying us with His blood and making us free from all sin. He gave Himself so His people could be clean and want to do good.

15 Teach all these things and give words of help. Show them if they are wrong. You have the right and the power to do this. Do not let anyone think little of you.

The work of a leader

3 Teach your people to obey the leaders of their country. They should be ready to do any good work.

2 They must not speak bad of anyone, and they must not argue. They should be gentle and kind to all people.

God saved us from all these things

3 There was a time when we were foolish and did not obey. We were fooled in many ways. Strong desires held us in their power. We wanted only to please ourselves. We wanted what others had and were angry when we could not have them. We hated others and they hated us.

4 But God, the One Who saves, showed how kind He was and how He loved us

5 by saving us from the punishment of sin. It was not because we worked to be right with God. It was because of His loving kindness that He washed our sins away. At the same time He gave us new life when the Holy Spirit came into our lives.

6 God gave the Holy Spirit to fill our lives through Jesus Christ, the One Who saves.

7 Because of this, we are made right with God by His loving favor. Now we can have life that lasts forever as He has promised.

8 Lo que te he dicho es cierto. Enseña estas cosas siempre, para que los que han creido en Dios tengan cuidado para hacer obras buenas. Estas cosas son buenas y útiles a los hombres.

9 No discutas sobre cosas necias, ni sobre la ley judía, ni pases el tiempo hablando de los antiguos padres. Esto es inútil. No ayuda a nadie.

10 Habla una o dos veces con una persona que trata de dividir al pueblo en grupos y poner unos contra otros. Si no deja de hacerlo, apártate de ella.

11 Puedes estar seguro de que va por mal camino. Está pecando y lo sabe.

12 Te voy a enviar a Artemas o Tíquico. En cuanto llegue alguno de ellos, trata de reunirte conmigo en la ciudad de Nicópolis, porque he decidido pasar allí el invierno.

13 Encamina en su viaje a Zenas, el que conoce la ley, y a Apolos, procurando que nada les falte.

14 También deseo que los nuestros aprendan a gobernarse en buenas obras, para los usos necesarios, y que no dejen de dar fruto.

15 Todos los que están conmigo te saludan. Saluda a mis hermanos cristianos de allí. El favor de Dios sea con todos ustedes. Así sea.

8 What I have told you is true. Teach these things all the time so those who have put their trust in God will be careful to do good things. These things are good and will help all men.

9 Do not argue with people about foolish questions and about the Law. Do not spend time talking about all of your early fathers. This does not help anyone and it is of no use.

10 Talk once or twice to a person who tries to divide people into groups against each other. If he does not stop, have nothing to do with him.

11 You can be sure he is going the wrong way. He is sinning and he knows it.

12 I will send Artemas or Tychicus to you. As soon as one of them gets there, try to come to me in the city of Nicopolis. I have decided to spend the winter there.

13 Zenas, the man who knows the law, and Apollos are going on a trip. Do everything you can to help them.

14 Our people must learn to work hard. They must work for what they need and be able to give to others who need help. Then their lives will not be wasted.

15 All those with me here greet you. Greet my Christian friends there. May you have God's loving favor.

Filemón

1 Pablo, en prisión por Jesucristo, y el hermano Timoteo, a Filemón, hermano amado y trabajador en la obra del Señor.

2 Escribimos también para la iglesia que se reúne en tu casa, y para la amada Apia y para Arquipo, quien es soldado cristiano junto con nosotros.

3 El favor y la paz de Dios Padre y de nuestro Señor Jesucristo sean con ustedes.

4 Le doy siempre gracias a Dios por ustedes y me acuerdo de ti, Filemón, en mis oraciones.

5 He tenido noticias de tu amor y tu fe en el Señor Jesucristo y en todos los cristianos.

6 Mi deseo es que la comunicación de tu fe sea eficaz y que todo esto te ayude a conocer el bien que está en ustedes, por Cristo Jesús.

7 Tu amor me ha dado mucha alegría y un gran consuelo. Los corazones de los cristianos se han alegrado mucho por ti, hermano.

8 Por lo cual, aunque tengo mucha libertad en Cristo para decirte lo que debes hacer,

9 te ruego más bien por amor. Yo, Pablo, soy anciano y todavía estoy en la cárcel por Cristo.

10 Te ruego por mi hijo Onésimo, quien se ha convertido en mi hijo en la fe cristiana, aquí en la cárcel.

11 En otro tiempo Onésimo no te fue útil; pero ahora es útil para ti y para mí.

12 Yo te lo envío. Es como si te mandara mi propio corazón.

Philemon

1 This letter is from Paul. I am in prison because of Jesus Christ. Brother Timothy is also writing to you, Philemon. You are a much loved workman together with us.

2 We are also writing to the church that meets in your home. This letter is also for our Christian sister Apphia and it is for Archippus who is a soldier together with us.

3 May God our Father and the Lord Jesus Christ give you His loving favor and peace.

4 I always thank God when I speak of you in my prayers.

5 It is because I hear of your love and trust in the Lord Jesus and in all the Christians.

6 I pray that our faith together will help you know all the good things you have through Christ Jesus.

7 Your love has given me much joy and comfort. The hearts of the Christians have been made happy by you, Christian brother.

8 So now, through Christ, I am free to tell you what you must do.

9 But because I love you, I will only ask you. I am Paul, an old man, here in prison because of Jesus Christ.

10 I am asking you for my son, Onesimus. He has become my son in the Christian life while I have been here in prison.

11 At one time he was of no use to you. But now he is of use to you and to me.

12 I am sending him back to you. It is like sending you my own heart.

13 Quisiera que se quedara conmigo. Mientras estoy aquí en prisión me
hubiera ayudado en tu lugar para enseñar las buenas nuevas.
14 Pero no quise tenerlo aquí sin tu
permiso, pues no quiero que seas bueno conmigo porque estés obligado a
ello, sino porque así lo quieres.
15 Onésimo se apartó de ti por algún
tiempo; pero ahora es tuyo para siempre.
16 No lo consideres ya como siervo
tuyo, pues es mucho más que eso: ahora es un hermano cristiano muy amado, por ti y por mí.
17 Así que, si me consideras un verdadero amigo, recibe a Onésimo como si
fuera yo.
18 Si hizo algo malo o te debe algo,
ponlo a mi cuenta.
19 Yo te lo pagaré. Yo, Pablo, te escribo esto con mi propia mano. No quiero hablar de lo mucho que me debes,
pues me debes la vida.
20 Sí, hermano, tuve alegría por ti en
el Señor. Dale a mi corazón nueva alegría en Cristo.
21 Te he escrito sabiendo que harás
lo que te digo, y aun más.
22 Prepárame también un lugar para
mí, porque confio en que Dios escuchará tus oraciones y me permitirá ir
pronto a estar contigo.
23 Te saluda Epafras, mi compañero
en la prisión por Cristo Jesús.
24 Marcos, Aristaco, Demas y Lucas,
quienes trabajan conmigo, también te
saludan.
25 El favor de nuestro Señor Jesucristo sea con ustedes. Así sea.

13 I would like to keep him with me.
He could have helped me in your place
while I am in prison for preaching the
Good News.
14 But I did not want to keep him
without word from you. I did not want
you to be kind to me because you had
to but because you wanted to.
15 He ran away from you for awhile.
But now he is yours forever.
16 Do not think of him any longer as a
servant you own. He is more than that
to you. He is a much loved Christian
brother to you and to me.
17 If you think of me as a true friend,
take him back as you would take me.
18 If he has done anything wrong or
owes you anything, send me the bill.
19 I will pay it. I, Paul, am writing this
with my own hand. I will not talk about
how much you owe me because you
owe me your life.
20 Yes, Christian brother, I want you
to be of use to me as a Christian. Give
my heart new joy in Christ.
21 I write this letter knowing you will
do what I ask and even more.
22 Please have a room ready for me. I
trust God will answer your prayers and
let me come to you soon.
23 Epaphras greets you. He is a brother in Christ in prison with me.
24 Mark and Aristarchus and Demas
and Luke who are workers with me
greet you.
25 May the loving favor of the Lord
Jesus Christ be with your spirit.

Hebreos

Dios habla por medio de su Hijo

1 Hace mucho tiempo, Dios les habló a nuestros padres en diferentes maneras, por medio de sus antiguos predicadores.

2 Pero en estos últimos tiempos nos ha hablado por medio de su Hijo. A él, Dios le dio todo y por él, Dios hizo el mundo.

3 El Hijo tiene el mismo resplandor de gloria que el Padre y es como Dios en todo. El Hijo mantiene todo el mundo por el poder de su Palabra. Él dio su vida para que podamos estar libres de todo pecado. Después, fue al cielo, a sentarse a la derecha de Dios.

El Hijo es mayor que los ángeles

4 El Hijo de Dios fue hecho mayor y mejor que los ángeles, pues Dios le dio un nombre mayor que el de ellos.

5 Dios no dijo a ninguno de sus ángeles: "Tú eres mi Hijo, desde hoy yo soy tu Padre." Salmo 2:7 Tampoco dijo a ningún ángel: "Seré tu Padre y tú serás mi Hijo." 2 Samuel 7:14

6 Otra vez, cuando hizo entrar a su Hijo Jesús al mundo, dijo: "Adórenle todos los ángeles de Dios."

7 Y dijo sobre los ángeles: "Hace que sus ángeles sean espíritus y que los que trabajan para él sean como el fuego." Salmo 104:4

8 Pero, sobre su Hijo, dice: "Oh, Dios, tu lugar de poder durará para siempre. Todo lo que digas en tu reino será correcto y bueno.

9 Has amado lo que es bueno y has odiado lo malo. Es por esto que Dios, tu Dios, te escogió. Ha derramado

Hebrews

God speaks through His son

1 Long ago God spoke to our early fathers in many different ways. He spoke through the early preachers.

2 But in these last days He has spoken to us through His Son. God gave His Son everything. It was by His Son that God made the world.

3 The Son shines with the shining greatness of the Father. The Son is as God is in every way. It is the Son Who holds up the whole world by the power of His Word. The Son gave His own life so we could be clean from all sin. After He had done that, He sat down on the right side of God in heaven.

The Son was greater than the angels

4 The Son of God was made greater and better than the angels. God gave Him a greater name than theirs.

5 God did not say to any of His angels: "You are My Son. Today I have become Your Father." Psalm 2:7 And He did not say to any ángel: "I will be a Father to Him. He will be a Son to Me." 2 Samuel 7:14

6 But when God brought His first-born Son, Jesus, into the world, He said: "Let all the angels of God worship Him."

7 He said this about the angels: "He makes His angels to be winds. He makes His servants a burning fire." Psalm 104:4

8 But about His Son, He says: "O God, Your throne will last forever. Whatever You say in Your nation is right and good.

9 You have loved what is right. You have hated what is wrong. That is why God, Your God, has chosen You. He

sobre ti el aceite de la alegría, más que
sobre ningún otro." Salmo 45:6-7
10 Dijo también: "Señor, en el principio hiciste la tierra, también los cielos
son obra de tus manos.
11 Ellos serán destruidos, pero tú
siempre estarás allí. Todos ellos se
harán viejos como ropa.
12 Enrollarás los cielos como un vestido y los cambiarás. Pero tú eres siempre el mismo y no te pondrás viejo
nunca." Salmo 102:25-27
13 Dios nunca le dijo a un ángel:
"Siéntate a mi derecha, hasta que ponga a tus enemigos como mueble donde
descansar tus pies." Salmo 110:1
14 ¿No son todos los ángeles espíritus
que trabajan para Dios? Ellos han sido
enviados para ayudar a los que vayan a
salvarse del castigo del pecado.

Escuchen ahora y sean salvados del castigo del pecado

2 Es por eso que debemos escuchar todavía más las verdades
que se nos han enseñado, para que no
resbalemos y nos alejemos de ellas.
2 Porque si la palabra dicha por los
ángeles fue firme y toda rebelión y desobediencia recibió su castigo,
3 ¿cómo escaparemos nosotros, si
tenemos en poco la salvación que fue
hecha para nosotros? El Señor fue el
primero que nos habló de ella y los que
le oyeron la contaron más tarde.
4 Dios probó que lo que decían
era cierto, haciendo obras poderosas
y mostrándonos cosas especiales que
pudiéramos ver. Dio el Espíritu Santo
de acuerdo con su voluntad.

Jesús, el camino al cielo

5 Dios no hizo que los ángeles tuvieran autoridad sobre el mundo venidero del que hablamos.

has poured over You the oil of joy more
than over anyone else." Psalm 45:6-7
10 He said also: "Lord, You made the
earth in the beginning. You made the
heavens with Your hands.
11 They will be destroyed but You will
always be here. They will all become
old just as clothes become old.
12 You will roll up the heavens like a
coat. They will be changed. But You are
always the same. You will never grow
old." Psalm 102:25-27
13 God never said to any ángel: "Sit at
My right side, until I make those who
hate You a place to rest Your feet."
Psalm 110:1
14 Are not all the angels spirits who
work for God? They are sent out to
help those who are to be saved from
the punishment of sin.

Do not wait to be saved from the punishment of sin

2 That is why we must listen all
the more to the truths we have
been told. If we do not, we may slip
away from them.
2 These truths given by the angels
proved to be true. People were punished when they did not obey them.
3 God was so good to make a way
for us to be saved from the punishment
of sin. What makes us think we will not
go to hell if we do not take the way to
heaven that He has made for us? The
Lord was the first to tell us of this. Then
those who heard Him told it later.
4 God proved what they said was
true by showing us special things to
see and by doing powerful works. He
gave the gifts of the Holy Spirit as He
wanted to.

Jesus, the way to Heaven

5 God did not make angels to be the
leaders of that world to come which
we have been speaking about.

6 En lugar de ello, las escrituras dicen: "¿Qué es el hombre que te acuerdas de él? o ¿el hijo del hombre que le visitas?" Salmo 8:4

7 Tú le hiciste un poco menor que los ángeles, lo llenaste de gloria y honra y lo pusiste sobre todas las obras de tus manos.

8 Pusiste todas las cosas bajo sus pies." Salmo 8:4-6 No hay nada que no le obedezca, pero no vemos que todas las cosas le obedecen todavía.

9 Sin embargo, vemos lleno de gloria y honra a aquel Jesús, que fue hecho por un corto tiempo un poco menor que los ángeles, para que, por el amor de Dios, sufriera la muerte por todos.

10 Era por causa de Jesucristo que existen todas las cosas. Es por él también que subsisten todas las cosas. Él había de llevar a la gloria a muchas personas. Para esto, era necesario que sufriera por los pecados de los hombres que había de salvar.

11 Jesús hace a los hombres buenos limpiándolos de todo pecado. Jesús y los que han sido hechos buenos tienen el mismo Padre. Por eso él no se avergüenza de llamarlos hermanos.

12 Jesús le dice a su Padre: "Les hablaré a mis hermanos de tu nombre. Te cantaré himnos de gracias en medio de la gente." Salmo 22:22

13 Y otra vez, dijo: "Confiaré en él." También: "Aquí estoy, con los hijos que me dio Dios." Isaías 8:17-18

14 Es cierto. Tenemos con Jesús el mismo Padre. También compartimos la misma carne y la misma sangre, porque Jesús se hizo hombre como nosotros y murió como tenemos que morir todos.

6 Instead, the Holy Writings say: "What is man that You think of him and the son of man that You should remember him?" Psalm 8:4

7 "You made him so he took a place that was not as important as the angels for a little while. You gave him the crown of honor and shining greatness. *You made him the head over everything You have made.

8 You have put everything under his feet." Psalm 8:4-6 There is nothing that does not obey him, but we do not see all things obey him yet.

9 But we do see Jesus. For a little while He took a place that was not as important as the angels. But God had loving favor for everyone. He had Jesus suffer death on a cross for all of us. Then, because of Christ's death on a cross, God gave Him the crown of honor and shining greatness.

10 God made all things. He made all things for Himself. It was right for God to make Jesus a perfect leader by having Him suffer for men's sins. In this way, He is bringing many men to share His shining greatness.

11 Jesus makes men holy. He takes away their sins. Both Jesus and the ones being made holy have the same Father. That is why Jesus is not ashamed to call them His brothers.

12 Jesus is saying to His Father: "I will tell My brothers Your name. I will sing songs of thanks for You among the people." Psalm 22:22

13 And again He says: "I will put My trust in God." At another time He said: "Here I am with the children God gave Me." Isaiah 8:17-18

14 It is true that we share the same Father with Jesus. And it is true that we share the same kind of flesh and blood because Jesus became a man like us. He died as we must die. Through His

Por medio de su muerte, destruyó el poder del diablo quien tenía el poder de la muerte.

15 Jesús hizo esto para librarnos de la muerte. Así que ya no debemos estar sujetos a ese temor.

16 Jesús no vino a ayudar a los ángeles, sino a hombres de la familia de Abraham.

17 Por eso, Jesús tenía que llegar a ser semejante en todo a sus hermanos. Tenía que ser uno de nosotros para ser nuestro dirigente religioso y el que está entre Dios y nosotros. Es fiel y está lleno de amor para con nosotros. Por lo tanto, se dio libremente para morir en una cruz por nuestros pecados, a fin de que Dios no tenga ya esos pecados en nuestra contra.

18 Él mismo sufrió tentaciones. Por esa razón es poderoso para ayudarnos cuando somos nosotros tentados.

Jesús fue mayor que Moisés

3 Hermanos cristianos, ustedes han sido escogidos y puestos aparte por Dios. Sobre esta base, pensemos en Jesús, como el enviado de Dios y el dirigente religioso de nuestra fe cristiana.

2 Jesús fue fiel en la casa de Dios, del mismo modo que lo fue Moisés.

3 El hombre que construye una casa recibe más honor que la casa misma. Por eso Jesús recibe más honor que Moisés.

4 Todas las casas son construidas por alguien, y Dios es quien lo ha hecho todo.

5 Moisés fue verdaderamente siervo fiel de Dios en su casa y habló de las cosas de que se hablaría más tarde.

6 Pero Cristo fue fiel como un Hijo. Por eso, es fiel sobre la casa de Dios.

death He destroyed the power of the devil who has the power of death.

15 Jesus did this to make us free from the fear of death. We no longer need to be chained to this fear.

16 Jesus did not come to help angels. Instead, He came to help men who are of Abraham's family.

17 So Jesus had to become like His brothers in every way. He had to be one of us to be our Religious Leader to go between God and us. He had loving pity on us and He was faithful. He gave Himself as a gift to die on a cross for our sins so that God would not hold these sins against us any longer.

18 Because Jesus was tempted as we are and suffered as we do, He understands us and He is able to help us when we are tempted.

Jesus was greater than Moses

3 Christian brothers, you have been chosen and set apart by God. So let us think about Jesus. He is the One God sent and He is the Religious Leader of our Christian faith.

2 Jesus was faithful in God's house just as Moses was faithful in all of God's house.

3 The man who builds a house gets more honor than the house. That is why Jesus gets more honor than Moses.

4 Every house is built by someone. And God is the One Who has built everything.

5 Moses was a faithful servant owned by God in God's house. He spoke of the things that would be told about later on.

6 But Christ was faithful as a Son Who is Head of God's house. We are

Somos también de esa casa de Dios, si conservamos nuestra fe en Dios hasta el fin. Esta es nuestra esperanza.

7 El Espíritu Santo dice: "Si oyen hoy su voz,

8 no dejen que sus corazones se pongan duros, como lo hicieron sus padres cuando se volvieron contra mí. Ellos me pusieron a prueba en el desierto.

9 Me tentaron y vieron mis obras durante cuarenta años.

10 Por esa razón, yo estaba enojado con el pueblo de esos días. Y les dije: 'Siempre piensan en cosas malas y nunca han comprendido lo que he tratado de hacer por ellos.'

11 Estaba enojado con ellos y me dije: 'No entrarán nunca en mi descanso'" Salmo 95:7-11

12 Hermanos cristianos, tengan cuidado para que ninguno tenga un corazón tan malo que no le permita creer, apartándolo del Dios vivo.

13 Ayúdense unos a otros. Hablen día tras día unos con otros, mientras dura el día de hoy, para que su corazón no se endurezca ni sea engañado por el pecado.

14 Porque pertenecemos a Cristo, si seguimos creyendo en él hasta el fin, como lo hicimas al principio.

15 Las escrituras dicen: "Si oyen su voz hoy, no dejen que sus corazones se pongan duros, como lo hicieron sus padres cuando se volvieran contra mí." Salmo 95:7-8

16 ¿Quién oyó la voz de Dios y se volvió contra él? ¿No lo hicieron todos los que fueron sacados por Moisés de la tierra de Egipto?

17 ¿Quién hizo que Dios se enojara durante cuarenta años? ¿No fueron los que pecaron en el desierto? ¿No fueron los que murieron y fueron enterrados allí?

of God's house if we keep our trust in the Lord until the end. This is our hope.

7 The Holy Spirit says: "If you hear His voice today,

8 do not let your hearts become hard as your early fathers did when they turned against Me. It was at that time in the desert when they put Me to the test.

9 Your early fathers tempted Me and tried Me. They saw the work I did for forty years.

10 For this reason, I was angry with the people of this day. And I said to them, 'They always think wrong thoughts. They have never understood what I have tried to do for them.'

11 I was angry with them and said to Myself, 'They will never go into My rest.'" Psalm 95:7-11

12 Christian brothers, be careful that not one of you has a heart so bad that it will not believe and will turn away from the living God.

13 Help each other. Speak day after day to each other while it is still today so your heart will not become hard by being fooled by sin.

14 For we belong to Christ if we keep on trusting Him to the end just as we trusted Him at first.

15 The Holy Writings say: "If you hear His voice today, do not let your hearts become hard as your early fathers did when they turned against Me." Psalm 95:7-8

16 Who heard God's voice and turned against Him? Did not all those who were led out of the country of Egypt by Moses?

17 Who made God angry for forty years? Was it not those people who had sinned in the desert? Was it not those who died and were buried there?

18 ¿Y a quiénes dijo que no entrarían nunca en su descanso? ¿No fue a los que no le obedecieron?
19 No pudieron entrar porque no creyeron.

El descanso de los cristianos

4 La misma promesa de entrar al descanso de Dios es todavía para nosotros. Pero debemos preguntarnos si acaso todos entraremos.
2 Nosotros escuchamos las buenas nuevas como ellos. Ellos no las aprovecharon, porque no las aceptaron con la fe.
3 Entramos en el descanso de Dios solamente los que hemos creído. Por esta razón Dios dijo a nuestros padres: "Estaba enojado y dije: 'No entrarán en mi descanso.'" Salmo 95:11 Y sin embargo, el trabajo de Dios acabó cuando hizo el mundo.

El descanso de Dios

4 En las santas escrituras, él dijo lo siguiente sobre el séptimo día, cuando hizo todo el mundo: "Dios descansó el séptimo día de todo lo que había hecho." Génesis 2:2
5 Pero Dios dijo contra los que se volvieron contra él: "No entrarán en mi descanso" Salmo 95:11
6 Los que antes oyeron las buenas nuevas no entraron al descanso de él, porque no le obedecieron; pero la promesa es todavía buena y algunos entran en su descanso.
7 Dios ha establecido de nuevo un día para que las personas entren a su descanso, diciendo por medio de David, muchos años después, como lo había dicho antes: "Si oyen hoy su voz, no dejen que sus corazones se pongan duros." Salmo 95:7-8
8 Si Josué hubiera conducido a su pueblo al descanso de Dios, no hubiera hablado de otro día después de aquél.

18 Who did He say could never go into His rest? Was it not those who did not obey Him?
19 So we can see that they were not able to go into His rest because they did not put their trust in Him

The Christian's rest

4 The same promise of going into God's rest is still for us. But we should be afraid that some of us may not be able to go in.
2 We have heard the Good News even as they did, but it did them no good because it was not mixed with faith.
3 We who have put our trust in God go into His rest. God said this of our early fathers: "I was angry and said, 'They will not go into My rest.'" Psalm 95:11 And yet God's work was finished after He made the world.

God's rest

4 In the Holy Writings He said this about the seventh day when He made the whole world: "God rested on the seventh day from all He had made." Genesis 2:2
5 But God said this about those who turned against Him: "They will not go into My rest." Psalm 95:11
6 Those who heard the Good News first did not go into His rest. It was because they had not obeyed Him. But the promise is still good and some are going into His rest.
7 God has again set a certain day for people to go into His rest. He says through David many years later as He had said before: "If you hear His voice today, do not let your hearts become hard." Psalm 95:7-8
8 If Joshua had led those people into God's rest, He would not have told of another day after that.

9 Por tanto, queda un descanso para
el pueblo de Dios.
10 El hombre que entra al descanso
de Dios, descansa de su propio trabajo,
como Dios descansó del suyo.
11 Procuremos, pues, entrar a ese
descanso. No seamos como los que no
entraron.
12 La palabra de Dios es viva y poderosa. Es más aguda que una espada que
corta por los dos lados. Parte el alma y
también el espíritu, hasta lo más íntimo
de nuestro ser. Indica lo que piensa el
corazón y lo que desea hacer.

13 Nadie puede ocultarse de Dios.
Sus ojos ven todo lo que hacemos.
Tenemos que responder a Dios por
todo lo que hacemos.

Jesús nuestro gran dirigente religioso

14 Tenemos un gran dirigente religioso que ha abierto el camino para
que los hombres vayamos con Dios.
Ese dirigente es Jesús, el Hijo de Dios,
que se fue al cielo para estar con Dios.
Conservemos nuestra fe en Jesucristo.
15 Él, como nuestro dirigente religioso, comprende que somos muy débiles. Él mismo fue tentado en todas las
maneras en que lo somos nosotros;
pero él nunca pecó.
16 Vayamos con toda confianza al
lugar del favor de Dios. Recibiremos su
gran amor y su bendición. Él nos ayudará cuando más lo necesitamos.

El trabajo de un dirigente religioso

5 Todos los dirigentes religiosos
judíos se escogen de entre los
hombres. Ayudan al pueblo estando
entre Dios y los hombres. Presentan
ofrendas en el altar como adoración
del pueblo. Presentan la sangre de animales por los pecados del pueblo.
2 Un dirigente religioso judío es débil
en muchas cosas, porque él mismo es

9 And so God's people have a complete rest waiting for them.
10 The man who goes into God's rest,
rests from his own work the same as
God rested from His work.
11 Let us do our best to go into that
rest or we will be like the people who
did not go in.
12 God's Word is living and powerful. It is sharper than a sword that cuts
both ways. It cuts straight into where
the soul and spirit meet and it divides
them. It cuts into the joints and bones.
It tells what the heart is thinking about
and what it wants to do.
13 No one can hide from God. His
eyes see everything we do. We must
give an answer to God for what we
have done.

Jesus our great religious leader

14 We have a great religious leader
Who has made the way for man to go
to God. He is Jesus, the Son of God,
Who has gone to heaven to be with
God. Let us keep our trust in Jesus
Christ.
15 Our religious leader understands
how weak we are. Christ was tempted
in every way we are tempted, but He
did not sin.

16 Let us go with complete trust to
the throne of God. We will receive
His loving kindness and have His loving
favor to help us whenever we need it.

The job of a religious leader

5 Every Jewish religious leader is
chosen from among men. He
is a helper standing between God and
men. He gives gifts on the altar in worship to God from the people. He gives
blood from animals for the sins of the
people.
2 A Jewish religious leader is weak in
many ways because he is just a man him-

un hombre. Sabe cómo ser amable con los que saben poco y cómo ayudar a los que están en el error.

3 Puesto que él mismo es débil, debe presentarle ofrendas a Dios por sus propios pecados, así como por los del pueblo.

4 Un dirigente religioso judío no escoge este honor para sí mismo. Dios escoge a un hombre para ese trabajo, como escogió a Aarón.

Cristo es nuestro dirigente religioso que hizo el camino a Dios

5 Lo mismo sucedió con Cristo: No se escogió a sí mismo para el honor de ser el dirigente religioso que hizo el camino para que el hombre esté bien con Dios. En lugar de ello, Dios le dijo a Cristo: "Eres mi Hijo, hoy he llegado a ser tu Padre." Salmo 2:7

6 Dios dice en otra parte de su palabra: "Serás dirigente religioso para siempre. Serás como Melquisedec" Salmo 110:4.

7 Durante el tiempo que Jesús pasó en la tierra, oró y le pidió a Dios con lágrimas y fuerte clamor, porque Dios podía librarlo de la muerte. Dios escuchó a Cristo porque Cristo honraba a Dios.

8 Y aunque era Hijo de Dios, aprendió a obedecer por lo que sufrió.

9 Y habiendo sido hecho perfecto, hizo posible que todos los que le obedezcan se salven del castigo del pecado.

10 De acuerdo con el plan de Dios, fue nombrado dirigente religioso según el orden de Melquisedec.

No vuevan a caer en el pecado

11 Podemos decir muchas cosas sobre esto, pero es difícil hacer que ustedes comprendan.

self. He knows how to be gentle with those who know little. He knows how to help those who are doing wrong.

3 Because he is weak himself, he must give gifts to God for his own sins as well as for the sins of the people.

4 A Jewish religious leader does not choose this honor for himself. God chooses a man for this work. Aaron was chosen this way.

Christ is our religious leader who has made the way for man to go to God

5 It is the same way with Christ. He did not choose the honor of being a Religious Leader Who has made the way for man to go to God. Instead, God said to Christ: "You are My Son. Today I have become Your Father." Psalm 2:7

6 God says in another part of His Word: "You will be a Religious Leader forever. You will be like Melchizedek." Psalm 110:4

7 During the time Jesus lived on earth, He prayed and asked God with loud cries and tears. Jesus' prayer was to God Who was able to save Him from death. God heard Christ because Christ honored God.

8 Even being God's Son, He learned to obey by the things He suffered.

9 And having been made perfect, He planned and made it possible for all those who obey Him to be saved from the punishment of sin.

10 In God's plan He was to be a Religious Leader Who made the way for man to go to God. He was like Melchizedek.

Do not fall back into sin

11 There is much we could say about this, but it is hard to make you understand. It is because you do not want to hear well.

12 Para este tiempo, deberían ser maestros; pero, en lugar de eso, necesitan que alguien vuelva a enseñarles las primeras cosas sobre la palabra de Dios que deben ya conocer. Todavía necesitan leche, en lugar de alimentos sólidos.

13 Cualquiera que viva con leche no podrá comprender las enseñanzas sobre cómo estar bien con Dios, pues es un recién nacido.

14 Los alimentos sólidos son para hombres crecidos. Son para los que han aprendido a usar su inteligencia a fin de ver la diferencia entre el bien y el mal.

Vamos adelante

6 Así pues, dejemos las primeras cosas que necesitamos saber sobre Cristo. Pasemos a las enseñanzas que los cristianos que han crecido deben comprender. Ya no necesitamos volver a enseñar esas primeras verdades, pues ya saben que es necesario cambiar su actitud acerca de sus pecados, dejarlos y tener fe en Dios.

2 Saben del bautismo y de la ceremonia de poner las manos sobre una persona. Saben que seremos levantados de entre los muertos y que el castigo de los pecados dura para siempre.

3 Ahora vamos más allá, si Dios nos lo permite.

4 Los que han conocido la verdad han recibido el regalo del cielo y han recibido el Espíritu Santo.

5 Conocen lo bueno que es la palabra de Dios y los poderes del mundo que vendrá.

6 Ahora, si ellos se apartan de Cristo, ya no podrán sentir dolor por sus pecados para volverlos a dejar. Eso es porque de nuevo clavan en la cruz al Hijo de Dios y lo avergüenzan delante de todo el pueblo.

7 Pasa lo mismo con un terreno que

12 By now you should be teachers. Instead, you need someone to teach you again the first things you need to know from God's Word. You still need milk instead of solid food.

13 Anyone who lives on milk cannot understand the teaching about being right with God. He is a baby.

14 Solid food is for fullgrown men. They have learned to use their minds to tell the difference between good and bad.

Going ahead

6 So let us leave the first things you need to know about Christ. Let us go on to the teaching that full-grown Christians should understand. We do not need to teach these first truths again. You already know that you must be sorry for your sins and turn from them. You know that you must have faith in God.

2 You know about being baptized and about putting hands on people. You know about being raised from the dead and about being punished forever.

3 We will go on, if God lets us.

4 There are those who have known the truth. They have received the gift from heaven. They have shared the Holy Spirit.

5 They know how good the Word of God is. They know of the powers of the world to come.

6 But if they turn away, they cannot be sorry for their sins and turn from them again. It is because they are nailing the Son of God on a cross again. They are holding Him up in shame in front of all people.

7 It is the same with a piece of ground

recibe mucha lluvia. Dios hace posible que dé buena fruta y verduras.

8 Pero si sólo da malas hierbas, no vale nada y será odiado y destruido por el fuego.

9 Pero, de ustedes, amigos, esperamos cosas mejores, aun cuando les hablamos así. Esas cosas mejores se refieren a la salvación del castigo del pecado.

10 Dios siempre hace lo justo. No se olvidará del trabajo que ustedes hicieron para ayudar a sus hermanos cristianos y del que siguen haciendo para ayudarlos. Esto demuestra el amor de ustedes para Cristo.

11 Queremos que cada uno de ustedes siga trabajando hasta el fin. Entonces, pasará lo que están esperando.

12 No sean perezosos. Sean como los que tienen fe y no se dan por vencidos, porque ellos recibirán lo que Dios ha prometido.

La promesa de Dios

13 Cuando Dios le hizo una promesa a Abraham, la hizo en su propio nombre, porque no hay ninguno que sea mayor.

14 Dijo: "Te haré feliz de muchas maneras y te daré muchos hijos." Génesis 22:16-17

15 Abraham estuvo dispuesto a esperar, y Dios le dio lo que le había prometido.

16 Cuando los hombres hacen una promesa, usan un nombre mayor que el de ellos mismos, para asegurar que cumplirán su promesa. Así, nadie lo discute.

17 Cuando Dios hizo una promesa, quiso demostrarle a Abraham que nunca cambiaría de manera de pensar. Por eso, la hizo en su propio nombre.

18 Dios les dio estas dos cosas que no cambian y él no puede mentir. Los que nos hemos vuelto a él podemos tener

that has had many rains fall on it. God makes it possible for that ground to give good fruits and vegetables.

8 But if it gives nothing but weeds, it is worth nothing. It will be hated and destroyed by fire.

9 Dear friends, even as we tell you this, we are sure of better things for you. These things go along with being saved from the punishment of sin.

10 God always does what is right. He will not forget the work you did to help the Christians and the work you are still doing to help them. This shows your love for Christ.

11 We want each one of you to keep on working to the end. Then what you hope for, will happen.

12 Do not be lazy. Be like those who have faith and have not given up. They will receive what God has promised them.

God's promise

13 When God made a promise to Abraham, He made that promise in His own name because no one was greater.

14 He said: "I will make you happy in so many ways. For sure, I will give you many children." Genesis 22:16-17

15 Abraham was willing to wait and God gave to him what He had promised.

16 When men make a promise, they use a name greater than themselves. They do this to make sure they will do what they promise. In this way, no one argues about it.

17 And so God made a promise. He wanted to show Abraham that He would never change His mind. So He made the promise in His own name.

18 God gave these two things that cannot be changed and God cannot lie. We who have turned to Him can have

un gran consuelo, sabiendo que hará lo que prometió.

19 Esa esperanza es un ancla segura y firme para nuestras almas. Entra al lugar más santo de todos, detrás de la cortina del cielo.

20 Jesús ya fue allí. Ha llegado a ser para siempre nuestro dirigente religioso y ha hecho el camino para que los hombres estén bien con Dios. En esto él es semejante a Melquisedec.

great comfort knowing that He will do what He has promised.

19 This hope is a safe anchor for our souls. It will never move. This hope goes into the Holiest Place of All behind the curtain of heaven.

20 Jesus has already gone there. He has become our Religious Leader forever and has made the way for man to go to God. He is like Melchizedek.

Melquisedec semejante a Cristo

7 Melquisedec, rey de Salem, era un dirigente religioso puesto por Dios. Cuando Abraham regresaba de la guerra en la que murieron muchos reyes, Melquisedec salió a su encuentro y le demostró respeto.

2 Abraham le dio a Melquisedec la décima parte de todo lo que tenía. El nombre de Melquisedec significa "rey de lo que es correcto" y Salem significa "paz". Así pues, es un rey de paz.

3 De Melquisedec no sabemos quién era su padre, su madre o su familia. Es como que su vida no tuviera principio ni fin y como que él fuera un dirigente religioso para siempre, como el Hijo de Dios.

4 Podemos ver, pues, lo grande que fue Melquisedec en que el mismo Abraham le dio la décima parte de todo lo que había ganado en la guerra.

5 La ley judía hizo dirigentes religiosos a los de la familia de Leví, diciendo que deberían tomar una décima parte de todo lo que tuviera su pueblo.

6 Melquisedec no era de la familia de Leví, pero Abraham le pagó. Melquisedec bendijo a Abraham. Recuerden que era Abraham quién había recibido las promesas de Dios.

7 Recuerden también que el que bendice es siempre mayor al que recibe la bendición.

Melchizedek like Christ

7 Melchizedek was king of Salem. He was a religious leader for God. When Abraham was coming back from the war where many kings were killed, Melchizedek met Abraham and showed respect to him.

2 Abraham gave Melchizedek onetenth part of all he had. Melchizedek's name means king of what is right. Salem means peace. So he is king of peace.

3 Melchizedek was without a father or mother or any family. He had no beginning of life or end of life. He is a religious leader forever like the Son of God.

4 We can see how great Melchizedek was. Abraham gave him onetenth part of all he had taken in the war.

5 The Law made the family of Leví the Jewish religious leaders. The Law said that the religious leaders were to take one tenth part of everything from their own people.

6 Melchizedek was not even from the family group of Leví but Abraham paid him. Melchizedek showed respect to Abraham who was the one who had received God's promises.

7 The one who shows respect is always greater than the one who receives it.

8 Los dirigentes religiosos judíos reciben una décima parte. Son hombres, y todos ellos mueren. Pero Melquisedec recibió una décima parte y está vivo.

9 Podemos decir que también Leví, el principal de los dirigentes religiosos judíos, pagó una décima parte a Melquisedec por intermedio de Abraham.

10 Es que Leví no había nacido pero estaba todavía en el cuerpo de Abraham, cuando éste le pagó a Melquisedec.

11 La ley judía fue dada cuando Leví y sus hijos eran dirigentes religiosos. Si el trabajo hecho por esos dirigentes religiosos para quitar los pecados hubiera sido perfecto, no habría habido necesidad de otro dirigente religioso. Pero era necesario uno, y que fuera como Melquisedec y no uno de la familia de Aarón.

12 Al cambiar la familia de los dirigentes religiosos, debe cambiar también la ley judía.

13 Todas estas cosas se refieren a Cristo, que es de otro grupo de familias, en el que nunca hubo ningún dirigente religioso.

14 Nuestro Señor era de la familia de Judá. Moisés no escribió nada sobre dirigentes religiosos que salieran de esa familia.

Ha llegado un dirigente religioso diferente

15 Podemos ver que ha llegado un dirigente religioso diferente, que es como Melquisedec.

16 Cristo no se hizo dirigente religioso naciendo de la familia de Leví, como decía la ley judía que tenía que ser. Se hizo dirigente religioso por el poder de una vida que nunca termina.

17 Las escrituras dijeron esto sobre Cristo: "Eres un dirigente religioso para siempre, como Melquisedec." Salmo 110:4

8 Jewish religious leaders receive one tenth part. They are men and they all die. But here Melchizedek received one tenth part and is alive.

9 We might say that Leví, who receives onetenth part, paid one tenth part through Abraham.

10 Leví was not yet born. He was still inside Abraham's body when Abraham paid Melchizedek.

11 The Law was given during the time when Leví and his sons were the religious leaders. If the work of those religious leaders had been perfect in taking away the sins of the people, there would have been no need for another religious leader. But one like Melchizedek was needed and not one from the family group of Aaron.

12 For when the family group of religious leaders changed, the Law had to be changed also.

13 These things speak of Christ Who is from another family group. That family group never had a religious leader who killed animals and gave gifts at the altar for the sins of the people.

14 Our Lord came from the family group of Judah. Moses did not write anything about religious leaders coming from that family group.

A different religious leader has come

15 We can see that a different Religious Leader has come. This One is like Melchizedek.

16 Christ did not become a Religious Leader by coming from the family group of Leví as the Law said had to be. He became the Religious Leader by the power of a life that never ends.

17 The Holy Writings say this about Christ: "You are a Religious Leader forever like Melchizedek." Psalm 110:4

18 Dios hizo a un lado la ley de Moisés que era débil y que no podía usarse.

19 La ley de Moisés no podía hacer que los hombres estuvieran en paz con Dios. Ahora, hay una mejor esperanza, por la que podemos llegar más cerca de Dios.

20 Dios hizo una promesa, cuando Cristo llegó a ser el dirigente religioso. Recuerden: Fue Cristo quien abrió el camino para que el hombre esté bien con Dios.

21 Dios no hizo esa promesa cuando los miembros de la familia de Leví eran dirigentes religiosos, sino cuando Cristo se hizo el dirigente religioso. Esta es la promesa que hizo Dios: "El Señor ha hecho una promesa y nunca cambiará de idea. Serás dirigente religioso para siempre." Salmo 110:4

22 Cristo hace que ese acuerdo entre Dios y los hombres sea seguro para nosotros. Se debe a la promesa de Dios.

23 Hubo muchos dirigentes religiosos durante el tiempo del antiguo acuerdo entre Dios y los hombres. Murieron, y otros continuaron su trabajo.

24 Pero Jesús vive para siempre. Es nuestro dirigente religioso para siempre. Nunca cambiará.

25 Así, Jesús es capaz, ahora y en todo tiempo, de salvar a todos los que llegan a Dios por él, porque vive para siempre. Para siempre él puede orar por nosotros delante de Dios Padre.

26 Necesitábamos a ese dirigente religioso. Él hizo el camino para que el hombre esté bien con Dios. Él es santo y limpio; en él no hay pecado; es diferente de los pecadores. Ahora él tiene su lugar de honor en el cielo.

27 Cristo no es como otros dirigentes religiosos que tenían que dar ofrendas todos los días sobre el altar, primeramente por sus propios pecados y, después, por los pecados del pueblo.

18 God put the Law of Moses aside. It was weak and could not be used.

19 For the Law of Moses could not make men right with God. Now there is a better hope through which we can come near to God.

20 God made a promise when Christ became the Religious Leader Who made the way for man to go to God.

21 God did not make such a promise when Leví's family group became religious leaders. But when Christ became a Religious Leader, this is the promise God made: "The Lord has made a promise. He will never change His mind. You will be a Religious Leader forever." Psalm 110:4

22 Christ makes this New Way of Worship sure for us because of God's promise.

23 There had to be many religious leaders during the time of the Old Way of Worship. They died and others had to keep on in their work.

24 But Jesus lives forever. He is the Religious Leader forever. It will never change.

25 And so Jesus is able, now and forever, to save from the punishment of sin all who come to God through Him because He lives forever to pray for them.

26 We need such a Religious Leader Who made the way for man to go to God. Jesus is holy and has no guilt. He has never sinned and is different from sinful men. He has the place of honor above the heavens.

27 Christ is not like other religious leaders. They had to give gifts every day on the altar in worship for their own sins first and then for the sins of the people. Christ did not have to do

Cristo no tuvo que hacer eso. Él se ofreció a sí mismo, de una vez y para siempre.

28 La ley judía hace dirigentes religiosos de hombres que son débiles; pero Dios, según su promesa, hace a su Hijo un dirigente religioso perfecto y para siempre.

8 Lo importante es que ahora tenemos un dirigente religioso que hizo el camino para que el hombre llegara a Dios. Él está sentado a la derecha de Dios Todopoderoso, en el cielo.

2 Él es el dirigente religioso del lugar santo en el cielo. Este es el verdadero lugar de adoración, hecho por el Señor y no por manos de hombres.

3 Todos los dirigentes religiosos del antiguo acuerdo entre Dios y los hombres tenían el trabajo de matar animales y dar ofrendas sobre el altar del templo. Por eso, también Cristo debía tener algo que ofrecer.

4 Si Cristo estuviera en la tierra, no sería un dirigente religioso como esos que dan ofrendas como lo dice la ley judía.

5 Lo que hacen ellos nos muestra sólo un cuadro de las cosas en el cielo. Cuando Moisés estaba levantando la carpa de adoración, Dios le dijo: "Asegúrate de hacer la carpa de adoración como te lo mostré en el monte Sinaí." Éxodo 25:40

6 Pero Cristo tiene un trabajo más perfecto, como un tercero entre Dios y los hombres. Él ha abierto un camino nuevo y mejor, que se basa en mejores promesas.

7 Si el antiguo acuerdo entre Dios y los hombres hubiera sido perfecto, no habría habido necesidad de otro.

8 Dios no estaba contento con la manera en que vivía el pueblo de acuerdo con el antiguo acuerdo y dijo:

that. He gave one gift on the altar and that gift was Himself. It was done once and it was for all time.

28 The Law makes religious leaders of men. These men are not perfect. After the Law was given, God spoke with a promise. He made His Son a perfect Religious Leader forever.

8 Now the important thing is this: We have such a religious leader Who has made the way for man to go to God. He is the One Who sits at the right side of the All Powerful God in the heavens.

2 He is the Religious Leader of that holy place in heaven which is the true place of worship. It was built by the Lord and not by men's hands.

3 Every religious leader of the Old Way of Worship had the work of killing animals and of giving gifts on the altar to God. So Christ had to have something to give also.

4 If Christ were on the earth, He would not be a religious leader such as these. The religious leaders on earth give gifts like the Law says.

5 Their work shows us only a picture of the things in heaven. When Moses was putting up the tent to worship in, God told him: "Be sure you make the tent for worship like I showed you on Mount Sinai." Exodus 25:40

6 But Christ has a more perfect work. He is the One Who goes between God and man in this new and better way. The New Way of Worship promises better things.

7 If the Old Way of Worship had been perfect, there would have been no need for another one.

8 God was not happy how the people lived by the Old Way of Worship. He said: "The day will come when I will

"Llegará el día en que estableceré un nuevo acuerdo con los hombres,

9 no como el que establecí con sus padres, cuando los tomé de la mano y los saqué de la tierra de Egipto. Porque no lo siguieron. Por eso, me separé de ellos.

10 Este es el nuevo acuerdo que les daré. Cuando llegue ese día, dice el Señor, pondré mis leyes en sus mentes y las escribiré en sus corazones. Yo seré su Dios, y ellos serán mi pueblo.

11 Nadie necesitará enseñar a su vecino o su hermano a conocer al Señor. Todos me conocerán, desde el menor al mayor.

12 Estaré lleno de amor para con ellos; perdonaré sus maldades. No me acordaré ya más de sus pecados." Jeremías 31:31-34

13 Cuando Dios habló de un nuevo acuerdo, demostró que el antiguo acuerdo estaba terminado. Que era inútil. Nunca más será útil.

make a New Way of Worship for the Jews and those of the family group of Judah.

9 The New Way of Worship will not be like the Old Way of Worship I gave to their early fathers. That was when I took them by the hand and led them out of Egypt. But they did not follow the Old Way of Worship. And so I turned away from them.

10 This is the New Way of Worship that I will give to the Jews. When that day comes, says the Lord, I will put My Laws into their minds. And I will write them in their hearts. I will be their God, and they will be My people.

11 No one will need to teach his neighbor or his brother to know the Lord. All of them will already know Me from the least to the greatest.

12 I will show loving kindness to them and forgive their sins. I will remember their sins no more." Jeremiah 31:31-34

13 When God spoke about a New Way of Worship, He showed that the Old Way of Worship was finished and of no use now. It will never be used again.

Es mejor el nuevo acuerdo entre Dios y los hombres

9 Había modos especiales de adoración y un lugar santo especial, hecho por el hombre, durante el antiguo acuerdo.

2 Construyeron y levantaron una gran carpa; se le llamó el lugar santo. Tenía una luz. Tenía una mesa sobre la cual estaba el pan santo.

3 Detrás de una segunda cortina había otra carpa, a la que se le llamaba el lugar más santo de todos.

4 En la carpa interior había un altar en el cual se quemaban perfumes especiales. Y había también una gran caja hecha de madera. Se llamaba la caja del acuerdo con Dios. El altar y

The new way of worship is better

9 There were special ways of worship and a special holy place made by man for the Old Way of Worship.

2 A big tent was built and set up. It was called the holy place. It had a light and a table, and the holy bread was on the table.

3 Behind the second curtain there was another tent. This was called the Holiest Place of All.

4 In the inside tent there was an altar where special perfume was burned. There was also a large box made of wood called the box of the Way of Worship. Both of these were covered

la caja estaban cubiertos de oro, por dentro y por fuera. Dentro de la caja había un vaso hecho de oro. En él, pan del cielo. También se encontraban en la caja la vara de Aarón, la que una vez comenzó a brotar, y las piedras donde estaba escrita la ley de Moisés.

5 Sobre la caja habían dos cuerpos especiales de honor. Tenían sus alas extendidas sobre la caja. Bajo la sombra de sus alas y encima de la caja estaba el lugar donde se perdonaban los pecados. No podemos dar más detalles sobre esas cosas ahora.

6 Cuando todo estuvo terminado, los dirigentes religiosos entraban y salían de la carpa exterior para hacer todo lo necesario en la adoración a Dios.

7 Una vez cada año, el principal dirigente religioso entraba a la carpa interior. Entraba solo. No podía entrar sin sangre. Le daba esa sangre a Dios como ofrenda de adoración por sus propios pecados y por los de todo el pueblo.

8 Así, el Espíritu Santo enseña que en el antiguo acuerdo el pueblo en general no podía entrar al lugar más santo de todos, mientras estaba en uso ese antiguo método de adoración.

9 La carpa exterior es una imagen de aquellos días, en los que, según el antiguo acuerdo, los animales muertos y las ofrendas hechas como adoración a Dios no podían borrar el sentir de culpa que da el pecado.

10 El antiguo acuerdo se compañía de leyes sobre comida y bebida. Esas leyes enseñaban cómo lavarse y otras cosas que debían hacerse con el cuerpo. Todo eso debía hacerse hasta que viniera Cristo para traer un mejor acuerdo con Dios.

with gold inside and out. Inside the box was a pot made of gold with the bread from heaven. It also had in it Aaron's stick that once started to grow. The stones on which the Law of Moses was written were in it.

5 Above the box were the cherubim of honor. Their wings were spread up and over and met in the center. On the top of the box and under the shadow of their wings was the mercyseat. We cannot tell anymore about these things now.

6 When everything was finished, the Jewish religious leaders went in and out of the outside tent to do the things which had to be done to worship God.

7 Once each year the head religious leader would go into the inside tent alone. He would not go in without blood. He gave this blood to God as a gift in worship for his own sins and for the sins of all the people who sinned without knowing it.

8 And so the Holy Spirit is teaching that, with the Old Way of Worship, the people could not go into the Holiest Place of All as long as the outside tent and its Old Way of Worship were being used.

9 The outside tent is a picture of that day. With the Old Way of Worship, animals killed and gifts given in worship to God could not take away the guilty feeling of sin.

10 The Old Way of Worship was made up of Laws about what to eat and drink. These Laws told how to wash and other things to do with the body. These things had to be done until Christ came to bring a better way of worship.

El nuevo acuerdo con Dios tiene una ofrenda mejor

11 Pero Cristo vino como principal dirigente religioso de las cosas que Dios prometió. Hizo el camino para que el hombre esté bien con Dios. Lo hizo en una carpa mejor y más perfecta, no hecha por manos de hombres, una carpa de adoración que no era de esta tierra.

12 Cristo entró al lugar más santo de todos, una vez y por todas. No tomó la sangre de cabros y terneros para darle a Dios como ofrenda, sino que ofrendó su propia sangre. Al hacerlo, nos compró con su propia sangre. Nos libró del pecado para siempre.

13 Si en el antiguo acuerdo con Dios la sangre y las cenizas de los animales valían algo para limpiar a los hombres después de que habían pecado,

14 ¡cuánto más lo hará la sangre de Cristo! Él, por medio del Espíritu de Dios que vive para siempre, se dio a sí mismo como ofrenda perfecta a Dios. Ahora, los corazones de ustedes no tienen que llevar la carga de obras que no valen nada. Más bien están libres para servir al Dios vivo.

15 Cristo nos dio el nuevo acuerdo con Dios. Todos los que han sido llamados por Dios pueden recibir la vida que dura para siempre, como él lo prometió. Cristo nos compró con su sangre, cuando murió por nosotros. Esto nos hizo libres de los pecados que fueron cometidos bajo el antiguo acuerdo.

16 Cuando alguien quiere dejarle a otro sus bienes después de morir, escribe su deseo en un papel; pero ese papel no vale nada hasta que se muera la persona.

17 No significa nada en tanto viva; sólo vale cuando muere.

18 El antiguo acuerdo con Dios requería una muerte para valer. Para ello, se usaba la sangre de un animal.

The new way of worship has a better gift

11 But Christ came as the Head Religious Leader of the good things God promised. He made the way for man to go to God. He was a greater and more perfect tent. He was not made by human hands and was not a part of this earth.

12 Christ went into the Holiest Place of All one time for all people. He did not take the blood of goats and young cows to give to God as a gift in worship. He gave His own blood. By doing this, He bought us with His own blood and made us free from sin forever.

13 With the Old Way of Worship, the blood and ashes of animals could make men clean after they had sinned.

14 How much more the blood of Christ will do! He gave Himself as a perfect gift to God through the Spirit that lives forever. Now your heart can be free from the guilty feeling of doing work that is worth nothing. Now you can work for the living God.

15 Christ is the One Who gave us this New Way of Worship. All those who have been called by God may receive life that lasts forever just as He promised them. Christ bought us with His blood when He died for us. This made us free from our sins which we did under the Old Way of Worship.

16 When a man wants to give his money to someone after he dies, he writes it all down on paper. But that paper is worth nothing until the man is dead.

17 That piece of paper means nothing as long as he is alive. It is good only when he dies.

18 The Old Way of Worship had to have a death to make it good. The blood of an animal was used.

19 Moisés le dijo al pueblo todas las
cosas que tenían que obedecer según
la ley judía. Luego, tomó la sangre de
animales con agua y la salpicó sobre los
sagrados escritos de la ley y sobre todo
el pueblo. Cuando hizo esto, usó ramas
especiales y lana roja.
20 Moisés dijo: "Esta es la sangre del
acuerdo que Dios dijo que deben obedecer." Éxodo 24:8
21 De la misma manera, Moisés puso
la sangre sobre la carpa y todas las
cosas usadas para la adoración.
22 La ley judía dice que casi todo se limpia con sangre. Los pecados no se perdonan a menos que se derrame sangre.

Una ofrenda perfecta

23 La carpa y las cosas que contenía
para la adoración eran como figuras de
las cosas del cielo, y se limpiaban con
sangre. Pero las cosas del cielo se lim-
piaron con una ofrenda mucho mejor.
24 Porque Cristo no entró al lugar
más santo de todos, hecho por los
hombres. Ese era solamente semejante al verdadero en el cielo. Cristo fue
al cielo mismo y está delante de Dios,
orando por nosotros.
25 Cristo no se ha dado muchas veces,
como aquí en la tierra, el principal dri-
gente religioso entraba al lugar más
santo de todos cada año, con sangre
que no era la suya;
26 pues, entonces, Cristo hubiera
debido morir muchas veces desde el
principio del mundo. Pero vino una
vez, al final del antiguo acuerdo con
Dios, y se dio a sí mismo una vez y para
siempre. Así quiso destruir el pecado.
27 Está establecido que todos los
hombres tienen que morir una vez.
Después, se presentarán ante Dios,
quien dirá si son o no culpables.
28 Es lo mismo con Cristo. Se dio una
vez para quitar los pecados de muchos.

19 Moses told the people all the things
they had to obey in the Law. Then he
took the blood of animals together
with water and put it on the Book of
the Law and on all the people. He used
special branches and red wool as he
put it on them.
20 Moses said: "This is the blood of
the Way of Worship which God said
you must obey." Exodus 24:8
21 In the same way, Moses put the
blood on the tent and on all the things
used in worship.
22 The Law says that almost everything is made clean by blood. Sins are
not forgiven unless blood is given.

One perfect gift

23 The tent to worship in and the
things inside to worship with were like
the things in heaven. They were made
clean by putting blood on them. But
the things in heaven were made clean
by a much better gift of worship.
24 For Christ did not go into the Holiest Place of All that was made by men,
even if it was like the true one in heav-
en. He went to heaven itself and He is
before God for us.
25 Christ has not given Himself many
times, as the head religious leader here
on earth went into the Holiest Place of
All each year with blood that was not
his own.
26 For then Christ would have had to
die many times since the world began.
But He came once at the end of the
Old Way of Worship. He gave Himself
once for all time. He gave Himself to
destroy sin.
27 It is in the plan that all men die
once. After that, they will stand before
God and be judged.
28 It is the same with Christ. He gave
Himself once to take away the sins of

Cuando venga por segunda vez, no necesitará darse otra vez por los pecados. Mas bien, salvará a todos los que le están esperando.

Bajo el antiguo acuerdo se daban muchas ofrendas

10 La ley judía es como un cuadro de las buenas cosas que han de venir. Los dirigentes religiosos de los judíos presentaban ofrendas en el altar de adoración a Dios, año tras año. Esas ofrendas no podían hacer perfecto al pueblo que venía a adorar.

2 Si esas ofrendas presentadas a Dios hubieran podido quitar los pecados, no habrían seguido sintiéndose culpables y no habrían presentado más ofrendas.

3 Cuando presentaban sus ofrendas, año tras año, eso les hacía recordar que todavía tenían sus pecados.

4 La sangre de los animales no podía quitar los pecados de los hombres.

En el nuevo acuerdo se presentó una sola ofrenda

5 Cuando Cristo vino al mundo, le dijo a Dios: "No quieres animales muertos, ni ofrendas presentadas en adoración. Preparaste mi cuerpo para presentarlo en ofrenda.

6 No te agradan los animales muertos o quemados y presentados como ofrendas sobre el altar para quitar los pecados.

7 Entonces, dijo: 'He venido a hacer lo que quieres, ¡oh Dios! Como estaba escrito en la ley judía.'" Salmo 40:6-8

8 Cuando Cristo vino al mundo dijo a Dios: "No quieres animales muertos ni ofrendas presentadas a ti en adoración, por el pecado. No te agradan." Esas cosas se hacen, porque la ley judía dice que deben hacerse.

9 Entonces, dijo: "He venido a hacer lo que tú quieres que haga." Fue lo que hizo, cuando murió en la cruz. Dios

many. When He comes the second time, He will not need to give Himself again for sin. He will save all those who are waiting for Him.

In the old way of worship many gifts were given

10 The Law is like a picture of the good things to come. The Jewish religious leaders gave gifts on the altar in worship to God all the time year after year. Those gifts could not make the people who came to worship perfect.

2 If those gifts given to God could take away sins, the people who came to worship would no longer feel guilty of sin. They would have given no more gifts.

3 When they gave the gifts year after year, it made them remember that they still had their sins.

4 The blood of animals cannot take away the sins of men.

In the new way of worship one gift was given

5 When Christ came to the world, He said to God: "You do not want animals killed or gifts given in worship. You have made My body ready to give as a gift.

6 You are not pleased with animals that have been killed or burned and given as gifts on the altar to take away sin.

7 Then I said, 'I have come to do what You want, O God. It is written in the Law that I would.' " Psalm 40:6-8

8 Then Christ said: "You do not want animals killed or gifts given in worship to you for sin. You are not pleased with them." These things are done because the Law says they should be done.

9 Then He said: "I have come to do what You want Me to do." And this is what He did when He died on a cross.

terminó el antiguo acuerdo e hizo otro nuevo.

10 Nuestros pecados desaparecen y somos limpios, porque Cristo dio su propio cuerpo como ofrenda a Dios. Lo hizo una vez y para siempre.
11 Todos los dirigentes religiosos de los judíos todos los días están matando animales y presentando ofrendas en el altar. Presentan sus ofrendas, una y otra vez. Esas ofrendas no pueden quitar los pecados.
12 Pero Cristo, una vez, se dio a sí mismo por los pecados. Vale para siempre. Ahora, está sentado a la derecha de Dios,
13 donde está esperando a que Dios haga con todos los que le han odiado un mueble donde descansar sus pies.
14 Porque con una sola ofrenda hizo perfectos para siempre a los escogidos.
15 El Espíritu Santo nos dice:

16 "Este es el nuevo acuerdo con Dios que les daré. Cuando llegue ese día, dice el Señor, pondré mis leyes en sus corazones y en sus almas las escribiré." Luego, dijo:
17 "No me acordaré más de sus pecados y sus maldades." Jeremías 31:33-34

18 En el altar de adoración, no hacen falta más ofrendas. Nuestros pecados han sido perdonados.

Podemos llegar a Dios por Cristo

19 Hermanos, ahora sabemos que podemos entrar al lugar más santo de todos, porque la sangre de Jesús fue dada.
20 Podemos entrar por el camino nuevo y vivo que él nos hizo, al abrir la cortina. Era su propio cuerpo.

God did away with the Old Way of Worship and made a New Way of Worship.

10 Our sins are washed away and we are made clean because Christ gave His own body as a gift to God. He did this once for all time.
11 All Jewish religious leaders stand every day killing animals and giving gifts on the altar. They give the same gifts over and over again. These gifts cannot take away sins.

12 But Christ gave Himself once for sins and that is good forever. After that He sat down at the right side of God.

13 He is waiting there for God to make of those who have hated Him a place to rest His feet.
14 And by one gift He has made perfect forever all those who are being set apart for God like living.
15 The Holy Spirit tells us this: First He says,
16 "This is the New Way of Worship that I will give them. When that day comes, says the Lord, I will put My Laws in their hearts. And I will write them in their minds." Then He says,
17 "I will not remember their sins and wrong doings anymore." Jeremiah 31:33-34
18 No more gifts on the altar in worship are needed when our sins are forgiven.

We can go to God through Christ

19 Christian brothers, now we know we can go into the Holiest Place of All because the blood of Jesus was given.

20 We now come to God by the new and living way. Christ made this way for us. He opened the curtain, which was His own body.

21 Tenemos un gran dirigente religioso sobre la casa de Dios.

22 Así pues, acerquémonos más a Dios con un corazón lleno de fe. Nuestros cuerpos deben limpiarse de todo sentir de culpa, y lavarse con agua limpia.

23 Mantengamos firme la esperanza que decimos tener. No la cambiemos, pues podemos confiar en que Dios hará lo que prometió.

24 Ayudémonos unos a otros para amar a los demás y hacer buenas obras.

25 No nos apartemos de las reuniones de la iglesia, como lo hacen siempre algunos. Debemos animarnos unos a otros, al ver que se acerca el día cuando Cristo vuelva.

No vuelvan a caer en el pecado

26 Si seguimos pecando porque queremos hacerlo, después de recibir y conocer la verdad, no habrá entonces ninguna ofrenda que quite los pecados.

27 En lugar de ello, estaremos delante de Dios quien dirá que somos culpables. Y el fuego ardiente del castigo quemará a los que trabajan contra Dios.

28 Cualquiera que no obedecía al antiguo acuerdo con Dios, moría sin remedio cuando dos o tres hombres hablaban contra él.

29 ¿Cuánto más debe ser castigado un hombre, si pisotea y odia al Hijo de Dios? ¿Cuánto más será castigado, si uno actúa como si la sangre del nuevo acuerdo con Dios no valiera nada? Este nuevo acuerdo con Dios es el modo que tiene Dios para hacerlo santo. ¿Cuánto más deberá ser castigado, si desprecia al Espíritu Santo que deseaba mostrarle su favor?

30 Porque sabemos que Dios dijo: "Yo pagaré por lo que les pase a ellos." Y también: "El Señor dirá quién es culpable de su pueblo." Deuteronomio 32:35-36

21 We have a great Religious Leader over the house of God.

22 And so let us come near to God with a true heart full of faith. Our hearts must be made clean from guilty feelings and our bodies washed with pure water.

23 Let us hold on to the hope we say we have and not be changed. We can trust God that He will do what He promised.

24 Let us help each other to love others and to do good.

25 Let us not stay away from church meetings. Some people are doing this all the time. Comfort each other as you see the day of His return coming near.

Do not fall back into sin

26 If we keep on sinning because we want to after we have received and know the truth, there is no gift that will take away sins then.

27 Instead, we will stand before God and on that day He will judge us. And the hot fires of hell will burn up those who work against God.

28 Anyone who did not obey the Old Way of Worship died without loving kindness when two or three men spoke against him.

29 How much more will a man have to be punished if he walks on and hates the Son of God? How much more will he be punished if he acts as if the blood of God's New Way of Worship is worth nothing? This New Way of Worship is God's way of making him holy. How much more will he be punished if he laughs at the Holy Spirit Who wanted to show him loving favor?

30 For we know God said: "I will pay back what is coming to them." And: "The Lord will judge His people." Deuteronomy 32:35-36

31 ¡Es terrible caer en las manos del Dios vivo!

32 Recuerden cómo fueron los días después de que conocieron la verdad y lo mucho que sufrieron.

33 La gente los odiaba y golpeaba. Y, cuando otros sufrían, ustedes sufrían con ellos.

34 Tuvieron lástima por los que estuvieron en prisión. Aceptaron hasta con alegría cuando les quitaban sus propiedades, porque sabían que tendrían en el cielo algo mejor y para siempre.

35 Así pues, no pierdan su confianza ahora, porque su pago será grande.

36 Tengan paciencia, porque después de hacer lo que Dios quiere que hagan, recibirán de Dios lo que él les prometió.

37 Las escrituras dicen: "Dentro de poco, vendrá el que están buscando. No tardará.

38 Porque el que está bien con Dios vivirá por fe. Si alguien vuelve atrás, no estaré contento con él." Habacuc 2:3-4

39 Pero nosotros no somos de los que vuelven atrás, para perdernos, sino de los que tenemos fe, para salvarnos del castigo del pecado.

La fe

11 La fe es el estar seguros de que recibiremos lo que esperamos aunque no podamos verlo ahora.

2 Dios se mostró contento con los hombres quienes hace muchos años tuvieron fe.

3 Por la fe, comprendemos que el mundo fue hecho por la palabra de Dios. Las cosas que vemos se hicieron de lo que no podemos ver.

4 Porque Abel tenía fe, presentó a Dios una ofrenda de adoración mejor que la de Caín. Su ofrenda agradó a Dios. Abel estaba en paz con Dios y murió; pero su fe todavía nos habla.

31 The very worst thing that can happen to a man is to fall into the hands of the living God!

32 Remember how it was in those days after you heard the truth. You suffered much.

33 People laughed at you and beat you. When others suffered, you suffered with them.

34 You had living pity for those who were in prison. You had joy when your things were taken away from you. For you knew you would have something better in heaven which would last forever.

35 Do not throw away your trust, for your reward will be great.

36 You must be willing to wait without giving up. After you have done what God wants you to do, God will give you what He promised you.

37 The Holy Writings say: "In a little while, the One you are looking for will come. It will not be a long time now.

38 For the one right with God lives by faith. If anyone turns back, I will not be pleased with him." Habakkuk 2:3-4

39 We are not of those people who turn back and are lost. Instead, we have faith to be saved from the punishment of sin.

Faith

11 Now faith is being sure we will get what we hope for. It is being sure of what we cannot see.

2 God was pleased with the men who had faith who lived long ago.

3 Through faith we understand that the world was made by the Word of God. Things we see were made from what could not be seen.

4 Because Abel had faith, he gave a better gift in worship to God than Cain. His gift pleased God. Abel was right with God. Abel died, but by faith he is still speaking to us.

5 Enoc tenía fe, y Dios lo tomó de la tierra, sin morir. No pudo ser hallado, porque Dios se lo llevó. Las escrituras dicen cómo agradó a Dios antes de que se lo llevara.

6 Un hombre no puede agradar a Dios a menos que tenga fe. El que se acerca a Dios debe creer que Dios existe, y debe creer también que Dios da lo prometido a los que lo siguen buscando.

7 Porque Noé tenía fe, construyó un gran barco para su familia, pues Dios le dijo lo que iba a pasar. Escuchó a Dios y, por fe, obedeció. Su familia se salvó de la muerte porque construyó su barco. De esa manera, Noé le mostró al mundo lo pecador que era. Noé fue puesto bien con Dios por su fe en él.

8 Porque Abraham tenía fe, obedeció a Dios cuando le dijo que abandonara su casa. Tenía que ir a otras tierras que Dios prometió darle. Dejó su casa sin saber a dónde iba.

9 Su fe en Dios lo mantuvo viviendo como un extranjero en la tierra que Dios le había prometido. Isaac y Jacob recibieron la misma promesa, y todos vivían juntos en carpas.

10 Abraham buscaba a Dios y esperaba una ciudad con mejores cimientos, una ciudad planeada y construida por Dios.

11 Porque Sara tenía fe, pudo tener un hijo mucho después de pasar la edad en que podía tener hijos. Tenía fe para creer que Dios haría lo que había prometido.

12 Abraham era un hombre demasiado viejo para tener hijos; pero de él nació una familia con tantos miembros como estrellas hay en el cielo y granos de arena a la orilla del mar.

13 Todos ellos murieron teniendo fe en Dios; pero no recibieron lo que

5 Because Enoch had faith, he was taken up from the earth without dying. He could not be found because God had taken him. The Holy Writings tell how he pleased God before he was taken up.

6 A man cannot please God unless he has faith. Anyone who comes to God must believe that He is. That one must also know that God gives what is promised to the one who keeps on looking for Him.

7 Because Noah had faith, he built a large boat for his family. God told him what was going to happen. His faith made him hear God speak and he obeyed. His family was saved from death because he built the boat. In this way, Noah showed the world how sinful it was. Noah became right with God because of his faith in God.

8 Because Abraham had faith, he obeyed God when God called him to leave his home. He was to go to another country that God promised to give him. He left his home without knowing where he was going.

9 His faith in God kept him living as a stranger in the country God had promised to him. Isaac and Jacob had received the same promise. They all lived in tents together.

10 Abraham was looking to God and waiting for a city that could not be moved. It was a city planned and built by God.

11 Because Sarah had faith, she was able to have a child long after she was past the age to have children. She had faith to believe that God would do what He promised.

12 Abraham was too old to have children. But from this one man came a family with as many in it as the stars in the sky and as many as the sand by the sea.

13 These people all died having faith in God. They did not receive what God

Dios les había prometido. Podían mirar adelante, a todas las cosas que Dios les había prometido, y estaban contentos con ellas. Sabían que eran extranjeros aquí, que esta tierra no era su hogar.

14 Los que ven esas cosas demuestran estar buscando una tierra que es suya.

15 No piensan en la tierra de donde vienen. Si lo hicieran, podrían regresar.

16 Pero querían una tierra mejor. Así, Dios no se avergüenza de ser llamado su Dios y ha hecho una ciudad para ellos.

17 Porque Abraham tenía fe, cuando fue puesto a prueba, dio a su hijo Isaac como ofrenda sobre el altar de adoración. Dios le había prometido a Abraham que le daría un hijo. Sin embargo, Abraham estaba dispuesto a dar su propio hijo como ofrenda sobre el altar de adoración.

18 Dios le había dicho a Abraham: "Tu familia procederá de Isaac." Génesis 21:12

19 Abraham creía que Dios podía volver a la vida a Isaac. Así, podía decirse que Abraham lo recibió de vuelta de la muerte.

20 Porque Isaac tenía fe, dijo que el bien estaría sobre Jacob y Esaú en el futuro.

21 Porque Jacob tenía fe, dijo que el bien estaría sobre todos los hijos de José. Esto lo hizo Jacob cuando se estaba muriendo; usó su bastón para mantenerse en pie mientras oraba a Dios.

22 Porque José tenía fe, dijo que los judíos saldrían de la tierra de Egipto. José iba a morir pronto y les dijo que enterraran su cuerpo en la tierra a la que irían los judíos después.

23 Por la fe, los padres de Moisés lo escondieron durante tres meses después que él nació. Vieron que era un niño hermoso. No temieron al rey,

had promised to them. But they could see far ahead to all the things God promised and they were glad for them. They knew they were strangers here. This earth was not their home.

14 People who say these things show they are looking for a country of their own.

15 They did not think about the country they had come from. If they had, they might have gone back.

16 But they wanted a better country. And so God is not ashamed to be called their God. He has made a city for them.

17 Because Abraham had faith, when he was tested, he gave his son Isaac as a gift on the altar in worship. God had made a promise to Abraham that He would give him a son. And yet Abraham was willing to give his only son as a gift on the altar in worship.

18 God had said to Abraham: "Your family will come from Isaac." Genesis 21:12

19 Abraham believed God was able to bring Isaac back to life again. And so it may be said that Abraham did receive him back from death.

20 Because Isaac had faith, he said that good would come to Jacob and Esau in the future.

21 Because Jacob had faith, he said that good would come to each of Joseph's sons as he was dying. He used his walking stick to hold him up as he prayed to God.

22 Because Joseph had faith, he spoke of the Jews leaving the country of Egypt. He was going to die soon, and he told them to bury his body in the country where they were going.

23 Because of faith, Moses, after he was born, was hidden by his parents for three months. They saw that he was a beautiful child. They were not

cuando éste dijo que todos los niños recién nacidos debían morir.
24 Porque Moisés tenía fe, no quiso, cuando creció, que le llamaran hijo de la hija del Faraón.
25 Moisés prefirió sufrir con el pueblo de Dios, en lugar de gozar de comodidades, durante cierto tiempo, haciendo cosas pecaminosas.
26 Y toda la vergüenza que él sufrió por Cristo valía mucho más que todas las riquezas de los egipcios. Mantuvo los ojos fijos en el pago que iba a darle Dios.
27 Porque Moisés tenía fe, salió de Egipto. No temió el enojo del rey, no se apartó del camino recto, sino siguió viendo a Dios delante de él.
28 Porque Moisés tenía fe, les dijo a todos los judíos que pusieran sangre en sus puertas, para que el ángel del Señor pasara por alto sus cosas y no matara a sus hijos mayores.
29 Porque los judíos tenían fe, atravesaron el Mar Rojo, como si fuera tierra seca. Pero cuando trataron de pasar los egipcios, el agua los mató a todos.
30 Porque los judíos tenían fe, se cayeron las paredes de la ciudad de Jericó, después de que los judíos caminaron alrededor de la ciudad durante siete días.
31 Porque Rahab tenía fe, no tuvo que morir con los que no obedecían a Dios. Era una mujer que vendía el uso de su cuerpo, pero recibió y ayudó a los hombres que habían llegado en secreto para ver la tierra.

Hubo muchos otros que tuvieron fe en Dios

32 ¿Qué más puedo decir? No hay tiempo suficiente para hablar de Gedeón, Barac, Sansón, Jefté, David, Samuel y los antiguos predicadores de Dios.

afraid of the king when he said that all baby boys should be killed.
24 Because Moses had faith, he would not be called the son of Pharaoh's daughter when he grew up.
25 He chose to suffer with God's people instead of having fun doing sinful things for awhile.
26 Any shame that he suffered for Christ was worth more than all the riches in Egypt. He kept his eyes on the reward God was going to give him.
27 Because Moses had faith, he left Egypt. He was not afraid of the king's anger. Moses did not turn from the right way but kept seeing God in front of him.
28 Because Moses had faith, he told all the Jews to put blood over their doors. Then the ángel of death would pass over their houses and not kill their oldest sons.
29 Because the Jews had faith, they went through the Red Sea as if they were on dry ground. But when the people of Egypt tried to go through, they were all killed by the water.
30 Because the Jews had faith, the walls of the city of Jericho fell down after the Jews had walked around the city for seven days.
31 Because Rahab had faith, she was kept from being killed along with those who did not obey God. She was a woman who sold the use of her body. But she helped the men who had come in secret to look over the country.

There were many more who had faith in God

32 What more should I say? There is not enough time to tell of Gideon and of Barak and of Samson and of Jephthah and of David and of Samuel and of the early preachers.

33 Fue porque tenían fe que ganaron guerras sobre otras naciones. Eran buenos dirigentes. Recibieron cosas que Dios les prometió. Cerraron las bocas de los leones.

34 Detuvieron el fuego que estaba ardiendo. Se libraron de ser matados con cuchillos. Se recuperaron después de estar débiles y enfermos. Fueron fuertes en la guerra. Hicieron que los soldados de otros países regresaran corriendo a sus tierras.

35 Porque algunas mujeres tenían fe, recibieron a sus amados levantados de la muerte. Otros prefirieron ser golpeados, en lugar de que los dejaran libres, porque no querían volverse contra Dios. En esa manera, se levantarían para una vida mejor.

36 A algunos los insultaron; otros fueron golpeados; y, todavía otros, encadenados y puestos en prisión.

37 Los mataron a pedradas, los despedazaron, los sometieron a pruebas, los mataron a cuchillo, les hicieron vestirse con pieles de ovejas y cabras, no teniendo nada que pudieran llamar suyo. Pasaron hambre y estuvieron enfermos. Todos los trataban mal.

38 Caminaron por el desierto y por las montañas. Buscaron cuevas para vivir. Eran demasiado buenos para este mundo.

39 Su fe agradó a Dios; pero no recibieron lo que Dios había prometido.

40 Dios había planeado algo mejor para nosotros. Esos hombres no podrían ser completos aparte de nosotros.

Cristo el perfecto

12 Todas esas numerosas personas que tenían fe en Dios están ahora reunidas, mirándonos. Eliminemos de nuestras vidas todo lo que nos impide hacer lo que debemos. Sigamos

33 It was because these people had faith that they won wars over other countries. They were good leaders. They received what God promised to them. They closed the mouths of lions

34 and stopped fire that was burning. They got away from being killed with swords. They were made strong again after they had been weak and sick. They were strong in war. They made fighting men from other countries run home.

35 It was because some women had faith that they received their dead back to life. Others chose to be beaten instead of being set free, because they would not turn against God. In this way, they would be raised to a better life.

36 Others were talked against. Some were beaten. Some were put in chains and in prison.

37 They were killed by stones being thrown at them. People were cut in pieces. They were tested. They were killed with swords. They wore skins of sheep and goats and had nothing they could call their own. They were hungry and sick. Everyone was bad to them.

38 They walked around in deserts and in mountains. They looked for caves and holes in the earth to live in. They were too good for this world.

39 It was because of their faith that God was pleased with them. But they did not receive what God had promised.

40 God had planned something better for us. These men could not be made perfect without us.

Christ the perfect One

12 All these many people who have had faith in God are around us like a cloud. Let us put every thing out of our lives that keeps us from doing what we should. Let us

corriendo la carrera que Dios ha planeado para nosotros.
2 Sigamos mirando a Jesús. Nuestra
fe viene de él. Es él quien la hace perfecta, pues no se dio por vencido cuando tuvo que sufrir vergüenzas y morir
en una cruz. Conocía el gozo que tendría después y, ahora, está sentado a la
derecha de Dios.
3 Hombres pecadores dijeron palabras de odio contra Cristo, pero él
estaba listo a sufrir la vergüenza que
ellos le hicieron. Piensen en esto para
no cansarse ni ir atrás.
4 En nuestra lucha, ustedes todavía
no han tenido que luchar contra el
pecado con su sangre.
5 ¿Recuerdan lo que dijo Dios cuando los llamó sus hijos? Dijo: "Hijo mío,
pon atención cuando el Señor te castiga. No te desanimes cuando él te diga
lo que debes hacer.
6 Porque el Señor corrige a los que
ama y castiga a cualquiera que recibe
por hijo." Proverbios 3:11-12
7 No se den por vencidos cuando
sean castigados por Dios. Acepten el
castigo, sabiendo que Dios les está
enseñando como a un hijo. ¿Hay algún
padre que no castigue a su hijo a veces?
8 Si no son castigados como todos
los hijos, eso quiere decir que no son
verdaderos hijos de Dios, que no son
parte de su familia y que él no es su
Padre.
9 Recuerden que nuestros padres
en la tierra nos castigaban, y los res-
petábamos. ¿Por qué no obedecemos
mucho más a nuestro Padre que está
en el cielo? Así, viviremos.
10 Durante poco tiempo, nuestros
padres de la tierra nos castigaban cuando creían que debían hacerlo; pero Dios
nos castiga por nuestro bien, para que
seamos buenos como él es bueno.
11 En verdad, ningún castigo, cuando lo
recibimos, parece ser causa de alegría,

keep running in the race that God has
planned for us.
2 Let us keep looking to Jesus. Our
faith comes from Him and He is the
One Who makes it perfect. He did not
give up when He had to suffer shame
and die on a cross. He knew of the joy
that would be His later. Now He is sitting at the right side of God.
3 Sinful men spoke words of hate
against Christ. He was willing to take
such shame from sinners. Think of this
so you will not get tired and give up.
4 In your fight against sin, you have
not yet had to stand against sin with
your blood.
5 Do you remember what God said
to you when He called you His sons?
"My son, listen when the Lord punishes
you. Do not give up when He tells you
what you must do.
6 The Lord punishes everyone He
loves. He whips every son He receives."
Proverbs 3:11-12
7 Do not give up when you are
punished by God. Be willing to take it,
knowing that God is teaching you as
a son. Is there a father who does not
punish his son sometimes?
8 If you are not punished as all sons
are, it means that you are not a true
son of God. You are not a part of His
family and He is not your Father.
9 Remember that our fathers on
earth punished us. We had respect
for them. How much more should we
obey our Father in heaven and live?
10 For a little while our fathers on
earth punished us when they thought
they should. But God punishes us for
our good so we will be holy as He is
holy.
11 There is no joy while we are being
punished. It is hard to take, but later we

sino de tristeza. Pero más tarde, podemos ver el bien que vino por él. Y nos da la paz de estar bien con Dios.

12 Por lo cual, levanten las manos caídas y pónganse de pie, aunque las piernas sean débiles.

13 Caminen derecho hacia adelante. Que la pierna débil no se salga del camino, sino que se sane.

14 Estén en paz con todos los hombes. Lleven una vida santa, pues nadie verá al Señor, si no lleva esa clase de vida.

15 Procuren que ninguno se aparte del favor de Dios. Que no se levanten entre ustedes malos pensamientos sobre otros. Si lo hacen, muchos se volverán a una vida de pecado.

16 Ninguno de ustedes deberá caer en pecados del sexo, ni olvidarse de Dios, como lo hizo Esaú. Él tenía derecho de poseer todo lo que era de Isaac, porque era el hijo mayor. Pero le vendió el derecho a su hermano por un plato de comida.

17 Ya saben que después lo hubiera recibido todo; pero no lo obtuvo, ni cuando lo pidió con lágrimas. Era demasiado tarde para corregir lo malo que había hecho.

18 Porque ustedes no han llegado, como los judíos, a una montaña que no había de tocarse. No han llegado a adorar donde había fuego ardiendo, oscuridad, tormenta y viento,

19 donde se oyó el sonido de una trompeta y donde habló la voz de Dios. El pueblo se espantó. Pidió a Moisés que Dios dejara de hablarles.

20 No podían soportar el sonido de sus poderosas palabras. "Incluso si un animal viene a la montaña, debe morir." Éxodo 19:12

21 Lo que Moisés vio era de tal manera espantoso que dijo: "Estoy lleno de miedo y temblando." Deuteronomio 9:19

can see that good came from it. And it gives us the peace of being right with God.

12 So lift up your hands that have been weak. Stand up on your weak legs.

13 Walk straight ahead so the weak leg will not be turned aside, but will be healed.

14 Be at peace with all men. Live a holy life. No one will see the Lord without having that kind of life.

15 See that no one misses God's loving favor. Do not let wrong thoughts about others get started among you. If you do, many people will be turned to a life of sin.

16 None of you should fall into sex sins or forget God like Esau did. He had a right to get all Isaac had because he was the oldest son. But for one plate of food he sold this right to his brother.

17 You know that later he would have received everything. But he did not get it even when he asked for it with tears. It was too late to make right the wrong he had done.

18 For you have not come close to a mountain that you can touch. You have not come to worship where there is burning fire and darkness and storm and wind.

19 The sound of a horn was heard and God's voice spoke. The people cried out to Moses to have God stop speaking to them.

20 They could not stand to listen to His strong words: "Even if an animal comes to the mountain, it must be killed." Exodus 19:12

21 What Moses saw was so hard to look at that he said: "I am full of fear and am shaking." Deuteronomy 9:19

22 En lugar de todo eso, ustedes han llegado al monte de Jerusalén, que es la ciudad del Dios vivo. Es la Jerusalén del cielo, con sus miles de ángeles.

23 Se han reunido allí con los hijos de Dios que nacieron hace mucho tiempo y que son ciudadanos del cielo. Dios está allí y dirá a todos los hombres quiénes son culpables y quiénes no. También están allí los espíritus de todos los que están en paz con Dios y han sido hechos perfectos.

24 Está allí Jesús. Él hizo el camino para que el hombre llegue a Dios. Él dio su sangre para que los hombres pudieran adorar a Dios por el nuevo acuerdo. La sangre de Jesús habla de cosas mejores que la sangre de Abel.

25 No dejen de escuchar al que les habla. Los judíos no obedecieron cuando se les dio la ley judía en la tierra. Y no escaparon sino que fueron castigados. Nosotros seremos castigados todavía más, si no escuchamos a Dios cuando nos habla del cielo.

26 En el Monte Sinaí, la voz de Dios hizo que temblara la tierra; pero ahora ha dicho: "Una vez más sacudiré la tierra y los cielos." Éxodo 19:18

27 Cuando Dios dice: "Una vez más", quiere decir que quitará de este mundo todo lo que pueda ser sacudido, para que queden las cosas que no pueden sacudirse.

28 Estemos agradecidos porque hemos recibido un reino que no puede moverse. Agrademos a Dios y adorémosle con honra y temor.

29 Nuestro Dios es un fuego que lo destruye todo.

La vida cristiana

13 Ámense unos a otros como hermanos cristianos.

2 No se olviden de ser amables con los extranjeros. Permítanles quedarse

22 But instead, you have come to the mountain of Jerusalem. It is the city of the living God. It is the Jerusalem of heaven with its thousands of angels.

23 You have gathered there with God's children who were born long ago. They are citizens of heaven. God is there. He will judge all men. The spirits of all those right with God are there. They have been made perfect.

24 Jesus is there. He has made a way for man to go to God. He gave His blood that men might worship God the New Way. The blood of Jesus tells of better things than that which Abel used.

25 Be sure you listen to the One Who is speaking to you. The Jews did not obey when God's Law was given to them on earth. They did not go free. They were punished. We will be punished more if we do not listen to God as He speaks from heaven.

26 On Mount Sinai, God's voice shook the earth. But now He has promised, saying: "Once more I will shake the earth and the heavens." Exodus 19:18

27 When God says: "Once more," He means He will take away everything of this world that can be shaken so the things that cannot be shaken will be left.

28 Since we have received a holy nation that cannot be moved, let us be thankful. Let us please God and worship Him with honor and fear.

29 For our God is a fire that destroys everything.

Christian living

13 Keep on loving each other as Christian brothers.

2 Do not forget to be kind to strangers and let them stay in your home.

en su casa, pues hay algunos que así han tenido a ángeles en sus casas, sin saberlo.

3 Acuérdense de los que están en prisión, como si ustedes estuvieran también presos con ellos. Recuerden a los que están sufriendo por lo que otros les hicieron. Ustedes pueden sufrir en la misma manera.

4 El matrimonio deberá ser respetado por todos. Dios castigará a los que cometen pecados del sexo y no son fieles en el matrimonio.

5 Que estén ustedes libres del amor al dinero y contentos con lo que tienen. Dios ha dicho: "No te abandonaré, ni te dejaré solo." Deuteronomio 31:6

6 De tal manera que podemos decir: "El Señor me ayuda y no temeré nada que los hombres puedan hacerme." Salmo 118:6

7 Recuerden a sus dirigentes que fueron los primeros en hablarles de la palabra de Dios. Piensen en su conducta. Confíen en Dios como ellos.

8 Jesucristo es el mismo ayer, hoy y para siempre.

9 No dejen que enseñanzas falsas los lleven al mal camino. Es bueno fortalecer el corazón en el favor de Dios. La comida no fortalece nuestros corazones. Los que obedecen las leyes que prohíben comer ciertos alimentos no reciben ayuda por ello.

10 Tenemos un altar del que no pueden comer los que sirven en el antiguo lugar de adoración.

11 El principal dirigente religioso lleva la sangre de los animales al lugar santo para ofrecerla sobre el altar por los pecados; pero los cuerpos de los animales se queman fuera de la ciudad.

12 Es lo mismo con Jesús. Sufrió y murió fuera de la ciudad, para que su sangre limpiara al pueblo del pecado.

Some people have had angels in their homes without knowing it.

3 Remember those in prison. Think of them as if you were in prison with them. Remember those who are suffering because of what others have done to them. You may suffer in the same way.

4 Marriage should be respected by everyone. God will punish those who do sex sins and are not faithful in marriage.

5 Keep your lives free from the love of money. Be happy with what you have. God has said: "I will never leave you or let you be alone." Deuteronomy 31:6

6 So we can say for sure: "The Lord is my Helper. I am not afraid of anything man can do to me." Psalm 118:6

7 Remember your leaders who first spoke God's Word to you. Think of how they lived, and trust God as they did.

8 Jesus Christ is the same yesterday and today and forever.

9 Do not let the many strange teachings lead you in the wrong way. Our hearts are made strong by God's loving favor. Food does not make our hearts strong. Those who obey laws about eating certain foods are not helped by them.

10 We have an altar from which those who work in the place of worship have no right to eat.

11 The head religious leader takes the blood of animals into the holy place to give it on the altar for sins. But the bodies of the animals are burned outside the city.

12 It was the same with Jesus. He suffered and died outside the city so His blood would make the people clean from sin.

13 Salgamos pues con él, fuera de la
ciudad, llevando su vergüenza.
14 Porque no hay ninguna ciudad aquí
en la tierra que dure para siempre.
Buscamos la que está por venir.
15 Démosle siempre gracias a Dios
por Jesucristo. Nuestra ofrenda a él es
darle gracias. Nuestros labios deben
siempre darle gracias a su nombre.
16 Acuérdense de hacer el bien y ayu-
darse unos a otros. Esas ofrendas agradan a Dios.
17 Obedezcan a sus dirigentes y hagan
lo que les dicen: pues ellos velan por las
almas de ustedes. Tienen que decirle a
Dios lo que han hecho. Deben hacerlo
con alegría y no con tristeza. Si están
tristes, eso no les ayudará.
18 Oren por nosotros, porque nuestros corazones nos dicen que estamos
en lo justo y siempre queremos hacer
cosas correctas.
19 Oren por mí todavía más, para que
pueda ir pronto a ustedes.
20 Y el Dios de paz que levantó de
entre los muertos a nuestro Señor
Jesucristo, el gran pastor de las ovejas, quien con su sangre hizo el nuevo
acuerdo que durará para siempre,
21 Les dé todas las cosas buenas que
necesitan, para que puedan hacer lo
que él quiere. Que Dios haga en nosotros todo lo que le agrade por Jesucristo, al cual sea gloria por los siglos de los
siglos. Así sea.
22 Hermanos, les ruego que escuchen
estas palabras que les ayudarán. Esta
ha sido una carta breve.
23 Quiero que sepan que Timoteo
está fuera de la prisión. Si viene pronto, lo llevaré conmigo cuando vaya a
verlos.
24 Saluden a todos sus dirigentes y a
todos los que pertenecen a Cristo. Los
cristianos del país de Italia los saludan.
25 El favor de Dios sea con todos
ustedes. Así sea.

13 So let us go to Him outside the city
to share His shame.
14 For there is no city here on earth
that will last forever. We are looking
for the one that is coming.
15 Let us give thanks all the time to
God through Jesus Christ. Our gift to
Him is to give thanks. Our lips should
always give thanks to His name.
16 Remember to do good and help
each other. Gifts like this please God.
17 Obey your leaders and do what
they say. They keep watch over your
souls. They have to tell God what they
have done. They should have joy in this
and not be sad. If they are sad, it is no
help to you.
18 Pray for us. Our hearts tell us we
are right. We want to do the right thing
always.
19 Pray for me all the more so that I
will be able to come to you soon.
20 God is a God of peace. He raised
our Lord Jesus from the dead. Jesus is
the Good Shepherd of the sheep. His
blood made the New Way of Worship
which will last forever.
21 May God give you every good
thing you need so you can do what He
wants. May He do in us what pleases
Him through Jesus Christ. May Christ
have all the shining greatness forever!
Let it be so.
22 Christian brothers, I beg of you to
listen to these words that will help you.
This has been a short letter.
23 I want you to know that Timothy
is out of prison. If he comes soon, I will
bring him with me when I come to see
you.
24 Greet all of your leaders and to all
those who belong to Christ. The Christians from the country of Italy greet you.
25 May all of you have God's loving
favor. Let it be so.

Santiago

1 Esta carta es de Santiago. Soy un obrero de Dios y del Señor Jesucristo. Saludo a los doce grupos de familias de la nación judía que viven en muchas partes del mundo.

Tengan esperanza cuando las pruebas lleguen

2 Mis hermanos en Cristo, Deben estar felices cuando les lleguen toda clase de pruebas.

3 Sepan, pues, que esto probará su confianza. Les ayudará a no darse por vencidos.

4 Aprendan bien a esperar y serán fuertes y completos. No les hará falta nada.

5 Pero, si le falta a alguien buen entendimiento, pídaselo a Dios, que él se lo dará. Está siempre listo a darlo, y nunca dice que no deben pedir.

6 Pero deben tener confianza cuando le pidan. No deben dudar. El que duda es como una ola que es llevada por el viento por todas partes en el mar.

7 Así, uno no recibirá nada del Señor.

8 La persona que todo el tiempo está cambiando su modo de pensar cambia también su conducta. Es inestable.

9 Un hermano en Cristo que tiene pocas riquezas en este mundo debe estar contento con lo que tiene. Él es grande en los ojos de Dios.

10 Pero el hombre rico debe estar feliz aunque pierda todo lo que tiene. Él es como una flor que morirá.

11 El sol sale con calor que quema, el pasto se seca y la flor se cae. Ya no es hermosa. El rico morirá y sus riquezas se irán.

James

1 This letter is from James. I am a servant owned by God and the Lord Jesus Christ. I greet the twelve family groups of the Jewish nation living in many parts of the world.

Take hope when tests come

2 My Christian brothers, you should be happy when you have all kinds of tests.

3 You know these prove your faith. It helps you not to give up.

4 Learn well how to wait so you will be strong and complete and in need of nothing.

5 If you do not have wisdom, ask God for it. He is always ready to give it to you and will never say you are wrong for asking.

6 You must have faith as you ask Him. You must not doubt. Anyone who doubts is like a wave which is pushed around by the sea.

7 Such a man will get nothing from the Lord.

8 The man who has two ways of thinking changes in everything he does.

9 A Christian brother who has few riches of this world should be happy for what he has. He is great in the eyes of God.

10 But a rich man should be happy even if he loses everything. He is like a flower that will die.

11 The sun comes up with burning heat. The grass dries up and the flower falls off. It is no longer beautiful. The rich man will die also and all his riches will be gone.

12 El hombre que no se desespera cuando las pruebas llegan es feliz, porque cuando las pruebas pasen recibirá el premio de vida. Dios así lo ha prometido a aquellos que le aman.

Dios no nos provoca a pecar

13 Cuando sean provocados a hacer el mal, nunca digan: "Dios me provocó a hacer el mal." Dios no puede ser tentado, y él nunca provoca a nadie al mal.
14 Un hombre es atraído a hacer el mal cuando permite que sus malos pensamientos lo aconsejen.
15 Y cuando hace lo que sus malos pensamientos le aconsejan, peca. Y cuando el pecado hace su trabajo, trae la muerte.
16 Mis hermanos en Cristo, no se engañen con esto.
17 Todo lo bueno y lo perfecto nos viene de Dios. Él hizo la luz. Él nunca cambia. No hace sombra al moverse.
18 Él nos ha dado vida nueva por la verdad de su palabra. Ha querido que seamos los primeros hijos de su familia.
19 Hermanos queridos, ustedes saben que todos debemos escuchar mucho, hablar poco y ser lentos para enojarnos.
20 Pues un hombre enojado no puede estar bien con Dios.
21 Saquen de su vida todo lo que sea sucio y malo. Reciban con corazón humilde la palabra que les ha sido enseñada. Esa palabra tiene el poder de salvarlos del castigo del pecado.
22 Obedezcan la palabra de Dios, pues si sólo la oyen y no hacen nada, se están engañando.
23 Cualquiera que oye la palabra de Dios y no la obedece, es como un hombre viendo su cara en un espejo.
24 Después de que se ve, se va, y olvida cómo es.

12 The man who does not give up when tests come is happy. After the test is over, he will receive the crown of life. God has promised this to those who love Him.

God does not tempt us

13 When you are tempted to do wrong, do not say: "God is tempting me." God cannot be tempted. He will never tempt anyone.
14 A man is tempted to do wrong when he lets himself be led by what his bad thoughts tell him to do.
15 When he does what his bad thoughts tell him to do, he sins. When sin completes its work, it brings death.
16 My Christian brothers, do not be fooled about this.
17 Whatever is good and perfect comes to us from God. He is the One Who made all light. He does not change. No shadow is made by His turning.
18 He gave us our new lives through the truth of His Word only because He wanted to. We are the first children in His family.
19 My Christian brothers, you know everyone should listen much and speak little. He should be slow to become angry.
20 A man's anger does not allow him to be right with God.
21 Put out of your life all that is unclean and wrong. Receive with a gentle spirit the Word that was taught. It has the power to save your souls from the punishment of sin.
22 Obey the Word of God. If you hear only and do not act, you are only fooling yourself.
23 Anyone who hears the Word of God and does not obey is like a man looking at his face in a mirror.
24 After he sees himself and goes away, he forgets what he looks like.

25 Pero aquel que se mantiene dentro de la perfecta ley de Dios y no se olvida de hacer lo que ésta le dice es muy feliz porque la está cumpliendo. La palabra de Dios hace al hombre libre.

26 Si una persona piensa que es religiosa pero no cuida su lengua de hablar malas palabras, se está engañando. Su religión no vale nada.

27 La religión que es pura y buena delante de Dios es esta. Ayudar a los niños que no tienen padres y cuidar a las viudas que tienen problemas. La verdadera religión es también guardar la vida limpia, pura del pecado y de las cosas malas del mundo.

El rico y el pobre

2 Mis hermanos cristianos, nuestro Señor Jesucristo es Señor de brillante grandeza. Y ya que su confianza está en él, no den a una persona más importancia que a otra.

2 ¿Qué pasa cuando un hombre llega a la iglesia usando anillo de oro y buena ropa, y al mismo tiempo, un hombre pobre llega vestido con ropa vieja?

3 ¿Por qué muestran más respeto para el hombre con ropa fina? Si le dicen al rico: "Ven, siéntate en este buen lugar", pero dicen al pobre: "Tú párate allá" o "Siéntate en el suelo a mis pies,"

4 ¿no están pensando que uno es más importante que el otro? Estas cosas son pecado.

5 Escuchen, mis queridos hermanos: Dios ha escogido a esos que son pobres, porque no tienen nada de este mundo, para ser ricos en fe. El reino de los cielos es de ellos. Esto es lo que Dios prometió a los que le aman.

6 No eres atento con el hombre pobre. Pero, ¿no es el rico el que te molesta y te lleva ante los que castigan?

7 Ellos hablan en contra del nombre de Cristo, y fue Cristo quien te ha llamado.

25 But the one who keeps looking into God's perfect Law and does not forget it will do what it says and be happy as he does it. God's Word makes men free.

26 If a person thinks he is religious, but does not keep his tongue from speaking bad things, he is fooling himself. His religion is worth nothing.

27 Religion that is pure and good before God the Father is to help children who have no parents and to care for women whose husbands have died who have troubles. Pure religion is also to keep yourself clean from the sinful things of the world.

The rich and the poor

2 My Christian brothers, our Lord Jesus Christ is the Lord of shining-greatness. Since your trust is in Him, do not look on one person as more important than another.

2 What if a man comes into your church wearing a gold ring and good clothes? And at the same time a poor man comes wearing old clothes.

3 What if you show respect to the man in good clothes and say: "Come and sit in this good place"? But if you say to the poor man: "Stand up over there," or "Sit on the floor by my feet,"

4 are you not thinking that one is more important than the other? This kind of thinking is sinful.

5 Listen, my dear Christian brothers, God has chosen those who are poor in the things of this world to be rich in faith. The holy nation of heaven is theirs. That is what God promised to those who love Him.

6 You have not shown respect to the poor man. Is it not the rich men who make it hard for you and take you to court?

7 They speak against the name of Christ. And it was Christ Who called you.

8 Hacen bien en obedecer lo que las sagradas escrituras dicen: "Ama a tu vecino como te amas a ti mismo."

9 Pero si consideran a un hombre más importante que a otro están pecando, y la ley dice que quien esto hace es pecador.

Obedece toda la ley

10 Si obedecen toda la ley, pero faltan en un mandamiento, son tan culpables como quien ha desobedecido en todos.

11 Porque aquel que dijo: "No pequen en cosas de la carne," dijo también: "No mates". Así que, si no pecan en cosas carnales pero matan a alguien, son culpables de desobedecer la ley.

12 Ustedes deben hablar y portarse como gente que va a ser probada como culpable o inocente por la ley que hace al hombre libre.

13 Cualquiera que no muestra su amor a otros, no recibirá amor de nadie cuando se le diga que es culpable. Pero si muestran amor, Dios los amará cuando los llame culpables.

La fe sin frutos es muerta

14 Mis hermanos cristianos, ¿qué bien hacen cuando dicen que tienen fe, pero no hacen cosas que prueban que tienen fe? ¿Puede esa clase de fe salvarlos de la pena del pecado?

15 ¿Qué pasa si un hermano cristiano no tiene ropa ni comida,

16 y uno de ustedes le dice: "Adiós, que te vaya bien, tápate del frío y come bien"? Pero si no le dan lo que necesite, ¿en qué le han ayudado?

17 La fe que no se demuestra haciendo algo bueno es una fe muerta.

18 Alguien puede decir: "Tú tienes fe y yo hago el bien." Pero yo le digo: Muéstrame tu fe, cuando no haces nada si puedes. Yo te mostraré que yo tengo fe haciendo el bien.

8 You do well when you obey the Holy Writings which say: "You must love your neighbor as you love yourself."

9 But if you look on one man as more important than another, you are sinning. And the Law says you are sinning.

Keep the whole law

10 If you obey all the Laws but one, you are as guilty as the one who has broken them all.

11 The One Who said: "You must not do any sex sins," also said: "You must not kill another person." If you do no sex sins but kill someone, you are guilty of breaking the Law.

12 Keep on talking and acting as people who will be told they are guilty or not by the Law that makes men free.

13 Anyone who shows no loving kindness will have no loving kindness shown to him when he is told he is guilty. But if you show loving kindness, God will show loving kindness to you when you are told you are guilty.

Faith without works is dead

14 My Christian brothers, what good does it do if you say you have faith but do not do things that prove you have faith? Can that kind of faith save you from the punishment of sin?

15 What if a Christian does not have clothes or food?

16 And one of you says to him: "Goodbye, keep yourself warm and eat well." But if you do not give him what he needs, how does that help him?

17 A faith that does not do things is a dead faith.

18 Someone may say: "You have faith, and I do things. Prove to me you have faith when you are doing nothing. I will prove to you I have faith by doing things."

19 Tú crees que hay un solo Dios. Está bien. Pero también los espíritus malos creen esto y porque lo creen, tiemblan.
20 ¡Pero tú, hombre tonto! Te he mostrado que la fe sin hacer el bien no sirve para nada.
21 ¿No fue nuestro padre Abraham aceptado por Dios por lo que hizo? Él obedeció a Dios, y puso a su hijo Isaac en el altar de adoración para morir.
22 Ya ves que en el caso de Abraham su fe se demostró con lo que hizo. Su fe llegó a ser completa por lo que hizo.
23 Esto pasó como decían las sagradas escrituras: "Abraham creyó a Dios y Dios lo aceptó. Y Abraham fue llamado amigo de Dios."

24 El hombre es aceptado por Dios por lo que hace y no sólo por lo que cree.
25 Lo mismo pasó con Rahab la mujer que vendía su cuerpo. Ella fue aceptada por Dios porque ayudó a los hombres enviados a ver el país y les ayudó a escapar por otro camino.

26 El cuerpo está muerto cuando no hay espíritu en él. Esto pasa también con la fe. La fe está muerta si no se hace el bien.

El poder de la lengua

3 Mis hermanos en Cristo, no debe haber entre ustedes muchos que se hagan maestros, porque si hacemos el mal, se nos culpará más que a otros que no son maestros.
2 Todos cometemos muchos errores. Si alguno no hace ningún error al hablar es un hombre perfecto que puede también dominar todo su cuerpo.

3 Podemos hacer que el caballo vaya a donde queremos, poniéndole un pequeño freno en la boca. Manejamos así todo su cuerpo.

19 You believe there is one God. That is good! But even the demons believe that, and because they do, they shake.
20 You foolish man! Do I have to prove to you that faith without doing things is of no use?
21 Was not our early father Abraham right with God by what he did? He obeyed God and put his son Isaac on the altar to die.
22 You see his faith working by what he did and his faith was made perfect by what he did.
23 It happened as the Holy Writings said it would happen. They say: "Abraham put his trust in God and he became right with God." He was called the friend of God.
24 A man becomes right with God by what he does and not by faith only.

25 The same was true with Rahab, the woman who sold the use of her body. She became right with God by what she did in helping the men who had been sent to look through the country and sent them away by another road.
26 The body is dead when there is no spirit in it. It is the same with faith. Faith is dead when nothing is done.

The power of the tongue

3 My Christian brothers, not many of you should become teachers. If we do wrong, it will be held against us more than other people who are not teachers.
2 We all make many mistakes. If anyone does not make a mistake with his tongue by saying the wrong things, he is a perfect man. It shows he is able to make his body do what he wants it to do.
3 We make a horse go wherever we want it to go by a small bit in its mouth. We turn its whole body by this.

4 Los barcos son llevados por fuertes vientos, pero el que los maneja los mueve con un pequeño timón hacia donde quiere que vayan.

5 La lengua es también una parte pequeña del cuerpo pero puede hacer grandes cosas. Un pequeño fuego puede incendiar un bosque.

6 Y la lengua es un fuego. Está llena de mentiras y envenena a todo el cuerpo. La lengua enciende nuestra vida con fuego, fuego que viene del infierno.

7 El hombre puede domar a toda clase de animales, como pájaros, pescados y víboras, y hacer que ellos hagan lo que él quiere.

8 Pero ningún hombre puede domar su lengua. Es un mal que no descansa. Está llena de veneno que mata.

9 Con nuestra lengua damos gracias a nuestro Padre del cielo y, con la misma lengua, insultamos a los hombres que están hechos como Dios.

10 Con la misma lengua damos gracias y maldecimos. Mis queridos hermanos, esto no está bien.

11 ¿Puede un pozo de agua dar agua buena y agua mala al mismo tiempo?

12 ¿Puede un árbol de higos dar aceitunas? O, ¿puede una planta de uvas dar higos? Pues tampoco un manantial puede dar agua dulce y salada al mismo tiempo.

Sabiduría del cielo

13 ¿Quién de entre ustedes es sabio y entendido? Demuéstrelo con una vida buena y por las cosas que hace, por lo que es sabio y manso.

14 Pero si tienen envidia en su corazón y pelean por tener muchas cosas, no sientan orgullo de esto. No mientan contra la verdad.

15 Esta no es la clase de sabiduría que viene de Dios. Esta sabiduría viene del

4 Sailing ships are driven by strong winds. But a small rudder turns a large ship whatever way the man at the wheel wants the ship to go.

5 The tongue is also a small part of the body, but it can speak big things. See how a very small fire can set many trees on fire.

6 The tongue is a fire. It is full of wrong. It poisons the whole body. The tongue sets our whole lives on fire with a fire that comes from hell.

7 Men can make all kinds of animals and birds and fish and snakes do what they want them to do.

8 But no man can make his tongue say what he wants it to say. It is sinful and does not rest. It is full of poison that kills.

9 With our tongue we give thanks to our Father in heaven. And with our tongue we speak bad words against men who are made like God.

10 Giving thanks and speaking bad words come from the same mouth. My Christian brothers, this is not right!

11 Does a well of water give good water and bad water from the same place?

12 Can a fig tree give olives or can a grapevine give figs? A well does not give both good water and bad water.

Wisdom from above

13 Who among you is wise and understands? Let that one show from a good life by the things he does that he is wise and gentle.

14 If you have jealousy in your heart and fight to have many things, do not be proud of it. Do not lie against the truth.

15 This is not the kind of wisdom that comes from God. But this wisdom

mundo, de lo que no es cristiano y del diablo.

16 Dondequiera que encuentren envidias y pleitos, encontrarán problemas y toda clase de maldad.

17 Pero el entendimiento que viene de Dios primero que todo es puro, luego de paz, es paciente y dispuesto a obedecer. Está lleno de compasión y hace el bien. No tiene dudas y no pretende ser lo que no es.

18 Aquellos que plantan la semilla de la paz, cosecharán lo que es bueno y recto.

4 ¿Qué es lo que causa guerras y pleitos entre ustedes? ¿No será porque quieren muchas cosas y pelean para conseguirlas?

2 Quieren algo que no tienen, y por eso matan. Quieren algo que no pueden conseguir, y por eso pelean. No tienen las cosas porque no las piden a Dios.

3 O, si piden y no reciben, es porque no saben pedir, y las razones por las que piden están equivocadas. Sólo quieren estas cosas para gastarlas en placeres.

4 Son como esposos y esposas que no son fieles. Pecan, haciendo acto sexual con otros. ¿No saben que el amar las cosas del mundo y ser amigos de ellas es estar contra Dios? Sí, y lo digo otra vez, si son amigos del mundo, son enemigos de Dios.

5 ¿Creen que las sagradas escrituras dicen en vano que "el Santo Espíritu que Dios ha puesto en nuestras vidas quiere celosamente que le seamos fieles a él"? Éxodo 20:5

6 Pero él nos da más favor bondadoso, porque las sagradas escrituras dicen: "Dios está en contra del orgulloso, pero ayuda con su bondad a los humildes." Proverbios 3:34

comes from the world and from that which is not Christian and from the devil.

16 Wherever you find jealousy and fighting, there will be trouble and every other kind of wrongdoing.

17 But the wisdom that comes from heaven is first of all pure. Then it gives peace. It is gentle and willing to obey. It is full of loving kindness and of doing good. It has no doubts and does not pretend to be something it is not.

18 Those who plant seeds of peace will gather what is right and good.

4 What starts wars and fights among you? Is it not because you want many things and are fighting to have them?

2 You want something you do not have, so you kill. You want something but cannot get it, so you fight for it. You do not get things because you do not ask for them.

3 Or if you do ask, you do not receive because your reasons for asking are wrong. You want these things only to please yourselves.

4 You are as wives and husbands who are not faithful in marriage and do sex sins. Do you not know that to love the sinful things of the world and to be a friend to them is to be against God? Yes, I say it again, if you are a friend of the world, you are against God.

5 Do you think the Holy Writings mean nothing when they said: "The Holy Spirit Whom God has given to live in us has a strong desire for us to be faithful to Him"? Exodus 20:5

6 But He gives us more loving favor. For the Holy Writings say: "God works against the proud but gives loving favor to those who have no pride."
Proverbs 3:34

7 Por esto, den su vida a Dios, resistan al diablo, y éste huirá de ustedes.

8 Vengan, acérquense a Dios, y él se
acercará a ustedes. ¡Lávense las manos,
pecadores! Limpien sus corazones
aquellos que quieran seguir los caminos
del mundo y a Dios al mismo tiempo.
9 Pónganse tristes y lloren por sus
pecados. Laméntense y no rían. Dejen
que su alegría se cambie en tristeza.
10 Sométanse humildemente ante el
Señor; entonces él los levantará y los
ayudará.

No hablen en contra de otros

11 Queridos hermanos, no hablen en
contra de otros, ni insulten a sus hermanos. Si una persona habla mal de
su hermano, está hablando en contra
de sí misma y hablará contra la ley de
Dios. Y si dicen que la ley no sirve y no
la obedecen, dan a entender que son
mejores que la ley.
12 Sólo Dios puede decir lo que está
bien y lo que está mal. Pues él hizo la ley.
Sólo él puede salvar o destruir. ¿Cómo
podemos nosotros decir si nuestro hermano hace el bien o el mal?
13 Escuchen bien aquellos que dicen:
"Hoy o mañana, iremos a aquella ciudad. Viviremos allí un año y ganaremos
mucho dinero."
14 Ustedes no saben qué pasará
mañana. ¿Qué es tu vida? Es como la
niebla que se ve ahora, y de pronto se
va.
15 Lo que deben decir es: "Si el Señor
quiere, viviremos y haremos esto o
aquello."
16 Pero en lugar de eso ustedes son
orgullosos, hablan fuerte y muy seguros de ustedes mismos. Todo ese orgullo es pecado.
17 Y si saben lo que es bueno hacer, y
no lo hacen, están pecando.

7 So give yourselves to God. Stand
against the devil and he will run away
from you.
8 Come close to God and He will
come close to you. Wash your hands,
you sinners. Clean up your hearts, you
who want to follow the sinful ways of
the world and God at the same time.
9 Be sorry for your sins and cry because
of them. Be sad and do not laugh. Let
your joy be turned to sorrow.
10 Let yourself be brought low before
the Lord. Then He will lift you up and
help you.

Do not talk against each other

11 Christian brothers, do not talk
against anyone or speak bad things
about each other. If a person says bad
things about his brother, he is speaking against him. And he will be speaking
against God's Law. If you say the Law
is wrong, and do not obey it, you are
saying you are better than the Law.
12 Only God can say what is right or
wrong. He made the Law. He can save
or put to death. How can we say if our
brother is right or wrong?
13 Listen! You who say: "Today or
tomorrow we will go to this city and
stay a year and make money."
14 You do not know about tomorrow.
What is your life? It is like fog. You see it
and soon it is gone.
15 What you should say is: "If the Lord
wants us to, we will live and do this or
that."
16 But instead you are proud. You talk
loud and big about yourselves. All such
pride is sin.
17 If you know what is right to do but
you do not do it, you sin.

5 ¡Escuchen hombres ricos! Lloren por las desgracias que les van a venir.

2 Sus riquezas no valen nada. Su ropa fina está llena de agujeros.

3 Su oro y plata están oxidados, y esas manchas de óxido hablarán contra ustedes. Comerán su carne, como si fuera fuego. Pues han guardado riquezas para los últimos días.

4 ¡Escuchen! Los hombres que trabajan en sus campos lloran contra ustedes, porque no les han pagado bien su trabajo. Sus llantos han sido oídos por el Señor. Él siempre oye a su gente.

5 Ustedes han tenido todas las cosas, mientras han vivido en la tierra y las han gozado. Se han engordado como ganado y están listos para la matanza.

6 Ustedes han matado al inocente que está en paz con Dios, y él no se ha resistido.

El Señor vendrá otra vez

7 Hermanos en Cristo, esperen tranquilos hasta que vuelva el Señor. Aprendan del campesino. Él espera el buen fruto de la tierra hasta que las primeras y las últimas lluvias caen.

8 Ustedes deben ser pacientes en esperar también. Sean fuertes en sus corazones porque el Señor vendrá pronto.

9 No se quejen unos de otros, hermanos cristianos. Así no serán culpables. Miren, el Señor está ya a la puerta.

10 Vean cómo los antiguos predicadores hablaron de Dios y fueron ejemplos de sufrimiento y de paciencia.

11 Pensamos en aquellos que tuvieron confianza en él y fueron felices, aun en medio de su sufrimiento. Han oído de lo mucho que tuvo que esperar y sufrir Job, y saben lo que el Señor hizo por él al fin. El Señor está lleno de amor y compasión.

5 Listen, you rich men! Cry about the troubles that will come to you.

2 Your riches are worth nothing. Your fine clothes are full of moth holes.

3 Your gold and silver have rusted. Their rust will speak against you and eat your flesh like fire. You have saved riches for yourselves for the last days.

4 See! The men working in your fields are crying against you because you have kept back part of their pay. Their cries have been heard by the Lord Who hears His people.

5 You have had everything while you lived on the earth and have enjoyed its fun. You have made your hearts fat and are ready to be killed as an animal is killed.

6 You have killed men who are right with God who were not making it hard for you.

The Lord will come again

7 Christian brothers, be willing to wait for the Lord to come again. Learn from the farmer. He waits for the good fruit from the earth until the early and late rains come.

8 You must be willing to wait also. Be strong in your hearts because the Lord is coming again soon.

9 Do not complain about each other, Christian brothers. Then you will not be judged. See! The Judge is standing at the door.

10 See how the early preachers spoke for the Lord by their suffering and by being willing to wait.

11 We think of those who stayed true to Him as happy even though they suffered. You have heard how long Job waited. You have seen what the Lord did for him in the end. The Lord is full of loving kindness and pity.

12 Mis hermanos cristianos, no juren. No usen el cielo o la tierra ni ninguna cosa para jurar. Si dicen sí, digan sólo sí. Si dicen no, digan sólo no. Porque serán culpables, si dicen algo más.

El poder de la oración para sanar

13 ¿Hay alguien entre ustedes que está sufriendo? Debe orar. ¿Está alguien feliz? Debe cantar cantos de agradecimiento a Dios.

14 ¿Hay alguien que está enfermo? Debe llamar a los dirigentes de la iglesia para que oren por él, y que le echen aceite, en el nombre del Señor.

15 La oración que se hace confiando en que Dios la oirá sanará al enfermo. El Señor lo levantará, y si tiene pecados le serán perdonados.

16 Confiesen sus pecados unos a otros y pidan a Dios unos por otros, para que sean sanados. Pues la oración del hombre que está bien con Dios tiene mucho poder.

17 Elías fue un hombre como nosotros. Pidió a Dios que no lloviera y no llovió en la tierra por tres años y medio.

18 Después pidió a Dios que lloviera, y llovió tanto que los campos en toda la tierra dieron fruto.

Traigan a Dios a aquellos que están perdidos en el pecado

19 Mis hermanos en Cristo, si alguno de ustedes se ha alejado de la verdad y alguien lo hace volver,

20 esa persona debe saber que al haber ayudado a un pecador a volver a la verdad, ha salvado un alma de la muerte, y muchos pecados serán perdonados.

12 My Christian brothers, do not swear. Do not use heaven or earth or anything else to swear by. If you mean yes, say yes. If you mean no, say no. You will be guilty for saying anything more.

The power of prayer in healing

13 Is anyone among you suffering? He should pray. Is anyone happy? He should sing songs of thanks to God.

14 Is anyone among you sick? He should send for the church leaders and they should pray for him. They should pour oil on him in the name of the Lord.

15 The prayer given in faith will heal the sick man, and the Lord will raise him up. If he has sinned, he will be forgiven.

16 Tell your sins to each other. And pray for each other so you may be healed. The prayer from the heart of a man right with God has much power.

17 Elijah was a man as we are. He prayed that it might not rain. It did not rain on the earth for three and one-half years.

18 Then he prayed again that it would rain. It rained much and the fields of the earth gave fruit.

Bring back those who are lost in sin

19 My Christian brothers, if any of you should be led away from the truth, let someone turn him back again.

20 That person should know that if he turns a sinner from the wrong way, he will save the sinner's soul from death and many sins will be forgiven.

I Pedro

La esperanza viva

1 Esta carta es de Pedro, misionero de Jesucristo. Escribo a aquellos que fueron sacados de su tierra natal y están viviendo en los países de Ponto, Galacia, Capadocia, Asia y Bitinia.

2 Ustedes fueron escogidos por el Padre hace mucho tiempo. Él sabía que llegarían a ser sus hijos. Y fueron apartados por el Espíritu Santo para una vida santa. Fueron apartados para que obedezcan a Cristo Jesús y que sean hechos limpios por su sangre. Fueron apartados para que sean llenos del favor de Dios y de su paz.

3 Demos gracias a Dios y Padre de nuestro Señor Jesucristo. Fue por medio de su amor que nacimos otra vez a una vida nueva y que tenemos una esperanza que nunca muere. Esta esperanza es nuestra porque Jesús fue levantado de la muerte.

4 Recibiremos las grandes cosas que fueron prometidas y que han sido guardadas en el cielo para nosotros. Ellas son puras. No morirán ni se perderán.

5 Ustedes han sido guardados por el poder de Dios, porque pusieron su fe en él. Así que serán salvos del castigo del pecado cuando termine este mundo.

6 Con esta esperanza pueden ser felices, aunque tienen que pasar por tristezas y toda clase de pruebas.

7 Estas pruebas vienen a probar su fe y a mostrar que es buena. El oro, una cosa que puede acabarse, es probado por fuego. La fe de ustedes es de mucho más valor que el oro y también

I Peter

The living hope

1 This letter is from Peter, a missionary of Jesus Christ. I am writing to those who were taken away from their homeland and are living in the countries of Pontus and Galatia and Cappadocia and Asia and Bithynia.

2 You were chosen by God the Father long ago. He knew you were to become His children. You were set apart for holy living by the Holy Spirit. May you obey Jesus Christ and be made clean by His blood. May you be full of His loving favor and peace.

3 Let us thank the God and Father of our Lord Jesus Christ. It was through His loving kindness that we were born again to a new life and have a hope that never dies. This hope is ours because Jesus was raised from the dead.

4 We will receive the great things that we have been promised. They are being kept safe in heaven for us. They are pure and will not pass away. They will never be lost.

5 You are being kept by the power of God because you put your trust in Him and you will be saved from the punishment of sin at the end of the world.

6 With this hope you can be happy even if you need to have sorrow and all kinds of tests for awhile.

7 These tests have come to prove your faith and to show that it is good. Gold, which can be destroyed, is tested by fire. Your faith is worth much more than gold and it must be tested also.

debe ser probada. Entonces su fe traerá grandeza y honor a Jesucristo cuando él venga otra vez.

8 Ustedes nunca le han visto, pero le aman. No le pueden ver ahora pero están poniendo su fe en él. Y tienen un gozo tan grande que con palabras no pueden expresarlo.

9 Ustedes recibirán lo que su fe busca, que es ser salvos del castigo del pecado.

10 Los antiguos predicadores trataron de encontrar el medio para ser salvos del castigo del pecado. Hablaron del favor de Dios que vendría sobre ustedes.

11 Ellos querían saber en qué tiempo o a qué persona le pasaría esto. El Espíritu de Cristo en ellos les habló. Les dijo que escribieran cómo Cristo sufriría. Les dijo que escribieran también acerca de la grandeza de Cristo que vendría más tarde.

12 Sabían que estas cosas no pasarían durante el tiempo en que ellos vivieron, sino que les pasarían a ustedes, muchos años más tarde. Estas son muchas de las cosas que les fueron dichas por aquellos que predicaron las buenas nuevas. El Espíritu Santo, quien fue enviado del cielo, les dio poder. Les habló de cosas que aun los ángeles quisieran saber.

Vida santa

13 Preparen sus mentes para un buen uso. Estén despiertos. Pongan su esperanza ahora y siempre en el favor de Dios, que les será dado cuando Cristo venga al mundo otra vez.

14 Sean como niños obedientes. No deseen pecar, como lo hacían cuando no sabían hacer otra cosa.

15 Vivan una vida completamente correcta. Sean como Aquel que los escogió.

16 Las santas escrituras dicen: "Sean ustedes buenos como yo soy bueno." Levítico 11:44-45

Then your faith will bring thanks and shining greatness and honor to Jesus Christ when He comes again.

8 You have never seen Him but you love Him. You cannot see Him now but you are putting your trust in Him. And you have joy so great that words cannot tell about it.

9 You will get what your faith is looking for, which is to be saved from the punishment of sin.

10 The early preachers tried to find out how to be saved. They told of the loving favor that would come to you.

11 The early preachers wondered at what time or to what person this would happen. The Spirit of Christ in them was talking to them and told them to write about how Christ would suffer and about His shining greatness later on.

12 They knew these things would not happen during the time they lived but while you are living many years later. These are the very things that were told to you by those who preached the Good News. The Holy Spirit Who was sent from heaven gave them power and they told of things that even the angels would like to know about.

Holy living

13 Get your minds ready for good use. Keep awake. Set your hope now and forever on the loving favor to be given you when Jesus Christ comes again.

14 Be like children who obey. Do not desire to sin like you used to when you did not know any better.

15 Be holy in every part of your life. Be like the Holy One Who chose you.

16 The Holy Writings say: "You must be holy, for I am holy." Leviticus 11:44-45

17 El Padre es aquel quien dice si eres culpable o no, por lo que has hecho. Él no respeta más a una persona que a otra. Si ustedes le llaman Padre, que le honren con amor y temor todos los días de su vida aquí en la tierra.

18 Ustedes saben que no fueron comprados y hechos libres con cosas que se acaban, como el oro y la plata. Y saben que no fueron salvos del castigo del pecado por el modo de vida que les fue dado por los antiguos padres. Ese modo de vivir fue inútil.

19 Es la sangre de Cristo que los salvó del castigo del pecado. Esta sangre es de gran valor. Ninguna cantidad de dinero puede comprarla. Cristo fue dado como un cordero sin pecado y sin mancha.

20 Mucho tiempo antes que el mundo fuera hecho, Dios escogió a Cristo para ser dado a ustedes en estos últimos días.

21 Por medio de Cristo ustedes han puesto su fe en Dios. El Cristo levantado de la muerte le dio gran honra al Dios Padre, para que así ahora la fe y la esperanza de ustedes estén en él.

La palabra viva

22 Ustedes han hecho puras sus almas, obedeciendo la verdad por medio del Espíritu Santo. Este les ha dado un amor verdadero para sus hermanos cristianos. Dejen que sea un verdadero amor de corazón.

23 Se les ha dado un nuevo nacimiento. Y fue dado de una semilla que no puede morir. La vida nueva viene de la palabra de Dios que vive para siempre.

24 Toda la gente es como hierba. Su grandeza es como las flores, la hierba se seca, y las flores se caen.

25 Pero la palabra del Señor dura para siempre. Esa palabra son las buenas nuevas que les fueron predicadas.

17 The Father is the One Who judges you by what you do. He does not respect one person more than another. If you call Him Father, be sure you honor Him with love and fear all the days of your life here on earth.

18 You know you were not bought and made free from sin by paying gold or silver which comes to an end. And you know you were not saved from the punishment of sin by the way of life that you were given from your early fathers. That way of life was worth nothing.

19 The blood of Christ saved you. This blood is of great worth and no amount of money can buy it. Christ was given as a lamb without sin and without spot.

20 Long before the world was made, God chose Christ to be given to you in these last days.

21 Because of Christ, you have put your trust in God. He raised Christ from the dead and gave Him great honor. So now your faith and hope are in God.

The living Word

22 You have made your souls pure by obeying the truth through the Holy Spirit. This has given you a true love for the Christians. Let it be a true love from the heart.

23 You have been given a new birth. It was from a seed that cannot die. This new life is from the Word of God which lives forever.

24 All people are like grass. Their greatness is like the flowers. The grass dries up and the flowers fall off.

25 But the Word of the Lord will last forever. That Word is the Good News which was preached to you.

Alimento para cristianos

2 Quiten de su vida el odio y la mentira. No pretendan ser algo que no son. No quieran siempre lo que otro tiene. No hablen cosas malas acerca de otras personas.

2 Como niños recién nacidos quieren leche, deseen ustedes la leche que es la palabra de Dios. Así crecerán y serán salvos del castigo del pecado.

3 Si ustedes realmente han probado del Señor, sabrán lo bueno que es él.

La piedra viva

4 Acérquense a Cristo como a una piedra viva. Los hombres le hicieron a un lado, pero él ha sido escogido por Dios. Es de gran valor a la vista de Dios.

5 Ustedes también son como piedras vivas en el edificio que Dios está haciendo. Ustedes son dirigentes religiosos de él, que han dado ofrendas espirituales a Dios por medio de Jesucristo. Esta clase de regalo agrada a Dios.

6 Las sagradas escrituras dicen: "Miren, yo pongo en Jerusalén una piedra de gran valor. Es de más precio que ninguna cantidad de dinero. Cualquiera que crea en ella, no será avergonzado." Isaías 28:16

7 Esta piedra es de gran valor para ustedes que tienen su fe en él. Pero para aquellos que no han puesto su fe en él, las sagradas escrituras dicen: "La piedra que los obreros han puesto a un lado ha llegado a ser la parte más importante del edificio." Salmo 118:22

8 Las sagradas escrituras también dicen: "Cristo es la piedra con la cual algunos hombres se tropezarán, la roca sobre la cual caerán." Cuando ellos no obedecen la palabra de Dios, tropiezan contra ella.

9 Ustedes son una nación santa, porque pertenecen a Dios. Él ha hecho esto por ustedes para que puedan hablarles a otros de Dios y de cómo él

Food for Christians

2 Put out of your life hate and lying. Do not pretend to be someone you are not. Do not always want something someone else has. Do not say bad things about other people.

2 As new babies want milk, you should want to drink the pure milk which is God's Word so you will grow up and be saved from the punishment of sin.

3 If you have tasted of the Lord, you know how good He is.

The Living Stone

4 Come to Christ as to a living stone. Men have put Him aside, but He was chosen by God and is of great worth in the sight of God.

5 You are to be as living stones in the building God is making also. You are His religious leaders giving yourselves to God through Jesus Christ. This kind of gift pleases God.

6 The Holy Writings say: "See, I lay down in Jerusalem a Stone of great worth, worth far more than any amount of money. Anyone who puts his trust in Him will not be ashamed." Isaiah 28:16

7 This Stone is of great worth to you who have your trust in Him. But to those who have not put their trust in Him, the Holy Writings say: "The Stone which the workmen put aside has become the most important part of the building." Psalm 118:22

8 The Holy Writings say, also: "Christ is the Stone that some men will trip over and the Rock over which they will fall." When they do not obey the Word of God, they trip over it. This is what happens to such men.

9 But you are a chosen group of people. You are the King's religious leaders. You are a holy nation. You belong to God. He has done this for you so you

los llamó de las tinieblas a su luz admirable.

10 En un tiempo ustedes fueron personas que Dios no podía usar, pero ahora son el pueblo de Dios. Ahora tienen el amor de Dios.

11 Queridos amigos, su verdadero hogar no está aquí en la tierra. Son extranjeros aquí. Y yo les pido que se guarden de todo deseo malo de la carne. Estas cosas pelean para apoderarse del alma.

12 Cuando están con la gente que no conoce a Dios, tengan cuidado de cómo se portan. Aunque ellos hablen en contra de ustedes como malhechores, al fin, cuando Cristo venga otra vez, darán gracias a Dios por sus buenas obras.

Obedezcan a los jefes

13 Obedezcan al dirigente del país y a todos los otros oficiales que están sobre ustedes. Esto agrada a Dios.

14 Obedezcan a los hombres que trabajan para ellos. Dios los envió para castigar a aquellos que hacen lo malo y para mostrar respeto a los que hacen el bien.

15 Dios quiere esto. Cuando ustedes hacen el bien, hacen callar a los tontos que dicen cosas malas.

16 Obedezcan como hombres libres, pero no usen esto para cubrir el pecado. Vivan todo el tiempo como obreros que pertenecen a Dios.

17 Muestren respeto a todos los hombres. Amen a los hermanos creyentes. Den honra a Dios con amor y temor. Respeten al jefe principal del país.

Los obreros y sus patrones

18 Ustedes que trabajan por alguien deben respetar a sus patrones y hacer lo que ellos dicen. Hagan esto si tienen un patrón generoso y bueno. Pero aun deben hacerlo para un patrón para el cual sea difícil trabajar.

can tell others how God has called you out of darkness into His great light.

10 At one time you were a people of no use. Now you are the people of God. At one time you did not have loving kindness. Now you have God's loving kindness.

11 Dear friends, your real home is not here on earth. You are strangers here. I ask you to keep away from all the sinful desires of the flesh. These things fight to get hold of your soul.

12 When you are around people who do not know God, be careful how you act. Even if they talk against you as wrongdoers, in the end they will give thanks to God for your good works when Christ comes again.

Obey the leaders

13 Obey the head leader of the country and all other leaders over you. This pleases the Lord.

14 Obey the men who work for them. God sends them to punish those who do wrong and to show respect to those who do right.

15 This is what God wants. When you do right, you stop foolish men from saying bad things.

16 Obey as men who are free but do not use this to cover up sin. Live as servants owned by God at all times.

17 Show respect to all men. Love the Christians. Honor God with love and fear. Respect the head leader of the country.

Servants

18 Servants, you are to respect your owners and do what they say. Do this if you have a good and kind owner. You must do it even if your owner is hard to work for.

19 Esto muestra que han recibido el amor de Dios, aun cuando sean castigados por hacer el bien o porque han puesto su confianza en Dios.
20 ¿Qué mérito tienen, si cuando son golpeados por hacer algo malo, no tratan de defenderse? Pero cuando son golpeados porque han hecho el bien, y no tratan de defenderse, hasta Dios se agrada.
21 Todas estas cosas son parte de la vida cristiana a la que han sido llamados. Cristo sufrió por nosotros. Esto nos enseña a seguir en sus pisadas.
22 Él nunca pecó. Ninguna mentira o malas palabras salieron de sus labios.
23 Cuando la gente habló en contra de él, nunca respondió. Cuando sufrió por lo que la gente le hizo, no trató de pagarles igual. Lo dejó en las manos de Aquel que siempre dice correctamente quién es culpable.
24 Él cargó nuestros pecados en su propio cuerpo cuando murió en la cruz, para que haciendo esto podamos morir al pecado y vivir ante todos lo que es recto y bueno. Ustedes han sido sanados por las heridas de Cristo.
25 Eran como ovejas perdidas. Pero ahora han regresado a Aquel que es el buen pastor. Él cuida de sus almas.

Ensenañzas para los cristianos casados

3 Esposas, obedezcan a sus maridos. Aunque algunos de los maridos no obedecen la palabra de Dios, ellos pueden llegar a ser creyentes cristianos por la obediencia suya y por la vida que ustedes viven. Y todo esto, sin necesidad de palabras.
2 Ellos verán que ustedes aman a Dios y que sus vidas son puras.
3 No dejen que su verdadera belleza sea externa. No debe ser por el modo que peinan su cabello o por llevar oro puesto o ropa fina.

19 This shows you have received loving favor when you are even punished for doing what is right because of your trust in God.
20 What good is it if, when you are beaten for doing something wrong, you do not try to get out of it? But if you are beaten when you have done what is right, and do not try to get out of it, God is pleased.
21 These things are all a part of the Christian life to which you have been called. Christ suffered for us. This shows us we are to follow in His steps.
22 He never sinned. No lie or bad talk ever came from His lips.
23 When people spoke against Him, He never spoke back. When He suffered from what people did to Him, He did not try to pay them back. He left it in the hands of the One Who is always right in judging.
24 He carried our sins in His own body when He died on a cross. In doing this, we may be dead to sin and alive to all that is right and good. His wounds have healed you!
25 You were like lost sheep. But now you have come back to Him Who is your Shepherd and the One Who cares for your soul.

Teaching for married Christians

3 Wives, obey your own husbands. Some of your husbands may not obey the Word of God. By obeying your husbands, they may become Christians by the life you live without you saying anything.
2 They will see how you love God and how your lives are pure.
3 Do not let your beauty come from the outside. It should not be the way you comb your hair or the wearing of gold or the wearing of fine clothes.

4 Su belleza debe venir desde adentro de sus corazones. Esta clase de belleza es la que dura. Que la belleza suya sea un espíritu gentil y quieto. A la vista de Dios, es de gran valor, y ninguna cantidad de dinero puede comprarlo.

5 Esta era la clase de belleza que tenían las mujeres creyentes que vivían hace muchos años. Ellas pusieron su fe en Dios. Obedecían a sus maridos.

6 Sara obedeció a su marido Abraham. Lo respetó como la cabeza de la casa. Ustedes son sus hijas, si hacen lo recto y no tienen temor.

7 De la misma manera, los esposos deben entender y respetar a sus esposas, porque la mujer es más débil que el hombre. Recuerden ambos, esposo y esposa, que deben compartir juntos el regalo de la vida que dura para siempre. Si no lo hacen así, hallarán que es difícil orar.

Enseñanzas para todos los cristianos

8 Al fin de todo, ustedes deben compartir los mismos pensamientos y los mismos sentimientos. Ámense unos a otros con un corazón generoso y con una mente sin orgullo.

9 Cuando alguien les haga algo malo, no hablen de él. Y cuando alguien habla de ustedes, no hablen mal de él. Oren mas bien, para que las bendiciones de Dios vengan sobre él. Ustedes fueron llamados para hacer esto, con el fin de recibir las cosas buenas que Dios da.

10 Porque, como dicen las escrituras: "Si quieren gozo en su vida y pasar días felices, cuiden su lengua de decir cosas malas. Cuiden sus labios de hablar mal acerca de otros.

11 Apártense de lo que es pecaminoso. Haz lo bueno. Busca la paz y síguela.

12 El Señor cuida de aquellos que hacen lo bueno ante él. Él oye sus oraciones. Pero el Señor está en contra de aquellos que pecan." Salmo 34:12-16

4 Your beauty should come from the inside. It should come from the heart. This is the kind that lasts. Your beauty should be a gentle and quiet spirit. In God's sight this is of great worth and no amount of money can buy it.

5 This was the kind of beauty seen in the holy women who lived many years ago. They put their hope in God. They also obeyed their husbands.

6 Sarah obeyed her husband Abraham. She respected him as the head of the house. You are her children if you do what is right and do not have fear.

7 In the same way, husbands should understand and respect their wives, because women are weaker than men. Remember, both husband and wife are to share together the gift of life that lasts forever. If this is not done, you will find it hard to pray.

Teaching for all Christians

8 Last of all, you must share the same thoughts and the same feelings. Love each other with a kind heart and with a mind that has no pride.

9 When someone does something bad to you, do not do the same thing to him. When someone talks about you, do not talk about him. Instead, pray that good will come to him. You were called to do this so you might receive good things from God.

10 For "If you want joy in your life and have happy days, keep your tongue from saying bad things and your lips from talking bad about others.

11 Turn away from what is sinful. Do what is good. Look for peace and go after it.

12 The Lord watches over those who are right with Him. He hears their prayers. But the Lord is against those who sin." Psalm 34:12-16

13 ¿Quién les hará daño si hacen el bien?

14 Si sufren por hacer el bien, serán felices. No tengan miedo ni teman por lo que sus enemigos puedan hacer, para hacerles la vida difícil a ustedes.

15 Su corazón debe ser correcto y apartado para el Señor Dios. Estén siempre listos a contestarle a todo aquel que pregunte por qué creen lo que creen. Sean amables al hablar. Muestren respeto.

16 Que su corazón siempre les diga lo que deben hacer. Y si un hombre habla en contra de ustedes, será avergonzado cuando vea el buen modo en que ustedes han vivido como cristianos.

17 Si Dios quiere que ustedes sufran es mejor sufrir por lo que está bien que por lo que está mal.

18 Cristo sufrió y murió por nuestros pecados una vez y por todas. Él nunca pecó. Sin embargo, murió por nosotros que sí hemos pecado. Él murió para poder llevarnos a Dios. Su cuerpo murió, pero su espíritu fue vivificado.

19 Cristo fue y predicó a los espíritus en la prisión.

20 Estos fueron los espíritus que no obedecieron en los tiempos de Noé. Dios los esperó mucho tiempo mientras Noé construía el gran barco. Pero sólo ocho personas fueron salvadas de la muerte, cuando la tierra fue cubierta de agua.

21 Esto es como el bautismo para nosotros. El bautismo no quiere decir lavar nuestros cuerpos, sino quiere decir ser salvados del castigo del pecado, e ir a Dios en oración con un corazón que diga que estamos bien. Todo esto es posible porque Cristo fue levantado de la muerte.

22 Cristo se ha ido al cielo y está al lado derecho de Dios. Los ángeles y autoridades del cielo le obedecen.

13 Who will hurt you if you do what is right?

14 But even if you suffer for doing what is right, you will be happy. Do not be afraid or troubled by what they may do to make it hard for you.

15 Your heart should be holy and set apart for the Lord God. Always be ready to tell everyone who asks you why you believe as you do. Be gentle as you speak and show respect.

16 Keep your heart telling you that you have done what is right. If men speak against you, they will be ashamed when they see the good way you have lived as a Christian.

17 If God wants you to suffer, it is better to suffer for doing what is right than for doing what is wrong.

18 Christ suffered and died for sins once for all. He never sinned and yet He died for us who have sinned. He died so He might bring us to God. His body died but His spirit was made alive.

19 Christ went and preached to the spirits in prison.

20 Those were the spirits of the people who would not obey in the days of Noah. God waited a long time for them while Noah was building the big boat. But only eight people were saved from dying when the earth was covered with water.

21 This is like baptism to us. Baptism does not mean we wash our bodies clean. It means we are saved from the punishment of sin and go to God in prayer with a heart that says we are right. This can be done because Christ was raised from the dead.

22 Christ has gone to heaven and is on the right side of God. Angels and powers of heaven are obeying Him.

Seguir a Cristo quiere decir sufrimiento

4 Así como Cristo sufrió en su cuerpo, también nosotros debemos estar listos a sufrir. El sufrimiento pone fin al pecado.

2 Ustedes no deben gastar sus vidas en los deseos malos de la carne. Pero mientras vivan en este mundo, hagan lo que Dios quiere que hagan.

3 En el pasado ustedes dieron bastante de su vida viviendo como la gente que no conoce a Dios. Dieron su vida a los pecados sexuales y a los deseos malos. Se emborracharon. Iban a fiestas groseras y adoraban falsos dioses.

4 Aquellos que no conocen a Dios están sorprendidos de que ahora ustedes no se juntan con ellos en las cosas malas que hacen. Se ríen y hablan malas cosas de ustedes.

5 Recuerden: ellos tendrán que responder a Aquel que dice a los vivos y a los muertos si son culpables o no.

6 Por esta razón, las buenas nuevas fueron predicadas a los muertos. Estuvieron en la carne delante de Aquel que dice si son culpables para que puedan vivir en Espíritu como Dios quiere.

Ámense unos a otros

7 El fin de este mundo está cerca. Ustedes deben tener dominio sobre su mente. Estén despiertos para que puedan orar.

8 Sobre todo, que haya amor verdadero del uno para el otro. El amor cubre muchos pecados.

9 Sean felices al tener gente que se queda con ustedes en sus casas y que coma con ustedes.

10 Dios les ha dado a cada uno de ustedes una capacidad. Úsenla para ayudar, unos a otros. Esto mostrará el favor de Dios.

11 Si un hombre predica, dejen que lo haga, pues Dios habla por medio de él.

Following Christ will mean suffering

4 Since Christ has suffered in His body, we must be ready to suffer also. Suffering puts an end to sin.

2 You should no longer spend the rest of your life giving in to the sinful desires of the flesh. But do what God wants as long as you live in this world.

3 In the past you gave enough of your life over to living like the people who do not know God. You gave your life to sex sins and to sinful desires. You got drunk and went to wild parties and to drinking parties and you worshiped false gods.

4 Those who do not know God are surprised you do not join them in the sinful things they do. They laugh at you and say bad things against you.

5 Remember, they will give an answer to Him Who judges all who are living or dead.

6 For this reason, the Good News was preached to the dead. They stood in the flesh before the One Who judges so they might live in the Spirit as God wants.

Love each other

7 The end of the world is near. You must be the boss over your mind. Keep awake so you can pray.

8 Most of all, have a true love for each other. Love covers many sins.

9 Be happy to have people stay for the night and eat with you.

10 God has given each of you a gift. Use it to help each other. This will show God's lovingfavor.

11 If a man preaches, let him do it with God speaking through him. If a

Y si un hombre ayuda a otros, déjenlo, porque Dios le da fuerza. Que así, en todas las cosas, Dios sea honrado por Cristo Jesús. La gloria y el poder le pertenecen a Cristo para siempre. Así sea.

Sean fieles durante el sufrimiento

12 Queridos amigos, su fe va a ser probada, como si fuera a pasar por fuego. No se sorprendan de esto.

13 Sean felices de que podrán compartir algunos de los sufrimientos de Cristo. Cuando su gloria se muestre, serán llenos de gozo.

14 Si un hombre habla mal de ustedes porque son cristianos, serán felices, porque el Espíritu Santo está en ustedes.

15 Ninguno debe sufrir como aquel que mata a una persona, o como aquel que roba, o como aquel que causa problemas, o como aquel que trata de mandar en la vida de otros.

16 Pero si un hombre sufre como cristiano, no debe avergonzarse. Debe dar gracias a Dios de que es cristiano.

17 El tiempo ha venido para que los cristianos se presenten delante de Dios. Él dirá quién es culpable o no. Si esto nos pasa a nosotros, ¿qué les pasará a aquellos que no obedecen las buenas nuevas de Dios?

18 Si es difícil para el hombre que está bien con Dios ser salvo, ¿qué pasará con el pecador?

19 Así que si Dios quiere que tú sufras, entrégate a él. Y él hará lo que está bien para ti. Él te hizo y él es fiel.

5 Quiero hablar a los dirigentes de la iglesia que están entre ustedes. Yo también soy dirigente de la iglesia. Vi a Cristo sufrir y morir en la cruz. Compartiré su grandeza cuando él venga otra vez.

man helps others, let him do it with the strength God gives. So in all things God may be honored through Jesus Christ. Shining greatness and power belong to Him forever. Let it be so.

Stay true during suffering

12 Dear friends, your faith is going to be tested as if it were going through fire. Do not be surprised at this.

13 Be happy that you are able to share some of the suffering of Christ. When His shining greatness is shown, you will be filled with much joy.

14 If men speak bad of you because you are a Christian, you will be happy because the Spirit of shining greatness and of God is in you.

15 None of you should suffer as one who kills another person or as one who steals or as one who makes trouble or as one who tries to be the boss of other peoples' lives.

16 But if a man suffers as a Christian, he should not be ashamed. He should thank God that he is a Christian.

17 The time has come for Christians to stand before God and He will judge. If this happens to us, what will happen to those who do not obey the Good News of God?

18 If it is hard for a man who is right with God to be saved, what will happen to the sinner?

19 So if God wants you to suffer, give yourself to Him. He will do what is right for you. He made you and He is faithful.

5 I want to speak to the church leaders among you. I am a church leader also. I saw Christ suffer and die on a cross. I will also share His shining-greatness when He comes again.

2 Sean buenos pastores del rebaño de Dios, que él ha puesto a su cuidado. No cuiden el rebaño como si estuvieran obligados. Y no cuiden el rebaño por dinero. Háganlo por voluntad.

3 No sean duros en su trato con la gente que guían. Vivan como les gustaría que ellos vivieran.

4 Cuando el Pastor principal venga otra vez, recibirán la grandeza del premio que no terminará.

5 Del mismo modo, los jóvenes deben obedecer a los dirigentes de la iglesia. Sean humildes al cuidar uno por el otro. Dios trabaja en contra de aquellos que son orgullosos. Él les da el regalo de Dios a aquellos que no tratan de honrarse a sí mismos.

6 Así que, quiten todo el orgullo que tengan, porque están bajo la poderosa mano de Dios. Al mismo tiempo, él los levantará.

7 Entréguenle a él todas sus preocupaciones, porque él les cuida.

8 ¡Despierten! Vigilen todo el tiempo. El diablo está trabajando en contra de ustedes. Él anda alrededor como un león hambriento con su boca abierta, buscando a alguien para comérselo.

9 Resistan al diablo; sean fuertes en fe. Recuerden que los otros cristianos de todo el mundo están sufriendo igual que ustedes.

10 Después que ustedes hayan sufrido por un tiempo, Dios los hará completos, los guardará en el camino recto, y les dará fortaleza. Él es el Dios de todas las bendiciones. Los ha llamado por Cristo Jesús para compartir su grandeza para siempre.

11 Dios tiene poder para siempre sobre todas las cosas. Así sea.

12 He conocido a Silvano, un hermano cristiano lleno de fe. Es por él que he escrito esta pequeña carta para ayudarles. Les hablo el favor verdadero de Dios. Sean fieles en su amor.

2 Be good shepherds of the flock God has put in your care. Do not care for the flock as if you were made to. Do not care for the flock for money, but do it because you want to.

3 Do not be bosses over the people you lead. Live as you would like to have them live.

4 When the Head Shepherd comes again, you will get the crown of shining greatness that will not come to an end.

5 In the same way, you younger men must obey the church leaders. Be gentle as you care for each other. God works against those who have pride. He gives His loving favor to those who do not try to honor themselves.

6 So put away all pride from yourselves. You are standing under the powerful hand of God. At the right time He will lift you up.

7 Give all your worries to Him because He cares for you.

8 Keep awake! Watch at all times. The devil is working against you. He is walking around like a hungry lion with his mouth open. He is looking for someone to eat.

9 Stand against him and be strong in your faith. Remember, other Christians over all the world are suffering the same as you are.

10 After you have suffered for awhile, God Himself will make you perfect. He will keep you in the right way. He will give you strength. He is the God of all loving favor and has called you through Christ Jesus to share His shining-greatness forever.

11 God has power over all things forever. Let it be so.

12 I have known Silvanus as a faithful Christian brother and it is by him I have written this short letter to help you. It tells you of the true loving favor of God. Stay true in His loving favor.

13 La iglesia que está en la ciudad de
Babilonia les saluda. Ha sido escogida por
Dios como también ustedes lo han sido.
También mi hijo Marcos les saluda.
14 Salúdense unos a otros con el beso
de amor santo. Que tengan paz todos
ustedes los cristianos.

13 The church which is in the city of
Babylon greets you. It has been chosen
by God the same as you have been. My
son, Mark, greets you also.
14 Greet each other with a kiss of
holy love. May all of you Christians
have peace.

2 Pedro

1 Esta carta es de Simón Pedro, misionero de Jesucristo y obrero de él. Les estoy escribiendo a aquellos que han recibido la misma fe que nosotros, la cual es de gran precio. Ninguna cantidad de dinero puede comprarla. Esta fe viene de nuestro Dios y de Jesucristo, quién salva del castigo del pecado.

2 Que tengan ustedes más y más de su favor y paz a medida que lleguen a conocer mejor a Dios y al Señor Jesucristo.

Los cristianos deben crecer

3 Él nos da todas las cosas que necesitamos para la vida y para que la vivamos correctamente. Nos las da por medio de su gran poder. Del mismo modo que llegamos a conocerlo mejor, sabemos que nos ha llamado a compartir su propia grandeza y su vida perfecta.

4 Por medio de su grandeza y su vida perfecta, nos ha dado sus promesas. Estas promesas son de gran valor. Ninguna cantidad de dinero puede comprarlas. Por medio de estas promesas, pueden tener la vida propia de Dios en ustedes, ahora que se han apartado de las cosas malas del mundo, las cuales vienen de los malos deseos de nuestro cuerpo.

5 Esfuércense para añadir a su fe la buena conducta y el buen entendimiento.

6 A medida que entienden mejor las cosas de Dios, podrán tener más dominio propio, paciencia y devoción. No se desanimen. Y mientras esperan pacientemente, vivan según la voluntad de Dios.

2 Peter

1 This letter is from Simon Peter. I am a missionary of Jesus Christ and a servant owned by Him. I am writing to those who have received the same faith as ours which is of great worth and which no amount of money can buy. This faith comes from our God and Jesus Christ, the One Who saves.

2 May you have more and more of His loving favor and peace as you come to know God and our Lord Jesus Christ better.

Christians are to grow

3 He gives us everything we need for life and for holy living. He gives it through His great power. As we come to know Him better, we learn that He called us to share His own shining greatness and perfect life.

4 Through His shining greatness and perfect life, He has given us promises. These promises are of great worth and no amount of money can buy them. Through these promises you can have God's own life in you now that you have gotten away from the sinful things of the world which came from wrong desires of the flesh.

5 Do your best to add holy living to your faith. Then add to this a better understanding.

6 As you have a better understanding, be able to say no when you need to. Do not give up. And as you wait and do not give up, live God-like.

7 Mientras así vivan, sean generosos con los hermanos cristianos. Ámenlos.
8 Si todas estas cosas están en ustedes y siguen creciendo, sus vidas no serán inútiles. Su conocimiento del Señor Jesucristo no quedará sin fruto.

9 Pero si ustedes no tienen estas cosas, están ciegos y no pueden ver de lejos. ¿Están olvidando que Dios los salvó de su antigua vida de pecados?
10 Hermanos cristianos, estén seguros de que son contados entre aquellos que Dios ha escogido y llamado para sí mismo. Mientras hagan estas cosas, ustedes nunca tropezarán ni caerán.
11 De este modo, el camino que se les abrirá será bueno. Les llevará al reino de nuestro Señor Jesucristo, que dura para siempre. Recuerden: él nos salvó del castigo de nuestros pecados.
12 Ustedes ya saben de estas cosas, pero quiero hablarles más de ellas. Ahora están fuertes en la fe.
13 Pero mientras viva, quiero ayudarles a ser más fuertes hablándoles más de las cosas de Cristo.
14 Muy pronto yo dejaré este cuerpo. Nuestro Señor Jesucristo me lo ha dicho.
15 Pero trataré de hallar el modo para que ustedes recuerden estas cosas después que me haya ido.
16 Nada tenemos que ver con los cuentos hechos por los hombres cuando les hemos hablado acerca del poder de nuestro Señor Jesucristo y de su venida. Hemos visto con nuestros propios ojos su gran poder.
17 Cuando él recibió honra y grandeza de Dios el Padre, una voz vino a él del Todopoderoso Dios, diciendo: "Este es mi Hijo amado. Estoy muy contento con él."
18 Oímos esta voz que vino del cielo, cuando estábamos con Cristo en el monte santo.

7 As you live God-like, be kind to Christian brothers and love them.
8 If you have all these things and keep growing in them, they will keep you from being of no use and from having no fruit when it comes to knowing our Lord Jesus Christ.
9 But if you do not have these things, you are blind and cannot see far. You forget God saved you from your old life of sin.
10 Christian brothers, make sure you are among those He has chosen and called out for His own. As long as you do these things, you will never trip and fall.
11 In this way, the road will be made wide open for you. And you will go into the holy nation that lasts forever of our Lord Jesus Christ, the One Who saves.
12 You already know about these things but I want to keep telling you about them. You are strong in the faith now.
13 I think it is right as long as I am alive to keep you thinking about these things.
14 I know that I will soon be leaving this body. Our Lord Jesus Christ has told me this.
15 I will try to make a way for you to remember these things after I am gone.
16 We had nothing to do with man-made stories when we told you about the power of our Lord Jesus Christ and of His coming again. We have seen His great power with our own eyes.

17 When He received honor and shining greatness from God the Father, a voice came to Him from the All Powerful God, saying: "This is My much loved Son. I am very happy with Him."
18 We heard this voice come from heaven when we were with Christ on the holy mountain.

19 Todo esto nos ayuda a conocer que lo que los antiguos predicadores dijeron era verdad. Ustedes harán bien en escuchar lo que ellos han dicho. Sus palabras son como luces que brillan en un lugar oscuro. Escuchen hasta que entiendan lo que ellos han dicho. Entonces lo que ellos dijeron será como la luz de la mañana que quita la oscuridad. Y la Estrella de la Mañana (Cristo) se levantará para brillar en sus corazones.

20 Entiendan primero esto: Ninguna parte de las sagradas escrituras fue inventada por algún hombre.

21 Ninguna parte de las sagradas escrituras vino a causa de lo que el hombre quiso escribir. Pero buenos hombres de Dios hablaron lo que el Espíritu Santo les dijo que hablaran.

Cuidado con los falsos predicadores

2 Pero también hubo falsos predicadores entre la gente. Y también habrá falsos predicadores entre ustedes. Esta gente trabajará en modos secretos para traerles falsas predicaciones. Se pondrán en contra de Cristo aunque Cristo los compró con su sangre. Y ellos traerán para sí mismos una muerte rápida.

2 Mucha gente seguirá sus caminos equivocados. Y por causa de lo que ellos hacen, la gente hablará cosas malas en contra del camino de la verdad.

3 Les contarán falsas historias, para después usarlos a ustedes para conseguir cosas para ellos mismos. Pero Dios dijo que fueron culpados desde hace mucho tiempo, y su muerte ya está en camino.

4 Dios no perdonó a los ángeles que pecaron, pero los envió al infierno. Ellos serán guardados allí, en el hoyo hondo de la oscuridad, hasta que estén frente a Aquel que les ha de decir si son culpables o no.

5 Dios no perdonó el castigo a la gente del mundo antiguo que pecó.

19 All this helps us know that what the early preachers said was true. You will do well to listen to what they have said. Their words are as lights that shine in a dark place. Listen until you understand what they have said. Then it will be like the morning light which takes away the darkness. And the Morning Star (Christ) will rise to shine in your hearts.

20 Understand this first: No part of the Holy Writings was ever made up by any man.

21 No part of the Holy Writings came long ago because of what man wanted to write. But holy men who belonged to God spoke what the Holy Spirit told them.

Watch for false teachers

2 But there were false teachers among the people. And there will be false teachers among you also. These people will work in secret ways to bring false teaching to you. They will turn against Christ Who bought them with His blood. They bring fast death on themselves.

2 Many people will follow their wrong ways. Because of what they do, people will speak bad things against the way of truth.

3 They will tell lies and false stories so they can use you to get things for themselves. But God judged them long ago and their death is on the way.

4 God did not hold back from punishing the angels who sinned, but sent them down to hell. They are to be kept there in the deep hole of darkness until they stand before Him Who judges them.

5 God did not hold back from punishing the people of the world who

Trajo el diluvio. Noé (un predicador de lo correcto) y siete personas de su familia fueron los únicos que Dios salvó.

6 Más tarde, Dios dijo que las ciudades de Sodoma y Gomorra fueron culpables y las destruyó con fuego. Esto fue para mostrar a la gente que no adoró a Dios lo que pasaría a ellos.

7 Lot fue sacado de Sodoma porque estaba bien con Dios. Él estuvo afligido por los pecados que los hombres malos hicieron en su vida desordenada.

8 Vio y oyó que la gente alrededor de él no obedecía las leyes de Dios. Todos los días su propia alma, la cual estaba bien con Dios, era afligida a causa de la mala vida que llevaban sus vecinos.

9 Pero el Señor sabe ayudar a los suyos cuando son tentados. También sabe guardar a los pecadores, sufriendo por sus malas acciones hasta el día en que han de estar ante Dios, quien dirá que son culpables.

10 Esto es verdad acerca de los que desean seguir atendiendo los deseos pecaminosos de sus propios cuerpos y los que no obedecen las leyes de Dios. No tienen miedo al reírse y decir cosas malas acerca de los poderes del cielo.

11 Los ángeles son más grandes en fuerza y poder que ellos. Pero los ángeles no hablan en contra de estos poderes delante del Señor.

12 Estos hombres son como animales que no pueden pensar, pero que nacen para ser agarrados y muertos. Hablan palabras malas en contra de lo que no entienden. Y morirán en sus propios pecados.

13 Este es el pago que sufrirán por sus vidas pecaminosas. No se avergüenzan aun cuando pecan a la luz del día. Ellos son como llagas y sucias manchas entre ustedes, bebiendo y comiendo, cuando les acompañan en grandes comidas.

sinned long ago. He brought the flood on the world of sinners. But Noah was a preacher of right living. He and his family of seven were the only ones God saved.

6 God said that the cities of Sodom and Gomorrah were guilty, and He destroyed them with fire. This was to show people who did not worship God what would happen to them.

7 Lot was taken away from Sodom because he was right with God. He had been troubled by the sins that bad men did in wild living.

8 He saw and heard how the people around him broke the Law. Everyday his own soul which was right with God was troubled because of their sinful ways.

9 But the Lord knows how to help men who are right with God when they are tempted. He also knows how to keep the sinners suffering for their wrongdoing until the day they stand before God Who will judge them.

10 This is true about those who keep on wanting to please their own bodies in sinful desires and those who will not obey laws. They want to please themselves and are not afraid when they laugh and say bad things about the powers in heaven.

11 Angels are greater in strength and power than they. But angels do not speak against these powers before the Lord.

12 Men like this are like animals who are not able to think but are born to be caught and killed. They speak bad words against that which they do not understand. They will die in their own sinful ways.

13 This is the pay they will suffer for their sinful lives. They are not ashamed when they sin in the daylight. They are sores and dirty spots among you while they eat and drink big meals with you.

14 Sus ojos están llenos de pecados sexuales. No se cansan de pecar. Atraen a gente débil, para que los sigan en sus ideas. Sus corazones siempre están deseando algo. Son gente que terminará en el infierno,

15 porque han dejado el buen camino para seguir el malo. Han seguido el camino de Balaam, el hijo de Beor. Él amó el dinero que le dieron por su pecado.

16 Pero fue sorprendido en su pecado, porque una burra le habló con voz de hombre. Esto le hizo no seguir en su mal camino.

17 Tales personas son como pozos sin agua. Son como nubes antes de la tormenta. Abajo, el lugar más oscuro ha sido guardado para ellas.

18 Hablan palabras con gran ruido, que demuestran que son orgullosas. Consiguen hombres que están tratando de apartarse de los hombres pecadores, para así introducirlos a los pecaminosos deseos de la carne.

19 Y prometen que estos hombres serán libres. Pero ellos mismos están encadenados al pecado. Porque un hombre que está encadenado a una cosa, esa cosa tiene poder sobre él.

20 Hay hombres que han sido hechos libres de los pecados del mundo aprendiendo a conocer al Señor Jesucristo, a aquel que salva del castigo del pecado. Pero si hacen estos pecados otra vez y no pueden apartarse, están peor de lo que estuvieron antes.

21 Después de conocer la santa ley que les fue dada, se apartan de ella. Pues les hubiera sido mejor no haber conocido cómo estar bien con Dios.

22 Ellos son como el sabio que dijo: "El perro vuelve a lo que ha vomitado" Proverbios 26:11 Y: "La puerca que ha sido lavada vuelve a revolcarse en el lodo."

14 Their eyes are full of sex sins. They never have enough sin. They get weak people to go along with them. Their hearts are always wanting something. They are people who will end up in hell because

15 they have left the right way and have gone the wrong way. They have followed the way of Balaam, who was the son of Beor. He loved the money he got for his sin.

16 But he was stopped in his sin. A donkey spoke to him with a man's voice. It stopped this early preacher from going on in his crazy way.

17 Such people are like wells without water. They are like clouds before a storm. The darkest place below has been kept for them.

18 They speak bigsounding words which show they are proud. They get men who are trying to keep away from sinful men to give in to the sinful desires of the flesh.

19 They promise that these men will be free. But they themselves are chained to sin. For a man is chained to anything that has power over him.

20 There are men who have been made free from the sins of the world by learning to know the Lord Jesus Christ, the One Who saves. But if they do these sins again, and are not able to keep from doing them, they are worse than they were before.

21 After knowing the holy Law that was given to them, they turned from it. It would have been better for them if they had not known how to be right with God.

22 They are like the wise saying: "A dog turns back to what he has thrown up." Proverbs 26:11 And: "A pig that has been washed goes back to roll in the mud."

El mundo será destruido

3 Queridos amigos, esta es la segunda carta que les he escrito. En ambas he tratado de recordarles algunas cosas.

2 Deben recordar las palabras que fueran dichas antes por los santos mensajeros de Dios. No olviden las enseñanzas del Señor, aquel que salva del castigo del pecado. Esto les fue dado por sus misioneros.

3 Primeramente, quiero que sepan que en los últimos días los hombres se reirán de la verdad. Seguirán sus propios deseos malos.

4 Dirán: "Él prometió venir otra vez. ¿Dónde está? Desde que nuestros padres murieron, todo ha sido lo mismo desde el principio del mundo."

5 Pero ellos quieren olvidar que hace mucho tiempo, Dios habló y los cielos fueron hechos. El agua estaba toda alrededor de la tierra; luego la tierra fue hecha del agua.

6 Más tarde la tierra fue cubierta de agua y fue destruida.

7 Pero los cielos que vemos y la tierra en que vivimos ahora han sido guardados por la palabra de Dios, su Creador. Y serán guardados hasta que ellos sean destruidos por el fuego. Serán guardados hasta el día en que los hombres estén delante de Dios. Allí los pecadores serán destruidos.

8 Queridos amigos, recuerden sólo una cosa: que para el Señor un día es como mil años, y mil años son como un día.

9 El Señor no tarda en cumplir sus promesas como alguna gente lo cree. Él les está esperando. El Señor no quiere que ninguna persona sea castigada para siempre. Él quiere que la gente cambie su actitud acerca de sus pecados y los abandone.

10 El día del Señor vendrá como los ladrones vienen. Los cielos se desvanecerán con un gran ruido. El sol, la luna

The world will be destroyed

3 Dear friends, this is the second letter I have written to you. In both of them I have tried to get you to remember some things.

2 You should remember the words that were spoken before by the holy early preachers. Do not forget the teaching of the Lord, the One Who saves. This was given to you by your missionaries.

3 First of all, I want you to know that in the last days men will laugh at the truth. They will follow their own sinful desires.

4 They will say: "He promised to come again. Where is He? Since our early fathers died, everything is the same from the beginning of the world."

5 But they want to forget that God spoke and the heavens were made long ago. The earth was made out of water and water was all around it.

6 Long ago the earth was covered with water and it was destroyed.

7 But the heaven we see now and the earth we live on now have been kept by His word. They will be kept until they are to be destroyed by fire. They will be kept until the day men stand before God and sinners will be destroyed.

8 Dear friends, remember this one thing, with the Lord one day is as 1,000 years, and 1,000 years are as one day.

9 The Lord is not slow about keeping His promise as some people think. He is waiting for you. The Lord does not want any person to be punished forever. He wants all people to be sorry for their sins and turn from them.

10 The day of the Lord will come as a robber comes. The heavens will pass away with a loud noise. The sun and

y las estrellas se quemarán, y la tierra y todo lo que está en ella será quemado.
11 Puesto que todas estas cosas serán destruidas de este modo, deben pensar en la clase de vida que están viviendo. Deben ser santos y vivir como quiere Dios.
12 Deben esperar el día en que Dios ha de venir. Deben hacer lo que pudieren para hacerlo llegar pronto. Los cielos serán destruidos con fuego. Y el sol, la luna y las estrellas serán deshechos por el calor.
13 Nosotros buscamos lo que Dios nos ha prometido; nuevos cielos y nueva tierra. Solamente lo que es recto y bueno estará allí.
14 Queridos amigos, mientras están esperando que estas cosas pasen, hagan todo lo que puedan para ser hallados por él en paz. Sean libres y limpios del pecado.
15 Pueden estar seguros que la larga espera de nuestro Señor es parte de su plan para salvar a los hombres del castigo del pecado. Dios le dio a nuestro querido hermano Pablo la sabiduría para escribir acerca de esto.
16 Él escribió acerca de estas cosas en todos sus escritos. Algunas de estas cosas son difíciles de entender. La gente no tiene mucho entendimiento, y algunos que no están fuertes en la fe cambian el significado de sus cartas. También hacen esto con otras partes de las sagradas escrituras. Al hacerlo se están destruyendo a sí mismos.
17 Por eso, queridos hermanos, ahora que lo saben, cuídense de no ser guiados por los errores de esta gente malvada. No se dejen mover por ellos.
18 Crezcan en el favor de Dios que Cristo da. Aprendan a conocer mejor a nuestro Señor Jesucristo. Él es Aquel quien salva del castigo del pecado. Tengan toda su grandeza ahora y para siempre. Así sea.

moon and stars will burn up. The earth and all that is in it will be burned up.
11 Since all these things are to be destroyed in this way, you should think about the kind of life you are living. It should be holy and God like.
12 You should look for the day of God to come. You should do what you can to make it come soon. At that time the heavens will be destroyed by fire. And the sun and moon and stars will melt away with much heat.
13 We are looking for what God has promised, which are new heavens and a new earth. Only what is right and good will be there.
14 Dear friends, since you are waiting for these things to happen, do all you can to be found by Him in peace. Be clean and free from sin.
15 You can be sure the long waiting of our Lord is part of His plan to save men from the punishment of sin. God gave our dear brother Paul the wisdom to write about this also.
16 He wrote about these things in all of his writings. Some of these things are hard to understand. People who do not have much understanding and some who are not strong in the faith change the meaning of his letters. They do this to the other parts of the Holy Writings also. They are destroying themselves as they do this.
17 And so, dear friends, now that you know this, watch so you will not be led away by the mistakes of these sinful people. Do not be moved by them.
18 Grow in the loving favor that Christ gives you. Learn to know our Lord Jesus Christ better. He is the One Who saves. May He have all the shining greatness now and forever. Let it be so.

I Juan

Cristo La Palabra de vida

1 Cristo es la Palabra de vida. Estaba desde el principio. Lo hemos oído y visto con nuestros propios ojos. Lo hemos mirado y lo hemos tocado con nuestras manos.

2 Cristo, quien es la vida, nos fue mostrado, lo vimos. Les anunciamos acerca de la vida que es para siempre. Él estaba con el Padre y ha venido a nosotros.

3 Les anunciamos lo que hemos visto y oído, para que se unan a nosotros, como nuestra unión es verdadera con el Padre y con su Hijo Jesucristo.

4 Les escribimos estas cosas para que nuestra felicidad sea completa.

Los cristianos deben vivir en la luz

5 Esto fue lo que él nos dijo a nosotros, y así nosotros se lo decimos a ustedes: Dios es luz. No hay oscuridad en él.

6 Si decimos que vivimos junto a él pero vivimos en la oscuridad, somos mentirosos. No estamos viviendo la verdad.

7 Pero si vivimos en luz como él está en luz, compartimos lo que tenemos en Dios con otros, y la sangre de Jesucristo, su Hijo, limpia nuestras vidas de todo pecado.

8 Y si decimos que no tenemos pecados, estamos mintiendo, y la verdad no está en nosotros.

9 Pero si le confesamos a él nuestros pecados, podemos confiar en que él nos perdonará todo pecado. Él limpiará nuestras vidas.

10 Y si decimos que nunca hemos pecado, estamos haciendo mentiroso a Dios y su palabra no está en nuestro corazón.

I John

Christ the Word of life

1 Christ is the Word of Life. He was from the beginning. We have heard Him and have seen Him with our own eyes. We have looked at Him and put our hands on Him.

2 Christ Who is Life was shown to us. We saw Him. We tell you and preach about the Life that lasts forever. He was with the Father and He has come down to us.

3 We are preaching what we have heard and seen. We want you to share together with us what we have with the Father and with His Son, Jesus Christ.

4 We are writing this to you so our joy may be full.

Christians are to live in the light

5 This is what we heard Him tell us. We are passing it on to you. God is light. There is no darkness in Him.

6 If we say we are joined together with Him but live in darkness, we are telling a lie. We are not living the truth.

7 If we live in the light as He is in the light, we share what we have in God with each other. And the blood of Jesus Christ, His Son, makes our lives clean from all sin.

8 If we say that we have no sin, we lie to ourselves and the truth is not in us.

9 If we tell Him our sins, He is faithful and we can depend on Him to forgive us of our sins. He will make our lives clean from all sin.

10 If we say we have not sinned, we make God a liar. And His Word is not in our hearts.

Cristo es nuestra ayuda

2 Hijitos queridos, les estoy escribiendo todo esto para que no vayan a pecar. Pero si alguno pecà, tiene quien lo defienda ante el Padre. Él es Jesucristo, el único que no hizo pecado.

2 Él pagó por nuestras culpas con su propia sangre, y no sólo por nuestros pecados, sino por los de todo el mundo.

3 Podemos estar seguros que lo conocemos, si obedecemos sus enseñanzas.

4 Cualquiera que dice: "Yo conozco a Dios", pero no obedece sus enseñanzas, es mentiroso. No hay verdad en él.

5 Pero cualquiera que obedece su palabra y hace lo que él dice, el amor de Dios se ha hecho perfecto en él. Esta es la manera de saber si eres de Cristo.

6 Todo el que dice que es de Cristo, debe vivir de la misma manera que Cristo vivió.

7 Queridos amigos, no les estoy escribiendo una nueva ley para obedecer. Esta es una antigua ley que tienen desde el principio. La antigua ley es la palabra que han oído.

8 Y a la vez es una nueva ley que les escribo, pues es la verdad que fue vista en Cristo como en ustedes. La oscuridad ya está pasando, y la luz verdadera ya brilla.

9 Cualquiera que dice estar en la luz pero que odia a su hermano está en oscuridad.

10 Pero cualquiera que ama a su hermano está en la luz y no habrá razón para pecar.

11 Pero el que odia a su hermano no está en la luz, mas bien vive en la oscuridad y no sabe a dónde va porque la oscuridad le ha hecho ciego.

Christ is our helper

2 My dear children, I am writing this to you so you will not sin. But if anyone does sin, there is One Who will go between him and the Father. He is Jesus Christ, the One Who is right with God.

2 He paid for our sins with His own blood. He did not pay for ours only, but for the sins of the whole world.

3 We can be sure that we know Him if we obey His teaching.

4 Anyone who says: "I know Him," but does not obey His teaching is a liar. There is no truth in him.

5 But whoever obeys His Word has the love of God made perfect in him. This is the way to know if you belong to Christ.

6 The one who says he belongs to Christ should live the same kind of life Christ lived.

7 Dear friends, I am not writing a new Law for you to obey. It is an old Law you have had from the beginning. The old Law is the Word that you have heard.

8 And yet it is a new Law that I am writing to you. It is truth. It was seen in Christ and it is seen in you also. The darkness is passing away and the true Light shines instead.

9 Whoever says he is in the light but hates his brother is still in darkness.

10 But whoever loves his brother is in the light. And there will be no reason to sin because of him.

11 Whoever hates his brother is not in the light but lives in darkness. He does not know where he is going because the darkness has blinded his eyes.

No amen al mundo

12 Les estoy escribiendo, hijitos, porque sus pecados les han sido perdonados en el nombre de Cristo.

13 Padres, les estoy escribiendo porque ustedes conocen al que era desde el principio. Les escribo a ustedes, jóvenes, porque tienen poder sobre el diablo. les escribo a ustedes, niños y niñas, porque han aprendido a conocer al Padre.

14 Les he escrito a ustedes, padres, porque ustedes conocen al que ha sido desde el principio les he escrito a ustedes, jóvenes, porque son fuertes y han guardado la palabra de Dios en sus corazones y porque tienen poder para vencer al diablo.

15 No amen al mundo, ni a ninguna cosa del mundo. Si alguno ama al mundo, el amor del Padre no está en él.

16 Porque todas las cosas que el mundo da, no vienen del Padre. Los malos deseos de la carne, las cosas que nuestros ojos ven y quieren y el orgullo de las cosas de la vida vienen del mundo.

17 El mundo y todos sus deseos se acabarán, pero el hombre que obedece a Dios y hace lo que él quiere que haga vivirá para siempre.

18 Hijitos, estamos cerca del fin del mundo. Ustedes han oído del cristo falso que viene y está en contra de Cristo. Pues muchos de estos han venido ya. Por esto sabemos que el fin del mundo está por llegar.

19 Estos nos abandonaron, pero nunca fueron de nosotros. Pues si hubieran sido de nosotros, se hubieran quedado. Pero porque se fueron, sabemos que no eran de nosotros.

20 A ustedes, Cristo les dio el Espíritu Santo. Todos saben la verdad.

21 No les he escrito porque no sepan la verdad; les he escrito porque ya conocen la verdad y saben que ninguna mentira viene de la verdad.

Do not love the world

12 I am writing to you, my children, for your sins have been forgiven because of Christ's name.

13 I am writing to you, fathers, because you know Him Who has been from the beginning. I am writing to you, young men, because you have power over the devil. I have written to you, young boys and girls, because you have learned to know the Father.

14 I have written to you, fathers, because you know Him Who has been from the beginning. I have written to you, young men, because you are strong. You have kept God's Word in your hearts. You have power over the devil.

15 Do not love the world or anything in the world. If anyone loves the world, the Father's love is not in him.

16 For everything that is in the world does not come from the Father. The desires of our flesh and the things our eyes see and want and the pride of this life come from the world.

17 The world and all its desires will pass away. But the man who obeys God and does what He wants done will live forever.

18 My children, we are near the end of the world. You have heard that the false christ is coming. Many false christs have already come. This is how we know the end of the world is near.

19 These left us. But they never belonged to us. If they had been a part of us, they would have stayed with us. Because they left, it is known they did not belong to us.

20 The Holy Spirit has been given to you and you all know the truth.

21 I have not written to you because you do not know the truth. I have written because you do know the truth and you know that no lie comes from the truth.

22 ¿Quién es un mentiroso? Es una persona que dice que Jesús no es el Cristo. El falso cristo no tiene nada que ver ni con el Padre ni con el Hijo. Se aparta de ellos.
23 Una persona que no tiene al Hijo y lo niega tampoco tiene al Padre. Pero el que dice que conoce al Hijo también tiene al Padre.

24 Guarden en su corazón lo que han oído desde el principio. Pues entonces serán del Hijo y del Padre, si lo que han oído desde el principio está en ustedes.
25 Y él ha prometido darnos la vida que dura para siempre.
26 Les he escrito acerca de aquellos que tratan de llevarlos por mal camino.
27 Cristo les ha dado el Espíritu Santo, y él vive en ustedes. Por eso, no necesitan que alguien les enseñe, porque el Espíritu Santo puede enseñarles todas las cosas. Y lo que él les enseña es la verdad y no mentiras. Vivan, pues, con la ayuda de Cristo, como el Espíritu Santo les ha enseñado,
28 y ahora, hijitos, vivan siempre con la ayuda de él. Y cuando él venga otra vez, estaremos felices de verlo. Así no lo recibiremos con vergüenza.
29 Ustedes saben que cualquiera que está bien con Dios es hijo de él.

22 Who is a liar? He is a person who says that Jesus is not the Christ. The false christ will have nothing to do with the Father and the Son and he will turn away from Them.
23 A person who will have nothing to do with the Son and turns against Him does not have the Father. The one who says he knows the Son has the Father also.
24 Keep in your heart what you have heard from the beginning. Then you will belong to the Son and to the Father if what you have heard from the beginning is in you.
25 And He has promised us life that lasts forever!
26 I have written to you about those who are trying to lead you in the wrong way.
27 Christ gave you the Holy Spirit and He lives in you. You do not need anyone to teach you. The Holy Spirit is able to teach you all things. What He teaches you is truth and not a lie. Live by the help of Christ as the Holy Spirit has taught you.

28 And now, my children, live by the help of Him. Then when He comes again, we will be glad to see Him and not be ashamed.
29 You know that Christ is right with God. Then you should know that everyone who is right with God is a child of His.

Somos hijos de Dios

3 Vean qué grande es el amor del Padre que nos ha llamado sus hijos. Esto es lo que somos. Por esta razón, la gente del mundo no sabe quiénes somos, porque no le conocen a él.
2 Queridos amigos, ahora somos hijos de Dios. No se nos ha mostrado cómo vamos a ser; pero sabemos que

We are God's children

3 See what great love the Father has for us that He would call us His children. And that is what we are. For this reason the people of the world do not know who we are because they did not know Him.
2 Dear friends, we are God's children now. But it has not yet been shown to us what we are going to be. We know

cuando él vuelva, seremos como él, porque lo veremos a él como es.

3 Y la persona que espere que esto pase mantendrá su alma pura, porque Cristo es puro y sin pecado.

4 La persona que se mantiene pecando es culpable por no obedecer la ley de Dios. El pecar es quebrar la ley de Dios.

5 Ustedes saben que Cristo vino a quitar nuestros pecados, porque en él no hay pecado.

6 Pues la persona que vive con la ayuda de Cristo no hace pecados. Y la persona que se mantiene pecando lo hace porque no lo ha visto a él, ni lo conoce.

7 Mis hijitos, no dejen que nadie los lleve por el mal camino. El hombre que hace lo que es bueno está bien con Dios, de la misma manera en que Cristo está bien con Dios, su Padre.

8 Toda persona que está siempre pecando es del diablo, porque el diablo ha pecado desde el principio. Pero el Hijo de Dios vino a deshacer el trabajo del diablo.

9 Ningún hombre que ha sido llamado hijo de Dios sigue en pecado. Esto es porque el Espíritu Santo está en él. No puede seguir pecando porque Dios es su padre.

10 Esta es la manera de saber quién es hijo de Dios y quién es hijo del diablo. La persona que no hace lo bueno, y no ama a su hermano, no es hija de Dios.

11 Esto es lo que han oído desde el principio, que debemos amarnos unos a otros.

12 No sean como Caín, pues era hijo del diablo. Mató a su hermano. ¿Por qué lo mató? Fue porque Caín hacía lo malo, y lo que su hermano hacía era bueno.

that when He comes again, we will be like Him because we will see Him as He is.

3 The person who is looking for this to happen will keep himself pure because Christ is pure.

4 The person who keeps on sinning is guilty of not obeying the Law of God. For sin is breaking the Law of God.

5 You know that Christ came to take away our sins. There is no sin in Him.

6 The person who lives by the help of Christ does not keep on sinning. The person who keeps on sinning has not seen Him or has not known Him.

7 My children, let no one lead you in the wrong way. The man who does what is right, is right with God in the same way as Christ is right with God.

8 The person who keeps on sinning belongs to the devil. The devil has sinned from the beginning. But the Son of God came to destroy the works of the devil.

9 No person who has become a child of God keeps on sinning. This is because the Holy Spirit is in him. He cannot keep on sinning because God is his Father.

10 This is the way you can know who are the children of God and who are the children of the devil. The person who does not keep on doing what is right and does not love his brother does not belong to God.

11 This is what you have heard from the beginning, that we should love each other.

12 Do not be like Cain. He was a child of the devil and killed his brother. Why did he kill him? It was because he did what was sinful and his brother did what was right.

13 No se sorprendan si el mundo los odia, hermanos cristianos.

14 Pues sabemos que hemos pasado de muerte a vida. Y lo sabemos porque amamos a nuestros hermanos cristianos. La persona que no ama no ha pasado de la muerte a la vida.

15 Un hombre que odia a su hermano es un asesino en su corazón. Y ustedes saben que la vida que es para siempre no está en uno que mata.

16 Sabemos lo que es el amor, porque Cristo dio su vida por nosotros. Así debemos dar nuestras vidas por nuestros hermanos.

17 Pues si una persona tiene bastante dinero para vivir y ve a su hermano necesitado de comida y ropa, y no le ayuda, ¿cómo puede el amor de Dios estar en él?

18 Mis hijitos, no amemos sólo de palabra; amemos de verdad con lo que hacemos.

19 Así es como sabremos que somos verdaderos cristianos. Así estaremos tranquilos y seguros, cuando estemos delante de Dios.

20 Y si nuestro corazón dice que no hemos hecho el bien, recuerden que Dios es más grande que nuestro corazón. Él sabe todas las cosas.

21 Queridos amigos, si su corazón no dice que han hecho el mal, no tendrán por qué temer ante él.

22 Recibiremos de él lo que pidamos, si le obedecemos y hacemos lo que él quiere.

23 Esto es lo que él dice que debemos hacer: poner nuestra confianza en el nombre de su Hijo Jesucristo, y amarnos unos a otros. Esto fue lo que Cristo nos mandó hacer.

24 Toda persona que obedece a Cristo vive con la ayuda de Dios, y Dios vive en él. Y nosotros sabemos que Cristo vive en nosotros por el Espíritu que nos dio.

13 Do not be surprised if the world hates you, Christian brothers.

14 We know we have passed from death into life. We know this because we love the Christians. The person who does not love has not passed from death into life.

15 A man who hates his brother is a killer in his heart. You know that life which lasts forever is not in one who kills.

16 We know what love is because Christ gave His life for us. We should give our lives for our brothers.

17 What if a person has enough money to live on and sees his brother in need of food and clothing? If he does not help him, how can the love of God be in him?

18 My children, let us not love with words or in talk only. Let us love by what we do and in truth.

19 This is how we know we are Christians. It will give our heart comfort for sure when we stand before Him.

20 Our heart may say that we have done wrong. But remember, God is greater than our heart. He knows everything.

21 Dear friends, if our heart does not say that we are wrong, we will have no fear as we stand before Him.

22 We will receive from Him whatever we ask if we obey Him and do what He wants.

23 This is what He said we must do: Put your trust in the name of His Son, Jesus Christ, and love each other. Christ told us to do this.

24 The person who obeys Christ lives by the help of God and God lives in him. We know He lives in us by the Holy Spirit He has given us.

Los espíritus deben ser probados

4 Queridos hermanos, no crean en cualquier espíritu. Primero, prueben si ese espíritu viene de Dios, porque hay muchos mentirosos que predican en el mundo.

2 Ustedes pueden saber si el espíritu es de Dios de esta manera: Todo aquel que dice que Jesucristo vino al mundo como hombre verdadero tiene el espíritu de Dios.

3 Pero todo aquel que dice que Jesucristo no vino como hombre, ése no tiene el Espíritu de Dios, sino el que está contra Cristo. Han oído que este espíritu vendrá; pues ya está en el mundo.

4 Hijitos, ustedes son parte de la familia de Dios. Ustedes han vencido a estos mentirosos y tienen poder sobre ellos. La razón es porque el que vive en ustedes es más fuerte que el que está en el mundo.

5 Esos falsos maestros son del mundo. Hablan de las cosas del mundo, y el mundo los escucha.

6 Nosotros somos de la familia de Dios, y la persona que conoce a Dios nos escuchará. Pero la persona que no es de la familia de Dios no nos oirá. De esta manera, podemos conocer quién tiene el espíritu de verdad y quién tiene el espíritu de engaño.

Amando a Dios, hace que amemos a nuestros hermanos

7 Queridos amigos, amémonos unos a otros; porque el amor viene de Dios. Aquellos que aman son hijos de Dios y le conocen.

8 Pero aquellos que no aman no conocen a Dios porque Dios es amor.

9 Dios nos ha mostrado su amor, enviando a su único Hijo al mundo. Hizo esto para que nosotros tengamos vida por Cristo.

The spirits must be tested

4 Dear Christian friends, do not believe every spirit. But test the spirits to see if they are from God for there are many false preachers in the world.

2 You can tell if the spirit is from God in this way: Every spirit that says Jesus Christ has come in a human body is from God.

3 And every spirit that does not say Jesus has come in a human body is not from God. It is the teaching of the false-christ. You have heard that this teaching is coming. It is already here in the world.

4 My children, you are a part of God's family. You have stood against these false preachers and had power over them. You had power over them because the One Who lives in you is stronger than the one who is in the world.

5 Those false teachers are a part of the world. They speak about the things of the world. The world listens to them.

6 We are a part of God's family. The person who knows God will listen to us. The person who is not a part of God's family will not listen to us. In this way, we can tell what is the spirit of truth and what is the spirit of false teaching.

Loving God makes us love our Christian brothers

7 Dear friends, let us love each other, because love comes from God. Those who love are God's children and they know God.

8 Those who do not love do not know God because God is love.

9 God has shown His love to us by sending His only Son into the world. God did this so we might have life through Christ.

10 Esto es el amor, no que nosotros hayamos amado a Dios, sino que él nos amó a nosotros. Y mandó a su Hijo a pagar por nuestras culpas con su sangre.
11 Queridos amigos, si Dios nos ha amado tanto, entonces debemos amarnos unos a otros.
12 Nadie ha visto jamás a Dios. Si nos amamos unos a otros, Dios vive en nosotros. Su amor se hace perfecto en nosotros.
13 Él nos ha dado su Espíritu. Así sabemos que vivimos con su ayuda: él vive en nosotros.

El amor nos da más confianza en Cristo

14 Nosotros hemos visto y podemos decir que el Padre envió a su Hijo a salvar al mundo del castigo del pecado.
15 La persona que habla de él delante de otras personas, y dice que Jesús es el Hijo de Dios, Dios está viviendo en ella, y ella está viviendo con la ayuda de Dios.
16 Hemos llegado a saber y creer que Dios nos ama. Dios es amor y, si viven en amor, viven con la ayuda de Dios. Dios vive en ustedes.

El amor de Dios tiene poder sobre el miedo y el odio

17 El amor es perfecto en nosotros y no tendremos miedo de estar ante él en el día que diga quién es culpable o no. Esto es porque sabemos que nuestra vida en este mundo es su vida vivida en nosotros.
18 En el amor, no hay temor, porque el amor perfecto quita el miedo. la gente que tiene miedo lo tiene porque teme ser castigada. Todo el que tiene miedo no ha llegado a amar perfectamente.
19 Nosotros amamos a Dios porque él nos amó primero.
20 Si alguien dice: "Yo amo a Dios", pero odia a su hermano, es un mentiroso. Porque si no ama a su hermano,

10 This is love! It is not that we loved God but that He loved us. For God sent His Son to pay for our sins with His own blood.
11 Dear friends, if God loved us that much, then we should love each other.
12 No person has ever seen God at any time. If we love each other, God lives in us. His love is made perfect in us.
13 He has given us His Spirit. This is how we live by His help and He lives in us.

Love gives us more faith in Christ

14 We have seen and are able to say that the Father sent His Son to save the world from the punishment of sin.
15 The person who tells of Him in front of men and says that Jesus is the Son of God, God is living in that one and that one is living by the help of God.
16 We have come to know and believe the love God has for us. God is love. If you live in love, you live by the help of God and God lives in you.

The love of God has power over fear and hate

17 Love is made perfect in us when we are not ashamed as we stand before Him on the day He judges. For we know that our life in this world is His life lived in us.
18 There is no fear in love. Perfect love puts fear out of our hearts. People have fear when they are afraid of being punished. The man who is afraid does not have perfect love.
19 We love Him because He loved us first.
20 If a person says: "I love God," but hates his brother, he is a liar. If a person does not love his brother whom he has

a quien ha visto, ¿cómo puede amar a Dios, a quien no ha visto?

21 Y tenemos estas palabras de él. Si tú amas a Dios, ama también a tu hermano.

5 La persona que cree que Jesús es el Cristo es un hijo de Dios. Y el que ama al Padre ama también a otros hijos del Padre.

2 Así es como sabemos que amamos a los hijos de Dios, cuando amamos a Dios y obedecemos su palabra.

3 Amar a Dios es obedecer su palabra, y su palabra no es difícil de obedecer.

4 Todo el que es hijo de Dios tiene poder sobre los pecados del mundo. La manera de tener poder sobre los pecados del mundo es por nuestra confianza en él.

5 ¿Quién puede tener poder sobre el mundo, si no cree que Jesús es el Hijo de Dios?

6 La venida de Jesucristo fue con agua y sangre, no sólo con agua, sino con agua y sangre. El Espíritu Santo habla de esto, y él es verdad.

7 Hay tres que hablaron de esto en el cielo: el Padre, la Palabra y el Espíritu Santo. Estos tres son uno solo.

8 Hay tres que hablaron de esto en la tierra: el Espíritu Santo, el agua y la sangre, y estos tres hablaron lo mismo.

9 Si creemos en lo que el hombre dice, podemos estar seguros que lo que Dios dice es más importante. Dios nos ha hablado; así él ha hablado de su Hijo.

10 La persona que pone su confianza en el Hijo de Dios sabe en su corazón que Jesús es el Hijo de Dios. Pero aquel que no pone su confianza en el Hijo de Dios hace a Dios mentiroso. Porque no cree lo que Dios habló de su Hijo.

seen, how can he love God Whom he has not seen?

21 We have these words from Him. If you love God, love your brother also.

5 The person who believes that Jesus is the Christ is a child of God. The person who loves the Father loves His children also.

2 This is the way we know we love God's children. It is when we love God and obey His Word.

3 Loving God means to obey His Word, and His Word is not hard to obey.

4 Every child of God has power over the sins of the world. The way we have power over the sins of the world is by our faith.

5 Who could have power over the world except by believing that Jesus is the Son of God?

6 Jesus Christ came by water and blood. He did not come by water only, but by water and blood. The Holy Spirit speaks about this and He is truth.

7 There are three Who speak of this in heaven: the Father and the Word and the Holy Spirit. These three are one.

8 There are three who speak of this on the earth: the Holy Spirit and the water and the blood. These three speak the same thing.

9 If we believe what men say, we can be sure what God says is more important. God has spoken as He has told us about His Son.

10 The person who puts his trust in God's Son knows in his own heart that Jesus is the Son of God. The person who does not have his trust in God's Son makes God a liar. It is because he has not believed the word God spoke about His Son.

11 Esta es la palabra que él habló. Dios nos ha dado la vida para siempre. Esta vida está en su Hijo.

12 El que tiene al Hijo de Dios tiene esta vida. El que no tiene al Hijo de Dios no tiene esta vida.

13 Les he escrito estas cosas a ustedes que creen en el nombre del Hijo de Dios, para que sepan que tienen vida para siempre.

14 Estamos seguros que si pedimos cualquier cosa que él quiere que tengamas, él nos oirá.

15 Y si estamos seguros que él oye cuando le pedimos, podemos estar seguros de tener lo que pedimos.

16 Si ven que un hermano está cometiendo un pecado que no lleva a la muerte, deben pedir a Dios por él. Él le dará vida, si no ha cometido un pecado que lleve a la muerte. Hay pecado que lleva a la muerte y no hay razón para pedir a Dios por la persona, si comete ese pecado.

17 Toda clase de maldad es pecado, pero hay pecado que no lleva a la muerte.

18 Sabemos que ningún hijo de Dios vive en pecado, pues el Hijo de Dios lo cuida, y el diablo no puede acercarse a él.

19 Sabemos que somos de Dios, pero el mundo entero está bajo el poder del diablo.

20 Sabemos que el Hijo de Dios ha venido. Él nos ha dado entendimiento para conocer al Dios verdadero. Estamos unidos con el Dios verdadero por medio de su Hijo Jesucristo. Él es el Dios de verdad; y esta es la vida que dura para siempre.

21 Mis hijitos, cuídense de los dioses falsos.

11 This is the word He spoke: God gave us life that lasts forever, and this life is in His Son.

12 He that has the Son has life. He that does not have the Son of God does not have life.

13 I have written these things to you who believe in the name of the Son of God. Now you can know you have life that lasts forever.

14 We are sure that if we ask anything that He wants us to have, He will hear us.

15 If we are sure He hears us when we ask, we can be sure He will give us what we ask for.

16 You may see a Christian brother sinning in a way that does not lead to death. You should pray for him. God will give him life unless he has done that sin that leads to death. There is a sin that leads to death. There is no reason to pray for him if he has done that sin.

17 Every kind of wrong doing is sin. But there is a sin that does not lead to death.

18 We know that no child of God keeps on sinning. The Son of God watches over him and the devil cannot get near him.

19 We know that we belong to God, but the whole world is under the power of the devil.

20 We know God's Son has come. He has given us the understanding to know Him Who is the true God. We are joined together with the true God through His Son, Jesus Christ. He is the true God and the life that lasts forever.

21 My children, keep yourselves from false gods.

2 Juan

1 Yo, dirigente de la iglesia, escribo a la hermana escogida y a sus hijos. Yo les amo en verdad. No soy el único que les ama; todos los que conocen la verdad les aman también.

2 Esto es porque la verdad está en nosotros y estará para siempre.

3 Bendición y paz sean con ustedes porque viven en la verdad y en el amor. Todo esto viene de Dios Padre y de su Hijo, nuestro Señor Jesucristo.

4 Estoy feliz al encontrar a algunos de tus hijos viviendo en la verdad, como el Padre nos mandó.

5 Y ahora te pido, hermana, que nos amemos los unos a los otros. No te estoy escribiendo una nueva ley, sino la misma que tenemos desde el principio.

6 Amar quiere decir que debemos vivir obedeciendo su palabra. Desde el principio, él dijo en su palabra que nuestros corazones deben estar llenos de amor.

7 Hay muchos maestros mentirosos en el mundo. Ellos no creen que Jesucristo vino con un cuerpo de hombre. No creen la verdad; son los cristos falsos.

8 Tengan cuidado, para que no pierdan el fruto de su trabajo. Tengan cuidado también para que reciban lo que les ha sido prometido.

9 Cualquiera que desobedece y no vive según las enseñanzas de Cristo no tiene a Dios. Pero si viven según lo que Cristo enseña, tendrán a los dos; al Padre y al Hijo.

2 John

1 The church leader writes to the chosen lady and to her children. I love you because of the truth. I am not the only one who loves you. All who know the truth love you.

2 It is because the truth is in us and will be with us forever.

3 Loving favor and loving kindness and peace are ours as we live in truth and love. These come from God the Father and from the Lord Jesus Christ, Who is the Son of the Father.

4 I am happy to find some of your children living in the truth as the Father has said we should.

5 And now I ask you, lady, that we have love one for the other. I am not writing to you about a new Law but an old one we have had from the beginning.

6 Love means that we should live by obeying His Word. From the beginning He has said in His Word that our hearts should be full of love.

7 There are many false teachers in the world. They do not say that Jesus Christ came in a human body. Such a person does not tell the truth. He is the false christ.

8 Watch yourselves! You do not want to lose what we have worked for. You want to get what has been promised to you.

9 Anyone who goes too far and does not live by the teachings of Christ does not have God. If you live by what Christ taught, you have both the Father and the Son.

10 Y si alguien viene con otra clase de enseñanzas, no lo dejen entrar en su casa. No lo saluden siquiera.

11 Porque la persona que lo saluda tiene parte en el mal que hace.

12 Tengo muchas cosas que decirles pero no quiero escribirlas en esta carta, pues espero estar con ustedes pronto. Entonces hablaremos de estas cosas juntos, y nuestra alegría será completa.

13 Los hijos de tu hermana, quien fue elegida por Dios, te mandan saludos.

10 If a person comes to you with some other kind of teaching, do not take him into your home. Do not even greet him.

11 The person who does has a share in his sins.

12 I have many things to write to you. I do not want to write them in this letter. But I hope to come to you soon. Then we can talk about these things together that your joy may be full.

13 The children of your sister who was chosen by God greet you.

3 Juan

1 Yo, dirigente de la iglesia, escribo al muy querido Gayo, a quien amo en verdad.

2 Querido amigo, pido a Dios que te vaya bien en todo y que tu cuerpo esté fuerte y sano, como también tu alma.

3 Me dio mucho gusto cuando vinieron algunos hermanos cristianos y me contaron como estás siguiendo en el camino de la verdad.

4 No puedo tener mayor alegría que oir que mis hijos están siguiendo la verdad.

5 Querido amigo, tú estás haciendo un buen trabajo, siendo amable con los cristianos, especialmente con los extranjeros.

6 Ellos han hablado a la iglesia de tu amor y harás bien en seguir ayudándoles en su viaje. Esto agrada a Dios.

7 Estos hermanos están trabajando por el Señor y no han aceptado nada de la gente que no conoce a Dios.

8 Por esto, debemos ayudar a esta gente. De esta manera, trabajaremos con ellos en enseñar la verdad.

9 Escribí una carta a la iglesia, pero Diótrefes quiere ser el primero y el más importante y no quiere aceptar nuestra autoridad.

10 Por esto, si voy, le llamaré la atención por lo que está haciendo. Está diciendo chismes y mentiras acerca de nosotros. No sólo esto, sino que no recibe a los hermanos cristianos en su casa, ni deja que otros lo hagan. Y cuando lo hacen, los corre de la iglesia.

3 John

1 The church leader writes to the much loved Gaius. I love you because of the truth.

2 Dear friend, I pray that you are doing well in every way. I pray that your body is strong and well even as your soul is.

3 I was very happy when some Christians came and told me about how you are following the truth.

4 I can have no greater joy than to hear that my children are following the truth.

5 Dear friend, you are doing a good work by being kind to the Christians, and for sure, to the strangers.

6 They have told the church about your love. It will be good for you to help them on their way as God would have you.

7 These people are working for the Lord. They are taking nothing from the people who do not know God.

8 So we should help such people. That way we will be working with them as they teach the truth.

9 I wrote a letter to the church. But Diotrephes wants to be the leader and put himself first. He will have nothing to do with us.

10 So if I come, I will show what he is doing by the bad things he is saying about us. Not only that, he will not take the Christian brothers into his home. He keeps others from doing it also. When they do, he puts them out of the church.

11 Querido amigo, no sigas malos
ejemplos sino sigue los buenos. La persona que hace el bien es de Dios, y la
persona que hace lo malo no ha visto a
Dios.
12 Todos hablan bien de Demetrio.
Y la verdad misma habla por él. También nosotros sabemos esto, y ustedes
saben que decimos la verdad.
13 Tengo mucho que escribirte, pero
no quiero hacerlo en esta carta.
14 Espero verte pronto y entonces
hablaremos. Que tengas paz. Los amigos de acá te saludan. Saluda tú, por
favor, a cada uno de nuestros amigos.

11 Dear friend, do not follow what
is sinful, but follow what is good. The
person who does what is good belongs
to God. The person who does what is
sinful has not seen God.
12 Everyone speaks good things about
Demetrius. The truth itself speaks for
him. We say the same thing also and
you know we are speaking the truth.
13 I have much to write about but I do
not want to write it in this letter.
14 I hope to see you soon and then we
can talk together. May you have peace.
The friends here greet you. Greet each
friend there by name.

Judas

1 Esta carta es de Judas, hermano de Jacobo (Santiago). Soy un obrero de Jesucristo. Les escribo a ustedes que han sido escogidos por Dios el Padre y que son guardados por Jesucristo.

2 Que reciban de Dios su compasión, su paz y su amor.

3 Queridos amigos, he tratado de escribirles de lo que Dios hizo por nosotros cuando nos salvó del castigo del pecado. Ahora debo escribirles y decirles que luchen por la fe que fue dada una vez y para siempre al pueblo que pertenece a Cristo.

4 Algunas personas malvadas se han metido a la iglesia de ustedes sin que se den cuenta. Ellos están viviendo en pecado y hablan del favor de Dios para cubrir sus pecados. Se han puesto en contra de nuestro único Guiador y Señor, Jesucristo. Hace mucho tiempo fue escrito que esta gente moriría en sus pecados.

5 Ustedes ya saben esto, pero piénsenlo otra vez: El Señor sacó su pueblo de la tierra de Egipto. Más tarde destruyó a todos los que no creyeron en él.

6 También los ángeles que no se quedaron en sus lugares de poder sino que abandonaron el lugar que les fue dado ahora están encadenados en un lugar oscuro. Y estarán allí hasta el día en que Dios dirá si son culpables o no.

7 ¿Se acuerdan de las ciudades de Sodoma y Gomorra y las aldeas vecinas? Los habitantes de esas ciudades hicieron las mismas cosas. Estaban llenos de pecados sexuales y de fuertes deseos por actos pecaminosos del cuerpo. Esas ciudades fueron destruidas por el fuego. Son ejemplos todavía del fuego del infierno que dura para siempre.

Jude

1 This letter is from Jude, a brother of James. I am a servant owned by Jesus Christ. I am writing to you who have been chosen by God the Father. You are kept for Jesus Christ.

2 May you have much of God's loving kindness and peace and love.

3 Dear friends, I have been trying to write to you about what God did for us when He saved us from the punishment of sin. Now I must write to you and tell you to fight hard for the faith which was once and for all given to the holy people of God.

4 Some sinful men have come into your church without anyone knowing it. They are living in sin and they speak of the loving favor of God to cover up their sins. They have turned against our only Leader and Lord, Jesus Christ. Long ago it was written that these people would die in their sins.

5 You already know all this, but think about it again. The Lord saved His people out of the land of Egypt. Later He destroyed all those who did not put their trust in Him.

6 Angels who did not stay in their place of power, but left the place where they were given to stay, are chained in a dark place. They will be there until the day they stand before God to be judged.

7 Do you remember about the cities of Sodom and Gomorrah and the towns around them? The people in those cities did the same things. They were full of sex sins and strong desires for sinful acts of the body. Those cities were destroyed by fire. They still speak to us of the fire of hell that lasts forever.

Cómo son los predicadores falsos

8 Del mismo modo, estos hombres
siguen soñando y pecando en contra
de sus cuerpos. No respetan a los dirigentes. Hablan mal en contra de los
poderes celestiales.
9 Miguel fue uno de los ángeles principales. Él discutió con el diablo acerca
del cuerpo de Moisés. Pero Miguel no
quiso hablar palabras severas al diablo
diciéndole que él era culpable. Sino
que le dijo: "El Señor te habla severamente."
10 Pero estos hombres hablan en contra de cosas que no entienden y son
como animales en el modo que ellos se
portan. Por estas cosas se destruyen a
sí mismos.
11 ¡Es malo para ellos! Porque han
seguido el camino de Caín, que mató
a su hermano. Han escogido el camino de Balaam; sólo piensan en ganar
dinero. Y su fin será como el de Coré
que fue destruido, porque no mostró
respeto a los dirigentes.
12 Son una vergüenza cuando se
reúnen con ustedes a comer las cenas
de amor cristiano. Estas personas son
como rocas ocultas que hacen naufra-
gar un barco. Porque solamente piensan en sí mismas. Son como nubes sin
lluvia, llevadas por el viento; son como
árboles sin fruta en el otoño. Muertos
ahora, ellos serán arrancados de raíz y
nunca volverán a vivir.
13 Son como las olas del mar inquieto.
Sus pecados son como el agua sucia a
lo largo de la orilla. Son como estrellas
moviéndose aquí y allá. Pero el lugar
más oscuro les ha sido reservado para
siempre.
14 Enoc fue el principal de la séptima
familia que nació después de Adán. Él
dijo esto acerca de tales personas: "El
Señor viene con muchos miles de sus
verdaderos hombres de fe.

What false teachers are like

8 In the same way, these men go
on dreaming and sinning against their
bodies. They respect no leaders. They
speak bad against those who live in the
heavens.
9 Michael was one of the head
angels. He argued with the devil about
the body of Moses. But Michael would
not speak sharp words to the devil,
saying he was guilty. He said: "The Lord
speaks sharp words to you."
10 But these men speak against things
they do not understand. They are like
animals in the way they act. By these
things they destroy themselves.
11 It is bad for them! They have followed the way of Cain who killed his
brother. They have chosen the way of
Balaam and think only about making
money. They were destroyed as Korah
was destroyed who would not show
respect to leaders.
12 When you come together to eat
the Christians' love suppers, these people are like hidden rocks that wreck a
ship. They only think of themselves.
They are like clouds without rain carried along by the wind and like trees
without fruit in the fall of the year. They
are pulled out by the roots and are
dead now and never can live again.
13 They are like the waves of a wild
sea. Their sins are like the dirty water
along the shore. They look like stars
moving here and there. But the darkest
place has been kept for them forever.
14 Enoch was the head of the seventh
family born after Adam. He said this
about such people: "The Lord comes
with many thousands of His holy ones.

15 Viene a decir que todos son culpables por los pecados que han hecho y por las cosas malas que hablaron en contra de Dios."

16 Estos hombres se quejan. Nunca son felices con ninguna cosa. Permiten que sus deseos los guíen al pecado. Cuando hablan acerca de ellos mismos, hacen ruido como si fueran grandes personas. Y le muestran respeto a la gente solamente para ver qué consiguen de ellas.

17 Queridos amigos, ustedes deben recordar las palabras habladas por los misioneros de nuestro Señor Jesucristo.

18 Ellos dijeron: "En los últimos días habrá hombres que se reirán de la verdad y serán guiados por sus propios deseos pecaminosos."

19 Son hombres que causarán problemas dividiendo a la gente unos contra otros. Sus mentes están en las cosas del mundo porque no tienen el Espíritu Santo.

20 Queridos amigos, deben hacerse fuertes en su santísima fe. Permitan que el Espíritu Santo les guíe mientras oran.

21 Guárdense a sí mismos en el amor de Dios. Esperen la vida que dura para siempre por medio de la compasión de nuestro Señor Jesucristo.

22 Tengan compasión para aquellos que dudan.

23 Salven a algunos, sacándolos del fuego. Tengan compasión para otros también, pero con algo de temor. Tengan cuidado que no sean guiados a cometer los mismos pecados de ellos. Odien aun la ropa que ha sido tocada con sus cuerpos pecaminosos.

24 Hay uno que puede guardarles sin caer. Cristo puede presentarles delante de Dios libres de todo pecado. Puede darles grande gozo estando ante su grandeza y gloria.

25 Él es el único Dios. Él es Aquel que

15 He comes to say that all are guilty for all the sin they have done and all the sinful things these sinners have spoken against God."

16 These men complain and are never happy with anything. They let their desires lead them into sin. When they talk about themselves, they make it sound as if they are great people. They show respect to people only to get something out of them.

17 Dear friends, you must remember the words spoken by the missionaries of our Lord Jesus Christ.

18 They said: "In the last days there will be men who will laugh at the truth and will be led by their own sinful desires."

19 They are men who will make trouble by dividing people into groups against each other. Their minds are on the things of the world because they do not have the Holy Spirit.

20 Dear friends, you must become strong in your most holy faith. Let the Holy Spirit lead you as you pray.

21 Keep yourselves in the love of God. Wait for life that lasts forever through the loving kindness of our Lord Jesus Christ.

22 Have loving kindness for those who doubt.

23 Save some by pulling them out of the fire. Have loving kindness for others but also fear them. Be afraid of being led into doing their sins. Hate even the clothes that have touched sinful bodies.

24 There is One Who can keep you from falling and can bring you before Himself free from all sin. He can give you great joy as you stand before Him in His shining greatness.

25 He is the only God. He is the One

salva del castigo del pecado por medio
de Jesucristo, nuestro Señor. A él sea la
grandeza, el honor, el poder y la autoridad de hacer todas las cosas. Él tuvo
esto antes que el mundo empezara, él
lo tiene ahora, y lo tendrá para siempre. Así sea.

Who saves from the punishment of sin
through Jesus Christ our Lord. May He
have shining greatness and honor and
power and the right to do all things. He
had this before the world began, He
has it now, and He will have this forever. Let it be so.

Apocalipsis

1 Las cosas que están escritas en este libro son dadas a conocer por Cristo Jesús. Dios le dio estas cosas a Cristo para que las pudiera mostrar a los que son sus obreros. Estas son cosas que deben suceder muy pronto. Cristo envió su ángel a Juan, uno de sus obreros, y le dio a conocer estas cosas a Juan.

2 Juan dice que la palabra de Dios es verdadera. Él habla de Cristo Jesús y de todo lo que vio y oyó de él.

3 El hombre que lea este libro y obedezca lo que dice, será feliz. Porque todas estas cosas sucederán pronto.

Juan saluda a las siete iglesias

4 Juan escribe esto a las siete iglesias en ciertas ciudades del país de Asia. Reciban el favor y la paz de Dios, quien era, es y habrá de ser. Reciban amor y paz de los siete espíritus, los cuales se encuentran frente al lugar donde Dios se sienta.

5 Deseo que reciban amor y paz de Cristo Jesús. Él es fiel y dice la verdad. Jesucristo es el primero en ser levantado de los muertos. Él es el jefe de todos los reyes de la tierra. Él nos ama y nos ha libertado de nuestros pecados con su sangre.

6 Cristo nos ha hecho un reino de dirigentes religiosos, los cuales pueden acercarse a su Dios y Padre. ¡Qué él reciba honor y poder por siempre jamás! Así sea.

7 ¡Miren! ¡Viene en las nubes! Todo ojo le verá. Aun los hombres que le mataron le verán. Toda la gente en la tierra llorará de dolor por él. Sí, así sea.

Revelation

1 The things that are written in the Book are made known by Jesus Christ. God gave these things to Christ so He could show them to the servants He owns. These are things which must happen very soon. Christ sent His ángel to John who is a servant owned by Him. Christ made these things known to John.

2 John tells that the Word of God is true. He tells of Jesus Christ and all that he saw and heard of Him.

3 The man who reads this Book and listens to it being read and obeys what it says will be happy. For all these things will happen soon.

John writes to the seven churches in Asia

4 This is John writing to the seven churches in the country of Asia. May you have loving favor and peace from God Who was and Who is and Who is to come. May you have loving favor and peace from the seven Spirits who are before His throne.

5 May you have loving favor and peace from Jesus Christ Who is faithful in telling the truth. Jesus Christ is the first to be raised from the dead. He is the head over all the kings of the earth. He is the One Who loves us and has set us free from our sins by His blood.

6 Christ has made us a holy nation of religious leaders who can go to His God and Father. He is the One to receive honor and power forever! Let it be so.

7 See! He is coming in the clouds. Every eye will see Him. Even the men who killed Him will see Him. All the people on the earth will cry out in sorrow because of Him. Yes, let it be so.

8 El Señor Dios dice: "Yo soy el primero y el último, el principio de todas las cosas y el fin de todas ellas. ¡Yo soy el Todopoderoso, quien era, quien es y quien habrá de ser!"

Lo que Dios quería mostrarle a Juan acerca de Cristo

9 Yo, Juan, soy su hermano cristiano. He compartido con ustedes el sufrimiento por causa de Cristo Jesús. También he trabajado con ustedes que son del reino de Cristo. Y no hemos desmayado. Fui puesto en la isla llamada Patmos porque predicaba la palabra de Dios y porque hablaba de Cristo Jesús.

10 Cierto día del Señor, yo estaba adorando, cuando oí detrás de mí una voz fuerte como el sonido de una trompeta.

11 Dijo: "Yo soy el primero y el último. Escribe en un libro lo que ves y envíalo a las siete iglesias. Estas se encuentran en las ciudades de Éfeso, Esmirna, Pérgamo, Tiatira, Sardis, Filadelfia y Laodicea."

12 Miré hacia atrás para ver quién me hablaba. Y al mirar, vi siete luces hechas de oro.

13 Entre las luces estaba en pie uno que era el Hijo del Hombre. Tenía puesta una larga túnica, la cual le llegaba hasta los pies. Un cinturón de oro se encontraba alrededor de su pecho.

14 Su cabeza y su cabello eran blancos como la lana blanca. Eran blancos como la nieve. Sus ojos eran como fuego.

15 Sus pies como bronce brillante, el cual brillaba como si estuviera en el fuego. Su voz sonaba como una poderosa corriente de agua.

16 Tenía en su mano derecha siete estrellas. Una espada aguda de dos filos salía de su boca. Su rostro brillaba como el sol a mediodía.

17 Cuando le vi, caí a sus pies como

8 The Lord God says: "I am the First and the Last, the beginning and the end of all things. I am the All powerful One Who was and Who is and Who is to come."

What God wanted to show John of Christ

9 I, John, am your Christian brother. I have shared with you in suffering because of Jesus Christ. I have also shared with you His holy nation and we have not given up. I was put on the island called Patmos because I preached the Word of God and told about Jesus Christ.

10 I was under the Spirit's power on the Lord's Day when I heard a loud voice behind me like the loud sound of a horn.

11 It said: "I am the First and the Last. Write in a book what you see and send it to the seven churches. They are in the cities of Ephesus and Smyrna and Pergamum and Thyatira and Sardis and Philadelphia and Laodicea."

12 I turned around to see who was speaking to me. As I turned, I saw seven lights made of gold.

13 Among the lights stood One Who looked like the Son of Man. He had on a long coat that came to His feet. A belt of gold was around His chest.

14 His head and His hair were white like white wool. They were as white as snow. His eyes were like fire.

15 His feet were like shining brass as bright as if it were in a fire. His voice sounded like powerful rushing water.

16 He held seven stars in His right hand. A sharp sword that cuts both ways came out of His mouth. His face was shining as bright as the sun shines at noon.

17 When I saw Him, I fell down at

muerto. Puso su mano derecha sobre
mí y me dijo: "No tengas miedo. Yo soy
el primero y el último.
18 Yo soy el que vive. Estaba muerto.
Pero mira, ahora vivo para siempre. Tengo poder sobre la muerte y el infierno.
19 Ahora, escribe las cosas que has
visto y las cosas que son y las cosas que
sucederán después.
20 Esto es lo que significan las siete
estrellas y las siete luces hechas de
oro que viste en mi mano derecha.
Las siete estrellas son los ángeles de
las siete iglesias. Las siete luces son las
siete iglesias.

Palabras a la iglesia en Éfeso

2 "Escribe esto al ángel de la iglesia en la ciudad de Éfeso: 'El que
tiene las siete estrellas en su mano derecha y el que camina entre las siete
luces hechas de oro dice esto.

2 Sé lo que has hecho y lo duro que
has trabajado. Sé cuánto tiempo puedes esperar sin desanimarte. Sé que
no soportas a los hombres pecadores.
También sé que has puesto a prueba
a aquellos que se llaman a sí mismos
misioneros. Has encontrado que no
son misioneros verdaderos, sino falsos.
3 Has esperado mucho tiempo y no
te has desanimado. Has sufrido por mi
causa. Has seguido tu camino y no te
has cansado.
4 Pero tengo esto contra ti. No me
amas como lo hacías al principio. Acuérdate de cómo me amabas al principio.
5 Cambia de actitud y deja tu pecado y ámame otra vez como me amaste
al principio. Si no lo haces, vendré a ti
y quitaré tu luz de su lugar. Haré esto a
menos que sientas dolor por tu pecado
y te apartes de él.
6 Pero tienes esto: Odias lo que
hacen los nicolaítas. Yo también lo
odio.

His feet like a dead man. He laid His
right hand on me and said: "Do not be
afraid. I am the First and the Last.
18 I am the Living One. I was dead,
but look, I am alive forever. I have power over death and hell.
19 So write the things you have seen
and the things that are and the things
that will happen later.
20 This is what the seven stars and
the seven lights made of gold mean
that you saw in My right hand. The
seven stars are the angels of the sev-
en churches. The seven lights are the
seven churches.

Words to the church in Ephesus

2 "Write this to the ángel of the
church in the city of Ephesus:
'The One Who holds the seven stars
in His right hand and the One Who
walks among the seven lights made of
gold, says this:
2 I know what you have done and
how hard you have worked. I know
how long you can wait and not give up.
I know that you cannot put up with sinful men. I know that you have put men
to the test who call themselves missionaries. You have found they are not
missionaries but are false.
3 You have waited long and have not
given up. You have suffered because of
Me. You have kept going on and have
not become tired.
4 But I have this one thing against
you. You do not love Me as you did at
first.
5 Remember how you once loved
Me. Be sorry for your sin and love Me
again as you did at first. If you do not,
I will come to you and take your light
out of its place. I will do this unless you
are sorry for your sin and turn from it.
6 But you have this: You hate what
the Nicolaitans do. I hate what they do
also.

7 ¡Tienes oídos! Entonces escucha lo que el Espíritu dice a las iglesias. Yo daré el fruto del árbol de vida en el huerto de Dios a cada uno que tenga poder y triunfe.'

Palabras a la iglesia en Esmirna

8 "Escribe esto al ángel de la iglesia en la ciudad de Esmirna: 'El que es el primero y el último, el que murió y volvió a la vida, dice lo siguiente:

9 Yo conozco tus problemas. Yo sé que eres pobre. ¡Pero aun así, eres rica! Yo sé todo lo malo que de ti hablan aquellos que se llaman judíos. Pero no son judíos, sino pertenecen al diablo.

10 No tengas miedo de lo que vas a sufrir. ¡Escucha! El diablo mandará a algunos de ustedes a la prisión para probarlos. Tendrán dificultades durante diez días. Sé fiel hasta la muerte. Entonces te daré el premio de la vida.

11 ¡Tú tienes oídos! Entonces escucha lo que el Espíritu le dice a las iglesias. ¡La persona que tenga poder y triunfe no será tocada por la segunda muerte!'

Palabras a la iglesia en Pérgamo

12 "Escribe esto al ángel de la iglesia en Pérgamo: 'El que tiene la espada de dos filos dice;

13 Sé dónde vives. Es el lugar donde el diablo se sienta. Yo sé que me eres fiel. No te diste por vencida ni te alejaste de la fe en mí, aun cuando mataron a Antipas. Él fue fiel, hablando en mi nombre. Fue muerto delante de ti en donde el diablo está.

14 Pero tengo algunas cosas en tu contra. Tú tienes algunos que siguen la enseñanza de Balaam. Él enseñó a Balac a poner una trampa para los judíos. Les enseñó a comer de lo que había sido ofrecido a los dioses falsos y a cometer pecados sexuales.

7 You have ears! Then listen to what the Spirit says to the churches. I will give the fruit of the tree of life in the garden of God to everyone who has power and wins.'

Words to the church in Smyrna

8 "Write this to the ángel of the church in the city of Smyrna: 'The One Who is First and Last, the One Who died and came to life again, says this:

9 I know of your troubles. I know you are poor. But still you are rich! I know the bad things spoken against you by those who say they are Jews. But they are not Jews. They belong to the devil.

10 Do not be afraid of what you will suffer. Listen! The devil will throw some of you into prison to test you. You will be in trouble for ten days. Be faithful even to death. Then I will give you the crown of life.

11 You have ears! Then listen to what the Spirit says to the churches. The person who has power and wins will not be hurt by the second death!'

Words to the church in Pergamum

12 "Write this to the ángel of the church in the city of Pergamum, 'The One Who has the sharp sword that cuts both ways, says this;

13 I know where you live. It is the place where Satan sits. I know that you are true to Me. You did not give up and turn away from your faith in Me, even when Antipas was killed. He was faithful in speaking for Me. He was killed in front of you where Satan is.

14 But I have a few things against you. You have some people who follow the teaching of Balaam. He taught Balak to set a trap for the Jews. He taught them to eat food that had been given as a gift in worship to false gods and to do sex sins.

15 También tienes a algunos que
siguen la enseñanza de los nicolaítas,
en la misma manera.
16 Cambia de actitud acerca de tus
pecados y apártate de ellos. Si no lo
haces, vendré a ti rápidamente. Pelearé
contra ellos con la espada de mi boca.
17 ¡Tú tienes oídos! Entonces, oye lo
que el Espíritu dice a las iglesias. Yo
daré el pan escondido del cielo a cualquiera que tenga poder y triunfe. Le
daré a cada uno también una piedre-
cita blanca. Un nuevo nombre estará
escrito en ella. Nadie sabe el nombre,
¡sino el que la recibe!'

Palabras a la iglesia en Tiatira

18 "Escribe esto al ángel de la iglesia
en la ciudad de Tiatira: 'El Hijo de Dios,
que tiene ojos como el fuego y cuyos
pies son como metal brillante, dice
esto:
19 Sé lo que estás haciendo. Conozco
tu amor y fe. Sé que has trabajado, que
has esperado por mucho tiempo y que
no te has desanimado. Yo sé que ahora
estás trabajando más duro que al principio.
20 Pero tengo esto contra ti: estás
dejando que Jezabel, la que se llama a
sí misma "predicadora," enseñe a mis
obreros. Ella les está guiando por mal
camino. Están cometiendo pecados
sexuales y comen lo que ha sido ofrecido a los dioses falsos.
21 Yo le di tiempo para que cambiara
su actitud acerca de sus pecados y se
apartara de ellos. Pero no quiere.
22 ¡Escucha! La arrojaré en una cama.
Aquellos que cometen pecados sexuales con ella sufrirán muchas dificultades
y dolores. Les dejaré sufrir, a menos
que cambien su actitud acerca de los
pecados que han cometido con ella y
se aparten de ellos.
23 Y mataré a sus hijos. Todas las iglesias sabrán que yo soy el que ve en lo

15 You also have some who follow the
teaching of the Nicolaitans in the same
way.
16 Be sorry for your sins and turn
from them. If you do not, I will come to
you right away. I will fight against them
with the sword of My mouth.
17 You have ears! Then listen to what
the Spirit says to the churches. I will
give the hidden bread from heaven to
everyone who has power and wins. I
will give each of them a white stone
also. A new name will be written on it.
No one will know the name except the
one who receives it!'

Words to the church in Thyatira

18 "Write this to the ángel of the
church in the city of Thyatira, 'The
Son of God Who has eyes like fire and
Whose feet are like shining brass, says
this;
19 I know what you are doing. I know
of your love and faith. I know how you
have worked and how you have waited
long and have not given up. I know that
you are working harder now than you
did at first.
20 But I have this against you: You
are allowing Jezebel who calls herself
a preacher to teach my servants. She
is leading them in the wrong way and
they are doing sex sins. And they are
eating food that has been given as a gift
in worship to false gods.
21 I gave her time to be sorry for her
sins and turn from them. She does not
want to turn from her sex sins.
22 See! I will throw her on a bed.
Those who do sex sins with her will
suffer much trouble and pain. I will let
them suffer unless they are sorry for
the sins they have done with her and
turn from them.
23 And I will kill her children. All the
churches will know that I am the One

profundo del corazón. Yo te daré lo
que te corresponde por tu trabajo.

24 Veo que otros de ustedes allí en la
ciudad de Tiatira no han seguido esta
falsa enseñanza. No han aprendido
lo que llaman los secretos del diablo.
Entonces, no pondré sobre ustedes
otra carga más.
25 Pero retén lo que tienes, hasta que
yo venga.
26 Al que tiene poder y triunfe, y hace
lo que yo quiero que haga, le daré
derecho y poder sobre las naciones.

27 Será dirigente sobre ellos, usando
una vara de hierro. Ellas serán quebra-
das en pedazos, como barro cocido.

28 Mi Padre me ha dado a mí este
derecho y poder. Y le daré la estrella
de la mañana.
29 ¡Tú tienes oídos! Entonces escucha
lo que el Espíritu dice a las iglesias.'

Palabras a la iglesia en Sardis

3 "Escribe esto al ángel de la iglesia en la ciudad de Sardis: 'El que
tiene los siete espíritus de Dios y las
siete estrellas dice esto: Yo sé lo que
estás haciendo. Sé que la gente cree
que estás viva, pero estás muerta.
2 ¡Despierta! Fortalece lo que tienes
antes que se muera. No he encontrado
tu trabajo completo ante los ojos de
Dios.
3 Por lo tanto, recuerda lo que has
recibido y escuchado. Guárdalo. Cambia de actitud acerca de tus pecados y
apártate de ellos. Si no despiertas, vendré como un ladrón. No sabrás a qué
hora me aparezco.
4 Pero hay unos cuantos, de la iglesia
en la ciudad de Sardis, cuya ropa no
está sucia de pecados. Caminarán conmigo vestidos de blanco. Han hecho lo
que debían hacer.

Who looks deep into the hearts and
minds. I will give you whatever is coming to you because of your work.
24 But the rest of you there in the city
of Thyatira have not followed this false
teaching. You have not learned what
they call the secrets of Satan. So I will
put no other load on you.

25 But hold on to what you have until
I come.
26 To the one who has power and
wins and does what I want him to do,
I will give the right and the power over
the nations.
27 He will be leader over them using a
piece of iron. And they will be broken
in pieces like pots of clay. My Father has
given Me this right and power.
28 And I will give him the Morning
Star.

29 You have ears! Then listen to what
the Spirit says to the churches!'

Words to the church in Sardis

3 "Write this to the ángel of the
church in the city of Sardis, 'The
One Who has the seven Spirits of God
and the seven stars, says this; I know
what you are doing. I know people
think you are alive, but you are dead.
2 Wake up! Make stronger what you
have before it dies. I have not found
your work complete in God's sight.

3 So remember what you have
received and heard. Keep it. Be sorry
for your sins and turn from them. If you
will not wake up, I will come as a robber. You will not know at what time I
will come.
4 But there are a few people in the
church in the city of Sardis whose
clothes are not dirty with sins. They will
walk with Me wearing white clothes.
They have done what they should.

5 Todo el que tenga poder y triunfe, usará ropas blancas. No quitaré su nombre del libro de la vida. Diré su nombre ante mi Padre y sus ángeles.

6 ¡Tú tienes oídos! Entonces escucha lo que el Espíritu dice a las iglesias.'

Palabras a la iglesia en Filadelfia

7 "Escribe esto al ángel de la iglesia en la ciudad de Filadelfia: 'El que es santo y verdadero, el que tiene la llave de David, el que abre y ninguno puede cerrar, el que cierra y ningún hombre puede abrir, dice esto;

8 Yo sé lo que estás haciendo. ¡Escucha! No tienes mucho poder, pero has obedecido mi palabra. No te has apartado de mí. Entonces te he dado una puerta abierta que ningún hombre puede cerrar.

9 ¡Escucha! Hay algunos que pertenecen al diablo. Dicen que son judíos pero no lo son. Son mentirosos. ¡Escucha! Los haré que vengan a ti y que se postren delante de ti. Entonces sabrán que te amo.

10 Te guardaré del tiempo de la dificultad. El tiempo para probar a cada uno se acerca para todo el mundo. Haré esto porque tú me has oído y has esperado durante mucho tiempo. No te has desanimado.

11 Vendré muy pronto. Retén lo que tienes para que ninguno quite tu premio.

12 Yo haré que el que tenga poder y triunfe, sea una parte importante en la casa de Dios. Jamás saldrás de allí. Escribiré en él el nombre de mi Dios y el nombre de la ciudad de mi Dios. Es la nueva Jerusalén. La nueva Jerusalén vendrá de mi Dios desde el cielo. Escribiré mi nuevo nombre en él.

13 ¡Tú tienes oídos! Entonces escucha lo que el Espíritu dice a las iglesias.'

5 Everyone who has power and wins will wear white clothes. I will not take his name from the book of life. I will speak of his name before My Father and His angels.

6 You have ears! Then listen to what the Spirit says to the churches.'

Words to the church in Philadelphia

7 "Write this to the ángel of the church in the city of Philadelphia, 'He Who is holy and true, Who holds the key of David, Who opens and no man can shut, Who shuts and no man can open, says this;

8 I know what you are doing. See! You do not have much power, but you have obeyed My Word. You have not turned against Me. So I have given you an open door that no man can shut.

9 See! There are some who belong to Satan. They say they are Jews, but they are not. They are liars. See! I will make them come to you and get down at your feet. Then they will know that I love you.

10 I will keep you from the time of trouble. The time to test everyone is about to come to the whole world. I will do this because you have listened to Me and have waited long and have not given up.

11 I am coming very soon. Hold on to what you have so no one can take your crown.

12 I will make the one who has power and wins an important part that holds up the house of God. He will never leave it again. I will write on him the name of My God and the name of the city of My God. It is the new Jerusalem. The new Jerusalem will come down from My God out of heaven. I will write My new name on him.

13 You have ears! Then listen to what the Spirit says to the churches.'

Palabras a la iglesia en Laodicea

14 "Escribe esto al ángel de la iglesia en la ciudad de Laodicea: 'El que dice: Así sea, el que es fiel, el que lo hizo todo en el mundo de Dios, dice esto:

15 Yo sé lo que estás haciendo. Tú no eres frío ni caliente. Ojalá fueras lo uno o lo otro.

16 Pero porque eres tibio, y no eres ni frío ni caliente, te vomitaré de mi boca.

17 Tú dices que eres rico y que no necesitas ninguna cosa. No sabes que tienes tantas dificultades en tu corazón y en tu mente. Eres pobre y ciego. Estás desnudo.

18 Deberías comprar oro de mí, oro que haya sido probado por el fuego, para que fueras rico. Compra ropa blanca para vestirte y cubrir tu desnudez. Compra medicina para tus ojos, para que puedas ver.

19 Yo hablo palabras fuertes a todos aquellos que amo. Y los castigo. Ten un gran deseo de agradar al Señor.

20 Cambia tu manera de pensar sobre tus pecados, y apártate de ellos. ¡Escucha! Yo estoy a la puerta y llamo. Si alguno oye mi voz y abre la puerta, entraré a él y comeremos juntos.

21 Yo permitiré que el que tenga poder y triunfe, se siente conmigo en el lugar donde yo me siento. Yo tuve poder y triunfé. Entonces me senté junto a mi Padre, quien está sentado en su lugar de poder.

22 ¡Tú tienes oídos! Entonces escucha lo que el Espíritu le dice a las iglesias.'"

El lugar de poder del Rey en el cielo

4 Después de esto, miré y vi una puerta abierta en el cielo. La primera voz que oí fue la de una fuerte trompeta que decía: "Sube. Te ense-

Words to the church in Laodicea

14 "Write this to the ángel of the church in the city of Laodicea,'The One Who says, Let it be so, the One Who is faithful, the One Who tells what is true, the One Who made everything in God's world, says this;

15 I know what you are doing. You are not cold or hot. I wish you were one or the other.

16 But because you are warm, and not hot or cold, I will spit you out of My mouth.

17 You say that you are rich and that you need nothing, but you do not know that you are so troubled in mind and heart. You are poor and blind and without clothes.

18 You should buy gold from Me that has been tested by fire that you may be rich. Buy white clothes to dress yourself so the shame of not wearing clothes will be taken away. Buy medicine to put on your eyes so you can see.

19 I speak strong words to those I love and I punish them. Have a strong desire to please the Lord. Be sorry for your sins and turn from them.

20 See! I stand at the door and knock. If anyone hears My voice and opens the door, I will come in to him and we will eat together.

21 I will allow the one who has power and wins to sit with Me on My throne, as I also had power and won and sat down with My Father on His throne.

22 You have ears! Then listen to what the Spirit says to the churches.'"

The King's place of power in Heaven

4 After this, I looked and saw a door standing open in heaven. The first voice I heard was like the loud sound of a horn. It said: "Come up

ñaré lo que deberá pasar después de estas cosas."

2 Inmediatamente quedé bajo el poder del Espíritu. ¡Escucha! El lugar en donde el rey se sienta está en el cielo. Había uno sentado en ese lugar.

3 El que estaba sentado allí se veía brillar como jaspe y como piedras preciosas. Alrededor de todo el lugar, había colores como los de la esmeralda.

4 Habían también veinticuatro lugares más pequeños para sentarse alrededor del sitio en donde el Rey se sienta. Y veinticuatro dirigentes de la iglesia se sentaban en estos lugares, vestidos todos de blanco. Tenían cintas de oro en sus cabezas.

5 Relámpagos, ruidos y truenos salían del lugar en donde el Rey se sienta. Siete luces de fuego ardían delante del lugar en donde el Rey se sienta. Estos eran los siete Espíritus de Dios.

6 Enfrente del lugar donde el Rey se sienta, había lo que parecía ser un mar de vidrio, brillante y claro. Alrededor de ese lugar y a cada lado, estaban cuatro seres vivos llenos de ojos por delante y por atrás.

7 El primer ser vivo era como un león. El segundo, como una ternera. El tercero tenía la cara como la de un hombre. El cuarto era como un ave grande con sus alas extendidas.

8 Cada uno de estos seres vivos tenía seis alas. Tenían ojos por todas partes, por dentro y por fuera. Día y noche no cesaban de decir: "Santo, santo, santo, es el Señor Dios, el Todopoderoso. El es el que era, es y ha de venir."

9 Los cuatro seres vivos hablan de su gran gloria y dan honor y gratitud a Aquel que se sienta en la silla como Rey. Él es quien vive para siempre.

10 Los veinticuatro dirigentes de la iglesia se inclinan delante de él y adoran

here. I will show you what must happen after these things."

2 At once I was under the Spirit's power. See! The throne was in heaven, and One was sitting on it.

3 The One Who sat there looked as bright as jasper and sardius stones. The colors like those of an emerald stone were all around the throne.

4 There were twenty-four smaller thrones around the throne. And on these thrones twenty-four leaders were sitting dressed in white clothes. They had crowns of gold on their heads.

5 Lightning and noise and thunder came from the throne. Seven lights of fire were burning before the throne. These were the seven Spirits of God.

6 Before the throne there was what looked like a sea of glass, shining and clear. Around the throne and on each side there were four living beings that were full of eyes in front and in back.

7 The first living being was like a lion. The second one was like a young cow. The third one had a face like a man. The fourth one was like a very large bird with its wings spread.

8 Each one of the four living beings had six wings. They had eyes all over them, inside and out. Day and night they never stop saying: "Holy, holy, holy is the Lord God, the All Powerful One. He is the One Who was and Who is and Who is to come."

9 The four living beings speak of His shining greatness and give honor and thanks to Him Who sits on His throne as King. It is He Who lives forever.

10 The twenty-four leaders get down before Him and worship Him Who

al que vive para siempre. Ellos ponen la banda de sus cabezas delante de él y dicen:

11 "¡Nuestro Señor y nuestro Dios! ¡Eres digno de grandeza y honor y poder! Tú hiciste todas las cosas. Fueron hechas y tienen vida porque tú así lo querías."

El libro en el cielo

5 Vi un libro en la mano derecha de Aquel que se sienta en la silla de Rey. Estaba escrito por dentro y en la parte de atrás. Estaba cerrado con siete sellos.

2 Vi un ángel poderoso gritando con una fuerte voz: "¿Quién puede abrir el libro, y romper sus sellos?"

3 Nadie en el cielo o en la tierra o debajo de la tierra pudo abrir el libro o leerlo.

4 Entonces empecé a llorar mucho. lloré porque nadie era lo suficientemente bueno para abrir el libro o ver lo que estaba escrito en él.

5 Uno de los dirigentes de la iglesia me dijo: "Deja de llorar. ¡Escucha! El león de la familia de Judá tiene poder y ha triunfado. Él puede abrir el libro y romper sus siete sellos. También es de la familia de David."

6 Y vi a un Cordero de pie delante de los veinticuatro dirigentes de la iglesia. Estaba delante de la silla donde el Rey se sienta y delante de los cuatro seres vivos. Se velo como si lo hubieran matado. Tenía siete cuernos y siete ojos. Estos son los siete Espíritus de Dios, los cuales han sido enviados a todo el mundo.

7 El Cordero vino y tomó el libro de la mano derecha del que estaba sentado allí como Rey.

8 Cuando el Cordero hubo tornado el libra, los cuatro seres vivos y los veinticuatro dirigentes de la iglesia se pusieron de rodillas ante él. Cada uno

lives forever. They lay their crowns before Him and say,

11 "Our Lord and our God, it is right for You to have the shining greatness and the honor and the power. You made all things. They were made and have life because You wanted it that way."

The book in Heaven

5 I saw a book in the right hand of the One Who sat on the a throne. It had writing on the inside and on the back side. It was locked with seven locks.

2 I saw a powerful ángel calling with a loud voice: "Who is able to open the book and to break its locks?"

3 No one in heaven or on the earth or under the earth was able to open the book or to look in it.

4 Then I began to cry with loud cries. I cried because no one was good enough to open the book or to look in it.

5 One of the leaders said to me: "Stop crying. See! The Lion from the family group of Judah has power and has won. He can open the book and break its seven locks. He is of the family of David."

6 I saw a Lamb standing in front of the twenty-four leaders. He was before the throne and in front of the four living beings. He looked as if He had been killed. He had seven horns and seven eyes. These are the seven Spirits of God. They have been sent out into all the world.

7 The Lamb came and took the book from the right hand of the One Who sat on the throne.

8 When the Lamb had taken the book, the four living beings and the twenty-four leaders got down before Him. Each one had a harp. They all

tenía un arpa. Todos tenían cantaros
hechos de oro, llenos de perfume, los
cuales son las oraciones de la gente
que pertenece a Dios.
9 Cantaron un canto nuevo, diciendo: "Es bueno que tú tomes el libro
y rompas sus sellos. Porque tú fuiste
muerto. Tu sangre ha traído a los hombres a Dios, de cada familia y de cada
lengua y de cada clase de gente y de
cada nación.
10 Tú has hecho que sean una nación
santa de dirigentes religiosos que trabajan para nuestro Dios. Ellos serán los
jefes de la tierra."
11 Vi otra vez. Escuché la voz de
muchos miles de ángeles. Estaban de
pie alrededor de la silla donde el Rey se
sienta y alrededor de los cuatro seres
vivos y de los dirigentes de la iglesia.
12 Dijeron con voz fuerte: "El Cordero que fue muerto tiene derecho a
recibir poder, riquezas, sabiduría, fuerza, honor, gran gloria y gratitud."
13 Entonces escuché a toda criatura
en el cielo y en la tierra y debajo de la
tierra y en el mar todos los seres que
están en ellos decir a una voz: "Favor y
honor y gran gloria y todo poder son
para el que se sienta en la silla como
Rey y al Cordero por siempre jamás."
14 Los cuatro seres vivos siguieron
diciendo: "¡Así sea!" Y los veinticuatro
dirigentes de la iglesia se postraron y le
adoraron.

Los siete sellos—
El primero: el poder para ganar

6 Vi al Cordero romper el primero de los sellos. Escuché a uno
de los cuatro seres vivos gritar con un
sonido como de trueno. "¡Ven y ve!"
2 Miré y vi un caballo blanco. El que
lo montaba tenía un arco. Le dieron
una corona. Salió para ganar y ganó.

had pots made of gold, full of special
perfume, which are the prayers of the
people who belong to God.
9 They sang a new song, saying: "It
is right for You to take the book and
break its locks. It is because You were
killed. Your blood has bought men for
God from every family and from every
language and from every kind of people
and from every nation.
10 You have made them to be a holy
nation of religious leaders to work for
our God. They will be the leaders on
the earth."
11 I looked again. I heard the voices of
many thousands of angels. They stood
around the throne and around the four
living beings and the leaders.
12 They said with a loud voice: "The
Lamb Who was killed has the right to
receive power and riches and wisdom
and strength and honor and shining
greatness and thanks."
13 Then I heard every living thing in
heaven and on the earth and under
the earth and in the sea and all that
are in them. They were saying: "Thanks
and honor and shining greatness and all
power are to the One Who sits on the
throne and to the Lamb forever."
14 The four living beings kept saying:
"Let it be so!" And the twenty-four
leaders fell down and worshiped.

The seven locks—
The first lock: power to win

6 I saw the Lamb break open the
first of the seven locks. I heard
one of the four living beings cry out like
the sound of thunder: "Come and see!"
2 I looked and saw a white horse.
The one who sat on it had a bow. A
crown was given to him. He went out
to win and he won.

El segundo sello: guerra

3 Rompió el segundo sello. Entonces oí al segundo ser vivo decir: "¡Ven y ve!"

4 Otro caballo salió. Este era rojo. Al que lo montaba, le fue dada una larga espada. Le fue dado poder para quitar la paz a la tierra para que los hombres se mataran unos a otros.

El tercer sello: falta de comida

5 Rompió el tercer sello. Entonces escuche al tercer ser vivo decir: "¡Ven y ve!" Miré y vi un caballo negro. Y el que lo montaba tenía algo en su mano para pesar cosas.

6 Oí una voz de entre los cuatro seres vivos que decía: "Una medida de trigo por la paga de un día. Tres medidas de cebada por la paga de un día. No dañes el aceite de oliva y el vino."

El cuarto sello: la muerte

7 Rompió el cuarto sello. Entonces oí al cuarto ser vivo decir: "¡Ven y ve!"

8 Miré y vi un caballo de color amarillo. El que lo montaba tenía el nombre de muerte. El infierno le seguía de cerca. Le fue dado el derecho y poder de matar a una cuarta parte de todo lo que hay en la tierra. Ha de matar con la espada y dejar a la gente sin comida, con enfermedad y con los animales salvajes de la tierra.

El quinto sello:
la muerte por hablar de Cristo

9 Rompió el quinto sello. Entonces vi debajo del altar las almas de aquellos quienes habían sido matados por decir la palabra de Dios. Murieron por ser fieles en hablar acerca de Cristo.

10 Todos los que murieron gritaron con una fuerte voz diciendo: "¿Cuándo

The second lock: fighting

3 He broke open the second lock. Then I heard the second living being say: "Come and see!"

4 Another horse came out. This one was red. The one who sat on it was given a long sword. He was given power to take peace from the earth so men would kill each other.

The third lock: no food

5 He broke open the third lock. Then I heard the third living being say: "Come and see!" I looked and saw a black horse. The one who sat on it had something in his hand with which to weigh things.

6 I heard a voice from among the four living beings saying: "A small jar of wheat for a day's pay. Three small jars of barley for a day's pay. Do not hurt the olive oil and wine."

The fourth lock: death

7 He broke open the fourth lock. Then I heard the fourth living being say: "Come and see!"

8 I looked and saw a light colored horse. The one who sat on it had the name of Death. Hell followed close behind him. They were given the right and the power to kill onefourth part of everything on the earth. They were to kill with the sword and by people having no food and by sickness and by the wild animals of the earth.

The fifth lock:
killed for telling of Jesus

9 He broke open the fifth lock. Then I saw under the altar all the souls of those who had been killed for telling the Word of God. They had also been killed for being faithful in telling about Christ.

10 All those who had been killed cried out with a loud voice saying: "How long

castigarás a los que están en la tierra
por habernos matado? Señor, tú eres
santo y bueno."
11 A cada uno de ellos les dieron ropa
blanca. Se les dijo que descansaran un
poco más. Tenían que esperar hasta que todos los demás obreros que
trabajaban para Dios y sus hermanos
cristianos fueran muertos como ellos.
Entonces el grupo estaría completo.

El sexto sello: la ira de Dios sobre la tierra

12 Miré mientras el Cordero rompió
el sexto sello. Hubo un gran terremo-
to. El sol se volvió oscuro como un trapo negro. La luna se volvió como de
sangre.
13 Las estrellas del cielo cayeron a
la tierra, como higos que caen de un
árbol cuando es sacudido por un fuerte viento.
14 El cielo se retiró como un papel
que se enrolla. Toda montaña e isla
cambiaron su lugar.
15 Los reyes y los jefes de la tierra se
escondían en cuevas y entre las rocas
de las montañas. Todos los soldados
principales, los ricos, los hombres
fuertes y los hombres que eran libres
y todos los esclavos se escondián también.
16 Y les decían a las montañas y a las
rocas: "¡Caigan sobre nosotros! Escón-
dannos de la ira del Cordero,
17 porque el día terrible de su ira ha
llegado! ¿Quién podrá resistirlo?"

Los obreros de Dios están sellados

7 Después de esto, vi a cuatro ángeles. Estaban de pie en las cuatro esquinas de la tierra, deteniendo a
los cuatro vientos de la tierra para que
no soplara viento sobre la tierra, el mar
o los árboles.

will it be yet before You will punish
those on the earth for killing us? Lord,
You are holy and true."
11 White clothes were given to each
one of them. They were told to rest
a little longer. They were to wait until
all the other servants owned by God
and their Christian brothers would be
killed as they had been. Then the group
would be complete.

The sixth lock: God's anger on the earth

12 I looked as the Lamb broke the
sixth lock. The earth shook as if it
would break apart. The sun became
black like dark cloth. The moon became
like blood.
13 The stars of the sky fell to the
earth. They were like figs falling from a
tree that is shaken by a strong wind.
14 The sky passed away like paper
being rolled up. Every mountain and
island moved from its place.
15 The kings and the leaders of the
earth hid themselves in caves and
among the rocks of the mountains. All
the head soldiers and rich men and
strong men and men who were free
and those who were owned by someone hid themselves also.
16 They called to the mountains and to
the rocks: "Fall on us! Hide us from the
face of the One Who sits on the throne.
Hide us from the anger of the Lamb,
17 because the special day of Their
anger has come! Who is able to stand
against it?"

The servants God owns are marked

7 After this I saw four angels. They
were standing at the four corners
ners of the earth. They were holding
back the four winds of the earth so no
wind would blow on the earth or the
sea or on any tree.

2 Vi a otro ángel que venía del oriente. Venía cargando el sello del Dios vivo. Con una voz fuerte, llamó a los cuatro ángeles, a los que les había dado poder para sanar a la tierra y al mar.

2 I saw another ángel coming from the east. He was carrying the mark of the living God. He called with a loud voice to the four angels who had been given power to hurt the earth and sea.

3 El ángel del oriente dijo: "No dañen la tierra o el mar o los arboles hasta que pongamos el sello de Dios en las frentes de sus obreros."

3 The ángel from the east said: "Do not hurt the earth or the sea or the trees until we have put the mark of God on the foreheads of the servants He owns."

4 Oí que había muchos que recibieran el sello de Dios. Había ciento cuarenta y cuatro mil personas de las doce familias de Israel.
5 Estos recibieron el sello de Dios: doce mil de la familia de Judá, doce mil de la familia de Rubén, doce mil de la familia de Gad,
6 doce mil de la familia de Aser, doce mil de la familia de Neftalí, doce mil de la familia de Manasés,

4 I heard how many there were who received the mark of God. There were 144,000 people of the twelve family groups of Israel.
5 These received the mark of God: 12,000 from the family group of Judah, 12,000 from the family group of Reuben, 12,000 from the family group of Gad,
6 12,000 from the family group of Asher, 12,000 from the family group of Naphtali, 12,000 from the family group of Manasseh,

7 doce mil de la familia de Simeón, doce mil de la familia de Leví, doce mil de la familia de Isacar,

7 12,000 from the family group of Simeon, 12,000 from the family group of Leví, 12,000 from the family group of Issachar,

8 doce mil de la familia de Zabulón, doce mil de la familia de José y doce mil de la familia de Benjamín.

8 12,000 from the family group of Zebulun, 12,000 from the family group of Joseph, and 12,000 from the family group of Benjamín.

La multitud que pertenecía a Dios

9 Después de esto, vi a mucha gente. Nadie podía decir cuántas personas había. Eran de cada nación y de cada familia y de cada grupo de gente y de cada idioma. Estaban parados delante del lugar en donde se sienta el Rey y delante del Cordero. Tenían puestas ropas blancas y, en sus manos, tenían raffias.
10 Critaban con fuerte voz: "¡Somos salvos del castigo del pecado, por nuestro Dios, quien se sienta en la silla como Rey y por el Cordero!"

The many people who belonged to God

9 After this I saw many people. No one could tell how many there were. They were from every nation and from every family and from every kind of people and from every language. They were standing before the throne and before the Lamb. They were wearing white clothes and they held branches in their hands.
10 And they were crying out with a loud voice: "We are saved from the punishment of sin by our God Who sits on the throne and by the Lamb!"

11 Entonces todos los ángeles, parados alrededor de la silla del rey y alrededor de los dirigentes de la iglesia y de los cuatro seres vivos, se postraron y le adoraron.

12 Decían: "¡Así! sea! Que nuestro Dios tenga la adoración y la gloria y la sabiduría y las gracias y el honor y el poder y la fuerza por siempre jamás. ¡Así sea!

13 Entonces uno de los veinticuatro dirigentes de la iglesia me preguntó: "¿Quiénes son estos que están vestidos de ropa blanca? ¿De dónde vinieron?"

14 Le contesté: "Señor, no sé." Entonces me dijo: "Estos son los que han venido de un tiempo de mucha dificultad. Ellos han lavado su ropa y la han hecho blanca en la sangre del Cordero.

15 Por esta razón están delante del trono donde Dios se sienta como Rey. Le ayudan de día y de noche en la casa de Dios. Y aquel que se sienta ahí los cuidara estando entre ellos.

16 Nunca tendrán hambre o sed otra vez. El sol o el calor no les dañará.

17 El Cordero que está en el centro del lugar en donde el Rey se sienta será su pastor. Él los llevará a las fuentes del agua de vida. Dios quitara todas las lágrimas de sus ojos."

El séptimo sello: silencio en el cielo

8 Cuando el Cordero rompió el séptima sello, no hubo sonido alguno en el cielo durante media hora.

2 Entonces vi a los siete ángeles de pie delante de Dios. Y les fueron dadas siete trompetas.

3 Otro ángel vino y se paró sobre el altar. Tenía una copa hecha de oro, llena de un perfume especial. Se le dio mucho perfume, el cual pudo mezclar con las oraciones de aquellos que pertenecían a Dios. Sus oraciones fueron puestas en

11 Then all of the angels standing around the throne and around the leaders and the four living beings got down on their faces before God and worshiped Him.

12 They said: "Let it be so! May our God have worship and shining greatness and wisdom and thanks and honor and power and strength forever. Let it be so!"

13 Then one of the twenty-four leaders asked me: "Who are these people dressed in white clothes? Where did they come from?"

14 I answered him: "Sir, you know." Then he said to me: "These are the ones who came out of the time of much trouble. They have washed their clothes and have made them white in the blood of the Lamb.

15 For this reason they are before the throne of God. They help Him day and night in the house of God. And He Who sits on the throne will care for them as He is among them.

16 They will never be hungry or thirsty again. The sun or any burning heat will not shine down on them.

17 For the Lamb Who is in the center of the throne will be their Shepherd. He will lead them to wells of the water of life. God will take away all tears from their eyes."

The seventh lock: no sound in Heaven

8 When the Lamb broke the seventh lock, there was not a sound in heaven for about onehalf hour.

2 Then I saw the seven angels standing before God. They were given seven horns.

3 Another ángel came and stood at the altar. He held a cup made of gold full of special perfume. He was given much perfume so he could mix it in with the prayers of those who belonged to God. Their prayers were put on the altar

el altar hecho de ora, delante del lugar
en donde se sienta el Rey.
4 El humo que producía el perfume
especial al quemarse y las oraciones de
aquellos que pertenecen a Dios subian
delante de Dios de la mano del ángel.
5 Entonces el ángel tomó la copa de
oro. La llenó con fuego del altar y la
tiró sobre la tierra. Hubo un trueno y
ruido y relampagos. Y la tierra tembló.

made of gold before the throne.
4 Smoke from burning the special
perfume and the prayers of those who
belong to God went up before God
out of the ángel's hand.
5 Then the ángel took the cup of
gold. He filled it with fire from the altar
and threw it down on the earth. There
was thunder and noise and lightning
and the earth shook.

6 Los siete ángeles que tenían las
siete trompetas se prepararon para
tocarlas.

6 The seven angels that had the sev-
en horns got ready to blow them.

La primera trompeta: granizo y fuego

7 Entonces el primer ángel tocó su
trompeta. Granizo y fuego mezclado
con sangre cayeron sobre la tierra. Se
quemó una tercera parte de la tierra.
Otra tercera parte de los árboles se
quemó y toda la hierba verde se quemó.

The first horn: hail and fire

7 So the first ángel blew his horn.
Hail and fire mixed with blood came
down on the earth. Onethird part of
the earth was burned up. Onethird
part of the trees were burned up. All
the green grass was burned up.

La segunda trompeta: la montaña ardiendo

8 El segundo ángel tocó su trompeta. Y vi algo que parecía ser una montaña que se quemaba con fuego. Esta
fue tirada al mar. Una tercera parte del
mar se volvió sangre.
9 Una tercera parte de los seres del
mar murió. Una tercera parte de todos
los barcos fue destruida.

The second horn: the burning mountain

8 The second ángel blew his horn.
Something like a large mountain was
burning with fire. It was thrown into
the sea. One-third part of the sea
turned into blood.
9 One-third part of all sea life died.
Onethird part of all the ships were
destroyed.

La tercera trompeta: la estrella de veneno

10 El tercer ángel tocó su trompeta.
Una gran estrella cayó del cielo. Se con-
sumía con un fuego que parecía arder
como una luz brillante. Cayó sobre una
tercera parte de los ríos y en los naci-
mientos de agua.
11 El nombre de la estrella es Amar-
ga. Una tercera parte del agua se enve-
nenó. Muchos hombres murieron al
beber del agua, porque tenía veneno.

The third horn: the star of poison

10 The third angel blew his horn. A
large star fell from heaven. It was burning with a fire that kept burning like a
bright light. It fell on onethird part of
the rivers and on the places where
water comes out of the earth.
11 The name of the star is Worm-
wood. Onethird part of the water
became poison. Many men died from
drinking the water because it had
become poison.

La cuarta trompeta: poca luz

12 El cuarto ángel tocó su trompeta. Una tercera parte del sol, una tercera parte de la luna y una tercera parte de las estrellas fueron dañadas. Una tercera parte de ellas se oscureció de tal manera que una tercera parte del día y de la noche no tenían luz.

13 Entonces miré y vi un gran ave volando en el cielo. Dijo: con una gran voz: "¡Ay! ¡Ay! ¡Ay de los que vivan en la tierra cuando venga el sonido de las trompetas que los otros tres ángeles tocarán!"

La quinta trompeta: un pozo sin fondo

9 El quinto ángel tocó su trompeta. Vi una estrella del cielo que había caído a la tierra. La llave del pozo sin fondo le fue dada al ángel.

2 Abrió el pozo y salió humo de él como el humo de un horno. El sol y el aire se oscurecieron por causa del humo del pozo.

3 Saltamontes salieron del humo y vinieron sobre la tierra. Y les fue dado poder para herir como alacranes.

4 Se les dijo que no dañaran a la hierba, ni a ninguna planta, ni árbol. Debían herir sólo a los hombres que no tuvieran el sello de Dios en sus frentes.

5 A los saltamontes no se les permitió matar a estos hombres. Más bien, les debían causar fuerte dolor durante cinco meses, como el dolor del piquete de un alacrán.

6 Los hombres buscarán manera de morirse durante esos días pero no encontrarán ninguna. Querrán morirse, pero la muerte se apartará de ellos.

7 Los saltamontes se parecían a los caballos cuando están listos para la guerra. Tenían en sus cabezas lo que parecía como coronas de oro. Sus rostros eran como caras de hombres.

The fourth horn: not as much light

12 The fourth angel blew his horn. Onethird part of the sun and onethird part of the moon and onethird part of the stars were hurt. Onethird part of them was made dark so that onethird part of the day and night had no light.

13 Then I looked and saw a very large bird flying in the sky. It said with a loud voice: "It is bad! It is bad! It is bad for those who live on the earth when the sound comes from the horns that the other three angels will blow!"

The fifth horn: the hole without a bottom

9 The fifth angel blew his horn. I saw a star from heaven which had fallen to earth. The key to the hole without a bottom was given to the angel.

2 He opened the hole and smoke came out like the smoke from a place where there is much fire. The sun and the air became dark because of the smoke from the hole.

3 Locusts came down to the earth out of the smoke. They were given power to hurt like small animals that sting.

4 They were told not to hurt the grass or any green plant or any tree. They were to hurt only the men who did not have the mark of God on their foreheads.

5 The locusts were not allowed to kill these men. They were to give them much pain for five months like the pain that comes from a small animal that stings.

6 Men will look for ways to die during those days, but they will not find any way. They will want to die, but death will be kept from them.

7 The locusts looked like horses ready for war. They had on their heads what looked like crowns of gold. Their faces were like men's faces.

8 Su pelo era como el pelo de mujer.

9 Sus pechos estaban cubiertos de lo que parecía como piezas de acero. El sonido que hacían sus alas era como el ruido de muchos carros avanzando para la guerra.

10 Tenían colas como alacranes con las cuales picaban. Se les dio poder para dañar a los hombres durante cinco meses.

11 Estos saltamontes tienen un rey que les gobierna. Él es el ángel principal del pozo sin fondo. Su nombre en el idioma hebreo es Abadón. En el idioma griego es Apolión. (Significa: "el que destruye".)

12 El primer período de dificultades ha terminado. Pero he aquí, que hay dos períodos más que vienen después de éste.

La sexta trompeta: los ángeles de la muerte

13 El sexto ángel tocó su trompeta. Escuché una voz que venía de las cuatro esquinas del altar hecho de oro que está delante de Dios.

14 La voz decía al sexto ángel que tenía la trompeta: "Suelta a los cuatro ángeles que han sido encadenados en el gran Río Éufrates."

15 Los habían tenido preparados para esa hora, ese día, ese mes y ese año. Debían soltarlos para que mataran a una tercera parte de todos los hombres vivientes.

16 El ejército tenía 200 millones de soldados a caballo. Les oí decir cuántos había.

17 Vi lo que Dios quería que viera: los caballos y los hombres montados. Los hombres tenían armadura sobre sus pechos. La armadura era roja como el fuego, azul como el cielo y amarilla como el azufre. Las cabezas de los caballos parecían cabezas de leones.

8 Their hair was like the hair of women. Their teeth were like the teeth of lions.

9 Their chests were covered with what looked like pieces of iron. The sound their wings made was like the sound of many wagons rushing to war.

10 They had tails like a small animal that stings. The sting came from their tails. They were given power to hurt men for five months.

11 These locusts have a king over them. He is the head angel of the hole that has no bottom. His name in the Hebrew language is Abbadon. In the Greek language it is Apollyon. (It means the one who destroys.)

12 The first time of trouble is past. But see, there are two more times of trouble coming after this.

The sixth horn: the angels that kill

13 The sixth angel blew his horn. I heard a voice coming from the four corners of the altar made of gold that is before God.

14 The voice said to the sixth angel who had the horn: "Let the four angels loose that have been chained at the big river Euphrates."

15 They had been kept ready for that hour and day and month and year. They were let loose so they could kill one-third part of all men that were living.

16 The army had 200 million soldiers on horses. I heard them say how many there were.

17 I saw, as God wanted to show me, the horses and the men on them. The men had pieces of iron over their chests. These were red like fire and blue like the sky and yellow like sulphur. The heads of the horses looked like the heads of lions. Fire and smoke

Y fuego, humo y azufre salían de sus bocas.

18 Una tercera parte de todos los hombres murió por el fuego, el humo y el azufre que salía de sus bocas.

19 El poder de los caballos estaba en sus bocas y en sus colas. Sus colas eran como cabezas de serpientes. Con ellas podían morder y matar.

20 Los hombres que aún quedaron vivos, después de pasar estos daños graves no dejaban de adorar a los espíritus malos. No se apartaban de los dioses falsos hechos de oro, plata, bronce, piedra y madera. Ninguno de estos dioses falsos puede ver, ni oír, ni caminar.

21 Estos hombres no dejaban sus pecados y no se apartaban de todos sus crímenes y su hechicería. Seguían cometiendo pecados sexuales y robos.

El ángel y el librito

10 Entonces vi a otro ángel bajar del cielo cubierto de una nube. Tenía muchos colores alrededor de su cabeza. Su rostro era como el sol. Sus pies eran como largas llamas de fuego.

2 Tenía en su mano un librito que estaba abierto. El ángel puso su pie derecho en el mar. Puso su pie izquierdo en la tierra.

3 Y gritó con una gran voz como el rugido de un león. Los siete truenos sonaron.

4 Yo estaba listo para escribir cuando los siete truenos hablaron. Entonces oí la voz del cielo que decía: "Guarda las cosas que los siete truenos han dicho. ¡No las escribas!"

5 Entonces el ángel fuerte que vi parado en el mar y en la tierra levantó su mano derecha al cielo.

6 Hizo una promesa en el nombre de Dios. Recuerden, Dios vive para

and sulphur came out of their mouths.

18 One-third part of all men was killed by the fire and smoke and sulphur that came out of their mouths.

19 The power of the horses was in their mouths and in their tails. Their tails were like the heads of snakes and with them they could bite and kill.

20 The men that were still living after these troubles were past would not turn away from worshiping demons. They would not turn away from false gods made from gold and silver and brass and stone and wood. None of these false gods can see or hear or walk.

21 These men were not sorry for their sins and would not turn away from all their killing and their witchcraft. They would not stop their sex sins and their stealing.

The angel and the little book

10 Then I saw another strong angel coming down from heaven covered with a cloud. He had many colors around his head. His face was like the sun. His feet were like long flames of fire.

2 He had in his hand a little book that was open. The angel put his right foot on the sea. He put his left foot on the land.

3 He cried with a loud voice like the sound of a lion. The seven thunders sounded.

4 I was ready to write when the seven thunders had spoken. Then I heard the voice from heaven saying: "Lock up the things which the seven thunders have spoken. Do not write them!"

5 Then the strong angel that I saw standing on the sea and on the land lifted his right hand to heaven.

6 He made a promise in the name of God Who lives forever, Who made the

siempre; él hizo los cielos y la tierra y la mar y todo lo que en ellos hay. Prometió que ya no sería necesario esperar más.

7 Cuando el séptimo ángel toque su trompeta, Dios pondrá su plan secreto en acción. Se hará tal como lo dijo a los antiguos predicadores que vinieron en su nombre.

8 Entonces me habló otra vez la voz que yo oí del cielo. Dijo: "Ve y toma el librito que está abierto. Está en la mano del ángel que está parado en el mar y en la tierra."

9 Fui al ángel y le pedí que me diera el librito. Me dijo: "Toma y cómetelo. Te sabrá a miel en la boca, pero después que te lo hayas comido, hará que tu estómago se amargue."

10 Entonces lo tomé de la mano del ángel y me lo comí. Era dulce como la miel en la boca, pero me amargó el estómago después de comerlo.

11 Entonces me dijeron: "Tú debes decir lo que pasará otra vez delante de mucha gente y naciones y familias y reyes."

La casa de Dios

11 Me dieron una vara para medir. Alguien dijo: "Ve a la casa de Dios y mídela. Mide también el altar. Cuenta a las personas que están adorando.

2 No midas el patio que está fuera del templo. Ese ha sido dado a las naciones que no conocen a Dios. Ellas caminarán por toda la ciudad santa para destruirla durante cuarenta y dos meses.

3 Yo les daré poder a dos de mis hombres para que cuenten lo que saben. Hablarán por Dios durante mil doscientos sesenta días (cuarenta y dos meses). Estarán vestidos con ropa hecha de pieles de animales."

heaven and the earth and the sea and everything in them. He promised that there will be no more waiting.

7 And when the seventh angel blows his horn, God will put His secret plan into action. It will be done just as He told it to the early preachers, His servants.

8 Then the voice I heard from heaven spoke to me again. It said: "Go and take the little book that is open. It is in the hand of the angel who is standing on the sea and on the land."

9 I went to the angel and asked him to give me the little book. He said: "Take it and eat it. It will taste like honey in your mouth. But after you have eaten it, it will make your stomach sour."

10 Then I took it from the angel's hand and ate it. It was sweet as honey in my mouth, but it made my stomach sour after I had eaten it.

11 Then they said to me: "You must tell what will happen again in front of many people and nations and families and kings."

The house of God

11 I was given a stick that is used to see how big things are. Someone said: "Go up to the house of God and find out how big it is. Find out about the altar also. See how many people are worshiping.

2 Do not find out about the porch of the house of God. It has been given over to the nations who do not know God. They will walk over all the Holy City to wreck it for fortytwo months.

3 I will give power to my two men who tell what they know. They will speak for God for 1,260 days (forty-two months). They will be dressed in clothes made from the hair of animals."

Los dos hombres que dicen lo que saben

4 Estos dos hombres que dicen lo que saben son los dos árboles de olivo y las dos luces que están delante del Señor de la tierra.

5 Si alguien los odia y trata de hacerles daño, fuego sale de la boca de estos dos hombres. El fuego mata a los que tratan de hacerles daño.

6 Tienen poder para cerrar el cielo. Durante el tiempo que ellos hablen por Dios, no habrá lluvia. Tienen poder para cambiar todas las aguas en sangre. Pueden también enviar toda clase de daño grave sobre la tierra cuando ellos quieran.

La muerte de los dos hombres que hablan por Dios

7 Cuando hayan terminado de hablar por Dios, el animal salvaje peleará con ellos. Saldrá del pozo sin fondo. Este animal salvaje tendrá poder sobre ellos y los matará.

8 Sus cuerpos quedarán tendidos en las calles de Jerusalén. Fue allí donde el Señor fue clavado en una cruz. A la ciudad a veces se la llama Sodoma, otras veces Egipto.

9 Durante tres días y medio toda la gente, de cada familia, de cada lengua y de cada nación mirará los cuerpos muertos. Y la gente no permitirá que los cuerpos muertos de estos dos hombres se entierren.

10 Los que viven en la tierra se alegrarán por la muerte de estos dos hombres. Harán fiestas para mostrar que están contentos. Se darán regalos el uno al otro. Harán esto porque estos dos hombres trajeron mucha dificultad y sufrimiento a la gente de la tierra.

The two men who tell what they know

4 These two men who tell what they know are the two olive trees and the two lights that stand before the Lord of the earth.

5 If anyone hates them and tries to hurt them, fire comes out of the mouths of these two men. The fire kills those who try to hurt them.

6 They have power to shut up the sky. During the time they speak for God, there will be no rain. They have power to change all waters into blood. They can send every kind of trouble to the earth whenever they want to.

The death of the two men who speak for God

7 When they have finished speaking for God, the wild animal will make war with them. It will come up out of the hole without a bottom. This wild animal will have power over them and kill them.

8 Their dead bodies will lie in the street of Jerusalem. It is where their Lord was nailed to a cross. The city is sometimes called Sodom and Egypt.

9 For three-and-one half days those from every people and from every family and from every language and from every nation will look at their dead bodies. People will not allow the dead bodies of these two men to be put in a grave.

10 Those who are living on the earth will be happy because of the death of these two men. They will do things to show they are happy. They will send gifts to each other. They will do this because these two men brought much trouble and suffering to the people of the earth.

Los dos hombres resucitan

11 Después de tres días y medio, la vida que viene de Dios vino a ellos. Se pusieron en pie. Los que los vieron tuvieron mucho miedo.

12 Entonces los dos hombres que decían lo que sabían, escucharon una fuerte voz del cielo. Dijo: "Vengan acá." Y subieron al cielo en una nube. Todos los que les odiaban les vieron ir.

13 Al mismo tiempo, la tierra tembló. Una décima parte de los edificios de la ciudad se cayó. Murieron siete mil personas. Los demás tuvieron miedo y dieron honor al Dios del cielo.

14 El segundo tiempo de dificultades ha terminado. Pero he aquí pronto viene el tercer tiempo.

La séptima trompeta: adoración en el cielo

15 El séptimo ángel tocó su trompeta. Se escucharon fuertes voces en el cielo diciendo: "El reino del mundo ha llegado a ser el reino de nuestro Señor y Jesucristo. Él reinará para siempre."

16 Entonces los veinticuatro dirigentes de la iglesia que estaban sentados en los lugares que les fueron dados delante de Dios, cayeron sobre sus rostros y adoraron a Dios.

17 Dijeron: "Señor Dios Todopoderoso, el que es, que era y que será, te damos gracias porque estás usando tu gran poder y has comenzado a reinar.

18 La gente que no conoce a Dios se ha enojado contigo. Ahora es el tiempo de que tú te enojes con ellos. Es tiempo de que los muertos se levanten delante de ti, para que se les diga que son culpables. Es tiempo de que tus obreros que son los primeros predicadores y aquellos que te pertenecen reciban la paga que les corresponde. Es tiempo que la gente importante y

The two men come to life again

11 After three-and-one half days, life from God came into them again. They stood on their feet. Those who saw them were very much afraid.

12 Then the two men who told what they knew heard a loud voice from heaven. It said: "Come up here." And they went up to heaven in a cloud. All those who hated them watched them go.

13 At the same time the earth shook. One tenth part of the buildings of the city fell down. Seven thousand people were killed. The rest of the people were afraid and gave honor to the God of heaven.

14 The second time of trouble is past. But look, the third time of trouble is coming soon.

The seventh horn: worship in Heaven

15 The seventh angel blew his horn. There were loud voices in heaven saying: "The nations of the world have become the holy nation of our Lord and of His Christ. He will be the Leader forever."

16 Then the twenty four leaders who sat on their thrones before God fell on their faces and worshiped God.

17 They said: "All powerful Lord God, the One Who is and Who was and Who is to come, we thank You because You are using Your great power and have become Leader.

18 The people who do not know God have become angry with You. Now it is time for You to be angry with them. It is time for the dead to stand before You and to be judged. It is time for the servants You own who are the early preachers and those who belong to You to get the reward that is coming to them. It is time for the important people and those not important who

aquellos que no son importantes que honran tu nombre reciban la paga de lo que les corresponde. Es tiempo de destruir a aquellos que han causado toda clase de dificultades en la tierra."

19 Se abrió la casa de Dios en el cielo. La caja especial que contenía el antiguo acuerdo estaba en la casa de Dios. Ahí había relámpago, trueno y ruido. La tierra tembló, y grandes piedras de granizo cayeron.

La mujer y la víbora

12 Algo muy especial se vio en los cielos. Una mujer vestida como el sol. La luna estaba bajo sus pies. Tenía una corona con doce estrellas en su cabeza.

2 Estaba encinta. Gritó con dolor, al esperar el nacimiento del niño.

3 Otra cosa especial se vio en el cielo. Un animal como una gran víbora estaba ahí. Era rojo y tenía siete cabezas y diez cuernos. Cada cabeza tenía una corona.

4 Con su cola, arrastró una tercera parte de las estrellas del cielo. Las tiró sobre la tierra. Este animal como víbora se paró delante de la mujer que estaba a punto de dar a luz a un niño. Estaba esperando comerse a su niño tan pronto que naciera.

5 Entonces la mujer dio a luz a un hijo. Él va a gobernar el mundo usando una vara de hierro. Pero el niño fue llevado a Dios, a la silla donde él se sienta.

6 La mujer corrió al desierto. Dios preparó ese lugar para ella. Ahí la cuidará durante mil doscientos sesenta días.

Guerra en el cielo

7 Hubo entonces guerra en el cielo. Miguel y sus ángeles pelearon contra esa víbora. Este animal y sus ángeles también pelearon.

honor Your name to get the reward that is coming to them. It is time to destroy those who have made every kind of trouble on the earth."

19 God's house in heaven was opened. The special box which held the Old Way of Worship was seen in the house of God. There was lightning and thunder and noise. The earth shook and large hail stones fell.

The woman and the snakelike animal

12 Something very special was seen in heaven. A woman was there dressed with the sun. The moon was under her feet. A crown with twelve stars in it was on her head.

2 She was about to become a mother. She cried out with pain waiting for the child to be born.

3 Something else special was seen in heaven. A large snake-like animal was there. It was red and had seven heads and ten horns. There was a crown on each head.

4 With his tail he pulled one third part of the stars out of heaven. He threw them down to the earth. This snakelike animal stood in front of the woman as she was about to give birth to her child. He was waiting to eat her child as soon as it was born.

5 Then the woman gave birth to a son. He is to be the leader of the world using a piece of iron. But this child was taken away to God and His throne.

6 The woman ran away into the desert. God had made the place ready for her. He will care for her there 1,260 days.

War in Heaven

7 Then there was war in heaven. Michael and his angels fought against this snakelike animal. This animal and his angels fought back.

8 Pero la víbora no era fuerte para ganar. No hubo ya más lugar en el cielo para ellos.

9 La víbora fue lanzada desde el cielo a la tierra. Este animal es la vieja serpiente. También se le llama el diablo. Es quien ha engañado a todo el mundo. Fue arrojado a la tierra, y sus ángeles fueron arrojados con él.

10 Entonces oí un grito en el cielo diciendo: "¡Ahora Dios nos ha salvado del castigo del pecado! ¡El poder de Dios como Rey ha venido! ¡El reino de Dios ha venido! ¡El Cristo de Dios está aquí con su poder! El que habló en contra de nuestros hermanos cristianos ha sido arrojado a la tierra. Él se paraba delante de Dios, hablando en contra de ellos día y noche.

11 Ellos tenían poder sobre él, y le vencieron por la sangre del Cordero y por decir lo que éste había hecho por ellos. No amaron sus vidas, sino estuvieron dispuestos a morir.

12 Por esta razón, cielos y ustedes que están ahí, estén alegres. Es malo para ustedes, tierra y mar, porque el diablo ha venido a ustedes. Está muy enojado porque sabe que tiene poco tiempo."

Guerra en la tierra

13 Cuando la víbora, que es el diablo, vio que había sido tirada a la tierra, empezó a buscar a la mujer que había dado a luz al niño.

14 Y la mujer recibió dos alas como las de una gran ave para que pudiera volar al desierto. Ahí se le iba a proteger durante tres años y medio de la víbora.

15 Entonces la víbora (el diablo) arrojó agua de su boca para que la mujer se ahogara en la inundación.

8 But the snakelike animal was not strong enough to win. There was no more room in heaven for them.

9 The snakelike animal was thrown down to earth from heaven. This animal is the old snake. He is also called the Devil or Satan. He is the one who has fooled the whole world. He was thrown down to earth and his angels were thrown down with him.

10 Then I heard a loud voice in heaven saying: "Now God has saved from the punishment of sin! God's power as King has come! God's holy nation has come! God's Christ is here with power! The one who spoke against our Christian brothers has been thrown down to earth. He stood before God speaking against them day and night.

11 They had power over him and won because of the blood of the Lamb and by telling what He had done for them. They did not love their lives but were willing to die.

12 For this reason, O heavens and you who are there, be full of joy. It is bad for you, O earth and sea. For the devil has come down to you. He is very angry because he knows he has only a short time."

War on earth

13 When the snakelike animal which is the devil saw that he had been thrown down to the earth, he began to hunt for the woman who had given birth to the boy baby.

14 The woman was given two wings like the wings of a very large bird so she could fly to her place in the desert. She was to be cared for there and kept safe from the snake, which is the devil, for three-and one half years.

15 Then the snake spit water from his mouth so the woman might be carried away with a flood.

16 La tierra ayudó a la mujer abriendo su boca. la tierra tragó la corriente de agua que la víbora arrojó de su boca.

17 La víbora estaba muy enojada con la mujer. Se fue a pelear con los demás de sus hijos. Estos son los que obedecen las leyes de Dios y son fieles a las enseñanzas de Jesús.

Las dos bestias: la primera del mar

13 Me paré en la arena de la playa. Ahí vi una bestia saliendo del mar. Tenía siete cabezas y diez cuernos con una corona en cada cuerno. Tenía nombres en cada cabeza que decían malas palabras contra Dios.

2 La bestia que yo vi estaba cubierta de manchas como un leopardo. Tenía pies como los de un oso. Su boca era como la de un león. La víbora le dio a esta bestia su poder y su lugar para sentarse como rey. A la bestia le fue dado mucho poder.

3 Una de las cabezas de la bestia parecía como si la hubieran matado. Pero se curó de la herida que le habían dado. El mundo entero se sorprendió y admiró que esto sucediera. Siguieron a la bestia.

4 Adoraron a la víbora por haber dado a la bestia este poder. Y adoraron a la bestia. Dijeron: "¿Quién es como esta bestia? ¿Quién puede pelear contra ella?"

5 A la bestia le fue dada una boca que pronunciaba palabras llenas de orgullo. Decía cosas muy malas. Se le dio mucho poder durante cuarenta y dos meses.

6 Abrió su boca, pronunciando cosas muy malas contra Dios, contra el nombre de Dios, su casa y en contra de aquellos que viven en el cielo.

7 Le fue permitido pelear en contra de la gente que pertenece a Dios. Tenía

16 The earth helped the woman by opening its mouth. It drank in the flood of water that this snakelike animal spit from his mouth.

17 This snakelike animal was very angry with the woman. He went off to fight with the rest of her children. They are the ones who obey the Laws of God and are faithful to the teachings of Jesus.

The two animals: the first one from the sea

13 I stood on the sand by the seashore. There I saw a wild animal coming up out of the sea. It had seven heads and ten horns with a crown on each horn. There were names on each head that spoke bad words against God.

2 The wild animal I saw was covered with spots. It had feet like those of a bear. It had a mouth like that of a lion. The snake like animal gave this wild animal his own power and his own throne as king. The wild animal was given much power.

3 One of the heads of the wild animal looked as if it had been killed. But the bad cut given to kill him was healed. The whole world was surprised and wondered about this, and they followed after the wild animal.

4 They worshiped the snakelike animal for giving this wild animal such power. And they worshiped this wild animal. They said: "Who is like this wild animal? Who can fight against it?"

5 The animal was given a mouth which spoke words full of pride and it spoke very bad things against the Lord. It was given much power for forty two months.

6 And it opened its mouth speaking very bad things against God. It spoke against God's name and His house and against those living in heaven.

7 It was allowed to fight against the people who belong to God, and it had

poder para vencerla. Tenía poder sobre
cada familia y cada grupo de familias y
sobre la gente de cada idioma y cada
nación.
8 Cada persona en la tierra cuyo
nombre no fue escrito desde el principio del mundo en el libro de la vida del
Cordero adorará a esta bestia.
9 Ustedes tienen oídos. Entonces
¡escuchen!
10 El que lleva preso a otro, él mismo
irá preso. El que mate con la espada, él
mismo morirá por la espada. Ahora es
cuando la gente de Dios debe tener fe
y no darse por vencida.

La segunda bestiade la tierra

11 Entonces vi a otra bestia que salía
de la tierra. Tenía dos cuernos como
los de un cordero. Su voz era como la
de la víbora.
12 Usaba el poder de la primera bestia que estaba ahí con ella. Hizo que
toda la gente de la tierra adorara a la
primera bestia, la cual había recibido la
gran herida que sanó.
13 La segunda bestia hizo grandes obras.
Habló e hizo que los que no habían adorado a la primera bestia murieran. Engañó a los hombres de la tierra, haciendo
obras poderosas. Hizo estas obras delante de la primera bestia.
14 Les dijo a los que viven en la tierra
que hicieran una imagen de la primera
bestia. La primera bestia es la que fue
herida por una espada, pero vivió.
15 A la segunda bestia le fue dado
poder para dar vida a la imagen de la
primera bestia. Se le dio poder para
hablar. Todos los que no le adoraran,
morirían.

power to win over them. It had power
over every family and every group of
people and over people of every language and every nation.
8 Every person on the earth from
the beginning of the world whose
name has not been written in the book
of life of the Lamb Who was killed will
worship this animal.
9 You have ears! Then listen.
10 Whoever is to be tied and held will
be held. Whoever kills with a sword
must himself be killed with a sword.
Now is when God's people must have
faith and not give up.

The second animal from the land

11 Then I saw another wild animal
coming out of the earth. He had two
horns like those of a lamb. His voice
was like that of the snake like animal.
12 He used the power of the first wild
animal who was there with him. He
made all the people on earth worship
the first wild animal who had received
the bad cut to kill him but was healed.
13 The second wild animal did great
powerful works. It spoke and made
those who did not worship the first
wild animal to be killed.
14 He fooled the men of the earth by
doing powerful works. He did these
things in front of the first wild animal.
He told those who live on the earth
to make a god that looks like the first
wild animal. The first wild animal was
the one that was cut by the sword but
lived.
15 The second wild animal was given
power to give life to the false god. This
false god was the one that was made
to look like the first wild animal. It was
given power to talk. All those who did
not worship it would die.

16 La segunda bestia hizo que cada
persona tuviera una marca en su mano
derecha o en su frente. Le fue dada a
los hombres importantes y a los no
importantes, a los ricos y a los pobres,
a los que son libres y a los que pertenecen a alguien.
17 Nadie podía comprar ni vender a
menos que tuviera la marca en él. Esta
marca era el nombre de la primera
bestia, y otra forma de escribir su nombre.
18 Esto es sabiduría: que la persona
que tiene buen entendimiento aprenda
el significado de escribir de otra manera el nombre de la primera bestia. Este
nombre es el nombre de un hombre:
seiscientos sesenta y seis.

El Cordero de pie en Jerusalén

14 Entonces miré y vi al Cordero
de pie en el monte Sion. Estaban allí con él ciento cuarenta y cuatro
mil personas. Estas personas tenían su
nombre y el nombre de su Padre escrito en la frente.
2 Oí una voz que venía del cielo. Era
como el sonido de una cascada y de
un fuerte relámpago. La voz que oí era
como la de personas que tocaban instrumentos de cuerdas.
3 Este gran grupo cantó una nueva
canción. Cantaron delante del trono del
Rey y frente a los cuatro seres vivientes
y los veinticuatro dirigentes de la iglesia. Sólo los ciento cuarenta y cuatro mil
podían aprender esta canción. Habían
sido comprados por la sangre de Cristo
y libertados de la tierra.
4 Estos son hombres que se han
mantenido completamente puros.
Siguen al Cordero por dondequiera
que va. Han sido comprados por la
sangre de Cristo, libertados de entre
los hombres. Son los primeros dados a
Dios y al Cordero.

16 The second wild animal made
every person have a mark on their
right hand or on their forehead. It was
given to important men and to those
not important, to rich men and poor
men, to those who are free and to
those who are servants.
17 No one could buy or sell anything
unless he had the mark on him. This
mark was the name of the first wild
animal or another way to write his
name.
18 This is wisdom. Let the person
who has good understanding learn
the meaning of the other way to write
the name of the first wild animal. This
name is a man's name. It is 666.

The Lamb stands in Jerusalem

14 Then I looked and saw the
Lamb standing on Mount Zion.
There were 144,000 people with Him.
These people had His name and His
Father's name written on their foreheads.
2 I heard a voice coming from heaven.
It was like the sound of rushing water
and of loud thunder. The voice I heard
was like people playing music on their
harps.
3 This large group sang a new song.
They sang before the throne and in
front of the four living beings and the
twenty four leaders. Only the 144,000
could learn this song. They had been
bought by the blood of Christ and
made free from the earth.
4 These are men who have kept
themselves pure by not being married.
They follow the Lamb wherever He
goes. They have been bought by the
blood of Christ and have been made
free from among men. They are the
first ones to be given to God and to
the Lamb.

5 Ni una mentira ha salido de sus bocas. Son sin culpa.

Los tres ángeles

6 Entonces vi a otro ángel volar en los cielos. Llevaba las buenas nuevas que duran para siempre. Predicaba a cada nación, a cada grupo de familias, a la gente de cada idioma: a toda la gente de la tierra.

7 Dijo con una fuerte voz: "Honren a Dios con amor y temor. El tiempo ha llegado en que él dirá quién de entre los hombres es culpable. Adoren a Aquel que ha hecho el cielo, la tierra, el mar y los lugares de donde el agua sale de la tierra."

8 Un segundo ángel le siguió, diciendo: "¡Babilonia ha caído! ¡La gran ciudad de Babilonia ha caído! Ella hizo que todas las naciones bebieran del vino de su sucia vida de pecado sexual."

9 Le siguió un tercer ángel, diciendo con una fuerte voz: "Si alguien adora a la bestia y a su dios falso y recibe una marca en su frente o en su mano,

10 beberá del vino de la ira de Dios. Está mezclado con fuerza en la copa de la ira de Dios. Serán castigados con fuego y azufre hirviendo delante de los santos ángeles y delante del Cordero.

11 El humo de los que están recibiendo castigo subirá para siempre. No descansan de día ni de noche. Esto es porque han recibido la marca de su nombre.

12 Esta es la razón por qué el pueblo de Dios necesita mantenerse fiel a la palabra de Dios y ser fiel a Jesús."

13 Entonces oí una voz del cielo que decía: "Escribe estas palabras: 'De ahora en adelante los muertos que murieron perteneciendo al Señor serán felices.'" "Sí", dice el Espíritu: "descansarán de

5 No lie has come from their mouths. They are without blame.

The three angels

6 Then I saw another angel flying in the heavens. He was carrying the Good News that lasts forever. He was preaching to every nation and to every family group and to the people of every language and to all the people of the earth.

7 He said with a loud voice: "Honor God with love and fear. The time has come for Him to judge all men. Worship Him Who made heaven and earth and the sea and the places where water comes out of the earth."

8 A second angel followed, saying: "Babylon has fallen! The great city Babylon has fallen! She made all the nations drink of the wine of her sinful sex life."

9 A third angel followed, saying with a loud voice: "If anyone worships the wild animal and his false god and receives a mark on his forehead or hand,

10 he will drink of the wine of the anger of God. It is mixed in full strength in the cup of God's anger. They will be punished with fire and burning sulphur in front of the holy angels and before the Lamb.

11 The smoke of those who are being punished will go up forever. They have no rest day or night. It is because they have worshiped the wild animal and his false god and have received the mark of his name.

12 This is why God's people need to keep true to God's Word and stay faithful to Jesus.

13 Then I heard a voice from heaven, saying: "Write these words: 'From now on those who are dead who died belonging to the Lord will be happy.'" "Yes," says the Spirit: "they will have rest

todo su trabajo. Todas las cosas buenas
que han hecho les seguirán."

La guerra de Armagedón

14 Miré y vi una nube blanca. Sentado
en la nube estaba uno que parecía el
Hijo del Hombre. Tenía en su cabeza
una corona de oro. En su mano tenía un
cuchillo afilado para cortar el grano.
15 Entonces otro ángel vino de la casa
de Dios y le habló con una fuerte voz,
le dijo: "Usa tu cuchillo y recoge el grano. El tiempo ha llegado para recoger
el grano porque la tierra está lista."

16 El que estaba sentado en la nube
levantó su cuchillo sobre la tierra. Y
recogió el grano.
17 Entonces salió otro ángel de la casa
de Dios en el cielo. Tenía también un
afilado cuchillo para cortar el grano.
18 Otro ángel que tiene poder sobre
el fuego vino del altar. Dijo con una voz
fuerte al ángel que tenía el cuchillo afilado: "Usa tu cuchillo. Recoge las uvas
de la vid de la tierra. Están listas para
ser recogidas."
19 El ángel usó su cuchillo en la tierra.
Cosechó de la vid de la tierra y puso
el fruto en un lugar grande para hacer vino. Estaba lleno de la ira de Dios.

20 Caminaron en él fuera de la ciudad
y la sangre salió del lugar en donde se
hace el vino, la sangre corrió hasta una
distancia de como trescientos veinte kiló-
metros, distancia que un hombre puede
caminar en siete días, también subió hasta la altura de la cabeza de un caballo.

Los siete ángeles con siete daños graves

15 Entonces vi algo especial en el
cielo. Era grande y me sorprendió. Había siete ángeles con siete clases
de daños graves. Estas son la última clase de dificultades. Con éstas la ira de
Dios termina.

from all their work. All the good things
they have done will follow them."

The war of Armageddon

14 I looked and saw a white cloud. Sitting on the cloud was One like the Son
of Man. He had a crown of gold on His
head. In His hand He had a sharp knife
for cutting grain.
15 Then another angel came out from
the house of God and called to Him
with a loud voice. He said: "Use Your
knife and gather in the grain. The time
has come to gather the grain because
the earth is ready."
16 He Who sat on the cloud raised
His knife over the earth. And the grain
was gathered in.
17 Then another angel came out from
the house of God in heaven. He had a
sharp knife for cutting grain also.
18 Another angel who has power
over fire came out from the altar. He
said with a loud voice to the angel who
had the sharp knife: "Use your knife and
gather in the grapes from the vine of the
earth, for they are ready to gather."
19 The angel used his sickle on the
earth. He gathered from the vine of
the earth and put the fruit into the
large place for making wine. It was full
of God's anger.
20 They walked on it outside the city
and blood came out of the place where
wine is made. The blood ran as far as a
man could walk in seven days. It came
up as high as a horse's head.

Seven angels with seven troubles

15 Then I saw something else special in heaven that was great
and made me wonder. There were
seven angels with the seven last kinds
of trouble. With these, God's anger is
finished.

2 Entonces vi algo que parecía como un mar de vidrio mezclado con fuego. Y vi a muchos de pie en el mar de vidrio. Eran los que habían ganado la lucha contra la bestia y su dios falso, y contra su marca. Todos ellos tenían arpas que Dios les había dado.

3 Cantaban la canción de Moisés, el siervo de Dios, y la canción del Cordero, diciendo: "Las cosas que tú haces son grandes y poderosas. Tú eres el Señor Dios que todo lo puede. Tú siempre tienes la razón y dices la verdad en todo lo que haces. Tú eres el Rey de todas las naciones.

4 ¿Quién no te honrará, Señor, con amor y temor? ¿Quién no cantará de la grandeza de tu nombre? Porque tú eres el único que es santo. Todas las naciones vendrán y adorarán delante de ti. Todos ven que las cosas que tú haces son buenas."

5 Después de esto miré y vi que el lugar más santo de todos en el templo se abrió.

6 Los siete ángeles que tenían las siete últimas clases de dificultades salieron del templo, vestidos de ropa de lino blanco y limpio. Tenían puestos cinturones hechos de oro alrededor de sus pechos.

7 Entonces uno de los cuatro seres vivientes le dio a cada uno de los siete ángeles una botella hecha de oro. Estas botellas estaban llenas de la ira de Dios, quien vive para siempre.

8 La casa de Dios se llenó del humo de la grandeza brillante y del poder de Dios. Nadie pudo entrar en el templo hasta que los siete ángeles habían completado las siete clases de daños graves.

La primera botella: dolorosas heridas

16 Entonces oí una voz fuerte que venía del templo. La voz les dijo a los siete ángeles: "Vayan y derramen

2 Then I saw something that looked like a sea of glass mixed with fire. I saw many standing on the sea of glass. They were those who had won their fight with the wild animal and his false god and with his mark. All of them were holding harps that God had given to them.

3 They were singing the song of Moses, who was a servant owned by God, and the song of the Lamb, saying: "The things You do are great and powerful. You are the All powerful Lord God. You are always right and true in everything You do. You are King of all nations.

4 Who will not honor You, Lord, with love and fear? Who will not tell of the greatness of Your name? For You are the only One Who is holy. All nations will come and worship before You. Everyone sees that You do the right things."

5 After this I looked and saw that the Holiest Place of All in the house of God was opened.

6 The seven angels who had the seven last kinds of trouble came out of the house of God. They were wearing clothes made of clean white linen. They were wearing belts made of gold around their chests.

7 Then one of the four living beings gave to each of the seven angels a jar made of gold. These jars were filled with the anger of God Who lives forever.

8 The house of God was filled with smoke from the shining-greatness and power of God. No one was able to go into the house of God until the seven angels had completed the seven kinds of trouble.

The first jar: painful sores

16 Then I heard a loud voice coming from the house of God. The voice said to the seven angels: "Go and

las siete botellas de la ira de Dios sobre la tierra."

2 El primer ángel derramó su botella de la ira de Dios sobre la tierra. Y a todos los que tenían la marca de la bestia y que adoraban a su imagen, les salieron dolorosas heridas.

La segunda botella: muerte en el mar

3 El segundo ángel derramó su botella de la ira de Dios sobre el mar. El agua se puso como la sangre de un muerto. Toda cosa viviente en el mar murió.

La tercera botella: el agua se vuelve sangre

4 El tercer ángel derramó su botella de la ira de Dios sobre los ríos y sobre los lugares de donde sale el agua de la tierra. El agua se volvió sangre.

5 Y oí al ángel del agua decir: "Tú haces bien en mandar este daño como castigo. Tú eres el Santo que es y que era.

6 Ellos han derramado la sangre de la gente de Dios y de los antiguos predicadores. Tú les has dado a beber sangre. Están recibiendo el pago de lo que les corresponde."

7 Oí una voz del altar que decía: "¡Sí, Señor Dios, Todopoderoso! Lo que tú decidas sobre la gente está correcto y es bueno."

La cuarta botella: gran calor

8 El cuarto ángel derramó su botella de la ira de Dios sobre el sol. Y se le permitió quemar a los hombres con su fuego.

9 Los hombres fueron quemados con el calor de este fuego. Pronunciaron malas palabras contra Dios, aun cuando él tenía el poder sobre esta clase de daños graves. No les dolieron sus pecados, ni se apartaron de ellos, ni honraron a Dios.

pour out the seven jars of God's anger onto the earth!"

2 The first ángel poured out his jar of God's anger onto the earth. Painful sores were given to everyone who had the mark of the wild animal and who worshiped his god.

The second jar: everything dies in the sea

3 The second angel poured out his jar of God's anger onto the sea. The water became like the blood of a dead man. Every living thing in the sea died.

The third jar: water turns to blood

4 The third angel poured out his jar of God's anger onto the rivers and places where water comes out of the earth. The water turned to blood.

5 I heard the angel of the waters saying: "You are right in punishing by sending this trouble. You are the Holy One Who was and is and will be.

6 They have poured out the blood of God's people and of the early preachers. You have given them blood to drink. They are getting the pay that is coming to them."

7 I heard a voice from the altar saying: "Lord God, the All powerful One! What You decide about people is right and true."

The fourth jar: burning heat

8 The fourth angel poured out his jar of God's anger onto the sun. It was allowed to burn men with its fire.

9 Men were burned with the heat of this fire and they called God bad names even when He had the power over these kinds of trouble. They were not sorry for their sins and did not turn from them and honor Him.

La quinta botella: la oscuridad

10 El quinto ángel derramó su botella
de la ira de Dios sobre la silla en donde
la bestia se sienta como rey. Toda la
nación de la bestia fue puesta en oscuridad. Los que le adoraron se mordian
las lenguas de dolor.
11 Clamaban al Dios del cielo con
malas palabras, debido a su dolor y a
sus heridas. Pero no les dolía lo que
habían hecho.

La sexta botella:
el Río Éufrates se seca

12 El sexto ángel derramó su botella de la ira de Dios sobre el gran Río
Éufrates. El agua se secó. En esta forma, los reyes de los países del Oriente
podían cruzarlo.
13 Entonces vi a tres espíritus malos
que parecían ranas. Salieron de las
bocas de la víbora y de la segunda bestia y del falso predicador.

14 Estos son espíritus malos que hacen
obras poderosas. Estos espíritus malos
van a todos los reyes de toda la tierra.
Los juntan para la guerra del gran día
del Dios todopoderoso.
15 ¡Escuchen! Yo vendré como un
ladrón. Feliz el que se mantiene despierto y mantiene listas sus ropas. No
andará caminando sin ropas y no se
avergonzará.
16 Entonces los espíritus malos juntaron a los reyes en el lugar llamado, en
el idioma hebreo, Armagedón.

La séptima botella:
la tierra tiembla y cae granizo

17 El séptimo ángel derramó su botella de la ira de Dios en el aire. Una
voz fuerte vino de la silla del Rey en el
templo, diciendo: "¡Todo se ha terminado!"
18 Entonces había voces y relámpagos
y truenos. Y la tierra tembló. Tembló

The fifth jar: darkness

10 The fifth angel poured out his jar
of God's anger upon the throne of the
wild animal. The whole nation of the
wild animal was turned into darkness.
Those who worshiped him bit their
tongues because of the pain.
11 They called the God of heaven bad
names because of their pain and their
sores. They were not sorry for what
they had done.

The sixth jar:
the Euphrates River dries up

12 The sixth angel poured out his jar
of God's anger onto the great Euphrates River. The water dried up. In this
way, the kings of the countries of the
east could cross over.
13 Then I saw three demons that
looked like frogs. They came out of
the mouths of the snakelike animal and
the second wild animal and the false
preacher.
14 These are demons that do powerful works. These demons go to all the
kings of all the earth. They bring them
together for the war of the great day of
the All powerful God.
15 See! I will come like a robber. The
man is happy who stays awake and
keeps his clothes ready. He will not be
walking around without clothes and be
ashamed.
16 Then the demons brought the kings
together in the place called Armaged-
don in the Hebrew language.

The seventh jar:
the earth shakes and hail falls

17 The seventh angel poured out his
jar of God's anger into the air. A loud
voice came from the throne in the
house of God, saying: "It is all done!"

18 Then there were voices and lightning and thunder and the earth shook.

mucho más de lo que había temblado
antes. La grande y fuerte ciudad de
Babilonia fue dividida en tres partes.
19 Las ciudades de otras naciones
cayeron a tierra. Entonces Dios se
acordó de la gran ciudad de Babilonia.
Le hizo beber el vino de su botella de
gran ira.

20 Cada isla se hundió en el mar. No
se encontró montaña alguna.
21 Grandes granizos cayeron del cielo
sobre los hombres. Eran tan pesados
como un hombre pequeño. Pero los
hombres llamaron a Dios nombres
malos por el daño del granizo.

La mujer pecadora

17 Entonces uno de los siete ángeles que tenían las siete botellas
vino a mí y me dijo: "¡Ven! Te mostraré el castigo de la mujer pecadora que
vende el uso de su cuerpo." Se sienta
en las muchas aguas del mundo.
2 Los reyes de la tierra han cometido pecados sexuales con ella. La gente
del mundo se ha emborrachado con el
vino de sus pecados sexuales.
3 Mi espíritu fue llevado por el ángel
a un desierto. Vi a una mujer sentada
sobre una bestia roja que tenía siete
cabezas y diez cuernos. Sobre toda la
bestia roja estaban escritos nombres
malos en contra de Dios.
4 La mujer vestía ropa morada y roja.
Llevaba oro, perlas y piedras que valían
mucho dinero. Tenía en su mano una
taza de oro, llena de las cosas malas de
sus pecados sexuales.
5 Y había un nombre escrito en
su frente, el cual tenía un significado
secreto. Decía: "Babilonia la grande y
poderosa, madre de todas las mujeres
que venden el uso de sus cuerpos, y
madre de toda cosa mala de la tierra."
6 Miré a la mujer. Estaba borracha
con la sangre del pueblo de Dios, de

The earth shook much more than it
had ever shaken before.
19 The big and strong city of Babylon
was split in three parts. The cities of
other nations fell to the ground. Then
God remembered the strong city of
Babylon. He made her drink the wine
from His cup of much anger.
20 Every island went down into the
sea. No mountain could be found.
21 Large pieces of hail fell from heaven
on men. These pieces were about as
heavy as an older child. But men called
God bad names because of so much
trouble from the hail.

The sinful woman

17 Then one of the seven angels
who had the seven jars came
to me. He said: "Come! I will show you
how the powerful woman who sells the
use of her body will be punished. She
sits on the many waters of the world.
2 The kings of the earth have done
sex sins with her. People of the world
have been made drunk with the wine
of her sex sins."
3 I was carried away in the Spirit by
the angel to a desert. I saw a woman
sitting on a red wild animal. It had sev-
en heads and ten horns. All over the
red wild animal was written bad names
which spoke against God.
4 The woman was wearing purple
and red clothes. She was wearing gold
and pearls and stones worth much
money. She had in her hand a gold cup
full of sinful things from her sex sins.
5 There was a name written on her
forehead which had a secret meaning.
It said: "The big and powerful Babylon,
mother of all women who sell the use
of their bodies and mother of everything sinful of the earth."
6 I looked at the woman. She was
drunk with the blood of God's people

aquellos que habían sido matados por hablar de Jesús. Cuando la vi, me quedé asombrado.

7 El ángel me preguntó: "¿Por qué te sorprendes? Te diré el secreto de esta mujer y de la bestia roja que la lleva. Es la bestia roja con siete cabezas y diez cuernos.

8 "La bestia roja que viste estaba viva pero ahora está muerta. Está a punto de salir del pozo sin fondo y será destruida. Los habitantes de la tierra, cuyos nombres, desde el principio del mundo, no están escritos en el libro de la vida, se sorprenderán al ver a la bestia roja. Estaba viva. Ahora está muerta, pero volverá a vivir.

9 "Aquí es donde necesitamos sabiduría. Las siete cabezas de la bestia son montañas en donde la mujer se sienta.

10 También son siete reyes. Cinco de ellos ya no son reyes. El sexto es ahora rey. El séptimo será rey, pero sólo por un corto tiempo.

11 La bestia roja que murió es el octavo rey. Pertenece a los primeros reyes, pero también será destruido.

12 "Los diez cuernos de la bestia roja que viste son diez reyes. No han recibido su reino. Pero se les dará el derecho y el poder de guiar sus naciones por una hora con la bestia roja.

13 Estarán de acuerdo en darle el derecho y el poder a la bestia roja.

14 Estos reyes pelearán y harán guerra contra el Cordero. Pero el Cordero ganará la guerra, porque él es el Señor de señores y Rey de reyes. Su gente son los llamados y escogidos y los fieles."

15 Entonces el ángel me dijo: "Yo vi las aguas en donde está sentada la mujer que vende el uso de su cuerpo. Las aguas son gente y grandes grupos de personas, naciones e idiomas.

and those who had been killed for telling about Jesus. When I saw her, I wondered very much.

7 The angel asked me: "Why do you wonder? I will tell you the secret about this woman and the red wild animal that carries her. It is the red wild animal with seven heads and ten horns.

8 The red wild animal you saw was alive but is now dead. He will come up from the hole without a bottom and be destroyed. The people of the earth, whose names have not been written in the book of life from the beginning of the world, will be surprised as they look at the red wild animal. He was alive, but not now, but will yet come.

9 "Here is where we need wisdom. The seven heads of the animal are mountains where the woman sits.

10 They are seven kings also. Five of them are no longer kings. The sixth one is now king. The seventh one will be king, but only for a little while.

11 The red wild animal that died is the eighth king. He belongs to the first seven kings, but he will be destroyed also.

12 "The ten horns of the red wild animal which you saw are ten kings. They have not become leaders yet. But they will be given the right and the power to lead their nations for one hour with the red wild animal.

13 They agree to give the right and the power to the red wild animal.

14 These kings will fight and make war with the Lamb. But the Lamb will win the war because He is Lord of lords and King of kings. His people are the called and chosen and faithful ones."

15 Then the angel said to me: "You saw the waters where the woman who sold the use of her body is sitting. The waters are people and large groups of people and nations and languages.

16 Los diez cuernos que viste y la bestia roja odiarán a la mujer mala. Le quitarán todo, aun su ropa. Comerán sus
carnes y la quemarán en el fuego.

17 Dios pondrá en sus mentes un plan
que cumplirá el deseo de él. Se pondrán de acuerdo para darle su nación a
la bestia roja, hasta que se hayan cumplido las palabras de Dios.
18 La mujer que viste es la ciudad
grande y poderosa que tiene poder
sobre los reyes de la tierra."

Babilonia es destruida

18 Entonces vi a otro ángel venir
del cielo. Tenía mucho poder.
La tierra fue iluminada con su gran
resplandor.
2 Gritó con una fuerte voz: "La grande
y poderosa ciudad de Babilonia es destruida. Ahora los espíritus malos y toda
clase de espíritu sucio vive ahí. Los odiados pájaros sucios están allí.
3 Porque ella dio su vino a las naciones del mundo. Era el vino de su deseo
de pecados sexuales. Los reyes de la
tierra han cometido estos pecados
sexuales con ella. Los hombres de la
tierra que compran y venden se han
vuelto ricos de las riquezas que ella ha
recibido mientras vivía en pecado."
4 Oí otra voz del cielo que decía: "Sal
de ella, pueblo mío. No participen de
sus pecados, para que no tengan que
compartir sus daños.
5 Sus pecados son tan altos como
el cielo. Dios está listo a castigarla por
ellos.
6 Páguenle como ella les ha pagado.
Denle dos veces lo que ella les ha dado.
Denle en su propia taza dos veces lo
que ella les ha dado.
7 Denle tantos problemas y sufrimientos como la falsa alegría y la vida
de riquezas que ella eligió para sí. En su

16 The ten horns you saw and the
red wild animal will hate the woman
who sold the use of her body. They
will take everything from her and even
her clothes. They will eat her flesh and
burn her with fire.
17 God put in their minds a plan that
would carry out His desire. They will
agree to give their nation to the red
wild animal until the words of God
have been completed.
18 The woman you saw is the big and
powerful city that has power over the
kings of the earth."

Babylon is destroyed

18 Then I saw another angel coming down from heaven. He
had much power. The earth was made
bright with his shining greatness.
2 He cried out with a loud voice:
"The big and powerful city of Babylon
is destroyed. Demons and every kind
of unclean spirit live there. Unclean
birds that are hated are there.
3 For she gave her wine to the
nations of the world. It was the wine of
her desire for sex sins. The kings of the
earth have done these sex sins with
her. The men of the earth who buy and
sell have become rich from the riches
she received while living in sin."

4 I heard another voice from heaven
saying: "Come out from her, my people. Do not be a part of her sins so you
will not share her troubles.
5 For her sins are as high as heaven.
God is ready to punish her for her
sins.
6 Pay her back for what she has paid
you. Give back to her twice as much
for what she has done. In her own cup
give her twice as much as she gave.
7 Give her as much trouble and suffering as the fun and the rich living she
chose for herself. In her heart she says,

corazón dice: 'Yo me siento aquí como una reina. No soy una viuda. Nunca estaré triste.'

8 Por causa de esto, las dificultades de la muerte y el dolor y el hambre vendrán a ella en un día. Será quemada con fuego. Porque el Señor Dios es Todopoderoso. Él es quien dice que ella es culpable.

Los reyes lloran por Babilonia

9 "Entonces los reyes de la tierra llorarán por ella y les dolerá al ver el humo cuando se esté quemando. Son ellos los que cometieron pecados sexuales con ella y vivieron como ricos.

10 Se quedan lejos de ella porque tienen miedo de sus sufrimientos. Ellos dicen: '¡Es malo!' Es malo para la grande y poderosa ciudad de Babilonia. Porque en una hora es destruida.

11 Los hombres de la tierra que compran y venden están tristes y lloran. Lloran porque ya no hay quién compre sus cosas.

12 Vendían oro, plata, perlas y piedras que valían mucho dinero. Vendían lino fino, púrpura y seda roja. Vendían toda clase de lana perfumada. Vendían cosas hechas de dientes de los animales. Vendían cosas hechas de madera que cuestan mucho dinero. Vendían bronce, hierro y piedra.

13 Vendían especias y perfumes de todas clases. Vendían vino, aceite de oliva, harina fina y trigo. Vendían vacas, ovejas, caballos y carretas. Vendían hombres como siervos y vendían las vidas de los hombres.

14 Le dicen a ella: 'Todas las cosas buenas que tú querías tanto las has perdido. Has perdido tus riquezas. Has perdido lo que tanto te gustaba. Nunca lo tendrás otra vez.'

15 Los hombres de la tierra que se hicieron ricos, comprando y vendiendo en esa ciudad, se apartarán por temor

'I sit here like a queen. I am not a woman whose husband has died. I will never have sorrow.'

8 Because of this, troubles of death and sorrow and no food will come to her in one day. She will be burned with fire. For the Lord God is powerful. He is the One Who says she is guilty.

Kings cry because of Babylon

9 "Then the kings of the earth will cry for her and be sorry when they see the smoke of her burning. They are the ones who did sex sins with her and lived as rich people.

10 They stand a long way from her because they are afraid of her sufferings. They say, 'It is bad! It is bad for the big and powerful city of Babylon. For in one hour she is destroyed.'

11 The men of the earth who buy and sell are sorry for her and cry. They cry because there is no one to buy their things anymore.

12 They sold gold and silver and stones worth much money and pearls. They sold fine linen and purple and red silk cloth. They sold all kinds of perfumed wood. They sold things made from the teeth of animals and things made from wood that cost much money. They sold brass and iron and stone.

13 They sold spices and perfumes of all kinds. They sold wine and olive oil and fine flour and wheat. They sold cows and sheep and horses and wagons. They sold men who are not free and they sold the lives of men.

14 They say to her, 'All the good things you wanted so much are gone from you. Your riches are gone. The things you liked so much are gone. You will never have them again.'

15 The men of the earth who became rich by buying and selling in that city will stand a long way back because they are

de sus sufrimientos. Llorarán y tendrán gran dolor.

16 Dirán: '¡Qué malo! ¡Qué malo para la poderosa ciudad! Se vestía en lino fino de púrpura y rojo. Se cubría a sí misma con oro, perlas y piedras que valen mucho dinero.

17 Pero en una sola hora, sus riquezas han sido destruidas.' El capitán de cada barco, todos los que viajaban en barco y todos los que trabajaban en barcos se alejaron de ella.

18 Gritaron al ver el humo de su incendio, diciendo: '¿Ha existido jamás una ciudad tan poderosa como ésta?'

19 Tiraron polvo sobre las cabezas. Lloraron con mucho dolor y dijeron: '¡Qué malo! ¡Qué malo para la poderosa ciudad! Ese lugar en donde todos los que eran dueños de barcos se hicieron ricos ¡en una hora, se ha acabado!'

20 "Estén llenos de gozo por ella, ¡oh cielos! ¡Estén llenos de gozo, ustedes que pertenecen a Dios, misioneros y antiguos predicadores! Porque Dios la ha castigado por lo que les hizo a ustedes."

21 Entonces un ángel fuerte levantó una gran piedra como de las que se usan para moler el trigo. La tiró al mar, diciendo: "La grande y fuerte ciudad de Babilonia será tirada así. Nunca más será encontrada.

22 La música de aquellos que tocan arpa, flauta y trompeta no se volverá a oír en ti. No habrá más ningún obrero haciendo alguna clase de trabajo. El sonido de la piedra de molino no se volverá a oír en ti.

23 No volverá a brillar en ti la luz. No se volverán a oír las voces felices de las bodas en ti. Tus hombres que compraban y vendían eran los más poderosos de la tierra. Tú engañaste a la gente de todo el mundo con tu hechicería.

afraid of her sufferings. They will cry and have sorrow.

16 They will say, 'It is bad! It is bad for that powerful city. She dressed in fine linen of purple and red. She covered herself with gold and pearls and stones worth much money.

17 For in one hour her riches are destroyed.' The captain of every ship and all who traveled on ships and all who worked on ships stood a long way back.

18 They cried out as they saw the smoke of her burning, saying, 'Has there ever been such a city as powerful as this one?'

19 They threw dirt on their heads. They cried out with much sorrow and said, 'It is bad! It is bad for the powerful city! She is the place where all those who owned ships on the sea became rich from all her riches. For in one hour everything is gone!'

20 "Be full of joy because of her, O heaven! Be full of joy, you who belong to God and missionaries and early preachers! For God has punished her for what she did to you."

21 Then a strong angel picked up a large stone like those used for grinding wheat. He threw it into the sea, saying: "The big and strong city of Babylon will be thrown down like this. It will never be found again.

22 The sound of those playing on harps and on flutes and on horns will not be heard in you again. No workman doing any kind of work will be found in you again. The sound of the grinding-stone will not be heard in you again.

23 No light will ever shine in you again. There will be no more happy voices from a wedding heard in you. Your men who bought and sold were the most powerful on earth. You fooled people over all the world by your witchcraft.

24 Y en esta ciudad se encontró la sangre de los antiguos predicadores y de aquellos que pertenecían a Dios y de todos aquellos que habían sido muertos en la tierra."

Dando gracias en el cielo

19 Después de esto, escuché lo que parecían ser voces de mucha gente en el cielo, diciendo: "Gracias sean a nuestro Dios, el que salva del castigo del pecado. Honor y poder a él.

2 La manera como él castiga a la gente es correcta. Él ha castigado a la mujer poderosa que vendía el uso de su cuerpo. Ella hacía que la tierra fuera mala con sus pecados sexuales. Mató a los que trabajaban para Dios. Por todo eso, él la ha castigado."

3 Otra vez dijeron: "Gracias a nuestro Dios. El humo de la hoguera en donde ella arde sube para siempre."

4 Los veinticuatro dirigentes de la iglesia y los cuatro seres vivientes se postraron y adoraron a Dios quien estaba sentado en su silla de Rey. Dijeron: "Así sea. ¡Gracias sean a nuestro Dios!"

5 Una voz vino de la silla donde se sienta el Rey, diciendo: "Den gracias a nuestro Dios, ustedes, obreros que son de él. Den gracias a nuestro Dios, ustedes que le honran con amor y temor, tanto grandes como pequeños."

La cena de bodas del Cordero

6 Entonces oí lo que parecía como las voces de mucha gente. Era como el sonido de un gran salto de aguas. Era como un fuerte relámpago. Decía: "Gracias a nuestro Dios, porque el Señor nuestro Dios es el Rey. Él todo puede.

7 Regocijémonos y alegrémonos. Honrémosle, porque ha llegado la hora de celebrar la cena de las bodas del Cordero. Su novia se ha preparado.

24 And in this city was found the blood of the early preachers and of those who belonged to God and of all those who had been killed on the earth."

Giving thanks in Heaven

19 After this I heard what sounded like the voices of many people in heaven, saying: "Thanks to our God, the One Who saves. Honor and power belong to Him.

2 For the way He punishes people is right and true. He has punished the powerful woman who sold the use of her body. She was making the earth sinful with her sex sins. She killed those who worked for God. He has punished her for it."

3 Again they said: "Thanks to our God. The smoke from her burning goes up forever."

4 The twenty four leaders and the four living beings got down and worshiped God Who was sitting on the throne. They said: "Let it be so. Thanks to our God!"

5 A voice came from the throne, saying: "Give thanks to our God, you servants who are owned by Him. Give thanks to our God, you who honor Him with love and fear, both small and great."

The wedding supper of the Lamb

6 Then I heard what sounded like the voices of many people. It was like the sound of powerful rushing water. And it was like loud thunder. It said: "Thanks to our God. For the Lord our God is King. He is the All powerful One.

7 Let us be full of joy and be glad. Let us honor Him, for the time has come for the wedding supper of the Lamb. His bride has made herself ready.

8 Se le dieron ropas blancas, limpias,
de lino fino para usar. El lino fino es la
vida correcta de la gente de Dios."
9 El ángel me dijo: "Escribe esto:
'Felices aquellos que son invitados a la
cena de las bodas del Cordero.'" Y dijo:
"Estas son las verdaderas palabras de
Dios."
10 Entonces me arrodillé a sus pies
para adorarle. Pero él me dijo: "¡No!
No me adores. Yo soy un obrero junto contigo y con tus hermanos cristianos, quienes hablan de su confianza en
Cristo. Adora a Dios. Porque la verdad
acerca de Jesús hizo que los antiguos
predicadores supieran lo que debieran
de predicar."

El Rey de reyes sobre el caballo blanco

11 Entonces vi el cielo abierto. Un
caballo blanco estaba allí parado. Al
que estaba sentado en el caballo se le
llama Fiel y Verdadero. Él es quien castiga de manera correcta. Hace guerra.
12 Sus ojos son como llama de fuego.
Tiene muchas coronas en su cabeza.
Su nombre está escrito en él. Sabe lo
que dice.
13 La túnica que tiene puesta ha sido
cubierta de sangre. Su nombre es la
Palabra de Dios.
14 Los ejércitos en el cielo estaban
vestidos de lino fino blanco y limpio. Le
seguían a él sobre caballos blancos.
15 De su boca sale una espada afilada
para castigar a las naciones. Él reinará
sobre ellas usando una vara de hierro.
Anda sobre las uvas de donde se fabri-
ca el vino. De allí vendrá la ira de Dios,
el Todopoderoso.
16 En su túnica y sobre su pierna está
escrito el nombre: "REY DE REYES Y
SEÑOR DE SEÑORES."
17 Entonces vi a un ángel parado en
el sol. Gritó con una voz fuerte a
todas las aves que volaban en el cielo:

8 She was given clean, white, fine
linen clothes to wear. The fine linen is
the right living of God's people."
9 The angel said to me: "Write this:
'Those who are asked to the wedding
supper of the Lamb are happy.'" And
he said: "These are the true words of
God."
10 Then I fell at his feet to worship
him. But he said to me: "No! Do not
worship me. I am a servant together
with you and your Christian brothers
who tell of their trust in Christ. Worship God. For those who speak for
Jesus are led in what to say as the early
preachers were led."

The King of Kings on the white horse

11 Then I saw heaven opened. A
white horse was standing there. The
One Who was sitting on the horse is
called Faithful and True. He is the One
Who punishes in the right way. He
makes war.
12 His eyes are a flame of fire. He has
many crowns on His head. His name is
written on Him but He is the only One
Who knows what it says.
13 The coat He wears has been put in
blood. His name is The Word of God.
14 The armies in heaven were dressed
in clean, white, fine linen. They were
following Him on white horses.
15 Out of His mouth comes a sharp
sword to punish the nations. He will
be the Leader over them using a piece
of iron. He walks on the grapes where
wine is made, pressing out the anger of
God, the All powerful One.
16 On His coat and on His leg is the
name written: "KING OF KINGS AND
LORD OF LORDS."
17 Then I saw an angel standing in the
sun. He cried out with a loud voice to
all the birds flying in the sky: "Come

"Vengan y júntense para la gran cena
de Dios.
18 Vengan y coman la carne de reyes,
y de capitanes de soldados, y de hombres fuertes, y la carne de caballos y de
los que los montan. Vengan y coman la
carne de todos los hombres, pequeños
y grandes. Algunos son libres y otros
no lo son."
19 Entonces vi a la bestia, y a los reyes
de la tierra y a todos sus ejércitos que
se juntaron. Estaban listos para pelear
en contra de aquel que está sentado
en el caballo blanco y en contra de su
ejército.
20 La bestia fue capturada. El falso
predicador también fue capturado con
ella. Fue el falso predicador quien había
hecho grandes obras delante de la bestia. De esta manera, engañó a los que
habían recibido la marca de la bestia y
a aquellos que adoraban a su falso dios.
Estos dos fueron tirados vivos al lago
de fuego que arde con azufre.
21 A los otros, los mataron con la
espada que sale de la boca de aquel
sentado en el caballo. Todas las aves se
llenaron, después de comer la carne de
aquellos que habían sido matados.

El diablo es puesto con cadenas por mil años

20 Entonces vi a un ángel venir del
cielo. Tenía en su mano una
llave para el pozo sin fondo. También
tenía una cadena fuerte.
2 Tomó la vieja víbora, la cual es el
diablo, y la encadenó por mil años.
3 El ángel arrojó al diablo en el pozo
sin fondo, donde lo encerró y lo encadenó. No podría engañar más a las
naciones hasta que se completaran mil
años. Después de esto debe estar libre
por un corto tiempo.
4 Entonces vi los lugares en donde

and gather together for the great supper of God!
18 Come and eat the flesh of kings
and of captains of soldiers and of strong
men and of the flesh of horses and of
those sitting on them. Come and eat
the flesh of all men, small and great.
Some are free and some are not free."
19 Then I saw the wild animal and
the kings of the earth and their armies
gather together. They were ready to
fight against the One Who is sitting on
the white horse and against His army.
20 The wild animal was taken. The
false preacher was taken with it. It was
the false preacher who had done powerful works in front of the wild animal.
In this way, he fooled those who had
received the mark of the wild animal
and those who worshiped his false god.
These two were thrown alive into the
lake of fire that burns with sulphur.
21 The rest were killed with the
sword that came out of the mouth of
the One Who sat on the horse. All the
birds were filled by eating the flesh of
these who were killed.

Satan is chained for one thousand years

20 Then I saw an angel coming
down from heaven. He had in
his hand a key to the hole without a
bottom. He also had a strong chain.
2 He took hold of the snakelike animal, that old snake, who is the Devil,
or Satan, and chained him for 1,000
years.
3 The angel threw the devil into the
hole without a bottom. He shut it and
locked him in it. He could not fool the
nations anymore until the 1,000 years
were completed. After this he must be
free for awhile.
4 Then I saw thrones. Those who

se sientan los reyes. A los que estaban allí sentados, se les dio el poder para decir quién es culpable. Vi las almas de aquellos que habían muerto por hablar acerca de Jesús y por predicar la palabra de Dios. Estos no habían adorado a la bestia ni a su dios falso. No habían recibido su marca en sus frentes o manos. Vivieron otra vez, y fueron dirigentes junto con Cristo durante mil años.

5 Los otros muertos no fueron levantados a la vida, hasta terminar los mil años. Está es la primera vez que mucha gente es levantada de los muertos al mismo tiempo.

6 Aquellos que son levantados de los muertos durante esta primera vez son felices y son buenos. La segunda muerte no tiene poder sobre ellos. Serán dirigentes religiosos de Dios y de Cristo. Reinarán con él durante mil años.

El diablo es destruido para siempre

7 Una vez que se terminen los mil años, el diablo será dejado libre para salir de su prisión.

8 Él saldrá y engañará a las naciones que están en todo el mundo. Ellas son Gog y Magog. Las juntará a todas para la guerra. Habrá tantos como la arena en la playa.

9 Se extenderán sobre la tierra y alrededor del lugar en donde está la gente de Dios y alrededor de la ciudad amada. El fuego de Dios descenderá del cielo y los destruirá.

10 Entonces el diablo, quien los engañó, será arrojado al lago de fuego ardiendo con azufre. La bestia y el falso predicador ya están allí. Todos serán castigados día y noche para siempre.

Los culpables serán castigados

11 Entonces vi la silla donde Dios se sienta. Era una gran silla blanca. Vi al

were sitting there were given the power to judge. I saw the souls of those who had been killed because they told about Jesus and preached the Word of God. They had not worshiped the wild animal or his false god. They had not received his mark on their foreheads or hands. They lived again and were leaders along with Christ for 1,000 years.

5 The rest of the dead did not come to life again until the 1,000 years were finished. This is the first time many people are raised from the dead at the same time.

6 Those who are raised from the dead during this first time are happy and holy. The second death has no power over them. They will be religious leaders of God and of Christ. They will be leaders with Him for 1,000 years.

Satan is destroyed forever

7 When the 1,000 years are finished, Satan will be free to leave his prison.

8 He will go out and fool the nations who are over all the world. They are Gog and Magog. He will gather them all together for war. There will be as many as the sand along the sea shore.

9 They will spread out over the earth and all around the place where God's people are and around the city that is loved. Fire will come down from God out of heaven and destroy them.

10 Then the devil who fooled them will be thrown into the lake of fire burning with sulphur. The wild animal and the false preacher are already there. They will all be punished day and night forever.

The guilty will be punished

11 Then I saw a great white throne. I saw the One Who sat on it. The earth

que estaba sentado allí. La tierra y el cielo se apartaron de él rápidamente, y no se encontraban más.

12 Vi a todos los muertos puestos en pie delante de Dios. Había gente grande y pequeña. Los libros fueron abiertos. Entonces otro libro fue abierto. Era el libro de la vida. A los muertos se les dijo que eran culpables por lo que habían hecho de acuerdo con lo que estaba escrito en los libros.

13 El mar entregó a los muertos que estaban en él. La muerte y el infierno entregaron a los muertos que estaban en ellos. A cada uno se le dijo que era culpable por lo que había hecho.

14 Entonces la muerte y el infierno fueron lanzados al lago de fuego. El lago de fuego es la muerte segunda.

15 Si el nombre de alguno no estaba escrito en el libro de la vida, fue echado al lago de fuego.

Todas las cosas nuevas

21 Entonces vi un nuevo cielo y una nueva tierra. El primer cielo y la primera tierra habían pasado. Ya no había mar.

2 Vi la santa ciudad, la nueva Jerusalén que bajaba del cielo de Dios. Se le había preparado como cuando una novia se prepara para su esposo.

3 Oí una voz fuerte que venía del cielo. Decía: "¡Miren! El hogar de Dios está con los hombres. Él vivirá con ellos. Ellos serán su gente. Dios mismo estará con ellos. Él será su Dios.

4 Dios les secará todas sus lágrimas. No habrá más muerte, ni dolor, ni llanto, ni sufrimiento. Todas las cosas viejas han pasado."

5 Entonces el que estaba sentado en la silla del Rey, dijo: "¡Miren! Yo hago todas las cosas nuevas. Escribe, porque estas palabras son fieles y verdaderas."

6 Entonces me dijo: "¡Estas cosas han

and the heaven left Him in a hurry and they could be found no more.

12 I saw all the dead people standing before God. There were great people and small people. The books were opened. Then another book was opened. It was the book of life. The dead people were judged by what they had done as it was written in the books.

13 The sea gave up the dead people who were in it. Death and hell gave up the dead people who were in them. Each one was judged by what he had done.

14 Then death and hell were thrown into the lake of fire. The lake of fire is the second death.

15 If anyone's name was not written in the book of life, he was thrown into the lake of fire.

All things new

21 Then I saw a new heaven and a new earth. The first heaven and the first earth had passed away. There was no more sea.

2 I saw the Holy City, the new Jerusalem. It was coming down out of heaven from God. It was made ready like a bride is made ready for her husband.

3 I heard a loud voice coming from heaven. It said: "See! God's home is with men. He will live with them. They will be His people. God Himself will be with them. He will be their God.

4 God will take away all their tears. There will be no more death or sorrow or crying or pain. All the old things have passed away."

5 Then the One sitting on the throne said: "See! I am making all things new. Write, for these words are true and faithful."

6 Then He said to me: "These things

pasado! Yo soy el primero y el último.
Yo soy el principio y el fin. A cualquiera
que tenga sed, yo le daré del agua de
vida. Es un regalo.
7 El que tenga poder y triunfe recibirá estas cosas. Yo seré su Dios y él será
mi hijo.
8 Pero aquellos que tengan miedo,
y los que no tengan fe y la gente con
mentes pecaminosas, y los que matan
a otros, y los que cometen pecados
sexuales, y los que usan la hechicería y
los que adoran a dioses falsos, y los que
dicen mentiras, serán echados al lago
de fuego y azufre. Esta es la muerte
segunda."

La nueva Jerusalén

9 Entonces uno de los siete ángeles
que tenían las siete botellas llenas de
los siete últimos daños graves vino a mí
y me dijo: "¡Ven! Te enseñaré la novia,
la esposa del Cordero."
10 Mi espíritu fue llevado por el ángel
a una montaña muy alta. Me enseñó la
ciudad de Jerusalén que venía saliendo
del cielo de Dios.

11 Estaba llena de la grandeza brillante de Dios. Brillaba como una piedra
que vale mucho dinero, como una piedra de jaspe. Era clara como el vidrio.
12 Tenía una pared muy alta, y había
siete puertas. Doce ángeles estaban
parados en las puertas. Los nombres
de los doce grupos de familias de la
nación judía estaban escritos en las
puertas.
13 Había tres puertas de cada lado.
Había tres en el lado oriente, y tres en
el lado norte, y tres en el lado sur, y
tres en el lado poniente.

14 Las paredes estaban sobre doce
piedras. Los nombres de los doce
misioneros del Cordero estaban escritos en sus piedras.

have happened! I am the First and the
Last. I am the beginning and the end.
To anyone who is thirsty, I will give the
water of life. It is a free gift.
7 He who has power and wins will
receive these things. I will be his God
and he will be My son.
8 But those who are afraid and those
who do not have faith and the sinful
minded people and those who kill other people and those who do sex sins
and those who follow witchcraft and
those who worship false gods and all
those who tell lies will be put into the
lake of fire and sulphur. This is the second death."

The new Jerusalem

9 Then one of the seven angels who
had the seven jars full of the seven last
troubles came to me and said: "Come!
I will show you the bride, the wife of
the Lamb."
10 I was carried away in the Spirit by
the angel to a very high mountain. He
showed me the Holy City of Jerusalem. It was coming out of heaven from
God.
11 It was filled with the shining-greatness of God. It shone like a stone worth
much money, like a jasper stone. It was
clear like glass.
12 It had a very high wall, and there
were twelve gates. Twelve angels stood
by the gates. The names of the twelve
family groups of the Jewish nation were
written on the gates.

13 There were three gates on each
side. There were three on the east
side and three on the north side and
three on the south side and three on
the west side.
14 The walls were on twelve stones.
The names of the twelve missionaries of the Lamb were written on the
stones.

15 El ángel tenía una vara en su mano para medir cuán grande era la ciudad, sus puertas y sus paredes.

16 Descubrió que la ciudad era tan ancha como larga, y tan alta como ancha. Era tan larga como la distancia que un hombre puede caminar en cincuenta días. Era de la misma medida en cada lado.

17 El ángel descubrió que las paredes eran de setenta y dos pasos largos. El ángel usó la misma forma para medir la ciudad como cualquier hombre hubiera hecho.

18 La pared estaba hecha de jaspe. La ciudad estaba hecha de oro puro. Este oro era tan claro como el vidrio.

19 La ciudad estaba construida sobre toda clase de piedras que valen mucho dinero. La primera piedra era jaspe. La segunda era zafiro, la tercera era ágata, la cuarta era esmeralda.

20 La quinta era ónice, la sexta era sardio. la séptima era crisólito, la octava era berilo, la novena era topacio, la décima era crisopraso, la undécima jacinto y la duodécima era amatista.

21 Las doce puertas eran doce perlas. Cada puerta estaba hecha de una perla. La calle de la ciudad era de puro oro. Era tan claro como el vidrio.

22 No vi un templo en la ciudad. El Señor Dios Todopoderoso y el Cordero es el templo en esta ciudad.

23 No hay necesidad de que el sol o la luna brillen en la ciudad. La grandeza resplandeciente de Dios hace que esté llena de esa luz. El Cordero es su luz.

24 Las naciones caminarán por su luz. Los reyes de la tierra traerán su grandeza allí.

25 Las puertas están abiertas todo el día. Nunca se cerrarán. No habrá noche ahí.

26 La grandeza y el honor de todas las naciones estarán ahí.

15 The angel had a stick in his hand. It was used to find out how big the city and its gates and the walls were.

16 He found out that the city was as wide as it was long and it was as high as it was wide. It was as long as a man could walk in fifty days. It was the same each way.

17 The angel found out that the walls were the same as a man taking seventy two long steps. The angel used the same way to find out about the city as a man would have used.

18 The wall was made of jasper. The city was made of pure gold. This gold was as clear as glass.

19 The city was built on every kind of stone that was worth much money. The first stone was jasper. The second was sapphire. The third was chalcedony. The fourth was emerald.

20 The fifth was sardonyx. The sixth was sardius. The seventh was chrysolite. The eighth was beryl. The ninth was topaz. The tenth was chrysoprase. The eleventh was jacinth and the twelfth was amethyst.

21 The twelve gates were twelve pearls. Each gate was made from one pearl. The street of the city was pure gold. It was as clear as glass.

22 I did not see a house of god in the city. The All Powerful Lord God makes it full of light. The Lamb is its light.

23 There is no need for the sun and moon to shine in the city. The shining greatness of God makes it full of light. The Lamb is its light.

24 The nations will walk by its light. The kings of the earth will bring their greatness into it.

25 The gates are open all day. They will never be shut. There will be no night there.

26 The greatness and honor of all the nations will be brought into it.

27 Nada que tenga pecado entrará en
la ciudad. Nadie que tenga mente pecaminosa, o que diga mentiras, podrá
entrar allí. Solamente aquellos cuyos
nombres están escritos en el libro de
la vida del Cordero pueden entrar.

Más acerca de la nueva Jerusalén

22 Entonces el ángel me enseñó
un río de agua de vida. Era tan
claro como el vidrio. Salió de la silla en
que Dios y el Cordero se sientan.
2 Corría por el centro de la calle, en
la ciudad. A cada lado del río estaba el
árbol de la vida. Da doce clases diferentes de fruta. Da esta fruta doce veces al
año, nueva fruta cada mes. Sus hojas se
usan para sanar a las naciones.

3 No habrá nada en la ciudad que
sea pecaminoso. Allí estará la silla en
que Dios y el Cordero se sientan. Los
obreros que le pertenecen trabajarán
para él.
4 Verán su cara y su nombre estará
escrito en sus frentes.
5 No habrá noche allí. No habrá
necesidad de una luz o del sol. El Señor
Dios será su luz. Ellos reinarán para
siempre.

Jesús viene pronto

6 Entonces el ángel me dijo: "Estas
palabras son fieles y verdaderas. El
Señor Dios de los primeros predicadores ha enviado a su ángel para enseñarles a los obreros que le pertenecen lo
que va a pasar pronto.
7 ¡Oigan! Yo vengo pronto. ¡Feliz el
que obedezca lo que está escrito en
este libro!"
8 Fui yo, Juan, quien oyó y vio estas
cosas. Entonces me arrodillé a los pies
del ángel que me enseñó estas cosas.
Lo iba a adorar
9 pero me dijo: "¡No! No hagas eso.
Yo soy un obrero junto contigo, y junto

27 Nothing sinful will go into the city.
No one who is sinful minded or tells
lies can go in. Only those whose names
are written in the Lamb's book of life
can go in.

More about the New Jerusalem

22 Then the angel showed me
the river of the water of life. It
was as clear as glass and came from the
throne of God and of the Lamb.
2 It runs down the center of the
street in the city. On each side of the
river was the tree of life. It gives twelve
different kinds of fruit. It gives this fruit
twelve times a year, new fruit each
month. Its leaves are used to heal the
nations.
3 There will be nothing in the city
that is sinful. The place where God and
the Lamb sit will be there. The servants
He owns will serve Him.

4 They will see His face and His name
will be written on their foreheads.
5 There will be no night there. There
will be no need for a light or for the
sun because the Lord God will be their
light. They will be leaders forever.

Jesus is coming soon

6 Then the angel said to me: "These
words are faithful and true. The Lord
God of the early preachers has sent
His angel to show the servants He
owns what must happen soon.

7 See! I am coming soon. The one
who obeys what is written in this Book
is happy!"
8 It was I, John, who heard and saw
these things. Then I got down at the
feet of the angel who showed me these
things. I was going to worship him.
9 But he said to me: "No! You must
not do that. I am a servant together

con tus hermanos cristianos, y los antiguos predicadores, y con todos aquellos que obedecen las palabras en este libro. ¡Adora tú a Dios!"

10 Entonces me dijo: "No hagas un secreto de las palabras de este libro. Estas cosas pasarán pronto.

11 Deja que toda la gente que tiene una mente sucia, siga teniendo una mente sucia. Deja que todos aquellos que están bien con Dios sigan estando bien con él. Deja que toda la gente buena siga siendo buena.

12 "¡Oye! Yo vengo pronto. Traigo conmigo la paga que daré a cada uno por lo que ha hecho.

13 Yo soy el primero y el último. Yo soy el principio y el fin.

14 Felices aquellos que lavan sus ropas y las dejan blancas (los que son lavados por la sangre del Cordero). Ellos tendrán el derecho de entrar en la ciudad por sus puertas. Tendrán el derecho de comer del fruto del árbol de vida.

15 Fuera de la ciudad, están los perros. Son gente que sigue la hechicería, aquellos que hacen pecados sexuales, aquellos que matan a otras personas, aquellos que adoran a dioses falsos y aquellos que mienten y cuentan mentiras.

16 "Yo soy Jesús. He enviado mi ángel a ti con estas palabras para las iglesias. Yo soy la raíz de David y de su familia. Yo soy la brillante estrella de la mañana."

17 El Espíritu Santo y la novia dicen: "Ven." Que todo aquel que oiga, diga: "Ven." El que tiene sed, venga. Que todo aquel que quiera beber del agua de vida, beba sin que le cueste nada.

18 Yo le estoy diciendo esto a todo aquel que oye las palabras que están escritas en este libro: Si alguien le agrega cualquier cosa a lo que está escrito en este libro, Dios le añadirá a él las clases de dificultades que este libro cuenta.

with you and with your Christian brothers and the early preachers and with all those who obey the words in this Book. You must worship God!"

10 Then he said to me: "Do not lock up the words of this Book. These things will happen soon.

11 And let the sinful people keep on being sinful. Let the dirty minded people keep on being dirty minded. And let those right with God keep on being right with God. Let the holy people keep on being holy.

12 "See! I am coming soon. I am bringing with Me the reward I will give to everyone for what he has done.

13 I am the First and the Last. I am the beginning and the end.

14 Those who wash their clothes clean are happy (who are washed by the blood of the Lamb). They will have the right to go into the city through the gates. They will have the right to eat the fruit of the tree of life.

15 Outside the city are the dogs. They are people who follow witchcraft and those who do sex sins and those who kill other people and those who worship false gods and those who like lies and tell them.

16 "I am Jesus. I have sent My angel to you with these words to the churches. I am the beginning of David and of his family. I am the bright Morning Star."

17 The Holy Spirit and the Bride say: "Come!" Let the one who hears, say: "Come!" Let the one who is thirsty, come. Let the one who wants to drink of the water of life, drink it. It is a free gift.

18 I am telling everyone who hears the words that are written in this book: If anyone adds anything to what is written in this book, God will add to him the kinds of trouble that this book tells about.

19 Si alguien quita algo a este libro, que cuenta lo que pasará en el futuro, Dios le quitará su parte del árbol de la vida y de la ciudad santa, los cuales están escritos en este libro.

19 If anyone takes away any part of this book that tells what will happen in the future, God will take away his part from the tree of life and from the Holy City, which are told about in this book.

20 El que cuenta estas cosas dice: "¡Sí, yo vengo pronto!" Así sea. Ven, Señor Jesús.

21 ¡Que todos ustedes tengan el favor amoroso del Señor Cristo Jesús! Así sea.

20 He Who tells these things says: "Yes, I am coming soon!" Let it be so. Come, Lord Jesus.

21 May all of you have the loving favor of the Lord Jesus Christ. Let it be so.